라마나스라맘에서 보낸
편지

옮긴이 ● 대성(大晟)

1997년 이후로 라마나 마하르쉬 관련 서적을 집중 번역하고 있으며, 지금까지 '아루나찰라 총서' 10여권을 출간했다. 그 밖에도 니사르가닷따 마하라지의 『아이 앰 댓』과, 중국 허운 선사의 『참선요지』와 『방편개시』 그리고 감산 대사의 『감산자전』 등을 우리말로 옮겼다.

아루나찰라 본서 7

라마나스라맘에서 보낸 편지

초판 1쇄 발행 · 2005년 8월 1일

지은이 | 수리 나감마
영어판 옮긴이 | D. S. 샤스뜨리
옮긴이 | 대성(大晟)
펴낸이 | 옥영보
펴낸곳 | 도서출판 탐구사

110-200 서울 종로구 소격동 104
출판 등록 1999년 12월 21일 제8-290호
전화 02-725-9355 팩스 725-9356
e-mail : tamgusa@korea.com
www.maharshikorea.com.ne.kr

값 20,000원

* 잘못된 책은 바꾸어 드립니다.

ISBN 89-89942-06-X
ISBN 89-951146-0-6(세트)

아루나찰라 본서 **7**

라마나스라맘에서 보낸 **편지**

별책 합본 ❶ 라마나스라맘에서 보낸 편지와 회상
별책 합본 ❷ 라마나스라맘에서 보낸 나의 삶

수리 나감마 | 지음
D. S. 샤스뜨리 | 영역
대성(大晟) | 옮김

탐구사

Letters from Sri Ramanasramam
(First combined edition 1970, Seventh edition 1996)

with *Letters from and Recollections of Sri Ramanasramam*
(First edition 1979, Second edition 1992), and
My Life at Sri Ramanasramam
(First edition 1975, Second edition 1993)

By Suri Nagamma

Published by V.S. Ramanan,
President, Board of Trustees,
Tiruvannamalai, Tamil Nadu 606 603, India

Copyright © Sri Ramanasramam.
Korean translation copyright © 2005 Tamgusa Publishing.

이 책의 한국어판 저작권은 Sri Ramanasramam과 체결한 계약에 의해, 도서출판 탐구사에 있습니다. 저작권법에 의해 보호받는 저작물이므로 이 책 내용의 전부나 일부를 무단 전재하거나 복사하는 것은 허용되지 않습니다.

바가반 스리 라마나 마하르쉬

차 례

라마나스라맘에서 보낸 편지
Letters from Sri Ramanasramam

제1권 머리말 · 23
편지 제1권
1. 아버지께 아들이 은혜 입다 …………………………… 25
2. 아한 스푸라나 ……………………………………………… 26
3. 우마와 마헤스와라의 말다툼 …………………………… 27
4. 결혼 ………………………………………………………… 29
5. 스깐다쉬라맘으로 나들이 갈 준비 …………………… 30
6. 진인에 대한 봉사 ………………………………………… 31
7. 보물 ………………………………………………………… 34
8. 자기 성품에 대한 봉사가 진아에 대한 봉사이다 …… 35
9. 모두에게 평등함 …………………………………………… 37
10. 세간적 문제들 …………………………………………… 38
11. 세간연이란 무슨 뜻인가? ……………………………… 39
12. 그대가 온 길로 가라 …………………………………… 40
13. 동기 없는 헌신 …………………………………………… 41
14. 관습적인 존경 …………………………………………… 42
15. 에짬말의 타계 …………………………………………… 44
16. 최초의 공양 ……………………………………………… 46
17. 자신이 아무것도 모른다는 것을 어떻게 아는가? …… 48
18. 표범과 뱀들 ……………………………………………… 48
19. 말 못하는 저의 호소를 듣지 않으시럽니까? ………… 49

20. 다람쥐 ·· 50
21. 다르마는 다르마 수끄쉬마와 다르다 ······················· 52
22. 해탈 ·· 53
23. 암소 숭배 ·· 54
24. 비둘기 한 쌍 ·· 56
25. 새끼 치타들 ·· 58
26. 치료 없이 하는 약 처방 ··· 59
27. 헌신의 맛 ·· 61
28. 브라마 아스뜨람 ·· 62
29. 저것은 연극이고 이것은 시다 ··· 63
30. 화 ·· 65
31. 암마(여신)에 대한 장식 ··· 66
32. 압바이야르의 노래 ·· 66
33. 아스트랄 길 - 더 높은 세계들 ······································· 68
34. 책들 ·· 69
35. 질병 ·· 70
36. 샅가리개만 찬 사람은 복이 있다 ··································· 71
37. 육신을 가지고 하는 해탈 ·· 73
38. 찌란지비 ·· 73
39. 우마 ·· 74
40. 아스띠, 바띠, 쁘리얌(존재, 의식, 지복) ······················· 76
41. 오른돌이의 참된 본질 ·· 77
42. 일체중생에 대한 자비심 ·· 79
43. 존재하는 것은 오직 하나다 ·· 80
44. 검은 암소 ·· 81
45. 빠라뜨빠라 루빰 ·· 82
46. 사회생활의 윤리 ·· 83
47. 탈것은 어느 것인가? ··· 83
48. 염송, 따빠스 기타 ··· 85
49. 삼매란 무엇인가? ··· 86
50. 일체란 무엇인가? ··· 87

51. 마다바스와미의 죽음 ································ 88
52. 극미 중의 극미, 극대 중의 극대 ··················· 90
53. 꿈, 망상 ·· 91
54. 순수한 헌신이 진정한 봉사이다 ··················· 92
55. 집중(guri)이야말로 스승(Guru)이다 ············· 94
56. 싯다들 ··· 95
57. 행위의 과보는 창조주가 정한다 ··················· 97
58. 일체 평등심 ······································· 98
59. 누가 욕망하는 대로 ······························· 99
60. 프로그램 ·· 100
61. 미지의 헌신자 ···································· 101
62. 한 글자 ·· 102
63. 만족할 줄 아는 것 ································ 103
64. 진아 오른돌이 ···································· 105
65. 나라까아수라 - 디빠발리 ························· 106
66. 산 위에서 사실 때의 몇 가지 사건들 ············ 108
67. 헌공 ·· 109
68. 수행-헌신 ··· 111
69. 브라만은 실재한다-세계는 환幻이다 ············ 112
70. 스와미는 어디에나 있다 ·························· 113
71. 불멸의 본래면목 ·································· 117
72. 가르침의 핵심-실재사십송 ······················ 119
73. '나'는 마음 자체이다 ······························ 122
74. 50주년 기념일 잔치 ······························· 123
75. 50주년 기념일 경축 ······························· 127
76. 브라마 축제 ······································· 130
77. 진아형상의 상相 ·································· 132
78. 안다바네 ··· 134
79. 옴까람-악샤람 ··································· 136
80. 비루팍샤 산굴에 사실 때의 일화들 ············· 137
81. 시바 헌신자 순다라무르띠 ······················· 138

82. 순다라무르띠의 종살이 증서 ··· 141
83. 성품 ·· 145
84. 라마나는 누구십니까? ·· 147
85. 드라비다의 자식 ··· 149
86. 냐나 삼반다무르띠 ··· 150
87. 신력神力 ·· 154
88. 잠과 진정한 상태 ·· 155
89. 스리 다끄쉬나무르띠의 화현 ··· 156
90. 진인의 마음은 브라만 그 자체다 ··· 160
91. 마야 ·· 162
92. 바라보기 ·· 163
93. 스승의 친존에서 하는 수행 ··· 165
94. 심장과 사하스라라 ··· 167
95. 텔루구 벤바 ··· 168
96. 진아에 관한 5연시 ··· 170
97. 탄생 ·· 171
98. 진아 ·· 173
99. 스승의 참모습 ··· 174
100. 낭비가 없음 ··· 177
101. 미혹과 마음의 평안 ·· 179
102. 어머니 알라감마 ··· 181
103. 인간적 노력 ··· 184
104. 어느 정사의 장長 ··· 185
105. 잠, 식사, 활동을 조절하기 ·· 187
106. 한결같은 헌신 ··· 188
107. 축복 ·· 189
108. 가르침의 한 꽃다발 ·· 191
109. 절대적 순복 ··· 193
110. 꿈속의 친견 ··· 195
111. 신의 친견 ·· 197
112. 흰 공작 ·· 199

113. 어느 것이 머리고 어느 것이 발인가? ···································· 200
114. 자살 ··· 201
115. 존재하는 샥띠는 하나다 ··· 203
116. 발현업 ··· 205
117. 꿈속에서 사자를 봄 ··· 207
118. 왕은 어디 있고 왕국은 어디 있는가? ························ 209
119. 일여내관 ··· 211
120. 무염송의 의미 ·· 212
121. 왜 비밀로 하겠는가? ·· 213
122. 책을 헌정함 ··· 216
123. 손바닥 공양물 ·· 218
124. 성사식聖絲式 ·· 220
125. 억지로 먹은 성찬들 ··· 221
126. 어설픈 지식으로 한 질문들 ··································· 224
127. 꽃으로 하는 예공 ·· 226
128. 관수식 ··· 227
129. 성수聖水와 은사물 ··· 230
130. 마정축복摩頂祝福 ·· 231
131. 탐구보주화만 ·· 233
132. 외국에 가 있는 사람들 ··· 234
133. 영원한 세계 ··· 236
134. 지견知見 ·· 237
135. 청문, 성찰 등 ·· 239

제2권 머리말 · 242
편지 제2권
1. 침묵의 태도 ··· 244
2. 세 가지 상태를 넘어서 ·· 245
3. 삼매 ·· 248
4. 있는 그대로 머물러 있으라 ······································ 249
5. 오직 하나이고 일체에 두루한 진아 ···························· 250

6. 진아의 나툼 ········· 252
7. 단순함 ········· 254
8. 어머니의 선물 ········· 257
9. 마음의 평안 그 자체가 해탈이다 ········· 258
10. 일체에 두루한 것 ········· 260
11. 속박 ········· 262
12. 브린다바남 ········· 263
13. 단순한 삶 ········· 265
14. 스승 노릇하기에 대하여 ········· 267
15. 일념집중 ········· 269
16. 깨달음 이후의 삶 ········· 271
17. 무집착, 각지覺知, 무욕 ········· 272
18. 다른 언어에 대한 지식 ········· 273
19. 네 번째 상태 ········· 275
20. 보편적 형제애 ········· 276
21. 기억-망각 ········· 278
22. 자기탐구의 길 ········· 281
23. 성스러운 횃불 ········· 283
24. 가난한 노인의 작은 정성 ········· 285
25. 무집착의 위대함 ········· 288
26. 모든 직업 계층에 필요한 자기탐구 ········· 290
27. 마음 작용으로 생기는 진아의 자각 ········· 291
28. 마하트마 간디의 서거 ········· 292
29. 평등성 ········· 295
30. 공론자空論者와 이원론자 ········· 296
31. 바가반의 첫 원고 ········· 298
32. 까일라사 ········· 299
33. 배운 사람들 ········· 301
34. 절 ········· 303
35. 해탈이 무엇인가? ········· 304
36. 자연의 아름다움 ········· 306

37. 첫 목욕과 첫 삭발 ⋯⋯⋯⋯⋯⋯⋯⋯⋯⋯⋯⋯⋯⋯ 307
38. 오롯한 주의력 ⋯⋯⋯⋯⋯⋯⋯⋯⋯⋯⋯⋯⋯⋯⋯ 310
39. 사랑의 길 ⋯⋯⋯⋯⋯⋯⋯⋯⋯⋯⋯⋯⋯⋯⋯⋯⋯ 311
40. 화막 ⋯⋯⋯⋯⋯⋯⋯⋯⋯⋯⋯⋯⋯⋯⋯⋯⋯⋯⋯⋯ 313
41. 행위자와 행위 ⋯⋯⋯⋯⋯⋯⋯⋯⋯⋯⋯⋯⋯⋯⋯ 314
42. 나야나와 라마나 기타 ⋯⋯⋯⋯⋯⋯⋯⋯⋯⋯⋯ 316
43. 집중과 무욕 ⋯⋯⋯⋯⋯⋯⋯⋯⋯⋯⋯⋯⋯⋯⋯⋯ 319
44. 인간의 위대함 ⋯⋯⋯⋯⋯⋯⋯⋯⋯⋯⋯⋯⋯⋯⋯ 320
45. 다끄쉬나무르띠의 의미 ⋯⋯⋯⋯⋯⋯⋯⋯⋯⋯ 322
46. 봉사 ⋯⋯⋯⋯⋯⋯⋯⋯⋯⋯⋯⋯⋯⋯⋯⋯⋯⋯⋯⋯ 324
47. 자비의 화신 ⋯⋯⋯⋯⋯⋯⋯⋯⋯⋯⋯⋯⋯⋯⋯⋯ 327
48. 암소 락슈미의 해탈 ⋯⋯⋯⋯⋯⋯⋯⋯⋯⋯⋯⋯ 328
49. 암소 락슈미의 매장 ⋯⋯⋯⋯⋯⋯⋯⋯⋯⋯⋯⋯ 330
50. 암소 락슈미의 예전 이야기 ⋯⋯⋯⋯⋯⋯⋯⋯ 332
51. 가난한 노파 ⋯⋯⋯⋯⋯⋯⋯⋯⋯⋯⋯⋯⋯⋯⋯⋯ 335
52. 믿음 ⋯⋯⋯⋯⋯⋯⋯⋯⋯⋯⋯⋯⋯⋯⋯⋯⋯⋯⋯⋯ 337
53. 적절한 가르침 ⋯⋯⋯⋯⋯⋯⋯⋯⋯⋯⋯⋯⋯⋯⋯ 339
54. 동물들에 대한 사랑 ⋯⋯⋯⋯⋯⋯⋯⋯⋯⋯⋯⋯ 341
55. 행복이란 무엇인가? ⋯⋯⋯⋯⋯⋯⋯⋯⋯⋯⋯⋯ 342
56. 스와미는 어디 계십니까? ⋯⋯⋯⋯⋯⋯⋯⋯⋯ 345
57. 점성학 ⋯⋯⋯⋯⋯⋯⋯⋯⋯⋯⋯⋯⋯⋯⋯⋯⋯⋯⋯ 347
58. 산 위에서의 사실 때의 이야기 ⋯⋯⋯⋯⋯⋯ 348
59. 아이들과 함께 놀기 ⋯⋯⋯⋯⋯⋯⋯⋯⋯⋯⋯⋯ 350
60. 사두와의 친교 ⋯⋯⋯⋯⋯⋯⋯⋯⋯⋯⋯⋯⋯⋯⋯ 352
61. 아그라하람에서의 탁발 ⋯⋯⋯⋯⋯⋯⋯⋯⋯⋯ 353
62. 스승의 연꽃 발 ⋯⋯⋯⋯⋯⋯⋯⋯⋯⋯⋯⋯⋯⋯ 355
63. 빠짜이암만—두르가 ⋯⋯⋯⋯⋯⋯⋯⋯⋯⋯⋯⋯ 358
64. 뿌리(Puri) 승원의 원장이 찾아옴 ⋯⋯⋯⋯⋯ 360
65. 시바강가 사원의 원장이 온 이야기 ⋯⋯⋯⋯ 362
66. 입문 ⋯⋯⋯⋯⋯⋯⋯⋯⋯⋯⋯⋯⋯⋯⋯⋯⋯⋯⋯⋯ 364
67. 아루나찰라에 대한 초자연적 목격담 ⋯⋯⋯ 366

68. 대아大我 ····· 367
69. 꾼달리니 샥띠—쩐마야 몸 ····· 369
70. 진아 ····· 371
71. 진아의 지복 ····· 373
72. 중음신中陰身 ····· 375
73. 어머니에 대한 봉사 ····· 376
74. 호랑이 가죽 ····· 377
75. 바가반은 무엇을 가장 선호하는가? ····· 379
76. 셋집 ····· 380
77. 불활성 식품은 모두 금지된다 ····· 382
78. 홀로 있음 ····· 384
79. 도사 ····· 385
80. 황금 팔 ····· 388
81. 화신 ····· 389
82. 어머니 사원의 낙성 ····· 391
83. 백단향白檀香 예배 ····· 395
84. 열 명의 브라민 이야기 ····· 397
85. 반얀나무 ····· 399
86. 악마적 원숭 ····· 401
87. 칭찬과 비방을 같이 보는 사람 ····· 403
88. 지하실의 링가 ····· 405
89. 약 자체가 도착했다 ····· 407
90. 베다 공부 ····· 409
91. 세간적 의무 ····· 411
92. 평등견 ····· 412
93. 무력한 자들의 조력자 ····· 415
94. 앞 회당에서 거처하심 ····· 418
95. 독립된 삶의 행복 ····· 420
96. 선풍기 ····· 422
97. 무욕 ····· 423
98. 성지순례와 오른돌이의 중요성 ····· 425

99. 경전	427
100. 비이원적인 견見	429
101. 지知의 제사	431
102. 조식調息	433
103. 지복과 아름다움	435
104. 무달라이아르 할머니	436
105. 띠루쭐리 순례	439
106. 마두라이에서의 어린 시절	442
107. 범열반梵涅槃	445

라마나스라맘에서 보낸 편지와 회상
Letters from and Recollections of Sri Ramanasramam

간행사 · 453

편지 제3권

1. 아루나찰라	454
2. 마니까빠짜가르(Manikkavachakar)	456
3. 달구지에서 잠든 사람	462
4. 여섯 가지 삼매	464
5. 스승의 발의 신성함	466
6. 스승의 은총	467
7. 아쉬따바끄라와 자나까 사이의 논의	470
8. 리부와 니다가	475
9. 베다라니얌	477
10. 아빠르	479
11. 가시나무의 해탈	482
12. 샹까라의 진아각지송에 대한 주석	483
13. 반합신半合神	486
14. 아홉 보주화만	488
15. 서로 저주하기	490

15

16. 관수식 준비 ················· 492
17. 헌신자들의 낭패 ················· 494
18. 동물들에 대한 자상함 ················· 497
19. 소년 시절 ················· 501
20. 좋은 일을 도와주심 ················· 505
21. 기만적인 겉모습 ················· 508
22. 여러분이 여기 와서 해야 할 일은 다 끝났는가? ················· 510
23. 횟가루로 하는 바닥 장식 ················· 511
24. 어리석은 짓 ················· 512
25. 헌가 ················· 513
26. 약용 기름과 버터 ················· 515
27. 책 장정 ················· 517
28. 머무를 데는 어디며, 갈 데는 어디인가? ················· 518
29. 묵띠 깐타 ················· 520
30. 작은 일화들 ················· 522
31. 고추의 대단한 효능 ················· 523

라마나스라맘에 대한 회상

서언 · 527
서문 · 528

1. 자, 갑시다 ················· 530
2. 공양주 ················· 532
3. 칭호 ················· 533
4. 이 샤바리는 얼마나 행운아인가! ················· 534
5. 여자들은 휴가 신청을 할 필요가 없다 ················· 536
6. 왜 걱정하나? ················· 536
7. 단식 ················· 537
8. 그것은 먼젓번에 먹은 사람들에게 주라 ················· 538
9. 무화과 ················· 540
10. 우리가 생각하는 대로 일은 일어난다 ················· 541
11. 가르침의 꽃목걸이 ················· 542

12. 만뜨라 우빠니샤드 ……………………………………… 545
13. 어린아이 ……………………………………………… 546
14. 꾼주스와미의 띠루빠띠 여행 ………………………… 546
15. 아루나찰라 마하뜨미얌 ……………………………… 549
16. 라마나 1천명호 名號 ………………………………… 549
17. 가네샨 ………………………………………………… 551
18. 자네의 들끓는 욕망은 충족되었나? ………………… 552
19. 분노와 짜증 …………………………………………… 553
20. 그는 왕 아닌가? ……………………………………… 556
21. 비서 …………………………………………………… 557
22. 알았다. 그것이 진짜 목적이었군 …………………… 558
23. 이것도 법정으로 가지 않을까? ……………………… 560
24. 그들이 자네 말에 신경을 쓰겠어? ………………… 561
25. 스승의 은사물 ………………………………………… 562
26. 여성의 출가 …………………………………………… 563
27. 깔리 여신 ……………………………………………… 565
28. 인내 …………………………………………………… 568

라마나스라맘에서 보낸 나의 삶
My Life at Sri Ramanasramam

영역자의 말 · 573
서문 · 574

1. 나의 어린 시절 ………………………………………… 576
2. 라마나스라맘으로 떠난 순례 ………………………… 582
3. 스리 라마나 마하르쉬를 처음 친견함 ……………… 584
4. 순복 …………………………………………………… 586
5. 일체가 라마나다 ……………………………………… 588
6. 라마나스라맘에서의 삶 ……………………………… 589
7. 암리따 나디 …………………………………………… 590

8. 원숭이들의 봉사 ………………………………………… 591
9. 지식 보시 ………………………………………………… 593
10. 바가반 회당에서의 봉사 ……………………………… 594
11. 나의 저작 활동 ………………………………………… 595
12. 『편지』를 씀 …………………………………………… 596
13. 벨루리 시바라마 샤스뜨리의 편지 ………………… 598
14. 『편지』를 간행하려는 시도 ………………………… 600
15. 흥미로운 사태 발전 …………………………………… 601
16. 『편지』 쓰기의 장애 ………………………………… 608
17. 빈민의 시들 …………………………………………… 609
18. 자비 ……………………………………………………… 610
19. 좋은 일에는 장애가 따른다 ………………………… 611
20. 『편지』 쓰기를 재개함 ……………………………… 612
21. 자리 맡아놓기 ………………………………………… 615
22. 팥수수 튀밥 …………………………………………… 620
23. 수리의 무리(Suri sabha) ……………………………… 621
24. 암소 락슈미의 삼매-기일 잔치 ……………………… 622
25. 시바 라하시얌 ………………………………………… 624
26. 아묵땀 …………………………………………………… 624
27. 나 까르마나 …………………………………………… 625
28. 종양 ……………………………………………………… 626
29. 일어날 일은 반드시 일어난다 ……………………… 630
30. 재차 종양을 치료함 ………………………………… 632
31. 진인에게 욕망이란 문제가 어디 있는가? ………… 635
32. 일장석 …………………………………………………… 636
33. 딴다바 친견 …………………………………………… 637
34. 평등 감정 ……………………………………………… 639
35. 바가반이 어디로 가겠는가? ………………………… 640
36. 무외無畏 - 두려울 것이 없음 ……………………… 642
37. 수술과 독립기념일 …………………………………… 643
38. 인내 ……………………………………………………… 645

39. 지금은 걱정할 것 없다 ················· 647
40. 작은 방에서 ····························· 649
41. 나쁜 징조들 ····························· 650
42. 영적인 음식 ····························· 652
43. 비끄리띠가 왔군 ······················ 654
44. 범열반梵涅槃 ····························· 656
45. 삼매지-링가의 안치 ·················· 659
46. 그 뒤의 생활 ··························· 659
47. 라메스와람 순례 ······················ 661
48. 『편지』 제2부의 출간 ················ 662
49. 까시 순례 ································ 663
50. 세 가지 욕망 ··························· 665
51. 강가 관수식(Gangabhishekam) ···· 666
52. 거처를 옮김 ····························· 666
53. 꼴라누꼰다에서의 생활 ············· 667
54. 사원과 코브라 ························· 669
55. 『편지』의 완간 ························· 671
56. '라마나 사다남'의 건립 ············· 672
57. 혼자 살면서 명상함 ·················· 673
58. 현재의 아쉬람 ························· 674
59. 그대가 누구인지를 발견하라 ····· 675

찾아보기 · 677
역자 후기 · 687

19

라마나스라맘에서 보낸

편 지

제1권

제1권 머리말

스리 라마나스라맘은 독특한 도량(道場)이다. 그 상주자(常住者)들은 무엇을 해야 한다거나 하지 말아야 한다는 특정한 지시를 받지 않는다. 각자 알아서 자기 일을 꾸려 가면서 아쉬람의 고요하고 평화로운 분위기로부터 흡수할 수 있는 것은 최대한 흡수하도록 되어 있다.

바가반 스리 라마나 마하르쉬는 당신 스스로 침묵을 준수하심으로써 침묵을 설하셨다. 매일 해가 뜨고 질 때 당신의 친존에서 '나까르마나 나쁘라자야 다네나 띠야게나이께 암루따뜨와마나수흐'(Nakarmana Naprajaya Dhanena Thyagenaike Amrutatva-manasuh)로 시작되는 베다 찬송이 있었는데, 그것은 '행위에 의해서도 아니고 가족이나 재산에 의해서도 아니고, 그것들을 다 버림으로써 해탈을 성취한다'는 뜻이다. 영적인 진보를 열망하는 아쉬람 사람들은 이와 같이 자기탐구의 수행과 포기를 배웠다. 그들은 바가반의 성스러운 발 아래 침묵하고 앉아서 침묵의 가르침을 흡수했다. 바가반은 이따금 아쉬람 사람들에게나 어쩌다 찾아오는 방문객들에게 영적인 문제들에 대해 이야기를 했다. 그런 경우에 몇 명의 헌신자들은 당신의 말씀을 기록했는데, 나감마도 그 중의 한 사람이었다.

나감마는 이렇다 할 학교 교육을 받지 않았고 자신의 모국어인 텔루구어 (그리고 얼마간의 타밀어) 외에는 어떤 언어도 알지 못한다. 유년기에는 집안의 재난들과 그로 인해 어쩔 수 없이 홀로 된 상태로 인해 고대의 전승지(傳承知)(ancient lore)에 관한 책들을 공부했고, 거기서 얼마간의 문학적 지식을 얻어 나중에는 산문과 시로 몇 권의 책을 지었다. 그러나 아쉬라맘 사람이 되었을 때는 문학적 활동을 포함한 일체를 포기했다. 그녀는 날이면 날마다 스승의 발밑에 앉아 있으면서, 헌신자들이 바가반과 나누는 논의들을 기록해야겠다는 억제할 수 없는 충동을 느꼈다. 그리고 그 기록을 시작하면서 그것이 자신에게 일종의 수행이라는 것을 알고, 그것을 마드라스에 있는 자신의 오빠에게 보내는 텔루구어 편지 형식으로 쓰기 시작했다. 이렇게 쓰여진 편지가 273편이었다. 아쉬라맘은 그 중에서 먼저 75편을 바가반의 생전에 간행했는데 —텔루구어판 『스리 라마나스라마 레칼루』(Sri Ramanasrama Lekhalu-'스리 라마나스라맘 편지들')— 그것은 바가반의 친존에서 낭독되었다. 나머지 198편은 나중에 네 권의 책으로 간행되었다.

나는 몇 번에 걸쳐 이 편지들을 거듭거듭 읽었지만, 차고앉아서 그것을 번역하기 전까지는 바가반의 오묘한 말씀 속에 들어 있는 지혜와 지식의 깊이를 결코 깨닫지 못했다. 나는 또한 편지 전체에 걸쳐서 나감마가 아쉬라맘의 드높은 이상에 맞게 살기 위해 노력하면서 큰 시련과 고난을 겪었다는 것을 발견했다. 이 편지들은 단순한 문체로 쉽게 이해될 수 있도록 쓰여진 정보의 한 가치 있는 광맥이며, 영적인 구도자들뿐만 아니라 일반 독자들도 주의 깊게 연구할 가치가 충분히 있다.

몇 해 전에 나는 아쉬라맘 사람인 아서 오즈번 씨의 권유와 그의 적극적인 도움을 받아 이 편지들을 영어로 번역하기 시작했지만 시간이 부족해 작업을 끝내지 못했었다. 근자에 아쉬라맘의 총재님이 이 작업을 마무리해 달라고 요청하기에 내가 그 일을 마무리했고, 이제 이 편지들이 간행되게 되어 기쁜 마음 금할 수 없다.[1]

1962년 6월 1일
마드라스-17, 비자야라가바짜리 로드 10번지,
라마나 닐라얌에서
D.S. 샤스뜨리 씀

---

1) 제2권은 1969년에 출간되었고, 이 두 권이 한 권의 책으로 처음 합본되어 출간된 것은 1970년이었다. [역주] 앞에서 '네 권의 책으로 간행되었다'는 것은 텔루구어판을 말하며, 영어판은 1, 2권을 합쳐 242편을 먼저 내고 31편을 1978년에 따로 간행했다(도합 273편). 이 한국어판에서는 이 마지막 부분을 3권으로 하여 1, 2권에 이어서 볼 수 있게 했다.

편지 제1권

1945년 11월 21일

1. 아버지께 아들이 은혜 입다

오라버니, 당신은 저에게 스리 바가반의 친존에서 일어나는 주목할 만한 일들과 그런 경우에 대해 바가반이 하시는 말씀들을 가끔씩 편지로 써 보내달라고 하셨지요. 제가 그런 일을 어떻게 할 수 있겠습니까? 여하튼 시도는 해 보겠고, 바로 오늘부터 시작하겠습니다. 하지만 이 일은 바가반의 은총이 있어야만 성공할 것입니다.

엊그제는 보름이어서 디빠우뜨사바(*Deepotsava*)[빛의 축제]가 성대하게 거행되었습니다. 오늘 아침 스리 아루나찰레스와라르(Sri Arunachaleswarar)[1)]께서 예의 종자從者들을 거느리고 음악 반주와 함께 산 오른돌이(*giri pradakshina*)를 시작하셨습니다.[2)] 그 행렬이 아쉬라맘 정문에 도착할 때쯤 스리 니란자나난다 스와미[도감]가 아쉬라맘 헌신자들과 함께 나와서 스리 아루나찰레스와라르께 코코넛과 장뇌를 공양 올리고, 행렬이 멈추어 승려들이 신께 아라띠(*Arati*)[신상 앞에서 불꽃을 흔드는 것]를 할 때 신상 앞에 경의를 표했습니다. 바로 이때 스리 바가반은 우사牛舍(*Goshala*) 쪽으로 가시다가 그 장엄한 행렬을 보고 서점 옆 수도꼭지 근처의 대臺 위에 앉으셨지요. 아루나찰레스와라르께 올렸던 아라띠 쟁반을 아쉬라맘 헌신자들이 바가반께 가져오자 스리 바가반은 약간의 비부띠(*Vibhuti*)[성스러운 재]를 집어 당신의 이마에 바르시고 낮은 목소리로 "아빠꾸 삘라이 아다깜"(*Appakku Pillai Adakkam*)['아버지께 아들이 은혜 입고 있습니다'] 하셨습니다. 이 말씀을 하실 때 당신의 목소리는 감동으로 목이 메신 듯했습니다. 그리고 그 표정은 '헌신의 정점은 지知'(*bhakti poornathayam Jnanam*)라는 옛말을 증명해 주고 있었습니다. 스리 바가반은 주主 시바의 아들이시니까요. 스리 가나빠띠 무니(Sri Ganapati Muni)가 바가반은 스깐다(Skanda-시바의 아들인 수브라마니아)

---

1) [역주] 아루나찰레스와라 사원에 모셔진 스리 아루나찰라(=시바). 여기서는 그 신상神像을 가리킨다.
2) [역주] 매년 12월 경 있는 '빛의 축제'인 까르띠까이 디빰 때는 큰 사원의 아루나찰레스와라와 그의 반려자 우마(빠르바띠)의 신상을 수레로 모셔내어 아루나찰라 산을 한 바퀴 도는 행사가 벌어진다.

의 화신이시라고 한 말이 확인되는 순간이었습니다. 우리는, 바가반이 우리에게 모든 존재들은 이스와라(하느님인 시바)의 자식이기 때문에 잔인(jnani)조차도 이스와라의 은혜를 입고 있다는 것을 가르치고 계시다는 느낌이 들었습니다.

마하트마들이 하시는 말씀들이 얼마나 함축성이 있는지 우리는 결코 알 수 없을 겁니다. 오라버니께서는 저더러 어떤 식으로든 편지를 써 보내라고 하셨지만, 바가반의 말씀들이 갖는 절묘한 아름다움을 제가 어떻게 전달할 수 있겠습니까? 최근에 쓴 한 편의 시에서 저는, 당신의 입술에서 떨어지는 모든 단어가 바로 경전이라고 썼습니다. 비단 당신의 말씀뿐이겠습니까? 우리가 이해할 능력이 있다면 당신의 시선과 걸음걸이, 당신의 행위와 무위無爲, 들이쉬고 내쉬는 숨 등, 당신의 모든 것이 의미로 가득 차 있을 것입니다. 제가 그런 것을 다 이해하고 해석할 능력이 있습니까? 스리 바가반의 은총에 대한 완전한 믿음을 가지고 저는 오라버니께 편지를 드리겠습니다. 마치 다람쥐가 스리 라마(Sri Rama)에게 헌신하듯이,3) 스리 바가반을 모시면서 저에게 일어나는 모든 일들에 대해서 말입니다.

누이 올림.

1945년 11월 22일

2. 아한 스푸라나

어제 황색 승복을 입은 흐리쉬케샤난드(Hrishikesanand)라는 이름의 한 벵갈인 스와미가 여기 왔습니다. 바가반은 오늘 아침 8시 30분부터 11시까지 계속해서 그와 함께 영적인 문제들을 논하셨습니다. 당신의 목소리는 감로甘露에 가득 차서 갠지스 강처럼 끊임없이 흘렀습니다. 그 위대한 흐름을 저의 펜이 어떻게 따라갈 수 있겠습니까? 그 암리뜨(amrit)[감로]는 헌신의 손으로만 깊이 들이마실 수 있는데, 그것을 어떻게 종이 위에 모아서 전달할 수 있겠습니까? 스리 바가반이 마두라이에서 죽음을 바라보던 체험담을 들려주실 때, 제 눈은 당신의 인격이 내뿜는 광휘를 받아들일 수 없었고, 제 귀는 당신 말씀의 충만한 지혜를 포착할 수 없었습니다. 어떤 사건을 들려주는 사람의 열의는 그 이야기를 듣는 사람의 지성 수준을 당연히 반영할 수밖에 없습니다.

그 스와미가 한 질문들과 바가반이 하신 답변들에 대해 제가 더 자세한 설명을 드려야겠지만, 현재 회당 안에서 여성들이 앉게 된 자리가 바가반으로부터 좀 떨어

---

3) [역주] 라마의 군대가 랑카로 건너가기 위해 바다 위에 다리를 놓을 때, 다람쥐 한 마리가 자기도 돕겠다면서 조약돌을 물어 나른다. 라마는 그 헌신에 기뻐하면서 다람쥐를 쓰다듬고 축복해 준다.

져 있는데다가 제가 뒤쪽에 앉는 바람에 논의되는 이야기를 제대로 다 듣지 못했습니다. 하지만 한 가지는 분명히 들었습니다. 바가반은 이렇게 말씀하셨습니다. "제가 죽음을 바라보고 있을 때,[4] 감각 기관들은 모두 마비되었지만 아한 스푸라나(aham spuurana)[자기자각]는 또렷하고 분명했습니다. 그래서 저는 우리가 '나'라고 부르는 것은 저 '자각'을 말하는 것이지 육신이 아니라는 것을 알았습니다. 이 자기자각自己自覺(Self-awareness)은 결코 쇠퇴하지 않습니다. 그것은 어떤 것과도 무관하며, 스스로 빛을 발합니다. 이 몸뚱이가 불에 탄다 해도 그것은 영향을 받지 않습니다. 그래서 저는 바로 그날, 그것이 바로 '나'라는 것을 분명히 알았던 것입니다."

그 외에도 많은 이야기들이 오고갔지만 제가 따라잡지 못했거나 기억하지 못합니다. 그래서 더 이상은 그에 대해 쓸 수가 없습니다. 전에도 이와 같은 논의들이 몇 번이나 있었지만 그런 무수한 보석들을 놓쳐버려서 오직 죄송할 뿐입니다. 그런 이야기들을 써 보내 달라고 그렇게 부탁하셨는데도 편지를 드리지 않은 저의 게으름과 무관심을 부디 용서해 주시기 바랍니다.

1945년 11월 23일
3. 우마와 마헤스와라 간의 말다툼

오늘 오후 비스와나타(Viswanatha)가 다른 헌신자들과 함께 바가반 가까이 앉아 있을 때, 바가반이 어쩌다 한 노과부의 이야기를 듣자 그녀에 대해 다음과 같은 말씀을 하시기 시작했습니다. (저는 나중에 그녀가 무뚜끄리슈나 바가바따르—낄루 아그라하람(Kilu Agraharam)[5]에서 스리 바가반을 친절하게 맞이하여 음식을 주었던 사람—의 누이동생이라는 것을 알았습니다.) "그 착한 여사는 저에게 한 끼를 듬뿍 먹게 해 주었을 뿐 아니라, 가정신家庭神(household God—집안에서 숭배하는 신)에게 공양물로 올렸던 과자도 자애로운 마음으로 한 꾸러미 싸 주었지요. '애야, 이 과자를 잘 지니고 있다가 가는 도중에 먹어라' 하면서 말입니다. 그녀는 제가 비루팍샤 산굴에 있을 때 두 번 저를 찾아왔는데, '애야, 어떻게 이런 상태로 지내느냐! 몸은 황금빛인데 천도 하나 걸치고 있지 않구나' 하고 말하곤 했습니다." 그녀의 어머니 같은 자애로움에 대해 이런 말씀을 하실 때, 저는 바가반이 사랑으로 넘치고 계시다는 것을 알 수 있었습니다. 당신의 목소리를 감동으로 목이 메었습니다. 그 모습을 보면서

---
4) [역주] 바가반이 마두라이의 숙부댁에서 갑작스런 죽음의 공포와 마주할 때 경험한 일을 가리킨다.
5) [역주] 낄루의 아그라하람. 낄루 또는 낄루르(Kilur)는 띠루꼬일루르의 강 건너 맞은편에 있는 읍이며, 아그라하람은 브라민들이 모여 사는 구역이다.

저는 '진인의 심장은 버터와 같이 연하다'는 말이 생각났고, '사랑의 정점은 지知'라는 옛말이 다시 한 번 떠올랐습니다.

얼마 전 바가반이 『아루나찰라뿌라나』(Arunachalapurana)에서 가우따마(Gautama)가 암바(Amba-여신 빠르바띠)를 칭찬하는 부분6)을 읽으실 때도 당신의 두 눈은 눈물로 가득 차고 목소리마저 더듬거렸습니다. 당신은 책을 옆으로 치우고 침묵에 잠기셨지요. 사랑으로 가득 찬 어떤 사건이 일어날 때마다, 혹은 헌신으로 가득 찬 구절들을 읽으실 때마다, 우리는 이처럼 바가반이 감동에 휩싸이시는 것을 종종 보게 됩니다. 이런 모습을 계속 지켜보면 우리는 사랑(prema)과 헌신(bhakti)이 지知(jnana)의 다른 측면들에 불과하다는 것을 확신하게 됩니다.

약 1주일 전에는 「힌두 순다리」(Hindu Sundari) 지誌에 '주사위'(paachikalu)라는 제하의 이야기 하나가 실렸습니다. 그것은 『스깐다 뿌라나』에 나오는 이야기인 듯합니다. 한번은 빠르바띠(Parvati)와 빠라메스와라(Parameswara-시바)조차도 말다툼을 부추기기 좋아하는 나라다(Narada)의 술책에 넘어갔습니다. "락슈미와 비슈누는 주사위 놀이를 하는데, 당신들도 그렇게 해 보시지 그럽니까?" 나라다가 이렇게 말하면서 그들을 부추겼습니다. 빠르바띠는 그거 좋은 생각이라고 신나하면서 시바를 설득하여 둘이서 주사위 놀이를 하게 되었습니다. 그 놀이에서 시바가 지자 빠르바띠는 우쭐해져서 그를 얕보듯이 말했습니다. 전해오는 이야기는 그렇습니다.

바가반은 그것을 읽으시고 나서 가슴이 헌신의 감정으로 가득 차서 저에게 물으셨습니다. "이 이야기를 읽어 보았나?" 제가 "예, 바가반" 하자 당신은 감정에 북받친 목소리로 말씀하셨습니다. "산끄란띠 날(Sankranti day)에 여기서 매년 거행되는 성스러운 축제는 주로 우마와 마헤스와라 간의 이 말다툼을 기리고 있지."

아시겠지만 그 기간에 여기서는 매년 '신의 결혼'을 경축하는 축제를 거행하고 있는데, 누구라도 스리 바가반의 친존에서 이 축제에 대해 이야기할라치면 당신은 보통 감정에 북받쳐서 이렇게 말씀하십니다. "이것은 아버지와 어머니의 결혼 축제입니다." 마하트마들의 생애가 특이한 사건들로 가득 차 있다는 것은 알고 계시겠지요? 그분들은 그 상황에 적합한 어떤 감정(rasa)이라도 얼굴에 나타냅니다. 그러나 다른 모든 감정들을 통합하는, 일체에 두루한 명지明知의 감정(vijnana rasa) 앞에서 우리가 무슨 말을 할 수 있겠습니까?

---

6) [역주] 고행을 하려고 히말라야를 떠나 아루나찰라에 온 빠르바띠(암바)는 먼저 이곳에 살고 있던 진인 가우따마의 아쉬람을 찾아간다. 가우따마는 그녀를 반갑게 맞이한 뒤, 그녀의 공덕을 여러 모로 칭찬했다.

1945년 11월 24일

4. 결혼

어제 제가 바가반은 가끔 '아버지와 어머니'의 결혼 축제에 대해서 이야기하신다고 말씀드렸지요. 그뿐만 아니라 헌신자들이 자기 가족 중에서 새로 결혼한 부부들을 데려와서 스리 바가반의 연꽃 발 앞에서 경배 드리게 하면, 당신은 예의 그 자애로운 미소로써 그들을 축복해 주십니다. 그리고 그 결혼에 얽힌 여러 가지 이야기들이 나오면 관심을 가지고 다 경청하십니다. 그런 경우에 바가반의 표정을 보게 된다면, 마치 우리가 어린 시절 인형들의 결혼 놀이를 할 때 어른들이 보여주는 즐거운 표정과 똑같다는 것을 알 것입니다.

쁘라브하바띠(Prabhavati)는 결혼한 지 얼마 되지 않았습니다. 한 1년 전일 것입니다. 결혼하기 약 2년 전에는 이곳에 머무르고 있었습니다. 그녀는 마하라쉬트라 출신인데 미인이고 교양이 있습니다. 성자 미라바이(Mirabai-16세기 북인도의 여류 성자) 같은 대단한 헌신가(bhakta)가 되고 싶어 했고, 그래서 노래하고 춤도 추면서 결혼을 절대 하지 않겠다고 했습니다. 황색 의상을 걸치고 스리 바가반 앞에서 고집 센 아이같이 행동하기도 했습니다. 바가반은 그녀가 결혼하기 전에는 그 고집이 없어지지 않으리라는 것을 알고 계셨습니다. 결국 어떻게 하여 결혼을 했는데, 결혼하자마자 이 신부와 신랑은 결혼 예복 차림으로 일가친척들과 함께 과일과 꽃 공양물을 가지고 와서 바가반 앞에 절을 올렸습니다.

그리고 2, 3일간 머무른 뒤의 어느 날 아침 8시에 그녀는 남편과 함께 바가반을 찾아뵙고 은총을 청했습니다. 시댁에서 살림을 차리기 위해 떠난다는 것이었습니다. 다람쥐들은 바가반의 소파 주위에서 놀고 있었고 공작들은 회당 밖을 돌아다니고 있었습니다. 사람들이 많지 않았던 회당은 차분하고 조용했습니다. 신랑은 존경과 경외심으로 바가반께 절을 하고 하직 인사를 한 뒤에 문간 옆에 서서 기다리고 있었습니다. 한편 눈을 내리깔고 들뜬 수줍음을 간직한 채 눈물이 가득한 눈으로 거기서 바가반의 허락을 기다리고 있는 아쉬라맘의 사랑받는 자식(쁘라브하바띠)은 마치 깐와 아쉬라맘(Kanva Asramam)을 아주 떠나려고 하는 샤쿤탈라처럼 보였습니다.[7] 바가반은 허락의 표시로 고개를 끄덕이셨고, 그녀는 당신께 절을 올렸습니다. 그녀가 문지방을 넘자마자 바가반이 저를 보며 말씀하셨습니다. "바로 어제였지. 그녀는 순다레샤 아이어(Sundaresa Iyer)에게 부탁하여 『바가바따』(*Bhagavata*)의 끄리슈나아

---

7) [역주] 깔리다사의 희곡 『샤쿤탈라』의 여주인공. 깐와 마하르쉬(Kanva Maharshi)의 딸인 그녀는 결혼을 하고 나서 아버지의 아쉬람을 떠나 남편의 집으로 간다.

바따르(Krishnavatar) 장章을 필사했어." 저는 기뻐하면서 말했습니다. "다음에 여기 올 때는 아기를 안고 오겠죠." 그러는 동안 그녀는 회당을 오른돌이 하면서 꼬낄라 (Kokila-인도뻐꾸기) 같이 아름다운 목소리로 헌신에 가득 찬 노래를 목청껏 부르기 시작했습니다. 바가반은 분명 감동을 받으시고 마치 깐와 마하르쉬(Kanva Maharshi) 처럼 이렇게 말씀하셨습니다. "「무꾼다말라」(Mukundamala)[8])에 나오는 저 찬가가 들리나?" 제 눈에도 눈물이 가득 고였습니다.

저는 밖으로 나가 그녀를 축복했는데, 그녀는 바가반 쪽을 향해 거듭거듭 오체투지를 했습니다. 저는 아쉬라맘 문 밖까지 그녀를 배웅하고 회당으로 돌아왔습니다. 오라버니는 제가 과장해서 말한다고 생각하실지 모르지만, 우리가 뿌라나(Puranas)에서 읽은 이야기들이 지금 여기서는 바로 우리 눈앞에서 재연되고 있습니다.

1945년 11월 25일

5. 스깐다쉬라맘으로 나들이 갈 준비

내일은 바가반이 헌신자들과 함께 스깐다쉬라맘에 올라가서 잔치를 여시기로 정해진 길일입니다. 아쉬라맘 안팎에 거주하는 형제자매 헌신자들은 이 나들이를 위한 준비를 하느라고 하루 종일 법석을 떨며 분주했습니다. 그러나 바가반은 여느 때와 같이 위엄 있고 차분하며 신경 쓰지 않는 모습으로 앉아 계셨습니다. 모든 사람이 가시자고 하면 당신은 가실지 모르지만 가자고 하지 않으면 가시지 않고 계시겠지요. 당신이야 무슨 짐을 꾸리거나 걱정할 일이 있겠습니까? 물주전자(kamandalu), 지팡이(karra), 샅가리개(kaupeena), 그리고 몸에 두르시는 타월이 당신이 소지하신 전부입니다. 떠나야겠다고 생각하는 순간 당신은 바로 떠나실 수 있는 준비가 되는 것입니다. 샹까라짜리야는 그런 진인들만을 두고 '샅가리개를 두른 사람이 참으로 가장 부유한 자'(kaupeenavantah khalu bhagyavantah)라고 표현했습니다. 이 아쉬라맘, 이 프로그램, 이 헌신자들과 이 온갖 준비물들은 모두 다른 사람들의 이익을 위해서 무대 위에서 이루어지는 하나의 연극 같지만, 바가반께 그런 것들이 정말 필요하겠습니까? 넘치는 자비심 때문에 당신은 우리 가운데 계시고 그래서 속박되시지만, 당신이 원하시기만 하면 7대양을 건너 자유롭게 떠나버리실 수 있지 않습니까? 기억하셔야 합니다. 당신이 우리 곁에 머무르시는 것은 우리의 특별한 복이라는 것을요. 내일 있을 일들은 다시 편지로 소식 드리겠습니다.

---

8) [역주] 남인도 비슈누파의 성자인 꿀라세카라 알와르(Kulasekhara Alwar, 9세기 초반)의 비슈누에 대한 찬가집.

1945년 11월 26일

6. 진인에 대한 봉사

이른 아침의 베다 빠라야나(*Veda parayana*-조석으로 부르는 베다 찬송)에 참석하려고 아쉬라맘에 가 보니 다들 몹시 분주했습니다. 주방은 하나의 그림 같은 모습을 연출하고 있었는데, 어떤 이는 요리를 하고, 어떤 이는 청소를 하며, 어떤 이는 지시를 내리는 등 각자 이런저런 일로 바쁘게 돌아가고 있었습니다. 뿔리호다라(*pullihodara*), 다디요다남(*dadhyodhanam*), 뽕갈(*pongal*), 바다이(*vadai*), 감자튀김, 뿌리(*poories*), 꾸뚜(*kootu*), 기타 갖가지 먹을거리들이 광주리에 채워져서 산을 올라갔습니다. 도감은 밤새 한 잠도 못 잔 듯했습니다. 그는 이 모든 노고를 감당하고 있는 것입니다.

주: 끄리슈나는 목동들이 연례적으로 지내던 인드라 제사를 거행하지 못하게 하고 그 대신 고바르다나 산(Govardhana Giri) 그 자체에 대한 숭배를 하도록 했다고 합니다.9) 이 음식 광주리들이 산 위를 올라가는 모습을 보노라면 그것은 마치, 매년 까르띠까(Karthika) 달 동안에 거행되는 아말라 나무의 정원 축제(*vana samadhana*) 대신 스리 라마나께서 이 아루나찰라 숭배식을 마련하신 것처럼 보입니다.

베다 빠라야나가 끝난 뒤 바가반은 목욕을 하시고 조반을 드신 다음 스깐다쉬라맘으로 출발하셨는데, 곁에는 마치 난디(Nandi)10)가 시바를 따르듯이 (시자인) 랑가스와미가 동행했습니다. 바가반은 당신 집으로 돌아가시듯이 앞장서서 스깐다쉬라맘을 향해 산을 올라가셨습니다.

헌신자들은 바가반께 조금도 불편을 드리지 않으면서 여러 무리로 나뉘어서 스깐다쉬라맘으로 올라갔습니다. 알라멜루 아주머님(Aunt Alamelu)[바가반의 누이동생]과 제가 뒤를 따랐고, 몇 명의 다른 여성들은 조금 뒤에 그곳으로 왔습니다. 바가반은 헌신자들로 둘러싸여 스깐다쉬라맘 건물 바로 앞에 있는 나무들의 쾌적한 그늘 아래 편안히 앉으셨습니다. 이 모습은 리쉬 아쉬라맘(*rishi asramam*)이 일반적으로 어떤 것인지를 보여주었습니다. 이 아쉬라맘은 『하리왐삼』(*Harivamsam*)11)에 나오는 옛날의 바다리까 아쉬라맘(Badarikasramam)12)과 아주 흡사했습니다. 그 아쉬라맘을

---

9) [역주] 뿌라나의 기록에 따르면, 목동들이 매년 인드라 신에게 제사를 지내왔으나 끄리슈나는 이에 반대했다. 구름을 관장하는 인드라는 농업의 신이지만 자신들은 목축업을 하므로 인드라보다는 산들을 섬겨야 한다고 주장하여, 고바르다나 산에 제사를 지내도록 했다.
10) [역주] 시바가 타고 다니는 소. 힌두 사원에서는 시바를 향해 앉아 있는 모습의 상像을 하고 있다.
11) [역주] 보통 『하리왐사』(*Harivamsa*)로 불리며, 『마하바라타』의 부록으로 덧붙여진 산스크리트 경전이다. 하리(Hari-비슈누), 즉 끄리슈나의 일대기(vamsa)를 담고 있다.
12) [역주] 바다리까(대추나무) 아쉬람은 고대의 진인 비야사(Vyasa)의 아쉬람으로, 히말라야의 알라까난다 강과 사라스와티 강의 강변에 있었다고 한다.

지금 우리가 직접 가 볼 수는 없지만 말입니다. 이 스칸다쉬라맘은 바다리까 아쉬라 맘과 마찬가지로 바라보기에 즐겁고, 사미야메스와라(Sammyameswara)의 헌공수獻供 水(Sandhyarghya jalam)[새벽과 황혼 무렵의 헌공 때 사용되는 물]처럼 바위샘에서 나오는 물이 있으며, (그 옛날) 리쉬 동자童子들(rishikumaras)[리쉬들의 아들들]이 부르던 싸마베다(Sama Veda)의 찬송 가락처럼 들리는 새들의 지저귐과 노랫소리가 있습니다. 많은 수행자들과 산야신들이 참석한 것은 물론, 법률가와 의사들, 기사技師와 예술가들, 신문기자와 시인들, 가수들, 기타 많은 사람들이 마드라스, 뽄디체리, 빌루뿌람 등지에서 와 있었습니다. 남녀노소, 지위 고하에 관계없이 모두 바가반 주위의 땅바닥에 앉아 고정된 시선으로 당신을 바라보고 있었습니다. 광물질이 풍부한 아루나기리(Arunagiri-아루나찰라 산)가 귀중한 보석 옥좌 구실을 했고, 하늘을 수놓은 구름들이 백색 일산日傘(Sveta chatram)이 되어 주었으며, 무수한 가지를 뻗은 나무들은 부채(vinjambarams)[신을 숭배할 때 쓰이는 부채들] 노릇을 했습니다. 스리 바가반은 왕관을 쓰신 황제로서 광휘로 빛나셨고, 자연(Prakritikanta)[의인화된 자연]은 기분 좋은 햇살로써 당신에게 불빛을 흔들어 드렸습니다.13)

오라버니! 그 모습을 제가 어떻게 그려낼 수 있겠습니까? 마하르쉬님은 차분하시고, 근원에서 나오는 당신의 고요한 응시는 사방에 두루 미칩니다. 당신의 부드러운 미소는 서늘한 달빛처럼 빛나셨고, 당신의 말씀은 마냥 감로를 쏟아 붓는 것이었습니다. 우리는 거기서 육체 의식 없는 석상들처럼 앉아 있었습니다. 이때 사진사들은 사진을 찍었습니다. 오전 9시 30분이 지나자 우편물, 신문 등과 관계되는 저 아래 아쉬라맘(스리 라마나스라맘)의 일상적 업무가 마치 마하라자의 알현실에서 거행되듯이 이루어졌습니다. 그러다가 구름이 많아지더니 바람이 세차게 불었습니다. 헌신자들은 바가반께 숄을 드렸고, 당신은 그것으로 얼굴을 제외한 전신을 감싸셨습니다. 이 때 앉아 계신 모습의 바가반은 당신의 어머니인 알라감마의 화신처럼 보였습니다. 이 점에서 아주머님과 저는 같은 의견이었습니다. 이 장면도 사진을 찍었습니다.

스리 바가반은 한 동안 침묵 속에서 '스승은 침묵만으로 설한다'(gurosthu mownam vyakhyanam)는 방식으로 설법을 하셨습니다. '모든 의심이 걷힐'(chinna samsayah) 수 있었을 순수한 영혼들이 분명히 있었으리라고 봅니다.14) 그러나 제 경우에는 마음이 뿔리호다라와 다디요다남 같은 음식 준비에 쏠리고 있었습니다. 왜냐하면 오찬 시간이 되었으니까요. 문제는 일체를 산 위로 올려오느냐, 아니면 일부를 아래 남겨

---

13) [역주] 이 말은, 신상 앞에서 예공을 올릴 때 장뇌 불꽃을 흔드는 절차인 아라띠(arati)를 상징한다.
14) [역주] 여기서 인용된 두 구절은 샹까라의 「다끄쉬나무르띠 송찬」 마지막 부분에 나오는 말이다.

두느냐였습니다. 그 의문은 오전 11시 30분이 지나서야 해소되었습니다. 저의 형제 헌신자들(남자 헌신자들)은 바가반을 편안한 자리에 모시고 맛난 음식을 따로 차려드리고 싶어 했지만 당신이 거기에 동의하시겠습니까? 당신은 앉으신 소파 옆에 탁자 하나를 준비시켜 거기 모든 사람들의 한가운데서 음식을 드셨습니다.

식사가 끝난 뒤에 사람들은 당신의 소파를 철제 난간이 쳐진 베란다 위에 설치했습니다. 헌신자들은 처음에는 거리가 좀 떨어져 있었지만 이내 바가반 가까이로 다가갔습니다. 알라멜루 아주머님과 저, 그리고 몇 명의 여자들은 당신의 연꽃 발 바로 맞은편에서 창문을 통해 바가반을 바라보는 인접한 방 안에 앉았습니다. 이윽고 당신은 지난 날 산 위에 사실 때의 이야기들을 짤막짤막하게 들려주시기 시작했습니다. 어머니가 오신 이야기며, 스깐다쉬라맘을 건립한 과정, 물이 나오게 된 경위, 음식들이 어떻게 올라왔는지 하며, 원숭이 왕국의 법도, 공작의 춤, 당신이 뱀이나 표범들과 친근하게 지내신 이야기들이었습니다. 이런 말씀들 도중에 당신은 새로 온 사람인 나가나리야(Naganarya)라는 시인에게 "언제 오셨냐?" 하고 인사말을 건네셨습니다. 그리고 저를 돌아보면서 "여기 그가 왔군" 하셨습니다. 저는 "예" 하고 대답했습니다. 그러자 뭔가 생각이 나셨는지 당신은 그 빛나는 눈길을 (저에게) 고정하면서 말씀하셨습니다. "거기서 어머니가 열반에 드셨지. 우리는 어머니를 거기 앉혀 드렸는데, 그래도 당신의 얼굴에는 돌아가셨다는 흔적이 전혀 없었어. 깊은 삼매에 든 사람처럼 앉아 계셨는데, 신성한 빛이 성스럽게 일렁이는 것이 보였지. 거기, 바로 거기, 자네가 지금 앉아 있는 곳에 말이야."

당신의 매혹적인 말씀들은 감미로운 베누(Venu)[신의 피리]의 곡조처럼 제 귀에 들어왔습니다. 저는 찾아올 가치가 있는 이 장소에 서서, 들을 가치가 있는 말씀들을 들었습니다. 오늘은 얼마나 영예로운 날인지요!

까삘라(Kapila)는 (그의 어머니) 데바야니(Devayani)를 실재에 입문시켜 그녀를 해탈시켰습니다. 드루바(Dhruva)는 (그의 어머니) 수니타(Sunita)를 구원의 길 위에 올려놓았습니다.15) 이번에는 스리 라마나께서 당신의 존경하는 어머니에게 영원한 자유와 지복至福의 제국을 하사하셨을 뿐 아니라, 그녀의 삼매지三昧地(Samadhi-무덤)에 마트루부떼스와라 링감(Mathruvhuteswara Lingam)을 세우심으로써 최상의 경의를 표하시고 그녀의 영예가 세간에서 영구히 찬양받게 하셨습니다. 스리 바가반의 입에서 '어머니'란 말씀이 나오는 것을 듣자 저는 환희에 휩싸였고 눈에는 눈물이 가득 고였습

---

15) [역주] 까삘라는 상키야 철학의 확립자, 드루바는 젊은 고행자로 모두 뿌라나에 나오는 고대의 진인들이다. 드루바는 고행의 공덕으로 나중에 드루바 세계(Dhruvaloka-북극성의 하늘)로 올라갔다.

니다. 그것은 마치 어머니에 관한 말씀을 그 딸에게 하신 것처럼 들렸습니다. 마하트마들은 언제나 여성들을 존중합니다. 그들은 여성을 어머니로, 그리고 완전한 형상의 사랑으로 봅니다. 자연 없이는 어떠한 창조도 없습니다. 어머니가 오시기 전에는 아쉬라맘에서 음식을 전혀 만들지 않았습니다. 어머니가 오셔서 아쉬람 상주자들에게 푸짐한 식사를 제공한 것입니다. 어머니가 도입하신 화제火祭(agnihotra-불로써 올리는 희생제)[불]는 오늘날에도 요리를 하여 수천 명 헌신자들의 배를 채워줍니다.

저는 저 존경하는 어머니의 사진을 보려고 돌아앉았지만 사진이 하나도 없어 실망하고 속으로 이렇게 말했습니다. '오 어머니, 여성 일반에게 영광을 가져오신 분이시여! 저희는 축복받았습니다!' 그러는 사이에 여러 가지 맛있는 음식들이 나왔습니다. 우리가 그것을 먹고 난 30분 뒤에는 뿌리(poori)와 꾸뚜(kootu)가 나왔습니다. 다 먹고 나서 우리는 돌아오기 시작했습니다. 바가반은 우리를 한 사람 한 사람 다 배웅하신 뒤에 아루나기리의 옥좌에서 내려와 시자를 대동하시고 천천히 걸어서 해가 서쪽 산 뒤로 질 때 산기슭의 아쉬람으로 돌아오셨습니다. 그러고 나서 베다 빠라야나 등 일과가 평소와 같이 진행되었습니다.

 마하트마의 능력이 직접 보이고 들리기를 바라는가?
 들어 보라! 그것을 진정한 안목으로 옮겨 적을 수 있을까?
 누가 과연 그렇게 할 수나 있을까?
 그런 거라면 브라마에게나 맡길 일이네.

1945년 11월 27일

7. 보물

저는 어제의 편지를 열어서 읽어 보았습니다. 스깐다쉬라맘에 올라갔던 일은 분명 즐거운 여행이었습니다. 그러나 깊이 생각해 보니 한 가지 사실이 제 뇌리를 때리지 않을 수 없었습니다. 빈나꼬따 벤까따라뜨남(Vinnakota Venkataratnam)은 어느 시에서 이렇게 쓰고 있습니다.

 그는 (헌신자들의) 허기를 채워주고 그들을 돌려보내지만,
 누구도 깨달음의 길을 보도록 허락해 주지는 않네.
 그는 집착하되 집착하지 않는 사람처럼 행동한다네.
 길을 보여준 쥐에는 더 이상 물어보려고도 하지 않네.

이 말은 실현된 것 같습니다. 우리가 스깐다쉬라맘에 있는 동안은 바가반이 이런저런 주제로 말씀을 하셨지만, 우리를 배불리 먹이신 뒤에는 우리더러 흩어지라 하

셨습니다. 잘 보십시오! 이것만으로도 우리는 환희에 넘치고 어쩔 줄 모르게 되어 육체 의식을 잃었습니다. 진정한 부富, 감로와 같은 보물은 당신이 아루나찰라의 어딘가에 숨겨놓으신 것이 분명합니다. 당신은 우리가 그 보물을 찾아내는 것을 허락하지 않으시고, 뿔리호다라나 다디요다남과 같은 마취제를 주셔서 우리가 진짜 대상을 잊어버리게 하셨습니다. 누구도 입을 열어 바가반께 그 보물에 대해 여쭈지 않았습니다. 그러나 그 허물은 실로 우리에게 있습니다. 그것은 저희들이 진정 필요로 했던 음식은 아니고 다른 종류였습니다. 그것은 에까라사(ekarasa), 곧 두 번째가 없는 하나(one without a second)입니다. 엄마도 (아이가) 달라고 하지 않으면 아무것도 주지 않는다고 합니다. 우리는 부족한 뭔가에 대해 말없이 우물거리기만 했습니다. 그러나 만일 진짜 배가 고파서 갈망하면 당신이 영원한 지知라는 영적인 음식을 주시지 않겠습니까? 당신은 사랑과 연민의 바다이십니다. 우리는 그것을 어떻게 청할지 몰랐던 것입니다. 그런다고 해서 당신이 무슨 영향을 받겠습니까? 당신은 보물을 아루나찰라 안에 숨겨 마치 이 산이 당신의 집인 양 안전하게 감추어 두셨습니다. 마하트마들의 행위는 얼마나 놀라운지요! 바가반은 창문을 통해 이 산을 늘 응시하십니다. 그리고 한 순간도 이 감추어 두신 보물에 대한 의식을 놓지 않으십니다. 저 같은 사람들이 그 보물을 찾아낼 수 있겠습니까? 당신은 우리가 필요한 공덕을 쌓았을 때만 그것을 우리에게 하사하십니다. 선물은 각자의 공로에 따라 주어야 하고 씨앗은 토질에 따라 뿌려야 한다고 합니다. 우리는 그러한 (선물의) 하사자를 우리의 스승으로 모시고 있으면서도 그 보물을 얻지 못하고 있는데, 그 이유는 우리 자신의 무능함 때문입니다. 어떻게 생각하십니까? 사실 아닙니까?

1945년 11월 28일
8. 자기 성품에 대한 봉사가 진아에 대한 봉사이다

지난 두세 달 간 바가반의 시자들은 어떤 약용 기름을 가지고 바가반의 다리를 안마하여 류머티즘에 따른 통증을 덜어드리고 있습니다. 바가반의 몸을 돌보는 데 열심인 몇 명의 헌신자들도 돌아가며 반시간마다 안마를 해 드리기 시작했는데, 이 때문에 아쉬라맘의 평소 일과가 흐트러지고 말았습니다.

바가반께서 이런 사태를 내버려두시겠습니까? 당신은 시자들에게 늘 자상하셔서 어떤 일에도 "안 돼"라고 강하게 말씀하시는 법이 없기 때문에, 지나가는 말투로 "여러분 모두 좀 기다려 주시오. 나도 이 다리를 좀 안마해야겠으니. 나도 복을 좀 지어야 하지 않겠소?"라고 하셨지요. 그렇게 말씀하시면서 그들의 손을 치우고 당신

자신의 두 다리를 안마하기 시작하셨습니다. 저는 그것을 보고 아주 즐거웠을 뿐만 아니라, 스리 바가반의 연꽃 발에 손을 대 보고 그러면서 쁘라남(pranam)[절]을 해 보고 싶다는, 제 내면에 아직 잠복해 있던 약간의 욕망도 완전히 사라지고 말았습니다. 바가반의 말씀들은 그 나름의 특이한 매력이 있군요! 보세요! 당신도 약간의 복을 짓겠다고 하시니 말입니다! 그것을 이해할만한 지성을 가진 사람에게는 얼마나 미묘한 암시입니까!

그럴 때쯤 연세가 많은 은퇴한 판사 한 분이 말했습니다. "스와미님, 저에게도 스승님의 발에 봉사할 수 있는 기회를 주셔야겠습니다." 이에 대해 바가반이 대답하셨습니다. "오, 그런가요? '진아에게 하는 것이 스승에게 하는 것'(Atmavai guruhu)이지요! 당신은 지금 일흔입니다. 그런데 저한테 봉사한다고요? 그만하면 됐습니다. 최소한 지금부터라도 당신 자신에게 봉사하십시오. 침묵을 지키고 있으면 그걸로 충분하고도 남습니다."

그 말씀을 생각해 보면, 이보다 더 큰 우빠데샤(upadesa)[가르침]가 어디 있습니까? 바가반은 우리가 침묵을 지키고 있을 수 있으면 그걸로 충분하다고 하십니다. 당신께는 그것이 당연하지만 우리가 그렇게 할 수 있습니까? 우리는 아무리 노력해도 그 상태에 도달하지 못합니다. 스리 바가반의 은총에 의지하는 수밖에 무슨 도리가 있습니까?

1945년 11월 29일

9. 모두에게 평등함

약 1년 전의 일이라고 생각됩니다. 오라버니는 아유르베다 의원인 라마짠드라 라오를 아시지요? 그는 바가반 몸의 기운을 보해줄 약을 준비하면서 그에 필요한 약초와 약재의 긴 목록을 만들어 스리 바가반께 보여드렸습니다. 바가반은 지시를 잘 따르는 착한 아이처럼 그 목록 전체를 살펴보시고, 갖가지 약들의 효능을 칭송하신 다음 마침내 이렇게 말씀하셨습니다. "이 약을 누구에게 지어주려고 합니까, 의원님?" 그가 조용히 말했습니다. "바로 스리 바가반을 위해서입니다." 그 말을 들으시자 바가반이 말씀하셨습니다. "분명히 당신은 저한테 긴 목록을 주었는데, 그 약값을 제가 어디서 구하지요? 10루피는 들 텐데 누구한테 가서 말해야 합니까?"

누군가 아쉬라맘 재산을 둘러보더니 조용히 말했습니다. "이것은 다 누구 것입니까, 스와미님?"

"예, 하지만 제가 가진 게 무엇입니까? 만일 제가 4분의 1안나를 원한다고 하면 저는 도감에게 가서 달라고 해야 합니다. 제가 어떻게 가서 달라고 합니까? 식사종이 울리자마자 가면 그는 저에게 음식을 조금 줍니다. 저도 다른 사람들과 같이 먹고 나서 돌아오는데, 만약 늦게 가면 음식을 주지 않을지도 모릅니다. 음식을 받는 데 있어서도 저는 꼴찌입니다." 바가반이 말씀하셨습니다. 가엾은 의원은 두려움으로 몸을 떨더니 두 손을 합장하고 말했습니다. "스와미님, 목록은 그냥 보여드린 것이고 필요한 약들은 제가 구하겠습니다." 그러자 바가반이 말씀하셨습니다. "오 그래요? 당신이 구한다고요? 그러나 만일 그 약이 저한테 좋다면 그것은 여기 있는 사람들 모두에게도 틀림없이 좋겠지요. 그 약을 저뿐만 아니라 이 사람들에게도 줄 수 있습니까?" 이때 몇몇 사람이 말했습니다. "저희들이 왜 먹겠습니까, 스와미님?" 바가반이 대답하셨습니다. "육체노동을 하는 사람들도 보약이 필요 없다면, 여기 앉아 있다가 밥만 먹는 저는 어떻습니까? 아니, 아니, 그럴 수는 없지요!"

전에 한번은 스리니바사 라오 박사가 기력을 보하는 어떤 이종요법異種療法 약에 대해 바가반께 이야기하면서, 그것을 드시면 바가반께 좋을 거라고 말했습니다. "예, 좋겠지요. 당신은 부자고 뭐든지 구할 수 있으니까요. 그러나 저는 어떡합니까? 저는 탁발승입니다. 그런 비싼 약을 어떻게 먹습니까?" 그러자 박사가 말했습니다. "바가반께서는 제안을 드리는 것마다 늘 거절하십니다만, 뭔가 드시겠다고 하면 그것이 오지 않겠습니까? 또 약이 아니라 하더라도 우유나 과일, 아몬드 같은 영양 식품은 왜 안 드십니까?"

바가반이 대답하셨습니다. "좋지요. 하지만 저는 가난뱅이들의 왕(daridranarayana)입니다. 제가 그럴 돈이 어디 있습니까? 게다가 제가 어디 혼자입니까? 제 식구들은 대가족입니다. 이 많은 사람들이 과일이니 우유니 아몬드니 하는 것을 어떻게 다 먹을 수 있습니까?"

바가반은 당신만을 위한 특별한 어떤 것을 싫어하십니다. 당신이 자주 하신 말씀이지만, 만약 누가 음식을 가져와서 모든 사람들에게 나누어주면 당신은 드시지 못해도 상관없지만, 그 음식을 당신에게만 주고 다른 사람들에게는 같이 나누어주지 않으면 당신은 마음이 상할 거라고 하셨습니다. 또 당신이 길을 가시다가 반대편에서 사람들이 오고 있으면 당신은 그들이 당신을 위해 옆으로 비켜서는 것을 좋아하지 않으시고 당신이 비켜서서 그들을 지나가게 하실 것입니다. 그들이 지나가기 전에는 당신이 한 걸음도 더 움직이지 않으실 겁니다. 우리는 이 평등과 포기의 정신 중에서 천 분의 일만 자기 것으로 해도 다행이라고 생각해야 할 것입니다.

만일 바가반의 사상을 모르는 저와 같은 아둔한 사람들이 음식과 같은 문제에서 당신께 특별대우를 해 드리면 당신은 극구 사양하시는데, 그것은 거친 음식을 감내하는 것이 당신의 성품이기 때문입니다. 그러나 권하는 정도가 심하면 그것을 혐오하면서 이렇게 말씀하십니다. "제가 어떻게 합니까? 그들이 주도권을 쥐고 있고 그들이 배식하니 저는 먹어야지요. 저는 그들이 하는 말을 들어야 하고, 그들이 원하면 먹어야 합니다. 보세요, 이것이 스와미 노릇(swamitvam)이라고 하는 것입니다. 이해가 됩니까?" 이 이상 어떤 훈계를 바랄 수 있겠습니까?

1945년 11월 30일

10. 세간적 문제들

약 2년 전, 예전부터 오랫동안 아쉬라맘을 찾아오던 군뚜르(Guntur-안드라 지방의 도시)의 한 노부부가 이곳에 두 달 간 머물렀습니다. 그 신사는 한 번에 두 달 이상은 자기 집과 자식들로부터 떨어져 있을 수 없었지만, 자기 아내 탓을 하려고 그랬는지 바가반께 다가가서 이렇게 말했습니다. "저는 이 가정 문제들을 견딜 수 없습니다. 제 처에게 따라오지 말라고 했는데도 따라 왔습니다. 두 달도 채 안 되었는데 '어서 갑시다. 집에 가서 해야 할 일들이 많아요' 합니다. 혼자 가라고 해도 말을 안 듣습니다. 아무리 이야기를 해도 제 말을 듣지 않습니다. 부디 바가반, 저의 처에게 좀 가라고 설득이라도 해 주십시오. 그러면 저는 당신과 함께 식사를 하면서 여기 더 있겠습니다."

바가반은 농담하듯이 대답하셨습니다. "선생님이 가족을 버리면 어디로 가겠습니까? 하늘로 올라가겠습니까? 어쨌든 이 지상에 남아 있어야 합니다. 우리가 어디에 있더라도 가족이 있습니다. 저도 지금까지 제가 아무것도 원하지 않는다고 말해 왔지만, 보십시오. 지금 제 식구는 얼마나 많습니까? 제 식구는 당신 식구보다 백 배는 많습니다. 그녀에게 가라고 말해 달라고 하지만, 만일 그녀가 와서 '제가 어디로 갈 수 있습니까, 스와미? 차라리 여기 있겠습니다' 하면 제가 뭐라고 하지요? 당신은 당신 가족을 원치 않는다고 하지만, 제 가족은 제가 어떻게 합니까? 이 모든 사람을 두고 제가 어디로 갑니까?"

회당 안의 사람들은 모두 미소를 짓고 있었습니다. 노인은 바닥에 앉아서 말했습니다. "예, 하지만 바가반께 뭐가 문제되겠습니까? 당신께서는 모든 속박에서 자유로우시니, 아무리 많은 가족이라 해도 그 짐을 감당하실 수 있습니다."

바가반이 사물들에 대해 얼마나 유머러스하게 말씀하시는지 아셔야 합니다. 당신이 어떤 말씀을 하셔도 거기에는 저희들을 위한 어떤 가르침이 들어 있습니다. 저와 같은 헌신자들은 다리나 배나 등에 무슨 통증이 있으면 곧잘 그것을 바가반께 말씀 드리곤 합니다. 한번은 어떤 사람이 와서 말했습니다. "제 시력이 나빠서 앞을 제대로 볼 수가 없습니다. 바가반의 은총으로 이 고통이 덜어졌으면 합니다." 바가반은 여느 때와 마찬가지로 고개를 끄덕이셨는데, 그 사람이 떠나자마자 말씀하시더군요. "그는 자기 눈에 통증이 있다고 합니다. 저는 다리에 통증이 있습니다. 저는 누구한테 가서 이 고통을 덜어달라고 할까요?" 우리는 모두 놀라서 침묵을 지켰습니다.

1945년 12월 1일

11. 세간연이란 무슨 뜻인가?

제가 여기 온 초기였습니다. 하루는 오후 3시경에, 여기 온 지 얼마 안 되는 중년의 안드라 사람이 바가반께 여쭈었습니다. "스와미, 저는 매일 아침저녁으로 한 시간씩 라마 명호(Ramanamam)[라마의 이름]를 염하고 있는데, 다른 생각이 하나씩 들어옵니다. 가끔씩은 그것이 늘어나서 결국 제가 염송을 잊어버리게 됩니다. 저는 어떻게 해야 합니까?"

"그럴 때 그 이름[라마 명호]을 붙잡으십시오." 바가반이 말씀하셨습니다. 우리는 모두 웃었습니다. 가엾은 양반! 그는 울적해져서 말했습니다. "이렇게 끊어지는 이유는 세간연世間緣(samsara)[가족] 때문입니다. 그렇지 않습니까? 그래서 저는 세간연을 버릴까 생각하고 있습니다." 바가반이 말씀하셨습니다. "오, 그래요? 세간연이란 것이 실제로 무슨 뜻입니까? 그것은 안에 있습니까, 밖에 있습니까?" "처자식 기타 사람들이 세간연입니다." 그가 말했습니다. "그것이 세간연이 전부입니까? 그들이 무엇을 했습니까? 먼저 세간연이 정말 무슨 뜻인지 알아내십시오. 그런 다음에 그들을 버리는 문제를 고려해 보도록 합시다." 바가반이 말씀하셨습니다. 그 사람은 대답을 하지 못하고 풀이 죽어 침묵을 지켰습니다.

바가반의 가슴은 자비심으로 가득했습니다. 당신은 자애로움이 가득한 시선으로 말씀하셨습니다. "그대가 처자식을 버리고 떠난다고 해 봅시다. 그대가 여기 있으면 그것은 또 다른 세간연이 될 것입니다. 그대가 출가한다고 해 봅시다. 지팡이, 물주전자 따위와 같은 형태로 또 다른 세간연이 생겨납니다. 그런 짓을 왜 합니까? 세간연이란 마음의 세간연을 뜻합니다. 그 세간연을 떠나면 그대가 어디에 있든 똑같을 것입니다. 그 어떤 것도 그대를 괴롭히지 않습니다."

가엾은 양반! 그는 용기를 좀 내어 이렇게 말하더군요. "예, 그렇습니다, 스와미. 어떻게 해야 마음의 그 세간연을 놓아버립니까?" 바가반이 말씀하셨습니다. "바로 그거지요. 그대는 라마 명호의 염송을 하고 있다고 했습니다. 생각들이 꼬리를 물고 일어나고 있을 때 가끔씩은 라마 명호의 염송을 잊어버린다는 사실을 상기한다고 했습니다. 가능한 자주 그 사실을 상기하면서 자주 라마의 이름을 붙잡으십시오. 그러면 다른 생각들이 차츰 줄어들 것입니다. 명호 염송[신의 이름을 염하는 것]을 하기 위한 몇 가지 단계가 (경전에) 제시되어 있습니다. 그 이름을 큰 소리로 염하는 것보다는 입술만 움직이면서 염하는 것이 좋고, 그보다 더 좋은 것은 마음 속으로 염하는 것입니다. 그리고 가장 좋은 것은 명상(*Dhyanam*)입니다."

> 그 중에서도 가장 나은 것은
> 마음 속으로 하는 명상이라네.
> ─ 「가르침의 핵심」, 제6연

1945년 12월 2일

12. 그대가 온 길로 가라

또 한번은 한 안드라 청년이 와서 말했습니다. "스와미, 저는 해탈(*moksha*)을 얻고 싶은 큰 열망이 있는데, 거기에 이르는 길을 알고 싶어서 베단타에 관한 책이란 책은 다 읽었습니다. 책마다 방식은 달라도 다 해탈에 대해 이야기하고 있었습니다. 저는 또 학식 있는 분들도 많이 찾아갔는데, 그분들께 질문을 드리면 각자 서로 다른 길을 권했습니다. 그래서 어떻게 해야 할지 몰라 이렇게 찾아뵈었습니다. 제가 어느 길로 가야 할지 부디 말씀해 주십시오."

바가반은 얼굴에 웃음을 띠고 말씀하셨습니다. "좋습니다, 그러면 그대가 온 길로 가십시오." 우리는 이 말씀에 모두 재미있어 했습니다. 그러나 가엾은 청년은 무슨 말을 할지 몰랐습니다. 그는 바가반이 회당을 떠나실 때까지 기다렸다가 낙심한 얼굴로 애원하듯이 다른 사람들을 돌아보며 말했습니다. "여러분, 저는 큰 희망을 가지고 먼 길을 왔습니다. 해탈에 이르는 길을 알고 싶은 열망에서, 돈 들고 고생스러운 것도 돌아보지 않고 말입니다. 그런 저에게 온 길로 도로 가라고 하시는 게 온당합니까? 이것이 어떻게 농담하실 일입니까?"

그러자 회중의 한 사람이 말했습니다. "아니지요. 농담이 아닙니다. 그것은 당신의 질문에 대한 가장 적절한 답변입니다. 바가반의 가르침은 '나는 누구인가?' 하는 탐구가 해탈에 이르는 가장 쉬운 일이라는 겁니다. 당신은 바가반께 '제가' 어느 길로 가야 하느냐고 여쭈었는데, 바가반께서 '그대가 온 길로 가라'고 하신 말씀은 그 '나'가 나온 길을 따라가면서 탐구하면 해탈을 얻게 될 거라는 의미였습니다.

마하트마의 음성은 가벼운 기분으로 이야기할 때조차 진리를 가리켜 보이는 것입니다. 나중에 누군가가 『나는 누구인가?』 책을 그 젊은이의 손에 쥐어주었습니다. 젊은이는 그 해석에 놀라움을 느꼈고, 바가반의 말씀을 가르침(upadesa)으로 받아들여 바가반께 오체투지 하고 떠났습니다.

바가반은 보통 우리에게 유머러스하거나 지나가는 말투로, 혹은 위로 삼아서 가르침을 주십니다. 제가 아쉬라맘에 온 초기에는 집에 가고 싶은 마음이 날 때마다 회당에 사람이 거의 없을 때를 보아 바가반께 다가가 이렇게 말씀드리곤 했습니다. "저는 집에 가고 싶습니다, 바가반. 그러나 집안의 어지러운 일들에 도로 빠져들까 두렵습니다." 그러면 당신은 "모두가 우리에게 와서 빠져드는데, 우리가 무엇에 빠져들 일이 어디 있나?" 하시는 것이었습니다.

또 한번은 제가 말했습니다. "스와미, 저는 아직 이런 속박에서 벗어나지 못했습니다." 바가반이 대답하셨지요. "오는 것은 오라고 하고 가는 것은 가라고 해. 왜 걱정하나?" 그렇습니다. 그 '나'가 무엇인지를 깨닫기만 하면 이런 걱정들을 도무지 할 일이 없겠지요.

1945년 12월 3일

13. 동기 없는 헌신

1944년 8월에 황색 승복을 입은 찐마야난다(Chinmayananda)라는 이름의 한 벵갈 젊은이가 왔습니다. 그는 델리의 비를라 만디르(Birla Mandir)에 속하는 힌두 종교의 설법사(pracharak)였습니다. 몇 개국을 순방한 적이 있고, 오로빈도 아쉬람을 방문했으며, 여기는 딜립 꾸마르 로이의 소개장을 가지고 왔습니다. 그는 헌가 음악을 좋아하고, 훌륭한 목소리의 소유자입니다. (바가반과의) 대화를 통해 미루어 보건대 그는 짜이따니야(Chaitanya)에게 헌신하는 교파의 추종자였습니다. 그는 바가반 앞에서 네댓 번 헌가를 불렀는데, 산스크리트와 힌디어로 된 노래들을 불렀습니다. 어느 현대적 수행 단체를 책임지고 있는 어떤 사람이 그에게 한 곳에서 동요 없이 머물러 있지 않으면 금생에 그의 목표를 이루기 어려울 것이라고 말했다고 합니다.

하루는 그가 이러한 측면에 대한 바가반의 견해를 알기 위해 바가반께 다가가 일반적인 관점에서 질문했습니다. "스와미, 수행자들이 신을 찬양하는 노래를 부르는 데 몰두하여 세상을 돌아다녀도 금생에 이 목표를 이룰 수 있습니까, 아니면 그 목적을 이루기 위해서는 한 곳에 머물러 있어야 합니까?" "그 사람이 어디를 돌아다니든 마음을 단 한 가지에 집중하는 것은 좋습니다. 마음을 헤매게 내버려두면서 몸은 한 곳에 있어본들 무슨 소용 있습니까?" 바가반이 말씀하셨습니다. "동기 없는 헌신(*ahetuka bhakti*-사심 없는 헌신)이 가능합니까?" 젊은이가 여쭈었습니다. "예, 가능하지요." 바가반이 말씀하셨습니다. 얼마 전에 다른 사람들도 대화 중에 같은 질문을 했는데 바가반은 이렇게 답변하셨습니다. "왜 가능하지 않겠습니까?" 쁘랄라다(Prahlada-고대의 진인)와 나라다의 헌신은 어디까지나 동기 없는 헌신이었습니다.

우리 바가반께서 아루나찰라에 대해 보여주시는 헌신이 이런 헌신의 한 예입니다. 바로 첫 친견에서 바가반은 말씀하셨지요. "오, 아버지! 저는 당신의 명령에 따라 여기 와서 당신께 저 자신을 내맡깁니다"라고 말입니다. 보세요! 바가반은 주 아루나찰라께서 명령해서 당신이 왔다고 말씀하십니다. 당신은 왜 명령을 받았으며, 왜 오셨습니까? 바가반은 와서 당신 자신을 완전히 내맡기셨습니다. 어떤 목적에서 그렇게 하셨느냐고 묻는다면 우리가 무슨 말을 할 수 있겠습니까? 바가반께서 타밀어로 지으신 「아루나찰라에 바치는 아홉 보주화만寶珠華鬘」(*Arunachala Navami Mala*)[16]의 제7연에 나오는 의미를 보십시오. 이것을 G. 나라싱아 라오(Narasinga Rao)가 텔루구어로 번역했습니다. 이 연에서 말하는 그 목적은 무엇입니까? 없습니다. 바가반께서는 가끔 우리에게 말씀하십니다. 동기 없는 헌신, 일념헌신(*ananya bhakti*), 완전 헌신(*purna bhakti*) 등은 진지眞知(*jnana*)와 동의어이지 다른 것이 아니라고 말입니다.

1945년 12월 12일

14. 관습적인 존경

어느 날 오전에는 일상적인 대화 도중 화제가 바가반의 어머니가 바가반과 함께 살려고 오신 이야기와 그녀의 생활 방식으로 넘어갔는데, 바가반은 우리에게 다음과 같이 말씀하셨습니다.

"어머니는 여기 자주 오셔서 장기간씩 머무르시기 시작했습니다. 저는 짐승과 새들에까지 늘 공경스럽게 호칭하지 않습니까? 마찬가지로 저는 어머니도 공경스럽게 호칭하곤 했습니다. 그러다가 이렇게 부르면 어머니가 마음 상하실 거라는 생각이 들었습니다. 그래서 그러던 것을 그만두고 어머니를 친근하게 부르기 시작했습니다. 어떤 관행이 자연스럽고 습관이 되어 있는데 그것을 바꾸면 불편한 느낌이 듭니다. 그러나 여하튼 이런 신체적인 것들이 중요합니까?" 당신은 깊은 감동을 느끼며 말씀하셨고 눈에는 눈물이 가득했습니다.

---

[16] [역주]『라마나 마하르쉬 저작 전집』(이하,『저작 전집』), 132쪽 참조.

바가반은 청춘의 서광이 얼굴에 채 비치기도 전에 모든 세간적 욕망을 포기하셨고, 신적인 욕망으로 성스러운 아루나찰라로 달려 오셔서 이곳에서 영원한 지복의 왕국을 다스리고 계십니다. 그런 아들로부터 '어머니'(Amma)라고 불리는 특권을 가졌던 저 어머니의 엄청난 복을 우리가 어찌 이루 말할 수 있겠습니까? 베다에서는 어머니를 가장 먼저 숭배해야 한다고 말합니다. "어머니를 신으로 삼아라"(Mathru devo bhava)고요. 그렇다 하더라도 여기서 아름다운 점은, 바가반이 어머니를 공경스럽게 호칭하는 것이 부자연스럽다고 느끼셨다는 것입니다. 만일 바가반이 그렇게 호칭하셨다면 어머니가 마음 상하지 않았겠습니까? 그녀는 그냥 '어머니'라고 불러드리는 데 만족했습니다. 아마 바가반은 그런 사소한 문제에서도 어머니의 마음을 상하게 해 드려서는 안 되겠다고 생각하셨나 봅니다.

"어머니가 돌아가시자 저는, 속박에서 벗어났으니 이런 저런 동굴에 혼자 살면서 마음대로 돌아다닐 수 있겠다 싶었지만, 사실 지금은 더 큰 속박을 안고 있습니다. 밖에 나가지도 못하니 말입니다." 바가반은 종종 이런 식으로 말씀하십니다. 어머니는 한 분뿐이었지만 자식들은 수천 명입니다. 그러니 이것이 더 큰 속박 아닙니까? 사실 저번에 바가반은 스깐다쉬라맘이 수리 중이라는 이야기를 들으시고 한낮에 거기를 그냥 둘러보고 조용히 내려오려고 누구한테도 말하지 않은 채 시자 랑가스와미를 데리고 올라가셨습니다. 그러나 어떻게 되었습니까? 우리가 모두 올라가 흥분으로 들뜬 채 당신을 에워싸 당신이 움직이지 못하게 했습니다. 그 많은 사람들과 함께 오후 8시 무렵에 가까스로 돌아오시느라고 당신은 고생을 많이 하셨습니다.

2주일 뒤에 인부들이 바가반께 스깐다쉬라맘으로 올라가는 길을 다듬는 작업이 다 끝났다고 보고를 드리면서 한번 살펴보시라고 청하자 바가반이 말씀하셨습니다. "가서 보겠네." 그날 오전 우리는 모두 거기를 올라가고 싶다는 뜻을 말했습니다. 바가반은 우리를 놀리면서 말씀하셨지요. "나중에 언젠가 우리 모두 거기로 소풍을 가지요." 그러고 나서 오후 5시 무렵에 당신은 평소와 같이 산 위를 포행하시다가 슬그머니 스깐다쉬라맘으로 올라가셨습니다. 이 사실이 알려지자마자 선남선녀들이 어둠이 깔리는 것도 관계없이 횃불과 등불을 들고 산을 올라가기 시작했습니다. 산 위로 오르는 바가반의 방식을 잘 모르는 사람들에게는 당신을 따라 산을 오르는 것이 중요한 일이었지만, 저는 제반 사정을 아는 사람으로서 올라가서는 안 되겠다고 생각했습니다. 두 번이나 올라가려고 나섰다가 첫 구비에서 돌아섰지만, 결국 그 유혹을 이기지 못하고 대중을 따라갔습니다. 우리가 아무리 부추겨도 원숭이가 그 습성을 바꾸지 못하듯이, 제가 아무리 제어하려고 해도 제 마음의 본래 습이 나온 것입니다. 나중에 후회해 본들 무슨 소용 있습니까?

사실 당신의 자식들이 어둠 속에서 그렇게 다 올라오자 바가반은 그들이 앉을 자리가 없고 먹을 것도 없어 얼마나 마음이 아프셨겠습니까. 그래서 당신은 넘치는 자비심에서, 나중에 모두를 위해 그곳에서 잔치를 베풀도록 배려하신 겁니다. 당신의 훌륭한 제어력이 없다면 이 엄청난 가족을 어떻게 관리하실 수 있겠습니까? 당신의 심오한 평안이 없다면 이 큰 가족의 한 가운데서 어떻게 그렇게 초연하실 수 있겠습니까? 위대한 스승의 힘을 넘어서는 것은 아무것도 없다는 것을 기억하십시오.

1945년 12월 29일

15. 에짬말의 타계

목요일인 27일 밤 2시 45분에, 바가반께는 어머니와 같았던 에짬말이 육신을 떠나 바가반의 연꽃 발 아래서 하느님과 합일되었습니다. 저는 이 소식에 슬프다기보다는 기뻤습니다. 제가 그녀의 집에서 아쉬라맘 근처의 집으로 처소를 옮겼을 때, 그녀는 몇 번이나 이런 말을 했습니다. "나는 너를 자식같이 사랑했다. 내가 이승을 하직할 때 네가 곁에 있을 줄 알았는데 저만치 가 버렸구나. 이제 내가 죽고 난 뒤에야 와서 이 몸뚱이가 화장터로 실려가는 걸 보겠지?" 이 말을 할 때 그녀의 눈에는 눈물이 고이곤 했습니다. 그러나 바로 그 말대로 되었습니다. 저는 그녀가 병이 났다는 소식이 아니라 세상을 떠났다는 소식만 들은 것입니다. '자식은 바위같이 단단하고, 어미는 셸락(shellac-니스의 원료가 되는 부드러운 수지)같이 무르다'는 말이 있습니다. 이번 경우는 이 말이 너무 맞는 것이 유감입니다.

25일에 올케가 그녀에게 옷가지를 좀 드렸고 그때 그녀는 집에 온 손님들을 위해 음식을 만드느라고 바빴던 것 기억하시지요? 그날 저녁에 그녀는 자리에서 일어나지 못한 채 물을 달라고 해서 누가 물을 좀 드렸습니다. 그것을 마시고 나서 가만히 누워 있었고, 그래서 손님들은 다 떠났습니다. 이런 자세한 이야기는 곁에서 시중을 든 그녀의 질녀가 들려준 것입니다. 물을 마신 뒤에 그녀는 말도 못하고 음식도 먹지 못한 채 누워 있기만 했습니다. 다음날 이 소식이 바가반께 전해졌습니다. 27일에는 상태가 위중해졌습니다. 그래서 친척들에게 전보를 쳤다고 합니다. 그녀는 거의 의식이 없었지만 누가 부르면 가끔씩 눈을 떴습니다. 오후 4시경에 한 여성이 그녀가 실제로 얼마나 의식이 있는지 시험해 보려고 이렇게 말했습니다. "오늘은 바가반께 음식을 보내드리지 못한 것 같네요." 에짬말은 '음식'이라는 말을 듣자마자 놀라 눈을 활짝 뜨고 왜 그랬느냐고 묻는 듯한 눈길을 보냈습니다. 그 마음의 평안을 방해하지 않기 위해 질녀가 말했습니다. "저희가 보내드렸어요." 그러자 그녀는 알았다고 고개를 끄덕였습니다. 그것이 진정한 맹세의 준수(vrita deeksha)17)입니다. 죽음의 문턱에 있으면서도 바가반에 대한 시봉侍奉(kainkarya)을 잊지 않으려고 하는 대단한 어머니에 대해 우리가 무슨 말을 하겠습니까!

그뿐입니다. 그날 저녁 8시에 그녀의 입에서 알아듣지 못할 소리들이 흘러나왔는데, 두 눈은 멍하고 분명히 사경을 헤매고 있었습니다. 그녀의 조카가 바가반께 와서 그 소식을 전했습니다. 아쉬라맘 의사가 보러 가서 그녀를 검사한 뒤에 희망이 없다고 선언했습니다. 그러자 그들은 참회의식(jeevaprayaschitham)을 거행했습니다. 여하튼 그 소식이 바가반께 전해지고 나서는 그녀가 많은 고통을 느끼지 않았고, 호흡이 한결 수월하고 미약해지더니 새벽 2시 45분에 세상을 떠났습니다. 저는 그녀가 아프다는 것을 목요일 저녁에 알았고 다음날 아침에는 병문안을 갈 수 있겠다 했는데, 가기 전에 아쉬라맘에 왔다가 이 슬픈 소식을 들었습니다. 바가반이 저에게 말씀하셨습니다. "저런, 세상을 떠났다고? 그녀가 이런 온갖 세간적 걱정거리에서 언제 벗어나는가 하고 기다리고 있었는데. 그러니까 이런 온갖 걱정거리에서 벗어나 버렸군. 좋아, 갔다 와."

저는 몇 명의 헌신자들과 함께 갔습니다. 아직 변색되지 않은 그녀의 시신을 보자 저는 슬픔에 휩싸였습니다. 그녀는 분명 강한 분이었고, 초년에 제가 여기 혼자 있을 때는 제가 유일하게 의지하는 사람이었습니다. 비록 그녀의 뜻에 많이 반하기는 했지만 제가 처소를 옮기자 그녀는 제가 아플 때마다 바가반의 음식과 함께 저한테도 음식을 갖다 주시곤 했습니다. 전에 저에게 해 두신 지시에 따라 저는 (미리 준비해 둔) 갠지스 강물로 그녀의 몸을 씻겨 드리고 비부띠(vibhuti)를 바른 다음 루드락샤(rudraksha) 염주를 걸어 드렸습니다. 그리고 그녀가 떠나는 마지막 여행을 배웅했습니다. 그녀의 가족 친지들은 모두 매장이 아니라 화장을 원했습니다.

제가 오후 2시 30분에 바가반 앞에 절을 하자 당신이 물으셨습니다. "그녀는 어떻게 죽었지? 사람들이 어떻게 했어?" 제가 대답했습니다. "화장하기로 했습니다. 가족 친지들은 그녀가 자신의 재를 고향에 묻고 그 위에 숭배할 수 있는 뚤시(tulsi) 화초를 심어 달라고 했다 합니다." 바가반이 말씀하셨습니다. "그래, 그래, 괜찮아. 가나빠띠 샤스뜨리도 그랬고 다른 사람들도 그랬어." 제가 자리에 앉자 바가반이 위로하듯이 말씀하셨습니다. "나는 그녀에게 이 음식에 대해서는 걱정하지 말고 그만

---

17) [역주] 에짬말은 평생 바가반께 하루 한 끼씩 공양을 올리겠다는 서원을 세웠고, 죽기 바로 전까지 비가 오나 눈이 오나 그 서원을 지켰다.

가져오라고 몇 번이나 말했지. 그러나 아니야! 고집에 세어서 스와미에게 공양하기 전에는 음식을 안 먹는다는 거지. 오늘도 그녀의 이름으로 음식이 왔다니까." 제가 말했습니다. "이제는 그만입니다." "저 무달라이아르 할머니가 아직 건재하지." 바가반이 말씀하셨습니다. 당신이 이 말씀을 하시자 저는 슬픔에 북받쳐 이렇게 말했습니다. "에짬마는 저에게 먹을 것을 주실 때마다 제가 바로 그 자리에서 먹지 않으면 화를 내시곤 했습니다." 이때 제 눈에는 눈물이 가득했는데, 바가반은 "그래, 그래" 하면서 화제를 바꾸셨습니다. 38년 동안이나 자신의 서원을 마치 부적처럼 지키면서 신을 숭배했던 한 헌신자의 이승에서의 삶이 이제는 마감된 것입니다.

또 한 가지 흥미로운 일이 있습니다. 27일 저녁에 베다 빠라야나와 제가 늘 하는 (회당의) 오른돌이(pradakshina)가 끝난 뒤 바가반께 절을 하러 들어갔더니, 당신은 연화좌蓮華坐(padmasana-결가부좌) 자세로 두 팔을 옆으로 늘어뜨리신 채 명상에 들어 꼼짝 않고 앉아 계셨습니다. 당신의 두 눈은 마치 두 개의 천상의 빛처럼 광휘로 빛났고, 저는 우주의 영적인 광채가 바가반이라는 형상으로 응집되어 내려온 것처럼 느꼈습니다. 더 가까이에서 더 오래 보고 싶었지만 저는 그 강력한 시선을 견딜 수 없었기에 그냥 절만 하고 나왔습니다. 집으로 오는 동안 내내 저는, 바가반의 그 깊은 명상적 상태에는 어떤 깊은 의미가 있을 것이 틀림없다고 생각했습니다.

식사가 끝나고 바가반의 침상 곁에서 당신과 짤막한 대화가 있고 난 뒤에, 끄리슈나 빅슈(Krishna Bikshu)가 친구 한 사람과 같이 제 집을 찾아왔습니다. 제가 아쉬라맘 소식을 물어보니 그가 말하기를, 바가반은 저녁 내내 광채가 나는 아득히 먼 시선으로 깊이 자신에게 몰입해 계셨는데 거기에는 어떤 대단한, 그리고 비상한 뭔가가 있는 것이 틀림없다고 했습니다. 우리는 그것이 무엇일까 궁금했습니다. 나중에 우리가 에짬마가 서거할 때의 자세한 이야기를 들어보니, 그녀는 어제 오후 5시부터 죽음의 문턱에 있었는데 저녁 9시에 그 소식이 바가반께 전해지고 나서 그녀의 모든 고통이 사라져 결국 평화롭게 생을 마쳤다는 것을 알았습니다. 그때 우리는 모두, 바가반이 전날 저녁 그 놀랍도록 빛나는 형상을 취하신 것은 이 대단한 헌신자가 임종의 상태에서 벗어나게 해 주기 위한 것이었다고 생각했습니다.

1945년 12월 30일

16. 최초의 공양

어느 날 오후 가벼운 대화가 오가고 있을 때 바가반은 회상적인 기분이 되셔서 다음과 같은 이야기를 우리에게 들려주셨습니다.

"고뿌라 수브라마니예스와라 사원(Gopura Subramanyeswara Temple)[18]에 묵언 스와미가 한 사람 있었습니다. 어느 날 아침에 제가 천주千柱 만다빰(Thousand-Pillar-Mandapam-큰 사원 내의 한 건물) 근처로 가고 있는데 그가 친구 한 사람과 함께 왔습니다. 그는 묵언 스와미였고 저도 그랬기 때문에 서로 아무 말이 없었고 인사도 없었습니다. 곧 한낮이 되었습니다. 그는 친구에게 이런 신호를 보냈습니다. '나는 이 소년이 누군지 몰라. 하지만 피곤해 보이는군. 음식을 좀 얻어 와서 주지 그래.' 그러더니 그들은 음식을 좀 가져왔습니다. 밥이었는데, 밥알이 다 불어터져 있고 밑에는 시큼한 물도 있었습니다. 곁들여 절인 반찬이 조금 있었습니다. 그것이 스리 아루나찰레스와라께서 저에게 주신 최초의 공양음식(bhiksha)이었습니다. 사실 제가 지금 먹는 음식에서는 조금도 즐거움을 느끼지 못합니다. 5찬진수五餐珍羞(pancha bhakshya paramanna)[19]도 그때 먹은 음식에 비하면 아무것도 아니지요." "그것은 스리 바가반께서 그곳에 도착하신 바로 첫날이 아니었습니까?" 누군가가 여쭈었습니다.

"아니, 아니, 그 다음날이었습니다. 저는 그것을 이스와라께서 저에게 주신 최초의 공양이라고 생각하고 그 밥과 절인 반찬을 먹고 그 물을 마셨습니다. 그때의 행복감은 결코 잊을 수 없습니다." 스리 바가반이 말씀하셨습니다.

"저는 스리 바가반께서 탁발(bhiksha)을 하러 처음으로 마을에 들어가신 이야기도 있는 것으로 알고 있습니다." 어느 헌신자가 말했습니다.

"예, 어떤 여성 헌신자가 있었지요. 그녀는 심심찮게 저한테 이런 저런 음식을 가져오곤 했습니다. 하루는 그녀가 모든 사두들을 위한 잔치를 열고 저에게 그들과 같이 식사를 하러 가자고 권하더군요. 저는 그녀에게 거기 가지 않고 나가서 탁발을 하겠다는 신호를 보냈습니다. 앉아서 그들 모두와 함께 식사를 하거나 아니면 나가서 탁발을 해야 했습니다. 그래, 이것은 신의 뜻이다, 저는 이렇게 생각하고 탁발을 하러 나갔습니다. 그 여사는 제가 탁발을 나갈지 잔치에 동석할지 궁금하여 제 뒤에 한 남자를 따르게 했습니다. 피할 도리가 없었기 때문에 저는 사원 왼쪽의 거리에 있는 어느 집으로 가서 대문 앞에서 손뼉을 쳤습니다. 그 집 여자가 저를 보더니, 이미 제 이야기를 들은 적이 있어 저를 알아보고 들어오라고 했습니다. '들어와, 얘야, 들어와.' 그녀는 저를 배불리 먹인 뒤에 말했습니다. '얘야, 나는 아들을 잃었어. 너를 보니 꼭 내 아들 같구나. 매일 이렇게 오너라, 얘야.' 저는 나중에 그녀의 이름이 무땀마(Muthamma)라는 것을 알았습니다." 바가반이 말씀하셨습니다.

---

18) [역주] 아루나찰레스와라 사원 내에 있는 작은 사원의 하나.
19) [역주] 다섯 가지 식품으로 신이나 조상께 올리는 맛난 음식.

1945년 12월 31일

17. 자신이 아무것도 모른다는 것을 어떻게 아는가?

지난달 첫째 주 어느 날 오전에 한 무지한 여행자가 아쉬라맘에 왔는데, 여기서 2, 3일간 머무른 뒤 '급식소에서 먹고 정사精舍에서 잔다'(satra bhojanam matha nidra)는 말과 같이 동가식서가숙 했습니다. 그러면서도 며칠 동안 여전히 바가반 가까이 있으면서 당신을 친견하는 지복을 누리는 것이었습니다. 어느 날 그는 자기 처소를 떠나기 전에 몹시 주저하면서 바가반께 다가가 겸손한 어조로 말했습니다. "스와미, 여기 앉아 있는 사람들은 늘 당신께 뭔가를 여쭈고 당신께서는 어떤 대답을 해 주십니다. 그것을 보면 저도 뭔가 여쭈어 보고 싶다는 마음이 들지만, 무엇을 여쭤야 할지 모르겠습니다. 이러니 해탈을 어떻게 얻겠습니까?"

바가반은 자애롭게 미소 지으면서 그를 바라보시더니 말씀하셨습니다.

"자신이 아무것도 모른다는 것을 그대는 어떻게 압니까?" 그가 말했습니다. "제가 여기 온 뒤 이 모든 사람들이 여쭈는 질문과 바가반께서 흔쾌히 해 주시는 답변을 듣고, 저는 아무것도 모른다는 느낌을 받았습니다." "그렇다면 괜찮은 거지요. 자신이 아무것도 모른다는 것을 알았으니 말입니다. 그러면 족합니다. 더 이상 뭐가 필요합니까?" 바가반이 말씀하셨습니다. "그런 것만 가지고 해탈을 어떻게 이룹니까, 스와미?" 질문자가 말했습니다. "왜 안 됩니까? 자기가 아무것도 모른다는 것을 아는 사람이 있습니다. 그 사람이 누구인지를 탐구하여 알아내면 그걸로 족합니다. 자기는 모르는 것이 없다고 생각하면 에고가 발달합니다. 그러느니, 자신이 아무것도 모른다는 것을 알고 나서 해탈을 어떻게 얻을 수 있는지 묻는 것이 훨씬 낫지 않습니까?"

그는 그 말씀에 기분이 좋아져서 자기 갈 길을 갔습니다. 그 질문자는 저 신성神聲(Bhagawathvani)[신의 음성]의 핵심을 이해했을 수도 있고 그러지 못했을 수도 있지만, 여기 있는 우리들에게는 그 말씀이 마치 진언의 글자들(mantrakshara)처럼 우리의 가장 깊은 심장 속에서 메아리쳤습니다.

1946년 1월 1일

18. 표범과 뱀

일전에 저는 바가반이 산 위에 사실 때 있었던 사건 한 가지를 알게 되었는데 그에 대해 말씀드리겠습니다. 바가반이 비루팍샤 산굴에 사실 때, 근처의 마실 물이 나는 곳에서 표범 한 마리가 포효하는 소리가 들렸습니다. 겁에 질린 헌신자들이 판

때기나 북 같은 것들을 모아서 시끄럽게 두드려 표범을 쫓아버리려고 할 때, 표범은 자기 마실 물을 마시고 나서 한 번 더 포효한 뒤에 가 버렸습니다. 바가반은 겁먹은 헌신자들을 보시고 훈계조로 말씀하셨습니다. "왜 그렇게 걱정합니까? 표범은 첫 울음에서 저한테 자기가 여기 온다는 것을 알렸습니다. 물을 마시고 나서는 또 한 번 울면서 간다고 말한 것입니다. 그녀는 자기 갈 길로 갔습니다. 여러분의 일에 전혀 관여하지 않았습니다. 왜 그리 겁을 내지요? 이 산은 이런 짐승들의 집이고, 우리는 그들의 손님입니다. 그렇다면 여러분이 그들을 쫓아내는 것이 온당한 일입니까?" 그리고 아마 그들의 두려움을 덜어주시기 위해서였겠지만, 바가반은 이렇게 덧붙이셨습니다. "이 산에는 여러 명의 싯다 뿌루샤(siddha prushas)[성스러운 존재들]가 살고 있습니다. 그들이 여러 가지 형상을 취해 오고가는 것은 아마 저를 보고 싶어서일 것입니다. 그러니 여러분은 그들을 번거롭게 하면 안 된다는 것을 아시겠지요."

그때 이후로 그 표범은 그곳에 물을 마시러 자주 왔습니다. 표범이 포효하는 소리가 들리면 바가반은 이렇게 말씀하시곤 했습니다. "거 보세요! 표범이 자기가 왔다는 걸 알리고 있군요." 그리고 나서는 다시 "표범이 간다고 알리는군요" 하고 말씀하시는 것이었습니다. 이런 식으로 당신은 모든 짐승들과 함께 정말 편안히 지내셨습니다.

한 헌신자가 바가반께, 산 위에 사실 때 당신이 뱀들과 친하셨다는 게 사실인지, 뱀 한 마리는 당신의 몸 위를 기어가고 또 한 마리는 다리 위를 기어갔다는 등의 이야기가 사실인지 여쭈었습니다. 그 답변으로 바가반이 말씀하셨습니다. "예, 사실입니다. 뱀 한 마리는 아주 친근하게 저에게 다가오곤 했습니다. 제 다리 위를 기어가려고 애를 쓰기도 했는데, 그것이 제 몸에 닿으면 마치 간질이는 것 같았습니다. 그래서 다리를 거두어들였지요. 그뿐입니다. 그 뱀은 제 발로 왔다가 사라지곤 했습니다."

1946년 1월 2일

19. 말 못하는 저의 호소를 듣지 않으시렵니까?

오라버니께서는 자가디스와라 샤스뜨리(Jagadeswara Sastri)를 만나신 적이 있지요? 그가 여기 있을 때 개 한 마리가 그와 함께 회당에 들어가곤 했습니다. 그것은 유달리 영리한 개였습니다. 샤스뜨리나 그 부인이 바가반의 회당에 들어오면 그것도 들어와서 예의바른 아이처럼 앉아 있다가 그들과 함께 나가는 것이었습니다. 그 개는 집 안에서 몹시 살고 싶어 했습니다. 사람들은 개가 회당에 들어가지 못하게 하려고 별별 짓을 다 했지만 아무 소용이 없었습니다.

한번은 이 노부부가 마드라스에 가면서 개를 어떤 사람에게 맡겼는데 보름이 지나도록 돌아오지 않았습니다. 처음 4, 5일간은 개가 회당에서 그들을 찾거나 회당을 돌고 하더니, 나중에는 그들이 자주 가던 곳을 다 돌아다니는 것이었습니다. 그리고는 지쳐서, 또 아마 그렇게 찾았는데도 사람들이 없자 염증이 났기 때문인지, 어느 날 오전 10시쯤 개가 바가반의 소파로 와 그 자리에 서서 바가반을 꼼짝 않고 응시하는 것이었습니다. 그때 저는 앞줄에 앉아 있었고, 바가반은 신문을 읽고 계셨습니다. 끄리슈나스와미 등 몇 사람이 개를 위협하여 내보내려고 했지만 허사였습니다. 저도 개더러 나가라고 했습니다. 웬걸, 개는 움직이지도 않았습니다. 이 소란에 바가반은 주의가 거기로 쏠려 그쪽을 바라보셨습니다. 바가반은 개의 표정과 우리의 소동을 한 동안 관찰하시더니 신문을 옆으로 치우고, 마치 침묵 속에서 개의 말을 이해하시기라도 한 듯 개 쪽을 향해 손을 흔들면서 말씀하셨습니다. "왜, 뭐가 문제지? 네 주인들이 어디 갔느냐고 묻는 거냐? 아, 옳지, 알았어. 그들은 마드라스에 갔어. 1주일 안에 돌아올 거야. 겁내지 마. 걱정 마. 조용히 있어. 됐어? 그럼 가 봐."

바가반이 말씀을 다 끝내기도 전에 개는 돌아서서 그곳을 떠났습니다. 그 직후에 바가반이 저에게 말씀하셨습니다. "저거 보여? 그 개는 나에게 자기 주인들이 어디 갔느냐고, 언제 돌아오느냐고 묻더군. 그 많은 사람들이 다 내보내려고 해도 움직이지 않다가 자기 의문에 내가 대답해 주니까 가잖아."

한번은 그 집 여사가 그 개가 저지른 무슨 일 때문에 막대기로 개를 벌하고는 어느 방에 반나절 동안 가두어 버렸습니다. 개는 밖으로 나오자 마치 하소연하려는 듯이 곧장 바가반께 가더니 4, 5일 동안은 자기 집으로 가지도 않고 아쉬라맘에 머물러 있었습니다. 바가반은 개에게 음식을 챙겨 주도록 하시고 그 여사를 이렇게 나무라셨습니다. "개에게 어떻게 한 거요? 개가 왜 당신에게 화를 내는 거요? 나한테 와서 하소연을 하니 말이오. 왜 그랬소? 어떻게 한 거요?" 결국 여사는 바가반의 친존에서 자신의 잘못을 시인했고, 개를 한참이나 구슬린 뒤에 집으로 데려갔습니다.

1946년 1월 3일

20. 다람쥐

우리의 형제 다람쥐들이 바가반께 얼마나 거리낌 없이 구는지 아십니까? 2, 3년 전에는 다람쥐들 중에 아주 활동적이고 장난꾸러기인 녀석이 있었습니다. 하루는 이 녀석이 음식을 먹으러 들어왔을 때 바가반은 책을 읽고 계셨던가 뭘 하시느라고 그

녀석에게 음식 주는 것이 좀 늦으셨습니다. 이 장난꾸러기는 바가반이 자기 입에 갖다 대 주지 않으면 아무것도 먹으려고 하지 않던 녀석인데, 바가반이 얼른 뭘 주지 않는데 화가 났던지 바가반의 손가락을 깨물었습니다. 그래도 바가반은 음식을 주시지 않았습니다. 바가반은 재미있어 하시면서 "버르장머리 없는 놈! 내 손가락을 깨물다니! 너 이제 안 먹여준다. 저리 가!" 하셨습니다. 그러고는 며칠 동안 그 다람쥐에게 아무것도 먹여주지 않으셨습니다.

그 다람쥐가 가만히 있었을까요? 아닙니다. 여기저기 기어 다니면서 바가반께 잘못을 빌기 시작했습니다. 바가반은 견과堅果를 창문턱 위와 소파 위에 얹어 두시고는 저 혼자 먹으라고 하셨습니다. 그러나 웬걸, 다람쥐는 거기에 손도 대지 않았습니다. 바가반은 무관심한 척 쳐다보지도 않으셨지요. 그러나 다람쥐는 바가반의 다리로 기어올라 당신의 몸 위로 뛰어오르고 어깨 위로 올라가는 등 주의를 끌어보려고 별별 짓을 다 했습니다. 그러자 바가반이 우리 모두에게 말씀하셨습니다. "보세요, 이 녀석도 제 손가락을 깨문 장난을 용서해 달라고 하면서, 제가 손으로 자기에게 음식 주던 것을 그만두지 말아 달라고 비는군요."

당신은 며칠 동안 다람쥐를 밀쳐내며 말씀하셨습니다. "버르장머리 없는 놈! 왜 내 손가락을 깨물어? 이제 안 먹여줘. 그게 너한테 벌이야. 봐, 견과가 거기 있잖아. 다 먹어." 그래도 다람쥐는 고집을 꺾지 않았습니다. 며칠이 지나자 바가반은 헌신자들에 대한 당신의 자비심 때문에 마침내 패배를 인정하셨습니다. 이때 저는, 헌신자들이 구원을 얻는 것은 끈덕진 기질을 통해서라는 생각이 들었습니다.

다람쥐의 행동은 거기서 끝나지 않았습니다. 그는 자기 무리 몇 명을 모아서 회당의 소파 바로 위 지붕 안에 둥지를 짓기 시작했습니다. 그들은 들보 사이에 줄, 코코넛 섬유 따위를 끼워 넣기 시작했는데, 바람이 불 때마다 그런 것들이 떨어져 내렸습니다. 사람들은 화가 나 그들을 쫓아내기 시작했습니다. 그러나 바가반은 다람쥐들이 둥지를 지을 충분한 공간이 없다는 것과, 회당 안의 사람들이 그들을 쫓아내고 있다는 생각에 아주 안쓰러워하셨습니다. 그런 경우에 바가반의 표정을 보기만 해도 우리는 그런 존재들에 대한 당신의 사랑과 애정이 얼마나 깊은지 이해할 수 있었습니다.

제가 오라버니께 보내드리는 일상적 편지에서 이 다람쥐 얘기를 썼다고 말씀드리자, 바가반은 누가 보기에도 즐거워하시면서 이렇게 말씀하셨습니다. "이 다람쥐들에 대해 빼놓을 수 없는 이야기가 하나 있습니다. 얼마 전에 그들이 제 위의 들보 근처에 둥지를 짓곤 했지요. 자식들도 있고 손자들도 있어서 가족 숫자가 아주 크게 늘어났습니다. 그들은 이 소파 위를 돌아다니며 자기들 놀고 싶은 대로 놀았습니다. 제가 포행을 하러 밖에 나가면 작은 다람쥐들 몇 마리는 베개 밑에 숨기도 했는데, 제가 돌아와서 베개에 기댈라치면 다람쥐들이 깔려죽기도 했습니다. 우리는 그런 광경을 차마 보기 어려웠는데, 마다바(Madhava-시자인 마다바 스와미)가 다람쥐들을 둥지에서 몰아내고 거기에 못으로 나무판자를 박아 봉해 버렸습니다. 그들에 대해서 쓰기로 할 것 같으면 얘깃거리가 많지요."

1946년 1월 4일

21. 다르마는 다르마 수끄쉬마와 다르다.

사람들은 이따금씩 띠루쩬두르, 마두라이, 라메스와람 같은 여러 곳에서 비부띠(Vibhuti)와 꿈꿈(Kumkum)[주사朱砂]으로 이루어진 은사물恩賜物(prasad)을 바가반께 가져옵니다. 그러면 바가반은 더할 수 없이 공손하게 그것을 받으면서 이렇게 말씀하십니다. "보세요, 띠루쩬두르에서 수브라마니아(Subrahmanya)가 왔습니다. 저기를 보세요. 마두라이에서 미나끄쉬(Meenakshi)가 왔군요. 여기는 라메스와람에서 온 라말링게스와라(Ramalingeswara)가 있습니다."20) 또 어떤 사람들은 성수聖水를 가져와서 말합니다. "이것은 강가(Ganga-갠지스강)에서 가져온 것입니다. 저것은 가우따미 강에서 가져왔고요. 이것은 까우베리 강에서 가져온 것이고, 저것은 끄리슈나 강에서 가져온 것입니다." 그런 물을 받으면 바가반은 그것을 받으시면서 "여기 어머니 강가(Mother Ganga)가 있습니다. 저기 가우따미(Gouthami)가 있군요. 이것은 까우베리(Cauvery)고 저것은 끄리슈나베니(Krishnaveni)입니다"21)라고 말씀하십니다.

처음에 저는 이런 말씀에 어리둥절했습니다. 라마나 자신이 모든 성수들(thirthas)의 근원이자 당신의 처소에서 당신 자신으로서 빛나고 계신 저 영원한 존재의 화신이신데, 이 사람들은 성수지에서 물을 은사물로 가져와서는 마치 큰일이나 한 것 같이 하다니 얼마나 어리석은가! 미쳤나? 저는 의아하게 생각했습니다.

얼마 전에는 어떤 사람이 바닷물(sagarathirtha)을 가져왔습니다. 바가반은 그것을 받으시고 이렇게 말씀하셨습니다. "지금까지 모든 강이 저에게 왔는데 바다(sagara)는 오지 않았지요. 바다가 오기는 처음입니다. 아주 좋습니다. 이리 주세요."

그 말씀을 듣자 저는 갑자기 모든 강과 바다와 신들은 라마나와 같은 진인들에게

---

20) [역주] 수브라마니아, 미나끄쉬 등은 해당 지역을 대표하는 큰 사원에 모셔진 신들의 이름이다.
21) [역주] 강가, 가우따미, 까우베리 등은 그 강들을 각기 그 이름의 여신으로 본 것이다.

나아가서 그들의 연꽃 발에 경배 드린다고 되어 있는 온갖 고대의 전승지傳承知들이 기억났습니다. 그때는 그런 말들이 모두 과장이라고 생각했었습니다. 왜냐하면 돌이나 물은 성인들이 사는 곳으로 걸어갈 수 없으니까요. 그러나 이제 제가 발견한 것은, 누가 그것을 원하지 않아도 이런 모든 성수, 성회 같은 것들을 헌신자들이 가져오고, 바가반은 그것을 받으면서 "그들이 왔다"고 하신다는 것입니다. 마하트마들의 직접적인 친존에서 일어나는 이런 사건들을 보고 저는 이제 우리가 사물의 내적인 의미를 주의 깊게 읽어내야 한다는 것을 알겠습니다. 그렇게 하면 다르마(dharma)와 다르마-수끄쉬마(dharma-sukshma)[다르마의 저변을 이루는 원리]가 별개라는 것이 분명해집니다.

바가반이 이런 물들을 누가 보기에도 즐겁게 받으시기 때문에, 그것은 당신이 모든 성수와 은사물의 봉사를 받아들이시는 것이라고 해석되어야 합니다. 이런 내적인 의미는 바닷물 성수가 왔을 때 저에게 떠올랐습니다. 오라버니께서도 기억하시지요. 바가반이 어느 산굴에 계실 때 표범 한 마리가 다가오자 "싯다들의 부류에 속하는 많은 사람들이 여러 가지 형상을 하고 나를 보러 온다"고 말씀하신 것 말입니다.

1946년 1월 8일

22. 해탈

며칠 전에, 온 지 얼마 안 되는 한 여사가 오후 3시 무렵에 회당에 들어와서 앉았습니다. 회당에 있는 동안 내내 그녀는 일어나서 스리 바가반께 뭔가 질문을 하려고 애썼습니다. 바가반은 그녀를 보지 못하신 듯, 책을 읽고 계셨기 때문에 그녀는 한 동안 기다렸습니다. 바가반이 책을 옆으로 치우시자마자 그녀가 일어나 소파 가까이 다가가더니 아무 두려움이나 주저함 없이 말했습니다. "스와미님, 저에게는 한 가지 바람밖에 없습니다. 그게 뭔지 말씀드려도 되겠습니까?" "예, 뭘 원하시는지요?" 바가반이 말씀하셨습니다. "예, 스와미님, 저는 다른 어떤 것도 원치 않습니다. 저에게 해탈만 주시면 그걸로 족합니다." 그녀가 말했습니다. 바가반은 입가에 번지는 미소를 억누르면서 말씀하셨습니다. "예, 예, 좋지요, 좋습니다." "나중에 언젠가 주시겠다 하면 별 소용 없습니다. 지금 여기서 주셔야 합니다." 그녀가 말했습니다. "좋지요." 바가반이 말씀하셨습니다. "지금 주시겠습니까? 저는 가 봐야 되거든요." 그녀가 말했습니다. 바가반은 고개를 끄덕이셨습니다.

그녀가 회당을 나가자마자 바가반은 웃음을 터뜨리면서 우리를 돌아보며 말씀하셨습니다. "그녀는 자기에게 해탈만 주면 족하다고 합니다. 다른 어떤 것도 원하지 않고 말입니다." 제 옆에 앉아 있던 숨바락슈맘마가 그 이야기에 이어서 조용히 말했습니다. "저희들도 같은 목적으로 여기 와서 살고 있습니다. 저희들은 더 이상 아무것도 원치 않습니다. 저희들에게 해탈만 주시면 족합니다." "만일 여러분이 일체를 포기하고 놓아버린다면 남는 것은 해탈뿐입니다. 남들이 여러분에게 무엇을 주겠습니까? 그것은 항상 있습니다. 그것은 있습니다(That is)." 바가반이 말씀하셨습니다. "저희들은 모두 그것을 모르고 있습니다. 바가반께서 직접 저희들에게 해탈을 주셔야 합니다." 그렇게 말하고 그녀는 회당을 떠났습니다. 바가반은 당신 곁에 있던 시자들을 바라보면서 말씀하셨습니다. "내가 그들에게 해탈을 줘야 한다는군. 해탈만 주면 족하다는 거야. 그 자체가 하나의 욕망 아닌가? 여러분이 가지고 있는 모든 욕망을 놓아버리면 남는 것은 해탈일 뿐입니다. 그리고 여러분은 그 모든 욕망을 놓아버리기 위해 수행(sadhana)을 하는 것입니다."

같은 취지가 「마하라뜨나말라」(Maharatnamala)에도 나옵니다.

원습의 완전한 소멸을 브라만이자 해탈이라고 한다네.

1946년 1월 16일

23. 암소 숭배

어제는 마뚜 뽕갈(Mattu Pongal)[소의 축제]이었지요. 이날은 전국적으로 가축들을 치장해 주고 뽕갈(Pongal)을 먹이지 않습니까? 아쉬라맘에서도 어제 오전 여러 가지 사탕과자들을 준비했고, 그 과자들로 화만(꽃을 줄줄이 꿰어 만드는 장신구)을 만들어 난디(Nandi)에게 예공禮供(puja)을 올렸습니다. 우사牛舍 앞에는 횟가루로 장식 선 무늬를 그렸고, 기둥들에 바나나 나무를 둘렀으며, 푸른 잎으로 엮은 화만들을 매달았습니다. 모든 소들을 목욕시켜 그들의 이마에 띨라깜(tilakam)[주사朱砂 자국]을 찍어 주고, 목에는 화만을 걸어 주었으며, 뽕갈을 먹여 주었습니다. 마지막으로 진언을 염송하고 코코넛을 깨뜨리는 가운데 예공이 거행되었습니다.

락슈미는 암소들 중의 여왕 아닙니까? 그녀의 훌륭한 모습을 보셨어야 하는데요! 이마에는 심황深黃(turmeric) 가루를 바르고 꿈꿈으로 장식했으며, 목과 뿔에는 장미 등 몇 가지 꽃으로 만든 화만뿐 아니라 음식물과 과자로 만든 화만도 걸렸습니다. 그 외에도 바나나, 사탕수숫대 조각, 코코넛 씨로 만든 화만도 목에 걸어주었습니다. 동물들을 관리하는 소임자는 여기에 만족하지 않고 무룩꾸(murukku)와 같은 몇 가지 맛난 음식으로 만든 화만을 자기 집에서 가져와 락슈미의 목에 걸어주었습니다. 니란자나난다 스와미가 그것이 뭐냐고 그에게 묻자, 그는 그렇게 하는 것이 자신의 연례 관행(mumool)이라고 자랑스럽게 말했는데 수긍할 만한 대답이었습니다. 까마데누(Kamadhenu-소원을 성취시켜준다는 소)처럼 장식된 락슈미를 보자 저는 너무나 기뻤고, 굉장히 즐거웠습니다.

바가반은 오전 9시 45분에 (회당을) 나가셨는데, 10시에 우사에 오셔서 거기 있는 자식들(소들)에게 축복을 쏟아주셨습니다. 당신이 락슈미 옆에 놓인 의자에 앉아서 그녀가 하고 있는 아름다운 장식들을 즐겁게 바라보시는 동안, 헌신자들은 장뇌를 가지고 아라띠(arati)를 했고, '나 까르마나'(Na Karmana)[22]와 같은 베다의 찬가들을 불렀습니다. 어떤 헌신자들은 락슈미의 사진을 찍겠다고 했습니다. 그래서 모여 있던 사람들을 하나의 큰 무리로 만든 뒤에 그녀를 우사 한가운데로 데려가 곁에 서게 했습니다. 락슈미는 거기 서서 우아하게 머리를 흔들고 있었습니다. 바가반께서도 일어나서 락슈미 곁에 서서 왼손으로 소의 머리와 몸을 토닥이셨고, "가만히 있어, 제발" 하고 말씀하시자 락슈미는 천천히 눈을 감고 마치 삼매에 든 것처럼 미동도 없이 조용히 있었습니다. 그러자 스리 라마나께서는 오른손을 락슈미의 등에 올리고 왼손에는 지팡이를 드신 채 락슈미 옆에 기품 있게 서셨고, 이때 사진사가 사진을 두세 장 찍었습니다. 그 광경을 직접 보지 않고는 그 장엄함을 온전히 평가하기 어려울 것입니다. 바가반이 락슈미에게 당신 손으로 과일과 과자를 먹여주시는 모습도 사진을 한 장 찍었습니다. 여기 오시면 그 사진들을 보실 수 있을 겁니다. 저는 바가반이 우사에서 암소들 가운데 서 계신 장엄한 광경을 보자 레빨레(Repalle)에서의 주± 끄리슈나가 생각났습니다. 이 뿐만 아니라 『브라마 바이바르따 뿌라나』(Brahma Vaivartha Purana)[23]에서도 끄리슈나는 빠라마뜨마(Paramatma), 즉 암소 세계의 주이고 라다(Radha-끄리슈나의 반려인 목녀)는 쁘라끄리띠라고 되어 있습니다. 그 뿌라나에서 말하는 이론은 라다와 마다바(Madhava-끄리슈나)가 쁘라끄리띠(Prakriti)와 뿌루샤(Purusha)라는 것, 즉 불가분한 한 쌍이라는 것입니다. 당신의 몸을 왼쪽으로 약간 기울이고 왼손을 락슈미 위에 올린 채 서셔서, 오른손에 지팡이를 들고 마치 그것이 피리인 양 바라보시고, 얼굴에는 지복의 바다에 떠 있는 파도의 거품 같은 빛나는 미소를 띠시며, 암소 떼와 더불어 모여 있는 헌신자들의 무리를 향해 자비로운 눈길을 보내시는 은총의 화신 스리 라마나 바가반의 모습을 보면, 다름 아닌 주 끄리슈나가 다리를 꼰 채 발가락들로 몸을 지탱하며 서서 절묘하게 피리를 부는 모습을 떠올린다고 해서 전혀 놀랄 것도 없습니다. 만약 그 끄리슈나가 바로 라마나라

---

22) [역주] 빠라야나 때 흔히 찬송하는 우파니샤드 구절 중의 하나. 『대담』, 552쪽 참조.
23) [역주] 18 대大뿌라나의 하나. 브라마와 창조에 관한 이야기, 끄리슈나의 이야기 등을 담고 있다.

면, 두 귀를 늘어뜨리고 눈을 감은 채 바가반의 손길이 자신의 몸에 닿자 일어난 초월적 지복을 즐기면서, 이 세상을 아주 잊어버린 듯이 보이는 우리 락슈미에 대해서는 우리가 뭐라고 해야 하겠습니까? 라다의 형상을 한 쁘라끄리띠의 화신이라고 해야 할까요? 그렇지 않다면 그녀가 사람의 말을 어떻게 알아들을 수 있단 말입니까? 우리가 인간의 눈을 가지고 그 회합에서 인간의 시야를 넘어선 것, 암소들의 세계와 그 주인들, 곧 쁘라끄리띠와 뿌루샤를 보았다 해도 전혀 과언이 아닙니다. 오라버니께서는 저의 어리석은 공상을 아마 웃어넘기시겠지만, 정말이지 그 광경은 너무나 아름다웠습니다. 이 암소 숭배는 매년 거행되는 것이지만 올해는 헌신자들이 락슈미 사진을 찍겠다고 하는 바람에 바가반이 락슈미 옆에 서셔서 우리에게 그런 지복스러운 친견을 베풀어 주셨습니다. 얼마나 멋진 날이었는지요! 그저 기쁨을 억누를 길 없어 이렇게 편지를 드리는 것입니다.

1946년 1월 17일

24. 비둘기 한 쌍

1945년 9월인가 10월인가의 어느 날 오전, 벤까따스와미 나이두라는 이름의 방갈로르에서 온 헌신자가 비둘기 한 쌍을 가져와서 공양물로 아쉬라맘에 드렸습니다. 그것을 보고 바가반이 말씀하셨습니다. "우리는 저들을 고양이 같은 것들로부터 보호해 줘야 하는군요. 그렇지 않습니까? 누가 저것들을 돌봅니까? 새장도 필요하고 음식도 줘야 하는데. 여기서 누가 그런 일을 다 하겠습니까? 그가 도로 가져가는 게 낫겠군요."

그 헌신자는 자신이 그에 필요한 일체의 준비를 하겠다면서 비둘기를 아쉬라맘에 두어 달라고 청했습니다. 그는 그 비둘기 한 쌍을 스와미님(바가반)의 무릎에 놓았습니다. 바가반은 넘치는 애정과 사랑으로 그들을 당신 쪽으로 끌어당기며 말씀하셨습니다. "얘들아, 이리 온! 돌아가지 않겠다고? 여기 있고 싶어? 좋아. 그럼 여기 있어. 새장이 하나 올 거야." 이렇게 다정하게 토닥여 주자 그들은 아주 조용해져서 마치 삼매에 든 것 같이 눈을 감고 있었고, 이리저리 움직이지 않고 가만히 있었습니다. 그러자 바가반은 토닥여 주시던 것을 멈추고 무릎 위에 그들을 둔 채, 침묵하며 앉아 삼매에 깊이 드셔서 그들에게 자애로운 눈길을 고정하고 계셨습니다.

아쉬라맘의 헌신자들은 이 비둘기들을 위한 새장을 하나 발견해 가져오는 데 근 한 시간이 걸렸습니다. 놀라운 일은, 그 한 시간 동안 비둘기들은 마치 삼매에 든 한 쌍의 요기인 양 바가반의 무릎에 꼼짝도 하지 않고 앉아 있었다는 것입니다. 그들의 행운에 대해 우리가 무슨 말을 할 수 있겠습니까? 이렇게 위대한 진인이 그들을 당신의 무릎에 앉혀서 그들을 어르고, 머리부터 발까지 당신의 손으로 토닥여 주면서 축복해 주고, 그러면서 그들에게 신적인 지복을 안겨주신 것은 그들이 전생에 지은 공덕의 결과 아니겠습니까? 그 뿐만이 아닙니다. 새장을 가져오자 바가반은 그들을 어르듯이 토닥이시고 그들을 새장에 넣어주면서 이렇게 말씀하셨지요. "제발 들어가렴. 새장 안에 안전하게 있거라." 그런 다음 바가반이 말씀하셨습니다. "『바가바땀』(Bhagavatam)에서도 야두 삼바담(Yadu Samvadam)과 관련되는 장에서 비둘기들도 스승들의 반열에 드는 것으로 이야기하고 있습니다.24) 그 이야기를 오래 전에 읽은 기억이 납니다."

비둘기들이 당신의 무릎에 앉아 있는 동안 한 헌신자가 와서 여쭈었습니다. "이건 뭡니까?" 바가반은 초연하게, 그러나 책임지는 투로 말씀하셨습니다. "누가 알겠소? 그들이 왔고, 돌아가지 않겠다는 것을. 여기에만 있겠다고 하는군요. 또 한 가족이 나한테 온 거지요. 마치 지금 데리고 있는 이 가족도 부족하다는 듯이."

친애하는 오라버니, 이런 기이한 일들이 일어나는 것을 지켜보는 것은 아주 흥미롭습니다. 옛날에 황제 바라따(Bharatha)가 출가하여 대단한 따빠스(tapas)[명상]를 했지만, 생애의 막바지에는 자신이 총애하던 사슴 생각만 하다가 다음 생에 사슴으로 태어났다고 합니다. 『바라땀』(Bharatham-『마하바라따』)이나 『바가바땀』과 같은 베단타 경전들에도 이와 같은 이야기가 많이 있습니다. 바가반은 오래 전에 우리에게 이렇게 말씀하신 적이 있습니다. "저를 찾아오는 어떤 중생도 자신의 업장業障(Karma)을 소멸하기 위해 옵니다. 그러니 누가 저한테 오더라도 막지 마십시오." 그 비둘기들을 보고 있다가 저는 그들이 (전생에) 명상 고행을 하다가 미끄러진 대단한 성자들이었는지도 모른다는 생각이 들었습니다. 그렇지 않고서야 어떻게 바가반의 무릎에 안길 수 있었겠습니까? 그것은 보통의 사람들에게도 불가능한 특권인데 말입니다. 『바가바땀』 제5장에 이런 이야기가 있습니다. '바라따바르샤(Bharatavarsha)25)에서 태어나는 사람들은 복 받은 것이다. 왜냐하면 하리(Hari-비슈누)가 이곳에 몇 번이나 화신化身(avatar)으로 와서 당신의 가르침, 도움, 인도引導로 그들을 축복하기 때문이다'라고요. 위에서 말한 사건이 이것을 실례로 보여주고 있습니다. 그렇지 않습니까? 어떻게 생각하시는지요?

---

24) [역주] 한 지방의 왕이던 야두가 숲 속에서 한 젊은이(닷따뜨레야)를 만나 그의 스승이 누구인지를 묻자, 젊은이는 땅, 공기, 물, 불, 비둘기, 창녀 등을 포함한 스물넷의 스승을 열거한다.
25) [역주] '인도 땅'. 고대의 경전에서 산맥으로 구분한 지구의 9개 큰 땅덩이 중의 하나.

1946년 1월 18일

25. 새끼 치타들

약 1년 전에는 새끼 치타 두 마리를 키우고 있던 어떤 사람이 그들을 바가반의 친존으로 데려왔습니다. 사람들이 우유를 먹이면서 귀여워해 주었는데, 그들은 회당 안에서 사람들 사이를 자유롭게 돌아다녔을 뿐 아니라 바가반이 반갑게 맞이해 주시자 소파 위로 올라가 거기서 푹 잠이 들었습니다. 아쉬라맘 헌신자들 중 한 사람이 이 유별난 손님들의 사진을 한 장 찍었습니다. 대략 오후 1시부터 3시 사이에 바가반은 이 치타들이 소파 위의 같은 자리에서 계속 자도록 내버려 두고 소파의 한쪽 끝에만 앉아 계셨습니다. 나중에 깨어난 그들은 회당 안을 자유롭게 돌아다니면서 4시경까지 있었습니다. 바가반이 평소와 같은 시간에 산 위로 올라가시기 전에, 또 한번 이 새끼 치타들을 소파 위에도 앉히고 소파 앞쪽의 탁자 위에도 앉혀 사진을 찍었습니다. 이 사진들은 나중에 「선데이 타임즈」에 실렸지요.

놀라운 것은 새끼 치타들도 바가반의 손길이 닿자 잠이 쏟아져 소파 위에 즐거이 드러누웠다는 것입니다. 그들이 소파 위에 있는 동안에도 여느 때와 같이 다람쥐들이 와서 견과를 먹었고, 참새들이 와서 싸라기를 먹었습니다. 옛날에는 어느 곳에서 온갖 짐승과 새들이 적대감 없이 돌아다니면, 사람들은 그곳이 아마 리쉬의 아쉬라맘일 거라고 생각하곤 했습니다. 뿌라나(puranas)에 그런 이야기들이 나옵니다. 그러나 여기서는 바로 우리 눈앞에서도 그런 일이 일어나는 것을 봅니다. 제가 어제 있었던 비둘기 이야기와 암소 숭배 이야기를 바가반께 낭독해 드리자 당신이 말씀하셨습니다. "전에도 여기서 그 비슷한 일들이 많이 있었지요. 그러나 당시에는 기록할 사람이 누가 있었겠습니까?"

이 책의 초판26)이 처음 나와 그것을 바가반 앞에서 읽어 드리자, 그 이야기를 들은 헌신자 한 사람이 바가반께 말했습니다. "당신께서 빠짜이암만 사원(Pachaiamman Koil)에 사실 때 호랑이 한 마리가 다가오는 것을 보고 어떤 사람이 겁을 먹고 달아나 버렸다는 것이 사실입니까?" 바가반이 말씀하셨습니다. "예, 예! 제가 거기 있을 때 랑가스와미 아이엥가르가 어쩌다 한 번씩 찾아왔습니다. 하루는 그가 용변을 보러 갔다가 덤불 속에 호랑이가 있는 것을 본 모양입니다. 그가 소리를 질러 호랑이를 쫓아버리려고 하자 이 암호랑이는 부드럽게 포효하는 것으로써 대답했습니다. 그는 공포로 몸을 떨면서 자기도 모르게 앉아 있던 곳에서 일어나 저 있는 쪽으

---

26) 텔루구어판을 말한다. [역주] 텔루구어판 『편지』 제1부의 초판은 1947년 7월에 간행되었다. 따라서 1946년 1월 18일자 편지의 이 세 번째 문단은 나중에 저자가 증보한 내용이라고 보아야 한다.

로 달려오기 시작했습니다. 숨을 헐떡이면서 '오 바가반! 라마나! 라마나!' 하고 목이 터져라 고함을 지르면서 말입니다. 저는 우연히 무슨 일을 하러 나왔다가 그를 만났습니다. 왜 그리 겁을 먹고 있느냐고 물으니까 그는 애원하듯이 말했습니다. '아이고, 호랑이요 호랑이! 오세요, 스와미. 사원으로 가서 문을 다 걸어 잠가야지 안 그러면 호랑이가 들어올 겁니다. 왜 안 와요?' 제가 웃으면서 말했지요. '좀 두고 봅시다. 호랑이가 어디 있소? 아무 데도 없는데.' 그는 덤불 쪽을 가리키며 말했습니다. '저 덤불 속에 있습니다.' 제가 말했습니다. '그러면 여기서 기다려요. 내가 가서 보고 올 테니.' 제가 가 보니 호랑이는 없었습니다. 그래도 그는 두려움을 떨쳐 버리지 못했지요. 그것은 사람을 해치지 않는 짐승이니 겁낼 필요 없다고 안심시켜 주어도 그는 제 말을 믿지 않았습니다. 또 어느 날은 제가 사원 맞은편의 저수지 가에 앉아 있는데 그 호랑이가 물을 마시러 왔습니다. 호랑이는 전혀 겁도 없이 돌아다니면서 저를 쳐다보다가 자기 갈 데로 갔습니다. 그런데 이것을 다 지켜보고 있던 아이엥가르는 사원 안에 숨어 있었습니다. 그는 저에게 무슨 일이 일어날지 두려워했습니다. 호랑이가 가고 난 뒤에 저는 사원으로 들어가서 그의 두려움을 이렇게 해소시켜 주었습니다. '봐요! 얼마나 순한 짐승이오! 우리가 위협하면 그것이 우리를 공격하겠지만 그렇지 않으면 공격하지 않아요.' 그렇게 해서 저는 그의 두려움을 떨쳐 주었습니다. 그 일이 있고 난 뒤에 우리도 거기 오래 있지는 않았지요."

1946년 1월 20일

26. 치료 없이 하는 약 처방

의사들이 바가반의 시자들에게 비타민이 든 음식을 당신께 드려서 다리 통증을 덜어드리라고 하자, 그들은 그 말대로 하면서 무슨 특별한 연고를 가지고 당신의 다리를 안마해 드리기 시작했습니다. 이와 같이 그들은 최선을 다해 바가반께 봉사를 하고 있었습니다. 바가반은 유머러스하게 이렇게 말씀하시곤 했습니다. "손님이 자네들 집에 왔는데 자네들이 무관심하게 대하면 그 손님이 일찍 가 버리겠지. 그러나 그에게 큰 존경심을 보여주고 아주 신경 써서 돌봐주면 결코 가지 않을 거야. 병도 그와 같아. 자네들이 지금 하고 있는 식으로 병을 돌봐주면 그것이 왜 가겠나? 아예 무시해 버리면 저절로 사라질 텐데."

얼마 전에 한 젊은이가 아쉬라맘에서 1마일쯤 떨어진 곳의 산 오른돌이 길 위에 시설물을 하나 지어, 자기는 비부띠를 가지고 만병을 치료할 것이라고 했습니다. 사람들은 그런 것에 열광하지 않습니까? 병든 사람, 귀신 들린 사람 등이 떼를 지어 그 비부띠 스와미를 만나러 가기 시작했는데, 도중에 우리 아쉬라맘에도 들르곤 했습니다. 이 아쉬라맘에는 뭐가 있습니까? 비부띠도 없고 목에 거는 부적도 없지요! 그들은 친견을 하고 나서 떠나곤 했습니다. 그런 경우에 시자가 약용 기름을 가지고 바가반의 다리를 안마하고 있으면 바가반은 한결 가벼운 기분으로 이렇게 말씀하시는 것이었습니다. "훌륭해. 이것도 어느 면에서는 좋아. 사람들이 이런 내 모습을 보면 '이 스와미는 다리가 아파 안마를 받는 형편인데 우리에게 무엇을 해 줄 수 있겠나?' 하고는 내 근처에 오지 않고 가 버리지. 그런 사람들이 안 오면 그만큼 좋지."

4일 전, 바가반은 의사들을 모두 불러서 당신이 신문에서 보신 뉴스 기사 하나를 보여주셨습니다. 그것은 비타민 음식을 너무 많이 먹고 비타민 주사를 너무 맞은 끝에 죽었다고 하는 어떤 사람에 대한 기사였습니다. 다음날 그 뉴스는 다른 신문에도 났는데, 당신은 그것을 다시 보여주시면서 아이처럼 말씀하셨습니다. "지난 2년 동안 사람들은 저에게 비타민을 많이 갖다 주면서 다 제 몸에 좋을 거라고 했지요. 그것도 부족해서 주사까지 놓아주려고 했습니다. 신문에 난 이 사람에게 무슨 일이 생겼는지 보세요!" 위대한 요기는 마치 어린아이나 미치광이처럼 지복을 즐긴다고 합니다. 당신은 모든 것을 알고 계시지만 마치 아무것도 모르는 것처럼 행동하십니다. 당신이 원하시기만 하면 바가반이 무슨 병인들 못 고치시겠습니까? 당신 자신의 병을 못 고치시겠습니까? 그러나 그것을 다른 사람들에게 맡겨 두십니다. 왜냐하면 그 육신을 당신 자신의 것으로 결코 보지 않으시기 때문입니다.

2, 3년 전 바가반이 황달에 걸리셨을 때, 당신은 음식 맛을 못 느끼시고 음식에 대해 큰 혐오감을 느끼셨습니다. 약 1주일 내지 열흘 동안 당신은 강냉이 튀밥 같은 것만 드셨습니다. 에짬마와 무달라이아르 빠띠는 자신들이 요리한 음식을 바가반이 최소한 한 줌이라도 드실 때까지는 먹지 않겠다는 서원誓願을 세웠기 때문에, 당신은 이 여사들이 가져온 밥에서 밥알 몇 개를 들어내어 강냉이 튀밥과 섞으신 다음, 그 음식을 어떻게든 삼키셨습니다. 그들의 서원 혹은 신심이 손상되지 않도록 하기 위해서 말입니다. 어떤 경우라 하더라도 헌신자들의 감정에 대한 당신의 자비심 또는 배려에는 한이 없습니다. 당신은 남들이 어떤 식으로도 상처를 받거나 슬퍼하도록 내버려두지 않으십니다.

몇 사람의 의사가 당신께 황달을 치료하는 약을 드리고 있었는데 바가반은 그들을 만족시키기 위해 그 약을 드셨고, 그 여사들을 위해 그들이 가져온 음식을 드셨던 것입니다. 전자의 좋은 효과와 후자의 나쁜 효과가 서로 상쇄되었습니다. 몇 달이 지났는데도 황달이 낫지 않자, 마드라스에서 저명한 의사를 불러왔습니다. 그래도 결과는 마찬가지였습니다. 올 만한 사람이 다 왔다 가고 약이란 약은 다 썼는데도 실패했지만, 당신은 마른 생강, 토근吐根(pipalu-하제 등으로 쓰이는 약제) 기타 아유르베다의 몇 가지 약초를 가지고 순식간에 당신의 황달을 고치셨습니다. 그 병을 어떻게 고치셨는지 누가 감히 당신께 여쭈어 보겠습니까!

1946년 1월 21일

27. 헌신의 맛

 어제 오라버니께 보내는 편지에서 강냉이 튀밥과 밥에 대한 이야기를 쓰고 있을 때 다른 사건 하나가 생각났습니다. 에짬마의 요리 솜씨는 늘 별로였는데, 채소와 양념들이 적당한 비율로 들어가지 않기가 일쑤였습니다. 바가반께는 그 음식보다는 그녀의 헌신이 더 맛난 것이었고, 그래서 당신은 결코 불평하지 않으셨습니다. 그러나 그 음식이 별 맛이 없다고 느낀 사람들은 바가반이 새벽 시간에 주방에서 채소를 썰고 계실 때 이따금 이 점을 지적하려고 들었습니다. 바가반은 그들의 불평을 몇 번이나 들으신 뒤에 이렇게 말씀하셨습니다. "글쎄요. 그 음식이 마음에 들지 않으면 여러분은 안 먹으면 되지요. 나한테는 상당히 좋으니까 나는 계속 먹으리다."

 얼마 전에 에짬마는 약 1주일 내지 열흘간 다른 사람을 통해 음식을 보내왔는데, 아마 그녀가 다른 곳에 볼일이 있어 갔거나 건강이 좋지 않아서였던 것 같습니다. 하루는 요리자들이 그녀가 보내온 그 음식을 바가반께 올리는 것을 잊어버리고 모두 아쉬라맘에서 요리한 음식들로 배식을 마쳤습니다. 바가반은 보통 당신이 식사를 시작하심으로써 다른 사람들에게 식사를 시작하라는 신호를 보내셨지만, 그날은 왼손을 턱에 괴시고 오른손을 엽반 위에 두신 채 가만히 앉아 계셨습니다. 앞에 앉아 있던 사람들은 서로 쳐다보고 주방 안의 사람들을 쳐다보면서 무슨 일일까 하고 소곤소곤 이야기를 주고받았습니다. 그러다가 갑자기 에짬마가 보낸 음식이 배식되지 않았다는 것을 알았고, 그들이 '아, 잊어버렸습니다' 하면서 그것을 배식하자 당신도 다른 사람들에게 먹으라는 신호를 보내면서 그 음식을 드시기 시작했습니다. 당신은 부자들이 공양 올린 갖은 양념을 한 맛난 과자와 푸딩보다는 어느 헌신자가 공양 올린 생땅콩을 훨씬 더 맛있게 드시는 것이 보통입니다. 마치 주 끄리슈나가 꾸쩰라(Kuchela)가 건네준 찐쌀을 맛있게 드셨듯이 말입니다.27)

---

27) [역주] 꾸쩰라는 과거 끄리슈나의 동급생이었으나 몹시 가난했다. 주 끄리슈나가 드와라까에서 왕으로 통치하던 때, 꾸쩰라는 아내가 옷 속에 매달아준 한 줌의 찐쌀을 가지고 끄리슈나를 찾아갔고, 끄리슈나는 그가 가져온 찐쌀을 맛있게 먹었다. 『바가바땀』에 나오는 이야기이다.

1946년 1월 22일

28. 브라마 아스뜨람[신의 무기]

어제인가 그제인가 18살쯤 되는 청년이 어디서 자전거를 타고 왔습니다. 그는 회당에 15분쯤 앉아 있다가 바가반께 다가가서 여쭈었습니다. "옴까르(Omkar-'옴' 소리)를 건너간 다음에는 어디서 합일합니까?" 바가반은 미소를 띠고 대답하셨습니다. "오 그래요? 그대는 지금 어디서 왔습니까? 어디로 가려고 합니까? 그대가 알고 싶은 건 무엇입니까? 그대는 진정 누구입니까? 그대가 누구인지 먼저 말하고 나서 옴까르에 대해 질문해 보십시오." "저는 그것마저도 모릅니다." 청년이 대답했습니다. 그러자 바가반이 말씀하셨습니다. "그대는 자신이 존재한다는 것은 확실히 압니다. 그대는 어떻게 존재합니까? 그 전에는 실로 어디에 있었습니까? 그대의 육신은 정확히 무엇입니까? 먼저 그것을 알아내십시오. 그것을 다 알고 난 뒤에 그래도 의문이 있으면 질문을 해도 좋습니다. 옴까르가 어디에 합일되는지 우리가 왜 걱정해야 하며, 그것이 합일되고 나서 무엇이 올지, 그것이 언제 사라졌는지 우리가 왜 걱정합니까? 그대는 궁극적으로 어디에 합일됩니까? (합일된 뒤에는) 어떻게 돌아옵니까? 먼저 그대의 상태와 그대의 움직임을 알고 나면 그 나머지에 대해서도 우리가 생각해 볼 수 있겠지요." 바가반이 말씀을 다 하고 나자 청년은 아무 대답도 못하고 바가반 앞에서 절을 한 뒤에 가 버렸습니다. 질문자에 대해 이보다 더한 어떤 브라마 아스뜨람이 있겠습니까? 그 무기를 쓰기만 하면 질문자는 침묵하게 됩니다.

오라버니께서는 이렇게 물으실지 모르겠습니다. "'그대가 누구인지를 알아내라'는 바가반의 상투적인 답변에 누가 '브라마 아스뜨람'(brahmasthram)[28]이란 이름을 붙였느냐"고 말입니다. 2, 3년 전에 종교적 문제들에 대한 책이란 책은 다 읽었다고 자랑하는 한 산야시(sanyasi-출가한 승려)가 바가반께 온갖 질문들을 해대기 시작했는데, 당신은 '그대가 누구인지를 알아내라'는 똑같은 답변을 계속하셨습니다. 그 산야시가 무의미한 질문과 논쟁들을 계속하자 바가반은 단호한 어조로 그에게 물으셨습니다. "그대는 저에게 너무나 많은 질문을 하고 너무나 많은 논쟁을 벌였습니다. 제 질문에 대답하고 나서 따지고 들지 그럽니까? 그대는 누구입니까? 먼저 제 질문에 대답하십시오. 그러면 적절한 답변을 해 드리지요. 먼저, 따지고 드는 그 사람이 누군지 말해 주십시오." 그는 답변을 하지 못했고, 결국 떠나 버렸습니다.

---

[28] [역주] 아스뜨라(asthra)—혹은 타밀어 '아스뜨람'—는 『라마야나』나 『마하바라타』 등에 흔히 등장하는 공격용 무기이다. 특정한 신의 이름이나 진언의 힘을 화살 등에 실어 쏘아 보내는 일종의 미사일 같은 것으로, 브라마의 힘이 실린 브라마 아스뜨라가 그 중에서도 가장 강력한 것이다.

그러고 얼마 뒤에 저는 이 생각을 발전시켜 '신의 아스뜨람'(Divya Asthram)이라는 시 다섯 연을 지어 바가반께 드렸는데, 이때 바가반이 말씀하셨습니다. "오래 전에 나야나(Nayana)[가나빠띠 무니]가 여기 있을 때 까빨리(Kapali-나야나의 제자)도 여기 있곤 했는데, 그들은 나에게 뭘 물어보고 싶으면 먼저 합장을 한 뒤에 곧잘 이렇게 말했지. '스와미, 스와미, 당신의 브라마 아스뜨람을 휘두르지 않겠다고 약속해 주신다면 질문을 하나 드리겠습니다.' 만약 대화 중에 '당신은 누구입니까?' 하는 말이 내 입에서 나가기라도 하면, 그들은 '결국 브라마 아스뜨람을 발사하셨군요. 제가 더 이상 무슨 말을 할 수 있습니까?' 하는 거야. 그들은 그것을 브라마 아스뜨람이라고 했는데 자네도 그것을 '신의 무기'라고 하는군." 그 뒤로부터 저도 '브라마 아스뜨람'이라는 말을 쓰기 시작했습니다. 실로 누가 그 아스뜨람을 맞고 겸허해지지 않겠습니까?

1946년 1월 23일

29. 저것은 연극이고 이것은 시(詩)다

얼마 전에 바가반은 헌신자 몇 명의 질문에 답변하면서 『한사 기타』(Hamsa Gita)에 나오는 것으로 싯다(siddha)[높은 경지에 오른 사람]의 속성을 묘사하는 시구(sloka) 하나를 상기하시고는 열의를 가지고 타밀어로 (같은 내용의) 시를 지으셨습니다. 마침 이 자리에 있던 발라라마 레디가 말했습니다. "텔루구어로도 지으시면 어떻습니까?" 바가반은 아아따벨라디(Aataveladi)[텔루구어 운율의 하나]로 텔루구어 번역문을 지으셨는데, 그 시구의 취지가 제대로 나왔는지 궁금해 하셨습니다. 저는 낮은 어조로 그것을 떼에따 기따(Theta Gita)[또 다른 운율]로 쓰시면 아마 더 좋을 거라고 말씀드렸습니다. "그래, 그렇게 바꿀 수 있겠지." 바가반이 말씀하셨습니다. "저것은 아아따(Aata)고 이것은 떼에따(Theta)야." 저는 그 말씀에 어리둥절했습니다.

오후 2시 30분에 회당에 다시 갔더니 바가반은 이미 그것을 떼에따 기따 시로 써두셨다가 저에게 주면서 말씀하셨습니다. "괜찮은지 좀 봐." 유려한 것 같지는 않았지만 저는 바가반께서 그것을 쓰셨다는 생각에 기분이 좋아서 자세히 들여다보지 않은 채 말씀드렸습니다. "바가반께서 어떻게 쓰시던 저한테는 아주 좋아 보입니다." "나같이 자격 없는(텔루구인이 아닌) 사람이 썼을 때는 한 사람만 만족해도 족한 거지." 바가반이 말씀하시자 주위에 있던 사람들이 폭소를 터뜨렸습니다. 당신은 스스로 학식이 없다고 하시면서 다른 저자들은 모두 대단한 빤디뜨라는 것입니다! 이것은 자신의 학식을 자부하는 우리들 중 일부에 대한 부드러운 비난 아니고 뭐겠습니까?

거기서 끝나지 않았습니다. 여기는 의미가 불완전하다, 저기는 문법적 결함이 있다, 하시면서 바가반은 하루 종일 발라라마 레디와 그것을 가지고 논의를 하셨습니다. 어제 오전에 제가 빠라야나를 하려고 갔을 때는 당신이 저에게 종이 한 장을 주셨는데 거기에는 그 시구(*padyam*)가 깨끗이 정서되어 있었습니다.

저는 그것을 집에 가져와서 보다가 그 시구의 어느 한 글자가 올바르게 쓰여 있지 않다는 의심이 좀 들었을 뿐 아니라, 그것을 아쉬라맘 공책에 필사해 두고 원본은 제가 간직하고 싶은 욕심이 났습니다. 그래서 가위로 그것을 예쁘게 오려내어 제 가방에 넣고 오전 8시에 아쉬라맘에 갔습니다.

제가 바가반 앞에서 절을 하고 있는 중인데도 당신은 제가 의문을 가졌던 바로 그 글자에 대한 말씀을 하셨습니다. "그 글자 바꿔야 돼. 내 종이를 돌려주지. 누가 보자고 하면 그걸 보여줘야 되지 않겠어?" 그래요, 당신은 제 마음 속을 읽으셨던 것입니다. 저는 내심 놀랐습니다.

이런 유의 일들은 전에도 많이 일어났습니다. 바가반이 저에게 마치 학생처럼 당신의 종이를 돌려달라고 요구하시자, 저는 혼자 욕심을 냈던 것이 부끄럽고 꾸지람 듣는 것이 두려우면서도 동시에, 저를 놀리시는 당신의 말씀이 즐겁기도 했습니다.

"가져왔습니다. 여기 있습니다." 저는 그렇게 말하고 그것을 드렸습니다. 당신은 그것을 받아서 마치 큰 보물이나 되는 양 조심스럽게 보관해 두셨습니다. 어제는 당신이 종일 그 문법이 맞지 않다고 계속 말씀하셨습니다. 그 점에 대해 당신이 저에게 물어보시기에 저는 이렇게 말씀드렸습니다. "신의 음성에, 문법이 장애가 되겠습니까?"

바가반은 웃으면서 말씀하셨습니다. "그럼 됐고." 그리고 결국 당신 자신이 그것을 떼에따 기따로 작성하신 다음 저에게 그것을 필사하라고 주면서 원본은 반드시 돌려주어야 한다는 조건을 분명하게 붙이셨습니다. 이처럼 사소한 일에도 당신은 3일씩이나 우리와 함께 어울려 주셨고, 결국 떼에따 기따로 그 시구를 마무리하신 것입니다.

"저것은 아아따[연극]고 이것은 떼에따[시]다." 이것이 아마도 당신이 말씀하신 의미인 듯합니다. 그 시구는 아래와 같습니다.

술에 취해 앞 못 보는 이는 제 몸에 옷이 있는지 모르듯이,
그의 존재가 밝은 자각인 진인은,
하나의 거짓되고 지각 불능의 사물일 뿐인 자신의 몸이
있는지 없는지를 모른다네.

1946년 1월 26일

30. 화

어제 새로 온 안드라 청년 하나가 바가반께 자기 감각 기관들의 변덕에 대해서 이야기하자, 바가반은 이렇게 말씀하셨습니다. "그것은 모두 마음 때문입니다. 마음을 바로잡으십시오." "그야 문제없죠, 스와미, 그러나 이 화를 아무리 가라앉히려고 해도 자꾸만 다시 일어납니다. 어떻게 해야 됩니까?" 딱한 청년이 말했습니다.

"오, 그래요! 그러면 그 화에 대해 화를 내십시오. 그러면 문제가 없겠지요." 바가반이 말씀하시자 회당에 있던 사람들이 모두 폭소를 터뜨렸습니다. 세상의 모든 것에 대해 화를 내는 사람도, 만일 내면을 성찰하면서 왜 자기가 자신의 화 그 자체에 대해 화를 내지 않는가를 탐구하면 모든 화를 정말 극복하지 않겠습니까?

2, 3년 전에는 바가반께 자유로이 다가갈 수 있었던 한 헌신자가 와서 당신께, 어떤 사람이 자기를 욕했노라고 대여섯 번이나 말씀드렸습니다. 바가반은 귀담아들으셨지만 아무 말씀도 하지 않았습니다. 거듭해서 여러 가지 불만을 이런저런 방식으로 이야기했는데도 바가반이 아무 반응이 없자, 이 헌신자는 더 이상 참지 못하고 이렇게 말했습니다. "그런 불필요한 욕을 그렇게 많이 들으니 저도 화가 납니다. 제 화를 아무리 제어하려고 해도 안 됩니다. 어떻게 해야 합니까?"

바가반은 웃으면서 말씀하셨습니다. "어떻게 하느냐고요? 그대도 그 사람이 하듯이 그대 자신을 욕하면 됩니다. 그러면 문제가 없겠지요." 모두가 웃었습니다. 그 헌신자는 도무지 이해하지 못하고 말했습니다. "그럼 좋습니다! 저 자신을 욕할까요?"

"예, 그러세요! 그들이 욕하는 건 그대의 몸뚱이 아닌가요? 화나 그 비슷한 감정들이 거처하는 이 몸뚱이보다 더 큰 적이 있습니까? 우리 자신이 그것을 미워할 필요가 있습니다. 그렇지 않으면, 우리가 경계하지 않고 있을 때 만약 누가 우리를 욕하면 우리는 그들이 우리를 일깨워주고 있다는 것을 알아야 합니다. 최소한 그때는 정신을 차려서 그들과 함께 그 몸뚱이를 욕하고 깎아내려야 합니다. 맞서 욕한들 무슨 소용 있습니까? 그런 식으로 우리를 욕하는 사람들을 우리는 친구로 봐야 합니다. 우리는 그런 사람들 사이에 있는 것이 좋습니다. 여러분을 칭찬하는 사람들 사이에 있으면 여러분이 속습니다." 바가반이 말씀하셨습니다.

1924년 6월에 아쉬람암에 도둑이 들었을 때, 헌신자들만 매로 때린 게 아니라 바가반의 허벅지도 때렸습니다. 나중에 헌신자들이, 자신들이 맞은 일에 대해 서로 이야기하다가 이렇게 말했습니다. "나쁜 자식들, 바가반도 때리다니." 그러자 바가반은 이렇게 말씀하셨다고 합니다. "오, 여러분은 다들 꽃으로 저를 숭배하지만 그들은 막대기로 저를 숭배한 것입니다. 그것도 숭배의 한 형태입니다. 제가 여러분의 숭배를 받아들인다면 그들의 숭배도 받아들여야 하지 않습니까?" 당신의 가르침은 실제적인 사례를 통해서 이루어집니다. 이것이 바로 그런 하나의 예 아닙니까?

1946년 1월 27일

31. 암마(여신)에 대한 장식

작년 나바라뜨리 축제의 첫째 날 마뜨루부떼스와라(Mathrubhuteswara) 사당 안에 해 둔 (여신상의) 장식을 보셨지요. 그 9일간의 축제 기간 동안 매일 다른 형태로 장식되었는데, 그 중의 하루는 암바(빠르바띠)가 시바와 떨어져 있는 것이 견딜 수 없어 따빠스를 하러 나갔다고 하는 뿌라나의 이야기에 맞추어 암바의 상(像)을 그에 어울리게 장식하여 어느 나무 그늘 아래 놓아두었습니다. 그날 저녁 식사가 끝난 뒤 헌신자들은 바가반을 그 장소로 모시고 가서 그 상을 보여드렸습니다.

다음날 오전에 회당에서 아루나찰레스와라 사원과 이곳의 사당(어머니 사원)에서 하는 장식에 대해 이야기를 나누던 도중 바가반이 말씀하셨습니다. "어제의 장식은 암바가 따바스를 하고 있다는 것을 보여주려는 것이었지요. 그녀는 (시바와) 헤어져 있는 것이 견딜 수 없어 이곳(아루나찰라)으로 따빠스를 하러 나왔습니다. 빠르바띠는 비단 사리를 입고 금 장신구와 화만들을 두른 채 따빠스를 하기 위해 나무 아래 멋진 자세로 앉아 있는 모습으로 묘사됩니다. 우리네 사람들이 하는 것은 늘 이런 식입니다. 따빠스는 극기 혹은 신체적 고행의 수련과 연관되는 명상을 뜻하지 않습니까? 암바는 장난으로 시바의 눈을 두 손으로 가렸다고 하는데, (그로 인해 온 우주가 어두워지고 혼란에 빠져) 그 잘못을 속죄하려고 하자 빠라메스와라(시바)가 그녀에게 따빠스를 하라고 했습니다. 그래서 그녀는 남편을 떠나 외진 곳에서 극기하면서 자신의 몸을 잊었고, 몸이 약해지면서까지 대단한 고행으로 따빠스를 했습니다. 그 이야기를 묘사하기 위해 암바를 장식한 것을 보십시오. 마치 다이아몬드와 에메랄드, 금 장신구에 비단 사리를 입고 화만을 두른 마하라니(마하라자의 妃)처럼 하고 있군요!"

1946년 1월 30일

32. 압바이야르의 노래

지난 4일간 바가반은 인쇄업자가 보내온 『스리 라마나 릴라』(Sri Ramana Lila-바가반의 텔루구어 전기)를 훑어 보셨는데, 거기 압바이야르(Avvaiyar-옛날 남인도의 '할머니' 성자)의 노래 하나가 있는 것을 보시고 그것이 정확하지 않다고 말씀하셨습니다. 그것은 이렇게 되어 있었습니다.

    오, 위장아! 너는 단 하루도 음식 없이는 못 살고, 한꺼번에 이틀 분은 받지도 않는구나. 너는 내가 너 때문에 얼마나 고생하는지 전혀 모르는구나. 오, 한심한 위장아! 너하고는 사이좋게 지낼 수가 없다.

당신은 그것이 정확하지 않으며, 다음과 같이 되어야 한다고 하셨습니다.

    너는 단 하루도 먹기를 그만두지 않는구나. 왜 이틀에 한 번 먹지 않느냐? 너는 단 하루도 내 어려움을 모르는구나. 그래서 개아個我(jiva)가 말한다. '오, 위장아! 너와는 사이좋게 지내기 어렵다.'

우리와 같은 사람들은 죽음을 두려워합니다. 왜입니까? 우리가 몸이라는 믿음이 아직 사라지지 않았기 때문입니다. 자아에 관한 참된 진리를 아는 이들에게는 몸 자체가 하나의 짐입니다. 그 둘이 함께 있는 한, 먹이고 재우기 위한 얼마간의 노력이 불가피한데, 그것마저도 그런 사람들이 즐기는 지복에게는 번거로운 일인 것입니다. 마치 우리가 입는 옷이 한여름에는 짐으로 여겨지듯이 말입니다. 그런 상황에서는 그런 분들에게 봉사하려는 어떠한 노력도 그들에게는 오히려, 계속 땀이 나서 지금 입고 있는 옷도 갑갑하여 벗어버리고 싶은데 옷을 다 갖추어 입으라고 권하는 것과 같습니다. 개아는 이 위장을 가지고 다니기가 힘들다고 말합니다. 그 대신 바가반은 그 시구에 좀 다른 의미를 부여하셨습니다. 당신에 따르면 위장 자체가 개아에게 자신이 개아를 가지고 다니기 힘들다고 말합니다! 얼마나 멋진지 보십시오. "오, 개아여! 너는 위장인 나에게 잠시도 휴식을 주지 않는구나. 너는 내 피로움을 모른다. 너와는 함께 살 수가 없다." 그 의미는 개아가 한 순간도 숨쉬기를 멈추지 않는다는 것입니다. 그래서 위장이, 실로 그것과 같이 살 수가 없다는 것입니다!

제가 이 편지를 바가반께 읽어드릴 때 한 타밀 헌신자가 그 내용이 무엇인지 알고 나서 이렇게 말했습니다. "압바이야르의 노래는 다 아는 것이지만 바가반의 해석이 새롭습니다. 누구도 위장에 대해 그런 배려를 한 적이 없지요. 어떤 맥락에서 바가반께서 그렇게 쓰셨는지는 알려져 있지 않습니다." 그러자 바가반이 미소를 지으며 말씀하셨습니다. "짜이뜨라(Chaitra) 달의 보름날 우리는 과자 따위의 음식을 배불리 먹고 나서 앉아 있었지요. 그날은 평소보다 식사를 늦게 했기 때문에 우리는 다소 피곤함을 느끼고 있었습니다. 우리 중에 소마순다라 스와미가 회당에 드러누워 뒹굴다가 자기 배를 두드리면서 압바이야르가 쓴 벤바(venpa-타밀 전통시 형식의 하나)를 노래했습니다. 그래서 저는 장난으로 이 벤바를 지어서 노래 불렀습니다. 바로 지금 읽은 것이 그 두 노래의 의미입니다."

1946년 1월 31일

33. 아스트랄 길 — 더 높은 세계들

오늘 오전에 바가반은 신문에서 태양 너머의 길들과 더 높은 세계들에 대해 쓴 글 한 편을 읽고 나서 이렇게 말씀하셨습니다. "그들은 태양 너머의 길들과 다른 행성들, 그리고 그 위의 지복스러운 세계들에 대해서 많은 이야기를 쓰고 있군요. 그 세계들도 다 이 세계와 비슷합니다. 그런 세계라고 해서 특별히 대단한 것은 없습니다. 여기 노래 한 곡이 라디오로 전송되고 있습니다. 아까는 마드라스에서 왔는데 지금은 띠루찌라빨리에서 옵니다. 다이얼을 돌리면 또 마이소르에서 오겠지요. 이 모든 장소들이 이 짧은 시간 안에 띠루반나말라이에 있습니다. 다른 세계들도 이와 마찬가지입니다. 우리가 그 세계로 마음을 돌리기만 하면 됩니다. 그러면 모두 한 순간에 볼 수 있습니다. 그러나 그것이 무슨 소용 있습니까? 이곳저곳 돌아다니다가 지치고 염증만 납니다. 평안(*shanti*)이 어디 있습니까? 만약 여러분이 평안을 원한다면 영원한 진리를 알아야 합니다. 그것을 알지 못하면 마음이 평안 속으로 흡수되지 않을 것입니다."

그와 비슷하게 얼마 전에는 어떤 사람이 바가반께 이렇게 질문했습니다. "사람들은 바이꾼타(Vaikunta)[29], 까일라사(Kailasa)[30], 인드라 세계(Indraloka)[31], 짠드라 세계(Chandraloka)[32] 등에 대해서 이야기합니다. 그런 세계들이 실제로 존재합니까?" 바가반이 답변하셨습니다. "물론이지요. 그런 것들이 모두 존재한다고 확신해도 됩니다. 거기서도 저와 같은 스와미가 침상에 앉아 있을 것이고 제자들이 그의 주위를 둘러싸고 있을 것입니다. 그들이 뭔가를 물으면 그가 뭔가를 대답할 것입니다. 모든 것이 여기와 다소 비슷할 것입니다. 그것이 어떻다는 겁니까? 누가 짠드라 세계를 보게 되면 인드라 세계를 보여 달라고 할 것이고, 인드라 세계를 보고 나면 바이꾼타를, 바이꾼타 다음에는 까일라사를, 이런 식으로 보고 싶어 할 것이고 마음은 계속 헤매게 됩니다. 평안이 어디 있습니까? 만약 평안이 필요하다면 그것을 확보하는 유일한 방법은 자기탐구입니다. 자기탐구를 통해서 진아 깨달음이 가능합니다. 진아를 깨달으면 이런 모든 세계를 자신의 안에서 볼 수 있습니다. 만물의 근원은 자기 자신의 진아인데, 만약 진아를 깨달으면 그 어떤 것도 자기와 다르지 않다는 것을

---

[29] [역주] 비슈누의 천상계. 비슈누의 화신인 라마와 끄리슈나는 나중에 모두 여기로 돌아갔다.
[30] [역주] 시바가 살고 있다는 히말라야의 카일라스 산. 영적인 의미에서는 하나의 천상계로 간주된다.
[31] [역주] 천신들의 왕인 인드라가 사는 곳. 제석천.
[32] [역주] 달세계. 인간들보다 더 진보된 존재들이 사는 곳으로 간주된다.

발견할 것입니다. 그때는 그런 질문들이 일어나지 않겠지요. 바이꾼타나 까일라사는 있을 수도 있고 없을 수도 있지만 그대가 여기 있다는 것은 하나의 사실입니다. 그렇지 않습니까? 그대는 여기 어떻게 있습니까? 그대는 어디 있습니까? 이런 것들을 알고 난 뒤에 그런 모든 세계들에 대해 생각해 봐도 됩니다."

1946년 2월 1일

34. 책들

 1944년의 어느 날 오전, 한 제자가 바가반께 애원하는 기색으로 다가가서 말했습니다. "바가반, 저는 책을 읽어서 제가 해탈을 성취할 수 있는 길을 찾아내고 싶지만 글을 읽을 줄 모릅니다. 저는 어떻게 해야 합니까? 어떻게 해야 제가 해탈을 얻을 수 있습니까?" 바가반이 말씀하셨습니다. "그대가 무식하다고 해서 무슨 문제가 됩니까? 그대 자신의 진아를 알면 충분합니다." "여기 있는 사람들은 다 책을 읽고 있는데 저는 그렇게 할 수 없습니다. 어떻게 해야 합니까?" 그가 말했습니다.

 바가반은 그 제자를 향해 손을 뻗으면서 말씀하셨습니다. "책에서 무엇을 가르치고 있다고 생각합니까? 그대 자신을 보고 나서 저를 보십시오. 그것은 거울 속에서 그대 자신을 보라고 하는 것과 같습니다. 거울은 그 전면에 있는 것만 보여줍니다. 세수를 하고 나서 거울을 보면 그 얼굴이 깨끗하게 보입니다. 그러지 않았을 때는 얼굴이 더러우니 가서 씻고 오라고 거울이 말하겠지요. 책도 그와 같은 역할을 합니다. 진아를 깨닫고 나서 책을 읽으면 모든 것이 쉽게 이해될 것입니다. 진아를 깨닫기 전에 책을 읽으면 (그 책에서) 너무 많은 결함을 보게 될 것입니다. 책에서는 '먼저 그대 자신을 바로잡고 나서 나를 보라'고 말할 것입니다. 그 뿐입니다. 먼저 그대의 진아를 보십시오. 왜 책에서 배우는 저 온갖 것들에 대해 걱정합니까?"

 그 제자는 만족했고 용기를 얻어 돌아갔습니다. 그런 문제에 관해 질문할 용기가 있던 다른 제자가 그 대화의 흐름을 이어서 말했습니다. "바가반, 그에게 특이한 해석을 해 주셨습니다." 바가반이 대답하셨습니다. "거기 특이한 게 뭐가 있습니까? 다 사실이지요. 제가 젊을 때 무슨 책을 읽었습니까? 남들에게서 무엇을 배웠습니까? 저는 늘 명상에 잠겨 있었습니다. 얼마 후에 빨라니스와미가 여러 사람한테서 베단타 문헌들이 들어 있는 책들을 여러 권 가져와서 읽곤 했는데, 읽는 데 서툴러 실수를 많이 했습니다. 그는 나이가 들었고 별로 배운 게 없었습니다. 그래도 책을 몹시 읽고 싶어 했고, 끈기 있게 그리고 종교적 믿음을 가지고 책을 읽어 나갔습니다. 그 모습이 마음에 들었습니다. 그래서 제가 그 책들을 직접 읽어보고 나서 그에게 그 내용을 이야기해 주려고 책들을 살펴보니, 거기 쓰여 있는 것은 모두 저 자신이 체험한 것이라는 걸 알았습니다. 놀랐지요. 저는 '이게 다 뭐지? 나 자신에 대해 여기 이 책들에 이미 쓰여 있군' 하고 의아해 했습니다. 그 책들은 어느 하나 할 것 없이 다 그랬습니다. 거기 쓰여 있는 모든 내용은 제가 다 체험한 것이었기 때문에 저는 그 책들을 순식간에 이해했습니다. 그가 스무 날 걸려 읽은 책을 저는 이틀 만에 끝내곤 했습니다. 그는 그 책들을 돌려주고 다른 책들을 빌려 왔습니다. 그렇게 해서 저는 그 책들에 쓰여 있는 내용에 대해 알게 된 것입니다."

제자들 중의 한 사람이 말했습니다. "그래서 아마 시바쁘라까샴 삘라이(Sivaprakasham Pillai)가 바가반의 전기를 (시로) 지으면서 바로 처음부터 바가반을 '브라만이란 이름도 모르면서 브라만 진인(Brahma jnani)이신 분'이라고 불렀군요." 바가반이 말씀하셨습니다. "예, 예. 맞습니다. 그래서 우리는 먼저 자기 자신에 대해 알고 난 뒤에 책을 읽어야 한다는 것입니다. 자기 자신을 알고 나면 책에 쓰여 있는 것은 자신이 실제로 체험한 것을 요약해 놓은 데 불과하다는 것을 알게 됩니다. 만약 자신의 진아를 보지 못한 채 책만 읽으면 많은 결함을 발견하게 됩니다." "모두가 바가반처럼 되는 것이 가능합니까? 책을 읽는 것은 적어도 우리가 자신의 결함을 발견하는 데는 도움이 됩니다." 그 제자가 말했습니다. "그렇지요. 책을 읽는 것이 도움이 되지 않는다고 하지는 않았습니다. 제 말은 단지, 무식한 사람이라고 해서 그 때문에 자신은 결코 해탈을 얻을 수 없을 거라고 생각하여 낙담할 필요가 없다는 것입니다. 그가 저에게 그 질문을 할 때 얼마나 기가 죽어 있었는지 보십시오. 사실을 제대로 설명해 주지 않으면 그가 더욱 더 낙담하겠지요."

1946년 2월 2일

35. 질병

2년 전 큰 오라버니께서 아쉬라맘에 오셨을 때 퇴역 판사인 만네 벤까따라마이야 씨가 여기 있었습니다. 그 얼마 전에 그분이 병이 났다가 나았는데 아주 낫지는 않은 모양입니다. 바가반은 이른 오전부터 저녁 8시 30분까지 그의 질병에 대한 세세한 이야기를 듣고 나서 말씀하셨습니다. "정말 그렇지요! 몸 자체가 하나의 병입니다. 만일 몸이 하나의 병을 얻으면 그것은 원래의 병이 다른 병 하나를 얻었다는 뜻입니다. 이 새로운 병이 여러분을 괴롭히는 것을 정말 원치 않는다면, 먼저 원래의 병에 필요한 약을 먹어야 나중의 병—즉, 그 병의 병—이 여러분에게 영향을 주지 않습니다. 첫 번째 병을 없앨 방도를 강구하지 않고 두 번째 병에 대해 걱정한들 무슨 소용 있습니까? 그러니 이 새로운 병은 제 갈 길을 가라 하고 원래의 병에 대한 약을 생각하십시오."

　이것을 보여주는 한 실례로 최근에 어떤 사건이 일어났습니다. 비스와나타 브라마짜리는 헌신자들의 요청과 격려를 받고 『뜨리술라뿌람 마하뜨미얌』(Trisulapuram Mahatmyam-띠루쭐리에 관한 경전)을 산스크리트에서 타밀 산문으로 번역했습니다. 번역이 끝났을 무렵 바가반이 약간 아프셨고, 그래서 당신이 그 교정을 보시느라고 그 책을 들여다보시면 힘들어 하실까봐 그 책을 인쇄할 준비가 되었다는 말씀을 드리지 않고 있었습니다. 당신이 완전히 회복되시기 전에 바가반은 어느 날 우연히 비스와나타를 보시고 물으셨습니다. "『마하뜨미얌』 번역은 얼마나 나갔지?" 바가반께 거짓말을 하고 싶지 않았던 그는 이미 번역을 끝냈다고 말했습니다. "그러면 왜 그걸 가져오지 않았지?" 바가반이 물으셨습니다. 비스와나타는 바가반의 몸 상태가 좋지 않아서 그랬다고 대답했습니다. "오, 그랬군! 내 몸이 좋지 않다고 해서 나에게 무슨 상관인가? 몸은 자기 문제를 가지고 있으라지. 나는 상관하지 않아. 나는 자유로워. 그걸 가져와. 내가 훑어볼 테니. 만약 이 몸뚱이에 무슨 봉사를 해 줘야 한다면 이 모든 사람들이 보살피려고 하겠지. 책을 가져와." 바가반이 말씀하셨습니다. 비스와나타는 어쩔 도리가 없어 그 책을 가져다가 드렸고, 바가반은 즉시 책을 훑어보셨는데 밤에도 탁상 램프에 의지하여 일을 하셨습니다. 당신의 몸이 아픈 것도 그 일을 방해하지는 못했습니다.

1946년 2월 5일

36. 살가리개만 찬 사람은 복이 있다

　바가반은 최근에 인쇄소에서 보내 온 『스리 라마나 릴라』를 틈틈이 훑어보고 계십니다. 그와 관련하여 랑가스와미가 어제 질문했습니다. "타월에 관한 이야기가 거기에 쓰여 있습니까?" 그 이야기는 책에 나오지 않았기 때문에 바가반은 다음과 같은 이야기를 우리에게 들려주셨습니다.

　"40년쯤 전인데—아마 1906년일 겁니다—제가 빠짜이암만 사원에 있을 때, 저에게는 말라얄람 타월 하나밖에 없었습니다. 누군가 저한테 준 것이었지요. 그 감이 하도 엉성해서 두 달도 되지 않아 해지고 몇 군데가 찢어졌습니다. 빨라니스와미는 읍내에 없었습니다. 그래서 저는 밥도 짓고 다른 모든 살림살이를 돌봐야 했습니다. 저는 그 타월로 이따금씩 손발을 닦았기 때문에 거기에는 온갖 얼룩이 져 있었지요. 그걸 제 몸에 두르면 남들이 그 상태를 볼 것이 분명했습니다. 그래서 그것을 말아서 손닿는 데 두었습니다. 그게 해진 게 저에게 무슨 상관 있었겠습니까? 그걸로 필요한 일만 하면 족했습니다. 목욕을 하고 나면 그 타월로 몸을 닦고 나서 그것을 내놓아 말렸습니다. 다른 사람들이 모르게 하려고 그것을 조심스럽게 지키곤 했지요. 하루는 한 장난꾸러기 아이가 제가 그것을 말리는 것을 보고 이렇게 말했습니다. '스와미, 스와미, 총독이 이 타월이 필요하대요. 저더러 가서 가져오래요. 저를 주세요.' 그러면서 장난스럽게 손을 뻗는 것이었습니다. '세상에! 이 타월을 말이냐! 아냐, 못 준다. 저리 가거라!' 제가 말했습니다."

"그 타월이 점점 더 낡아져서 구멍이 천 개나 났기 때문에(온 데 구멍이 뚫렸기 때문에) 저는 그것을 더 이상 가지고 다니지 않았습니다. 세샤 아이어(Sesha Iyer)나 다른 사람들이 그것을 보면 안 되니까 말입니다. 목욕을 하고 나면 그것을 말린 다음 사원 경내의 한 나무 둥치 안에 있는 구멍에 숨겨 두었습니다. 하루는 제가 어디 나간 사이에 세샤 아이어 등 몇 사람이 다른 것을 찾다가 우연히 그 나무 둥치 안의 구멍을 살펴보고 그 타월을 찾아냈습니다. 그 상태를 보고 나서 그들은 자기들이 무심했다고 자책하면서 제가 돌아오자 연신 사과를 하는 것이었습니다. '무슨 일입니까?' 하고 제가 물었더니 그들은 이렇게 말했습니다. '매일 목욕을 하시고 난 뒤에 몸을 닦으신 게 이 천 개의 구멍이 난 타월이었단 말입니까? 당신께 헌신한다는 저희들이 너무 부끄럽습니다. 이거 하나도 찾아내지 못했으니 말입니다.' 그러더니 그들은 몇 묶음이나 되는 타월들을 가져왔습니다."

"그 전에도 비슷한 일이 있었지요. 제 샅가리개(*kowpinam*)[작은 끈으로 된 국부를 가리는 천]가 해졌습니다. 저는 보통 누구에게도 뭘 달라고 하지 않지만 신체적인 품위는 유지해야 했습니다. 그 샅가리개를 기울 수 있는 실과 바늘을 제가 어디서 얻겠습니까? 결국 저는 가시 하나를 집어 들고 거기에 구멍을 내어 샅가리개 자체에서 빼낸 실 한 오라기를 그 구멍에 꿰어 그 천을 기웠습니다. 그리고 기운 자리를 숨기기 위해 그것을 알맞게 접은 다음 입었습니다. 시간은 그렇게 지나갔습니다. 우리에게 무엇이 필요하겠습니까? 그 시절에는 그랬지요!" 바가반이 말씀하셨습니다.

이런 이야기를 들려주시는 것은 당신으로서는 자연스러운 일이었지만 그 이야기를 들은 우리는 깊은 슬픔을 느꼈습니다. 얼마 전에는 바가반으로부터 이 이야기를 들은 무루가나르가 시를 한 수 지었다고 합니다. 그 시의 취지는 이렇습니다.

오, 벤까따 라마나시여, 가시로 기우신 샅가리개를 입으시고,
1천 개의 눈을 가진 타월 인드라의 시봉侍奉을 받으신 분이시여!

1946년 2월 20일

37. 육신을 가지고 하는 해탈

1주일쯤 전에 아쉬라맘에 처음 온 사람이 바가반께 질문했습니다. "이 육신을 그대로 가진 채 해탈을 얻는 것이 가능합니까?" 바가반이 말씀하셨습니다. "해탈이 무엇입니까? 누가 그것을 성취합니까? 속박이 없다면 해탈이 어떻게 있을 수 있습니까? 그 속박을 누가 가지고 있습니까?" "저입니다." 질문자가 말했습니다. "그대는 진정 누구입니까? 어떻게 해서 그 속박을 얻었습니까? 그리고 왜 얻었습니까? 그대가 먼저 그것을 알면 우리는 이 육신을 가진 채 해탈을 얻는 것에 대해 생각해 볼 수 있겠지요." 바가반이 말씀하셨습니다. 그 사람은 더 이상 질문할 수 없자 침묵을 지켰고, 얼마 뒤에는 떠났습니다.

그가 떠난 뒤에 바가반은 눈에 자애로움을 담고 우리 모두를 바라보시더니 말씀하셨습니다. "많은 사람들이 그와 같은 질문을 합니다. 그들은 이 몸뚱이를 가진 채 해탈을 얻고 싶어 합니다. 그런 어떤 회중(sangham)가 있습니다. 지금뿐만 아니라 옛날에도 많은 사람들이, 회춘법(kaya kalpa vratas)이니 뭐니 하는 것들이 있다고 하면서 이 육신을 금강석같이 견고하게 만들어 그것이 불멸이 되도록 할 수 있다고 제자들을 가르쳤을 뿐 아니라, 그런 내용의 책들을 썼습니다. 그런 온갖 이야기를 하고 별의별 짓을 다 하면서 상세한 책을 썼던 그들도 세월이 흐르자 모두 죽었습니다. 불로회춘을 이야기하고 가르쳤던 그 스승 자신이 죽는데, 그 제자들은 어떻겠습니까? 우리가 지금 보는 사물이 다음 순간에 어떻게 될지 우리는 모릅니다. 자기탐구를 통해서 우리가 육신이 아니라는 것을 깨닫지 못하면, 무욕(vairagya)으로써 그에 대한 걱정을 놓아버리지 않으면, 평안을 얻을 수 없습니다. 해탈이란 결국 평안을 얻는 것입니다. 따라서 육신을 자기와 동일시하는 한 평안을 얻지 못하는데, 만약 육신을 그 상태로 영원히 보존하려고 든다면 아무리 애를 써도 속박이 줄어들기는커녕 늘어납니다. 그런 것은 다 환상입니다." 바가반이 말씀하셨습니다.

1946년 2월 21일

38. 찌란지비

야다발리 라마 샤스뜨리(Yadavalli Rama Sastri)가 엊그제 여기 와서 바가반께 이렇게 질문했습니다. "스와미, 사람들은 진아가 십만 개의 해만큼이나 빛난다고 말합니다. 그게 사실입니까?" 바가반이 말씀하셨습니다. "물론이지요! 그 광채가 십만 개의 해와 같다고 하면 그것을 어떻게 가늠할 수 있겠습니까? 우리의 이 눈으로는 눈에 보이는 해 하나도 (정면으로) 보지 못하는데, 십만 개의 해를 어떻게 봅니까? 그것은 다른 시각을 갖춘 다른 눈입니다. 그 눈으로 볼 수 있게 되면 그것을 십만 개의 해나 달이라 하든 아니면 뭐라 하든, 어떤 이름도 붙일 수 있습니다."

얼마 전에 다른 사람이 비슷한 질문을 하나 했습니다. "아스와따마(Aswathama), 비브히샤나(Vibheeshana)33) 같은 이들은 찌란지비(Chiranjeevis)[불사의 존재들]인데, 그들은 지금 어딘가에 살고 있다고 합니다. 그게 사실입니까?" "예, 사실입니다." 바가반이 말씀하셨습니다. "그대는 찌란지비가 뭐라고 생각합니까? 결코 파괴되지 않는 상태를 아는 이들에게 죽음이 어디 있고 탄생이 어디 있겠습니까? 그들은 늘 모든 곳에서 찌란지비로서 삽니다. 우리가 지금 그런 이들에 대해 이야기하고 있으니, 그들은 여기 있습니다. 어떤 사람이 영원히 산다고 할 때, 그것은 5대 원소로 이루어진 이 몸뚱이를 뜻하는 게 아닙니다. 브라마 깔빠(Brahma Kalpas)[브라마의 시간들]34) 자체가 인형의 집들처럼 오고 가는데, 그 시대의 육신들에게 영원성이 있다고 할 수 있겠습니까?" 하고 바가반은 말씀하셨습니다.

1946년 2월 26일

39. 우마

제가 이 편지 쓰는 일을 시작하기 전인데, 한 헌신자가 어느 날 오전에 뿌라나에 대해서 이야기하다가 바가반께 빠르바띠가 어떻게 해서 우마(Uma)라는 이름을 얻게 되었느냐고 여쭈었습니다. 바가반은 저를 바라보시며 말씀하셨습니다. "우리 도서실에 텔루구어로 된 『아루나찰라 뿌라나』(Arunachala Purana)가 한 권 있는데, 그게 있나?" "예, 도서실에 있습니다. 가져올까요?" 제가 여쭈었습니다. "그래, 그래!" 당신이 말씀하셨습니다. 저는 즉시 도서실에서 그 책을 가져와 당신께 드렸습니다.

바가반은 책을 펴시더니 말씀하셨습니다. "여기 그 이야기가 있지요. 시바의 아내이자 닥샤(Daksha)의 딸인 사띠 데비(Sati Devi)는 아버지가 거행하던 희생제(yajna) 도중 아버지로부터 모욕을 당하자 스스로 목숨을 버렸습니다. 그 뒤에 그녀는 히마반따(Himavantha)와 메나까(Menaka) 사이에서 다시 태어났습니다. 그녀는 자기 남편으로 오직 시바만을 원했고, 그 목적을 이루기 위해 따빠스를 시작했습니다. 메나까는 딸이 따빠스를 하지 못하게 하려고 '우, 마'[안 돼, 하지 마]라고 했습니다. 그래서 그녀는 우마라는 이름을 얻게 된 것입니다." 당신은 그것을 낭독하신 다음 책을 저

---

33) [역주] 아스와따마는 드로나(아르쥬나의 스승)의 아들이고, 비브히샤나는 나찰왕 라바나의 동생이다.
34) [역주] 브라마의 하루인 1겁(kalpa)은 우주가 한 번 창조, 파괴되는 기간인 43억 2천만년이다.

에게 주셨습니다. 제가 책장을 넘기고 있을 때 바가반은 말없이 웃고 계셨습니다. 저는 그 이유를 몰랐습니다. 잠시 후에 바가반이 직접 우리에게 다음과 같은 이야기를 들려주셨습니다.

"보세요! 거기에는 다른 이야기도 있습니다. 빠르바띠는 메나까가 온갖 수단으로 만류하는데도 따빠스를 하러 나섰습니다. 아무리 말려도 소용이 없자 히마반따는 그녀를 시바가 다끄쉬나무르띠의 형상으로 머무르고 있던 암자(tapovana)[은자의 처소]로 데려가서 말했습니다. '저의 이 어린 여식은 따빠스를 하고 싶어 합니다. 부디 당신의 보살핌을 받게 해 주십시오.' 빠르바띠를 보자 시바가 말했습니다. '왜 그 어린 나이에 따빠스를 하려는 거지? 아버지와 같이 집으로 돌아가지 않고?' 그러자 빠르바띠가 말했습니다. '아니오, 안 갑니다.' 빠라메스와라는 이런 말로 능숙하게 설득했습니다. '나는 쁘라끄리띠를 정복했기 때문에 이 따빠스에 집중할 수 있다. 만약 네가 여기 있으면 쁘라끄리띠의 난폭함에 노출될 것이다. 그러니 부디 돌아가거라.' 빠르바띠도 그에 못지않게 능숙하게 말했습니다. '오, 주님! 쁘라끄리띠를 정복하셨다고요? 쁘라끄리띠와 얼마간의 관계 없이 어떻게 따빠스를 하실 수 있습니까? 방금 말씀을 하셨지요. 쁘라끄리띠 없이 어떻게 말씀을 하실 수 있습니까? 어떻게 걸으실 수 있습니까? 당신께서 모르시는 중에도 쁘라끄리띠는 당신의 심장을 점령하고 있습니다. 논쟁을 하시려는 것이 아니라면, 당신께서 정말로 쁘라끄리띠의 영향력을 초월해 계시지 않다면, 왜 제가 여기 머무르는 것을 겁내십니까?' 시바는 그 말에 기뻐하면서 말했습니다. '잉기타냐(Ingithagna)[사람의 생각을 읽는 데 능하군]! 그럼 있어라!' 그러고는 히마반띠를 돌려보냈습니다. 이 이야기가 이 책에 자세히 나옵니다."

제가 말했습니다. "닥샤야니(Dakshayani-'닥샤의 딸')의 이야기는 『바가바땀』에도 나오지만 이 대화는 거기 나오지 않습니다. 그 이야기 자체가 흥미롭습니다." 바가반이 웃으면서 말씀하셨습니다. "예, 예. 제가 어디선가 읽은 이야기에서는 까마(Kama)가 불에 타서 재가 된 뒤에[35] 빠라메스와라가 브라민의 복장을 입고 들어와 빠르바띠와 사랑을 나누고 그녀와 결혼했다고 했습니다. 히마반따는 자기 사위의 카스트에 대해 걱정을 했습니다. 그러나 어떻게 할 수 있습니까? 누구한테 물어보아도 그 문제에 대해서는 모르겠다고 하고, 자신을 일깨워 줄 사람이 아무도 없었습니다. 그래서 침묵을 지켰습니다. 나중에 빠르바띠는 장난으로 빠라메스와라의 눈을 감겼는데, 이로 인해 전 우주가 혼란에 빠졌습니다. 빠라메스와라는 제3의 눈을 떠서 세계를

---

35) [역주] 애욕의 신 까마는 몰래 시바에게 꽃화살을 날려 그가 빠르바띠를 사랑하도록 만들려고 했다. 이에 분노한 시바는 제3의 눈에서 나온 불로 까마를 태워 버렸으나 나중에 다른 몸을 얻게 했다.

구했습니다. 그러자 빠르바띠는 자신의 과오를 깨닫고 따빠스를 하기 시작했습니다. 그녀는 여기 저기 머무르면서 따빠스를 하다가 마침내 이곳에 와서 아루나기리스와라(Arunagireeswara)의 승인을 얻었고, 아르다사리람(ardhasareeram)[시바의 몸 절반]을 얻었습니다.36) 히마반따가 그것을 알게 되자 '오, 그래, 이 사위는 다른 카스트가 아니라 바로 우리 자신의 카스트였군' 하면서 기뻐했습니다. 이 아루나찰라는 하나의 산입니다. 히마반따도 하나의 산이었습니다."37)

1946년 4월 11일

40. 아스띠, 바띠, 쁘리얌(존재, 의식, 지복)

어제 오전 10시에서 11시 사이에 한 파르시(Parsi) 의사가 편지 한 통을 가져와 바가반께 드렸습니다. 바가반은 그것을 한 헌신자에게 낭독하게 하신 뒤 말씀하셨습니다. "그 자신이 질문도 쓰고 답변도 썼군요. 제가 달리 할 말이 뭐가 있습니까?" 그 편지는 영어로 되어 있어 저는 알 수가 없었습니다. 편지를 읽은 헌신자가 바가반을 바라보면서 말했습니다. "아스띠(asthi), 바띠(bhati), 쁘리얌(priyam)이라고 거기 쓰여 있는데, 그 의미는 무엇입니까?" "아스띠는 진리, 즉 존재하는 것입니다. 바띠는 광채이고, 쁘리얌은 지복(anandam)을 뜻합니다. 즉, 존재-의식-지복(Sat-Chit-Ananda)인 본래의 성품(swarupa)입니다. 존재-의식-지복을 아스띠, 바띠, 쁘리얌이라고도 합니다. 두 가지 표현이 모두 같은 의미입니다." 바가반이 말씀하셨습니다.

그 헌신자가 다시 질문했습니다. "진아(Atma)는 이름도 없고 형상도 없기 때문에 '지知보다 수승한 박띠'(Jnana Atheetha Bhakti)를 가지고 그것을 명상해야 합니까?" 바가반이 답변하셨습니다. "명상을 해야 한다고 말하면 그것은 이원성(Dwaita)을 의미하지 않습니까? 그것은 명상을 하는 자와 그가 명상하는 대상이 있다는 의미입니다. 그러나 진아는 이름도 없고 형상도 없습니다. 이름도 없고 형상도 없는 것을 어떻게 명상할 수 있습니까? '지知보다 수승한 박띠'라는 것은 이름도 형상도 없고 단지 주시자일 뿐인 자기 자신의 진아를 의미합니다. 그 눈은 그 자신의 자아입니다. 그 눈은 도처에 있고, 단 하나의 눈일 뿐입니다. 그러면 명상할 대상으로 무엇이 있습니까? 명상하는 자가 누구입니까? 그것은 도처에 있는 눈인데, 그것을 아스띠, 바띠, 쁘리얌, 혹은 존재-의식-지복이라고 하는 것입니다. 그 이름들은 많지만 그것은 오직 하나입니다."

---

36) [역주] 이 이야기에 대해서는 488쪽의 '반합신' 부분 참조.
37) [역주] 아득한 고대에는 산들도 걸어 다니는 존재였다고 한다. 히마반따(=히말라야)가 대표적이다.

1946년 4월 15일

41. 오른돌이의 참된 본질

오늘이 얼마나 좋은 날인지 아시겠지요! 바가반께서 우리에게 아주 대단한 것을 가르쳐 주셨습니다. 제가 여기 왔을 때부터 저는 아침저녁으로 회당을 세 번 오른돌이(pradakshina) 하고 나서 바가반 앞에 절하는 것이 습관이 되어 있었습니다.

오늘 아침에 평소와 같이 오른돌이를 하고 있을 때 바가반의 입에서 이 세상 목소리가 아닌 어떤 목소리가 울려나와 마치 피리소리처럼 제 귀를 때렸습니다. 그게 무슨 소린지 궁금해서 저는 창문을 통해 바가반의 소파 쪽을 쳐다보았습니다. 아침 햇살이 바가반의 몸 위로 쏟아지면서 특이한 광채를 발하고 있었습니다. 스리니바사 라오 박사가 연고를 가지고 바가반의 다리를 안마하고 있었습니다. 바가반의 얼굴에는 엷은 미소가 감돌고 있었습니다. "오, 나감마로군! 딴 사람인줄 알았지." 당신이 말씀하셨습니다. 저는 당신이 저에게 무슨 말씀을 하시려는 것 같아서 회당에 들어가자마자 당신 앞에 절을 했습니다. 바가반은 웃으면서 말씀하셨습니다. "그래! 자네도 남들 하는 것 보고 나서 오른돌이를 시작한 거로군? 오른돌이를 몇 번이나 하나?" 저는 좀 놀랐고, 몇 번이나 하느냐고 물으셨기에 "세 번입니다"라고 말씀드렸습니다. "그래! 다른 사람들도 자네 본을 보고 그렇게 하겠군. 그게 문제야. 내가 그렇게 하지 말라고 했거든. 자네한테도 말하지. 어떻게 생각해?" "제가 무슨 말을 합니까? 하지 말라고 하시면 그만두겠습니다." 그렇게 말하면서 저는 자리에 앉았습니다. 바가반은 저를 보시며 말씀하셨습니다. "이거 봐, 이 사람들은 회당의 오른돌이를 끝도 없이 하고 있어. 나는 어제야 그렇게 하지 말라고 했지. 그들은 '나감마도 오른돌이를 합니다. 그녀한테도 그렇게 말씀하셔야 하지 않습니까?' 하고 말하겠지. 자네가 회당을 도는 것을 보면 새로 온 사람들은 자기들도 그렇게 해야 하는 줄 알 것이고, 마치 사원을 돌 듯이 그렇게 돌기 시작하겠지. 그래서 말하는 거야." 그런 다음 바가반은 우리 모두에게 이렇게 말씀하셨습니다.

"오른돌이란 무엇을 뜻합니까? 상까라는 이렇게 말했습니다.

> 진정한 오른돌이는 수천 개의 우주가, 모든 형상들의 부동의 중심인
> 위대한 주의 주위를 돌고 있다는 것을 명상하는 것이다.

같은 관념(bhava)은 『리부 기타』(Ribhu Gita)의 저자에 의해 타밀어로 훨씬 더 상세히 표현되어 있습니다. 그렇게 말씀하시면서 바가반은 그 책을 받아서 우리에게 다음과 같이 읽어 주셨습니다.

"'오, 주님! 저는 당신을 오른돌이 하기 위해 세상을 다 돌아다녔으나 당신께서는

도처에 충만해 계십니다. 그럴진대 제가 어떻게 한 바퀴를 다 돌 수 있겠습니까? 저는 당신을 '세간부동상世間不動相(kutastha akhila rupa)[세계의 움직임 없는 전체 형상]으로 예배하겠습니다. 그것이 당신에 대한 유일한 오른돌이입니다.' 절(namaskar)도 같은 의미가 있습니다. 마음이 진아 안에 합일되는 것이 진정한 절이지, 일어나고 앉을 때마다 엎드리고, 저쪽으로 가거나 이쪽으로 올 때마다가 엎드리는 행위가 절은 아닙니다."

스리니바사 라오 박사가 말했습니다. "오른돌이나 절 같은 것에 대해서 하시는 말씀들은 높은 경지(atheetha sthiti)에 있는 사람들에게는 해당될지 모르지만, 저희 같은 사람들에게는 스승 앞에서 오체투지 할 필요가 있지 않습니까? 비이원적인 태도는 삼계三界[38) 전부를 향해서는 보일 수 있다 할지라도, 스승 앞에서는 보여서는 안 된다고 합니다."

"예, 그렇지요. 비이원적 태도는 여러분이 절 같은 것을 해서는 안 된다는 의미가 아닙니다. 다만 그것이 지나치면 안 됩니다. 비이원성은 마음 자세(bhava) 안에 들어 있어야 합니다. 바깥의 세간적인 일에서는 그것이 적합하지 않습니다. 만물에 대해 평등견平等見(sama drishti)을 가지라고 하지만, 우리가 개가 먹는 음식을 먹겠습니까? 새에게는 한 줌의 곡식으로 족하겠지만, 우리가 그걸 먹고 살겠습니까? 우리가 먹는 음식의 양이 코끼리에게 해당되겠습니까? 그래서 비이원성의 태도는 마음 속으로만 간직하고 다른 문제에서는 세간을 따라야 합니다. 진인에게는 고통도 쾌락도 없지만 다른 사람들을 위해 모든 일을 합니다. 진인은 마치 돈을 주고 시키면 가슴을 두드리면서 큰 소리로 곡을 하는 사람과 같습니다. 그뿐입니다. 그는 그로 인해서 영향을 받지 않습니다." 바가반이 말씀하셨습니다.

누군가가 여쭈었습니다. "돈을 받고 가슴을 두드리며 곡을 한다는 것은 무슨 이야기입니까?" 바가반이 답변하셨습니다. "옛날에 그런 관습이 있었지요. 어떤 노인이 죽었는데 집안의 사람들이 아무도 그를 위해서 울지 않는다고 하면 어떻게 합니까? 누군가가 죽은 이를 위해서 곡을 해야 합니다. 관습상 곡하는 것이 필요했습니다. 그래서 돈을 받고 직업적으로 곡을 해 주는 사람들이 있었습니다. 그 사람들을 부르면 그들은 죽은 사람의 일가친척들보다도 더 잘 울었습니다. 체계적으로, 마치 헌가(bhajan)를 부르듯이, 그리고 아주 다양하게 말입니다. 가슴을 두드리고 눈물을 흘리면서 우는데, 오랜 연습을 통해서나 양파 즙을 눈에 넣어 눈물을 흘렸습니다.

---

38) [역주] 천계天界, 공계空界, 지계地界, 혹은 천상계(Swarga), 지상계(Bhumi), 지하계(Patala)의 세 세계. 지성을 가진 존재들이 거주하는 우주의 세 세계.

그리고 일정에 맞추어 곡을 끝내곤 했습니다. 그와 마찬가지로 진인은 다른 사람들의 소망에 따라 처신합니다. 누가 어떤 노래를 부르든 그에 박자를 맞춥니다. 그는 경험이 풍부하기 때문에 어떤 것도 그에게는 새롭지 않습니다. 그는 누가 불러도 갑니다. 누가 입어달라고 하면 어떤 옷도 입습니다. 그것은 모두 다른 사람들을 위해서입니다. 왜냐하면 그 자신을 위해서는 어떠한 욕망도 없으니까요. 그의 행위는 청하는 그 사람의 욕망에 따릅니다. 따라서 여러분은 자기 자신을 위해 무엇이 정말 좋고 무엇이 정말 나쁜지를 충분히 잘 파악해야 합니다."

전에는 바가반이 당신과 가까운 헌신자들에게 '왜 그걸 하지?' 하시거나 '왜 그렇게 하지 않지?' 하고 물으실 때마다 저는 그렇게 친근하게 물어주시는 특권을 갖지 못한 것이 서운한 적도 있었습니다. 그러나 이제는 그런 환상에서 벗어났습니다. 그뿐만 아니라 저는 어떤 가르침(upadesa)[입문적인 진언의 전수]을 받은 것입니다. 스리 바가반의 목소리는 이렇게 말씀하시는 것 같았습니다. '나는 도처에 충만해 있는데 자네는 어떻게 나에게 오른돌이를 하는가? 나를 하나의 석상으로 생각해서 사원 안에서 하듯이 나를 뻥뻥 도는 것인가?'라고 말입니다.

1946년 4월 20일

42. 일체중생에 대한 자비심

오늘 오전에 바가반이 밖으로 나가려고 하실 때, 산 쪽으로 난 계단 근처의 나무에서 망고를 따도록 되어 있는 일꾼들이 나무 위에 올라가 하나씩 따지 않고 막대기로 나무를 쳐서 망고를 떨어뜨리기 시작했습니다. 치는 도중에 망고 잎들이 수북이 떨어져 내렸습니다. 소파에 앉아 계시다가 나무 치는 소리를 들으신 바가반이 시자들을 통해서 그렇게 하지 말라고 이르라 하시고, 평소와 같이 밖으로 나가셔서 수북이 쌓여 있는 망고 잎들을 보셨습니다. 그 무자비한 광경을 차마 보지 못하신 당신은 엄한 어조로 일꾼들에게 말씀하셨습니다. "그만해요! 이제 가시오! 과일을 따라고 하면 그렇게 나무를 두들겨 패서 잎을 떨어뜨려야 하는 거요? 우리한테 과일을 따 준다고 막대기로 그렇게 나무를 때려야 하는 거요? 누가 이 일을 하라고 했소? 나무를 때리느니 차라리 밑동을 베어 버리시오. 과일 딸 필요 없으니 가시오!"

바가반의 목소리는 거기 있는 모든 사람들의 귀에 천둥같이 울려서 그들은 두려움으로 몸을 떨었습니다. 나무에 걸쳐져 있던 대나무 장대들이 내려져 땅에 놓였습니다. 일꾼들은 석상처럼 합장을 하고 선 채 아무 말도 못했습니다. 자연을 향한 자애로움의 화신이신 바가반이 화를 내시는 모습을 보면서, 제 가슴은 쿵쿵거렸고 눈에는 눈물이 가득 고였습니다. 나무 한 그루의 잎들이 떨어지는데 그렇게 가슴 아파 하시는 분이 인간들의 마음 속 고통을 어떻게 견디실 수 있겠습니까? 바가반 라마나는 실로 자비의 감로로 충만한 바다(karunapoorna sudhabdhi)이십니다.

당신이 우사 쪽에서 돌아오실 때쯤 시자들이 나뭇잎들을 한 무더기 쌓아놓고 당신께 용서를 구했습니다. 바가반은 회당으로 들어서면서 말씀하셨습니다. "무자비하기도 하지! 나무를 얼마나 많이 두들겨 팼는지 보라고! 잎들이 저렇게 수북이 쌓였으니! 오!"

바가반이 비루팍샤 산굴에 계실 때, 바가반의 사진과 세샤드리스와미의 사진을 자기 집에 봉안하고 있던 에짬마가 연한 잎 10만 장을 따다가 예공을 올리기로 하고 바가반께 그에 대해 말씀드린 다음 예공을 시작했습니다. 나뭇잎 5만 장으로 예공을 끝내고 났을 때 여름이 시작되었고, 그녀는 온 산을 돌아다녀도 나뭇잎을 더 이상 구하지 못하게 되었습니다. 지친 그녀는 바가반께 가서 하소연을 했습니다. 바가반이 말씀하셨습니다. "나뭇잎을 구할 수 없으면 당신 자신을 꼬집으면서 예공을 하지 그럽니까?" 그녀가 말했습니다. "아유, 하지만 그러면 아프잖습니까!" 바가반이 말씀하셨습니다. "당신 몸을 꼬집어서 아프다면 당신이 잎을 따는 나무는 아프지 않겠습니까?" 그녀는 얼굴이 창백해져서 물었습니다. "왜 진작 말씀해 주시지 않았습니까, 스와미?" 당신이 대답했습니다. "몸을 꼬집으면 아프다는 걸 알면서 나무도 당신이 잎을 따내면 아프다는 걸 왜 몰랐습니까? 그걸 말을 해 주어야 압니까?"

(예공에 쓰려고) 나무에서 부드러운 잎을 따내서는 안 된다는 것은 『데비깔롯따라 송찬頌讚』(Devikalottara Stotra)의 「지행탐구장知行探究章」(Jnanachara Vicharapadalam) 구절에서도 다음과 같이 이야기하고 있습니다.

뿌리를 뽑아서는 아니 되고, 잎을 따서도 아니 되오.
산 존재를 상하지 말 것이나, 꽃도 꺾어서는 아니 되오.[39]

1946년 4월 23일

43. 존재하는 것은 오직 하나다

오늘 오후에 한 무슬림 청년이 두세 명의 친구와 함께 여기 왔습니다. 그가 앉아 있는 방식으로 보아 그는 몇 가지 질문을 하고 싶어 하는 것 같았습니다. 얼마 후에 그는 타밀어로 질문을 하기 시작했습니다. "우리는 알라를 어떻게 알 수 있습니까?

---

39) [역주] 「데비깔롯따람」, 제70송. 『저작 전집』, 228쪽 참조.

그분을 어떻게 볼 수 있습니까?" 그것이 그의 질문 취지였습니다. 바가반은 여느 때와 같이, "먼저 그 질문하는 자가 누구인지를 알아내면 알라를 알 수 있습니다"라고 말씀하셨습니다.

젊은이가 다시 말했습니다. "제가 이 지팡이를 알라라고 생각하면서 명상하면 알라를 볼 수 있습니까? 어떻게 하면 제가 알라를 볼 수 있습니까?" "결코 파괴될 수 없는 실재물이 알라라고 하는 것입니다. 먼저 그대 자신에 대한 진리를 발견하면 알라에 대한 진리도 드러날 것입니다." 바가반이 말씀하셨습니다. 그것만으로도 젊은이를 내보내는 데 충분했습니다. 그는 친구들과 함께 나갔습니다. 그들이 떠난 직후에 바가반은 가까이 있던 사람들에게 말씀하셨습니다. "보세요, 그는 알라를 보고 싶어 하는군요! 이 눈으로 볼 수 있습니까? 이 눈이 (알라를) 어떻게 지각합니까?"

어제는 한 힌두교도가 바가반께 질문했습니다. "옴까라(Omkara)는 이스와라의 한 이름입니까?" 바가반이 말씀하셨습니다. "옴까라가 이스와라이고 이스와라가 옴까라입니다. 그것은 옴까라 자체가 스와루빠(swarupa)[진아]라는 의미입니다. 어떤 이들은 스와루빠 자체가 옴까라라고 합니다. 어떤 이들은 그것이 샥띠라고 하고, 어떤 이들은 그것이 이스와라라고 하며, 어떤 이들은 그것이 예수라고 하고, 어떤 이들은 그것이 알라라고 합니다. 어떤 이름을 부여하든, 존재하는 것은 오직 하나입니다."

4, 5일 전에는 아쉬라맘에 사는 한 헌신자가, 어떤 사람의 질문에 대해 바가반이 하신 답변을 회상하면서 이렇게 여쭈었습니다. "아난다(Ananda)도 해소된다고 말씀하셨는데, 그렇다면 명상, 삼매, 사마다남(samadhanam)은 어떤 의미가 있습니까?"

바가반이 말씀하셨습니다. "라야(laya-마음이 가라앉은 상태)가 무슨 뜻입니까? 그것은 아난다에서 멈추면 안 됩니다. 그것을 체험하는 누군가가 있을 수밖에 없습니다. 그 어떤 사람을 알아야 하지 않겠습니까? 그 어떤 사람을 모르면 어떻게 그것이 명상이겠습니까? 체험하는 자를 알게 되면 그 사람이 진아입니다. 그대가 그대 자신이 될 때 그것이 명상입니다. 명상은 그대 자신의 진아를 뜻합니다. 그것이 삼매입니다. 그것이 또한 사마다남[생각이 명상의 대상, 즉 지고의 영에 완전히 흡수되는 것]입니다."

1946년 4월 27일

44. 검은 암소

지난 3일 동안 우사에 있는 검은 암소가 무슨 병을 앓았습니다. 그래서 그녀를 송아지들을 위해 지은 헛간 옆의 나무에 매 두었습니다. 소가 3일간이나 앓고 있는데도 바가반은 살펴보려 그 곁으로 가지 않으셨습니다. 어제 암소는 임종의 목전에 있었습니다. 아침부터 그와 같이 앓았는데도 오후 5시까지 숨을 거두지 않았습니다. 바가반은 오후 4시 45분에 일어나서 평소와 같이 우사 뒤로 가셨습니다. 돌아오시다가 당신은 그 암소가 있는 곳으로 방향을 바꾸시더니, 송아지들을 위해 지은 헛간 앞에 멈추어서 그녀의 고통을 한 동안 바라보셨습니다. 바가반은 자애로움의 화신이시므로 당신의 가슴이 연민으로 미어지실 것은 당연했습니다. 당신은 속박으로부터 벗어나는 눈길로 암소를 위안하신 뒤에 돌아와서 평소처럼 소파에 앉으셨습니다.

당신의 자비로운 눈길을 받고 난 뒤 그 개아個我는 불과 5분밖에 그 몸 안에 머물러 있지 않았습니다. 그 소는 당신의 자비로운 눈길을 기다리고 기다리다가 그것을 받자마자 몸을 떠난 것입니다. 사람이 죽을 때 신을 생각하면 그 사람은 속박에서 벗어난다고 합니다. 그 암소는 얼마나 복이 있기에 죽을 때 바가반의 성스럽고 자비로운 눈길에 의해 속박에서 벗어날 수 있었을까요! 바가반은 우리에게 몇 번이나 말씀하시기를, 어떤 동물들은 며칠씩이나 앓고 있어도 당신이 그들을 보러 가야겠다는 생각이 전혀 일어나지 않다가 갑자기 죽음의 문턱에서 고통 받는 그들을 보러 가야겠다는 생각이 나더라고 하셨습니다. 그런 경우에 그 동물들은 바로 그 직후에 평화롭게 세상을 떠났다고 당신은 덧붙이셨습니다. 저는 바로 그런 사례를 본 것입니다.

1946년 5월 2일

45. 빠라뜨빠라 루빰

오늘 오후에 몇 명의 안드라인이 부인들을 데리고 왔다가 바가반의 친존에 한 동안 머무른 뒤에 떠났습니다. 그 중의 한 사람이 합장을 하고 바가반께 여쭈었습니다. "스와미, 저희들은 라메스와람 등지를 다니며 그곳의 신들을 예배하는 순례를 갔다가 여기 왔습니다. 저희는 당신으로부터 빠라뜨빠라 루빰(paratpara rupam)이 어떤 것인지 알고 싶습니다. 부디 일러 주십시오."

바가반은 미소를 지으며 말씀하셨습니다. "그렇습니까? 똑같습니다. 그대 자신이 그대는 여러 신들을 예배하고 왔다고 말합니다. 그는 모든 것 가운데 하나이지만, 모든 것을 넘어서 있는 것이 빠라뜨빠라 루빰입니다. 그것은 지고한 존재의 형상이란 뜻입니다. 그대가 그 모든 사원들을 보았기 때문에, 이 모든 신들의 근원인 그 지고한 존재가 무엇일까 하는 생각이 떠오른 것입니다. 그 신들을 보지 않았다면 그런 질문이 나오겠습니까?" 바가반의 얼굴을 바라보니, 마치 지고한 존재가 당신의 얼굴 위에서 춤추고 있는 것 같았습니다. 행복으로 빛나시는 당신 얼굴 위의 그 광채를 오라버니께서 보셨어야 하는데요! 그 젊은이는 바가반의 말씀을 이해하지는 못했지만 바가반의 자비로운 눈길에 만족했고, 그래서 자기 일행과 함께 바가반께 절을 한 뒤에 떠났습니다.

그들이 떠난 뒤, 바가반은 가까이 앉아 있던 한 헌신자에게 열렬히 말씀하셨습니다. "봐! 진정한 의미는 그들의 말 가운데 있어. 빠라뜨빠라 루빰이란, 높은 것 중에서도 가장 지고한 존재의 형상 또는 모습을 뜻하지. 그 질문의 의미 자체야 그들이 모르겠지만, 만약 그 의미를 알면 답변은 그 질문 자체에 들어 있지."

1946년 5월 11일

46. 사회생활의 윤리

어제 오전 9시 45분, 바가반이 밖에 나가셨다가 회당으로 돌아오셨을 때 아쉬라맘에 살고 있는 개 한 마리가 회당에 들어온 다른 개 한 마리를 보고 짖으면서 그 개를 쫓아내려고 했습니다. 사람들이 아쉬라맘 개를 진정시키려고 하고 있을 때 바가반이 한결 가벼운 기분으로 말씀하셨습니다. "어디서나 먼저 온 이들이 나중에 온 이들에 대해 권위를 행사하는 것이 상례지요. 이 개도 그와 같이 자신의 권위를 행사하려고 하는군요." 그렇게 말씀하시면서 당신은 아쉬라맘 개를 바라보시고 이렇게 말씀하셨습니다. "왜 짖느냐? 저리 가." 그러자 개는 당신의 말씀을 알아들었다는 듯이 회당을 나갔습니다.

오늘 오전 10시에 아난따나라야나 라오 박사와 그의 부인인 라마바이가 그들의 정원에서 딴 좋은 망고를 좀 가져왔는데, 그것을 바가반께 드리면서 말했습니다. "원숭이들이 망고를 다 따 갑니다. 그래서 서둘러 이것을 따 가지고 온 것입니다." 바가반은 미소를 지으며 말씀하셨습니다. "오, 그래요. 그러니까 원숭이들이 거기도 가는군요?" 그러고 나서 회당에 있던 모든 사람들을 바라보면서 말씀하셨습니다. "그렇지요. 원숭이들은 하나씩 따 가는데 사람들은 모두 한목에 따 버리는군요. 왜 그러느냐고 물으면 그것이 자기들의 권리라고 합니다. 원숭이들이 하는 짓이 좀도둑질이라면 사람들이 하는 짓은 본격적인 약탈입니다. 그것을 모르고 그들은 원숭이를 쫓아냅니다."

1946년 5월 28일

47. 탈것은 어느 것인가?

우리 조카인 스와르나(Swarna)와 비디야(Vidya)가 아디 안나말라이 사원과 두르감바 사원 등지를 보고 싶어 해서, 우리는 어제 아침 바가반의 허락을 얻고 나서 길을 나섰습니다. 이미 여름이 시작되었기 때문에 저는 10살에서 12살 된 이 어린아이들이 뜨거운 햇볕 아래서 걷지 못할까 싶어 황소달구지 한 대를 불렀습니다. 그런데 달구지를 보더니 같은 또래나 그보다 더 어린 다른 아이들도 우리와 함께 나서는 것이었습니다. 우리는 오른돌이로서 산을 돌면서 관심 가는 모든 곳을 둘러보고 11시 30분경에 돌아왔습니다. 우리가 오후 3시에 회당에 들어가자 바가반이 저에게 물으셨습니다. "언제 돌아왔나?" 제가 오전 11시 30분에 돌아왔다고 하자 바가반이 물으셨습니다. "아이들이 걸을 수 있던가?" 저는 당신께 우리가 황소달구지를 타고 돌았다고 말씀드렸습니다. 바가반은 농담조로 말씀하셨습니다. "오, 알았어. 달구지를 타고 갔군. 공덕(punya)을 얻은 건 누구지? 달구지인가, 황소인가, 이 아이들인가?" 저는 대답을 못했습니다. 바가반이 말씀하셨습니다. "이 몸뚱이 자체가 달구지입니다. 이 달구지에 또 다른 달구지라니! 이 달구지를 끄는 황소라! (오른돌이를) 그런 식으로 해 놓고 사람들은 '우리가 그것을 했다'고 생각합니다. 매사가 그와 같습니다. 사람들은 마드라스에서 기차를 타고 와서는 '우리가 왔다'고 말합니다. 몸도 마찬가지입니다. 자아에게는 몸이 하나의 달구지입니다. 다리가 걷는 일을 하고 나면 사람들은 '내가 걸었다, 내가 왔다'고 말합니다. 자아가 어디로 갑니까? 자아는 아무것도 하지 않은 채 이런 모든 행위를 자기 것으로 해 버립니다." 그렇게 말씀하신 뒤에 당신이 물으셨습니다. "아이들이 최소한 얼마쯤은 걸었겠지?" 저는 그들이 헌가를 부르면서 가우따마 아쉬라맘(Gautama Asramam)까지 걸어갔지만, 뜨거운 햇볕 때문에 더 이상 걷지 못했다고 말씀드렸습니다. "그것도 상당한 거지. 최소한 얼마쯤은 걸어갔으니까." 바가반이 말씀하셨습니다.

비디야는 장난꾸러기 아닙니까? 여기 온 뒤로 그녀는 바가반에 대해 많은 질문을 했습니다. "바가반 할아버지는 어디 안 가세요? 왜 안 가시는데요?" 그리고 제 대답에 만족하지 못하자, 24일에는 직접 바가반께 왜 아무 데도 안 가시느냐고 여쭈는 것이었습니다. 오라버니께서도 아시다시피, 바가반은 어린아이들이 하는 말을 재미있어 하십니다. 아이를 사랑스럽게 바라보면서 당신이 말씀하셨습니다. "나를 네 집에 데려가고 싶은가 보지? 그게 네 생각 아니냐? 그것도 좋겠지만 내가 어디를 가면 이 모든 사람도 나와 함께 갈 것이고, 도중에 너무나 많은 사람들이 자기네 집으로 우리를 초청할 걸. 내가 안 가겠다고 하면 그 사람들이 동의하겠어? 안 하지. 나를 끌고 가겠지. 거기서는 또 다른 사람들이 함께 길을 나서겠지. 그 사람들을 다 데려갈 수 있겠어? 이 사람들뿐만이 아니야. 내가 떠나면 온 아루나찰라가 떠날지도 몰라. 이 산을 데려갈 수 있겠어? 봐라, 나는 이 감옥에 갇혀 있어. 네가 나를 데려간다 해도 누군가가 도중에 나를 붙들어다 다시 다른 감옥에 집어넣을 거야. 내가 어떻게 하지? 어떻게 갈 수 있겠어? 말해 봐. 이 모든 사람들이 나를 가게 하겠어? 어떻게 생각해?" 비디야는 대답을 못 했습니다. 그때부터 당신은 사람들에게 이렇게 말씀하시곤 했습니다. "이 아이는 저를 자기 집으로 오라고 합니다."

어제는 두 아이가 고향으로 돌아간다는 말을 들으신 바가반이 오전 9시 45분에 밖으로 나가시다가 문간 근처에 서 있던 비디야를 보고 아이의 손을 잡고 말씀하셨습니다. "얘야, 나도 데려갈래? 나를 꽉 묶어서 달구지에 태워 데려가렴." 비디야는 떠나기 전에 바가반의 사진들을 가져가서 당신께 보여드렸습니다. 바가반은 그 사진들을 보시자마자 말씀하셨습니다. "그래, 네가 나를 데려가는구나. 나를 꽉 묶어서 달구지에 실어." 그 자리에 있던 사람들은 모두 즐거움을 느꼈고 비디야는 너무 기쁜 나머지 깡충거리면서 말했습니다. "예, 제가 바가반 할아버지를 모셔가요."

누가 갑니까? 우리가 어디로 갈 수 있습니까? (타고 갈) 달구지는 어느 것입니까? 감옥은 어느 것입니까? 만일 산들 자체가 움직인다면 그것들을 어떻게 멈출 수 있겠습니까? 이것이 다 문제입니다!

1946년 6월 3일

48. 염송, 따빠스 기타

어제 한 신사가 여기 왔는데 독실한 브라민이었습니다. 그가 하는 말과 그가 목에 걸고 있는 루드락샤(rudraksha) 염주로 볼 때, 그는 진언염송(mantra japam)을 하고 있는 것이 분명했습니다. 그는 전에 바가반을 비루팍샤 산굴에서 친견한 적이 있다고 했습니다. 오늘 그가 바가반께 다가가서 질문했습니다. "스와미, 빤짜악샤리(Panchakshari)나 따라깜(Tarakam)을 부단히 염하면 술 마시는 것과 같은 죄가 사해지겠습니까?" "그대가 생각하는 것은 정확히 무엇입니까?" 바가반이 물으셨습니다. 브라민은 날카롭게 다시 질문했습니다. "사람들이 간통이나 절도를 범하고 술을 마시는 따위의 죄를 지어도 앞에서 말씀드린 그런 진언들을 염하면 그 죄가 씻어질 수 있습니까? 아니면 그 죄가 그들에게 붙어 다니겠습니까?"

"만일 '나는 염송을 하고 있다'는 느낌이 없으면 그 사람이 저지른 죄가 그에게 붙지 않을 것입니다. '나는 염송을 하고 있다'는 느낌이 있으면 나쁜 습관에서 나온 그 죄가 왜 붙어 있지 않겠습니까?" 바가반이 말씀하셨습니다. "이 공덕이 저 죄악(papam)을 소멸해 주지 않습니까?" 그 브라민이 여쭈었습니다. "'내가 하고 있다'는 느낌이 있는 한, 그것이 좋은 것이든 나쁜 것이든 자신이 한 행위의 과보를 경험해야 합니다. 어떻게 하나의 행위를 다른 행위로써 씻어버릴 수 있겠습니까? '내가 하고 있다'는 느낌이 사라지면 아무것도 그 사람에게 영향을 주지 않습니다. 그러나 진아를 깨닫지 못하면 '내가 하고 있다'는 느낌이 결코 사라지지 않을 것입니다. 진아를 깨달은 사람이 염송을 할 필요가 어디 있습니까? 따빠스를 할 필요가 어디 있습니까? 발현업發現業(prarabdha)의 힘으로 인해 삶은 계속되겠지만, 그는 아무것도 원하지 않습니다. 발현업에는 세 가지 범주가 있는데, 자원自願(Ichha-자신이 바란 것), 무원無願(Anichha-바람이 없는 것), 타원他願(Parecchha-남의 바람에 기인한 것)이 그것입니다. 자신의 진아를 깨달은 사람에게는 자원발현업(Ichha-Prarabdha)은 전혀 없지만 다른 두 가지, 즉 무원과 타원이 발현업은 남아 있습니다. 그가 무엇을 하든 그것은 모두 남들을 위한 것일 뿐입니다. 남들을 위해 해야 할 일이 있으면 그것을 하지만, 그 결과는 그에게 영향을 주지 않습니다. 그런 사람들이 하는 행위가 무엇이든 그들에게는 아무런 공덕도 아무런 죄악도 붙지 않습니다. 그러나 그들은 세간의 인정된 (가치) 기준에 따라 적합한 일만 하지 그렇지 않은 일은 하지 않습니다." 바가반이 말씀하셨습니다.

바가반이 그 질문자에게 자신의 진아를 깨달은 사람에게는 자원발현업은 없고 무원과 타원발현업만 있다고 말씀하시기는 했지만, 발현업에 대한 당신의 평소 견해는 당신의 저작인 「실재사십송」(Unnadhi Nalupathi)에서 찾아볼 수 있습니다.

> 진인에게는 과거업, 미래업, 발현업이 없다네. 발현업이 남아 있다고 말하는 것은 질문에 대한 답변으로 그러는 것일 뿐이네. 남편이 죽고 나면 어느 아내도 과부가 아니 될 수 없듯이, 행위자(karta)가 사라지면 세 가지 행위(업, Karmas)도 남아 있을 수가 없네.
>
> —「실재사십송 증보」, 제33송

1946년 6월 9일

49. 삼매란 무엇인가?

오늘 오후에 바가반은 헌신자들과 여러 가지 문제에 대해 자유롭게 대화를 나누시면서, 중간 중간 그들에게 비이원론을 가르치느라고 많은 시간을 보내셨습니다. 대화가 끝없이 진행되는 것을 보고 새로 온 사람 하나가 일어나서 질문했습니다. "바가반, 삼매에는 언제 들어가십니까?" 모든 헌신자들이 웃음을 터뜨렸고, 바가반께서도 웃으셨습니다. 잠시 후에 당신이 말씀하셨습니다. "오, 그것이 의문사항입니까? 그 의문은 해소해 드리겠지만, 먼저 삼매란 말이 정확히 무슨 의미인지 말씀해 주십시오. 우리가 어디로 가야 합니까? 산으로나 동굴로 갑니까? 아니면 하늘로? 삼매란 어떤 것이어야 합니까? 말씀해 주십시오."

그 가엾은 사람은 아무 말도 못하고 말없이 자리에 앉았습니다. 얼마 뒤 그가 말했습니다. "감각 기관(indriyas)과 사지四肢의 움직임이 멈추지 않으면 삼매를 얻을 수 없다고 합니다. 당신께서는 그런 삼매에 언제 들어가십니까?" "알겠습니다. 그것이 알고 싶었군요. 그대는 '이게 뭐야? 이 스와미는 계속 이야기를 하고 있군. 무슨 진인이 이런가?' 하고 생각합니다. 그런 식으로 생각입니까? 연화좌蓮華坐(padmasana)를 하고 앉은 채 합장을 하고 호흡을 멈추지 않으면 삼매가 아니라고 말입니다. 근처에 동굴도 하나 있어야겠고, 그 동굴을 들락거려야 할 것입니다. 그러면 사람들이 말하겠지요. '이분은 대단한 스와미다'라고. 저 같은 사람에 대해서는 의심하면서 이렇게 말할 것입니다. '무슨 스와미가 이렇지? 헌신자들에게 계속 이야기나 하고, 매일 하는 일과도 있고 말이야.' 제가 어떻게 합니까? 전에도 한두 번 이런 일이 있었습니다. 예전에 제가 구루무르땀 산굴에 있을 때 저를 보러 온 사람들은 나중에 제가 스깐다쉬라맘에서 어떤 사람과도 이야기를 하고 정상적인 활동을 하는 것을 보고는 아주 걱정을 하면서 저에게 말하더군요. '스와미, 스와미. 부디 예전과 같은 상태로 저희들에게 친견을 베풀어 주십시오.' 그들이 보기에는 제가 타락하고 있다고 느껴졌던 것입니다. 제가 어떻게 합니까? 당시에는 그렇게 살 수밖에 없었고, 지금은 이렇게 살아야 합니다. 일은 정해진 대로 일어납니다. 그러나 그들이 볼 때는 사람이 먹지 않고 말을 하지 않기만 하면 됩니다. 그러면 성자다움, 스와미다움이 저절로 따라옵니다. 그것은 사람들이 가지고 있는 망상입니다." 바가반이 말씀하셨습니다.

1946년 7월 5일

50. 일체란 무엇인가?

[어떻게 일체를 자신의 진아로 볼 것인가?]

지난 3일 간은 최근에 온 한 젊은이가 두서없고 생뚱맞은 질문들을 많이 하여 바가반을 괴롭혔습니다. 바가반은 인내심 있게 모든 사항을 아주 자세히 설명해 주셨습니다. 오늘 오전 9시에 젊은이가 다시 시작했습니다. "일체가 자기 자신의 진아라고 말씀하십니까? 어떻게 하면 일체가 자기 자신의 진아라는 느낌을 얻을 수 있습니까?" 바가반은 마뜩찮다는 기색의 목소리로 말씀하셨습니다. "일체라는 것은 무슨 뜻입니까? 그대는 누구입니까? 그대가 누구인지를 저한테 말해주면 우리가 일체에 대해 생각해 볼 수 있겠지요. 그대는 지난 며칠간 저에게 많은 질문을 했지만 그대가 누구냐는 저의 질문에는 아직 대답하지 않았습니다. 먼저 그대가 누구인지를 말하고 나서 일체(sarvam)가 무엇이냐고 물으십시오. 그러면 대답해 드리지요. 그대가 누구인지를 알려고만 하면 그런 질문들은 일어나지 않을 것입니다. 그것은 해 보려고 하지 않고 다음에는 또 무엇을 물을까만 행각한다면 그것은 끝도 없이 계속 흘러갈 것입니다. 한이 없지요. 그대가 자기탐구를 하여 진리를 발견해야만 마음이 평안(shanti)이 있을 것입니다. 그러지 않고 이것저것 물어봤자 그게 무슨 소용 있습니까? 다 힘의 낭비지요."

젊은이가 다시 말했습니다. "자신의 진아를 알려면 스승이 있어야 하고 수행을 해야 하지 않습니까?" "스승이나 수행을 왜 원합니까? 다 안다고 하면서. 그런데 왜 스승을 이야기합니까? 그대는 하라는 것도 할 생각을 않는데, 스승이 무엇을 할 수 있습니까? 스승이 가리켜 주는 길을 그대가 갈 때만 스승의 도움이 올 수 있습니다. 그대는 수행을 이야기하지만, 무슨 목적으로 하려는 것입니까? 어떤 수행 말입니까? 얼마나 많은 질문을 해야 하겠습니까? 한 길로 가야 합니다. 한없는 의문을 가지고 쫓아다녀 본들 무슨 소용 있습니까? 그대의 식욕이 충족되려면 그대가 음식을 먹어야 합니까, 아니면 남들이 먹어도 충족됩니까? 이런저런 사람들에 대해, 이런저런 것들에 대해 질문하느라고 시간을 낭비해 보니 무슨 소용 있습니까? 그대는 자기 자신을 잊어버린 채 천지간을 돌아다니면서 '무엇이 행복이냐?'고 묻습니다. 그보다 먼저 '돌아다니면서 묻는 나는 누구인가?' 하고 물어야 합니다. 자신의 진아에 대해 그렇게 물으면 다른 질문은 일어나지 않을 것입니다." 바가반이 말씀하셨습니다.

그러는 사이 다른 사람이 그 질문을 이어받아 질문했습니다 "개아(jiva)는 어떻게 하여 까르마(Karma)를 얻습니까?" 바가반이 말씀하셨습니다. "먼저 개아가 누구인지 알아내십시오. 그러면 까르마가 어떻게 오는지 알게 될 것입니다. 개아가 어떻게 하여 까르마를 얻느냐고요? 그 까르마가 개아와 결부되어 있습니까, 아니면 떨어져 있습니까? 그런 것은 생각입니다. 밖으로 향해 그렇게 활동적인 마음이 내면을 바라보게 되면 그런 어떤 의문도 일어나지 않을 것입니다."

1946년 7월 12일

51. 마다바스와미의 죽음

약 4일 전, 그러니까 8일인가 9일 아침 7시 30분에 바가반의 친존으로 갔습니다. 당신 앞에서 절을 하고 일어설 때 바가반이 말씀하셨습니다. "마다바가 갔어." "어디로요?" 제가 여쭈었습니다. 왜냐하면 그는 이따금 아쉬라맘을 나가 순례를 떠나는 버릇이 있었기 때문입니다. 바가반은 미소를 지으며 말씀하셨습니다. "어디냐고? 그곳으로. 몸은 여기 남겨두고." 저는 충격을 받아 "언제요?" 하고 여쭈었습니다. "그제 오후 6시에." 바가반은 그렇게 대답하시고 끄리슈나스와미를 돌아보면서 말씀하셨습니다. "거기 있던 아짜리야스와미(Acharyaswami)는 여기 와서 죽었는데, 여기 있던 사람은 거기 가서 죽었군. 일체가 운명에 따라 움직이지. 마다바스와미는 오랫동안 자기가 독립하여 누구도 자기더러 이래라저래라 하지 않았으면 좋겠다는 바람을 가지고 있었는데, 마침내 그 바람이 이루어졌군. 여하튼 그는 좋은 사람이었어. 꿈바꼬남에 있던 아짜리야스와미가 세상을 떠났을 때, 나는 장난으로 마다바에게 거기 가겠느냐고 물었지. 왜냐하면 그 정사精舍(Math-작은 사원)에 아무도 없었으니까. 그는 그 아이디어를 받아들여 거기로 가서 그렇게 자신의 소원을 이룬 거야. 세상일이란! 내가 텔루구어 드위빠다(Dvipada-텔루구 2행시의 하나)나 다른 시들을 말라얄람 문자로 공책에 썼을 때 그는 마치 텔루구 사람들처럼 그것을 곧잘 읽었지. 그는 텔루구어 상습常習(Samskara-전생습)도 좀 가지고 있었어. 그 공책을 가끔씩 보아야겠다면서 가져갔는데, 그게 거기 있으면 이리 가져오라고 하게. 아이야스와미(Ayyaswami)도 그랬지. 읽고 나서 가져오겠다면서 공책 한 권을 가져갔는데 본인이 전혀 돌아오지 않았어. 이 사람의 경우에도 그렇게 되었군." 그렇게 말씀하시고 당신은 화제를 바꾸셨습니다. 바가반을 마치 그림자처럼 12년간이나 따라다녔고 성품이 극히 유순하고 온화했던 사람이 갑자기 딴 데서 세상을 떠났다는 말을 듣자, 아쉬라맘에 있던 사람치고 눈물을 흘리지 않는 이가 없었습니다.

마다바의 장례식을 주관하기 위해 꿈바꼬남에 갔던 꾼주스와미가 오늘 아침 8시에 돌아와서 바가반 앞에 오체투지를 한 뒤에 말했습니다. "마다바스와미는 마음의 평안을 찾아 헤매고 다녔지만 평안을 얻지 못했고, 그래서 사람들에게 더 이상 살고 싶지 않다고 말했습니다. 그러다 하루 동안 갑자기 설사가 났는데, 소다수를 마시면서 숨쉬기가 힘들다고 말해서 사람들이 그를 자리에 눕혔습니다. 그러고는 의식을 회복하지 못했다고, 그 정사 사람들이 저한테 말했습니다. 그들은 제가 도착할 때까지 시신을 보관하고 있었습니다. 사흘이 지났는데도 시신은 전혀 부패하지 않았더군요. 저는 그것을 매장하고 돌아왔습니다. 그 공책은 어디서도 찾지 못했습니다."

그가 나간 뒤 바가반이 끄리슈나스와미를 바라보면서 말씀하셨습니다. "마다바는 좋은 사람이었어. 그래서 그가 죽었다고 하니 우리가 모두 서운해 하는 거지. 그러나 그가 죽었다고 서운해 하기보다는, 우리가 언제 세상을 떠나게 될지 걱정해야 돼. 진인은 육신의 속박에서 벗어나 그것을 던져버릴 때를 늘 고대하고 있어. 품삯을 받고 짐을 지고 가는 사람은 목적지에 도착할 때를 이제나저제나 고대하다가 주인이 목적지에 왔느니 짐을 내려놓으라고 하면 크게 안도하면서 짐을 내려놓지. 그와 마찬가지로 이 육신은 분별력 있는 사람에게는 하나의 짐이야. 그는 늘 다른 사람은 (먼저) 갔다고 생각하면서 자신도 육신에서 벗어날 때를 고대하고 있어. 생명이라고 하는 저 작은 것이 떠나 버리면 그 몸뚱이라는 짐을 나르는 데 네 사람이 필요한데, 저 생명이 들어 있을 때는 짐 될 것이 없지. 그러나 생명이 떠나고 나면 몸뚱이처럼 짐이 되는 것도 없어. 이런 육신에 대해, 몸을 가지고 해탈을 얻고 싶은 마음에 회춘법(kayakalpa Vratas)[다시 젊어지게 하는 과정]을 시행하는 사람도 있지만, 그렇게 별 수를 다 써도 그런 사람들 역시 조만간 세상을 떠나. 이 육신 안에 영원히 머무를 수 있는 사람은 아무도 없어. 사람이 참된 상태를 알면 누가 이 일시적인 몸을 원하겠나? 이 짐을 던져 버리고 자유롭게 갈 수 있는 때를 원해야지."

마다바스와미는 말라얄람인이었습니다. 그의 출생지는 팔가트(Palghat) 부근의 한 마을입니다. 그는 브라마짜리(brahmachari-독신)였습니다. 여기는 약 15년 전, 그가 20살밖에 되지 않았을 때 와서 (그때부터) 바가반을 시봉했습니다. 얼마 전에는 한 동안 성지들을 찾아가고 싶어 하여 자주 떠났다가 돌아오곤 했습니다. 꿈바꼬남에 정사를 지어서 살던 바가반의 다른 헌신자인 아짜리야스와미가 얼마 전에 여기 왔다가 세상을 떠나자 마다바가 그 정사의 장長으로 거기 갔는데, 그러고 얼마 안 되어 세상을 떠난 것입니다.

1946년 7월 22일

52. 극미 중의 극미, 극대 중의 극대

오늘 오전 10시 30분에 손띠 라마무르띠(Sonti Ramamurthi)가 그의 부인, 형제 그리고 몇 명의 친구들과 함께 왔습니다. 그때 책을 읽고 있던 한 헌신자가 바가반께 이렇게 말씀드리고 있었습니다. "이 책에서는 우리가 음식을 먹고 음식이 우리를 먹는다고 합니다. 어째서 그렇습니까? 우리가 음식을 먹는다는 것은 맞지만, 음식이 우리를 먹는다는 것은 무슨 뜻입니까?" 바가반은 말씀이 없으셨습니다.

약 10분간 말없이 기다린 뒤에 라마무르띠가 바가반께, 자기는 동생이 바가반을 뵙고 싶어 해서 왔으며 그 자신은 10년 전에 바가반을 친견했다고 하면서, 그 헌신자의 대화를 이어서 이렇게 말했습니다. "모든 중생은 태어나고, 유지되고, 궁극적으로는 음식(annam)에 의해 흡수됩니다. 그래서 음식을 브라만이라고도 합니다. 그 브라만은 일체에 두루합니다. 모든 사물은 그 이미지인데 그것을 안남(annam)이라고 하기 때문에 안남(음식)이 우리를 먹는다고 하는 것입니다. 그것은 그런 의미 아닙니까?" 바가반은 "그렇지요" 하고 말씀하셨습니다.

그는 바가반께 과학에 관한 몇 가지 사항을 말씀드렸고 그의 형제도 과학, 원자탄 따위에 대해 이야기했는데, 모두 영어로 말했습니다. 저는 영어를 모르기 때문에 그들의 대화를 이해할 수 없었습니다. 그러나 바가반은 텔루구어로 대답하셨습니다. 그들이 과학에 대해 이야기하는 것을 다 듣고 난 바가반은 마침내 이렇게 말씀하셨습니다. "물론이지요. 그러나 그 어느 하나도 여러분 자신의 진아와 분리되어 있지 않습니다. 그렇지 않습니까? 일체가 여러분의 진아 뒤에 나옵니다. 자기가 존재하지 않는다고 말하는 사람은 없습니다. 무신론자조차도 자신이 존재한다는 것을 인정할 것입니다. 따라서 무엇이 나오든 그것은 여러분의 진아로부터 나올 수밖에 없고, 궁극적으로는 그 속으로 해소될 수밖에 없습니다. '진아는 가장 작은 것보다도 작고 가장 큰 것보다도 크다'(anoraneeyam mahatomaheeyam)는 경전의 원리 그대로, 여러분의 진아와 별개인 것은 하나도 없습니다."

라마무르띠가 여쭈었습니다. "원자와 무한자 간의 차이는 어디서 옵니까?" "그것은 육신 그 자체에서 옵니다." 바가반이 말씀하셨습니다. 라마무르띠가 여쭈었습니다. "어떻게 해서 우리는 세계 속에서 그렇게 많은 힘들을 봅니까?" 바가반이 말씀하셨습니다. "마음이 유일한 원인입니다. 그대로 하여금 그렇게 많은 힘들을 보게 하는 것은 바로 마음입니다. 그것이 태어날 때 다른 모든 것도 태어납니다. 다섯 가지 원소와 그 원소들 너머의 힘들—그것이 무엇이든—그리고 다른 것들을 넘어서 있는 힘들도, 일단 마음이 태어나면 형태를 취합니다. 마음이 해소되면 다른 모든 것도 해소됩니다. 마음이 일체의 원인입니다."

1946년 7월 28일

53. 꿈, 망상

얼마 전에 한 북인도인이 여기 와서 며칠간 머물렀습니다. 어느 날 오후 3시에 그가 바가반께 와서 한 타밀 헌신자를 통해 자신의 체험을 이야기했습니다. "스와미, 저는 어제 객사에서 자고 있었습니다. 그런데 제 꿈속에서 당신께서 저한테 말씀을 하셨습니다. 얼마 뒤에 깨어났는데, 그러고 난 뒤에도 당신께서는 저한테 말씀을 하고 계셨습니다. 그게 무엇입니까?" 바가반이 말씀하셨습니다. "자고 있던 것 아닙니까? 자면서 누구랑 이야기를 할 수 있었단 말입니까?" "저 자신과 이야기했을 뿐입니다." 그가 말했습니다. 그 말에 다들 웃었습니다.

"그대는 자고 있었다고 말합니다. 자고 있는 사람과 우리가 어떻게 대화를 나눌 수 있습니까? '아니, 저는 대화를 나누고 있었습니다'라고 그대는 말합니다. 그것은 몸은 잠들어 있었을지언정 그대는 깨어 있었다는 뜻입니다. 그럴 때 그 '그대'가 누구인지를 알아내십시오. 그런 연후에 그 잠 속에서의 대화를 고려해 봅시다." 바가반이 말씀하셨습니다. 질문자는 아무 대답이 없었습니다. 당신은 자상한 표정으로 모든 사람들을 바라보며 말씀하셨습니다. "창조계와 잠, 이 두 가지밖에 없습니다. 여러분이 잠들면 아무것도 없습니다. 깨어나면 일체가 있습니다. 깨어 있는 동안에도 잠드는 법을 배우면 우리는 오로지 주시자가 될 수 있습니다. 그것이 실다운 진리입니다."

같은 방식으로 얼마 전에는 숨바라마이야가 바가반께 여쭈었습니다. "아스빠르샤 루빰(asparsa rupam-'만져서 지각할 수 없는 형상')이 무엇입니까?" "볼 수는 있으나 만져 볼 수는 없는 것을 뜻합니다." "짜야 루빰(chhaya rupam-'집적된 형상')은 무엇입니까?" 그가 다시 여쭈었습니다. "그것도 같은 것입니다. 그것은 하나의 그림자로서 나타납니다. 그러나 그것을 조사해 보면 아무것도 아니라는 것이 드러납니다. 그것을 신이라 하든 악마라 하든, 꿈, 환영, 영감靈感, 기타 뭐라 하든 좋습니다. 이 모든 것은 그것을 보는 어떤 사람이 있어야 존재합니다. 그러나 보는 자가 누구인지를 알아내면 이 모든 것이 존재하지 않게 될 것입니다. 무無인 것, 일체의 근원인 것, 그것이 진아입니다. 사람이 자신의 진아를 보지 않고 다른 것들을 본들 무슨 소용 있습니까?" 바가반이 말씀하셨습니다.

최근에 어떤 사람은 바가반께 이런 이야기를 했습니다. 자기에게는 미세력微細力(sukshma sakti)[미세한 능력]의 한계를 볼 수 있는 친구가 있는데, 그가 마하뿌루샤들(Mahapurushas)의 미세력의 한계를 보니, 그 중에서도 스리 오로빈도의 미세력광微細力光은 7펄롱(furlong-약 1.4km)의 거리에 달했고, 바가반의 것은 3마일까지는 볼 수 있었지만 그 이상은 얼마나 멀리 뻗어 있는지 볼 수 없었으며, 부처님이나 여타 사람들의 역광力光(Power-light)은 그 정도의 거리까지 미치지 못했다는 것입니다. 바가반은 그의 이야기를 인내심 있게 끝까지 듣고 나서 미소를 지으며 말씀하셨습니다. "부디 그에게, 그렇게 많은 사람들의 미세력의 정도를 들여다보기 전에 먼저 자기 자신의 역광이나 들여다보라고 하더라고 말해주십시오. 미세력의 한계니 그것을 조사한다느니 하는 그런 것이 다 무엇입니까? 우리 자신의 진아를 들여다보면 이런 모든 어리석은 생각들은 일어나지 않을 텐데 말입니다. 자기 자신을 깨닫는 사람에게 이런 것들은 다 하찮은 것입니다."

1946년 8월 6일

54. 순수한 헌신이 진정한 봉사이다

오늘 한 헌신자가 바가반께 여쭈었습니다. "스와미, 당신께서 산 위에 사실 때의 사군자使君子(myrobalams)40)에 대한 이야기는 어떤 것입니까?" 바가반은 다음과 같은 이야기를 우리에게 들려주셨습니다. "비루팍샤 산굴에 있을 때, 저는 장腸이 자유롭게 움직이도록 하기 위해(변비를 치료하기 위해) 매일 밤 사군자를 하나씩 먹곤 했습니다. 그러다가 한번은 재고가 다 떨어졌습니다. 빨라니스와미가 시장에 갈 생각을 하고 있기에 저는 그에게 세샤 아이어에게 사군자를 좀 보내 달라 하라고 부탁했습니다. 그는 시장에 가는 길에 세샤 아이어에게 그렇게 말하겠다고 했습니다. 그런데 바로 다음 순간 한 헌신자가 자기 마을에서 왔습니다. 그는 가끔 우리 있는 곳을 찾아오곤 하던 사람이었지요. 그는 한 동안 우리와 함께 있다가 나갔습니다. 조금 뒤에 빨라니스와미가 시장으로 떠났습니다. 그러는 사이에 아까 나갔던 그 헌신자가 돌아와서 말했습니다. '스와미, 사군자를 좀 원하십니까?' '가지고 계시면 한두 개 주십시오.' 제가 말했습니다. 그는 큰 자루를 하나 가져와서 제 맞은편에 놓았습니다. '이게 다 어디서 났습니까?' 하고 물어보자 그는 이렇게 대답했습니다. '스와미, 당신을 친견하고 나서 저는 달구지를 타고 나가 근처의 한 마을로 갔습니다. 그 마을에서 할 일이 좀 있었거든요. 그런데 사군자 자루들을 실은 다른 달구지 한 대가 먼저 지나갔던가 봅니다. 그 자루들 중의 하나가 구멍이 나서 이 사군자들이 땅에 흘렸습니다. 저는 그것을 주워서 혹시 소용이 될까 몰라 여기 가져온 것입니다. 여기다 두시지요, 스와미.' 저는 두세 분량을 갖고 나머지는 그에게 돌려주었습니다. 이런 일은 흔히 일어나는데, 얼마나 많은지 우리가 기억도 못합니다! 어머니가 오셔서 음식을 만들기 시작했을 때, 쇠국자가 하나 있으면 좋겠다는 이야기를 곧잘 하셨지요. 저는 두고 보자고 했습니다. 다음날인가 그 다음날인가 어떤 사람이 국자 대여섯 개를 가져왔습니다. 그것은 (우리가 쓰던) 조리 용구와 같은 것이었습니다. 어머니가 이런 저런 것이 있으면 좋겠다고 말씀하시면 저는 '그래요?' 하고 대답하곤 했는데, 그러면 바로 그날이나 그 다음날 우리는 그런 물건들을 하나도 아니고 열 개씩이나 받는 것이었습니다. '그만, 그만하면 충분해' 하고 저는 생각했지요! 누가 이런 일들을 보살펴 줍니까? 그와 같은 일들이 많았습니다."

"포도 사건은 어떻습니까?" 그 헌신자가 여쭈었습니다. 바가반이 대답하셨습니다.

---

40) [역주] 열대 아시아산 미로발란 나무의 열매를 말린 것. 염료, 잉크 등의 원료.(여기서는 미로발람으로 표기되었다.)

"예, 그것도 사군자와 같은 목적에 쓰이고 있었지요. 하루는 포도(건포도)의 재고가 바닥났습니다. 빨라니스와미는 혹시 시장 보러 가는 사람이 있으면 그것을 사 달라고 부탁할 수 없을까 알고 싶어 했습니다. 저는 서두를 것 없다고 하면서, 그것은 걱정하지 말고 기다려 보라고 했습니다. 그뿐이었지요. 얼마 되지 않아 감비람 세샤이야(Gambhiram Seshayya)의 형이 왔습니다. 그의 손에는 큰 봉지가 하나 들려 있었는데, 거기 뭐가 들었느냐고 묻자 그는 '건포도입니다' 하고 대답했습니다. '아니! 바로 조금 전에 우리가 건포도가 떨어졌다고 이야기하고 있었는데, 그걸 어떻게 알았습니까?' 하고 제가 물었지요. 그가 말했습니다. '제가 어떻게 알았느냐고요, 스와미? 여기 오기 전에 저는 빈손으로 와서는 안 되겠다 싶어 시장에 들렀습니다. 그런데 일요일이어서 가게들이 다 문을 닫았고 하나만 열고 있더군요. 제가 바가반께 간다면서 뭐가 있느냐고 가게 주인에게 물었더니 그가 말하기를, 포도밖에 없는데 그것도 막 도착한 것이라고 했습니다. 그가 그것을 싸서 주기에 가져온 것입니다. 그 생각이 저한테 일어난 것은 불과 조금 전이었습니다, 스와미.' 이야기를 비교해 보니 그 시간이 우연히도 일치했습니다. 아이야스와미에게도 그런 경험은 아주 흔히 있는 일이었습니다. 어떤 물품이 있으면 좋겠다고 우리가 생각하면 바로 그 시간에 그도 그 물품을 바가반에게 가져가야겠다는 생각이 들곤 했습니다. 우리가 그에게 그것을 어떻게 알았느냐고 물어보면 아이야스와미는 '스와미, 제가 어떻게 알겠습니까? 그냥 어떤 물품을 바가반께 가져가야겠다는 생각이 들었을 뿐입니다. 그래서 그걸 가져왔고, 그뿐입니다. 같은 시간에 똑같은 물품을 생각하셨다고요. 그런 이상한 일들이 일어나는 이유는 스와미께서만 아시겠지요.' 하는 것이었습니다. 정말이지 그는 마음을 순수하게 유지하고 있었고, 그래서 우리가 여기서 생각하는 무엇이든지 그의 마음 속에서 반사되곤 했던 것입니다."

우리의 마음을 순수하게 유지하여 오염이 없게 해야 한다는 말을 별도로 들을 것까지 있겠습니까? 아이야스와미의 삶 자체가 그 하나의 사례 아니겠습니까?

1946년 8월 8일

55. 집중(*Guri*)이야말로 스승(*Guru*)이다

어제 오전에 요기 라마이야(Yogi Ramayya)가 바가반께 이렇게 질문했습니다. "스와미, 사이 바바의 어떤 제자들은 그의 사진을 숭배하면서 그것이 그들의 스승이라고 합니다. 어떻게 그럴 수 있습니까? 그것을 신으로 숭배할 수는 있겠지만, 그것을 스승으로 숭배해서 그들이 어떤 이익을 얻을 수 있습니까?" 바가반이 답변하셨습니

다. "그들은 그렇게 함으로써 집중을 확보합니다." 요기가 말했습니다. "그거야 다 좋은 일이겠지요. 어느 정도 집중하는 수행은 될 수 있겠습니다. 그러나 그런 집중을 위해서는 스승이 필요하지 않습니까?" "물론이지요. 그러나 결국 스승(Guru)은 집중(guri)을 의미할 뿐입니다." 바가반이 말씀하셨습니다. 요기가 말했습니다. "어떻게 생명 없는 사진이 깊은 집중을 계발하는 데 도움이 될 수 있습니까? 그런 집중을 할 수 있으려면 그것을 실제로 보여줄 수 있는 살아 있는 스승이 필요합니다. 바가반께서는 살아 있는 스승 없이도 완전에 도달하실 수 있었겠지만, 저 같은 사람들에게도 그것이 가능하겠습니까?"

"맞는 말입니다. 그렇기는 하나, 생명 없는 사진을 숭배하는 것으로도 어느 정도까지는 마음을 집중할 수 있습니다. 그러나 탐구에 의해 자기 자신의 진아를 알지 못하면 그러한 집중은 지속되지 않을 것입니다. 그 탐구를 위해서 스승의 도움이 필요한 것입니다. 그래서 고인들은 탐구가 입문 단계에서 그치면 안 된다고 한 것입니다. 그러나 설혹 그렇다 하더라도 그런 입문이 이익이 없는 것은 아닙니다. 언젠가는 그것이 열매를 맺게 됩니다. 그러나 입문했다고 해서 자만하면 안 됩니다. 마음이 순수하면 이 모든 것이 열매를 맺겠지만, 그렇지 못하면 척박한 토양에 뿌려진 씨앗과 같이 헛일이 되고 맙니다." 바가반이 말씀하셨습니다.

"저는 모르겠습니다, 스와미. 백 번 천 번 말씀해 주셔도 말입니다. 저 자신의 진보를 확신하기 위해서는 당신과 같은 살아 있는 스승이 필요합니다. 어떻게 생명 없는 사진에 스승의 지위를 부여할 수 있겠습니까?" 그가 말했습니다. 바가반은 얼굴에 미소를 지으며 "그래요, 그래" 하시고 고개를 끄덕인 다음 침묵을 지키셨습니다. 오라버니, 그 미소와 그 침묵이 지(知)와 지혜로 광채를 발하고 있었다는 것이 제가 드릴 수 있는 말씀의 전부입니다. 제가 그것을 어떻게 묘사할 수 있겠습니까?

1946년 8월 10일

56. 싯다들

오늘 바가반의 친존에서 싯다들(siddhas)[41]에 대한 이야기가 있었습니다. 몇몇 사람들은 무엇보다도, 어떤 사람이 싯디(siddhi-초능력)를 얻으려고 노력하여 성공했다고 말했습니다. 바가반은 그런 이야기를 장시간 인내심 있게 다 들으시고 나서 답답하다는 어조로 말씀하셨습니다. "여러분은 싯다들에 대해 이야기하는군요. 그러면서

---

[41] 대단한 순수성과 성스러움을 갖추었다고 생각되며, 특히 싯다라고 불리는 8가지 초능력을 갖추고 있다고 하는 반쯤은 신(神)인 사람들.

그들이 어디서 무엇을 얻었다고 말합니다. 그들은 그 목적을 위해 수행과 따빠스를 합니다. 실제로는 형상이 없는 우리가 눈, 다리, 손, 코, 귀, 입 등을 갖춘 몸을 얻어 그 몸뚱이로 이런 저런 일을 하고 있는 것이야말로 정말 싯디 아닙니까? 우리는 싯다입니다. 음식을 원하면 우리는 음식을 얻고, 물을 원하면 물을 얻고 우유를 원하면 우유를 얻습니다. 이것이 다 싯디 아닙니까? 늘 그렇게 많은 싯디를 체험하면서 왜 다른 싯디를 갈망합니까? 달리 뭐가 필요합니까?"

약 2년 전에 인도 의회 의원이자 냐네스와르(Jnaneswar)의 바가바드 기타 주석서 (『냐네스와리』) 번역자인 마누 수베다르(Manu Subedar)가 바가반을 친견하러 왔습니다. 그는 대화 도중 바가반께, 온갖 책에 싯다 뿌루샤들(Siddha Purushas)에 대한 이야기는 있는데 왜 수행자들(Sadhakas)에 대한 이야기는 없는지, 그리고 수행자들에 대한 무슨 책이 있는지 여쭈었습니다. 바가반이 말씀하셨습니다. "타밀어판 『박따 비자얌』 (Bhakta Vijayam)에 보면 냐네스와르와 그의 아버지인 비또바(Vithoba) 간의 대화가 있습니다. 그것이 싯다와 수행자 간의 토론입니다. 그 대화에서 수행자의 상태를 볼 수 있습니다." 그렇게 말씀하시고 바가반은 사람을 시켜 아쉬라람 도서실에서 『박따 비자얌』 한 권을 가져오게 하여, 그 부분을 직접 낭독하면서 그것을 자세히 설명해 주셨습니다. 마누 수베다르는 집에 돌아간 뒤에 그 대화의 사본 한 부를 요청해 왔고, 바가반은 그것을 영어로 번역하게 한 다음 사본 한 부를 보내셨습니다. 마누 수베다르는 그것을 자신의 『냐네스와리』(Jnaneswari) 제3판에 부록으로 덧붙였습니다. 최근에 저는 그 대화를 텔루구어로 옮겼습니다. 오라버니께서 지난 달 보름날 여기 오셨을 때 나누신 몇 가지 대화 도중 바가반께서, 냐네스와르는 싯다였지만 비또바는 수행자였다고 말씀하신 것을 기억하시지요. 그래서 그 제목을 「싯다-사다까 삼바담」(Siddha-Sadhaka Samvadam)[싯다와 수행자 간의 대화]이라고 했습니다.

바가반은 종종 이렇게 말씀하십니다. "자기 자신을 알고 자기 자신에게 참다운 상태로 머무를 수 있는 것이 싯디이지, 달리 아무것도 아닙니다. 여러분의 마음이 자기에 대한 탐구 속으로 합일되면 언젠가 그 진리를 깨닫게 될 것입니다. 그것이 최상의 싯디입니다."

이 싯디에 관한 바가반의 산문 저작들 중 「실재사십송」(Unnathi Nalubathi)[42]에서 발췌한 것 하나를 여기 적어보면 이렇습니다.

---

[42] 바가반이 원래 '울라두 나르빠두'(Ulladu Narpadu)라는 제목으로 타밀어로 지은 「실재사십송」은 다른 언어의 번역본으로는 '운나띠 날루바띠'(Unnathi Nalubathi), '사드 비디야'(Sad Vidya), '삿다르샤남'(Saddarshanam), '드러난 진리'(Truth Revealed) 등 여러 가지 이름으로 불린다.

싯디란 항상 실재하는 것을 알고 깨닫는 것이네. 다른 싯디들은 꿈속의 싯디에 불과하네. 자신이 꿈에서 깨어나면 그것들이 어디 참되던가? 진리와 결합하여 마야에서 벗어난 사람들이 그것들에 의해 미혹되겠는가? 부디 이것을 알라.

— 「실재사십송」, 제35송

1946년 8월 11일

57. 행위의 과보는 창조주가 정한다

약 열 달 전에 끄리슈나 빅슈(Krishna Bikshu)가 저에게 편지를 보내 말하기를, 자신은 재산을 형제들에게 주어버리고 출가하여 이 나라를 돌아다니면서 마음의 평안을 얻어 볼까 생각하고 있는데, 그에 대해 바가반께서 뭐라고 말씀하실지 모르겠다고 했습니다. 저는 이 편지에 대해 바가반께 말씀드렸습니다. 바가반은 먼저 "그래? 드디어 결심했어?" 하신 다음, 좀 있다가 이렇게 말씀하셨습니다. "모든 일은 각 개인의 업(Karma)에 따라 일어나지."

이 일에 대해 끄리슈나 빅슈에게 편지를 보냈더니 그는 이렇게 답장을 했습니다. "'행위의 과보는 창조주가 정한다'(Karthuragnaya Prapyathe Phalam)[43]고 하는데, (그러고 나서) 창조주는 어떻게 되었을까?" 저는 여기에 대해 바가반께 말씀드리고 싶지 않아서 뭐라고 답장을 쓸까 궁리하고 있었습니다. 그러는 사이에 한 헌신자가 바가반께 여쭈었습니다. "'행위의 과보는 창조주가 정한다'는 말에서 행위자(karta)는 누굽니까?" 바가반이 말씀하셨습니다. "행위자는 이스와라입니다. 그가 각인에게 각자의 업에 따라 행위의 과보果報를 배당하는 자입니다. 그것은 그가 사구나 브라만(Saguna Brahman)이라는 것을 의미합니다. 진정한 브라만은 니르구나(nirguna)이며 움직임이 없습니다. 이스와라라고 불리는 것은 사구나 브라만일 뿐입니다. 그가 각인에게 각자의 업에 따라 과보(phala)를 줍니다. 그것은 이스와라가 하나의 대리인일 뿐이라는 의미입니다. 그가 각자에게 일한 만큼씩 품삯을 주는 것입니다. 그뿐입니다. 이스와라의 그 힘이 없다면 이 행위(업)도 일어나지 않겠지요. 그래서 업을 지각력 없는 것(jadam)이라고 합니다."

끄리슈나 빅슈의 질문에 대해 달리 무슨 답변이 있을 수 있겠습니까? 그래서 저는 그렇게 답장을 보냈습니다. 비끄라마르까(Vikramarka)[44]는 자기 샌들의 초자연적인 힘을 가지고 브라마의 세계인 브라마 로까(Brahma Loka)에 갔는데, 그것을 보고

---

43) [역주] 바가반이 지은 「가르침의 핵심」의 산스크리트 역본(Upadesa Sarah) 제1연의 첫 구절.
44) [역주] 서북인도 마유라 왕가의 왕(1세기?). 비끄라마디띠야(Vikramaditya)라고도 한다.

브라마가 기뻐하면서 그에게 은택恩澤(boon-고행을 성취한 자에게 신이 베푸는 혜택)을 청해 보라고 말했습니다. 비끄라마르까가 말했습니다. "주님, 경전에서는 당신께서 중생들을 창조하실 때 그들의 이마 위에 그들이 전생에 한 행위에 따라 다음 생이 어떠할 지를 써 두신다고 크게 선언하고 있습니다. 그런데 저에게 은택을 주시겠다고 말씀하십니까? 이미 제 이마에 쓰여 있는 것을 지우고 새로 쓰시는 것입니까, 아니면 덮어 쓰면서 그것을 고치십니까? 정확히 무엇을 하십니까?" 브라마는 그의 영리한 질문에 기뻐하면서 미소를 짓고 말했습니다. "지금 새로 하는 것은 없다. 존재들의 업에 따라 예정되어 있는 것이 내 입으로 나오는 것이다. 우리는 그저 '그래, 우리가 너에게 은택을 주었다'고 말할 뿐이다. 그뿐이다. 새로 주는 것은 전혀 없다. 그것을 모르고 사람들은 우리의 손에서 은택을 얻겠다고 고행을 한다. 너는 영리한 사람이기에 그 비밀을 알아냈구나. 나는 매우 기쁘다." 그렇게 말하면서 그는 비끄라마르까에게 브라마아스뜨람(Brahmastram)을 선사하고 그를 돌려보냈습니다.

『바가바따』 제10장에도 주 끄리슈나가 난다(Nanda)에게 인드라 신에 대한 희생의 식을 그만두라고 권고하는 대목에서 같은 취지의 이야기가 나옵니다.

1946년 8월 12일

58. 일체 평등심

지난여름에는 회당 옆에 차일을 쳐서 바가반이 저녁에 나와 앉으실 수 있게 했습니다. 차일 서쪽에는 쿠스쿠스 발[簾](khus-khus tatties-인도식 발)을 붙여 달았습니다. 바가반의 소파는 바로 그 곁에 두곤 했습니다. 헌신자들은 보통 서쪽을 향해 앉았고, 바가반은 다끄쉬나무르띠처럼 남쪽을 향해 앉으셨습니다. 우리 여자들은 모두 당신의 발 반대편에 앉는 것이 보통이었습니다. 우리가 똑바로 보면 바가반의 연꽃발을 친견하게 되고, 한쪽 편으로는 멋진 꽃밭이 보이고 다른 한쪽 편으로는 아루나찰라의 정상을 친견하게 됩니다. 우리의 행운을 어떻게 다 이야기할 수 있겠습니까?

어느 날 오후 4시 45분에 바가반이 산으로 포행을 가신 뒤에 시자들이 쿠스쿠스 발을 들어서 위로 달아맸습니다. 왜냐하면 구름이 끼었으니까요. 10분 안에 바가반이 돌아오시자 햇빛이 밝게 비추었습니다. 저녁 해이기는 했으나 모두 그 여름 햇볕을 받게 되어 좀 불편해졌습니다. 햇살이 바가반의 맨몸에 떨어지는 것을 보다 못한 바이꾼타바스라는 시자가 바가반 뒤에 있는 명석을 천천히 내렸습니다. 그는 당신이 그것을 눈치 채지 못하셨으리라고 생각했습니다. 이때는 베다 빠라야나가 진행 중이었기 때문에, 바가반은 그것을 눈치 채지 못하신 듯 침묵을 지키고 계셨습니다.

찬송이 끝나자 바가반이 다소 역정을 내시며 말씀하셨습니다. "이 사람들이 하는 짓을 좀 보세요! 제 옆에 있는 발들만 내렸습니다. 다른 사람들은 인간도 아니라고 생각하는가 보군요! 스와미한테만 햇볕 안 가게 하면 된다는 건가요? 남들에게 가는 건 중요하지 않고! 스와미에게만 뭔가 특별한 대접을 한답시고 말이지요! 어쨌거나 그들은 스와미의 위신만 세워주는군요! 가엾은 친구들! 그들 식대로라면, 이런 보살핌을 받지 못하는 사람은 스와미도 아니겠군요! 스와미는 햇볕이나 바람이나 불빛에 노출되면 안 되고, 움직이거나 말을 해도 안 되고, 합장을 하거나 손을 소파에 올려두고서 앉아 있어야겠지요. 이것이 스와미 노릇입니다. (저의) 스와미 노릇은 (그들이) 저를 여러 사람들 가운데서 골라내어 특별대우 하는 것으로써 유지됩니다."

보세요, 바가반은 어떤 차별도 용납하지 않으십니다. 평등을 고집하십니다. 그 가엾은 시자는 겁이 나서 발들을 달아맸습니다. 석양이 바가반께 비쳐 당신 두 눈의 광채와 섞였습니다. 아가르바띠스(agarbathis)—향대—에서 나오는 연기가 사방에 퍼졌습니다. 아가르바띠스에서 나오는 그 연기가 마치 서늘한 바람과 벗이라도 된 듯이, 바가반의 발 앞에서 부채로 부친 것처럼 헌신자들 사이로 골고루 퍼져나갔습니다.

1946년 8월 13일

59. 누가 욕망하는 대로

제가 아쉬라맘에 온 초기에 이곳에 바이샤(Vaisya-카스트의 세 번째 계급) 소년이 하나 살고 있었습니다. 머리는 매만지지 않아서 헝클어졌고, 음식은 구빈원 운영자에게서 얻어먹었으며, 밤에는 아루나찰라 사원 안에서 잠을 잤습니다. 그의 어머니가 아쉬라맘에 와서 집에 가자고 다그치자 그는 빤다르뿌르(Pandharpur)로 달아났습니다. 그 아이는 그들의 외아들이었고 그들은 재산이 많았습니다. 이 소년은 일종의 유랑 탁발자(bairagi)로서, 자신은 아무것도 원치 않는다는 말을 곧잘 하곤 했습니다. 그 어머니가 바가반께 애절한 이야기를 하면서 도와달라고 하자, 바가반은 그 소년에게 어머니의 말을 들으라고 한두 번 설득해 보셨습니다. 그러나 소년은 말을 듣지 않고 달아났던 것입니다.

이 소년이 지난 달 다시 왔습니다. 그는 사람들과 멀찍이 떨어져 회당 한 구석에 앉아 있었습니다. 그것을 수행이라고 해도 좋겠고 뭐라 해도 좋겠지만요. 머리가 더 이상 헝클어져 있지 않다는 것 말고는 그의 일과나 외모에는 아무 변화도 없었습니다. 바가반은 그를 계속 관찰하셨고, 이 소년은 말을 하지 않았습니다. 15일이 지났을 때 직장을 은퇴하고 와서 아쉬라맘의 사서(司書) 소임을 다시 맡은 라자고빨라 아이어(Rajagopala Iyer)가 우연히 회당에 왔다가 이 바이샤 소년을 보고 바가반께 말씀드렸습니다. "이 소년은 빤다르뿌르에서 돌아온 것 같습니다. 그의 어머니가 주소를 남기고 갔는데, 아이가 돌아오면 편지를 보내 달라고 우리한테 부탁하지 않았습니까?" 바가반이 말씀하셨습니다. "응, 돌아왔지. 보름쯤 됐어. 그 동안 쭉 지켜봐 왔는데 통 말을 하지 않는군. 그러니 어떻게 '빤다르뿌르는 어땠느냐, 은사물(恩賜物) (prasadam) 같은 것은 어디 있느냐'고 물어볼 수 있나? 우리는 남들의 마음이 움직이는 데 따라서 행동해야 돼. 우리는 그처럼 우리 자신을 적응시켜야 할 의무가 있어." 영리한 사람들은 자기 자신의 마음을 점검합니다. 남들의 마음이야 알 도리가 없습니다. 바가반께서는 남들의 욕망과 의도에 따라서 당신 자신을 적응시켜야 한다고 말씀하시는 겁니다! 그것이 얼마나 큰 가르침인지 한 번 보세요!

1946년 8월 15일

60. 프로그램

약 한 달 전에 마두라이에 갔던 니란자나난다스와미는 거기서 마드라스로 갔습니다. 마드라스에서 온 T.K. 도라이스와미 아이어가 바가반의 손에, 9월 1일의 50주년 기념식 때 진행할 프로그램을 놓아드리고 옆에 공손하게 서 있었습니다. 그 프로그램은 마드라스의 저명한 인사들과 협의하여 작성한 것이었습니다.

아침 7시에 시작되어 저녁 7시에 끝나도록 되어 있는 그 프로그램의 세부사항이 거기 적혀 있었습니다. 대법원 판사들과 몇 명의 저명인사들이 연설자로 정해져 있었고, 무시리 수브라마니아 아이어(Musiri Subramania Iyer)와 부달루르 끄리슈나무르띠(Budalur Krishnamurthy Sastry)의 음악 공연과, 기타 아주 많은 항목들이 그 프로그램에 들어 있었습니다.

바가반은 그것을 주의 깊게 읽어 보신 뒤에 미소를 지으며 말씀하셨습니다. "오, 정말 복잡한 프로그램이군! 여하튼 제가 뭐 걱정할 게 있습니까? 그들이 하고 싶은 대로 하라 하지요. 저는 밖에 나갈 시간만 주면 됩니다. 이 거물들이 다 연설을 한다고요! 무엇에 대해 말입니까? 이야기할 게 뭐가 있습니까? 존재하는 것은 침묵(mowna)입니다. 침묵을 어떻게 말로 설명할 수 있습니까? 영어로, 산스크리트로, 타밀어로, 텔루구어로. 오, 언어가 많기도 하군! 저명인사들이 이렇게 많은 언어로 이야기하겠군요! 좋습니다. 제가 왜 신경을 씁니까? 저보고 말을 하라고만 하지 않으면 됩니다."

그 헌신자는 공손하게 합장을 한 채, 바가반께서 어느 항목이라도 빼라고 하시면 빼겠다고 말씀드렸습니다. "오, 알겠군요! 언제 저에게 어느 항목을 넣자고 했기에 지금 제가 어느 항목에 반대할 수 있다는 겁니까? 여러분 좋을 대로 하십시오. 모두 일련의 연설들이군요. 저는 이와 같이 소파에 앉아 있겠습니다. 여러분 좋을 대로 뭐든지 하십시오." 바가반은 미소를 지으며 말씀하셨습니다. "예, 스와미, 맞습니다. 바가반의 친존에서 누가 감히 연설을 할 수 있겠습니까? 그렇지만 이 모든 것은 저희들이 특권처럼 가지게 된 이 큰 행운에 대한 저희들의 기쁨을 표하기 위한 것에 지나지 않습니다." 그렇게 말하고 그 헌신자는 바가반 앞에서 절을 한 뒤에 물러갔습니다.

1946년 8월 16일

61. 미지의 헌신자

오늘 아쉬라맘이 받은 편지들 가운데 미지의 한 헌신자가 체코슬로바키아에서 보낸 영어 편지가 있었습니다. 바가반은 그것을 보시고 나서 우리에게 그 편지에 대해 애정 어린 말씀을 하신 다음 회당에서 그것을 낭독하게 하셨습니다. 그 요지는 이렇습니다. "제 몸은 비록 아루나찰라에서 실제로 멀리 떨어져 있지만, 영적인 견지에서는 바가반의 발 아래 있습니다. 9월 1일이 되면 청년 라마나께서 띠루반나말라이에 오신 지 만 50년이 된다고 저는 알고 있습니다. 그날이 바가반의 진짜 생일이라는 믿음으로 제가 그날을 경축하는 것을 허락해 주시기 바랍니다. 저는 무한한 헌신과 믿음과 배려로써, 그리고 제 가슴이 바가반의 음성을 생각함으로써, 바가반의 발에 묻은 먼지 속에 제 마음을 가라앉히려고 노력하는 가운데 이날을 경축하렵니다."

그 편지의 내용을 듣고 우리 모두 기쁨을 표하고 있을 때 바가반이 자비로 빛나는 얼굴로 말씀하셨습니다. "우리는 그가 누군지, 이름이 무엇이고 고향이 어디인지 모릅니다. 여기에 한 번도 온 적이 없습니다. 제가 여기 온 지 만 50년이 된다는 것을 어떻게 알았을까요? 그는 헌신으로 가득 찬 편지를 써 보냈습니다. 그가 쓴 내용으로 보아 그는 제 생애에 대한 글을 읽고 그것을 이해한 것 같습니다. 헌신자들은 S. 라다끄리슈난 박사가 보내올 글을 고대하고 있는데 그것이 아직 오지 않았지요. 여기 사람들은 그것을 받으면 그 글을 맨 첫 논설로 인쇄할 생각입니다. S. 도라이스와미에게 청했더니 그는 '아이구, 아닙니다. 못합니다. 저는 차라리 침묵하고 있겠습니다'라고 했습니다. D.S. 샤스뜨리도 똑같은 말을 했지요. 이 편지는 뜻밖에 왔습니다. 세상 일이 이렇습니다. 이 사람들은 다른 사람들의 글, 특히 S. 라다끄리슈난 박사가 보내올 글을 기다리고 있는데 말입니다. 기이하지 않습니까! 체코슬로바키아가 어디고 띠루반나말라이가 어딥니까? 저를 본 적도 없는 사람이 이런 편지를 보내오는데, 우리가 무슨 말을 할 수 있습니까?"

1946년 8월 18일

62. 한 글자

며칠 전에 봄베이에서 온 몇 명의 구자라트인들이 아쉬라맘 책과 바가반 사진들을 사서 바가반께 보여드리면서 그 책들에 바가반의 이름을 써 달라고 청했습니다. "어떤 이름을 제가 써야 합니까?" 하고 바가반이 말씀하셨습니다. "당신의 이름요." 그들이 말했습니다. "제가 무슨 이름이 있습니까?" 바가반이 말씀하셨습니다. 그들이 "당신의 이름은 라마나 마하르쉬 아닙니까?" 하자 바가반은 미소를 지으며 말씀하셨습니다. "어떤 사람들이 그렇게 말했지요. 사실 저에게 어떤 이름이나 고향이 있습니까? 저에게 이름이 있어야만 제가 쓸 수 있겠지요." 구자라트인들은 더 이상 아무 말도 하지 않고 떠났습니다.

1945년 1월에 오라버니께서 금융업에 관한 오라버니의 책을 보내면서 거기에 '옴'자나 '스리'를 써서 돌려보내 주시면 좋겠다고 청하자 바가반께서 거절하셨던 일 기억하시지요? 그 대신 당신은 오래 전에 소마순다라스와미가 비슷한 청을 했을 때 당신이 타밀어로 쓰셨던 어떤 시의 텔루구어 번역문을 쓰신 종이 한 장을 저한테 주셨습니다. 제가 그 종이쪽지를 오라버니께 보내드리자 오라버니께서 그것을 하나의 우빠데샤로, 바가반께서 주신 하나의 가르침으로 간주하고 아주 기뻐하셨지요. 그 뒤에 바가반은 그 시에 약간 변경을 가하셨고, 나중에는 무루가나르의 청에 따라 당신이 그것을 산스크리트 시구로 다음과 같이 번역하셨습니다.

ekamaksharam hridi niramtaram
bhasate svayam lisvyate katham.
심장 안에 있는 불멸의 한 글자는
항상 스스로 빛나는데, 누가 그것을 쓰리오?

구자라트인들이 오늘 그와 비슷한 청을 했다가 거절당했을 때 저는 그때 일이 기억났습니다.

약 열 달 전에는 비지아나가람(Vizianagaram)에 있는 마하라자 대학의 텔루구 빤디뜨인 빤뚜 락슈미나라야나 샤스뜨리(Pantu Lakshiminarayana Sastri)가 여기 왔습니다. 그는 즉흥시 몇 수로 바가반을 찬양한 뒤에 바가반께 이렇게 호소했습니다. "부디 저에게 이 일을 기념할 뭔가를 갖게 하여 이 가엾은 영혼을 축복해 주십시오." "뭘 드릴까요?" 하고 바가반이 물으셨습니다. "뭐든지 좋습니다. 가르침으로서 한 글자(akshara)만이라도 좋습니다." 그가 말했습니다. 그러자 바가반은 "악샤라(akshara)인 것을 어떻게 드리지?" 하면서 저를 바라보셨습니다. 제가 말했습니다. "'한 글자' 시구(sloka Ekamakshara)에 대해서 말씀해 주시면 될 듯합니다." 샤스뜨리가 물었습니다. "그 시구는 어떤 것입니까?" 저는 그 시구를 읽어 드렸습니다. "저 드위빠다는 어디 있지?" 바가반이 물으셨습니다. 그래서 저는 그것도 읽어 드렸습니다. 샤스뜨리는 큰 보배를 얻은 듯이 아주 기뻐하면서, 그 시구와 드위빠다를 베꼈습니다. 그 두 시가 지어진 배경을 제가 이야기해 주자 그는 아주 즐거워하면서 바가반 앞에 절을 한 뒤에 떠났습니다. 저는 바가반이 그 구자라트인들에게 "저에게 무슨 이름과 고향이 있습니까?" 하실 때 이 모든 것을 기억했습니다. 이뿐만이 아닙니다. 저는 어머니가 집안일을 할 때 부르시던 노래가 생각났는데, 그 의미는 대략 다음과 같습니다.

라마의 이름은, 이름도 몸도 없고 일도 없는 드넓은 우주라네.
달과 해와 불빛을 초월하는 하나의 광채라네.
라마나의 이름이 바로 그와 같습니다!

1946년 8월 19일

63. 만족할 줄 아는 것

바가반이 (시자인) 라자고빨라 아이어에게 최근에 인쇄소로부터 받은 타밀어 저작 「짜뜨와림사뜨」(Chatvarimsath)[45]의 교정쇄 4권을 책의 형태로 장정하라고 하셨습니다. 제가 오후 2시 30분에 회당에 가니 그 책이 준비되어 있었는데 외피만 입히면 되게 되어 있었습니다. 바가반은 주위의 사람들에게 그 교정본들을 보여주시고, 당신 곁에 있던 바이꾼타 바스에게 웃으면서 이렇게 말씀하셨습니다. "봐, 이 교정쇄들을 잘 이용하면 우리는 이 책을 네 권 더 갖게 되지. 안 그러면 어떻게 네 권을 더 얻겠어? 누가 우리에게 주겠어? 책방에서 사야지. 그 돈이 어디서 나?" 우리는 모두 재미있어 했고, 바이꾼타 바스는 웃었습니다. "왜 웃어? 내가 직업이 있어서 매달 몇 백 루피의 봉급을 받기라도 하나? 아니면 내가 사업을 해서 락(lacs)을 벌기나 해? 어디서 그 돈이 나? 나에게 무슨 독립성이 있어? 내가 목마르면 자네에게

---

[45] [역주] '스리 라마나께 바치는 40찬가.' 가나빠띠 무니(나야나)가 산스크리트로 지은 것이다.

물을 달라고 해야 하지. 그러지 않고 주방에 가서 달라고 하면 사람들이 그러겠지. '오, 이 스와미가 우리에게 권위를 행사하기 시작하는구나'라고. 그러니 입을 다물고 있어야지. 나에게 무슨 독립성이 있나."

이 세상의 모든 것으로부터 독립해 계신 당신이 이처럼 말씀하실 때, 그것은 모든 사람에게 부드러운 질책을 하시려는 것 외에 다른 무슨 의도가 있겠습니까? 이 뿐만이 아닙니다. 우리는 늘 우리가 원하는 대로 자유롭게 행위합니다. 그리고 이것을 달라, 저것을 달라 하면서 욕망의 노예가 됩니다. 우리는 달라고 하거나 명령을 하여 우리의 욕망을 이룹니다. 바가반은 그런 문제들에서 권위를 사용하는 것을 경멸하실 뿐 아니라, 달라고 하여 그런 것을 얻는 것까지도 경멸하십니다. 또 이런 경우도 있었습니다. 2, 3년 전의 어느 날 오전 제가 회당에 들어갔을 때, 바가반은 끄리슈나스와미가 한 몇 가지 질문에 대해 다음과 같이 말씀하고 계셨습니다.

"제가 비루팍샤 산굴에 있을 때 순다레샤 아이어는 읍내에 나가 탁발을 하여 우리에게 음식을 가져왔습니다. 어떤 때는 커리나 처트니(chutney)가 전혀 없었지요. 먹어야 할 사람은 많은데 얻어 온 음식은 한정되어 있었습니다. 그러니 어떻게 합니까? 저는 그것을 섞어 반죽이 되게 하고 거기에 뜨거운 물을 부어 죽같이 만들어 각자에게 한 컵씩 주고 저도 한 컵을 먹었지요. 어떤 때는 간이 맞도록 소금을 조금이라도 넣었으면 좋겠다는 생각을 우리 모두가 하기도 했습니다. 그러나 소금을 살 돈이 어디 있습니까? 소금을 누군가에게 달라고 해야 되겠지요. 그런데 우리가 소금을 달라고 부탁하기 시작하면 달(dhal-콩의 일종)도 달라 하고 싶을 것이고, 달을 달라고 하게 되면 빠야삼(payasam-달콤한 죽의 일종)도 달라 하고 싶을 것이고 그런 식으로 끝이 없겠지요. 그래서 우리는 아무것도 달라고 해서는 안 된다가 생각했고, 그 죽 그대로 먹었습니다. 그런 것을 먹고도 우리는 아주 행복했습니다. 그 음식은 어떤 양념도 들어가지 않았고 소금기도 없이 순수했기 때문에, 이 몸에만 좋은 것이 아니라 마음에도 큰 평안을 안겨주었습니다."

"소금도 라자스(rajas)[정념]를 자극하는 것들 중의 하나입니까?" 제가 여쭈었습니다. "그렇지요. 거기에 무슨 의문이 있습니까? 어느 책엔가 그렇게 쓰여 있지 않습니까? 잠깐, 내가 찾아보고 일러 드리지" 하고 바가반이 말씀하셨습니다. "바가반께서 그렇게 말씀하시는 것으로 충분하지 않습니까? 왜 책을 찾으십니까?" 하고 제가 말했습니다.

우리는 소금을 포기하지 못할 뿐 아니라 맛을 내기 위해서는 고추가 필요하다고 늘 생각합니다. 그런 연유로 우리가 식습관에 대한 원칙과 규정을 가지고 있는 것입니다. 위대한 영혼들은 살아서 세상에 봉사하기 위해 먹지만 우리는 먹기 위해서 삽니다. 그것이 차이점입니다. 만약 우리가 살기 위해서 먹는다면 맛을 생각할 필요가 없습니다. 그러나 먹기 위해서 산다면 맛에는 한이 없습니다. 그리고 이 맛을 위해 우리는 너무나 많은 시련과 고난을 겪습니다.

1946년 8월 19일

64. 진아 오른돌이

지난 5월의 어느 날 오전, 바가반이 비루팍샤 산굴에 계실 때 탁발을 다니면서 음식을 바가반께 가져오곤 했던 순다레샤 아이어가 와서 당신 앞에서 절을 했습니다. 바가반이 그에게 물으셨습니다. "오른돌이로 산을 돌았나?" "아뇨." 그가 말했습니다. 바가반은 저를 바라보시며 말씀하셨습니다. "어젯밤에 달빛 때문에 사람들이 산 오른돌이를 떠날 때 그도 출발했지. 그러나 한 바퀴 다 못 돌 것 같았던지, 사람들이 나에게 떠난다고 하고 있을 때 재빨리 나를 돌더군. 왜 그러느냐고 하니까, '저는 산을 돌지 못할 것 같습니다. 그래서 바가반을 돌았습니다' 하는 거야. 그래서 '자네 자신을 돌게. 그러면 진아 오른돌이(*Atma pradakshina*)가 되지'라고 했어." 그렇게 말씀하시면서 바가반은 웃으셨습니다.

"비나야까(Vinayaka-가나빠띠)가 언젠가 했던 식으로 한 거로군요"라고 한 헌신자가 말했습니다. "그것은 어떤 이야기입니까?" 다른 헌신자가 여쭈었습니다. 그러자 바가반이 그 이야기를 다음과 같이 들려주셨습니다. "옛날에 주‡ 빠라메스와라가, 자신을 대단한 현자로 여기는 당신의 아들 주 수브라마니아에게 가르침을 하나 주고 싶었습니다. 그래서 빠라메스와라는 까일라사 산(Mount Kailasa) 꼭대기에서 손에 과일 하나를 들고 빠르바띠와 함께 앉아 있었습니다. 그 과일을 보고 가나빠띠와 수브라마니아가 아버지 빠라메스와라에게 그것을 자기에게 달라고 했습니다. 그러자 이스와라(빠라메스와라)는 누구든지 전 세계를 먼저 한 바퀴 돌고 오는 사람에게 그 과일을 주겠다고 했습니다. 수브라마니아는 자기가 이길 거라는 자신감과 자부심으로, 자신이 총애하는 탈것인 공작을 타고 즉시 출발해 빠른 속도로 돌기 시작했습니다. 도중에 형인 가나빠띠가 따라오지 않는 것을 확인하기 위해 자주 돌아보면서 말입니다. 배가 불룩 나온 가엾은 가나빠띠가 어떻게 할 수 있습니까? 그가 타고 다니는 동물(*vahanam*)은 고작 쥐였으니 말입니다. 그래서 그는 세계를 도는 경주에서 수브라마니아와 경쟁해 봐야 아무 소용없다고 생각하고, 빠르바띠와 빠라메스와라를 한 바퀴 돈 다음 그들 앞에 절하고 상품을 달라고 했습니다. 그들이 그에게 세계를 한 바퀴 돌았느냐고 묻자 그가 말했습니다. '모든 세계들은 당신들의 안에 들어 있습니다. 그래서 제가 당신들을 돌면 그것은 전 세계를 도는 것과 마찬가지입니다.' 그 답변에 흡족한 빠라메스와라는 그에게 그 과일을 주었고 가나빠띠는 앉아서 그것을 먹었습니다."

"수브라마니아는 자신이 승자일 거라고 확신하면서 세계를 한 바퀴 돈 다음 출발점에 도착했는데, 가나빠띠는 빠르바띠와 빠라메스와라 앞에 앉아서 과일을 먹고 있는 것이었습니다. 그가 빠라메스와라에게 자기가 경주에서 이겼으니 과일을 달라고 하자 이스와라가 말했습니다. '저기 있어. 네 형이 먹고 있군.' 그가 아버지에게 어떻게 그럴 수 있느냐고 묻자 이스와라가 그에게 자초지종을 설명했습니다. 그러자 수브라마니아는 자신이 대단한 현자라고 생각한 것이 허영심이었다는 것을 깨닫고 부모님들에게 절하고 용서를 구했습니다. 이것이 그 이야기입니다. 그 취지는 회오리바람처럼 돌아다니는 에고가 소멸되어 그것이 진아(Atma) 안에 흡수되어야 한다는 것입니다. 그것이 진아 오른돌이입니다."

1946년 8월 20일

65. 나라까아수라 - 디빠발리

라마짠드라 아이어가 최근에 마드라스에서 돌아왔습니다. 하루는 그가 회당에 앉아서 오래 된 공책 한 권을 넘기면서 날짜와 번호들을 수정하고 있었습니다. 그것을 보고 바가반이 무엇이냐고 물으시자 그가 대답했습니다. "이것은 바가반께서 쓰신 오래 된 공책입니다. 여기 있는 숫자와 날짜들을 보면서 그것을 인쇄된 책에 적어 넣고 있습니다." "이리 줘 보지." 바가반은 그렇게 말씀하시고 그 공책을 받아 몇 장 넘겨보시더니 저에게 말씀하셨습니다. "여기 디빠발리 시詩(Dipavali padyams)46)가 몇 구절 들어 있군. 들어 본 적 있나?"

제가 본 적이 없다고 하자 당신은 그것을 낭독하시고 그 의미를 다음과 같이 말씀해 주셨습니다. "자기가 육신이라는 생각에 집착하는 사람이 나라까아수라(Narakasura)[악마]야. 육신에 대한 그 집착 자체가 나라까(Naraka)[지옥]지. 그 집착을 가진 사람의 삶은 — 그가 비록 마하라자라 하더라도 — 지옥 같은 것이야. 육신에 대한 집착을 소멸하여, 자아가 진아로서 스스로 빛나는 것이 디빠발리(Dipavali)야. 바로 그것이 이 시구에 담겨 있는 사상이지." 제가 여쭈었습니다. "이 시들은 모두 『저작 전

---

46) [역주] 주 끄리슈나가 악마 나라까아수라를 죽인 것을 기념하는 디빠발리 축제의 의미를 설명하여 바가반이 지은 2연의 시. 『저작 전집』, 187쪽 참조.

집(*Nool Thirattu*)47)에 들어 있습니까?" 바가반이 말씀하셨습니다. "이 시들은 모두 그때그때 어떤 계제에 즉석에서 지어진 거지. 이런 걸 왜 다 그 책에 넣어?"

그 책의 초판이 간행된 뒤에 이 시들이 바가반의 친존에서 낭독되었는데, 바가반은 이렇게 물으셨습니다. "내가 왜 이 시들을 지었는지 아나?" 제가 모르겠다고 하자 당신이 말씀하셨습니다. "그래? 어느 디빠발리 날에 무루가나르가 나에게 디빠발리에 대해 뭘 하나 지어 주기를 바라는 거야. '자네가 짓지? 왜 내가 지어?' 하고 물었지. 그가 말하기를, 내가 지으면 자기도 짓겠다는 거야. 그러면 좋다고 하고 이 시들을 지었지. 나는 이유 없이는 아무것도 짓지 않았어. 내가 지은 모든 시에는 내력이 있어." 그렇게 말씀하시고 당신은 그 (타밀어) 시들을 보여주셨습니다. 그 의미는 아래에서 보시는 바와 같습니다.

[브리땀 *Vrittam*]
    나라꾸달 나아나아 나라꿀라구 아알룸
    나라까넨 겐드루 싸아비 냐아낫띠기리야알
    나라깔라익 꼰두라반 나아라나 난드레
    나라까 싸뚜룻다시 나리나 마아메에.

[의미] 지옥 그 자체인 육신을 자기라고 말하는 사람은 지옥의 왕이라네.
    나라까가 누구인지 식별하는 사람이 나라야나(Narayana-주 끄리슈나)니,
    자신의 지견知見(*Jnana Drishti*)으로 그를 죽인다네.
    그것이 상서로운 날인 나라까 열 나흗날(*Naraka-chathurdasi*)이네.

[벤바 *Venpa*]
    나라까 우루바아 나달라이빌 부달
    기라까 마하메나베에 껫다나라까나암
    마아야아 비야이나아디 마아잇뜻따아 나아욜리르따
    디아빠아 발리야암 델리.

[의미] 육신이라고 하는 이 지옥 같은 집이
    '나'라고 하는 그릇된 믿음이 바로 나라까라네.
    그 그릇된 믿음을 소멸하고 자아를 진아로서
    빛나게 하는 것이 디빠발리라네.

---

47) *Nool Thirattu*는 타밀어판 『저작 전집』의 제목이며, 여기에는 바가반이 지은 모든 시, 노래 및 산문 저작들이 들어 있다. [역주] 『저작 전집』의 영어판에는 그때그때 지은 시들도 다수 포함되었으나, 타밀어판에는 이런 소소한 시들이 실려 있지 않다.

1946년 8월 21일

66. 산 위에서 사실 때의 몇 가지 사건들

어제 오후에 저는 평소보다 조금 늦게 회당에 갔습니다. 아마 오후 3시였다고 생각됩니다. 바가반은 헌신자들의 요청에 따라 당신이 산 위에 사실 때 있었던 몇 가지 사건들을 들려주고 계셨습니다. 당신이 비루팍샤 산굴에 계실 때 처음에는 음식을 탁발해 올 옹기 항아리가 있었는데, 나중에는 알루미늄 그릇으로 바뀌고 다시 놋쇠 그릇으로 바뀌었다가 도시락 통으로 바뀐 경위를 말씀하셨고, 그 그릇들이 이처럼 하나하나 쌓이게 되자 헌신자들이 당신의 이의에도 아랑곳하지 않고 조용히 음식을 요리하기 시작했다고 말씀하셨습니다. 바가반은 얼굴에 미소를 띠고 다른 사건 하나도 들려주셨습니다. "한번은 제가 비루팍샤 산굴에 있을 때 랑가스와미 아이엥가르, 감비람 세샤이야, 바이샤(Vaisya) 한 사람, 그리고 레디라는 사람이 함께 있게 되었습니다. 하루는 그들이 모두 음식을 요리하고 싶은 마음이 들어 열심히 음식을 만들기 시작했습니다. 레디만 빼고 각자 성사聖絲(yajnopaveetam)를 걸치고 있었지요. '그라고 걸치지 말란 법이 있나?' 하고 생각한 그들은 하나를 그에게 걸쳐 주었습니다. 그 요리는 모두에게 아주 재미있는 일이었고, 그들은 그 성찬을 즐겼습니다." 바가반이 이렇게 말씀하시자 라자고빨라 아이어가 여쭈었습니다. "할머니가 오신 건 당신께서 거기 계실 때였습니까?" "예, 우리가 거기 있을 때 오셨고, 당신이 직접 식사를 준비하겠다고 하셨지요. 우리가 할머니에게 근처에 있는 작은 산굴에서 하셔도 된다고 하자 할머니는 그러마고 하시고는 요리를 하기 시작했는데, 저에게는 말씀하시기를, '벤까따라마야, 오늘은 내가 요리를 하니 너는 다른 음식을 받으면 안 된다' 하시는 거였습니다. 저는 '예' 했지만, 할머니가 가신 뒤에는 평소와 같이 다른 사람들과 함께 먹었습니다. 이 산굴과 저 산굴이 제법 거리가 떨어져 있는데 할머니가 어떻게 알겠습니까? 당신이 요리를 하신 뒤에 저는 그 음식도 먹었습니다. 할머니는 정말로 당신이 요리하신 음식 외에는 제가 아무것도 먹지 않았다고 생각하셨지요." 당신이 말씀을 계속하셨습니다. "우리 친척들 중에 할아버지가 한 분 계셨습니다. 이분은 누구한테나 욕을 해대는 버릇이 있었습니다. 그럼에도 다들 당신의 욕지거리를 듣는 것이 즐거워 당신을 모셔가곤 했습니다. 왜냐하면 그분은 선량해서 누구에게도 나쁜 뜻을 품지는 않으니까요. 그분은 제가 비루팍샤 산굴에 있을 때 찾아왔습니다. 오시자마자 대끔 농담조로 '아니 벤까따라만! 너 큰 스와미가 된 모양이구나! 머리에 뿔이라도 났냐?' 하셨지요. 이런 일들은 모두 어머니가 까시(Kasi-바라나시)에 가고 안 계실 때 일어났습니다." 바가반이 목소리를 바꾸기도 하고 적절한 제스처를 섞어 가면서 이런 사건들을 이야기하시는 것을 듣는 것은 정말 재미있었습니다.

1946년 8월 22일

67. 헌공

오랫동안 이곳을 정기적으로 방문해 온 한 헌신자가 1주일 전에 『띠루바이몰리』(Thiruvaimozhi)[48] 한 권을 가지고 와서 바가반께 비슈누교 전통에 대해 이야기하기 시작했습니다. 그는 최근에 입문(Samasrayanam)을 받은 모양입니다. 그가 그 말을 하자 바가반은 당신이 초년에 겪으신 일들을 다음과 같이 들려주셨습니다.

"제가 산 위에 있을 때, 몇 명의 비슈누교도들이 저를 찾아오곤 했습니다. 아시다시피 비슈누교에는 북방파(Vadakalai)와 남방파(Thenkalai)의 두 파가 있습니다. 저는 이 방문객들에게 그들 각자의 전통에 따라 이야기를 해 주곤 했습니다. 그런다고 해서 제가 손해 볼 것은 없었으니까요. 그러나 제가 자기들 편이라고 생각한 그들은 저에게 입문을 받게 하고 싶어 했고, 저는 그것을 거절했습니다. 그들은 누구도 여법如法하게 입문을 받지 않으면 바이꾼타(Vaikuntam)[천국]에 들어가지 못한다고 믿습니다. 저는 그들에게 이렇게 말하곤 했습니다. '자기 몸을 가지고 바이꾼타에 들어간 사람이 한 명이라도 있으면 보여주십시오.' 자기네 전통대로, 그들은 신과의 합일(Sayujyam)을 받아들이지 않습니다. 그들은 '스리 마하 비슈누가 천국에 계시다. 해탈한 영혼들이 그 주변에 둘러앉아 그분에게 봉사한다'고 말합니다. 그들이 다 들어갈 자리가 어디 있겠습니까? 어쩌면 어깨를 맞대고 다닥다닥 붙어 앉아 있을까요? 그들만이 알겠지요. 그 뿐만이 아닙니다. 그들이 입문을 받을 때 자기 스승에게 자신의 모든 것을 내맡긴다고 선언하는 진언이 있는 모양입니다. 그 진언을 외기만 하면 하나의 공물供物(dakshina)이 그 스승에게 바쳐지는 것입니다. 그 순복順服(내맡김)이 끝나면 나중에 뭘 하든 상관이 없고, 바이꾼타에는 그들의 자리가 준비되어 있다는 것입니다. 더 이상 뭐가 필요합니까? 그것이 그들 중 일부가 가지고 있는 소견입니다. 헌공獻供(arpana)을 그렇게 가볍게 생각하는 것은 착각에 지나지 않습니다. 헌공은 마음이 진아 안에 합일되어 하나가 된다는 것을 뜻합니다. 그것은 일체의 원습(vasanas)이 없어져야 한다는 의미입니다. 그런데 이것은 자신의 노력과 신의 은총이 없으면 일어날 수 없습니다. 여러분이 완전히 순복하지 않으면 신의 힘이 여러분을

---

48) [역주] 9세기 후반 남인도 비슈누교의 성자인 남말와르(Nammalwar)의 시들을 모은 책.

붙잡아 그 자신 속으로 여러분을 끌어넣지 않습니다. 그런데 우리가 순복한다고 할 것이 어디 있습니까? 자아 자체를 순복시켜야 합니다. 그것을 이루기 전까지는 계속 부단히 노력해야 합니다. 거듭거듭 시도한 뒤에야 마침내 그 노력이 성공합니다. 일단 성공하면 다시 돌아가는 일은 없습니다. 그것이 올바른 길입니다. 헌공, 헌공이라는 말을 외기만 해서 무슨 소용 있습니까? 헌공이라는 말을 외면서 얼마간의 돈을 바치는 것 외에, 그것이 마음에 무슨 영향이 있습니까? 바로 이 『띠루바이몰리』에도 몇 명의 헌신가들이 진아 깨달음을 성취하고 나서 부른 비이원론파의 노래들이 있습니다. 남말와르(Nammalwar)가 그런 헌신가들 중의 한 사람입니다. 그는 한 어머니가 그 딸이 진아 깨달음을 이룬 것을 마치 비난하는 듯한 어투로 칭찬하는 것을 노래했습니다. 그 노래들의 요지는, '이 아이는 말하네, "나는 시바다, 나는 비슈누다, 나는 브라만이다, 나는 인드라다, 나는 태양이다, 나는 다섯 가지 원소며, 나는 모든 것이다"라고. 그녀의 머리 위에 앉아서 그녀에게 이렇게 말하게 하는 것은 저 비슈누라네! 그렇지 않으면 그런 엉뚱한 소리를 하지 않았을 테니, 저 비슈누가 이처럼 그녀를 변화시켰네'라는 것입니다. 그것이 이 노래들의 취지입니다." 그 노래들이 낭독되었고, 바가반은 그 의미를 설명해 주셨습니다.

그런 다음 당신은 우리에게 한정비이원론(Visishtadvaita)[49]에 대해 설명해 주셨습니다. "어떤 헌신가들이 비이원론의 견지에서 노래하면, 몇몇 주석자들은 그 의미를 왜곡하여 그것을 한정비이원론의 견지에서 해석합니다. 그뿐이지(해석의 차이일 뿐이지) 달리 아무것도 아닙니다. 그것은 또한 모든 고인古人들의 견해이기도 합니다. 결국 한정비이원론은 정확히 무엇을 의미합니까? 한정적(Visishta)[분별적]이고 최상인 것은 비슈누라는 것입니다. 그것이 바로 이스와라요, 사다시바(Sadasiva)요, 브라마요, 모든 것입니다. 존재하는 것은 오직 하나입니다. 어떤 비슈누교도들은 거기에 하나의 이름과 형상을 부여하고는, 그 지고의 존재와 같은 세계(Salokyam), 같은 장소(Sameepyam)에 살면서 같은 형상을 갖지 않는 한, 어떤 합일(Sayujyam)[지고의 존재 안에 흡수되는 것도 있을 수 없다고 합니다. 그들은 헌공, 헌공을 말하지만, '나'라고 불리는 한 물건이 없다면 헌공이 어떻게 있을 수 있습니까? 자기 자신이 누구인지 알지 못하면 완전한 순복이 일어날 수 없습니다. 그것을 알게 되면 남아 있는 것은 '오직 하나인 것'이라는 것을 깨닫게 됩니다. '나'인 마음은 자발적으로 순복합니다. 그리고 그것이 진정한 헌공[순복]입니다."

---

49) [역주] 라마누자(Ramanuja, 1017-1137)가 주창한 베단타 철학의 한 유파. 현상적 차별 가운데서 브라만의 동일성을 주장하며, 헌신파의 한 이론적 토대가 되었다..

1946년 8월 23일

68. 수행 - 현신

엊그제 마드라스에서 온 한 식자(識者)가 오후 3시에 바가반께 이렇게 질문하기 시작했습니다. "바가반께서 수행을 하신 기간이 있었다면 언제였습니까?" 바가반이 말씀하셨습니다. "수행요? 무엇을 위한 수행 말입니까? 수행할 것이 뭐가 있습니까? 이렇게 앉아 있는 것 자체가 수행입니다. 저는 늘 이와 같이 앉아 있곤 했습니다. 그때는 눈도 감고 있었는데 지금은 뜨고 있습니다. 차이점은 그것뿐입니다. 지금 있는 것이 그때도 있었습니다. 그때 거기에 있었던 것이 지금 여기에도 있습니다. 수행은 '나', 곧 진아 아닌 어떤 것이 있을 때만 필요합니다. 수행은 영구히 존재하는 진아 쪽을 보지 못하고 찰나적이고 기만적인 육신 따위를 보느라고 미혹되는 사람들에게나 필요한 것이지, 진아를 보고 따라서 다른 어떤 것도 다르게 보지 않는 사람에게는 필요치 않습니다. 그 외 달리 수행이 무엇입니까?"

어떤 사람이 질문했습니다. "왜 많은 책에서는 우리가 스승 없이는 진지(jnana)를 얻을 수 없다고 말합니까?" 바가반이 말씀하셨습니다. "그렇지요. 마음의 작용 때문에 미혹되어 자기가 육신이라고 믿는 사람들에게는 그 미혹을 없애기 위해 스승과 수행이 필요합니다." 또 어떤 사람이 질문했습니다. "사람들은 말하기를, 우빠사나(upasana-정교한 숭배 의식의 하나)를 받은 사람은 수행에 의해 애호신愛好神(favorite God)의 현신을 보게 되는 등의 축복을 얻을 수 있다고 합니다. 그것이 무슨 뜻입니까?" 바가반이 말씀하셨습니다. "언제 어느 때나 존재하는 것은 사끄샤뜨(sakshath)[드러난 것]입니다. '나'라는 사람은 항상 존재합니다(sakshath). 그러면 까람(karam)은 무엇입니까? 원인인 것이 까람입니다. 그래서 (진정한) 사끄샤뜨까람(sakshathkaram-신의 친견)은 참인 것, 영구적인 것, 일체의 원인인 것은 바로 우리 자신의 진아라는 것을 아는 것을 의미합니다. 그런데 그들은, 항상 존재하는 자기가 그 자신의 욕망에 따른 하나의 형상(신의 모습)을 창조하는 것인데도, 그 사람이 어떤 신에 대해 명상하면 그 신이 어디로부턴가 내려와서 현신할 거라고 말합니다. 그대는 언제 어느 때 어느 장소에서도 존재하는 자기를 포기하고, 어디로부턴가 어떤 신이 현신할 거라는 희망을 가지고 수행을 합니다. 그들은 신이 그냥 내려왔다가 그냥 다시 사라진다고 말합니다. 그대는 항상 존재하는 진아를 포기하고 이 찰나적인 환영을 추구하여 은택을 얻으려 하고, 그래서 마음의 투쟁과 노력을 배가합니다. 만약 그대가 있는 그대로 단순히 머무를 수 있으면 아무 문제가 없겠지요."

바가반은 우리에게, 사끄샤뜨까람은 좋은 상태, 그 사람의 생각을 넘어선 좋은 관념을 의미할 뿐이라고 분명하게 가르치신 것이지만, 저는 우리가 그것을 이해하지 못한다는 것이 큰 유감이었습니다. 제가 그렇게 생각하고 있을 때 어떤 사람이 질문했습니다. "그 사람의 마음의 차원을 넘어선 그 고양된 사고와 존재의 상태는 바가반 같으신 분들에게만 본래적이고 또 가능하지 저희들과 같은 범부들에게 그것이 수행 없이 가능하겠습니까?" 바가반이 말씀하셨습니다. "물론 가능하지요! 수행은 필요하지만 우리가 무엇 때문에 수행을 합니까? 그의 진아는 언제 어느 때 어느 장소에나 있습니다. 따라서 그것을 어디 다른 데서 얻으려고 애쓸 필요가 없습니다. 수행이란 자아가 진아로 우뚝 서는 것을 방해하는 그 신체적 환상 기타의 환상을 없애기 위한 것일 뿐입니다. 이 망상은 실재하는 진아를 보지 않고 이 육신의 세계가 실재한다고 생각하는 데서 일어날 뿐입니다. 수행은 이 환상을 없애기 위한 것일 뿐입니다. 그렇지 않으면 진아가 그 자신의 진아를 성취하려는 수행이 왜 있어야 합니까? 그 자신의 진아를 깨달은 사람은 다른 어떤 것도 인식하지 않습니다."

1946년 8월 24일

69. 브라만은 실재한다 - 세계는 환이다

얼마 전에 아쉬라맘에 새로 온 사람 하나가 바가반께 영어로 무슨 질문을 했는데 저는 영어를 몰라 잘 알아듣지 못했습니다. 그러나 바가반은 타밀어로 답변하셨는데, 제가 이해할 수 있는 범위 안에서 당신의 답변을 적어봅니다.

바가반이 말씀하셨습니다. "이런 질문이 나옵니다. '브라만은 실재한다. 그리고 세계는 하나의 환幻이라고 한다. 또 전 우주는 브라만의 한 모습이라고 한다. 이 두 가지 진술을 어떻게 조화시킬 수 있는가?' 수행자(sadhak)의 단계에서는 세계가 하나의 환幻이라고 해야 합니다. 다른 방도가 없습니다. 사람들이, 자기가 바로 실재하고 영원하며 도처에 존재하는 브라만임을 잊어버리고 자신은 찰나적인 육신들로 가득 찬 우주 속의 한 육신이라는 망상에 사로잡혀 그 망상 속에서 애쓰고 있기 때문에, 세계는 실재하지 않는 하나의 망상이라는 것을 그들에게 상기시켜 주어야 합니다. 왜냐? 자신의 진아를 잊어버린 그의 소견이 외부의 물질적 우주 안에 머무르고 있기 때문에, 이 모든 외부적, 물질적 우주가 실재하지 않는다는 것을 각인시켜 주지 않으면 그가 내면으로 돌아서서 성찰을 하지 않을 것이기 때문입니다. 그가 자신의 진아를 깨달으면, 그리고 자신의 진아 외에는 아무것도 존재하지 않는다는 것을 깨달으면, 전 우주를 브라만으로 보게 될 것입니다. 그의 진아 없이는 어떤 우주도 없습니다. 사람이 일체의 근원인 자신의 진아를 보지 않고 외부 세계만 실재하고 영원한 것으로 보는 한, 이 모든 외부의 우주는 하나의 환幻이라고 말해 주어야 합니다. 도리가 없습니다. 종이를 예로 들어봅시다. 우리는 거기에 쓰인 글자를 볼 뿐, 누구도 그 글자가 쓰여 있는 종이에 주목하지 않습니다. 글자가 쓰여 있든 않든 종이는 있습니다. 그 글자가 실재한다고 보는 사람들에게는 그것이 실재하지 않는 하나의 환이라고 말해 주어야 합니다. 왜냐하면 그것은 종이에 의존해 있으니까요. 지혜로운 사람은 종이와 글자를 하나로 봅니다. 브라만과 우주도 그와 마찬가지입니다."

"영화의 경우도 그와 같습니다. 화막은 항상 있습니다. 화상들은 오고 가지만 화막에 영향을 주지 않습니다. 화상들이 나타나든 사라지든 화막이 무슨 신경을 씁니까? 화상들은 화막에 의존하고 있습니다. 그러나 화상이 화막에 무슨 소용 있습니까? 화막 위에서 화상만 보고 화막 자체를 보지 못하는 사람은, 그 영화에 나오는 고통과 쾌락에 일희일비합니다. 그러나 화막을 보는 사람은 그 장면들이 모두 그림자이며 화막과 별개의 것이 아니라는 것을 압니다. 세계도 그와 마찬가지입니다. 모두 하나의 그림자놀이일 뿐입니다"라고 바가반은 말씀하셨습니다. 질문자는 그 답변에 기뻐하면서 하직하고 떠났습니다.

1946년 8월 25일

70. 스와미는 어디에나 있다

오라버니께서 소개장을 들려 보내신 그 유럽인들이 엊그제 차편으로 여기 왔습니다. 미국인 여사 한 사람도 그들과 함께 왔습니다. 어제 오전 그들은 읍내를 돌아보았고, 스깐다쉬라맘을 둘러본 뒤에 한낮에 아쉬라맘에 도착했습니다. 그들은 돌아갈 여정에 대한 준비를 다 마친 다음, 오후 3시에 회당에 들어와 앉았습니다. 바닥에 앉는 데 익숙하지 않았던 그 가엾은 미국인 여사는 어찌어찌 하여 제 옆에 앉아 두 다리를 바가반 쪽으로 뻗었습니다.

저는 그것이 예의에 어긋난다고 느꼈지만 가만히 있었습니다. 그녀는 금방 갈 사람이었으니까요. 그런데 시자의 한 사람인 라자고빨라 아이어는 그것을 참지 못하고 그녀에게 가부좌로 앉으라고 공손히 이야기했습니다. 바가반이 그것을 보시고 웃으면서 말씀하셨습니다. "그들은 바닥에 앉는 것도 힘들어하는데 가부좌하고 앉으라고 강요해야 하나?" "아니, 아닙니다! 그들은 다리를 바가반 쪽으로 뻗는 것이 예의에 어긋난다는 것을 모르기 때문에 그렇게 말해 준 것뿐입니다. 그게 전부입니다." 그 헌신자가 말했습니다. "오, 그래? 예의에 어긋난다 그거지? 그러면 나도 다리를 그들 쪽으로 뻗는 것이 예의에 어긋나지. 자네가 한 말은 나한테도 해당돼." 가벼운 기분으로 그렇게 말씀하시더니 바가반은 가부좌를 하셨습니다. 우리는 모두 웃었지만 내심 좀 불편했습니다. 그 외국인들은 반시간 가량 앉아 있다가 바가반께 하직 인사를 하고 떠났습니다.

바가반은 어제 하루 종일 가끔씩 다리를 뻗었다가 접으면서 다리를 뻗는 것이 예의에 어긋나는 것인지도 모른다고 말씀하시곤 했습니다. 다리를 접고 10분이 되면 다리가 뻣뻣해지는데, 그 뒤에 최소한 반시간 동안 다리를 뻗지 않으면 다리가 아픈 것은 물론이고 뻣뻣함이 사라지지 않습니다. 오늘 오후에는 제가 회당에 들어갔더니 두세 명밖에 없었습니다. 바가반은 다리를 뻗으면서 말씀하셨습니다. "다리를 뻗어도 될지 모르겠군. 좋은 예의가 아니라고 하니 말이야." 가엾은 라자고빨라 아이어는 풀이 죽어서 후회하는 표정으로 서 있었습니다. 어쨌든 바가반은 자비심으로 가득 차 계시지요! 평소처럼 다리를 뻗으셨으니까요. 우리는 모두 기뻤습니다. 당신은 회당에 앉아 있는 저를 보시면서 압바이야르(Avvaiyar)의 이야기를 우리에게 들려주시기 시작했습니다.

"순다라무르띠(Sundaramurthi)[50])가 카일라스에서 온 흰 코끼리를 타고 가는 것을 본 쩨라국(Chera)[51])의 왕이 자기 말의 귀에 빤짜악샤리 진언(*panchakshari mantra*)[52])을 속삭이고 나서 그 말을 타고 카일라스로 갔습니다. 당시 주 가네샤르(가네샤)에게 예공을 올리고 있던 압바이야르는 두 사람이 카일라스로 가는 것을 보고 자기도 카일라스로 가고 싶어 예공을 얼른 끝내려고 했습니다. 그것을 보고 가네샤르가 말했습니다. '노파여, 서두르지 마시오. 평소대로 예공을 하시오. 그들이 도착하기 전에 당신을 카일라스로 데려다 줄 테니.' 그 말에 따라 예공은 법식대로 거행되었습니다. 가네샤르가 손을 휘저으며 말했습니다. '노파여, 눈을 감으시오.' 그게 전부였습니다. 눈을 뜨자 그녀는 자신이 카일라스에서 빠르바띠와 빠라메스와라 앞에 앉아 있는 것을 발견했습니다. 순다라무르띠와 쩨라국의 왕이 그곳에 당도했을 때 그녀는 이미 거기 앉아 있었습니다. 여기에 놀란 그들은 그녀에게 어떻게 거기 와 있느냐고 물었습니다. 그녀는 주 가네샤르가 도와주었다고 말했습니다. 그들은 그녀의 헌신이 마침내 보답을 받았다는 것을 알고 아주 기뻐했습니다."

"압바이야르는 아주 연로했기 때문에 빠라메스와라 앞에서 저처럼 다리를 뻗고 앉았습니다. 빠르바띠는 그런 모습을 보고 있지 못했습니다. 그녀는 압바이야르가

---

50) [역주] 남인도의 옛날 63인 시인-성자 중의 한 사람. 제81장을 보라.
51) [역주] 남인도의 옛 왕국의 하나.
52) [역주] '옴 나마시바야'의 진언. 빤짜악샤리는 '다섯 음절'이란 뜻이며 '나마시바야'를 가리킨다.

스와미(빠라메스와라) 쪽으로 다리를 뻗고 앉았기 때문에 큰 무례를 범한 것이라고 생각하여 걱정이 되었습니다. 그래서 빠라메스와라에게, 자기가 그 점에 대해 노파에게 이야기해도 되겠느냐고 공손하게 여쭈었습니다. '오, 말하지 마오. 입을 열지 마오. 우리는 그녀에게 아무 말도 해서는 아니 되오' 하고 이스와라가 말했습니다. 그렇기는 하나 빠르바띠는 그의 아내 아닙니까? 그런 무례를 어떻게 참을 수 있겠습니까? 그래서 그녀는 시녀의 귀에 대고 그 노파에게 그 점을 말해주라고 했습니다. 시녀가 노파에게 다가가서 말했습니다. '할머니, 할머니, 다리를 이스와라 쪽으로 뻗지 마세요.' '그래? 이스와라가 안 계신 곳이 어느 쪽인지 말해 다오. 이쪽으로 돌릴까?' 하고 압바이야르가 말했습니다. 그러면서 그녀는 뻗은 다리를 다른 쪽으로 돌렸는데 이때 이스와라는 그쪽으로 돌아가 있었습니다. 그녀가 뻗은 다리를 다시 다른 쪽으로 돌려도 이스와라는 어느 새 그쪽으로 돌아가 있었습니다. 그래서 또 다른 쪽으로 돌려봤더니 그 역시 같은 쪽으로 돌아가 있는 것이었습니다. 이렇게 스와미는 그녀가 다리를 어느 쪽으로 돌리든 거기로 돌아가 있었습니다. 이스와라는 빠르바띠를 보면서 말했습니다. '이제 알겠소? 당신은 내 말에 귀를 기울이지 않았소. 그녀가 나를 이쪽 저쪽으로 돌리는 것을 보시오. 그래서 당신더러 입을 열지 말라 한 거요.' 그러자 빠르바띠는 이 노파에게 자신을 용서해 달라고 청했습니다. 이것은 사람들에게 스와미 쪽으로 다리를 뻗지 말라고 하는 것과 비슷합니다. 그가 있지 않은 곳이 어디입니까?"

그러자 그 헌신자가 말했습니다. "나마데바(Namadeva)[53]의 이야기에도 그 비슷한 사건이 있습니다. 그렇지 않습니까?" "예, 그렇지요" 하고 바가반은 말씀하시고 그 이야기를 이렇게 들려주셨습니다.

"나마데바는 비딸(Vittal)[54]이 늘 남들보다 자신을 좋아하는 것에 자부심을 느끼고 있었습니다. 그래서 한번은 냐나데바(Jnanadeva-냐네스와르) 등 몇 사람이 그를 고라꿈바르(Gorakumbhar)[55]의 집에서 하는 잔치에 초대했습니다. 식사를 끝낸 뒤 그들은 모두 일렬로 앉았는데, 대화 도중에 그들 중 한 사람이 고라꿈바르에게 비유적으로 말했습니다. '당신은 좋은 옹기를 만들지 않습니까? 이 옹기들 중에 어느 것이 좋고 어느 것이 나쁜지 말씀해 주시지요.' 그러자 고라꿈바르는 도공의 검사 막대기

---

53) [역주] 마하라쉬트라 지방의 옛 성자. 남데브(Namdev)라고도 한다.
54) [역주] 마하라쉬트라 지방의 빤다르뿌르에서 숭배되는 신인 비또바(Vithova-끄리슈나)의 다른 이름. 그는 이곳의 사원에 있는 신상神像이지만, 살아 있는 형상으로 헌신자들과 어울리기도 한 듯하다.
55) [역주] 직업이 옹기장이였던 마하라쉬트라 지방의 옛 성자.

를 들고 한 사람 한 사람의 머리를 두들기기 시작했습니다."

"그들은 모두 그를 존경하는 의미에서 그저 머리를 숙이고 가만히 있었는데, 나마데바의 차례가 오자 그는 화를 내면서 이런 검사는 받지 않겠다고 했습니다. 꿈바르는 즉시 그것이 아직 여물지 않은 옹기라고 선언했습니다. 그러자 다른 사람들은 모두 웃음을 터뜨렸습니다. 가엾은 나마데바는 화가 나서 견딜 수 없었지요. 그는 모두 자기에게 망신을 주기 위해 공모했다고 눈물을 흘리며 비딸에게 가서 하소연했습니다. '아니, 왜 그러나?' 하고 스와미(비딸)가 물었습니다. 나마데바가 자초지종을 이야기하자 '그건 괜찮지. 그런데 다른 사람들은 검사를 받을 때 뭐라고 말했나?' 하고 스와미가 물었습니다."

나마데바: 그들은 막대기로 검사할 때 모두 입을 닫고 고개를 숙였습니다.

비딸: 그러면 자네는?

나마데바: 제가 그들과 같습니까? 저는 당신과 얼마나 친한데요! 검사랍시고 제가 그렇게 맞아야 합니까?

비딸: 그것을 아항까라(*ahankara*)[에고]라고 하지. 그들은 모두 나의 진아를 알고 있었고 만족한 마음을 가지고 있었지. 자네는 그렇지 못해.

나마데바: 그러나 당신께서는 저한테 친절하십니다. 제가 더 알아야 할 것이 뭐가 있습니까?

비딸: 그렇지 않지. 자네가 진리를 알고 싶으면 윗사람들을 섬겨야 하네. 내가 무엇인가? 자네가 춤추면 나도 춤추고, 자네가 웃으면 나도 웃고, 자네가 뛰면 나도 뛰지. 만약 진리를 발견하면 자네가 그렇게 뛰고 부딪치고 하지 않을 걸세.

나마데바: 윗사람을 말씀하셨는데, 당신보다 더 나이 많으신 분이 누가 있습니까?

비딸: 누구냐고? 근처의 숲 속에 사원이 하나 있는데 그 사원에 사두가 한 사람 있네. 그를 찾아가면 자네가 진리를 깨달을 것이네.

"나마데바가 숲 속의 그 사원을 찾아가니 행색이 남루한 남자 하나가 누워 있었습니다. '어떻게 이런 사람이 사두일 수 있나?' 하고 생각하면서 그 사람에게 더 가까이 가니 그 사람의 두 다리가 링가 위에 걸쳐져 있었습니다. 그 모습에 기겁을 한 그는 부들부들 떨면서 말했습니다. '선생님, 이게 뭡니까? 신의 머리 위에 다리를 걸치고 계시군요!' 그 사람이 말했습니다. '오호! 나마, 자넨가? 비딸이 보냈군. 안 그래?' 이 말에 놀란 그는 이 사두가 어떻게 자기에 대해 알고 있을까 궁금해서 다시 물었습니다. '선생님, 당신은 사두 아니십니까? 어떻게 링가 위에 다리를 걸치고 계실 수 있습니까?' '그런가? 내 사랑하는 아들이여, 나는 전혀 몰랐네. 나는 다리를 들 수 없으니 자네가 나를 위해 다리를 링가에서 들어내 주겠나?' 그가 말했습니다. 나마데바는 그러겠다 하고 그의 다리를 들어서 다른 데 놓으려고 했지만 거기에도 다른 링가가 하나 있었습니다. 이처럼 그가 다리를 놓으려고 하는 데마다 거기에는 링가가 있어서, 마침내 그는 다리를 그 자신에게 놓고 말았습니다. 그러자 그 자신이 링가가 되어 버렸습니다. 다시 말해서 그는 그 성스러운 두 발에 접촉함으로써 진아지眞我知의 깨침(jnanodaya)을 얻은 것입니다. 나마데바는 얼떨결에 일어났습니다. 사두가 물었습니다. '그래, 이제 (진리를) 깨달았나?' '예, 깨달았습니다.' 그렇게 말하고 그는 냐네스와르의 제자인 비쇼바께사르(Visobakesar)에게 절을 했습니다. 그는 집으로 돌아와 방 안에 들어앉아 명상에 잠긴 채 비딸을 만나러 가는 것도 그만두어 버렸습니다."

"며칠이 지난 뒤 비딸이 달려와서 그에게 물었습니다. '나마, 왜 요즘엔 나를 찾아오지 않는 거지?' 그러자 나마데바가 말했습니다. '오, 쁘라부(Prabhu)[신]시여! 당신이 존재하지 않는 곳이 어디 있습니까? 저는 여기에서도 항시 당신을 봅니다. 제가 당신이고 당신이 저입니다. 그래서 당신을 찾아가지 않았습니다.' '오 그랬군. 좋지.' 비딸은 그렇게 말하고 사라졌습니다." 바가반은 이야기를 끝내면서 동시에 가부좌하고 있던 다리를 푸셨습니다.

1946년 8월 26일

71. 불멸의 본래면목

라자고빨라 아이어가 7월말 경의 어느 때 집(아쉬라맘)으로 돌아와서 서류와 책들을 정리하고 요청하는 사람이 있으면 그것을 나누어주는 일을 도왔으며, 도서실 소임 전반을 맡아 보았습니다. 초기에 그는 도서실에 오랫동안 방치되어 있던 서류들을 뒤지다가 바가반의 친필로 쓰여진 타밀 시 한 수와 그 텔루구어 번역문이 적혀 있는 작은 종이 한 장을 발견했습니다.

그것을 바가반께 건네 드리자 당신은 그것이 누구의 시인지 기억하지 못하셨고, 그래서 저를 불러 그것을 보여주면서 누구의 시냐고 물으셨습니다. 저는 자세히 살펴보고 나서 그것이 나라싱하 셰띠(Narashimha Shetty)가 띠루쭐리의 순다라 만디람(Sundara Mandiram)[56]의 개원식(griha pravesam)이 있고 난 뒤에 띠루쭐리에 대해

---

56) [역주] 띠루쭐리에 있는 바가반의 생가.

쓴 시와, 그것을 제가 텔루구어로 번역한 것이라는 것을 알았습니다. 바가반께 그 말씀을 드리고 나서 저는 그것을 한 부 베끼겠다고 했고 당신은 승낙하셨습니다.

저녁 베다 빠라야나가 끝난 뒤에 제가 바가반 앞에 절을 하고 나서 집으로 돌아가려고 하는데 당신이 말씀하셨습니다. "내 종이는 어디 있지?" 제가 그것을 집으로 가져가 베끼고 나서 다음날 아침에 다시 가져오겠다고 한 저의 청에 동의하시고서도 당신은 제가 그것을 돌려드렸는지 여부를 확인하고 싶어 하신 것입니다. 저는 어떤 종이에 진주같이 동그랗게 쓰신 당신의 필적을 보면 그 종이를 갖고 싶은 생각이 듭니다. 바가반은 그것을 아시고 저의 그런 욕망을 없애주시기 위해 그 종이를 돌려달라고 하신 겁니다.

그날 밤 저는 그 텔루구어 시를 베꼈고, 타밀어 시도 바가반이 보실 수 있도록 다른 종이에 텔루구 문자로 써서 그것을 아쉬라맘 공책에 베꼈습니다. 그래서 다음날 아침 7시 30분에 제가 아쉬라맘에 가서 바가반 앞에 절을 하자 당신이 다시 물으셨습니다. "그 종이는 어디 있지?" "예, 스와미. 가져왔습니다. 그 타밀 시도 텔루구 문자로 썼습니다. 제가 베낀 것이 정확한지 봐 주시면 제가 그것을 베끼겠습니다" 하고 제가 말했습니다. 그러자 당신은 그것을 보고 나서 저에게 돌려주셨습니다. 저는 선반에서 공책을 꺼내어, 당신이 산에서 내려오시기 전에 그것을 가지고 있었습니다. 당신은 그것을 보시지는 못했습니다. 제가 그 종이와 제 가방을 손에 쥐고 나가려고 하는데 바가반이 말씀하셨습니다. "그 종이는 베낀 뒤에 돌려줘. 내가 필요하니까." 저는 그 종이에 대해 그렇게 여러 번 말씀을 듣는 것이 창피했습니다. 그래서 참지 못하고 이렇게 말했습니다. "이걸 쓰면서 여러 장의 종이가 제 손을 거쳐갔지만 저는 하나도 갖지 않았습니다. 쓰는 것마다 돌려드렸습니다. (라자고빨라 아이어를 가리키면서) 저이가 제 증인입니다." 제가 그렇게 말하자 라자고빨라 아이어가 "예, 예" 했습니다. 그래도 저는 감정을 추스르지 못해 이렇게 말했습니다. "이것은 텔루구 속담으로 '목소리 큰 사람이 제일'이라는 것과 같군요. 다들 바가반께서 쓰신 것을 달라고 해서 얻어갑니다. 그런 종이를 우연히 만나면 몰래 가져가고요. 제가 이 작은 종이 하나 때문에 실재를 잊어버리고 딴 생각을 하겠습니까? 저는 이런 걸 전혀 원치 않습니다. 바로 돌려드리겠습니다." 그렇게 말할 때 제 목은 울먹였고 눈에는 눈물이 가득 고였습니다. 저는 더 이상 자신을 억제할 수 없어 밖으로 나갔고 어찌어찌 하여 그것을 책에 베낀 다음 그 책을 바가반께 드리고 그 종이는 곁에 서 있던 라자고빨라 아이어의 손에 쥐어 주면서 떨리는 목소리로 "그 종이를 그에게 돌려주었습니다" 하고 말했습니다.

바가반은 마음이 자비심으로 가득 차셔서 부드러운 어조로 말씀하셨습니다. "가지고 싶으면 가져." 저는 자존심이 없습니까? "왜요? 이 글자들은 지워지고 이 종이는 찢어질 텐데요." 제가 떨리는 목소리로 말했습니다. 제가 늘 앉는 자리에 앉으려고 할 때 바가반이 부드러운 목소리로 말씀하셨습니다. "(자네가 지은) 그 빠디얌(Padyam)을 가지고 있나?" 저는 숨을 가다듬고 단순히 "예"라고만 했습니다. 저는 겉으로는 무관심한 척했지만 속으로는 욕망 때문에 괴로워하고 있었습니다.

2, 3년 전에 바가반이 시를 한 수 지으시자 사람들은 바가반이 손수 쓰신 것을 얻으려고 서로 다투었습니다. 그 중의 어떤 사람들은 당신의 필적을 확보하는 기회를 얻고 나면 그것을 감추어 두고 남이 보자고 해도 내놓지 않았습니다. 그런 것을 다 보고 제 마음 속에 그런 욕망이 일어나지 않도록 하기 위해 저는 텔루구어 시를 한 수 지어 저 자신과 싸웠습니다.

    이 연꽃 심장 속에 불멸의 존재인 형태로 늘 존재하는 네가,
    업습業習(karma vasanas)의 장막 때문에 실재를 보지 못하고
    손으로 쓴 글자를 달라고 하는 것이 온당한가?

언젠가 눈이 씻겨서 장막이 없어지기만 하면 불멸의 본래면목(akshara swarupa)[불멸인 영의 형성이] 또렷이 보이겠지요. 그 글자(akshara)는 지워지지 않을 것이고, 그 종이[연꽃 심장]는 찢어지지 않을 것입니다. 이 글자는 '목소리 큰 사람'에게 주어 버리고, 말없는 아이의 눈에서 베일이 떨어져 나가기만 하면 더할 나위가 없겠지요. 그러면 그 아이는 자기 자신을 돌볼 것입니다. '세간적 삶이란 병에 대한 명의名醫'(Bhava Roga Bhishagvara)라는 칭호는 이미 있습니다. 지금 바가반께서 그 칭호에 부합하시지 않을까요? 보세요. 그러나 한 가지 우리가 기억해야 할 것이 있습니다. 당신은 모든 사람에게 끊임없이 약을 처방하십니다. 그리고 제 눈의 희미함은 조금씩 사라지고 있습니다.

1946년 8월 27일

72. 가르침의 핵심 - 실재사십송

바가반은 「꿈미 빠뚜」(Kummi Pattu)로 알려진 「가르침의 핵심」의 말라얄람어본을 텔루구 문자로 손수 필기하여 간직하고 계셨습니다. 1944년에 저는 그 사본을 하나 만들어 두겠다고 말씀 드려 바가반에게서 그것을 받았습니다. 그것을 제 공책에 옮겨 쓴 뒤에 원본을 돌려드리고 있을 때, 한 헌신자가 바가반께 이렇게 말했습니다. "바가반께서 「가르침의 핵심」을 지으신 것은 무루가나르가 주 시바의 유희(lilas)에

대해서 글을 짓고 있을 때, 그러니까 시바가 다루까 숲(*Daruka Vana*)의 고행자들(*tapasvis*)에게 축복을 내리는 내용을 쓰고 있을 때 아니었습니까?"

바가반이 말씀하셨습니다. "그랬지요. 그가 쓴 것은 다루까 숲에 있던 고행자들의 이야기만은 아니었습니다. 그는 주의 모든 화신들(*Avatars*)이 저에게 해당된다는 내용을 100연으로 지을 생각을 했습니다. 그는 '운디바라'(*undipara*)라는 민요(의 후렴구)를 거기다 채용하여 70연을 지었습니다. 70연을 거의 다 짓고 나서 다루까 숲의 고행자들 이야기를 쓰려고 하다가, 나머지 30연은 가르침(*upadesa*)과 관련되는 것이었기 때문에 저에게 그것을 지어 달라고 한 것입니다. 저는 '자네가 다 짓지 않았나? 내가 할 게 뭐가 있나? 그것도 자네가 짓는 게 좋겠네' 했지만, 그는 오랫동안 그것을 짓지 않고 제가 그것을 지어야 한다고 고집했습니다. 가르침 부분에 대해서는 자기가 아무것도 모르니 바가반만이 그것을 지을 수 있다는 거였습니다. 그러니 어떡합니까? 짓지 않을 도리가 없었지요. 그 30연을 짓고 나서 우리는 그것을 '우빠데샤 운디야르'(*Upadesa Undiyar*)라고 불렀습니다. 그것을 짓고 나서 요기 라마이아가 자기는 타밀어를 모르니 텔루구어로 하나 써 달라고 졸라서 저는 그것을 드위빠다(*Dwipada*) 형식으로 지었습니다. 그러고 났더니 나야나(*Nayana*)가 '산스크리트로는 어떻습니까?' 해서 저는 동의하고 산스크리트로도 지었지요. 그 세 언어로 그것을 짓고 난 뒤에 꾼주스와미, 라마끄리슈나 등이 그것을 말라얄람어로도 지어 달라고 해서 그것을 꿈미 빠뚜(*Kummi Pattu*) 형식으로 말라얄람어로도 지었습니다."

"그러니까 원본은 타밀어고 그 다음은 텔루구어, 그 다음은 산스크리트, 마지막으로 말라얄람어본이군요. 그렇지 않습니까?" 제가 여쭤자 바가반이 말씀하셨습니다. "그렇지." 이때 제가 계속 여쭈었습니다. "나야나는 「가르침의 핵심」의 시구들을 보자마자 그에 대한 가벼운 주석을 쓴 것 같은데요?" "그랬지요. 그는 당시 망고나무 산굴에 있었는데, 저는 그 (산스크리트) 시구들(*slokas*)을 써서 그에게도 보냈습니다. 그는 주위 사람들에게 '우리가 이런 시구를 하나라도 지을 수 있을까?' 하고는 일식이 있던 날에 그 시구들에 대한 가벼운 주석을 썼습니다. 그것은 1928년에 출판되었지요." 바가반이 말씀하셨습니다.

그때 제가 여쭈었습니다. "「실재사십송」은 어떻게 해서 지으셨습니까?" "그것도 무루가나르가 하도 지어 보라고 해서 타밀어로 짓지 않을 수 없었지요. 라마이아 요기도 그때 있었습니다. 그는 저에게 최소한 그 취지라도 텔루구어로 써 달라고 해서 저는 그것을 산문으로 지었습니다. 그 뒤에 마다바가 '말라얄람어로는 어떻습니까?' 하기에 저는 좋다고 하고 그것을 말라얄람어로도 '낄리'(*kili*)[운율의 하나] 형식으로 지었습니다. 그것은 시사말리까(Seesamalika-텔루구 시 형식의 하나) 시같이 되겠지요. 그것도 저는 텔루구 문자로 썼습니다. 그것을 베끼고 싶으면 베껴도 좋습니다." 바가반이 말씀하셨습니다.

"바가반께서는 왜 그것을 산스크리트로 짓지 않으셨습니까?" 제가 여쭈었습니다. 바가반이 말씀하셨습니다. "당시에 나야나, 락슈마나 샤르마 등이 여기 있었기 때문에 그것은 그들에게 맡겨두었습니다. '내가 왜 신경 쓰나?' 하고 생각했기 때문에 가만히 있었지요." 제가 여쭈었습니다. "나야나는 그 당시 「실재사십송」의 산스크리트 시구들을 썼습니까?" 바가반이 말씀하셨습니다. "아닙니다. 그 시구들을 쓸 때는 무루가나르와 제가 그것을 적절히 정리했는데, 그때 나야나는 우리에게 조언을 해 주었지만 그 시구들을 쓰지는 않았습니다. 그 뒤에 그는 시르시(Sirsi)로 갔습니다. 그가 거기 있을 때 비스와나타와 까빨리(Kapali-나야나의 제자)가 가서 한 동안 같이 머물렀지요. 그 사이에 락슈마나 샤르마는 「실재사십송」에 대한 (산스크리트) 시구들을 지었습니다. 그것을 나야나에게 보내 잘 편집해서 돌려달라고 했더니, 나야나는 그것을 보고 자기는 그것을 고치기보다는 자신도 그만큼 잘 짓겠다면서 손을 대지 않고 그냥 돌려보냈습니다. 나중에 그는 비스와나타와 까빨리의 도움을 받아 타밀 시에 정확히 부응하는 시구들을 지어 보내왔지요. 그러나 앞의 것은 그대로 남아 있었지만 나야나의 것은 「실재직견實在直見」(Sad Darshanam)이라는 제목으로 출판되었습니다. 일은 정해진 대로 일어납니다. 우리가 어떻게 합니까? 그 산스크리트 번역을 토대로 까빨리는 영어와 산스크리트로 주석을 썼습니다. 그 뒤에 비스와나타가 그것을 타밀어로 번역했지요."

"「증보」는 어떻게 해서 지으시게 되었습니까?" 제가 여쭈었습니다. "저는 그것을 어떤 특별한 이유로 짓지는 않았습니다. 누가 어떤 시를 원할 때마다 제가 하나씩 썼는데, 그것을 모두 합쳐서 하나의 「증보」로 한 것입니다. 초판을 낼 때는, 30연이었는데 나중에 40연이 되었습니다. 그것도 처음에만 썼지요. 나중에는 그것을 텔루구어로도 썼고 그 뒤에 말라얄람어로도 썼습니다. 그 산스크리트 시구들 중의 어떤 것은 옛날의 위대한 분들이 지은 것을 가져온 것이고 어떤 것은 제가 쓴 산문을 따라서 락슈마나 샤르마가 지은 것입니다." 바가반이 말씀하셨습니다. "산스크리트 시구들 중 어떤 것은 바가반께서 지으신 겁니까?" 제가 여쭈었습니다. "두세 개밖에 짓지 않았겠지요." 바가반이 말씀하셨습니다. "바가반께서는 텔루구 시구도 더러 지으셨겠지요." 제가 말했습니다. "예, 몇 개는 있겠지요. 보고 싶으면 그 원고를 들여다보세요. 자세한 것을 알 수 있을 테니." 바가반이 말씀하셨습니다.

1946년 8월 28일

73. '나'는 마음 자체이다

오늘 오전에 한 안드라 신사가 바가반께 질문했습니다. "당신께서는 탐구를 하여 '내가 누구인지'를 알아내는 것이 중요하다고 말씀하시는데, 어떻게 하면 제가 그것을 알아낼 수 있습니까? '나는 누구인가? 나는 누구인가?' 하면서 염송을 해야 합니까, 아니면 '이건 아니다'(Neti)를 해야 합니까? 저는 정확한 방법을 알고 싶습니다, 스와미." 바가반은 얼마간 뜸을 들였다가 말씀하셨습니다. "발견할 것이 뭐가 있습니까? 누가 발견합니까? 발견하는 어떤 사람이 있어야 합니다. 그렇지 않습니까? 그 어떤 사람은 누구입니까? 그 어떤 사람은 어디서 왔습니까? 먼저 발견해야 할 것은 그것입니다."

그 질문자가 다시 말했습니다. "자기 자신이 누구인지를 알아내기 위한 어떤 수행이 있어야 하지 않겠습니까? 어떤 수행이 유용합니까?" "예, 알아내야 할 것이 바로 그것입니다. 어디를 봐야 하느냐고 물으신다면, 우리는 '내면을 보라'고 말하겠습니다. '그 모양은 어떻게 생겼고, 그것이 어떻게 태어났고, 어디서 태어났느냐', 그것이 바로 그대가 보거나 탐구해야 할 것입니다." 바가반이 말씀하셨습니다. 질문자가 다시 여쭈었습니다. "만일 우리가 이 '나'가 어디서 태어나는지를 물으면, 고인들은 그것이 심장 안에 있다고 말합니다. 그것을 우리가 어떻게 볼 수 있습니까?"

"예, 우리는 심장 자체를 보아야 합니다. 그것을 보고 싶다면 마음이 완전히 가라앉아야 합니다. '나는 누구인가? 나는 누구인가?' 하고 염송을 한다거나, '이건 아니다, 이건 아니다'(Neti, Neti)라는 말을 되풀이해 봐야 아무 소용 없습니다." 바가반이 말씀하셨습니다. 질문자가 바로 그것이 자기가 하지 못하는 것이라고 하자, 바가반이 대답하셨습니다. "예, 그렇지요. 그것이 어려움입니다. 우리는 항상 존재하고 도처에 존재합니다. 이 육신과 그에 딸린 다른 모든 것들은 바로 우리 자신에 의해 우리 주위에 모여 있습니다. 그런 것들을 모으는 데는 아무 어려움이 없습니다. 정말 어려운 것은 그것들을 내버리는 것입니다. 우리는 우리의 안에 내재하고 있는 것이 무엇이고 우리에게 낯선 것이 무엇인지 보는 것을 어렵게 생각합니다. 보세요, 그것이 얼마나 큰 비극인지!"라고 바가반은 말씀하셨습니다.

얼마 전에 한 벵갈인 청년이 그와 비슷한 질문을 했는데, 바가반은 아주 자세히 그에게 설명해 주셨습니다. 의문이 해소되지 않자 그 청년이 질문했습니다. "진아는 언제 어느 때 어느 곳에서나 존재한다고 말씀하시는데, 그 '나'가 정확히 무엇입니까?" 바가반은 미소를 띠며 말씀하셨습니다. "제가 그대는 언제 어느 때 어느 곳에서나 존재한다고 하니까 그대는 그 '나'가 어디 있느냐고 묻는데, 그것은 '당신이 띠루반나말라이에 있을 때, 띠루반나말라이는 어디 있느냐'고 묻는 거나 마찬가지입니다. 그대는 도처에 있는데, 어디를 찾습니까? 진짜 망상은 그대가 그 육신이라는 느낌입니다. 그 망상을 없애버리면 남는 것은 그대의 진아입니다. 그대와 함께 있지 않는 것이라면 찾아야 하겠지만, 늘 그대와 함께 있는 것을 찾을 필요가 어디 있습니까? 모든 수행은 그대가 그 육신이라는 망상을 없애기 위한 것입니다. '내가 있다'는 앎은 늘 있습니다. 그것을 진아(Atma)라 하든 지고아(Paramatma)라 하든 뭐라 해도 좋습니다. '나는 몸이다'라는 관념을 없애 버려야 합니다. 바로 자기인 그 '나'를 찾을 필요는 없습니다. 그 진아는 일체에 두루합니다."

이 점을 보여주는 문구로서 바가반의 「실재사십송」에 나오는 다음 구절을 인용하겠습니다.

    자기가 없다면 시간과 공간이 어디 있으랴?
    우리가 육신이라면 시공에 속박되겠지만, 우리가 어디 육신인가?
    우리는 지금이나 그때나 언제나, 여기 저기 어디서나, 똑같은 하나라네.
    따라서 우리는 시간과 공간 없이 존재한다네.

— 제16송.

1946년 9월 8일

74. 50주년 기념일 잔치

몇 명의 친구가 저에게 지난 9월 1일에 거행된 50주년 기념식과 관련된 축제들에 대한 이야기를 써 달라고 해서 이 편지를 씁니다. 이와 관련하여 그 잔치에 적극적으로 관여했던 사람들조차 그날 있었던 모든 일을 정확히 기억하지는 못합니다. 그러니 옆에서 바라보는 사람에 지나지 않았던 일개 여자가 그날 일어난 모든 일을 어떻게 알고 이해하겠습니까? 그래도 저는 『바가바땀』의 저자가 "나는 내가 보았거나 알거나 지혜로운 이들로부터 들은 범위 내에서 이야기하겠다"고 말한 것을 염두에 두고 그 일들에 대해 감히 써 보도록 하겠습니다.

기념식 날의 약 20일 전에 도감이 마드라스에서 돌아왔습니다. 그가 마드라스로 간 지 한 달 정도 지났을 때였습니다. 그가 마드라스에 도착한 직후에 몇 명의 헌신자들이 만나서 기념식을 거행할 계획을 짰던 모양이지만, 그가 띠루반나말라이로 돌아올 때까지는 기념식 준비 상황이 별로 알려져 있지 않았습니다. 영어판 기념집의 출간을 위해 누가 어디서 열심히 일을 하고 있는지 저는 몰랐지만, 회당에 있는 사람들로 말하자면 어느 한 사람도 기념식에 대해 큰 관심이 없는 듯했습니다. 바가반은 헌신자들의 요청을 만족시켜 주기 위해, 옛날 기록들을 뒤져서 산스크리트 시구들을 찾아내서 그것이 영어로 번역될 수 있도록 해 주시는 척했습니다. 도감이 도착하자마자 준비 작업이 본격적으로 시작되었습니다. 사무실에서 어떤 점을 고려했는지, 누가 그렇게 하라고 권했는지는 모르겠지만, 그들은 회당에 잇대어 산 쪽으로 큰 초가지붕 움막을 짓기 시작했습니다. 지난 한 달 동안 끄리슈나스와미는 몸이 쇠약하고 피로함을 느끼고 있었습니다. 그런데도 움막 일이 시작되자 그 쇠약함이 사라져 버리기라도 한 듯 엄청난 힘이 났습니다. 그는 발 벗고 나서서 사다리를 올라가 야자수 잎들을 꿰매는 등의 온갖 일을 했습니다. (움막 옆에는) 차일遮日(pandal)도 쳤습니다. 그들은 (움막의) 바닥을 시멘트로 해야 한다고 했습니다. 바닥에 물을 뿌리고, 달구질을 하고, 기타 잡역을 할 때도 그는 거인의 힘을 지닌 것처럼 보였습니다. 하누만(Hanuman-라마야나에 나오는 원숭이 영웅)은 원래 꼬리를 밑으로 감추고 한 마리 새처럼 가만히 앉아 있었다고 합니다. 그러다가 바다를 건너가야 한다는 말을 듣자 광대신廣大身(Viswarupa)[엄청난 크기의 몸]을 취해, 필요한 모든 일을 했다는 것입니다. 이것은 신의 헌신자들이 어떤 상황이 닥치면 영감을 받아, 남들의 이익을 위해 온갖 일을 한다는 말을 실증하는 한 사례입니다.

오라버니께서 20일 전에 여기 오셨다가 스리 찐따 딕쉬뚤루(Sri Chinta Dikshitulu-텔루구 시인. 1891-1960)의 노래와 에세이들, 그리고 저의 곱비(Gobbi-여신의 이름) 노래를 가져가시면서 50주년 기념식 전에 그것을 인쇄하겠다고 하신 것 기억하시지요? 그 뒤에 무루가나르 등 몇몇 헌신자들이 노래와 시들을 몇 개 지어 인쇄하도록 보냈습니다. 까빨리 샤스뜨리가 산스크리트로 쓴 『스리 라마나 기타』(Sri Ramana Gita) 주석서는 잘 인쇄되어 도착했습니다. 그리고 50개의 금색별을 가장자리에 인쇄한, 영어로 된 초청장이 헌신자들에게 발송되었습니다.

50년 전 고꿀라쉬따미(Gokulashtami) 날의 하루 전에, 바가반은 아라이야날루르(Ariyanallur-띠루꼬일루르)에 도착하신 듯합니다. 그날은 일요일이었습니다. 월요일, 즉 아쉬따미(Ashtami) 날에는 낄루르에 있는 무투끄리슈나 바가바따르의 집에서 배불리 식사를 하신 뒤 나바미(Navami) 날 아침에 아루나찰라 들판(Arunachala Kshetram)으로 들어오셨습니다. 그날부터 지금까지 당신은 이곳을 떠나신 적이 없다는 것은 잘 알려진 사실입니다. 그날은 1896년 9월 1일이었습니다. 다른 대륙에 사는 사람들도 양력으로 이 날을 경축할 수 있도록 하기 위해 50주년 기념식은 9월 1일로 고정되었습니다.

힌두 전통에 따르면 고꿀라쉬따미 다음날이 50주년 기념일이 되어야 하겠지요. 우리는 하느님의 섭리는 모르지만, 올해의 고꿀라쉬따미도 월요일(1946년 8월 19일)이었고 그 다음날은 화요일이었습니다. 라마스와미 아이어 등은, 타밀 전통에 따르면 그날이 기념일이라면서 다른 몇 명의 헌신자들과 함께 타밀어로 노래와 시들을 몇 곡 지어 그것을 낭송했습니다. 스리 삼바시바 라오는 텔루구 전통에 따르면 나바미가 수요일까지 가므로 50년의 기간은 21일에야 만료된다고 하면서, 옛 시구 하나와 『바가바땀』에 나오는 "당신의 연꽃 발에 봉사하면서"(Nee pada kamala sevayu)로 시작되는 빠디얌 하나를 써서 바가반 앞에 놓았습니다. 다른 한 헌신자는 빠디얌, 노래, 에세이들을 지어서 그것을 낭독하기 시작했습니다. 그런 찬가 빠라야나(Stotra Parayana)는 이틀 전까지 계속되었습니다.

철도 파업이 23일에 시작되었습니다. 우리는 헌신자들이 여기 어떻게 올 수 있을까 하고 생각했습니다. 몇 사람은 이미 29일에 까뜨빠디(Katpadi)까지 와서 용케도 버스나 트럭을 타고 왔습니다. 초나흗날(Chaturthi)에는 비나야까에 올리는 예공이 사원(어머니 사원)에서 거행되었습니다. "50주년 기념당"(Jubilee Hall)이라고 명명된 움막 옆에는 큰 차일이 쳐졌는데 마치 결혼 잔칫집 차일 같았습니다. 어떤 사람들은 (바가반의) 소파 주위에 푸른 잎으로 화만을 만들어 장식하면 좋을 거라고 했습니다.

연설자들은 밤 9시까지 버스로 모두 왔습니다. 경축식은 다음날 아침에 시작될 터였습니다. 우리는 밤늦게까지 의논을 한 다음 잠자리에 들었습니다. 우리가 여느 때와 같이 이른 아침 5시에 아쉬라맘에 가 보니 이미 "나 까르마나"(Na karmana)를 찬송하고 있었습니다. 평소보다 일과를 한 시간 빨리 시작한 것 같았습니다. 아쉬라맘 학생들(Vidyarthis-베다학당에서 경전 등을 배우는 아이들)은 예공에 쓰는 물건들을 가져와서 바가반 앞에 놓고 당신 앞에서 절을 한 다음 그것들을 사원 안으로 가져갔습니다. 우리는 자신들의 부주의함을 자책하면서 차일 안으로 들어가 보고는 그곳이 이미 아름답게 장식되어 있는 것을 보고 놀랐습니다. 움막 주위로 빙 둘러 주름이 잡힌 붉은 천을 묶었고, 푸른 망고 잎 화만, 꽃들, 기타 많은 장식품들이 함께 어우러져 있었습니다. 최근에 바로다(Baroda)의 라니(라자의 妃)가 사원의 여신을 장식하도록 자리(jaree)[은실 레이스 장식]로 가득한 사리들을 보내왔습니다. 그 사리들은 기념당이라고 명명된 초가지붕 움막(parnasala)의 북쪽 편에 있던 돌 소파 위에 모두 펴져서 그 건물이 하나의 만디르(Mandir) 모양을 이루게 했습니다. 은실 레이스가 있는 그 사리들은 빛을 받아 찬란하게 반짝였습니다. 제가 헌신자 한 사람에게 그 사리는 사원의 여신을 장식하라고 보낸 것 아니냐고 물었더니, 그가 말하기를 그 장식은 바가반의 소파를 장식하고 나서 할 것이라고 했습니다. 다른 한 헌신자도 그것은 정말 좋은 생각이라고 말했습니다. 지난밤 9시 전까지는 아무 일도 하지 않고 있었습니다. 그래서 우리는, 그 장식이 다음날 새벽 5시까지 다 이루어졌다면 그 일을 한 헌신자들은 밤새 잠을 한숨도 자지 않았다는 결론을 내리지 않을 수 없었습니다. 다른 헌신자들이 어떻게 밤사이에 왔는지 우리는 몰랐는데, 아침에 보니 그들은 모두 몇 군데에 무리를 지어 자기 물건들을 가지고 앉아 있는 것이었습니다.

바가반은 목욕을 하시고 아침 6시 30분까지 아침식사를 마치신 다음 아루나찰라 쪽으로 포행을 가셨습니다. 당신이 돌아오실 무렵 끄리슈나스와미는 이미 돌 소파에 순백의 카다르(khaddar-손으로 짠 인도산 면포) 천들을 덮고 바가반이 앉으시는 자리에는 물레와 삼색기三色旗의 그림이 그려진, 새로 산 천을 깔아 두었습니다. 그것은 그 단순성 때문에, 그리고 그 깃발은 우리의 국민적 명예를 상징하는 것이었기 때문에, 다채로운 장식들의 휘황함 속에서 오히려 멋있게 보였다고 해도 과언이 아닐 것입니다. 자와할랄 네루가 인도의 수상이 된 것도 9월의 비슷한 날이었다는 것이 흥미롭습니다.

7시까지 바가반은 여느 때와 같이 샅가리개 차림으로 눈부신 미소를 지으시며, 헌신자들을 축복하기 위해 소파에 앉아 계셨습니다. 당신의 자애롭고 자비로운 표정은 모든 헌신자들을 즐겁게 했습니다. 이날 당신을 친견하는 것은 실로 큰 특권이었습니다. 옛날 발미끼(Valmiki-『라마야나』의 저자), 비야사(Vyasa-베다의 편찬자) 등 위대한 저자들은 신 자신이 이따금 다르마(Dharma)를 확립하기 위해 라마, 끄리슈나와 같은 화신(Avatars)의 형상으로 이 세상에 내려오신다고 말했습니다. "다르마를 확립하기 위해, 나는 시대에 시대를 내려오며 태어난다"(Dharma samsthapanarthaya sambhavami yuge yuge-『기타』, 4:8)고 말입니다. 오늘날 우리는 그와 똑같은 행운을 얻고 있습니다. 화신존자化身尊者(Avatara Purusha)이시자 세간사世間師(Jagadguru-세계의 스승)이신 스리 라마나 빠라마뜨마께서는 지난 50년간 아루나찰라 들판에 머무르시면서 그저 바라보는 것만으로 사람들의 영혼을 정화해 오셨습니다. 한결같은 신심으로 당신을 섬기는 사람들에게, 당신은 침묵의 가르침으로써 (그들의) 세간적 속박을 제거해 주고 해탈을 주실 수 있습니다. 우리의 임무는 사소한 일에 귀중한 시간을 허비하지 않고 당신을 섬기는 것입니다. 이 50주년 기념일 자체가, 이제 당신은 드높은 스승(Guru)의 지위를 점해 오셨다는 것을 선언하고 있습니다. 많은 헌신자들은 지금이 하나의 황금시대 혹은 새로운 시대라고 말합니다. 그 많은 날 동안 복 있는 많은 사람들이 당신의 은총을 얻었고, 평안의 감로를 마셨으며, 복된 자(blessed ones-깨달은 자)가 되었습니다. (앞으로도) 더 많은 사람들이 이처럼 당신의 축복을 얻으리라고 생각됩니다. 지금까지 저의 눈은 당신의 진정한 위대함을 온전히 알아볼 만큼 열리지 않았습니다. 이 친절함의 화신께서 우리에게 당신을 섬길 수 있는 온갖 기회를 제공하고 계시다는 것을 모르는, 저 같은 사람들이 많이 있겠지요. 그런 모든 기회들 중에서 이번 50주년 기념일이 최고의 기회라는 생각이 듭니다. 바로 지금도 저는 이 위대한 진인을 어떻게 섬겨야 할지, 당신께 어떻게 기도하고 당신을 어떻게 숭배해야 할지 모릅니다. 일체에 두루하시고 일체를 아시는 불가해한 분께서 인간의 형상으로 여기 오실 때, 우리가 당신께 무엇을 드릴 수 있으며, 어떻게 당신을 만족시켜 드릴 수 있겠습니까? 당신에 대한 진정한 숭배는 침묵(mowna) 속에서 해야 할 것입니다. 그런 숭배 양식은 제 힘이 미치지 못하는 바이므로, 저는 늘 얼마만큼의 거리를 두고 머물러 있으면서 저도 당신의 두 발에 묻은 먼지에 손을 대고 그것만으로 만족하는 것으로써 구원을 얻어 보겠다는, 당치도 않은 희망을 품어봅니다. 당신이 이처럼 오래 사셔서 진정한 지知의 추구자들에게 은총의 혜택을 베풀어 주시고, 자애와 축복으로써 그들의 영혼을 구원해 주시기를 바라는 것 외에 달리 무슨 바람이 있겠습니까?

오전 7시부터 밤 7시 15분 사이에 있었던 모든 일들에 대해서는 다음 편지에서 말씀드리겠습니다.

1946년 9월 9일

75. 50주년 기념일 경축

어제 편지에서 저는 오라버니께 50주년 기념일 잔치의 대강을 말씀드렸습니다. 이 편지에서는 그날 오전 7시부터 오후 7시 15분 사이에 있었던 모든 일을 간추려 말씀드리겠습니다.

오전 프로그램은 우마(Uma)를 위시한 부인들(punyastrees)이 우유 단지를 바가반의 발 아래 가져오는 것부터 시작되었습니다. 그리고 나서 몇 명의 헌신자들이 산스크리트, 타밀어, 텔루구어, 까나라어(Kanarese-까르나따까 지역의 언어인 깐나다어), 영어 및 우르두어로 써 가지고 온 에세이, 노래, 시들을 낭독했습니다. 이 송찬頌讚(stotra)은 잠깐씩 다른 것을 하면서 오후 2시까지 계속되었습니다. 8시 30분부터 9시 30분까지는 부달루르 끄리슈나무르티 샤스뜨리의 음악 연주회가 있었고, 9시 45분부터 10시까지는 휴식, 그리고 10시 15분부터는 마트루부뻬스와라 사원(어머니 사원)에서 예공과 아라띠(arati)가 있었습니다. 11시에 아쉬라맘 상주자들이 아루나찰라 사원에서 은사물(*prasadam*)을 가져와 큰 신심으로 그것을 바가반의 발 앞에 놓았습니다. 그런 다음 오전 11시부터 낮 11시까지는 휴식이 있었습니다.

헌신자들은 바가반께 오후 2시까지 휴식을 취하시라고 청했지만, 당신이 동의하시겠습니까? 점심을 드시자마자 당신은 평소처럼 소파에 앉으셨습니다. 많은 사람들이 당신을 친견하러 멀리서 왔는데, 시간이 부족해 (친견을 못하고) 실망한 채 돌아가 버릴 수도 있기에, 당신은 몸의 불편을 상관치 않으시고 평소에 취하시는 휴식도 마다하신 채, 넘치는 사랑과 자비심에서 친견을 베풀기 시작하시는 것이었습니다.

(읍내에 거주하는) 많은 사람들은 오후 2시까지는 바가반의 친견이 없을 거라고 생각하고 집으로 돌아갔습니다. 식사를 마치고 와 보니 바가반은 이미 움막 안의 소파에 빛나는 광채를 발하시면서 모든 헌신자들에 둘러싸여 앉아 계셨습니다.

송찬들이 하나씩 번갈아 낭독되었습니다. 이 위대한 진인과는 어떤 황제나 천신도 비교할 수 없을 것입니다. 그런 까닭은, 황제를 친견하러 가려면 많은 장애가 가로막을 것이고, 여러 사람의 추천이 있어야 할 것이기 때문입니다. 신들을 친견하는 것으로 말하자면, 가령 우리가 바이꾼탐(*Vaikuntam* - 바이꾼타)에 간다고 하면 (그 수문장들인) 자야(*Jaya*)와 비자야(*Vijaya*)가 문 앞에 버티고 서서 지금은 때가 아니라고 하면서 우리를 돌려보내겠지요. 까일라사(*Kailasa*)에 가면 시바의 권속들(*paramatha-ganas*) 역시 그렇게 할 것입니다. 그러나 여기서는 다릅니다. 여기는 단 하나의 규칙이 있을 뿐입니다. 즉, 누구든지 언제 어느 때나, 친견하는 것이 방해받지 않아야 한다는 것입니다. 짐승이나 새들까지도 말입니다. 이처럼 위대한 자애의 화신과 맞먹을 사람이 누가 있습니까? 이분이야말로 신 자신과 동등합니다.

오후 2시부터는 여기 모인 군중이 입추의 여지가 없게 되었습니다. 자원봉사자들은 모두 편안히 앉을 수 있도록 말없이 자리를 마련하고 있었습니다. 50주년 기념당은 황제의 알현실 같아 보였습니다. 오후 2시에 『50주년 기념집』을 (바가반께) 봉정奉呈했고, 그 뒤에 브라민 빤디뜨들이 만수滿水 항아리(*Purna Kumbha*)[물이 가득 든 항아리]를 가져와서 베다를 송경했으며, 이어서 힌디어진흥협회(Hindi Prachar Sabha)에서 보내온 에세이 한 편이 낭독되었습니다. 이때 확성기를 설치했고, 아리야 비야시야 사마잠(Arya Vyasya Samajam)의 텔루구어 연설문과 무니스와미 쩨띠 형제(Muniswamy Chetty Brothers)의 타밀어 연설문이 대독代讀되었습니다. 그 다음에 강연이 시작되었습니다.

모임의 좌장座長은 마드라스 대법원의 판사인 스리 C. 꾸뿌스와미 아이어였습니다. 그가 영어로 개막 연설을 한 뒤 S. 라다크리슈난 경이 쓴 영문 에세이를 T.K. 도라이스와미 아이어가 낭독했습니다. 이 에세이는 막 우편으로 도착한 것이었습니다.

그 뒤에 스와미 라제스와라난다(Swami Rajeswarananda)와 T.M.P. 마하데반이 영어로 연설했고, 짠드라세카라 아이어 판사가 텔루구어로, M.S. 쩰람과 오만두르 라마스와미 렛디아르(Omandur Ramaswami Reddiar)[나중에 마드라스 주의 총리가 되었음]가 타밀어로, K.K. 이라바땀 아이어가 말라얄람어로 연설했고, R.S. 벤까따라마 샤스뜨리가 몇 구절의 기도문 시구를 낭독한 뒤에 산스크리트로 강연을 했습니다. 꾼주스와미는 노래를 몇 곡 불렀습니다. 그 모든 연설들의 취지는 기록할 만한 가치가 있는 것이었지만, 제가 그 언어들을 다 모르니 어떻게 기록하겠습니까? 의장이 폐막 연설을 할 때는 오후 4시 45분이었습니다. 그 사이에 인도공보국(Indian Information Bureau)에서 나온 사람들이 50주년 기념식 경축 필름을 만들 의도로 몇 장의 사진을 찍었습니다. 그런 다음 15분간 휴식이 있었습니다. 오후 5시에는 띠루반나말라이 주민들을 대표하여 안나말라이 삘라이가 감사를 표하는 연설을 했고, 그 뒤에 무시리 수브라마니아 아이어의 음악 연주회, 이어서 베다 빠라야나가 있었습니다. 행사는 오후 7시 15분에 모두 끝났습니다. 그 전인 오후 6시에는 마하우트(mahout-코끼리를 부리는 사람)가 한껏 치장한 큰 사원의 코끼리를 데려와서 바가반 앞에 오체투지하게 했습니다. 이 코끼리는 보통 천주T柱 만다빰에 매어 두는데, 바가반이 아루나짤레스와라 사원에 오신 초기에 머무르던 곳이 바로 이 만다빰의 지하 동굴이었습니다. 따라서 그 만다빰에 사는 코끼리가 그 만다빰의 황제께 경의를 표하는 것은 아주 당연한 일이었습니다.

바가반께서 당신을 찾아와 당신 앞에 오체투지하고 당신의 도움과 인도를 간구한 그 모든 사람들에게 어떤 메시지(sandesam)를 주셨느냐고 물으실지 모르겠습니다. 저는 그 점에 대해 이러한 취지의 시 하나를 지었습니다. "당신은 관찰자로 계시면서 일체를 보시지만, 아무런 구나(gunas)가 없으신 쁘라나바(pranava-'옴')의 화신이기에, 그들에 의해 영향을 받지 않으시네." 마찬가지로 당신은 어떤 움직임도 없이 당신 자신의 진아에 몰입해 계시면서, 모든 것을 보고 들으면서도 내내 침묵하셨습니다. 그것이 바로 당신이 우리에게 주신 더 없이 귀중한 큰 메시지였습니다. 당신의 두 눈에서 빛나는 은총과 자애로움은 모든 중생의 심장을 관통하고 그들에게 평안(shanti)의 지복을 하사합니다. 침묵의 태양(Mouna Bhaskara)에서 나오는 그 찬란한 빛(tejas)은 사방으로 퍼져나가 무지의 어둠을 소멸하지만, 마음과 언어를 넘어서 있는 그 침묵이야 어떻게 전달할 수 있겠습니까?

1946년 12월 13일

76. 브라마 축제

까르띠까 달의 슛다 빤짜미(*Suddha Panchami*-'청정한 초닷새')에 해당되는 지난 달 28일, 스리 아루나찰레스와라 사원에서는 브라마 축제(*Brahmotsava*)의 시작과 관련하여 건당식建幢式(*Dhvajarohanam*-사원의 깃발[幢]을 게양하는 의식)이 거행되었습니다. 그 축제의 열흘째 저녁에는 아루나찰라 산 정상에 성화가 밝혀졌는데, 올해는 그것이 이 달 7일에 행해졌습니다. 열흘간 계속되는 이 연례 축제 기간 동안은 온 읍내가 오가는 순례자들의 군중으로 북적댑니다. 그들은 바가반을 친견하러 오는 것이 상례입니다. 이 빛의 축제(*Deepotsavam*)는 까르띠까 성좌(Karthika *Nakshatra*-플레이아데스 성단)의 날에 듭니다. 군중은 4, 5일 전부터 모여들기 시작하므로, 바가반은 사람들의 친견을 용이하게 할 수 있도록 마트루부떼스와라 사원 앞의 초가지붕 움막 안에 앉아 계신 것이 보통입니다. 그러나 올해는 바가반이 50주년 기념당에 앉아 계시는 것이 더 좋을 거라고 헌신자들이 생각했고, 그래서 사방에 발을 쳐서 비가 들이치지 못하게 모든 준비를 해 두었습니다. 바가반은 예년보다 하루 이틀 빠르게, 브라마 축제가 시작된 지 3일 만에 회당(기념당)으로 옮겨가셨습니다. 이날은 비가 많이 내렸는데, 찾아온 사람들은 대부분 가난한 이들이었습니다. 그 중에는 노약자들과 아기를 안고 온 여자들도 있었습니다.

축제의 열흘째 날 저녁은 성화의 축제이기 때문에, 사람들은 이날 새벽 2시 무렵부터 산 오른돌이(*Giri pradakshina*)에 나섰고, 비에 옷이 젖은 채 아쉬라맘에 왔습니다. 그들이 친견을 하는 데 아무 어려움이 없도록 해 주기 위해 바가반은 보통 회당의 문들 중 하나를 닫게 하고 당신이 기대시는 소파를 문간에 가로로 놓게 하셨습니다. 우리는 이번에도 먼저처럼 당신이 문 안에 계셔야 한다고 생각했지만, 바가반은 "왜? 여기도 상관없는데" 하고 반문하셨습니다.

그날 밤 내내 폭풍이 불고 비가 내렸습니다. 제 시계는 멈춰 서 버렸습니다. 그래서 저는 정확한 시간을 모른 채 일어나서 목욕한 다음, 앉아서 아쉬라맘에 일찍 가봐야겠다고 생각했습니다. 길에는 군중의 시끄러운 움직임이 전혀 없었습니다. 저는 시간이 너무 일러서 그런가 보다 하고 잠시 쉬고 싶어졌습니다. 그러다 깜박 잠이 들었습니다. 꿈속에서 갑자기 사람들의 웅성거리는 소리가 들렸습니다. 저는 혼란을 느끼며 일어났습니다. 비는 거의 그쳤고 강풍에 구름도 흩어져 버려, 창문으로 해서 방 안으로 달빛이 비치고 있었습니다. 이러다 늦겠다 싶어서 급히 준비하여 밖으로 나와 보니, 산에서 내려오는 개울물만 급하게 흘러가며 콸콸거리는 소리를 내고 있었습니다. 길바닥에는 물이 질펀했고요. 저는 급히 회당으로 들어가서 아쉬람 시계를 보았습니다. 새벽 4시 30분이었습니다. 바가반은 회당에 계시지 않았습니다. 어떤 사람에게 어디 계시냐고 물어보니 "저기, 움막 안에요" 하는 것이었습니다. "이 비바람 속에서 움막 안에 계시다니!" 하고 소리치면서 제가 가 보니, 바가반은 몸에 두빠띠(dupatti)[두꺼운 천]도 두르지 않은 채 소파에 앉아 계셨습니다. 당신의 얼굴은 보름달처럼 미소로 환히 빛나고 있었고, 자비와 행복의 분위기를 주위의 사람들에게 뿌리고 계셨습니다. 향기로운 선향線香(Agar-bathis)의 연기가 온 공간을 감미로운 향내로 채우고 있었습니다. 마치 천상의 난다나 숲(Nandavana) 속의 백단목 향기처럼 말입니다. 뿌라나에서 말하기를, 어딘가에 우유의 바다가 있는데 그 바다 속에 스웨따 드위빠(Sweta Dwipa)라는 섬이 있고, 그 섬 안에 스리 마하 비슈누와 그의 처소가 있으며, 모든 천신들이 그곳에서 그를 에워싼 채 지복과 행복의 환희 속에서 그에게 공경을 바친다고 합니다. 저에게는 회당을 둘러싼 질펀한 빗물이 우유의 바다로 보였고, 전등 불빛으로 환한 50주년 기념당은 스웨따 드위빠로, 소파 위에 앉아 계신 이분 라마나 빠라마뜨마는 스리 마하 비슈누로, 그리고 당신을 에워싼 채 공경을 바치고 있는 헌신자들은 천신들로 보였습니다. 그 광경을 보자 제 가슴은 지복스러운 행복감으로 벅차올랐습니다.

　제가 마음속에 들끓는 많은 생각을 안고 바가반께 다가가자 당신은 얼굴에 웃음을 띠기 시작하셨습니다. 저는 그 이유를 몰랐습니다. 당신 앞에 절을 하고 일어서자 당신이 말씀하셨습니다. "베다 찬송은 다 끝났어." 두 달 전, 50주년 기념식 축제 동안 베다 빠라야나에 관련된 프로그램은 평소보다 한 시간 앞당겨 했기 때문에, 평소 때처럼 우리가 갔을 때는 다 끝나 있었습니다. 저는 바가반의 미소가, 이번에도 그렇게 되었다는 의미라고 생각했습니다. 저 자신의 부주의에 부끄러운 마음이 들어 저는 바가반께 여쭈었습니다. "밤새 여기 계셨습니까?" 바가반이 대답하셨습니다. "아니. 매년 사람들이 새벽 2시부터 한 무리씩 오더군. 그래서 새벽 2시에 여기 왔지. 비 때문에 사람들이 아직 오지 않은 거야." "늦게 왔으니 벌금을 내셔야겠군요"라고 헌신자들 중 한 사람이 저에게 말했습니다. 우리는 모두 웃었습니다.

　우리가 모두 앉아서 잡담을 하고 있을 때 라마스와미 삘라이(Ramaswamy Pillai)와 꾸뿌스와미 아이어가 와서 소파 앞에 앉았습니다. "왜요? 무슨 빠라야나라도 있습니까?" 하고 바가반이 물으셨습니다. "예, 아직 목욕하실 시간이 안 됐습니다. 저희들은 『떼바람』(Thevaram)[세 명의 타밀 성자가 부른 주 시바에 대한 찬가집]을 송경하겠습니다" 하고 삘라이가 말했습니다. 바가반은 동의하셨고, 그들은 송경을 시작했습니다.

그것이 끝나자마자 라마스와미(시자의 한 사람)가 와서 당신이 목욕하실 시간이라고 말씀드렸습니다. 뻴라이는 성자 마니까바짜가르(Manikkavachakar)가 지은 「띠루뻼바바이」(Thiruvembavai)를 송경하겠다고 했습니다. "그것은 20연인데, 다 할 때까지 내가 어떻게 기다리지? 가야 할 시간인데" 하고 바가반은 말씀하시고, 다리를 주무르면서 갈 준비를 하셨습니다. "금방 그치겠습니다." 뻴라이는 그렇게 말하더니 '안나말라이얀'으로 시작되는 한 연을 송경하기 시작했습니다. 그 내용인즉 이런 것입니다. '오, 사키(Sakhi)[여성 도반의 이름]여! 주 아루나찰라의 연꽃 발에 절하는 천신들이 머리에 쓴 왕관 보석들의 번쩍거림도 주의 연꽃 발의 빛남에 의해 희미해지고 가려지듯, 떠오르는 해의 빛살도 어둠을 소멸하면서, 반짝이는 별들의 빛을 희미하게 한다오. 그런 때에는 주의 신성한 그 발들을 찬양하는 노래를 부릅시다. 꽃으로 가득 찬 성수지에서 목욕하고 헤엄치면서, 그 연꽃 발들을 찬양하여 노래합시다.'

이 송경이 막 끝날 때 바가반은 목욕을 하러 가시기 위해 당신의 두 발을 땅에 디디셨다. 송경이 "목욕하러 갑시다! 일어나오" 하는 말로 끝날 때 바가반은 소파에서 일어나시면서 "예! 저 여기 있어요. 목욕하려고 일어납니다" 하셨습니다. 우리는 모두 웃었습니다. 남자도 아니고 여자도 아닌 빠라마뜨마께서 바가반의 형상으로 이 우주에 당신 자신을 나투셨지만, 여전히 주 아루나찰레스와라를 숭배하고 계신 바가반은 사랑의 감정(alaba bhava)[아내가 남편에게 갖는 감정]으로 그 주를 부르신 것입니다. 그래서 저는 이 점에서 뭐라 말할 수 없는 자부심을 느꼈습니다. 마니까바짜가르는 주에 대한 사랑의 감정으로 그 노래들을 부른 것 같습니다. 바가반께서도 같은 사랑의 감정으로 「문자혼인화만」(Aksharamanamalai)을 지으셨지요. 사랑의 감정에 얼마나 드높은 자리가 주어지는지 보십시오!

저는 작년 까르띠까이 축제 때, 주 아루나찰라의 행렬(신상들을 실은 수레의 행렬)이 성산을 돌다가 아쉬라맘 앞에 도착하자 주님(바가반)께서 자식은 아버지의 은혜를 입고 있다고 하신 말씀을 되살려, 축제가 끝난 직후부터 이 일련의 서신을 오라버니께 쓰기 시작했습니다. 며칠 전에 그 편지들을 전부 인쇄소로 보냈습니다.

1946년 12월 19일

77. 진아형상의 상체

엊그제 한 안드라 신사가 와서 다음과 같은 질문이 들어 있는 편지 한 통을 바가반께 건네 드렸습니다. "어떤 분들은 말하기를, 진인은 잠의 상태에서 진아 형상의 상체(Atmakaravritti)에 들어 있다고 하고 어떤 분들은 그렇지 않다고 합니다. 당신의 의견은 어떻습니까?" 바가반이 답변하셨습니다. "먼저 생시의 상태에서 그 진아의 상태에 들어가는 법을 배우도록 합시다. 그러면 그 잠의 상태에서 무슨 일이 일어나는지 고려해 볼 충분한 시간이 있을 것입니다. 생시의 상태에 있는 그 사람은 잠의 상태에도 들어 있지 않습니까? 그대는 지금 진아형상의 상态에 들어 있습니까, 아니면 브라만 형상의 상态(Brahmakaravritti)에 들어 있습니까? 먼저 그것을 저에게 말해주십시오."

"스와미님! 저는 저 자신에 대해서 여쭈는 것이 아니라 진인에 대해서 여쭈는 것입니다"라고 질문자가 말했습니다. "오! 그렇습니까? 좋습니다. 하지만 그대가 그 질문을 하니, 먼저 그대 자신에 대해 알도록 하십시오. 진인들은 그들 자신을 돌볼 수 있습니다. 우리는 우리 자신에 대해서는 모르면서 진인들에 대해서 묻습니다. 그들이 진아형상의 상态에 들어 있든 브라만 형상의 상态에 들어 있든, 그것이 우리에게 뭐가 중요합니까? 우리 자신에 대해서 알면 그런 질문은 일어나지 않습니다." 바가반이 답변하셨습니다. "스와미님! 이 질문은 저 자신의 것이 아니라, 한 친구가 저에게 보낸 것입니다" 하고 질문자가 말했습니다.

"그런가요?" 바가반이 말씀하셨습니다. "친구들이 그 질문을 했군요. 우리가 어떻게 대답합니까? 우리가 상态(vritti-어떤 대상을 인식하는 마음의 상태)을 이야기할 때는 이원성이 함축됩니다. 그렇지 않습니까? 그러나 존재하는 것은 오직 하나입니다. 그러면 이런 질문이 일어납니다. '지고한 존재의 의식이 없이 어떻게 과거에서 현재와 미래로 나아가는 어떤 움직임이 있을 수 있느냐?'라는. 그래서 우리는 그것을 무한형상의 상态(Akhandakaravritti), 진아형상의 상, 브라만 형상의 상 같은 이런 저런 이름으로 부르지 않을 수 없는 것입니다. 마치 (바다에 합쳐진) 강을 우리가 바다형상(Samudrakara)이라고 하듯이 말입니다. 모든 강들은 바다로 들어가 한데 합쳐지면 형상을 잃고 바다와 하나가 됩니다. 그러니 바다 형상인 강이라고 하는 것이 무슨 의미가 있습니까? 바다가, 얼마나 깊고 얼마나 넓다는 식의 무슨 형상이 있습니까? 그와 마찬가지로, 사람들이 그냥 말하기를 진인이 무한형상의 상이나 진아형상의 상을 가지고 있다고 하지만 실은 그것은 모두 하나입니다. 이런 모든 이야기는 질문자들에 대한 답변으로 하는 것이고, 진인의 눈에는 일체가 하나일 뿐입니다."

"브라마비드(Brahmavid), 브라마비드바라(Brahmavidvara), 브라마비드바리야(Brahmavidvareeya), 브라마비드바리쉬타(Brahmavidvarishta) 등이 모두 어떤 순수성 마음(satvic mind)을 가지고 있습니까?" 하고 어떤 사람이 물었습니다. "브라마비드바리쉬타라고 하든, 브라마비드라고 하든, 혹은 브라만 자체라고 하든, 모두 동일합니다."

바가반이 대답하셨습니다. "거기서 브라마는 공히 브라만 그 자체를 의미합니다. 위세 가지는 순수한 마음을 공통의 용어로 가지고 있지만, 사실 그들에게는 마음 같은 것이 없다고 말해야겠지요. 원습(vasanas) 자체가 마음입니다. 원습이 없으면 마음도 없습니다. 존재하는 것은 사뜨(Sat)입니다. 사뜨가 곧 브라만입니다. 그것은 스스로 빛납니다. 그것이 아뜨만이고, 그것이 진아입니다. 브라마비드, 브라마비드바리야, 브라마비드바리쉬타 같은 이름들은 자기탐구에 의해 진리를 깨달아 그 진아의 지知 안에 확고히 안주하고 있는 지혜로운 사람들에게 붙습니다. (그들의) 일상의 행위들을 두고 진아형상의 상이나 무한형상의 상 안에 있다고 말하는 것입니다."

1946년 12월 20일

78. 안다바네

오늘 오전 9시경에 라마나타 브라마짜리, 일명 안다바네(Andavane)가 간밤에 마드라스에서 세상을 떠났다는 전보가 왔습니다. 제가 회당으로 들어가고 있을 때 어떤 사람이 저에게 그 소식을 말해주었습니다. 라마나타는 바가반이 아직 비루팍샤 산굴에 계실 때, 상당히 어린 나이로 바가반의 제자들 무리에 끼었습니다. 그 뒤에 그는 1년에 약 보름 정도 잠깐씩 자리를 비운 것 외에는 바가반 곁을 결코 떠나지 않았습니다. 한 평생 독신(brahmachari)이었던 이 철저한 헌신자는 치료를 받으러 마드라스에 갔는데, 보름도 되지 않아 타계했다는 소식이 온 것입니다. 저는 얼마 전에 마다바스와미가 타계한 것과 같은 일이 일어났다는 슬픈 생각과 함께 동시에, 그는 큰 고생 하지 않고 그 해골 같던 육신을 떠났다는 데 고마움을 느끼면서 회당에 들어갔습니다. 바가반이 저에게 말씀하셨습니다. "우리의 람나트가 떠난 모양이군." 전에 언젠가 마다바스와미가 죽었을 때 바가반이 저에게 "마다바스와미가 떠났군" 하시기에, 제가 당신께 "어디로요?" 하고 여쭈었던 적이 있습니다. 그때 바가반은 "어디로라니? 저기 말이야. 자기 몸은 여기 두고"라고 대답하셨습니다. 그래서 이번에는 "어디로요?"라고 여쭈지 않고, 그냥 "예, 그렇게 들었습니다"라고 했습니다.

오후 3시에 우마(Uma)와 알루무(Alumu), 두 여사가 타밀어 시 「라마나 아누부띠」(Ramana Anubhuti)를 노래하기 시작했습니다. 바가반은 어떤 감동을 받으시고 저에게 말씀하셨습니다. "봐! 이건 라마나타 브라마짜리가 직접 지은 시들이야. '띠루쭐리에서 나신 분을 뵙고'(Thiruchuzhinathanai kandene)라는 후렴으로 된 다른 노래도 하나 있는데 그것도 그가 썼어. 이와 관련하여 재미있는 이야기가 하나 있지."

"제가 비루팍샤 산굴에 살고 있을 때, 어느 보름날 우리가 모두 산 오른돌이를 하러 나섰지요. 당시에 찌담바람의 수브라마니아 아이어가 함께 있었습니다. 달빛은 환했고 다들 신이 나 있었습니다. 모두 의논을 하더니 각자가 서로 다른 주제에 관해 한 사람씩 강의를 하기로 했습니다. 수브라마니아 아이어가 그 모임의 의장으로 뽑혔고, 첫 강의는 라마나타가 하기로 되었습니다. 그가 선택한 주제는 '인간의 심장 동혈 안에 살고 있는 빠라마뜨마와 찌담바람의 주 나따라자(Lord Nataraja), 그리고 비루팍샤 산굴에 사는 스리 라마나의 유사성'이었습니다. 의장은 그에게 30분의 시간을 허락했습니다. 그런데 그가 밝혀내는 유사점들에 끝이 없었습니다. 시간이 다 되었다고 의장이 선언하자 라마나타가 말했습니다. '30분만 더 하게 해 주십시오.' 그것은 사람들이 계속 걷고 있는 가운데 이루어지는 강의였습니다. 그는 '30분만 더요, 선생님, 조금만 더요' 하면서 꼬박 세 시간 동안 강의를 계속했고, 마침내 의장이 그가 더 이상 이야기하지 못하도록 중단시켰습니다. 그날 그가 이야기할 때의 그 열의를 여러분이 보았어야 하는데. 나중에 그는 그 강의의 요점을 4연으로 이루어진 하나의 노래로 간추려 '띠루쭐리에서 나신 분을 뵙고'라는 제목을 붙였습니다. 그 노래에서 '안다바네'라는 말이 몇 번이나 나오기 때문에 라마나타 자신이 '안다바네'로 불리기 시작한 것입니다. 쁘라나바난다지(Pranavanandaji)는 그 노래를 텔루구어로 번역하려고 했지만 번역문이 썩 잘 나오지는 못했습니다."

"오! 그래서 그를 '안다바네'라고 부른 거로군요?" 제가 그렇게 말하고 그 노래를 낭독했습니다. 그것은 문학적 견지에서는 대단치 않다고 할지 모르지만, 벅찬 가슴으로 지은 것이기에 듣기에 참 좋았습니다. 그 취지는 다음과 같습니다.

띠루쭐리에서 나신 분을 뵙자, 나는 돌아서지도 못하고 그 자리에 못박혀 버렸네. 그분은 찌담바람에서 춤추시는 주님이시고, 힘없는 자들을 돌보며 자비를 베푸시는 분이라네. 바로 그 띠루쭐리에서 나신 분이 성스러운 띠루반나말라이의 산 위 비루팍샤 산굴에 신으로서 자신을 나투셨네.

개아(jiva)는 기관들(karanas - 인지·행위 기관)을 백성 삼고, 에고(ahamkara)를 장관 삼아 까야뿌리(Kayapuri - 육신)라는 읍을 다스렸지만 제대로 못 다스렸네.

얼마 후 개아는 신의 은총이란 칼을 잡아 장관인 에고의 목을 베어 버렸다네.

장관의 목을 그렇게 베고 나서, 개아는 심장의 도량道場(Daharalaya)이라고 불리는 동굴에서 혼자 춤추고 계신 신과 함께 섰다네.

그분이 바로 이 띠루쭐리에서 나신 분이네. 나는 당신을 뵙고 그 자리에 서서, 달아날 수가 없었네.

1947년 1월 24일

79. 옴까람 - 악샤람

　최근의 일입니다. 어느 날 저녁 5시 무렵에 제가 아쉬라맘에서 집으로 돌아가고 있을 때, 두 청년이 자기들끼리 뭐라고 토론을 하고 있는 것을 들었습니다. 한 사람이 말했습니다. "나는 라마나 마하르쉬에게 옴까람(Omkaram)을 넘어간 다음에는 무엇이 남느냐고 과감하게 물었지. 그는 대답을 할 수 없자 눈을 감고 잠이 들었어. 그 양반은 다 겉만 그럴듯한 거야."

　처음에는 그들이 스승님을 비방하는 말을 듣고 화가 났지만, 나중에는 그들의 어리석음이 재미있다는 느낌이 들어 부드러운 목소리로 이렇게 말했습니다. "여보세요, 왜 웃어른들을 비방합니까? 다른 건 둘째 치고, 우리가 옴까람이 뭔지 알기나 하고 옴까람 뒤에 뭐가 남느냐고 묻는 겁니까?" 그 청년이 대답했습니다. "제가 물어본 것은 어디까지나 제가 모르기 때문이지요. 왜 적절한 대답을 못한단 말입니까?" 제가 말했습니다. "그렇게 조바심 내지 마세요. 인내심을 가지고 한 번 더 여쭈어 보면 알게 될 거예요." 그날은 그들이 그냥 갔지만, 다음 날은 회당에 와 있었습니다. 뜻밖에 다른 어떤 사람이 바가반께 이렇게 질문했습니다. "스와미님, 아까라(Akara), 우까라(Ukara), 마까라(Makara-'음'까리)가 옴까람(Omkaram)을 이룬다고 합니다. 이 세 글자의 의미가 무엇입니까? 옴까람이 나타내는 것이 무엇입니까?"

　바가반이 답변하셨습니다. "옴까람 그 자체가 바로 브라만입니다. 그 브라만은 이름도 없고 형상도 없는 순수한 사뜨입니다. 옴까람이라고 불리는 것이 바로 그것입니다. 아까라, 우까라, 마까라 혹은 사뜨, 찌뜨, 아난다 — 이 두 부류 중의 어느 것도 브라만입니다. 말이나 마음을 넘어서 있고 오직 체험할 수만 있는 옴까람은 말로써 묘사할 수 없습니다. 그것의 본래 모습(swarupa)이 어떻다고 우리는 말할 수 없습니다." 이 답변은 어제 오후에 질문했던 두 청년의 의문도 해소해 주는 것이었습니다.

　마찬가지로, 이런 저런 사람이 이따금씩 바가반께 "악샤라(Akshara-불멸자)의 형상은 무엇입니까? 그것은 어떻게 생겼습니까? 우리는 그것을 어떻게 압니까?"라고 물을 때, 그런 모든 질문에 대한 바가반의 답변은 이렇습니다. "『기타』에서 '지고의 브라만이 악샤라이다'(aksharam brahma paramam-「기타」, 8:1)라고 말하는 대로, 위없고 영원한 것이 악샤라의 형상입니다. 우리가 그것을 어떻게 아느냐는 질문에 대해서 보자면, 자기(진아)가 바로 악샤라입니다. 파괴 불가능한 것이 악샤라입니다. 그것을 어떻게 아느냐고요? 그런 질문은 악샤라가 자기와 다른 것일 때만 일어날 수 있습니다. 하지만 그 둘은 다르지 않고 오직 하나입니다. 존재하는 것은 오직 하나입니다. 그것이 사뜨입니다. 그 사뜨는 바로 진아입니다. 진아 외에는 다른 아무것도 존재하지 않습니다. 그대가 해야 할 일은 그 진아가 누구인지를 탐구하여 진아 안에 안주하는 것입니다.

1947년 1월 25일

80. 비루팍샤 산굴에 사실 때의 일화들

바가반이 비루팍샤 산굴에 계실 당시 일상 업무를 돌보는 사람이던 바수데바 샤스뜨리(Vasudeva Sastry)가 일전에 아쉬라맘에 와서 바가반의 친존에 앉았습니다. 바가반은 그에게 어떻게 지내느냐는 몇 가지 예비적인 질문을 하고 나서, 우리에게 자얀띠 축제를 처음 시작한 것이 바로 그라고 말씀하셨습니다. 한 헌신자가 여쭈었습니다. "호랑이가 나타났을 때 겁을 먹고 숨은 사람이 이분입니까?" "예, 바로 이분이지요." 바가반이 대답하셨습니다. "우리가 비루팍샤 산굴에 살고 있을 때였는데, 어느 날 밤 우리가 모두 산굴 앞 베란다에 앉아 있을 때 아래쪽 계곡에 호랑이 한 마리가 나타났습니다. 우리는 불빛이 있으면 호랑이가 접근하지 않을 거라고 생각하고 등불 하나를 베란다 난간 밖에 놓아두었습니다. 그러나 샤스뜨리는 몹시 겁을 냈습니다. 그래서 산굴 안으로 기어들어가더니 우리에게도 들어오라고 했습니다. 그러나 우리는 그렇게 하지 않았지요. 그는 산굴 안으로 들어간 뒤 쇠빗장문을 걸어 잠그고는 그 안에서 마치 위대한 전사(戰士)나 되는 것처럼 이렇게 소리쳐서 호랑이에게 겁을 주려고 했습니다. '이봐! 이리 오려거든 조심해. 내가 어떻게 할지 조심하라고! 그래! 어쩔래! 바가반이 여기 계셔! 조심해.' 이런 용감한 태도는 모두 산굴 안에서 한 거라서 마치 (『마하바라타』에 나오는) 웃따라꾸마라(Uttarakumara)의 태도 같았습니다. 그 이야기에서 비라따(Virata) 왕의 아들인 웃따라꾸마라는 아르쥬나와 함께 출전했지만, 적을 만나자 도망을 쳤습니다. 아르쥬나는 마침내 전투에서 승리를 거두었지요. 그 호랑이는 한 동안 어슬렁거리다가 자기 갈 길로 갔습니다. 그제야 샤스뜨리는 밖으로 나왔습니다. 실로 용감한 사람이었지요." 바가반이 말씀하셨습니다.

샤스뜨리는 그 이야기를 이어서 이렇게 말했습니다. "그것은 그때뿐이 아니었습니다. 또 한번은 대낮에 스와미님과 제가 산굴 밖의 한 바위에 앉아 있을 때였지요. 아래쪽 계곡에서 호랑이 한 마리와 표범 한 마리가 서로 놀고 있었는데, 바가반은 두 마리 짐승의 우정 어린 동작들을 바라보면서 미소를 짓고 계셨습니다. 그러나 저는 공포에 질려서 바가반께 산굴 안으로 들어가자고 했습니다. 당신은 들은 척도 않고 그 자리에 꼼짝 않고 앉아 계셨습니다. 저로서는 산굴이 피난처였는데 말입니다.

두 마리 짐승은 한 동안 그렇게 놀면서 마치 애완동물들이 그러듯이 스와미님을 바라보더니, 아무 두려움이나 화내는 기색 없이 자기들 갈 길을 갔습니다. 한 마리는 산 위로 올라가고 한 마리는 내려갔지요. 저는 산굴을 나와 당신께 여쭈었습니다. '스와미님, 두 마리 짐승이 그렇게 당신 가까이서 노는데도 두렵지 않으셨습니까?' 바가반은 미소를 지으면서 말씀하셨습니다. '왜 무서워해요? 저는 그들을 보다가 얼마 후에 한 마리는 산 위로 올라가고 한 마리는 아래로 내려갈 것을 알았지요. 아니나 다를까 그러더군요. 만약 우리가 겁을 먹고 "아, 호랑이다!" 하면 저들도 겁을 먹고 "아, 사람이다!" 하고는 달려들어 우리를 죽이겠지요. 우리에게 그런 두려움이 없으면 그들도 아무 두려움이 없을 것이고, 그러면 마음대로 평화롭게 돌아다닐 겁니다'라고요." 그리고 샤스뜨리는 이렇게 덧붙였습니다. "바가반이 그렇게 말씀하셨는데도 저의 두려움은 사라지지 않았습니다."

"제 심장 박동이 멈춰 버렸을 때 저를 끌어안고 울던 사람도 샤스뜨리였습니다." 바가반은 이렇게 말씀하시더니 그 사건을 이렇게 들려주셨습니다. "하루는 제가 바수(Vasu-바수데바 샤스뜨리)를 비롯한 몇 사람과 함께 목욕을 하러 빠짜이암만 사원 앞의 저수지에 갔다가 지름길로 해서 돌아오고 있었습니다. 우리가 거북바위 가까이 왔을 때; 저는 피로와 어지러움을 느껴 그 바위 위에 앉았습니다. 그때 제가 체험한 바는 여러분이 다 아시다시피, 제 전기에 기록되어 있습니다."57) 그 대화를 이어서 샤스뜨리가 말했습니다. "그렇습니다. 다른 사람들은 모두 얼마쯤 떨어져 서서 울고 있었는데, 저는 갑자기 당신을 끌어안았습니다. 당시에 저는 독신이어서 얼마든지 그렇게 할 수 있었습니다. 다른 사람은 누구도 스와미의 몸에 손을 잘 대지 않던 터였습니다. 제 생각에 당신은 10분가량 그 상태에 있다가 의식을 회복하셨습니다. 저는 기뻐서 펄쩍펄쩍 뛰었지요. '왜 이렇게 웁니까? 여러분은 제가 죽은 줄 알았습니까? 제가 죽을 요량이면 미리 이야기하지 않았겠습니까?' 하면서 바가반은 저희들을 위로하셨습니다."

1947년 1월 26일

81. 시바 헌신자 순다라무르띠

어제 바가반은 『띠루쭐리 뿌라남』(Thiruchuli Puranam)을 넘겨보시다가 순다라무르띠가 이 성지(띠루쭐리)를 찾아간 일에 대하여 이렇게 말씀하셨습니다.

---

57) [역주] 『라마나 마하르쉬와 진아지의 길』, 89-90쪽 참조. 원서에서는 그 내용을 각주에서 길게 인용하고 있으나 여기서는 생략한다.

"존귀한 순다라무르띠는 '보관寶冠에 달을 얹으신 분'(Somasekhara)인 주 시바의 명상 속에서 출현한 아알랄라 순다라(Aalaala Sundara)의 화신(amsa)으로 태어났습니다. 그는 순례자로서 방랑하는 동안 께랄라국(Kerala)의 왕인 쩨라만 뻬루말 나이나르(Cheraman Perumal Nainar)와 친해졌습니다. 한번은 두 사람이 함께 마두라이로 순례를 떠났습니다. 빤디야국(Pandya)의 왕은 그의 사위인 쫄라국(Chola)의 왕과 함께 그들을 따뜻이 환영하고, 그들을 모시게 되어 기쁘다고 말했습니다. 순다라무르띠는 (마두라이의 미나끄쉬 사원에서) 여신 미나끄쉬(Meenakshi-빠르바띠)의 남편인 순다레스와라 신(God Sundareswara-시바)을 숭배하고 자신의 시적 재능을 발휘하여 그를 찬양하는 노래를 불렀습니다. 그는 쩨라 왕과 함께 남쪽 지방, 즉 띠루꾸뜨랄람, 띠루넬벨리, 라메스와람 등지의 사원들을 찾아가 숭배했습니다. 거기서 다시 랑카 드위빠(Lanka Dwipa)[실론]의 띠루께데스와라(Thirukkedeswara) 사원을 찾아가 숭배를 올렸습니다. 거기서 그는 구원救援의 도시인 뜨리술라뿌람(Thrisulapuram)[띠루쭐리]를 기억해 내고 그리로 향했습니다. 그들이 이 도시로 다가가자, 군중은 이 두 사람이 마치 해와 달이 동시에 나타난 듯이 빛나는 모습인 것을 보았습니다. 순다라무르띠는 (부미나따 사원의) 주 부미나따(Lord Bhuminatha)를 친견한 기쁨에서 '우나이 우이르 뿌할라이'(Unayi Uyir Puhalai)로 시작되는 노래로써 신을 숭배하고 헌신의 감정에 휩싸였습니다. 그는 이 성지에 한 동안 머무르기로 하여, 까운디니야 강변에 있는 한 정사에 거주했습니다."

"거기 머무르던 어느 날 밤, 꿈속에서 주 시바가 비할 바 없이 아름다운 젊은이의 모습으로 손에 공 하나를 들고[공은 왕위를 상징함] 머리에는 왕관을 쓴 채 입가에 미소를 띠며 나타나서 말했습니다. '우리는 즈요띠바나(Jyotivana)[깔레스와라]에 머무르고 있느니라.' 그 말을 듣자 순다라무르띠는 흥분 속에서 깨어났습니다. 그는 꿈에 나타나 자비를 쏟아주던 주님의 빛나는 자애로움을 기억하면서 기쁨에 넘쳐 쩨라 왕에게 그 황홀했던 환영을 들려주었습니다. 그리고 헌신의 감정에 휩싸여 바로 그 자리에서 '똔다르 아디또달랄룸'(Thondar Adithodalalum)이라는 말로 시작되는 주 깔레스와라(시바)에 대한 「떼바라 빠디깜」(Thevara Pathikam)을 노래했습니다."

"거기서 그들은 멀리 떨어진 성지 띠루뿌나바일(Thiruppunavayil)를 향해 길을 떠났는데, 떠나려는 바로 그때 깔레스와라 신과 암바(Amba-빠르바띠)가 브라민 노부부의 모습으로 변장하여 그들에게 다가왔습니다. 순다라무르띠가 그들에게 '뉘시온지요? 어디서 오시는지요?' 하고 묻자, 그들은 '그건 나중에 이야기하기로 하고, 우선 우리에게 음식을 좀 주시오. 우리는 배가 고프다오' 하고 대답했습니다. 순다라무르

편지 제1권 139

띠는 그러겠다고 하고 음식을 준비한 뒤에 그것을 내놓으려고 그 부부를 찾았지만 그들은 아무 데도 보이지 않았습니다. 동네의 큰 길과 골목길을 다 찾아보았지만 어디서도 찾을 수 없었습니다. 할 수 없이 정사로 돌아오니 준비해 두었던 음식은 모두 사라지고 음식을 먹고 난 나뭇잎만 마당에 뒹굴고 있었습니다. 순다라무르띠는 너무나 놀라서 소리쳤습니다. '아! 이런 경이로운 일이! 우주의 주님이 벌인 유희(Leela)가 아니고서야 이런 일이 있을 수 있겠는가?' 그가 이런 결론에 이르렀을 때, 사람은 보이지 않는 어떤 음성이 들려왔습니다. '즈요띠바나에 살고 있는 우리를 보지 않고 어디로 가려고 하느냐?' 순다라무르띠는 즈요띠바나가 어디인지 몰라 거기를 어떻게 가야 하나 하고 생각하는데, 그 보이지 않는 음성이 다시 들려왔습니다. '우리가 성스러운 탈것인 황소 난디(Nandi)를 타고 그쪽으로 가느니라. 너도 그 발자국을 따라오면 될 것이다.'

"순다라무르띠는 헌신자들과 함께 그 발자국을 따라 갔는데, 갑자기 그 자취가 사라져 버렸습니다. 그가 어쩔 줄 모르고 서 있는데, 그 보이지 않는 음성이 이렇게 말하는 것이었습니다. '주의 깊게 살펴보아라.' 그는 주의 깊게 그 발자국을 따라가다가 시바 링가들(Siva Lingas)로 가득한 어떤 장소를 보았습니다. 거기서는 한 발자국도 나아갈 자리가 없어, 그와 헌신자들은 어쩔 줄 모르고 서 있었습니다. 홀연 좁은 길 하나가 보여 그들은 그 길을 따라갔는데, 계속 가다 보니 마침내 깔레스와라 사원이 보였습니다. 그들은 모두 사원 앞의 저수지에서 목욕을 하고 나서 사원으로 들어가려고 생각하고 있는데 갑자기 사원이 그 탑과 함께 사라져 버렸습니다. 순다라무르띠는 너무 놀라 주님을 찬양하는 노래 몇 곡을 불렀는데, '이것은 제가 목욕을 하기 전에 당신을 숭배하러 오지 않았기 때문입니까?'라는 내용이었습니다. 그러자 즉시 온통 환한 빛이 나타나더니, 사원의 탑 꼭대기가 보이고 이어서 사원이 그 경내의 벽들과 함께 나타났습니다. 그는 몹시 기뻐하면서 (사원에 들어가) 신을 친견하고 그를 숭배했으며, 그를 찬양하는 노래들을 부른 다음, 순례 여행을 계속했습니다. 이것은 경이로운 이야기입니다. 그에 관해서는 다른 이야기도 더 있지요." 바가반이 말씀하셨습니다.

그는 먼저 출간된 저의 편지들 중에서 '스와미는 어디에나 있다'는 제목의 편지 [앞의 제70장]에서 말한 그 순다라무르띠입니다. 그의 이야기는 산스크리트 저작으로는 『시바 박따 빌라삼』(*Siva Bhakta Vilasam*)과 『우빠마뉴 박따 빌라삼』(*Upamanyu Bhakta Vilasam*)에 나오고, 텔루구어 저작으로는 『빤디따라디야 짜리뜨라』(*Panditharadhya Charita*)와 시인詩人 빨라꾸르띠 소마나따(Palakurthi Somanatha)의 『바사바 뿌라남』(Basava Puranam)에 자세히 나옵니다.

바가반은 전에도 한 번, 순다라무르띠의 주님에 대한 헌신은 친구의 그것이었고, 마니까바짜가르의 헌신은 연인의 그것이었으며, 아빠르(Appar)의 헌신은 종從의 그것이었고, 삼반다르(Sambandar)의 헌신은 아들의 그것이었다고 말씀하셨습니다.

1947년 1월 27일

82. 순다라무르띠의 종살이 증서

어제 편지에서 제가 말씀드렸던 바가반의 순다라무르띠 이야기를 듣고 나서, 저는 그 헌신자의 젊은 시절 이야기를 듣고 싶어서 아침 7시 30분에 일찍이 바가반의 친존으로 갔습니다. 바가반은 이미 산에서 돌아오셔서 무슨 책을 읽고 계셨습니다. 그 시간에 회당에는 사람들이 별로 많지 않았습니다. 저는 예를 올리고 나서 바가반께 읽고 계신 것은 어떤 책이냐고 여쭈었습니다. 당신이 대답했습니다. "『뻬리아뿌라남』(Peria Puranam)이야. 순다라무르띠의 젊은 시절 이야기를 막 읽고 있어." "다 아주 재미있겠군요, 그렇지 않습니까?" 제가 여쭈었습니다. "그럼. 읽고 싶어?" 바가반이 물으셨습니다. "몹시 읽고 싶지만 저는 타밀어를 그다지 잘은 모릅니다." 제가 대답했습니다. "좋아. 그럼 내가 그 이야기를 간략하게 해 주지." 바가반은 그렇게 말씀하시고 미소를 지으시며 다음과 같이 그 이야기를 해 나가셨습니다.

"순다라무르띠는 띠루무나이빠디 지방의 성지聖地인 띠루나바누르에서 아디 샤이밤이라는 시바 브라마나(Siva Brahmana) 계급의 짜다야나르(Chadayanar), 일명 시바짜리야(Sivacharya)라는 시바교 승려와 그의 아내 이사이냐니야르(Isaijnaniyar) 사이에서 태어났습니다. 부모는 그에게 남비야루르(Nambiyarur)라는 이름을 지어주었습니다. 하루는 그가 장난감 수레를 가지고 거리에서 놀고 있는데, 그곳의 왕이던 나라싱아 무니야르가 그를 보고 예뻐했습니다. 왕은 그 아비인 시바짜리야에게 아이를 자기에게 달라고 부탁했습니다. 아버지는 동의했고, 아이는 왕의 양자로 자라게 되었습니다. 그렇기는 해도, 성사식聖絲式(브라민 소년이 처음으로 성사를 착용하는 의식)이나 베다 교육과 같은 브라민으로서 갖추어야 할 관습은 주의 깊게 지켜졌고, 그는 모든 교전敎典(Sastras)에 통달하게 되었습니다."

"그가 나이가 차자 짜땅가비 시바짜리야라는 친척의 딸과 혼인하도록 정해져 모든 친척들에게 그 혼례에 와 달라는 청첩장이 갔습니다. 순다라무르띠는 혼인날 하루 전에 으레 거행하는 혼전 의식을 거행하고, 혼인날에는 신랑 예복을 갖추어 입고 가족 친지들과 함께 뿌뚜르 마을에 있는 신부의 아버지 집으로 아침 일찍 말을 타고 갔습니다. 신부집에 도착하자 그는 말에서 내려 통상의 관습대로 혼인 차일 안에 마련된 혼인석에 앉았습니다. 풍악이 울렸고 다들 신부가 나오기를 기다렸습니다."

"바로 그때, 주 시바가 늙은 브라민의 복장으로 혼인 차일 쪽으로 다가와 이렇게 선언했습니다. '여러분 모두 내가 하는 말에 귀를 기울여 주시오.' 그들이 동의하자 노인이 이 소년에게 말했습니다. '이거 보게. 자네와 나 사이에 맺은 계약이 있어. 먼저 그것을 완수한 다음 결혼을 하게.' 소년이 대답했습니다. '만약 계약이 있다면 그래야겠지만, 먼저 그것이 무엇인지 우리에게 말씀해 주십시오.' 노 브라민은 사람들에게 말했습니다. '여러분, 이 소년은 내 종입니다. 나는 여기 그의 할아버지가 나에게 써준 노비증서를 가지고 있습니다.' 순다라무르띠가 대답했습니다. '오, 정말 미치광이군요! 우리는 브라민이 다른 브라민의 종이 된다는 이야기는 처음 듣습니다. 저리 가십시오, 썩 꺼지세요!' 그 브라민이 대답했습니다. '나는 미치광이도 아니고 악마도 아니네. 자네의 그런 말에도 나는 불쾌하지 않네. 자네는 나를 전혀 이해하지 못하고 있군. 그런 유치한 이야기는 그만두고, 어서 와서 나한테 봉사나 하게.' 그러자 순다라무르띠가 말했습니다. '그 증서를 보여 주십시오.' '자네가 누구기에 증서를 보고 나서 결정하겠다는 건가?' 노인이 말했습니다. '만일 여기 모인 사람들이 그 증서를 보고 그것이 진짜라고 인정하면 자네는 그때부터 나를 섬겨야 하네.' 순다라무르띠는 몹시 화가 나서 그 증서를 빼앗으려고 노인에게 덤벼들었습니다. 그러나 그 브라민은 달아났고, 소년은 뒤쫓아 가서 마침내 그 증서를 빼앗아 그것을 갈기갈기 찢어 버렸습니다. 노인은 순다라무르띠를 붙들고 고함을 치기 시작했습니다. 혼인 하객들은 그것을 보자 흥분하여 두 사람을 떼어놓고 그 브라민에게 말했습니다. '당신은 이 세상에서 듣도 보도 못한 계약 이야기를 하는구려. 오, 시비하기 좋아하는 노인장! 당신은 어디서 왔소?' 브라민이 대답했습니다. '나는 띠루벤나이날루르(Thiruvannainalur)라는 마을에 삽니다. 이 남비야루라르라는 소년은 그 노비증서를 부당하게 빼앗아 갈가리 찢어 버렸으니 자신이 나에게 봉사해야 한다는 것을 확인한 셈 아닙니까?' 순다라르가 대답했습니다. '당신이 정말 띠루벤나이날루르 마을 사람이라면 거기 가서 당신의 주장을 판정할 수 있겠지요. 그렇지 않습니까?' 브라민이 대답했습니다. '그렇지. 나랑 함께 가세. 거기 가서 브라민 장로회 앞에 그 증서 원본을 제출하고, 자네가 내 종이라는 주장을 확인받겠네.' 그리하여 그 브라민이 앞장서고 순다라무르띠를 비롯한 다른 브라민들이 따라갔습니다."

"그들이 그 마을의 브라민 장로회에 도착하자마자 그 교활한 늙은 브라민은 그들 앞에 남비야루라르 소년이 자신을 위해 종으로 봉사해야 한다는 취지의 진정을 제기했습니다. 장로들이 말했습니다. '우리는 이 세상 어디에서도 브라민들이 브라민들의 종이 된다는 이야기를 들은 적이 없습니다.' 그 브라민이 대답했습니다. '아니오, 내 주장은 거짓이 아닙니다. 이 소년이 찢어 버린 증서는 그의 할아버지가 작성한 것으로, 그 자신과 자기의 모든 후손들이 내 종이 된다는 것이었습니다.' 장로들이 순다라무르띠에게 물었습니다. '너는 네 할아버지가 작성한 증서를 찢어 버리는 것만으로 이 사안에서 이길 수 있겠느냐? 어떻게 생각하느냐?' 그가 대답했습니다. '오, 모든 베다학에 해박하신 덕 있는 어르신들! 여러분은 모두 제가 아디 샤이바 계보임을 아실 것입니다. 이 노 브라민께서 제가 그분의 종이라는 것을 입증할 수 있다 할지라도, 부디 어르신들은 그것을 우리의 합리적 사고 범위를 넘는 하나의 요술로 여기시기 바랍니다. 그런 주장에 대해 제가 뭐라고 말을 할 수 있겠습니까?' 장로들이 그 브라민에게 말했습니다. '당신은 먼저 우리에게 그가 당신의 종이라는 것을 증명해야 합니다. 이런 성질의 사안을 판정하려면 세 가지가 필요한데, 관습과 서면 증거와 구두 증언이 그것입니다. 당신은 최소한 이 세 가지 중 하나는 제시해야 하지 않겠습니까?' 그 브라민이 대답했습니다. '여러분! 이 소년이 찢어 버린 것은 유일한 등본이었고, 원본은 나에게 있습니다.' 장로들은 그 원본 증서를 제출하라고 요구했고, 그것은 순다라무르띠가 또 찢어 버리지 않도록 하겠다고 보증했습니다. 노인은 허리춤에 찬 천 주름에서 그 원본 증서를 꺼내어 그들에게 보여주었습니다. 마침 그 자리에 그 마을의 금세공인(Karnam)이 우연히 왔기에, 그에게 그것을 읽어 달라고 청하게 되었습니다. 그는 장로들 앞에 절을 하고 그 원본 증서가 든 주름을 열어 모든 사람이 들을 수 있도록 그것을 다음과 같이 큰 소리로 낭독했습니다. '띠루벤나이날루르 마을에 사는, 계급상으로는 아디 샤이바, 이름은 아루라르인 저는, 저와 저의 후손들이 띠루벤나이날루르 마을에 사는 미치광이에게 봉사하는 일을 하기로, 저 자신의 자유 의지로 즐거이 약속하여 이 증서를 작성하였음. 아루라르 인印."'

"그 증서의 증인은 바로 그 장로들이었고, 그들은 거기에 나와 있는 서명들이 자신들의 것임을 모두 알아보고 확인했습니다. 장로들은 순다라무르띠에게 증서에 있는 필적이 할아버지의 것이 맞는지 확인해 줄 수 있느냐고 물었습니다. 브라민을 가장한 그 사람이 말했습니다. '여러분! 이 아이는 아직 어립니다. 자기 할아버지의 필적을 어떻게 알겠습니까? 그의 할아버지의 필적이 있는 다른 문서를 찾을 수 있으면 사람을 보내서 대조하게 하십시오.' 장로들이 모두 동의하여, 순다라무르띠의 친척들이 그의 할아버지 필적이 있는 문서 하나를 찾아내어 가져왔습니다. 장로들은 두 문서를 대조하더니 두 문서의 필적이 일치한다고 확인했습니다. 그들이 순다라무르띠에게 말했습니다. '애야! 네가 빠져나갈 길이 없구나. 네가 졌다. 너는 이 노인의 명령에 따라 봉사를 해야 할 의무가 있다.' 순다라무르띠는 여기에 망연자실, 만약 운명이 그렇게 명한다면 그 명령을 따르겠다고 말했습니다. 그들은 소년에게 연민을 느꼈고, 그 브라민에게는 다소 의심이 없지 않아 그에게 물었습니다. '선생! 이 증서에서는 당신이 이 마을 사람이라고 되어 있습니다. 조상 대대로 살아온 당신의 집과 재산이 어디 있는지 말해 줄 수 있습니까?' 브라민은 놀라는 척하며 말했습니다. '아니! 여러분은 모두 이 마을 사람이고, 그렇게 학식 있고 그렇게 지성 있고 그렇게 연만한데도 단 한 사람도 내 집을 모른단 말입니까? 여러분의 말씀이 너무 놀랍군요! 그러면 나랑 같이 갑시다.' 그렇게 말하고 그는 앞장서서 길을 갔고, 그들은 따라갔습니다. 그들은 변장한 신이 그 마을의 '띠루바룰 뚜라이'(Thiruvarul Thurai)라고 하는 시바 사원으로 들어가는 것을 보고 놀라 말문이 막혔습니다."

"순다라무르띠는 생각했습니다. '나를 자기 종으로 만든 브라민이 빠라메스와라 신의 사원으로 들어갔다! 이런 놀라운 일이!' 그렇게 생각하면서 그는 혼자 열심히 그 브라민의 발자국을 따라 큰 열망을 안고 사원으로 들어가 소리쳤습니다. '오, 브라민 어르신!' 그러자 즉시 주 시바가 여신 빠르바띠를 대동하고 성우聖牛 난디 위에 앉아서 말했습니다. '내 아들아! 너는 내 수석 시자들(Pramatha Ganas) 중의 한 명인 아알랄라 순다라(Aallala Sundara)다. 너는 어떤 저주의 결과로 이곳에 태어났다. 너는 나에게, 네가 어디에 있든 심지어 저주를 받는 기간 중에도 너를 내 것으로 만들어 달라고 청했다. 그래서 너를 여기서 내 종으로 삼은 것이다.'"

이와 같이 바가반은 우리에게 순다라무르띠의 청년 시절 이야기를 들려주셨습니다. 당신이 말씀을 계속했습니다.

"순다라무르띠는 위대하신 주님의 말씀을 듣자마자, 어미 소의 부름을 들은 송아지마냥 기쁨에 넘쳤습니다. 그는 감동으로 떨리는 목소리로 눈에는 기쁨의 눈물이 가득한 채 주님에게 오체투지 하고 나서 합장한 채 말했습니다. '오, 주님! 당신께서는 저의 무가치한 자아를 가엾게 여기시어, 마치 고양이가 새끼를 붙들듯이 저를 당신께 꼭 붙들어 당신의 것으로 만들어 주셨습니다. 얼마나 자애로우신 배려인지요!' 그러면서 그를 찬양했습니다. 위대하신 주님은 기뻐하면서 말했습니다. '내 아들아! 너는 나와 다투었기 때문에 "반 똔단"(Van Thondan)이라는 이름을 갖게 될 것이다. 이제부터 네가 나에게 해야 할 봉사는 시詩라는 꽃으로 나를 숭배하는 것이다. 나에 대해 시를 지어 그것을 노래 불러라.' 순다라무르띠는 합장한 채 말했습니다. '오, 주님! 당신께서는 브라민으로 변장하고 오셔서 저와 다투기로 하셨고, 저는 당신의 위대함을 모른 채 당신과 다투었습니다. 당신은 저에게 과거를 기억하게 하시고, 제가 세간적 일과 행동에 떨어져 그 속에서 익사하지 않도록 구해주신 위대하신 주님이십니다. 당신의 한량없는 위대하신 면모를 제가 어떻게 알고 그것을 노래할 수 있겠습니까?' 이스와라가 말했습니다. '너는 이미 나를 미치광이(Pittham)이라고 불렀다. 그러니 나를 미친 사람으로 노래하여라.' 그렇게 말하고 그는 사라져 버렸습니다. 순다라무르띠는 즉시 '삐따 삐라이 수디'(Pittha pirai sudi)라는 시구로 시작되는 「스리 빠디깜」(Sri Padikam)을 노래했습니다. 그의 이야기는 그런 희한한 체험들로 가득 차 있습니다." 바가반이 말씀하셨습니다.

제가 여쭈었습니다. "그는 자신의 과거를 기억했기 때문에 순다라무르띠라는 이름이 붙었습니까?" "그렇지, 그렇지! 그의 이야기에서 다른 이유를 발견할 수 있겠나?" 바가반이 대답하셨습니다.

1947년 1월 28일

83. 성품

오늘 오후 3시에 한 영국인이 바가반께 영어로 뭔가를 질문했는데, 그 말 중에 '성품'(Nature)이라는 단어가 몇 번 나왔고, 바가반은 다음과 같이 답변하셨습니다.

"이런 질문들은 그대가 자신의 성품을 잘 알면 일어나지 않을 것입니다. 성품을 알 때까지는 그런 질문이 계속 일어날 것입니다. 그러기 전까지는 우리가 이 모든 부자연스러운 것들을 자연스럽다고 하는 망상에서 빠져 있겠지요. 참된 상태는 항상 있으며 언제나 있다는 것을 우리는 이해해야 합니다. 우리는 존재하는 것을 버리고 존재하지 않는 것을 원하는데, 그 때문에 고통을 받습니다. 오고 가는 모든 것은 실재하지 않습니다. 영혼은 그 본래의 자리에 항상 그대로 머무르고 있습니다. 그 진리를 깨닫지 못하는 한 우리는 고통 받습니다."

"그 영혼을 우리는 어디서 볼 수 있습니까? 그것을 어떻게 알 수 있습니까?"라는 것이 그 다음 질문이었습니다.

"그 영혼을 우리가 어디서 볼 수 있느냐고요? 그런 질문은 라마나스라맘에 있으면서 라마나스라맘이 어디에 있느냐고 묻는 거나 같습니다. 그 영혼은 언제나 그대 안에 있고 도처에 있습니다. 그것이 어디 멀리 떨어진 데 있어서 그것을 찾아야 한다고 생각하는 것은 빤두랑가 헌가(Panduranga Bhajan)를 하는 것과 마찬가지입니다. 이 헌가는 밤중의 초경(밤 시간을 4등분한 첫 시간대)에 헌신자들이 발목에 종을 달아 짤

랑거리고 그 집의 한가운데에 놋쇠 등주燈柱(lamp-stand)을 세우는 것으로써 시작됩니다. 헌신자들은 '빤다르뿌르는 그렇게 멀다네! 빤다르뿌르는 그렇게 멀다네! 자, 어서 가세!' 하는 노래에 맞추어 율동적으로 춤을 추면서 등주를 돌고 또 돕니다. 그러나 그렇게 돌고 돌면서도 실은 반 야드(45cm)도 앞으로 나아가지 않습니다. 밤의 3경이 되면 '봐라! 빤다르뿌르가 있네. 여기가 빤다르뿌르야. 봐라, 봐!' 하고 노래할 것입니다. 초경 중에도 3경 때와 마찬가지로 같은 등주를 돌고 있었습니다. 동이 터 오면 그들은 '우리는 빤다르뿌르에 도착했네. 여기가 빤다르뿌르네' 하고 노래하고, 그러면서 같은 등주에게 절하고 헌가를 끝냅니다. 이것도 그와 마찬가지입니다. 우리는 '진아(atma)가 어디 있나? 그것이 어디 있지?' 하면서 진아를 찾아 돌고 돌다가 마침내 지견知見(jnana drishti)이 밝아 오면 '이것이 진아요, 이것이 나다' 하고 말합니다. 우리는 그 견見을 얻어야 합니다. 일단 그 견見에 도달하면 설사 그 진인이 세상에 섞여 그 속에서 돌아다닌다 할지라도 아무 집착이 없을 것입니다. 그대가 신발을 신으면 길에 아무리 돌이나 가시가 많아도 발이 아프지 않습니다. 길을 가는 도중에 산이 있든 언덕이 있든, 아무 두려움이나 근심 없이 돌아다닐 수 있습니다. 그와 마찬가지로, 그 지견을 성취한 사람들에게는 일체가 자연스러울 것입니다. 자기 자신의 진아와 별개의 무엇이 있겠습니까?"

"그 본래적 상태는 이 모든 세간적 견見이 가라앉은 뒤에야 알 수 있습니다. 그러나 어떻게 해야 그것이 가라앉습니까?" 하는 것이 그 다음 질문이었습니다. 바가반이 답변하셨습니다. "마음이 가라앉으면 전 세계가 가라앉습니다. 마음이 이 모든 것의 원인입니다. 만약 그것이 가라앉으면 그 본래적 상태가 드러납니다. 영혼(진아)은 언제나 '나', '나'로서 자신을 밝히고 있습니다. 그것은 스스로 빛납니다! 그것은 여기 있습니다. 이 모든 것이 그것입니다. 우리는 그 안에 있을 뿐입니다. 그 안에 있으면서 왜 그것을 찾습니까? 고인들이 말하기를, '견見이 지知에 합일되면 일체가 브라만으로 충만해 보인다'(drishtim jnanamayim kritva brahmamayam)[58]고 했습니다."

"찌다까샤(Chidakasa) 그 자체가 아뜨마 스와루빠(Atma Swarupa)[자기의 본래 모습]이고, 우리는 마음의 도움에 의해서만 그것을 볼 수 있다고 합니다. 마음이 가라앉아 버렸다면 우리가 그것을 어떻게 볼 수 있습니까?"라고 어떤 사람이 질문했습니다. 바가반이 말씀하셨습니다. "허공을 하나의 비유로 든다면 세 가지가 있다고 하겠는데, 찌다까샤(chidakasa), 찟따까샤(chittakasa), 부따까샤(bhuthakasa)가 그것입니다.

---

58) [역주] 298쪽의 시를 참조하라.

본래적 상태는 찌다까샤(의식의 허공 혹은 무변제)라고 하고, 찌다까샤에서 나온 '나'라는 느낌이 쩟따까샤(심의식의 허공 혹은 무변제)입니다. 그 쩟따까샤가 확대되어 모든 원소들의 형태를 취하면 이것이 모든 부따까샤(물질의 허공 혹은 무변제)입니다. 어쨌거나 마음은 몸의 일부 아닙니까? 자아의식, 즉 '나'인 쩟따까샤가 찌다까샤는 보지 않고 부따까샤를 볼 때, 그것을 마노 아까샤(mano akasa-마음 허공)라 하고, 그것이 마노 아까샤를 떠나서 찌다까샤를 보면 그것을 찐마야(chinmaya-의식으로 충만한 상태)라고 합니다.59) 마음이 가라앉는다는 것은 대상의 다양성이 사라지고 대상들이 하나라는 관념이 나타난다는 뜻입니다. 그것이 성취되면 일체가 본래적인 것으로 보입니다."

이러한 관념에 따라, 바가반은 「실재사십송」(제14송)에서 이렇게 쓰셨습니다.

1인칭인 '나'가 있다고 하면 '너'와 '그'라는 2인칭, 3인칭도 있네.
1인칭의 진정한 성품을 알게 되어 그 '나'라는 느낌이 사라지면
'너'와 '그'도 동시에 사라지고 단 하나로서 빛나는 것이
궁극적인 실재의 본래적 상태가 된다네.

1947년 1월 29일

84. 라마나는 누구십니까?

이달 7일에 바가반의 헌신자인 T.N. 끄리슈나스와미 박사가 마드라스에서 스리 라마나의 자얀띠를 경축했습니다. 그 행사 때 한 빤디뜨가 강연 도중에 말하기를, 어느 문헌엔가 밧따빠다(Bhattapada)60)가 띠루쭐리에서 라마나(Ramana)로 태어날 거라고 되어 있다고 한 모양입니다. 아쉬람의 헌신자들이 그런 말의 출전을 찾고 있을 때 바가반 자신이 말씀하셨습니다. "나야나가 말하기를, 스깐다(Skanda)[주 수브라마니아]가 먼저 밧따빠다로 태어났다가 나중에 삼반다(Sambandha)[띠루냐나삼반다르]로 태어나며, 세 번째로는 라마나로 태어난다고 했지요. 그러나 스리 샹까라가 「순다리야 라하리」(Soundarya Lahari)에서 사용한 '드라비다의 자식'(dravida sisuhu)이라는 호칭은 삼반다를 지칭합니다. 그렇지 않습니까? 따라서 삼반다는 샹까라의 동시대인이었던 밧따빠다보다 먼저 존재했던 것이 분명합니다. 나야나는 삼반다가 밧따빠다보다 연대가 뒤진다고 했습니다. 이것은 저것과 부합하지 않습니다. 이상의 설명들 중

---

59)　마음이 실로 자신의 형상을 낳았으니 그것이 없으면
　　그 형상인 대상이 사라지고 염송은 고요한 마음 자체이다.
　　　　　　　　　　　- 샹까라의 「사다짜라누산다남」(Sadacharanusandhanam)
　　아무 생각이 없을 때, 쩟따는 곧 찐마야이다.
60) [역주] 샹까라와의 철학 논쟁에서 패배한 베단타 학자.

어느 것이 앞서 말한 그 강연자가 한 말의 전거인지는 아직 알 수 없습니다."

모든 사람의 허를 찌르기 위해 하신 이런 말씀에 놀란 제가 말했습니다. "왜 그 문제로 그렇게 많은 논란을 벌입니까? 바가반께 직접 여쭈어 보면 될 것을요. 바가반께서는 당신이 누구신지 아시지 않습니까? 설사 지금 저희들에게 말씀하시지 않는다 해도, 바가반께서 산 위에 사실 때 암리따난다 야띤드라가 지은 '라마나는 누구십니까?'라는 노래에 대한 당신 자신의 답변이 있습니다." 바가반은 얼굴에 승인의 미소를 띠시며 "그렇지, 그렇지!" 하고 대답하신 다음, 잠시 기다렸다가 말씀하셨습니다. "암리따난다는 특이한 사람입니다. 그는 모든 문제에 아주 관심이 많았습니다. 제가 산 위에 있을 때 그는 이따금 찾아와서 저와 함께 앉아 있곤 했습니다. 하루는 제가 어디를 갔습니다. 돌아와 보니 그는 말라얄람어로 '라마나는 누구십니까?'라고 묻는 시를 하나 지어 거기 놓아두고 가 버렸습니다. 저는 그 종이에 무엇을 썼나 궁금해서 보다가 그것을 발견했지요. 그가 돌아왔을 때는 제가 답변으로 다른 시를 말라얄람어로 한 수 지어 그것을 그의 시 아래 적어서 그 종이를 도로 제자리에 두었습니다. 그는 저에게 초능력이 있는 것으로 여기기를 좋아합니다. 말라얄람어로 제 전기를 썼을 때도 그랬는데, 나야나는 누군가에게 그것을 읽혀서 듣고 나서는 '그만, 그만' 하면서 그것을 찢어 버렸습니다. 암리따난다가 이 질문을 던진 것도 그 이유 때문입니다. 그는 '하리'니 '야띠'니 '바라루찌'니 '이샤 구루'니 하면서 저에게 어떤 초자연적 능력이 있는 걸로 보고 싶어 했습니다. 저는 그 시에서 말하는 방식대로 답변했지요. 그들이 어떻게 하겠습니까? 답변을 못했습니다. 그 시들의 텔루구어 번역이 있지 않던가요?"

"예, 있습니다. 바가반 자신의 설명만으로도 저희가 바가반을 빠라마뜨마 자신으로 확정하기에 충분하지 않습니까?"라고 제가 말했습니다. 바가반은 미소를 지으시고는 침묵에 빠져 드셨습니다.

아래에 『라마나 릴라』에 나오는 그 말라얄람어 시들의 산문 번역문을 싣습니다.

암리따난다의 질문: 아루나찰라의 산굴에 사시는, 자비심의 보배로 유명한 이 라마나는 누구십니까? 그분은 바라루찌(Vararuchi)입니까, 이샤 구루(Isa Guru-수브라마니아)입니까, 아니면 하리(Hari-비슈누)입니까, 야띤드라(Yatindra-시바)입니까? 저는 스승님의 마히마(Mahima)[초능력]를 알고 싶습니다.

바가반의 답변: 아루나찰라 라마나는 하리를 위시한 모든 중생의 심장 속에서 의식으로서 노니는 빠라마뜨마 자신이라네. 그는 지고의 존재라네. 그대가 지(知)의 눈을 뜨면 그 진리가 그대에게 분명히 드러나리.

1947년 1월 30일

85. 드라비다의 자식

 어제 바가반은 샹까라가 「순다리야 라하리」에서 삼반다에 대해 노래하면서 그를 '드라비다의 자식'으로 지칭했다고 말씀하셨지 않습니까? 어젯밤에 제가 텔루구어 주석이 붙은 「순다리야 라하리」를 꺼내보니 샹까라가 삼반다에 대해서 쓴 시구는 다음과 같았습니다.

> 당신의 젖가슴에서 흐른 젖은, 오 산의 따님(빠르바띠)이시여,
> 당신의 심장에서 솟아나는 시의 우유 바다에서 나온 것이리다.
> 당신이 은총으로 주신 이 젖을 마셨기에, 드라비다의 자식은
> 위대한 시인들 중에서도 (으뜸가는) 시인이 되었습니다.

 텔루구어 주석은 이 시구에 나오는 '드라비다의 자식'이란 말이 샹까라 자신을 뜻한다고 되어 있었습니다. 그것을 다음날 바가반께 말씀드렸더니 당신이 대답하셨습니다. "텔루구어 주석자들은 그것을 잘못 말한 것이 틀림없어. 타밀어판 「순다리야 라하리」에서는 '드라비다의 자식'이 삼반다를 뜻하지 샹까라를 말하는 게 아니라고 했거든." 그러고는 누구를 시켜 그 타밀어 책을 가져오게 하여, 삼반다가 '드라비다의 자식'이란 칭호를 얻게 된 이유에 관해 쓰여진 내용을 낭독하시고 우리에게 다음과 같이 설명해 주셨습니다.

 "삼반다는 시르깔리(Sirkali) 읍의 정통 브라민 가문에서 시바빠다 흐리다야르와 그의 아내 바가와띠야르 사이에서 태어났습니다. 부모는 그에게 알루다야 삘라야르(Aludaya Pillayar)란 이름을 지어주었습니다. 하루는 이 아이가 세 살이 되었을 때, 아버지가 그를 띠루또니 아빠르 사원에 데리고 갔습니다. 그리고 목욕을 하기 위해 저수지 물에 몸을 담그고 멸죄진언滅罪眞言(aghamarshana mantram)을 염하기 시작했습니다. 아이는 저수지에 들어간 아버지의 모습이 보이지 않자 두려움과 슬픔에 사로잡혀 주위를 둘러보았지만, 아버지는 흔적도 없었습니다. 아이는 슬픔을 참지 못하고 사원의 수레(축제 때 신상을 싣고 나오는 수레)를 바라보면서 '아빠! 엄마!' 하고 큰 소리로 울었습니다. 그러자 신성한 황소를 탄 빠르바띠와 주 시바가 공중에 나타나 이 꼬마에게 친견을 베풀었습니다. 시바는 빠르바띠더러 아이에게 그녀의 젖을 황금잔에 담아 주라고 했는데, 그것은 시바지知(Siva Jnana)[시바에 대한 지知]로 가득 찬 젖이었습니다. 빠르바띠는 시킨 대로 했습니다. 아이는 그 젖을 마시고 나서 슬픔에서 벗어났고, 시바와 빠르바띠는 사라졌습니다."

 "지知의 젖을 먹고 나서 아주 만족스럽고 행복해진 삼반다는 입가에서 젖방울이

떨어지는 채로 저수지 둑에 앉아 있었습니다. 아버지가 목욕을 하고 나와서 아이가 하고 있는 모습을 보고 화가 나서 지팡이를 휘두르며 물었습니다. '누가 젖을 주었느냐? 낯선 사람이 주는 젖을 먹을 수 있느냐? 누군지 말해라. 말 안 하면 때린다.' 삼반다는 즉시 '또오두다이야 쎄비얀비다이예에드리오오르 뚜우벤마띠구우디……'라는 말로 시작되는 10연의 타밀시를 노래했습니다."

"그 첫 연의 요지는 이렇습니다. '귀고리(Kundalas)를 하신 분, 신성한 황소를 타고 다니시는 분, 머리에 흰 달을 가지고 계신 분, 몸에 화장터의 재를 바르고 다니시는 분, 제 심장을 훔쳐 가신 분, 창조주 브라마가 손에 베다를 들고 고행을 할 때 그를 축복하신 분, 브라마뿌리(Brahmapuri-심장)의 신성한 자리를 차지하고 계시던 분, 제 아버지인 그분과, 저에게 젖을 주신 제 어머니가 저기 계셔요!' 그렇게 말하면서 그는 시바와 빠르바띠의 모습을 자기 눈으로 본 대로 묘사하고 그들이 자기에게 젖을 주어 마시게 했다면서 사원의 수레 쪽을 가리켜 보였습니다."

"그 시를 놓고 볼 때, 이 아이에게 젖을 준 사람들은 다름 아닌 빠르바띠와 주 시바라는 것이 분명했습니다. 그러자 사람들이 주위에 모여 들었습니다. 그날부터 이 소년이 노래하는 시의 흐름이 거칠 것 없이 흘러나오기 시작했습니다. 샹까라가 '당신의 젖가슴에서 흐른 젖은' 하고 노래한 것도 그 때문입니다. 그래서 주석자들은 '드라비다의 자식'은 바로 삼반다를 가리킨다고 판정한 것입니다. 나야나도 『스리 라마나 기타』에서 그를 '드라비다의 자식'이라고 썼습니다."

1947년 2월 1일

86. 냐나 삼반다무르띠

바가반이 「순다리야 라하리」의 타밀어 주석을 읽어주시고 '드라비다의 자식'이란 말이 다름 아닌 삼반다를 가리킨다고 말씀하시고 나서, 회당에서는 그 주제에 관한 논의가 2, 3일간 계속되었습니다. 이와 관련하여 어느 날 한 헌신자가 바가반께 여쭈었습니다. "삼반다의 원래 이름은 알루다야 삼반다무르띠 아니었습니까? 그는 언제 냐나 삼반다무르띠라는 이름을 얻었으며, 왜 그런 이름을 얻었습니까?" 바가반이 대답하셨습니다. "여신이 주는 젖을 마시자마자 냐나 삼반다(Jnana Sambandha)[지知와의 접촉]가 그에게 확립되었고, 그래서 냐나 삼반다무르띠 나야나르(Jnana Sambandha Nayanar)라는 이름을 얻은 것입니다. 그것은, 그가 보통의 스승 제자 관계를 거치지 않고 바로 진인이 되었다는 것을 뜻합니다. 그래서 인근의 모든 사람들이 그날부터 그를 그 이름으로 부르기 시작한 것입니다. 그것이 그 이유입니다."

제가 말했습니다. "바가반께서도 인간의 형상을 한 스승의 도움 없이 지知를 얻으셨군요?" "그렇지요, 그렇지요! 그래서 끄리슈나야(끄리슈나 빅슈)가 삼반다와 저 사이의 유사점을 그렇게 많이 제시했던 것입니다"61) 하고 바가반이 말씀하셨습니다.

"『스리 라마나 릴라』에서는 삼반다가 띠루반나말라이로 오고 있을 때, 산적들이 그의 소유물을 빼앗았다고 합니다. 그는 지혜와 지知를 갖춘 사람이었는데, 무슨 재산을 가지고 있었습니까?" 하고 제가 여쭈었습니다. "아, 그거! 그는 헌신의 길을 따랐지요, 그렇지 않습니까? 그래서 그는 금으로 된 종鐘들과 (타고 다니는) 진주 가마 하나, 그리고 이스와라의 지시에 부합하는 그런 성격의 몇 가지 상징물들을 가지고 있었지요. 그리고 그에게는 정사(Mutt) 하나와, 정사가 필요로 하는 모든 물품들이 있었습니다." 바가반이 말씀하셨습니다. "그렇습니까? 그가 그런 것들을 언제 다 얻었습니까?" 제가 여쭈었습니다.

바가반은 감동으로 벅찬 목소리로 대답하셨습니다. "그가 냐나 삼반다라는 이름을 얻은 때로부터, 즉 어릴 때부터, 그는 끊임없이 흘러나오는 시를 노래하면서 성지를 순례했습니다. 먼저 찾아간 곳은 띠루꼴까라고 하는 성지였는데, 그곳의 사원에 들어가서는 고사리 손으로 박자를 맞추며 주님을 찬양하는 시들을 노래했습니다. 신은 그것을 좋게 보시고 그에게 박자를 맞출 수 있도록 한 쌍의 금종金鐘을 하사했습니다. 그날부터 그 금종은 그가 무슨 노래를 부르든, 그가 어디를 가든 늘 그의 손을 떠나지 않았습니다. 거기서 그는 찌담바람을 비롯한 여러 성지들을 방문했고, 그런 다음 마란빠디라고 하는 순례지로 갔습니다. 당시에 기차가 어디 있습니까. 그곳의 주재신主宰神(한 지역이나 사원에서 숭배되는 신. 여기서는 시바)은 이 어린아이가 걸어서 성지들을 순례하는 것을 보자 연민의 마음을 가누지 못했습니다. 그는 아이를 위해 진주 가마 하나, 진주 일산日傘 하나, 그리고 출가수행자들에게 어울리는 진주들로 꾸며진 다른 장식품들을 창조했습니다. 신은 그 가마를 사원 안에 두고 그 사원의 브라민 사제와 삼반다의 꿈에 나타나서 브라민에게는 '이러이러한 것을 격식을 갖추어 삼반다에게 주라'고 하고, 삼반다에게는 '브라민들이 너에게 이러이러한 것들을 줄 것이다'라고 말했습니다. 그것들은 신의 선물이기에 거절할 수 없었습니다. 그래서 삼반다는 오른돌이를 하는 등 공손하게 예를 표하고 그것들을 받은 다음, 가마 속으로 들어갔습니다. 그때부터 그는 어디를 가든지 그 가마를 타고 다녔습니다. 점차 주위에 시중드는 사람들이 생겼고, 정사도 하나 생겼습니다. 그러나 그가 어느

---

61) [역주] 끄리슈나 빅슈가 쓴 바가반의 텔루구어판 전기 『스리 라마나 릴라』의 맨 마지막 장에서는 바가반이 스깐다의 화신이자 삼반다르의 후신인 증거를 여러 가지로 나열하고 있다.

성지에 가까이 갔을 때는 사원의 탑(gopura)이 보이는 즉시 가마에서 내려 거기서부터 그 사원에 들어갈 때까지 걸어갔습니다. 여기 올 때는 띠루꼬일루르에서부터 걸어왔는데, 왜냐하면 거기서부터는 아루나기리(Arunagiri-아루나 산)의 꼭대기가 보이기 때문입니다."

한 타밀 헌신자가 삼반다의 아루나찰라 방문은 『뻬리아뿌라남』에서 분명하게 언급하고 있지 않다고 말씀드리자, 바가반은 다음과 같이 말씀하셨습니다.

"아닙니다. 『뻬리아뿌라남』에는 잘 나와 있지 않지만 우빠마뉴(Upamanyu)의 산스크리트본 『시바박따빌라삼』(Sivabhaktavilasam)에는 잘 나와 있습니다. 삼반다는 아라깐다날루르(Arakandanallur-띠루꼬일루르)에서 비라떼스와라(Virateswara)를 숭배하고 시를 지어 그 신의 호감을 산 다음, 같은 방식으로 아뚤리야나떼스와라(Athulyanateswara)를 숭배했습니다.62) 거기서 그는 아루나기리의 꼭대기를 보고 넘치는 기쁨에서 시들을 지어 노래 부르고, 바로 그 자리에 아루나찰레스와라의 상像 하나를 안치했습니다. 그가 어느 만다빰에 앉아 있는데 아루나찰레스와라 신이 그에게 먼저 하나의 빛(Jyoti)의 형상으로, 그 다음에는 한 늙은 브라민의 형상으로 나타났습니다. 삼반다는 그 노老 브라민이 누구인지 몰랐습니다. 그 브라민은 꽃바구니 하나를 손에 들고 있었습니다. 왜 그런지 삼반다의 마음은 그 브라민에게 자석처럼 끌려갔습니다. 그는 즉시 합장을 하고 그에게 물었습니다. '어디서 오시는지요?' '나는 방금 아루나찰라에서 오는 길이네. 내가 사는 마을은 여기 이 근처라네.' 브라민이 대답했습니다. 삼반다는 놀라서 물었습니다. '아루나찰라라고요! 하지만 여기 오신 지는 얼마나 되었습니까?' 그 브라민은 아무렇지도 않게 말했습니다. '얼마나 오래 되었느냐고? 나는 매일 아침 주 아루나찰라께 바칠 화만을 만들기 위해 꽃을 따러 여기 왔다가 오후에는 그곳으로 돌아간다네.' 삼반다는 놀라면서 말했습니다. '그렇습니까? 그러나 사람들 말로는 여기서 아주 멀다고 하던데요?' 노 브라민이 말했습니다. '누가 그러던가? 거기는 한 걸음에 갈 수 있네. 그게 뭐 대단하단 말인가?' 그 말을 듣자 삼반다는 아루나찰라에 몹시 가고 싶어져서 이렇게 물었습니다. '그렇다면 제가 걸어서 갈 수 있겠습니까?' 노인이 대답했습니다. '아! 나 같은 노인도 매일 갔다 오는데 자네 같은 젊은이가 못 간단 말인가? 무슨 그런 소리를 하는가?'"

"삼반다는 몸이 달아 이렇게 물었습니다. '선생님, 만약 그렇다면 부디 저를 함께 데리고 가 주십시오.' 그리고 곧바로 자신의 일행과 함께 출발했습니다. 그 브라민은

---

62) [역주] 아라깐다날루르에는 큰 강을 사이에 두고 비라떼스와라 사원과 아뚤리야나떼스와라 사원이 있는데, 여기에 모셔진 신들의 이름이 비라떼스와라와 아뚤리야나떼스와라이다.

앞장서 가고 삼반다의 무리는 따라갔습니다. 그런데 갑자기 그 브라민이 사라져 버렸습니다. 무리가 어쩔 줄 모르고 여기 저기 찾고 있는데, 일단의 사냥꾼들이 그들을 에워싸더니 가마와 일산, 금종, 모든 진주와 다른 귀중품들, 그리고 그들의 소지품과 심지어 그들이 입고 있던 옷까지 빼앗아 가 버렸습니다. 그들에게는 이제 살가리개밖에 남지 않았습니다. 그리고 어디로 가야 할지 길을 몰랐습니다. 날씨는 아주 더웠고 그늘도 없는데다가, 마침 끼니때가 되어 다들 배가 고팠습니다. 그러니 어떻게 합니까? 삼반다는 신께 기도를 드렸습니다. '오, 주님! 왜 제가 이런 시험을 받고 있습니까? 저에게 무슨 일이 일어나든 상관하지는 않지만, 저를 따라온 이 사람들이 왜 이런 어려운 시험을 당해야 합니까?' 그 기도를 듣자 신이 실제의 모습으로 나타나서 말했습니다. '내 아들아, 이 사냥꾼들도 나의 시자들(Prcamatha Ganas)이다. 그들이 너희들에게서 모든 소유물을 빼앗은 것은, 주 아루나찰라를 숭배하러 나아가는데 있어서는 어떤 과시나 화려함도 없는 것이 좋기 때문이다. 너희들의 모든 소유물은 너희가 그곳에 도착하는 즉시 회복될 것이다. 지금은 한낮이다. 너희들은 성찬을 즐긴 뒤에 계속 길을 가도록 하라.' 그렇게 말하고 그는 사라졌습니다."

"홀연히 큰 천막 하나가 근처의 평탄한 공간에 나타났습니다. 몇 명의 브라민들이 그 천막에서 나오더니 삼반다와 그 일행을 그들의 천막으로 초청하여, 온갖 맛있는 음식과 백단향(chadanam), 빈랑나무 잎(thambulam) 등으로 그들을 대접했습니다. 늘 다른 사람들을 대접해 온 삼반다가 주님 자신으로부터 대접을 받은 것입니다. 그들은 한 동안 쉬고 나자 천막 안에 있던 브라민들 중의 한 사람이 일어나서 말했습니다. '선생님, 우리 이제 아루나기리로 가실까요?' 삼반다는 말할 수 없이 기뻤고, 자신의 추종자들과 함께 그 브라민과 동행하여 나섰습니다. 그러나 길을 나서자마자 천막은 그 안의 사람들과 함께 사라져 버렸습니다. 삼반다가 그 이상한 일들에 놀라워하는 동안, 그들을 아루나찰라로 이끌고 온 안내인도 그들이 그곳에 도착하자마자 사라졌습니다. 그리고 홀연히 그 천막과 그 안에 있던 사람들, 그리고 아까 그들을 강탈했던 사냥꾼들이 사방에서 나타나 삼반다의 무리에게 아까 그들이 빼앗아 갔던 소유물들을 돌려주고 사라져 버렸습니다. 삼반다는 기쁨의 눈물을 흘리며 주님의 크나크신 배려를 찬양하고, 며칠 동안 이곳에 머물면서 시詩의 꽃들로 그를 숭배한 다음, 순례 여행을 계속했습니다. 신 자신은 당신을 존경심으로 섬기던 삼반다에 대한 애정에서 그를 이 산으로 초청한 것처럼 보입니다."

헌신으로 가슴이 가득 차고 감동으로 떨리는 목소리로 바가반은 그렇게 말씀하시고 나서 침묵하셨습니다.

1947년 2월 2일

87. 신력神力

저는 오늘 오후 2시 30분에 회당에 갔습니다. 바가반은 이미 오셔서 누군가가 건네 드린 종이쪽지를 읽고 계셨습니다. 저는 바가반이 하실 말씀을 듣기 위해 기다리며 앉아 있었습니다. 바가반은 미소를 지으며 그 종이를 접으시더니 말씀하셨습니다. "이 모든 것은 바가반과 그대 자신 사이에 차이가 있다고 생각하기 때문에 일어납니다. 그런 차이가 없다고 생각하면 이런 모든 것이 일어나지 않을 것입니다."

바가반과 우리 사이에 아무 차이가 없다고 말하면 그걸로 충분할까요? 우리 자신이 누구인지, 우리의 기원이 무엇인지 탐구해 보고 나서 우리 자신과 바가반 사이에 아무 차이가 없다고 생각하는 것이 필요하지 않겠습니까? 바가반은 왜 그런 말씀을 하실까요? 저는 바가반께 왜 그렇게 우리를 오도하시는지 여쭈어야겠다고 생각했지만 그럴 용기가 나지 않았습니다. 바가반께서 저의 이런 염려를 감지하셨는지는 모르겠습니다. 그러나 여하튼 당신 스스로 다음과 같은 말씀을 하시기 시작했습니다.

"어떤 사람이 자신과 바가반 사이에 아무 차이가 없다는 것을 깨닫기 전에, 먼저 그 자신의 것이 아닌 이런 모든 실재하지 않는 속성들을 내버려야 합니다. 이 모든 성질들을 내버리지 않고서는 진리를 통찰할 수 없습니다. 모든 사물의 근원인 하나의 신력神力(Chaitanya Sakti)이 있습니다. 우리가 그 힘을 붙들지 않으면 이 모든 다른 성질들을 내버릴 수 없습니다. 수행은 그 힘을 붙들기 위해 필요한 것입니다."

저는 그 말씀을 듣자 용기가 나서 무의식적으로 이렇게 말했습니다. "그러니까 어떤 힘이 있군요?" "예, 하나의 힘이 있지요." 바가반이 대답하셨습니다. "그것은 스와스푸라나(swasphurana)[진아의 의식]라고 하는 저 힘입니다." 저는 떨리는 목소리로 말했습니다. "바가반께서는 우리와 신 사이에 아무 차이가 없다고 생각하면 그걸로 충분하다고 무심코 말씀하셨습니다. 그러나 저희는 그 힘을 붙들 수 있어야만 그런 실재하지 않는 속성들을 내버릴 수 있습니다. 그것이 신력이든 진아의 의식이든 상관없습니다. 그것이 무엇이든, 저희가 그것을 모르는 것 아닙니까? 아무리 노력해도 저희는 그것을 알 수 없습니다."

그전에는 다른 사람들이 있는 데서 제가 바가반께 그렇게 대담하게 질문한 적이 결코 없었습니다. 그런데 오늘은 내면의 충동이 워낙 커서 대화 도중에 그 말들이 저절로 입 밖으로 나와 버렸고, 제 눈에는 눈물이 가득 고였습니다. 그래서 저는 얼굴을 벽 쪽으로 돌렸습니다. 제 옆에 앉아 있던 한 여사가 나중에 저에게 말하기를, 바가반의 눈에도 눈물이 글썽였다고 이야기해 주었습니다. 비천한 사람들에게도 당신은 얼마나 자상하신지요!

바가반은 가끔 이렇게 말씀하십니다. "진인은 우는 사람과 함께 울고 웃는 사람과 함께 웃으며, 즐거워하는 사람과는 같이 즐거워하고, 노래하는 사람과는 그 노래에 박자를 맞추어 가며 같이 노래합니다. 그가 잃는 것이 무엇입니까? 그의 존재는 깨끗하고 투명한 거울과 같습니다. 그것은 우리의 모습을 있는 그대로 반사합니다. 살아가면서 여러 가지 역할을 하고 우리 행위의 열매를 거두는 것은 바로 우리입니다. 그러나 거울이나 그 거울을 설치한 받침대가 무슨 영향을 받겠습니까? 그 어떤 것도 영향을 주지 못합니다. 왜냐하면 그것들은 지지물에 불과하니까요. 이 세상 안의 배우들 ─ 모든 행위를 하는 자들 ─ 은 세상의 복리를 위해 어떤 노래를 부르고 어떤 행위를 해야 할지, 무엇이 경전에 부합하고 무엇이 실천 가능한지를 스스로 결정해야 합니다." 이것이 바가반이 종종 하시는 말씀입니다. 이번 일은 하나의 실제적인 예라 하겠습니다.

1947년 2월 4일

88. 잠과 진정한 상태

어떤 사람이 오늘 오후에 질문 하나를 적은 종이쪽지를 바가반께 건네 드렸습니다. 질문 취지는 이러했습니다. "잠을 자고 있는 동안 이 세계는 어떻게 됩니까? 진인은 잠을 자는 동안 어떤 상태에 있습니까?" 바가반은 놀라는 척하시면서 대답하셨습니다. "오! 그것이 그대가 알고 싶은 것입니까? 그대는 잠들어 있을 때 그대의 몸에 무슨 일이 일어나는지, 그리고 그대가 어떤 상태에 있는지 압니까? 잠들어 있는 동안 그대는 자기 몸이 여기, 이 장소에, 이 매트 위에, 바로 이런 상태로 있다는 것을 잊어버리고 어딘가를 돌아다니면서 무슨 일을 합니다. 그대가 여기 있다는 것은 깨어나고서야 압니다. 그러나 그대는 생시의 상태에서는 물론 잠의 상태에서도 항상 존재합니다. 잠을 자는 동안은 그대의 몸이 아무런 활동도 하지 않고 지각 불능의 상태로 누워 있습니다. 따라서 그대는 그 잠의 상태에서도 이 몸이 아닙니다. 그러면, 잠을 자는 동안 그대는 무엇에 매달립니까? 이러한 오고 감을 지지해 주는 뭔가가 있어야 합니다. 그대는 잠을 잘 생각으로 자리에 눕습니다. 그러나 꿈을 꾸게 됩니다. 그러다가 아무것도 모르는 채 행복하게 잠을 잡니다. 그것은 아주 행복한 잠입니다. 그래서 그대는 (깨어난 뒤에 자신이) 그 잠의 상태에 있었다고 인정합니다. 그런데도 그 상태에서는 아무것도 몰랐다고 말합니다. 실재하는 것은 그대가 모르겠다고 하고, 실재하지 않고 찰나적인 것은 그대가 안다고 말합니다. 그러나 실은,

실재하는 것을 그대가 알고 있습니다. 그런 찰나적인 것들은 ― 그것이 오든 가든 ― 그대를 건드리지 않을 것입니다. 그대는 자기 자신에 대해서는 모르면서 세계가 어떻게 되느냐고 묻습니까? 잠의 상태에서 진인이 무엇을 경험하느냐고요? 먼저 그대에게 어떤 일이 일어나는지를 알면 세계도 그 자신에 대해서 알겠지요. 그대는 진인들에 대해서 묻는데, 그들은 어떤 상태나 조건에서도 똑같습니다. 왜냐하면 그들은 실재, 곧 진리를 아니까요. 식사를 하고 돌아다니고 기타 모든 일과에서 그들은, 즉 진인들은, 오직 다른 사람들을 위해서 행위합니다. 단 하나의 행위도 그들 자신을 위해서는 하지 않습니다. 돈을 받고 곡을 해 주는 것이 직업인 사람들이 있듯이, 진인들도 남들을 위해 여러 가지 일들을 초연하게 하면서도 그들 자신은 그것에 의해 영향을 받지 않는다고, 여러분에게 이미 여러 번 말했습니다."

다른 헌신자가 그 대화를 받아서 여쭈었습니다. "스와미, 당신께서는 실재하는 상태를 알아야 한다고 말씀하시고, 그것을 깨닫기 위해서는 명상이 필요하다고 하십니다. 그러나 무엇보다도 명상이 무엇입니까?" "명상은 브라만을 의미합니다." 바가반이 대답하셨습니다. "마음이 만들어낸 악들을 없애기 위해 어떤 행법(nishta)[종교적 수행]을 선택해야 하고, 그에 기초한 명상을 닦아야 한다고 합니다. 그것을 계속해 나가면 그런 악들은 사라질 것입니다. 그리고 그것이 사라지고 나면 명상 자체가 브라만으로서 고정됩니다. 따빠스도 같은 의미입니다. 이 모든 원습을 어떻게 없애느냐고 물으면 그들은 '따빠스를 하라'고 말합니다. 그러나 따빠스를 해서 얻는 보상은 무엇입니까? '따빠스 그 자체가 보상'이라고 합니다. 따빠스는 스와루빠(swarupa)[진아 깨달음]를 뜻합니다. 실재하는 것이 스와루빠입니다. 그것이 아뜨마(Atma)이고 지고의 진아이며, 곧 브라만입니다. 그것은 모든 것입니다. 물론 전문 용어로는 '명상을 하라'고 해야겠지만, 실제로 명상을 하는 자가 누구인지를 알면 그런 의문들은 일어나지 않습니다." 같은 취지가 바가반의 「가르침의 핵심」에도 나옵니다.

'나'의 모든 자취가 사라졌을 때 지속되는

그것을 깨닫는 것이 위대한 따빠스라고, 라마나는 노래하네.

― 「가르침의 핵심」(*Upadesa Saram*), 제30송

1947년 2월 7일

89. 스리 다끄쉬나무르띠의 화현

바가반은 「다끄쉬나무르띠 송찬頌讚」(*Dakshinamurvthy Stotram*)을 주석과 함께 타밀어 운문으로 번역하시다가 다끄쉬나무르띠가 화현한 이유에 대한 원래의 이야기

를 요약해서 그것을 서문에 써 넣으셨습니다. 뿐만 아니라 거기 나오는 9개 연을 각기 세계에 관한 것, '보는 자'에 관한 것, '보이는 것'에 관한 것으로 세 그룹으로 나누셨습니다. 그 첫째는 1) 비스왐 다르빠남(Viswam darpanam), 2) 비자시얀따리바(Bijasyanthariva), 3) 야시야이바 스푸라남(Yasyaiva sphuranam)인데 세계의 기원을 다루고, 그 다음 세 연은 1) 나낫찌드라(Nanacchhidra), 2) 라후그라스타(Rahugrastha), 3) 데함 쁘라남(Deham pranam)으로 '보는 자'를 다루며, 마지막 세 연은 1) 발리야디쉬와삐(Balyadishwapi), 2) 비스왐 빠시얀띠(Viswam pasyanthi), 3) 부람브함시(Bhurambhamsi)인데 사물들이 보이게 하는 빛을 다루고 있습니다. 마지막 시구인 싸르와뜨마뜨밤(Sarvathmatvam)은 전 우주가 브라만 안에 합일된다는 것을 뜻합니다.63)

최근에 저는 그 서문을 텔루구어로 번역했습니다. 바가반은 그 번역문을 훑어보시고는 미소를 지으며 말씀하셨습니다. "서문에서는 내가 그 송찬과 관련되는 정도로만 간략하게 생애담을 언급하고 말았지만, 실제 이야기는 훨씬 더 재미있지."

"그 이야기는 이렇습니다. 브라마는 자기 마음에서 창조해낸 사나까, 사나뜨꾸마라, 사난다나, 사나뜨수자따에게, 자기가 창조 작업 하는 것을 도와 달라고 부탁했습니다. 그러나 그들은 그런 일에 흥미가 없었기 때문에 거절했습니다. 그들은 천상의 신들, 성자들, 그리고 다른 시자들에 둘러싸여 난다나 숲(Nandana Vana) 속에 머무르고 있었습니다. 그래서 그들은 누가 자기들에게 진지, 즉 위없는 지혜를 전수해 줄 것인가 하고 생각하고 있었지요. 이때 나라다(Narada)가 나타나서 말했습니다. '브라마 자신을 제외하고 누가 범지梵知(Brahma Jnana)를, 위없는 지혜를 전수해 줄 수 있겠는가? 자, 우리 그분께 가세.' 그들은 모두 찬성하고 브라마의 처소인 사띠야 로까(Satya Loka)64)로 갔습니다. 가서 보니 사라와스띠(Sarawasthi-브라마의 아내)는 비나(veena)를 연주하고 있고, 브라마는 그 앞에 앉아서 그 음악을 즐기면서 박자를 맞추고 있었습니다. 그들은 그 광경을 보자, 자기 아내의 음악을 감상하는 데 빠져 있는 사람이 어떻게 자기들에게 핵심 진리(adhyatma tattva)[영성의 핵심]를 가르쳐 줄 수 있을까 하고 생각했습니다. 나라다가 그들에게 말했습니다. '자, 비슈누의 처소인 바이꾼타로 가 보세.' 그들은 바이꾼타로 갔습니다. 주님은 자기 처소의 내실에 있었습니다. 그러나 나라나는 특권을 가진 사람이었기 때문에, 자기가 가서 살펴보고 오겠

---

63) [역주] '비스왐 다르빠남'부터 '싸르와뜨마뜨밤'까지의 각 구절들은 샹까라가 산스크리트로 지은 『다끄쉬나무르띠 송찬』의 10개 연에 나오는 첫 구절들이다.
64) [역주] 힌두교에서 가장 높은 천상계로서, 브라마 사는 브라마로까와 비슈누가 사는 바이꾼타의 둘로 나뉜다. 힌두교의 천상계는 드루바로까, 자나로까, 따뽀로까 및 사띠야로까의 네 단계로 설명된다.

다면서 주님의 처소로 곧장 들어갔습니다. 곧 도로 나온 그는 그들이 묻자 이렇게 말했습니다. '저기서는 브라마가 자신을 위해 비나를 연주하는 아내로부터 조금 떨어진 곳에 앉아 있었지. 그런데 여기서는 락슈미 여신이 신의 침상 위에 앉아서 그의 발을 안마하고 있더군. 이건 훨씬 더 심해. 배우자의 추파에 매혹되어 있는 이런 재가자가 (핵심 진리를 배우려는) 우리에게 어떻게 무슨 도움을 줄 수 있겠나? 이 궁전과 도시의 화려함을 보게! 이건 좋지 않아. 이러지 말고 주 시바의 도움을 청해 보세.'"

"그들은 모두 히마짤라(Himachala-히말라야) 쪽으로 향해 가다가 카일라스 산을 보자 큰 희망을 품고 그 산을 올라갔습니다. 그러나 거기는 시바의 추종자들이 엄청나게 많이 모여 있는 가운데 시바가 자신의 몸 절반을 공유하고 있는 그의 아내와 함께 천상의 춤을 추고 있었습니다. 그 춤에 대한 반주로서 비슈누는 북을 치고, 브라마는 종鐘으로 박자를 맞추고 있었습니다. 영적인 인도를 받으려고 열심히 찾아왔던 그들은 그 광경에 아연실색하여 생각했습니다. '오! 그 역시 여자들을 추구하고 있군! 브라마는 분명히 자기 아내 바로 옆에 앉아 있기는 했지만 그녀와 접촉을 하지 않고 있었고, 비슈누는 아내와 접촉을 하고 있었어도 그녀가 그의 다리를 안마하고 있었을 뿐인데, 시바는 빠르바띠를 자기 몸의 일부로 사실상 데리고 있구나! 이건 훨씬 더 나빠! 더 이상 볼 것 없다.' 그리고 그들은 모두 그곳을 떠났습니다. 시바는 그들을 이해하고 연민을 느꼈습니다. 그가 말했습니다. '무슨 그런 망상을! 그들은 우리 세 신이 영적인 지혜가 없다고 여기는군. 헌신자들이 보고 있는데 각기 아내들의 봉사를 받고 있다는 이유로 말이지! 이 진지한 진리 추구자들에게 달리 누가 진리를 전해줄 수 있겠는가?' 그렇게 생각한 시바는 자신이 따빠스를 좀 해야겠다고 사정을 하여 빠르바띠를 다른 데로 보냈습니다. 그리고 이 자비로운 마음의 주님은 찐무드라(Chinmudra-깨달음을 나타내는 手印의 하나)를 한 젊은이, 즉 다끄쉬나무르띠로 변장하고 만사로바르 호수(Mansarovar lake-카일라스 산에 있는 큰 호수) 북쪽의, 이 실망한 헌신자들이 각자의 집으로 돌아가는 길 위에 있는 한 그루 반얀나무 아래 앉았습니다. 저는 이 이야기를 어디선가 읽었습니다" 하고 바가반이 말씀하셨습니다.

"그 이야기는 너무 재미있군요! 왜 바가반께서는 그 이야기를 머리말에 넣지 않으셨습니까?" 제가 말했습니다.

"뭐라고 말 못하겠네요! 저는 다끄쉬나무르띠의 생애에서 일어난 그런 모든 사건을 제가 머리말에 기록할 필요는 없다고 생각했지요. 그래서 그 「8연시」(「다끄쉬나무르띠 송찬」)에 필요한 만큼만 넣은 것입니다" 하고 바가반이 대답하셨습니다.

더 조사해 보니 그 이야기는 『시바 라하시야』(Siva Rahasya)의 제10부, 제2장에 '스리 다끄쉬나무르띠의 화현'이라는 제목 하에 나와 있다는 것이 발견되었습니다. 이 말을 들은 한 헌신자가 여쭈었습니다. "화현(incarnation)이란 스리 다끄쉬나무르띠가 태어났다는 뜻입니까?" "그에게 태어난다는 문제가 어디 있습니까? 그것은 시바의 다섯 가지 형상(Murthys) 중의 하나입니다. 다끄쉬나무르띠란 말은, 그가 침묵의 자세(mouna mudra)로 남쪽을 향하고 앉아 있다는 뜻입니다. 그 내적인 의미는 형상이 없음, 곧 무형상(Formlessness)을 말합니다. 「다끄쉬나무르띠 8연시」에서 묘사하고 있는 것이 형상입니까? 형상 없음, 즉 무형상 아닙니까? '스리 다끄쉬나무르띠'에서 '스리'(Sri)는 마야 샥띠(Maya Sakti)[환력幻力]를 뜻합니다. '다끄쉬나'의 한 가지 뜻은 '유능하다'는 것이고, 또 한 가지 뜻은 '몸 오른쪽의 심장 안에'입니다. '아무르띠'(Amurthy)는 '무형상'을 뜻합니다. 여기에 대해서는 많은 주석이 가능합니다. 그렇지 않습니까?" 바가반이 말씀하셨습니다.

질문한 헌신자가 다시 여쭈었습니다. "사나까 등은 『바가바따 뿌라나』(Bhagavata Purana-『바가바땀』)에서는 언제나 다섯 살 난 어린 소년으로 묘사되는데, 이 송찬에서는 '브릿다 시시야 구루르 유바'(vriddha sishya Gurur yuva)['나이 든 제자들과 젊은 스승']라고 합니다. 어째서 그렇습니까?"

"진인들은 늘 젊은 상태로 있습니다. 그들에게는 청년도 없고 노년도 없습니다. '브릿다'(vriddha)[나이 든]와 '시시야'(sishya)[제자]는 사나까 등이 실제 나이는 많았다는 뜻입니다. 나이는 많지만 겉모습으로는 영원히 젊은 상태로 남아 있다는 것입니다"라고 바가반은 말씀하셨습니다.

아래에 바가반께서 지으신 그 머리말을 제가 번역해 보았습니다.

"브라마의 마음에서 태어난 네 아들인 사나까, 사난다나, 사나뜨꾸마라, 사자뜨수자따는 자신들이 세계의 창조와 같은 일들을 더 계속하도록 하기 위해 태어나게 되었다는 것을 알았으나, 그런 일에는 흥미가 없었으므로 오직 진리와 지를 추구하여 스승을 찾아서 방랑했다. 주 시바는 이 진지한 진리 추구자들에게 연민을 느껴, 한 그루 반얀나무 아래에 찐무드라를 한 다끄쉬나무르띠로서 침묵하고 있는 상태로 앉아 있었다. 사나까 등은 그를 보자 마치 쇠가 자석에 끌리듯 즉시 그에게 끌렸고, 그의 친존에서 단박에 진아 깨달음을 성취했다. (다끄쉬나무르띠의) 침묵하는 원래의 형상이 갖는 의미를 알지 못하는 사람들에게, 샹까라는 이 송찬에서 보편적 진리를 요약하고, 진리 깨달음을 가로막는 세 가지 장애, 곧 세계, 보는 자, 보이는 것을 해소하는 그 샥띠(Sakti)[힘]가 우리 자신의 진아와 다르지 않다는 것과, 모든 것은

궁극적으로 우리 자신의 진아 안으로 합일된다는 것을 상근기上根機(Uthamadhikaris)
[고도로 진보된 영혼들]들에게 설명하였다."

1947년 2월 8일

90. 진인의 마음은 브라만 그 자체다

저는 오늘 아침 7시 30분에 회당에 갔는데, 안에서는 모두 침묵하고 있었습니다. 타고 있는 선향의 향기가 창문으로 나오고 있는 것은 새로 온 방문객들에게 바가반이 거기 계시다는 것을 말해주었습니다. 저는 안으로 들어가서 바가반 앞에 절하고 나서 자리에 앉았습니다. 베개를 계속 기대고 계시던 바가반이 연화좌 자세로 똑바로 일어나 앉으셨습니다. 일순간에 당신의 표정은 움직임이 없이 초연해졌고, 회당은 온통 광채로 채워졌습니다. 갑자기 어떤 사람이 질문했습니다. "스와미님! 진인들은 마음이 있습니까, 없습니까?"

바가반은 그에게 자비로운 시선을 던지시더니 말씀하셨습니다. "마음 없이는 브라만을 깨닫는다는 문제가 아예 없습니다. 깨달음은 마음이 있을 때만 가능합니다. 마음은 늘 어떤 지지물(upadhi-감각 기관, 육신 등)과 함께 작동합니다. 지지물 없이는 마음도 없습니다. 우리가 어떤 사람을 진인이라고 말하는 것은 그 지지물과 관련해서만 그렇습니다. 그 지지물이 없다면 우리가 어떻게 누구를 진인이라고 말할 수 있겠습니까? 그러나 그 지지물이 마음 없이 어떻게 작동합니까? 작동하지 않습니다. 그래서 진인의 마음은 그 자체가 브라만이라고 하는 것입니다. 진인은 늘 브라만을 보고 있습니다. 마음 없이 보는 것이 어떻게 가능합니까? 그래서 진인의 마음을 브라만 형상(Brahmakara)이라고도 하고 무한 형상(akhandakara)이라고도 하는 것입니다. 그러나 실제로는 그의 마음 자체가 바로 브라만입니다. 무지한 사람이 내면의 브라만은 인식하지 못하고 외부의 사물들(vrittis)만 인식하듯이, 진인은 몸은 비록 외부의 사물들 속을 돌아다닌다 해도 내면의 브라만만을 인식합니다. 그 브라만은 일체에 두루합니다. 마음이 브라만 안에서 사라졌을 때 그 마음을 브라만 형상이라고 부르는 것은, 마치 (바다로 들어간) 강을 바다 같다고 하는 것과 같습니다. 모든 강물은 바다로 들어가서 사라지면 하나의 광대한 바닷물인데, 그때 그 광대한 물 가운데서 '이것은 갠지스 강물이요 이것은 가우따미 강물이며, 이 강은 이렇게 길고 이 강은 이렇게 넓다'는 식으로 구분할 수 있습니까? 마음과 관해서도 그와 마찬가지입니다."

다른 사람이 질문했습니다. "사뜨왐(satvam)은 브라만이고 라자스(rajas)와 따마스

(*tamas*)는 세계(*abhasa*)라고 합니다. 그렇습니까?" 바가반이 대답하셨습니다. "그렇지요! 사뜨(*Sat*)는 존재하는 것인데, 사뜨가 곧 사뜨왐입니다. 그것은 본래적인 것입니다. 또 그것은 마음의 미세한 움직임입니다. 그것이 라자스 및 따마스와 접촉하면 무수한 형상들을 가진 세계를 창조합니다. 아바사(*abhasa*), 곧 세계를 보면서 마음이 미혹되는 것은 라자스 및 따마스와 접촉하기 때문이지 달리 이유가 없습니다. 그 접촉을 없애주면 사뜨와가 순수하고 오염되지 않은 상태로 빛납니다. 그것을 순수한 사뜨와, 즉 청정순수성(*Suddhasatva*)이라고 합니다. 이 접촉은 여러분이 미세한 마음 중에서도 가장 미세한 마음으로 탐구하여 그것을 배척하지 않으면 제거할 수 없습니다. 모든 원습이 가라앉아야 하고, 마음이 아주 미세해져야 합니다. 그 말은, 미세한 중에서도 극히 미세하여 소위 말하는 '아노라아니얌'(*anoraneeyam*)[원자 속의 원자], 즉 원자에 대해서 원자가 되어야 한다는 뜻입니다. 마음이 원자에 대한 원자로서 가라앉게 되면 그것은 '마하또 마히얌'(*mahato maheeyam*), 즉 무한한 것 중에서도 무한한 것으로 솟아오릅니다. 그것을 두고 마음이 본다고 하든, 마음이 힘을 얻었다고 하든, 뭐라고 하든 상관없습니다. 거기에 무슨 이름을 붙이든, 우리는 (세계에 대해) 잠이 듭니다. 온갖 활동을 하던 마음이 심장 안에 가라앉아 버렸는데 이때 우리가 무엇을 보겠습니까? 아무것도 보지 않습니다. 왜냐? 마음이 가라앉아 있기 때문입니다. 우리가 잠에서 깨어나면 깨어나자마자 마음이 있고, 사뜨와 브라만이 있습니다. 깨어 있는 마음이 구나(*gunas*)에 집착하자마자 모든 활동이 나타납니다. 만약 여러분이 그 구나의 변상變相(*guna vikaras*)[마음의 변덕]을 내버리면, 스스로 빛나고 스스로 분명한 브라만, 곧 아함(*Aham*)인 '나'가 일체처에서 나타납니다. 이때는 모든 것이 '일체에 두루한 상태'(*thanmayam*)로 보입니다. 베단타의 전문 용어를 보면, 브라미비드[브라만을 아는 자], 브라미비드바리쉬타[브라만을 아는 자 중에서 최고] 등을 이야기하는데, 그런 다음에는 '그는 브라만 자체가 된다'(*Brahmaiva bhavati*)고 합니다. 그는 브라만 그 자체인 것입니다. 그래서 우리는 진인의 마음 그 자체가 브라만이라고 말하는 것입니다."

 어떤 사람이 질문했습니다. "진인은 모든 존재에 대해 절대적인 평등으로 처신한다고 하는데요?" 바가반이 대답하셨습니다. "그렇지요! 진인은 어떻게 처신합니까?"

   자慈, 비悲, 희喜, 사捨는
   남의 행복, 불행, 선행, 악행에 대한 감정이다.
   따라서 이를 익히면 마음이 깨끗해진다.

         - 빠딴잘리, 『요가경』(*Yoga Sutra*), 1:33

"자慈(maitri)[우정], 비悲(karuna)[친절], 희喜(muditha)[기뻐함], 사捨(upeksha)[무관심] 등의 태도(bhavas)가 그들에게는 자연스러운 것이 됩니다. 선한 사람들에 대한 애정, 불쌍한 사람들에 대한 친절, (남이) 선행을 할 때의 기쁨, 사악한 사람들에 대한 용서, 이런 모든 것이 진인의 자연스러운 특징입니다."

1947년 2월 9일

91. 마야

어제 바가반께 질문했던 그 헌신자가 오늘 오후에 마야(Maya), 즉 환幻에 대하여 다시 질문했다. "스와미, 인간의 마음에 실재적으로 보이는 무수히 다양한 모든 사물들은 마야에 지나지 않습니다. 그렇지 않습니까? 그것들을 모두 내버리면 그 환이 사라지겠습니까?"

바가반이 답변하셨습니다. "자기 자신과 이스와라가 별개의 두 개체라는 관념이 지속되는 한, 환幻은 환으로서 계속 나타날 것입니다. 그 환이 버려지고 그 개인이 자신이 곧 이스와라임을 깨닫게 되면, 그는 마야가 그 자신의 진아와 별개의 다른 것이 아니라는 것을 이해할 것입니다. 이스와라는 그 환幻 없이, 그것과는 별개로 존재하지만, 이스와라 없이는 환도 없습니다." "그러니까 그 환幻이 순수한 환으로 변하는 거로군요. 그렇지 않습니까?" "그렇지요! 그것은 이런 이야기입니다. 즉, 만일 개인적 자아가 존재하지 않는다면 그대가 이스와라를 어떻게 깨달을 수 있느냐는 것입니다. 환幻이 없으면 (개인적) 자아도 없습니다. 그 개인이 자신이 누구인지를 깨달으면 환의 '도샤(doshas-'해악'), 즉 나쁜 효과가 그에게 영향을 주지 않습니다. 그것을 순수한 환이라 하든 뭐라 하든, 그것이 본질적인 것입니다."

다른 어떤 사람이 그 주제를 이어받아 이렇게 질문했습니다. "개아는 제한된 견見(vision-볼 수 있는 능력 또는 범위)과 지知와 같은 환의 나쁜 효과를 받게 되는 반면, 이스와라는 일체에 두루한 견見과 지知, 그리고 다른 그러한 특성들을 가지고 있다고 합니다. 또 만일 그 개인이 자신의 제한된 견見과 지知, 그리고 그에게 보통 붙는 다른 특성들을 내버리면, 개아와 이스와라는 똑같은 하나가 된다고 합니다. 그러나 이스와라도 일체에 두루한 견見과 지知와 같은 그런 특성을 버려야 하지 않습니까? 그것도 환입니다. 그렇지 않습니까?"

"그것이 그대의 의문 사항입니까? 먼저 그대의 제한된 견見과 그런 특성들을 버리십시오. 그러면 이스와라의 일체에 두루한 견見, 지知 등에 대해서 생각해 볼 충분한 시간이 있을 것입니다. 먼저 그대의 제한된 지(知)를 버리십시오. 왜 이스와라에 대해 걱정합니까? 그 자신의 일은 그가 알아서 할 것입니다. 그는 우리가 가진 만큼의 능력이 없답니까? 그가 일체에 두루한 견(見)과 지(知)를 가지고 있든 있지 않든 우리가 왜 걱정합니까? 우리는 우리 자신을 돌볼 수 있기만 해도 실로 대단한 거지요."

그 질문자가 다시 질문했다. "그러나 무엇보다도 우리는, 우리에게 충분한 수행을 시켜서 우리가 그러한 구나들을 없앨 수 있도록 해 줄 스승을 찾아야 합니다. 그렇지 않습니까?"

"만약 우리가 그런 성질들을 없애겠다는 열의가 있다면, 스승을 찾을 수 있지 않겠습니까? 우리는 먼저 그것을 없애겠다는 열망을 가져야 합니다. 이것을 가지고 나면 스승이 우리를 찾아서 직접 오거나, 아니면 어떤 식으로든 우리를 그 자신에게로 이끌 것입니다. 스승은 늘 활짝 깨어 있으면서 우리를 지켜볼 것입니다. 이스와라 자신이 우리에게 스승을 보여줄 것입니다. 아버지 말고 누가 그 자식들의 안위를 돌봐주겠습니까? 그는 늘 우리와 함께 하고, 우리를 둘러싸고 있습니다. 마치 새가 자기 날개 밑에서 알을 지키며 부화시키듯이, 그는 우리를 지켜줍니다. 그러나 우리가 그에 대해 오롯한 믿음을 가져야 합니다." 바가반이 말씀하셨습니다.

바가반께 질문하는 것을 보통은 겁내는 상까람마라는 헌신자가 이 말씀을 듣자 조용히 말했습니다. "하지만 스와미님! 수행을 하려면 스승의 가르침(upadesa)이 필요하지 않습니까?" 바가반이 대답했습니다. "오, 그래요? 그러나 그 가르침은 매일 주어지고 있습니다. 그것이 필요한 사람은 가질 수 있지요." 그 자리에 있던 다른 사람들이 말했습니다. "하지만 저희가 그 가르침을 받을 수 있도록 바가반께서 저희를 축복해 주셔야 합니다. 그것이 저희들의 간절한 바람입니다." "그 은총은 항상 있습니다"라고 바가반은 말씀하셨습니다.

1947년 2월 10일

92. 바라보기

오늘 정오에 세 명의 프랑스 여성이 뽄디체리에서 차로 여기 도착했는데, 한 사람은 (프랑스인) 총독의 부인이었고 또 한 사람은 총독 비서의 부인, 그리고 세 번째 사람은 그들과 관계 있는 사람이었습니다. 그들은 식사 후에 조금 쉬고 나서 오후 2시 30분경에 회당에 왔습니다. 두 사람은 바닥에 앉지 못하고 바가반 반대편의 창턱에 걸터앉았고, 세 번째 사람은 겨우 바닥에 앉았습니다. 그들은 오후 3시경에 바가반께 하직 인사를 하고 떠났습니다. 그들을 보고 저는, 한 미국 여성이 아쉬라맘을 찾아와 (회당에서) 다리를 뻗고 앉았다가 아쉬람 사람들이 그러지 말라고 하자, 바가반이 압바이야르와 남데브(Namdev)의 이야기를 들려주시면서 그들을 나무라셨던 사건이 생각났습니다. 그 일에 대해서는 오래 전에 편지를 드렸었지요. 지금은 그와 비슷한 유형의 다른 사건 두 가지를 말씀드리겠습니다.

열 달쯤 전에 나이 든 한 유럽 여성이 프리드먼(Frydman)이라는 다른 유럽인과 함께 여기 와서 20일가량 머물렀습니다. 그녀는 서양식 생활 방식이 몸에 배어 바닥에 그냥 앉는 데 익숙하지 않았습니다. 더구나 나이도 많았습니다. 그래서 바닥에 잘 앉지 못하고 상당히 고생을 했고, 앉았다 하더라도 일어나는 것이 힘들었습니다. 그 신사는 그녀의 손을 잡고 그녀가 일어나는 것을 도와주곤 했지요. 하루는 제가 오전 8시경에 회당에 가 보니 두 사람 다 여자들이 앉게 되어 있는 앞쪽에 앉아 있었습니다. 다른 여자들이 옆에 앉기를 주저하기에 제가 그에게 조금 떨어져 앉으라는 신호를 보냈더니 그는 그렇게 했습니다. 바가반은 화난 표정으로 저를 바라보셨지만 그때는 제가 그 이유를 몰랐습니다. 저는 누군가에게 이야기를 하면서 소파 옆에 서 있었습니다. 그때 프리드먼이 갑자기 일어나더니 그녀가 일어나는 것을 도와주는데, 그녀의 눈에는 눈물이 가득 고여 있었고 아주 마지못해 하면서 바가반께 하직 인사를 하는 것이었습니다. 바가반은 평소처럼 허락한다는 표시로 고개를 끄덕이셨습니다. 그들이 떠나자마자 바가반은 저를 보시면서 말씀하셨습니다. "그들이 가 버려서 유감이군." 저는 큰 죄를 지은 것 같아서 이렇게 말씀드렸습니다. "죄송합니다. 그들이 떠나는 줄은 몰랐습니다." 바가반은 제가 잘못을 깨달았고 뉘우치고 있다고 생각하시고는 이렇게 말씀하셨습니다. "아냐, 그런 게 아냐. 그들은 바닥에 앉으면 힘들어했어. 여기 오고 싶어 하는 많은 사람들이 그래서 안 오는 거지. 바닥에 앉는 데 익숙하지 않거든. 그러니 어떡하겠나? 정말 안 됐군."

또 얼마 전에는 아주 가난한 한 할머니가 가족 친지들과 함께 오전에 여기 왔습니다. 이 할머니를 제외하고는 모두 바가반께 절을 하고 앉았습니다. 할머니는 그냥 서 있었습니다. 시자인 끄리슈나스와미가 그녀에게 앉으라고 했지만 앉지 않았습니다. 가족 친지들이 그쪽으로 오라고 했지만 그렇게 하지도 않았습니다. 저도 그 할머니에게 그쪽으로 가서 앉으라고 했지만 들은 척도 하지 않았습니다. 그 자리에 있던 어떤 사람이 그녀를 나무랐습니다. "여기 있는 사람들이 다 충고하는데 왜 귀담아 듣지 않습니까?" 저는 그녀가 고집을 부리는 이유를 알고 싶어서 가족 친지들을 바라보았습니다. 그들이 말하기를, 이 할머니는 거의 장님인데다가 스와미 곁으로 가서 가까운 거리에서 당신을 뵙고 싶어 한다는 것이었습니다. 저는 일어나서 그녀의 손을 잡고 바가반이 앉아 계신 소파 쪽으로 데려갔습니다. 그녀는 손바닥으로 자기 눈에 그늘을 지우면서 유심히 바가반을 바라보더니 이렇게 말했습니다. "스와미! 저는 앞을 제대로 못 봅니다. 부디 제가 마음 속에서 당신을 뵈올 수 있도록 저를 축복해 주십시오." 바가반은 자애로움으로 가득 찬 표정을 하시고 승낙한다는 표시로 고개를 끄덕이더니 말씀하셨습니다. "좋습니다."

그들이 떠나자마자 바가반이 말씀하셨습니다. "그 가난한 여사는 앞을 제대로 못 보았고, 그래서 저를 보러 가까이 오는 것을 겁냈습니다. 그러니 어떻게 하겠습니까? 그 자리에 그냥 서 있었던 거지요. 눈이 없는 사람들에게는 마음이 눈입니다. 그들은 단 하나의 시력, 즉 마음의 시력밖에 없습니다. 주의를 산만하게 하는 다른 많은 시력들이 없습니다. 오로지 마음이 집중력을 얻어야 하는데, 그것을 얻고 나면 우리들보다 훨씬 낫지요." 이 얼마나 부드럽고 위안이 되는 질책이었는지요!

1947년 2월 12일

93. 스승의 친존에서 하는 수행

오늘 저는 오후 3시경에 회당에 갔습니다. 바가반은 한가하게 어느 헌신자가 하는 질문에 대답하고 계셨습니다. 그 질문 중의 하나는 이러했습니다. "스와미, 바가반의 친존에서 하는 염송과 따빠스는 보통 때보다 더 큰 결과를 가져온다고 합니다. 만약 그렇다면, 당신의 친존에서 한 나쁜 짓은 어떻습니까?" 바가반이 대답하셨습니다. "좋은 행위들이 좋은 결과를 가져온다면 나쁜 행위들은 분명히 나쁜 결과를 낳겠지요. 베나레스에서 암소를 선물하는 것이 그 시주자에게 큰 공덕이 된다면, 거기서 암소를 도살하는 것은 큰 죄악을 초래합니다. 성지에서 한 작은 덕행이 엄청난 이익을 가져온다고 하면, 마찬가지로 죄가 되는 행위는 분명히 엄청난 해악을 초래합니다. 자신이 행위자라는 느낌이 있는 한, 그것이 선하든 악하든 그대가 한 행위들의 과보에 직면해야 합니다."

"나쁜 습관을 버리고 싶은 욕망은 있지만 원습의 힘이 아주 강합니다. 저희는 어떻게 해야 합니까?" 그 사람이 계속 질문했습니다. "그것을 버리려는 인간적 노력을 해야 합니다. 원습을 제거하려면 좋은 어울림, 좋은 접촉, 좋은 행위, 그리고 그런 모든 좋은 관행을 습득해야 합니다. 계속 노력해 나가면 마침내 마음이 성숙하고 신의 은총이 내려서 원습들이 소멸되고 노력이 성공을 거둡니다. 그것을 인간적 노력(Purushakaram)이라고 합니다. 노력하지 않고서 어떻게 신이 그대에게 유리하게 도와주기를 기대합니까?"라고 바가반은 말씀하셨습니다.

다른 사람이 그 대화를 이어받아 말했습니다. "전 우주는 신의 유희(chidvilasam)이고, 일체가 브라만의 성품(Brahmamayam)이라고 합니다. 그렇다면 왜 우리는 나쁜 습관과 나쁜 관행을 버려야 한다고 말하는 것입니까?" 바가반이 대답하셨습니다. "왜냐고요? 제가 일러드리지요. 사람의 몸이 있습니다. 거기에 어떤 상처가 있다 합시다. 그것이 몸의 작은 일부일 뿐이라고 생각하고 그냥 내버려두면 그것 때문에 온 몸이 아프게 됩니다. 보통의 치료로써 낫지 않으면 의사가 와서 환부를 칼로 째고 나쁜 피를 제거해야 합니다. 그 병든 부위를 도려내지 않으면 곪을 것이고, 수술하고 나서 붕대를 감지 않으면 고름이 생길 것입니다. 행위의 경우에도 그와 마찬가지입니다. 나쁜 습관과 나쁜 행위는 몸의 상처와 같습니다. 만약 사람이 그것을 고치지 않고 내버려두면 (나중에) 저 밑의 심연으로 떨어질 것입니다. 그래서 모든 병은 그에 맞는 치료를 해야 하는 것입니다."

"바가반께서는 그런 모든 나쁜 것들을 버리기 위해 수행을 해야 한다고 말씀하십니다만, 마음 자체는 지각 능력이 없고 혼자서는 아무것도 하지 못합니다. 한편 의식(chaitanya)은 부동不動(achalam)이어서 아무것도 하지 않으려고 합니다. 그런데 우리가 어떻게 수행을 할 수 있습니까?" 하고 어떤 사람이 질문했습니다. 바가반이 대답하셨습니다. "오호! 그러나 그대는 지금 어떻게 말을 할 수 있습니까?" "스와미, 그것이 이해가 안 되고, 그래서 깨우쳐 주십사 하는 것입니다"라고 그가 말했습니다. 바가반이 대답하셨습니다. "좋습니다. 그렇다면 부디 귀담아 들으십시오. 지각 능력이 없는 마음은 부동인 의식[진아]과의 산니디야발라(sannidhyabala), 즉 접촉의 힘에 의해 일체를 할 수 있습니다. 그러나 의식의 도움 없이는 지각 능력 없는 마음 혼자서 아무것도 성취하지 못합니다. 한편 의식은 움직이지 않기 때문에 마음의 도움 없이는 아무것도 성취할 수 없습니다. 그것은 필수연관(avinabhavam)의 관계, 즉 하나가 다른 하나와 불가분하게 의존하는 관계입니다. 그래서 옛사람들은 이 문제를 다양한 각도에서 논의한 끝에 마음은 식신결합識身結合(chit-jada-atmakam)이라는 결론에 이른 것입니다. 우리는 의식(chit)[진아]과 무정물無情物(jada-지각 능력 없는 것)의 결합이 행위를 산출한다고 말해야 할 것입니다."

바가반은 이 식신연계識身連繫(chit-jada-granthi)에 대해 「실재사십송」의 제24송에서 다음과 같이 멋지게 말씀하신 바 있습니다.

  육신은 '나'라고 말하지 않고, 진아는 태어나지 않네.
  그 사이에서 '나'라는 느낌이 온 몸 안에서 태어난다네.
  그것을 뭐라고 하든, 그것이 식신연계이며 또한 속박이라네.

1947년 2월 13일

94. 심장과 사하스라라

바가반이 그때그때 타밀어로 지으신 시들이 여러 공책에 산재해 있기 때문에 우리는 그것들을 한데 모아 한 권의 책으로 묶어야 되겠다고 오랫동안 생각해 왔지만, 어쩐 일인지 그 문제를 미루고 있었습니다. 4, 5일 전에 저는 이 문제에 대해 니란자난다스와미에게 이야기하고, 공책 한 권을 가져와서 그 시들을 열심히 베끼기 시작했습니다. 저의 타밀어 실력이래야 보잘 것 없는데도 말입니다.

제가 바가반께 그 시들이 어느 어느 책에 나오느냐고 여쭈어 보자 당신이 말씀하셨습니다. "1, 2, 3번이라는 번호가 붙은 저 큰 공책들 안에 분명히 있을 거야. 한 번 봐." 그러고는 다시 "누가 부탁할 때마다 나는 작은 종이쪽지에 그런 시들을 써서 주곤 했는데, 그러면 그들은 그걸 가져가 버렸지. 그 중의 어떤 것들은 이 공책들에서 적은 것이고 어떤 것들은 그렇지 않아. 그 시들이 여기 다 있다면 지금쯤은 꽤 많은 양이었을 텐데. 내가 산 위에 살 때는 더 많은 시들을 지었는데, 그 중의 어떤 것은 버려졌지. 그것을 보존하겠다는 생각이나 인내심을 누가 가지고 있었겠어? 자네가 원한다면 지금이라도 한 번 모아 보지." 저는 시로 표현된 신의 음성이 미래의 세대들을 위해 보존되지 않고 흩어져 버린 것이 못내 아쉬웠습니다. 공책 1권을 살펴보니 '바가반이 지으신 것들'이라는 제하에 시들이 있는 것을 발견했습니다. 제가 당신께 그 시들이 어떤 것이냐고 여쭈자 당신이 대답하셨습니다.

"내가 비루팍샤 산굴에 살 때, 나야나가 한 번은 아루나찰라는 소년을 데리고 왔어. 그는 학교를 최종 학년까지 마쳤다더군. 나야나와 내가 이야기를 나누고 있을 때 그 소년은 근처의 수풀 속에 앉아 있었지. 우리의 대화를 어떻게 들었는지 그가 영어로 9연의 시를 지었는데, 우리가 하고 있던 이야기의 요지를 제시하는 것이었어. 그 시가 훌륭해서 나는 그것을 아하발(*Ahaval*) 운율로 타밀어로 번역했는데, 마치 텔루구어의 드위빠다(*Dwipada*)처럼 읽혔지. 그 시들의 내용은 이래."

바가반의 얼굴이라는 해로부터, 당신의 말씀이라는 햇살이 쏟아져 나와
가나빠띠 샤스뜨리[나야나]의 얼굴이라는 달에 광채와 힘을 부여하면,
그 달은 우리 같은 사람들의 얼굴에 빛을 돌려준다네.

"한 가지 더 말해 주지. 가나빠띠 샤스뜨리는 사하스라라(*Sahasrara*)가 만물의 근원이고 중심이라고 곧잘 말했지. 심장이 사하스라라의 지지물이지. 그렇지 않아? 심장이 사하스라라에 빛을 주지. 나는 심장이 만물의 근원이고 심장에서 나오는 힘이

사하스라라 안에서 빛난다고 말하곤 했지. 그 시는 이 생각을 포함시키기 위해 심장이 바로 해, 태양이고 사하스라라가 달이라는 이중적 의미를 제시한 거야."

1947년 2월 15일

95. 텔루구 벤바

잡지「띠야기」(Thyagi-'포기자')에서 지난달, 최근 인쇄된 타밀어판 "띠루쭐리" 뿌라남에 대한 서평을 실었습니다. 그 서평에는 비교 자료로서『띠루쭐리 벤바 안다디』(Thiruchuli Venba Andadhi)라는 책에서 뽑은 시 3수가 들어 있었습니다. 저는 도감의 격려에 힘입어 그 서평을 읽고 싶어서, 열흘 전에 그 잡지를 바가반으로부터 받아 갔습니다.

이 벤바(Venba)는 이중적 의미를 가진 시입니다. 그것은 부미나따(Bhuminatha)[즉, 시바]를 찬양하는 것인데, 그것을 노래하는 것은 들으면 아주 기분이 좋습니다. 저는 그 잡지를 골똘히 보면서 회당에 앉아 있었습니다. 바가반은 제가 그것을 잘 해독하지 못할 것이라고 생각하시고, 이렇게 말씀하셨습니다. "부미나따는 띠루쭐리 사원에 있는 신의 이름이고, 사하야 발리(Sahaya Valli)는 그 여신의 이름이지. 이 지방의 전설담(purana)은 '뜨리술라뿌라 마하뜨미얌'(Trisulapura Mahatmyam)이라는 이름으로『스깐다 뿌라나』(Skanda Purana)에 들어 있어." 그리고 그 3수의 시들의 요지를 다음과 같이 들려주셨습니다.

"'오, 부미나따시여! 천상의 모든 신들은, 당신께서 누구의 도움도 받지 않고 당신 자신의 힘으로 뜨리뿌라아수라들(Tripurasuras-악마들의 일당)과 싸워 승리를 얻으셨다고 생각하여, 당신을 '도움 받지 않은' 영웅으로 찬양했습니다. 그러나 당신은 반남반녀半男半女의 아르다나리스와라(Ardhanareeswara)이십니다. 그러니 여신 사하야 발리님의 도움을 받지 않고 어떻게 뜨리뿌라아수라들과 싸워 승리하실 수 있었겠습니까? 당신 몸의 왼쪽 편은 그녀의 것이니, 그녀의 도움 없이 당신께서 활을 당길 수 있었겠습니까?'라는 것이 그 시의 의미지."

"'당신은 산의 형상을 하고 계셔서 움직이지 않는데, 여신 샥띠[에너지]의 도움 없이 무엇을 성취하실 수 있었겠습니까? 따라서 당신이 도움 받지 않은 영웅이라고 말하는 것은 옳지 않습니다. 우리 '사하야 발리'님의 도움 없이는 당신이 아무것도 성취하지 못하십니다.' 이것이 또 다른 의미지. 그 작품들에는 다른 여러 가지 특수한 의미가 들어 있어"라고 바가반은 헌신의 황홀경 속에서 말씀하셨습니다.

『벤바 안다디』책은 그 잡지의 편집자들로부터 (잡지가 나온) 그 다음날 우송받은 모양입니다. 오후 2시 30분에 제가 회당에 갔더니 바가반께서, 그 책을 받았다고 저에게 말씀하셨습니다. 제가 그것을 보려고 집어 들자 바가반이 웃으면서 말씀하셨습니다. "나야나는 산스크리트로 벤바를 지어보려고 했지만 쁘라사(prasa)[운율]가 맞지 않자 그만두어 버렸지. 왜냐하면 그 운율은 아리야 브리따(Arya Vritta-산스크리트 시 운율의 하나)보다 더 어렵다는 걸 알았거든." 당신 자신은 그것이 수끌라 짠다(Sukla Chandas-운율의 하나)라고 말씀하셨습니다. "락슈마나 샤르마는 처음에 자신의 '실재사 십송'을 벤바 운율의 산스크리트로 지었지만 쁘라사와 가나(ganas)가 맞지 않았어. 나는 망갈라 시구(mangala sloka)만 고쳐주었지. 나라싱아 라오가 그것을 텔루구어로 지었지만 그것도 그리 잘 나오지는 않았어." "그것은 아마 텔루구어에는 그에 맞는 운율이 없기 때문이겠지요." 제가 말을 꺼냈습니다. "그럼! 그렇고말고! 상당히 어렵지. 나는 지으려면 지을 수도 있었는데, 어쩐지 그렇게 하지 못했어." 저는 바가반께 상당히 유감스럽다는 듯이 여쭈었습니다. "바가반께서는 텔루구어로 지으시는 것은 아주 그만두셨습니까?" 당신이 대답하셨습니다. "내가 가나를 일러주면 자네가 직접 할 수 있을 텐데, 왜 내가 해?" "하지만 저는 평범한 운율(Chandas)도 모르는 걸요. 어떻게 제가 이 전문적인 변형 운율들을 알겠습니까? 나야나도 못 지었다고 하시지 않았습니까. 그렇다면 누가 할 수 있겠습니까? 바가반께서 지으셔야 합니다. 수뜨라(sutras-짧은 시형의 하나) 형태로 된 바가반의 작품들은 (듣기에) 아주 즐겁습니다. 그렇지 않습니까? 부디 당신께서 (시를 지으셔서) 저희들의 편의를 봐 주십시오." 저는 열심히 간청했습니다. 그러나 당신은 한 마디 말씀도 안 하시고 침묵을 지키셨습니다. 저는 낙심하여 그 책을 가지고 집으로 갔습니다.

저는 3일 동안 회당에 나가지 못했습니다. 나흘 째 되는 날 갔더니 바가반께서 종이쪽지 하나를 주시며 말씀하셨습니다. "일전에 우리가 텔루구어 '벤바'에 대해서 이야기했지. 다음날 내가 텔루구어로 이 세 수를 짓고 난 다음 그것을 타밀어로 번역했어. 봐! 천천히, 아주 천천히 샹까라바라나 라가(sankarabharana raga)로 노래해야 돼."

"같은 방식으로 몇 수를 더 지어주셔야 하는 데요!" 하고 제가 청했습니다. 당신이 말씀하셨습니다. "그만! 텔루구어에는 맞는 운율이 없어. 사람들이 보면 웃을 거야! 시로 지을 만한 적당한 주제도 하나도 없고! 다 평범한 말들이야." "바가반의 음성은 특별히 어떤 주제를 필요로 하지 않습니다. 당신의 입에서 어떤 주제가 나오든, 그것은 베다입니다. 텔루구어에 맞는 운율이 없다면, 왜 바가반께 새로 하나 만들지 않으십니까?" 하고 제가 말했습니다.

무루가나르가 제 편을 들어 말했습니다. "바가반께서 가끔씩 이렇게 지으시면, 시간이 지나면 책이 한 권 될 겁니다. 텔루구어가 새로운 운율을 하나 얻을 수 있다면 그 언어에게는 큰 소득 아니겠습니까?" 바가반은 대답을 하지 않으셨습니다. 저는 그 세 벤바 시들을 제 기록물에 베껴 썼습니다.

1947년 2월 20일

96. 진아에 관한 5연시

저번 편지에서 오라버니께 텔루구 벤바에 대해서 말씀드렸지요. 저는 바가반께서 시를 몇 수 더 지어 주셨으면 좋겠다고 생각했지만, 적당한 기회가 오지 않으면 청하지 않아야겠다 싶어서 한 동안 침묵을 지켰습니다. 제가 16일 오후에 회당에 갔더니 바가반께서 한 헌신자에게 벤바 운율에 대해서 이야기를 하고 계셨습니다. 당신은 저를 보시더니 타밀어 운율과 텔루구어 운율의 차이점을 설명하기 시작하시더니 이렇게 말씀하셨습니다. "구하 나마시바야 스와미(Guha Namasivaya Swamy)가 한 번은 하루에 벤바 하나씩을 짓기로 결심한 모양입니다. 그러면 1년에 360수가 되겠지요. 그런 식으로 여러 수를 지었는데, 일부는 잃어버리고 나머지 시들은 그의 헌신자들이 출판했습니다. 지금도 상당수의 시들을 접해 볼 수 있지요." "바가반께서도 그와 같이 지으시면 세상 사람들에게 이익이 되지 않겠습니까?" 헌신자들이 말했습니다. "왜 그런지 모르겠지만 제 마음이 그 방향으로 움직이지 않으려고 하는군요. 제가 어떻게 합니까?" 바가반이 대답하셨습니다. "그러나 지으신 게 너무 적습니다! 좀 더 지으시면, 그리고 상대가 되는 운율들을 구축하시면 저희 언어에 새로운 보배가 될 텐데요!" 제가 말했습니다.

"그러면 더할 나위 없겠지만 내가 빤디뜨인가? 그런 걸 다 지으려면 『바가바땀』이니 『바라땀』(Bharatam-『마하바라타』)이니 그런 온갖 책들을 봐야겠지. 그러나 내가 무엇에 대해 쓰지? 써야 할 게 뭐가 있지?" 당신이 반문하셨습니다. "바가반께서 쓰시는 것은 무엇이든지 그 자체로 흥미로운 것이 될 겁니다." 제가 대답했습니다.

당신이 대답하셨습니다. "자네는 시를 많이 쓰지. 그걸로 충분하지 않나? 자네가 원한다면 나한테 『뻿다 발라 시크샤』(Pedda Bala Siksha)[어린이용 텔루구어 독본]나 『술락샤나 사람』(Sulakshana Saram-텔루구 운율 책)을 갖다 주지. 내가 가나(ganas)를 일러줄 테니까 자네가 직접 지어 보게." 제가 말했습니다. "저는 아무것도 짓고 싶지 않습니다. 바가반께서 뭐든 지으시면 제가 읽겠지만, 그렇지 않으면 안 봅니다." 당신은 웃으시더니 침묵을 지키셨습니다.

저는 밖으로 나가서 베란다 앞에 앉아서 뭔가를 쓰기 시작했습니다. 그러나 바가반께서는 자애로 가득하시다는 거 아시지요. 제가 회당을 떠나자마자 당신은 벤바를 하나 지으셔서, 그것을 헌신자들에게 읽어주셨던 모양입니다. 당신은 제가 거기 있는 것을 보셨던 겁니다. 저녁에 밖으로 나가시면서 당신은 저를 보고 말씀하셨습니다. "여기 방금 내가 지은 또 하나의 벤바가 있어. 봐도 좋아." 저는 기뻐 어쩔 줄 몰라 하면서 그것을 보고 간수했습니다. 바가반은 그것을 타밀어로 번역하시고 무루가나르에게 말씀하셨습니다. "내가 어디 텔루구어에 밝은가? 그래서 텔루구어로 짓는 걸 피하려고 했는데 그녀가 계속 청하는 거야. 몇 가지 반론을 제기했는데도 수긍하지 않더군. 그래서 할 수 없이 지었지."

"바가반의 음성은 이런 식으로 나오게 되어 있습니다" 하고 무루가나르가 말했습니다. 때는 오후 6시였습니다. 저는 그것을 내일 베끼겠다고 하고 집으로 왔습니다. 다음날 8시에 회당에 갔습니다. 바가반은 저를 보시자 이렇게 말씀하셨습니다. "여기 내가 간밤에 지은 다른 시가 있어. 모두 다섯 수야. '아뜨마 빤짜깜'(*Atma Panchakam*-'진아에 대한 5연시')이라고 불러도 되겠지! 하지만 이미 샹까라가 그 이름으로 지은 게 있으니, 우리는 그것을 '에까뜨마 빤짜깜'(*Ekatma Panchakam*-'하나인 진아에 대한 5연시')으로 부르기로 하지. 이미 번호를 매겨 두었어. 자네가 살펴보고 베껴 두게."

저는 시키신 대로 그것을 베꼈습니다. 제가 그러는 것을 보고 다른 헌신자 몇 명도 그것을 베끼고 암기했습니다. 오늘 오후에 한 여성 헌신자가 회당에서 '에까뜨마 빤짜깜'을 노래 불렀습니다. '따날로 따누분다'(*thanalo thanuvunda*)로 시작되는 제3연을 불렀을 때, 바가반이 저를 보면서 말씀하셨습니다. "영화가 인기를 끌기도 전인 비루팍샤 산굴 시절에 내가 이 영화의 비유를 든 것 좀 봐. 샹까라의 시대에는 영화가 없었지. 그래서 그는 '우주를 거울에 비친 도시처럼'(*viswam darpana drisyamana nagari*)[65] 본다는 예를 들었지. 그 당시에 영화가 있었다면 그 예는 들지 않았을 거야. 우리는 이제 영화를 가지고 아주 쉬운 예를 들 수 있게 되었어."

1947년 2월 24일

97. 탄생

어제 한 여성 헌신자가 「진아에 대한 5연시」(*Ekatma Panchakam*)의 시 다섯 수를 베껴 둔 자기 공책을 바가반께 보여 드렸습니다. 바가반은 그 공책에서 당신의 헌신

---

65) [역주] 샹까라, 다끄쉬나무르띠 송찬, 제1연의 첫 구절.

자들이 처음 당신의 탄신일을 경축하기 시작했을 때 당신이 지으셨던 시 두 수가 있는 것을 보시고, 우리에게 다음과 같은 사건을 들려주셨습니다.

"1912년인가 그때쯤 비루팍샤 산굴에 살 때 한번은 제 생일날이었는데, 주위에 있던 사람들이 그날을 기념하여 거기서 음식을 만들어 먹자고 주장했습니다. 저는 그들을 말리려고 했지만 그들은 '여기서 저희가 음식을 만들어 먹는다고 스와미께 무슨 해로울 게 있습니까?' 하면서 말을 듣지 않았습니다. 그래서 그냥 내버려 두었지요. 그러더니 그들은 금방 그릇을 몇 개 사 왔습니다. 그 그릇들은 아직도 여기 있습니다. 작은 행사로 시작된 일이 이렇게 거창하고 번잡한 잔칫날이 되고 말았습니다. 매사가 그 나름대로 굴러가지 우리가 멈추라고 해도 멈추지 않는 법입니다. 저는 그러지 말라고 그들에게 장황하게 일러주었지만 그들은 귀담아 듣지 않았지요. 요리와 식사가 끝나자 당시에 저와 함께 지내곤 하던 이스와라스와미가 말했습니다. '스와미님! 오늘은 당신의 생신입니다. 부디 시를 두 수 지어주십시오. 그러면 저도 두 수를 짓겠습니다.' 공책에 있는 이 두 수의 시를 지은 것이 바로 그때였습니다. 그것은 다음과 같습니다.

1. 생일을 경축하고 싶어 하는 그대들이여, 먼저 그대들이 어디서 태어났는지를 알아보오. 나고 죽음의 범위를 넘어서 있는 저 영원한 삶 속에 한 자리를 차지하는 그날이 우리의 진정한 생일이라오.

2. 1년에 한 번 있는 이런 생일에도, 우리는 이 몸 받아 이 세상에 떨어진 것을 한탄해야 하리. 그러기는커녕 우리는 잔치를 벌여 경축하네. 그것을 두고 기뻐함은 시체를 장식함과 같으리. 진아를 깨달아 그 안에 흡수되는 것이 지혜라네.

"이것이 그 시들이 말하고자 하는 취지입니다. 말라바르(Malabar) 사람들 중의 어떤 부류는 아기가 집안에 태어나면 울고 사람이 죽으면 성대하게 경축하는 관습이 있는 모양입니다. 실은 우리는 자신의 진정한 상태를 잃어버리고 이 세상에 또 태어난 것을 슬퍼해야지, 그것을 하나의 잔칫날로 삼아 경축해서는 안 되는 것입니다." 제가 여쭈었습니다. "그런데 이스와라스와미는 뭐라고 썼습니까?" "오, 그 사람! 그는 저를 하나의 화신(Avatar)으로 찬양하는 그런 내용 일색의 시를 지었지요. 당시에 그에게는 그런 것이 소일거리였습니다. 그가 시를 한 수 지으면 답시로 저도 한 수 짓고, 그러기를 계속하여 우리는 많은 시를 지었습니다. 하지만 그것을 보관하려는 수고를 한 사람은 아무도 없었지요. 당시에는 대부분의 시간 동안 우리 둘만 있었고, 음식을 해 먹을 수 있는 시설도 없었습니다. 그러니 누가 머물러 있겠습니까? 오늘날은 온갖 시설이 다 갖추어져 있고, 많은 사람들이 제 주위에 모여들어 여기 앉아 있습니다. 그러나 당시에는 뭐가 있었겠습니까? 누가 찾아와도 잠깐 있다가는 가곤 했습니다. 그뿐이었지요."

그 생일 시들의 텔루구어 번역본을 하나 만들어 주시라는 저의 요청에, 당신은 그것을 하나 만들어서 저에게 주셨습니다.

1947년 2월 25일

98. 진아

오늘 오전에 한 구자라트 여성이 남편, 아이들과 함께 봄베이에서 왔습니다. 중년의 나이에 얼굴을 보아하니 교양 있는 여성인 듯했습니다. 남편은 카다르 옷을 입었는데 의회 의원으로 보였습니다. 그들이 행동하는 모양새를 볼 때 지체 있는 사람들 같았습니다. 그들은 목욕을 마친 뒤 오전 10시까지 회당에 모두 모였습니다. 그들의 태도로 볼 때 뭔가 질문을 하고 싶은 눈치였습니다. 채 15분이 되기 전에 그들은 다음과 같이 질문을 하기 시작했습니다.

여사: 바가반! 진아를 어떻게 성취할 수 있습니까?
바가반: 왜 진아를 성취해야 합니까?
여사: 샨띠(*Shanti*)[평안]를 얻기 위해서입니다.
바가반: 그렇군요! 그겁니까? 그러면 평안이라고 하는 게 있군요, 그렇습니까?
여사: 예! 있습니다.
바가반: 좋습니다! 그리고 그대는 자신이 그것을 성취해야 한다는 것은 아는군요. 그것을 어떻게 압니까? 그것을 알려면 언젠가 그것을 경험해 보았어야 합니다. 사탕수수가 달다는 것을 알 때에만 그것을 더 먹고 싶은 마음이 납니다. 마찬가지로, 그대는 평안을 경험해 보았음이 분명합니다. 그대는 이따금씩 그것을 경험합니다. 그렇지 않다면 왜 그렇게 평안을 갈망하겠습니까? 사실 우리는 모든 인간이 그와 같이 평안을 갈망한다는 것을 압니다. 어떤 종류의 평안이든 말입니다. 따라서 평안은 실재하는 것, 곧 실재임이 명백합니다. 그것을 '샨띠'라 하든, '영혼'이라 하든, 혹은 '빠라마뜨마'라 하든 '진아'라 하든, 뭐라고 해도 좋습니다. 우리는 모두 그것을 원합니다. 그렇지 않습니까?
여사: 예! 그러나 그것을 어떻게 얻습니까?
바가반: 그대가 가지고 있는 것은 샨띠 그 자체입니다. 어떤 사람이 이미 가지고 있는 어떤 것을 달라고 하면 제가 무슨 말을 합니까? 그것이 어디서 가져와야 하는 것이라면 노력이 필요합니다. 온갖 활동을 하는 마음이 그대와 그대의 진아 사이에

끼어들었습니다. 그대가 이제 해야 할 일은 그것을 제거하는 것입니다.

여사: 수행을 하기 위해서는 은둔 생활이 필요합니까? 아니면 우리가 모든 세간적 쾌락을 내버리기만 하면 됩니까?

바가반은 그 질문의 후반부에 대해서만 '포기는 내적인 포기를 뜻하지 외적인 포기를 뜻하는 게 아닙니다'라고만 말씀하시고 침묵을 지키셨습니다.

식당에서 저녁 식사 종이 울렸습니다.

대가족이 있는 이 여사의 마지막 질문의 전반부에 대해 바가반이 뭐라고 대답하실 수 있겠습니까? 그녀는 교육도 받았고 교양이 있었습니다. 바가반은 재가자들에게 그와 비슷한 말씀을 자주 하셨는데, 거기에는 수긍할 만한 일리가 있습니다. 어찌됐든, 내적인 혹은 심적인 포기란 것이 그 모든 말씀처럼 그렇게 쉽습니까? 그래서 바가반은 포기란 내적인 포기를 뜻하지 외적인 포기를 뜻하지 않는다는 답변만 하신 것입니다. 아마 그 다음 질문은 '내적인 포기란 무엇입니까?'라는 것이 될 것이고, 저녁 식사종이 울리지 않았다면 어떤 답변이 있었겠지요. 저는 제가 은둔 생활을 하고 있는 제 처소로 돌아왔습니다. 아시다시피 신은 각 개인에게, 그 사람에게 맞는 적당한 것을 안배해 왔습니다.

바가반이 한 번이라도 저에게 '자네는 왜 혼자 사나?'라고 물으신 적이 있습니까? 아니면 다른 누구에게 그렇게 말씀하신 적이 있습니까? 전혀 없습니다. 만약 왜냐고 물으신다면, 그것은 이것이 제 삶에 적합한 조건이기 때문입니다.

1947년 2월 26일

99. 스승의 참모습

오늘 오후에 한 타밀 청년이 바가반께 다가가 질문했습니다. "스와미님! 어제 오전에 당신께서는 그 구자라트 여사에게 포기는 내적인 포기를 뜻한다고 말씀하셨습니다. 우리가 그것을 어떻게 얻을 수 있습니까? 내적인 포기란 무엇입니까?"

바가반: 내적인 포기란 모든 원습이 가라앉아야 한다는 뜻입니다. 만약 '그것을 어떻게 성취하느냐'고 묻는다면, 제 대답은 '수행으로써 성취할 수 있다'는 것입니다.

질문: 수행에는 스승(Guru)이 있어야 합니다. 그렇지 않습니까?

바가반: 그렇지요! 스승이 필요합니다.

질문: 적합한 스승을 어떻게 판정할 수 있습니까? 스승의 참모습(swarupa)은 무엇입니까?

바가반: 그대의 마음이 끌리는 사람이 적합한 스승입니다. 어떤 사람이 스승이며

그의 참된 형상이 무엇이냐고 묻는다면, 그는 평온함, 인내, 관용 기타의 미덕을 갖추고, 맨눈만으로도 자석처럼 다른 사람들을 끌어당길 수 있는 사람이어야 하며, 만물에 대해 평등심을 가지고 있어야 합니다. 그런 덕을 갖춘 사람이 진정한 스승입니다. 만일 누가 그 진정한 스승의 참모습을 알고 싶다면, 먼저 그 자신의 참모습을 알아야 합니다. 자기 자신의 참모습도 모르면서 어떻게 진정한 스승의 참모습을 알 수 있겠습니까? 만약 진정한 스승의 참모습을 알고 싶다면, 먼저 전 우주를 스승의 모습(Guru rupam)으로 보는 법을 배워야 합니다. 모든 산 존재들에 대해 스승으로 대하는 태도(Gurubhavam)를 가져야 합니다. 신에 대해서도 마찬가지입니다. 모든 대상을 신의 모습(rupa)으로 여겨야 합니다. 자기 자신의 진아를 모르는 사람이 어떻게 이스와라의 모습이나 스승의 모습을 알 수 있습니까? 어떻게 그들을 판정할 수 있습니까? 그러니 먼저 그대 자신의 진정한 참모습을 아십시오.

질문: 그것을 알기 위해서라도 스승이 필요하지 않습니까?

바가반: 맞습니다. 세상에는 위대한 인물들이 많습니다. 그대의 마음이 끌리는 사람을 그대의 스승으로 여기십시오. 그대가 믿음을 갖는 사람이 그대의 스승입니다.

그 청년은 흡족하지 않았습니다. 그는 생존해 있는 큰 인물들의 이름을 나열하기 시작하더니 이렇게 말했습니다. "이 사람은 이런 결점이 있고, 저 사람은 이런 결점이 있습니다. 어떻게 그런 분들을 스승으로 볼 수 있습니까?"

바가반은 누가 당신을 아무리 많이 비방해도 관용하시지만 다른 사람들을 조금이라도 헐뜯는 것은 용납하지 않으십니다. 당신은 다소 참지 못하겠다는 기색으로 말씀하셨습니다. "오호! 그대 자신의 진아를 알라고 했더니, 그러기는커녕 남들을 헐뜯기 시작하는군요. 그대 자신의 결점을 바로잡으면 그걸로 충분합니다. 그런 사람들은 자신의 결점을 돌볼 수 있습니다. (그대에 의하면) 마치 그들은 먼저 그대에게서 인가증을 얻지 못하면 구원을 얻지 못할 것 같군요. 정말 딱한 일이군요! 그들은 모두 그대의 인가증을 받으려고 기다리고 있습니다. 그대는 위대한 인물입니다. 그대가 인가해 주지 않으면 그들이 무슨 구원을 얻겠습니까? 그대는 여기서 그들을 비난하지만, 다른 데서는 우리를 비난하겠지요. 그대는 모르는 게 없지만 우리는 아무것도 아는 게 없습니다. 그러니 우리는 그대에게 복종해야 합니다. 예! 그렇게 하지요. 가서 부디 선언하십시오. '나는 라마나스라맘에 갔다. 그리고 마하르쉬에게 몇 가지 질문을 했다. 그는 제대로 대답을 못했다. 그러니 그는 아무것도 모른다'고."

그 청년은 같은 논조로 다시 말을 하려고 했지만, 다른 헌신자가 그러지 못하게 막았습니다. 바가반은 그것을 보고 말씀하셨습니다.

"왜 못하게 합니까? 모두 침묵하고 그가 하고 싶은 만큼 계속 이야기하게 하십시오. 그는 지혜로운 사람입니다. 그러니 우리는 몸을 낮추어야 합니다. 저는 그가 왔을 때부터 그를 지켜보고 있었습니다. 그는 원래 자기가 할 질문들을 주의 깊게 분류해서, 말하자면 꾸러미로 만들어 준비한 채 구석에 앉아 있었습니다. 그러더니 하루하루 더 가까이 이동하여 마침내 충분히 가까이 오자 질문을 시작했습니다. 어제 그 여사가 질문하는 것을 듣고 나서 그는 자신의 지식을 과시하기로 마음먹고 그 꾸러미를 열었습니다. 그 안에 있는 것은 다 나와야 합니다. 그렇지 않습니까? 그는 온 세상을 다 찾아다니며 자기 스스로 스승의 참모습을 판정하려고 합니다. 그는 아직도 자신의 스승이 될 만한 자격을 갖춘 사람을 아무도 못 만난 것 같습니다. 닷뜨레야(Dattatreya)는 보편적인 스승입니다. 그렇지 않습니까? 그리고 그는 전 세계가 자신의 스승이라고 말했습니다. 우리가 어떤 악한 것을 보면 '나는 저러지 말아야겠다'고 생각합니다. 그래서 그는 악도 자신의 스승이라고 말했습니다. 선한 것을 보면 우리도 그렇게 하기를 소망합니다. 그래서 그는 선도 자신의 스승이라고 말했습니다. 선과 악이 다 자신의 스승이라고 했습니다. 그가 한 사냥꾼을 만나 어느 길로 가야 하느냐고 물은 모양입니다. 사냥꾼은 머리 위의 새 한 마리를 겨냥하는 데 몰두하여 그의 질문을 못 들은 척했습니다. 닷따뜨레야는 그에게 절하면서 말했습니다. '당신이 제 스승입니다! 새를 죽이는 것은 나쁜 일이지만, 화살을 쏠 때 저의 질문을 돌아보지 않을 정도로 당신의 표적을 그토록 확고히 노리는 것은 좋은 일입니다. 그러면서 제가 마음을 이스와라에게 확고히 고정해야 한다는 것을 가르쳐 주었기 때문입니다. 따라서 당신은 저의 스승입니다.' 그와 같은 방식으로 그는 일체를 자신의 스승으로 보았습니다. 그리하여 마침내 자신의 몸 그 자체가 하나의 스승이라고 말했습니다. 왜냐하면 몸의 의식은 잠을 자는 동안에는 존재하지 않고, 따라서 존재하지 않는 몸을 영혼과 혼동하면—몸이 자기라는 생각(dehatmabhavana)을 하면—안 되기 때문입니다. 그래서 그것도 그에게는 스승이었습니다. 그는 전 세계를 자신의 스승으로 여겼지만, 전 세계는 그를 자신의 스승으로 숭배합니다. 이스와라도 그와 마찬가지입니다. 전 우주를 이스와라로 여기는 사람은 그 우주에 의해 이스와라로 숭배 받습니다. '그대가 인식하는 대로 그대가 된다'(Yad bhavam tad bhavati-베다에 나오는 유명한 구절)는 것입니다. 우리의 인격대로, 세계가 있습니다. 큰 정원이 하나 있습니다. 비둘기가 그 정원에 오면 망고를 먹으려고 망고나무를 찾지만, 까마귀는 님나무(neem tree)만 찾습니다. 꿀벌은 꿀을 모으기 위해 꽃을 찾지만, 파리는 똥을 찾습니다. 성석聖石(salagrama)[성스러운 작은 돌]을 찾는 사람은 다른 돌은 다 젖혀두고 그 돌을 집습니다. 그 성석은 평범한 돌무더기 중에 있습니다. 선은 악이 공존하기 때문에 우리가 그것을 식별할 수 있습니다. 빛이 빛나는 것은 어둠이 존재하기 때문입니다. 환幻이 존재해야만 이스와라도 있습니다. 정수精髓를 추구하는 사람은 백 가지 중에서 좋은 것 하나를 찾아냅니다. 아흔 아홉 가지를 버리고 좋은 것 하나를 받아들이면서, 그 하나로 자기가 세상을 정복할 수 있다는 데 만족해합니다. 그의 눈은 늘 그 단 하나의 좋은 것을 노릴 것입니다." 바가반은 울림 있는 목소리로 이 말씀을 다 하신 뒤에 침묵에 잠기셨습니다.

회당에 있던 사람들 모두 엄숙한 침묵에 잠겼습니다. 시계가 4시를 쳤습니다. 이때 아쉬라맘의 공작이, 마치 악마 수라빠드마(Surapadma)를 죽인 아루나찰라 라마나의 연꽃 발에 경배 드리고 당신을 찬양하기 위해서 왔던 저 공작의 원조元祖나 되는 듯이,66) 남쪽 문으로 회당에 들어와서 우렁찬 울음으로 자신이 왔음을 알렸습니다. 바가반은 그 울음소리에 답하여 '오너라, 오너라'(Aav, Aav) 하면서 그쪽으로 눈길을 돌리셨습니다.

1947년 3월 12일

100. 낭비가 없음

최근 바가반은 그 생일시들과 「진아에 관한 5연시」를 (손수) 쓰시지 않았습니까? 당신은 그것을 잉크를 흡수하는 거친 종이쪽지들 위에 쓰고 계셨는데, 저는 마치 진주폐미 같아 보이는 그 신성한 글자들이 거친 종이 위에 쓰이는 것이 안쓰러워서 당신께 이렇게 말씀드렸습니다. "그것을 공책에다 쓰시면 더 좋을 것 같은데요." "이것도 괜찮아." 당신이 대답하셨습니다. "그걸 공책에 쓰면 누군가가 내 필적임을 알아보고 가져가 버리겠지. 지금은 그럴 염려가 없어. 스와미는 모두의 공유 재산이니까." 그리고 당신은 저의 제의를 받아들이지 않으셨습니다.

오늘 오전에 그 생일시에 약간 변경이 가해졌기 때문에, 저는 그것을 적어서 제 공책에 붙여놓기 위한 흰 종이쪽지가 필요해서 회당에서 그것을 찾아보았지만 하나도 없었습니다. 종이를 가지러 집으로 갈 인내심이 없었던 저는 아무 주저함이나 두려움 없이 바가반께, 사무실에 가서 좀 달라고 해야겠다고 말씀드렸습니다. 사무실에 갔더니 좋은 종이를 좀 주었습니다. 제가 한 장을 가지면서, 바가반께도 종이를

---

66) [역주] 오랜 옛날, 아수라왕인 수라빠드마는 천상계를 유린한 폭군이었다. 시바의 아들로 태어난 청년 무루가는 천신들의 군대를 이끌고 남인도에서 수라빠드마의 군대와 싸워 수라빠드마를 두 조각 내고, 그 한 조각을 공작으로 만들었다. 바가반은 무루가(=수브라마니아)의 화신으로 간주된다.

좀 갖다 드리면 당신이 쓰시기에 좋을 거라고 말했습니다. 그랬더니 "그러면 가지고 가세요" 하면서 종이 네 장을 주었습니다. 저는 그것을 바가반께 갖다 드리면서, 여기다 당신의 작품들을 쓰시면 나중에 공책에 풀로 붙일 수 있을 거라고 했습니다. 그리고 그 종이를 선반에 올려둘지를 여쭈었습니다. 당신이 말씀하셨습니다. "그게 어디서 났지? 사무실에서 가져왔나?" 제가 "예" 했습니다. 그러자 당신이 말씀하셨습니다. "나한테 그게 왜 필요해? 자네가 원하면 자네 가져도 돼. 나는 신문에서 종이쪽지를 뜯어내어 잘 보관해 두었다가 거기다 쓸 거야. 내가 왜 그런 좋은 종이를 써?" 저는 대답을 못하고 그것을 선반에 얹어 두었습니다.

오전 9경이었습니다. 우편물이 와서 처리된 뒤에 바가반은 신문을 읽기 시작하셨습니다. 그런데 그 신문에서 4인치쯤 되는 부분의 백지가 있는 것을 보시자, 신문을 접어 그것을 뜯어내기 시작하셨습니다. 그리고 저에게 미소를 지으셨지만 저는 그 이유를 알지 못했습니다. 그것을 뜯어내신 뒤에 당신은 그것을 예쁘게 접어서 선반 위에 얹으시고 말씀하셨습니다. "봐, 내 작품들을 쓸 때는 이 종이를 사용할 거야. 그렇지 않으면 내가 무슨 종이를 얻어? 어디 가서 얻겠어? 내 작품들을 쓰는 데는 이거면 충분히 좋지 않나?" 제가 대답했습니다. "그러니까 그것은 저희들에게 한 가지 교훈을 주시기 위해서였군요. 바가반께서는 늘 저희들에게 교훈을 주시는데, 저희들은 그것을 배우지 못합니다." 바가반은 미소를 띠시고 침묵을 지키셨습니다.

우편으로 책을 받는 여기 사람들이 이따금 그 책들을 포장지에 싸인 그대로 회당으로 가져옵니다. 바가반은 그 포장지를 예쁘게 접어서 시자들에게 말씀하십니다. "이보게! 이걸 잘 보관해 둬. 그걸로 다른 책을 쌀 수 있으니까. 그런 게 필요하면 어디서 우리가 그런 종이를 얻겠나? 이렇게 얻은 것이 알짜지." 매일 아쉬람이 받는 편지들은 바가반께서 살펴보시라고 사무실에서 가져옵니다. 그 중에는 오라버니 같은 공무원들은 종이를 접어서 한쪽 면에만 쓰고 나머지 면은 그대로 둡니다. 바가반은 글자가 쓰이지 않은 그런 종이를 뜯어내어 보관해 두십니다. 핀도 마찬가지입니다. 신문을 읽고 나면 그 핀들을 떼어내어 시자들에게 건네주시면서 말씀하십니다. "필요할 때 요긴하게 쓰일 거야. 안 그러면 그들이 그냥 내버릴 테지. 우리가 쓰지 뭐. 우리가 새 걸 어떻게 사? 필요하면 사야 하는데, 돈이 어디 있어?"

바가반은 산 위에 사실 때 국자, 숟가락, 컵 따위를 코코넛 껍질로 만들어 두시곤 했습니다. 최근까지도 당신은 코코넛 껍질로 컵과 숟가락을 만들어 상아처럼 매끈하게 다듬으신 다음 시자들에게 말씀하시는 것이었습니다. "이보게, 이걸 잘 보관해 둬. 때가 되면 쓸모가 있을 거야. 은이나 금으로 된 것을 우리가 어떻게 구해? 이것들은 우리의 은컵이고 금숟가락이야. 손도 대지 않을 거고. 금속제처럼 오염되지도 않겠지. 사용하면 기분이 좋을 거야." 그뿐이 아니고, 바가반이 청량음료나 말라얄람 죽을 드실 때는 그 물건들만 사용하십니다.

바타비아(Batavia)나 까말라(Kamala) 산(産) 오렌지 같은 것을 받으실 때마다 당신은 그 껍질을 버리지 못하게 하시고, 그걸로 처트니나 피클을 만들게 하십니다. 그것은 또 국을 끓이는 데 쓰이거나 그 비슷한 다른 용도에 쓰입니다. 그뿐 아니라 당신은 음식을 드실 때 한 줌도 남겨서 버리지 않으십니다. 이처럼 당신은 우리에게 유용한 물건은 단 하나도 낭비하지 말아야 한다는 것을 솔선수범하여 보여주십니다.

만일 누가 장미를 가져와서 선물하면, 바가반은 그것을 당신의 눈에 대고 눌렀다가 시계에 붙이시고, 꽃잎이 말라서 떨어지면 그것을 드시기도 하고 당신 가까이 있는 사람들에게도 좀 주십니다. 한번은 어떤 사람이 장미꽃 화만을 가져왔는데, 어머니 사원의 신상을 장식하는 데 쓰이고 나서 나중에 승려들이 그것을 쓰레기통에 다른 꽃들과 함께 내버렸습니다. 바가반은 밖에 나가셨다가 그것을 보시고는 그들에게 화를 내시고, 그 꽃잎들을 거두어 그들로 하여금 그것을 빠야삼(payasam)[푸딩]에 섞게 하셨습니다. 그러자 빠야삼은 좋은 향기와 탁월한 맛이 났습니다. 당신은 산을 오르시다가 혹시 어떤 쓸모 있는 잎사귀를 보시면, 시자들과 함께 그것을 따다가 요리해 먹는 법을 지시하십니다. 그러면 맛있는 음식이 나오게 됩니다. 당신은 비싼 음식보다는 전혀 비용이 들지 않는 음식을 좋아하십니다. 이런 모든 것은 그저 평범하게 보일지 모르겠습니다만, 곰곰이 잘 생각해 보면 우리에게는 좋은 교훈이라는 것을 발견할 것입니다. 그 말은, 당신은 우리에게 적은 수입으로도 편안하게 살 수 있어야 한다는 것을 가르쳐 주신다는 뜻입니다.

1947년 3월 28일

101. 미혹과 마음의 평안

어제 안드라 프라데시 출신의 청년 하나가 왔습니다. 그의 얼굴을 보니 단순한 사람같이 보였습니다. 그가 오늘 오전에 바가반께 다가가서 질문했습니다. "스와미님! 저는 열 달 전에 당신을 친견하러 여기 왔습니다. 이번에 다시 당신을 친견하고 싶은 욕망이 생겨서 즉시 길을 떠나 여기 왔습니다. 잠시도 지체할 수 없었습니다. 앞으로도 그런 욕망이 생길 때마다 제가 그렇게 할 수 있겠습니까?"

바가반이 답변하셨습니다. "무슨 일이든, 일어날 일은 일어납니다. 모든 일은 우리의 업에 따라 일어납니다. 왜 미리 걱정합니까?"

그가 다시 질문했습니다. "앞으로도 언제든지 그런 욕망이 생기면 제가 와도 됩니까? 아니면 그 욕망을 억눌러야 합니까?"

"그대가 미래를 앞질러 생각하지 않으면, 일들은 저절로 일어납니다." 바가반이 대답하셨습니다.

질문자가 말했습니다. "저는 이 욕망을 잠시도 억누를 수 없습니다. 이것은 자기기만입니까?"

바가반은 미소를 지으며 저를 바라보시고는 말씀하셨습니다. "그는 얼마 전에 여기 왔던가 본데 이번에 다시 여기 오고 싶은 욕망이 생겨서 즉시 왔다는군. 그리고 앞으로 그런 욕망이 생길 때마다 와도 좋으냐고 묻고 있어."

그 청년이 끼어들어 말했습니다. "제가 바가반을 뵙고 싶은 욕망이 생길 때마다, 저는 그것을 잠시도 제어할 수 없습니다. 저는 그것이 단지 마음의 망상인지 아닌지를 여쭈어 보는 것뿐입니다."

제가 말했습니다. "위대한 사람을 친견하고 싶다는 욕망이 어떻게 단지 마음의 망상일 수 있겠습니까? 제어하고 억눌러야 할 마음의 망상들이 아주 많은데, 당신에게는 이 욕망만 마음의 망상으로 보입니까?" 그러자 더 이상 질문이 없었습니다.

회당에는 성지 순례차 이곳에 와 있던 몇 명의 안드라 방문객들이 있었습니다. 그들 중의 한 사람이 일어나서 질문했습니다. "스와미님! 영혼은 어떻게 해서 평안을 성취합니까?" 바가반은 웃으면서 대답하셨습니다. "뭐라고요! 영혼에게 평안이 무엇이냐고요?" "아뇨, 아뇨! 제 말은, 마음에게 무엇이냐는 것입니다." "오, 마음에게요! 원습이 가라앉으면 마음은 평안을 성취합니다. 그러기 위해서는 우리가 탐구를 하여 자신이 누구인지를 알아야 합니다. 먼저 평안이 무엇인지를 탐구하지는 않고 '나는 평안을 원한다, 나는 평안을 원한다'고 말하기만 해서 평안을 어떻게 얻겠습니까? 먼저 이미 존재하는 것을 인식하고 깨달으려는 노력을 하십시오."

그들 중에는 빤디뜨가 한 사람 있었는데, 그가 질문했습니다. "어떤 곳에서는 사는 것 자체가 극히 힘듭니다. 그런 곳에서는 수행을 어떻게 해야 합니까?"

바가반이 답변하셨습니다. "그 장소는 그대의 안에 있습니다. 그대가 그 장소에 있는 것이 아닙니다. 그대는 모든 장소에 있는데, 어떤 곳에서는 어려움이 있고 어떤 곳에서는 그렇지 않다고 할 것이 어디 있습니까?" "그러나 우리는 어떤 곳에서는 마음의 평안을 전혀 얻지 못합니다." 그가 이의를 제기했고, 바가반은 이렇게 답변하셨습니다. "항상 존재하는 것이 평안입니다. 그것이 그대의 본래적 상태입니다. 그대는 자신의 본래적 상태를 인식하지 못합니다. 실재하지 않는 이상한 상태들에 미혹되어 평안이 없다고 안타까워합니다. 만약 그대의 진아를 깨달으면 모든 장소들이 똑같이 수행에 적합한 것으로 될 것입니다."

1947년 4월 3일

102. 어머니 알라감마

일전에 스리 바가반의 친존에서 옛날 노래들에 대한 이야기가 있었습니다. 바가반이 말씀하셨습니다. "어머니는 '다끄쉬나무르띠 송찬' 등 베단타 노래들을 곧잘 부르셨지요. 대개 의미가 풍부한 것들이었습니다. 오늘날은 누구도 그런 노래에 관심이 없지만, 그런 노래들을 편집해서 간행하면 아주 좋을 겁니다."

그 말씀을 듣자 저는 텔루구어로 된 옛날의 철학적 노래들을 기억했고, 그 노래들도 편집하여 간행하면 우리 텔루구 여성들에게도 영적으로 이익이 될 거라는 생각이 들어, 그에 대한 글을 한 편 썼습니다. 거기서 저는 바가반이 어머니 알라감마에게 해 주신 가르침 중에서도 아주 두드러지는 '압빨람'(*Appalam*)[67] 노래를 언급했는데, 이것은 가장 훌륭한 노래의 하나로 생각되는 것입니다. 제가 그 글을 텔루구 잡지인 「그리하 락슈미」(*Griha Lakshmi*)로 보내고 싶다고 바가반께 말씀드리자 당신은 저에게 그것을 읽어달라고 하셨습니다. 그 내용을 듣더니 바가반이 말씀하셨습니다. "이 노래에 대해서 재미있는 이야기가 하나 있지." 그리고 저의 청을 받아 즐거이 그 이야기를 들려주셨습니다.

"초기에 어머니가 비루팍샤 산굴에서 저와 같이 살러 오셨을 때는 음식을 만드는 일이 없었습니다. 에짬마나 다른 사람이 음식을 갖다 주면 그것을 드시고는 설거지를 한 다음 잠자리에 드시곤 했지요. 그뿐이었습니다. 하루는 어머니가 제가 딱히 먹을 것이 없다고 생각하시고는, 제가 쌍둥이 압빨람을 좋아하니까 그것을 좀 만들어 주면 좋겠다고 생각했습니다. 많이 해 보신 솜씨였기 때문에 그것을 만드시는 거야 어려울 게 없었습니다. 당신은 제가 모르게 무달라이아르 할머니와 에짬마 등에게 부탁하여 필요한 재료 일체를 구한 다음, 어느 날 저녁에 마을에 좀 내려가야겠다고 하시더니 길을 나섰습니다. 저는 당신이 대체 어디를 가시는지 알고 싶어서 당신이 떠나실 때 말없이 바깥의 나무 밑에서 기다렸습니다. 어머니는 제가 아무것도 모른다고 생각하셨지요. 어머니는 몇 집을 찾아가 필요한 도구들을 큰 그릇에 모아 담아 돌아오셨습니다. 저는 눈을 감은 채 전혀 모르는 체했습니다. 어머니는 방문객

---

[67] 검정콩 가루로 얇고 바삭바삭하게 구운 것. 타밀어로는 압빨람(*Appalam*), 말라얄람어로는 뽑빠담(*Poppadam*), 텔루구어로는 압빠담(*Appadam*)이라고 한다.

들이 다 갈 때까지 그것을 산굴 안에 조심스럽게 놓아두셨습니다. 밤이 되자 저는 끼니 식사를 하고 나서, 자는 척하고 자리에 누웠습니다. 어머니는 느긋하게 나무 밀대와 나무 의자, 푸석푸석한 밀가루, 그리고 반죽 덩어리들을 꺼내더니 압빨람을 만들기 시작했습니다. 만들어야 할 것이 2, 3백 개는 되었는데, 그것을 혼자서는 다 만들 수 없었습니다. 그 일은 제가 알지요. 그래서 어머니는 저에게 조용히 말씀하시기 시작했습니다. '애야, 제발 이거 좀 도와다오.' 저는 기다리고 있던 기회를 잡았습니다. 만약 그런 문제에서 제가 관대하게 나가면 어머니는 또 다른 일을 벌이실 게 뻔했습니다. 저는 그것을 적당한 때 그만두시게 하고 싶어 이렇게 말했습니다. '일체를 포기하고 여기 오신 거 아니었습니까? 이런 걸 왜 합니까? 무슨 음식이든 생기는 음식으로 만족하셔야지요. 저는 도와드리지 않겠습니다. 설사 그걸 만드신다 해도 안 먹겠습니다. 모두 어머니 자신을 위해 만들어 혼자 다 드십시오.' 어머니는 한 동안 아무 말씀이 없더니 다시 말씀을 시작했습니다. '뭐라고 그랬지, 애야, 제발 조금 도와다오.' 저는 완강했지요. 어머니는 몇 번이나 저를 불러댔습니다. 더 이상 다투어 봐야 소용이 없겠다 싶어서 제가 말했습니다. '좋습니다. 그 압빨람을 만드십시오. 저는 다른 것을 만들겠습니다.' 그러고는 이 '압빨람' 노래를 부르기 시작한 것입니다. 어머니는 밥 노래, 국 노래 등의 노래를 곧잘 부르셨는데, 모두 베단타적 의미가 있는 것이었습니다. 그러나 아무도 압빨람 노래는 짓지 않은 것 같았습니다. 그래서 그걸 하나 지어야겠다고 생각했던 것입니다. 어머니는 노래들을 아주 좋아하셨지요. 그래서 다른 노래도 배웠으면 하고 생각하고 계셨습니다. 압빨람 만들기가 다 끝날 무렵에는 제 노래도 끝이 났습니다. '저는 이 압빨람[압빨람에 대한 노래]을 먹겠으니, 어머니는 당신이 만드신 걸 드십시오' 하고 제가 말했습니다. 그것은 1914년인가 1915년에 있었던 일입니다."

"얼마나 멋진 이야기입니까! 저는 그 이야기를 이 글에 간략하게 써 넣었습니다만, 이걸로는 안 되겠군요." 제가 말했습니다. "그 글에 이걸 왜 다 넣어?" 바가반이 물으셨습니다. 저는 이 이야기를 (오라버니께 보내는) 제 "편지"에 다 쓰겠다고 말씀드렸고, 바가반은 그러라고 하셨습니다. 그때 당신은 다른 사건 하나가 생각나 이렇게 말씀하셨습니다. "압빨람의 노래를 짓고 난 뒤 어느 날 우리는 모두 산 오른돌이에 나섰습니다. 어떤 사람이 말했습니다. '스와미님! 부디 저희들에게 압빨람의 노래가 가진 의미를 설명해 주십시오.' 그래서 저는 (제1연 첫 구절의) '다섯 겹 육신의 밭에서'라는 말을 봅시다, 하면서 설명을 시작했습니다. 『바가바드 기타』나 다른 베단타 문헌에 나오는 '다섯 겹 육신의 밭'에 대해서는 많은 전거들이 있는데, 저는 그것을 다 인용했습니다. 그와 마찬가지로 각 단어에도 많은 전거들이 있습니다. 저는 그것을 모두 제시하면서 그 의미와 중요성을 그들에게 설명해 주었습니다. 우리가 산을 한 바퀴 다 돌고 나서 비루팍샤 산굴로 돌아와 앉았을 때도 저는 아직 설명을 하고 있었습니다. 베단타의 모든 핵심이 그 하나의 노래 안에 다 들어가 있었지요. 제대로 주석을 단다면 그 자체로 큰 책이 한 권 나올 것입니다."

제가 말했습니다. "바가반께서 설명하신 것을 다 기록해 둔 사람이 있었더라면 좋았을 텐데요. 누가 그 노래에 대해 바가반께서 하시듯이 그렇게 주석을 달 수 있겠습니까? 지금이라도 왜 누가 그것을 기록하지 않는 거죠?"

"아무래도 상관없지!" 당신이 웃으면서 말씀하셨습니다. 그 주석을 다 듣고 난 뒤에 제가 말했습니다. "저는 이 글이 만족스럽지 않아서 「그리하 락슈미」에 보내지 않겠습니다." 바가반이 말씀하셨습니다. "좋을 대로 하게." 그리고 하시던 말씀을 계속했습니다. "제가 어머니를 훈계하기는 했지만 어머니는 조금씩 요리를 하시기 시작했지요. 처음에는 채소를 하다가 나중에는 국을 끓이고 그런 식으로 말입니다. 나중에 우리는 스칸다쉬라맘으로 옮겨갔습니다. 어머니는 온 산을 돌아다니면서 이것저것 구해 와서 이렇게 말씀하시곤 했습니다. '그는 이 야채와 저 과실을 좋아해요.' 제가 한 훈계는 거들떠보지도 않았습니다. 한번은 산 이쪽 편 숲으로 오셨을 때 당신의 사리가 가시덤불에 걸렸습니다. 이 길에서 온갖 덤불 따위를 치운 것은 그때였습니다. 당신은 저를 떠나서 어디로도 가지 않겠다고 하셨지요. 다른 데 가 있다가 거기서 죽을지도 모른다고 겁을 내셨습니다. 꼭 제 팔에 안겨 돌아가시겠다는 거였습니다. 알라멜루(Alamelu)[바가반의 누이동생]가 마나마두라이 근처의 자기 마을에서 새 집을 지었을 때, 어머니에게 한 번 오셔서 집 구경을 해 달라고 사정을 했습니다. 어머니가 그 집에 그냥 발만 들여놓으면 된다고 했습니다. 그래도 안 가셨지요. 만일의 경우 거기서 병이라도 날까 겁난다면서 거절했습니다. 그럴 때 여기로 돌아오는 기차가 제대로 다니지 않을 수도 있는데, 그런 경우에는 당신 아들 팔에 안겨 죽지 못할 수도 있다는 것이었습니다. 어머니는 곧잘 이런 말씀을 하셨습니다. '자네가 내 송장을 이 가시덤불 속에 던져버린다 해도 상관 않겠지만, 반드시 자네 팔에 안겨 이 생을 마쳐야 해.'" 이 말씀을 하실 때 바가반의 목소리는 감정에 겨워 떨리기 시작했습니다. 제 눈에도 이슬이 맺혔습니다. 제가 말했습니다. "누구든지 포기를 할 때는 그 정도로 확고해야 합니다." "그렇지, 그렇지!" 이렇게 말씀하시고 당신은 침묵하셨습니다. "자네가 내 송장을 이 가시덤불 속에 던져버린다 해도"라고 어머니가 말씀하셨기 때문에, 우리는 지금 그녀가 묻힌 곳이 왕이나 황제들도 와서 숭배할 만한 그런 사원으로 장식되어 있는 것을 보는 것입니다.

1947년 4월 4일

103. 인간적 노력

아쉬라맘에 자주 오는 한 헌신자가 2, 3일 전에 왔습니다. 그는 온 뒤로 회당 주변을 자주 둘러보았습니다. 저는 그가 바가반께 뭔가 질문을 하려고 그러는 줄로 짐작했습니다. 오늘 오후에 그가 바가반 가까이 앉아 천천히 질문을 시작했습니다. "스와미님! 이 회당에 있는 사람은 모두 눈을 감고 앉아 있습니다. 다들 성과가 있습니까?" "물론입니다! 각자 자기 생각에 따른 성과를 얻겠지요." 바가반은 유머러스하게 말씀하셨습니다.

질문: 『바쉬슈탐』(Vasishtam-『요가 바쉬슈타』)에서도 같은 이야기를 합니다. 어떤 곳에서는 인간적 노력이 모든 힘의 원천이라고 말하고 있습니다. 다른 곳에서는 그것이 모두 신의 은총이라고 합니다. 어느 것이 옳은지 잘 모르겠습니다.

바가반: 예, 전생의 업 아닌 어떤 신도 없다고 하고, 금생에 경전에 부합하게 짓는 업은 인간적 노력(purushakara)이라고 하며, 전생과 금생의 업들은 숫양들처럼 머리를 맞대고 싸워 약한 쪽이 소멸된다고 합니다. 그래서 그들은 인간적 노력을 강화해야 한다고 말하는 것입니다. 업의 기원이 무엇이냐고 물으면 그들은 그것이 씨앗이 먼저냐 나무가 먼저냐 하는 영원한 물음과 같기 때문에 그런 질문을 해서는 안 된다고 말합니다. 그런 질문은 논쟁을 위한 것일 뿐, 무엇이 무엇인지를 최종적으로 결정하기 위한 것이 못됩니다. 그래서 저는 먼저 그대 자신이 누구인지를 발견하라고 하는 것입니다. '나는 누구인가? 어떻게 해서 나는 삶이라는 이 허물(dosha)[과오]을 얻었나?' 하고 물으면 진아 깨달음을 얻게 될 것입니다. 허물이 소멸되고 평안을 얻을 것입니다. 어찌 얻기만 하겠습니까? 그것[진아]이 있는 그대로 남습니다.

『바쉬슈탐』의 '해탈열망' 편 제2장에 이러한 취지를 담은 시구들이 있습니다.

'나는 누구인가? 이 결함 많은 윤회는 어떻게 해서 생겨났나?'
이러한 탐색이 진정한 탐구라고 하는 것이다.[68]
탐구에 의해 실재를 이해하고, 그 이해는 진아 안에서의 안식을 가져다준다.
그러면 마음의 평온함과 모든 슬픔의 소멸이 뒤따른다.

---

[68] [역주] 또한 『요가 바쉬슈탐』의 '열반' 편 제32장에서는 이렇게 말하고 있다: "'나는 누구인가? 이 세계는 어떻게 생겨났나? 개아는 무엇인가? 삶이란 무엇인가?'라고, 진리를 아는 자들이 가르친 대로 목숨을 마칠 때까지 탐구해야 한다."

1947년 4월 5일

104. 어느 정사의 장長

어제 바가반께 개인의 행위에 있어서의 인간적 노력에 대해 질문했던 그 헌신자가 오늘은 자신의 좋지 않은 건강과 의사들의 치료, 그리고 자기 하인들이 자신에게 하는 봉사에 대해 이야기하고 나서 이렇게 말했습니다. "스와미님! 저희는 이 몸뚱이를 좋은 상태로 유지할 수가 없어서 이것을 의사와 하인들의 보살핌에 맡깁니다. 몸 자체가 저희들의 말을 듣지 않는데, 세상을 개혁한다고 이야기하는 사람들이 무슨 소용 있습니까?"

오라버니께서는 지난 대여섯 달 간 바가반이 누구도 당신의 다리를 만지거나 기름을 가지고 안마하지 못하게 하시고, 필요할 때마다 당신이 몸소 하신다는 것을 아십니까? 그래서 당신은 그 헌신자의 질문에 즉답을 하지 않으셨지만, 오후에는 헌신자들이 다 모여 있을 때 당신의 다리를 기름을 가지고 안마하시다가 미소를 띠고 그 헌신자를 바라보면서 말씀하셨습니다. "우리가 우리 자신의 의사고 우리 자신의 하인입니다." 그 질문자가 재차 말했습니다. "바가반처럼 우리 자신의 일을 처리할 힘이 없는 저희들은 어떻게 해야 합니까?" 바가반의 답변은 "밥 먹을 힘이 있으면 이런 걸 할 힘이 왜 없겠습니까?"라는 것이었습니다. 그 질문자는 아무 말도 못하고 머리를 숙이고 침묵을 지켰습니다. 바로 그때 우편물이 도착했습니다. 편지들을 훑어보신 뒤에 바가반은 다음과 같은 이야기를 들려주시기 시작했습니다.

"한번은 어떤 산야시가 한 정사의 장長이 되고 싶어 했습니다. 그러려면 아시다시피 제자들이 있어야 합니다. 그는 몇 명의 제자를 확보하기 위해 있는 힘을 다했지만, 오는 사람마다 그 사람이 아는 게 얼마 없다는 것을 알고는 가 버렸습니다. 아무도 곁에 머무르지 않았지요. 그러니 어떻게 합니까? 하루는 그가 어느 도시에 가야했습니다. 거기서도 (정사의 장으로서) 자신의 지위를 유지해야 했지만, 제자가 하나도 없었습니다. 그 사실을 누구도 몰라야 했습니다. 그의 옷 꾸러미는 그가 머리에 이고 있었습니다. 그래서 그는 옷 꾸러미를 남이 보지 않을 때 어떤 집에 놓아두고 나중에 거기로 가는 척해야겠다고 생각했습니다. 그는 일대를 다 돌아다녔지만, 어느 집이나 발을 들여놓으려고 하면 집 앞에 몇 명씩 사람들이 있는 것이었습니다. 가엾은 양반! 그러니 어떡합니까? 거의 저녁이 다 되었고, 그는 지쳤습니다. 마침내 그는 앞에 사람이 아무도 없는 집을 하나 발견했습니다. 문이 열려 있었지요. 크게 안도한 그는 옷 꾸러미를 집 한 구석에 놓아두고 베란다에 앉았습니다. 조금 뒤에 그 집의 안주인이 나와서 누구냐고 물었습니다. '저 말입니까! 저는 어디어디에 있는 한 정사의 장입니다. 이 도시에는 일이 있어서 왔습니다. 당신이 좋은 재가자라는 말을 듣고 저는 제 짐을 제자를 통해 당신 집으로 보내 우리가 당신 집에서 하룻밤 묵고 다음날 아침에 떠났으면 했지요. 그가 그렇게 했습니까?' '아뇨, 아무도 안 왔습니다, 선생님.' 안주인이 말했습니다. '아니, 그게 아니고, 저는 그에게 꾸러미를 여기 두고 시장에 가서 물건을 좀 사오라고 했습니다. 그것을 어디 구석에 두었는지 부디 살펴봐 주시겠습니까?' 하고 그가 말했습니다. 그 여사가 집안을 찾아보니 한 구석에 그 꾸러미가 있었습니다. 그러자 그녀의 남편과 그녀는 그를 반갑게 맞아들여 그에게 음식과 잠자리를 제공했습니다. 밤이 이슥하여 그들이 물었습니다. '그런데 선생님, 제자 분이 아직 오지 않은 것은 어떻게 된 일입니까?' 그가 말했습니다. '아마 그 몹쓸 녀석이 시장에서 뭘 먹고 헤매는 모양입니다. 부디 잠자리에 드십시오. 그가 오면 제가 문을 열어주겠습니다.'"

"그제야 이 부부는 이 산야시의 처지를 파악했습니다. 그들은 더 재미있는 일을 봐야겠다고 생각하고 잠자리에 들기 위해 집 안으로 들어갔습니다. 그러자 그 사람은 거짓 시늉을 하기 시작했습니다. 그는 문을 열었다가 닫으면서 집안사람들이 다 들릴 정도로 시끄러운 소리를 냈습니다. 그러고 나서 큰 소리로 말했습니다. '왜! 그동안 뭐 하고 있었어? 주의해라. 만약 또 그러면 두들겨 패주겠다. 앞으로는 조심해.' 그러고 나서는 음성을 바꿔서 애원하는 목소리로 '스와미, 스와미, 제발 용서해 주십시오. 다시는 그러지 않겠습니다' 하고 말했습니다. 그러고는 원래 목소리로 말했습니다. '좋아. 들어와서 내 다리를 주물러라. 여기 말이야. 아니 거기. 주먹으로 가볍게 좀 두드려라. 그래, 조금 더.' 그렇게 말하면서 그는 자신의 다리를 안마한 뒤에 말했습니다. '그만. 너무 늦었다. 자라.' 그렇게 말하고는 잠자리에 들었습니다. 그 방의 벽에는 구멍이 하나 있었고, 그 부부는 자지 않고서 구멍을 통해 그 우스운 장면을 다 보았습니다. 이른 아침에 산야시는 저녁에 한 연극을 다시 되풀이하고 나서 말했습니다. '게으른 녀석 같으니! 닭이 울기 시작했어. 아무개 아무개 집에 가서 이러이러한 일을 하고 와라.' 그렇게 말하고 그는 문을 열어 그를 내보내는 척하고 잠자리로 돌아왔습니다. 부부는 이 장면도 보았습니다. 아침에 그는 자기 짐을 꾸리더니 그 꾸러미를 한 구석에 두고 근처의 저수지로 목욕을 하러 갔습니다. 부부는 그 꾸러미를 가져다가 어딘가에 감춰 버렸습니다. 산야시가 돌아와서 방 안을 다 찾았지만 꾸러미는 온 데 간 데 없었습니다. 그래서 그는 그 집의 안주인에게 물었습니다. '제 짐이 어디 있습니까?' 이때 부부가 대답했습니다. '선생님, 당신의 제자가 와서 당신이 갖다 달라고 했다면서 가져가 버렸습니다. 어젯밤에 당신의 다리를 안마해 드렸던 바로 그 사람이던데요. 아마 저 모퉁이를 돌아가고 있을 겁니다. 가서 보십시오, 스와미.' 그가 어떻게 하겠습니까? 입을 다문 채 집으로 돌아갔지요."

1947년 4월 6일

105. 잠, 식사, 활동을 조절하기

어제 한 헌신자가 바가반께 여쭈었습니다. "스와미님! 우리가 자신의 진아를 탐구하려면 명상을 해야 합니다. 저는 명상을 하려고 앉으면 잠이 듭니다. 어떻게 해야 합니까? 무슨 해결책이 있습니까?" 바가반이 답변하셨습니다. "먼저 생시의 상태에 있을 때 깨어 있는 법을 배우십시오. 그러면 잠의 상태에 대해서 생각해 볼 수 있겠지요. 우리는 깨어 있을 때에도 많은 꿈을 꿉니다. 우리가 깨어 있는 상태에서 그것을 방어하는 법을 배워야 합니다. 우리 주위에서 보는 모든 것은 하나의 꿈입니다. 우리는 이 꿈 세계에서 깨어나야 합니다."

그 질문자가 말했습니다. "그런 주의력을 얻기 위해서 수행이 필요합니다. 저는 어떤 방법을 결정하고 나서 수행을 해 보려고 합니다만, 그때마다 졸음이 옵니다. 바가반께서는 부디 저에게 이 졸음을 극복하는 법을 일러주시겠습니까?"

바가반이 답변하셨습니다. "은폐-투사력(avarana-vikshepa)[장애와 산란심] 중에서 첫째 은폐(avarana-장애)는 잠입니다. 가능한 한 최대한 우리는 거기에 굴복하지 않으려고 노력해야 합니다. 우리가 왜 잠을 자는지 연구하고, 우리의 음식, 활동 등을 조절하여 졸음이 오지 않도록 해야 합니다. 그러나 일단 졸음이 오면 그것을 막으려고 해 봐야 소용이 없습니다. 우리가 실컷 먹고 나면 잠을 자지 않습니까? 그럴 때 명상을 하려고 앉으면 고개가 밑으로 떨어집니다. 어떤 사람들은 깨어 있으려고 머리카락을 묶어 벽의 못에 매어 둡니다. 고개가 꾸벅거릴 때 깨어나는 것을 제외하면 그것이 명상에 무슨 소용 있겠습니까? 제가 어릴 때의 잠 습관은 잘 알려져 있습니다. 학교 수업을 하고 있을 때는 졸지 않으려고 곧잘 벽의 못에 실을 매달아 거기다 제 머리카락을 묶곤 했습니다. 고개가 떨어지면 그 실이 잡아당겨 잠에서 깨는 것이었습니다. 그렇지 않으면 선생님이 제 귀를 비틀어서 깨우곤 했지요." 그렇게 말씀하시면서 당신은 웃기 시작했습니다.

"바가반께서 이런 이야기들을 다 지어내어 저희들에게 들려주실 수 있는 겁니까?" 하고 무루가나르가 여쭈었습니다.

"아니, 아니지요! 사실입니다! 선생님이 수업을 듣지 않는다고 혼내줄 것이 두려웠기 때문에 그런 짓까지 했던 것입니다. 그 당시 제 상태가 그랬습니다. 제가 여기 온 초기에 제가 눈을 감고 있으면, 깊은 명상에 잠겨서 낮인지 밤인지 거의 몰랐습니다. 어쩌다가 눈을 뜨면 밤인지 낮인지 궁금할 때도 있었습니다. 저는 음식도 먹지 않았고 잠도 자지 않았습니다. 몸이 활동하고 있을 때는 음식이 필요합니다. 음식을 먹으면 잠을 자야 합니다. 활동이 없으면 잠을 잘 필요가 없습니다. 목숨을 부지하는 데는 아주 적은 음식으로도 충분합니다. 제 경험으로는 그랬습니다. 제가 눈을 뜰 때마다 어떤 사람들이 저에게 무슨 유동식을 한 컵씩 주곤 했습니다. 그게 전부였지요. 그러나 한 가지는 알아야 합니다. 움직임 없는 마음의 집중에 몰입해 있을 때가 아닌 한, 잠이나 음식을 아주 포기하기란 불가능합니다. 몸과 마음이 일상적인 생활 활동에 종사하고 있을 때 만약 음식과 잠을 포기하면 몸이 휘청거립니다. 따라서 영혼의 향상을 위해서는 음식과 활동을 제한하는 것이 아주 필요합니다. 위대한 분들은 시간을 낭비하지 않기 위해 잠을 최소한도로 줄여서, 사심 없는 선행을 하는 데 그 시간을 사용했습니다. 어떤 사람들은 밤 10시에 잠자리에 들어 새벽 2시에 깨는 것이 건강에 좋다고 합니다. 그것은 네 시간 수면이면 충분하다는 뜻입니다. 어떤 사람들은 네 시간 수면으로는 부족하고 여섯 시간은 자야 한다고 합니다. 결론적으로, 잠과 음식은 지나치게 취하면 안 됩니다. 그 중의 어느 하나를 완전히 끊으려고 하게 되면 여러분의 마음이 늘 그것에 쏠리게 될 것입니다. 따라서 수행자는 모든 것을 적당히 해야 합니다"라고 바가반은 말씀하셨습니다.

이것은 『바가바드 기타』에 있는 구절입니다.

너무 많이 먹거나 너무 적게 먹는 사람은 요기가 될 수 없고,
잠을 너무 많이 자거나 너무 적게 자는 사람 역시 그러하다, 아르쥬나여.
먹고 노는 것에 절제되어 있고 일하는 데 절제되어 있으며,
잠자고 깨어 있는 데 절제되어 있는 사람은, 요가로써 고통을 경감한다.

— 『바가바드 기타』, 6:16-17

1947년 4월 7일

106. 한결같은 헌신

어제 저는 오라버니께, 바가반이 우리에게 잠, 식사, 활동에서의 절제에 대해 말씀하셨다는 이야기를 했습니다. 당신은 여러 가지 방식으로 당신 자신의 실제 사례를 가지고 이것을 가르치십니다. 당신은 우유를 들지 않으시고, 근자에는 아침 식사로 매일 이들리 하나만 드시면서, 아무런 신체 노동을 하지 않고 앉아 있는 사람은 두 개를 먹을 필요가 없다고 말씀하십니다. 점심 식사도 마찬가지입니다. 커리 등과

섞은 당신의 매끼 점심은 한 줌 정도의 양밖에 되지 않습니다. 그것마저도 우리처럼 맛나게 먹기 위해 각 찬을 따로 드시지 않고 채소, 처트니, 수프 등을 밥과 한데 섞어 동그랗게 만드신 다음 드십니다. 어느 날은 대화 도중에 당신이 말씀하셨습니다. "그렇게 많은 찬 대신에 한 가지 찬만으로 밥을 먹으면 더 맛있을 겁니다. 왜 그렇게 많은 찬을 먹습니까? 옛날에 우리는 단 한 가지 찬만 먹었습니다. 지금도 저는 그 습관을 버리지 않았습니다. 제가 산 위에 있을 때는 많은 사람들이 밥, 과일, 과자 등을 가져왔는데, 그들이 가져올 때마다 저는 세 손가락으로 집을 수 있을 정도만 먹곤 했습니다. 그들이 가져온 것이 무엇이든 조금씩 덜어서 먹었는데, 하루 종일 섭취한 음식은 한 줌이 채 되지 않았습니다. 그런 식사법은 저에게 더할 수 없는 즐거움을 안겨주곤 했습니다. 요즘은 엽반을 펴놓고 그 위에다 여러 가지를 놓아 줍니다. 저는 어느 것도 낭비할 수 없으니까 먹기는 하지만, 먹고 나면 더부룩하지요."

잠에 대해서도 마찬가지입니다. 당신의 탄신일이나 마하 뿌자(Maha Puja-어머니 입적 기념일) 같은 특별한 잔칫날에는 학생들도 전날 밤에 한 일로 지쳐 있어서 브라마 무후르땀 때(Brahma Muhurtham)[해뜨기 두어 시간 전]에는 베다 찬송을 하지 않는데, 바가반은 평소와 같이 일어나셔서 준비하고 계십니다. 혹시 건강이 좋지 않으실 때는 시자들이 좀 더 주무시라고 말씀드리지만, 당신은 "브라마 무후르땀 때에 잠을 자서 뭐하나? 자네들은 자고 싶으면 자도 좋아" 하고 대답하십니다.

다누르마삼(Dhanurmasam)[12월-1월] 때는 아루나찰레스와라 사원에서 새벽에 예공이 시작됩니다. 바가반은 그 시간까지는 일어나십니다. 타밀 빠라야나를 하는 사람들은 일어나서 여기 오기까지 시간이 좀 걸리지만, 당신은 늘 그들을 맞을 준비가 되어 있습니다. 물론 당신의 활동도 제한되어 있습니다. 이런 모든 제한은 진인들을 위한 것이 아니라 오로지 수행자들을 위한 것이라고 합니다. 그러나 진인들은 세상 사람들의 복리를 위해 이런 모든 규율도 준수합니다. 그분들은 완전한 무욕이라는 정점에서 결코 미끄러지지 않습니다. 자연법칙에 위배되지 않는 원칙, 결의 등에 대한 헌신은 그분들에게는 정상적인 것입니다. 그분들의 행위는 모두 우리에 대한 교훈입니다.

1947년 4월 8일

107. 축복

최근 큰오라버니의 자식들인 샤스뜨리와 무르띠가 바가반께 다음과 같은 편지를 보냈습니다. "찌란지비(Chiranjeevi) 바가반 할아버지께. 안녕하십니까? 저희들이 원하는 무엇이든 얻을 수 있는 진언(mantram)을 알고 계신지요? 만약 아시면 즉시 저희들에게 편지로 보내주십시오. 당신의 손자, 샤스뜨리와 무르띠 올림."

제가 "그들이 '찌란지비 할아버지께'라고 한 것은 무슨 뜻일까요?" 하고 말하자 (찌란지비는 '장수長壽'를 뜻하며, 연장자들이 손아래 사람들을 부를 때 쓰는 말임), 순다레샤 아이어가 말했습니다. "맞게 썼군요. 바가반 말고 누가 찌란지비(不死의 진인)겠습니까? 그들은 영원히 살아 있는 할아버지께 절한 것입니다. 그리고 자기들이 원하는 것을 얻기 위해 당신이 자기들을 축복해 주기를 바란 겁니다. 뭐가 잘못됐습니까?" 바가반이 미소를 짓고 말씀하셨습니다. "저도 어릴 때 그와 비슷한 편지를 사촌 형인 라마스와미에게 보냈지요. 제가 딘디걸에서 공부할 때 한 동안 그와 같이 지냈습니다. 방학 때 띠루쭐리로 돌아갔는데, 라마스와미에게 편지를 쓰고 싶었습니다. 그런데 그를 어떻게 불러야 할지 몰랐습니다. 아버지가 그에게 쓰신 편지에서 '라마스와미에게 축복을'(aseervadams to Ramaswamy)이라고 한 것을 보고 저도 그에게 '사촌형에게 축복을'이라고 쓰기 시작했습니다. 그는 저보다 나이가 많았는데도 저는 '안녕하십니까?'(namaskarams)라고 써야 한다는 걸 몰랐습니다. 누구에게나 그렇게 써도 되는 줄 알았던 거지요. 나중에 그것을 두고 그가 저를 놀렸을 때 그 실수를 깨달았습니다."

한 헌신자가 말했습니다. "제가 알기로는 바가반께서 그 라마스와미와 아주 친하셨다면서요." 바가반이 대답하셨습니다. "그랬지요. 띠루쭐리의 순다라 만디람에 지금 제 사진을 놓아둔 곳에는 테이프 침상(tape cot-납작한 끈으로 엮은 침상)이 하나 있었습니다. 아버지가 그 위에서 주무시곤 했지요. 마음대로 그 위에 올라갈 수 있는 사람은 저와 라마스와미 뿐이었습니다. 아버지가 읍내에 안 계실 때는 우리 둘이 그 위에서 같이 잠을 자곤 했습니다. 라마스와미 말고는 누구도 아버지에게 친숙하게 굴지 않았습니다. 왜냐하면 그는 어머니가 안 계셨으니까요. 그리고 저는 타고나기를 그런 문제에서 거리낌이 없었기 때문입니다. 아버지는 위엄 있는 분이었습니다."

그 헌신자가 말했습니다. "그 라마스와미가 여기 온 적이 있습니까?" 바가반이 말씀하셨습니다. "오래 전에 한 번 왔지요. 자기 집을 떠나는 것이 그에게는 보통 문제가 아니었습니다. 여기 온 사람들이 저에게 그에 대한 이야기를 종종 해 주었습니다. 그는 여기 오는 것을 몇 번이나 미루고 있었는데, 이 비스와나타(Viswanatha)가 결혼을 하지 않겠다면서 가출하여 여기로 와 버렸습니다. 그는 라마스와미의 아들입니다. 라마스와미는 (여기 와서) 아들을 데려갈 수 있을 거라고 생각했습니다. 어쨌든 자기 아들의 문제였기 때문에 여기 오는 것을 미룰 수 없었지요. 비스와나타도 그가 온다는 편지를 받았습니다. 그는 저에게 그 소식을 말로 하지 않고 그 편지를 저에게 주면서 말했습니다. '딘디걸의 산이 움직이기 시작했습니다.' 편지를 보고 나서 그게 무슨 말인지 알았습니다. 라마스와미는 바로 다음날 여기 왔습니다. 최근에는 그도 저에게 편지를 쓸 때는 '스와미께 귀의합니다'(namaskarams to Swamy)라고 쓰기 시작했습니다. 그는 '스와미께서는 저를 축복해 주셔야 합니다'라고 씁니다. 그것은 제가 어릴 때도 그가 저의 축복을 받았다는 뜻입니다. 당시에야 누군들 일이 이렇게 될 줄 알았겠습니까? 저도 뭐라고 답장을 보냈지요. 그뿐입니다."

1947년 4월 9일

108. 가르침의 한 꽃다발

어제 오전에 안드라 사람들의 한 무리가 도착하여, 온 지 10분도 되지 않아 바가반께 질문을 하기 시작했습니다.

질문: 바가반께서는 저희들에게 늘 자기 자신을 알라고 가르치십니다. 어떻게 하면 저희들 자신을 알 수 있는지 친절하게 가르쳐 주시고 저희들을 축복해 주십시오.

바가반: 그 친절함은 늘 있습니다. 없는 것이라면 달라고 해야겠지만, 이미 있는 것을 달라고 해서는 안 됩니다. 그 친절함이 존재한다는 것을 온 마음으로 믿어야 합니다. 그게 전부입니다.

다른 사람이 말했습니다. "여기서 매일 하는 베다 찬송에서는 '따시야 시카야 마드헤 빠라마뜨마 비야바스티타하'(thasya sikhaya madhye paramatma vyavasthithaha)라고 합니다. '시카야 마드헤'[꼭대기의 한 가운데]가 무엇입니까?"

바가반: '시카야 마드헤'는 '불길의 꼭대기 한 가운데'란 뜻이지, '베다의 머릿술 안에'란 뜻이 아닙니다. 그것은 빠라마뜨마가 베다를 휘저어서 생겨나는 지知의 불길의 중심에 살고 있다는 것을 의미합니다.

질문: 바가반께서는 보통 어떤 아사나(asana-앉는 '자세' 또는 '자리')로 앉으십니까?

바가반: 어떤 아사나로 앉느냐고요? 심장의 아사나입니다. 어디든지 편안한 곳이면 거기 저의 아사나가 있습니다. 그것을 수카아사나(sukhasana), 즉 행복좌幸福坐라고 합니다. 그 심장의 아사나는 평화롭고 행복감을 줍니다. 그 아사나로 앉아 있는 사람들에게는 다른 아사나가 필요 없습니다.

다른 사람이 말했습니다. "『기타』에서는 '싸르와 다르만 빠리티야지야 마메깜 사라남 브라자'(sarva dharman parithyajya mamekam saranam vraja)['일체의 다르마를 버리고 내 안에서 피난처를 구하라']라고 말합니다. '일체의 다르마'란 표현에서 그 다르마란 무엇입니까?

바가반: '싸르와 다르마'는 '삶의 모든 다르마'를 뜻합니다. '빠리띠야지야'는 '그 다르마들을 내버리고'란 뜻이고, '마메깜'은 '나에게, 즉 에까스와루빠(Ekaswarupa)[단 하나의 진아]에게' 라는 뜻입니다. '사라남 브라자'는 '피난처를 구하라'는 뜻이지요.

질문: 『스리 라마나 기따』에는 '흐리다야 그란티 브헤다남'(hridaya granthi bhedanam-'심장 매듭의 단절')이란 표현이 나옵니다. 그것은 무슨 뜻입니까?

바가반: 그것은 제가 말하는 '사라짐', '나감', '모든 원습의 소멸', '에고의 파괴', '나', '개아성(jivathva)의 파괴', '마음의 파괴' 등의 의미인데, 그 외에도 많은 이름이 있습니다. 모두 같은 것을 뜻하는데, '마음 소멸'(mano nasam)[마음의 파괴]이 '흐리다야 그란티 브헤다남'입니다. '지知'(jnanam)이라는 말도 같은 의미인데, 쉽게 알아듣기 위한 전문용어입니다.

이 대화가 시작되었을 때 한 시자가 회당이 후덥지근한 것을 알고 선풍기 스위치를 켰습니다. 바가반은 "왜 그러지?" 하면서 그것을 멈추게 하시고 주위 사람들에게 말씀하셨습니다. "이거 보세요! 많은 사람들은, 누가 진인이 되고 난 뒤에 어떻게 계속 까르마(karma-행위)를 수행할 수 있느냐고 묻습니다. 그 질문에 대한 답변으로, 옛날에는 도공의 물레를 하나의 비유로서 끌어오곤 했습니다. 물레가 계속 돌면서 항아리가 나타나는데, 항아리가 완성되어 물레 돌리기를 그치고 난 뒤에도 물레는 멈추지 않고 한 동안 더 돌아갑니다. 오늘날에는 우리가 선풍기의 예를 들 수 있습니다. 그와 마찬가지로, 누가 진인이 되고 난 뒤에도 그는 그 육신이 수행하기로 운명 지워져 있는 행위들이 끝나지 않고 남아 있는 한, 그 육신을 버리지 않습니다."

갑자기 생후 8개월쯤 되는 어린아이가 제 등 뒤에서 "타타, 타타"(Thatha, Thatha)['할아버지, 할아버지'] 하고 혀 짧은 소리를 하기 시작했습니다. 그 앙증맞은 소리를 듣자 바가반은 고개를 들고 그게 누구냐고 물으셨습니다. 제가 말했습니다. "우리 꼬맹이 망갈람입니다." 바가반은 아기들을 아주 좋아하십니다. 당신이 말씀하셨습니다. "걔라고? 다른 나이 든 계집아이인 줄 알았지. 벌써 '타타, 타타' 하고 부를 줄 아네?" 아이가 계속 "타타, 타타" 하고 말했습니다. 바가반은 가까이 있던 사람들에게 말씀하셨습니다. "놀라운 일 아닙니까! 애들은 처음 '타타'라는 말을 하기 시작하는데, 그것은 '탄, 탄'(than, than)을 뜻합니다. '탄탄'(Thanthan)—'그것은 그 자신이다'—이란 것은 우리의 마음과 같은 것입니다. (마음에서) '나'라는 말이 자동적으로 맨 먼저 나옵니다. 그런 다음에야 '너', '그' 등을 말하게 됩니다. 마치 어린아이들의 경우에 '타타'란 말에 이어서 다른 모든 말이 나오는 것과 같습니다. '아함'(나), 즉 에고의 느낌이 있고 난 뒤에야 다른 느낌들이 따라옵니다."

9시가 거의 다 되었고, 끄리슈나스와미는 시간을 알기 위해 라디오를 켰습니다. 시계가 아홉을 치고 나서 라디오는 '모두 안녕히 계십시오.'(namaste to all)라는 말로 끝이 났습니다. 바가반은 미소를 지으며 말씀하셨습니다. "라디오 아나운서는 마치 자신이 그들과 다른 것처럼 '모두 안녕히 계십시오'라고 말하는데, 그는 '모두' 중의 한 사람 아닙니까? 결국 그 자신에게도 인사하는 셈입니다. 그런데도 그것을 모르지요. 그것이 이상한 일입니다."

1947년 4월 10일

109. 절대적 순복

오늘 오전에 한 안드라 청년이 편지 하나를 바가반께 건네 드렸는데, 거기에는 이렇게 쓰여 있었습니다. "스와미님! 전적으로 그리고 오로지 신 안에서 피난처를 구하면서 다른 어떤 것도 생각하지 않는 사람은 모든 것을 얻을 수 있다고 합니다. 그것은 한 곳에 앉아서 계속 전적으로 신만 명상하면서, 그 육신을 지탱하는 데 필수적인 음식에 대한 생각까지 포함한 모든 생각을 버린다는 뜻입니까? 그것은 우리가 병이 나도 약이나 치료에 대해서 생각해서는 안 되고 자신의 건강이나 질병을 전적으로 섭리에 맡겨야 한다는 뜻입니까? 『기타』에 나오는 '반야안주자般若安住者' (sthitha prajna)의 정의定義에서 이렇게 말했습니다.

모든 바람을 버리고 걱정 없이 돌아다니는 사람은
'나'와 '내 것'이라는 느낌에서 벗어나 평안을 성취한다.

— 『기타』, 2:71

그것은 모든 욕망을 버린다는 뜻입니다. 따라서 우리는 신에 대한 명상에 전적으로 몰두해야 하며, 음식과 물 같은 것은 남에게 달라고 하지 않고 신의 은총에 의해 그것이 나타날 때만 받아야 합니까? 아니면 우리가 조금은 노력을 해야 한다는 뜻입니까? 바가반! 부디 이 순복(saranagathi)의 비밀을 설명해 주십시오."

바가반은 그 편지를 느긋하게 보신 뒤에 주위의 사람들에게 말씀하셨습니다. "보세요! '일념 순복(ananya saranagathi)이란 분명히 생각들에 대해 어떤 집착도 없는 것을 뜻하지만, 육신을 유지하는 데 필수적인 음식과 물 같은 것에 대한 생각조차 내버리는 것을 뜻합니까? 그는 '남에게 달라고 하지 않고 신의 지시에 의해서 무엇을 얻을 때만 먹어야 합니까, 아니면 조금은 노력을 해야 합니까'라고 묻습니다. 우리가 먹어야 하는 것은 저절로 온다는 것은 받아들이도록 합시다. 그러나 그럴 때도 먹는 것은 누굽니까? 누군가가 그것을 우리 입에 넣어준다고 할 때, 우리는 최소한 그것을 삼켜야 하지 않습니까? 그것은 노력 아닙니까? 그는 '만일 제가 병이 나면 약을 먹어야 합니까, 아니면 제 건강과 질병을 신의 손에 맡겨두고 침묵을 지켜야 합니까'라고 묻습니다. '크슈드비야데히 아아하람'(kshudvyadeh aaharam)이라고 합니다. 여기에는 두 가지 의미가 있습니다. 하나는, 크슈트(kshuth), 즉 배고픔도 질병과 같다는 것입니다. 따라서 배고픔이라는 질병에는 음식이라는 약을 주어야 합니다. 또 하나는, 비야디(vyadhi)[질병]에 대한 약을 주듯이 배고픔(kshuth)에 대한 약을 주어야 한다는 것입니다. 샹까라가 쓴 「사다나 빤짜깜」(Sadhana Panchakam-'수행 5연시')에서는 '크슈드비야디스짜 찌끼뜨시야땀 쁘라띠디남 빅쇼우샤담 부지야땀'(kshudvyadhi-scha chikitsyatam pratidinam bhikshoushadham bhujyatam)이라고 했습니다. 그 의미는 배고픔이라는 질병을 치료하기 위해서는 보시로 받은 음식을 먹으라는 것입니다. 그러나 그러려면 우리가 최소한 탁발을 하러 밖에 나가야 합니다. 만약 모든 사람이 눈을 감고 앉아서 음식이 나타나면 먹겠다고 말한다면, 이 세상이 어떻게 되겠습니까? 그래서 우리는 자신의 전통에 부합하게 오는 것들을 받아야 하지만, 자기 자신이 무엇을 한다는 느낌에서는 벗어나야 합니다. '내가 그것을 한다'는 느낌이 속박입니다. 따라서 그런 느낌을 극복할 수 있는 방법을 심사숙고하여 찾아내야지, 병이 났을 때 약을 먹어야 하나라든가 배가 고프면 음식을 먹어야 하나 하는 것을 의심하면 안 됩니다. 그런 의심은 계속 일어나서 끝이 없을 것입니다. '고통이 있으면 신음을 해야 하나? 숨을 내쉰 뒤에 들이쉬어야 하나?'와 같은 의문도 일어납니다. 그것을 이스와라라 하든 아니면 까르마(karma)라 하든, 어떤 주재자(Karta)가 각 개인의 마음의 발전 정도에 따라 이 세상의 모든 일을 처리할 것입니다. 책임을 그분[주재자]에게 던져 버리면 일들은 스스로 진행될 것입니다. 우리는 이 땅 위를 걷습니다. 그렇게 할 때, 우리가 매 걸음마다 한 다리를 들어올린 뒤에 다른 다리를 들어올려야 할지 멈추어야 할지 생각합니까? 걷기는 자동적으로 되지 않습니까? 숨을 들이쉬고 내쉬는 것도 마찬가지입니다. 들이쉬거나 내쉬기 위해 아무 특별한 노력도 하지 않습니다. 이 삶의 경우도 그와 마찬가지입니다. 우리가 그러고 싶다고 해서 무엇을 포기하거나, 원한다고 해서 무엇을 할 수 있습니까? 아주 많은 일들이 그것을 의식하지 못하는 가운데 자동적으로 이루어집니다. 신에 대한 완전한 순복이란, 모든 생각을 포기하고 마음을 그에게 집중하는 것을 의미합니다. 우리가 그에게 집중할 수 있으면 다른 생각들이 사라집니다. 신구의 身口意 업(mano-vak-kaya karmas), 즉 마음과 말과 몸의 행위들이 신과 합일되면, 우리 삶의 모든 짐은 그에게 맡겨질 것입니다. 『기타』에서 주 끄리슈나는 아르쥬나에게 이렇게 말합니다."

> 다른 어떤 생각도 없이 나에게 집중하고 나를 숭배하는 사람,
> 늘 헌신에 고정되어 있는 사람에게, 나는 필요한 것과 보호를 제공한다.
>
> - 『기타』, 9:22

"아르쥬나는 전투를 해야만 했습니다. 그래서 끄리슈나가 말했습니다. '모든 짐을 나에게 맡기고 그대의 임무를 다 하라. 그대는 하나의 도구에 불과하다. 내가 모든 일을 보살필 것이니, 그 어떤 것도 그대를 괴롭히지 않을 것이다.' 그렇기는 하나 우리가 신에게 순복하기 전에, 먼저 순복하는 자가 누구인지를 알아야 합니다. 모든 생각이 포기되지 않으면 순복이 있을 수 없습니다. 전혀 아무 생각도 없을 때, 남아 있는 것은 진아일 뿐입니다. 따라서 순복이란 자신의 진아에게 하는 것일 뿐입니다. 만약 순복이 헌신(bhakti)의 의미라면 짐을 신에게 던져버려야 하고, 만약 그것이 행위(karma)의 의미라면 자신의 진아를 알 때까지는 행위를 해 나가야 합니다. 그 결과는 어느 경우나 동일합니다. 순복은 자기를 탐구하여 자기 자신의 진아를 알고 나서 진아 안에 머무르는 것을 의미합니다. 진아와 별개로 무엇이 있습니까?"

그 청년이 말했습니다. "그것을 알 수 있는 길은 무엇입니까?" 바가반이 답변하셨습니다. "『기타』에서는 몇 가지 길을 제시합니다. 우선 명상을 하라고 합니다. 그것이 안 되면 헌신을, 혹은 요가를, 혹은 사심 없는 행위(nishkama karma)를 하라고 합니다. 다른 길들도 많이 나와 있지요. 그런데 그 중의 한 길을 따라야 합니다. 그대 자신의 진아는 항상 있습니다. 일들은 상습(samskaras)[전생업의 열매]에 따라서 자동적으로 일어납니다. 그 행위자가 '나'라고 하는 느낌 자체가 속박입니다. 탐구에 의해 그 느낌이 제거되면 그런 질문들은 일어나지 않습니다. 순복은 단순히 눈을 감고 앉아 있는 행위가 아닙니다. 만일 모두가 그렇게 앉아 있다면 이 세상을 어떻게 살아가겠습니까?" 바가반이 말씀을 하고 계실 때 식당의 종이 울렸습니다. "종이 울리는군요. 우리 가야 하지 않습니까?" 미소를 지으며 그렇게 말씀하시고 바가반은 일어나셨습니다.

1947년 4월 17일

110. 꿈속의 친견

엊그제 오전 8시인가 9시쯤에 아유르베다(Ayurveda)에 밝은 중산층 가정의 한 노인이 바가반께 와서 당신 앞에 오체투지 하고 말했습니다. "스와미, 이것은 담에 좋습니다. 드시지요." 그는 무슨 약을 드리고 싶어 했습니다. 시자들이 드리지 못하게

하려고 하자 바가반이 그들을 제지하고 그 약을 받으시고는 시자들에게 말씀하셨습니다. "봐, 그는 내가 산 위에 살고 있을 때부터 이따금씩 이런 저런 약을 주곤 했어. 받도록 해. 아마 무슨 꿈을 꾸셨나 보군." 노인은 누가 보기에도 기쁜 빛을 띠우고 말했습니다. "이번에는 아무 꿈도 꾸지 않았습니다, 스와미. 해마다 이맘때면 담이 많으셨지 않습니까? 그래서 가져 온 겁니다." 그렇게 말하고 그는 절을 한 뒤에 떠났습니다.

그가 가자마자 바가반 옆에 앉아 있던 한 헌신자가 여쭈었습니다. "아까 말씀하신 꿈이란 건 무엇입니까?" 바가반이 대답하셨습니다. "오, 그거요! 산 위에 살고 있을 때 하루 저녁에는 제가 별 생각 없이 빨라니스와미에게 라임 프루트(lime fruit) 가진 게 있느냐고 물었지요. 그는 '아뇨' 했습니다. '그렇다면 신경 쓰지 마세요' 하고 제가 말했습니다. 바로 그날 이 사람은 제가 그에게 라임 프루트를 좀 갖다 달라는 꿈을 꾸었습니다. 다음날 아침 제가 밖으로 나와 보니 그가 벌써 와 있었는데, 이렇게 말했습니다. '스와미, 이 라임 프루트를 받으십시오!' '어제 제가 그[빨라니스와미]에게 하나 있느냐고 물었는데, 그걸 어떻게 알았습니까?' 제가 물었지요. 대답으로 그는 이렇게 말했습니다. '당신께서 제 꿈에 나타나서 라임 프루트 하나를 원한다고 말씀하셨습니다. 그래서 지금 가지고 온 겁니다.' 그러더니 그 과일을 제 손에 놓아주었습니다. 그렇게 된 일이지요." 그 헌신자가 여쭈었습니다. "바가반께서 그의 꿈에 나타났다는 건 사실입니까?" 바가반은 미소를 띠고 말씀하셨습니다. "모르지요. 누가 알겠습니까? 그가 그렇게 말했습니다. 그뿐입니다."

다른 헌신자가 여쭈었습니다. "K.K. 남비아르(Nambiar)의 공책도 그런 식으로 여기 오게 되지 않았습니까?" 바가반이 대답하셨습니다. "예, 그렇습니다. 당시에 마다반(Madhavan-마다바스와미)이 여기 있었는데, 제가 그에게 『스리 라마나 기타』의 주석을 말라얄람어로 써서 그것을 그 공책에 필사하기 위해 책상에서 검은 표지의 긴 공책 한 권을 꺼내달라고 했지요. 그는 갖다 준다고 하고는 4, 5일 가량 잊어버렸습니다. 그러는 사이에 남비아르가 여기 와서, 제가 마다반에게 달라고 하던 것과 꼭 같은 크기와 모양의 공책을 저한테 주었습니다. 제가 바라던 것과 같은 종류의 공책을 어떻게 해서 가져오게 되었느냐고 묻자, 그가 말했습니다. '바가반께서 제 꿈에 나타나서 공책을 한 권 갖다 달라시면서 면수와 너비, 길이 등을 말씀하셨습니다. 가게에 갔더니 꼭 그와 같은 게 있어서 가져온 것입니다.' 그러고 있을 때 마다반이 왔습니다. 제가 그에게 '봐, 여기 공책이 있어. 자네가 나한테 줬지, 안 그래?' 했습니다. 그는 놀라더니 제가 한 지시를 기억하고 그 책상에서 제 공책을 꺼내 왔는데,

똑같은 크기였습니다. 그것은 『스리 라마나 기타』의 시구들과 그 주석을 쓰기에 딱 알맞은 분량이었습니다. 그 일이 끝나자마자 남비아르가 와서 그것을 출판하겠다고 가져갔는데, 그러고도 바가반의 필적이 있는 그 공책을 인쇄소에 넘겨주기를 주저했습니다. 그래서 그는 그것으로 다른 필사본을 하나 만들어서 인쇄소에 넘기고 원본은 자기가 보관했습니다. 아직도 그가 가지고 있을 겁니다. 라자고빨란(Rajagopalan)도 거의 그와 같은 일을 한 적이 있습니다. 우리의 잉크 재고가 바닥나자 저는 여기 있는 사람들에게 그것을 보충하라고 한두 번 이야기했습니다. 다음날인가 그 다음날인가 그가 어디 갔다 오면서 잉크를 큰 항아리로 하나 가져왔습니다. 여기 잉크가 필요하다는 것을 어떻게 알았느냐고 하니까, 그의 말인즉 바가반이 꿈에 나타나서 자기에게 잉크가 필요하다고 말했다는 것입니다. '그래서 가져왔습니다' 하는 것이었습니다. 이따금 그런 일들이 일어납니다."

그 헌신자가 말했습니다. "그들은 바가반께서 그렇게 말씀하셨다고 합니다. 그게 사실입니까?" 바가반이 대답하셨습니다. "제가 뭘 압니까? 그들이 그렇게 말하는 거지요. 그뿐입니다." 그 헌신자가 다시 말했습니다. "그렇다 해도 여기서 필요한 것이 그들의 꿈속에서 보인다는 건 놀라운 일 아닙니까?" 바가반은 수긍의 표시로 고개를 끄덕이시고 침묵을 지키셨습니다.

1947년 4월 18일

111. 신의 친견

오늘 오전 8시에 바가반은 회당에 들어오던 한 노인을 바라보시고는 저에게 물으셨습니다. "이분이 누군지 아나?" 저는 "아뇨" 했습니다. "내 전기에서 나와 함께 어머니 젖을 먹였다고 하는 내 사촌누이의 남편이야." 바가반이 말씀하셨습니다. (그의 이름은 마나마두라이의 라마스와미 아이어입니다.) "그녀의 이름은 무엇입니까?" 제가 여쭈었습니다. "미나끄쉬지." 바가반이 대답하셨습니다. 저는 그 신사를 이따금씩 뵌 적은 있지만 관계는 전혀 몰랐다고 말하고 나서, 가까이 앉아 있던 다른 헌신자에게 그를 아느냐고 물어보았습니다. 그가 말했습니다. "왜요? 잘 알지요. 그 여사가 세상 떠날 때 바가반께서 그녀에게 친견을 베푸셨지요." 저는 좀 놀라 "그랬습니까?" 하고 바가반께 여쭈었고, 당신은 이렇게 대답하셨습니다. "그랬지요. 그녀의 경우에는 띠루뽀띠유르에서 나야나가 그랬던 경우와 같습니다.[69] 제가 가서 그녀에게

---

[69] [역주] 띠루뽀띠유르의 한 사원에서 나야나가 간절히 바가반을 그리워하고 있을 때, 홀연 바가반이 사원 안으로 들어와 그의 머리에 손을 얹어 주었다. 『라마나 마하르쉬와 진아지의 길』, 144쪽 참조.

손을 댄 모양입니다. 그녀는 놀라서 일어나 '저에게 손을 대신 게 누구예요?' 했습니다. 그뿐입니다. 그러고 나서 즉시 그녀는 깨어났습니다. 나중에 이 일이 그녀의 임종 때 일어났다는 사실이 알려졌지요."70)

"그녀가 그 경험에 대해 누구에게 이야기를 했습니까?" 제가 여쭈었습니다. "그 점을 우리가 알아봤지만, 당시에 그녀는 이야기를 할 상황이 아니었지요." 바가반이 말씀하셨습니다. "그 말씀은, 나야나의 경우에서와 같은 방식으로 당신께서 친견으로 그녀를 축복하셨다는 뜻이군요. 당신의 어머니의 젖을 먹은 특권이 괜한 것이겠습니까?" 제가 말했습니다. "예, 그렇지요. 어머니는 우리 두 사람에게 젖을 주시곤 했습니다. 저는 다섯 살 때까지 어머니 젖을 먹었는데, 아버지가 보시면 어머니를 야단치면서 곧잘 이렇게 말씀하셨습니다. '저렇게 다 큰 애한테 무슨 젖을 주는 거요?' 그래서 저는 아버지가 나가실 때까지 기다렸다가 젖을 먹곤 했습니다. 어머니는 젖이 많았습니다." 바가반이 말씀하셨습니다.

한 헌신자가 여쭈었습니다. "왜 바가반께서는 가나빠띠 샤스뜨리를 나야나라고 부르십니까?"(나야나는 '아버지'란 뜻입니다.) "거기에는 이유가 있지요." 당신이 대답하셨습니다. "저는 모든 사람을 공대하여 부르는 습관이 있습니다. 더군다나 그는 저보다 연상입니다. 그래서 저는 늘 그를 가나빠띠 샤스뜨리님(Ganapati Sastri Garu)이라고 부르곤 했습니다. 그에게는 그 호칭이 아주 불편해서 저에게 그러지 말아 달라고 셀 수도 없이 여러 번 부탁했습니다. '저는 당신의 제자 아닙니까? 저를 친근한 이름으로 부르셔야 합니다. 이것은 아주 부당합니다'라고 말입니다. 저는 그의 항의를 전혀 귀담아 듣지 않았지요. 마침내 하루는 그가 자신을 격식 갖춰 부르는 것을 그만두고 친근한 이름으로 불러 주어야 한다고 고집했습니다. 그의 모든 제자들은 그를 '나야나'라고 부르지 않습니까? 그래서 저는 그것을 구실 삼아, 저도 다른 사람들처럼 그를 '나야나'로 부르겠다고 했습니다. 그도 동의했지요. 왜냐하면 '나야나'는 '자식'을 뜻하는데 스승은 제자를 자기 자식으로 부를 수 있기 때문입니다. 제가 동의한 것은 '나야나'가 (텔루구어로) '아버지'란 뜻도 있기에 저로서는 아무래도 상관없었기 때문입니다. 저는 여전히 그를 경칭으로 불렀던 것입니다. 제가 그더러 이리 오라거나 저리 가라고 할 때마다 그는 여전히 불편했는데, 그렇게 자기가 부탁해서 호칭을 바꿨는데도 제가 계속 그를 연장자로 대접하여 공손하게 그에게 이야기했기 때문입니다."

---

70) [역주] 『바가반과 함께 한 나날』, 248쪽 참조.

제가 말했습니다. "미나끄쉬는 다른 사람들에게 그 친견에 대해서 이야기할 상태에 있지 않았다고 하셨습니다. 그건 좋습니다. 하지만 나아나는 자신이 한 친견에 대해서 남들에게 이야기한 것 아닙니까? 베단타 언어로는, 그 두 사람이 동시에 가졌던 비슷한 그런 체험에 대해서 뭐라고 말합니까?" 바가반은 미소를 띠며 말씀하셨습니다. "그런 것은 '신의 친견'(*divya darshanas*)[신을 친견하는 것]이라고 하지요."

1947년 4월 20일

112. 흰 공작

지난 12일에 어떤 사람이 흰 공작을 한 마리 데려와서 말하기를, 그것은 바로다(Baroda)의 라니가 아쉬라맘에 선물로 드리는 것이라고 했습니다. 그것을 보자 바가반이 말씀하셨습니다. "색깔 있는 공작 여남은 마리가 여기 있는 걸로 충분하지 않나? 이것은 색깔이 다르다고 그들이 이것과 싸우려 들지도 모르지. 게다가 고양이들의 공격으로부터도 보호해 줘야 하고. 이걸 왜 받아? 원래 있던 곳으로 돌려보내는 것이 더 낫지." 그러나 그 사람은 그러거나 말거나 공작을 여기 두고 가 버렸습니다. 그래서 끄리슈나스와미가 이 공작을 돌봐주고 다른 사람들도 그를 도와주기로 결정되었습니다.

일전에 제가 오후에 아쉬라맘에 갔더니 바가반께서 당신 가까이 있던 헌신자들에게 그 공작에 대해서 말씀하시고 계셨습니다. '보세요! 성냥을 제조하는 한 상인이 발리(Valli)라는 작은 사슴을 가져와 여기다 두고 그런 식으로 가 버렸지요. 그 녀석은 아쉬라맘 안을 돌아다녔습니다. 벵갈콩 달(Bengalgram dhall-검정콩으로 만든 음식)과 무라 무라(*mura muras*)를 한데 섞어 한 곳에 놓아두면 그것은 낱알 하나 밖으로 흘리지 않고 무라 무라는 남겨둔 채 달만 다 먹어 버리곤 했지요. 얼마 후에 그것이 염소 목동들과 함께 숲으로 가기 시작했을 때, 사람들은 그것이 아쉬라맘 사슴인 줄 알고 여기 데려다 주기도 했습니다. 나중에는 제 발로 돌아오곤 했습니다. 그래서 우리는 내버려두었지요. 하루는 어떤 빤짜마(*panchamas*-계급 외의 천민)들이 그것을 잡아먹을 요량으로 그 다리를 하나 부러뜨렸는데, 그것이 아쉬라맘 사슴인 줄 알고 있던 어떤 사람이 가엾게 여겨 그것을 메고 여기까지 와서 돌려주었습니다. 그것은 피를 흘리고 있었지요. 우리가 간호를 해 주었지만 차도가 없었고, 며칠 뒤에 그것은 제 무릎 위에서 숨을 거두었습니다. 안나말라이스와미와 제가 저쪽 산 쪽으로 난 계단 가까이에 삼매지(*samadhi*)를 하나 만들어 주었습니다."

이 이야기에 놀란 제가 말했습니다. "이 인도 땅에는 신이 화신으로 내려와 동물과 새들에게도 해탈을 안겨준다고 고인들이 말한 것을, 우리 자신들이 여기서 보고 있습니다."

그 공작이 어디론가 달아났기 때문에 끄리슈나스와미가 도로 잡아다 놓았습니다. 바가반은 그 목에 손을 얹고 목부터 가슴까지 다른 손으로 쓰다듬으면서 말씀하셨습니다. "이 말썽쟁이 녀석, 어디 갔었어? 이렇게 가버리면 우리가 널 어떻게 돌보라고? 제발 그러지 마. 잔인한 동물들은 어디나 있어. 왜 여기 있지 않아?" 이렇게 당신은 공작을 달래주셨습니다.

그 뒤로 오랫동안 공작은 아쉬라맘 밖으로 나가지 않고 아쉬라맘 경내의 여러 오두막들을 돌아다니게 되었습니다. 그것을 보고 바가반은 곧잘 이렇게 말씀하셨습니다. "이제는 자기가 도감(Sarvadhikari) 같군." 오늘 오후 2시 30분에 제가 아쉬라맘에 갔더니 라디오가 켜져 있고 선풍기가 돌아가고 있었습니다. 그 공작은 라디오 곁에 앉아 마치 명상에 든 것처럼 눈을 감고 있었습니다. 그것을 보고 한 사람이 말했습니다. "얼마나 주의 깊게 듣고 있는지 보십시오." 바가반이 말씀하셨습니다. "예, 공작들은 음악을 아주 좋아하지요. 특히 피리에서 나는 음악이면 말입니다."

"이 공작은 희기는 하지만, 정말 아름다운 것은 다른 공작들입니다" 하고 어떤 사람이 말했습니다. 바가반은 그 공작을 가리키면서 말씀하셨습니다. "이게 이렇다지만 그것도 자기 나름의 아름다움을 가지고 있지요. 다른 공작들은 아름다운 많은 색깔들을 가지고 있습니다. 이것은 다른 어떤 색깔로 섞이지 않는 순백색입니다. 그것은, 이 공작이 다른 구나들(gunas)[속성들]과 섞이지 않은 청정순수성(suddha satva)이라는 의미입니다. 보세요, 베단타적 언어로는 이 공작도 하나의 예로 들 수 있습니다. 다른 공작들도 태어날 때는 그렇게 많은 색깔을 가지고 있지 않습니다. 한 가지 색깔뿐이지요. 그러다가 자라면서 많은 색깔을 갖습니다. 꼬리가 자라면 거기에 많은 눈들이 생깁니다. 얼마나 많은 색깔이며, 얼마나 많은 눈들이 있는지 보십시오! 우리의 마음도 그와 같습니다. 태어날 때는 아무런 치우침도 없습니다. 그러다가 나중에는 많은 활동과 관념들이 생겨납니다. 공작의 색깔처럼 말입니다."

1947년 4월 24일

113. 어느 것이 머리고 어느 것이 발인가?

오늘 오후 3시에 한 헌신자가 바가반의 소파 가까이 서서 말했습니다. "스와미, 저는 한 가지 욕망밖에 없습니다. 즉, 제 머리를 바가반의 발 위에 얹고 절을 하는 것입니다. 바가반께서는 저에게 이 은혜를 베풀어 주셔야 합니다." "오! 그게 욕망이군요! 그러나 어느 것이 발이고 어느 것이 머리입니까?" 하고 바가반이 물으셨습니다. 아무 답이 없었습니다. 바가반은 잠시 뜸을 들였다가 말씀하셨습니다. "진아가 일어나는 곳, 거기가 발입니다." "그곳이 어디입니까?" 그 헌신자가 여쭈었습니다. "어디냐고요? 그것은 그대 자신 안에 있습니다. '나', '나' 하는 느낌, 즉 에고가 머리입니다. '나'라는 생각(aham vritti)[에고]이 해소되는 곳, 거기가 스승의 발입니다."

"헌신(bhakti)은 (그 대상이) 어머니 같고, 아버지 같고, 스승 같고, 신 같아야 한다고 합니다. 그러나 만약 개인적 자아가 해소되면, 헌신을 가지고 그들을 섬기는 것이 어떻게 가능합니까?" 그가 여쭈었습니다. 바가반이 말씀하셨습니다. "개인적 자아가 해소된다는 의미는 무엇입니까? 그 말은, 그 헌신을 (일체의 대상으로) 확장한다는 뜻입니다. 일체는 자기 자신의 진아에서 나옵니다. 그래서 만약 우리가 자신의 진아 안에 있으면, 그들 모두를 아우르는 샥띠(shakti)[에너지]를 얻게 됩니다." 그 헌신자가 말했습니다. "우리의 자아를 그 자신의 자리에서 해소한다는 것은 우리가 지성(buddhi)[발달된 마음]을 가지고 음식의 껍질(annamaya kosa) 등 (다섯 겹) 껍질을 내버리고, 그런 다음에는 그 지성마저도 내버린다는 뜻입니까?" 바가반이 답변하셨습니다. "지성을 내버리면 그대가 어디로 가겠습니까? 지성이 그 자신의 상태 안에 머무르는 것은 곧 자기 자신의 상태를 아는 것입니다. 그대가 앞서 말한 다양한 요소들을 제거하거나 내버리기 위해서는 지성을 회초리처럼 사용해야 합니다. 지성은 깨끗하지 않은 부분과 깨끗한 부분의 두 부분으로 되어 있다고 이야기됩니다. 그것이 내적 기관(antahkarana)의 일들과 연관되면 그것을 깨끗하지 않다고 말합니다. 그것이 바로 마음이요 에고(ahankara)라는 것입니다. 지성이 그런 것들을 쫓아내는 회초리로 사용되어 진아의 빛(aham spurana), 즉 '나'를 가져오면 그것이 바로 깨끗한 지성이라는 것입니다. 그것을 붙잡으면 그 나머지는 버려지고, '존재하는 것'이 있는 그대로 머무릅니다."

계속된 질문은, "그 지성은 아뜨마(Atma)와 하나가 되어야 한다고 합니다. 어째서 그렇습니까?"라는 것이었습니다. 바가반이 답변하셨습니다. "그것은 바깥에서 오는 것이 아닌데 어떻게 아뜨마와 하나가 될 수 있겠습니까? 그것은 그대 자신의 안에 있습니다. 아뜨마의 느낌 혹은 그림자가 바로 지성입니다. 정적인 물건인 그 지성을 알면 그대 자신의 진아로서 머무릅니다. 어떤 이들은 그것을 '지성'이라 하고, 어떤 이들은 '샥띠'라 하며, 어떤 이들은 그것을 '아함'이라고 합니다. 이름이 무엇이든, 그것을 꽉 붙잡아서 다른 데서 오는 모든 것을 몰아내야 합니다."

1947년 5월 15일

114. 자살

오늘 오후에 띠루찌라빨리에서 온 한 청년이 편지 하나를 써서 바가반께 건네 드렸습니다. 그 편지의 요지인즉, 이 나라의 무수한 사람들이 먹을 것이 부족해 고생하고 있고, 폭동도 많이 일어나고 있으며, 우리는 그들의 고통을 차마 볼 수 없고, 바가반은 그들의 고통을 덜어줄 어떤 계획을 내 놓으셔야 하며, 당신 같은 원로들이 이렇게 모른 척하고 계시면 안 된다는 것이었습니다.

바가반은 그것을 읽고 나서 그를 비판적으로 바라보면서 말씀하셨습니다. "그것이 그대가 원하는 것입니까? 그대는 그들의 고통을 차마 보지 못하겠다고 하는데, 그것은 그대 자신은 그들과 달리 아무 문제가 없고 행복하다는 뜻입니까?" "아뇨, 저도 어떤 식으론가는 고통을 받고 있습니다." 그 청년이 말했습니다. "아! 그게 문제지요. 그대는 자신의 행복이 무엇인지도 모르면서 남들을 걱정하고 있습니다. 모든 사람을 비슷하게 만들 수 있습니까? 모두가 가마를 탄다면 누가 가마를 맵니까? 만일 모두가 왕이면 누구를 왕이라고 하는 것이 무슨 의미가 있습니까? 어떤 사람들이 부자라는 것은 다른 사람들이 가난할 때만 그러하고, 어떤 사람을 진인이라고 인정하는 것은 무지한 사람들이 있을 때만 그러합니다. 어둠을 아는 것은 빛이 있을 때만 그러하고, 행복을 아는 것은 고통이 있을 때만 그러하며, 음식이 맛있는 것은 배가 고플 때만 그러합니다. 따라서 도움은 가능한 범위 내에서만 줄 수 있는 것인데, 모든 사람을 똑같이 행복하게 만들려고 한다면 그것은 결코 가능하지 않습니다. 이 나라에서는 여러 지도자들이 일을 하고 있습니다. 그들 중의 어떤 이들은 그들이 생각한 일이 제대로 완수되지 않았다고 말하고, 그래서 (그것을 완수하기 위해) 강연을 하겠지요. 무엇 때문입니까? 사람들이 뒤를 이어 지도자가 될 것이고, 일은 계속됩니다. 그들 모두를 이끄는 하나의 샥띠가 있는 것이 분명합니다. 필요한 일들은 그 샥띠가 할 거라는 확신을 가지고 우리가 짐을 그 샥띠에게 던져버리고 걱정에서 벗어나면, 어떤 식으로든 일들은 진행될 것입니다. 어떤 사람들은 동물을 죽이면 안 된다고 이야기합니다. 그리고 사람들이 자신들 말에 귀를 기울이지 않으면 자기들은 죽을 때까지 단식을 하겠다고 합니다. '우리는 자살하든지 목숨을 포기할 것이다'라고 말입니다. 다른 사람들이 동물 죽이기를 포기하지 않으면 자기가 자살하겠다는 것 그 자체가 산 존재를 죽이는 것 아닙니까? 그들이 생각하는 자살은 단순히 육신을 떠나는 것입니다. 그 육신은 진아의 일부 아닙니까? 진아는 모든 시간과 모든 장소에, 늘 있습니다. 실재하고 영원한 진아를 보지는 않고 육신 따위만을 자기 자신으로 여긴다면 그것이 바로 자살입니다. 그 이상의 어떤 살인이 있을 수 있습니까? 지知와 지혜로써 자신의 진아를 볼 수 있는 사람은 (세상에서) 어떤 갈등이 일어난다 하더라도 동요되지 않습니다. 그는 세상의 슬픔과 행복을, 무대 위에서의 연기演技에 불과한 것으로 볼 것입니다. 그의 견지에서는 전 세계가 하나의 무대입니다. 그 무대 위에서 같은 사람이 한 번은 왕의 옷을 입고, 한 번은 장관의 옷을 입으며, 그 다음에는 하인, 세탁부, 이발사 등등의 옷을 입고서 각 경우에 적합한 연기를 합니다. 그러나 그는 진짜 자기를 의식하고 있고, 자기는 자신이 연기하는 그 어떤 배역의 사람도 아니라는 것을 알기 때문에, 각 경우에 자신이 묘사하는 삶의 다양한 영고성쇠에 대해 걱정하지 않습니다. 그와 마찬가지로, 세계는 이스와라의 한 무대이고 그 무대에서 그대는 한 사람의 배우입니다. 그대는 자신의 능력 범위 내에서 남을 도울 수 있지만, 모든 사람을 평등하게 만들 수는 없습니다. 과거의 어느 누구도 그렇게 할 수 없었고 미래에도 역시 그러할 것입니다."

그 청년이 말했습니다. "이 모든 것으로 인해 이 세상에는 평화가 없습니다. 저는 그것 때문에 마음이 편치 않습니다." "보세요, 그대는 처음 시작한 지점에 다시 와 있군요" 하고 바가반이 말씀하셨습니다. "세상에 평화가 없다는 데 대해 걱정하느니, 어떻게 하면 그대가 이 세상 안에서 평화를 얻게 될지를 탐구하여 그것을 발견하는 것이 더 낫습니다. 그런 목표를 포기한다면, 세상에 평화가 없다는 것을 그대가 걱정해 본들 무슨 소용 있겠습니까? 그대의 마음이 평화로우면 전 세계가 평화롭게 보일 것입니다. 어디 말해 보세요, 그대는 그런 평화를 가지고 있습니까?" 바가반이 물으셨습니다. 그 사람은 "아뇨"라고 말했습니다. "아! 바로 그거지요. 그대는 평화를 가지고 있지 않습니다. 그리고 그 평화를 확보하는 법을 모릅니다. 그대는 그 평화를 얻으려고 하지는 않고 세상의 평화를 확보하려고 하는데, 그것은 자기도 먹을 것이 없는 사람이 남에게 음식을 달라고 하면서, 만약 음식을 주면 그것으로 다른 사람들을 먹이겠다고 하는 것과 같습니다. 절름발이가 '만약 나를 일으켜 세워 주면 도둑들을 두들겨 패줄 텐데!' 하고 말하는 것과 같습니다."

1947년 5월 16일

115. 존재하는 샥띠는 하나다

어제 그 청년이 그랬던 것처럼 한 북인도 신사가 바가반께 질문들로 가득 찬 편지 하나를 건네 드렸는데, 그 중에서도 주된 질문은 바가반은 왜 세상 사람들의 복리를 향상시키려고 하지 않느냐는 것이었습니다. 바가반은 그것을 읽고 나서 가까이 있던 사람들을 바라보며 말씀하셨습니다. "어제도 우리는 같은 유형의 질문을 받았지요. 세상 사람들의 복리를 위해 일한다고 설교하는 이런 분들이 모두, 먼저 그들 자신의 복리를 위해서 일하면 충분한데 말입니다. 그들은 자기가 누군지 탐구할 수 없고 또 그것을 아니까, 세상을 개혁할 생각을 합니다. 그렇게 생각하는 자가 누구인지를 먼저 발견해야 합니다. 그런데 그렇게 하지 않지요. 그러면서 자기들이 세상을 개혁하겠다고 말합니다. 그것은 절름발이의 이야기와 같습니다."

그 질문자가 말했습니다. "스와미, 당신 같은 진인들은 왜 움직이지 않고 가만히 앉아 있습니까? 세상에 투쟁과 소요가 있을 때는 평화를 확립하는 일을 도와야 하지 않습니까?" 바가반이 답변하셨습니다. "예, 그래야지요. 그러나 진인들이 아무런 도움도 주지 않는지 그대가 어떻게 압니까? 그들이 자기 자리에 머무르고 있는 그 자체가 세상에 하나의 도움입니다. 겉보기로는 아무것도 하지 않고 있는 것처럼 보이겠지요. 어떤 부자가 한 사람 있다 합시다. 꿈에서 그는 구걸을 하러 다니고, 막 노동을 하고, 길거리를 비로 씁니다. 깨어나면 그는 자기가 그런 사람이 아니라는 것을 깨닫고는, 자신이 부자라는 생각을 하며 고상한 모습을 유지합니다. 그와 마찬가지로 진인은 자신의 발현업(*prarabdha*)[운명]에 따라 무언가를 하지만, 아무 집착이 없이 고상한 초연함을 유지합니다. 그의 샥띠는 여러 가지 방식으로 일을 하지만 그는 자신의 노력이 성공하든 실패하든 거기에 대해 기뻐하거나 슬퍼하지 않습니다. 왜냐하면 그는 세계가 브라만으로 가득 차 있다는 것을 알고 있고 그래서 어떤 일도 그에게는 즐겁거나 슬프게 보이지 않기 때문입니다. 자신이 이 몸뚱이 안에 있다거나 자신이 이 사람이라고, 혹은 이것이 세계라고 느끼지 않는데, 어떻게 만족이나 슬픔의 느낌을 가질 수 있겠습니까? 그래서 '진인의 소견을 얻으면 그 순간 일체가 브라만으로 가득 차 있는 것을 본다'(*dristim jnanameyeem kritva pasyeth Brahmamayam jagath*)고 하는 것입니다. 그렇다면 '내가 한다'는 느낌이 일어날 여지가 어디 있습니까? 그때 그들은 일체가 어떤 샥띠의 힘을 통해서 진행되고 있다는 것을 깨닫습니다. 그뿐입니다."

다른 사람이 말했습니다. "진인들은 저주를 할 수도 있고 은택을 줄 수도 있다고 합니다. 당신께서는 그들에게 할 일이 아무것도 없다고 하십니다. 어째서 그렇습니까?" 바가반이 답변하셨습니다. "그렇지요. 누가 그들이 그런 것을 못한다고 했습니까? 그러나 그들에게는 그들 자신과 샥띠 혹은 이스와라가 별개라는 생각이 없습니다. 존재하는 그 힘은 오직 하나입니다. 그들은 자신들이 그 샥띠 때문에 움직이고 있다는 것을 알고, 자신들이 행위자라는 느낌에서 벗어나 있습니다. 그들의 존재 자체가 세상에 유익합니다. 그들은 자신의 발현업에 따라 자신이 해야 하는 어떤 행위든 합니다. 그뿐입니다."

1947년 5월 17일

116. 발현업

오늘 오전 9시에 한 헌신자가 바가반께 다음과 같이 말했습니다. "스와미, 어제 말씀하시기를, 진인은 자신의 발현업에 따라 정해진 행위들을 하게 될 거라고 하셨습니다. 그러나 진인들에게는 발현업도 전혀 없다고 하는데요!"

바가반은 느긋하게 말씀하셨습니다. "발현업이 없다면 그들이 이 육신을 어떻게 받았겠습니까? 그리고 온갖 행위들을 어떻게 합니까? 진인들의 행위 그 자체가 발현업이라고 불립니다. 브라마로부터 사다시바(Sadasiva)까지, 그리고 라마, 끄리슈나와 같은 화신들 여타의 존재들까지 발현업이 있다고 이야기됩니다."

> 선한 자들을 보호하고 악한 자들을 멸하며,
> 다르마를 확립하기 위해 나는 시대를 내려오며 태어난다.
> ― 『바가바드 기타』, 4:8

이 시구에서 말하고 있듯이, 이스와라는 선한 사람들의 덕과 악한 사람들의 죄가 뒤섞여 발현업이 되어 자신이 다르마를 확립해야 할 때는 어떤 형상을 취합니다. 그것이 타원발현업(parecha prarabdha)[다른 사람들의 업]이라는 것입니다. 육신 자체가 발현업입니다. 그 육신이 생겨나게 된 목적은 저절로 성취될 것입니다."

어제의 질문자가 말했습니다. "『기타』에서는 까르마 요가에 큰 중점을 둡니다." "오호! 그래요? 까르마 요가 하나 뿐만은 아니지요. 다른 것들은 어떻게 합니까? 그것들을 다 이해하면 까르마 요가의 진정한 비밀을 알게 되겠지만, 그대가 그것을 모르고 있을 뿐입니다"라고 바가반이 말씀하셨습니다.

> 나는 의례이고 나는 제사이며, 나는 공물이고 나는 약초이다.
> 나는 진언이고, 정제한 버터이며, 나는 불이고, 불에 태운 공물이다.
> ― 『바가바드 기타』, 9:16

이 말을 하기 전에 주 끄리슈나는 『기타』에서 이렇게 말했습니다.

> 이 일들도 나를 속박할 수 없다, 오 다난자야여!
> 나는 그 행위들로부터 초연하게 중립적으로 앉아 있다.
> ― 『바가바드 기타』, 9:9

이 뿐만 아니라,

> 중립적으로 앉아 있고, 성질들에 의해 동요되지 않으며,
> 성질들이 돌고 돈다고 이와 같이 아는 자는 굳게 머무른다.
> ─『바가바드 기타』, 14:23

또한

> 고와 낙을 같이 보고 자신 안에 위치하며, 흙덩이와 돌과 금을 같이 보며,
> 좋아하는 사람과 싫어하는 사람을 같이 보고 비방과 칭찬을 같이 보며,
> ─『바가바드 기타』, 14:24

> 명예와 불명예를 같이 보고, 친구와 적을 같이 보며,
> 모든 노력의 대상을 내버린 자, 그는 성질을 넘어선 자라고 불린다.
> ─『바가바드 기타』, 14:25

"이것이 『기타』에서 말하는 내용입니다. 앞에서 말한 마하뿌루샤(Mahapurushas) [위대한 인물]들은 깨달은 영혼들입니다. 그들이 겉보기에 어떤 모습을 하고 있든, 제자(sishya), 헌신자(bhakta), 무관심한 자(udaseena), 죄인(papatma) 등 네 범주에 드는 모든 사람들이 진인들의 은총을 통해 보호받습니다. 제자들은 그들을 스승으로 숭배하여 진리를 확인하고 해탈을 성취합니다. 헌신자들은 신의 형상인 그들에게 기도하여 죄에서 벗어납니다. 무관심한 자들은 스승이 하는 말을 듣고 환희심을 내어 헌신자가 됩니다. 죄인들은 오고 가는 사람들로부터 그런 이야기들을 듣고 죄에서 벗어납니다. 이 네 범주의 사람들이 (모두) 진인들의 은총에 의해 보호받는 것입니다"라고 바가반은 말씀하셨습니다.

어떤 사람이 말했습니다. "나쁜 사람들도 죄에서 벗어날 것이라고 말씀하셨는데, 그것은 남들이 하는 이야기를 듣고 그렇게 됩니까, 아니면 자기들끼리 이야기를 해서 그렇게 됩니까?" "그것은 남들이 하는 이야기를 듣고서입니다. 그들은 죄인 아닙니까? 어떻게 좋은 사람들에 대해 이야기를 하겠습니까?" 하고 바가반이 말씀하셨습니다. 어제의 질문자가 여쭈었습니다. "죄인들도 벗어날 거라고 말씀하셨는데요, 그것은 그들의 신체적 또는 정신적 질병에서 벗어난다는 뜻입니까?" "마음에 대해서만 그렇지요." 바가반이 답변하셨습니다. "행복은 마음이 올바를 때만 가능합니다. 마음이 올바르지 않으면 다른 무엇이 있다 하더라도 평안은 없습니다. 마음은 각자의 근기에 따라 성숙됩니다. 무신론자(nastik)는 유신론신자(astik)가 되고, 유신론자는 헌신자가 되며, 헌신자는 지(知)를 갈구하는 자(jignasu)가 되고, 지(知)를 갈구하는 자는 진인이 됩니다. 이것은 마음만을 가리킵니다. 그것이 몸을 가리킨다고 해 본들 무슨 소용 있습니까? 마음이 행복하면 몸뿐만 아니라 전 세계가 행복할 것입니다.

그래서 우리는 자기 자신이 행복해질 방도를 찾아야 합니다. 자기탐구를 하여 자기 자신을 알지 않고서는 그럴 수가 없습니다. 그것을 하지 않고 세상을 개혁하겠다고 생각하는 것은, 돌이나 가시 위를 걸으면 아프다고 해서 온 세상을 가죽으로 덮겠다고 하는 것과 같습니다. 자기가 가죽 신발을 신으면 되는 더 간단한 방법이 있는데도 말입니다. 양산을 머리 위에 쓰면 햇볕을 피할 수 있는데, 햇볕을 피하겠다고 천을 묶어 온 지구를 덮을 수 있습니까? 사람이 자신의 위치를 깨닫고 자신의 진아 안에 머무르면, 일어날 일들은 일어나고 일어나지 않을 일들은 일어나지 않을 것입니다. 세계 안에 있는 샥띠는 단 하나입니다. 이 모든 문제는 우리가 자신들을 그 샥띠와 별개라고 생각하기 때문에 일어납니다."

1947년 5월 18일

117. 꿈속에서 사자를 봄

오늘 오후 3시에 일련의 다른 질문들이 시작되었습니다. "브라만은 사뜨-찌뜨-아난다 스와루빠(Sat-Chit-Ananda Swarupa)라고 합니다. 그것이 무슨 뜻입니까?"라고 어떤 사람이 말했습니다. "예, 그렇지요." 바가반이 답변하셨습니다. "존재하는 것은 사뜨(Sat)뿐입니다. 그것을 브라만이라고 합니다. 사뜨의 광채가 찌뜨(Chit)이고 그것의 본질이 아난다(Ananda)입니다. 이 둘은 사뜨와 다르지 않습니다. 이 셋을 전부 합쳐서 사뜨-찌뜨-아난다라고 합니다. 개아의 속성, 즉 사뜨왐, 고람, 자담에 대해서도 그와 마찬가지입니다. 고람(ghoram)은 라자스의 성질을 뜻하고, 자담(jadam)은 따마스의 성질을 뜻합니다. 이 두 가지는 사뜨왐(satvam)의 부분들입니다. 만일 이 두 가지가 제거되면 남는 것은 사뜨왐뿐입니다. 그것이 영원하고 순수한 진리입니다. 그것을 아뜨만이라 하든 브라만이라 하든 샥띠라 하든, 뭐라 하든 좋습니다. 그것이 바로 그대 자신이라는 것을 알면 일체가 광채를 발합니다. 일체가 아난다입니다."

그 질문자가 말했습니다. "고인들이 말하기를, 그 진정한 상태를 알고 싶은 사람에게는 마지막에 도달할 때까지 수행(sadhana), 청문聽聞(sravana), 성찰省察(samana), 일여내관一如內觀(nididhyasana)이 절대적으로 필요하다고 합니다." 바가반이 답변하셨습니다. "그런 것들은 바깥에서 오는 온갖 것을 제거하기 위해서 필요할 뿐이고, 그것도 수행의 목적을 위해서 필요한 것일 뿐이지 진아를 깨닫기 위한 것은 아닙니다. 그대 자신의 진아는 언제 어느 때 어느 곳에서나 존재합니다. 청문 등은 외부의 영향을 제거하기 위해서만 해야지, 그것을 가장 중요한 일로 여기면 '나는 빤디뜨다,' '나는 대단한 사람이다' 하는 등의 에고의 느낌이 발달하는 원인이 될 것입니다. 그것은 큰 세간연世間緣(samsara)[가족]입니다. 나중에는 그것을 없애기가 어렵습니다. 그것은 사나운 코끼리보다도 더 큽니다. 여간해서는 항복하려 들지 않을 것입니다."

"그 사나운 코끼리에게 스승의 은총(Guru Kutaksham)은, 마치 꿈속에서 사자를 보는 것과 같다고 합니다." 그 질문자가 말했습니다. "맞습니다. 코끼리가 꿈속에서 사자를 보면 놀라서 깨어나 그날은 다시 잠을 자지 못합니다. 꿈속에서 다시 사자가 나타날까 두렵기 때문입니다. 마찬가지로 인간의 삶도 하나의 꿈과 비슷하지만, 꿈속의 사자와 비슷한 것은 스승의 은총뿐만 아니라 청문, 성찰, 일여내관 등도 그렇습니다. 이런 꿈들을 계속 꾸다 보면 깨어나지만, 시간이 가면서 다시 잠이 듭니다. 그러다 어느 날은 스승의 은총이라는 사자의 꿈을 강렬하게 꿀 수 있습니다. 그들은 깜짝 놀라 지知를 얻습니다. 그러면 더 이상의 꿈은 없습니다. 그들은 언제나 깨어 있을 뿐 아니라, 삶이라는 꿈이 들어설 여지를 더 이상 주지 않고 저 참되고 실다운 (궁극적인) 지知를 얻을 때까지 예리하게 깨어 있게 됩니다. (진아를 깨달으려면) 이 사자의 꿈들이 불가피합니다. 반드시 그것을 체험해 봐야 합니다." 바가반이 말씀하셨습니다.

그 질문자가 좀 놀라서 말했습니다. "청문 등이나 스승의 은총이 꿈과 비슷하다고요?" "예, 그렇습니다. 진리를 깨닫는 사람에게는 일체가 꿈과 비슷합니다. 사실이 그렇다면, 그대는 무엇을 진리라고 말하겠습니까? 잠이 들면 그대는 이 육신을 제어하지 못합니다. 여러 가지 몸을 가지고 여러 곳을 헤매고 다닙니다. 그리고 온갖 짓을 합니다. 그때는 모든 것이 실재하는 것처럼 보입니다. 그대는 마치 자신이 행위자인 것처럼 모든 일을 합니다. 깨어난 뒤에야 자신이 벤까이아(Venkiah)나 뿔라이아(Pulliah)이며, 꿈속에서 경험한 일들은 실재하지 않는 하나의 꿈이었을 뿐이라는 것을 압니다. 그뿐이 아닙니다. 어떤 때는 그대가 밤에 랏두(laddu)나 질레비(jilebi) 같은 과자를 배불리 먹고 나서 잠자리에 듭니다. 잠을 자다가 그대는 온갖 곳을 헤매고 다녀도 먹을 것이 없어 굶어죽기 직전인 그런 꿈을 꿉니다. 그러다가 놀라서 깨어나면 트림을 할 것입니다. 그제야 모든 것이 하나의 꿈이었다는 것을 깨닫습니다. 그러나 그 꿈속에서 그것[그대가 배불리 먹었다는 것]을 기억했습니까? 또 한 사람은 허기에 시달리면서 잠자리에 듭니다. 꿈속에서 그는 랏두와 질레비를 먹는 성찬을 즐깁니다. 그때 그가, 허기를 느끼며 잠자리에 들었다는 사실을 기억하겠습니까? 아니지요. 깨어나서야 자기가 너무 배가 고프다는 것을 발견합니다. '맙소사! 다 환상이고 하나의 꿈에 불과했구나' 하고 생각합니다. 그뿐입니다. 그대는 생시의 상태에서도 존재하고 꿈의 상태와 잠의 상태에서도 존재합니다. 그대가 항상 존재해 온 그 상태를 이해할 수 있게 될 때, 그 나머지 모든 것은 하나의 꿈과 같다는 것을 깨닫게 될 것입니다. 그것을 알게 될 때는 스승이 그대와 다르다는 느낌이 사라질 것입니다. 그렇기는 하나, 이 깨달음은 스승의 은총 때문에 일어날 수밖에 없기 때문에 스승의 은총을 사자의 꿈에 비유하는 것입니다. 그 꿈은 강렬해야 하고 그대의 마음에 각인되어야 합니다. 그럴 때에만 제대로 깨어나게 됩니다. 그러자면 시절인연이 좋아야 합니다. 가차 없이 수행을 해 나가면 언젠가 좋은 결과가 나타납니다. 그뿐입니다." 그렇게 말씀하시고 바가반은 위엄 있는 침묵을 하셨습니다.

시계가 4시를 쳤습니다. 회당 안의 사람들은 바가반의 이 영적인 담화에 완전히 몰입되어 있다가 정신이 들었습니다. 바가반의 음성은 제 귀에 쟁쟁히 울리고 있었습니다. 집으로 돌아오면서, 저는 금생의 어느 때 스승의 은총이라는 그 사자의 꿈을 꾸고 그것이 제 마음에 각인될까 하고 생각했습니다.

1947년 5월 19일

118. 왕은 어디 있고 왕국은 어디 있는가?

오늘 오후에 고서古書『샹까라 비자얌』(Sankara Vijayam)에 대한 대화 도중 바가반이 한 헌신자에게, 샹까라의 생애에 관한 모든 책 중에서 비디야라니야(Vidyaranya)의 『샹까라 비자얌』이 최고라는 것은 사실이냐고 물으셨습니다. "그는 큰 학자였고 그래서 그의 책은 모든 사람에 의해 하나의 권위로 받아들여집니다"라고 그 헌신자가 말했습니다. 바가반은 미소를 지으며 말씀하셨습니다. "예, 그의 마음의 힘은 아주 대단했지요. 아시겠지만 그는 스리 비디야(Sri Vidya)[71]의 큰 신자였습니다. 따라서 스리 짜끄라(Sri Chakra)의 형태로 도시 하나를 창건하고 싶어 했고, 함삐(Hampi)에서 그 일을 시작했지만 완성하지는 못했습니다. 그래서 그는 미래에 어떤 황제가 이 나라를 통치할 것이고, 스리 짜끄라의 형태를 한 도시 하나를 건설할 것이라고 말했습니다. 제가 산 위에 있을 때 나야나에게 이 이야기를 했더니, 그는 특이한 주석을 하나 하더군요. 즉, 이렇게 말했습니다. '스리 샹까라가 지은「아루나찰라에 바치는 8연의 송찬」(Arunachala Ashtaka Stotram)에 "스리 짜끄라의 형상을 한 소나산山(아루나찰)은 16음절의 진언으로 늘 찬양되는 (시바의) 몸이라네"(*Sri Chakrakriti Sona Saila Vapusham, Sri Shodasarnatmakam*) 하는 말이 나옵니다. 이 외에도 『아루나찰라 뿌라나』에는 이 산이 스리 짜끄라의 형태를 하고 있다고 되어 있습니다. 그러니 우

---

[71] [역주] 우주의 어머니, 즉 샥띠(Sakti) 여신을 숭배하는 제반 법식. 여기에는 진언, 탄트라 등이 수반되는 많은 의식이 있다.

리는 그것을 찾을 것도 없이, 스리 짜끄라의 형태를 하고 있는 여기에 있는 행운을 누리고 있는 것입니다. 바가반이 바로 짜끄라바르띠(Chakravarthi)[황제]이십니다. 이 산 주위에 집이 열 채만 들어서면 그 자체가 하나의 큰 제국입니다. 샹까라가 말하려고 한 것도 바로 이것임이 분명합니다'라고 말입니다. 그는 덧붙여서 통치 기구 전체를 이렇게 정리했습니다. '여기 사령관이 있고(나야나 자신을 말함), 저 사람은 재무장관, 아무개는 무엇, 아무개는 무엇입니다.' 그가 여기 있으면 아주 재미있었지요. 모두 함께 앉아서 '오늘의 우리 알현실(Durbar)을 위한 음식은 뭔가?'라고 했으니 말입니다. 그러면 그들은 계획을 짜고 요리를 한 다음 먹었습니다. 마치 하나의 제국을 통치하듯이 그들은 그 계획을 집행하곤 했습니다. 이 순다레샨(Sundaresan)과 저 깔리야남(Kalyanam)이 그때도 지금 같았을까요? 오! 다들 아주 활동적이고 신나 했지요. 그들은 자기들이 대단한 전사戰士나 되는 양 생각했습니다." 바가반이 말씀하셨습니다.

"그게 다 언젯적 일입니까?"라고 시바난담(Sivanandam)이 여쭈었습니다. "우리가 비루빡샤 산굴에 있을 때입니다. 나야나는 실제로 종이에다 그 도시를 건설하기 위한 도면을 그렸습니다. 그 도면에는 저를 위한 특별한 장소 하나가 할당되어 있었지요. 나중에 그는 그 제국의 행정을 위해 적합한 계획도 하나 짰습니다. 왕도 없고 왕국도 없었지만 계획들은 짜여 있었습니다. 많은 계획들이 그렇게 준비됩니다. 왕은 어디 있었습니까? 왕국은 어디에 있었습니까?" 바가반께서 물으셨습니다. 나야나의 제자인 숩바 라오가 말했습니다. "아니, 왕이 없었다고요? 그분은 바로 저희들의 맞은편에 있습니다. 이 왕만이 살가리개를 찹니다. 뭐가 부족합니까? 산 주위에 집들이 지어지지 않았습니까? 바가반께서 앉아 계신 자리는 왕의 궁정 같지 않습니까? 여기서 이루어지는 모든 행정은 왕의 집안과 같이 돌아갑니다. 다만 보통의 왕국과 여기 사이에는 몇 가지 차이점이 있지만 말입니다. 그뿐입니다."

"맞습니다. 나야나도 마하라자의 지위와 마하냐니(Mahajnani-대진인)의 지위가 같다고 곧잘 말했습니다. 점성학자들이 여래如來(Tathagatha)[붓다]는 제왕이 되든지 아니면 지혜와 지식을 갖춘 출가수행자가 될 거라고 예언하자, 그의 아버지는 그가 어디로 가지 못하도록 궁궐 안에 붙잡아 두고 궁궐의 환락과 사치에 흥미를 갖게 하려고 무척 애를 썼습니다. 마침내 그는 용케 어떤 핑계로 성 밖을 나가게 되었고, 세상 사람들의 온갖 고통을 보았습니다. 그래서 그는 몰래 빠져나가 출가했지요. 물질적인 제국이나 영적인 제국, 둘 중의 하나입니다." 바가반이 말씀하셨습니다.

1947년 5월 21일

119. 일여내관

 어제 오전 8시에, 아리야 비냐나 상가(Arya Vignana Sangha-단체의 이름)의 일꾼이자 바가반의 제자 중 한 사람인 사이에드 박사(Dr. Syed)가 바가반을 친견하러 여기 와서 여쭈었습니다. "바가반께서는 전 세계가 진아의 형상(swarupa)이라고 말씀하십니다. 그렇다면 왜 우리는 이 세상에서 그렇게 많은 문제를 봅니까?"

 바가반은 즐거운 기색을 띠면서 대답하셨습니다. "그것을 마야라고 합니다. 『베단타 찐따마니』(Vedanta Chintamani)에서는 저 마야를 다섯 가지 방식으로 묘사합니다. 니자구나 요기(Nijaguna Yogi)라는 사람이 까나라어로 그 책을 썼는데, 거기서 베단타를 워낙 잘 논의해 놓았기 때문에 그 책은 베단타 언어에 관한 하나의 권위라고 말할 수 있습니다. 타밀어 번역본(『베단타 쭈다마디』)도 있지요. 마야의 그 다섯 가지 이름은 따마스, 마야, 모함, 아비디야, 아니띠야입니다. 따마스(tamas)는 삶에 대한 지(知)를 숨기는 것입니다. 마야(maya)는 세계의 형상인 자가 그것과 다르게 보이도록 하는 원인이 되는 것입니다. 모하(Moha-미혹)는 다른 대상이 실재하는 것처럼 보이게 하는 것입니다. '숙띠 라자따 브란띠'(sukti rajata bhranthi)— 즉, 진주모가 은으로 만들어진 것 같은 환상을 창조합니다. 아비디야(Avidya-無知)는 비디야(Vidya-知)를 망치는 것입니다. 아니띠야(Anitya-非永遠)는 찰나적인 것, 즉 '영원하며 실재하는 것'과는 다른 것입니다. 이 다섯 가지 마야 때문에 마치 영화의 화막 위에 화상이 나타나듯이 진아 안에서 문제들이 나타납니다. 오직 이 마야를 제거하기 위해 전 세계를 가상假像(mithya)이라고 말하는 것입니다. 진아는 화막과 같습니다. 거기에 나타나는 화상들은 화막에 의존할 뿐 달리 존재하는 것이 아니듯이, 우리도 자기탐구를 하여 세계가 진아와 다른 것이 아니라는 것을 알기 전까지는 이것이 모두 가상이라고 말해야 합니다. 그러나 실재를 알고 나면 전 우주가 진아로만 보일 것입니다. 그래서 세계가 실재하지 않는다고 말한 바로 그분들이 그 다음에는 그것이 진아의 형상일 뿐이라고 말한 것입니다. 결국 중요한 것은 관점입니다. 관점이 바뀌면 세계의 문제들이 우리를 괴롭히지 않을 것입니다. 파도가 바다와 다릅니까? 그 파도들이 애당초 왜 일어나느냐고 묻는다면 우리가 뭐라고 대답합니까? 세계 안의 문제들도 그와 마찬가지입니다. 파도들은 오고갑니다. 그 문제들이 진아와 다르지 않다는 것을 알면 그런 걱정은 존재하지 않을 것입니다."

 그 헌신자가 애원조로 말했습니다. "바가반께서 아무리 가르쳐 주셔도 저희들은 이해하지 못합니다." "사람들은 일체에 두루한 진아를 모르겠다고 합니다. 제가 어떻게 합니까? 작은 꼬마도 '내가 존재한다. 내가 한다. 이것은 내 것이다'라고 말합니다. 그러니 누구나 '나'라는 것이 항상 존재한다는 것을 압니다. 우리가 육신이라는 느낌, '그는 벤깐나(Venkanna)이고 이 사람은 라만나(Ramanna)다'라는 따위의 느낌이 있는 것은 그 '나'가 있을 때만 그렇습니다. 항상 눈에 보이는 그것이 자기 자신이라는 것을 알기 위해서 촛불을 들고 찾을 필요가 있습니까? 다른 것이 아니라 우리 자신인 그 진아의 형상을 우리가 모른다고 말하는 것은 '나는 나 자신을 모른다'고 말하는 것과 같습니다"라고 바가반은 말씀하셨습니다.

"그 말씀은, 청문과 성찰에 의해 각성되어, 눈에 보이는 전 세계를 마야에 가득 찬 것으로 보는 사람들은 궁극적으로 일여내관에 의해서 실재하는 형상(swarupa)을 발견할 거라는 뜻이로군요"라고 그 헌신자가 말했습니다.

"예, 그렇습니다. '일여'(nidi)는 진아의 형상(swarupa-자신의 본래면목)을 뜻하고, '일여내관'(nididhyasana)은 스승의 말씀에 대한 청문과 성찰에 힘입어 그 진아 형상에 강렬히 집중하는 행위입니다. 그것은 끊임없는 열의로 그것에 대해 명상한다는 것을 뜻합니다. 오랫동안 명상한 뒤에 그는 그 안에 합일됩니다. 그러면 그것이 그 자체로서 빛납니다. 그것은 항상 있습니다. 그것을 있는 그대로 볼 수 있게 되면 이와 같은 문제들은 전혀 없을 것입니다. 항상 있는 자기 자신을 보는 데 왜 많은 질문이 필요합니까?" 바가반이 말씀하셨습니다.

1947년 5월 23일

120. 무염송의 의미

오늘 오전 8시에 황색 승복을 입은 사람이 질문했습니다. "스와미, 마음을 제어하는 데는 무염송 진언(ajapa mantra)을 염송하는 것과 옴까르(Omkar)를 염송하는 두 가지 중에서 어느 것이 더 좋습니까? 어느 것이 더 유용한지 부디 일러주십시오." 바가반은 다음과 같이 답변하셨습니다. "그대는 무염송이 무엇이라고 생각합니까? 입으로 '소함, 소함'(soham, soham-'내가 그다, 내가 그다') 하고 계속 염하면 무염송이 됩니까? 무염송이란 입을 통해서 중얼거리지 않아도 저절로 계속되는 염송을 뜻합니다. 그 염송의 진정한 의미를 모른 채, 사람들은 그것이 입으로 '소함, 소함' 하고 수십만 번 염하면서 손가락이나 염주로 숫자를 세는 것이라고 생각합니다. 염송을 하기 전에 '조식調息을 하라'(pranayame viniyogah)고 합니다. 그 말은 먼저 조식(pranayama)[호흡 제어]을 한 뒤에 진언을 염송하라는 것입니다. 조식은 먼저 입을 다무는 것을 뜻합니다. 그렇지 않습니까? 만약 숨을 멈추어서 몸의 다섯 가지 원소가 한데 묶여 제어된다면 남는 것은 진아입니다. 그 진아는 저절로 '아함, 아함'(aham, aham-'나, 나')을 늘 염하게 될 것입니다. 그것이 무염송입니다. 그런 측면을 아는 것이 '무염송'인데, 입으로 염하는 것이 어떻게 무염송이겠습니까? 자기 스스로 염송을 하되 자동적으로, 그리고 기이(ghee-액체 버터)가 계속 흘러내리듯이 끝없는 하나의 흐름으로 염송하는 진아를 보는 것이 무염송이요 가야뜨리(Gayatri)이며, 모든 것입니다. 성사식聖絲式을 할 때 벌써 앙가니야사(anganyasa), 까라니야사(karanyasa) 기타 지식止息하는 방법들로 조식을 가르치는데, 사람들에게 적절한 보조 방편과 함께 수행을 하여 무염송을 이해하라고 요구합니다. 그러나 그것은 생각하지도 않고 사람들은 무염송을 이야기합니다. 옴까르의 경우도 마찬가지입니다. 옴(Om)은 일체에 두루하며 그 자체로 완전합니다. 우리가 어떻게 음성으로 그 단어를 염송할 수 있겠습니까? 그 경經(sutra)은 늘 있습니다. '옴이라는 한 글자는 둘이 없는 태초의 브라만이다'(Omityekaksharam Brahma Adhiteeyam Sanatanam)라는 것입니다. 그 기초적인 사항을 이해하지 못한 채 쓰여진 큰 책들이 여러 권인데, 이런 책에서는 각 이름을 몇 번씩 염해야 한다고 말하고 있습니다. 가령 물라다라(Mooladhara)에 있는 가나빠띠에 대해서는 몇 천 번, 다른 짜끄라에 대해서 몇 천 번—브라마에 대해서 몇 천 번, 비슈누와 사다시바에 대해서 몇 천 번—이런 식입니다.72) 염송을 하는 그것이 누구인지를 알면 염송이 무엇인지를 알게 될 것입니다. 염송을 하는 그것이 누구인지를 탐색하여 알아내려고 노력하면, 그 염송 자체가 진아로 됩니다."

다른 사람이 질문했습니다. "입으로 염송을 하는 것은 아무런 이익이 없습니까?" "누가 없다고 합니까? 그것은 마음을 순수하게 하기 위한 수단이 될 것입니다. 염송을 부단히 해 나가면 그 노력이 성숙하여 조만간 올바른 길로 들어서게 됩니다. 좋든 나쁘든, 우리가 하는 모든 것은 결코 허비되지 않습니다. 다만 그 사람의 발전 단계에 따라, 각자의 개인차와 공과功過의 차이를 말해 줄 뿐입니다." 바가반이 말씀하셨습니다. 이 주제에 관해서는 당신의 「가르침의 핵심」 자체가 하나의 권위 있는 문헌입니다.

1947년 5월 28일

121. 왜 몰래 하지?

바가반의 친존에서는 사람들이 과일과 과자들을 가져와 당신의 앞에 놓는 일이

---

72) [역주] 맨 아래쪽의 물라다라 짜끄라부터 정수리의 사하라라까지 7개의 짜끄라에는 각기 가나빠띠, 브라마, 비슈누, 시바 등의 신들이 거주하고 있다고 이야기된다.

자주 있습니다. 어떤 때는 당신이 식사를 하실 때 그들이 당신의 엽반 위에 놓아드리기도 하고, 어떤 때는 회당에서 모든 사람들이 있는 가운데 바가반께 그것을 드시라고 청하기도 합니다. 그들이 새로 온 사람이라면 상관없지만, 오래된 헌신자들이면 바가반이 이렇게 말씀하시곤 합니다. "더 할 것이 뭐 있습니까? 공양(naivedya)은 끝났습니다. 아마 장뇌도 태워야겠지요?" 아니면 "여러분이 요구할 때마다 먹고 청할 때마다 무엇을 하지 않으면 스와미 노릇(swamitvam)을 그만두어야겠지요?" 만일 그들이 아쉬라맘 사람이면 심지어 당신이 가볍게 질책을 하시기도 합니다. "당신이 온 목적에 충실하지 않고 이런 것까지 왜 합니까?" 1년 전이라고 생각됩니다만, 어느 날 아침에 제가 조반 시간에 튀긴 팥수수를 가져가서 주방을 맡고 있는 사람들에게 주면서 아무 말도 하지 않았습니다. 그것이 어떻게 되었을까요? 제가 회당에 들어가자마자 바가반께서 불평을 하셨습니다. "나는 온갖 곡물을 다 먹어 보았는데, 자네가 왜 그런 수고를 다 하나?" 그때부터 저는 집에서 준비한 그 어떤 것도 아쉬람에 주지 않고 있습니다. 최근에 오라버니께서 무화과 등의 과일을 보내셨을 때, 저는 그것을 바가반의 시자들에게 몰래 주었습니다. 제가 그것을 모든 사람들이 있을 때 바가반께 드리면 당신이 무슨 말씀을 하실까봐 두려웠기 때문입니다. 그들은 적당한 기회를 기다렸다가 그것을 바가반께 드렸습니다. 당신은 그때는 아무 말씀도 안 하셨지만 4, 5일 뒤에 어떤 일이 있었는지 아십니까? 제가 오후 2시 30분에 아쉬라맘에 갔습니다. 시자들을 외에는 바가반 곁에 아무도 없었습니다. 다람쥐들이 소파 주위를 쫓아다니면서 간접적으로 음식을 달라고 요구하고 있었습니다. 바가반은 깡통을 비우시다가 말씀하셨습니다. "미안해, 텅 비었네." 그러면서 저를 돌아보고 말씀하셨습니다. "캐슈너트가 떨어졌군. 그들은 땅콩을 좋아하지 않아. 내가 어떻게 하나?" 저는 어떻게 되었느냐고 묻는 눈으로 시자들을 바라보았습니다. 그들은 창고 안에 캐슈너트가 하나도 없다고 말했습니다. 다람쥐들은 소동을 멈추지 않았습니다. 제가 뭔가를 해야 했습니다. 그러면서도 제가 시장에서 뭘 사왔다고 바가반께서 무슨 말씀을 하시지나 않을까 두려웠습니다.

오후에 어떤 사람이 읍내에 갈 때 저는 그에게 캐슈너트 10빨람(palams-약 1.25kg)만 사 달라고 돈을 주었습니다. 그 사람은 그것을 사 와서는 즉시 저에게 주지 않고 다음날 오전 9시에 주었습니다. 그것을 제가 바가반의 친존에서 시자들에게 주면 당신께서 뭐라고 말씀하실 것 같아, 바가반께서 9시 25분에 밖으로 나가신 뒤에 그것을 시자 끄리슈나스와미에게 주었습니다. 그리고 한낮에는 무슨 일이 있었는지 몰랐습니다. 오후 2시 30분에 아쉬라맘에 가서 4시까지 있었지만 그 문제는 거론되지 않았습니다. 저는 크게 안도하고 집으로 갔다가, 저녁 6시에 다시 와서 회당 안에 좀 멀찍이 앉아 있었습니다. 베다빠라야나가 끝났습니다. 끄리슈나스와미가 깡통에 제가 준 캐슈너트를 따르고 있었습니다. 바가반이 그를 보시더니 누가 주었느냐고 물으셨습니다. 그가 말했습니다. "나감마요." "언제?" 바가반이 물으셨습니다. "오전 9시 45분에 바가반께서 밖에 나가실 때요." 시자가 말했습니다.

"그래? 왜 내가 있을 때 주지 않았지? 왜 이렇게 몰래 하지? 내 생각에 아마 바가반이 화를 낼까 겁났던 거로군. 아직도 이런 장난을 그만두지 못했어. 숩바락슈미가 얼마 전에 캐슈너트를 가져와서 창문을 통해 사띠야난다(시자의 한 사람)에게 몰래 주고 슬그머니 가 버린 것도 그녀가 시켜서 한 일인가 보군. 게다가 그녀는 아따이(Athai)[바가반의 누이]가 자기들 보고 그것을 주라고 해서 주었다는 식의 변명을 했지. 그것을 아따이에게 떠넘기면 내가 아무 말 안 할 거라고 생각했던 거지. 여기 있는 사람들은 그런 어리석은 짓을 곧잘 해. 왜 그들이 여기 온 목적에만 전념하지 않고 이런 일에 신경을 쓰지? 그들은 스와미의 눈을 속이려 드는군. 자기 자신이 속는 줄은 모르고. 여기 몇 년을 살면서도 이런 나약함이 그들을 떠나지 않았어. 그럴 목적으로 여기 왔나?" 바가반은 우렁우렁한 목소리로 이렇게 말씀하셨습니다.

저는 거기 앉은 채 몸이 석상처럼 되어 버렸습니다. 저는 숩바락슈미에게 이야기를 한 적도 없었고 그녀가 캐슈너트를 준 사실도 몰랐습니다. 그러나 감히 입을 열어 그 사실을 이야기할 엄두가 나지 않았습니다. 그렇지만 저는 제가 온 목적을 상기했습니다. 그리고 스승의 은총으로 오는 사자의 꿈이 이런 거라고 생각했습니다. 시계가 반을 쳤습니다. 그 소리에 화들짝 놀란 제가 시계를 쳐다보니 오후 6시 30분이었습니다. 그 시간은 여자들이 아쉬라맘을 떠나야 하는 시간이었기 때문에 여자들은 모두 천천히 자리를 뜨고 있었습니다. 저는 어찌어찌 일어나 바가반 앞에 절을 했습니다. 당신은 꿰뚫는 듯한 눈으로 저를 바라보셨는데, 그것은 연민이 수반된 분노를 담고 있었습니다. 저는 그 위엄 있는 인격을 바라볼 수 없어, 고개를 들지 못하고 물러나와, 집으로 와서 잠자리에 들었습니다. 다음날 제가 일어났을 때는 날이 이미 훤했습니다. 저는 바가반께서 저를 질책하신 것이 캐슈너트 때문만은 아니고, 제가 아쉬라맘에 온 목적—즉, 진지(*jnana*)를 얻는 것—을 잊어먹었기 때문이라는 것을 깨달았습니다. 그것은 하나의 가르침이나 마찬가지였습니다. 그래서 저는 마음 속으로 바가반께 용서를 구하며 기도했습니다.

저는 해가 오르기 전에 일어나 아침 일들을 얼른 끝내고 아쉬라맘으로 갔습니다. 제가 회당에 들어서자마자 바가반께서 만면에 웃음을 띤 빛나는 얼굴로 저에 관한 일을 물으셨습니다. 저는 숨바락슈미암마에게 이야기한 적이 없고, 알라멜루 아따이 본인이 다람쥐에게 줄 그 견과들을 숨바락슈미암마를 통해서 주었다는 것이 밝혀졌습니다. 그녀 남편의 환갑(Shashtiabdhapurthi) 잔치가 끝나고 나서 그들은 뒤에 남아 있었기 때문입니다. "그래! 그러면 이야기가 이제 좀 달라지는군. 그렇다 하더라도 왜 몰래 했지? 어쨌든 이제 다 끝난 일이야." 바가반은 그렇게 말씀하시고 화제를 바꾸어 그 일 전체를 부드러운 말씀으로 덮으시려고 하셨습니다. 그러나 저는 지금도 그 일을 잊을 수 없습니다.

사람들은 욕망, 활동, 그리고 많은 걱정으로 속박되고,
자신의 수명이 짧아지는 것도 모른다. 그러니 깨어나라! 깨어나라!

고인들의 이 말씀은 기억해 둘 만합니다. 저 개인적으로는, 바가반께서 하신 그 말씀, 당신이 던지신 그 표정ー시간이 얼마나 빨리 가는지 모르는 이 아이가 사소한 일에 시간을 낭비하고 있다는 느낌이 어려 있던 표정ー이 가슴에 아로새겨졌습니다. 오라버니! 그 사건이 함축하는 온전한 의미를 제가 어떻게 글로 쓸 수 있겠습니까! 어쨌든 바가반은 지知를 주시는 분(Jnanadatha)입니다!

1947년 6월 5일

122. 책을 헌정함

엊그제 밤 마드라스의 오라버니 집을 나선 뒤에 저는 아침 7시에 아쉬라맘에 도착했습니다. 아쉬라맘을 떠나 있은 지 4일밖에 되지 않았지만 저에게는 마치 4백년이 지난 것처럼 느껴졌습니다. 그래서 역에서 아쉬라맘으로 직행했습니다. 바가반은 조반을 들고 계셨습니다. 제가 당신 앞에서 오체투지하고 일어나자 당신이 말씀하셨습니다. "돌아왔어? 이렇게 빨리?" 저는 "예" 한 뒤에, 『레칼루』(Lekhalu-텔루구어판 '편지들') 10부가 준비되어 제가 그것을 가져왔고, 나머지 책들은 인쇄소에서 아쉬라맘으로 바로 보내겠다고 하더라고 말씀드렸습니다.

저는 (집에 와서) 목욕 등을 하고 나서 그 책 꾸러미를 아쉬라맘으로 가져갔습니다. 그러나 도감이 자리에 없었습니다. 그래서 그것을 먼저 바가반께 보여드린 뒤에 도로 갖다 놓아도 되겠다 싶어서 회당으로 들어갔습니다. 저는 규칙대로 먼저 사무실에 책을 주기 위해 들르기는 했지만, 그것을 먼저 바가반께 보여 드리고 싶다는 생각이 제 마음을 지배하고 있었습니다. 어찌 됐든 저는 도감이 사무실에 없는 기회를 이용하여 회당에 먼저 간 것입니다. 바가반은 신문을 읽고 계셨는데 저를 보지 못하신 듯했습니다. 저는 그 책들을 당신의 손에 놓아드리기가 두려워 그것을 근처의 등

없는 걸상 위에 두었습니다. 책을 헌정할 때는 그 책을 올리고자 하는 사람에게 과일, 꽃, 선물 등을 바치면서 책을 올리는 것이 보통입니다. 그러나 "산과 같은 신께, 꽃 등속을 산처럼 바칠 수 있는가?" 하는 속담이 있지 않습니까? 바가반께 저희가 숭배로써 올릴 수 있는 게 뭐가 있습니까? 그리고 설령 제가 빠뜨람(*patram*)[신성한 푸른 잎], 뿌쉬빰(*pushpam*)[꽃], 팔람(*phalam*)[과일], 또얌(*thoyam*)[물] 같은 고전적인 예공물들 중의 어느 하나를 바치고 싶다 해도, 바가반께서 최근에 그렇게 하셨듯이 또다시 저를 질책하실까봐 저는 두려웠습니다. 그래서 그저 합장하고 절만 했습니다. 그때 어떤 멋진 일이 일어났는지 아십니까? 제가 오체투지를 하려고 엎드리는데 한 헌신자가 일단의 브라민들과 함께 한 쟁반 가득한 꽃, 과일, 선향線香(*agarbathies*), 빈랑열매, 빈랑나무 잎 등을 담아 가지고 와서 그것을 책 꾸러미 옆에 놓았습니다. 저는 일어서서 그것을 보면서 그 우연의 일치에 큰 환희심을 느꼈습니다. 그들은 다 한데 모여 서서 '나 까르마 나 쁘라자야 다네나'(*nakarmana naprajaya dhanena*)로 시작되는 베다 찬송을 했습니다. 찬송이 끝난 뒤에 우리는 바가반께 절을 하고 모두 일어섰습니다. 끄리슈나스와미가 그들에게 은사물(*prasadam*)을 나눠준 뒤에 그들을 내 보냈습니다. 바가반은 그 종이를 옆으로 치운 뒤 저에게 느긋하게 말씀하셨습니다. "오늘이 그의 환갑인 것 같군." "그렇습니까?" 제가 말했습니다. 어찌 되었든, 저는 아무것도 가져오지 않았는데 뜻하지 않게 다른 사람이 꽃과 과일 등을 가져와 그 공백을 메워준 것이 기뻤습니다.

끄리슈나스와미는 그 책들을 그냥 거기에 두었습니다. 그래서 제가 직접 그것을 바가반께 건네 드렸습니다. 바가반은 이쪽저쪽을 넘겨보시고 말씀하셨습니다. "사무실에 가져가서 사무실 도장을 찍어 가져오게 하지." 제가 한 권을 펼쳐 당신의 사진 밑에 인쇄소 사람들이 당신의 이름을 빼먹고 넣지 않은 것을 보여드렸습니다. "오! 실수를 했군. 상관없어. 이름(*namam*)이 형상(*rupam*) 안에 합일되었으니까. 사무실에 갖다 줘." 바가반이 말씀하셨습니다. 저는 그것을 사무실에 가져가서 그것을 도감인 니란자난다 스와미에게 넘겨준 뒤에 돌아왔습니다. 오전 9시가 지나 마우나스와미(Mounaswamy)가 그 책 두 권을 바가반께 갖다 드렸습니다. 바가반은 그것을 보시더니 한 권은 당신 거고 한 권은 나감마 거냐고 물으시더니, 가까이 있던 한 헌신자에게 말씀하셨습니다. "이 책을 그녀에게 좀 주세요. 그녀가 썼고 자기 오빠가 간행했습니다. 그녀가 직접 몇 권을 가져와서 우리한테 주었는데, 그 중의 한 권을 그녀에게 주는 것입니다. 그것은 설탕 덩어리로 삘라이야르(*Pillaiar*)[주 가네샤]의 상을 만들어 예공을 한 다음 그 설탕을 조금 뜯어내어 다시 공양물로 올리는 것과 같습니다.

과일을 가져와서 우리한테 줄 때도 은사물을 (본인에게) 주지 않습니까?"

1947년 6월 20일

123. 손바닥 공양물

4, 5일 전에 마다바스와미의 공책 한 권이 발견되었습니다. 바가반은 그것을 들여다보시다가 오래 전에 당신이 거기에 써 넣으신 타밀어 시 한 수를 발견하셨습니다. 그것은 말라얄람 문자로 되어 있었는데, 당신은 그것을 타밀어로 옮겨 적으면서 그 의미를 우리에게 말씀해 주셨습니다. "사람이 진지를 성취하면 이 육신을 존중하지 않게 됩니다. 음식을 먹고 나면 음식을 놓았던 엽반이 아무리 좋은 것이라도 그것을 내버리듯이, 진지를 성취한 뒤에는 육신을 내버릴 때를 학수고대합니다. 이것이 이 시에서 말하는 핵심입니다."

한 헌신자가 여쭈었습니다. "바가반께서는 무슨 연유로 이 시를 쓰셨습니까?" "타밀어로는 『쁘라부링가릴라』(Prabhulingalila)[73]라는 책에 같은 사상이 4행시로 표현되어 있는데, 저는 그것을 보고 더 작은 2행시로 간략하게 쓰면 좋겠다고 생각한 거지요." 바가반이 말씀하셨습니다. 그런 다음 당신은 그것을 타밀 문자로 쓰셨고 다음과 같이 몇 말씀을 더 하셨습니다. "사용한 엽반이라는 상징은 많은 사람들이 이야기했습니다. 엽반을 아무리 멋지게 기웠다 해도 그것은 식사가 끝날 때까지만 유용합니다. 식사가 끝난 뒤에 그것을 누가 중히 여깁니까? 바로 내버립니다. 부자들은 금색 꽃들을 아로새긴 은제 식반에서 식사를 합니다. 우리에게는 신이 주신 손이 있는데 그런 게 왜 필요합니까? 제가 산 위에 있을 때 어떤 사람이 은제 엽반을 하나 사 와서 저에게 그것으로 식사하라고 청하더군요. 음식을 손으로 먹을 수 있는데 금과 은을 왜 씁니까? 오랫동안 저는 엽반으로 음식을 먹지 않았습니다. 누가 음식을 가져오면 저는 제 손바닥을 벌렸고, 음식을 놓아주면 그것을 먹곤 했습니다. 제가 엽반으로 음식을 먹기 시작한 것은 근년의 일에 지나지 않습니다."

다른 사람이 말했습니다. "가나빠띠 무니가 '최고의 밥그릇은 자기 손바닥'(Karathamarasena supatravata)이라고 하면서 당신을 찬양한 것은 그 때문입니까?" 바가반이 답변하셨습니다. "그렇지요. 우리에게 손이 있는데 이런 게 다 왜 필요합니까? 당시에는 신나는 경험을 하기도 했습니다. 공양탁발(Bhiksha)을 다닐 때 저는 시주물을 제 손바닥으로 받아 길을 가면서 그것을 먹었습니다. 다 먹고 나면 손바닥을

---

[73] [역주] 15세기 학자인 까마라사(Camarasa)가 깐나다어로 지은 책. 1,111연의 운문으로 성자 알라마 쁘라부(12세기)의 일대기를 노래하며, 바가반이 본 것은 17세기에 번역된 타밀어본이다.

계속 앓곤 했지요. 그럴 때는 어떤 것도 신경 쓰지 않았습니다. 누구에게 무엇을 달라고 하기가 쑥스러울 때도 있었습니다. 그래서 손바닥 공양물(karathala bhiksha)은 아주 재미있었습니다. 이쪽 저쪽에 큰 학자들이 있었고, 어떤 때는 고위 관리들이 있기도 했습니다. 누가 있건 제가 무엇을 상관합니까? 가난한 사람이 구걸을 나가면 창피합니다. 그러나 에고를 정복하여 비이원론자(Advaiti)가 된 사람에게는 그것이 여간 고상한 일이 아닙니다. 그럴 때는 황제가 온다 해도 상관하지 않을 것입니다. 그런 식으로 제가 탁발을 하러 나가서 손뼉을 치면 사람들은 '스와미가 왔다' 하면서 두려움과 신심으로 저에게 공양물을 주곤 했습니다. 저를 모르는 사람들은 이렇게 말하기도 했습니다. '자네는 건강하고 튼튼한데, 이렇게 거지로 다니지 말고 일꾼이 되어 일이나 하지 그러느냐?'고 말입니다. 그런 말을 들으면 재미있었습니다. 그러나 저는 묵언하는 스와미여서 말을 하지 않았습니다. 보통 사람들은 그렇게 이야기하는 것도 무리가 아닐 거라고 생각하면서 웃고 그 자리를 떠나곤 했습니다. 사람들이 그런 식으로 이야기를 더 많이 할수록 저는 더 신이 났습니다. 그것은 아주 재미있는 일이었지요."

"『바쉬슈탐』에는 바기라타(Bhagiratha)가 갠지스 강을 (천상계에서) 지구로 내려오게 하기 전의 이야기가 있습니다. 그는 황제였지만 그에게는 그 제국이 자기탐구(Atma-jignasa)에 큰 장애물이었습니다. 그는 스승의 조언에 따라, 그리고 희생제(Yagna)를 올린다는 명계로 자신의 모든 재산과 소유물을 나누어 줘 버렸습니다. 그러나 아무도 그 제국을 받으려고 하지는 않았습니다. 그래서 그는 그 나라를 빼앗을 호기만 노리고 있던 적인 이웃 왕을 청해 들여 그에게 자기 나라를 주어 버렸습니다. 이제 해야 할 일은 그 나라를 떠나는 일만 남았습니다. 그는 변장을 하고 밤중에 궁궐을 떠나 다른 나라로 갔습니다. 그리고 낮에는 사람들에게 들키지 않도록 은신해 있다가 밤에는 탁발을 했습니다. 마침내 그는 자신의 마음이 충분히 성숙되어 에고성에서 벗어났다는 것을 확신했습니다. 이때 그는 자기 나라로 돌아가 거리마다 다니면서 탁발을 했습니다. 아무도 자기를 알아보는 사람이 없자 그는 어느 날 궁궐에까지 가 보았습니다. 그러나 경비원이 그를 알아보고 절을 하고는 두려움에 떨면서 그 사실을 왕에게 보고했습니다. 왕이 황급히 나와서 그에게 왕국을 도로 받으라고 했지만 그는 거절했습니다. 그리고 "저에게 공양시주를 하지 않으럽니까?" 하고 물었습니다. 그들은 달리 도리가 없자 그에게 공양시주를 했고 그는 몹시 즐거워하면서 돌아갔습니다. 훗날 그는 어떤 연유로 다른 나라의 왕이 되었는데, 자기 나라의 그 왕이 죽자 그 국민들의 특별한 요청을 받아 그 나라도 함께 다스렸습니다. 그 이야기는『바쉬슈탐』에 자세히 나옵니다. 처음에는 짐이었던 왕국이 나중에 그가 진인이 되었을 때는 문제가 되지 않았습니다. 제가 하고 싶은 이야기는, 다른 사람들이 공양탁발의 즐거움을 어떻게 알겠느냐는 것입니다. 탁발을 하든, 나중에 내버릴 엽반 위에 음식을 놓고 먹든, 그것이 뭐 대단한 것은 아닙니다. 황제가 공양탁발을 하러 나서면 그 탁발에는 위대함이 있습니다. 지금은 여기서 공양(Bhiksha-즉, 대중공양)이란 것이 바다(vada-바다이)와 빠야삼(payasam)을 준비해 한다는 것을 뜻합니다. 몇 달 안에 그런 경우가 몇 번 있을 겁니다. 봉족예공奉足禮供(padapuja)[스승의 발을 숭배하는 예공]을 올리는 데도 돈이 필요합니다. (지금은) 정해진 금액을 미리 내지 않으면 사람들이 우빠스따라남(upastaranam)[식사를 시작하기 전에 기도와 함께 받는 한 숟갈의 물]도 받지 않습니다. 손바닥 공양물의 독특한 의미가 지금은 이 정도로까지 타락했습니다." 바가반이 말씀하셨습니다.

    나무 밑에서 홀로 살아가며
    손바닥의 음식을 먹어 배를 채우고
    부富의 여신조차 헌옷인양 무시하면서,
    샅가리개 차고 사는 이들은 복이 있도다.[74]

1947년 6월 21일

124. 성사식聖絲式

2, 3일 전의 오전에 몇 명의 사람들이 최근에 성사식을 거행한 어린 소년을 데리고 와서 바가반께 절을 한 다음 떠났습니다. 그들이 떠난 뒤에 어떤 헌신자가 당신께 성사식의 의미를 여쭈었고, 바가반은 다음과 같이 우리에게 말씀해 주셨습니다.

"성사식은 목에 세 줄의 면사縇絲를 두르는 것만 뜻하지는 않습니다. 그것은 두 개의 눈뿐만 아니라 세 번째 눈도 있다는 것을 의미합니다. 그것이 지知의 눈입니다. 그 눈을 떠서 여러분의 자기형상(swa-swarupa)을 인식하십시오. 그것이 바로 그들이 (성사식을 통해) 가르치는 것입니다. 성사식은 부가적인 눈을 의미합니다. 그 눈을 떠야 한다고 하는데, 그러기 위해서 조식調息을 가르치는 것입니다. 그런 다음에는 브라마우빠데샤(Brahamopadesa)[브라만에 대한 입문]를 주면서, 그 소년에게 발우를 주고 탁발하러 나가게 합니다. 첫 공양은 어머니가 냅니다. 아버지가 브라마우빠데샤를 주면, 어머니는 그 어린 소년이 아버지가 준 우빠데샤의 마나나(manana)[마음속으로

---

74) [역주] 샹까라짜리야의 「샅가리개 10연시」(Kaupina Panchaka), 제2연.

외기를 할 수 있도록 세 움큼의 밥을 줍니다. 부모는 아이가 탁발로 배를 채우면서 스승의 집에 머물러 훈련을 받아, 지(知)의 눈을 떠서 자신의 진아를 깨닫기를 기대합니다. 그것이 성사식의 의미입니다. 그것은 다 잊어버리고 오늘날에 하는 방식은 이렇습니다. 조식은 그저 손가락으로 코를 막고 호흡을 억제하는 척하는 것이 되어 버렸습니다. 브라마우빠데샤는 그저 아버지가 아들의 귀에 뭔가를 속삭일 때 그 아버지와 아들을 새 도띠(dhoti)로 덮는 것을 의미합니다. 공양 탁발은 그저 발우를 돈으로 덮는 것을 뜻합니다. 아버지가 우빠데샤를 주고 승려가 그것을 하게 할 때 그들이 성사식의 참뜻을 모르는데, 그 소년에게 무엇을 설법할 수 있겠습니까? 그 뿐이 아닙니다. 충분히 오랜 기간 동안 스승과 함께 지내면서 필요한 지식을 전수받고 나면 스승은 그 소년을 부모에게 보내어 소년의 마음이 세속사에 사로잡혀 있는지 아니면 출가수행 쪽으로 향하고 있는지 확인하게 합니다. 소년들은 한 동안 자기 집에 머물고 나서, 세속적 욕망이 없이 그리고 그것을 완전히 포기하기 위해 베나레스로 순례를 떠납니다. 그때 나이가 찬 딸을 가진 부모들이 소년들이 베나레스로 떠나지 못하도록 설득하여 자기 딸들을 그들에게 시집보냅니다. 출가 쪽으로 강하게 기울어지는 사람들은 그런 결혼 제안들을 돌아보지 않고 떠나고, 그렇지 않은 사람들은 집으로 돌아가 결혼 제안을 받아들입니다. 그것이 지금은 다 잊혀졌습니다. 오늘날의 베나레스 순례는, 그 젊은이가 은실로 가장자리를 두른 비단 도띠를 입고, 눈은 검게 칠하고, 이마에는 카스트 표식을 하고, 발은 노랑 빨강 색재(色材)로 장식하고, 몸에는 백단향액을 바르며, 목에는 화만을 두르고, 머리 위에는 일산을 쓰고, 발에는 나무 샌들을 신고, 음악 반주에 맞추어 멋있게 걷는 것을 의미합니다. 처녀의 형이 와서 동생을 시집보내겠다고 하면서 그 제안을 받아들이라고 다그치면, 그는 이렇게 말합니다. '저는 손목시계를 원합니다. 저는 오토바이를 원합니다. 저는 이것과 저것을 원합니다. 그것을 주시면 장가를 들고, 안 그러면 그만두겠습니다.' 준비한 결혼이 깨질까 봐서 신부의 부모는 요구받은 것들을 줍니다. 그러면 그들은 사진을 찍고, 잔치를 하고, 옷 등의 예물을 줍니다. 오늘날 탁발은 발우에 루피화를 가득 채워 주는 데 이용되고, 베나레스 순례는 결혼 예물을 뜯어내는 데 이용됩니다."

1947년 6월 27일
125. 억지로 먹은 성찬들

오늘 오후 3시에 이사니야 정사에서 온 한 헌신자가 바가반 앞에서 절을 했습니다. 바가반은 그를 보시고 말씀하셨습니다. "꼬빌루르 정사에 있던 스와미가 세상을 떠났다는 전보가 왔다오. 나떼샤 스와미도 떠났소?" "예, 2년 전에요. 그분이 아프시다는 것은 저희가 진작 알고 있었습니다." 그가 말했습니다. 어떤 사람이 "나떼샤 스와미가 누굽니까?" 하고 여쭈었습니다. "꼬빌루르 정사에서 돌아가신 고인은 원래 이사니야 정사의 책임자였지요. 꼬빌루르의 암주庵主(Matadhipathi)가 타계하자 나떼샤 스와미가 초빙되어 가서 그 정사의 장이 되었습니다. 그곳은 이 근방에서 가장 중요한 베단타 정사입니다. 그는 학식은 그다지 많지 않았지만 좋은 수행자였기 때문에 뽑힌 것입니다. 아마 20년쯤 전의 일이겠군요" 하고 바가반이 말씀하셨습니다. "그는 바가반을 짐수레에 태운 바로 그 사람입니까?" 제가 여쭈었습니다. "아닙니다. 그분은 나떼샤 스와미 전에 그 정사에 있던 사람입니다. 이 사람과는 판이했지요. 그는 힘이 센 사람이었습니다." 바가반이 말씀하셨습니다. "그게 언제였습니까?" 하고 어떤 사람이 여쭈었습니다. "그것은 제가 비루팍샤 산굴에 있을 때였고, 띠루반나말라이에 온 지 4, 5년 지났을 때입니다. 재미있는 이야기지요. 하루는 빨라니스와미와 제가 산을 돌러 가서 오후 8시에 그 사원 근처에 왔습니다. 우리는 피곤했기 때문에 저는 수브라마니아 사원에 드러누웠습니다. 빨라니는 급식소(choultry)에 음식을 얻으러 갔습니다. 이때 그[정사의 장]가 이 사원 안으로 들어가고 있었습니다. 평소처럼 그의 주위에는 여러 명의 제자들이 있었는데, 그들 중의 한 사람이 저를 보고 그들에게 이야기를 했습니다. 그걸로 충분했지요. 그는 돌아가는 길에, 제자 열 명과 함께 와서 제 주위에 섰습니다. 그리고 이렇게 말했습니다. '일어나십시오, 스와미. 우리 함께 가십시다.' 저는 당시에 묵언을 하고 있었기 때문에 같이 안 가겠다는 표시를 했습니다. 그가 제 이야기를 들을 사람입니까? 자기 제자들에게 '몸을 번쩍 들어' 하더군요. 도리가 없어 제가 일어났지요. 제가 나오자 거기에 큰 달구지가 한 대 있었습니다. '타십시오, 스와미.' 그가 말했습니다. 저는 거절하면서 저는 차라리 걷겠으니 그더러 달구지에 타라고 신호해 보였습니다. 그는 제 항의는 거들떠보지 않고 제자들에게 말했습니다. '뭘 보고 있나? 스와미를 들어서 달구지에 태워.' 그들은 열 명이고 저는 혼자였습니다. 그러니 어떡합니까? 그들은 제 몸을 들어서 달구지에 태웠습니다. 저는 더 이상 아무 말 하지 않고 그 정사로 갔습니다. 그는 제 앞에 큰 엽반을 하나 놓더니 온갖 음식을 그득히 차려주고 나서 큰 존경심을 보이면서 말했습니다. '부디 이곳에 늘 머물러 주십시오.' 빨라니스와미는 수브라마니아 사원에 갔다가 제가 간 곳을 물어보고 그 정사로 왔습니다. 그가 온 뒤에 저는 어떻게 해서 거기를 빠져나왔습니다. 제가 띠루반나말라이에 오고 난 뒤에 달구지를 탄 것은 그것이 유일한 경우입니다. 그 뒤로는 새로 사람들이 올 때마다 달구지를 보내면서 자기네 집에 와 달라는 것이었습니다. 한번 양보했다가는 그런 식의 초청이 끝이 없겠다 싶어서 저는 가지 않는다고 하고 달구지를 돌려보냈습니다. 결국 사람들은 달구지 보내는 일을 그만두었습니다. 그러나 그들과의 문제는 그것뿐만이 아니었지요. 저는 사람들이 초청해도 가지는 않았지만 산을 돌다가 가끔 그 정사에 들르기는 했는데, 그러면 그가 들어가서 공양주(요리 담당자)에게 무슨 말을 하곤 했습니다. 식사 때는 그가 저를 위해 큰 엽반을 깔아주고 제 옆에 앉아서 공양주를 시켜 거기다 몇 번이고 음식을 놓게 하는 것이었습니다. 어떤 날은 제가 그 정사를 찾아가면 그가 정사 안에서 제자들과 함께 식사를 하지 않고 제 옆에 앉아서 식사를 하기도 했습니다. 엽반에 놓아주는 그 음식을 제가 어떻게 다 먹습니까? 갖가지 음식들을 조금씩 덜어서 먹었습니다. 그러면 나머지는 그 제자들과 (그 사원의) 상주자들이 한데 섞여서 '이건 스와미의 은사물이야' 하면서 나눠 먹는 것이었습니다. 그것을 보고 나서 저는 엽반으로 식사하는 것을 그만두었습니다. 그 정사에서 식사를 하고 싶을 때는, 근처의 빠짜이암만 사원이나 아니면 다른 곳에 있다가 그 사원의 공양종이 울린 직후에 그 정사로 가서 정문 근처에서 공양음식(nivedana)을 청하곤 했습니다. 그들은 음식을 가져와서 제 손바닥 안에 놓아주곤 했지요. 그러면 저는 엽반의 도움 없이 먹었습니다. 거기는 시바 사원이기 때문에 공양음식에 소금이 들어가지 않았습니다. 그래도 저는 전혀 상관하지 않았습니다. 허기만 면하면 그걸로 족했으니까요. 그 정사의 장은 위층에 거처하고 있었기 때문에 한 동안은 이런 사실을 전혀 몰랐습니다. 하루는 그가 우연히 그것을 보고 '소금도 없이 스와미에게 음식을 드리는 게 누구야?' 하고 화를 내며 물었습니다. 그 뒤에 그는 모든 사실을 알게 되자 그 문제를 그냥 내버려 두었습니다. 최근에 돌아가신 분은 그렇지는 않았습니다. 아주 평화롭고 태평한 분이었습니다. 그는 모든 사람과 함께 제 곁에 앉아서, 다른 사람들과 같이 정상적인 양의 음식을 저에게 배식하도록 했습니다."

"바가반께서는 언젠가 거기서 설법도 하시지 않았습니까?" 어떤 사람이 여쭈었습니다. "예." 당신이 대답하셨습니다. "최근에 돌아가신 분이 그 정사의 상주자들에게 무슨 가르침을 설하고 있었는데, 제가 우연히 그곳에 갔습니다. 그들은 큰 존경심으로 저를 맞이하고 저에게 앉게 했습니다. '설법을 계속하시지요' 하고 제가 말했습니다. 그는 '제가 스와미 계신 데서 설법을 할 수 있습니까? 스와미께서 직접 한 말씀 하셔야 합니다' 하고 대답했습니다. 그렇게 말하고 그는 『기타 사람』(Gita Saram) 한 권을 가져와서 자기 제자들에게 낭독하게 하더니 저에게 그것을 설명해 달라고 청했습니다. 빠져나갈 도리가 없어 제가 법문을 했습니다."

"라마짠드라 아이어의 할아버지도 언젠가 바가반을 자기 집으로 모셔 간 것 같은데요." 그 질문자가 말했습니다. "그것은 오래 전인데 아마 1896년이었을 겁니다. 저는 그때 (큰 사원 내의) 고뿌라 수브라마니예스와라 사원에 있었습니다. 그는 매일 저를 찾아와서 한·동안 앉아 있다 가곤 했습니다. 저는 묵언을 하고 있었지요. 그래서 아무런 대화나 의논이란 게 없었습니다. 그런데도 그는 큰 신심을 가지고 있었습니다. 하루는 그가 어떤 사람을 자기 집의 잔치에 초대한 모양입니다. 한낮의 식사 시간 전에 그가 다른 사람을 하나 데리고 저를 찾아왔습니다. 각자 한 사람씩 제 옆에 서더니 그들이 말했습니다. '스와미, 일어나십시오.. 가시죠.' '왜요?' 제가 몸짓으로 물었습니다. 그들이 목적을 말했습니다. 저는 거절했습니다. 그러나 그들이 순순히 가겠습니까? 제 손을 잡고 억지로 저를 일으켜 세웠습니다. 그들은 저를 떠메고 갈 준비까지 하고 있었습니다. 그는 키가 크고 단단한 체격에 배가 컸습니다. 저는 당시에 마르고 몸이 약했지요. 그러니 어떻게 합니까? 더 저항해도 그들이 저를 떠메고 갈 것이 두려웠고, 그들이 큰 신심에서 저를 초청한다는 것도 알고 있었습니다. 그래서 다투어 봐야 소용없다고 생각하고 그들과 함께 걸어갔습니다. 그들은 대문간에서부터 큰 방까지 저를 큰 존경심으로 맞아들였고, 큰 바나나 잎을 펴서 음식을 듬뿍 먹게 한 뒤에 저를 돌려보냈습니다. 그것은 제가 여기서 엽반으로 식사를 한 유일한 가정집이었습니다."

1947년 6월 28일

126. 어설픈 지식으로 한 질문들

며칠 전에 이 읍내에서 비야사 상감(Vyasa Sangam)[75]의 모임이 개최되었습니다. 안드라 주에서 온 여러 명의 저명한 비야사들이 거기에 참석했습니다. 이틀 전에 그들 전원이 오전에 아쉬라맘에 왔는데, 그 핵심 인물들 중 한 사람이 바가반께 이렇게 말했습니다. "스와미, 신이 개아(個我)(*jiva*)가 되었습니다. 그 개아가 겪는 슬픔은 신에게 영향을 미칩니까, 안 미칩니까?"

바가반은 즉답을 하지 않으시고 침묵을 지키셨습니다. 질문자는 얼마 동안 기다렸다가 다시 질문했습니다. "스와미, 답변해 주실 때까지 기다릴까요?" "그 질문을 하는 사람은 누구입니까?" 바가반이 말씀하셨습니다. "한 개아입니다." 그가 말했습니다. "그 개아는 누구입니까? 어떻게 생겼습니까? 어디서 태어났습니까? 그는 어

---

[75] [역주] 비야사는 인도의 카스트 체제 내의 상업인 사회이고, 상감은 협회나 조직이다. 즉, 이것은 '상인회'에 해당된다.

디서 해체됩니까? 그것을 탐구하여 해답을 알게 되면, 개아라고 알고 있던 그 사람이 바로 신 자신임을 발견할 것입니다. 그러면 그 개아가 경험하는 슬픔이 신에게 영향을 미치는지 안 미치는지 알게 됩니다. 그것을 알게 되면 어떤 문제도 없을 것입니다." "그것이 바로 저희들이 알 수 없는 것입니다." 그 질문자가 말했습니다. "자기 자신을 아는 데는 어떤 노력도 필요하지 않습니다. 그대는 잠 속에서도 존재하지만 그대가 세상 속에서 보는 모든 것이 그때는 보이지 않습니다. 잠에서 깨어나면 모든 것이 보입니다. 그러나 그대는 (잠들어 있던) 그때도 존재했고 (깨어 있는) 지금도 존재합니다. 생시의 상태에서 그대에게 다가오는 것을 내버려야 합니다." 바가반이 말씀하셨습니다. "어떻게 하면 저희가 그것을 내버릴 수 있습니까?" 다른 사람이 질문했습니다. "그대가 있는 그대로 머물러 있으면 그것은 저절로 나갈 것입니다. 그대의 성품은 존재하는 것입니다. 만약 실재를 있는 그대로 보면, 비실재는 실재하지 않는 것으로서 사라져 버릴 것입니다." 바가반이 말씀하셨습니다. "그것을 볼 수 있는 방법은 무엇입니까?" 그 질문자가 여쭈었습니다. "'나는 누구인가?'와 '나의 참된 상태는 무엇인가?' 하는 탐구입니다." 바가반이 말씀하셨습니다. "저는 어떻게 탐구해야 합니까?" 그 질문자가 여쭈었고, 바가반은 침묵을 지키셨습니다.

질문자는 한 동안 답변을 기다린 뒤에, "예, 그것이 그 방법이로군요" 하면서 시자들이 그러지 말라고 하는데도 바가반의 두 발에 손을 댄 뒤에 비야사 상감의 다른 모든 회원들과 함께 떠났습니다. 그들이 떠난 뒤에 바가반이 당신 가까이 있던 사람들에게 말씀하셨습니다. "그들이 그 답변을 모릅니까? 그저 저를 시험하고 싶었던 거지요. 그리고 자기들 일이 끝났다 싶으니까 제 발을 만진 것입니다. 더 이상 그들에게 뭐가 필요하겠습니까?"

우연히 거기 있던 넬로르(Nellore) 출신의 레디라는 한 부자가 말했습니다. "아난다가 곧 아뜨마(atma)라고 합니다. 아난다는 슬픔에서 벗어나 있습니다. 만약 그렇다면, 개아가 아난다를 체험할 때는 슬픔에서 벗어납니까?" 바가반이 답변하셨습니다. "두카(duhkha)[슬픔]가 있을 때만 아난다(ananda)[기쁨]가 있습니다. 어떤 것이 두카라는 것을 알 때만 아난다도 알 수 있습니다. 두카를 깨닫지 못하면서 아난다를 어떻게 깨닫겠습니까? 아는 자가 있는 한 이 두 가지는 존재할 것입니다. '존재하는 것' (vastu)은 수카(sukha-행복)와 두카를 넘어서 있습니다. 그렇기는 하나, 그 '존재하는 것'은 수카로 알려져 있습니다. 왜냐하면 사뜨(Sat)는 사뜨(sat-존재)와 아사뜨(asat-비존재)를 넘어서 있기 때문입니다. 냐나(Jnana)는 냐나(jnana-知)와 아냐나(ajnana-無知)를 넘어서 있고, 비디야(Vidya)는 비디야(vidya-知)와 아비디야(avidya-無知)를 넘어서 있습니다. 다른 몇 가지에 대해서도 같은 말을 할 수 있습니다." 바가반이 말씀하셨습니다. 같은 생각은 「실재사십송」 제10송에도 표현되어 있습니다.

1947년 6월 30일

127. 꽃으로 하는 예공

라마나타뿌람에 거주하는 한 부유한 여사가 최근 자기 정원에서 매일 재스민 꽃을 한 바구니씩 따다가 그것을 회당에 있는 모든 기혼 여성들에게 주기 시작했습니다. 바가반은 4, 5일간 이것을 지켜보셨지만 아무 말씀도 하지 않았고, 그녀는 그 행동을 그만두지 않았습니다. 어느 날 그녀가 꽃바구니를 등 없는 걸상 위에 놓고 바가반 앞에서 절을 하고 일어났습니다. 바가반은 근처의 누군가를 바라보면서 말씀하셨습니다. "봐! 그녀가 뭘 가져왔군. 아마 꽃이겠지. 왜 그러지?"

그녀는 겁이 좀 나서 말하기를, 그것은 바가반께 드리는 것이 아니라 기혼 여성들에게 주는 것이라면서 그것을 나누어주기 시작했습니다. "오! 그렇다면 그들의 집에서도 나누어 줄 수 있겠군요. 왜 여기서 합니까? 누가 이렇게 꽃을 주면, 다른 사람들도 모두 꽃을 주기 시작합니다. 여기 새로 온 사람들이 그것을 보면 꽃을 나눠 주어야 하는가 보다 생각하고 꽃을 사 가지고 오겠지요. 그러면 문제가 시작됩니다. 저는 꽃에 손을 대지 않습니다. 어떤 곳에서는 꽃목걸이를 바치는 것이 일상적입니다. 그래서 많은 사람들이 꽃을 가지고 옵니다. 저는 사람들이 제 발이나 머리에 예공을 올리지 못하게 합니다. 그런 것이 왜 필요합니까?" 바가반이 말씀하셨습니다.

그녀는 두려움에 몸을 떨면서 말했습니다. "필요하지 않습니다. 더 이상 가져오지 않겠습니다." 바가반이 말씀하셨습니다. "좋습니다. 그게 좋지요." 그러면서 당신 가까이 있던 사람들을 바라보면서 다음과 같이 계속 말씀하셨습니다. "어느 자얀띠 잔치 때 일어난 일을 알지요? 한 헌신자가 『뿌쉬빤잘리』(Pushpanjali)라는 제목의 책을 인쇄해 가져 와서 그것을 읽겠다고 했습니다. 제가 '그러세요' 하자 그는 약간 뒤쪽에 서서 읽기 시작했습니다. 그는 무릎에 꽃을 좀 숨겨 가지고 온 것 같았습니다. 책 읽기가 끝나갈 무렵 꽃송이들이 제 다리에 떨어졌습니다. 무슨 일인가 알아보니 그가 한 일이라는 것이 밝혀졌습니다. 저한테 미리 이야기하면 제가 동의하지 않을 줄 알고 그랬던 것입니다. 어떡합니까? 아마 자기 생각에는 그렇게 하지 않으면 예공이 아니었던 거겠지요."

제가 여기 와서 살던 초기의 어느 바랄락슈미 예공일(Varalakshmi puja day-여신 락슈미의 탄신기념일)에 한두 명의 기혼 여성들이 바가반의 발에 꽃을 좀 놓고 당신 앞에 절을 하고는 예공을 해도 좋다는 당신의 허락을 구한 뒤에 떠났습니다. 다음날 모든 사람이 같은 행동을 했습니다. 바가반은 화난 눈으로 그들을 바라보고 말했습니다. "저렇다니까. 너도 나도 다 시작했군. 왜들 이러지요? 이것은 제가 애초에 그것을 못하게 하지 않고 침묵을 지킨 결과로군요. 이만하면 충분합니다."

바가반은 당신 자신에 대해서뿐만 아니라 여러 신들에게 올리는 예공에 대해서도 헌신자들이 나뭇잎과 꽃을 쓰는 것을 부드럽게 질책하십니다. 에짬마의 10만엽萬葉 예공(laksha patri puja)[10만장의 나뭇잎으로 하는 예공]에 대해서는 예전 어느 편지에서 이미 말씀드린 적이 있는데, 다른 예도 있습니다. 바가반이 헌신자들과 함께 중간 중간 멈추면서 산을 도시던 시절, 어느 날 아침 그들은 가우따마 아쉬라마(Gowtama Ashrama)에서 야영을 했습니다. 남자와 여자들이 음식을 지어 먹고 나서 쉬었다가 해 지기 전에 아쉬라맘에 도착하려고 준비하고 있는데, 띠루쭐리 태생이고 바가반의 어릴 때 친구이며 바가반께 곧잘 친근하게 이야기를 하기도 하던 락슈맘마라는 이름의 한 여성 헌신자가 그곳의 화장장 안과 주위에 무성하게 자란 재스민과 탕게두(tangedu) 꽃을 바구니에 따 담고 있었습니다. 바가반은 그것을 보시고 웃으면서 말씀하셨습니다. "락슈맘마, 뭘 하는 거요?" 그녀가 말했습니다. "꽃을 따고 있습니다." "알겠소. 그게 당신 직업이요? 따는 거야 괜찮지만 그렇게 많은 꽃을 왜 따시오?" 바가반이 물으셨습니다. "예공에 쓰려고요." 그녀가 말했습니다. "오! 그렇게 많은 꽃으로 하지 않으면 예공이 안 된다 그거요?" 바가반이 말씀하셨습니다. "모르겠네요. 이 나무들에 꽃이 아주 풍성하잖아요. 그래서 따는 겁니다." 그녀가 말했습니다. "알겠소. 당신 생각으로는 만약 꽃이 풍성하게 달려 있으면 좋지 않을 테니까 당신이 그들을 헐벗게 하는구려. 당신은 그 꽃들의 아름다움을 보았으니 남들이 보는 것은 싫다는 거 아니오. 당신이 그 나무들에 물도 주고 꽃이 피도록 도와주었나 보오. 그런 거 아니오? 그러니까 꽃을 마음대로 다 따서 그들을 헐벗게 하고 남들은 아무도 그 아름다움을 보지 못하게 할 수 있는 거겠지. 그래야만 당신이 하는 예공의 이익을 온전히 얻게 될 거고. 그런 거요?" 하고 바가반은 말씀하셨습니다.

1947년 7월 3일

128. 관수식

가끔 아쉬라맘에 오는 한 헌신자가 어제, 바가반이 산 위에 사시던 일에 대한 대화 도중에 당신께 여쭈었습니다. "바가반께서 산 위에 계실 때 어떤 사람이 코코넛 물로 바가반께 관수灌水(abhishekam)를 한 것 같은데요. 그게 사실입니까?" 바가반은 웃으면서 말씀하셨습니다. "예, 제가 비루팍샤 산굴에 있을 때, 북쪽에서 여자들이 몇 명 왔습니다. 저는 타마린드 나무 밑의 대(臺) 위에 눈을 반쯤 감고 앉아 있었는데, 그들이 온 것에 특별히 주의하지는 않았습니다. 저는 그들이 조금 뒤에 가겠거니 하고 생각했습니다. 그런데 갑자기 무엇을 깨뜨리는 소리가 났습니다. 그래서 눈을 떠보니 코코넛 물이 머리에 흘러내리고 있었습니다. 그 여자들 중의 한 명이 그것으로 관수를 한 것입니다. 제가 어떻게 합니까? 저는 묵언 중이어서 말을 할 수 없었습니다. 그 물을 닦아낼 수건도 없었고, 그래서 그 물은 그냥 그대로 제 몸에 흘러내렸지요. 그 뿐만이 아닙니다. 장뇌에 불을 붙이고, 머리에 물을 붓고, 성수(聖水)니 은사물이니 하는 등의 골치 아픈 것들을 거행하는 것이었습니다. 그런 걸 못하게 하는 것도 여간 일이 아니었습니다."

저 자신도 4, 5년 전에 그와 비슷한 경우들을 본 적이 있습니다. 바가반이 목욕을 하시는 방에는 물을 빼낼 때 쓰는 구멍이 하나 있는데, 그 밑에는 물을 빼내기 위한 홈통이 하나 만들어져 있었습니다. 당신이 목욕을 하실 때는 몇 명의 시자들이 거기 모여서 그 방에서 나온 물을 받아 자기들 머리에 뿌리고, 눈을 닦고, 심지어는 아짜마니얌(achamaniyam)[종교적 목적으로 물방울들을 마시는 것]까지 하는 것이었습니다. 그것은 한 동안 조용히, 남들이 보지 않는 가운데 진행되었습니다. 그러나 시간이 지나자 사람들이 그 물을 받기 위해 그릇이나 양동이들을 가져오기 시작했고, 이내 줄을 서서 기다리는 것이 상례가 되었습니다. 그러다 보니 자연히 무슨 떠드는 소리가 바가반의 귀에 들어가게 되었습니다. 당신은 무슨 일인가 알아보고 사실을 파악하시자, 시자들을 보고 말씀하셨습니다. "오! 그런 일이었나? 나는 무슨 다른 일로 나는 소린가 했지. 무슨 쓸데없는 짓이야! 자네들이 저러지 못하도록 하겠나, 아니면 내가 밖에서 수도꼭지 물로 목욕을 할까? 그러면 자네들도 나를 위해 물을 데우는 수고를 덜게 될 것이고, 저들도 그 물을 얻으려고 지켜보면서 기다리는 수고를 안 해도 되겠지. 내가 뭘 원해? 단 두 가지, 수건하고 샅가리개뿐이야. 내가 수돗물로 목욕하고 헹구면 그 일은 끝나. 만약 수돗물이 아니면 계곡물도 있고 저수지도 있지. 왜 이런 번거로운 짓을 하지? 자네들 어떻게 생각하나?" 이렇게 바가반이 그들을 질책하시자 그들은 도감에게 자초지종을 이야기했고, 도감은 누구도 (바가반의) 목욕시간에는 목욕실 옆에 가지 못하게 금지했습니다.

그 당시에 또 이런 일도 있었습니다. 바가반은 정오가 되기 전에 식사를 하신 다음 뙤약볕 아래서 산 위로 포행을 가시곤 했습니다. 돌아오셔서 회당 근처에 있는 대(臺) 쪽으로 가시면, 시자들이 까만달루(kamandalu-물주전자)에서 당신의 발에 물을 부어드렸고, 당신은 발을 씻고 나서 안으로 들어가셨습니다. 어떤 사람들은 거기 어디에 숨어 있다가 당신이 회당 안으로 들어 가시자마자 그 물을 수거하여 자기들 머리 위에 뿌리곤 했습니다. 그러나 무슨 일인가 알아보기 시작하면 모든 허물이 드러납니다. 그렇지 않습니까? 바가반은 그것도 알아차리신 듯합니다. 어느 날 오후에 당신은 창문을 통해서 한 노파와 키가 큰 헌신자 한 사람이 이 물을 자기들 머리에 뿌리는 것을 보셨습니다. 그 기회를 이용하여 당신은 이렇게 말씀하셨습니다. "저렇다니까! 저거 봐! 내가 특별히 살펴보지 않으니까 한계란 한계는 다 넘어가는군. 그들이 여기 아무리 오래 있고 내가 하는 말을 아무리 자주 들어도 이런 우스꽝스런 일들이 그치지 않는군. 도대체 무슨 짓들을 하는 거지? 나는 이제부터 발을 씻지 않겠어. 알겠나?" 이렇게 당신은 그들을 엄히 나무라셨습니다. 그 헌신자는 소스라치게 놀랐고, 수치심과 비통함으로 즉시 바가반께 가서 용서를 빌었습니다.

바가반은 그를 이렇게 꾸짖으셨을 뿐 아니라, 다음날부터는 거기서 발을 씻지 않으셨습니다. 시자들이 기존 관행대로 하시라고 간청했는데도 말입니다. 저는 그때 읍내에 있었기 때문에 이 사실을 바로 알지는 못했습니다. 나흘 뒤에 어떤 사람이 아쉬람에서 대중공양을 베풀고 저를 공양에 초청했습니다. 식사가 끝난 뒤에 저는 아쉬람에 머물러 있었는데, 바가반이 평소와 같이 산에서 내려오셨습니다. 저는 제가 하는 수행에 대해 몇 가지 의문이 있었기 때문에 당신이 회당에 돌아오신 뒤에 느긋하게 질문을 드려도 될 거라고 생각했습니다. 그래서 회당 바깥의 서쪽 창문 앞에 서 있었습니다. 바가반께 뭘 여쭈어 제 의문을 해소하고 싶을 때마다 저는 늘 그렇게 해 왔습니다. 이때 어떤 일이 일어났는지 아십니까? 바가반이 평소처럼 동쪽으로 가시지 않고 제가 앉아 있던 쪽을 향하셨습니다. 저는 약간 걱정하면서 옆으로 물러나 길을 비켜드렸습니다. 당신은 분노를 숨기신 채 저를 바라보셨습니다. 저는 두려움으로 몸을 떨었습니다. 저는 왜 당신이 저를 그렇게 바라보시는지 몰랐습니다. 당신이 창문 곁의 모퉁이 돌아가실 때 시자들이 당신의 발을 씻을 물을 드리려고 했습니다. 바가반은 "아니야" 하고 그들에게 소리 지르셨습니다. "뙤약볕에 계셨지 않습니까" 하고 그들이 말하자, 당신은 "그게 어쨌다고? 우리가 청결히 하려고 하면 많은 사람들이 그 물을 기다리지 않나. 그만 했으면 됐네. 자네들이 씻고 싶으면 자네들 발이나 씻게." 그렇게 말씀하시고 바가반은 회당으로 들어가셨습니다.

저는 의문을 해소할 엄두는 내지 못한 채, 제가 무슨 잘못을 범해서 바가반께서 화를 내고 가 버리셨나 하고 의아해했습니다. 오후에 사람들에게 물어보고 그전에 일어났던 일을 알게 되었습니다. 그제야 저는 다소 마음의 평안을 얻었습니다.

1947년 7월 6일

129. 성수와 은사물

오래 전에 아쉬라맘에 사람들이 많이 없을 때, 바가반의 시자들 중은 한 사람은 바가반께서 식사를 끝내실 때를 기다렸다가 바가반의 엽반에서 식사를 하곤 했습니다. 그러다가 점차 아쉬람 사람들과 구참 헌신자들도 그 엽반을 달라고 하여 그것을 얻기 시작했습니다. 그 엽반에 대한 경쟁이 심각한 상태가 되지 않았던 동안에는 바가반이 거기에 대해 별 주의를 기울이시지 않았습니다. 또 당신이 (식사를 끝낸 뒤에) 손을 씻으실 수 있도록 엽반 앞에 물 쟁반도 하나 놓아두어야 했는데, 당신이 손을 씻고 가시자마자 사람들은 그 물도 성수聖水(tirtha)[76)]처럼 가져갔습니다. 시간이 지나면서 아쉬람 사람들의 이 두 가지 관행은 아쉬라맘의 경내를 넘어서 라마나 나가르(Ramana Nagar)[77)]까지 퍼졌습니다.

하루는 한 부유한 헌신자의 어머니가 점심 때 아쉬라맘에 와서 바가반의 옆에 서 있었습니다. 그녀를 보고 바가반이 말씀하셨습니다. "왜 앉아서 식사를 하지 않습니까?" 그녀는 그렇게 하지 않았습니다. 바가반은 그 의도를 아셨지만 아무것도 모르는 척하면서 침묵을 지키셨습니다. 맞은편에서는 다른 헌신자의 여덟 살 난 손녀가 손에 컵을 하나 들고 서 있었습니다. 아이를 보시자 바가반이 말씀하셨습니다. "너는 또 왜 서 있니? 앉아서 밥을 먹으렴." "아뇨." 아이가 말했습니다. "그러면 여기는 왜 왔지? 그 컵은 뭐하려고?" 어쨌든 그 소녀는 순진한 아이여서 그것이 하나의 비밀이란 것을 모른 채 말했습니다. "할머니가 저한테 성수를 가져오라고 했거든요." 바가반은 더 이상 분노를 참지 못하시고 말씀하셨습니다. "알았다. 바로 그거였군. 이 아이는 성수를 기다리고 저 여사는 엽반을 기다린다, 그거로군. 그렇지 않은가?" 명령조로 이렇게 물으시자 당신 가까이 있던 사람들 중의 하나가 "그렇습니다" 하고 말했습니다. "이제까지 이 허튼 짓을 죽 보아 왔지요." 당신이 말씀하셨습니다. "그들은 스와미가 눈을 감고 회당에 앉아 있으면 이런 걸 전혀 못 본다고 생각합니다. 여태껏 그런 문제에 개입하고 싶지 않았지만, 도무지 한계가 없을 것 같군요. 잔반(uchishtam)[식사를 하고 남은 음식과 물]에서 나온 성수와 은사물을 사람들이 차례로 가져간다! 보세요! 이제부터는 그 쟁반에서 손을 씻지 않을 것이고, 이 근처 어디에서도 씻지 않겠습니다. 엽반도 여기 놓고 가지 않고 제가 직접 갖다가 버리겠습니다. 알겠습니까? 여러분이 모두 합세하여 이런 짓을 했습니다. 이것이 (그에 대한) 유

---

76) [역주] 중요한 행사 때 쓰기 위해 갠지스 강 등에서 떠온 물.
77) [역주] 아쉬라맘 맞은편의 헌신자들이 모여 살던 동네.

일한 벌입니다." 그 말씀과 함께 장시간 동안 몇 가지 다른 사항들도 되풀이하여 나무라셨습니다. 식사가 끝난 뒤에는 당신이 사용하신 엽반을 접어서 손에 든 채 일어나시더니, 아무리 많은 사람이 사정을 해도 당신은 엽반을 그들에게 주지 않으시고 산을 올라가셨습니다. 그리고 한 모퉁이를 도신 뒤에 그것을 던져 버리고 손을 씻으셨습니다. 결국 아쉬람 사람들은 당신께 빌고 앞으로는 그런 바람직하지 않은 관행을 그만두겠노라고 당신께 보증했습니다. 당신이 말씀하셨습니다. "다들 자기가 사용한 엽반을 가져가서 버리는데, 왜 저만 남겨두어야 합니까?" 1943년까지는 모두가 각자 자신의 엽반을 가져가 버리곤 했는데, 그 관행은 이 사건이 있고 난 뒤에야 바뀌었습니다.

결국 아쉬람 사람들은 자신들이 모든 엽반을 모아 그것을 바가반의 것과 함께 버리겠다고 맹세했고, 당신은 마지못해 엽반을 그 자리에 놓아두기 시작하셨습니다. 그러나 오늘날까지도 당신은 손을 바깥에서, 즉 회당으로 연결된 계단 옆에서 씻으십니다. 만일 누군가가 당신에게 손을 쟁반에서 씻으시라고 하면, 당신은 곧잘 이렇게 말씀하셨습니다. "그대는 이 모든 사람에게 쟁반을 내놓겠습니까? 다른 사람들은 아무도 가지고 있지 않은데 저에게 그런 게 왜 필요합니까?" 우리가 무슨 대답을 할 수 있었겠습니까?

1947년 7월 8일

130. 마정축복摩頂祝福

혹자는 이렇게 말할지 모릅니다. "지난번에 당신이 쓴 서너 통의 편지를 놓고 보면 스리 바가반은 봉족예공, 관수식, 잔반과 성수 은사물 등을 허용하지 않으실 뿐 아니라, 실제로 그것을 비판하신다는 것이 분명하다. 그렇지만 『구루 기타』 등의 책에서는 봉족예공(Guru pada puja), 족수숭배足水崇拜(padodaka panam)[발 씻은 물을 마시는 것] 따위를 종교적인 관행으로 승인하고 있다. 제자들이 그렇게 하는 것을 받아들이는 스승들이 있는데 그것은 어떻게 설명할 것인가?"라고 말입니다. 바가반은 아주 높은 경지에 계시고 자기와 우주가 하나임을 깨달으셨기에, 스승과 제자 간의 구별 없이 지내실 수 있는 분입니다. 그래서 당신께는 그런 관행들이 불필요할 뿐더러, 당신은 늘 그런 관행은 육신이 자기라는 믿음을 아직 버리지 못한 사람들만을 위한 것이라고, 그리고 고인들이 그런 관행을 정해 놓은 것은 그런 사람들을 만족시키기 위해서라고 말씀하십니다. 그러면 혹자는 이렇게 물을지도 모르겠습니다. "만약 그렇다면, 왜 당신은 이런 행위들이 행해질 때는 무관심하게 계시다가 나중에 그것에 반대하시는가?"라고 말입니다. 두세 명이 어쩌다 한 번 그렇게 할 때는 당신이 개의치 않으면서 그들이 몸을 자기와 같다고 여기는 믿음을 극복하지 못한 것을 측은하게 여기실 수도 있지만, 그것이 정규적인 관행이 될 때는 어떻게 당신이 반대하시지 않을 수 있겠습니까? 당신은 또한 육체아肉體我 관념(dehatma bhavana)[몸이 자기라는 느낌]이 아직 사람들에게서 떠나지 않은 것을 측은히 여기실 수도 있습니다. 당신의 반대 속에는 우리가 정확히 묘사할 수 없는 미묘한 사고의 음영들이 많이 있겠지요.

여러 책에서는 바가반 자신도 시바쁘라까샴 삘라이 등 몇 명의 헌신자들에게 비부띠 같은 것을 주셨다고 이야기하고 있습니다. 우리는 이런 이야기를 몇 사람에게서 듣기도 했습니다. 그렇기는 하나 바가반 자신도 우리에게, 주위에 사람들이 별로 없을 때는 당신이 그들과 함께 다니면서 그들이 달라고 하는 것을 주시기도 했다고 몇 번이나 말씀하셨습니다. 지금도 만약 당신이 무엇을 드실 때 오래된 헌신자들인 우리가 있으면 그 일부를 우리에게 주시기도 합니다. 산 위에서 사실 때에는 가끔 모든 사람이 먹을 만큼의 음식이 없을 때가 있었는데, 그러면 있는 음식 전부를 당신이 몸소 한데 섞어 똑같은 크기의 작고 둥근 덩어리들로 만들어 각자 하나씩 나눠주시고 당신도 하나를 드시기도 했습니다. 헌신자들로서는 그것을 스승의 손에서 제자들이 받는 은사물로 느끼는 것이 당연했습니다. 그뿐입니다. 저는 바가반이 은총(anugraha)[스승이 제자에게 주는 은혜] 같은 것을 주신다든가, 전에 그런 적이 있다는 말씀을 하시는 것을 한 번도 들은 적이 없습니다.

최근에 그런 이야기를 들은 한 헌신자가 그에 대해 바가반께 직접 여쭈었습니다. "제가 듣기로는 바가반께서 어느 헌신자에게 '마정축복摩頂祝福'(hasta mastaka samyogam)[축복으로 손을 머리에 대주는 것]을 해 주셨다는데, 그것이 사실입니까?"

"어떻게 그럴 수 있겠습니까? 제가 소파에서 일어나거나 사람들과 이야기를 하거나 여기저기 돌아다닐 때 제 손이 무심결에 그들의 머리에 닿을 수 있는데, 그들은 그것을 접촉전수(hasta diksha)로 여길 수도 있습니다. 저와 좀 친근한 사람들의 경우에는 제가 그들을 토닥여 주었을 수도 있지요. 그뿐입니다. 제가 일부러 '마정축복'을 한 적은 한번도 없습니다. 저는 자유롭게 그리고 자연스럽게 사람들과 돌아다니는 것을 좋아합니다. 그러면 그들은 그것을 저의 은총 행위로 여길 수도 있습니다. 그렇다고 해서 그것이 마정축복이 되겠습니까?"라고 바가반은 말씀하셨습니다.

열흘에서 보름쯤 전에 한 사두가 여기 와서 며칠 머물렀습니다. 어느 날 그는 바가반께 다가가서 말했습니다. "스와미, 부디 당신께서 식사를 하실 때 음식 한 줌을 은사물로 저에게 주실 수 있겠습니까?" "그대가 먹는 모든 음식을 하느님의 은사물로 여기십시오. 그러면 그것은 신의 은사물이 됩니다. 우리가 먹는 모든 것이 신의 은사물(Bhagavat-prasadam) 아닙니까? 먹는 자는 누구입니까? 그는 어디서 옵니까? 만일 그대가 사물들의 뿌리로 들어가서 진리를 알게 되면 일체가 신의 은사물이라는 것을 발견할 것입니다." 바가반이 말씀하셨습니다.

1947년 7월 10일

131. 탐구보주화만

바가반께서 약 30년 전에 타밀어로 쓰신 『탐구의 바다 핵심 요지』(Vichara Sagara Sara Sangraha)라는 제목의 책이 아루나찰라 무달라이아르(Arunachala Mudaliar)에 의해 간행된 모양입니다. 그러나 거기에 바가반의 이름이 나와 있지 않았기 때문에 그 사실이 알려지지 않았습니다. 최근에 어떤 사람이 말라얄람어본 『탐구의 바다』를 도서실에서 가져왔다가 그것을 반납할 때, 그 책이 바가반의 손에 들어가게 되었습니다. 그때 당신은 예전에 『탐구의 바다 핵심 요지』를 쓰신 적이 있다는 것을 기억하시고 그 인쇄본을 어디 두었느냐고 물으셨습니다. 찾느라고 시간이 좀 걸린 뒤에 그것을 발견했는데, 책이 구겨진 상태였습니다. 한 헌신자가 그것을 다시 인쇄하기 위해 베껴 쓰고 있을 때, 바가반이 그에게 무욕에 관해 깃발의 비유 하나를 넣어두라고 하셨습니다. 그 헌신자가 그 비유의 의미가 무엇이냐고 여쭤자 바가반이 미소를 띠며 말씀하셨습니다. "그것은 진인에게는 무욕(vairagya)의 깃발이, 그리고 범인에게는 욕망(raga)의 깃발이 마치 그들에게 묶인 듯이 함께 할 것이라는 의미지요. 그 깃발을 보면 누가 진인이고 누가 범인인지 알 수 있습니다. 범인은 설사 정신적인 혹은 신체적인 질환 때문에 무욕을 얻는다 하더라도 그것은 일시적인 것일 뿐입니다. 욕망의 깃발이 나타나서 그의 앞을 가로막을 것입니다. 그러나 무욕의 깃발은 결코 흔들리지 않습니다. 그보다 더 큰 어떤 징표가 진인에게 필요합니까?"

다른 사람이 여쭈었습니다. "바가반께서는 어떻게 이 책을 쓰시게 되었습니까?" "사두 니쯜라다스(Sadhu Nischaladas)가 힌디어로 『탐구의 바다』(Vichara Sagara)를 지었지요." 바가반이 말씀하셨습니다. "그것은 논변으로 가득 차 있습니다. 아루나찰라 무달라이아르가 그 타밀어 번역본을 하나 가져와서 말했습니다. '이 책은 아주 정교합니다. 부디 그 중요한 논점을 요약한 소책자를 하나 써 주십시오'라고 말입니다. 그가 하도 고집하고 또 수행자들에게 도움이 될 것 같기도 해서 제가 그것을 썼습니다. 그는 즉시 그것을 출판했지요. 그것은 대략 30년 전의 일입니다." "왜 그 책에 바가반의 이름이 나오지 않습니까?" 그 헌신자가 계속 여쭈었습니다. "저는 사람들이 너도나도 책을 가져와서 그것을 요약해 달라고 할까봐 저어되었습니다. 그래서 제가 그렇게 하지 말라고 했지요." 바가반이 말씀하셨습니다. "그와 같이 알려지지 않은 저작이 여러 개 있을지 모릅니다. 그런 것들을 출판할 수 있다면 좋을 텐데요" 하고 제가 말했습니다. "그래? 자네는 다른 할 일이 없나 보지?" 하고 바가반은 말씀하시고 침묵하셨습니다.

바가반은 그 책의 이름이 흡족하지 않다고 느끼시고 그것을 『탐구보주화만探究寶珠華鬘』(Vicharamanimala)으로 바꾸셨습니다. 아쉬람 사람들이 그 책에 바가반의 이름을 올려 출판하기 위해 인쇄소로 보내려고 생각하고 있을 때, 저는 바가반이 그것을 몸소 텔루구어로 써 주시면 좋겠다고 생각했습니다. 그러나 당신이 동의하지 않으실 것이 두려워서 아무 말도 하지 않았습니다. 그런데 마우니 (스리니바사 라오)가 라자고빨라 아이어에게, 그것을 텔루구어로도 써 주셔서 그 두 권이 동시에 출간될 수 있게 해 달라고 바가반께 청을 드리게 하고는 저를 격려하듯이 말했습니다. "나감마, 당신도 바가반께 청을 드려 보지 그래요?" 그래서 저는 바가반께 기도하듯이 청을 드렸습니다. 한 동안 당신은 "내가 텔루구 학자인가? 자네가 써 보지 그래? 왜 내가 해?" 하면서 이의를 제기하셨습니다. 그러나 당신은 자비심으로 가득하신 분이라, 저희들의 청에 응하여 결국 그것을 몸소 텔루구어로 번역하셨습니다. 그것은 두 언어로 곧 출간될 것입니다. 그것은 산문으로 되어 있는데, 각 문장이 하나의 경문經文(sutra) 같습니다.

1947년 7월 12일

132. 외국에 가 있는 사람들

오래 된 벵갈인 헌신자 아라빈드 보세(Arabind Bose)는 1남1녀를 두었는데, 건강한 청년이던 그 아들이 18세가 되기 전에 죽었습니다. 보세는 너무 슬픈 나머지 위안을 얻으려고 바가반께 이따금 질문을 하곤 했습니다. 오늘도 그가 몇 가지 질문을 했는데, 그 질문 가운데서도 슬픔이 묻어났습니다. 바가반은 평소와 같이 그에게 진아를 탐구하여 그것을 발견하라고 말씀하셨지만 그는 흡족하지 않았습니다. 그러자 바가반이 말씀하셨습니다. "좋습니다. 그대에게 『탐구의 바다』에 나오는 이야기 하나를 해 드리지요. 잘 들어 보십시오." 그렇게 말씀하시고 당신은 우리에게 다음과 같은 이야기를 들려주시기 시작했습니다.

"라마와 끄리슈나라는 이름의 두 청년이 있었습니다. 그들은 자기 부모들에게, 다른 나라에 가서 공부를 더 하고 돈을 벌어 오겠다고 했습니다. (그렇게 해서 다른 나라로 갔는데) 얼마 뒤에 그 중의 한 사람이 갑자기 죽었습니다. 다른 청년은 공부를 잘하고 돈도 많이 벌어 행복하게 살았습니다. 얼마 후 그 살아 있는 청년은 자기 고향으로 가는 한 상인에게 부탁하기를, 가거든 자기 아버지에게 자기는 돈도 많고 행복하며, 같이 왔던 친구는 세상을 떠났다고 전해달라고 했습니다. 그런데 그 상인은 그 소식을 전할 때 잘못하여 살아 있는 사람의 아버지에게는 아들이 죽었다고 하고, 죽은 사람의 아버지에게는 아들이 돈을 많이 벌어 행복하게 살고 있다고 말했습니다. 실제로 죽은 사람의 부모는 아들이 얼마 안 있으면 돌아올 거라는 생각에 기뻐했고, 아들이 살아 있는데도 죽었다고 잘못 전해진 사람의 부모는 큰 슬픔에 잠겼습니다. 사실 그들 중 어느 누구도 자기네 아들을 보지는 못했고 전해들은 말에 따라 기쁨이나 슬픔을 경험한 것입니다. 그뿐입니다. 그들이 그 나라에 가 봐야만 진상을 알게 될 것입니다. 우리도 그와 마찬가지의 상황입니다. 우리는 마음이 우리에게 말해주는 온갖 것들을 믿는 나머지 미혹되어, 존재하는 것을 존재하지 않는다고 생각하고, 존재하지 않는 것을 존재한다고 생각합니다. 우리가 마음을 믿지 않고 심장 속으로 들어가서 내면에 있는 아들을 보게 되면, 밖에 있는 자식들을 볼 필요가 없습니다."

약 1년 전 봄베이 관구(Bombay Presidency-인도의 옛 행정구역)에서 온 한 라니(Rani)가 여기 왔습니다. 그녀는 훌륭한 여사로서 일곱 아이의 어머니였는데, 남편은 외국에 머무르고 있었습니다. 그러니 그녀가 아무리 당찬 사람이라 해도 남편이 없는 것이 힘들지 않겠습니까? 우리는 모두 그녀가 바가반을 친견하여 마음의 평안을 얻고 싶어 한다고 생각했습니다. 그 뒤에 어떤 일이 있었는지 아십니까? 무루가나르가 타밀어로 바가반에 대한 노래와 시들을 많이 지었다는 것을 듣자, 그녀는 한 친구를 통해 바가반께 그 중에서 좋은 것을 좀 골라 영어로 번역해 달라고 청했습니다.

바가반은 "제가 뭘 압니까? 무루가나르에게 직접 물어보시는 게 낫겠지요"라고 무관심하게 말씀하셨지만, 제가 오후 2시 30분에 회당에 갔더니 당신은 그 책을 넘기면서 여기저기 서표를 넣으시더니 그것을 순다레샤 아이어에게 보여주셨습니다. 저는 그 친절함에 놀라면서 앉아 있었습니다. 바가반이 저를 바라보면서 말씀하셨습니다. "저 라니분이 나에게 무루가나르의 책에서 노래를 좀 뽑아 영어로 번역해 달라더군. 그의 『친존예경親存禮敬』(Sannidhi Murai) 책에 '브링가산데샴'(Bringasandesam)이라는 부분이 있어. 그 부분에 내가 표시를 몇 군데 했지. 그 감정(bhava)은 나이카(nayika)[여주인공]의 감정과 나야카(nayaka)[남주인공]의 감정인데, 마음은 나이카고 라마나는 나야카야. 꿀벌[흔들림 없는 지성]은 시녀지. 표시한 노래들의 요지는 이거야.

여주인공이 시녀에게 '내 라마나가 사라졌어. 찾아서 모시고 와'라고 하자, 시녀가 말하지. '오, 마님! 당신의 라마나는 당신 자신 안에 계신데, 어디서 제가 그분을 찾습니까? 어느 때라도 뜨거운 음식을 받으면 당신은 말씀하시죠. "오, 저의 라마나, 저의 주님은 내 심장 안에 계시네. 그분이 이 열기에 타시지 않을까?"라고 말입니다. 그런데 저더러 어디서 찾으라고 하십니까? 그 망상을 포기하십시오. 당신 자신의 안에 있는 주님과 결합하여 평화로워지십시오'라고. 이것이 그 노래들의 요지야. 나는 그것이 그녀에게 도움이 될까 싶어서 표시를 했지. 가엾은 라니! 그녀의 남편이 어디 있는지 알 길이 없어. 그러니 마음이 심란하지. 그러니 우리는 그녀에게 마음의 자세를 바꾸라고 이야기해야 돼. 내 생각으로는 이 시들이 적절할 것 같군."

그러고 있는데 그 라니가 왔기에, 로깜마에게 그 노래들을 부르게 했습니다. 그리고 순다레샤 아이어가 그 의미를 영어로 통역해 주었습니다. 라니는 만족했습니다. 우리는 바가반이 이 기회에 우리로 하여금, 외국에 가 있는 사람들에 대해 슬퍼하지 말고 그 마음을 내면으로 돌려서 자기의 참된 성품(atma swarupa)[자기 안의 주님]이 늘 우리와 가까이 있도록 하라는 가르침을 주신다고 생각했습니다.

1947년 7월 18일

133. 영원한 세계

엊그제 오후에 한 타밀 청년이 바가반께 다가가서 말했습니다. "스와미, 저는 오늘 명상을 하면서 드러누웠다가 잠이 들었습니다. 그런데 어떤 사람이—누군지는 모르겠습니다만—꿈속에 나타나서 저를 보고 엄숙한 어조로 말했습니다. '신이 14개의 머리를 가진 깔끼(Kalki)[78]의 한 화신으로 내려왔다. 그는 어디선가 자라고 있다'고 말입니다. 저는 바가반께서 그 깔끼 화신이 지금 어디 있는지 말씀해 주실 수 있을 것 같아서 찾아왔습니다."

"알겠군요. 왜 꿈속에서 그 사람한테 직접 물어보지 그랬습니까? 그때 물어보았어야지요. 지금이라고 늦을 게 있나요? 그가 다시 나타나서 말해줄 때까지 계속 명상을 하세요." 바가반이 말씀하셨습니다. 그 뜻을 이해하지 못한 청년이 말했습니다. "제가 명상을 계속하면 그가 정말 제 꿈에 다시 나타나서 그것을 말해주겠습니까?"

"그 화신존자化身尊者(avatara purusha)가 어디 있는지 그가 말해줄 수도 있고 말해주지 않을 수도 있지요. 명상을 포기하지만 마세요. 다만 진리를 깨달을 때까지 부단히

---

78) [역주] 힌두교에서 각기 비슈누의 일곱 번째, 여덟 번째, 아홉 번째 화신이라고 말하는 라마, 끄리슈나, 붓다에 이어서 오기로 되어 있는 열 번째 화신의 이름.

해야 합니다. 그러면 어떤 의문도 일어날 여지가 없을 것입니다." 바가반이 말씀하셨습니다.

이 대화를 이용하여 다른 사람이 여쭈었습니다. "신은 영원한 세계에서 살고 있다고 합니다. 그것이 사실입니까?" 바가반이 답변하셨습니다. "만일 우리가 찰나적인 세계에 있다면, 그는 영원한 세계에 있을 수도 있습니다. 우리가 찰나적인 세계에 있습니까? 만약 이것이 사실이라면 저것도 사실입니다. 만약 우리가 실재하지 않는다면 세계가 어디 있고 시간이 어디 있습니까?"

그 사이에 네 살쯤 된 사내아이가 장난감 자동차 하나를 가지고 회당에 들어왔습니다. 그것을 보시고 바가반이 말씀하셨습니다. "보세요. 차가 우리를 싣고 다니는 게 아니라, 우리가 차를 가지고 다닙니다. 그게 맞습니다." 그러고는 웃으셨습니다. 나중에 당신은 우리 모두를 바라보면서 말씀하셨습니다. "보세요, 이것도 하나의 비유가 될 수 있습니다. 우리는 이렇게 말하지요. '우리는 자동차 안에 앉아 있다', '자동차가 우리를 싣고 간다', '우리는 자동차로 왔다', '자동차가 우리를 이리로 데려왔다'고 말입니다. 무정물인 자동차가, 우리가 운전하지 않아도 움직입니까? 아니지요. 누가 운전합니까? 우리입니다. 이 세계도 마찬가지입니다. 우리가 그 안에 있지 않으면 세계가 어디 있겠습니까? 이 세계의 아름다움을 보고 그것을 이해하는 누군가가 있어야 합니다. 그 보는 자가 누구입니까? 그입니다. 그는 도처에 있습니다. 그렇다면 무엇이 찰나적이고 무엇이 영구적입니까? 자기탐구를 통해서 그 진리를 알면 아무런 문제가 없을 것입니다." 바가반은 당신의 「실재지實在知」(Sad Vidya)「실재사십송」 제19송의 한 시구(sutra)에서도 이미 같은 내용을 말씀하신 적이 있습니다.

1947년 7월 20일

134. 지견知見

바가반은 그럴 마음이 나실 때나 누군가가 청할 때마다 작은 종이 조각에 슬로카(slokas), 빠디야(padyas), 산문 등을 쓰시곤 합니다. 그 중의 많은 것이 산일散逸되었지만, 남아 있는 것들은 우리가 모아서 주의 깊게 보관해 두었습니다. 저는 흰 종이로 작은 공책을 묶어서 그것들을 모두 풀로 붙여두고 싶었습니다. 바가반께 이따금 이 말씀을 드리면 당신은 늘 "왜 신경 써?" 하고 말씀하셨습니다.

어제 오후에 제가 그것을 풀로 붙이고 싶은 마음이 굴뚝같아서 당신께 그 청을 드렸더니 당신이 말씀하셨습니다. "왜? 그것들을 한데 모아두면 누군가가 거기에 스와미의 저작들이 다 들어 있는 것을 발견하고 가져가 버릴 텐데. 그러면 우리는 아무 말도 못하지. 스와미는 모두의 공유 재산이야. 흩어져 있는 상태로 두는 게 좋아." 그때 저는 바가반께서 내키지 않아 하신 진짜 이유를 이해하고, 제가 하려던 일을 포기했습니다.

그러는 사이, 최근에 온 까다로운 청년이 질문했습니다. "스와미, 진인은 외견外見(bahyadrishti)[외부적 시각] 외에 지견知見(jnanadrishti)[초자연적 시각]도 가지고 있는 것 같습니다. 부디 저에게도 그 지견을 주시겠습니까? 아니면 저에게 그것을 줄 수 있는 분이 어디 계신지 말씀해 주시겠습니까?" 바가반이 답변하셨습니다. "그 지견은 그대 자신의 노력으로 얻어야 하는 것이지 남이 줄 수 있는 것이 아닙니다." 그 헌신자가 말했습니다. "스승이 마음만 먹으면 그것을 직접 줄 수 있다고 합니다." 바가반이 답변하셨습니다. "그 스승은 '그대가 이 길을 따르면 지견을 얻을 것이다'라는 말밖에 할 수 없습니다. 그러나 누가 그것을 따릅니까? 진인인 스승은 길 안내자일 뿐, 걷는 것[즉, 수행]은 제자 자신들이 해야 합니다." 그 청년은 실망하고 떠났습니다.

조금 뒤에 라마나 나가르에 살고 있는 한 헌신자의 대여섯 살 된 아이가 자기 집 정원에서 딴 생과일 두 개를 가져와 바가반께 드렸습니다. 그녀는 이따금 과자와 과일을 가져와 바가반께 드리곤 했습니다. 그럴 때마다 바가반은 "왜 이런 걸 다 가져와?" 하시면서도 다 드셨습니다. 어제는 그것을 드시지 않고 돌려주면서 말씀하셨습니다. "이 과일을 집에 가져가서 잘게 썰어 가지고 다른 사람들에게 다 나눠주면서 '이건 바가반께 드리는 거예요, 이건 바가반께 드리는 거예요' 하고 너도 먹으렴. 바가반은 모든 사람의 안에 있어. 왜 그런 걸 매일 가져오니? 그러지 말라고 했잖아. 저기 있는 모든 사람에게 주어라. 바가반은 모든 사람의 안에 있단다. 자, 가거라." 그 소녀는 실망하여 갔습니다. 바가반은 저를 바라보며 말씀하셨습니다. "아이들은 그런 것을 무척 좋아하지. 애들이 스와미에게 뭘 갖다드린다고 할 때는 그걸로 자기가 뭘 얻게 될 거라는 걸 알아. 내가 산 위에 있을 때는 작은 사내아이나 계집아이들이 공휴일마다 나를 찾아오곤 했지. 그 애들은 자기 부모에게 돈을 달라고 해서 과자, 비스킷 따위를 사 오곤 했는데, 그러면 나도 아이들과 함께 앉아 내 몫을 먹었지."

"그러니까 당신께서는 소년 목동(Bala Gopala)처럼 그 성찬을 즐기셨군요." 제가 말했습니다. "그들이 스와미에게 무엇을 가져간다고 하면 그들 자신도 뭘 얻게 된다는 것을 압니다. 어쩌다 한 번씩 그러는 거야 괜찮지만 왜 매일 그렇게 합니까? 여러분이 다 먹으면 제가 먹는 것과 마찬가지 아닙니까?" 하고 바가반은 말씀하셨습니다. 저는 당신이 모두의 안에 있다는 것을 그렇게 분명하게 말씀해 주셔서 기쁘고 즐거웠습니다.

일주일인가 열흘 전에 무슨 일이 일어났는지 아십니까! 아침 식사 시간에 어떤 사람이 바가반께 다른 사람들보다 오렌지를 더 놓아 드렸습니다. 바가반은 그것을 보시고는 오렌지 드시는 것을 아주 그만둬 버리셨습니다. 4, 5일 전에 헌신자들이 다시 오렌지를 드시라고 간청하자 바가반이 말씀하셨습니다. "여러분 모두가 먹으면 그걸로 족하지 않습니까?" 그 헌신자들이 말했습니다. "바가반께서 안 드시는데 저희들이 먹기가 괴롭지 않겠습니까? 그래서 저희들을 용서해 주시라고 간청하는 겁니다." 바가반이 말씀하셨습니다. "용서할 게 뭐 있습니까? 저는 오렌지를 별로 좋아하지 않습니다." 그들이 "그것은 바가반의 건강에 좋습니다" 하자, 당신은 이렇게 말씀하셨습니다. "이거 보세요, 아침을 먹는 사람이 백 명가량 됩니다. 저는 그렇게 많은 입을 통해서 먹고 있습니다. 그거면 족하지 않습니까? 꼭 이 입으로 먹어야만 합니까?"

그것이 지견知見입니다. 누가 그것을 남에게 줄 수 있겠습니까?

1947년 7월 19일

135. 청문, 성찰 등

어제 꿈바꼬남에서 빤디뜨 두 사람이 왔습니다. 오늘 아침 9시에 그들은 바가반께 다가가서 말했습니다. "스와미, 저희들이 하직 인사 드리겠습니다. 부디 저희들의 마음이 샨띠(Shanti) 안에 합일되어 해소될 수 있도록 축복해 주시기를 기원합니다." 바가반은 평소와 같이 고개를 끄덕이셨습니다. 그들이 떠난 뒤에 당신은 라마짠드라 아이어를 바라보면서 말씀하셨습니다. "샨띠는 본래적 상태입니다. 밖에서 온 것을 물리치면 남는 것이 평안입니다. 그러면 해소되거나 합일될 것이 뭐가 있겠습니까? 밖에서 온 것만 내버리면 됩니다. 마음이 성숙된 사람들에게는 스와루빠 자체가 샨띠라는 말을 듣기만 하면 진지(jnana)를 얻습니다. 청문과 성찰은 미성숙한 마음들을 위해 마련되어 있는 것이지, 성숙한 마음들에게는 그런 것이 필요 없습니다. 멀리 있는 사람들이 라마나 마하르쉬에게 어떻게 가느냐고 물으면, 이러이러한 기차를 타고 이러이러한 길로 가야 한다고 말해주어야 합니다. 그러나 그들이 띠루반나말라이에 와서 라마나스라맘에 당도하여 회당에 들어서면, 여기 바로 그 사람이 있다고 말해주는 것만으로도 족합니다. 그런 사람들은 한 발짝도 움직일 필요가 없지요."

"청문과 성찰은 베단타에 규정된 것만을 뜻하는 것 아닙니까?" 하고 어떤 사람이 질문했습니다. "그렇지요." 바가반이 답변하셨습니다. "그러나 한 가지 말해둘 것은, 외적인 청문과 성찰이 있을 뿐 아니라 내적인 청문과 성찰도 있다는 것입니다. 한 사람의 마음이 성숙하면 그 결과로 그런 것들이 일어날 수밖에 없습니다. 그 내적인 청문(antara sravana)을 쉽게 할 수 있는 사람들에게는 어떠한 의문도 없습니다."

어떤 사람이 내적인 청문이 어떤 것이냐고 물으면 당신은 언제가 이렇게 말씀하시곤 했습니다. "내적인 청문이란, '나, 나'(aham, aham)라는 느낌을 가지고 심장 동혈 안에서 항상 빛나고 있는 저 진아(Atma)에 대한 지식을 뜻하고, 그 느낌이 자신의 심장 안에 있도록 하는 것이 성찰이며, 자신의 진아 안에 머무르는 것이 일여내관입니다."

이와 관련하여, 바가반이 이 문제에 대해 쓰신 시구를 기억해 볼 만합니다. 그 시구에서는 아뜨마 스푸라나(atma sphurana)를 이야기하는 것은 물론, 그것을 확보하는 법에 대해서도 말하고 있습니다. 확보란 자신의 진아 안에 머무르는 것을 뜻할 뿐입니다.

> 심장 동혈 한 가운데 진아의 형상을 한
> 브라만이 한상 '나, 나' 하면서 빛나고 있네.
> 진아를 탐구하여 마음을 몰입시키거나,
> 호흡 제어를 통해 마음을 익사시켜 진아안주자가 되라.[79]

---

79) [역주] 이 시는 「스리 라마나 기타」(2:2)에도 실렸고, 타밀어로 번역되어 「실재사십송 증보」, 제9송으로 되었다.

라마나스라맘에서 보낸

편 지

제2권

제2권 머리말

스리마띠 수리 나감마(Srimathi Suri Nagamma)가 텔루구어로 쓴 273편의 편지는 5부로 나뉘어 아쉬람에서 출간되었는데, 그 중에서 135편은 영역되어 1962년에 제1권으로 출간되었다. 이어서 번역된 남은 138편의 편지 중에서 1권과 비슷한 분량이 될 수 있도록 106편을 골라냈다.

지금 간행하는 편지들은 지난번 것보다 더 흥미롭고 교훈적이며, 저자의 한층 더 성숙된 사고와 지식을 드러낸다. 이 편지들에는 철학적 논설과, 『기타』 및 우파니샤드에서 가져온 인용문들이 상당수 포함되어 있다. 그래서 이를 번역하여 거기에 내포된 의미를 완전히 이끌어내는 작업이 쉽지 않았다.

확고한 헌신자이며 아쉬람의 일원이기도 했던 고故 머튼 양(Miss Merton)은 번역 원고들을 검토해 주고 여러 군데 고칠 곳을 일러주었다. 나는 그녀의 도움에 깊이 감사한다. 또한 나로 하여금 이 편지들을 번역하여 스리 바가반의 헌신자들에게 보잘것없으나마 약간의 봉사를 할 수 있는 기회를 준 아쉬람 당국에도 감사드린다.

1969년 9월 1일
마드라스 -17, 비자야라가바짜리 로드 10번지,
라마나 닐라얌에서
D.S. 샤스뜨리 씀

편지 제2권

1947년 9월 3일

1. 침묵의 태도

저는 오늘 오후 3시에 바가반의 친존(sannidhi)에 가서 당신 주위에서 토론을 벌이고 있는 사람들의 무리에 끼었습니다. 바가반은 아디 샹까라(Adi Sankara)가 「다끄쉬나무르띠 송찬」을 세 부분으로 지었다고 지나가는 말로 언급하시고 이렇게 말씀하셨습니다. "스리 샹까라는 스리 다끄쉬나무르띠[1]를 찬양하는 노래를 짓고 싶었지만 다끄쉬나무르띠는 침묵의 화신이므로, 문제는 침묵을 어떻게 묘사하느냐였습니다. 그래서 그는 침묵을 세 가지 속성으로, 즉 창조(Srishti), 보존(Sthithi), 해체(Laya)로 분석했고, 그렇게 하여 다끄쉬나무르띠에 대한 예를 올렸던 것입니다. 다끄쉬나무르띠는 이 세 가지 속성의 화신인데, 이 속성들은 식별할 수 있는 어떤 특성이나 구별 표지가 없습니다. 그러니 침묵을 달리 어떻게 칭송할 수 있겠습니까?"

그 대화를 이어받아 한 헌신자가 말했습니다. "단다빠니 스와미(Dandapani Swami)는 몇 년 전에 저희들에게 말하기를, 어느 마하시바라뜨리(Mahasivarathri)[2] 날에 바가반 주위에 모여 있던 헌신자들이 '바가반께서 오늘 「다끄쉬나무르띠 송찬」의 의미를 설명해 주셔야 합니다'라고 하자 바가반께서는 미소를 지으며 침묵 속에 앉아 계셨다고 했습니다. 얼마 동안 기다린 뒤에 헌신자들은, 바가반께서 계속되는 침묵을 통해 그 시구들의 진정한 의미는 침묵일 뿐이라는 것을 가르쳐 주셨다는 것을 느끼고 돌아갔다고 합니다. 그것이 사실입니까?"

바가반: (미소를 지으며) 예, 맞습니다.

저: (좀 놀라면서) 그러니까 그것은 바가반께서 침묵의 주석을 해 주셨다는 뜻이군요.

바가반: 그렇지요. 그것은 침묵의 주석이었습니다.

---

1) 다끄쉬나무르띠는 침묵 속에서 가르치는 시바의 화신이다. 바가반은 다끄쉬나무르띠와 동일시되고 있다.
2) 매년 2월경에 드는 '큰 시바의 밤'.

다른 헌신자: 침묵(Mowna)은 진아에 안주하는 것을 뜻합니다. 그렇지 않습니까?
바가반: 예, 그렇습니다. 진아에 안주함이 없이 침묵이 어떻게 있을 수 있습니까?
헌신자: 바로 그것이 제가 여쭈어 보는 것입니다. 만일 우리가 바깥으로 말을 아예 하지 않고 동시에 진아에 대한 자각을 가지면서 그 안에 안주한다면 그것은 침묵이 되겠습니까?
바가반: 진정한 침묵을 어떻게 성취할 수 있겠습니까? 어떤 사람들은 묵언을 한다고 입을 다물고 있으면서도 종이 조각이나 판자에다 계속 이것저것 씁니다. 그것은 마음의 또 다른 활동 형태 아닙니까?
다른 헌신자: 그러면 말을 하지 않는 것은 전혀 아무런 이익이 없습니까?
바가반: 바깥세상의 장애물들을 피하기 위해 말을 하지 않을 수는 있겠지만, 그것이 그 자체 목적이라고 생각해서는 안 됩니다. 참된 침묵은 실로 끝없는 말입니다. 하지만 그것을 성취한다는 그런 것은 없습니다. 왜냐하면 그것은 항상 존재하니까요. 그것을 감싸고 있는 세간적 거미줄들을 없애 버리는 것이 여러분이 해야 할 일의 전부입니다. 그것을 성취한다는 문제는 없습니다.

이렇게 우리가 토론을 벌이고 있을 때 어떤 사람이 말하기를, 한 방송회사가 바가반의 음성을 녹음할 것을 생각하고 있다고 했습니다. 바가반은 웃으면서 말씀하셨습니다. "오호! 그런 말씀 마십시오! 하지만 제 목소리는 침묵입니다. 그렇지 않습니까? 그들이 침묵을 어떻게 녹음합니까? 존재하는 것이 침묵입니다. 누가 그것을 녹음할 수 있습니까?"

헌신자들은 시선을 교환하면서 말없이 앉아 있었는데, 회당 안에는 절대적 침묵이 자리잡고 있었습니다. 다끄쉬나무르띠의 화신인 바가반은 남쪽을 바라보며 침묵의 태도(mouna mudra)로 앉아 계셨습니다.3) 그 살아 있는 모습, 당신의 육신은 진아의 빛으로 빛나고 있었습니다. 오늘은 실로 기억할 만한 날입니다.

1947년 9월 6일

2. 세 가지 상태를 넘어서

지난 달 올케가 여기 머무르고 있을 때 『탐구보주화만』의 텔루구어판 교정본이 도착했습니다. 오후에 바가반은 그것을 수정하시고 저에게 주셨습니다. 올케는 그것을 읽고 저에게 '스와쁘나띠안따 니브리띠'(swapnatyanta nivritti)가 무슨 뜻이냐고 물

---
3) 다끄쉬나무르띠란 이름이 갖는 의미 중의 하나는 '남쪽을 향하는'이다. 스승은 영적인 북극이고 따라서 전통적으로 남쪽을 향하고 있다.

었습니다. 저는 설명을 해 주려고 했지만 스스로 확신이 서지 않아 충분히 만족스러운 설명을 해주지 못했습니다. 그것을 보시고 바가반이 물으셨습니다. "뭐가 문제지? 잘못된 데가 있나?"

제가 대답했습니다. "아뇨. 그녀가 스와쁘나띠얀따 니브리띠가 무슨 뜻이냐고 물었습니다."

바가반이 친절하게 말씀해 주셨습니다. "그것은 절대적인, 꿈 없는 잠입니다."

제가 여쭈었습니다. "진인에게는 꿈이 없다고 말하면 맞습니까?"

바가반: 진인에게는 꿈의 상태가 없습니다.

올케는 그래도 흡족하지 않았지만 사람들이 다른 문제를 이야기를 시작했기 때문에 우리는 그 문제를 일단 접어두었습니다. 밤이 되어서야 그녀가 말했습니다. 『바쉬슈탐』에서 말하기를, 깨달은 영혼은 행위를 하는 것처럼 보여도 그 행위들이 전혀 그에게 영향을 주지 않는다고 되어 있거든요. 우리는 그 진정한 의미를 바가반께 여쭈어 봐야 해요."

다음날 오전에 아쉬라맘에 갔더니 바가반은 마침 바로 그 점을 순다레샤 아이어에게 설명해 주고 계셨습니다. 올케는 그 기회를 한껏 이용하여 다시 여쭈었습니다. "바가반께서는 스와쁘나띠얀따 니브리띠가 절대적인 꿈 없는 잠이라고 하셨습니다. 그것은 진인에게는 전혀 꿈이 없다는 뜻입니까?"

바가반: 꿈 상태일 뿐만 아니라 세 가지 상태 모두가 진인에게는 실재하지 않습니다. 진인의 진정한 상태는 이 세 가지 상태 어느 것도 존재하지 않는 것입니다.

저: 생시 상태도 하나의 꿈이나 마찬가지 아닙니까?

바가반: 그렇지요. 꿈은 짧은 시간 동안 지속되는 반면 생시 상태는 더 오래 갑니다. 차이점이라면 그것뿐입니다.

저: 그러면 깊은 잠도 하나의 꿈입니까?

바가반: 아닙니다. 깊은 잠은 하나의 실제 상태입니다. 마음 활동이 전혀 없는데 어떻게 그것이 하나의 꿈일 수 있겠습니까? 하지만 그것은 마음이 공허한 상태이기 때문에 무지(vidya)이고, 따라서 우리는 그것을 배척해야 합니다.

제가 계속 질문했습니다. "그러나 깊은 잠도 하나의 꿈 상태라고 해야 하지 않습니까?"

바가반: 어떤 사람들은 용어상 그렇게 말했을 수도 있지만, 실은 다를 것이 아무 것도 없습니다. 지속 시간이 짧으냐 기냐는 꿈과 생시 상태에만 해당됩니다. 어떤 사람은 이렇게 말할지 모릅니다. '우리는 오래 살았고, 이 집들과 소유물들은 우리에

게 너무나 분명해서 도저히 그 모두를 꿈이라고 할 수 없다'고 말입니다. 그러나 꿈조차도 그것이 지속되는 동안에는 길게 보인다는 것을 우리는 기억해야 합니다. 그것이 불과 얼마 안 되는 시간 동안이었다는 것을 깨닫는 것은 깨어난 뒤의 일입니다. 마찬가지로, 그대가 깨달음을 얻으면 이 생은 찰나적인 것으로 보입니다. 꿈 없는 잠은 무지를 뜻합니다. 따라서 순수한 자각의 상태를 얻기 위해서는 그것을 배척해야 하는 것입니다.

이때 올케가 끼어들었습니다. "깊은 잠 속에서 일어나는 지복을 삼매의 상태에서도 체험한다고 합니다만, 그것을 깊은 잠이 하나의 무지 상태라는 말과 어떻게 조화시킬 수 있습니까?"

바가반: 그래서 깊은 잠도 배척해야 된다고 하는 것입니다. 깊은 잠 속에 지복이 있는 것은 사실이지만 그대는 그것을 모릅니다. 깨어난 뒤에야 그것을 알고서는 잘 잤다고 말합니다. 삼매란 이 지복을 깨어 있는 상태에서 체험하는 것을 말합니다.

저: 그러니까 그것은 깨어 있는 혹은 의식하는 잠이로군요.

바가반: 예, 그렇지요.

이때 올케가 자신을 괴롭혔던, 같은 뿌리에서 나온 다른 질문을 던졌습니다. "바쉬슈타가 말하기를, 깨달은 영혼은 다른 사람들이 볼 때 여러 가지 활동을 하고 있는 것처럼 보이지만, 그는 그 활동들에 의해 영향을 전혀 받지 않는다고 합니다. 다른 사람들에게 그렇게 보이는 것은 그들의 소견이 서로 다르기 때문입니까, 아니면 실제로 영향을 받지 않는 것입니까?"

바가반: 실제로 영향을 받지 않지요.

올케: 사람들은 꿈속에서나 생시에 좋은 환영幻影들을 보았다는 이야기를 합니다. 그것은 무엇입니까?

바가반: 깨달은 영혼에게는 그 모두가 똑같은 것으로 보입니다.

하지만 그녀는 계속 질문했습니다. "바가반의 전기에서 말하기를, 가나빠띠 무니가 띠루보띠유르에 있을 때 바가반의 환영을 보았는데, 이때 바가반은 띠루반나말라이에 계셨는데도 동시에 당신은 (그로부터) 공경을 받는 느낌을 가지셨다고 했습니다. 그런 일은 어떻게 설명할 수 있습니까?"

바가반은 난해하게 이렇게 답변하셨습니다. "그런 일들은 소위 신의 친견이라는 것이라고 제가 이미 말한 적이 있습니다." 그런 다음 당신은 더 이상 그 이야기를 계속하고 싶지 않다는 표시로 침묵하셨습니다.

1947년 9월 8일

3. 삼매

오늘 오전에 바가반 앞에 앉아 있던 한 유럽인이 통역자를 통해서 이렇게 말했습니다. "『만두꺄 우파니샤드』(Mandukyopanishad)에서 말하기를, 명상이나 고행을 아무리 많이 한다 하더라도 요가의 마지막 단계인 삼매까지 체험하지 못하면 해탈을 얻을 수 없다고 합니다. 그렇습니까?"

바가반: 올바르게 이해하면 그것들은 같은 것입니다. 그것을 명상이라 하든 고행이라 하든 몰입이라 하든 뭐라 하든, 아무 차이가 없습니다. 기름이 흐르듯이 안정되어 있고 끊임없는 것이 고행이요 명상이요 몰입(삼매)입니다. 자신의 진아가 되는 것이 삼매입니다.

질문자: 그러나 『만두꺄 우파니샤드』에서는 반드시 삼매를 체험해야만 해탈을 얻는다고 합니다.

바가반: 그런데 누가 그렇지 않다고 합니까? 『만두꺄 우파니샤드』뿐만 아니라 모든 옛날 책에서는 그렇게 말합니다. 그러나 그대의 진아를 알기만 하면 그것이 곧 참된 삼매입니다. 생명 없는 사물처럼 한 동안 가만히 앉아 있는 것이 무슨 소용 있습니까? 그대의 손에 종기가 나서 클로로포름으로 마취하고 수술을 한다 합시다. 그럴 때 아무런 고통도 느끼지 못하지만 그렇다고 해서 삼매에 든 것입니까? 이것도 마찬가지입니다. 삼매가 무엇인지를 알아야 합니다. 그런데 그대의 진아를 모르면서 그것을 어떻게 알 수 있겠습니까? 진아를 알면 삼매는 자동적으로 알게 됩니다.

그러는 동안 한 타밀 헌신자가 『띠루바짜감』(Tiruvachakam)을 펼쳐서 '추구의 노래'(Songs of Pursuit)를 부르기 시작했습니다. 끝 무렵에 이런 구절이 나옵니다. "오, 이스와라! 당신은 달아나려고 하시지만 저는 당신을 꽉 붙듭니다. 그러니 당신께서 어디로 가실 수 있으며, 저로부터 어떻게 벗어나실 수 있습니까?"

바가반은 미소를 띠며 이렇게 말씀하셨습니다. "그러니까 이스와라는 도망을 가려 하고 그들은 그를 꽉 붙잡는 모양이군요! 그가 어디로 달아날 수 있습니까? 그가 없는 곳이 어디입니까? 그는 누구입니까? 이 모든 것은 하나의 가장에 지나지 않습니다. 같은 책의 다른 10연시들 중에는 이런 노래도 있습니다. '오, 저의 주님! 당신은 제 마음을 당신의 거처로 만드셨군요. 그리고 당신 자신을 저에게 주시고 그 대가로 저를 당신 속으로 가져가셨습니다. 주님, 우리 중에서 누가 더 영리합니까? 당신께서 저에게 당신 자신을 내주셨으니 저는 무한한 지복을 즐기지만, 저에 대한 무한한 자비심에서 제 몸을 당신의 거처로 삼으셨다 한들, 제가 당신께 무슨 소용 있습니까? 그 보답으로 제가 당신께 할 수 있는 일이 무엇입니까? 저는 이제 제 것이라고 할 수 있는 게 아무것도 없습니다.' 이것은 '나'라고 하는 것이 존재하지 않는다는 의미입니다. 아름답지 않습니까! '나'라는 것이 없는데, 행위자는 누구이며 그가 하는 일은 무엇입니까? 그것이 헌신이든 자기탐구든 삼매든 간에 말입니다."

1947년 9월 10일

4. 있는 그대로 머물러 있으라

 오늘 오전 10시 15분전에 바가반께서 평소의 짧은 오전 포행을 나가시려고 일어서고 계실 때 한 안드라 청년이 침상에 다가가서 말했습니다. "스와미, 저는 따빠스를 해 보고 싶어서 여기 왔습니다만 그것을 할 적당한 장소가 어디인지 모르겠습니다. 당신께서 일러주시는 곳이면 어디든지 가겠습니다."

 바가반은 대답하지 않으셨습니다. 당신은 포행하시기 전에 늘 그러시듯이, 몸을 굽혀 류머티즘 증세로 아픈 다리와 무릎을 주무르셨습니다. 그리고 조용히 혼자 미소를 지으셨습니다. 우리는 물론 당신이 하실 말씀을 열심히 기다리고 있었습니다. 잠시 후 당신은 걸으실 때 몸의 균형을 잡는 데 사용하시는 지팡이를 집어 들고 그 청년을 바라보면서 말씀하셨습니다. "어디 가서 따빠스를 하라고 내가 어떻게 말하지요? 그대가 있는 곳에 머물러 있는 것이 최선입니다." 그리고 미소를 지으며 나가셨습니다.

 청년은 어리둥절했습니다. "저 말씀이 무슨 뜻입니까?" 그가 소리를 질렀습니다. "저는 노인이신 그분께서 저에게 어디 가 보라고 어떤 성지를 일러주실 줄 알았는데, 그러시기는커녕 제가 있는 곳에 머물러 있으라고 하시는군요. 저는 지금 이 침상 옆에 있습니다. 그 말씀은 제가 여기 이 침상 곁에 있으라는 뜻입니까? 제가 그분께 다가가서 얻은 답변이 이거란 말입니까? 이것이 농담할 문제입니까?"

 헌신자들 중의 한 사람이 그를 회당 밖으로 데려나가 이렇게 설명해 주었습니다. "바가반께서 가벼운 기분으로 무슨 말씀을 하실 때에도 거기에는 항상 어떤 깊은 의미가 있습니다. '나'라는 느낌이 일어나는 곳이 그대의 진아입니다. 따빠스는 진아가 어디 있는지를 알고 그 안에 안주하는 것이지요. 그것을 알려면 그대가 누구인지를 알아야 합니다. 그리고 그대의 진아를 알면 그대가 어디에 있든 문제가 되겠습니까? 이것이 바가반이 하신 말씀의 의미입니다." 이렇게 그는 그 청년을 달래서 돌려 보냈습니다.

 그와 비슷하게 어제는 어떤 사람이 이렇게 질문했습니다. "스와미, 우리는 진아를 어떻게 발견할 수 있습니까?"

"그대는 진아 안에 있습니다. 그러니 그것을 발견하는 데 무슨 어려움이 있겠습니까?" 바가반이 답변하셨습니다.

"제가 진아 안에 있다고 말씀하십니다만, 그 진아가 정확히 어디 있습니까?" 질문자가 계속 질문했습니다.

"심장 안에 안주하여 끈기 있게 찾으면 그것을 발견할 것입니다"라는 것이 바가반의 답변이었습니다.

질문자는 그래도 흡족하지 않은지 자신의 심장 안에는 자기가 머무를 여유 공간이 없다는 상당히 희한한 말을 했습니다.

바가반은 회당에 앉아 있던 헌신자들 중의 한 사람을 돌아보고 미소를 지으며 말씀하셨습니다. "진아가 어디 있는지 이분이 걱정하는 것 좀 보세요! 제가 그에게 뭐라고 말할 수 있습니까? 존재하는 것이 진아입니다. 그것은 일체에 두루합니다. 그것이 '심장'(Heart)이라는 것이라고 말해주는데도 그는 그 안에 여유 공간이 없다고 합니다. 제가 어떻게 합니까? 심장을 불필요한 원습들로 채우고 나서 그 안에 여유 공간이 없다고 하는 것은 랑카(Lanka)[실론] 만큼이나 큰 집 안에서 앉을 자리가 없다고 투덜대는 것과 같습니다. 못쓰는 것들을 다 내다 버리면 여유 공간이 나지 않겠습니까? 몸뚱이 자체가 못 쓰는 물건입니다. 이런 분들은 자기 집의 방들을 모두 불필요한 폐품들로 가득 채우고 나서 자기 몸이 들어갈 자리가 없다고 불평하는 사람과 같습니다. 그와 마찬가지로 그들은 마음을 온갖 인상들로 채우고 나서 그 안에 진아가 들어갈 자리가 없다고 말합니다. 그 모든 거짓된 관념과 인상들을 쓸어내고 던져내 버리면 남는 것은 풍요의 느낌이며, 그것은 진아 그 자체입니다. 그때는 별개의 '나'라는 것이 없게 되는데, 그것이 바로 에고 없음의 상태입니다. 그러면 여유 공간이니 방의 점유물이니 하는 문제가 어디 있겠습니까? 사람들은 진아는 찾지 않고 '자리가 없다, 자리가 없다!'고 말합니다. 그것은 마치 눈을 감고 '해가 없다, 해가 없다!'고 말하는 것과 같습니다. 그런 상황에서 우리가 무엇을 할 수 있습니까?"

1947년 9월 11일

5. 오직 하나의 일체에 두루한 진아

어제 한 사두가 와서 회당에 앉았습니다. 그는 바가반께 무슨 말을 하고 싶어 했지만 망설였습니다. 얼마 후에 그는 당신께 다가가서 말했습니다. "스와미, 진아는 일체에 두루하다고 합니다. 그것은 진아가 죽은 몸 안에도 있다는 뜻입니까?

"오호! 그러니까 그것이 그대가 알고 싶은 것입니까?" 바가반이 대답하셨습니다. "그리고 그 질문은 죽은 몸에게 일어났습니까, 그대에게 일어났습니까?"

"저에게 일어났습니다." 사두가 말했습니다.

바가반: 그대가 잠들어 있을 때도 그대가 존재하는지 않는지 질문합니까? 깨어난 뒤에야 그대가 존재한다고 말합니다. 꿈의 상태에서도 자기(진아)는 존재합니다. 실은 죽은 몸이니 산 몸이니 하는 그런 것은 없습니다. 움직이지 않는 것을 우리는 죽었다 하고, 움직임이 있는 것을 우리는 살았다고 합니다. 꿈속에서 그대는 살아 있거나 죽은 여러 몸들을 보는데, 깨어나면 그것들이 전혀 존재하지 않습니다. 마찬가지로 유정有情 무정無情(생명 가진 존재와 생명 없는 존재)의 이 온 세계도 존재하지 않습니다. 죽음은 에고의 해체를 의미하고, 탄생은 에고의 환생을 의미합니다. 탄생과 죽음들이 있지만 그것들은 에고의 것이지 그대의 것이 아닙니다. 에고의 느낌이 있든 없든 그대는 존재합니다. 그대는 그것의 근원이지 그 에고의 느낌(ego-sense)이 아닙니다. 해탈이란 이 탄생과 죽음들의 근원을 발견하고 에고의 느낌을 그 바로 뿌리에서 파괴하는 것을 뜻합니다. 그것이 해탈입니다. 그것은 완전한 자각을 수반한 죽음을 뜻합니다. 이렇게 죽으면, 그대는 '아함, 아함'['나, 나']이라고 알려진 아한 스푸라나(Aham sphurana)와 함께 같은 곳(심장)에서 동시에 다시 태어납니다. 이렇게 태어난 사람에게는 어떠한 의문도 없습니다.

어제 저녁 베다 찬송이 끝난 뒤, 4, 5일 전에 온 한 젊은 유럽인이 바가반께 몇 가지 질문을 했습니다. 바가반은 평소와 같이 그 질문에 이렇게 응수하셨습니다. "그대는 누구입니까?", "이 질문을 하는 것은 누구입니까?" 젊은이는 다른 어떤 설명도 얻어내지 못하자 마지막 수단으로 바가반께 『기타』에 나오는 구절들 중 어느 것을 가장 좋아하시느냐고 여쭈었고, 바가반은 모든 구절을 좋아한다고 대답하셨습니다. 젊은이가 그래도 계속해서 가장 중요한 구절은 무엇이냐고 묻자, 바가반은 그에게 '나는 모든 존재들의 심장에 자리 잡고 있는 진아다. 오 구다께샤(Gudakesa)[4]여. 나는 모든 존재들의 시작이요 중간이며 끝이다' 하는 제10장 20절을 말씀해 주셨습니다.

질문자는 기분이 좋아져서 만족했고, 하직 인사를 하면서 말했습니다. "스와미, 이 실재하지 않는 자아는 급히 해야 할 일이 있어서 여행을 하지 않으면 안 됩니다. 부디 이 실재하지 않는 자아가 진정한 자아 안에 합일되도록 기꺼이 충고해 주시기

---

[4] 아르쥬나의 다른 이름.

바랍니다."

바가반은 미소를 지으며 대답하셨습니다. "충고를 청하는 자아, 충고하는 자아, 그리고 그 충고를 듣는 자아와 같은 수많은 자아들이 있다면 그런 충고도 필요하겠지요. 그러나 그렇게 많은 자아들은 없습니다. 오직 하나의 진아가 있을 뿐입니다. 일체가 그 하나의 진아 안에 들어 있습니다."

1947년 9월 12일

6. 진아의 나툼

얼마 전에 여기 와서 바가반의 친존에서 벌어진 여러 가지 토론을 들은 한 헌신자가 오늘 오후에 바가반께 다가가서 공손히 여쭈었습니다. "스와미, 영혼의 반영으로서 생각하는 마음으로 나타나는 이스와라가, 생각하는 기능의 반영인 개아, 즉 개인적 영혼이 되었다고 합니다. 그 의미는 무엇입니까?"

바가반이 답변하셨습니다. "진아의 반사된 의식을 이스와라라고 하고, 생각하는 기능을 통해서 반사된 이스와라를 개아(Jiva)라고 합니다. 그뿐입니다."

질문자: 좋습니다, 스와미. 하지만 그러면 '찌다브하사'(chidabhasa-'의식의 반사된 빛')는 무엇입니까?

바가반: 찌다브하사는 마음의 빛남으로서 나타나는 자기의 느낌입니다. 하나가 셋이 되고, 셋이 다섯이 되고, 다섯이 다수로 됩니다. 즉, 하나로 보이는 순수한 진아(satva)가 접촉을 통해서 셋[사뜨와, 라자스, 따마스]이 되고, 그 셋과 더불어 다섯 가지 원소(공지수화풍)가 생겨나며, 그 다섯 가지와 더불어 전 우주가 생겨납니다. 몸이 자기라는 환상을 만들어내는 것은 바로 이것입니다. 허공(akasa)의 견지에서는, 그것은 영혼 안에서 반사되는 세 가지 범주로 나누어진다고 설명됩니다. 즉, 순수 의식의 무변제無邊際(chidakasa-의식의 광대한 공간), 심의식心意識의 무변제(chittakasa), 그리고 물질의 무변제(bhutakasa)입니다. 마음(Chitta-心)이 세 가지 부분—즉 마음(manas-意), 직관(buddhi), '나'를 만드는 자(ahankara)—으로 나누어질 때, 그것을 '안따하까라나'(antahkarana), 즉 내적 기관이라고 합니다. 까라남이란 우빠까라남(upakaranam-도구, 기관)을 뜻합니다. 다리, 손, 기타 신체 기관들은 '바히야까라나'(bahyakarana), 곧 외적 기관이라고 하는 반면, 몸 안에서 작동되는 감각 기관들은 내적 기관이라고 하는 것입니다. 이 내적 기관들과 더불어 일하는 저 자기의 느낌, 즉 빛나는 마음을 개인적 영혼, 곧 개아라고 합니다. 순수 의식이 구체화된 측면의 한 반영인 심의식이 물질의 세계를 볼 때 그것을 마음 세계(mano akasa)라고 하지만, 그것이 순수 의식의 구

체화된 측면을 볼 때는 그것을 전일 의식全 -意識(chinmaya)이라고 합니다. 그래서 '마음이 사람의 속박과 해탈의 원인이다'(mana eva manushyanam karanam bandha mokshayoh)5)라고 하는 것입니다. 그 마음이 많은 환상을 창조합니다.

질문자: 그 환상은 어떻게 사라지겠습니까?

바가반: 자기탐구를 통해 앞에서 말한 그 비밀스런 진리를 확인하면 그 다수성은 다섯으로 해소되고, 그 다섯은 셋으로, 그 셋은 하나로 해소됩니다. 그대에게 두통이 있다고 하면 어떤 약을 먹어 두통을 없앱니다. 그러고 나면 원래의 상태로 돌아갑니다. 몸이 자기라고 하는 환상이 그 두통과 같습니다. 자기탐구라는 약을 복용하면 그것은 사라집니다.

질문자: 모든 사람이 그 자기탐구의 길을 붙들 수 있겠습니까?

바가반: 그것은 성숙한 마음들에게만 가능하고 미성숙한 마음들에게는 그렇지 않다는 것은 사실입니다. 후자의 사람들에게는 어떤 기도나 성스러운 이름을 염하거나, 신상을 숭배하거나, 빛의 기둥을 관하면서 호흡제어를 하거나 기타 유사한 요가적인 영적 또는 종교적 행법을 하라고 합니다. 그런 행법에 의해서 사람들이 성숙하고 난 다음에는 자기탐구의 길을 통해 진아를 깨닫게 됩니다. 미성숙한 마음들이 이 세계에 대한 환상을 없애기 위해서는 자기가 그 육신과 다르다는 말을 들어야 합니다. 만약 그대가 자신은 모든 것이고 일체에 두루하다고 하면 그것으로 충분합니다. 고인들은 말하기를, 미성숙한 마음을 가진 사람들은 다섯 가지 원소에 대한 탐구를 통해서 초월적인 '보는 자'(transcendent Seer-주시자)를 알고 '이건 아니다, 이건 아니다'(Neti, Neti)를 되풀이하는 과정에 의해 그것을 배척합니다. 고인들은 이렇게 말한 다음, 금 장신구들이 금과 다르지 않듯이 그 원소들도 그대 자신의 진아라고 이야기합니다. 따라서 이 세계는 실재한다고 말해야겠지요. 사람들은 여러 가지 장신구들의 형태가 서로 다른 데 주목하지만, 금 세공인이 그 차이를 인식합니까? 그는 그 금의 적합성만 살펴볼 뿐입니다. 그와 마찬가지로 깨달은 영혼, 곧 진인에게는 일체가 그 자신의 진아로 보입니다. 샹까라의 방법도 그와 같습니다. 어떤 사람들은 이것을 이해하지 못하고 그를 가상론자假像論者(mithyavadi)—즉, 세계는 실재하지 않는다고 주장하는 자—라고 부릅니다. 다 부질없는 이야기입니다. 그대가 개의 형상으로 조각해 놓은 돌을 볼 때 그것이 하나의 돌에 불과하다는 것을 알면 그대에게 개는 없습니다. 마찬가지로, 그것이 돌인 줄 모르고 한 마리 개로 보면 그대에게 돌은

---

5) [역주] 『브라마빈두 우파니샤드』(Brahmabindu Upanishad)(다른 판본에서는 『암리따난다 우파니샤드』), 제2절 앞부분. 이어지는 말은, '대상에 집착하면 속박이요, 대상에서 벗어나면 해탈이다.'

없습니다. 그대가 존재하면 일체가 존재하고, 그대가 존재하지 않으면 이 세계 안에 존재하는 것이 아무것도 없습니다. (타밀 속담에서 말하듯이) 돌을 보면 개가 없다고 할 때, 그것은 그대가 돌을 보면(돌을 집어 들려고 하면) 개가 달아나 버린다는 뜻이 아닙니다. 여기에는 한 가지 이야기가 있습니다. 어떤 사람이 왕의 궁궐을 보고 싶어서 왕궁으로 갔습니다. 그런데 궁궐의 입구 양쪽에는 돌로 조각한 개 두 마리가 있었습니다. 멀리서 그것을 개로 착각한 그 사람은 겁이 나서 가까이 가지 못했습니다. 이때 한 성자가 지나가다가 이 광경을 보고 그 사람을 데리고 가서 말했습니다. "보세요, 겁낼 필요가 없습니다." 똑똑히 보일 정도로 가까이 와서 보니 개는 없고 자신이 개라고 생각했던 것은 돌 조각상에 불과했습니다. 그와 마찬가지로 만일 그대가 세계를 보면 진아는 보이지 않을 것입니다. 그리고 만일 진아를 보게 되면 세계는 보이지 않을 것입니다. 좋은 스승은 그 성자와 같습니다. 진리를 아는 깨달은 영혼은 자신이 그 몸이 아니라는 것을 압니다. 그러나 한 가지가 더 있습니다. 그대가 죽음을, 아주 가까이 있고 언제든지 일어날 수 있는 것으로 보지 않으면 진아를 알 수 없을 거라는 사실입니다. 이것은 그 에고가 그대 안에 있는 원습들과 함께 죽어야 하고 사라져야 한다는 뜻입니다. 이렇게 에고가 사라지면 진아가 눈부신 자기로서 빛날 것입니다. 그런 사람들은 탄생과 죽음에서 벗어나 높은 영적인 수준에 있게 될 것입니다.

이 말씀과 함께 바가반은 말씀을 끝내셨습니다.

1947년 9월 13일

7. 단순함

최근에 오로빈도 보세(Aurobindo Bose)가 방갈로르에서 오면서 비싼 연필들을 좀 가져와서 바가반께 드렸습니다. 그는 평소와 같이 그의 안부를 묻는 몇 가지 질문에 대답한 다음 자신의 거처인 '마하스탄'(Mahasthan - 건물의 이름)으로 갔습니다.

그가 떠난 뒤에 바가반은 그 연필들을 자세히 살펴보시고, 그것으로 글도 써 보시더니 질이 좋다고 평가하신 다음 그것을 끄리슈나스와미에게 넘겨주면서 이렇게 말씀하셨습니다. "이것들을 잘 보관해 두게. 우리 연필이 어디 분명히 있을 거야. 어디 있는지 찾아서 갖다 주게." 끄리슈나스와미는 그 연필들을 조심스럽게 치워두고 부근에 있던 탁자 위의 나무 상자를 열어 한 동안 찾더니 연필 하나를 찾아내어 바가반께 드렸습니다.

바가반은 그것을 이리저리 돌리면서 검사해 보더니 말씀하셨습니다. "왜 이거지?

이건 데바라자 무달라이아르한테서 온 건데. 우리 연필도 거기 있을 거야. 그걸 나에게 주고 이것도 어디에 잘 보관해 둬." 끄리슈나스와미는 온 데를 다 찾았지만 그것을 찾지 못했습니다. "회당에 있나 살펴보지." 바가반이 말씀하셨습니다. 회당에 있던 어떤 사람이 돌아와서 거기에는 없다고 말했습니다. "오, 정말 딱하군! 그게 우리 연필인데 말이야. 잘 찾아보면 나올 거야." 바가반이 말씀하셨습니다. 거기 있던 데바라자 무달라이아르가 말했습니다. "왜 걱정하십니까, 바가반? 이 연필들이 다 바가반 것 아닙니까?" 바가반은 미소를 지으며 말씀하셨습니다. "그렇지 않지요. 당신은 이것을 줬고 보세는 다른 것을 가져왔는데, 만일 우리가 충분히 주의하지 않으면 누군가가 가져가 버려요. 스와미는 모든 사람의 공유 재산 아닙니까. 만약 당신의 연필을 잃어버리면 당신이 서운하겠지요. 당신이 많은 돈을 주고 그것을 사 가져와 저에게 주었으니 말입니다. 만약 그것이 우리가 산 연필이면 그것이 어디 있든 상관이 없습니다. 그것은 반 안나짜리밖에 되지 않고 그것마저도 돈을 주고 산 게 아니까요. 어떤 사람이 그것을 갖다 주면서, 어디서 주운 거라고 했으니 말입니다. 그러니 그것은 우리 것입니다. 다른 연필들은 그 시주자들에게 우리가 책임이 있습니다. 그러나 이 연필에 대해서는 아무도 묻지 않을 테고 그래서 제가 그것을 찾는 것입니다. 다른 것들은 중요한 사람들이 사용하면 됩니다. 우리에게 그런 연필이 왜 필요합니까? 우리가 무슨 시험을 칩니까, 아니면 사무실에서 일을 합니까? 우리가 글을 쓰는 데는 그 연필로 족합니다." 그렇게 말씀하시고 당신은 그것을 찾게 하시더니 결국 찾아내셨습니다.

얼마 전에도 그와 비슷한 사건이 있었습니다. 어떤 부유한 사람들이 은제 컵, 쟁반, 숟가락을 하나씩 가져와 바가반 앞에 그것을 공손하게 놓고 말하기를, "바가반, 무슨 유동식을 드실 때는 부디 이것을 사용해 주십시오" 했습니다. 바가반은 그 그릇들을 살펴보신 뒤 시자들에게 건네주셨습니다. 시자들이 그것을 회당의 찬장 안에 두려고 할 때 당신이 그러지 말라고 하면서 이렇게 말씀하셨습니다. "왜 거기 둬? 사무실에 보관해 두라고 하지." "이건 바가반께서 사용하시라고 드린 것 아닙니까?" 한 헌신자가 말했습니다. "그렇지요." 바가반이 대답하셨습니다. "그러나 그것들은 부자들이 사용하는 물건입니다. 우리에게 그런 게 무슨 소용입니까? 만약 필요하면 우리 컵과 숟가락이 있으니 그것을 사용하면 됩니다. 왜 이걸 사용합니까?" 그렇게 말씀하신 다음 바가반은 시자들에게 말씀하셨습니다. "보게, 내일부터는 우리 컵들을 사용하지. 그것들은 내 가고." 한 헌신자가 여쭈었습니다. "저 컵들은 무엇입니까, 바가반?" "오! 저 컵들은 코코넛 껍질을 부드럽게 하여 보관해 두었다가 만든 거지요. 저것들은 우리 컵이고 숟가락입니다. 저것들은 우리 겁니다. 우리가 저것들을 사용하면 그 목적에 이바지하는 것입니다. 은제 식기들은 부디 다른 데 잘 간수해 두십시오." 바가반이 말씀하셨습니다. "저 은제 식기들도 바가반의 것 아닙니까?" 그 헌신자가 여쭈었습니다. 바가반은 미소를 지으며 말씀하셨습니다. "예, 그렇지요. 그러나 우리에게 이런 사치가 왜 필요한지 말해 보십시오. 저 그릇들은 비싼 것입니다. 우리가 부주의하면 누가 그것을 훔쳐갈지도 모릅니다. 그러니 우리가 지켜야 합니다. 그것이 스와미가 할 일입니까? 그 뿐만이 아니지요. 어떤 사람은 이렇게 생각할지도 모릅니다. '어쨌든 그는 출가자다. 그러니 누가 달라고 하면 주지 않을까?' 그러고는 그것을 달라고 합니다. 그러면 '못 준다'고 말할 수 없습니다. 하지만 그것을 줘 버리면 그것을 선물할 사람들이 화를 낼지도 모릅니다. 왜냐하면 그 물건들은 스와미만 쓰라고 준 것이니까요. 왜 그런 문제를 다 감당해야 합니까? 우리 컵들만 쓰면 우리가 그것을 어떻게 사용하든, 그것을 어떻게 처분하든 상관이 없지요." 당신은 그렇게 말씀하시고 그 은제 식기들을 내보내고 당신의 컵을 꺼내어 회당에 있던 모든 사람들에게 보여주셨습니다.

거의 같은 때에 한 헌신자가 은제 손잡이가 달린 멋진 지팡이 하나를 가져와 그것을 바가반께 드렸습니다. 바가반은 그것을 이리저리 돌리면서 살펴보시더니 그 헌신자에게 말씀하셨습니다. "좋네요. 아주 멋집니다. 부디 잘 사용하십시오." "하지만 그것은 제가 쓰기 위한 것이 아닙니다." 그가 말했습니다. "저는 바가반께서 그것을 사용하셨으면 해서 가져온 것입니다." "무슨 그런 생각을!" 바가반이 외치셨습니다. "은제 손잡이가 달린 멋진 지팡이는 당신 같은 공직자들이나 사용해야 합니다. 왜 제가 씁니까? 보세요, 제 지팡이는 따로 있습니다. 그거면 충분합니다"라고 바가반은 말을 맺으셨습니다.

"그것이 닳아지면 이것을 사용하실 수 있지 않습니까?" 하고 다른 헌신자가 여쭈었습니다. "왜 이런 비싼 것들을 제가 씁니까? 나무 한 토막을 잘 깎으면 금세 지팡이 하나가 나옵니다. 제가 산 위에 있을 때는 많은 나무를 깎아서 지팡이를 만들어 보관해 두곤 했지요. 그 때문에 단 한 푼도 쓰지 않았습니다. 몇몇 사람이 그 지팡이들을 가져갔습니다. 그 지팡이들은 우리 것이었지요. 왜 우리가 이런 사치를 합니까? 우리에게는 저 값싼 지팡이로도 족합니다." 그렇게 말씀하시고 바가반은 그 지팡이를 그 헌신자에게 돌려주셨습니다.

대체로 바가반은 비싼 물건들을 사용하지 않으십니다. 당신은 단 한 푼도 들지 않은 것들을 좋아하십니다.

1947년 9월 14일

8. 어머니의 선물

지난달 니란자나난다스와미가 아쉬라맘에서 태어나고 자란 황소 한 마리를 마두라이의 미나끄쉬 사원에 선물로 보냈습니다. 거기 사람들은 이 소를 바사바(Basava)라고 이름 짓고 소를 멋지게 장식한 다음, 소와 함께 간 스리 삼바시바 아이어와 함께 사진을 한 장 찍었습니다. 삼바시바 아이어는 그 사진 한 장 외에도 비단으로 가장자리 장식을 두른 구식 숄 하나, 약간의 비부띠, 꿈꿈 그리고 그 사원 당국에서 준 은사물을 가져왔습니다.

8월 15일 이후로 방문객들이 너무 몰려들었기 때문에 바가반은 기념당에 나와서 며칠을 보내고 계셨습니다. 삼바시바 아이어가 숄, 비부띠 등을 큰 쟁반에 담아 바가반의 친존에 들어왔습니다. 함께 온 브라민들이 진언을 염송할 때 우리는 모두 바가반 앞에서 오체투지 하고 일어났습니다. 바가반은 저를 보시며 말씀하셨습니다. "우리 황소를 미나끄쉬 사원에 보낼 때 자네도 알고 있었나?" "예, 알고 있었습니다". 제가 말했습니다. "소가 가던 날, 저는 소를 성황, 꿈꿈 등으로 장식한 것을 보고 소 치는 소임자所任者에게 물어서 무엇 때문에 그랬는지 알았습니다."

바가반은 그 쟁반을 공경스럽게 들고 비부띠와 꿈꿈을 이마에 바르시더니 이렇게 말씀하셨습니다. "보세요, 이것은 미나끄쉬(여신 빠르바띠)의 선물입니다." 그리고 이 말씀을 하실 때 당신의 목소리가 떨렸습니다. 삼바시바 아이어는 그 숄을 펴서 바가반의 발 위에 덮었고, 바가반이 깊은 감동을 받은 채 존경심으로 그것을 들어내자 시자들이 그것을 받아 소파의 뒤쪽에 펴서 걸쳤습니다. 당신은 손으로 숄을 제대로 바로잡으면서 우리 쪽을 보시고 말씀하셨습니다. "어머니 미나끄쉬께서 이것을 보내셨군요. 이것은 어머니의 선물입니다." 그리고는 감동으로 목이 메어 더 이상 말씀을 못하시고 침묵하셨습니다. 당신의 두 눈은 기쁨의 눈물로 가득했고 당신의 몸은 움직임이 없었습니다. 그것은 저에게 마치 어머니인 자연 자체가 침묵하시는 것처럼 보였습니다. 바가반이 어릴 때 띠루쭐리에서 어떤 사람이 당신에게 화를 내자 당신은 사원에 들어가 사하얌바(Sahayamba)[6] 신상 뒤에서 우신 적이 있습니다. 어머니가 어떻게 당신을 위로해 주며 어떤 희망을 주는지 당신만이 아시는 겁니다.

3년 전에 아쉬람의 의사가 손으로 빻은 쌀가루 밥이 바가반의 건강에 좋을 거라고 말했습니다. 그러자 아쉬람 사람들이 바가반께 가서 그런 밥을 특별히 준비해 드

---

[6] [역주] 띠루쭐리의 부미나떼스와라 사원에 모셔진 여신의 이름. 사하야발리라고도 하며, 빠르바띠의 또 다른 이름이다.

릴 테니 그것을 드시라고 청했습니다. 바가반이 그들에게 같은 밥을 모든 사람에게 내놓을 것이냐고 물으시자, 그들은 그런 쌀을 많이 만들 수 없기 때문에 그럴 수는 없다고 했습니다. 그래서 바가반은 그들이 아무리 설득해 보려고 해도 그것을 받는 데 동의하지 않으셨습니다. 마침내 그들은 그 손으로 빻은 쌀로 사원의 신상에 매일 올리는 마짓밥으로 짓겠다고 했습니다. 왜냐하면 그 밥은 보통 따로 짓기 때문입니다. 그리고 그 밥을 바가반께서 드셔 달라고 청했습니다. "그렇다면 좋습니다. 그것은 어머니의 은사물이니 제가 받겠습니다." 바가반이 말씀하셨습니다. 그리고 그날부터 그들은 손으로 빻은 쌀로 따로 밥을 지어 그것을 사원의 여신께 올린 다음 바가반께 올렸고, 그 나머지는 당신 주위의 모든 사람들에게 나누어주었습니다.

작년 여름에 라마스와미 아이어의 아들이 결혼을 했는데, 그 일로 해서 이곳에서 대중공양이 한 번 있었습니다. 그날 아이어는 모든 사람의 엽반 위에 흰 쌀밥이 있는데 바가반의 엽반에는 붉은 색 밥이 있는 것을 보고 그 이유를 물었습니다. 바가반은 미소를 지으며 말씀하셨습니다. "이것은 어머니의 은사물입니다. 뭐가 잘못되었나요? 어머니께 올리려고 특별히 준비한 거지요." 그러고 나서 그 사건에 대해 이야기를 들려주셨습니다. 그리고 또 한 번 이렇게 말씀하셨습니다. "이것은 어머니의 선물입니다. 오직 그 때문에 받았을 뿐입니다."

사원을 찾아가거나 하는 등의 일을 그만두었다고 말하는 사람들에게 이것은 큰 교훈 아니겠습니까?

1947년 9월 16일

9. 마음의 평안 그 자체가 해탈이다

엊그제 한 안드라 여사가 남편과 함께 바가반께 와서 질문했습니다. "스와미, 저는 베단타에 대한 법문을 몇 번 들었습니다. 그리고 명상도 좀 했습니다. 명상을 하고 있으면 어떤 때는 지복을 느끼면서 눈에 눈물이 나고, 어떤 때는 그렇지 않습니다. 왜 그렇습니까?"

바가반은 미소를 지으며 말씀하셨습니다. "지복은 항상 있는 것이지 오고 가는 것이 아닙니다. 오고 가는 것은 마음의 창조물이니 그에 대해서는 걱정하지 마십시오."

여사: 몸의 전율과 함께 오는 그 지복이 사라지는 순간 저는 낙심이 되어 그 체험을 다시 갖고 싶어집니다. 왜 그렇습니까?

바가반: 그대는 그 지복의 느낌이 있을 때와 그것이 없을 때 모두 '그대'가 존재

했다는 것을 인정합니까? 그 '그대'를 제대로 깨달으면 그런 체험들은 전혀 중요하지 않게 될 것입니다.

다른 질문자: 그 지복을 깨달으려면 뭔가 붙들 것이 있어야 합니다. 그렇지 않습니까?

바가반: 다른 무언가를 붙들어야 한다면 이원성이 있어야 합니다. 그러나 존재하는 것은 하나의 진아일 뿐 이원성이란 없습니다. 그러니 누가 누구를 붙듭니까? 그리고 붙들어야 할 것이 무엇입니까?

아무도 대답하지 않자 바가반은 자애로운 미소를 지으며 말씀하셨습니다. "내재된 원습들이 너무 강합니다. 그러니 무엇을 할 수 있습니까?"

한 청년이 들어와서 앉더니 쪽지 하나를 바가반께 드렸습니다.

바가반은 그것을 읽고 나서 말씀하셨습니다. "보세요, 이 쪽지에 쓰여 있습니다. '마음의 평안이 해탈입니까?'라고. 그 대답은 그 질문 자체에 포함되어 있습니다. 달리 무슨 말을 할 수 있습니까? 그는 마음(Chitta)이 무엇인지 알고 나서 이 질문을 한 것이 분명합니다."

어떤 사람이 그 청년에게 물었습니다. "당신은 찌따(chitta)가 무엇인지 아는가 보군요."

청년: 찌따는 마음이란 뜻입니다.

바가반: 그렇지요, 그러나 그것이 어떻다는 것입니까? 그대의 질문 자체가 마음의 평안이 해탈이라는 것을 말해줍니다.

청년: 그 마음이 어떤 때는 평화롭고 어떤 때는 산란해집니다. 어떻게 하면 그런 산란심을 막을 수 있습니까?

바가반: 그 산란심이 누구에게 있습니까? 질문하는 자는 누구입니까?

청년: 마음에게 있습니다. 질문자는 저 자신입니다.

바가반: 예, 그것이 진짜입니다. '나'라는 것이 있습니다. 그대가 평안을 이따금씩 체험한다면, 평안이라는 것이 있다는 것을 인정해야 합니다. 더욱이 욕망이라는 감정들도 마음의 일부입니다. 그런데 만약 욕망을 추방해 버리면 마음의 흔들림이 없을 것이고, 흔들림이 없으면 남는 것은 평안입니다. 항상 있는 것을 성취하는 데는 어떤 노력도 필요치 않습니다. 노력은 온갖 욕망을 추방하기 위해서 필요할 뿐입니다. 마음이 흔들릴 때는 그런 것들로부터 마음을 돌려놓아야 합니다. 그렇게 하면 평안이 있는 그대로 머무릅니다. 그것이 아뜨마, 즉 자기이고, 그것이 해탈이며 그것이 바로 진아입니다.

들떠서 요동하는 마음이 어떤 대상들을 쫓아가든,
그것을 제어하여 부단히 진아에 집중해야 한다.

— 『기타』, 6:16

1947년 9월 25일

10. 일체에 두루한 것

바가반은 어제 오후에 한 말라얄람어 책에서 뭔가를 읽고 계셨습니다. 가까이 있던 어떤 사람이 『바쉬슈탐』이냐고 여쭈어 보자 바가반은 그렇다고 대답하셨습니다. 회당에서 한 빤디뜨가 『바쉬슈탐』에 나오는 이야기들을 논의하기 시작했는데, 그가 이렇게 말했습니다. "스와미, 깨달음을 성취하는 데는 몇 가지 속박요인이 있겠군요, 그렇지 않습니까?"

소파에 기대어 누워 계시던 바가반이 일어나 앉으면서 말씀하셨습니다. "예, 그렇지요. 과거, 미래, 현재의 속박들이 그것입니다."

"과거의 속박에 대해서는 우파니샤드에 나오는 이야기가 하나 있고, 『바수데바마나남』(Vasudevamananam)[7)]에도 그런 것이 있습니다. 대가족을 거느린 한 브라만이 암놈 물소를 한 마리 구해서 우유, 응유, 기이 등을 팔아 가족을 부양했습니다. 그는 하루 종일 물소를 위해 꿀, 푸른 풀, 면실棉實(목화씨) 등을 구해다 먹이느라고 여념이 없었습니다. 그러던 중 그의 아내와 자식들이 하나 둘 세상을 떠났습니다. 그러자 그는 자신의 사랑과 애정을 그 물소에게 고스란히 쏟았지만, 얼마 후에는 그 물소도 세상을 떠나 버렸습니다. 이리하여 혼자 남게 된 그는 가정생활에 환멸을 느끼고 출가하여 세상을 등졌고, 성스러운 스승의 발 아래서 기도와 명상을 수행하기 시작했습니다."

"며칠이 지나 스승이 그를 불러서 말했습니다. '그대는 벌써 여러 날 째 수행을 해 왔소. 거기서 무슨 이익을 얻었소?' 그러자 브라민은 자신이 살아온 이야기를 하고 나서 말했습니다. '스와미, 예전에 제가 물소를 사랑한 것은 주로 그것이 제 가족의 밥줄이었기 때문입니다. 그 소는 오래 전에 죽었는데도 제가 명상에 깊이 몰입할 때면 그것이 늘 뇌리에 떠오릅니다. 어떻게 해야 합니까?' 스승은 그것이 과거의 속박이라는 것을 알고 이렇게 말했습니다. '친애하는 벗이여, 브라만은 아스띠, 바띠, 쁘리얌이라고 하오. 아스띠(asti)는 일체에 두루하다는 뜻이고, 바띠(bhati)는 광휘를

[7)] [역주] 바수데바 야띠(Vasudeva Yati)가 지은 베단타 저작의 하나. 'Lagu-Vasudeva mananam'이라는 제목의 영역본이 있다.

뜻하며, 쁘리얌(*priyam*)은 사랑을 뜻한다오. 그대가 사랑한 대상이었던 그 암소도 브라만이오. 그것은 하나의 이름과 형상을 가지고 있소. 따라서 그대가 해야 할 일은 그 암소의 것은 물론 그대 자신의 이름과 형상까지 내버리는 것이오. 그렇게 하면 남는 것은 브라만 자체라오. 그러니 이름과 형상들을 내버리고 명상을 하시오.'"

"그래서 브라민은 그런 것들을 내버리고 명상을 했고, 깨달음을 얻었습니다. 이름과 형상은 과거의 속박입니다. 실은 존재하는 것은 오직 하나입니다. 그것은 일체에 두루하고 편만遍滿합니다. 자, 여기에 탁자가 하나 있고 새가 한 마리 있습니다. 아니면 사람이 하나 있습니다. 그래서 이름과 형상에는 차이가 있지만, 존재하는 것은 어디에나 있고 언제나 있습니다. 그것이 바로 아스띠(*asti*)라는 것, 즉 일체에 두루한 것입니다. 어떤 사물이 존재한다고 말하려면 그것을 보는 어떤 사람, 즉 '보는 자'가 있어야 합니다. 보는 그 지성을 바띠(*bhati*)라 합니다. 그리고 '내가 그것을 본다. 내가 그것을 듣는다. 내가 그것을 원한다'고 말하는 어떤 사람이 있어야 합니다. 그것이 쁘리얌(*priyam*)입니다. 이 세 가지 모두 자연의 속성—즉, 본래적 자기의 속성입니다. 그것을 존재, 의식, 지복이라고도 하지요."

다른 헌신자가 질문했습니다. "쁘리얌[사랑]이 자연적 속성이라면 그 대상이 무엇이든 관계없이 그것이 존재해야 합니다. 그렇다면 왜 우리가 호랑이나 뱀을 볼 때는 그것이 없습니까?"

바가반이 답변하셨습니다. "우리 자신들은 그들에 대해 어떠한 사랑도 가지고 있지 않을지 모르지만, 모든 종種은 그 자신의 종에 대해 사랑을 가지고 있습니다. 그렇지 않습니까? 호랑이는 호랑이를 사랑하고 뱀은 뱀을 사랑합니다. 그와 마찬가지로 도둑은 도둑을 사랑하고 방탕자는 방탕자를 사랑합니다. 그래서 사랑은 늘 존재합니다. 여러분 앞의 화막에 화상이 비칩니다. 그 화막이 아스띠, 즉 일체에 두루한 것이고, 화상들을 보여주는 빛은 바띠와 쁘리얌, 즉 광휘와 사랑입니다. 이름과 형상을 가진 화상들은 오고 갑니다. 만약 우리가 그것에 미혹되지 않고 그것을 내버리면, 계속 거기에 있던 화막인 천은 원래 그대로 남습니다. 우리는 어둠이 둘러싼 속에 비치는 작은 빛의 도움으로 화막 위의 화상들을 봅니다. 만일 큰 빛으로 그 어둠을 몰아낸다면 화상들을 볼 수 있겠습니까? 모든 곳이 밝아져서 훤해져 버립니다. 그와 마찬가지로 여러분이 마음이라고 하는 작은 빛으로 세상을 보면 그것은 다양한 색깔들로 가득 차 있습니다. 그러나 진아 깨달음이라고 하는 큰 빛으로 그것을 보면, 세계는 하나의 연속된 편만한 빛이지 다른 아무것도 아니라는 것을 발견할 것입니다."

1947년 9월 26일

11. 속박

바가반이 어제 오전에 속박에 대해서 하신 말씀을 다 들은 한 헌신자가 오늘도 와서 바가반 가까이 앉아 있었습니다. 그 헌신자가 말했습니다. "어제 바가반께서는 과거의 속박에 대해 기꺼이 말씀해 주셨습니다만, 현재와 미래의 속박에 대해서는 아무 말씀도 해 주지 않으셨습니다."

"그렇군요. 하지만 스리 비디야라니야가 『빤짜다시』(Panchadasi)[8]에서 미래의 속박과 거기서 벗어나는 방도에 대해 자세히 설명해 놓지 않았습니까?" 바가반이 말씀하셨습니다.

"저는 『빤짜다시』를 읽어보지 못했습니다." 그 헌신자가 말했습니다.

"그러면 제가 말씀해 드리지요"라고 바가반은 말씀하시고 그것을 설명하시기 시작했습니다.

"현재의 속박에는 네 가지 유형이 있다고 하는데, '경계미혹境界迷惑'(vishaya asakti lakshanam), '지성지둔知性遲鈍'(buddhi mandyam), '사견邪見'(kutharkam) 그리고 '전도망집顚倒妄執'(viparyaya duragraham)이 그것입니다. 이 중에서 첫 번째 것은 물질적 대상에 대한 큰 욕망을 뜻합니다. 두 번째 것은 스승의 가르침과 설명을 이해하지 못하는 것이고, 세 번째는 스승의 가르침을 편벽되게 이해하는 것이며, 네 번째는 '나는 베다에 조예가 있다', '나는 빤디뜨다', '나는 고행자다' 하고 에고적으로 생각하는 것입니다. 이 네 가지를 현재의 속박이라고 합니다. 만약 이것들을 어떻게 극복하느냐고 묻는다면, 첫 번째는 평정平靜(sama)으로써, 마음의 나쁜 습성을 제어함(dama)으로써, 무집착(uparati)으로써, 그리고 외부의 사물에 대한 무관심(titiksha)에 의해 극복합니다. 두 번째 유형은 스승의 가르침을 거듭해서 들음으로써 극복합니다. 세 번째는 성찰 혹은 내관에 의해서, 그리고 네 번째는 한 가지 생각에 대한 깊은 명상에 의해서 극복합니다. 이렇게 하여 그 장애들을 제거하고 소멸시키면 구도자들은 자신이 바로 진아의 화신(atma-swarupa)이라는 확신 안에 확고히 자리잡습니다."

"미래의 속박에 대해서 보자면, 그것은 그 행위가 죄가 된다는 것을 대개 누구도 모르고 한 그런 행위들에서 생겨납니다. 그것을 어떻게 발견할 수 있습니까? 어떤 행위가 인정이나 동정심에서 비롯된 행위이기 때문에 그것을 하고 싶다는 느낌이 들고 그래서 자기도 모르게 그것을 하게 되는 그런 행위가 일어날 때, 구도자는 그

---

[8] [역주] 비이원론의 한 교본. 15장으로 이루어져 있으며, 실재의 본질에 대한 분석, 신-세계-개아의 관계, 깨달음에 이르는 과정, 삶의 목적 등 '사뜨, 찌뜨, 아난다'의 각 측면을 상론하고 있다.

것이 미래의 속박이라고 알아차려야 합니다. 그러나 그는 그 행위가 미래의 속박의 원인이 될 거라는 것을 깨닫지 못합니다. 어쩌면 그는 자신이 비행위자(akarta)가 되고 세간에 집착이 없는 자(asanga)가 되면 그 욕망을 성취하는 것이 자신에게 영향을 주지 않을 거라고 생각하고 그 행위를 할 수도 있습니다. 그래도 역시 그는 속박될 것이고, 몇 번을 더 태어난 뒤에야 속박에서 벗어날 것입니다. 미래의 속박이 환생을 가져온다는 것은 경전들이 권위 있게 이야기하고 있습니다. 예를 들어 바수데바(Vasudeva)는 한 번 더 태어났고, 바라따(Bharata)는 두 번 더 태어났으며, 기타 사람들은 더 많은 횟수를 태어났습니다. 그래서 구도자는 이 세 가지 속박을 명심하여 주의 깊게 그것을 피해야 합니다. 만일 그것을 피하지 않으면 더 많이 태어나야 한다는 것은 의심할 바 없습니다. '누구든지 이 세 가지 속박에서 벗어나는 자는 해탈을 얻을 것이 확실하다'고 비디야라니야는 말했습니다. 이런 이야기는 『바수데바 마나남』에 다 나오는데, 거기에는 여기에 덧붙여 다른 이야기도 몇 가지 더 있습니다. 그 중에서도 바르주바(Bharjuva)의 이야기와 야냐빠수(Yajnapasu)의 이야기가 특히 흥미롭고, 아수라 바사나(Asura Vasana)의 이야기도 마찬가지입니다. 이 속박들 각각의 측면에 대해 별개의 이야기들이 실례로서 제시되고 있습니다. 그대는 그것도 읽어보지 못했습니까?"

"어릴 때 읽어보기는 했지만 거기에 그런 중요한 사항들이 있는 줄은 몰랐습니다. 다시 들여다보겠습니다, 바가반." 이렇게 말하고 그 헌신자는 바가반께 작별을 고했습니다.

1947년 9월 28일

12. 브린다바남

오늘 오전에 한 북인도인이 종이쪽지에 다음과 같이 써서 그것을 바가반께 건네드렸습니다.

"만일 제가 브린다바남(Brindavanam)9)에 계신 주 끄리슈나의 참모습(swarupa)을 친견할 수 있다면, 저 자신에게서 저의 모든 문제를 없애버릴 수 있는 힘을 얻겠습니까? 저는 그분을 친견하고 그분께 저의 모든 문제를 말씀드리고 싶습니다."

바가반이 답변하셨습니다. "예, 뭐가 어렵습니까? 바로 그렇게 할 수 있지요. 그를 친견하고 나면 우리의 모든 짐이 그에게 넘겨집니다. 지금이라도 왜 그것을 걱정

---

9) [역주] 끄리슈나가 목녀牧女들과 놀던 곳의 이름. 보통은 브린다반으로 불리며, 마투라에서 그리 멀지 않은 곳에 있다.

합니까? 모든 짐을 그에게 던져버리십시오. 그러면 그것은 그가 돌봐 줄 것입니다."

그 질문자: 만일 제가 주 끄리슈나의 참모습을 보고 싶으면 브린다바남으로 가서 명상을 해야 합니까, 아니면 어디서 해도 좋습니까?

바가반 그대 자신의 진아를 깨달아야 합니다. 그렇게 했을 때, 그대가 어디에 있든 그곳이 브린다바남입니다. 브린다바남이 어디 다른 데 있다고 생각하면서 여기저기 돌아다닐 필요가 없습니다. 가야겠다는 충동을 느끼는 사람은 가도 좋겠지만, 꼭 그래야 한다는 법은 없습니다.

> 나는 모든 존재들의 심장 안에 자리잡은 진아이다, 아르쥬나여,
> 그래서 나는 모든 존재들의 처음이자 중간이며 끝이다.
>
> — 『기타』, 10:20

그대가 있는 곳, 그곳이 바로 브린다바남입니다. 그대가 누구이며 그대가 무엇인지를 탐구하여 진리를 발견하면 그대는 그대 자신이 됩니다. 내재된 모든 욕망을 그대 자신의 진아 속으로 녹여 넣는 것이 진정한 순복입니다. 그러고 나면 우리의 짐은 그의 것입니다.

그 자리에 있던 샤스뜨리라는 이름의 한 승려가 질문했습니다. "『바가바드 기타』 제13장 10절에서 '비빅따 데샤 세비뜨밤 아라띠르 자나상사디'(Vivikta desa sevitam aratir janasamsadi)라고 합니다. '비빅따 데샤'가 무슨 뜻입니까?"

바가반이 답변하셨습니다. "'비빅따 데샤'는 지고의 진아, 즉 빠라마뜨만 외에는 아무것도 없는 곳입니다. '아라띠르 자나상사디'는 다섯 감각 기관과 섞이지 않고, 혹은 그것에 흡수되지 않고 머무르는 것을 뜻합니다. 대부분의 사람들을 지배하는 것은 이 다섯 감각 기관입니다. '비빅따 데샤'는 그것들이 정지되어 있는 상태입니다."

그 질문자가 말했습니다. "바가반께서 말씀하시는 그 비빅따 데샤는 제가 이해하기에는 직관적 체험(Aparoksha)의 상태인데, 만약 그렇다면 그 직관적 상태는 우리가 그 가르침을 따를 때, 곧 감각 기관들을 정지시키기 위한 수행을 할 때만 성취할 수 있습니다. 맞습니까?"

"예, 그렇습니다." 바가반이 대답하셨습니다. "『바수데바마나남』이나 다른 책에서는 우리가 먼저 스승의 도움을 받아 청문(sravana)과 성찰(manana)을 통해 개념적인 깨달음(paroksha jnana)을 얻은 다음, 영적인 수행과 계속적인 마음의 완전한 성숙에 의해 직관적 체험의 지知(aparoksha)를 얻어야 한다고 말하고 있습니다. 『탐구의 바다』에서는 이렇게 말합니다. '직관적 체험은 항상 있지만, 유일한 장애물은 개념적

지식이다.' 그 장애물을 제거하기 위해 수행이 필요합니다. 직관적 체험을 얻는다는 일은 없습니다. 청문 등이 그 직관지를 얻기 위해 필요하다고 하든, 장애물을 제거하기 위해 필요하다고 하든, 그것은 똑같은 말입니다. 세 얼굴의 그 장애물을 극복할 수 있는 사람들은 바람 없는 곳에 켜져 있는 등불, 혹은 파도 없는 상태의 바다에 비유됩니다. 둘 다 참됩니다. 자기 육신 안에 진아를 느낄 때, 그것은 바람 없는 곳에 켜진 등불과 같습니다. 진아가 일체에 두루하다고 느낄 때, 그것은 파도 없는 바다와 같습니다."

1947년 10월 18일

13. 단순한 삶

최근 식사가 좀 잘못 조절되어 바가반의 건강이 다소 무관심하게 방치되었습니다. 까말라 라니(Kamala Rani)라는 한 부유한 헌신자가 이것을 보고 비싼 채소와 단 포도로 만든 죽을 어느 날 아침 아쉬라맘에 보내오면서, 그것을 바가반께 올려 달라고 했습니다. 바가반이 식사를 하시려던 참에 그것이 도착했기 때문에 당신은 그것을 받으셨습니다.

다음날 그녀는 다시 그것을 똑같이 만들어 아쉬라맘에 보냈습니다. 그러나 이번에는 바가반이 시자들을 바라보면서 말씀하셨습니다. "왜 매일 이렇게 하지? 부디 그녀에게 앞으로는 보내지 말라고 하세요."

하지만 그 여사는 다음날도 또 그것을 보내왔습니다.

"저런! 또 왔네. 계속 보낼 작정이군. 애당초 내가 '안 된다'고 할 걸 그랬어. 그걸 받은 게 내 실수야" 하고 바가반이 말씀하셨습니다.

한 헌신자가 말했습니다. "지금은 바가반께서 몸이 많이 축나셨습니다. 그녀는 아마 포도가 들어간 유동식이 바가반의 건강에 좋을 거라고 생각했기 때문에 보낸 것 같습니다."

"오호! 그래요? 그래서 그대는 그녀를 위해 변론할 권한을 가졌습니까?" 바가반이 외치셨습니다.

"그런 건 아니고요, 바가반. 이런 말씀을 드리는 것은 그 음식이 건강에 좋을 거라고 생각했기 때문입니다."

"그럴지도 모르지요. 하지만 그런 것은 부자들이나 먹는 것이지, 우리가 먹을 건 아닙니다." 바가반이 대답하셨습니다.

"저 헌신자는 자신이 직접 그것을 만들어서 보내겠다고 합니다." 그 헌신자가 계속 고집했습니다.

"그건 좋습니다." 바가반이 답변하셨습니다. "그리고 만약 그렇다면, 그녀가 여기 앉아 있는 모든 사람들에게도 똑같은 것을 해줄 수 있는지 부디 알아보십시오."

"왜 모든 사람에게 다 해줍니까?" 그 헌신자가 여쭈었습니다.

"그러면 왜 저에게만 해줍니까?" 바가반이 말씀하셨습니다.

"바가반께만 해 드린다면 그것이 가능하겠지만, 그 비싼 음식을 모든 사람을 위해 준비한다는 것이 가능하겠습니까?" 그 헌신자가 말했습니다.

"예, 바로 그거지요." 바가반이 말씀하셨습니다. "다들 '바가반만을 위해서 그것을 하겠다'고 똑같은 말을 합니다. 하지만 그것이 바가반에게 좋다면 다른 모든 사람에게도 좋지 않겠습니까? 이것을 준비하는 데 드는 돈으로 쌀겨를 사서 쌀죽을 쑨다면 백 명은 먹을 수 있겠지요. 왜 저만을 위해 이 비싼 음식을 준비해야 합니까?"

"저희들이 염려하는 점은 바가반의 몸이 건강해야 한다는 것입니다."

"그건 좋습니다." 바가반이 대답하셨습니다. "그러나 포도와 비싼 채소로 만든 죽을 먹어야만 건강이 유지될 수 있다는 말입니까? 만일 그렇다면 부자들은 다 건강을 누려야겠지요. 그러면 왜 그들은 다른 사람들보다도 덜 건강하고 병약합니까? 가난한 사람들이 시큼한 쌀죽을 먹고 느끼는 만족감은 다른 무엇에서도 얻을 수 없습니다. 예전에 우리가 여름에 음식을 만들 때는 남은 밥을 모두 솥에 넣어 물을 가득 붓고, 버터밀크 조금, 쌀죽 조금, 마른 생강과 레몬 잎을 넣어 한쪽에 둡니다. 그러면 그것이 시큼하고 시원하고 맑게 됩니다. 그 물을 우리는 소금을 살짝 쳐서 컵으로 마시곤 했는데, 아주 기분이 좋았지요. 아무도 병이라고는 없었습니다. 지금이라도 제가 그런 물을 두 컵만 마시면 모든 병이 사라질 것입니다. 그런데도 아무도 그걸 만들어 주는 사람은 없습니다. 사람들은 '아이, 아이! 어떻게 스와미에게 시큼한 우유죽을 드릴 수 있나?'고 말합니다. 그러니 어떻게 합니까? 이런 식혜를 만드는 데는 1루피쯤 들겠지요. 그 돈으로 좁쌀을 사서 곱게 갈아 두면 한 달 가량은 그걸로 아주 건강에도 좋고 영양가 있는 죽을 쑤어 먹을 수 있을 겁니다. 한 끼 식사에 쓰는 금액으로 한 사람이 한 달을 살 수 있는 것입니다. 저는 산 위에 있을 때 그런 것들을 먹었고 그러고도 아주 만족했습니다. 지금은 누가 그렇게 하겠습니까? 포도즙, 토마토 수프 같은 것을 저에게 줍니다. 그런 게 저한테 왜 필요합니까? 내일부터는 그 죽을 가져오지 말라고 하십시오."

그 일은 거기서 중지되었습니다. 바가반은 몇 번이나 우리에게, 당신이 산 위에서 사실 때는 며칠간이나 빌바 열매(bilva fruit)[목사과의 일종]를 드시면서 그걸로 몸을 지탱하기도 하셨다고 말씀하셨습니다. 바가반은 당신 주위에 있는 사람들과 함께 드시지 않으면 어떤 음식도 잘 드시려고 하지 않습니다.

1947년 10월 22일

14. 스승 노릇하기에 대하여

바가반의 몸이 최근에 많이 축났는데, 몇몇 헌신자들은 그것을 두고 당신이 영양가 있는 음식을 드시지 않기 때문이라고 말하고 있습니다. 이 말을 들은 한 벵갈인 여사가 소금과 고춧가루를 친 구아바(guava) 몇 조각을 가져와서 애원하듯이 말했습니다. "바가반, 너무 야위어지고 계시군요. 이런 과일을 드시는 것이 좋습니다. 부디 저의 하찮은 공양물을 받아주십시오."

바가반은 미소를 지으며 말씀하셨습니다. "누가 더 야윕니까, 당신입니까, 접니까?"

그녀는 바가반이 더 야위다고 말했습니다.

바가반: 좋습니다. 누가 더 야위어졌는지는 몸무게를 재어 보면 알겠지요. 그러고 싶으면 당신이나 매일 그 과일을 드십시오. 왜 저한테 줍니까? 좋습니다. 오늘은 가져왔지만 제발 다시는 가져오지 마십시오.

그렇게 말씀하시고 바가반은 몇 조각을 집으시더니 시자들에게 말씀하셨습니다. "그녀가 얼마나 야위었는지 보게! 이거 몇 조각을 그녀에게 주고 나머지는 다른 사람들에게 나누어 주게."

바가반께 더 스스럼없이 과감하게 이야기할 수 있던 사람들 중의 한 사람이 말했습니다. "바가반, 최근에 매일 드시는 음식 양을 아주 많이 줄이셨습니다. 그것은 좋지 않습니다."

"오호! 누가 그런 말을 하던가요? 저는 뭐든 제게 필요한 것을 먹고 있습니다. 음식을 더 먹어서 살이 찌면 뭐가 좋습니까? 우리가 살이 찌면 얼마나 많은 질병으로 고생하는지 압니까? 많이 먹으면 먹을수록 그 병의 힘도 더 세집니다. 필요한 양만 먹으면 병을 피할 수 있지요." 바가반이 말씀하셨습니다.

"왜 후춧물과 버터밀크 드시는 것마저 그만두셨습니까?" 다른 헌신자가 말했습니다.

"왜냐고요? 식당에서 배식할 때 그들이 하는 것을 보면 당신도 이해할 것입니다. 버터밀크는 큰 국자를 걸친 큰 양동이에 담아 가지고 옵니다. 저한테 주려고 버터밀크를 떠낼 때는 한 국자 가득인데, 바로 옆에 있는 사람에게 줄 때는 반 국자밖에 안 됩니다. 그것을 보고 저는 환멸을 느껴 다시는 반 국자 이상은 받지 않아야겠다고 생각했지요." 바가반이 말씀하셨습니다.

"그러면 왜 과일즙이라도 받지 않으십니까?" 그 헌신자가 말했습니다.

"또 시작이군요!" 바가반이 말씀하셨습니다. "다들 똑같은 말을 하는데, 제가 그것을 다 먹는다는 게 어떻게 가능하겠습니까?"

"무슨 말씀이신지요, 바가반? 과일이 많이 들어오는데 왜 그것이 불가능하다고 하십니까? 자발적으로 공양 올린 것은 받을 수 있다고 직접 말씀하시지 않았습니까?"

"결국 그 말이로군요! 제가 그런 공양물을 받을 수 있다고 말했다고 해서, 그것이 주위 사람들은 무시해도 된다는 뜻입니까?" 바가반이 말씀하셨습니다.

"다 좋습니다. 하지만 그들에게 다 줄 돈이 우리에게 어디 있습니까? 여기서 과일을 스와미에게 올리는 공양물로 보여주고 나면 가져가 버립니다. 그러고는 창고에 보관됩니다. 열쇠는 창고지기가 가지고 있지요. 누가 가서 열어 달라고 하겠습니까? 그와 마찬가지로 여기 있는 여러 가지 물품들은 누군가의 보관 하에 있습니다. 저는 하나도 가지고 있지 않습니다. 이것은 영적인 스승이 된 결과지요!" 하고 바가반은 웃으면서 말씀하셨습니다.

약 보름 전인 것 같은데, 어떤 사람이 푸른 고추를 좀 가지고 왔습니다. 바가반은 그 고추와 얼마간의 사군자使君子(myrobalans-말린 나무 열매의 일종), 초산, 소금 기타 재료들을 한데 섞어 갈아서 작은 환丸들을 만드셨습니다. 오늘 시바난담이 와서 여쭈기를, 자신이 바가반을 위해 그 환들을 구해와도 되겠느냐고 했습니다. 왜냐하면 그것이 바가반의 담에 좋다고 생각하고, 바가반은 추운 날씨에는 이따금 그것을 드시지 않았느냐는 것이었습니다. 시바난담이 지난 보름 동안은 그에 대해 아무것도 여쭈지 않다가 이제야 그런 말을 했기 때문에, 바가반은 웃음을 터뜨리면서 말씀하셨습니다. "알겠습니다. 이제 기억이 났나 보군요. 예, 예. 제가 그것을 달라고 할지 안 할지 보면서 저를 시험하려고 기다렸군요. 제가 달라고 했으면 이렇게 말했겠지요. '왜 이런 말씀을 하지? 스와미가 뭐든지 달라고 하기 시작했으니 우리는 걱정이 된다'고 말입니다. 제가 어떻게 합니까? 그들은 자기들이 저에게 한 번만 절을 하고 나면 그때부터는 자기들이 원하는 대로 제가 뭐든지 해야 한다고 생각합니다. 사람들은 영적인 스승 노릇하기가 즐거운 일이라고 합니다. 그러나 보세요, 영적인 스승이 된다는 건 바로 이런 것입니다. 스승 노릇하는 것에 대해 책을 하나 쓰는 것이 좋지 않을까요?"

"바가반께서는 이상한 말씀을 하시는군요." 한 헌신자가 말했습니다.

바가반은 미소로써 답하시고 이렇게 말씀하셨습니다. "이상할 게 뭐가 있습니까? 다 사실입니다. '스와미는 소파 위에 부드러운 담요를 깔고 앉아 계시다. 걱정하실 일이 뭐가 있겠나?' 사람들은 이렇게 생각합니다. 그러나 그들이 우리의 어려움을 압니까? 그래서 제가 스승 노릇하는 데 대한 책을 하나 쓰는 것이 좋을 거라고 한 것입니다. 지난 몇 년 동안 여기서 일어난 모든 일을 책으로 엮었으면 『마하바라땀』만큼이나 방대했겠지요! 누구든지 그런 책을 쓰고 싶은 사람은 지금이라도 써도 됩니다!" 당신이 말씀하셨습니다.

"그 많은 걸 누가 다 쓰겠습니까?" 한 헌신자가 말했습니다.

"왜 못 씁니까?" 바가반이 말씀하셨습니다. "이런 일들을 기록한 책이 쓰여지면 스승 노릇 한다는 것은 '예, 예' 하거나 '좋습니다, 좋습니다' 하고 말하는 일이라는 것을 모든 사람들이 알게 되겠지요. 그것을 쓰는 것이 뭐가 어렵습니까?"

그렇게 말씀하시고 바가반은 저를 바라보셨습니다. 그리고 웃으면서 말씀하셨습니다. "왜? 써 보고 싶으면, 자네가 한 번 써 보지!"

1947년 10월 24일

15. 일념집중

어제 원숭이 한 마리가 새끼를 데리고 바가반의 소파 옆 창문 안쪽에 서 있었습니다. 바가반은 뭔가를 읽으시느라고 그것을 보지 못하셨습니다. 얼마 후에 원숭이가 깩깩거리자 시자 한 사람이 소리를 질러 쫓아내려고 했지만 원숭이는 가지 않았습니다. 이때 바가반이 쳐다보고는 말씀하셨습니다. "잠깐! 그녀는 바가반에게 자기 새끼를 보여주려고 여기 온 거야. 모든 사람이 자기 자식들을 보여주려고 데려오지 않나? 그녀에게는 자기 자식도 누구 못지않게 예쁜 거지. 저 꼬마가 얼마나 어린지 보라고!" 그렇게 말씀하시고 바가반은 원숭이 쪽을 향하시더니 다정한 목소리로 말씀하셨습니다. "헐로우(Hullo-'안녕')! 그러니까 네 자식을 데려왔단 말이지? 좋아!" 그러고는 바나나 하나를 주어서 그녀를 내보내셨습니다.

지난 번 독립기념일 때 원숭이들이 어떻게 했는지 이야기 들어 보셨습니까? 며칠 전이던 11일과 12일에 바가반이 기념당 안에 앉아 계실 때 한 떼의 원숭이들이 과일을 달라고 아우성을 치면서 왔습니다. 시자인 끄리슈나스와미가 소리를 질러 몰아내려고 하자 바가반이 말씀하셨습니다. "기억해 둬. 8월 15일은 그들에게도 독립기념일이야. 그날은 몰아내지 말고 성찬을 베풀어 줘야 돼."

14일에 아쉬람 사람 몇이 깃발을 게양하기 위한 준비를 하느라고 바쁠 때, 원숭이 떼가 계속 몰려왔습니다. 시자들 중의 한 사람이 그들을 몰아내려고 했지요. 그것을 보시고 바가반은 웃으면서 말씀하셨습니다. "제발 몰아내지 마라. 그들도 독립을 성취했어. 안 그래? 벵갈콩, 렌즈콩, 볶은 쌀을 주고 성찬을 베풀어 줘라. 몰아내는 게 올바른 일이야?" "하지만 오늘이 아니라 내일이 독립기념일입니다, 바가반." 그 시자가 말했습니다. 바가반은 웃으면서 말씀하셨습니다. "그래, 그렇다 말이지? 하지만 자네들이 경축 준비를 하고 있는데, 그들이라고 준비하지 말란 법이 있나? 그래서 그들도 바쁜 거야, 모르겠어?"

또 다른 때에는 그 원숭이들에게 어떤 일이 있는지 아십니까? 시자 한 사람이 바가반께 올리려고 헌신자들이 가져오는 과일을 받기 위해 바구니를 들고 앉아 있겠지요. 그 시자는 더러 졸리거나 라디오를 듣느라고 눈을 감고 앉아 있습니다. 원숭이들 중 몇 마리는 적당한 기회를 노리다가 들어와서 그 과일을 낚아채 갑니다. 회당 안의 사람들이 겁을 주어 원숭이들을 쫓아내려고 하면 바가반은 곧잘 이렇게 말씀하십니다. "이 시자들이 명상 삼매(*dhyana samadhi*)에 잠겨 있으면 원숭이들이 와서 시자들의 일을 돌봐줍니다. 누군가는 그 소임을 다해야 하니까요! 시자들은 과일을 바구니에 집어넣고, 원숭이들은 그 과일을 뱃속에 집어넣습니다. 차이는 그뿐입니다. 사람들이 라디오의 음악을 듣느라고 정신을 빼앗기고 있을 때 원숭이들은 과일의 달콤한 즙을 즐기느라고 바쁩니다. 좋지요. 그렇지 않습니까!" 만일 시자들이 아무도 없을 때 원숭이들이 오면 바가반은 시자 한 명이 돌아오자마자 말씀하십니다. "봐, 자네들 중의 한 사람이 여기 없었기 때문에 원숭이들이 자네들의 소임을 대신 보고 있었어. 사실 그들은 자네들을 돕고 있는 거야. 그러니까 자네들은 휴식을 취할 수 있지. 내가 산 위에 있을 때 저들은 늘 내 곁에 있는 친구들이었지. 자네들은 지금 저들을 몰아내지만, 당시에는 저들의 세상이었어."

가끔 이 위대한 원숭이 전사戰士들은 새로 온 사람들이 바가반 계신 곳으로 가는 도중에 그들의 손에서 과일을 탈취하고, 어떤 때는 심지어 사람들이 바가반의 시자들로부터 은사물로 그 과일을 돌려받아 옆에 놓아둔 것도 낚아채 갑니다. 이런 일들을 보시면 바가반은 이렇게 말씀하시곤 합니다. "자기들 몫의 과일을 가져가는 건데 왜 그들에게 화를 냅니까? 그들에게는 집중된 시선, 즉 '표적견標的見'(*lakshya drishti*) 이 있습니다. 어떻게 하든 그들은 과일이 있는 곳을 알아내어 눈 깜짝할 사이에 다 몰려와서 자기 몫을 챙겨갑니다. 그들의 주의는 항상 과일에 쏠려 있습니다. 그래서 베단타 용어로 표적견이라는 것, 즉 집중된 시선에 대한 하나의 비유로써 원숭이의 시선을 드는 것입니다. 스승이 눈짓 하나 하는 순간 제자는 이해해야 합니다. 그렇지 않으면 그 제자는 자신의 목표를 이루지 못합니다."

1947년 10월 26일

16. 깨달음 이후의 삶

오늘 아침 베다 빠라야나가 끝난 뒤, 며칠 전에 온 한 신사가 바가반께 질문했습니다. "스와미, 진인은 일상적인 온갖 일들을 하고 있는 것처럼 보여도 실제로는 아무것도 하지 않는다고 합니다. 그것은 어떻게 설명할 수 있습니까?"

바가반: 어떻게 설명하느냐고요? 그 점에 대해서는 이야기가 하나 있습니다. 어떤 용무로 여행을 하던 두 친구가 어디서 밤잠을 잤습니다. 한 사람은 꿈을 꾸었는데, 그 꿈속에서 자기 친구와 함께 몇 군데를 다니면서 여러 가지 일을 했습니다. 아침에 일어나자 다른 친구는 푹 잘 잤기 때문에 아무 할 말이 없었지만, 이 사람은 친구에게 간밤에 함께 여러 곳을 다니지 않았느냐고 물었습니다. 그러나 그 친구는 이 사람같이 꿈을 꾸지 않았기 때문에 그에 대해 아무 말도 할 수 없었습니다. 그는 그냥 이렇게만 말했습니다. '나는 아무 데도 가지 않았어. 여기에만 있었지.' 사실 둘 다 아무 데도 가지 않았지만, 꿈을 꾼 사람이 어디를 다녔다는 환상을 가지고 있을 뿐이었습니다. 그와 마찬가지로, 이 육신을 꿈속에서처럼 실재하지 않는 것으로 보지 않고 실재한다고 보는 사람들에게는 그것이 실재하는 것 같습니다. 그러나 엄밀히 말해서 그 어떤 것도 진인에게 영향을 줄 수 없습니다.

다른 사람이 말했습니다. "진인의 눈은 사물들을 바라보는 것 같지만 실제로는 아무것도 보지 않는다고 합니다."

바가반: 예, 진인의 눈은 죽은 염소의 눈에 비유됩니다. 늘 뜨고 있어 결코 감겨지지 않습니다. 그 눈들은 빛이 나지만 아무것도 보지 않습니다. 남들이 보기에는 일체를 보는 것처럼 보이지만 말입니다. 그러나 말하려는 요지는 무엇입니까?

그 헌신자가 말을 계속했습니다. "또 그런 달인, 싯다들에게는 공간과 시간이라는 어떠한 조건화(conditioning)나 한계(upadhi)도 없다고 합니다."

바가반: 맞습니다. 조건화나 한계 같은 것은 없다는 것은 사실입니다. 그러나 매일 매일의 일은 어떻게 이루어지느냐 하는 의문이 일어납니다. 그래서 그들에게 한계가 있다고도 이야기합니다. 또한 그 한계는 몸을 벗을 때(videha mukti)까지는 미묘한 방식으로 존재한다고 말하기도 합니다. 그것은 물 위에 긋는 선과 같습니다. 선을 그을 때는 선이 보이지만 그것은 금방 사라지고 맙니다.

그 헌신자: 만약 그렇다면 해방된 영혼들(siddha purushas)은 그들의 육신이 떨어져 나간 뒤에는 아무런 지지물(upadhi)이 없겠습니다. 그러나 바가반께서는 이 산 위에 그런 해방된 영혼들이 더러 있다고 말씀하셨습니다. 그들이 아무런 지지물도 가지고 있지 않다면 어떻게 살아 있을 수 있습니까?

바가반: 『해탈정수』에서는 이렇게 말하고 있습니다.

> 완전한 해탈을 성취한 사람들은 육신이 떨어져 나간 뒤에
> 우유가 우유에, 기름이 기름에, 물이 물에 섞이듯이 우주에 합일된다.
> 낮은 영혼의 경우에는 소멸되지 않고 남은 상습이나 원습 때문에
> 자신이 원하는 어떤 형상이나 취하여 이 세상에 머물다가 궁극적으로 합일된다.
>
> ─ 『해탈정수』(Vivekachudamani), 566연.

그 헌신자: 왜 그런 차이가 생깁니까?

바가반: 그것은 욕망의 힘 때문에 생깁니다.

1947년 10월 28일

17. 무집착, 각지覺知, 무욕

저는 최근에 『바수데바마나남』을 읽고 있습니다. 어제는 '무집착-각지覺知-무욕'장에서, 만약 우리가 깨달음을 얻으면 무집착(vairagya)이나 무욕(uparati) 없이도 해탈을 얻을 수 있다고 하는 것을 읽었습니다. 저는 바가반께 어떻게 그럴 수 있느냐고 여쭈었습니다. 고인들에 따르면 깨달은 영혼의 징표는 무집착이니까 말입니다.

바가반이 대답하셨습니다. "무집착이 깨달은 영혼의 징표인 것은 사실이지요. 그러나 같은 책에서, 우리가 의식할 수 있는 어떤 외부적인 집착도 육신에 속하지 진아에는 속하지 않는다는 말도 하고 있습니다. 그 집착은 생존해탈자(jivan mukta), 즉 살아 있는 동안 세간적 속박에서 벗어난 사람의 완전한 행복을 가로막는 장애물입니다. 반면에 무신해탈자(videha mukta), 즉 죽음에 이르러서야 세간적 속박에서 벗어난 사람에게는 깨달음만이 중요합니다. 무집착이나 무욕 없이도 깨달음을 얻으면 해탈을 얻을 수 있다고 한 것은, 해탈이 죽음의 때에 이르러서야 얻어진다는 뜻입니다. 그러나 무집착이나 무욕을 이루었으나 깨달음을 얻지 못하면 모든 것이 허사가 된다고 말할 수는 없습니다. 그것을 이루었기 때문에 그 사람은 천상天上(punyaloka)에 태어날 수 있기 때문입니다. 『바수데바마나남』에 다 나와 있는 이야기입니다."

이때 제가 어떻게 무집착과 무욕 없이도 깨달음을 얻을 수 있는 것인지를 여쭈었습니다.

바가반이 설명하셨습니다. "무집착, 각지, 무욕(vairagya, bodha, uparati), 이 세 가지는 서로 별개로 남아 있지 않겠지요. 깨달음을 얻은 뒤에도 우리가 외부적으로는 계속 집착을 보여줄지 모르지만, 내면적으로는 반드시 무집착이 있기 마련입니다. 그러나 그것(외관상의 집착)은 '생존해탈자'가 지복을 완전히 향유하는 것을 가로막는 장애물이라고 이야기됩니다. 과거업의 결과[발현업]가 갖는 힘 때문에 그는 내면에 원습을 가진 사람으로서 행위하지만, 엄밀히 말해서는 집착이 그에게 영향을 주지 못할 것입니다. 그래서 그것을 과거업의 결과라고 하는 것입니다."

저는 그 말씀이, 우리가 설사 진아지眞我知를 성취한다 해도 만약 과거업이 너무 강하게 남아 있으면 내면의 원습을 버릴 수 없고, 그 내면의 원습들이 소멸될 때까지는 방해받지 않는 평안을 성취할 수 없다는 뜻이냐고 여쭈었습니다.

바가반이 대답하셨습니다. "그렇지요. 무집착, 각지, 무욕 안에 확고히 자리잡은 사람들은 실로 깨달음의 높은 경지에 있는 것입니다. 그것은 그들이 생존해탈자란 뜻입니다. 진아 깨달음만이 가장 중요한 사람들과는 달리, 발현업 때문에 마치 집착을 가지고 있는 듯이 돌아다닌다 하더라도, 그들은 자신이 실제로는 집착이 없다는 사실을 늘 의식하고 있습니다. 엄밀히 말해서 그런 집착은 그들에게 영향을 주지 않습니다. 그래서 『바쉬슈탐』에서는 세 번째 단계에서도 원습들이 근절되고 마음이 소멸된다고 하는 것입니다.10) 만약 네 번째 단계는 언제 도달되며, 다섯 번째 여섯 번째 단계가 있을 필요가 무어냐고 물으면, 몇 가지 막연한 답변이 제시됩니다. 의문이 있는 한 설명이 있습니다. 모든 의문이 사라지는 것이 깨달음입니다."

제가 여쭈었습니다. "깨달은 영혼에게는 그가 무집착을 가진 정도만큼은 평정과 평안을 가질 것이고, 집착이 자라는 정도만큼은 평정에서 더 멀어지겠습니까?"

"그렇지요. 그런 의미입니다." 그렇게 말씀하시고 바가반은 다시 침묵하셨습니다.

1947년 10월 29일

18. 다른 언어에 대한 지식

오늘 오후 2시 30분에 바가반은 말라얄람어 책 한 권을 읽으시다가 가까이 앉은 한 헌신자에게 말씀을 하고 계셨습니다. 그 헌신자가 질문했습니다. "바가반께서는 어린시절에 말라얄람어 읽는 법을 배우셨습니까?"

"아닙니다. 제가 구루무르땀에 있을 때 빨라니스와미가 저와 함께 있었는데, 그가

---

10) [역주] 『요가 바쉬슈탐』에서 말하는 지知의 7단계 중 첫 4단계는, 1) 열망, 2) 탐구, 3) 미세한 마음, 4) 깨달음이다. 보통은 네 번째 단계부터 깨달은 자로 간주된다(『저작 전집』, 101쪽 참조).

『아디야뜨마 라마야나』(Adhyatma Ramayana-말라얄람어판 『라마야나』)를 한 권 가지고 있으면서 종종 큰 소리로 그것을 읽었습니다. 글을 읽을 수 있는 말라얄람인은 어김없이 그 책을 읽습니다. 그래서 그는 잘 읽지는 못했지만 실수를 많이 하면서도 어떻게든 그것을 읽어나가는 것이었습니다. 저는 당시에 묵언을 하고 있었기 때문에 그냥 듣기만 했습니다. 우리가 빨리라 덤불로 옮겨갔을 때 제가 그 책을 집어 살펴보니 말라얄람어 글자로 쓰여져 있었습니다. 그 글자는 이미 알고 있었기 때문에 저는 쉽사리 (말라얄람어로) 읽고 쓰는 법을 알게 되었습니다." 바가반이 말씀하셨습니다.

"텔루구어는 언제 배우셨습니까?" 어떤 사람이 여쭈었습니다.

"제가 비루팍샤 산굴에 있을 때였지요. 감비람 세샤이야 등 몇 사람이 저에게 텔루구어로 시구 몇 개를 써 달라고 해서 산스크리트 원문을 글자별로 텔루구어로 옮겨쓰기하면서 그것을 연습했습니다. 그렇게 해서 1900년에 텔루구어를 천천히 배운 것입니다." 바가반이 말씀하셨습니다.

저는 당신께 나가리(Nagari-산스크리트) 문자는 언제 배우셨느냐고 여쭈었습니다.

"그것도 거의 같은 때였을 겁니다. 무뚜라마 딕쉬따르(Muthurama Dikshitar) 등 몇 사람이 자주 찾아오곤 했는데, 그들이 나가리 문자로 된 책들을 가지고 있었습니다. 저는 그 문자들을 베껴 쓰곤 하다가 그것에 친숙해진 것입니다." 바가반이 말씀하셨습니다.

어떤 사람이 말했습니다. "저희들이 듣기로는 나야나가 당신을 찾아온 뒤에야 당신께서 텔루구어를 배우셨다고 하던데요."

"아닙니다. 훨씬 더 전에 익혔지만 그것을 자유롭게 말하게 된 것은 그가 온 뒤입니다. 그뿐입니다." 바가반이 말씀하셨습니다.

다른 사람이 말했습니다. "저희들이 듣기로는 당신께서 어린 시절에 텔루구어를 배우셨다고 하던데요."

바가반이 말씀하셨습니다. "당시에는 읽거나 쓸 줄은 몰랐습니다. 제 작은할아버지가 텔루구어를 아셨는데, 저를 당신 침상 곁에 앉히고 텔루구 알파벳을 가르쳐 주시곤 했습니다. 그게 전부입니다. 제가 텔루구어를 배운 것은 그 시구들을 쓰면서였지요. 나중에 제가 「가르침의 핵심」(Upadesa Saram)을 지었을 때, 라마 요기(요기 라마이아)가 그것을 텔루구어로 써 주기를 바랐습니다. 그래서 그것을 타밀 운율에 가깝도록 하면서 2행시(dvipada)들로 썼습니다. 그런 다음 그것을 나야나에게 보여주었더니, 그것은 올바른 텔루구어 2행시가 아니라고 하면서 그가 텔루구 시의 운율들을 저에게 가르쳐 주었습니다. 저는 그것을 타밀 문자로 받아 적은 다음, 필요한 수정을 가했습니다. 그것을 다시 나야나에게 보여주니 그가 맞게 되었다고 하면서 인쇄소에 넘겨도 되겠다고 했습니다. 나중에 발라라마 레디가 저에게 『술락샤나 사람』(Sulakshana Saram) 한 권을 갖다 주기에, 그것을 보고 다른 시들의 운율을 배워 그것을 두 쪽짜리 종이에 베껴 쓴 다음 우리가 가지고 있던 텔루구어 독본 안에 풀로 붙여 두었습니다. 제 목적을 위해서는 그것으로 충분했지요. 이제 누가 어떤 시를 읽으면 저는 그것이 어떤 운율로 되어 있는지, 혹시 잘못된 데가 있으면 어디인지 쉽게 알아냅니다. 저는 이 언어 저 언어를 같은 방식으로 익혔습니다. 어떤 언어도 일부러 배우지는 않았지요."

1947년 10월 30일

19. 네 번째 상태

오늘 오전에 한 타밀 청년이 바가반께 여쭈었습니다. "스와미, 개인적 영혼과 신(Jiveswara)이 없으면 세계가 없다고 합니다. 그 의미가 무엇입니까?"

바가반이 그에게 말씀하셨습니다. "예, 세계와 개인적 영혼과 신(jagatjiveswara)은 세 가지 성질, 즉 구나의 화현입니다."

"인격신인 이스와라를 그 세 가지 성질 안에 포함시켜야 합니까?" 그 청년이 여쭈었습니다.

"물론이지요. 그 그룹 안에서 선善(satva)이 인격신이고, 활동성(rajas)이 개인적 영혼이며, 무거움(tamas)이 세계입니다. 진아는 순수한 선(suddha satva)이라고 합니다." 바가반이 말씀하셨습니다.

그 자리에 있던 한 벵갈 청년이 질문했습니다. "스와미, 삼매(Samadhi)[11]에는 합일무상(kevala nirvikalpa)[12] 삼매와 본연무상(sahaja nirvikalpa)[13] 삼매의 두 종류가 있다고 합니다. 그것들의 속성은 무엇입니까?"

바가반은 그를 자애롭게 바라보시고 말씀하셨습니다. "명상에 자연스럽게 익숙해져서 명상의 지복을 즐기는 사람은 어떤 외부적인 일을 하고 있어도, 어떤 생각이 일어나도, 자신의 삼매 상태를 잃지 않을 것입니다. 그것이 본연무상삼매라는 것입니다. 나샤(nasa)[완전한 소멸]와 라야(laya)[억압]라고 하는 것이 바로 이 두 가지 상태

---

[11] 삼매는 주체와 대상의 구분이 사라지는 몰입의 상태이다.
[12] 합일무상삼매는 절대적인 무념의 자각을 유지하는 상태이다. 이때는 원습에 지배되는 마음이, 일시적으로 명상에 든 그 사람에 의해 강제로 억압된다. 그러나 명상을 하지 않을 때는 정상적인 세간적 활동으로 돌아간다.
[13] 본연무상삼매는 정상적인 활동을 하고 있을 때에도 순수자각을 유지하는 상태이다.

를 말합니다. 나샤는 본연무상삼매이고 라야는 합일무상삼매입니다. 라야의 삼매 상태에 든 사람들은 이따금 마음을 다시 제어해야 합니다. 그러나 마음이 (완전히) 소멸되면 다시는 싹트지 않습니다. 그럴 때 마음은 불에 볶은 씨앗 같은 것이 됩니다. 그런 사람들이 하는 모든 일은 우발적이며, 그들은 그 높은 상태에서 미끄러져 내려오지 않습니다. 합일무상삼매의 상태에 있는 사람들은 성취자(siddhas)가 아니라 수행자(sadhakas)입니다. 본연무상의 상태에 있는 사람들은 바람 없는 곳의 등불이나 파도 없는 바다와 같아서 아무런 움직임도 없습니다. 그들은 자기 자신과 다른 그 어떤 것도 발견하지 못합니다. 그러나 그 상태에 도달하지 못한 사람들에게는 모든 것이 그들 자신과 다르게 보입니다."

이틀 전에 황색 승복을 입은 라마크리슈나 포교원 소속의 한 젊은이가 질문했습니다. "네 번째 상태(turiyavastha)란 무슨 뜻입니까?"

바가반이 답변하셨습니다. "네 번째 상태란 것은 없습니다. 진아 자체가 바로 네 번째 상태입니다."

"그러면 왜 사람들은 '네 번째 상태'(turiya)와 '네 번째를 넘어선 상태'(turiyatita)를 이야기합니까?" 그 질문자가 여쭈었습니다.

바가반이 답변하셨습니다. "존재하는 것은 단 한 가지 상태뿐입니다. 그것을 뚜리야(turiya)라고 하든 뚜리야띠따(turiya)라고 하든 뭐라 하든 좋습니다. 생시의 상태, 꿈의 상태, 깊은 잠의 상태—이 세 가지 상태는 영화의 장면들처럼 계속 바뀝니다. 세 가지 상태 모두 마음의 관념입니다. 이 세 가지를 넘어선 것, 실재하고 영원한 것은 진아 자체입니다. 그것이 뚜리야, 즉 네 번째 상태라고 하는 것입니다. 사람들은 보통의 용어로 네 번째 상태와 네 번째를 넘어선 상태 등을 이야기하지만, 엄밀히 말해서는 오직 한 가지 상태만 있습니다."

1947년 11월 19일

20. 보편적 형제애

얼마 전까지는 저녁 베다 빠라야나를 작은 회당에서 했지만 지난 얼마 동안은 자리가 없어 많은 사람들이 바깥에 앉아 있어야 했습니다. 이제 50주년 기념당[14]이 건립되어 저녁 베다 빠라야나는 그쪽으로 옮겨서 하고 있습니다. 바로다의 마하라니가 흰 공작을 아쉬라맘에 선물한 것은 이렇게 바뀌고 난 뒤의 일입니다.

---

[14] 구 회당에서 산 쪽으로 달아낸, 용마루가 있는 초가지붕을 한 큰 베란다. 바가반은 그 서쪽 끝에 놓은 돌 침상 위에 머리를 북쪽으로 하여 앉으셨다.

공작이 오고 나서 처음 며칠 동안은 바가반이 큰 관심을 가지고 그것을 지켜보셨습니다. 왜냐하면 그것이 아직 어렸으니까요. 이 공작은 밤에는 바가반의 구 회당에서 잠을 잤는데, 때마침 여름이었기 때문에 바가반은 밤에 기념당에서 주무셨습니다. 그래서 아침 경전 찬송[베다 빠라야나]도 거기서 했습니다. 그러나 지금은 겨울이 시작되면서 밤에는 시자들이 바가반을 구 회당으로 다시 모셔 들입니다. 이 공작은 밤에는 회당 안의 들보 위에서 쉬는데, 그러다 보니 그 밑의 바닥은 아침쯤 되면 아주 더러워졌습니다. 그래서 이른 아침의 빠라야나 때 사람들이 많은 불편을 느꼈고, 실제로 어떤 사람들은 밖에 앉아야 했습니다. 여기에 시자들이 염증을 느껴 그 불만을 피력하자 바가반이 말씀하셨습니다. "왜 그렇게 싫어하지? 새장을 하나 만들어 공작을 넣고 기념당 안에 두면 되지 않아?" 그 힌트를 얻고 한 헌신자가 즉시 새장을 하나 만들었습니다.

  그 새장을 기념당의 바가반 돌침상 옆에 두었는데, 자연히 이 공작의 집이 되었습니다. 그것이 기념당으로 이사 보내지던 날, 그때까지 구 회당에서 주무시던 바가반은 당신의 침상도 기념당 밖으로 옮겨가야 한다고 고집하셨습니다. 그러나 지금은 밤에 아주 춥기 때문에 그 (문도 없이) 열려 있는 기념당에서 주무시다가 바가반의 건강이 나빠지지 않을까 우려되었습니다. 헌신자들이 그런 두려움을 표시하자 바가반은 웃으면서 말씀하셨습니다. "공작이 어디서 우리에게 왔습니다. 우리는 안에서 자면서 그것을 밖에서 자게 하면 손님에 대한 예의라고 할 수 있습니까? 어떤 친척이 여러분 집에 왔는데 여러분은 집 안에서 자고 그 사람은 베란다에서 자게 하면 되겠습니까? 가능하면 그를 안으로 들어오게 해야 할 것이고, 아니면 우리도 같이 베란다에서 자야합니다." 그리고 시자들을 돌아보면서 말씀하셨습니다. "만약 밖에서 자는 것이 겁나면 자네들은 안에서 자도 좋네."

  시자들이 말했습니다. "밖에서 주무시면 바가반의 건강에 좋지 않을 겁니다. 만약 필요하다면 저희들 중 한 사람이 거기 자면서 공작을 돌보겠습니다."

  "그만, 그만들 해 두게! 그러면 자네들 건강에는 영향이 없겠나? 안에서 자고 싶으면 자네들은 안에서 자도 좋네." 바가반이 말씀하셨습니다.

  사람들이 아무리 애원해도 바가반은 굽히지 않으셨고, 밤에는 기념당 안의 한데서 주무셨습니다.

  다음날 오후, 바가반이 4시 45분에 포행을 나가시자마자 시자인 끄리슈나스와미가 바가반의 물품들을 기념당에서 구 회당으로 도로 옮겨서 거기서 베다 빠라야나를 할 수 있도록 준비했습니다. 바가반이 돌아와서 이것을 보시고 말씀하셨습니다.

"이러는 거 나 좋아하지 않아. 공작을 새장에 넣어 밖에다 두고 우리만 모두 안에 들어오는 거 말이야. 그 뿐만 아니라 우리가 기념당으로 옮겨 온 것은 이 회당이 베다 빠라야나를 하기에 너무 비좁았기 때문인데, 이 회당이 (그 사이에) 조금이라도 더 커졌나? 또다시 어떤 사람은 안에 들어오게 하고 어떤 사람은 밖에 있게 해야 하나? 왜 구태여 이러지? 모든 일을 기념당에서 하면 공작도 외롭게 느끼지 않을 것이고 우리는 넓은 공간을 쓰게 되는데. 내일부터는 그렇게 준비해야 하네. 만약 내 자리를 여기다 두면 나는 여기 앉지 않겠어. 그러니 주의하게!" 이렇게 말씀하시고 바가반은 당신의 자리를 저녁 식사 후에 기념당으로 옮기게 하여 거기서 공작과 동무가 되어 주셨습니다.

다음날 바가반은 구 회당으로 들어가서 앉으셨지만 오후에 밖으로 나가면서 공작 새장을 보시고 다시 말씀하셨습니다. "내가 돌아올 때까지 자네들이 기념당에서 베다 빠라야나를 할 수 있도록 준비해 놓으면 괜찮지만, 그렇지 않으면 나는 타월을 깔고 여기 혼자 앉겠어. 내 자리를 저기서 이리로 옮겨오는 것이 어렵다고 자네들이 생각하면, 나는 하루 종일 이 기념당에만 있겠어. 자네들 좋을 대로 하게. 어쨌거나 나한테 필요한 게 뭔가? 이 타월 하나면 족하지."

바가반이 포행에서 돌아오실 때까지 당신의 자리는 기념당으로 옮겨져 있었습니다. 이 사건이 있고 난 뒤에 구 회당을 확장하여 바가반이 계속 그곳에 머무르시도록 했습니다. 당신의 친존을 찾아오는 모든 중생을 가깝고 친한 친척들처럼 대우하시는 것은 바가반께만 가능한 일입니다. 그것이 어디 우리에게 가능한 일입니까?

1947년 11월 21일

21. 기억 - 망각

오늘 오후 3시에 흰 공작이 바가반의 친존에 와서 우리들 모두의 사이를 돌아다니기 시작했습니다. 한 헌신자가 그것이 얼마나 순한지를 보고 이렇게 말했습니다. "이 새는 자기 전생을 아는 것 같습니다. 그렇지 않고서야 이 모든 사람들 사이를 그렇게 자유롭게 다니겠습니까?"

바가반이 말씀하셨습니다. "그래서 여기 있는 허다한 사람들이 그것은 마다바(Madhava)[얼마 전에 죽은 바가반의 오랜 시자가 이 형상을 하고 여기 온 것이라고 말하지요."

그 헌신자가 여쭈었습니다. "만약 그렇다면, 자기가 전생에는 이러이러했다는 것을 그것이 알까요?"

바가반: 그것이 어떻게 알겠습니까? 누구도 자신의 전생을 모릅니다. 사람들은 잊어버립니다. 그런데 그렇게 잊어버리는 게 좋습니다. 이 한 생에서만 해도 우리는 더러 과거에 일어난 일들에 대해 끔찍이 걱정을 하는데, 만일 우리가 여러 전생을 다 안다면 그 걱정들을 견뎌낼 수 있겠습니까? 전생의 사실들을 안다는 것은 자신의 진아를 안다는 것을 뜻합니다. 진아를 알면 금생과 여러 전생은 마음과 그 욕망(sankalpa)에 속한 것일 뿐임을 알게 될 것입니다. 『바쉬슈탐』에서 이 창조계가 얼마나 여러 가지로 묘사되는지 보십시오. 가디(Gadhi)가 끄리슈나에게 자신의 환적幻的인 몸들을 보여 달라고 하자, 끄리슈나는 그에게 무수한 형상들을 보여줍니다.15) 라바나 마하라자(Lanvana Maharaja)의 이야기도 그와 마찬가지이고,16) 수끄라(Sukra)의 이야기는 더 흥미롭습니다. 수끄라는 자신의 몸이 완전히 썩어서 더 이상 존재하지 않게 된 동안에도 몸을 의식하지 못한 채 삼매에 들어 있었습니다. 그러는 사이 그는 몇 번의 환생을 했습니다. 마침내 그는 한 브라민으로 태어났는데, 수미산(Mount Meru)에서 엄격한 생활을 하고 있을 때 그의 아버지인 브리구(Brigu)가 죽음의 신[깔라(Kala)]과 함께 인간의 몸[거친 몸(sthula sarira)]을 하고 그를 찾아가서 그가 태어나고 또 태어나는 동안 어떤 일이 있었는지 말해주었습니다. 그리하여 수끄라는 그들과 동행하여 자신의 원래 몸을 보았고, 죽음의 신의 허락을 얻어 그 속에 들어갔습니다. 다른 이야기에서는 한 사람이 꿈속에서 본 것을 다른 사람이 생시에 보았다고 합니다.17) 이 중에서 어느 것이 참말입니까?

헌신자: 한 사람이 꿈속에서 본 것이 어떻게 다른 사람의 생시에 나타날 수 있겠습니까?

바가반: 왜 안 되겠습니까? 종류는 다르지만 그것도 하나의 꿈입니다. 화막 위에 나타나는 화상들처럼, 나타나 보이는 모든 것은 마음의 창조물입니다. 사실 그대는 그것들 중의 하나가 아닙니다. 인형극 같은 이 실재하지 않는 세계 속에서는 자신이 그 인형이었거나 이런 그림이었다는 것을 기억하는 것보다는 일체를 잊어버리는 게 더 좋습니다.

---

15) [역주] 가디는 물속에서 삼매에 들어, 자신이 그 물에 빠져 죽은 뒤 어느 비천한 부족의 자식으로 태어났다가 우연히 북쪽 지방의 어느 나라의 왕이 되어 8년을 다스린 뒤에 다시 죽는 모습을 본다.
16) [역주] 라바나 왕은 궁궐에서 어느 요술가의 환술에 홀려 환각에 빠졌다가 깨어난다. 그 환각 속에서 그는 말을 타고 사냥을 나가 사막에서 헤매다가, 짐승들을 잡아먹는 부족의 처녀를 만나 결혼하고, 자식들을 낳고 한 평생 살다가 나중에는 극심한 가뭄이 들어 고통을 받는다.
17) [역주] 앞서 가디의 이야기에서, 그가 삼매에서 깨어난 뒤 어느 날 북쪽에서 온 손님이 말하기를, 자신은 아무개 왕이 8년간 통치했던 나라에서 왔다고 말하는 것을 듣는다. 이에 그는 자신이 환영幻影 속에서 본 것을 그 손님은 실제 사건으로 보았다는 것을 깨닫는다.

헌신자: 물질적 세계에 따르면 우리는 '이것은 내 것이다'라고 말해야 합니다. 그렇지 않습니까?

바가반: 예, 그렇지요. 그렇게 말해야 합니다. 그러나 단지 그렇게 말하는 것만으로 우리가 그 모든 것이라고 생각하여 그것과 관계되는 쾌락과 슬픔에 잠길 필요는 없습니다. 우리가 마차를 타고 갈 때 우리가 그 마차라고 느낍니까? 해의 예를 들어 봅시다. 해는 작은 항아리 안의 물에서도 빛나고 강에서도 빛나고 거울 속에서도 빛납니다. 해의 모습이 거기 있습니다. 그러나 그렇다고 해서 해가 그 모든 것이 자기라고 생각합니까? 우리도 그와 마찬가지입니다. 모든 문제는 우리가 자신을 몸이라고 생각할 때 일어납니다. 그 생각을 물리치면 마치 해처럼, 우리는 도처에서 빛날 것이고 일체에 두루하게 될 것입니다."

헌신자: '나는 누구인가?' 하는 자기탐구의 길을 따르는 것이 최선이라고 바가반께서 말씀하시는 것도 그 때문 아닙니까?

바가반: 그렇지요. 그러나 『바쉬슈탐』에서는 바쉬슈타가 라마에게, 자기탐구의 길은 충분한 자격을 갖추지 못한 사람에게는 보여주어서는 안 된다고 말하고 있습니다. 다른 책에서는 말하기를, 수행은 몇 생에 걸쳐서 해야 한다거나 한 스승 밑에서 최소한 12년은 해야 한다고 합니다. 만일 제가 수행은 몇 생에 걸쳐 해야 한다고 말하면 사람들이 겁이 나서 도망가 버릴 것이기 때문에, 저는 이렇게 말합니다. '그대는 이미 그대 안에 해탈을 가지고 있다. 그대에게 닥쳐온 외부적 사물들에서 벗어나기만 하면 된다'라고 말입니다. 수행은 오직 그것을 하기 위한 것입니다. 그렇기는 하나 고인들이 그런 말들을 그냥 한 것이 아닙니다. 만일 어떤 사람이 자기가 바로 신이고, 브라만 그 자체이며, 자신이 이미 해탈해 있다는 말을 들으면, 자기는 필요한 모든 것을 가지고 있으니 더 이상 아무것도 필요 없다고 생각하여 아무런 수행도 하지 않을지 모릅니다. 베단타적 문제들은 영적으로 계발이 덜 된 사람들에게는 이야기하면 안 된다고 하는 것은 그 때문이지, 다른 이유는 없습니다.

이렇게 말씀하시고 바가반은 미소를 지으셨습니다.

최근에 온 한 헌신자가 그 대화를 이어서 말했습니다. "샹까라의 시구에서, '우주를 거울 속의 도시처럼 진아 안에 비친 하나의 영상으로'(*viswam darpana drisyamana nagari tulyam nijanthargatam*)라는 구절이 있습니다. 세계가 하나의 신화이고 실재하지 않는다는 말은 보통 사람들을 위한 것이지 깨달은 영혼을 위한 것은 아닙니다. 그렇지 않습니까?"

바가반이 대답하셨습니다. "그렇지요. 깨달은 영혼의 눈에는 일체가 브라만으로 가득 찬 것으로 보입니다. 깨닫지 못한 영혼은 아무리 많이 이야기해 주어도 아무것도 보지 못합니다. 따라서 모든 경전은 보통 사람들을 위한 것일 뿐입니다."

1947년 11월 29일

22. 자기탐구의 길

오늘 오후에 한 헌신자가 바가반께 여쭈었습니다. "스와미, 깨달음을 얻기 위해서는 '나는 누구인가?' 하는 탐구가 유일한 길입니까?"

바가반이 그에게 답변하셨습니다. "탐구가 유일한 길은 아닙니다. 만약 그대가 이름과 형상을 가지고 수행을 한다면 성스러운 이름을 염송하거나 기타 방법을 확고한 결의와 끈기로써 해 나가면 그것(That)이 됩니다. 각 개인의 근기(capacity-역량)에 따라 어느 한 수행법이 다른 것보다 낫다고도 하고, 그 수행법에도 여러 가지 미세하게 다른 부분들과 변화 형태들이 제시됩니다. 어떤 사람들은 띠루반나말라이에서 멀리 떨어져 있고, 어떤 사람들은 아주 가까이 있으며, 어떤 사람들은 띠루반나말라이에 있고, 또 어떤 사람들은 바가반의 회당으로 들어섭니다. 회당에 들어서는 사람들에게는 그들이 들어설 때 '여기 마하르쉬가 있다'고 말해주는 것으로 충분하고, 그러면 그들은 즉시 그를 알아봅니다. 그렇지 않은 사람들에게는 어느 길로 가서 어느 기차를 타고 어디서 갈아타 어느 길로 접어들라고 말해주어야 합니다. 그와 마찬가지로, 그 수행자의 근기에 따라 특정한 길을 제시해 주어야 합니다. 이런 수행법들은 일체에 두루한 그대 자신의 진아를 알기 위한 것이 아니라, 욕망의 대상들을 제거하기 위한 것일 뿐입니다. 이 모든 것이 버려지면 그대가 있는 그대로 남습니다. 항상 존재하는 것이 진아이며, 만물은 진아에서 태어납니다. 그대 자신의 진아를 알아야만 그것을 알게 될 것입니다. 그 지知를 가지고 있지 않은 한, 이 세상에서 보이는 모든 것은 실재하는 것처럼 보입니다. 어떤 사람이 이 회당에서 잠이 든다고 생각해 봅시다. 잠 속에서 그는 어디론가 가다가 길을 잃어 이 마을 저 마을, 이 언덕 저 언덕 헤매는데, 그러는 사이에 여러 날 동안 물이나 음식을 찾아다니는 꿈을 꿉니다. 많은 고생을 하고, 여러 사람에게 물은 끝에 마침내 가야 할 곳을 발견합니다. 그곳에 당도하자 그는 이 회당으로 들어온다고 생각하여 크게 안도하면서 놀란 표정으로 눈을 뜹니다. 이 모든 일은 짧은 시간 동안 일어났겠지만, 잠에서 깨어난 뒤에야 자기가 어디에도 가지 않았다는 것을 깨닫습니다. 우리의 현재의 삶도 그와 같습니다. 사람이 지知의 눈을 뜨면, 자기가 늘 자신의 진아 안에 머무르고 있다는 것을 깨닫습니다."

질문자가 다시 여쭈었습니다. "모든 수행은 자기탐구의 길로 합일된다고 하는 말이 사실입니까?"

바가반이 답변하셨습니다. "예, '나는 누구인가?' 하는 탐구는 베단타의 가르침의 처음이자 끝입니다. 수행의 네 가지 자산을 가진 사람만이 베단타적 탐구를 하기에 적합하다고 합니다. 수행의 그 네 가지 범주 중에서 첫 번째는 진아(atma)와 비아非我 (anatma)에 대한 앎입니다. 그것은 진아는 영원하고(nitya) 세계는 실재하지 않는다 (mithya)는 것을 안다는 것을 의미합니다. 그런데 이것을 어떻게 알 것이냐가 문제입니다. '나는 누구인가?'와 내 진아의 성품이 무엇인가에 대한 탐구로써 이것을 알 수 있지요! 보통 이 과정은 수행의 시작 단계로 제시되지만, 일반적으로는 확신이 수반되지 않습니다. 그래서 다른 온갖 수행법들에 의지하다가 결국에는 마지막 수단으로서 자기탐구를 하게 됩니다. A, B, C, D, E 등의 알파벳은 어릴 때 배웁니다. 이 문자들이 모든 교육의 근본이며, 학사나 석사 과정은 공부할 필요가 없다고 하면 사람들이 그런 조언에 귀를 기울이겠습니까? 공부를 하여 이런 시험들을 통과한 뒤에야 지금까지 공부한 모든 것은 A, B, C 등의 그 근본 문자들 안에 들어 있다는 것을 깨닫게 됩니다. 모든 경전들도 기본 요소, 즉 알파벳 안에 들어 있지 않습니까? 그러하다는 것은 모든 경전을 암기하고 나서야 알게 됩니다. 이 모든 사물들도 그와 마찬가지입니다. 여러 개의 강이 있습니다. 어떤 강물은 곧게 흐르고 어떤 것은 굽이치며 구불구불 휘어가지만, 모두 궁극적으로는 바다에 합일됩니다. 그와 마찬가지로 모든 길들은 자기탐구의 길에 합일됩니다. 모든 언어가 침묵 안에 합일되듯이 말입니다. 침묵은 계속되는 언어를 뜻합니다. 그것은 하나의 진공이라는 의미가 아닙니다. 그것은 자기를 진아로 아는, 진아의 언어입니다. 그것은 스스로 빛을 발합니다. 일체가 진아 안에 있습니다. 타밀나두에서는 한 위대한 분이 이런 취지의 노래를 지어서 불렀습니다. '우리는 하나의 화막과 같고, 전 세계는 그 위의 화상처럼 나타난다네. 침묵은 충만하고 일체에 두루하네.' 옛말에 '충만함에서 충만함을 덜어내도 충만함은 그대로'(om purnmadah purnamidam purnath purnam udachyate)[18]라고 하듯이 말입니다. 깨달은 영혼에게는 일체가 똑같이 보입니다. 비록 그가 무엇을 본다 해도 그것은 보지 않는 것이나 마찬가지입니다."

이렇게 말씀하시고 바가반은 다시 한 번 침묵하셨습니다.

---

18) 추상적인 브라만은 그 충만함으로 일체에 두루하다. 몸 안의 개아도 브라만에 대한 지식과 세계에 대한 자각으로 충만해 있다. 전자, 즉 무상無相 브라만(nirvikalpa Brahman)으로부터 후자, 즉 세계의 충만함을 가진 유상有相 브라만(savikalpa Brahman)이 태어난다.

1947년 11월 29일

23. 성스러운 횃불

아루나찰라에 성스러운 횃불이 켜질 때는 정말 볼 만합니다. 아쉬람에서는 바가반의 친존에도 동시에 큰 불을 밝히고, 헌공 공양물[은사물]을 나누어주며, 「문자혼인화만」(Akshara Mana Mala) 등의 찬가들을 노래합니다.

특히 올해는 비가 오지 않았기 때문에 행사가 아주 잘 진행되었습니다. 오후 3시부터 헌신자들이 아쉬라맘에서 축제 준비를 하기 시작했습니다. 기념당에서는 바닥을 석회와 쌀가루로 그린 꽃문양으로 장식하고, 천장으로부터는 사방으로 망고나뭇잎 꽃줄을 늘어뜨렸습니다. 그런 경우에는 이 빛의 축제(Dipotsavam)에 참석하기 위해 (각지에서) 읍내를 찾아온 군중들이 산을 돌면서 보통 오전에 아쉬라맘도 방문합니다. 반면에 오후에는 아쉬람의 경축 행사에 참석하는 사람들은 주로 아쉬람 사람들이고 군중은 없습니다.

오늘 오후에 바가반이 우사에 가셨을 때, 시자들이 당신의 침상을 산 정상을 마주보는 공터에 놓고 그 위에 보를 깔았으며, 바가반이 보통 지니시는 모든 물건들을 얹은 등 없는 걸상을 (그 옆에) 놓았습니다. 침상 맞은편에는 높은 걸상 위에 크고 얕은 쇠 냄비를 놓고 그 안에 기이를 부은 다음 한 가운데 심지를 박았습니다. 그리고 주위에는 꽃들과 화만들을 흩어 두었습니다. 이런 준비가 거의 끝나갈 무렵 바가반이 시자들을 데리고 우사에서 오셨는데, 그것은 마치 주 시바 자신이 그 자리에 실제로 나타나신 것 같았습니다. 이곳에 모여 있던 사람들은 자연스럽게 자리에서 일어나, 바가반이 침상 위에 앉으시자 모두 당신 앞에서 오체투지를 했습니다. 그런 다음 우리는 줄을 지어 앉았는데, 바가반의 오른쪽에는 남자들이, 바가반의 왼쪽에는 산으로 향하는 계단을 따라 여자들이 앉았습니다. 바가반 앞의 공간에는 헌신자들이 가져온 과일 바구니들뿐만 아니라 과자 기타 음식물들로 가득 찬 갖가지 그릇들이 그득했습니다. 불을 켜기 위해 헌신자들이 가져온 기이를 냄비에 붓자 냄비가 넘쳤습니다. 이때 장뇌를 심지에 놓았습니다. 불붙은 선향들이 타는 향내가 사방으로 퍼지면서 성스러운 분위기를 조성했습니다.

모든 헌신자들을 사랑스럽게 바라보면서 앉아 계시던 바가반은 당신 가까이 있는 사람들에게 빛의 축제가 갖는 의미를 들려주셨습니다. 당신은 또 산꼭대기의 정확히 어디에 불을 켜야 하는지도 말씀하셨고, 그 뒤에 베다 빠라야나가 시작되었습니다.

빠라야나가 끝났을 때는 해가 넘어간 뒤였습니다. 이내 회당 주위를 빙 둘러 옹기 접시들에 준비한 작은 불들이 켜졌고 형형색색의 전등을 매단 줄들에 불이 켜졌습니다. 다들 산꼭대기의 신성한 횃불이 켜지기를 고대하고 있었는데, 시자들이 바가반께 쌍안경을 하나 건네 드리자 당신도 그것으로 산을 열심히 훑어보셨습니다. 당신의 시선이 산의 정상에 집중되어 있을 때 우리는 당신의 신성한 얼굴에 집중하고 있었습니다. 왜냐하면 그 얼굴은 아루나찰라의 한 반영이니까요.

사원(아루나찰레스와라 사원)에서 폭죽을 터뜨리는 소리와 함께 산꼭대기의 불이 나타났습니다. 즉시, 바가반 맞은편의 '아칸다 즈요띠'(*akhanda jyoti*)[끊어짐 없는 불빛]가 켜졌습니다. 브라민들은 일어나서 '나 까르마나 나 쁘라자야 드하네누'(*na karmana na prajaya dhanena*) 진언을 염송하고 장뇌에 불을 붙였습니다. 꿈꿈과 비부띠가 분배된 다음 헌신자들은 모두 자리에 앉았고, 바가반이 작은 과일과 약간의 과자를 드신 다음 나머지가 헌신자들 사이에 분배되었습니다. 그 직후에 헌신자들은 두 무리로 나뉘어 한 무리는 '문자혼인화만'의 찬가들을 노래하고 다른 한 무리는 '아루나찰라 시바' 후렴을 따라 불렀습니다. 그런 다음 산스크리트로 '까루나뿌르나수드하브데'(*Karunapurnasudhabhde*)로 시작되는 다섯 시편과 그에 상당하는 타밀 시편을 염송했습니다.

바가반은 손으로 뺨을 괴시고 베개 위에 약간 기댄 채 앉아 계셨는데, 그것은 당신 특유의 자세입니다. 당신의 얼굴은 마치 당신의 진아-광명을 반사하는 것처럼 보였는데, 그것은 당신의 침묵과 깊은 상념이 그 얼굴에서 반사되는 것이었습니다. 동쪽에서 달이 떠 마치 당신에게서 빛을 구하기라도 하듯이 당신의 얼굴을 비추었습니다. 저는 동쪽을 향해 아몬드 나무를 등지고 거기 앉아 있었습니다. 왼쪽을 보면 아루나찰라 산의 불빛이 보이고, 앞쪽을 보면 찬란한 달빛이었으며, 오른쪽을 보면 바가반의 얼굴에서 방사되는 환한 빛이 있었습니다. 얼마나 멋진 광경인지, 그리고 그날 밤 제 주위에 3면광(three-faced Light)이 둘러싸고 있는데 대해 얼마나 행운이라고 느꼈는지 모릅니다! 저는 형언할 수 없는 지복을 느끼고 저도 모르게 눈을 감았습니다.

저녁 식사 종이 울리는 것을 듣고 눈을 떴습니다. 바가반은 저를 뚫어지게 바라보고 계셨는데, 그 시선은 제가 견뎌내기 어려운 것이었습니다. 그래서 저도 모르게 머리가 숙여졌습니다. 바가반은 미소를 지으시고는 식당으로 들어가셨고, 헌신자들도 당신을 뒤따랐습니다.

식사가 끝난 뒤 우리 헌신자들은 바가반의 허락을 얻어 산을 돌아 나섰습니다. 거기에 대해서는 나중에 언젠가 편지로 말씀드리겠습니다.

1947년 11월 30일

24. 가난한 노인의 작은 정성

  산 위에 횃불이 켜지던 성스러운 횃불 축제[즉, 디빰 축제]의 밤에 우리가 바가반의 허락을 얻어 산을 돌러 갔다는 것에 대해서는 이미 편지를 드렸습니다. 이제까지는 축제 후가 아니라 축제 전에 산을 도는 것이 보통의 관례였습니다. 그러나 이번에는 저녁 식사를 마치고 밤에 출발했습니다. 우리 일행은 약 100명 정도였습니다.

  우리의 가슴속에는 바가반을, 눈에는 산꼭대기의 횃불을 담고, 밝게 빛나는 보름달과 함께 우리는 도보로 출발했습니다. 예전에 바가반과 동행하여 산을 도는 특권을 가졌던 헌신자들은 자신들의 경험담을 우리에게 들려주기 시작했습니다. "바가반은 여기 곧잘 앉으셨지요." "여기서는 음식을 해 먹었습니다." "여기서는 이런 일이 있었지요." "바가반은 저기서 이런 것을 말씀하셨습니다"는 등으로 말입니다. 그들이 그런 이야기를 들려주는 동안, 우리는 그 이야기에 빠져들어 걸으면서도 피로한 줄을 몰랐습니다. 그러나 우리는 새벽 5시에 하는 베다 빠라야나에 참석하고 싶었습니다. 그렇지 않았다면 동이 틀 무렵에 돌아왔겠지만, 그런 사정 때문에 결국 새벽 3시에 돌아왔습니다.

  이제 그 헌신자들이 그날 밤 우리에게 해 준 이야기들 중의 몇 가지를 들려드리겠습니다.

  우리가 운나물라이 저수지 가까이 갔을 때 한 헌신자가 말했습니다. "바가반이 산을 도실 때는 여기서 한 동안 앉아 계시곤 했는데, 그것은 뒤에 처진 사람들이 일행을 따라잡도록 하기 위해서였습니다. 우리도 여기 앉아서 잠시 기다립시다." 그래서 우리는 모두 거기 한 동안 앉아 있었습니다.

  "바가반이 산을 도는 것을 그만두신 것은 얼마나 오래 되었습니까?" 제가 물었습니다.

  "1926년까지는 바가반이 산을 도시곤 했지요. 그것은 신나는 경험이었습니다." 오랜 헌신자들 중의 한 사람인 꾼주스와미가 말했습니다.

  "그 당시에 있었던 일들을 좀 들려주시지요." 우리가 말했습니다. 꾼주스와미는 승낙하고 다음과 같이 이야기를 시작했습니다.

  "하루는 우리가 모두 바가반과 함께 산을 돌고 싶었습니다. 그 말씀을 드렸더니 당신은 선선히 승낙하셨고, 우리는 점심을 먹은 직후인 그날 오후에 출발했습니다. 바가반은 산을 도실 때 보통 천천히 걸으셨는데, 베남마(Venamma)는 당신이 떠나셨다는 이야기를 듣고 금방 일행을 따라잡을 수 있을 거라고 확신하고 바구니 하나에 먹을 것들을 담아서 출발했습니다."

"우리가 소나 띠르탐(Sona Thirtham-작은 저수지의 하나)을 지나갈 때 바가반이 저만치 떨어져 다가오는 베남마를 발견하시고 말씀하셨습니다. '저기, 보세요, 베남마가 오는군요. 누군가가 이야기를 해서 음식 바구니를 들려 보낸 게 분명하군요. 아무리 그러지 말라고 해도 사람들은 이런 것을 그만두지 않습니다. 머리에 무겁게 잔뜩 이고 있군요. 좋습니다. 이건 그녀에 대한 벌이 되겠지요.'"

"그렇게 말씀하시고 당신은 빨리 걸으시기 시작했습니다. 당신이 빨리 걸으시는데 그녀가 따라잡을 수 있겠습니까? 보세요, 그녀는 숨을 헐떡이며 조급하게 계속 걸음을 서둘렀지만 걷는 것을 멈추지는 않았습니다. 바가반은 이런 식으로 계속 걸으셨고 우리가 가우따마 아쉬람을 지나쳤을 때 뒤를 돌아보셨습니다. 그리고 그녀도 우리처럼 빨리 걸어오는 것을 보시자 그 모습에 가슴이 뭉클하여, 우리를 길가에 있던 한 망고 숲으로 데려가셨습니다."

"바가반은 그 나무들 중 한 그루의 그늘 밑에 서서 말씀하셨습니다. '여기서 멈춥시다. 우물이 하나 있는데 여기가 아니면 근처 어디서도 물을 마실 수가 없어요. 저는 그녀가 포기하기를 바랐지만 그러지 않는군요. 그녀는 지쳤고 숨이 가쁩니다. 뭣하러 그런 짓을!' 그렇게 말씀하시고 당신은 앉으셨습니다."

"나무들 근처에 와서 우리가 있는 곳을 찾지 못하자 베남마가 걱정스럽게 말하는 것이었습니다. '바가반이 어디 가셨지? 아무데도 흔적이 없네.' 이 말을 듣자 바가반은 웃음을 터뜨리셨고, 그녀는 우리가 있는 곳으로 와서 일행에 가담했습니다. 베남마가 가져온 것들을 먹고 나서 우리는 다시 걷기 시작했는데, 이번에는 그녀와 함께였습니다. 그날부터 우리는 그 나무를 베남마 망고나무라고 불렀지요."

"바가반은 우리에게 곧잘 말씀하시기를, 당신은 가끔 밤에 오른돌이(*pradakshina*)를 떠나 동틀 무렵에 돌아오신다고 하셨습니다. 그렇게 출발하는 게 상례였습니다. 그러나 어떤 때는 우리가 아침에 떠나면서 점심을 해 먹을 취사도구들을 가져가, 소나 띠르탐이나 가우따마 아쉬람 혹은 빠짜이암만 사원에서 점심을 먹고 쉬다가 오후에 아쉬라맘으로 돌아오기도 했습니다. 아쉬라맘이 지금과 같은 규모로 성장하기 전에는 우리가 느긋하게 산을 돌았습니다. 어떤 때는 도중에 야영을 하면서 이틀이나 사흘, 심지어 1주일이나 걸려 돌기도 했습니다."

"한 번은 우리가 저녁에 돌아올 요량으로 아침에 오른돌이를 떠났습니다. 가우따마 아쉬람에서 점심을 지어먹고 좀 쉬었다가 남은 우유, 설탕, 버터밀크 등을 모두 싸서 다시 걷기 시작했습니다. 우리가 아디 안나말라이 사원 가까이 갔을 때 바가반은 옆길로 빠져 아주 빨리 걷기 시작하셨습니다. 우리는 당신이 아마 큰길의 군중을 피하시고 싶었나 보다고 생각하면서 따라갔습니다."

"한 길을 따라 1펄롱(약 200미터)쯤 간 뒤에 우리는 어느 저수지에 도달했습니다. 저수지 가에 있는 나무 밑에 노인이 한 사람 앉아 있었는데, 몸에는 담요를 뒤집어 쓰고 작은 단지 하나를 손에 들고 있었습니다. 이 노인은 바가반이 산을 돌아오신다는 말을 들을 때마다 바가반이 그 길에 도착하기를 기다려 먹을 것을 드리곤 했습니다. 바가반은 길에서 그를 보지 못하시자 그가 당신을 보지 못해 서운해 하지 않도록 하기 위해 길을 우회하신 것이었습니다."

"바가반은 그를 보시자 그의 이름을 부르시더니 아주 단순하게 그와 이야기를 나누기 시작하셨습니다. 그 늙은 농부는 바가반 앞에 오체투지하고 나서 합장한 채 일어나 아무 말도 하지 않았습니다. '무슨 일이 있습니까?' 바가반이 말씀하셨습니다. '왜 요즘은 아무데서도 보이지 않지요? 농작물과 가축들은 괜찮습니까? 자식들은요?' 그러고 나서 바가반은 '그 단지 안에 뭐가 있습니까?' 하고 물으셨습니다."

"노인은 아주 망설이면서 말했습니다. '특별한 건 없습니다, 스와미. 당신께서 오신다는 것은 알았습니다. 평소처럼 뭘 드리고 싶었지만 집에 아무것도 없었습니다. 할멈에게 물어보니 '솥 안에 음식이 많으니 그걸 가져가세요' 하더군요. 어떻게 할 수가 없어 그 음식을 이 작은 단지에 담아왔지만, 겨우 이런 음식을 드리려고 당신을 뵙기가 부끄러워 여기 앉아 있었습니다, 스와미.'"

"바가반은 아주 즐거워하는 기색으로 외치셨지요. '오! 만든 음식이다 이거지요? 훌륭합니다. 왜 부끄러워합니까? 아주 좋겠지요. 그걸 먹읍시다.' 노인이 아직도 주저하고 있자 바가반은 그에게서 그 단지를 건네받아 한 나무 밑에 앉으시더니 당신을 따라온 사람들에게 가져온 것들을 죄다 내려놓으라고 하셨습니다. 우리는 그렇게 했지요. 바가반은 취사도구들 중에서 뚜껑이 없고 주석 테가 둘러진 큰 그릇을 꺼내어 거기에 그 음식을 다 넣고 물을 많이 부은 다음 당신 손으로 잘 섞어서 하나의 반죽으로 만드셨습니다. 그러고 나서 우리가 가져온 것 중에 남은 것들을 뒤져 라임 몇 개를 꺼내시더니 그 즙을 그 혼합 반죽에 짜 넣고 버터밀크를 조금 부어서 전체를 하나의 유동식으로 만드셨습니다. 마지막으로 당신은 소금과 마른 생강가루를 조금 섞은 다음 그 유동식을 한 컵 떠내어 마시고 나서 '오, 맛있군!' 하셨습니다. 그러고는 우리 모두를 바라보면서 말씀하셨습니다. '여러분 모두 설탕 조금 하고 저 남은 우유를 섞어서 그것을 마시세요. 그러면 우리 짐이 가벼워질 겁니다. 저야 이 음식이 있으니 우유를 마실 필요가 어디 있습니까? 이 더운 날씨에 이것은 저에게 일급 음식입니다. 그리고 아주 영양가가 있고 다른 좋은 성질도 많습니다. 하지만 여러분은 이걸 좋아하지 않을 겁니다. 그러니 우유를 드시고, 제 몫의 우유와 설탕은 이 노인에게 드리십시오.'

"그래서 우리는 설탕을 우유에 섞어 그 노인에게 좀 드린 다음 나머지를 마셨습니다. 그러는 동안 바가반은 그 늙은 농부와 화기애애하게 이야기를 나누면서 그 유동식을 두세 컵 드시고는 그것이 감로수같이 맛있다고 하셨습니다. 그런 다음 노인에게 말씀하셨습니다. '배가 아주 부르네요. 오늘 밤은 아무 음식도 못 먹을 것 같습니다. 이 유동식 남은 것은 댁에 가지고 가십시오.' 그렇게 말씀하시면서 나머지 음식을 노인에게 주셨고, 그는 그것을 마치 감로수인양 받았습니다. 그는 두 눈 가득 차오르는 눈물을 닦으면서 우리와 하직하고 자기 오두막으로 돌아갔습니다."

제가 말했습니다. "최근까지도 그 노인은 이따금 바가반을 뵈러 오곤 했습니다. 비야사는 『바가바땀』에서 꾸쩰라(Kuchela)가 주 끄리슈나에게 드린 찐쌀밥(61쪽 참조)에 대해 높이 칭찬하여 말했습니다. 그가 이 주님(바가반)의 자애로운 행위를 보았다면 얼마나 더 칭찬하는 글을 썼을까요!"

1947년 12월 5일

25. 무집착의 위대함

어제 어떤 대화 도중에 바가반이 무집착의 위대함을 묘사하고 계실 때 제가 말하기를, 텔루구어판 『바가바땀』 제2장에 수까 요기(Suka Yogi)[19]와 관련하여, 무집착에 대한 멋진 시구 하나가 해탈의 길을 설명하고 있다고 했습니다. 그리고 바가반의 부탁으로 제가 그 시구를 큰 소리로 낭독했는데, 그 내용은 다음과 같습니다.

누울 좋은 자리가 땅 위에 없는가?
왜 솜이불을 덮겠는가?
자연이 준 두 손이 없는가?
왜 먹고 마시는 온갖 도구가 필요한가?
몸에 걸칠 풀옷, 사슴가죽, 쿠사 풀(kusa grass)[20]이 없는가?
왜 형형색색의 좋은 옷을 입는가?
들어가 살 산굴이 없는가?
왜 이런 집과 궁궐들이 필요한가?

---

19) [역주] 『바가바땀』을 지은 비야사의 아들. 어릴 때부터 탁월한 요기이자 진인이었다.
20) [역주] 옛날에 수행자들이 흔히 깔고 앉던 상서로운 풀.

나무들은 맛난 즙을 주지 않는가?
강들은 마실 물을 주지 않는가?
착한 가정부인들은 동냥을 주지 않는가?
그런데도 왜 부(富)로 인해 눈멀고 오만해진 이들을 위해 봉사하는가?

바가반은 이 시구를 대단한 흥미를 가지고 들으신 뒤에 힘주어 말씀하셨습니다. "맞습니다. 이쪽 지방(타밀나두)에서는 우리의 옛 선인들 중 한 분이 그와 거의 비슷하게 이렇게 말했습니다. '오 주님, 당신은 저에게 머리 밑을 바칠 베개로 손을 주셨고, 제 살을 가릴 천과 음식을 집어먹을 손들을 주셨는데, 더 이상 제가 무엇을 원하겠습니까? 이것은 저의 큰 복입니다!' 이것이 그 시구의 취지인데, 그것이 얼마나 큰 좋은 복이냐고 (여러분은) 정말로 말할 수 있겠습니까? 가장 위대한 왕들도 그런 행복을 갖고 싶어 합니다. 그것에 비견될 것은 아무것도 없습니다. 저는 이 두 가지 상황을 다 겪어 보았기 때문에 이것과 저것 간의 차이를 압니다. 이런 침상, 소파, 제 주위의 물품들이 모두가 속박입니다."

"부처님이 그런 하나의 예 아닙니까?" 제가 말씀드렸습니다.

"그렇지요. 그는 궁궐에서 세상의 호화로운 것은 다 가지고 있을 때도 여전히 슬펐습니다. 그의 슬픔을 없애주기 위해 그의 아버지는 그 어느 때보다도 더한 호화로운 것들을 마련해 주었습니다. 그러나 그 어떤 것도 부처님을 만족시켜 주지는 못했습니다. 그는 한밤중에 처자식을 버리고 사라졌습니다. 그리고 6년 동안 대단한 고행을 한 끝에 진아를 깨달았고, 세상 사람들의 행복을 위해 탁발승[비구]이 되었습니다. 그러나 그가 (무소유의) 큰 지복을 체험한 것은 탁발승이 되고 난 뒤의 일입니다. 실로 더 이상 무엇이 그에게 필요했겠습니까?" 바가반이 말씀하셨습니다.

"그는 탁발승의 옷차림을 하고 고국의 수도에 돌아왔습니다. 그렇지 않습니까?" 어떤 헌신자가 여쭈었습니다.

"예, 그랬지요. 그가 온다는 말을 듣고 그의 아버지 숫도다나(Suddhodana)는 왕실 코끼리를 장식하여 자신의 모든 군대를 이끌고 큰길로 마중을 나갔습니다. 그러나 부처님은 옆길과 샛길로 오면서 자신의 가까운 제자들을 여러 거리로 탁발을 보내고 자신도 탁발승 차림으로 다른 길로 해서 아버지에게 나아갔습니다. 자기 아들이 그런 차림으로 올 줄 어찌 알았겠습니까! 그러나 야쇼다라(Yasodhara)[부처님의 비(妃)]는 그를 알아보고 자기 아들로 하여금 그 아버지 앞에서 절을 하게 하고 자신도 절을 했습니다. 그러고 나서야 아버지는 부처님을 알아보았습니다. 하지만 숫도다나는 아들이 그런 행색을 하고 있으리라고는 전혀 예상하지 못했기 때문에 몹시 화가 나서 외쳤습니다. '무슨 꼴이오! 이게 무슨 옷이오? 세상에 제일가는 부자였어야 할 사람이 이런 모습으로 온단 말이오? 이런 꼴은 더 이상 보기 싫소!' 그렇게 말하면서 그는 화가 나서 부처님을 바라보았습니다. 부처님 또한 자기 아버지가 무지를 아직 떨쳐버리지 못한 것을 유감으로 여기면서 더 강렬한 시선으로 그를 바라보기 시작했습니다. 이 눈싸움에서는 아버지가 졌습니다. 그는 자기 아들의 발 아래 무릎을 꿇었고 그 자신도 한 사람의 탁발자가 되었습니다. 무집착을 가진 사람만이 무집착의 힘을 압니다." 바가반은 감동에 젖어 떨리는 목소리로 이렇게 말씀하셨습니다.

1947년 12월 7일

26. 모든 직업 계층에 필요한 자기탐구

최근 마드라스에서 책임 있는 지위에 있는 사람 몇 명이 여기 와서 며칠간 머물렀습니다. 그 중의 어느 날 그들은 바가반이 오래 전에 사신 적이 있는 구루무르땀과 산 위의 쁘라발라기리(Pravalagiri) 산굴을 가 본 뒤, 저녁 베다 빠라야나 시간에 맞게 돌아왔습니다. 빠라야나가 끝난 뒤 바가반은 당신이 쁘라발라기리 산굴에 사실 때의 이야기를 들려주면서 그들에게 산 위의 여기 저기를 가 보았느냐고 물으셨습니다. 그 일행 중의 한 사람이 말했습니다. "바가반께서는 저희들이 방금 가 본 곳들에 대해 더없이 재미있게 이야기를 해 주셨습니다만, 저희가 쁘라발라기리 산굴에 가서 방 안으로 들어갔을 때쯤에는 저희들이 아주 녹초가 되어 있었습니다. 바가반께서는 산 위에 오래 사셨으니, 얼마나 완전히 당신의 몸을 당신의 것으로 여기지 않으셨을지 이제 알겠습니다. 스와미, 저희 같은 사람들이 물질주의적 소견에서 어떻게 벗어날 수 있겠습니까? 만약 여쭈어 보면 당신께서는 분명히 '나는 누구인가?' 하는 자기탐구를 해 나가면 충분하다고 말씀하시겠지요. 재가자로서 각자의 직업 일을 해야 하는 저희들에게 그것이 어떻게 가능합니까? 마음이 세간사를 계속 돌봐야 하는데 어떻게 저희가 마음의 평안을 얻을 수 있습니까?" 바가반은 그들이 하는 말을 조용히 들으면서 그저 침묵만 지키셨습니다.

오늘 오전에 제가 아쉬라맘에 갔더니 아쉬람 사람 중의 하나가 바가반과 자유롭게 이야기하면서 이렇게 말했습니다. "어제 오후에 마드라스에서 온 사람들이 몇 가지 질문을 드렸는데 당신께서는 답변을 하지 않으셨습니다. 왜 그러셨습니까? 전에 시바쁘라까샴 삘라이가 '우달리나이 베루뚬'(*Udalinai veruthum*)[21]이라는 말로 시작

---

21) [역주] '몸이 필요로 하는 것을 돌아보지 않고'라는 뜻이다. 시바쁘라까샴 삘라이가 지은 「라마나 사드구루 말라이」(*Ramana Sadguru malai*)의 제23연에 나오는 구절.

되는 시를 하나 지었을 때도 당신께서는 침묵하셨다고 들었습니다. 왜입니까, 바가반? 그것은 그처럼 외딴 곳에서 살지 않으면 깨달은 영혼, 즉 진인이 될 수 없다는 뜻입니까?"

"누가 그렇게 말했습니까?" 바가반이 대답하셨습니다. 그리고 이렇게 덧붙이셨습니다. "마음의 본성은 그것이 이전에 한 행위들, 즉 그 상습(samskaras)에 의해 좌우됩니다. 사람들은 자기가 하는 모든 일을 하면서도 자기탐구를 하여 궁극적으로 깨달은 영혼이 될 수 있습니다. 자나까(Janaka), 바쉬슈타, 라마, 끄리슈나 기타 그와 같은 사람들이 그 예입니다. 그렇기는 하나 어떤 사람들에게는 이렇게 하는 것이 불가능하게 보일 것이고, 그런 이들은 외딴 곳에 가야만 자기탐구를 통해서 깨달은 영혼이 될 것입니다. 사나까, 사난다나, 수까, 바마데바(Vamadeva) 같은 이들이 그 예가 됩니다. 자기탐구는 어떤 사람에게나 필수적입니다. 그것을 '인간적 노력'이라고 합니다. 몸이 어떤 일을 하게 되느냐는 우리의 운명[발현업]에 따릅니다. 그에 대해 우리가 더 무슨 말을 할 수 있습니까?"

1948년 1월 13일

27. 마음 작용으로 생기는 진아의 자각

오늘 오전에 아쉬라맘의 상주자인 스리 순다레스와라 아이어가 바가반의 소파 가까이에 책 한 권을 들고 앉아서 바가반의 얼굴에 우호적인 기색이 나타나기를 기다리며 바라보다가 조용히 질문했습니다. "이 책의 한 곳에는 '마노 브리띠 냐남'(mano vritti jnanam)이라고 쓰여 있습니다. '마노 브리띠 냐남'의 의미는 무엇입니까?"

바가반: 그것은 마음의 작용(mano vritti)이 없으면 진아를 전혀 깨달을 수 없다는 뜻입니다. 그들은 '우리는 진아를 알아야 한다. 우리는 진아를 알아야 한다. 그런데 우리는 진아를 알고 있다'고 합니다. 그들이 그것을 어떻게 압니까? 우리가 존재하고 있다는 데는 동의하도록 합시다. 그렇기는 하나, 그것을 알려면 어떤 작용(vritti)이 있어야 하지 않습니까? 그래서 내면으로 향하는 마음의 작용을 명지明知(vijnana)라 하고, 바깥으로 향하는 그것을 무지(ajnana)라고 하는 것입니다. 명지는 마음 혹은 찌땀(chittam)이라고도 합니다. 그 작용이 내향內向(antarmukham)일 때는 그것을 '붓디'(buddhi) 혹은 '아함'(aham)이라고 불러야 합니다. 이것들을 합쳐서 '내적 기관' (antah-karanam)이라고 합니다. 아함은 아짤람(achalam)[안정된, 움직이지 않는]입니다. 그러나 이 내적 기관의 도움으로 5대 원소(pancha bhutas)가 생겨났습니다. 이 원소들이 개별적으로 그리고 집단적으로 증가하여 여러 팔다리 등을 갖춘 몸이 생겨났

습니다. 내적 기관의 도움으로 생겨난 현재의 창조계를 버리고 마음이 내향으로 되면 브리띠 자니야 냐남(*Vritti Janya Jnanam*)[마음 작용으로 생기는 진아의 자각]이 나타납니다. 그 말은, 그대가 작용(*vritti*)의 근원을 알게 된다는 뜻입니다. 그 근원 혹은 원천을 '아한 스푸라나,' 혹은 진아라고 합니다. 하지만 오직 마음에 의해서만 그것을 알 수 있습니다. 그래서 그것을 '마노 브리띠 냐남'(*Mano Vritti Jnanam*-마음 작용의 지(知)이라고 하는 것입니다. 이 말은, 그것이 곧 청정순수(*suddha satva*)의 마음이라는 뜻입니다. 무수한 방식으로 스스로를 나투는 것이 그것이며, 오로지 홀로 고요히 머무르는 것도 그것입니다. 그것을 그대 좋을 대로 뭐라고 부르든, 어떤 이름으로 부르든 좋습니다.

최근에 온 사람으로서 그 대화를 열심히 경청하던 사람 하나가 바가반께 질문했습니다. "스와미, 진인에게는 타원 발현업 외에는 어떤 발현업도 없다는 것이 사실입니까?" "예, 그것은 같은 것입니다. 자원, 무원, 타원 발현업들은 진인과 범인들에게 공통됩니다. 경험하는 것도 같습니다. 하지만 차이점은, 진인에게는 자신이 무엇을 하고 있다는 느낌이 없고 따라서 속박이 없겠지만, 범인은 자신이 모든 것을 하고 있다는 느낌이 있고 따라서 속박이 있게 된다는 것입니다. 오로지 마음이야말로 속박과 해탈의 원인입니다. 우파니샤드에서 '오로지 마음이야말로 속박과 해탈의 원인이다'(253쪽 참조)라고 하는 말은, 마음이 일체의 원인이라는 이야기입니다. 그 마음에게는 욕망이 그 형상입니다. 욕망의 뿌리 원인을 발견하면 어떠한 속박도 없을 것입니다. 그 뿌리는 진아입니다. 만약 그대 자신의 진아를 알면 어떤 욕망이 오거나 가도 그대는 염려하지 않게 됩니다." 바가반이 말씀하셨습니다.

1948년 2월 6일

28. 마하트마 간디의 서거

30일 밤에 마하트마 간디가 서거했다는 뉴스가 도처에 알려졌습니다. 저는 집에 와서야 그 소식을 들었습니다. 왜냐하면 여자들은 밤에 아쉬라맘에 있을 수 없으니까요. 다음날 아침 7시 30분에 갔더니 라디오에서 기도문이 방송되고 있었습니다. 그 서거 소식은 신문에도 났는데, 바가반은 그 신문을 읽고 그 기도를 들으신 뒤 말씀하셨습니다. "이것은 평생 동안 그렇게 기도한 사람들이 하는 기도입니다." '바이슈나바 자나또'(*Vaishnava Janato*)라는 노래[22]가 라디오로 방송되었고, 바가반은 그

---

22) [역주] 16세기 구자라트 지방의 유명한 시인-성자인 나르시 메타(Narshi Mehta)가 지은 헌가의 하나. 간디가 애송한 노래이며, 인도의 라디오에서 자주 방송된다고 한다.

것을 슬프게 경청하셨습니다.

9시 45분에 바가반이 밖에 나가려고 하실 때 신문기자 한 사람이 와서 당신께 그 비극에 대해 한 말씀 해 주시면 그것을 신문에 싣겠다고 했습니다.

바가반은 감동으로 떨리는 목소리로 말씀하셨습니다. "마하트마께서 이렇게 비극적으로 최후를 맞이하신 데 대해 모든 사람이 애도하고 있습니다. 제가 특별히 무슨 할 말이 있겠습니까? 슬퍼하지 않는 사람이 누가 있습니까? 만일 제가 무슨 말을 하면 당신은 그것을 신문에 낼 것이고, 그러면 사람들이 너도나도 몰려와서 저에게 묻겠지요. 그러면 뭐가 좋겠습니까?"

그렇게 말씀하시고 바가반은 신문기자를 돌려보낸 뒤 포행을 나가셨습니다. 당신이 돌아오시자 '바이슈나바 자나또'가 다시 방송되었고, 바가반의 눈에서는 눈물이 떨어졌습니다.

오후 4시 30분에 모든 여성들은 '라구빠띠 라가바 라자람'(*Raghupati Raghava Rajaram*)²³⁾을 노래하기 시작했습니다. 바가반은 눈에 눈물을 담은 채 우리에게 계속 노래하라고 신호를 보내셨습니다. 오후 5시에 소라고둥 나팔이 울렸고, 마하트마의 서거를 애도하는 특별 아라띠(*arati*)를 어머니 사원에서 올렸습니다. 사람들이 성회(비부띠)와 주사 가루(꿈꿈)를 가져오자 바가반은 큰 존경심으로 그것을 받으셨습니다.

엊그제 바가반은 신문을 보시다가 당신 가까이 앉은 어떤 사람에게 말씀하셨습니다. "보세요, 얼마 전에 혜성이 하나 나타나지 않았습니까? 이 신문에는 마하트마가 그것 때문에 돌아가셨다고 써 있군요. 그러니까 그 첫 결과는 이제 끝난 겁니다."

그 말씀을 하실 때 바가반의 마음에는 정확히 어떤 생각이 있었을까요? 그러는 사이 당신은 다른 신문을 하나 집어 들어 읽으시고는 말씀하셨습니다. "그 총을 쏜 사람은 마하트마에게 다가가서 절을 한 다음 '오늘은 왜 이렇게 늦게 오셨습니까, 선생님?' 하고 말한 모양이군요. 마하트마는 무슨 일 때문에 늦었다고 대답했고, 그 직후에 총이 발사되었습니다." 그런 다음 바가반은 『라마야나』에 있는 비슷한 이야기를 들면서 이렇게 말씀하셨습니다. "라마가 라바나(Ravana)를 죽인 뒤에 그는 자신이, 즉 라마가 바이꾼타로 돌아가야 한다는 것을 잊어버린 것 같습니다. 그래서 천신들은 자기들끼리 의논하여 죽음의 신인 야마(Yama)를 그에게 보냈습니다. 야마는 고행자의 복장을 하고 와서 존경스럽게 말했습니다. '당신께서 하러 오신 그 일은 이제 끝났습니다. 부디 천상으로 돌아오시지요.' 이 일도 그와 비슷합니다. '스와

---

23) 마하트마 간디가 즐겨 부르던 노래. 주 라마를 찬양하여 합창으로 부르는 것이다.

라지를 얻었으니 당신의 일은 끝났습니다. 왜 아직도 여기 계십니까? 돌아가셔야 하지 않습니까? 이미 때가 늦었습니다.' 이리하여 마하트마는 떠나신 것 같습니다."

제가 여쭈었습니다. "방금 저희들에게 말씀하신 이야기는 『웃따라 라마야나』(Uttara Ramayana)24)에 나오는 것 아닙니까?"

바가반: 그렇지요. 그러나 거기뿐만이 아닙니다. 다른 책에서도 끄리슈나의 경우에 비야다(Vyadha)의 화살이 그의 사인死因이라고 되어 있습니다. 마하트마의 경우도 그와 비슷한 일이 일어난 것입니다.

어제 하린드라나트 짜또빠디야야(Harindranath Chattopadhyaya)가 마하트마의 사진 하나를 보여드리고 말했습니다. "간디와 바가반 사이에 아무런 만남이 없었다는 것은 유감입니다."

바가반: 얼마 전에 그분이 띠루반나말라이에 왔었지요. 아쉬라맘 저쪽 편 산 주위의 노상에서 그분을 위한 집회가 열렸습니다. 여기 있는 사람들은 그분이 돌아가는 길에 아쉬라맘에 올 것이라고 생각했지만 군중들의 압력 때문에 그럴 수 없었고, 그분은 바로 역으로 갔습니다. 그분은 나중에 이것을 대단히 후회한 모양입니다. 샹까르랄 방커(Shankarlal Banker)는 그분을 여기 몹시 모셔오고 싶어 했고, 1938년에 라젠드라 쁘라사드와 잠날랄 바자지25)가 여기 와서 스깐다쉬라맘을 보고 마하트마를 모셔와 한 동안 거기 머무르시도록 권하려고 했습니다. 그러나 그런 일은 일어나지 않았지요. 사바르마띠(Sabarmati)나 와르다(Wardha)에서 만일 누가 정신적으로 우울하면 마하트마는 '라마나쉬라맘에 가서 거기 한 달만 있다고 오라'고 말하곤 했습니다. 라마스와미 렛디아르(Ramaswami Reddiar)가 마드라스 주州의 총리로 취임한 직후에 마하트마를 뵈러 갔더니, 마하트마는 그에게 라마나쉬라맘에 가본 지 얼마나 오래 되었느냐고 물은 모양입니다. 가본 지 30년이 넘었다고 하자, 마하트마는 '그래요? 나도 세 번이나 가 보려고 했지만 아직도 거기를 못 가 보고 있는데'라고 말했습니다. 그분이 어떻게 합니까? 사람들이 한시도 혼자 있게 내버려두지 않는데 여기를 어떻게 올 수 있겠습니까?

바가반은 오늘자 신문에서, 마하트마는 그 비극이 있기 전날 밤 꿈에서 자신의 죽음을 예견했고, 그래서 자신이 기도회에 참석하는 것을 지체시키는 원인이던 서류들을 처분해 버렸다는 취지의 기사를 읽으시고 이렇게 말씀하셨습니다. "그렇지요.

---

24) [역주] 『라마야나』의 마지막 부분인 제7권. 『라마야나』의 주된 스토리는 제6권으로 완결되며, 이 마지막 부분은 발미끼의 원작이 아니라 나중에 덧붙여진 것이라는 견해가 있다.
25) [역주] 간디를 위해서 일하던 비중 있는 인물들. 그들과 바가반의 문답은 『대담』, 502번 참조.

깨달은 사람들에게 그 정도의 예지력이 없겠습니까? 그들은 알겠지만 사람들에게 이야기하지 않겠지요."

1948년 2월 7일

29. 평등성

우리 조카 띨락(Tilak)이 런던에서 여기 온 지 이제 보름이 지났습니다. 그의 시험 결과는 아직 나오지 않았습니다. 그는 아버지가 집에 일찍 오라는 편지를 보내왔기 때문에 지난달 30일에 이곳을 떠나기로 했습니다.

떠나기 전날 저녁 그는 시장에 가서 바가반께 올릴 건포도, 대추야자 등을 사 왔습니다. 30일에 우리는 그것을 모두 하나의 쟁반에 담아 아침 식사 때에 맞추어 아쉬라맘으로 갔습니다. 주방 사람들은 저에게 그것을 직접 배식하라고 했지만 저는 식당에서 배식해본 경험이 없어 그것을 먼저 바가반께 가지고 갔습니다. 당신은 즐겁지 않은 기색의 목소리로 그것이 뭐냐고 물으셨습니다. 저는 조카가 과일을 좀 가져왔다고 말씀드렸습니다. 바가반은 고개를 끄덕이셨습니다. "좋아. 종류별로 한 개씩만 주지." 말씀대로 바가반께 배식하고 난 뒤에 저는 다른 사람들에게도 그렇게 배식했습니다. 그러나 끝 무렵에 가니 바나나 몇 개밖에 남지 않았고, 그래서 시자들 중의 한 사람이 그것을 작은 조각들로 잘라서 나머지 열 명의 사람들에게 평등하게 배식했습니다.

바가반은 마땅치 않은 표정으로 말씀하셨습니다. "그러는 건 내가 좋아하지 않아요. 모든 사람들에게 똑같은 양을 주지 못하면서 배식을 왜 하지?" 그리고 당신은 그 비슷한 다른 모든 실수들을 말씀하시기 시작했습니다. 사람들은 먹고 난 뒤에 모두 조용히 나갔습니다. 바가반이 당신의 다리를 조금 주무르고 나서 일어서려고 하실 때, 띨락과 제가 당신께 다가가 당신 앞에 절을 하고 나서 제가 당신께 띨락이 떠난다고 말씀드렸습니다.

바가반이 말씀하셨습니다. "알겠네. 과일이 올 때 나는 그가 시험에 붙었구나 하고 생각했지. 그래서 자기 고향에 돌아가려고? 아주 좋지." 당신은 그렇게 말씀하시면서 가까이 있던 사람들에게 저를 가리키며 말씀하셨습니다. "그녀는 다른 모든 사람에게 먼저 배식하지 않고 저에게 먼저 배식했군요."

"죄송합니다. 처음이라서 그런 실수를 했습니다." 제가 말했습니다.

바가반이 말씀하셨습니다. "그건 괜찮아. 그래서 내가 하는 말이야. 만약 다른 모든 사람에게 배식하고 나서 바가반에게 배식한다면 평등한 분배가 되지. 우연히 하나도 남지 않아서 내가 아무것도 못 받는다 해도 상관없어. 모든 사람이 먹으면 내 몫을 받지 않아도 나는 만족하니까. 배식은 늘 그런 원리로 해야 돼. 그것은 좋은 원리야. 여기 있는 모든 사람이 먹으면 그것은 바가반이 먹는 것과 마찬가지 아닌가?"

제가 말했습니다. "그렇군요. 제가 잘못해서 죄송합니다."

바가반이 말씀하셨습니다. "괜찮아. 걱정 마. 중요한 건 아니니까."

오라버니께서는 아쉬라맘에서 하루에 세 번 식사 종이 울릴 때, 이들리를 포함한 모든 음식에서 조금씩 덜어낸 것으로 소, 까마귀, 개, 원숭이 등과 마침 그때 아쉬라맘에 와 있는 가난한 사람들을 먹인다는 것을 알아차리셨는지 모르겠습니다. 먼저 그렇게 하지 않으면 바가반은 음식을 들러 가시려고 하지도 않고, 그들에게 먹이지 않으면 가만히 침묵하고 계시려고 하지도 않습니다. 다람쥐와 공작들이 오면 땅콩을 주십니다. 만약 어떤 사람이 그렇게 음식을 나누어 주는 것을 마땅찮아 하는 기색을 보이면 바가반은 그것을 관용하지 않고 이렇게 말씀하십니다. "좋습니다. 가시고 싶으면 가십시오. 그들은 우리 모두가 여기 온 것과 같이 여기 왔고, 우리 모두가 음식을 얻듯이 음식을 얻을 것입니다. 당신은 '스와미, 스와미' 하면서 존경심으로 우리에게 봉사하면서도 그들에게는 저주로써 봉사합니다. 우리가 그들을 사서 여기 갖다 놓았습니까? 그들도 우리가 오듯이 왔습니다. 왜 그들을 멸시합니까?"

바가반이 그런 말씀들을 다 하신 것은 제가 그 원리를 깜박 잊고 실수를 했기 때문입니다. 이와 관련하여 한 가지 특기할 것은 바가반이 "과일이 올 때 나는 그가 시험에 붙었구나 하고 생각했다"고 하신 점입니다. 그래서 확인해 보았더니 바로 그 날 런던에서 시험 결과가 나왔다는 것을 알았습니다. 큰 오라버니가 어제 전보를 쳐서, 이 아이가 시험에 합격했다는 것을 알려왔습니다.

위대한 영혼들의 음성은 헛되이 사라지지 않는다는 것, 아시지요!

1948년 2월 8일

30. 공론자空論者와 비이원론자

오늘 오전에 회당에 들어갔더니 모든 것이 조용했습니다. 향대에서 나는 연기가 전체 공간을 에워싸고 있었고 향긋한 냄새가 사방에서 풍겨 나오고 있었습니다. 바가반은 신문 읽으시는 것을 끝내고 조용한 모습으로 앉아 계셨습니다. 끄리슈나스와미는 시계의 태엽을 감고 있었습니다. 뜻밖에도 어떤 사람이 질문했습니다. "공론자空論者(Nihilist)들과 비이원론자(Advaitin)들은 저희들끼리 끝없이 논쟁하고 있습니다.

그들의 차이점은 정확히 무엇입니까?"

시계가 '퉁, 퉁' 울리며 시간을 알렸습니다. 바가반은 미소를 지으며 말씀하셨습니다. "그 견해 차이를 알고 싶습니까? 여기를 보세요. 바로 지금 시계의 태엽을 감았더니 시계가 일을 하면서 시간을 알렸습니다. '시계를 감는 누군가가 있어야 한다. 그렇지 않으면 시계는 일을 하지 않을 것이다'라고 비이원론자는 말합니다. '시계를 감는 누군가가 있어야 한다는 것은 맞다. 그러나 그 누군가에게 그 힘이나 능력을 부여하는 누군가가 있어야 하고, 그에게는 또 누군가가 있어야 한다. 그런 기초 위에서 논의해 나가면 시작도 없고 끝도 없게 된다. 그래서 행위자(Karta) 같은 것은 없다'고 공론자들은 말합니다. 이것이 그들의 견해 차이입니다. 예를 들어 이 타월을 봅시다. 그것은 면화와 별개가 아닙니다. 그것은 무슨 뜻입니까? 면화는 먼저 씨아 없는 솜이 되고, 그 다음에는 면사가 되고, 마침내 무명천이 됩니다. 그 모든 과정에는 누군가가 있어야 하고, 그래서 천을 짜는 사람을 '행위자'라고 합니다. 그리고 그 천의 갖가지 색상과 형태는 기본이 되는 것, 즉 솜과 다르지 않습니다. 그와 마찬가지로, 비이원론자들은 세계를 구성하는 무수히 다양한 것들에는 하나의 '행위자'가 있기는 하지만 그 어느 것도 '존재하는 것', 즉 사뜨(Sat)와 다르지 않다고 말합니다. 크고 작은 항아리들이 있지만 모두 흙일 뿐입니다. 그 중의 하나가 깨지면 우리는 그 항아리가 깨졌다고 말합니다. 그러나 없어진 것은 무엇입니까? 그 이름과 형상뿐입니다. (항아리라는) 이름과 형상이 사라지면 흙만이, 흙으로서 남습니다. 그렇기는 하나, 항아리는 도공이 있어야 만들 수 있습니다. 공론자들은 '아니다'라고 말합니다. 그래서 논쟁이 벌어지지만 순전히 결과만 놓고 보면 영※입니다. 논쟁하는 것이 누구인지를 발견하면 아무 어려움이 없을 것입니다."

"그러면 왜 그런 논쟁들을 합니까?" 그 질문자가 여쭈었습니다.

"그것은 한 사람의 내면에 있는 모든 것은 밖으로 나와야 하기 때문입니다. 여러 가지 생각이 내면에 있겠지요." 바가반이 말씀하셨습니다.

헌신자들 중의 한 사람이 이것을 듣고 말했습니다. "뭐라고요, 바가반? 내면에 있는 것은 늘 밖으로 나올 거라고 말씀하시는군요. 그것이 어떻게 나오겠습니까? 내면에 무엇이 있습니까?"

바가반은 미소를 지으며 말씀하셨습니다. "내면에 뭔가가 있지 않으면 어떻게 무엇이 나오겠습니까? 어떤 욕망이 내면에 생기지 않으면 아무것도 밖으로 나타나지 않습니다. 욕망은 내면에서만 생깁니다. 그것이 큰 것으로 발전하면 궁극적으로 나오게 됩니다."

1948년 3월 27일

31. 바가반의 첫 원고

제가 '견見이 지知 안에 합일되면'(drishtim jnanamayim kritva)이라는 말로 시작되는 이 편지들의 제2부26)를 베껴 쓰고 있을 때, 그 시구가 정확히 어디에 나오는 말인지 몰랐습니다. 그래서 바가반께 여쭈어 보기 위해 평소보다 조금 일찍 아쉬라맘에 갔습니다. 바가반은 앉아 계셨고, 저는 다가가서 그 시구를 어느 책에서 찾을 수 있는지를 여쭈었습니다. 당신은 그것이 『떼조빈두 우파니샤드』(Tejobindu Upanishad)에 있다고 친절하게 말씀해 주시고 샹까라가 『아빠록샤누브후띠』(Aparokshanubhuti)에서 같은 내용을 썼다고 하시면서 관련되는 시구들을 이렇게 말씀해 주셨습니다.

 견見을 지知의 견見에 합일시키면 세계가 브라만으로 보인다.
 그것이 최고의 견見이니, 시선을 코끝에 두지 말라.
 보는 자, 보이는 것, 보는 행위가 사라지는 그곳에
 견見을 두고 시선을 코끝에 두지 말라.27)

"이것은 코끝이나 양미간에 집중하는 것을 목표로 해서는 안 되고, 보는 자, 보이는 것, 보는 행위의 모든 속성이 해소되는 곳에 집중해야 한다는 뜻입니다." 바가반이 말씀하셨습니다. "그 의미는 '지知 안에 합일되는' 목표, 즉 깨달음이 명상을 통해 성취되어 그 사람이 자신의 성품을 이해하고 지고의 영靈과 결합하는 방법을 알 수 있게 되면, 전 우주가 브라만으로 가득 차 있는 것으로 보인다는 것입니다."

『아빠록샤누브후띠』는 도서실에 있었지만 저는 그것을 꺼내기가 주저되었습니다. 누구에겐가 그것을 달라고 말해야 했으니까요. 그런 한편 저는 그 시구를 완전히 기억하지 못했기 때문에 어떻게 해야 좋을지 몰랐습니다. 바가반은 그 상황을 감지하시고 시자 한 사람에게 서랍 안에 있는 빨라니스와미의 작은 공책을 꺼내오라고 하셨습니다. 시자가 그것을 꺼내어 먼지를 떨고 저에게 건네주었습니다. 그것은 아주 작은 공책으로, 말라얄람 문자로 쓰여 있는 것입니다. 바가반은 글을 쓸 펜과 종이를 집으셨습니다. 제가 중얼거렸습니다. "도서실에 『아빠록샤누브후띠』가 한 권 있는 것 같은데."

"왜 신경을 써? 내가 직접 하나 쓰려고 하는데." 바가반이 말씀하셨습니다. 그러고는 그 공책에서 그 두 시구를 베껴 쓰셨습니다. 저는 기쁨에 넘쳐 당신께 여쭈었습니다. "샹까라의 시구들을 있는 그대로 쓰셨습니까, 아니면 그 시구들의 의미를

---

26) [역주] 여기서 제2부란 텔루구어 편지 원본들의 제2부를 말한다.
27) [역주] *Aparokshanubhuti*, vv.116-117.

당신께서 직접 그냥 적으셨습니까?"

"나는 그냥 책에서 베꼈을 뿐이야." 바가반이 말씀하셨습니다.

"샹까라가 쓴 대부분의 소책자에서 시구들은 우파니샤드에서 통째로 가져온 것입니다. 빨라니스와미가 저에게 샹까라의 시구들을 좀 베껴서 자기에게 달라고 했지만, 그 당시 우리에게 공책이나 종이가 어디 있습니까? 그래서 구할 수 있는 종이쪽지들은 죄다 모아 한데 묶어서 공책을 하나 만든 다음 그 시구들을 써서 그에게 주었지요. 이 작은 공책에는 약 10권의 샹까라 책들에서 뽑은 것들이 적혀 있습니다."

"그러니까 이것이 그 첫 번째 책이군요?" 제가 여쭈었습니다.

"그렇지요. 당시에 우리는 항아리 하나밖에 없었습니다. 그때는 타월도 없었습니다. 우리가 비루팍샤 산굴에 살던 초기에는 빨라니스와미만 몸을 두를 타월을 가지고 있었지요. 당시에는 산굴에 철문이 없었고 나무 빗장이 있는 나무문이 있었습니다. 우리는 밖에서 그것을 작은 막대로 잠가 두고 산을 돌러 가거나 여기저기 돌아다니다가 1주일이나 열흘 뒤에 돌아와 다른 막대를 이용해 그 문을 열곤 했습니다. 당시 그것이 우리의 열쇠였으니 다른 데 보관할 필요가 없었지요! 이 공책은 우리가 가지고 있던 유일한 물품입니다. 빨라니스와미는 타월을 두르고 있었기 때문에 그 공책을 싸서 허리춤에 넣곤 했습니다. 우리에게는 그것으로 충분했지요. 이 책이 우리 (책) 가족의 첫 시작이었습니다." 그렇게 말씀하시고 바가반이 웃으셨습니다.

"이것을 나가리 문자로 쓰셨습니까?" 다른 헌신자가 여쭈었습니다.

"예, 그것도 빨라니스와미가 그렇게 해 달라고 해서입니다. 당시에, 그리고 그 뒤에도 그랬지만 저 스스로 무엇을 쓰지는 않았습니다." 바가반이 그에게 말씀하셨습니다.

"바가반께서 왜 이런 일들을 다 하십니까? 모든 일을 남들을 위해 하시는군요" 하고 그 질문자가 말했습니다.

"예, 그렇지요." 바가반께서 말씀하셨습니다. "그리고 그때 이후로 성장한 가족으로 말하자면, 이 책이 그 첫 번째입니다." 그러고는 그 책을 우리 모두에게 보여주셨습니다.

1948년 4월 4일

32. 까일라사

오늘 오전에 한 헌신자가 『뻬리아뿌라남』의 구본舊本 한 권을 가져와서 바가반께 드렸습니다. 바가반은 순다라무르띠가 까일라사(Kailasa)에 가는 이야기를 읽으시고 이렇게 말씀하셨습니다. "순다라무르띠는 자기가 온 뒤에 쩨라국의 왕이 거의 직후에 말을 타고 왔었다는 것을 발견한 것 같습니다. 왕이 그에게 물었습니다. '내가 부르지도 않았는데 어떻게 왔소?'" 그러고는 바가반이 거기에 나오는 시 하나를 읽으셨습니다. 회당에 있던 한 청년이 말했습니다. "까일라사는 어디 있습니까, 스와미?" "까일라사라! 그것은 우리가 있는 바로 그곳에 있지요. 무엇보다도 우리가 어디 있는지 말해주십시오." 바가반이 말씀하셨습니다.

"그게 아니고요, 스와미. 방금 읽으신, 순다라무르띠가 갔다는 까일라사 말입니다. 그것이 실제로 존재합니까? 만약 존재한다면 어디 있습니까? 부디 저에게 적절한 답변을 해 주십시오." 그 청년이 말했습니다.

"이미 그대에게 말했습니다. 우리는 지금 여기 와 있습니다. 여기서 다른 데로 또 가겠지요. 이 모든 것이 사실이라면, 그것도 사실입니다. 거기에도 한 스와미가 돋운 대 위에 앉아 있을 것입니다. 여기와 마찬가지로 거기에도 헌신자들이 주위에 모여 있겠지요. 그들이 뭔가를 물으면 그가 뭔가 대답을 합니다. 그것도 여기와 비슷할 것입니다. 그것을 육신의 관점에서 보면 그런 식인 것입니다. 하지만 그것을 진리의 관점에서 보면, 우리가 어디에 있든 그곳이 바로 까일라사입니다. 태어나고 자라고 죽는다는 그런 일은 없습니다. 이 세상의 그 무엇도 실재하지 않는다는 것을 깨달을 때, 까일라사는 도처에 있습니다." 바가반이 말씀하셨습니다.

"그것을 어떻게 알게 됩니까?" 그 젊은이가 여쭈었습니다.

"누구나 자신이 존재하고 있다는 것을 압니다. 그대가 태어났을 때, 그대가 한 살이었을 때, 그대가 중년이었을 때 그리고 그대가 늙었을 때, 그대는 존재하고 있습니다. 그러나 그대는 변치 않았습니다. 변한 것은 육신일 뿐입니다. 그대의 진아는 변하지 않았다는 것을 아는 데는 이 예시例示 자체로 충분합니다." 바가반이 말씀하셨습니다.

청년은 그런 식의 질문을 그만두고 다시 여쭈었습니다. "진인에게는 행복이나 슬픔, 신체적 질병 따위가 없다고 합니다. 순다라르와 아빠르는 신을 뵈었을 때 기뻐서 어쩔 줄 몰랐다고 합니다. 라마크리슈나 빠라마한사(Ramakrishna Paramahamsa)조차도 성모聖母(칼리 여신)를 뵙지 못하자 극도로 슬퍼하다가 정말 뵙게 되자 황홀경에 들었다고 합니다. 그뿐 아니라, 라마크리슈나 빠라마한사가 몸에 어떤 질병이 생겼을 때는 어머니(성모)에게 울며 호소하곤 했다고 합니다. 그것은 무엇을 의미합니까? 진인들도 행복과 슬픔을 가지고 있는 것입니까?"

바가반이 그에게 답변하셨습니다. "그대의 그런 모든 이야기는 육신과의 관계에서 하는 것입니다. 그렇지 않습니까? 신체적 질병을 가지고 진인을 판단할 수는 없습니다. 마니까바짜가르(Manikkavachakar)는 이런 취지의 찬가를 불렀습니다. '오 이스와라시여, 당신은 제가 달라고 하기도 전에 당신의 은총을 저에게 쏟아주셨습니다. 얼마나 자애로우신지요! 그럼에도 저는 왜 슬픔을 느끼지 않습니까? 제 가슴은 돌로 만들어졌습니까? 제 눈은 눈물에 젖지 않습니다. 그것은 나무로 만들어졌습니까? 이 두 눈뿐 아니라 제 몸 전체가 눈들로 가득 차 그것으로 울 수 있기를 바랍니다. 그러면 정말 행복하겠습니다. 제 심장이 녹아 물같이 되어 그것이 당신과 합일되기를 바랍니다.' 이것이 그 찬가의 취지입니다. 그렇지만 그 슬픔이 진짜 슬픔입니까? 어떤 사람들은 신을 뵙게 되면 큰 소리로 그들의 행복을 표현하고, 어떤 사람들은 기쁨의 눈물을 흘립니다. 라마크리슈나 빠라마한사도 그와 같았습니다. '어머니, 당신은 얼마나 친절하시고 얼마나 자비로우신지요!' 하면서 울기도 했고, 때로는 웃기도 했습니다. 여하튼 우리가 그의 진정한 상태를 알고 싶으면, 먼저 우리 자신의 상태를 알아야 합니다."

그 젊은이는 거기서 그치지 않고 이렇게 질문했습니다. "스와미, 그는 행복의 황홀경에 들어 있을 때는 자신이 앓고 있던 질병의 고통을 몰랐지만, 그 황홀경이 끝나자 그 고통을 깨닫고 신음하곤 했습니다. 깨달은 영혼이 정말로 고통이나 쾌락이 무엇인지 압니까?"

"알겠습니다. 그것이 그대의 의문이었군요. 그대 자신의 문제를 먼저 발견하십시오. 어느 빠라마한사가 어떠했건 그대와 무슨 상관 있습니까? 그가 (그대의) 증명서를 얻어야 진인이 되는 것은 아닙니다. 그는 무엇인가가 되었습니다. 어린시절은 어린시절과 함께 지나갔고, 잠자기는 잠과 함께 사라졌습니다. 이 생시의 상태에서 최소한 그대가 무엇인지, 그대가 어디에 있는지 알아내십시오. 거기는 까일라사입니까, 불로까(Bhooloka-인간 세계)입니까, 아니면 바이꾼타입니까? 그것을 스스로 알아내고 진인이 되어 보지 그럽니까?" 바가반이 말씀하셨습니다. 질문은 거기서 끝났습니다.

1948년 4월 4일

33. 배운 사람들

어제 스리 사르웨빨리 라다크리슈난(Sri Sarvepalli Radhakrishnan)과 그 가족들이 여기 왔습니다. 그들은 바가반을 친견한 뒤 읍내의 아루나찰레스와라 큰 사원에 참배했고, 식사를 하고 나서 쉬었다가 바가반을 찾아와 하직 인사를 했습니다. 바가반은 자애롭게 고개를 끄덕여 그들이 떠나는 것을 허락하셨습니다. 저는 그 일행 중의 여자들과 아는 사이여서 그들의 차까지 그들을 배웅하고 회당으로 돌아왔습니다. 제가 자리에 앉자 바가반이 그들이 떠났느냐고 물으셨습니다. 제가 그렇다고 대답했더니, "10년 전에도 왔었지. 쁘라나바난다 스와미(Pranabhananda Swami)가 그의 친사촌이야"라고 바가반이 말씀하셨습니다.

잠시 후 바가반은 제 옆에 앉아 있던 유럽 여사와 구자라트 여사들이 저에게 뭘 묻는 것을 보시고 그들이 무슨 말을 하느냐고 물으셨습니다. 저는 그들이, 라다크리슈난이 바가반께 무슨 질문을 했느냐고 묻고 있다고 말씀드렸습니다.

"그랬군." 바가반이 말씀하셨습니다. "아닙니다. 그들은 박식한 사람들이어서 모르는 게 없지요. 그들이 물을 게 뭐가 있겠습니까?"

한 안드라 신사: 그가 지난번에 왔을 때는 무슨 질문을 했습니까?

바가반: 아닙니다. 지난번도 똑같았지요. 그는 쁘라나바난다 스와미한테서 저에 대해 모든 이야기를 듣고 있었습니다. 여기 와서는 그냥 앉아만 있었고 입을 전혀 열지 않았습니다.

그 헌신자: 밖에서는 그가 강연을 아주 멋지게 잘 합니다. 왜 여기서는 아무 말이나 토론도 하지 않고 앉아 있었을까요?

바가반: (웃으면서) 1938년에 라젠드라 쁘라사드와 여기 왔을 때도 그와 꼭 같았습니다. 여기 4, 5일간이나 있으면서 한 번도 질문을 하지 않았지요. 그는 한 구석에 눈을 감고 조용히 앉아 있곤 했습니다. 떠날 때가 되어서야 혹시 제가 마하트마(간디)에게 전할 무슨 메시지가 있는지 알고 싶어 했습니다. 그것도 다른 사람을 시켜서 자기 대신 질문하게 했지요.

그 헌신자: 바가반께서는 마하트마가 늘 내면의 진아와 교류하고 있다고 하시고, 그 내면의 진아는 여기, 저기, 도처에 있으며, 소통할 필요가 있는 것은 아무것도 없다고 말씀하시는 것 같습니다. 그렇습니까?

바가반: 예, 물론이지요. 잠날랄 바자지도 그때 왔는데, 그는 한 구석에 워낙 조용히 앉아 있어서 정확히 어디에 앉아 있는지 아무도 모를 정도였습니다. 이른 아침에 우리가 모두 채소를 썰고 있을 때는 그 일에 가담하기도 했습니다. 마지막이 되어서야 그는 우리에게 몇 가지 질문을 하고 자신의 의문을 해소했습니다.

그 헌신자: 1944년에 『냐네스와리』의 영어 번역자인 마누 수베다르가 여기 왔을 때, 그도 아무 질문을 하지 않았지 않습니까?

바가반: 아닙니다. 당시에 어떤 사람이 『리부 기타』를 읽고 있었는데, 마누 수베다르가 말하기를 모든 책에서 싯다 혹은 달인의 상태에 대해 정교하게 설명하고 있

지만, 수행자의 상태에 대해서는 별로 이야기하는 게 없다고 했습니다. 그때 저는 그에게 『박따 비자얌』에 나오는 비또바와 냐네스와르 간의 토론을 보여주었습니다. 그게 전부지요. 그는 더 이상 질문을 하지 않았습니다. 그는 박식한 사람입니다. 그와 같은 사람들에게 질문할 게 뭐가 있겠습니까? 그들은 평안을 얻기 위해 여기 옵니다.

그 헌신자: 사띠야무르띠, 띠루 V. 깔리야나순다라 무달라이아르, 냐니야르, 불루수 삼바무르띠, 탕구뚜리 쁘라까샴, 까라빼뜨라스와미 기타 많은 사람들은 여기 와서 아무 말도 하지 않았습니다. 하지만 이 사람들이 모두 돌아가면 강연을 하고 탁자를 두드리며 사자같이 포효합니다, 바가반.

바가반: 그렇지요, 그들은 배운 사람들입니다. 어떤 사람은 저술가이고 어떤 사람은 웅변가입니다. 나야나도 그와 같았지요.

그 헌신자: 그래서 박식한 사람들은 바가반께 아무 질문도 하지 않는 거군요. 그런 질문들을 가지고 바가반을 걱정시켜 드리는 것은 저희 같은 보통 사람들뿐입니다. 그러나 만약 당신께 여쭈어 보지 않으면, 바가반, 달리 저희들이 (의문의 해답을) 어떻게 알 수 있겠습니까?

바가반: 그건 괜찮습니다. 상관없습니다.

그리고 당신은 다시 한 번 침묵하셨습니다.

1948년 4월 6일

34. 절

오늘 오후 3시에 네댓 살 된 사내아이가 엄마와 함께 왔습니다. 그녀는 바가반 앞에 오체투지하고 자리에 앉았습니다. 아이도 따라서 절을 했지만, 그치지 않고 계속 절을 했습니다. 바가반은 그것을 보고 웃더니 시자들에게 말씀하셨습니다. "저봐. 나한테 계속 절을 하네. 아마 그렇게 하면 나중에 자기 좋을 대로 뭐든지 할 수 있다고 생각하는가 보군. 아직 어린 녀석이니 뭘 알겠어? 그냥 어른들 흉내를 내는 거지. 그렇지만 보상을 해 줘야겠군. 저 애가 원하는 건 바나나가 전부야. 그걸 얻으면 그만둘 거야. 하나 줘." 아이는 하나를 받자 가서 자리에 앉았습니다.

얼마 후에 어떤 사람이 와서 8체정례八體頂禮(Sashtanga namaskara)[몸의 여덟 군데를 모두 땅에 대어 엎드리는 절]를 했는데, 하고 나서 오랫동안 일어나지 않았습니다. 마침내 가까이 있던 사람들이 그를 일으켜 세웠습니다. 그는 어찌어찌 일어났지만 다시 절을 하기 시작했습니다. 결국 사람들이 절을 그만하라고 말려서 그는 자리에 앉았습니다. 바가반은 가까이 있던 사람들에게 말씀하셨습니다. "어떤 사람들은 절이란 여러 번 엎드리는 것이라고 합니다. 그러니 어떻게 합니까? 절의 진정한 의미는 마음을 해소하는 것입니다." "8체정례의 의미는 무엇입니까, 바가반?" 그 헌신자가 질문했습니다. "그것은 몸의 8부분, 즉 두 손, 두 다리, 두 팔, 가슴과 이마가 절을 할 때 땅에 닿게 하는 것입니다. 이런 형태의 예법에 숨은 뜻은, 그렇게 하는 사람이 '땅에 닿는 몸은 결국 이 땅속으로 해소될 것이고, 제 안의 '나'는 '나'로만 지속될 것입니다'라고 말하는 것입니다. 그 의미는 탐구에 의해서 스스로 터득해야 합니다. 그것을 모르면 이런 절을 해도 아무 소용이 없습니다. 사람들은 의미도 없는 절을 하면서 모든 이익을 얻고 싶어 합니다. '스와미는 그들이 바라는 것이면 그것이 옷자루든 돈 자루든 뭐든지 주어야 한다'는 것입니다. 그런 사람들이 절을 하면 저는 겁이 납니다. 제가 그들에게 은혜를 입게 되니 말입니다. 그들의 소원대로 행동해야 합니다. 그들의 모든 욕망을 충족시켜 주어야 합니다. 그들의 마음을 알고 나면 저는 조심해서 행동해야 합니다. 그뿐이 아닙니다. 저에게 절만 하고 나면 그들은 저에 대해 모종의 권리를 얻습니다. 우리 같은 사람들도 이렇게 고생하는데, 이스와라는 어떻겠습니까? 그는 너무나 많은 은혜를 입게 되어, 사람들의 소원대로 행동하지 않을 수 없습니다. 사람들에게 은택을 베풀어야 합니다. 스와미 노릇도 이렇게 문제가 많은데, 하느님 노릇은 어떻겠습니까? 저에게 절을 하지 않는 사람이 있으면 저는 아주 기분이 좋습니다. 왜냐하면 그에게는 은혜를 입지 않으니까요. 진인은 누구에게도 절을 할 필요가 없고 누구에게도 축복을 베풀 필요가 없습니다. 왜냐하면 그의 마음은 항상 가라앉아 있기 때문입니다. 그는 항상 절을 하고 있다고 할 수 있습니다. 어떤 사람들은 자기가 절을 하는데 진인이 답례도 하지 않고 손을 들어 자기를 축복해 주지도 않으면 언짢아합니다. 그러나 실은, 다른 사람들이 절을 하기도 전에, 진인은 이미 더 낮은 자세로 절을 했을 것입니다. 그의 마음은 해소되어 버렸으니까 말입니다. 축복(asirvadam)도 그와 비슷합니다. 마음이 가라앉는 것 자체가 축복입니다. 진인의 마음은 늘 가라앉아 있습니다. 그럴진대, 축복해 주는 사람은 누구입니까? 그가 할 일이 무엇입니까?" 하고 바가반이 말씀하셨습니다.

1948년 4월 8일

35. 해탈이란 무엇인가?

오늘 오후 3시에 슬픈 얼굴의 한 안드라 청년이 바가반께 다가가서 말했습니다. "스와미, 이 이야기를 하도록 허락해 주신다면 한 가지 부탁을 드리고 싶습니다. 저는 막 방갈로르에서 왔습니다. 저는 해탈을 얻기 위해서는 어떻게 명상을 해야 하는지를 모르겠고, 그래서 걱정이 됩니다. 당신께서 저를 그 길로 안내해 주시고 제가 그것을 깨달을 수 있도록 도와주셔야 합니다." "그대는 지금 무엇을 하고 있습니까?" 바가반이 물으셨습니다. "저는 지금 아무것도 하지 않고 있습니다, 스와미. 그래서 당신께 어떻게 명상을 해야 할지 말씀해 달라고 기원하는 것입니다." 그 젊은이가 말했습니다. "왜 명상을 하고 싶어 합니까? 해탈이란 무엇입니까? 그대가 깨닫고 싶어 하는 것은 무엇입니까? 그런 생각이 왜 그대에게 일어났습니까?" 하고 바가반이 물으셨습니다.

가엾은 사람, 그는 아무 말도 못했고 그래서 침묵했습니다. 그러나 그의 표정으로 보아 그는 뭔가에 대해 걱정하고 있는 것이 분명했습니다. 잠시 기다린 뒤에 바가반이 자비로운 표정으로 말씀하셨습니다. "그대의 마음을 가정신家庭神(family deity)에게 꾸준히 맞추면서 바깥 생각들을 놓아버리고 명상을 하십시오. 아니면 진아 자체를 그대의 목전에 두고 명상하십시오. 그렇게 하면 밖에서 들어오는 것들이 점차 사라지고 명상이 남게 될 것입니다. 별도로 명상을 할 필요는 없습니다. 진아에 대한 명상이 자리가 잡혀서 항상적으로 머무르게 될 것입니다. 존재하는 것(What IS-실재)이 명상입니다. 해탈을 이룬다는 그런 것은 없습니다. 밖에서 온 것들을 없애는 것 자체가 해탈입니다. 호흡 제어(prayanama) 여타 수행법들은 마음을 한 가지에 집중하기 위한 것일 뿐입니다. 호흡 제어는 헤매는 마음을 몸 안에 붙잡아 둡니다. 그래서 먼저 호흡 제어를 하고 나서 염송, 따빠스 기타 수행을 하라고 하는 것입니다. 호흡이 제어되어 한 동안 내면에 머무르게 되면 자기탐구를 수행하는 데 도움이 됩니다. 가정신이나 기타의 형상에 대해 명상하면 마음이 저절로 제어됩니다. 거듭하여 그렇게 하면 그 명상 자체가 진아 깨달음으로 나아갑니다. 그때는 무엇을 하는 자와 한 일의 이원성이 없을 것입니다. 일체가 그대의 본래적 상태로 될 뿐입니다."

그 젊은이는 석상처럼 앉아서 이 말씀을 다 들었습니다. 바가반은 당신의 옆에 앉아 있던 다른 헌신자에게 말씀하셨습니다. "보세요! 그를 이스와라[인격신]라 하든, 아뜨마[진아]라 하든 뭐라 하든 좋습니다. 그는 일체에 두루하고 일체를 압니다. 단지 사람들이 그를 보지 못할 뿐입니다. 그들은 따빠스를 하겠다면서 그 결과로 그가 그들에게 갑자기 나타나기를 바랍니다. 제가 어떻게 합니까? 우리는 그의 안에 있으면서도 '그가 어디 있지?' 하면서 그를 찾습니다. 작은 에고인 '나'가 부풀어 올라 이 모든 장난을 벌입니다. 그 대단한 능력을 보십시오!"

1948년 4월 11일

36. 자연의 아름다움

여름에 접어들면서 회당 안의 공간이 충분치 못하게 되자 바가반은 하루 종일 기념당에서 지내시기 시작했습니다. 당신의 자리 뒤에는 보통 대발을 매달아 두지만 그것이 바람의 자유로운 흐름을 막기 때문에 시자들이 어제 그것을 들어올렸습니다. 그러는 것을 저는 보지는 못했습니다. 오늘 오전 8시에 갔더니, 바가반은 그곳에 다 끄쉬나무르띠처럼 남쪽을 향해 소파 위에 앉아 계셨습니다. 뒤쪽의 망고나무가 무성한 가지로 일대를 마치 차일처럼 덮어주고 있었는데, 그 부드러운 잎들과 가녀린 꽃들은 여름의 시작을 알리고 있었습니다. 그 잎들과 꽃줄기들 사이로는 시바링가처럼 보이는 작은 망고들이 주렁주렁 달려 있었습니다. 당신 오른쪽에 있는 꽃밭의 나무 그늘에는 꽃들이 가득했고요. 파두빤프(croton-열대 관엽식물)들이 담긴 화분들은 당신 뒤쪽, 소파 아주 가까이에 놓여 있었습니다. 왼쪽으로는 시멘트 수조에 물을 가득 담아 놓았는데, 참새들이 목욕을 즐기고 있었습니다. 소파의 양쪽으로는 공작이 한 마리씩 서 있었는데 하나는 흰 공작이었고 하나는 색깔 있는 공작이었습니다. 선향에서는 거기 모여 있는 헌신자들의 코를 간질이는 향훈이 피어났습니다. 그리고 햇빛이 초가지붕의 틈 사이로 들어 바가반의 몸 위에 떨어지면서 당신의 몸은 황금처럼 빛났습니다. 이 모든 장관을 바라보느라고 저는 평소처럼 바가반께 오체투지를 했다는 것도 몰랐습니다. 저는 넋을 잃은 채 가만히 서 있었습니다.

시자 중의 한 사람인 라마짠드라 아이어가 마치 '뭡니까?' 하고 말하듯이 저를 쳐다보았습니다. 저는 기쁨을 더 이상 가눌 수 없어 외쳤습니다. "시자님, 이 장면이 얼마나 아름다운지 보셨어요? 주위의 자연이 만개하여 우리 모두에게 자신의 아름다움을 보여주고 있잖아요! 사진이라도 한 장 찍어두면 좋으련만!" 바가반이 도대체 무슨 일이냐고 물으셨습니다. "주위 경치가 너무 아름다워서 사진이라도 하나 찍었으면 하고요." 제가 말했습니다. 아이어도 그 아이디어에 반색을 하고 말했습니다. "예, 사진을 하나 찍지요." 그러자 이내 바가반이 우리에게 당신 초년의 사건들을 들려주시기 시작했습니다. "여러분이 다 아시다시피, 저는 한 동안 구루무르땀 바로 옆의 빨미라 숲 안에서 살았습니다. 그 당시에도 저에게는 망고나무 밑의 작은 움막이 있었습니다. 사람들이 비가 떨어지는 것을 막으려고 제 머리 위에 둥지 같은 것을 만들어 두었습니다. 그러나 잠잘 때 두 다리를 뻗을 만큼의 공간도 되지 않았습니다. 저는 대부분의 시간 동안 마치 둥지 안에 든 새처럼 앉아 있곤 했지요. 제 움막 맞은편에는 빨라니스와미도 작은 움막을 가지고 있었습니다. 그 큰 정원 안에 우리 두 사람만 살았던 것입니다."

저는 경전 구절을 인용하여 말했습니다. "'멋진 광경이여, 반얀나무 아래, 늙은 제자들과 젊은 스승이 앉은 모습은!'(*Citram vatatrormule vrdhah sishyah guruyuva*).[28] 젊은 스승과 늙은 제자가 함께 반얀나무 아래 앉은 모습은 보기 좋습니다. 늘 그랬던 것 같습니다. 당시에 누가 사진을 찍은 사람이 있습니까?"

"아닙니다. 당시에 사진이 어디 있겠습니까?" 바가반이 말씀하셨습니다. 그리고 시자들에게 말씀하셨습니다. "보게, 그녀는 이 광경의 사진을 찍어야 한다는군." "오늘 오후에 저희가 준비하겠습니다." 라마짠드라 아이어가 말했습니다. 바가반은 나무들을 바라보시고 지난날을 다시 한 번 회상하면서 말씀하셨습니다. "그 망고나무에도 이런 작은 열매들이 달려 있었지요. 그것이 이따금 제 움막 지붕에 떨어지면서 '툭, 툭' 하는 소리를 냈습니다. 그 열매들은 익었어도 겉껍질은 푸른색이었습니다. 열매들이 충분히 익고 나면 사람들이 그것을 따다가 완전히 익을 때까지 저장해 두곤 했습니다. 그러는 동안 어떤 일이 곧잘 일어났는지 여러분 알겠지요! 밤이 되면 박쥐들이 찾아와 그 익은 망고들을 다 갉아 먹는데, 열매마다 조금씩만 갉아먹고 내버렸습니다. 먹다 남은 부분은 우리 몫이 되었지요. 그것은 그 망고가 박쥐들의 은사물이었다는 이야기입니다." 이 이야기를 듣고 라마짠드라 아이어가 여쭈었습니다. "정원 주인이 그 열매를 하나도 주지 않았습니까?" "우리에게 언제든지 나무에서 따 먹으라고 했지만 우리는 손도 대지 않았지요. 우리한테는 박쥐의 은사물이 있었습니다. 나무 위에서 충분히 익은 망고들은 맛이 있었지요. 그거면 족하지 않습니까? 그 초가 움막들과 그 자연의 아름다움은 우리에게 굉장한 기쁨을 주었습니다" 하고 바가반이 말씀하셨습니다.

1948년 4월 12일

37. 첫 목욕과 첫 삭발

어제 오후에 기념당에 계신 바가반의 주위 환경의 장려함에 대해 오라버니께 편지를 쓴 뒤에 평소보다 조금 늦게 아쉬라맘에 갔습니다. 바가반은 저를 보시자마자 말씀하셨습니다. "라마짠드라 아이어와 아난타나라야나 라오가 함께 방금 사진 한 장을 찍었어."

때는 여름이고 이미 더워져서 끄리슈나스와미는 바가반 소파 뒤의 골풀로 만든

---

28) [역주] 샹까라가 지은 「다끄쉬나무르띠 송찬」의 맨 뒤 결미시結尾詩 중 첫 구절. 바가반이 이 송찬을 타밀어로 번역할 때 이 결미시는 번역하지 않았다.

발에 물을 뿌리고 그 발 뒤에 있는 파두들에게도 물을 뿌려주었습니다. 그 물줄기의 물보라가 바가반의 몸에 떨어지자 당신은 몸을 문지르면서 말씀하셨습니다. "보세요, 그들이 저에게 관수灌水(abhishekam)를 해 주는군요!"

그 사건은 과거에 일어난 어떤 일을 당신께 상기시켜 드린 듯했습니다. 왜냐하면 당신은 만면에 미소를 띠고 적절한 몸짓과 함께 다음과 같은 이야기를 우리에게 들려주셨기 때문입니다.

"제가 이곳 띠루반나말라이에 오고 나서 넉 달 동안 목욕을 하지 않았습니다. 하루는 제가 아루나찰라 사원 경내에 있는데, 뽄누스와미(Ponnuswami)라는 헌신자의 부인이 느닷없이 찾아와서 저를 끌고 가 앉히더니 문환자나무 열매의 가루(soap-nut powder-비누 대용품)로 제 머리를 씻기고 목욕을 시켜 주었습니다. 그녀는 이따금씩 사원에 오던 사람이었기 때문에 저는 여느 때처럼 그렇게 왔겠거니 생각했지만, 그날은 준비해서 온 것이었지요! 그것이 저의 첫 목욕이었습니다."

"그 뒤로는 매일 규칙적으로 목욕을 하셨습니까?" 제가 여쭈었습니다.

"아닙니다. 목욕할 일이 없었지요. 누가 (묵언 고행자인) 저를 목욕시킬 수 있었겠습니까? 목욕할 사람은 누구였겠습니까? 그 뒤에도 1년 가까이가 그렇게 지나갔습니다. 저는 한 동안 구루무르땀 산굴에 있었는데, 여러분이 아시듯이 사람들이 많이 찾아오지 않았기 때문에 아무도 저를 귀찮게 하지 않았습니다. 그런데 이따금 저에게 음식을 가져오던 미나끄쉬라는 한 여사가 어느 날 큰 솥 하나를 가져와 물을 끓이기 시작했습니다. 저는 그녀가 그 물을 자신이 어떤 용도로 쓰려고 그러는가 보다 했는데, 바구니에서 얼마간의 기름, 문환자나무 열매 등을 꺼내더니 '스와미, 이리 좀 오세요' 하는 것이었습니다. 저는 움직이지 않았지요. 그러나 그녀가 가만히 있겠습니까? 제 팔을 끌고 가 앉히더니 기름을 제 온 몸에 바르고 목욕을 시켜주었습니다. 돌보지 않아서 헝클어져 있던 머리도 이제 가지런히 펴져 마치 사자의 갈기처럼 늘어뜨려졌습니다. 그것이 저의 두 번째 목욕이었습니다. 그 뒤에 빨라니스와미가 오면서 모든 것이 틀이 잡혀 매일 목욕하는 것이 일과가 되었습니다."

"이 사건은 당신의 전기에 나오지 않는데요." 제가 말했습니다.

"예, 그렇지요." 바가반이 말씀하셨습니다. "그때는 누구도 그런 이야기를 기록하지 않았습니다. 삭발도 그와 같았습니다. 제가 여기 오던 날 한 삭발은 기록되어 있고, 두 번째 한 삭발은 1년 반 뒤였습니다. 머리가 헝클어져서 바구니 형상이 되어 있었는데, 잔돌과 먼지들이 거기 들러붙어 머리가 무거웠지요. 또 손발톱도 길어 무서운 모습이었습니다. 그래서 사람들은 저에게 삭발을 하라고 다그쳤고, 저는 굴복했습니다. 머리를 깎고 나자 저에게 머리[頭]가 있는지 없는지 궁금해지기 시작했습니다. 그렇게 가볍게 느껴졌습니다. 머리를 이리저리 흔들어 보고서야 머리가 붙어 있다는 것을 확신했으니까요. 그래서 저는 머리 위에 얼마나 많은 짐을 얹고 다녔는지 알았습니다."

"그 1년 반 동안에는 아무도 삭발을 시켜 주지 않았습니까?" 한 헌신자가 여쭈었습니다.

"예, 실은 제가 수브라마니야 사원에 있을 때 사람들이 시도는 했지요." 바가반이 말씀하셨습니다. "닐라깐타 아이어라는 사람은 같은 이름인 법률가의 할아버지였는데, 그곳에 자주 왔습니다. 하루는 그가 저를 삭발시킬 준비를 해 가지고 왔습니다. 저는 그가 평소처럼 왔다고 생각하고 눈을 감고 있었습니다. 그는 저에게 한 마디도 하지 않고 맞은편에 조금 떨어져 서 있었습니다. 저는 '툭, 툭' 하는 소리가 나기에 눈을 떴습니다. 한 이발사가 면도칼을 갈고 있었습니다. 저는 말없이 얼른 그 자리를 떠났습니다. 가여운 사람, 그는 제가 삭발을 하지 않으려고 한다는 것을 깨닫고 가 버렸습니다. 뽄누스와미의 부인만이 제가 목욕을 하지 않으려고 하자 저를 그냥 내버려 두지 않았지요. 제 팔을 잡아끌고 가는데 어떻게 합니까?"

"아마 당신을 자식같이 생각했나 봅니다." 제가 말했습니다.

"그렇지요. 그리고 제가 마두카 나무(madukha tree) 밑에 살고 있을 때는 이런 일도 있었습니다. 스무 살 된 무녀舞女인 라뜨남마라는 여자가 춤을 추러 사원에 출입하다가 어느 날 저를 보았습니다. 그녀는 저에게 신심을 느끼게 되었고 자기 직업에 염증을 느껴, 자기 어머니에게 말하기를, 자기가 스와미에게 음식을 드리지 못하면 자기도 먹지 않겠다고 했습니다. 그래서 두 모녀가 저에게 음식을 가져왔습니다. 그러나 그때 저는 깊은 명상에 들어 있어서, 그들이 소리를 질러도 눈도 뜨지 않았고 입도 벌리지 않았습니다. 한데 그들은 지나가는 사람에게 부탁하여 제 손을 잡아끌게 하여 저를 깨운 다음 저에게 음식을 주고 떠났습니다. 라뜨남마가 매일 스와미에게 음식을 공양한 뒤에 자기도 먹겠다고 고집하자, 그 어머니가 말했습니다. '너는 젊고 스와미도 젊다. 그런데 그는 누가 건드려 잡아당길 때까지는 깨어나지 않는다. 우리는 그렇게 잡아당길 수가 없는데, 우리가 어떻게 하느냐?' 그러자 라뜨남마는 자기 사촌에게 도와달라고 부탁하여 그의 도움을 받아 저에게 매일 음식을 주었습니다. 그러나 얼마 뒤에 그 소년의 가족들이 그것은 품위 있는 일이 아니라고 해서 그를 보내지 않았습니다. 하지만 그녀는 저에게 음식을 공양하겠다는 결의를 포기하지 않았고, 그래서 마침내 그 늙은 어미가 직접 매일같이 저를 찾아왔습니다. 자기는 나이가 많으니 그래도 상관없다고 생각하고, 저를 흔들어 깨운 다음 음식을 주었습니다. 그러고 얼마 안 되어 그 늙은 어미는 세상을 떠났고, 저도 거기서 먼 곳으로 옮겨갔습니다. 그러자 라뜨남마는 더 이상 저에게 공양하러 멀리 올 수 없게 되어 그런 시도를 포기했습니다. 라뜨남마는 그 직업으로 벌지 않으면 살아갈 수 없었기 때문에 한 남자만 섬겼습니다. 그녀가 어떤 사회에 속해 있었건 그것이 뭐가 문제겠습니까? 순수한 사람이었고 대단한 무집착과 대단한 신심을 가지고 있었습니다. 그녀는 자신의 직업을 결코 좋아하지 않았고, 자기 딸이 같은 길을 가는 것을 원치 않았기 때문에 딸은 시집보냈지요."

이야기가 끝나자 바가반은 다시 한 번 침묵하셨습니다.

1948년 4월 14일

38. 오롯한 주의력

오늘 오후에는 2시 30분에 아쉬라맘에 갔습니다. 바가반은 무슨 과일을 들고 계시다가 저를 보시자 얼굴이 웃음으로 환히 밝아졌습니다. 저는 뭔가 저에게 무슨 좋은 소식이 있나보다고 생각했습니다. 잠시 후 당신은 이런 말씀을 시작하셨습니다. "남미에서 편지 한 통과 사진 한 장을 받았어. 그 사진에는 남자 여섯 명과 여자 한 명이 있는데, 여자는 가운데 앉아서 내 사진을 머리 위에 올려놓고 있고 양쪽으로 남자 두 명이 앉고 네 명이 서 있지. 그들은 '아루나찰라회'(Arunachala Sangam)라는 모임의 회원인 모양이군. 사진에는 이렇게 써 있어. '바가반, 저희들은 당신의 친존에 찾아가지 못합니다. 저희는 여기서 당신께 존경의 절을 보내면서 수행을 하고 있을 뿐입니다. 당신의 축복을 원합니다'라고. 요금 선불 봉투도 보냈군. 남미가 어디 있고 우리는 어디 있어?"

"그 사람들 중 누가 여기 온 적이 있습니까?" 제가 여쭈었습니다.

"온 것 같지는 않은데, 저 여사는 언젠가 본 기억이 있지. 그들이 내 이야기를 어떻게 들었는지 모르겠어. 편지에서는 우리 책들을 읽고 수행을 시작했다고 쓰여 있는데. 남미는 아메리카의 남쪽 끝이지. 그들은 나를 존경한다는 거야. 왜 그러는지는 나도 모르겠군."

"헌신은 거리의 한계가 없지 않습니까?" 제가 여쭈었습니다.

"그야 그렇지. 저 여사는 내 사진을 머리 위에 올려놓고 있는데, 나에 대해서 어떻게 알았을까?" 바가반이 말씀하셨습니다.

"해가 뜨면 그 빛이 온 세상 사람들에게 보지 않겠습니까?"

"그건 좋지. 7, 8년 전에 한 여사가 나를 보러 유럽에서 왔어. 그녀는 상륙하자마자 어디에도 들르지 않고 곧장 여기로 왔지. 반시간 동안 회당에 앉아 있다가 일어서서 나에게 오체투지를 하고 하직인사를 하더니 아쉬라맘을 한 바퀴 돈 뒤에 바로 떠났어. 그리고 곧장 콜롬보로 가서 거기서 기선을 타자마자 나에게 이런 편지를 보내왔지. '바가반, 당신에 대한 이야기를 듣고 저는 당신을 뵙고 싶은 욕망이 있었습니다. 제 욕망이 충족되었습니다. 저는 지금 이 나라에서 다른 누구도 찾아보고 싶은 마음이 없습니다. 그래서 이 기선을 타고 있습니다.' 편지에 그렇게 썼어. 정말 희한하지." 바가반이 말씀하셨습니다.

제가 바가반께 말씀드렸습니다. "드리따라슈뜨라(Dhritarashtra)는 브라만의 형상을 보고 싶은 욕망과 주 끄리슈나가 준 신안(神眼)(신적인 시력)의 도움을 받아 브라만을 보았고, 그 형상이 사라지자 끄리슈나에게 말했습니다. '당신의 신성한 형상을 보고 나니 다른 어떤 것도 보고 싶지 않습니다. 그러니 당신께서 저에게 주신 이 시력을 가져가 주십시오'라고요. 바로 그와 같이, 이 여사도 당신을 뵙고 나서는 인도에서 다른 어떤 것도 보고 싶지 않았던 것입니다. 헌신에 있어서는 남자와 여자 간에 아무 차이가 없습니다. 그렇지 않습니까?"

"그럼, 아무 차이가 없지." 바가반이 말씀하셨습니다.

1948년 4월 26일

39. 사랑의 길

오늘 오전에 한 타밀 청년이 바가반께 다가가서 여쭈었습니다. "스와미, 신을 사랑하는 것은 좋은 일입니다. 그렇지 않습니까? 그런데 왜 사랑의 길을 따르면 안 됩니까?"

"누가 그것을 따르면 안 된다고 하던가요? 그렇게 해도 됩니다. 그러나 그대가 사랑을 이야기할 때 거기에는 이원성이 있습니다. 즉, 사랑하는 사람과 사랑받는 신이라는 실체가 있지 않습니까? 그 개인은 신과 별개가 아닙니다. 따라서 사랑은 자기 자신의 진아에 대한 사랑을 의미합니다. 이에 대해, 즉 자기 자신의 진아를 사랑하는 것에 대해서는 『바수데바마나남』에 단계적으로 다음과 같은 예들이 나옵니다. 사람은 돈을 더없이 사랑합니다. 그러나 돈보다도 자기 아들을 더 사랑합니다. 아들보다는 자기 자신의 몸을 더 사랑하고, 몸보다는 신체 기관들을 더 사랑하며, 기관들 중에서는 눈을 가장 사랑하고, 눈보다는 생명을 더 사랑하며, 생명보다는 진아를 더 사랑합니다. 이것은 이와 같이 예로써 설명됩니다. 만일 아들이 뭔가를 잘못하여 정부에서 그를 처벌하기로 하면 그 부모가 돈을 내거나 심지어는 뇌물을 써서 아들을 석방시키려고 합니다. 그래서 아들에 대한 사랑이 돈에 대한 사랑보다 더한 것입니다. 그러나 만약 정부가 돈을 받지 않고 대신 아버지가 그 벌을 받으면 아들을 풀어주겠다고 하면 그 아버지는 이렇게 말합니다. '그 아이를 마음대로 하십시오. 저는 그 아이와 아무 관계가 없습니다'라고. 그래서 아버지는 자기 아들보다도 자기 몸을 더 사랑하는 것입니다. 어떤 사람이 무슨 짓을 한 데 대해 권력자가 그의 눈을 뽑아버리겠다고 하면 그는 육체적 고문을 당해서라도 자신의 눈을 구하려고 합니다. 그래서 신체 기관을 잃느니 육체적 고문을 선호합니다. 그러나 만일 그의 머리를 잘라서 목숨을 끊겠다고 하면 목숨을 잃느니 눈이나 기타 기관을 잃겠다고 합니다. 그래서 기관들보다는 생명을 더 사랑하는 것입니다. 같은 방식으로 진아 지복을 가지고 있는 사람은 필요하다면 자신의 목숨까지도 내놓을 준비를 할 것입니다. 그래서 목숨보다도 진아를 더 사랑하는 것입니다. 그러므로 사람이 신을 사랑한다고 생각하는 것은 자기 자신이 행복하기 위한 것일 뿐입니다. 그러나 신은 행복의 화신이고 그 행복이 곧 신입니다. 다른 누구를 사랑하겠습니까? 사랑 자체가 신입니다"라고 바가반은 말씀하셨습니다.

"그래서 제가 당신께 사랑의 길을 통해서 신을 숭배해도 되는지 여쭈어 본 것입니다." 그 질문자가 말했습니다.

"그것이 정확히 제가 한 말입니다. 사랑 자체가 신의 실제적 형상입니다. 만일 '나는 이것을 사랑하지 않는다, 나는 저것을 사랑하지 않는다'라고 하면서 모든 것을 물리치고 나면 남는 것은 스와루빠, 즉 내재하는 진아입니다. 그것은 순수 지복입니다. 그것을 순수 지복이라 하든, 신이라 하든, 진아라 하든, 뭐라 해도 좋습니다. 그것이 헌신이고 그것이 깨달음이며 그것이 모든 것입니다"라고 바가반이 말씀하셨습니다.

"지금 하시는 말씀의 의미는, 우리가 좋지 않은 바깥 사물들은 물론, 좋은 것들까지 모두 물리치고 신만을 사랑해야 한다는 것입니다. 우리가 어떤 것을 경험해 보지 않는다면, '이것은 좋지 않다, 저것은 좋지 않다' 하면서 모든 것을 물리친다는 것이 가능하겠습니까?" 어떤 다른 사람이 질문했습니다.

"맞습니다. 나쁜 것을 물리치려면 좋은 것을 사랑해야 합니다. 때가 되면 그 좋은 것도 장애물로 나타날 것이고 그러면 그것도 배척되겠지요. 그래서 그대는 반드시 좋은 것을 먼저 사랑해야 합니다. 그 말은, 먼저 그대가 사랑하는 것을 사랑한 다음 그것을 물리쳐야 한다는 뜻입니다. 이와 같이 모든 것을 물리치면 남는 것은 진아뿐입니다. 그것이 진정한 사랑입니다. 그 사랑의 비밀을 아는 사람은 세계 자체가 보편적 사랑으로 가득 차 있는 것을 봅니다." 바가반은 이렇게 말씀하시고 다시 침묵을 지키셨습니다.

1948년 4월 28일

40. 화막

어제 오후에 한 헌신자가 바가반께 다가가서 말했습니다. "스와미, 자신의 진아를 깨달은 사람에게는 생시, 꿈, 깊은 잠의 세 가지 상태가 없을 거라고 합니다. 그것이 사실입니까?"

바가반이 자애롭게 말씀하셨습니다. "그대는 무엇을 가지고 그들에게 그 세 가지 상태가 없을 거라고 이야기합니까? '나는 꿈을 꾸었다. 나는 깊은 잠이 들어 있었다. 나는 깨어 있다'고 말을 할 때는 그 세 가지 상태 모두에 그대가 있었다는 것을 인정해야 합니다. 그렇다면 그대는 내내 존재했다는 것이 분명합니다. 그대가 지금처럼 있으면 그대는 생시의 상태에 있습니다. 이것이 꿈의 상태에서는 감추어집니다. 그리고 그대가 깊은 잠이 들었을 때는 꿈의 상태가 사라집니다. 그대는 그때도 있었고, 지금도 있고, 항상 있습니다. 세 가지 상태는 오고 가지만 그대는 항상 있습니다. 그것은 영화와 같습니다. 화막은 항상 있지만 그 화막 위에서 여러 가지 형태의 화상들이 나타나고 사라집니다. 화막에는 그 어떤 것도 붙을 수 없고, 화막은 화막으로 남아 있습니다. 그와 마찬가지로, 그대는 그 세 가지 상태 모두에서 그대 자신의 진아로 남아 있습니다. 그것을 알면 세 가지 상태가 그대에게 문제되지 않을 것입니다. 마치 화막 위에 나타나는 화상들이 화막에 붙을 수 없듯이 말입니다. 그 말은, 그 세 가지 상태가 그대에게 붙지 않을 거라는 뜻입니다. 화막 위에서 그대는 때로 끝없이 파도가 넘실대는 큰 바다를 보지만 그것은 사라집니다. 또 어떤 때는 불길이 사방에 퍼져가는 것을 보지만 그것도 사라집니다. 두 경우 모두 화막은 그대로 있습니다. 화막이 물에 젖거나 불에 탔습니까? 그 어떤 것도 화막에 영향을 주지 않았습니다. 그와 마찬가지로 생시, 꿈, 깊은 잠의 상태에서 일어나는 일들은 그대에게 전혀 영향을 주지 않습니다. 그대는 자신의 진아로 머물러 있습니다."

질문자: 그 말씀은, 사람들이 생시, 꿈, 깊은 잠의 세 가지 상태를 경험하기는 하지만 이 상태들이 사람들에게 영향을 주지 않는다는 뜻입니까?

바가반: 예, 바로 그겁니다. 이 모든 상태들은 오고 가지만 진아는 방해받지 않습니다. 진아에게는 한 가지 상태만 있습니다.

질문자: 그 말씀은, 그런 사람은 이 세상 속에서 한 주시자로 남을 뿐이라는 뜻입니까?

바가반: 그렇지요. 바로 이 점에 관해 비디야란야는 『빤짜다시』 제10장에서 극장의 무대 위에 켜둔 등불의 예를 들고 있습니다. 연극이 공연되는 동안 등불이 거기 켜져 있으면서 왕이든 하인이든 무용수든 전혀 가리지 않고 모든 배우를 비춰주고 모든 관객도 비추어 줍니다. 그 등불은 연극이 시작되기 전과, 공연이 진행되는 도중, 그리고 공연이 끝난 뒤에도 켜져 있을 것입니다. 그와 마찬가지로 내면의 빛, 즉 진아는 에고(*ahankara*), 지성(*buddhi*), 마음(*chitta*) 그리고 낮은 마음(*manas*)을 비춰주면서도 그 자체는 성장과 쇠퇴의 과정을 겪지 않습니다. 깊은 잠 기타의 상태에서 에고의 느낌이 없다 할지라도 저 진아는 아무 속성 없이 그대로 있고, 계속 스스로 빛을 발합니다. 이것이 그가 든 예의 의미입니다. 만일 그대가 자기탐구를 하여 그대가 누구인지 그리고 그대가 무엇인지를 알아내면, 전혀 어떠한 의문도 없을 것입니다.

1948년 4월 29일

41. 행위자와 행위

오늘 오전 9시경에 어제 여기 온 라얄라시마(Rayalaseema) 출신의 한 법률가가 바가반의 침상 가까이 앉아서 질문했습니다. "스와미, 『기타』에서 주 끄리슈나는 먼저 일체가 '행위 안에 포함되어 있고, 사람의 자아는 아무런 구실도 하지 않는다'고 말했습니다. 그런 다음, 그 자신이 '행위자,' '행위,' '행해진 것'(*karta, karma, karyam*)이라고 말합니다. 이 세 가지 중에서 '행위'가 가장 중요하기는 하지만 그것은 그 자체로는 움직일 수 없습니다(*jada*). 사정이 그렇다면 일체가 행위자에게 의존하는데, 그는 곧 이스와라입니다. 그렇다면 왜 그는 먼저 '행위'를 창조해 놓고 나서 사람마다 서로 다른 행위(karmas)를 하게 만들어 놓았습니까? 나중에는 각자가 자신의 업(karmas)에 따라 움직이게 되어 있다고 합니다. 애초에 이런 차별상이 어떻게 생겨났습니까? 그것이 어떻게 일어났습니까? 그 뿐만이 아닙니다. 만약 일체가 '행위'와 '행위자'—즉, 이스와라—에게 맡겨져 있다면, 개인적 노력(*purushakara*)이 들어설 자리는 어디입니까? 만일 개인적 노력이 없다면 왜 우리 자신이 깨달음을 성취해야 한다고 하는 것입니까? 그것이 무슨 뜻입니까?"

바가반이 말씀하셨습니다. "질문하는 것은 누구입니까? 이 의문이 누구에게 일어났습니까? 그것이 왜 일어났습니까? 먼저 그것을 숙고하여 그것을 알아내십시오."

그 헌신자: 스와미, 저는 왜 주 끄리슈나가 그렇게 말했느냐고 여쭈는 것뿐입니다.

바가반: 제가 하는 말이 그 말입니다. 주 끄리슈나가 아르쥬나에게 정확히 무어라고 말했습니까? 그는 말했습니다. "일은 '행위'에 따라 이루어질 것이다. 내가 위에서 모든 일을 지켜보는 '행위자'이다. 그대가 왜 걱정하는가? 그대의 친척들을 죽이는 것은 그대의 몸이다. 그대가 그 몸인가? 아니다! 그러면 그대에게 왜 이런 속박이 있는가? 그런 생각을 포기하라"라고 말입니다. 이 말은 그가 아르쥬나에게, 그 일을 하되 자신이 그 일을 하고 있다는 느낌을 포기하라고 한 것입니다. 그것이 개인적 노력입니다. 그대가 '이 몸이다, 아니다' 하는 느낌은 그대 자신의 무지에서 나옵니다. 그 느낌만 포기하면 됩니다. 그대가 가진 것을 스스로 배척해야 합니다. 다른 누가 그렇게 하겠습니까? 개인적 노력에 의해 그 속박이 제거되면, 행위자인 이스와라의 명령에 따라 행위가 저절로 진행됩니다. 각자 자신에게 할당된 일이 있고 그는 그것을 자동적으로 하게 됩니다. 우리가 왜 걱정합니까? 아르쥬나가 자신이 친척들을 죽이는 것은 옳지 않다고 생각했을 때, (끄리슈나로부터) 자신이 '행위자'라는 느낌을 포기하라는 말만 들었습니다. 하지만 궁극적으로 싸운 사람은 아르쥬나였습니다. 그는 『기타』를 들음으로써 자신이 '행위자'라는 느낌을 잃어버렸고, 자신이 가지고 있던 의문은 더 이상 존재하지 않았습니다. 그 일은 그 특정한 육신에 의해 이루어져야 했기 때문에 그렇게 된 것입니다. 두료다나(Duryodhana)조차도 그랬습니다. 그가 옳고 그름을 몰라서 자신이 무슨 일을 하고 있는지 몰라서가 아니었습니다. 자신이 하고 있는 일이 옳지 않다는 것을 알고 있었지만, 어떤 힘이 그로 하여금 그 일을 하게 이끌었던 것입니다. 그러니 그가 어떻게 합니까? 그 일은 그의 육신에 의해 그런 식으로 이루어져야 했고, 그렇게 되었습니다. 그가 죽을 때 그렇게 말했다고 합니다. 따라서 어떤 힘이 모든 사람들로 하여금 일을 하게 한다는 것이 분명합니다. '나 자신이 하고 있다'는 느낌을 없애는 것이 개인적 노력입니다. 모든 수행은 그 목적을 향하고 있습니다.

다른 헌신자: 그건 좋습니다. 이 업에는 어떤 시작이 있어야 하는데, 그것이 어떻게 시작되었는지에 대해서는 아무도 이야기한 적이 없습니다.

바가반: 예, 하지만 마찬가지입니다. 누가 그대에게 '이것을 어떻게 얻었느냐?'고 물으면 그대는 '행위'(karma)에 의해 얻었다고 말합니다. 그대는 어떻게 태어났습니까? '행위'에 의해서, 이것이 그대가 말할 수 있는 전부입니다. 그러나 만약 그대가 이 업이 어떻게 생겨났느냐고 물으면, 그런 질문을 해서는 안 된다는 말을 듣게 됩

니다. 이것이 씨앗과 나무의 법칙(bija ankura nyayam)이라고 하는 것입니다. 나무는 씨앗에서 생겨납니다. 또 나무에서 씨앗이 생겨납니다. 그 씨앗의 기원은 무엇이냐? 그것이 바로 물으면 안 된다고 하는 질문입니다. 거기에 대해 우리가 뭐라고 말할 수 있겠습니까? 그래서 저는 늘 사람들에게 그들이 어떻게 태어났는지, 어디서 태어났는지 먼저 물으라고 하는 것입니다.

하느님은 모든 존재들의 심장 속에서 살고 있다, 아르쥬나여,
이 육신의 기계 위에 올라앉아 환력으로 그들을 업에 따라 빙빙 돌리면서
― 『기타』, 18:61

그에게서 안식처를 구하라, 그대의 모든 존재로써, 오 바라타여,
그의 은총을 통해 지고의 평안을 얻고 영원한 거소에 안주하리니.
― 『기타』, 18:62

1948년 4월 30일

42. 나야나와 라마나 기타

어제 오후 2시 30분에 '심장 동혈 한 가운데'(Hridaya kuhara madhye) 하는 시구에 대한 이야기가 오고갔는데, 한 헌신자가 바가반께 그것을 스깐다쉬라맘에 사실 때 지으느냐고 여쭈었습니다.

바가반: 예, 거기 있을 때 지었지요. 1915년에 저는 그것을 자가디스와라 샤스뜨리(Jagadiswara Sastri) 때문에 지어야 했습니다.

그 헌신자: 그 이유 때문이었습니까? 『라마나 기타』에서는 바가반께서 손수 그 것을 지으신 걸로 되어 있는데요.

바가반이 말씀하셨습니다. "아니, 아닙니다. 1915년에 자가디샤(Jagadisa)가 짜뚜르마시야(Charturmasya)29) 동안 스깐다쉬라맘에 머무르고 있었는데 어느 날 종이에 '심장 동혈 한 가운데'라고 써서 손에 쥐고 앉아 있었습니다. 그게 뭐냐고 물어보니까 하는 말이, 자기가 시를 한 수 짓고 싶었는데 막상 시작하고 보니 그 한 구절밖에 쓸 수 없었다고 했습니다. 그래서 나머지 부분을 지으라고 했더니 자기는 아무리 해도 그게 안 된다고 했습니다. 얼마 후에 그는 그 종이를 저의 자리 밑에 두고 어디론가 나갔습니다. 그가 돌아오기 전에 저는 그 시구를 완성하고 그 밑에 '자가디샤'란 이름을 써서 그가 돌아오자마자 보여주었습니다. 그는 왜 자기 이름을 거기다

---

29) 산야신이 수행을 하며 한 곳에 머무는 때인 아샤다(Ashada) 달로부터 넉 달 동안 거행되는 희생제의 이름.

썼느냐고 물었습니다. 저는 그것을 자가디샤가 시작했기 때문이라고 말했습니다. 그는, 만약 그렇다면 그 종이를 자기가 가져야겠다면서 저에게서 그것을 받아 조심스럽게 간직했습니다. 그 당시 그는 아주 젊었었지요."

"얼마 뒤에 저는 똑같은 시구를 써 두었습니다. 제가 아쉬람 근처의 큰 석판 위에 앉아 있고 사람들이 다 제 주위에 모여 있을 때, 그들이 저에게 그 시구의 의미를 설명해 주기를 원했습니다. 저는 승낙하고 그들에게 그것을 두세 시간에 걸쳐 설명해 주었습니다. 그것을 이용하여 자가디샤는 최근에 그 시에 대한 긴 주석을 썼는데, 샹까라의 어느 시구에 대해 주석했을 때와 같은 문체로 되어 있었습니다. 그 원고를 어디선가 잃어버린 모양입니다. 나야나가 『라마나 기타』를 썼을 때, 그는 이 시구를 제2장의 서두시序頭詩로 삼았습니다. 이것이 (이 시구와 관련된) 모든 내막입니다. 저는 그럴 만한 이유 없이는 어떤 것도 짓지 않았습니다."

"그 시를 지으신 것은 나야나가 『라마나 기타』를 썼을 때와 거의 같은 때였습니까?" 하고 누군가가 질문했습니다.

"아닙니다. 그것은 좀 뒤였지요. 그는 그 책을 1917년에 썼습니다. 그러나 거기에 대해서는 재미있는 일이 있습니다. 1913년에 그는 저에게 몇 가지 질문을 하여 뭔가를 배웠습니다. 그 배운 것이 그의 마음에 완전히 뿌리내리자 그는 강연을 할 때마다 즉석에서 시구를 하나 읊으면서 그것은 『라마나 기타』 제 몇 장 몇 절에 나온다고 말하곤 했습니다. 그런데 그것은 『라마나 기타』를 쓰기 오래 전의 일이었지요. 그가 이렇게 큰소리를 쳐도 아무도 감히 그에게 따지고 들지 못했습니다. 그는 강력한 인격의 소유자로, 수단이 풍부했으니까요. 이렇게 때때로 시구를 읊다가 그는 마침내 『라마나 기타』를 썼습니다." 바가반이 말씀하셨습니다.

어떤 사람이 질문했습니다. "그 『라마나 기타』가 어디 있는지, 그가 그것을 어떻게 했는지 아무도 묻지 않았습니까?"

바가반은 웃으셨습니다. "누가 그에게 그렇게 따져 물을 용기가 있었겠습니까? 그것이 그의 강점이었습니다. 『라마나 기타』를 쓰고 나서도 그가 어떻게 했는지 압니까? 그 『기타』에 없는 시구들을 인용하여 그것을 예로 들곤 했습니다. 그것은 간행된 책에 들어 있지 않다고 만일 누가 용기 있게 말했다면, 그는 그 원본의 확대판인 『마하 라마나 기타』에 들어 있다고 말했을 겁니다. 그는 그것도 쓰려고 계획했지만 결국 그렇게 하지 못했지요. 그는 「아루나찰라에 바치는 5보송五寶頌」(Arunachala Pancharatna)에 대한 주석을 하나 써서 자신의 지식을 과시하겠다는 이야기도 더러 했는데 그것도 결코 이루어지지 못했습니다."

"나야나는 언젠가 샤이바 싯단타(Saiva Siddhanta)30)에 대해서도 같은 방식으로 이야기를 한 것 같습니다." 다른 헌신자가 말했습니다.

"그랬지요." 바가반이 말씀하셨습니다. "그것은 그가 여기 온 초기의 일입니다. 그 당시에 그는 샤이바 싯단타에 대해 아무것도 몰랐습니다. 샤이바 싯단타 신도회가 이곳(띠루반나말라이)에서 회의를 개최하기로 하고 나야나더러 그 회의를 주재해 달라고 초청했습니다. 또 그들은 나야가 대단한 빤디뜨이기 때문에 샤이바 싯단타에 대해 상세하고 권위 있는 강연을 할 것이라고 공고했습니다. 그는 회의가 열리기 4, 5일 전에야 정확한 날짜를 통보받았습니다. 회의가 열리는 바로 그날 아침 그가 저한테 와서 말했습니다. '이 사람들이 저에게 샤이바 모임(Saiva Sabha)에 참석하여 이야기를 해 달라고 합니다. 하지만 저는 싯단타가 뭔지, 그 본질이 참으로 무엇인지 모릅니다.' 그래서 저는 『시바 냐나 보담』(Siva Jnana Bodham)이라는 타밀 책 한 권을 꺼내어 거기서 12개의 경구를 선택하여 그 취지를 설명한 다음, 저 싯단타의 핵심을 간략히 말해주었습니다. 그걸로 충분했지요. 그는 워낙 영리한 사람이라 대번에 그 근본 원리를 파악하고 회의에 갔습니다. 즉석에서 시를 지어낼 수 있는 그는 대단한 확신으로 그 시들을 읊으면서, 타밀어로 너무나 권위 있게 강연을 하여 참석한 모든 사람은 그의 사상과 학식이 심오함에 놀랐습니다. 나야나는 회의에서 돌아오자 이렇게 말했습니다. '제가 오늘 이야기를 한 것은 제 지식이나 능력에서 나온 것이 아닙니다. 모두 바가반의 은총 때문입니다. 제가 한 번도 읽은 적이 없는 샤이바 싯단타가, 마치 여러 해 동안 줄곧 제 마음 속에 들어 있던 것처럼 떠올랐으니 말입니다.' 그의 지적인 힘이 그 정도였습니다."

한 헌신자가 말했습니다. "「우마 사하스람」(Uma Sahasram)31)의 경우만 해도 그것을 낭독하기로 정해진 날의 전날 저녁까지 그가 준비를 하지 못하고 있었던 것 같습니다."

바가반이 대답하셨습니다. "그랬지요. 아무 날에 아삐따 사원(Apeetha Temple)에서 「우마 사하스람」을 낭독할 것이라고 알리는 초청장이 여러 사람에게 발송되었고, 하루 전날 벌써 많은 사람이 와 있었습니다. 다음날 아침에 그것을 낭독해야 하는데, 아직도 300연을 더 지어야 했습니다. 나야나가 저한테 와서 말했습니다. '새벽까지 이 300연을 지어야 합니다. 어떻게 그것을 할 수 있겠습니까?' '왜 걱정합니까?' 제가 말했지요. '우리가 밥을 먹고 난 뒤 앉으면 문제없을 겁니다.' '그러면 그리로

---

30) [역주] 헌신의 색채가 강했던 남인도 시바파 힌두교의 한 흐름.
31) [역주] 가나빠띠 무니가 지은, 여신 우마(=빠르바띠)에게 바치는 1,000연의 찬가.

오셔야 합니다.' 그가 말했습니다. 이것은 모두 제가 산 위에 살고 있을 때의 일입니다. 그가 바라는 대로 저는 (그가 거처하던) 망고 산굴로 가서 한쪽 구석에 앉아 계속 눈을 뜨고 있었습니다. 나야나는 제 맞은편에 앉아 제자 네 명으로 하여금 자기 옆에 앉히고 각자 한 구절씩 받아쓰게 하면서 즉석에서 불러주어, 자정까지 300연을 모두 지었습니다."

그 헌신자가 말했습니다. "그 300연이 다 끝날 때까지 바가반께서는 계속 그를 바라보고 계시다가, 그것이 끝나자 일어서면서 '제가 한 말을 다 받아 적습니까?' 하셨다는 게 사실입니까?"

바가반이 말씀하셨습니다. "예, 그랬지요. 저는 그 시들을 모두 제가 받아쓰게 했다고 느꼈습니다."

그 헌신자가 계속 여쭈었습니다. "나야나는 다른 시구들은 여러 번 수정했지만 그 300연은 절대로 손을 대지 않았다는 것도 사실입니까?"

바가반은 그렇다는 표시로 고개를 끄덕이고는 다시 한 번 침묵하셨습니다.

1948년 5월 1일

43. 집중과 무욕

저는 무슨 책 장정을 하느라고 바빠서 오늘 오전에는 약간 늦게 아쉬라맘에 갔습니다. 이때는 9시쯤이었습니다. 그때까지, 어제 여기 온 마하라쉬트라 지방의 어떤 신사가 몇 가지 질문을 했는지 바가반이 그에게 청산유수로 답변을 하고 계셨습니다. 감로수로 가득 찬 그 말씀들은 마치 갠지스 강물의 급류처럼 당신으로부터 흘러나오고 있었고, 한 헌신자가 그것을 영어로 통역하고 있었습니다. 급히 회당에 들어가서 앉은 저는 늦게 온 것을 후회했습니다. 이때는 '집중'(*abhyasa*)[한 주제에 대한 마음의 집중]과 '무욕'(*vairagya*)의 문제가 논의되고 있었는데, 바가반은 다음과 같이 설명하셨습니다.

> 점차 단계적으로, 확고한 지성으로써 평정(不靜)을 성취하고
> 마음을 신 안에 자리잡게 하여 다른 어떤 것도 생각하지 말라.
> — 『기타』, 6:25

> 흔들리고 불안한 마음이 요동하여 어디로 흘러가더라도
> 확실하게 그것을 돌이켜 거듭 신에게 집중시켜야 한다.
> — 『기타』, 6:26

"이 모든 가르침에도 불구하고 아르쥬나의 의문은 해소되지 않았고, 그래서 그는

계속 질문을 했습니다."

> 왜냐하면 끄리슈나여, 마음은 아주 불안하고 격렬하고 집요하고 강해서,
> 그것을 제어하기가 바람을 제어하는 것만큼이나 어렵기 때문입니다.
> ― 『기타』, 6:34

여기에 대한 답으로서,

> 의심할 바 없이, 오 아르쥬나여, 마음은 제어하기 어렵다,
> 그러나 꾼띠의 아들이여, 수행과 무욕에 의해 능히 제어할 수 있다.
> ― 『기타』, 6:35

"끄리슈나는 이렇게 말했습니다. 따라서 수행자는 수행과 무욕을 갖추는 것이 아주 필요합니다."

질문자 중의 한 사람이 말했습니다. "『기타』 제2장에서는 탐구의 길을 따르는 명상 수행이 최상이라고 하지만, 제12장에서는 헌신의 길이 최상이라고 합니다. 이 두 가지 입장을 어떻게 조화시킬 수 있습니까?" 바가반이 말씀하셨습니다. "수행자에게는 먼저 지(知)의 길에서 명상을 하라고 했습니다. 그렇게 할 수 없으면 그 다음에는 요가를, 그 다음에는 행위를, 그리고 마지막으로 헌신을 하라고 한 것입니다. 그런 식으로 하나하나 가르쳐서 누구나 자기에게 맞는 길을 따를 수 있게 한 것입니다. 어느 길이 되었든 결국 목표는 하나입니다. 주 끄리슈나의 생각, 각인의 영적인 발전 정도에 따라 어느 한 길이 쉬울 거라는 것이었지요."

1948년 5월 2일

44. 인간의 위대함

명상과 무욕의 수행에 대해 어제 한 논의의 요지를 오라버니께 편지로 쓰고 나서 저는 바가반이 인용하신 『기타』의 여러 구절이 나오는 장과 절을 알려드리고 싶었지만 『기타』에서 그것을 쉽게 찾을 수 없었습니다. 그래서 저는 바가반께 직접 여쭈어 보는 것이 최선이라고 생각했습니다. 저는 오후 2시 30분경에 일찍 아쉬라맘에 갔습니다. 사람은 많이 없었습니다. 바가반께 제가 가지고 있는 『기타』를 드렸더니, 당신은 그 시구들을 기꺼이 지적해 주셨을 뿐 아니라 다시 한 번 그 의미를 저에게 설명해 주셨습니다. 그러고 있는데 안드라인 몇 사람이 단체로 와서 앉았습니다. 그 중의 한 사람이 질문했습니다. "스와미, 해탈을 얻는 가장 쉬운 길은 무엇입니까?"

바가반은 미소를 띠며 말씀하셨습니다. "바로 그것이 제가 지금 설명하고 있는

것입니다. 마음이 헤맬 때마다 그것을 안으로 돌려, 진아에 대한 생각 안에 안주시켜야 합니다. 그것이 유일한 길입니다."

다른 사람이 말했습니다. "그렇게 하기 위해서는 라마의 이름을 염하는 것이 좋지 않습니까?"

"물론 좋지요." 바가반이 말씀하셨습니다. "그 이상 좋은 게 무엇입니까? 라마의 이름 염송이 갖는 효력은 굉장합니다." 그리고 저를 바라보면서 말씀하셨습니다. "여러분은 나마데바(Namadeva)의 이야기를 알 것입니다. 그는 한 헌신자에게 이렇게 말했다고 합니다. '만약 라마의 이름이 갖는 효력을 알고 싶으면, 먼저 그대 자신의 이름이 무엇인지(자기 자신의 이름이란 자신의 진정한 성품, 곧 스와루빠입니다), 그대가 누구이며 어떻게 태어났는지를 알아야 한다. 그대 자신의 근원을 모르면 그대의 이름을 알지 못할 것이다'라고 말입니다. 이러한 생각은 마라티어로 쓰여진 나마데바의 아방가(Abhangas-신에 대한 찬가들)에 나옵니다. 어떤 사람이 말라얄람어로 아주 상세하게 『아디야뜨마 라마야나』(Adhyatma Ramayana)를 썼습니다. 그 책에서 말하기를, 안자네야(Anjaneya-하누만)가 시따(Sita)를 찾으러 (랑카에) 갔을 때 그는 알현실에서 라바나의 맞은편 높은 대赤 위에 앉아 겁 없이 이렇게 말했다고 합니다. '오 라바나여, 나는 그대에게 해탈을 성취할 수 있는 가르침을 주겠다. 부디 내 말을 귀담아 들으라. 심장 연꽃 가운데 항상 있는 하리(Hari-비슈누, 즉 라마)에게 강렬히 헌신하면 자아가 정화된다는 것은 확실하다. 에고가 소멸되고 죄도 소멸된다. 그러고 나면 그 자리에서 초월적인 진아에 대한 지知가 나타난다. 순수한 마음과, 진아에 대한 확고한 지知에서 나온 지복 속에서, 진언과도 같은 '라'와 '마' 두 글자가 그대 안에서 자동적으로 계속 염해질 것이다. 이 지知를 가진 사람에게 무엇이 더 필요하겠는가? 그러니 비슈누의 연꽃 발을 숭배하라. 그것은 모든 세간적 두려움을 없애줄 것이다. 이 연꽃 발은 모든 헌신자들이 사랑하는 것이니, 그것은 천만 개의 해가 빛나듯이 밝게 빛난다. 그대의 마음 속에 있는 무지를 포기하라.' 이것은 산스크리트본 『아디야뜨마 라마야나』에서는 2, 3연의 시구로 언급되어 있습니다. 라마라는 이름의 효력이 평범합니까?"

"그러나 한 가지를 알아야 합니다. 그 이름을 염하는 방법을 알아야 합니다. 모든 염송의 경우에, '쁘라나야메 비니요가하'(Pranayame Viniyogaha)라고 하는데, 그것은 먼저 호흡을 제어하고 나서 염송을 해야 한다는 뜻입니다. 바꾸어 말해서 마음이 제어되어야 한다는 것입니다. 삼반다(Sambandha)는 시바의 헌신자입니다. 그는 어느 시에서 주 시바의 이름을 염하는 빤짜악샤리(Panchakshari) 염송법을 설명하고 있습니다. 그 의미는, 그 염송을 할 때 우리가 구규九竅(Navadwaras)[몸의 아홉 구멍, 즉 두 눈, 두 귀, 두 콧구멍, 입, 항문, 생식기를 닫고 그것을 잠그고 봉인해야 하며, 그렇지 않으면 마음이 달아난다는 것입니다. 이 아홉 문을 닫고 빤짜악샤리 염송을 하십시오. 만일 감각 기관을 제어하여 마음이 제어될 수 있으면, 즉 가라앉을 수 있으면 남는 것은 진아입니다. 여러분이 자신의 진아에 대해서 명상하면 그 염송은 자기 자신의 진아가 됩니다."

"그것이 무염송(ajapa)이라는 상태입니까?" 하고 어떤 사람이 질문했습니다.

바가반: 내면에서 염하는 것이 무염송이지, 입으로 염하는 것을 어떻게 무염송이라고 하겠습니까?

헌신자: 모든 사람들이 항상 그와 같이 염송을 한다는 것이 가능하겠습니까?

바가반: 아니, 불가능하지요. 그래서 고인들이 말하기를, 한 동안은 염송을 하고 한 동안은 노래도 부르고 책도 읽고 글도 쓰라고 했습니다. 이와 같이 마음을 좋은 행위로 향하게 하여 그것이 나쁜 습관에 빠지지 않게 해야 한다는 것입니다. 『기타』에서도 수행과 무욕을 통해 마음이 헤매는 것을 멈추게 해야 한다고 말합니다. 염송도 그와 같습니다. 염송을 하는 동안 마음이 점차 일념이 되도록 해야 합니다. 수행법으로 제시된 다른 모든 행법들도 그 일념을 얻도록 하기 위한 것입니다.

수행과 무욕에 의해 그것을 제어할 수 있다.

- 빠딴잘리, 『요가경』, 1:12

1948년 5월 19일

45. 다끄쉬나무르띠의 의미

어제는 화요일이어서 새벽같이 일어나 산을 돌러 갔습니다. 집에 돌아오자 저는 집안일을 끝낸 뒤 오전 7시 30분에 아쉬라맘에 갔습니다. 바가반 앞에서 오체투지 하고 일어날 때 당신이 물으셨습니다. "오른돌이를 하고도 그렇게 빨리 왔어?"

"7시에 돌아왔지만 집에서 조금 늦어졌습니다." 제가 말했습니다.

"그래? 언제 출발했는데?" 바가반이 물으셨습니다.

"새벽 3시 반에요." 제가 말했습니다.

"그렇게 빨리? 누구랑 갔는데?" 바가반이 물으셨습니다.

"아무도요. 저는 혼자 돕니다. 저 겁 안 납니다." 제가 말했습니다.

"좋아. 겁낼 게 뭐가 있어? 우리가 산을 돌 때는 주로 밤에만 돌았지." 바가반이 말씀하셨습니다.

한 헌신자가 말했습니다. "한번은 당신께서 산을 도실 때 어떤 헌신자가 「다끄쉬나무르띠 송찬」의 의미를 설명해 달라고 청했는데, 당신께서 겨우 한 연의 설명을 끝내셨을 때는 동이 텄다는 것 같은데요."

바가반: 예, 물론이지요. 설명을 하자면 설명할 게 너무 많습니다. 제가 산 위에 있을 때 빨라니스와미가 청해서 제가 그 시구들의 의미를 운문으로 썼습니다. 그 주석도 쓰고 싶었지만 그러는 사이 그 책은 인쇄소로 넘어갔습니다. 나중에 한 헌신자가 사람을 급히 보내어 서문을 좀 써 달라고 했습니다. 그게 끝이었지요.

"그러니까 그것이 저희들이 얻게 된 전부가 될 수밖에 없었군요." 그 헌신자가 말했습니다.

"오늘 제가 산을 돌다가 아루나찰라 사원에서, 발밑에 어떤 악마의 형상을 누르고 있는 다끄쉬나무르띠의 상像을 보고 왜 저런 모습을 하고 있나 궁금했습니다. 여기 길가에 있는 다끄쉬나무르띠의 상像에서도 그런 것을 봤고, 암만 사원(Amman Temple)에도 그런 것이 있습니다. 그 의미는 무엇입니까?" 제가 여쭈었습니다.

"그 형상은 모일라깐(Moylakan)이라고 하는 불가사의하게 창조된 악마를 나타내는데, 다루까 숲(Daruka forest)의 고행자들이 그것을 시바에게 집어던지자 시바가 그 악마를 밟아서 죽이고 그 위에 앉았다고 합니다. 어쨌든 다끄쉬나무르띠는 시바의 다섯 가지 형상 중 하나입니다. 신비적으로 설명한다면, 그 악마는 에고(ahankara)거나 뭐 그런 것이라고 할 수 있겠지요." 바가반이 말씀하셨습니다.

"에고에는 아무 형상이 없는데, 어떻게 그렇게 이야기될 수 있습니까?" 제가 여쭈었습니다.

바가반: 다끄쉬나무르띠만 하더라도 형상만을 의미하지는 않습니다. 「다끄쉬나무르띠 송찬」에서 여러 가지 방식으로 묘사된 것이 그 무형상입니다. 그것들은 모두 무형상을 가리킬 뿐입니다. 그 무형상이 만들어졌듯이, 형상에 대한 묘사도 그렇게 만들어진 것입니다.

다른 사람이 그 대화를 이어서 이렇게 질문했습니다. "발미끼(Valmiki)가 그 이름을 얻은 것은 그가 발미까(valmika)[개미집]에서 나왔기 때문이고,[32] 비야사(Vyasa)가 그 이름을 얻은 것은 그가 베다를 지금과 같은 형태로 정리했기(vyasa=정리자) 때문입니다. 바쉬슈타(Vasishta)가 그 이름으로 불리는 것은 무슨 이유 때문입니까?"

바가반: 바쉬슈타는 무엇이 최고(Vasishta)인지를 아는 사람이라는 뜻입니다.

---

32) [역주] 발미끼는 숲 속에 앉아 오랜 세월 부동자세로 명상에 들어 있었다. 그 사이 흰개미들이 그의 몸 위에 집을 지어 그는 개미집에 갇혔다. 나중에 명상에서 깬 그는 개미집을 헐고 나왔다.

헌신자: 「아루나찰라 5보송」 제5연에 나오는 '빠시얀 싸르왐 따바끄리띠따야 사따땀'이란 말은 무슨 뜻입니까?

바가반: 그것은 '일체를 당신의 형상으로 보는'이란 뜻입니다.

헌신자: 아직 그것을 잘 모르겠습니다. 그 시구 전체의 의미를 설명해 달라고 청해도 되겠습니까?

바가반: 좋습니다. 그럼 잘 들으십시오. '뜨와야르삐따 마나사'(tvayarpita manasa)는 '마음을 조복調伏 받아'라는 뜻입니다. '빠시얀 싸르왐 따바끄리띠따야 사따땀'(pasyan sarvam tavakritataya satatam)은 '일체를 언제나 당신의 형상으로 본다'는 뜻이고 '뜨왐'(tvam)은 '당신'입니다. '브하자떼 나 아니야 쁘리띠야'(bhajate'nanya pritya)는 '오롯한 헌신으로 당신을 숭배한다'는 뜻이고, '사'(sa)는 '그', '자야띠아루나짤라 뜨와이 수케 마그나하'(jayatyarunacala tvayi sukhe magnah)는 '당신의 지복 안에서 사라져, 오 아루나찰라시여, 그의 노력이 성공합니다'라는 뜻입니다. 이것이 그 전체적인 의미입니다. 마음이 진아 안에 합일되면 일체가 진아의 형상입니다. 그 자신의 진아는 모든 곳에서 일체에 두루하기 때문에 그는 그 자신의 진아를 숭배하는 것입니다.

여기 그 시구의 전문이 있습니다.

> tvayarpita manasa tvam
>   pasyan sarvam tavakritataya satatam
> bhajate'nanya pritya
>   sa jayatyarunacala tvayi sukhe magnah.

> 마음을 당신께 바치고 당신을 보면서 늘 우주를 당신의 형상으로 보는 자,
> 그는 언제나 당신을 찬양하고 당신을 다름 아닌 진아로서 사랑합니다.
> 그는 비할 바 없는 달인이니, 당신과 하나 되어,
> 오 아루나찰라, 당신의 지복 안에서 사라집니다.
>   — 「아루나찰라에 바치는 5보송」, 제5연

1948년 6월 5일

46. 봉사

1948년 6월 1일은 어머니 사원에서 마하 뿌자(Maha Puja)를 올리는 날이었습니다. 저는 이날 오후 2시에 아쉬라맘에 갔습니다. 바가반은 우사에서 막 돌아오셔서 소파에 앉아 계셨습니다. 회당에는 사람이 많지 않았습니다. 저는 절을 드린 뒤에 앉았습니다. 벤까뜨라남이 회당에 들어왔는데, 바가반은 그를 보자 웃으시더니 저에

게 이렇게 말씀하셨습니다. "이 사람이 오늘 오후에 뭘 했는지 아나? 스와미에게 아주 공덕이 큰 봉사를 했어. 비할 바 없는 봉사였지!"

벤까따라뜨남이 라자고빨란을 대신해서 도서실을 돌보고 바가반에 대한 개인 시봉도 하기 시작한 지 1주일쯤 되었습니다. 저는 그가 뭘 잘못했나보다고 생각하고 걱정스럽게 여쭈었습니다. "왜요? 뭘 어떻게 했는데요?" "그가 한 일을 왜 나한테 묻나? 본인에게 직접 물어보지." 바가반이 말씀하셨습니다. 벤까따라뜨남을 쳐다보자 그는 머리를 숙인 채 말이 없었습니다. 잠시 후 바가반이 직접 그 사건을 이렇게 들려주셨습니다.

"오늘 오후 식사를 하고 나서 일어나 우사 쪽으로 가 보니 사무실 근처에 사람들이 더러 길을 막고 있어 시자들이 제가 지나갈 길을 만들려고 했지요. 저는 그 사람들을 방해하고 싶지 않아 시약소施藥所 옆으로 해서 산으로 올라가려고 그쪽으로 발길을 옮겼습니다. 그런데 그곳에는 쓰고 버린 엽반들이 가득했습니다. 어떻든 그 잎들 사이로 걸어가고 싶었는데, 이 벤까따라뜨남이란 친구가 급히 달려와 그 엽반들을 질질 끌어서 한쪽 옆으로 던지기 시작했습니다. 그 바람에 엽반들 사이에 그마나 조금 있던 깨끗한 공간이 오염되어 더러워졌지요. 그러니 어떻게 갑니까? 어디가 깨끗한지 제가 일일이 살펴보면서 걸음을 내디뎌야 합니까, 아니면 그 일대를 씻고 청소할 때까지 기다려야 합니까? 그러나 바로 그 자리에서 그 일대를 어떻게 청소할 수 있습니까? 이 기특한 청년이 얼마나 영리하고 총명한지 보십시오!"

저도 웃고 나서 바가반께 그래서 결국 어떻게 하셨느냐고 여쭈었습니다.

바가반: 길을 가야 하니까 계속 갔지요. 달리 어떻게 합니까? 그러나 그 일은 거기서 끝나지 않았습니다. 그가 엽반들을 한쪽으로 던지고 있는 동안 수브라마니암은 거기서 그 엽반들을 다시 산쪽 계단 근처로 질질 끌고 갔습니다. 그는 이 친구보다 더 총명한 거지요! 말로 해서 그들이 하던 일을 그만두겠습니까? 아니지요. 그들의 일념은 그 오염된 엽반들을 바가반의 길에서 즉시 치워내는 것이었지만, 그렇게 그것들을 질질 끄는 바람에 일대가 다 오염될 거라는 생각은 한 순간도 하지 못했습니다. 이것이 그들이 봉사하는 방식입니다. 저는 그 오염된 땅 위를 걸어갔고, 회당에 들어오기 전에 제 발과 지팡이를 씻어야 했습니다. 그것을 오염이라고 생각하지 않으면 문제가 없겠지만, 이 사람들은 오염되었다는 것을 알고 그것을 피하려고 하다 보니 그랬던 것입니다.

"그렇습니다. 서양인들은 그것을 오염으로 생각하지 않을지 모르지만 이 사람들은 그렇게 생각합니다. 하지만 그때는 그들에게 그 생각이 일어나지 않았던 겁니다." 제가 말했습니다.

이에 대해 바가반이 말씀하셨습니다. "예, 그렇지요. 한번은 어떤 유럽인이 여기 와서 다른 사람들과 함께 식사를 했습니다. 그런 다음 손수건으로 자기 손을 닦아 그것을 주머니에 넣고 제가 일어날 때까지 앉아 있었습니다. 당시에는 모든 사람이 자기가 사용한 엽반을 자기 손으로 밖에 내다버리고 있었지요. 그래서 그때쯤에는 모든 엽반을 치워버렸기 때문에 일대가 모두 오염되어 있었습니다. 제가 식사를 끝내고 일어서자마자 그도 일어나서 그 오염된 곳들을 밟고 지나갔습니다. 사람들이 그러지 말라고 했지만 그가 오염에 대해서 뭘 알겠습니까? 맞습니다. 그는 사람들이 왜 그러는지 몰라 제가 그 점을 영어로 설명해 주었지요. 그게 어떻다는 겁니까? 우리가 반대하는 이유를 그가 이해하려면, 엽반을 치운 곳을 우리가 오염된 것으로 본다는 사실을 그가 알아야 합니다. 그것을 모르니 그는 그런 곳들을 밟고 지나간 것입니다. 나중에 저는 우리 사람들에게, 그는 우리가 그런 곳을 오염된 것으로 본다는 사실을 전혀 몰랐고, 따라서 그것은 그의 잘못이 아니라고 말했습니다. 사실 그의 나라에는 그런 관습이 없습니다. 그래서 그것을 오염으로 보지 않습니다. 모를 때는 상관없지요. 그것이 잘못인 줄 알 때만 잘못입니다. 이 두 사람은 오늘 그것이 오염인 줄 모르고 그랬습니까? 알았지만 바가반에 대한 헌신에서 그렇게 했습니다. 이거야말로 봉사지요!

"어느 누가 실수 없이 바가반께 봉사를 할 수 있겠습니까?" 제가 말했습니다.

그러자 바가반이 말씀하셨습니다. "그것은 중요하지 않지요. 제가 여러분에게 다른 이야기를 하나 해 드리겠습니다. 그들은 사무실 근처에 서 있거나 편히 앉아 저희들끼리 이야기를 나누고 있는 사람들에게 '바가반께서 오십니다. 비켜 주십시오, 일어나십시오' 하면서 그들을 번거롭게 합니다. 제가 다른 길로 가면 그만인데 왜 그들을 방해합니까? 그것이 바가반에게 봉사하는 방법입니까? 우리는 어떤 식으로든 우리에게 주어진 일만 해야 합니다. 모든 것을 청결하게 할 수 있습니까? 누구나 이런 저런 면에서 그렇게 행동합니다. 그들은 '바가반은 이것을 원하신다, 저것을 원하신다'고 하면서 다른 모든 사람에게 문제와 불편을 야기합니다. 바가반이 무엇을 원합니까? 남들을 번거롭게 하는 것이 바가반이 원하는 전부다, 그겁니까? 이런 일이 모두 저의 이름으로 행해집니다. 뿐만 아니라 그들은 이렇게 말합니다. '우리가 이렇게 하는 것은 다 바가반을 기쁘게 해 드리기 위해서이다. 우리는 그분께 봉사하고 있다'라고. 원, 무슨 그런 보살핌이 있고, 무슨 그런 봉사가 있는지!"

1948년 6월 15일

47. 자비의 화신

   여름이 시작되었기 때문에 바가반은 계속 기념당에서만 거처하고 계십니다. 한낮에 더울 때는 시자들이 소파를 나무그늘이 있는 곳으로 옮겨서, 양쪽에 파두(빈료)를 한 그루씩 두는 한편 주위에 쳐둔 쿠스쿠스 발에 물을 뿌립니다. 오늘 오후에는 제가 2시경에 갔더니 바가반은 몸과 머리에 마대 천 하나를 덮고 계셨습니다. 그리고 끄리슈나스와미 외에는 아무도 없었습니다. 그는 바가반 뒤에 서 있었는데, 손에는 장미수가 든 것 같은 물뿌리개를 들고 있었습니다. 그가 그 나사 뚜껑을 열었습니다. 그 물뿌리개에서 마치 가벼운 소나기처럼 장미수가 바가반 위로 쏟아졌고, 당신은 만족해하는 표정으로 당신의 몸을 문지르셨습니다. 당신은 제가 들어오는 것을 보시고 말씀하셨습니다. "봐! 나에게 관수식을 해 주는군." 그러면서 당신은 마대 천으로 당신의 얼굴을 덮으시고 저에게 이렇게 말씀하셨습니다. "그들이 이 젖은 천을 덮어줬어. 주위에는 온통 멍석을 달아 거기에다 물을 뿌리고 말이야. 이제 여기는 우-따까문드(Ootacamund-타밀나두 서부의 휴양도시)처럼 시원해."

   제가 소파로 조금 더 다가가 보니 시원했습니다. "밖에 더운 공기 속에 있다 오니 아주 시원한 것 같습니다." 저는 그렇게 말하고 제가 늘 앉는 자리로 돌아왔습니다. 바가반은 잠시 생각을 하신 뒤에 회상적인 기분이 되어 이런 이야기를 시작하셨습니다.

   "내가 비루빡샤 산굴에 있을 때는 여름 동안 망고 산굴로 옮겨가서 살곤 했지. 왜냐하면 비루빡샤에는 물이 없었으니까. 망고 산굴에서는 한낮이면 하층계급의 여자들이 물을 마시러 왔는데, 머리에는 무거운 풀을 한 짐씩 이고 있어 몹시 지쳐 있었지. 이 가난한 사람들은 아침 일찍 죽을 조금 먹고 나서 산으로 올라가 풀을 잔뜩 한 짐 하지. 그들은 산굴에 오자마자 풀단을 내려놓고 몸을 구부리면서 이렇게 말하는 거야. '스와미, 스와미, 먼저 우리 등에 물 한 대야만 부어주세요.' 나는 거기 베란다에 서 있다가 그들이 바라는 대로 물을 끼얹어 주었는데, 그러면 그들은 피로를 회복하고는 '아, 정말 시원해' 하는 거야. 그러고 나서 양손을 오므려 배가 부를 때까지 물을 떠 마시고 세수를 한 다음, 나무 그늘에서 좀 쉬었다가 떠나곤 했어. 그들만이 그런 행복을 다 경험할 수 있었지. 더위에 시달려본 사람만이 물의 시원함이 가져다주는 안도감을 알아."

   "바가반께서 직접 물을 끼얹어 주셨다고요?" 제가 여쭈었습니다.

   "그럼. 나는 그 시간에 그들이 올 걸 알고 물을 준비해서 기다리곤 했지. 그들이 어떡하겠어? 그들은 (하층계급 사람들이라) 몰라이 빨 띠르땀(Molai Pal Thirtham)의 물에 손을 댈 수 없고 다른 데는 물이 없잖아. 더위는 참을 수 없고. 그들은 그 풀을 팔아 돈을 벌지 않으면 밥을 먹을 수 없었어. 집에는 애들이 있고 말이야. 그러니 얼른 집에 가서 애들을 돌봐야지. 무얼 할 수 있나, 가난한 사람들! 스와미가 물을 줄 거라는 희망을 가지고 산굴에 오는 거지. 그 당시 우리는 음식을 해 먹지 않았어. 혹시 음식을 하는 날에는 우리가 음식을 만들 때 밥에 물을 많이 부어 그 죽을 가져다가 솥에 넣고 거기다 물을 넉넉히 붓고 소금을 쳤지. 말린 생강이 있으면 그것도 넣고. 그들이 올 때쯤에는 그 죽물이 상당히 시원했는데, 그것을 한 컵씩 손에 부어주면 그들은 그것을 감로수같이 마시고 떠나곤 했어. 그 죽맛과 그 물을 마시는 행복감은 그들만이 알 수 있었지." 바가반은 이렇게 말씀하시고, 감정에 북받쳐 침묵을 지키셨습니다.

저도 한 동안 말을 못한 채 저 자비의 화신을 바라보며 가만히 앉아 있었습니다. 얼마 후에 제가 말했습니다. "이 사건은 바가반의 전기에 나와 있지 않습니다. 왜죠?" "암, 거기에는 없지. 이야기할 만한 것이 못 된다고 생각했으니까." 바가반이 말씀하셨습니다. "이와 같은 일이 얼마나 많이 일어나고도 기록되지 못했을까요!" 제가 말했습니다. 바가반은 그저 고개만 끄덕이셨습니다.

1948년 7월 20일

48. 암소 락슈미의 해탈

제가 "암소 숭배"라는 제목의 편지에서 암소들의 여왕인 락슈미의 장엄한 모습과 그녀에 대한 바가반의 보살핌이 얼마나 지극한지를 말씀드렸지요. 그 여왕에게 바가반은 예전 당신의 어머니에게 하셨듯이, 지난 18일 금요일에 무신해탈無身解脫(임종 때 해탈하는 것)을 안겨드렸습니다. 그날 아침 제가 아쉬라맘에 갔더니 락슈미가 중병이 들어 그날을 넘기기 어렵다고 하는 것이었습니다. 그래서 저는 바가반도 뵙지 않고 곧장 우사로 갔습니다. 송아지들을 위해 지어둔 방을 비우고 청소한 뒤 짚을 깔아 락슈미를 거기 눕게 해 두었습니다. 이날은 금요일이었기 때문에 락슈미는 심황 반죽으로 장식하고 이마에는 주사를 찍었으며 목과 뿔에는 화만들이 걸려 있었습니다. 벤까따라뜨남이 곁에 앉아서 부채질을 해 주고 있었습니다. 락슈미는 광채를 사방에 뿌리며 장엄한 표정으로 누워 있었는데, 그녀의 모습을 보고 저는 위대한 주 시바께 우유로 관수를 해 드리기 위해 카일라스로 가는 까마데누(Kamadhenu-브라마가 창조한 성스러운 소)를 상기했습니다.

제가 바가반께 가서 당신 앞에 오체투지하고 일어나자 당신이 거룩한 눈길로 저를 바라보셨습니다. 저는 그것을 하나의 명령으로 받아들이고, 제가 가서 락슈미와 함께 있겠다고 했습니다. 당신은 고개를 끄덕여 동의하셨고 저는 즉시 우사로 갔습니다. 벤까따라뜨남은 부채를 저에게 주고 떠났습니다. 저는 거기 앉아서 '라마나 12자 진언'(Ramana Dwadasakshari)33)과 '라마나 108명호'(Ashthotharam)를 염하기 시작했는데, 락슈미는 귀를 기울여 듣는 것같이 보였습니다.

　바가반은 오전 9시 45분에 평소처럼 락슈미를 보러 우사에 오셨습니다. 그리고 락슈미 옆의 건초 위에 앉아 두 손으로 소의 머리를 들어올려 한 손으로 그 얼굴과 목을 가볍게 쓰다듬으신 다음, 왼손을 락슈미의 머리에 두고 오른손 손가락으로는 목에서부터 바로 아래 심장까지 내려가며 누르기 시작하셨습니다. 그렇게 누르기를 약 15분간 하신 다음 락슈미에게 말씀하셨습니다. "어떻게 할까, 엄마? 여기 혼자 있고 싶어? 나는 있을 수 있지만 어떻게 하지? 내 어머니 때처럼 모든 사람이 다 널 둘러싸고 있을 수도 있어. 그런다 쳐도, 왜 그래야 하지? 내가 갈까?" 락슈미는 이 세상의 모든 속박과 자기 육신의 모든 고통에서 벗어나 마치 삼매에 든 것같이 고요히 있었습니다. 바가반은 차마 움직이지 못하시고 자비심이 가득한 마음으로 거기 앉아 계셨습니다. 저는 그 광경에 압도되어 저도 모르게 소리쳤습니다. "오! 어머니 알라감말이 그런 세상에 없는 복을 누리셨죠. 지금은 락슈미도 그러는군요." 바가반은 미소를 지으며 저를 쳐다보셨습니다. 수브라마니암이 와서 말했습니다. "의사 선생님은 락슈미가 당장은 위험하지 않다고 10시 30분까지는 안 올 거라고 합니다." "괜찮아. 그러니까 의사는 지금 안 온다 그러지? 주사약은 가져왔나?" 하고 바가반이 물으셨습니다. 당신은 락슈미 쪽을 돌아보고 그 머리와 목을 쓰다듬으면서 말씀하셨습니다. "어떻게 할까? 내가 가도 돼?" 수브라마니암이 말했습니다. "그녀는 바가반께서 옆에 있어 주시면 행복해할 겁니다." "그거야 그렇지만 어떻게 하지?" 그렇게 말씀하시고 락슈미의 두 눈을 들여다보시던 바가반이 말씀하셨습니다. "뭐? 가도 돼? 말 안 할 거야?" 락슈미는 당신을 자랑스럽게 바라보았습니다. 바가반이 어떤 대답을 들으셨는지 우리는 모르지만, 당신은 일어나 떠나시면서 말씀하셨습니다. "파리들이 락슈미 입에 들어가지 않도록 해." 저는 바가반께 우리가 락슈미를 잘 돌보고 있겠다고 안심시켜 드렸고, 당신은 아주 마지못한 듯이 그곳을 떠나셨습니다.

---

33) [역주] '옴 나모 바가바떼 스리 라마나야'의 12음절. '스리'는 한 음절로 친다.

바가반의 신성한 손길이 닿고 나서 락슈미의 숨결이 가라앉고 몸의 움직임도 잦아들기 시작했습니다. 10시 30분에 의사가 와서 주사를 한 대 놓아줄 때도 락슈미는 마치 그 몸이 자기 것이 아닌 양 아무 동요 없이 있었습니다. 죽음의 고통이라고는 없었고, 그녀의 눈길은 고요하고 맑았습니다. 의사는 그녀를 돌려 눕혀 난디의 자세[34]가 되게 하더니 종기에 약을 좀 발라주고 나서, 우리더러 그 머리를 좀 받쳐 주라고 이르고는 떠났습니다. 이때는 11시 30분쯤 되었기 때문에 벤까따라뜨남이 점심을 먹고 돌아왔습니다. 그는 저에게 락슈미의 머리를 받치라고 하면서 자기가 건초를 더 가져오겠다고 했습니다. 락슈미의 혀가 저에게 닿았는데 얼음같이 찼습니다. 락슈미의 생명은 스리 라마나의 발 아래 도달하여 당신에게 흡수된 것입니다.

10분 뒤에 바가반이 우사에 오셔서 "다 끝났나?" 하셨습니다. 그리고 락슈미 옆에 쭈그려 앉아 마치 어린아이에게 하듯이 두 손으로 그녀의 얼굴을 감싸 들고는 "오 락슈미, 락슈미" 하시고는 눈물을 참으면서 우리에게 말씀하셨습니다. "그녀 때문에 우리 식구들[즉, 아쉬라맘]이 이 정도로 성장했어." 다들 락슈미를 칭찬하고 있을 때 바가반이 물으셨습니다. "의사가 그녀를 많이 번거롭게 하지는 않았겠지? 임종은 어땠나?" 우리는 그 과정을 다 말씀드렸습니다. "좋아. 이거 봤어? 지금은 오른쪽 귀가 가장 위에 있군. 어제까지는 반대편으로 누워 있었는데. 종기 때문에 이쪽으로 돌려 눕혔군 그래. 그러니까 이 귀가 위로 올 수밖에 없었지. 봐, 까시(Kasi)에서 죽는 사람들의 경우에는 주 시바가 오른쪽 귀에다 대고 속삭인다고 하지. 락슈미도 오른쪽 귀가 올라와 있군." 그렇게 말씀하시고 바가반은 그 귀를 거기 있던 모든 사람에게 보여주셨습니다. 이때쯤에는 군중이 모여들었습니다. 15분 뒤에 바가반은 일어나서 말씀하셨습니다. "라마끄리슈나가 지난 열흘 동안, 락슈미에게 좋은 무덤을 지어줘야 한다고 말했는데." 그런 다음 바가반은 회당으로 돌아가셨습니다.

1948년 7월 20일

49. 암소 락슈미의 매장

우리는 오늘 내내 락슈미를 생각하면서 식사를 하고 얼마간의 휴식을 취했습니다. 오후 2시 30분에 우사에 갔더니 바가반이 이미 와 계셨습니다. 락슈미의 시신을 보니 그 얼굴에는 죽은 기색이 전혀 보이지 않았습니다. 우리는 회당으로 돌아와 앉았습니다. 저녁까지 바가반은 우리에게 락슈미에 대한 이야기를 들려주시고 매장 준비

---

34) [역주] 힌두 사원에서 시바가 타고 다니는 황소 난디의 상像은, 배를 깔고 앉아 고개를 들어 시바를 바라보는 모습을 하고 있다.

에 대해 관계 소임자들에게 지시도 하셨습니다. "어머니의 경우에도 마찬가지였습니다. 관수식이 끝날 때까지는 그 얼굴의 광채가 사라지지 않았습니다. (어머니의) 시신은 사람들이 이따금 갖다 얹는 화만들과 장뇌에 덮여 거의 보이지 않았지요. 헌가, 나가스와람 음악(Nagaswaram music-남인도 음악의 하나) 등이 계속되었습니다. 우리는 밤에 시신을 운구하여 보리수나무 밑에 두었는데, 날이 새기 전에 빨리 저수지(Pali Tank-어머니 사원 바로 뒤에 있는 저수지) 근처 어딘가에 묻을 생각이었습니다. 그러나 무덤을 지을 벽돌과 소석회를 날라 오는 것이 좀 지체되었습니다. 그러는 사이 많은 사람들이 모여 대단한 행사가 벌어졌습니다. 열흘째 되는 날에는 매점들도 새로 문을 열었습니다. 이제 무슨 일이 벌어질지 보십시오." 바가반이 락슈미의 매장에 지나치게 큰 중요성을 부여하고 있다는 이야기를 듣고 늘 그렇게 느끼던 헌신자들 중의 한 사람인 고빈다라줄라 숩바라오가 말했습니다. "저희들은 여기서 동물들이 사람들보다 더 자주 해탈을 얻는 경우를 많이 봅니다. 바가반께서는 저희들에게 누차, 그들도 남은 업을 해소하기 위해 여기 온다는 말씀을 하셨습니다. 그들은 저희들보다 바가반의 보살핌을 더 많이 받는 것처럼 보입니다."

바가반이 말씀하셨습니다. "모든 경우에 그렇다고 말할 수야 있겠습니까? 이런 준비들을 누가 일부러 합니까? 그리고 그것을 다 할 돈이 우리에게 있습니까? 때가 오면 사람들이 자발적으로 일을 맡아 하고 필요한 물품들도 자동적으로 들어옵니다. 일이 순식간에 이루어집니다. 사다시바 아이어가 엊그제 왔습니다. 아마 특별히 이 일을 하려고 왔겠지요. 그는 무덤을 건립하는 일이라면 훤합니다. 지금 현장에서 모든 지시를 하고 있는데, 내일 갈 거라고 합니다. 그것은 개인적인 행운이지요. 우리가 무엇을 할 수 있습니까? 그것이 한 마리의 평범한 동물이었다면 도살업자가 질질 끌고 갔을 겁니다. 이것[락슈미]에게는 성자의 그것에 준하는 규모로 무덤이 지어지고 있습니다. 이 흰 공작을 보십시오. 얼마나 많은 공작들이 오고 갔습니까? 이 공작은 그 공작들과 다릅니다. 이 공작은 유순하게 다니면서 모든 사람과 자유롭게 어울립니다. 바로다가 어디고 아루나찰라가 어딥니까? 그것은 거기서 태어나 여기로 왔습니다. 누가 그것을 오라고 했습니까?"

산 쪽으로 시약소 근처에 사슴, 까마귀, 개의 무덤이 오래 전에 만들어져 있었습니다. 이제 그 무덤들 옆에 구덩이를 파서 무덤을 축조하는 작업이 시작되었습니다.

오후 6시에는 모든 것이 준비되었습니다. 사람들이 대거 몰려와 있었고, 어떤 사람들은 경내 벽 위에 걸터앉아 있기도 했습니다. 도감이 락슈미의 시신을 나무 수레에 싣고 왔습니다. 바가반이 오셔서 의자에 앉으셨습니다. 락슈미의 시신을 당신 맞은편에 놓았습니다. 헌신자들은 항아리에 물을 담아와 락슈미의 시신 위에 부었습니다. 그런 다음 우유, 응유, 기이, 설탕, 장미수로 관수식을 했습니다. 향을 피웠고, 명주 천을 그 몸에 덮었으며, 그 얼굴에는 심황 가루와 주사를 바르고 몸에는 화만들을 씌워 주었습니다. 그리고 사탕을 제물로 올리고 아라띠를 거행했습니다. 이렇게 장식해 주었을 때 락슈미의 얼굴은 아름다움과 매력으로 빛났습니다.

오후 7시가 될 무렵 헌신자들은 락슈미의 시신을 무덤 속에 내리면서 '하라 하라 마하데브'(Hara Hara Mahadev) 하고 소리 질렀습니다. 바가반도 감동을 받으신 기색이 역력했습니다. 바가반이 성스러운 잎들에 손을 대시고 나서 도감이 그 잎들을 락슈미에게 던졌습니다. 그런 다음 헌신자들이 심황과 주사 가루, 장뇌, 성회聖灰, 백단 향액, 꽃과 소금 등을 뿌렸고, 마지막으로 흙을 던져 무덤을 메웠습니다. 매장이 끝나자 바가반은 회당으로 돌아가셨습니다. 그러고 나서 은사물이 분배되었습니다. 전체 행사가 마치 결혼 잔치처럼 끝났습니다. 암소 락슈미는 더 이상 우사에 있지 않습니다. 그녀는 육신의 속박에서 벗어나 이제 스리 라마나의 빛나는 진아 안에 합일된 것입니다.

그날 밤 꼭두새벽에 바가반은 타밀어로 락슈미에 대한 마지막 묘비명을 지으셨습니다. 그리고 우리의 청에 따라 당신은 그것을 텔루구어와 말라얄람어로도 지으셨습니다. 여기에 그 텔루구어 시구가 있습니다.

벤바 :
    Sri Sarvadhari Samvatsara Jyeshtakhya
    Masasita Dvadasim Bhargava Vasaramu
    Taraka Visakha sahitamm avu Lakshmigati
    Cheru Dinamani Cheppu.
  사르바다리 해의 지예쉬타 밝은 보름의
  열 이튿날 금요일, 비사카 별 아래서
  암소 락슈미는 해탈을 성취하였기에
  여기 그것을 기록하노라.

1948년 7월 24일

50. 암소 락슈미의 예전 이야기

어제 오후 4시에 한 타밀 청년에 회당에 들어왔습니다. 그를 보자 한 헌신자가 말하기를, 그 청년은 암소 락슈미를 아쉬라맘에 시주한 사람의 손자라고 했습니다.

"그래요. 그는 락슈미가 세상 떠난 것을 압니까?" 바가반이 말씀하셨습니다. 그 청년이 말했습니다. "방금 들었습니다, 스와미. 락슈미를 보러 우사에 갔다가 그 이야기를 들었습니다. 무덤에 들렀다가 여기 온 것입니다."

어디서 왔느냐고 하자 청년이 말했습니다. "저는 깐나망갈람이라는 마을에 삽니다. 여기서 40마일(64km)쯤 됩니다. 저의 할아버지 아루나짤라 삘라이는 우유를 내는 좋은 암소를 바가반께 시주하고 싶어서 1926년에 락슈미를 그 어미와 함께 여기 데려왔습니다. 그때 락슈미는 난 지 겨우 6달밖에 안 되었습니다. 저도 같이 왔었는데 그때는 제가 아주 어렸습니다. 그때 이후로 저는 용무차 여기 올 때마다 늘 락슈미를 찾아보았습니다. 그랬는데 이제 이런 슬픈 소식을 들은 것입니다." 그가 떠난 뒤 바가반은 우리에게 다음과 같은 이야기를 들려주셨습니다.

"그들이 어미 소와 송아지를 데리고 여기 왔을 때 무슨 일이 있었는지는 여러분 아시지요. '왜 이런 걸 우리한테 다 가져옵니까?' 하고 제가 물었지요. 아루나짤람 삘라이는 이렇게 대답했습니다. '저는 오랫동안 바가반께 암소를 한 마리 드려야겠다고 생각하고 있었는데, 이제 그럴 수 있는 형편이 되었습니다. 저는 이 소들을 배에 태우고 기차에 싣고 해서 오느라고 아주 고생을 많이 했습니다. 부디 받아 주십시오, 스와미.' 제가 말했습니다. '당신은 그것을 우리에게 시주하는 임무는 다했군요. 그런데 누가 그걸 돌봅니까? 제발 당신이 데리고 있도록 하십시오.' 소 임자가 대답했습니다. '제 목을 자른다 해도 저는 데려가지 않겠습니다.'"

"그 말을 듣고 라마나타 브라마짜리가 화가 나서 자기가 그 암소를 돌보겠노라고 열을 올려 말했습니다. '좋지. 소를 자네 목에 두르게.' 제가 말했습니다. 그 송아지가 금요일에 우리를 찾아왔을 때 우리는 락슈미란 이름을 지어주었습니다. 라마나타는 어떻게든 두세 달 동안 암소와 송아지를 보살펴 주었습니다. 락슈미는 아주 장난기가 많아서 제 마음대로 우리 주위에서 뛰놀았는데, 그러면서 우리가 기르고 있던 채소들을 다 못쓰게 만들어 놓곤 했습니다. 누가 나무라면 그녀는 저에게 와서 보호를 구했습니다. 저는 아쉬라맘 사람들에게 말했지요. 채소를 보호하고 싶으면 울타리를 치라고 말입니다. 가엾은 친구! 라마나타는 아쉬라맘의 다른 동료들이 하도 불평하자 견디지 못하고 암소와 송아지를 읍내의 소치는 사람에게 몇 가지 조건을 붙여서 건네주었습니다. 그 사람 이름은 기억이 안 나는군요."

한 헌신자가 말했습니다. "그 사람 이름은 빠슈빠띠인데, 깐나다 사람입니다. 락슈미의 어미는 얼마 뒤에 죽었습니다. 소를 키우는 조건은 만약 락슈미가 수송아지를 낳으면 아쉬라맘에 주고, 암송아지를 낳으면 그 사람이 갖는다는 것이었습니다."

바가반이 말씀하셨습니다. "그랬을지도 모르지요. 그러고 한 1년 뒤의 어느 월식날 그가 락슈미와 그 송아지를 목욕시키러 여기 데려왔습니다. 그는 먼저 저를 보고 나서 락슈미와 송아지를 '빨리 저수지'에서 목욕시킨 뒤에 함께 집으로 몰고 갔습니다. 그때 락슈미는 아쉬람을 다 둘러보았습니다. 그리고 오는 길을 잘 기억해 두었다가 매일 여기 오기 시작했습니다. 보통 오전에 왔다가 오후에 돌아갔는데, 곧잘 제 침상 옆에 엎드려 있곤 했습니다. 그녀는 제가 직접 자기에게 과일을 주어야만 받아먹었습니다. 그리고 산지山地 바나나(hill plantain) 아닌 것은 받지 않았지요."

어떤 사람이 말했습니다. "매일 저녁 떠나기 전에 그녀는 회당을 한 바퀴 돌고 나서 갔던 것 같은데요?"

바가반이 대답하셨습니다. "바로 그거지요. 당시에는 식당에 종이 없었습니다. 그녀가 어떻게 그렇게 했는지 모르지만, 락슈미는 매일 정확히 식사 시간에 나타나 제 앞에 섰습니다. 우리가 시계를 쳐다보면 꼭 식사 시간이었습니다. 그녀가 오는 것이 우리에게는 식사하라는 신호였습니다. 그녀는 매일 아주 마지못해 읍내로 돌아가곤 했지요."

더 알아보았더니 락슈미가 아쉬람에 아주 온 것은 1930년이었고, 그때까지 송아지를 세 마리 낳았는데 모두 수송아지여서 약정한 대로 송아지들은 모두 아쉬라맘 소유가 되었다는 것을 알게 되었습니다. 그녀가 세 번째로 새끼를 배었을 때 하루 저녁에는 바가반 곁을 떠나 집으로 가려고 하지 않았습니다. 마치 바쉬슈타의 난디니(Nandini)처럼 말입니다. 락슈미는 눈물을 흘리면서 침상 곁에 엎드려 있었습니다. 바가반은 감동을 받은 기색이 역력한 채 손으로 그녀의 얼굴을 부드럽게 만지면서 말씀하셨습니다. "뭐! 못 가겠다고? 여기에만 있고 싶다고? 내가 어떻게 하나?" 그리고 다른 사람들을 바라보면서 말씀하셨습니다. "보세요, 락슈미가 못 가겠다고 하면서 우는군요. 새끼를 뱄는데 언제 어느 순간에 낳을지 모릅니다. 먼 길을 갔다가 아침에 다시 와야 하지요. 여기 오지 않고는 못 배깁니다. 그녀는 어떻게 하지요?" 마침내 바가반은 락슈미를 구슬려 집으로 보냈습니다. 바로 그날 밤 그녀는 출산을 했습니다. 거의 같은 시기에 빼슈빠띠도 몇 가지 어려운 집안 사정이 있었습니다. 그는 이 락슈미와 그녀의 온갖 특이한 행동을 더 이상 감당할 수 없게 되자 락슈미와 그녀의 송아지 세 마리를 데려와 바가반께 바쳤습니다. 락슈미는 바가반의 발 아래 엎드려 일어나려고 하지 않았습니다. 당신은 오른손을 그녀의 머리에 얹고 누르면서 여기에 아주 살고 싶으냐고 물으셨습니다. 락슈미는 눈을 감고 황홀경에 든 것처럼 가만히 엎드려 있었습니다. 바가반은 그 모습을 보시고 다른 사람들에게, 그녀는 마치 송아지들을 바가반의 책임 하에 넘겼으니 자신의 책임은 다 끝난 것처럼 보인다고 말씀하셨습니다.

제가 이 이야기를 바가반께 들려드리자 당신도 동의하셨습니다. "예, 그랬지요." 당신이 말씀하셨습니다. "어머니가 와서 저와 함께 사시게 된 뒤로 일상적인 요리와 식사가 시작되었듯이, 락슈미가 온 뒤로 소를 치고 우유를 짜는 일이 시작되었습니다. 그 뒤 3, 4년 동안 락슈미는 매년 자얀띠 날에 우리에게 송아지를 선사했습니다. 나중에는 그런 일이 없었지요. 그녀는 도합 아홉 마리의 송아지를 낳았습니다. 락슈미가 여기 와서 살게 된 뒤로 헌신자들이 여기저기서 암소들을 데려와 여기에 남겨두었습니다. 그래서 우사도 규모가 커졌습니다. 처음에는 소들을 초가 움막 밑에 여기저기 매 두었지요. 살렘의 순다람 쩨띠 (판사)가 여기 왔을 때, 그가 우사를 하나 짓기로 결정하고 초석을 놓을 길일을 잡았습니다. 정해진 시간 30분 전, 모든 것이 준비되어 가고 있을 때 락슈미가 고삐를 풀고 저에게 달려왔습니다. 마치 자기 집이 지어지고 있는데 제가 와야 한다고 말하려는 듯이 말입니다. 제가 일어나니까 저를 그 장소로 이끌고 가더군요. (우사가 완공되어) 집들이를 할 때도 그랬습니다. 어떻게 아는지 돌아가는 모든 상황을 이해했습니다. 정말 영리했지요!"

1948년 7월 25일

51. 가난한 노파

오늘 오후 3시에 바가반의 친존에서 다시 락슈미에 대한 이야기가 오고 갈 때 한 헌신자가 말했습니다. "아루나찰라 삘라이는 깐나망갈람이 아니라 구디야땀에서 락슈미를 산 것 같습니다." 그 말을 듣자 바가반이 말씀하셨습니다. "그곳은 끼라이빠띠(Keeraipatti)[35]의 고향이기도 하지요." 그 헌신자가 여쭈었습니다. "그녀가 이곳에 오기 전에는 정확히 뭘 했습니까?" 바가반은 미소를 지으며 우리에게 그녀의 내력을 이렇게 들려주셨습니다.

"저도 모릅니다. 제가 아루나찰레스와라 사원에 있을 때도 그녀는 산 위에 살고 있었고, 이따금 저를 보러 왔습니다. 그러나 저를 자주 찾아오기 시작한 것은 제가 비루빡샤 산굴로 옮겨간 뒤의 일입니다. 그때 그녀는 구하 나마시바야 만다쁘(Guha Namasivaya Mandap-비루빡샤 산굴 아래쪽의 작은 사원)에 살고 있었습니다. 당시에 그 만다쁘는 지금처럼 잘 관리되고 있지 않았습니다. 나무 문 하나와 나무 빗장 하나뿐이

---

[35] 산에서 딴 푸른 잎들을 채소 시장에서 팔면서 살던 가난한 노파. [역주] 많은 헌신자들은 그녀의 후신이 바로 암소 락슈미라고 믿었다.

었지요. 이 할머니는 질솥 하나 외에는 다른 기물을 가진 게 없었습니다. 그녀는 먼저 그 솥에서 뜨거운 물을 데워 목욕을 한 다음 그 안에 채소와 식품을 넣고 요리를 했습니다. 솥 하나만 가지고 뭐든지 거기서 해먹는 것이었습니다. 해뜰 무렵에 나가서 산을 돌아다니다가 채소로서 요리해 먹을 만한 무슨 특별한 잎들을 가지고 돌아오면, 그것을 맛나게 요리하여 저에게 한 움큼 주면서 먹어 보라고 권하곤 했습니다. 그러기를 단 한 번도 거르는 법이 없었습니다. 어떤 때는 저도 그녀가 있는 데로 가서 채소를 썰어주며 요리하는 것을 도왔습니다. 그녀는 저에게 큰 믿음을 가지고 있었지요. 이 할머니는 매일 읍내에 내려가 여러 집에서 탁발을 하여 쌀, 밀가루, 달(dhal) 등속을 얻어다가 그것을 뚜껑 없는 큰 질항아리에 보관해 두곤 했습니다. 어쩌다 한 번씩은 그 밀가루와 달로 죽을 쑤어 채소 커리와 함께 가져와서 이렇게 말하는 것이었습니다. '사미(Sami-스와미), 사미, 어제 어떤 착한 여자가 밀가루를 조금 주기에 그걸로 죽을 좀 끓였어요, 사미.' 그녀는 제가 아무것도 모르는 줄 알았습니다. 그녀가 없을 때 그 만다쁘의 문을 열어 보면 항아리 안에 여러 가지 음식 재료가 들어 있었습니다. 하지만 그때는 그녀가 저를 절대적으로 믿고 있었습니다. 다른 사람은 누구도 만다쁘에 들어오는 것을 허용하지 않았지요. 만일 산에서 아무 채소도 발견하지 못하면 낙담해서 앉아 있곤 했는데, 그럴 경우에는 제가 타마린드 나무에 올라가서 연한 잎들을 좀 따다가 갖다 주기도 했습니다. 이런 식으로 여하튼 매일 저에게 음식을 대 주었습니다. 자기가 무엇을 갖는 법은 결코 없었습니다. 그녀는 온갖 커리를 가져오면서 '사미는 그것을 좋아해요' 하는 것이었습니다. 신심도 대단했고 저를 무척 보살펴 주었습니다. 그녀는 나이 여든에도 온 산을 헤매고 다닐 정도였습니다. 제가 산으로 올라가기 전부터 산 위에 살고 있었지요."

"뭘 무서워하지는 않았습니까?" 제가 여쭈었습니다.

바가반이 말씀하셨습니다. "아닙니다. 그녀가 무서울 게 뭐가 있겠습니까? 하루는 어떤 일이 있었는지 압니까? 저는 스깐다쉬라맘에 가서 그날 밤을 거기 머무르고 있었습니다. 빨라니스와미는 비루빡샤 산굴에 있었지요. 한밤중에 그녀가 있던 곳에 도둑이 들어 물건들을 가져가려고 하자, 그녀는 깨어나서 '누구요?' 하고 소리쳤습니다. 도둑은 손으로 그녀의 입을 틀어막으려고 했지만 그녀는 용케도 '오, 안나말라이! 도둑이야! 도둑이야!' 하고 목청껏 고함을 지를 수 있었습니다. 그녀가 외치는 소리는 제가 있던 스깐다쉬라맘에서도 들을 수 있었지요. 저는 그 대답으로 '내가 여기 있소! 내가 갑니다. 그게 누구요?' 하면서 소리를 질렀습니다. 그리고 급히 달려 내려갔습니다. 도중에 비루빡샤 산굴에 이르러 빨라니스와미에게 물어보니 그는

'노여사의 산굴에서 무슨 외치는 소리를 듣기는 했지만 저는 그녀가 뭘 중얼거리는 줄 알았습니다' 하는 것이었습니다. 망고 산굴과 자따스와미 산굴에도 몇 사람이 살고 있었지만 아무도 그녀가 외치는 소리를 듣지 못한 것 같았습니다."

"그 외침소리를 들어야 할 분이 그것을 들으셨고 아루나찰라께서 그녀의 부름에 응답하신 겁니다." 제가 말했습니다. 바가반은 동의의 표시로 고개를 끄덕이시고는 말씀하셨습니다. "제가 외치는 소리를 듣자 도둑은 달아나 버렸습니다. 우리 두 사람은 그녀의 산굴로 가서 도둑이 어디 있느냐고 하면서, 거기에 아무도 없는 것을 보고 잘못 본 거 아니냐면서 웃어넘기려고 했더니 그녀가 말했습니다. '아닙니다, 사미. 물건들을 집어가기에 제가 대들었더니 입을 틀어막아 소리를 못 지르게 했어요. 그래도 어찌어찌 해서 목청껏 소리를 질렀지요. 온다고 소리친 분이 당신인가 보군요. 그 소리를 듣자 도망가 버렸습니다.' 불이 켜져 있지 않아 어두웠기 때문에 우리는 땔나무 가지에 불을 붙여 구석구석 찾아보았더니 항아리 주위에 몇 가지 잡동사니가 흩어져 있었습니다. 그래서 그것이 사실인 줄 알았습니다."

제가 말했습니다. "신에 대한 그녀의 믿음이 여간 깊지 않았군요. 그녀는 평범한 삶이 아니라 어떤 목적이 있는 삶을 살았습니다." 바가반은 고개만 끄덕이시고 침묵하셨습니다.

가젠드라(Gajendra)가 주 비슈누에게 호소하자 비슈누는 바이꾼타에서 그 소리를 듣고, 락슈미에게도 말하지 않고 당신의 무기인 소라고동과 원반도 지니지 않은 채 즉시 달려와서 곤경에 처한 가젠드라를 구해냈습니다.[36] 그와 마찬가지로 바가반은 당신의 헌신자를 구하려 달려가신 겁니다. 헌신자들에 대한 그 보살핌을 보십시오!

1948년 7월 27일

52. 믿음

오늘 아침 8시에 열렬한 헌신자의 한 사람이 바가반께서 쓰신 타밀어 공책 한 권을 가져와 당신께 드렸습니다. 바가반은 당신이 필요로 했던 시들을 보여주시고는 몇 쪽을 넘기시더니 몇 수의 시들을 더 보여주면서 그 의미를 설명해 주셨습니다. 저는 당신의 말씀을 잘 듣지 못해 질문하는 눈길로 당신을 바라보았습니다. 그것을 보신 바가반이 크게 말씀하셨습니다. "얼마 전에 무루가나르가 타밀어로 비슈누를

---

[36] [역주] 코끼리 왕 가젠드라는 연못에서 큰 악어에게 다리를 물린다. 곤경에 처한 가젠드라는 연꽃 한 송이를 꺾어 들고 하늘을 향해 비슈누에게 호소한다. 이때 비슈누가 나타나 가젠드라를 구해냈다고 한다. 『바가바따 뿌라나』에 나오는 이야기이다.

찬양하는 시 2수를 지었습니다. 하나는 까이이깜(Kaiyikam)[몸과 관계되는 것]이고 하나는 바찌깜(Vachikam)[말과 관계되는 것]입니다. 그 시들의 요지는 다음과 같습니다."

    1. 스와미, 당신은 멧돼지 화신(Varaha Avatar)을 취하시어 물속에 잠긴 대지를 들어올려 사람들을 구하셨습니다. 대지 위의 한 거주자인 제가, 당신께서 저에게 베풀어 주신 큰 은혜를 어찌 제대로 찬양할 수 있겠습니까?

    2. 천신들이 당신께 자기들을 구해달라고 호소할 때 세계는 하나의 큰 바다였습니다. 이때 당신은 백조의 형상을 취하시어 두 날개로 바람을 부쳐 물이 증발하고 대지가 드러났습니다. 당신께서 저희들에게 해 주신 일을 제가 어찌 족히 찬양할 수 있겠습니까?

"그는 이 두 시를 짓고 나서 제가 세 번째 시로 마나시깜(Manasikam)[마음과 관계되는 것]을 지어야 한다고 고집했습니다. 그러니 짓지 않을 도리가 없었지요. 그래서 그 시를 지었는데, 그 취지는 다음과 같습니다."

    오, 스와미, 대지의 부담을 덜어주시려고 당신은 끄리슈나로서 화신을 취하시고 '정의正義가 쇠퇴할 때는 언제든지'라든가 '덕 있는 사람들을 보호하기 위해'와 같은 『기타』의 가르침[37]으로써, 당신이 여러 화신을 취하실 것임을 저희들에게 보증하셨습니다. 그러한 주님과 당신의 다양한 형상들을 찬양하는, 저는 누구입니까?

"이 찬양과 '저는 누구입니까?'(Who am I?)는 사람에 따라 각기 다르게 해석될 수 있는 여러 가지 의미가 있습니다. 제가 비슈누에 대한 이 시를 지은 주된 이유는 무루가나르가 계속 청했기 때문입니다. 그는 까이이깜과 바찌깜을 쓰고 나서 바가반만이 마나시깜을 쓸 수 있다고 했습니다. 그러니 제가 어떡합니까?"

제가 말했습니다. "다른 어떤 사람이 마나시깜을 지을 수 있겠습니까?"

바가반은 맞은편에 앉아 있는 한 신사를 바라보면서 말씀하셨습니다. "보세요, 저 끄리슈나 아이어는 『바가바드 기타』에 대한 주석서를 쓰고 그 원고의 맨 앞에 끄리슈나의 초상을 하나 붙여서 저에게 그 밑에 뭔가 써달라고 채근했습니다. 그때 제가 '빠르딴 떼리날'(Parthan Therinal)이라는 시를 지었고, 이어서 그것을 산스크리트 시구(sloka)로 바꾸었는데, 그 내용은 이렇습니다."

    빠르타[아르쥬나]의 전차戰車꾼으로서 주님은 그에게 신성한 가르침을 주셨네.
    빠르타의 갈등을 해소하신 자비의 화신이신 그분께서 우리를 보호해 주시기를!

---

37) [역주] 『바가바드 기타』, 4:7-8.

"이것은 『바가바드 기타 라뜨나말리까』(Bhagavad Gita Ratnamalika)[38]에 나옵니다. 이 시들은 제가 비슈누를 찬양하여 지은 단 2수의 시인데, 앞에서 말한 그런 사정 때문에 이 시들을 지었지요."

1948년 7월 29일

53. 적절한 가르침

바가반이 오늘 오전 9시 45분에 밖에 나가실 때 당신의 몸이 조금 휘청거렸습니다. 시자들은 당신이 균형을 잡으실 수 있도록 몸을 부축해 드리기를 주저했습니다. 왜냐하면 당신이 그것을 좋아하시지 않는다는 것을 아니까요. 그때 당신 곁을 지나가던 오랜 헌신자 한 사람이 당신을 부축하려고 했습니다. 바가반은 그러지 말라고 주의를 주면서 냉정하게 말씀하셨습니다. "여러분은 모두 제가 넘어질까 봐 부축하려고 하지만 실은 저를 넘어뜨립니다. 그만두세요. 부디 여러분들이나 넘어지지 않도록 조심하십시오." 이런 말씀에는 크나큰 의미가 들어 있습니다. 바가반은 평범한 것을 말씀하시는 것처럼 보여도 그 말씀에는 크나큰 진리가 들어 있고, 그래서 저는 바로 그 자리에서 그것을 적어둡니다.

그러는 동안 바가반이 돌아오셔서 늘 앉는 자리에 앉으셨습니다. 당신이 들어오시기도 전에 한 청년이 화가 난 채 회당에 들어와 있었습니다. 그는 몇 번 질문을 시도한 뒤에 이렇게 말했습니다. "스와미, 저는 마음 속에 질문이 하나 있습니다. 그 질문이 무엇인지 말씀해 주실 수 있습니까? 아니면 저에게 그것을 물어보시겠습니까?" 바가반이 말씀하셨습니다. "오호! 그러니까 그게 뭐냐, 그건가요? 미안하지만 저는 그런 능력이 없습니다. 그대는 유능한 사람이니 다른 사람의 생각을 읽을 수 있는지도 모르지요. 제가 그런 능력을 어떻게 얻습니까?" 그 청년은 "그런 것도 못 하신다면 당신의 위대함은 무엇입니까?" 하고 말하려고 했지만 그 자리에 있던 다른 사람들이 그런 말을 하지 못하게 했습니다. 그것을 보고 제가 바가반 쪽으로 더 다가가 앉았습니다. 바가반은 저를 바라보며 말씀하셨습니다. "봐, 이 젊은이가 나에게 자기 마음속에 있는 질문을 알겠느냐고 묻는군! 아직까지 이런 걸 묻는 사람은 없었어. 그러니까 이것은 그가 나를 시험하는 거로군. 어떤 사람이 여기 오는 목적은 여기 들어설 때 벌써 알 수 있지. 그가 앉은 자세 자체가 여기 온 목적을 말해주지. 나를 시험하려고 하기보다, 왜 자기 자신을 시험하여 자기가 누구인지 알아내지

---

[38] [역주] 바가반이 번역한 「바가바드 기타 요지」(Bhagavad Gita Sara)[영역판-'천상의 노래']를 말한다. 바로 위의 시구는 그 맨 앞에 있는 기원문인데, 영역판에서는 생략되었다.

않는 거지? 그게 훨씬 좋지 않아?"

이때 마침 그 청년의 옆에 앉아 있던 한 신사가 그 대화를 이어받아 말했습니다. "스와미, 당신께서는 진아를 발견하는 것이 인생에서 가장 중요한 일이라고 말씀하십니다. 그러나 그것을 발견하려면 명호염송 名號念誦(Nama Japa)[주의 이름을 염하는 것]이 좋지 않습니까? 그렇게 해서 저희가 해탈을 성취할 수 있습니까?" 바가반이 말씀하셨습니다. "예, 좋지요. 그것 자체가 때가 되면 그대를 목표에 데려다 줄 것입니다. 명호의 염송은 모든 외적인 사물을 몰아내게 됩니다. 그러면 외부적인 모든 것이 사라지고 남는 것은 그 명호뿐입니다. 남는 것은 곧 진아요 신이요 지고의 존재입니다. 명호염송은 우리가 신에게 어떤 이름을 부여하고 그 이름으로 그분을 부른다는 것을 뜻합니다. 그대가 가장 좋아하는 이름을 그분께 드리십시오."

그 헌신자가 질문했습니다. "만약 이스와라에게 어떤 이름을 드리고 그분께 어떤 특정한 형상으로 나타나 달라고 기도하면 그분이 현신하겠습니까?"

바가반: 예. 어떤 이름으로 그를 부르든, 그는 그대의 부름에 응답하여 그대가 숭배하는 어떤 형태로든 나타날 것입니다. 그가 현신하자마자 그대는 뭘 청합니다. 그러면 그는 은택을 하사하고 사라지지만, 그대는 본래 그 자리에 남아 있습니다.

제가 말했습니다. "바가반께서도 만약 저희들이 어떤 물질적인 혜택을 달라고 청하면 그렇게 하실 거라고 생각됩니다." 바가반은 제가 한 말에 주의를 기울이지 않으시고 그 질문을 회피하는 방식으로 이렇게 말씀하셨습니다. "그래서 신은 자신의 모습을 나타내는 것을 겁냅니다. 만일 그가 오면 헌신자들이 그가 가진 모든 능력을 나누어주고 물러나시라고 요구할 테니 말입니다. '저희들에게 모두 다 주십시오'라고 할 뿐만 아니라, '다른 누구에게도 그것을 주지 마십시오'라고 말하겠지요. 그것이 겁나는 겁니다. 그래서 신은 헌신자들을 찾아오는 일을 미룹니다.

다른 헌신자: 마하트마들의 경우에도 그렇습니까?

바가반: 그야 두말 할 필요가 없지요. 만일 사람들에게 조금이라도 관대함을 보이면 그들은 마하트마들에게 권위를 행사하기 시작합니다. 이렇게 말하겠지요. '당신은 우리가 하자는 대로 하셔야 합니다.' 또 이렇게 말합니다. '다른 누구도 여기 와서는 안 됩니다.' 그런 식이지요.

헌신자: 마하트마는 모두를 똑같은 자애심으로 바라본다고 합니다. 그렇다면 왜 어떤 사람들은 부드럽게 맞이하고 대답도 부드럽게 하면서 어떤 사람들에게는 질문을 해도 소리를 지르거나 무관심한 태도를 보입니까?

바가반: 그렇지요. 아버지에게는 모든 자식이 똑같습니다. 모두가 잘 되기를 바

랍니다. 그래서 자식들의 성향에 따라 사랑과 분노로 그들을 대하고 그들을 훈련시킵니다. 부드러운 성품의 아이들은 겁을 내어 물러나 있고 아무것도 달라고 하지 않습니다. 그런 아이들은 사랑과 부드러움으로 달래고 그들이 원하는 것은 뭐든지 주어야 합니다. 대담한 아이들은 자기들이 원하는 것을 달라고 하여 얻어갑니다. 벗나가는 아이들은 꾸중을 하여 제자리에 잡아두어야 합니다. 어리석은 아이들은 내버려두어서 제 앞가림을 할 수 있도록 해야 합니다. 그와 마찬가지로 마하트마들은 헌신자들의 장점에 따라 자애롭거나 준엄해야 하는 것입니다.

1948년 8월 26일

54. 동물들에 대한 사랑

오늘 오후 3시에 우리가 바가반의 친존에서 뭔가를 논의하고 있을 때 어떤 낯선 사람이 과일들을 가득 담은 큰 접시를 들고 아쉬라맘에 왔습니다. 그가 회당으로 오던 도중 원숭이들이 과일 몇 개를 낚아채어 도망간 모양입니다. 밖에서 나는 소리를 듣고 사태를 알아차리신 바가반은 웃으면서, 그 원숭이는 그렇게 하지 않으면 우리가 그것을 주지 않을까 싶어 자기 몫의 과일을 낚아채 갔다고 말씀하셨습니다. 우리는 모두 웃었습니다.

이런 일이 벌어지고 있을 때 새끼 한 마리를 가슴에 안은 암놈 원숭이가 그 과일이 담긴 바구니에 다가갔습니다. 바구니 근처의 사람들이 고함을 질러 쫓아내자 바가반이 말씀하셨습니다. "새끼 있는 어미군요. 왜 좀 주지 쫓아냅니까?" 그러나 당신의 말씀이 잘 들리지 않았고, 그 원숭이는 겁을 먹고 도망가서 나무 사이에 몸을 숨겼습니다. 연민과 자애로 가득 차신 바가반이 말씀하셨습니다. "이게 공평한 건가요? 우리는 산야신이라고 자칭하면서, 진정한 산야시가 오면 아무것도 주지 않고 쫓아냅니다. 얼마나 불공평합니까! 우리는 잘 먹고 장수하고 싶어서 방에 먹을 것을 저장하고 문을 잠가 열쇠를 간수합니다. 원숭이가 집이 있습니까? 내일 먹겠다고 무엇을 간수해 둡니까? 아무거나 생기는 대로 먹고 아무 나무나 올라가서 잡니다. 어디를 가든 새끼를 자기 배 밑에 달고 다니다가 그것이 제 발로 돌아다닐 때가 되면 놓아줍니다. 누가 진정한 산야시입니까? 원숭이입니까, 우리들입니까? 그래서 그 수놈 원숭이는 도중에 자기 몫을 낚아챈 것입니다. 그러는 것이 수놈이니 그러고도 무사할 수 있습니다. 이것은 암놈입니다. 그녀가 어떻게 할 수 있습니까?" 그렇게 말씀하시고 바가반은 그 원숭이를 달래듯이 부르셨습니다. 원숭이가 침상 곁으로 와서 서자 바가반은 자애롭게, 그녀가 원하는 과일을 모두 주어서 돌려보내셨습니다.

조금 뒤에 흰 공작이 화려한 모습을 뽐내며 들어왔습니다. 바가반은 그것을 보시자 저에게 말씀하셨습니다. "봐, 그들의 귀가 안 보이지? 보통 귀가 있는 자리에 큰 구멍이 나 있어. 그 구멍들은 부채꼴 깃털에 가려져." 제가 말했습니다. "그렇습니까? 전혀 몰랐는데요." 그러자 바가반이 말씀하셨습니다. "저는 산 위에 있을 때 그것을 관찰했습니다. 그때 우리에게는 공작이 두 마리 있었습니다. 암공작은 늘 제 무릎에서 잠을 자곤 했지요. 저는 그녀가 잠을 자고 있을 때 귀가 그렇게 생긴 것을 보았습니다. 숫공작은 절대로 제 가까이 오지 않았습니다. 그 녀석은 안 돌아다니는 데가 없었지만, 암공작은 저를 결코 떠나지 않고 늘 제 곁에 있거나 제 무릎에서 잠을 잤습니다. 저와는 아주 친숙했지요. 숫공작은 밖에 나갈 때마다 같이 가자고 부르곤 했지만, 암공작은 어린애처럼 제 곁을 결코 떠나지 않으려고 했습니다."

제가 말했습니다. "계집아이들은 늘 바가반께 더 애착을 갖고 바가반께서도 그들에게 더 큰 애정을 쏟아주십니다."

바가반: 하루는 어떤 사람이 그녀를 강제로 데려갔습니다. 그러고는 돌아오지 않았지요. 어떻게 됐는지는 저도 모릅니다. 그러나 그 숫공작만큼은 제 무릎 위에서 숨을 거두었습니다. 그때 우리는 그를 위해 거기다 무덤을 하나 만들어 주었습니다.

"그 공작은 얼마나 복이 많습니까!" 제가 말했습니다. 바가반은 "그렇지요, 그렇지요" 하시고는 다시 침묵하셨습니다.

1948년 9월 10일

55. 행복이란 무엇인가?

얼마 전부터 아쉬라맘 의사가 바가반께 밥 대신 밀가루 음식을 드시는 것이 영양에 더 좋을 거라고 권해 왔습니다. 4, 5일 전에는 그가 더 미루지 말고 밀가루 음식으로 바꾸셔야 한다고 열을 올려 말했습니다. 아쉬람 당국에서 바가반을 찾아와 뿌리(puris)[기이로 튀긴 밀전병]를 만들어도 되겠느냐고 여쭈었습니다. 바가반은 뿌리를 만들려면 많은 기이가 드는데, 그런 데 그렇게 많은 돈을 들일 필요가 없다고 하면서 반대하셨습니다. 그들은 아쉬람 의사가 그것이 바가반의 건강에 좋을 거라고 했으니 비용 문제는 걱정하지 마시라고 하면서 뿌리를 만들겠다고 했습니다. 바가반이 말씀하셨습니다. "제발 그런 짓은 하지 말게. 이 의사가 밀가루가 좋다고 하면 다른 한 의사는 밀가루가 바가반의 건강에 좋지 않다고 할 것이네. 그 역시 대단한 의사지. 우리는 그의 허락도 받아야 하지 않겠나? 우리가 그런 문제에서 독립성이 있나? 먼저 그 의사에게 물어보게."

그 의사가 누구이며 실제로 어떤 일이 있었는지 알아보니, 그는 다름 아닌 우리의 고방지기인 수브라마니아 무달라이아르였습니다. 얼마 전에 (정부에서) 곡물을 배급해 줄 때 밀가루도 들어 있었던 모양입니다. 밀가루 음식에 익숙한 사람이 없었기 때문에 그것으로 따로 음식을 만들기가 어려웠습니다. 그래서 밀가루와 쌀을 매일 한데 요리하여 공평한 분량으로 모든 아쉬람 사람들에게 배식했습니다. 그러나 바가반은 밀가루 음식만 받겠다고 고집하시고 매일 그것만 잡수셨습니다. 그 헌신자, 곧 고방지기는 밀가루가 바가반의 몸에 과도한 열을 생기게 하여 당신의 건강을 해친다는 것을 알고 바가반께 밀가루 음식을 드시지 말라고 요청했지만 아무 소용이 없었습니다. 그래서 그는 식당에서 밀가루 음식을 배식하는 것을 그만두고 일꾼들에게만 그것을 먹였습니다.

의사들이 그에게 이 문제에 대해 질문하면서 밀가루가 바가반의 건강에 적합하지 않다고 한 그의 말을 문제 삼자 그는 직답을 피하고, 대신 그때는 배급 받은 밀가루에 좀이 슬어 있었는데 만약 바가반이 그 사실을 아시면 몸소 그것을 드시려고 고집하실 테니까 도리 없이 그것을 일꾼들에게 주었다고 말했습니다. 바가반은 우사에서 돌아오신 뒤에 그 사실을 알게 되자 다소 언짢은 기색으로 말씀하셨습니다. "오, 그래요? 그는 정말 대단한 봉사를 했군요! 우리는 모두 좋은 음식을 먹어야 하고 손상된 밀가루로 만든 음식은 가난한 일꾼들에게 주어야 한다니! 그들은 바가반이 그 이야기를 들으면 좋아할 거라고 생각하나 보군요. 그러니까 그들은 고상한 일을 한 것이고, 이 모든 것은 바가반에 대한 그들의 헌신 때문이었다고 말입니다. 우리한테 맞지 않는 음식을 바로 우리 아쉬람에서 일꾼들에게 주었다면 이보다 더 큰 수치가 어디 있을까요? 이런 허튼 짓들은 모두 그만하라 하세요. 저는 뿌리도 원치 않고 그런 어떤 것도 원치 않습니다. 그런 건 일꾼들에게나 주십시오. 그들이 먹으면 제가 먹는 거나 마찬가지 아닙니까?"

그 대화를 이어받아 다른 헌신자가 말했습니다. "저희들의 유일한 걱정은 바가반의 몸이 건강해야 한다는 것입니다."

바가반: 예, 맞습니다. 그러나 건강이 무엇이고 행복이 무엇입니까? 행복이 잘 먹는 데만 있습니까? 마하라자의 경우를 보십시오. 매일 그를 위해 요리한 기름지고 맛난 음식을 먹습니다. 그런데도 늘 병치레 하고, 늘 소화불량에 시달립니다. 밥맛도 없습니다. 자기가 먹은 것을 소화시키지 못해 복통으로 고생합니다. 좋은 침상에, 멋진 비단 커튼에, 부드럽고 푹신푹신한 침구에 누워서도 잠을 잘 못 잡니다. (잘 먹는다고 해서) 무슨 소용 있습니까? 그는 늘 이런 것 저런 것을 걱정합니다. 막일

꾼이 그 왕보다 더 행복합니다. 그는 뭐든지 자기가 해먹을 수 있는 것을 먹고 마시고, 아무 걱정 없이 푹 잠을 잡니다. 이마에 땀을 흘리며 일하기 때문에 입맛도 1급입니다. 그런 입맛 덕분에, 비록 죽밖에 못 먹는다 해도 그것을 마치 감로수인 양 맛나게 먹습니다. 그는 다음날을 위해 아무것도 비축해 두지 않고, 그래서 자기 물건을 지키기 위해 걱정할 필요도 없습니다. 어느 나무 밑이나 아니면 다른 데 편안히 누워 숙면을 즐깁니다.

그 헌신자가 말했습니다. "그렇기는 하나 막일꾼은 자기가 행복하다는 생각은 하지 않습니다."

바가반: 그것이 바로 세상의 문제입니다. 나무 밑에서 자는 사람은 궁궐과 저택을 바라보면서 자기는 그런 호강을 못한다고 슬퍼합니다. 그러나 그는 정말로 행복한 사람입니다. 한번은 제가 여기서 일꾼 한 사람을 보았는데, 그는 정오가 될 때까지 흙을 파서 그것을 길 위로 던지느라고 중노동을 하고 있었습니다. 계속 땀을 비오듯 흘렸고 지쳐 있었지요. 그리고 배가 고파졌습니다. 그는 저수지에서 다리와 손, 얼굴을 씻더니 석판 위에 앉아서 자기 음식이 든 단지를 열었습니다. 거기에는 밥이 많이 들어 있었는데 그 위에는 국도 조금 끼얹어 있었습니다. 그는 그 밥을 세 움큼 떠내어 아주 맛있게 삼켰습니다. 그러고 나니 아무것도 남지 않았지요. 그는 단지를 씻고 물을 조금 마신 다음, 나무 밑에서 팔 하나를 베개 삼아 낮잠을 잤습니다. 그때 저는 그가 정말로 행복한 사람이라고 느꼈습니다. 만일 우리가 살기 위해서만 먹는다면 우리가 먹는 모든 것이 힘을 줍니다. 우리가 먹기 위해서 살 때만 병이 나는 것입니다.

헌신자: 바가반께서 하신 말씀이 맞습니다. 그러나 마하라자는 자신이 황제가 아닌 것을 슬퍼하고, 황제는 자신이 천왕天王(Devendra)이 되지 못한 것을 슬퍼합니다. 그들은 일꾼이 더 행복하다는 생각은 하지 않을 것입니다. 그렇지 않습니까?

바가반: 하지 않지요. 그들에게는 그런 느낌이 없을 것입니다. (있다 해도) 그것은 환상입니다. 만일 그들에게 참으로 그런 느낌이 있으면 그들은 깨달은 사람이 됩니다. 저는 그 두 가지를 다 경험해 보았기 때문에 그 행복의 가치를 압니다. 진실을 말하자면, 제가 비루팍샤 산굴에서 누가 저를 위해 가져오는 것만 먹고 아무것도 깔지 않은 토대土臺(흙으로 쌓아 약간 높게 만든 臺) 위에서 잠을 잘 때 경험한 그 행복을 지금은 누리지 못합니다. 지금은 이런 사치스런 음식을 먹는데도 말입니다. 이 침상, 이 잠자리, 그리고 이런 베개들—이런 것들은 다 속박입니다.

1948년 9월 11일

56. 스와미는 어디 계십니까?

바가반이 어제 우리에게, 당신이 토대 위에서 주무실 때 누렸던 그런 행복을 지금은 누리지 못한다고 말씀하신 뒤에 몇 사람의 헌신자들이 바가반의 허락을 얻어 스깐다쉬라맘으로 올라갔는데, 돌아오는 길에 비루빡샤 산굴에 들렀습니다. 그들은 아쉬라맘에 돌아오자 바가반께, 어제 말씀하신 그 토대가 지금 그곳의 베란다에 있는 바로 그것인지, 그리고 바가반께서 손수 그 대를 쌓으신 게 사실인지를 여쭈었습니다.

바가반: 예, 사실입니다. 우리는 다들 그것이 방문객들이 걸터앉기에 편리할 거라고 생각했지요. 그래서 제가 돌과 진흙으로 그것을 쌓았습니다. 시멘트를 바른 것은 시간이 좀 지난 뒤의 일입니다.

제가 말했습니다. "그 토대를 쌓고 계실 때 어떤 낯선 사람이 와서 스와미가 어디 계시냐고 바가반께 여쭈었는데, 바가반께서는 스와미는 어디 가고 없다고 말하여 돌려보내셨다는 게 사실입니까?"

바가반은 "그것을 어떻게 알았지?" 하면서 웃으셨습니다. 저는 에짬마가 그 이야기를 저에게 해 주었다고 말했습니다. 이에 바가반은 그 사건을 다음과 같이 들려주셨습니다.

"그랬지요. 사실입니다. 어느 날 아침 저는 돌들을 준비하고 진흙을 이겨서 그 대를 쌓고 있었습니다. 그런데 어떤 낯선 사람이 오더니 '스와미는 어디 계십니까?' 하고 묻더군요. 저 말고는 그때 아무도 없었지요. 그래서 저는 '스와미는 방금 어디 갔습니다' 하고 말했습니다. 그가 다시 '언제 돌아오실까요?' 하고 묻기에 저는 모르겠다고 했습니다. 그는 스와미가 돌아오려면 오랜 시간이 걸릴지도 모르겠다 싶어 산을 내려가다가 마침 올라오던 에짬마를 만났습니다. 그녀가 왜 내려가느냐고 묻자 그는 이러이러해서 내려간다고 말했습니다. 에짬마는 자기를 따라오라면서 자기가 스와미를 보여주겠다고 했습니다. 에짬마는 올라오자 자기가 이고 온, 음식이 든 그릇을 산굴 안에 내려놓고 제 앞에서 절을 한 다음 일어나서 그 사람에게 말했습니다. '여기 계시잖아요. 이분이 스와미십니다.' 그 사람은 놀라 제 앞에서 절을 한 뒤에 그녀에게 말했습니다. '이분이 스와미라고요? 제가 조금 전에 왔을 때는 대를 쌓고 계셨는데, 뉘신지 몰라 "스와미는 어디 계십니까?" 하고 여쭈니 "스와미는 어디 나갔다"고 하셨는데요. 저는 그 말씀을 믿고 돌아가던 길이었습니다.' 그러자 에짬마는 제가 그 사람을 오도했다고 놀려대기 시작했습니다. 그때 제가 말했지요. '오호!

그러면 당신은 제가 "내가 스와미요"라고 쓴 판자라도 목에 걸고 있기를 바랍니까?' 라고 말입니다."

헌신자: 여기 오신 뒤에도 당신께서 그런 식으로 사람들을 오도하신 적이 있는 것 같습니다.

바가반: 예, 맞습니다. 당시에는 건물이 많지 않았지요. 우리가 지금 앉아 있는 이 회당밖에 없었습니다. 이것만 하더라도 원래는 굴뚝이 있는 주방으로 지은 것입니다. 고빨라 삘라이의 부친인 우리의 산무감 삘라이와 몇 명의 헌신자들이, 바가반이 앉을 회당이 하나 필요하다면서 주방 건축은 좀 미루어도 된다고 주장했습니다. 그래서 기왕 만들었던 굴뚝은 철거되고 그 건물이 이 회당으로 탈바꿈한 것입니다. 이 회당과 어머니 사원 사이에는 주방으로 쓰던 초가 움막이 하나 있었고, 그 옆으로 님나무 가까이에는 고방이 있었는데 그것도 초가 움막이었지요. 우리는 매일 아침 일찍 일어나 채소를 썰곤 했습니다. 하루는 제가 고방 문을 열어놓은 채 그렇게 채소를 썰고 있고 다른 사람들은 모두 제각기 볼 일을 보러 나가고 없을 때, 산을 돌고 있던 사람 두세 명이 회당에 들어가더니 침상이 비어 있는 것을 보고 고방으로 왔습니다. 그들은 아쉬라맘을 자주 찾아오던 사람들이었습니다. 그렇다고 해서 사람을 쉽게 알아봅니까? 저는 머리에 침상보를 온통 뒤집어쓰고 있었고 채소를 썰고 있었기 때문에 제 얼굴이 보이지 않았습니다. '선생님, 스와미가 침상에 안 계시네요. 어디 가신 건가요?' 하고 묻더군요. 저는 스와미가 어디 나가셨는데 조금 있으면 돌아오실 거라고 대답했습니다. 그러자 그들은 산을 도는 것이 너무 늦어질 것 같아 기다리지 않고 떠났습니다. 여기 있던 사람 중의 누군가가 그것을 보고 저한테 왜 그들을 오도했느냐고 묻더군요. 제가 말했습니다. '달리 어떻게 하지요? 내가 스와미요, 해야 합니까?' 그런 사건들은 제법 여러 번 있었습니다.

제가 이런 이야기를 아주 초기부터 아쉬라맘에서 살아 온 어느 헌신자에게 모두 들려주자 그가 말했습니다. "그뿐만이 아니야. 단다빠니라는 스와미가 있었다는 거 알지? 배가 툭 튀어나오고 덩치가 큰 사람인데 황색 샅가리개를 하고 다녔어. 목청도 굵은 사람이었지. 그래서 바가반은 끄리띠까이(Krithikai) 빛의 축제 때 그를 문간에 세워두면 좋겠다고 말씀하시곤 했어. 그러면 떼거리로 몰려오는 사람들이 그를 스와미로 착각하고 그 앞에 오체투지한 뒤에 바가반을 귀찮게 하지 않고 떠나지 않겠느냐는 거였지. 바가반은 그처럼 늘 대중에게 드러나는 것을 피하려고 신경을 쓰셨지."

1948년 9월 20일

57. 점성학

며칠 전에 한 점성가가 여기 왔습니다. 그가 온 다음날 오전 10시쯤, 그는 바가반께 점성학에 관해 몇 가지 질문을 하여 적절한 답변을 얻었습니다. 이분들 간의 대화를 간략히 서술하면 다음과 같습니다.

질문자: 스와미! 점성학에 따르면, 별들의 감응력을 해석하여 장차 일어날 사건들을 예견할 수 있다고 합니다. 그것이 사실입니까?

바가반: 그대가 에고성의 느낌을 가지고 있는 동안은 모두 사실입니다. 그러나 그 에고성이 소멸되면 모두 사실이 아닙니다.

질문자: 그 말씀은, 에고성이 소멸된 사람들의 경우에는 점성학이 참되지 않을 거라는 뜻입니까?

바가반: 그것이 참되지 않을 거라고 말할 사람이 누가 있습니까? 보는 자가 있어야만 봄이 있겠지요. 에고성이 소멸된 사람들의 경우에는 비록 그들이 보는 것처럼 보여도 실은 보지 않습니다. 창문은 열려 있습니다. 그렇지만 보는 누군가가 있어야 합니다. 창문이 무엇을 봅니까?

질문자: 그 에고가 없다면 육신이 어떻게 날이면 날마다 계속 움직일 수 있겠습니까?

바가반: 예, 바로 그거지요. 육신은 우리의 집입니다. 이 집은 우리가 그 안에 살고 있을 때만 제대로 유지됩니다. 그래서 우리는, 우리가 그 안에 살고 있는 한에서만 그 집을 살 만한 곳으로 유지한다는 것을 깨달아야 하고, 그 집이 자기와는 별개라는 인식을 결코 놓아버려서는 안 되는 것입니다. 그것을 잊어버리는 순간 에고의 느낌이 들어오고 문제가 시작됩니다. 세상의 모든 것이 이렇게 해서 실재하는 것처럼 보이지만, 그 느낌을 소멸하는 것이 에고의 소멸입니다. 에고가 소멸되면 (이 세상의) 그 무엇도 실재하지 않습니다. 일어날 일은 일어날 것이고, 일어나지 않을 일은 일어나지 않을 것입니다.

질문자: 일어날 일은 일어날 것이고 일어나지 않을 일은 일어나지 않을 거라고 말씀하십니다만, 만약 그렇다면 왜 선행善行을 해야 한다고 하는 것입니까?

바가반: 어떤 좋은 일을 하면 그로 인해 행복을 얻습니다. 그래서 사람들은 선행을 해야 한다고 말하는 것입니다.

질문자: 예, 그래서 옛 분들은 슬픔이란 우발적인(상황에 따른) 것이라고 말합니다.

바가반: 그렇지요. 슬픔은 우발적입니다. 본래적인 것은 행복뿐입니다. 살아 있는

모든 존재는 행복을 원합니다. 왜냐하면 자신의 본래적 상태는 행복의 구현이기 때문입니다. 모든 수행은 우발적인 슬픔을 극복하기 위한 것입니다. 어쩌다 두통이 찾아오면 그대는 약을 먹어 그것을 없앱니다. 만약 그것이 태어나서부터 죽을 때까지 몸에 붙어 있는 영구적인 질환이라면 왜 없애려고 하겠습니까? 몸에 난 종기나 다른 질병들이 의사의 치료로 낫듯이, 여러 가지 어려움의 결과로 오는 슬픔들도 특별히 그것에 대처하는 수행에 의해 극복할 수 있습니다. 이 육신 자체가 하나의 병입니다. 그리고 그 근본 원인은 무지입니다. 그 무지에 대해 지知라는 약을 처방하면 내재된 모든 질병이 단번에 사라질 것입니다.

질문자: 수행에 의해 즉각적인 결과를 얻을 수가 있습니까?

바가반: 어떤 수행은 즉각적인 결과를 가져오지만 어떤 것은 그렇지 않습니다. 그것은 그 수행에 집중하는 정도 기타의 요인들에 달려 있습니다. 선행이나 악행도 대단한 집중력으로 행하면 그 결과가 즉각 나타날 것이고, 그렇지 않으면 천천히 나타날 것입니다. 그러나 결과는 반드시 따라옵니다. 피할 도리가 없지요.

1948년 9월 30일

58. 산 위에서 사실 때의 이야기

최근에 바가반은 벤바 운으로 되어 있는 「진아각지송」(Atmabodha)의 시구들을 새로 쓰시면서 깔리웬바(Kalivenpa) 운으로 바꾸셨습니다. 그 시들이 이제 책으로 인쇄되어 나왔기 때문에, 바가반의 친존에서 자주 논의의 주제가 되었습니다. 어제 오후에 바가반은 가까이 앉아 있던 한 헌신자에게 이렇게 말씀하셨습니다. "보세요. 우리가 비루팍샤 산굴에 있을 때 제가 빨라니스와미의 요청을 따라 이 작은 공책에 샹까라의 시구들과 가르침을 말라얄람어로 썼습니다. 이 「진아각지송」도 그 공책에 들어 있는데, 그 당시에는 거기에 대해 주석을 쓸 마음이 없었습니다. 가끔 가다 그 시구들이 마음에 떠오르기는 했지요. 그러다 한번은 이런 일이 있었습니다. 우리가 음식을 해 먹는 데 필요한 것을 다 가지고 모두 아루나찰라 산 정상으로 올라가고 있었습니다. 어디든지 편리한 곳에서 해 먹을 요량이었지요. 그때는 우리가 비루팍샤 산굴에 있을 때였습니다. 빨라니스와미는 산굴을 지키며 남아 있었습니다. 에두도날루(Edudonalu)[일곱 샘]에 도착했을 때는 상당히 더웠습니다. 그래서 우리는 먼저 목욕을 하고 나서 음식을 하고 싶었습니다. 우리는 취사도구와 달, 소금, 기이 같은 음식물들을 꺼낸 뒤 불 땔 아궁이를 준비했는데, 그때 무엇보다도 중요한 것, 즉 성냥을 가져오지 않았다는 것을 알았습니다. 산굴은 성냥을 가서 가져오기에는 너무 멀리 떨어져 있었습니다. 더구나 날씨가 아주 더웠고 다들 몹시 배가 고팠습니다. 어떤 사람이 부싯돌을 부딪쳐서 불을 일으켜 보려고 했지만 되지 않았지요. 어떤 사람은 희생제(Yagnas)를 지낼 때 불을 일으키기 위해 할 때처럼 나무 막대를 다른 나무에 비벼 보기도 했지만 그 역시 성공하지 못했습니다. 이때 「진아각지송」의 두 번째 연이 제 마음속에 떠올랐습니다."

 bodho' nyasadhanebhyo sakshanmokshaika sadhanam
 pakasya vanhivat jnanam vina moksho na sidhyati.

"저는 그것을 읊고 나서 그 의미를 설명해 주면서 모든 사람의 기분을 즐겁게 해 주었습니다."

다른 헌신자가 말했습니다. "저희들은 그 시구의 의미를 모르겠습니다."

바가반은 미소를 띠고 말씀하셨습니다. "그 의미를 알고 싶습니까? 그것은 '불이 없으면 아무리 많은 재료를 가지고 있어도 음식을 만들 수 없듯이, 진지(*jnana*)가 없으면 해탈을 성취할 수 없다'는 뜻입니다."

"그리고 나서 어떻게 되었습니까?" 하고 어떤 사람이 여쭈었습니다.

바가반이 말씀하셨습니다. "어떤 사람이 머리에 풀단을 이고 집으로 돌아가던 건초꾼에게 그 이야기를 한 모양입니다. 빨라니스와미가 나무를 하러 산으로 올라오던 사람을 통해 성냥을 보내왔습니다. 그래서 우리는 불을 피워 음식을 해 먹었지요. 음식을 어떻게 했는지 압니까? 쌀, 달, 채소를 모두 한 솥에 넣어 한데 끓인 다음 소금을 쳤습니다. 그렇게 해서 일종의 비빔밥(*kitchadi*)을 만들었지요. 그렇게 하기로 미리 다 정해두고 있었습니다. 식사를 마친 뒤 우리는 조금 쉬었다가 정상을 향해 출발했습니다. 그들이 *bodho' nyasadhanebhyo*('모든 수행법 중에서도 각지가')란 구절을 이해할 수 있도록 하기 위해 저는 우리가 걸어가는 동안 그 완전한 의미를 계속 설명했습니다. 정상에 도달하자 제가 그들에게 말했습니다. '여기 오는 데 우리가 얼마나 고생했습니까? 조금 올라온 다음 여러 가지를 섞어 먹고 나서야 더 오를 수 있었습니다. 그런데 음식을 해 먹으려 해도 불이 없어 아무것도 할 수 없었지요. 그와 마찬가지로, 가르치고 배울 수 있는 준비가 다 갖춰졌다 하더라도 그에 대한 이해가 없으면 지혜의 성숙을 이룰 수 없습니다. 진지眞知의 불로 세간의 모든 것을 한데 섞어 삼켜 버려야 최고의 경지에 이르게 됩니다.' 그리고 나서 우리는 어둡기 전에 산 굴로 돌아왔습니다. 그 당시에는 우리가 정상까지 가는 데 아무 어려움이나 피로를 느끼지 못했습니다. 그래서 언제든지 내키면 산을 올랐습니다. 이제 와서 그것을 생각하면 내가 언제 정상에 올라가기는 갔던가 하는 생각마저 듭니다."

"에짬마 같은 사람들도 당신과 함께 올랐다는 것이 사실입니까?" 제가 여쭈었습니다. "예. 무달라이아르 할머니 같은 노인네도 우리와 함께 가곤 했지요. 그 두 사람 다 매일 어김없이 음식을 가져오는 사람이었습니다. 그들은 제 이야기를 귀담아 듣지 않았습니다. 제가 그들을 피하려고 다른 데로 가도 어떻게든 저를 찾아내는 것이었습니다" 하고 바가반이 말씀하셨습니다. 제가 말했습니다. "저희들은 겨우 한 번 스깐다쉬라맘에만 갔다 와도 여러 날 동안 다리가 아프다고 불평합니다. 이 노인네들이 머리에 한 보퉁이씩 이고 매일 스깐다쉬라맘을 올라갔고, 어떤 때는 바가반이 다른 데 계시면 거기가 어디든지 찾아갔다는 것이 놀랍습니다. 아마 바가반의 발 앞에 엎드리고 싶어 한 크나큰 바람이 있었기 때문에 그런 힘이 난 게 아닐까 싶습니다." 바가반은 미소와 함께 승인의 표시로 고개를 끄덕이시고 침묵하셨습니다.

1948년 10월 10일

59. 아이들과 함께 놀기

며칠 전 까비야깐타 가나빠띠 무니의 아들인 마하데바 샤스뜨리가 여기 왔습니다. 바가반은 그를 우리 모두에게 소개하셨습니다. 그는 지금 이곳에 살고 있기 때문에 어제 오후에 우리의 대화는 그의 아버지인 스리 까비야깐타에 대한 이야기로 흘러갔습니다. 바가반은 우리에게 이런 이야기를 들려주셨습니다.

"제가 비루팍샤 산굴에 살고 있을 때, 그러니까 1903년 무렵에 나야나가 가족을 데리고 거기 왔습니다. 당시에 이 마하데바는 네댓 살쯤 되었지요. 나야나는 제 앞에서 오체투지를 한 뒤에 아이에게도 절을 하라고 시켰습니다. 아이는 그 말을 못 들었는지 아니면 관심이 없었는지 가만히 있었지요. 나야나도 그에 대해 신경쓰지 않았습니다. 그런데 갑자기 그 아이가 제 앞에서 8체정례(Sashtanga namaskaram)를 하는 것이었습니다. 성사식을 가진 여느 아이와 같이 그도 자기 손을 귀 위로 올렸다가 제 발을 만졌습니다. 저는 그 어린아이가 오체투지 하는 올바른 법식을 어떻게 알았을까 의아해 하면서 아마 집안 내력인가보다 했습니다."

제가 말했습니다. "그렇습니다. 모든 습관은 집안 내력입니다."

바가반: 그렇지요. 이 마하데바는 그때 이후로 많이 변했습니다. 저는 그와 자주 이야기를 하곤 했습니다. 제가 망고 산굴에 살고 있을 때, 나야나는 근처에 사는 사람들로서 자기와 친한 사람들에게 자기가 빠짜이암만 사원에서 '우마 사하스람' 낭독하는 것을 들으러 와 달라고 했습니다. 그의 가족들도 왔지요. 그때 마하데바는 여덟 살이었습니다. 제가 그에게 나를 기억하느냐고 물었더니 마하데바는 아무 대답

도 하지 않고 놀러가 버렸습니다. 얼마 후에 어떤 사람들이 저를 찾아왔습니다. 그들은 제 앞에서 절을 한 뒤에 자기들이 전에 한 번 온 적이 있다면서 자기들을 기억하느냐고 물었습니다. 저는 기억이 나지 않아 아무 말도 하지 않았습니다. 마하데바가 어떻게 그 광경을 보았는지, 그들이 떠나고 난 뒤에 저에게 달려오더니 이렇게 물었습니다. '스와미, 저 사람들이 먼저 뭘 물었습니까?' 저는 그들이 전에 한 번 온 적이 있다면서 자기들을 기억하느냐고 묻기에 그들을 기억 못해서 아무 말도 하지 않았다고 말해 주었지요. 그러자 그가 즉시 자기도 그와 같이 저를 기억하지 못했다고 말하는 것이었습니다. 저는 기특하다고 생각했지요.

하루는 제가 어떻게 했는지 압니까? 마하데바를 등에 업고 빠짜이암만 사원 맞은편의 저수지 한쪽에서 다른 쪽으로 헤엄을 치기 시작했습니다. 우리가 중간쯤 갔을 때 그가 저를 내리 누르면서 아주 신이 나서 달구지꾼들이 소들한테 소리치듯이 '아하, 하이!' 하고 소리를 질러댔습니다. 저는 지쳐 있었고 자칫하면 두 사람 다 물에 빠져 죽을 것 같았지요. 물론 저는 아이가 그런 사고를 당하지 않게 하려고 몹시 신경을 썼습니다. 그래서 어찌어찌 하여 반대편에 도착했습니다."

제가 말했습니다. "사람들이 윤회계(Samsara)[물질적 세계]의 험난한 바다를 헤엄쳐 건너도록 도와주시는 분에게도 그 일이 (그와 같이) 어렵습니까?"

다른 헌신자는 바가반과 나야나가 그 빤다바 저수지(Pandava Tank)에서 곧잘 헤엄을 치셨다는 것이 사실이냐고 여쭈었습니다.

바가반이 대답했습니다. "예. 그것도 그 당시의 일입니다. 우리는 헤엄을 치면서 서로 앞서 가려고 애쓰기도 했습니다. 아주 재미있는 일이었지요."

다른 헌신자가 말했습니다. "아이들과 공기놀이도 하신 것 같은데요."

바가반이 말씀하셨습니다. "예, 그랬지요. 그것도 우리가 비루팍샤 산굴에 있을 때의 일입니다. 공기놀이를 하기 위해 판 구멍들이 지금도 거기 있을 겁니다. 그 아이들은 가끔 과자 봉지들을 가져오기도 했는데, 그러면 모두가 나누어 먹었습니다. 디빠발리 때는 제 몫으로 폭죽을 떼어뒀다가 저한테 가져오기도 했습니다. 우리는 그 폭죽을 함께 터뜨리곤 했습니다. 더없이 즐거운 일이었지요."

저는 주 끄리슈나가 소년 시절에 벌인 장난들(Lilas)을 상기했습니다. 지금도 바가반은 아이들이 장난감을 가져오면 같이 놀아주십니다.

　　진리를 아는 자는 어린아이같이, 미친 사람같이,
　　혹은 귀신같이. 세상을 돌아다닌다네.
　　　　　　　　　　　　—「마하바키야 라뜨나말라」(*Mahavakyaratnamala*)

1948년 10월 20일

60. 사두와의 친교

어제 오후 3시에 한 노여사가 자기 자식들과 손자 손녀들, 그 외 몇 사람을 데리고 바가반께 왔습니다. 그들을 보자 바가반이 미소를 지으며 말씀하셨습니다. "오, 깐티(Kanthi)! 자넨가? 나는 누구 딴 사람인가 했지!" 그녀는 친근한 태도로 바가반께 다가가서 자손들을 보여드린 뒤에 당신 앞에 오체투지하고 돌아와서 여자들 자리에 앉았습니다. 바가반이 저를 바라보며 말씀하셨습니다. "그녀가 누군지 아나?" 제가 모른다고 하자 당신은 우리에게 이렇게 말씀하셨습니다.

"읍내에 세샤짤라 아이어라는 신사가 있는데 그녀는 그의 딸입니다. 이 여사, 에짬마의 질녀인 쩰람마(Chellamma), 라메스와라 아이어의 딸인 라잠마(Rajamma) 등 몇 사람은 거의 동갑내기들입니다. 제가 산 위에 있을 때는 모두 상당히 어렸지요. 그들은 아주 자주 산을 올라 저를 찾아오곤 했습니다. 어떤 때는 심지어 자기들의 인형을 가져와서 인형들의 결혼식을 거행하기도 했습니다. 또 어떤 때는 쌀, 달 등을 가져와 밥을 해서 자기들이 만든 음식을 저에게도 좀 주었습니다."

"제가 알기로는 바가반께서 그들과 놀기도 하셨지요?" 제가 말했습니다. "그랬지요. 그들은 마음이 내킬 때마다 저를 찾아왔습니다. 다 아주 어렸기 때문에 누구의 간섭도 받지 않았지요. 지금은 대가족을 거느리고 있어서 오고 싶다고 마음대로 올 수 없습니다. 여기 마지막으로 왔던 것이 오래 전이어서 저는 누군가 했습니다" 하고 바가반이 말씀하셨습니다. "당신께서는 어린 소년들과 공기놀이를 하셨을 뿐 아니라 어린 소녀들과 갓짜 까얄루(Gaccha Kayalu)[아이들의 놀이]도 하셨지요. 다들 복 받고 태어났군요." 제가 말했습니다. 바가반은 긍정의 표시로 고개를 끄덕이시고는 당시에 일어난 한 사건을 들려주셨습니다.

"쩰람마가 종이 한 장을 손에 들고 온 것이 그 시절이었습니다. 제가 호기심에서 그것을 보니 거기에 다음과 같은 시구가 적혀 있었습니다."

사두들과의 친교를 얻으면 자기 규율의 여러 방법이 무슨 소용 있으랴?
말해 보라, 시원한 남풍이 불어오는데, 부채가 무슨 소용 있는지?

"저는 그것을 '사두 상가딸'(Sadhu Sangathal)이라는 말로 시작하는 타밀어 운문으로 옮겼습니다. 나중에 그것은 「실재사십송 증보」[제3송]에 포함되었지요. 자네는 그것을 산문으로 가지고 있지 않던가?" 바가반이 물으셨습니다. 저는 그렇다고 대답했습니다.

제가 여쭈었습니다. "쩰람마는 그 종이를 어떻게 얻었고 왜 그것을 당신께 가져왔습니까?" 바가반이 대답하셨습니다. "에짬마는 오늘은 에까다시(Ekadasi)니까, 오늘은 끄리띠까이(Krithikai)니까 하는 식으로 종종 단식을 했지요. 쩰람마도 에짬마와 같이 단식을 하기 시작했습니다. 그러나 그때 쩰람마는 아직 어린 나이였기 때문에 그로 인해 많이 힘들어하곤 했습니다. 에짬마는 보통 그녀를 통해서 저에게 음식을 보내왔는데, 어느 끄리띠까이 날에는 그날 자기가 단식을 하는데도 불구하고 저에게 음식을 가져왔습니다. 그녀가 음식을 전혀 먹지 않는데 제가 어떻게 먹을 수 있습니까? 저는 쩰람마에게 아직 어린데 그런 단식 같은 것 하면 안 된다고 이야기했고, 어찌어찌 설득해서 음식을 먹게 했습니다. 다음날 그녀는 산 위로 음식을 가지고 올라오다가 그 종이를 발견했습니다. 거기에 무슨 산스크리트 시구가 있는 것 같으니까 그것을 가져와서 저에게 보여준 것입니다. 제가 보니 이 시구가 거기 들어 있었습니다. 제가 말했습니다. '봐. 내가 어제 너한테 말해준 것과 똑같은 내용이잖아.' 그녀는 그게 무슨 내용이냐고 물었고, 저는 그것을 타밀어 운문으로 번역하여 그 의미를 설명해 주었습니다. 그 이후로 그녀는 단식하는 것을 그만두었습니다. 저에게는 큰 믿음을 가지고 있었지요. 어른이 되고 난 뒤에도 '스리 라마나'라는 말로 시작하지 않는 어떤 글도 종이에 쓰지 않았습니다. 그 아이들은 제 앞에서 자기들이 배운 온갖 노래와 시들을 찬송하곤 했습니다. 쩰람마가 죽자 사람들은 모두 자기 누이를 잃은 것 같이 생각했습니다."

한 헌신자가 말했습니다. "전기에 보면 그녀가 죽었다는 소식이 알려지자 바가반께서 가슴 아파 하시고 슬픔을 보이셨다고 되어 있습니다. 그것이 사실입니까?" 바가반은 사실이라고 말씀하시고 침묵하셨습니다. 진인은 우는 사람과 같이 울고 웃는 사람과 같이 웃는다고 바가반이 몇 번이나 말씀하셨다는 거 아시지요?

1948년 11월 20일

61. 아그라하람에서의 탁발

오늘 오후 2시 30분부터 바가반은 우리에게, 당신이 띠루반나말라이에 오신 초기에 있었던 일들에 대해 이야기해 주셨습니다. 3시가 되었습니다. 감비람 꾸빤나 샤스뜨리가 청첩장 하나를 가져와 바가반께 드리고 절을 했습니다. 바가반은 그에게 그 결혼식에 대해 한 동안 이야기를 하신 다음 우리를 바라보면서 말씀하셨습니다. "감비람 세샤이야의 손녀가 시집을 가는 모양이군요. 이것이 그 청첩장입니다." "그렇습니까?" 제가 말했습니다. 바가반은 미소를 지으며 물으셨습니다. "이 사람들이 왜 성을 감비람이라고 하는지 자네 아나?" "모르겠습니다." 제가 대답했습니다.

바가반: 이 사람들은 아깐나(Akkanna) 가문과 마단나(Madanna) 가문에 속합니다. 감비람은 골꼰다(Golkonda)[39]의 통치자가 그의 장관들인 아깐나와 마단나에게 부여한 칭호인데, 그것이 그들의 성이 된 것입니다. 쭈달로르에 바가반따스와미의 무덤이 있다는 건 여러분 아시지요. 그 바가반따스와미가 이 가문 사람입니다.

질문자: 그렇습니까? 그러면 바가반따스와미는 브라민이었습니까?

바가반: 예, 브라민이었지요. 그가 자신의 몸을 의식하지 못한 채 쭈달로르 근처의 어딘가에 누워 있을 때, 소마순다람 삘라이의 외할아버지가 마침 쭈달로르에 살고 있었는데 그를 집으로 모셔가서 숨을 거둘 때까지 보살폈습니다. 꾸빤나와 그의 나머지 가족들은 늘 그 스와미와 함께 지냈습니다. 스와미가 타계한 뒤에야 그들이 여기 와서 저와 함께 살게 된 것입니다. 그대는 감비람 세샤이야의 형의 아들을 알 거라고 생각되는데.

질문자: 압니다. 그러나 그들은 안드라인들입니다. 그런데 어떻게 해서 자신들을 아이어라고 칭하게 되었을까요?

바가반: 그것은 그들이 오랫동안 이쪽 지방(타밀나두)에 살아왔기 때문입니다. 아마 몇 세대는 될 겁니다. 제가 구루무르땀에 있을 때 세샤 아이어의 형인 끄리슈나 아이어는 여기서 소금 감독관으로 일하고 있었습니다. 저는 구루무르땀을 떠난 뒤에 한 동안 아얀꿀람 저수지 맞은편의 아루나기리나타 사원에 머무르고 있었습니다. 거기 있을 때 어느 날 밤 저는 탁발을 하러 아그라하람(Agraharam-브라민 거주구역)으로 가서 끄리슈나 아이어의 집을 찾아갔습니다. 그는 그때 다른 세 사람과 함께 촛불 앞에서 돗자리에 앉아 카드놀이를 하고 있었습니다. 제가 손뼉을 치니까 그들은 놀랐습니다. 끄리슈나 아이어는 부끄러워하면서 황급히 카드놀이 도구들을 모두 치우고 밥을 좀 섞어서 저에게 공양음식으로 주었습니다. 그때는 제가 그들이 누군지 몰랐습니다. 세샤이야(세샤 아이어)가 여기 오고 나서 끄리슈나 아이어가 자기 형이라고 하더군요. 그의 형은 스와미가 왔을 때 카드놀이를 하고 앉아 있었던 것을 크게 후회하고 그 뒤부터는 카드놀이를 아예 그만둔 모양입니다.

질문자: 그러니까 바가반께서는 아루나기리 사원에 머무르고 계실 때 개인적으로 탁발을 나가시곤 하셨군요.

바가반: 예. 저는 매일 밤 나갔습니다. 저는 1898년 8월인가 9월에 아루나기리나

---

39) [역주] 하이데라바드 시내에서 서쪽에 있는 지역. 1518년에 등장한 무슬림계 왕조인 쿠트브 샤히 왕조(Qutb Shahi Dynasty)가 이곳을 수도로 정하고 나중에 하이데라바드를 발전시켰다. 이 왕조는 7번째 왕 때인 1687년, 북쪽에서 내려온 아우랑제브의 군대에 의해 골꼰다가 함락되면서 멸망했다.

타 사원으로 갔습니다. 거기 살러 가자마자 저는 빨라니스와미에게, 저는 저대로 살 테니까 그는 그대로 살라고 하면서 내보냈지요. 그러나 바로 그날 밤 그는 돌아왔는데, 그래도 저는 탁발을 나갔습니다. 어떤 때는 낮에 나가기도 했습니다. 밤에는 사람들이 보통 밖에서 등불을 들고 저를 기다리다가 공양음식을 주곤 했습니다. 세샤이야의 형도 그런 식으로 제가 오기를 기다리곤 했지요. 저는 거기서 한 달 정도밖에 살지 않았습니다. 그곳은 아그라하람에서 가까웠기 때문에 저를 보려고 기다리는 군중이 점점 불어났습니다. 군중이 모이는데 따른 모든 소란을 피하기 위해 저는 산 위로 올라갔습니다. 그 당시에는 탁발 하러 나가는 것이 아주 신나는 경험이었지요. 찾아가는 집마다 두세 움큼씩의 음식을 받아서 먹었는데, 그렇게 해서 서너 집만 다니면 배가 불러 집으로 돌아오곤 했습니다.

질문자: 아마 다른 집의 주부들은 당신께서 자기네 집을 찾아오지 않는 데 실망했겠지요.

바가반: 예, 그렇습니다. 그래서 다음날은 아그라하람의 다른 쪽으로 가곤 했습니다. 결국 저는 그 아그라함의 어느 한 집도 빼놓지 않았다고 생각합니다.

질문자: 그 주부들은 얼마나 복이 많았을까요!

1948년 11월 4일

62. 스승의 연꽃 발

바가반의 오른발에 연홍색의 큰 사마귀가 하나 있는 것을 보신 적이 있는지 모르겠군요. 저도 오랫동안 그런 것이 있는 줄 모르고 있다가 엊그제야 그것을 보았습니다. 아시는 대로 겨울 몇 달 동안은 불 난로를 피워 바가반 가까이 두어서 당신이 손과 발을 데우실 수 있게 합니다. 그래서 저는 난로를 너무 가까이 둬서 당신의 발바닥이 데셨나 보다 하고 겁이 나서 바가반께 걱정스럽게 여쭈었습니다. 바가반은 "오! 그거 아무것도 아니야. 어릴 때부터 있는 거야" 하셨습니다. 그때는 제가 그것을 별로 대수롭게 여기지 않았습니다. 그러나 어제 알라멜루 아주머니와 무슨 이야기 도중에 그 문제를 꺼냈더니 아주머니가 말했습니다. "나도 언젠가 그것을 보고 마음에 걸려 바가반께 여쭈었더니, 당신은 웃으면서 그것은 태어날 때부터 있었다는 거야. 또 당신이 가출하신 뒤에 당신 숙부님이 그것을 식별 표지로 하여 당신을 알아보셨다고 하셨어."

우리는 (텔루구어) 동화[까시 마질리(Kasi Majli) 이야기]에서, 위대한 인물들은 배꼽에 진주가 있고 발등에 연꽃이 있다는 이야기를 읽곤 하지 않았습니까. 저는 그 사마귀를 생각하면서 잠자리에 들었는데 바가반의 발이 꿈에 나타났습니다. 그 생각을 하면서 오늘 아침 일찍 7시 반에 아쉬라맘에 갔습니다. 이때는 바가반이 우사 옆에 있는 목욕실에서 돌아와 침상에 앉아 계셨습니다. 다른 사람들이 모두 당신 앞에서 절을 하고 나서 저도 절하고 일어나 선 채로 당신의 발을 응시했습니다. 바가반은 제가 그러는 것을 보시고 왜 그러느냐는 표정으로 저를 바라보셨습니다. "아닙니다. 위대한 인물(Mahapurusha)의 모든 특징을 지닌 그 발을 보고 있었습니다." 제가 말했습니다. "그뿐이야?" 하고 바가반은 미소를 띠며 말씀하시고는 신문을 펴서 읽기 시작하셨습니다. 이때 제가 말했습니다. "아주머님이 그 사마귀에 대해 여쭤 봤을 때, 당신께서는 예전에 당신의 숙부님이 그것을 표지로 해서 가출하신 당신을 알아보셨다고 말씀하신 것 같습니다."

바가반은 신문을 내려놓고 연화좌 자세로 앉으시더니 말씀하셨습니다. "그랬지요. 『라마나 릴라』에 보면 여러분이 알다시피, 제 숙부님인 숩바 아이어(Subba Iyer)가 타계하자 마두라이에 사시던 다른 숙부님인 넬리압빠 아이어(Nelliappa Iyer)가 안나말라이 땀비란을 통해 제가 여기 있다는 것을 알게 되었다고 나와 있습니다. 그러나 땀비란이 아무리 설명을 해 주어도 넬리압빠 아이어는 제가 조카라는 확신이 들지 않았지요. 그래서 숙부님은 여기 와서 그 사마귀를 보고서야 저를 알아보실 수 있었던 것입니다."

"그분이 얼마나 걱정을 하셨을까요!" 제가 말했습니다.

그러자 바가반이 말씀하셨습니다. "어찌 걱정이 안 되었겠습니까? 우리가 아버지를 잃고 나서 그분은 우리를 아주 지극히 보살폈습니다. 제가 이렇게 와 버리고 나자 그분은 늘 제 안위에 대해 걱정했습니다. 그러는 사이에 숩바 아이어도 세상을 떠나 그의 가족을 보살펴야 하는 부담도 그분이 지게 되었습니다. 그럴 때 제가 여기 있다는 소식을 들은 것입니다. 그래서 크게 걱정하면서 여기로 달려왔습니다. 숩바 아이어는 용감하고 자신만만한 분이었지만, 이분은 아주 순하고 온유한 분이었습니다. 만약 숩바 아이어였더라면 저를 여기 두고 그냥 가지는 않았을 겁니다. 저를 둘둘 묶어 데려갔겠지요. 그러나 저는 이곳에 머무르게 될 운명이었기 때문에 그가 살아 있는 동안은 저의 행방이 알려지지 않았습니다. 그가 세상을 떠나고 불과 한 달 만에 그것이 알려진 것입니다. 넬리압빠 아이어는 영적인 마음의 소유자였고 온유한 성품이었기 때문에 '그를 방해할 것 있나?' 하면서 저를 여기 두고 떠났지요." 그렇게 말씀하시고 바가반은 침묵하셨습니다.

"그 정원의 파수꾼이던 라마 나이커(Rama Naiker)는 그분이 정원에 들어오지도 못하게 한 것 같은데요?" 제가 여쭈었습니다.

바가반: 그랬지요. 숙부님을 들여보내지 않았습니다. 그래서 그는 종이쪽지에 글을 써서 들여보낸 겁니다. 그러나 쪽지에 글을 쓰려니 펜도 없고 연필도 없었습니다. 그러니 어떡하겠습니까, 가엾은 분! 할 수 없이 님나무 가지를 꺾어 끝을 뾰족하게 한 뒤에, 익은 가시나무 배를 하나 따서 쪼개 붉은 배즙에 그 가지를 찍어 쪽지에 글을 쓴 다음 저에게 보낸 것입니다. 결국 안으로 들어오기는 했지만 저를 데려갈 수는 없다는 것을 깨달았습니다. 나중에 그는 근처의 정원에서 어느 식자識者가 몇 사람을 모아놓고 어떤 책에 대해 강의하는 것을 보고 저에 대해서 물어보러 갔습니다. 그 식자가 보기에는 제가 아무것도 모르는 무식한 사람이었기 때문에, 그는 '저 아이는 아무 배운 것도 없고 대충 아는 것만 가지고 저기 앉아 있다'고 했습니다. 제가 나이가 어렸기 때문에 숙부님은 당연히 걱정이 되었습니다. 누구한테 뭘 배운 게 없으니 아무 쓸모없는 사람이 되고 말지 않겠나 하는 거였지요. 그래서 그 식자에게 '가능하다면 부디 제 조카를 잘 지켜보시고 뭘 좀 가르쳐 주시라'고 부탁한 뒤에 떠난 것입니다. 그 사람[식자]은 오랫동안 제가 아무것도 모르는 사람이라고 여겼고 한두 번 저에게 뭘 가르쳐 주려고 했지만 저는 전혀 신경 쓰지 않았습니다. 나중에 제가 이사니야 정사에서 『기타 사람』(Gita Saram)에 대한 법문을 할 때 그가 거기에 왔습니다. 그때 그는 저와 여러 가지 문제를 토론했는데, 『기타』에 대한 저의 설명과 해설을 듣자 '오호! 당신 대단한 사람이오! 무식한 줄 알았는데' 하는 것이었습니다. 그러면서 갑자기 제 앞에서 오체투지를 하고 나서 떠났습니다. 그러나 넬리압빠 아이어는 제가 교육받은 게 없는 것을 오랫동안 안타깝게 여겼습니다.

숙부님이 다시 오신 적이 있느냐고 제가 여쭈어 보자 바가반이 말씀하셨습니다. "예, 제가 비루팍샤 산굴에 있을 때 두 번 오셨지요. 첫 번째는 제가 아무 말도 하지 않았습니다. 그분이 오기 전에는 다른 사람들에게 이야기를 하고 있었는데, 그분이 온다는 말을 듣자 마치 그와 같은 연장자에게는 아무 말도 하고 싶지 않다는 듯이 침묵을 지켰습니다. 그러나 그분이 두 번째 왔을 때 어떤 일이 있었는지 압니까? 그분이 온다는 것을 미리 알지는 못했습니다. 제가 비루팍샤 산굴에 있을 때 어떤 사람들이 저에게 「다끄쉬나무르띠 송찬」의 의미를 설명해 달라고 해서 제가 설명을 시작했습니다. 저는 매일 문간에 앉아 있곤 했는데, 그날도 문에 등을 기대고 앉아 있었습니다. 그래서 숙부님이 온 것을 몰랐지요. 그분은 조용히 와서 밖에 앉아 제가 하는 말을 듣고 있었습니다. 우리는 '나나 찌드라'(Nana Chidra)라는 시구('송찬' 제4연 첫 구절)에 이르렀습니다. 제가 그 의미를 설명하고 나서 거기에 주석을 붙이기 시작하는데, 그분이 갑자기 안으로 들어와 앉았습니다. 그러니 어떻게 합니까? 아무래도 상관없다고 생각하고 주저 없이 주석을 해 나갔지요. 이야기를 다 듣고 나서 숙부님은 '내 조카가 범상한 사람이 아니구나, 이런 문제를 아주 잘 알고 있구나' 싶었고, 따라서 더 이상 아무 걱정할 필요가 없다는 것을 알았습니다. 그리고 아주 만족해서 돌아갔습니다. 그때까지는 저에 대해 늘 걱정하고 있었는데 말입니다. 그것이 그분의 마지막 방문이었고 다시는 오지 못했습니다. 그러고 며칠 뒤에 세상을 떠났으니까요." 이 말씀을 하실 때 바가반의 목소리가 떨렸습니다.

"이 사건은 전기에 나와 있지 않습니다. 왜 그렇습니까?" 제가 여쭈었습니다. 바가반은 이렇게 대답하셨습니다. "들어 있어야 하는 거지요. 그러나 그들이 한 번도 묻지 않아서 제가 한 번도 이야기해 준 적이 없습니다."

1948년 12월 22일

63. 빠짜이암마 - 두르가

오늘은 화요일, 제 오른돌이 날입니다. 그래서 어제 저녁에 이미 바가반의 허락을 얻었고 새벽 3시 30분에 일찌감치 산을 돌러 나섰습니다. 빠짜이암만 사원에 도착하니 해가 막 떠올라 있었습니다. 날이 얼마 밝지 않았기 때문에 저는 거기서 산기슭을 따라 숲을 뚫고 가면 바가반이 한때 심장이 멈추는 바람에 앉아 쉬셨던 그 거북바위를 보고, 거기서 같은 코스로 아쉬라맘에 도착할 수 있겠다 싶었습니다. 그래서 사원 맞은편 저수지로 갔더니 어떤 남자가 목욕을 하고 있기에 사원에 들어가서 예배를 올릴 수 있느냐고 물어 보았습니다.

"제가 승려올시다. 바로 문을 열어드리지요." 그가 말했습니다. 저는 바가반이 초기에 이 사원에서 이따금 머무르시곤 했다는 이야기를 들었기 때문에 큰 열의를 가지고 몇 번 이곳을 보러 갔지만, 승려들이 없고 문이 잠겨 있어서 들어가 보지는 못했습니다. 그래서 이곳을 볼 수 있게 된 것을 기뻐하면서 승려와 함께 안으로 들어갔습니다. 제가 보니 여신상을 가우따마(Gautama)와 몇 분의 다른 리쉬들이 에워싸고 숭배하는 모습이었습니다. 저는 성회聖灰(Vibhuti)와 주사朱砂(Kumkum)를 은사물로 받고 나와 산길로 해서 거북바위를 보러 갔습니다. 그러나 그 바위를 찾지 못했습니다. 그래서 그 길을 따라 아쉬라맘으로 돌아왔습니다. 제가 바가반 앞에서 오체투지하고 일어나자 당신은 제 손에 들려 있는 작은 봉지를 보고 그게 뭐냐고 물으셨습니다. 저는 제가 다녀온 여정을 말씀드렸습니다.

바가반은 가까이 있던 순다레샤 아이어를 바라보면서 말씀하셨습니다. "이것은 어머니 빠짜이암마(Mother Pachaiamma)의 은사물인 모양이군. 이리 가져오지." 그렇게 말씀하시고 당신은 그것을 받아 당신 이마에 바르시더니 말씀하셨습니다. "오른쪽에 새로 지은 건물이 두 개 있는데 보았나?" 제가 대답했습니다. "예, 보았습니다. 누군가 거기다 취사용 아궁이를 만들어 두었던데요." "그래, 그래. 바로 그거야." 바가반이 말씀하셨습니다. "그 건물들은 취사용으로 특별히 만든 거야. 그것을 새로 지었을 때 우리는 산을 돌다가 빠짜이암만 사원에서 밤을 보낼 생각을 했지. 거기서 일하던 사중寺中 소임자들은 우리가 가자 아주 기뻐하면서, 우리에게 거기 머물면서 음식을 지어 잘 먹는 것으로써 새 건물들을 축복해 달라고 하더군. 그것은 바로 우리가 원하던 바였고, 그래서 집들이를 해 주었지. 나야나와 내가 거기 살고 있을 때는 그 방들을 아직 짓지 않아서 우리는 모든 것을 어머니[즉, 여신의 성]의 친존에서 하곤 했어."

"그녀는 어떻게 해서 빠짜이암만이라는 이름을 얻었습니까?" 제가 여쭈었습니다. 바가반이 말씀하셨습니다. "빠짜이(Pachai)는 에메랄드 빛깔을 뜻하지요. 빠르바띠가 이스와라를 기쁘게 하기 위해 고행을 하려고 가우따마 아쉬라마(Gautamasrama)에 왔을 때 그녀의 형상은 에메랄드 빛깔이었습니다. 그녀는 그 아쉬라맘에서 고행을 했고, 그러다가 오른돌이를 하면서 산을 돌았는데 그때마다 몇 군데서 머무르면서 고행을 계속했다고 합니다. 결국 시바의 몸 절반이 되면서 시바 안에 합일되어 '아삐따 꾸짬바'(Apita Kuchamba)[40]로 알려지게 된 것이지요."

"저 여신께서는 어떻게 해서 두르가(Durga)라는 이름을 얻게 되었습니까?" 한 헌신자가 여쭈었습니다. "여신은 두르가마(Durgama)라는 악마를 죽였다고 합니다. 그 이름에서 두르가란 이름이 유래되었습니다." 바가반이 대답하셨습니다. 그 헌신자가 다시 여쭈었습니다. "이곳의 두르가 사원에는 카드가 띠르타(Khadga Tirtha)라는 저수지가 있습니다. 그 기원은 무엇입니까?"

바가반: 여신이 악마 마히샤아수라(Mahishasura)를 죽이러 갈 때 여기서 출발했다고 합니다. 그 악마를 죽이자 그의 목에 걸려 있던 시바의 상像[시바 링가]이 그녀의 손에 걸려 떨어지지 않았습니다. 그녀는 이곳에 목욕을 하러 왔지만 어디에도 물이 없었습니다. 그래서 지니고 있던 검으로 땅을 파자 거기서 물이 솟아나왔습니다. 그녀는 그 물에서 목욕을 하고 손에서 시바의 상을 떼어내어 그것을 저수지 둑에 안치하고 그 저수지 물로 거기에 예배를 올렸습니다. 그리고 그 악마를 죽이기 위해

---

40) [역주] '빨리지 않은 젖가슴의 어머니'. 띠루반나말라이에서 부르는 여신 빠르바띠의 한 이름. 이 이름은 그녀가 영원한 처녀임을 상징한다.

취했던 불의 영靈을 떼어 버렸습니다. 그런 다음 그곳에 계속 머무르면서 헌신자들에게 은택을 하사했습니다. 그 저수지는 아무리 세월이 가도 물이 마르지 않습니다. 이곳에 아무리 물이 귀할 때에도 그 저수지에는 늘 물이 있습니다.

헌신자: 저희들이 듣기로는 바가반께서 그 사원의 스리 짜끄라(Sri Chakra)를 수선해 주셨다고 하던데요.

바가반: 그랬지요. 제가 비루팍샤 산굴에 있을 때 저 두르가 사원의 대관수식大灌水式(Maha Kumbhabhishekam)이 거행되었습니다. 그 축제가 있기 전에 그들이 스리 짜끄라를 저한테 가져와서 약간 손상되었으니 좀 고쳐 달라고 했습니다. 그래서 그들의 청을 들어주었지요.

그렇게 말씀하시고 바가반은 침묵하셨습니다.

1949년 1월 9일

64. 뿌리(Puri) 승원의 원장이 찾아옴

1주일인가 열흘쯤 전에 뿌리의 샹까라짜리야(Puri Sankaracharya)가 여기 왔습니다. 그분과 바가반의 만남은 독특한 그 무엇이었습니다. 아짜리야가 온다는 사실은 미리 알려졌기 때문에 도감은 그분을 맞이하기 위한 모든 준비를 해 두었습니다. 아시다시피 바가반은 낮 동안 기념당에만 계십니다. 아짜리야가 오는 날, 헌신자들은 바가반의 침상에 호랑이 가죽을 펴고 그것을 적절히 장식했습니다. 침상 곁에는 아짜리야가 앉을 적당한 좌석을 마련해 두었습니다. 바가반은 오후 3시에 포행하러 나가셨다가 돌아와서 침상 위의 당신 자리에 앉으셨습니다. 아짜리야는 정해진 시간에 아쉬라맘에 도착하여 베다 학당에 있는 자신의 숙소로 가서 목욕재계 하신 다음, 제자들을 대동하고 바가반의 친존으로 오셨습니다.

그분이 올 때 바가반은 예의 연화좌 자세로 특유의 침묵과 함께 앉아 계셨습니다. 아짜리야는 그의 단다(Danda)[고행자의 지팡이]를 짚고 바가반께 와서 당신께 인사를 했습니다. 바가반은 고개를 끄덕여 인사를 받으시고는 그를 위해 준비해 둔 좌석에 앉으시라고 아주 공경스럽게 청하셨습니다. 하지만 그는 거기에 앉지 않고 가까이 있던 사슴가죽 위에 앉아서 고정된 시선으로 바가반을 바라보기 시작했습니다. 바가반께서도 흔들림 없고 자비로운 시선으로 그를 바라보셨습니다. 어느 분도 아무 말씀이 없었습니다. 모여 있던 사람들도 큰 호수의 물처럼 완벽한 침묵을 지켰습니다. 약 반 시간 동안 두 분은 그렇게 절대적인 고요에 잠긴 채 헌신과 자비의 관계를 모범적으로 보여주셨습니다. 그때 바가반의 얼굴은 천만千萬의 태양신들이 빛나듯이 빛나셨습니다. 그 광채 때문에 이 장면을 목격하게 된 사람들의 얼굴도 연꽃처럼 피어났습니다. 이때 어떤 장엄한 목소리가 "바가반의 얼굴에 있는 광채는 얼마나 눈부신지!" 하는 말이 거기 있던 모든 사람의 심장 속에 울려 퍼졌습니다. 그들 중의 한 사람이 말했습니다. "지금 누가 사진을 한 장 찍으면 정말 좋을 텐데." 마치 이런 말들에 의해 그 침묵이 깨어진 것처럼, 아짜리야가 자리에서 일어났고, 떠나도 되겠느냐고 존경스럽게 허락을 구한 다음 자신의 숙소로 돌아갔습니다.

이 모든 광경을 보고 저는 사나까, 사난다나 등을 깨우치기 위해 이 땅에 오신 스리 다끄쉬나무르띠를 상기했습니다. "제자들은 늙고 스승은 젊다"(*Vriddah sishya gurur yuva*)고 한 것과 마찬가지로, 아짜리야는 아주 연로하신 분이고 그에 비하면 바가반은 젊은이처럼 보였습니다. 또 그때는 장소도 비슷했습니다. 오른쪽의 꽃밭은 난다나 숲(Nandanavanam) 같았고, 뒤쪽의 아루나찰라 산은 카일라스 산 같았으며, 가지가 여럿 달린 왼쪽의 아몬드 나무는 반얀나무 같았고, 연꽃처럼 피어난 사람들의 얼굴이 바다를 이룬 앞쪽의 트인 공간은 큰 호수 마나사로바르(Manasarovar) 같았습니다. "스승의 설법은 침묵이었고 제자들의 의심은 걷혔다"(*Gurosthu mowna vyakhyanam sishyasthu chhinnasamsayah*)는 말과 같았습니다. 그날 아짜리야는 아무 질문도 하지 않았습니다. 그는 오기 전에 아가마 경전(Agama Sastra)에 나오는 '하라가우리 사묘게 … 아왓짜야 요가하'(*Haragowri samyoge … Avachhaya yogah*)라는 말로 시작되는 문장에 대한 의문에 관해 편지를 보낸 모양입니다. 아쉬람 당국에서는 아짜리야가 여기 오면 그 문제가 설명될 것이라고 생각했기 때문에 그분께 바가반의 견해를 밝히는 답변을 드리지 않았습니다. 그래서 다음날 아짜리야가 그 문제에 대해 질문을 드렸고, 바가반은 이렇게 답변하셨습니다. "무슨 문제가 있습니까? 그것은 잘 알려진 것입니다. '아왓짜야 요감'이 뭐냐 하면, 우리가 무슨 일을 할 때 드는 힘, 즉 마음 작용(*Mano Vritti*)이 순수해져서 하라(Hara)[주 시바 안에 합일되고 진아의 그림자가 그 힘 위에 드리울 때, 그것을 아왓짜야 요감이라고 합니다." 아짜리야는 자신이 그것을 몰랐다고 말했습니다. 그러자 바가반은 당신의 자애로운 시선을 그에게 약 30분 동안 쏟아주셨습니다. 아짜리야의 눈이 저절로 감겼습니다. 그는 형언할 수 없는 지복을 체험한 뒤에 기쁨의 눈물을 흘리면서, 합장한 두 손을 머리 위에 올리고 말했습니다. "바가반! 이제야 알았습니다." 그리고 그는 (어머니 사원의) 관수식을 거행할 때 다시 오겠다고 우리에게 약속하고는 제자들을 데리고 남쪽으로 순례를 떠났습니다.

1949년 1월 10일

65. 시바강가 사원의 원장이 온 이야기

뿌리의 샹까라짜리야가 떠난 뒤에 우리의 대화는 자연히 그가 찾아온 이야기로 쏠렸습니다. 한 헌신자가 바가반께 여쭈었습니다. "여러 샹까라 승원(Sankara Mutt)의 원장들 중에서 그분이 여기 온 유일한 원장입니까?"

바가반: 제가 비루팍샤 산굴에 있을 때 시바강가 사원(Sivaganga Mutt)[41]의 원장이 왔었지요. 그는 지금 원장의 증조할아버지입니다. 그분과 현재의 원장 사이에 두 사람의 원장이 더 있었습니다.

헌신자: 그분이 바가반께 무슨 질문을 했습니까?

바가반: 물을 게 뭐가 있습니까? 그도 한 사람의 현인이었고 대단한 빤디뜨였습니다. 저를 보고 나서 그는 가까이 있던 어느 사람에게 이렇게 말한 모양입니다. '행복한 사람이 있다면, 그것은 라마나다'라고.

헌신자: 그분이 바가반 계신 곳에서 좀 머물렀습니까?

바가반: 아니, 아닙니다. 그것은 특별한 만남이었지요. 그분은 자기 제자들과 함께 읍내에 와서 급식소에 숙소를 정하고 저를 그곳으로 초청했습니다. 저는 그런 영예를 받을 만한 학식을 갖추지 못했다는 말로 그 초청을 거절했지요. 제 답변을 듣고 그분이 제자들과 함께 큰 쟁반에 레이스가 달린 숄 하나와 현금 116루피를 담아 직접 저를 찾아왔습니다.[42] 그분이 저에게 오느라고 산을 올라오고 있을 때 저는 마침 물라이빨 저수지에서 비루팍샤 산굴로 돌아오고 있었습니다. 우리는 도중에 나무 한 그루가 있는 곳에서 만났습니다. 그분은 쟁반을 제 앞에 놓고 저에게 거기 담긴 것을 받으라고 했지만 저는 그렇게 하지 않았습니다. 마침내 그분은 돈은 도로 집어넣고 그 숄은 겨울 동안 저에게 쓸모가 있을 거라면서 받으라고 자꾸 권했습니다. 딱 잘라 거절하는 것도 도리가 아니겠기에 그 숄은 받았지요. 나중에 저는 레이스는 찢어버리고 가장자리를 다시 박아 필요할 때마다 몸을 두르는 데 사용했습니다. 그 레이스는 최근까지도 여기 있었습니다. 그분은 그러고 나서 곧 떠났습니다. 그때 벌써 아주 연세가 많았고 여기 오고 나서 며칠 되지 않아 세상을 떠났습니다.

헌신자: 스링게리 승원의 원장들 중에서는 아무도 당신을 찾아오지 않았습니까?

바가반: 예. 나라싱하 바라띠(Narasimha Bharathi)가 여기 몇 번 오려고 했지만 못 왔지요. 그는 늘 저에 대해 물어보곤 한 모양입니다.

---

41) 시바강가 사원은 스링게리 승원(Sringeri Mutt-5대 샹까라짜리야 승원의 하나)의 한 지부이다.
42) 승원장은 학식 있는 사람들에게 돈, 숄, 칭호 따위를 하사하는 관행이 있다.

헌신자: 그분은 안드라분이었습니까?

바가반: 예. 그런데 왜요?

헌신자: 나라싱하 바라띠란 분이 텔루구어로 여신에 대한 몇 곡의 아름다운 철학적 노래[데비 나끄샤뜨라말라(*Devi Nakshatramala*)]를 지었습니다. 저는 그분이 같은 분인지 알고 싶어서 질문을 드렸습니다.

바가반: 그럴지도 모르지요. 그는 빤디뜨이자 시인이기도 했습니다.

헌신자: 그분은 왜 여기 오지 못했습니까?

바가반: 보세요, 그는 한 승원의 원장입니다. 그들은 지켜야 할 여러 가지 규칙이 있습니다. 더군다나 주위 사람들이 보통 그런 일을 허용하지 않습니다.

헌신자: 본인이 정말 그러고 싶다면 주위 사람들이 어떻게 할 수 있겠습니까?

바가반: 그대가 하는 말이 좀 이상하군요. 주위 사람들이 어떻게 할 수 있느냐고요? 저 자신의 상태를 보십시오. 그들은 제 주위에 나무 울타리(침상 앞의 난간)를 쳤습니다. 나무이기는 하지만 감옥에 있는 것과 같습니다. 저는 이 울타리를 넘으면 안 됩니다. 특별히 저를 관찰하도록 파견된 사람들(시자들)이 있는데, 그들이 번갈아 저를 주시합니다. 저는 마음대로 움직이지 못합니다. 그러지 못하게 막을 사람들이 있으니 말입니다. 한 사람이 가면 다른 사람이 번갈아 옵니다. 제복만 입고 있지 않을 뿐 이 사람들이 경찰과 뭐가 다릅니까? 우리는 그들의 보호 아래 있습니다. 설사 제가 용변을 보러 나간다 해도 그들은 저를 보호하기 위해 뒤따라옵니다. 제가 밖에 나가는 것도 그들의 정해진 시간에 따라서 해야 합니다. 누가 저에게 무엇을 읽어주거나 이야기를 하고 싶어도, 사무실에서 허락을 받아야 합니다. 이런 것을 모두 뭐라고 하지요? 이것과 감옥의 차이점은 무엇입니까? 그[샹까라짜리야]의 경우에도 사정은 거의 마찬가지입니다. 승원장 노릇은 일종의 감옥입니다. 그 가엾은 양반이 무엇을 할 수 있겠습니까?

헌신자: 아마 그 때문에 이스와라는 '박따 빠라디나'(*Bhakta Paradheena*)[헌신자들의 수중(手中)에 계신 분]라는 이름을 얻은 것 같습니다.

바가반: 예, 그렇습니다. 스와미 노릇을 하는 데도 이런 문제가 있는데, (하느님인) 이스와라에게는 문제가 얼마나 많겠습니까? 누가 부르든, 그리고 무슨 이름으로 부르든 거기에 응답해야 합니다. 그리고 와 달라는 어떤 형상으로도 나타나 주어야 합니다. 어디든지 있어 달라는 곳에 있어 주어야 합니다. 한 걸음 앞으로 내딛지 말아 달라고 하면 그 자리에 가만히 있어야 합니다. 그렇게 남들에게 의존해야 하니, 그에게 무슨 자유나 자재함이 있습니까?

1949년 1월 13일

66. 입문

시바강가 사원의 원장과 바가반이 만나신 일과 나라싱하 바라띠에 대한 이야기를 들었던 한 헌신자가 바가반께 여쭈었습니다. "오래 전에 스링게리 승원에서 온 어떤 사람이 바가반께 입문(Diksha-승단에 가입하는 절차)을 받으시라고 했던 모양인데요."

바가반: 예, 그렇습니다. 그것은 제가 비루팍샤 산굴에 머무르던 초기였습니다. 스링게리 승원에 살고 있던 한 샤스뜨리가 어느 날 아침 저를 만나러 왔습니다. 그는 저를 만나서 오랫동안 이야기를 한 뒤에, 식사하러 읍내로 내려가기 전에 제 곁에 다가와 합장을 하더니 아주 공손하게 말했습니다. '스와미! 한 가지 청을 드릴 게 있습니다. 부디 제 이야기를 들어주십시오.' 무슨 청이냐고 하니까 그가 말했습니다. "스와미, 당신은 브라민으로 태어나셨으니 정식으로 출가 절차를 밟으셔야 하지 않겠습니까? 그것은 유구한 관행입니다. 다 아시잖습니까. 제가 굳이 이야기할 게 뭐 있습니까? 저는 당신을 우리 스승님들의 계보에 포함시키고 싶습니다. 그래서 만약 허락해 주신다면, 제가 승원에 돌아가 필요한 모든 것을 준비해 와서 당신을 입문시켜 드리겠습니다. 만약 황색 가사袈裟(Akhanda Kashayam)를 입고 싶지 않으시다면, 샅가리개만 차시되 최소한 황색 샅가리개를 입으시기만 하면 족하다고 삼가 말씀드리겠습니다. 이 문제를 잘 생각해 보시고 대답을 주십시오. 저는 산을 내려가 점심을 먹은 뒤 오후 3시까지 다시 오겠습니다. 저희 승원의 모든 대중은 당신의 위대함에 대한 이야기를 들었고, 제가 여기 와서 당신을 뵌 것도 그들의 요청에 따른 것입니다. 부디 이 청을 들어주십시오."

그가 떠난 지 조금 뒤에 한 노 브라민이 어떤 보따리 하나를 들고 거기 왔습니다. 그의 얼굴은 어딘가 낯익었지요. 그 보따리 밖으로 그 안에 책이 몇 권 들어 있는 게 보였습니다. 그는 오자마자 보따리를 저의 반대편에 놓더니 마치 구면인 것처럼 이렇게 말했습니다. "스와미, 지금 막 왔습니다. 그런데 아직 목욕을 못했습니다. 이 보따리를 봐 줄 사람이 아무도 없군요. 그래서 당신께 맡겨두겠습니다." 그렇게 말하고 그는 그곳을 떠났습니다. 그가 가고 난 뒤에 왜 그랬는지 저도 모르겠지만 그 보따리를 풀어 책들을 보고 싶었습니다. 보따리를 풀자마자 나가리 문자로 『아루나찰라 마하뜨미얌』(Arunachala Mahatmyam)이라는 제목이 쓰인 산스크리트 책 한 권이 보였습니다. 저는 그때까지 『아루나찰라 마하뜨미얌』의 산스크리트본이 있는 줄 몰랐지요. 그래서 놀라 그 책을 펴 보니 이스와라의 말씀으로 이곳의 위대함을 묘사하는 다음과 같은 시구가 있었습니다.

Yojana traya matre'smin kshetre nivasatam nrinam
Dikshadikam vina api astu matmayujyam mamajaya.

이곳, 즉 아루나찰라에서 3요자나(30마일) 이내에 사는 사람들은
전수(입문)를 받지 않고도 모든 속박에서 벗어나 나와 합일을 이룰 것이다.

그 시구를 보자마자 저는 그 시구를 인용하면 그 샤스뜨리에게 적절한 대답이 되겠다고 생각하고 그것을 급히 베껴두었습니다. 왜냐하면 그 브라민이 언제 돌아올지 몰랐으니까요. 그런 다음 그 책을 도로 집어넣고 보따리를 먼저처럼 싸 두었습니다. 오후에 그 샤스뜨리가 오자마자 저는 그 시구를 보여주었습니다. 그는 배운 사람이었기 때문에 더 이상 아무 말 하지 않고 큰 존경심으로 몸을 떨면서 저에게 절을 하고 떠났는데, 가서 자초지종을 나라싱하 바라띠에게 이야기한 모양입니다. 나라싱하 바라띠는 제자들이 한 일을 크게 유감스럽게 여기고 그들에게 앞으로는 그런 짓을 일체 하지 말라고 했습니다. 저는 나중에 그 시구를 번역하여 '요자나이 문라 미딸라 바사르꾸'(*Yojanai munra mittala vasarku* - '3요자나 이내에 사는 사람들은') 등의 타밀어 운문으로 써 두었습니다. 그것은 지금 「아루나찰라에 바치는 다섯 찬가」(*Arunachala Stuti Panchakam*)의 첫머리에 덧붙여져 있습니다. 그런 식으로 많은 사람들이 저를 자기네 종파로 개종시키려고 했습니다. 그것이 말뿐일 때는 제가 '예, 예' 하면서도 어떤 전수도 받지 않았습니다. 늘 회피할 무슨 구실을 찾아내곤 했지요. 시를 짓는 것도 거의 그와 비슷했습니다. 어떤 시도 제가 지으려고 해서 지은 것은 없습니다. 누군가가 이런 저런 명목으로 지어 달라고 청했는데, 그러면 내면의 어떤 충동에 따라 시를 짓곤 했습니다. 그뿐입니다.

헌신자: 이 한 수의 시만 하더라도 그 이면에는 그런 긴 사연이 있군요.
바가반: 그렇지요. 시마다 하나씩 사연이 있습니다. 만일 그 이야기를 다 기록하면 큰 책이 한 권 될 겁니다.
"바가반께서 허락하시면 그런 책이 저술될 수 있습니다." 제가 말했습니다.
바가반: 그렇게 할 일이 없단 말인가?
그렇게 말씀하시고 당신은 화제를 돌리셨습니다.
헌신자: 그 보따리를 가져온 브라민은 다시 왔습니까?
바가반: 다시 왔는지는 기억이 안 나지만 (나중에 보니) 보따리는 없어졌지요. 저는 필요한 것을 얻었습니다. 그걸로 족하지 않습니까?
헌신자: 그러니까 그것은 주 아루나찰라께서 그런 모습으로 오셨던 거로군요.
바가반은 말없이 고개만 끄덕이셨습니다.

1949년 1월 15일

67. 아루나찰라에 대한 초자연적 목격담

오늘 오후에는 2시에 일찌감치 바가반의 회당에 갔더니 시자들과 몇 명의 오랜 헌신자들만 있었습니다. 바가반은 잡다한 문제들에 대해 그들과 이야기를 나누고 계셨습니다. 대화 도중에 헌신자 한 사람이 바가반께 말했습니다. "언젠가 당신께서는 이곳에서 아주 아주 높은 사원들과 정원 따위를 보신 적이 있다고 말씀하셨습니다. 그것은 모두 산 위에 사실 때의 일입니까?"

바가반: 그렇지요. 그것은 아마 제가 비루팍샤 산굴에 있을 때의 일일 겁니다. 저는 눈을 감고 있었는데, 이 산 위를 동북쪽으로 향해 걷고 있다는 느낌이 들었습니다. 한 곳을 보니 멋진 꽃밭과 큰 사원이 있고, 멋진 외곽 벽과 큰 난디 상이 있었습니다. 이상한 빛도 있었지요. 그렇게 즐거울 수가 없었습니다. 이런 것들을 보고 있는데 예공 시간이 되었습니다. 그 종이 울리자 즉시 저는 눈을 떴습니다.

헌신자: 바가반께서는 얼마 전에 저희들에게 큰 동굴도 하나 있었다고 하셨습니다.

바가반: 예, 예. 그 일도 제가 산 위에 살고 있을 때 일어났습니다. 제가 정처 없이 돌아다니고 있는데 어느 곳에 큰 동굴이 있었습니다. 그 동굴에 들어갔더니 많은 폭포, 아름다운 정원, 그 정원 안에 있는 저수지들, 잘 만들어둔 길들, 멋진 조명 등이 있는데, 거기 있는 것은 모두 더없이 기분 좋은 것이었습니다. 더 깊이 들어가니까 한 싯다 뿌루샤(Siddha Purusha)[깨달은 사람]가 어느 저수지의 둑 위에 있는 한 그루 나무 밑에 다끄쉬나무르띠처럼 앉아 있고, 그 주위에는 여러 성자들(Munis)이 앉아 있었습니다. 그들은 뭔가 질문을 하고 있었고 그는 그들에게 답변을 해 주고 있었습니다. 그곳은 저에게 아주 익숙해 보였습니다. 그게 전부입니다. 그러고 저는 눈을 떴습니다. 나중에 얼마 지난 뒤 산스크리트 『아루나찰라 뿌라남』을 보니 주 시바께서 말씀하신 다음과 같은 시구들이 있었습니다.

> 실은 불타오르고 있지만, 광채 없는 산의 모습으로 여기에
> 내가 나타난 것은 세계를 유지하기 위한 은총과 보살핌의 결과이다.
> 여기서 나는 싯다로서 항상 거주한다. 내 내면의 심장 안에는
> 세간의 온갖 즐거움과 함께 초월적 영광이 자리하고 있음을 알라.

이 두 시구에서 그 동굴과 그 싯다 뿌루샤를 묘사하고 있어서, 저는 황홀경 속에서 저에게 나타난 것이 그 책에 나온다는 데 놀랐습니다. 그래서 저는 그것을 타밀어로 '앙기유루 바유몰리 망구기리 야가'(Angiyuru vayumoli mangugiri yaga) 등으로

옮겼습니다.43) 그 의미는 이렇습니다. '당신은 불의 형상을 하고 계시면서도, 사람들에게 은총을 쏟아주시기 위해 불을 멀리하시고 산의 형태를 취하셨습니다. 당신은 싯다의 형상을 하고 늘 이곳에 계십니다. 저에게 나타난 그 동굴은 세상의 모든 화려함을 구족具足하고 당신의 안에 있습니다.'

　근년에 아디 안나말라이 사원을 개수改修할 때 이 사원의 지성소主聖所 안에서 큰 동굴이 하나 발견되었는데, 사람들이 그 안에 뭐가 있나 알아보려고 하다가 그 동굴이 산의 바로 중심으로 뻗어 있다는 것을 발견했다고 합니다. 그들은 별로 깊이 들어가지 못하고 돌아 나왔습니다. 그래서 저는 저에게 일어났던 일과 뿌라나에 나오는 말이 사실이고, 그 동굴은 제가 본 곳으로 들어가는 길이라는 생각이 들었습니다. 싯다 뿌루샤들은 그 안쪽의 동굴에서 그 터널을 통해 그 사원으로 매일 밤 나왔다가 이스와라를 숭배한 뒤에 돌아간다고 합니다. 그리 멀리 갈 것 있습니까? 최근에 여기서도 그와 같은 것을 본 적이 있습니다. 제가 평소와 같이 산으로 올라가고 있었는데 저 너머 계단 근처에 다가가고 있을 때 큰 도시 하나가 제 앞에 나타났습니다. 큰 건물들과 온갖 것들이 있었고, 잘 정비된 가로街路들, 훌륭한 조명 등 그것은 하나의 대도시처럼 보였습니다. 한 곳에서는 어떤 모임이 열리고 있었는데 채드윅이 저와 함께 있었습니다. 그는 이런 말까지 했습니다. '바가반, 이 모든 것은 너무나 자명합니다. 이것이 다 꿈이라고 우리가 말하면 누가 믿겠습니까!' 모든 것이 마치 실제로 일어나고 있는 일처럼 보였습니다. 그러다가 제가 눈을 떴습니다.

　헌신자: 이 모든 것이 정말 꿈입니까?
　바가반: 꿈인지 아닌지 뭐라고 말할 수 없습니다. 실재하는 것은 무엇입니까?

1949년 1월 16일

68. 대아大我

　열흘쯤 전에 한 미국인 청년이 여기 왔습니다. 그가 사진을 찍는다는 것을 알고 이곳의 몇몇 사람이 아루나찰레스와라르 사원의 천주千柱 만다빰에 살고 있는 코끼리를 데려와 기념당 옆의 공터에 매 두었습니다. 바가반은 목욕실에서 돌아오시다가 코끼리 옆에 서서 코끼리에게 먹이를 주고 계셨는데, 이때 그 미국인이 사진을 한 장 찍었습니다. 어제 오전 10시가 지나 어떤 사람이 그 사진을 바가반께 가져와서 보여드렸습니다. 사람들이 모두 호기심을 가지고 그것을 들여다보기 시작했습니다.

---

43) [역주] 『아루나찰라에 바치는 다섯 찬가』의 앞쪽에 나오는 '스리 아루나찰라 마하뜨미얌' 중 제3연을 말한다.

그리고 사진 뒷면에 쓰인 내용에 대해 자기들끼리 이야기를 했습니다. 저는 그들이 무슨 이야기를 하는지 몰라서 바가반께 조용히 낮은 목소리로 그에 대해 여쭈어 보았습니다.

바가반: 별 거 아니야. 사진 뒷면에는 '몸뚱이를 모르는 대아大我와 진아를 모르는 큰 몸뚱이가 한 곳에 있음'이라고 쓰여져 있어.

헌신자: 그렇게 쓴 것은 정확히 무슨 생각에서였을까요?

바가반: 그야 쉽지요. 코끼리는 몸뚱이는 크지만 진아를 모릅니다. 그렇기 때문에 무슨 음식을 주어도 마음에 차지 않아 계속 붕붕 소리를 지르면서 거기 서 있습니다. 아마 그 때문이거나 아니면 다른 이유로, 코끼리에 대해 진아를 모르는 큰 몸뚱이라고 하는 거겠지요. 저는 휘청거리는 몸뚱이로 어떻게 거기 서 있었는데, 그래서 역시 아마 그 때문이거나 아니면 다른 이유로 저는 몸뚱이를 모르는 대아라고 한 것입니다. 아마 그렇게 생각했겠지요.

헌신자: 맞습니다. 바가반께서는 늘 육신에 대해 무관심하신 것 같습니다. 그렇지 않습니까?

바가반: (미소를 지으며) 바로 그거지요, 그겁니다. 찐따 딕쉬뚤루는 제가 마드라스 박물관에 있는 동상 같다는 글을 썼습니다. 사우리스(Sowris-여학생이던 헌신자)는 제가 셀룰로이드 인형 같다고 했지요. 사람들은 이렇게도 이야기하고 저렇게도 이야기합니다.

헌신자: 저는 자다 바라따(Jada Bharata-고대의 리쉬)도 육신에 무관심한 것처럼 보였다고 생각합니다.

바가반: 그 말이 맞습니다.

헌신자: 자다 바라따란 이름을 얻은 것은, 그가 자신의 육신을 모르는 대아였기 때문입니까?

바가반: 달리 무슨 이유 때문이겠습니까? 그것은 그가 무정물無情物처럼 움직이지 않고 누워 있었다는 의미일 수는 없습니다. 그는 자신의 몸을 돌아보지 않는 진아의 화신이었다는 의미입니다.

그 한 실례로서 바가반 자신도 초년에 아루나찰라 사원 경내에서 한 그루 마두까 나무(Madhuka tree)[입빠(Ippa) 나무] 밑이나 화원 속에, 혹은 수레를 보관하던 만다쁘 안이나 여기저기에 앉아 계실 때는 당신의 육신을 돌아보지 않으셨습니다. 오고가던 사람들은 이렇게 말하곤 했습니다. '그는 자다(Jada)[멍청이]처럼 앉아 있어. 미친 친구인가 보군.' 그러고는 당신에게 전혀 주목하지 않았습니다. 그리고 바가반께서도 우리에게 몇 번이나 당신은 그런 이야기를 듣고 즐거워했으며, 그런 미친 증세가 모든 사람들을 사로잡기를 바랐다고 말씀하셨습니다. 그뿐이 아닙니다. 도감의 지시에 따라 꾼주스와미가 시자로서 바가반을 시봉하고 있을 때, 그는 바가반의 몸과 머리가 흔들리고 비틀거리는 것을 보고 가까운 제자들 외에는 아무도 없을 때 바가반께 이렇게 여쭈었다고 합니다. "바가반, 중년의 연세밖에 안 되셨는데 이상하게도 머리와 몸이 흔들려 걸으실 때 지팡이를 짚으셔야 한다면, 그 이유는 무엇입니까?" 바가반은 미소를 지으며 이렇게 대답하신 모양입니다. "그게 뭐가 이상한가? 큰 코끼리를 작은 오두막에 가둬두면, 그 오두막에 온갖 문제가 일어나지 않으면 뭐가 일어나겠나? 이것도 그와 같네."

그 말씀에 어떤 심오한 의미가 들어 있는지 아시겠습니까? 이런 의미를 사람들에게 드러내지는 않으시고 당신은 이따금 유머러스하게 말씀하십니다. "보입니까? 여러분은 모두 다리가 두 개인데 저는 (지팡이를 포함하여) 세 개입니다."

『마하바키야 라뜨나말라』에서는 진인에 대해 이렇게 말하고 있습니다.

그는 세상 속에서 장님이나 바보 혹은 벙어리처럼 행동한다.

1949년 1월 18일

69. 꾼달리니 샥띠 - 찐마야 몸

어제 오전에 한 안드라 청년이 자기 처와 함께 왔습니다. 그는 히말라야 지역을 다 둘러본 뒤에 여기 온 모양입니다. 오후 3시에 그는 바가반께 다가가서 말했습니다. "스와미, 꾼달리니 샥띠(*Kundalini Sakti*)[요가적 힘의 한 형태]는 샥띠(*Sakti*)[힘]를 얻는 요가적 길을 따르는 사람들에게만 나타납니까, 아니면 헌신이나 사랑의 길을 따르는 사람들에게도 나타납니까?"

바가반: 꾼달리니 샥띠를 가지고 있지 않은 사람이 어디 있습니까? 그 샥띠의 진정한 성품을 알게 되면 그것은 무한형상의 상쎄(*Akhandakara Vritti*)[충만의식]이나 아한 스푸라나(*Aham Sphurana*)['나, 나'의 광휘]라고 불립니다. 꾼달리니 샥띠는 그 사람이 어떤 길을 따르든 모든 사람에게 다 있습니다. 이름만 차이가 날 뿐입니다.

질문자: 그 샥띠는 다섯 가지 모습으로 나타난다고도 하고, 열 가지, 백 가지 혹은 천 가지 모습으로 나타난다고도 합니다. 어느 것이 맞습니까? 다섯입니까, 열입니까, 백입니까, 천입니까?

바가반: 샥띠는 단 한 가지 모습뿐입니다. 그것이 여러 가지 모습으로 나타난다고 한다면, 그것은 표현의 한 방법일 뿐입니다. 샥띠는 오직 하나입니다.

질문자: 진아를 깨닫기 위한 방법으로, 어떤 사람은 마음을 아나하땀(*Anahatam*)[몸의 네 번째 짜끄라]에 집중해야 한다고 하고, 어떤 사람은 사하스라람(*Sahasraram*)[천 개의 꽃잎을 가진 머리 속의 짜끄라]에 집중해야 한다고 하며, 또 어떤 사람은 물라다람(*Muladharam*)[생식기 근처의 짜끄라]에 집중해야 한다고 합니다. 어느 것이 가장 중요합니까?

바가반: 모두 중요합니다. 진아(Atman)는 몸 안의 도처에 있습니다. 어떤 사람은 물라다람 안에서 그것을 보라고 하고, 어떤 사람은 아나하땀에서, 또 어떤 사람은 사하스라람에서 보라고 합니다. 그것이 어디 있든 똑같습니다. 그러나 그 모든 짜끄라들이 탄생하고 해체되는 장소는 아나하땀(심장)일 뿐입니다.

질문자: 진인은 자신의 길을 따르는 사람들뿐만 아니라 다른 길을 따르는 사람들도 도와줄 수 있습니까?

바가반: 두말할 필요가 없지요. 그는 어떤 길을 선택하는 사람도 도와줄 수 있습니다. 비유하자면 이것과 같습니다. 산이 하나 있다 합시다. 그 산을 오르는 데는 아주 많은 길이 있을 것입니다. 만일 그가 사람들에게 자기가 온 길로 올라오라고 하면 어떤 사람들은 좋아하겠지만 어떤 사람들은 좋아하지 않겠지요. 좋아하지 않는 사람들에게 그 길로, 오직 그 길로만 올라오라고 하면 그들은 올라오지 못할 것입니다. 그래서 진인은 어떤 길을 따르는 사람이라 하더라도 그를 도와줍니다. 중간쯤 올라온 사람들은 다른 길들의 장단점을 모를 수도 있지만, 정상에 올라와서 거기 앉아 다른 사람들이 올라오는 것을 보는 사람은 모든 길들을 볼 수 있습니다. 따라서 그는 올라오는 사람들에게 이쪽저쪽으로 조금 움직이라고 하거나 함정을 피하라고 말해 줄 수 있겠지요. 누구에게나 목표는 동일하니까 말입니다.

그 젊은이는 바가반이 하신 답변에 만족하지 못하고 다시 꾼달리니 샥띠에 대해서, 그리고 그것이 어떻게 일어나는가 하는 질문들을 시작했습니다. 바가반은 그런 질문들에 신경 쓰지 않으시는 듯했지만, 자꾸 묻자 이렇게 말씀하셨습니다. "제가 그런 길들에 대해 뭘 압니까? 그런 것을 잘 아는 사람들에게 물어 보십시오." 젊은이는 그 주제는 그만두고 찐마야 몸(*Chinmaya Dehas*)[영적인 몸]이라는 주제를 잡더니 "제 스승님은 아무 아무 날에 찐마야 형상(*Chinmaya Rupam*)으로 친견을 베푸시고 저에게 이런저런 말씀을 하셨습니다" 하고는 타계한 자신의 스승이 행한 기적들에 대해 이야기하기 시작했습니다. 바가반은 아무 말씀도 안 하시고 한 동안 침묵을 지키셨습니다. 마침내 젊은이가 말했습니다. "주 끄리슈나는 아직도 찐마야 몸을 가지고 계시다는 것이 사실입니까?"

바가반은 인내심을 가지고 대답하셨습니다. "찐마야 몸이 인간의 몸을 뜻합니까? 찐마야는 찌뜨-쁘라까샤(Chit-prakasa), 즉 영靈의 광채를 뜻합니다. 그 빛은 늘 존재합니다.

나는 모든 존재들의 심장 안에 자리잡은 진아이다, 아르쥬나여,
그래서 나는 모든 존재들의 처음이자 중간이며 끝이다.
— 『기타』, 10:20

이것은 그가 모든 존재들의 심장 안에 이런 물질적 몸을 가지고 들어 있다는 뜻입니까? 그것은 그가 모든 존재들의 심장 안에 아한 스푸라나의 형태로 있다는 뜻입니다. 그 진아의 광휘를 찌뜨-쁘라까샤 혹은 찐마야라고 하는 것입니다.

질문자: 다른 마하뿌루샤들(Mahapurushas)[위대한 분들]도 마찬가지입니까, 아니면 저 주 끄리슈나의 몸은 찐-마얌(Chin-mayam)(영, 즉 의식으로 가득 찬 상태)이 되어 그렇게 머물러 있는 것입니까?

바가반: 오! 그대는 그 몸이 찐-마얌이 되어 어딘가에 앉아 있다고 생각하는군요. 전 세계가 찐-마얌입니다. 그런데 한 몸뚱이만 찐-마얌이 되겠습니까? 환영幻影들(Sakshatkaras-신을 직접 친견하는 것)도 이와 같습니다. 사람들은 신들이 몸을 가지고 어디서 내려온다고 말합니다. 도처에 편재하는 것을 떠나거나 무시하면서, 그대는 까람(Karam)과 사끄샤뜨까람(Sakshatkaram)을 이야기합니다.

질문자: 제 스승님은 전 세계를 개혁할 위대한 어떤 인물이 태어날 거라고 말씀하셨습니다. 그가 언제 태어날 것인지 말씀해 주실 수 있습니까?

바가반은 대답하지 않고 침묵을 지키셨습니다. 가까이 있던 한 헌신자가 젊은이에게 말했습니다. "보세요, 당신은 당신 맞은편에 앉아 계신 마하뿌루샤의 위대함을 알아보지 못합니다. 그러니 바로 그분께 어떤 마하뿌루샤가 언제 태어나겠느냐고 묻는 게 무슨 소용 있습니까? 당신은 그런 정도도 이해하지 못합니다. 그렇게 많은 의문이 있다면, 당신의 스승님한테 여쭤어 보지 그랬습니까? 질문은 이쯤에서 그만하세요. 찐-마야 몸으로 계신 당신의 스승님한테 가서 여쭈어보면 되겠네요."

그러자 젊은이는 조용해져서 더 이상은 질문하지 않았습니다.

1949년 1월 19일

70. 진아

제가 오전에 아쉬라맘에 갔을 때는 한 헌신자가 무엇을 질문하고 바가반이 이렇게 답변하셨습니다. "먼저 그대가 누구인지는 알아내십시오."

헌신자: '나는 누구인가?' 하는 자기탐구를 하기 전에 모든 행위를 포기해야 합니까?

바가반: (미소를 지으며) 그대는 무엇을 포기라고 생각합니까? 앉고 일어나고 돌아다니고 밥 먹는 것이 모두 행위입니다. 이 중에서 어느 것을 포기하려고 합니까? 그래서 고인들은 행위 포기(Karma Sanyasa)를 이야기할 때, '먼저 그대가 행위자라는 느낌을 포기하라'고 한 것입니다.

헌신자: 샹까라짜리야는 행위 포기에 큰 비중을 두었습니다.

바가반: 예, 그랬지요. 그렇기는 하나, 그 역시 행위를 했습니다. 그는 여기저기, 이 마을 저 마을 다니면서 비이원론의 원리를 확립했습니다. 당시에는 철도도 없었습니다. 걸어서 다녔지요. 그것이 모두 행위 아닙니까? 그 의미는, 어떤 사람이 진인이 되면 무엇을 해도 그것이 그에게 영향을 주지 않는다는 것입니다. 그는 모든 일을 세상 사람들의 복리를 위해서 합니다. 그는, 즉 진인은 에고의 느낌, 곧 자신이 모든 일을 하고 있다는 느낌만을 포기합니다. 『바가바드 기타』에서 끄리슈나 바가반은 이렇게 말했습니다.

> 만약 내가 행위를 하지 않으면 이 세계들이 사멸할 것이다.
> 나는 카스트의 혼란을 야기하는 자가 되고 이 사람들의 파괴자가 될 것이다.
> ―『기타』, 3:24

> 무지한 사람들이 집착을 가지고 행위하듯이, 오 아르쥬나여,
> 현자는 세상의 질서를 유지하기 위해, 집착 없이 행위한다.
> ―『기타』, 3:25

그 말의 의미는, '만약 내가 행위를 하지 않으면 누구도 행위를 하지 않을 것이다. 그러면 카스트에 혼란이 올 것이다. 왜 내가 그런 혼란의 원인이 되어야 하느냐? 그래서 나는 모든 행위를 하고 있다. 무지한 사람들은 욕망을 가지고 행위하지만, 나는 욕망 없이 행위한다'는 것입니다. 그런 의미입니다. 그래서 행위 포기란, 우리가 감각 기관들의 속성과 행위의 속성 간의 차이를 알고, 그런 앎과 더불어 욕망 없는 상태로 있어야 하며, 그러면서 모든 행위에 집착되지 않고 한 사람의 주시자로서만 행위해야 한다는 것을 뜻합니다. 이것이 행위 포기입니다. 겉으로 포기하는 척해 봐야 별 소용 없습니다.

헌신자: 그렇기는 하나, 주 끄리슈나는 자신이 행위자(Karta)이고 자신이 향유자(Bhokta)라고 말했습니다.

바가반: 예, 그렇게 말했지요. 그러나 마하트마들이 자신들을 행위자라거나 향유

자라고 이야기할 때는 그 의미가 다릅니다. 그들에게는 '나'(Aham)가 진아를 의미합니다. '나는 몸이다'라고 말하는 그 '나'가 아닙니다.

> 나는 모든 존재들의 심장 안에 자리잡은 진아이다, 아르쥬나여,
> 그래서 나는 모든 존재들의 처음이자 중간이며 끝이다.
> —『기타』, 10:20

'나'라고 하는 것은 일체에 두루한 진아입니다. 진인들이 '나'로서 이야기하는 것은 진아의 작용만을 뜻하기도 하고 몸의 작용을 뜻하기도 합니다. 무지한 사람들이 이야기하는 '나'는 몸에 대한 것인데, 이것은 악마적 원습(Asura Vasana)입니다. 그들은 '나는 이스와라다. 나는 숭배 받아야 한다'고 말합니다. 그런 말을 하면 문제를 자초합니다. 이 악마적 원습에 대해서는 『기타』 제16장에서 간단하게 세 연의 시구로 말하고 있습니다.44) 『바수데바마나남』에서는 한 장(章) 전부가 이 주제에 바쳐지고 있습니다. 고인들이 자신을 이스와라라고 말할 때에는 이 몸뚱이를 말하는 것이 아닙니다. 진아 자체가 이스와라입니다. 그것이 곧 브라만이요, 아뜨만이요, 기타 모든 것입니다. 항상 존재하는 것은 나(Aham)입니다. 『브라마 기타』(Brahma Gita)45)에 따르면 존재하는 것(To be)이 브라만입니다. 존재하지 않는 것은 마야입니다. 존재하지 않는 것을 바라보면 '존재하는 것'은 있는 그대로 남습니다. 그대의 진아인 그것을 깨달으면 그렇게 많은 질문들이 나오지 않을 것입니다.

1949년 1월 22일

71. 진아의 지복

어제 오후 3시에 순례자 두 명이 와서 바가반의 친존에 앉았습니다. 그들의 태도로 보아 뭔가 질문을 하려고 생각하고 있음이 분명했습니다. 얼마 후 그 중의 한 사람이 말했습니다. "스와미, 저희들은 눈을 감고 앉아서 명상을 할 때는 괜찮습니다. 하지만 눈을 뜨고 있으면 외부적인 감각들이 문제를 야기합니다. 저희들은 어떻게 해야 합니까?"

바가반: 눈을 뜨고 있다고 해서 무슨 일이 일어납니까? 집에서 창문을 열어 놓고도 잠을 자듯이, 마음을 잠들게 하면 족합니다.

헌신자: 그 말씀은 마음이 세간사에서 떨어져 있어야 한다는 뜻이군요. 저희들은

---

44) [역주] 『기타』, 16:7-9. 그 앞의 6절에서 이 세상에는 두 가지 존재, 곧 신적인 것(daiva)과 악마적인 것(asura)이 있다고 한 뒤, 이어지는 3연에 걸쳐 악마적인 존재들의 특성을 열거한다.
45) [역주] 산스크리트로 쓰여진 비이원론의 한 교본. 타밀어판도 있다.

아무리 애를 쓰도 그렇게 해서 마음을 제어할 수가 없습니다.

바가반: 예, 맞습니다. 그래서 아이가 자기 그림자를 붙잡으려고 쫓아가다가 붙잡지 못하고 울 때, 엄마가 와서 쫓아가지 못하게 한다는 것입니다. 마찬가지로, 마음이 (바깥의 대상을 좇아) 달아나지 못하게 막아야 합니다.

헌신자: 어떤 방법으로 그것을 막을 수 있습니까?

바가반: 베단타의 말씀들을 듣고 그에 대해 명상함으로써 마음을 붙들고, 그렇게 하여 그것이 헤매지 않도록 해야 합니다.

헌신자: 그 말씀은, 세간적 즐거움을 포기하고 진아의 지복(Atma Ananda)을 붙잡아야 한다는 뜻이군요. 그렇습니까?

바가반: 지복은 항상 존재합니다. 포기해야 할 것은 세간적인 것들뿐입니다. 그것들을 포기하고 나면 남는 것은 오로지 지복입니다. 존재하는 것은 진아입니다. 존재하는 것을 붙잡을 일이 어디 있습니까? 그것은 그대 자신의 성품(Swabhava-自性)입니다.

헌신자: 그 성품도 스와루빠(Swarupa)[진아]라고 합니까?

바가반: 예. 그 둘 사이에는 아무 차이가 없습니다.

헌신자: 만약 지복이 진아 그 자체라면, 그것을 경험하는 것은 누구입니까?

바가반: 그것이 중요한 점입니다. 경험하는 자가 있는 한 지복이 진아 그 자체라고 말해야 하겠지요. 경험하는 자가 없으면 지복에 형상이 어디 있겠습니까? 남는 것은 '존재하는' 것뿐입니다. 존재하는 것이 바로 '지복'입니다. 그것이 곧 진아입니다. 진아와 자기 자신이 다르다는 느낌이 있는 한 탐구하고 경험하는 자가 있겠지만, 진아를 깨달으면 경험할 자가 아무도 없게 됩니다. 질문할 자가 누가 있습니까? 할 말이 뭐가 있습니까? 하지만 보통의 언어로는, 지복이 바로 진아라거나 우리의 진정한 성품이라고 말해야 하겠지요.

헌신자: 그것은 다 좋습니다, 스와미. 그러나 저희들이 아무리 애를 써도 이 마음이 제어되지 않고 스와루빠를 둘러싸, 그것이 저희들에게 지각되지 않습니다. 어떻게 해야 합니까?

바가반은 미소를 지으시고 당신의 새끼손가락을 눈에 갖다대면서 말씀하셨습니다. "보세요. 이 새끼손가락이 눈을 가리면 온 세계가 보이지 않습니다. 그와 마찬가지로 이 마음이 온 세계를 가려 브라만이 보이지 않습니다. 그것이 얼마나 강력한지 보십시오!"

1949년 1월 23일

72. 중음신中陰身

오늘 오후 3시에 한 젊은이가 바가반께 다가가서 질문했습니다. "스와미, 시바는 카일라스에 있고, 비슈누는 바이꾼타에 있으며, 브라마는 사띠야로까(Satyaloka)에 있고, 데벤드라(Devendra)[46]와 여러 천신들은 데바로까(Devaloka)에 있다고 합니다. 그런 세계들이 모두 존재한다는 것이 사실입니까?

바가반: 오호! 그것이 그대가 알고 싶은 거로군요! 하지만 먼저 말해 보십시오. 그대가 존재한다는 것은 사실입니까? 그대가 존재한다면 그 세계들도 존재할 수밖에 없습니다. 만일 그대가 존재하지 않으면 그 세계들도 존재하지 않습니다.

헌신자: 조상신(Pithru Devathas)이라고 하는 어떤 존재들이 혼령들(Manes)의 세계에 살고 있는데, 만약 제사(Sradh)를 지내주지 않으면 관계 있는 사람들에게 벌을 준다고 합니다. 그 혼령들이 정말로 별개로 존재합니까?

바가반: 그것이 바로 제가 하던 말입니다. 그대에게 에고의 느낌, 즉 자신이 행위자라는 느낌이 있는 한, 그런 모든 존재들도 존재합니다. 만일 그 에고가 사라지면 이 세계 안에 다른 아무것도 없습니다.

헌신자: 악마들은 어떻습니까?

바가반: 악마도 마찬가지입니다. 이 세계에 천신들이 있으면 악마들도 있습니다. 그대가 존재한다면 다른 모든 것도 존재합니다. 그대가 존재하지 않는다면 다른 아무것도 없습니다. 그대 자신을 탐색해 보면 일체가 그대 자신의 안에 있을 뿐이라는 것을 발견할 것입니다. 그때가 되면 이런 의문들이 일어날 여지가 없습니다.

헌신자: 사람이 죽으면 중음신中陰身(Yathana Sariram)[47]을 가지고 무서운 바이타라니(Vaitharani) 강을 건너 야마(Yama-죽음의 신. 염라대왕)의 세계로 가게 되고, 죽음의 사자들이 그 몸에 이루 말할 수 없는 고통을 가한다고 합니다. 야마의 세계가 있다는 것은 사실입니까?

바가반: (미소를 지으며) 아하! 천국이 있으면 지옥도 있지요. 이 모든 세계는 그대가 존재할 때만 존재하고, 그렇지 않으면 존재하지 않습니다. 먼저 말해 보십시오. 그대는 존재합니까, 존재하지 않습니까? 그리고 나서 지옥이 존재하느냐 하는 문제를 검토해 봅시다.

헌신자: 거 보십시오. 바가반께서 브라마 아스뜨람[무적의 무기]을 사용하시는군요.

---

46) [역주] 천신들의 왕인 인드라의 다른 이름.
47) 꿈속에서와 사후死後에 쾌락과 고통을 겪는 미세한 몸. 이것은 사실 마음 그 자체이다.

제가 이제 무슨 말을 할 수 있습니까?

바가반: 좋습니다. 그것을 사용하지 않겠습니다. 묻고 싶은 것은 뭐든지 물어보십시오.

헌신자: 중음신이란 정확히 무엇을 의미합니까?

바가반: 우리가 잠이 들면 이 몸뚱이는 죽은 듯이 누워 있습니다. 우리가 꿈을 꿉니다. 그 꿈속에서 우리는 때로는 행복을, 때로는 불행을 경험합니다. 몸뚱이가 잠들어 있을 때 그런 것들을 경험하는 것은 누구입니까? 그것은 바로 마음이라는 것을 인정해야 합니다. 그 마음이 미세신 혹은 중음신입니다. 어쨌든, 사람이 죽을 때 죽는 것은 그 몸뚱이일 뿐입니다.

헌신자: 그러니까 중음신이란, 그것이 마음일 뿐이라는 의미로군요.

바가반: 그렇지 않다면, 그 몸뚱이를 괴롭히는 것이 마음 말고 달리 뭐가 있겠습니까?

그렇게 말씀하시고 바가반은 침묵하셨습니다.

1949년 2월 14일

73. 어머니에 대한 봉사

지금은 (어머니 사원의) 관수식(Kumbhabhishekam) 준비가 진행 중입니다.(관수식은 문자적으로는 큰 항아리에 담은 성스러운 물을 끼얹는 것이다. 이 의식은 사원을 신축했을 때 그 물을 정교한 의식과 함께 사원 꼭대기의 탑에 끼얹는 방식으로 거행된다.) 그래서 바가반의 친존에서의 대화는 주로 어머니 알라감말을 중심으로 이루어졌습니다. 오늘 오전에 사무실 직원들이 신성한 갠지스 강물이 들어 있는 그릇 하나와 까만달람(Kamandalam)[고행자들이 사용하는, 진흙이나 나무로 만든 주전자] 하나를 가져와, 어떤 헌신자들이 보내온 거라고 말했습니다. 그 직후에 바가반은 우리에게 과거에 일어난 몇 가지 일들에 대해 말씀하시기 시작했습니다.

"어머니가 제 곁으로 살러 오셨을 때 저는 비루팍샤 산굴에 있었지요. 그곳에는 물이 전혀 없었습니다. 그래서 어머니는 그 때문에 불편이 많았습니다. 우리는 스깐다쉬라맘으로 목욕을 하러 가곤 했는데, 왜냐하면 거기에 폭포가 있었기 때문입니다. 그런데 당신은 연세가 많아 우리와 동행하실 수 없었지요. 그 당시 우리에게는 큰 까만달람이 두 개 있었습니다. 그 중의 하나는 우리가 직접 만든 것이었고 다른 하나는 누가 가져와 우리한테 준 것이었습니다. 각기 작은 항아리 하나 정도의 물이 들어갔습니다. 저는 한 손에 하나씩 두 개를 다 들고 가서 물을 떠 오곤 했습니다.

어머니가 작은 천 하나를 두르고 앉아 계시면 제가 그 물을 어머니 머리에 부어 드렸지요. 마치 관수식 때 우리가 신상에 그렇게 하듯이 말입니다. 어머니는 그렇게 해서 목욕을 하시곤 했습니다. 음식은 해 먹지 않았습니다. 어떤 사람은 어머니의 옷을 빨아서 도로 가져오기도 했습니다. 그뿐이었습니다. 두 개의 까만달람에 물을 담아 오면 어머니에게 필요한 모든 용도에 충당되었습니다."

"그러면 그 까만달람들은 아주 컸겠습니다." 제가 말했습니다.

"예. 컸지요." 바가반이 말씀하셨습니다. "그것들이 지금은 어떻게 되었습니까?" 어떤 헌신자가 여쭈었습니다.

바가반: 그 중의 하나는 여기 있을 겁니다. 다른 하나는 우리가 스깐다쉬라맘에 있을 때 사라졌습니다. 발리말라이 무루가나르(Vallimalai Muruganar)라는 이는 우리가 비루팍샤 산굴에 있을 때부터 찾아오곤 했는데, 우리가 스깐다쉬라맘으로 옮겨간 뒤에 다시 왔습니다. 그는 목소리가 크고 잡담을 아주 좋아했지요. 그가 그 까만달람에 눈독을 들였습니다. 그는 뻬루말스와미나 다른 사람에게 이야기해 봐야 소용없을 거라는 것을 알고 어머니에게 접근했습니다. 어머니는 순진한 사람이었습니다. 누가 이 세상에 당신만한 사람이 없다고 아부하면 달라는 대로 뭐든지 주어 버리곤 했습니다. 그는 워낙 영리해서 그것을 간파한 것입니다. '어머님, 당신께서는 다이아몬드 같은 아드님을 낳으셨습니다. 이 세상에 당신에 비할 사람은 아무도 없습니다. 당신의 아드님은 타의 추종을 불허하는 아주 위대한 인물입니다,' 뭐 이런 식이었지요. 한 동안 이렇게 추어올린 다음 그는 이렇게 말했습니다. '까만달람을 하나 주시면 제가 갠지스 강물을 담아 와서 그 물로 당신께 관수를 해 드리겠습니다.' 그 말을 하기가 무섭게 어머니는 너무 기분이 좋아서 그 까만달람을 줘 버렸습니다. 그러나 그는 어머니 생전에 갠지스 강물을 떠오지 못했습니다. 그러나 최근에, 그러니까 약 12년이 지나서 그는 그 까만달람에 갠지스 강물을 담아 와 어머니 신상에 관수식을 거행하여 자신이 한 약속을 지켰습니다. 그것은 어머니가 갠지스 강물로 받은 최초의 관수였지요. 나중에 몇 사람이 갠지스 강물로 관수식을 하기는 했지만 작은 그릇들에 담아 온 것인데 반해 그는 큰 까만달람에 담아 가지고 왔습니다. 우리가 방금 받은 까만달람들은 그에 비하면 작은 것입니다.

1949년 2월 15일

74. 호랑이 가죽

어제 바가반이 까만달람에 대해 하신 말씀을 듣고 나서 한 헌신자가 여쭈었습니다. "어떤 사람이 바가반께, 당신께서 깔고 앉으시는 호랑이 가죽을 달라고 하여 그 것을 가지고 가는데, 아쉬라맘의 다른 사람이 그것을 가져가지 못하게 했다는 것이 사실입니까?" 바가반은 미소를 지으며 말씀하셨습니다. "예. 그것은 우리가 여기 오고 얼마 안 되었을 때 일어난 일입니다. 1924년인가 대략 그 무렵이었습니다. 한 사두가 저를 찾아왔습니다. 저는 그때 우연히 호랑이 가죽 위에 앉아 있었습니다. 그가 그것에 눈독을 들였지요. 그는 제 옆에 아무도 없는 기회를 기다려 이렇게 말했습니다. '스와미, 저는 저 호랑이 가죽을 갖고 싶습니다. 부디 저에게 주십시오.' 저는 그것을 주는 것은 반대하지 않지만, 누가 당신이 그것을 가져가는 것을 보면 가만히 안 있을지도 모른다고 말했습니다. 그는 지금은 아무도 없다고 하면서 누가 보기 전에 그것을 가져가겠다고 했습니다. 제가 말했습니다. '좋습니다. 좋을 대로 하십시오. 제가 일어날 테니 가져가십시오. 그러나 만일 누가 보고 가져가지 못하게 하면 저는 책임 못 집니다.' 그렇게 말하고 저는 일어났습니다. 그가 호랑이 가죽을 집어서 둘둘 말아 묶은 다음 가지고 나가는데, 마침 들어오던 단다빠니 스와미가 그 것을 보더니 이렇게 말했습니다. '무슨 짓이오! 바가반이 그 호랑이 가죽에 앉으시는데. 가지고 가면 안 되지요!' 사두는 '저는 바가반의 허락을 받아 가지고 갑니다'고 항의했지만 단다빠니 스와미는 그를 이렇게 책망했습니다. '바가반께서 그걸 깔고 앉으시는데 그것을 달라고 했다는 게 말이 되는 거요? 안 돼요. 그것은 허락 못 합니다.' 그러자 두 사람이 저한테 와서 논쟁을 해결해 달라고 했습니다. 저는 단다빠니 스와미에게 말했습니다. 그 사두가 호랑이 가죽을 달라고 해서 주기는 했지만, 누가 그것을 보고 못 가져가게 할 때는 책임 못 진다고 이미 경고했다고 말입니다. 저는 두 사람이 재주껏 그 논쟁을 해결하게 내버려 두었습니다. 단다빠니 스와미는 그 사두가 바가반으로 하여금 자리에서 일어서게 하고 그 호랑이 가죽을 달라고 한 것은 아주 잘못된 일이라고 하면서 그의 허물을 공박했습니다. 결국 단다빠니 스와미는 그 사람이 그것을 가져가지 못하게 막았지요." 우리는 모두 아주 재미있어 했습니다.

한 헌신자가 말했습니다. "바가반, 그 두 사람에게 아주 재미있게 답변하셨군요."

바가반: 어떡합니까? 어떤 사람은 호랑이 가죽을 가져와서 그 위에 앉아 달라고 합니다. 그러면 저는 그 사람의 청을 받아들입니다. 어떤 사람은 여기 와서, '부디 일어나 주십시오. 저는 저 호랑이 가죽을 갖고 싶습니다' 하고 말합니다. 그래서 제가 일어납니다. 제가 손해 보는 게 뭐 있습니까? 단다빠니 스와미는 그 사두가 그것을 가져가는 것을 막았습니다. 당시에 그는 권력을 쥐고 있었습니다. 그들이 자기들

끼리 문제를 해결할 수 있는데 제가 왜 상관합니까?

헌신자: 그러니까 바가반께서는 그 문제에서 아무런 역할이나 몫도 없으셨군요?

바가반: 그렇지요. 저는 아무 권리가 없고, 그래서 아무 문제도 없습니다.

1949년 2월 16일

75. 바가반은 무엇을 가장 선호하는가?

바가반의 친존에 오는 어떤 사람들은 자기탐구에 관심을 갖게 되어 수행을 합니다. 어떤 사람들은 (아쉬라맘을) 그냥 둘러보는 것만으로는 만족하지 못하고, "우리가 이것을 수리하겠습니다" 혹은 "우리가 그것을 더 좋게 만들겠습니다"라고 말합니다. 만일 그들이 바가반께 여쭈어 보면 당신은 "예, 예. 분명히 좋은 일이지요. 그러나 그 문제는 사무실과 의논해 보십시오"라고 말씀하십니다. 사무실 사람들과 그 사람들이 합의를 하고 그 문제를 바가반께 가져오면 당신은 곧잘 이렇게 말씀하십니다. "저는 모릅니다. 여러분이 최선이라고 생각하는 대로 하세요." 그들이 나가자마자 당신은 헌신자들에게 이렇게 말씀하십니다. "보세요. 그들은 아쉬라맘에 온 목적은 돌아보지 않고 아쉬라맘을 개혁하는 일부터 생각합니다. 그들 자신을 개혁하면 그걸로 충분한데도, 그러지는 않고 '우리는 이것을 하겠다, 저것을 하겠다'고 말합니다. 그러면 어떻게 됩니까? 그들이 모두 합의하면 문제가 없습니다. 그러나 만약 그 사람들이 하는 이야기를 사무실 사람들이 좋아하지 않고, 사무실 사람들이 하는 이야기를 그 사람들이 좋아하지 않으면 그들 사이에서 제가 무엇을 할 수 있습니까? 그뿐만 아니라, 그들은 스와미가 무엇을 해 주기를 바라느냐고 묻습니다. 제가 이런 것들을 다 원합니까?"

예를 들어, 최근에 여기서 한 가지 흥미로운 일이 일어났습니다. 한 헌신자가 여기 오더니, 구리로 만들고 그 위에 은도금을 한 메루 쁘라스타라 스리 짜끄람(Meru Prasthara Sri Chakram)[48]의 뚜껑을 만들어 보내겠다고 제의했습니다. 그러나 아쉬람 당국에서는 그 뚜껑을 순은으로 만들기를 원했습니다. 그들 간에 이 문제에 대해 합의가 되지 않자, 그들은 바가반께 문의하기로 하고 회당에 왔습니다. 한 사람이 아쉬라맘 당국을 대신하여 바가반께 다가가서 아주 공경스럽게 말했습니다. "그들은 스리 짜끄라의 뚜껑을 은으로 도금하겠다고 하는 반면, 저희는 다들 그것을 순은으로 만드는 것이 더 좋겠다고 생각하고 있습니다. 이 문제에 대해 바가반께서는 어떻

---

[48] [역주] 수미산(Meru)과 받침대(Prasthara)로 이루어진 스리 짜끄라. 이것은 우주를 상징하는 조형물로서, 아쉬라맘의 것은 어머니 사원 안에 안치되어 있다.

게 조언하시겠습니까?"

바가반: 제가 그런 것과 무슨 관계 있습니까? 어떤 식으로 해도 좋습니다. 양측이 의견이 합치된 결정을 내려 여러분이 최선이라고 결정한 것을 하십시오.

문의자: 스와미, 저희들은 바가반께서 뭘 원하시는지 알고 싶습니다.

바가반: 제가 하는 말도 바로 그것입니다. 여러분이 서로 의논하여 하기로 합의하는 그것이 제가 원하는 방안이 될 것입니다. 만약 양측이 서로 다른 의견을 제시하면 제가 어떻게 합니까?

문의자: 저희들이 서로 다른 의견이기 때문에 바가반께서 어느 것을 가장 선호하시는지 알려고 여쭈어 보는 것입니다.

바가반: 오, 알겠습니다. 여러분은 바가반이 무엇을 가장 선호하는지 알고 싶어하는군요! 바가반이 가장 선호하는 것은 아무것도 하지 않고 침묵하는 것입니다. 서로 다른 의견을 가진 사람들이 사랑의 화신인 자신의 **침묵**을 포기하고 저한테 와서, '우리는 이것을 하겠습니다', 또 '우리는 저것을 하겠습니다' 하면서 그 두 가지 중에 어느 것을 더 선호하느냐고 물으면 제가 무슨 말을 합니까? 여러분 모두가 한 가지 행동 방침에 합의하고 나서 제 의견을 묻는다면 그때는 제가 그것이 좋다고 말하겠지요. 그러나 여러분이 두 가지 의견인데 왜 저한테 와서 어느 것을 더 선호하느냐고 묻습니까? 제가 선호하는 것은, 제가 누구인지를 알고, 있는 그대로의 저로서 머무르는 것입니다. 일어날 일은 일어날 것이고 일어나지 않을 일은 일어나지 않을 거라는 것을 알면서 말입니다. 그것이 옳지 않습니까? 이제 여러분은 바가반이 무엇을 가장 선호하는지 이해합니까?

그렇게 말씀하시고 바가반은 침묵하셨습니다.

1949년 2월 18일

76. 셋집

방갈로르 출신의 한 젊은이가 오늘 오전에 처음 여기 왔는데, 뭔가를 묻고 싶어 하는 것 같았지만 기회를 얻지 못했습니다. 마침내 오후 3시 무렵에 그는 바가반께 다가가서 말했습니다. "스와미, 명상을 할 때는 눈을 감고 하는 것과 뜨고 하는 것 중에서 어느 것이 더 좋습니까?"

바가반: (미소를 지으며) 그것이 의문 사항입니까? 어느 쪽이든 그대에게 더 쉬워 보이는 것을 하십시오.

질문자: 눈을 감으면 온갖 바깥의 사물들이 저의 주의력을 빼앗습니다.

바가반: 눈을 감는다고 그것이 나타나지 않겠습니까? 우리는 여기 앉아 있습니다. 그런데도 마음은 너무나 많은 것들을 봅니다. 그리고 많은 곳들을 돌아다닙니다.

질문자: 예, 스와미. 맞습니다. 그러니 당신께서 저희들에게 그런 모든 곳을 보지 않을 수 있는 방도를 보여주셔야 합니다.

바가반: 모든 것은 우리 자신들로부터 나옵니다. 만일 우리 자신의 진아를 알고 본래의 우리로서 가만히 있으면 다른 아무것도 없습니다. 우리의 마음이 요동할 때만 모든 것이 우리에게 다가옵니다.

그 젊은이는 바가반이 하신 말씀의 의미를 이해하지 못했고, 그래서 눈을 내리깐 채 생각에 빠져 앉아 있었습니다. 바가반은 그를 보시자 가슴이 뭉클하여 근처에 앉아 있던 한 헌신자에게 이렇게 말씀하셨습니다. "보세요, 만약 우리가 존재하지 않는다면 바깥에 볼 것이 뭐가 있습니까? 영화에서 보이는 경치는 그 필름 얼레(reel) 안에 들어 있습니다. 그것이 감기고 감겨서 얼레 안에 들어가면 그 안에 합일됩니다. 그 경치를 보려면 회당을 빌리고 커튼을 치고 빛을 얼레를 통해 투사하면서 얼레를 풀어야만 합니다. 그 모든 장치들을 제거하고 얼레를 다시 감으면 화막 위의 경치는 사라집니다. 그 화면과 경치는 모두 얼레에서 나온 것일 뿐입니다. 세계도 그와 마찬가지입니다. 이 몸뚱이는 셋집과 같습니다. 개아個我가 그 속에 들어가서 하나의 드라마를 상연합니다. 생명 기운은 문 앞의 경비원과 같습니다. 깊은 잠을 자는 동안에는 개아가 자신의 원래 위치로 돌아갔다가 몸이 깨어나면 돌아옵니다. 한편 생명 기운이라고 하는 경비원이 있는 한, 누구도 그 몸 안에 들어갈 수 없습니다. 보통 개나 도둑들이 어떤 집 안으로 들어가고 싶으면 이리저리 살펴보다가, 경비원이 있는 것을 보면 문 앞에 누가 있다고 하면서 도망갑니다. 그렇지 않으면 들어가서 온갖 피해를 끼칩니다. 몸이라고 하는 집도 그와 마찬가지입니다. 개아가 생명 기운으로 하여금 그 몸을 지키도록 남겨두고 어디 가고 없어도, 모든 살아 있는 존재들은 먼저 가까이 와서 그 몸뚱이에 숨(생명 기운)이 남아 있는지를 살핍니다. 만약 몸에 숨이 있으면 주인이 있다고 하면서 가 버립니다. 그러나 들이쉬고 내쉬는 숨이 없으면 그들이 들어가서 자기 마음대로 별 짓을 다 합니다. 개아가 그 집이 싫으면 그것을 떠나면서 그 경비원도 데리고 갑니다. 그는 이 집 저 집 다니면서 이것은 별로다, 저것은 별로다 하다가 마침내 염증이 나서 집들을 포기하고 그 집들과 연결해 주는 생기를 포기합니다. 그때 그 자신의 진아가 모든 것 중에서 최고라는 것을 깨닫고, 강렬한 느낌으로 그 자신의 진아를 탐구하여 진리를 깨닫고 자신의 진아 안에 머무르게 됩니다. 그렇게 될 때, 그 보는 자는 누구입니까?"

마음이 소멸된 위대한 진인은 자신의 본래적 존재로 돌아가,
그에게는 더 이상 해야 할 행위가 없다네.

— 「가르침의 핵심」, 제15연

1949년 2월 20일

77. 불활성 식품은 모두 금지된다

나흘 전에 우리는 월간 저널인 「그리하락슈미」(*Grihalakshmi*) 한 부를 받았습니다. 바가반은 그 책을 넘겨보면서 혼자 웃으셨습니다. 저는 거기에 뭔가 재미있는 게 있나보다고 생각했습니다. 바가반은 밖으로 나가실 때 그 저널을 저에게 주시고는 웃으면서 말씀하셨습니다. "거기에 마늘이 대단한 효능이 있다고 써 있군. 한 번 읽어 봐." 그것을 집에 가져와 읽어 보니 마늘을 어떻게 요리하는지, 마늘을 어떻게 절이는지, 처트니를 어떻게 만드는지를 설명해 놓았고 끝에 가서는 그 효능의 대단함과 몸에 이로운 점에서 마늘만한 게 없다고 이야기하고 있었습니다. 저는 그것을 읽고 웃지 않을 수 없었습니다. 그리고 바가반이 왜 그것을 읽으면서 웃으셨는지도 알았습니다. 오후 2시 30분에 바가반의 친존에 갔더니 바가반께서 저를 보자 웃으셨습니다. 그리고 제가 회당에 발을 들여놓기가 무섭게 이렇게 말씀하셨습니다. "그래, 마늘의 대단함에 대해 읽어 보았나? 시도 한 수 있지 않던가?" 제가 대답했습니다. "예, 읽었습니다. 저희들(텔루구 사람들) 속담에 마늘이 줄 수 있는 이익은 어머니도 줄 수 없다고 하는 게 있습니다. 그 시도 같은 내용을 표현하고 있습니다."

바가반: 그런 속담은 이쪽 지방에도 있지요. 사람들은 마늘이 건강에 아주 좋다고 말합니다. 정말 그렇습니다. 그것은 류머티즘을 없애주고 몸에 힘을 줍니다. 아이들에게는 그것이 불사약(Amrit)처럼 작용합니다. 마늘을 불사약이라고도 하지요.

헌신자: 어떻게 해서 마늘이 그런 이름을 얻었습니까?

바가반: 거기에는 희한한 이야기가 있습니다. 잘 아시는 대로, 천신들(Devas)과 나찰들(Rakshas)이 (우유의) 바다를 젓고 나자 거기서 불사약이 나왔습니다. 나찰들이 감로가 든 그릇을 가지고 달아나자 천신들이 비슈누에게 호소했습니다. 비슈누는 모히니(Mohini)[요부]의 모습을 하고 그 현장에 와서 그들의 다툼을 해결하기 위해 그들 모두에게 불사약을 주겠다고 제안했습니다. 그들은 좋다고 했지요. 모히니가 먼저 천신들에게 불사약을 나눠주고 있을 때, 나찰들에게까지 그것이 다 돌아가지 못할 것처럼 보이자 나찰 한 명이 그녀의 눈에 띄지 않게 천신들의 줄에 끼어들었습니다. 그가 불사약을 마시고 있을 때 해와 달이 그것을 보고 그녀에게 귀띔해 주었

습니다. 그녀는 불사약을 배식하던 국자를 그 나찰에게 집어던졌습니다. 그 국자는 원반(Chakra)[비슈누가 쓰는 무적의 치명적인 무기]이 되어 나찰의 목을 베어 버렸지만 감로는 이미 그의 목구멍으로 넘어간 뒤였습니다. 그래서 그 머리는 하나의 행성이 되어 그때부터 일식이나 월식이 있을 때마다 해와 달에게 복수를 하게 되었다는 것입니다. 이야기인즉 그렇습니다. 그런데 그 나찰의 목을 벨 때 몸뚱이가 쓰러지면서 불사약 몇 방울이 땅에 떨어졌는데, 그 몇 방울이 마늘이라는 식물로 되었다고 합니다. 그래서 마늘이 불사약의 속성을 가지고 있다는 것입니다. 마늘은 몸에 아주 좋습니다. 그러나 그것은 나찰의 손길이 닿았기 때문에 불활성不活性(tamasic)의 성질도 가지고 있어서, 그것을 먹으면 마음에 영향을 줍니다. 그래서 수행자들에게 그것이 금지되는 것입니다.

헌신자: 고추냉이(horse-radish)와 사배나주엽나무 열매(drumsticks)도 수행자들에게는 금지되지 않습니까?

바가반: 그렇지요. 수박, 고추냉이, 사배나주엽나무 열매, 양파 그리고 그 비슷한 채소들은 금지됩니다. 마음은 우리가 먹는 음식이 순수성 음식이냐 아니냐에 따라 맑고 순수한 정도가 달라집니다. 우리가 삼바르, 국, 삶은 채소를 과식하면 '호 호', '하 하' 하고 트림을 하면서 그것을 어떻게 소화시키나 걱정합니다. 그러나 한 가지 찬으로만 된 순수성 식품을 먹으면 쉽게 소화되고 기분도 좋습니다. 하지만 그런 충고에 누가 귀를 기울입니까?

헌신자: 왜 사람들은 그런 충고에 귀를 기울이지 않을까요? 정말 이상합니다.

바가반: 그것은 엄연한 사실이지요. 누구도 그런 충고에 주목하지 않습니다. 다들 바가반에게 랏두(Laddoos)와 질레비(Jilebis)[과자들]를 가져와야겠다고 말하지만, 쌀과 후춧물이 바가반에게 더 좋다고 말하는 사람은 아무도 없습니다. 그들은 그런 것을 모두 스와미를 위해 가져옵니다. 그러나 스와미에게 이런 온갖 것들이 왜 필요합니까? 오래 전에 여기에 단다빠니 스와미가 있었습니다. 그 당시에는 요리하는 방법 자체가 달랐습니다. 큰 솥을 불 위에 얹었습니다. 그리고 정오 때까지 받은 모든 채소를 썰어 그 안에 넣고 삶아서 삼바르를 만들었습니다. 그것을 저어 섞을 국자도 없었습니다. 우리는 땔나무 한 가지를 가져다 깎아서 솥 안의 채소를 젓는 데 사용했습니다. 그 음식은 단 한 가지 찬이었는데, 우리가 그것을 밥에 섞어서 먹으면 아주 맛이 있었습니다. 힘도 비교적 덜 들었지요. 아쉬람에서 취사하는 규모가 커지고 나서는 요리자들을 임명해야 했습니다. 그들은 무엇을 요리할 것인가에 대해 새벽에 저와 의논을 했습니다. 제가 '쌀은 있습니까?' 하고 물으면 그들은 '예' 하고 대답합

니다. '물을 있습니까?' '예.' '소금은 있습니까?' '예.' '절인 음식은 있습니까?' '예.' '버터밀크는?' '예.' '그러면 달리 뭘 원합니까?' 저는 그렇게 말하곤 했지요. 그러고 나면 그들은 더 이상 묻지 않고 저한테 이렇게만 말합니다. '저희는 이것을 요리하고 또 저것을 요리하겠습니다.' 그러면 제가 '예, 예' 합니다. 또 그들에게 적절한 조언도 해 줍니다. 그런다고 제가 잃는 게 있습니까? 하지만 제가 먹던 방식은 포기하지 않고, 모든 찬을 섞어서 하나로 만든 다음에 먹습니다. 여러 사람들이 모일 때는 각자 자기들 식으로 먹어야 합니다. 왜 저 때문에 그들이 고생을 해야 합니까?

1949년 3월 2일

78. 홀로있음

엘리어너 폴린 노이(Eleanor Pauline Noye)라는 이름의 미국인 여사는 오래 전에 한두 번 여기 왔던 모양입니다. 나이 든 미국인 여성인 그녀의 친구가 약 열흘 전에 여기 와서 모든 사람에게 자기가 한 동안 여기 머무르겠다고 말했습니다. 관수식은 이달 17일로 잡혀졌고 그 장소는 지금 사람들로 가득합니다. 그 군중 때문에 그녀는 평화로운 분위기를 얻지 못했습니다.

오늘은 화요일이어서 저는 산을 돌고 나서 평소보다 늦게 아쉬라맘에 갔습니다. 그래서 오전에 바가반의 친존에서 무슨 일이 있었는지 몰랐습니다. 제가 오후 3시에 아쉬라맘에 가서 바가반 앞에 오체투지 하고 앉자마자 한 미국인 여성이 들어왔습니다. 바가반은 저를 바라보시며 말씀하셨습니다. "저기 있는 여사가 편지를 하나 써서 오늘 오전에 나에게 보여주더군. 거기 써 있기를, 자기는 히말라야에 가서 동물들과 함께 돌아다니며 홀로 있고 싶다고 했어. 여기는 지금 사람이 너무 많아. 그녀는 아마 그 소음이 견디기 힘든가 봐. 간밤에 또 어떤 사람이 나한테 소음에 대해서 불평하기에 나는 그가 숲 속에서도 홀로 살지는 못할 거라고 말해주었지. 왜냐하면 여기에 사람들이 있다면 거기에는 동물들이 있을 테니까. 왜 히말라야에 가서 홀로 살아야 하는 거지?"

제가 여쭈었습니다. "'에까끼 야짜찌따뜨마'(ekaki yata-cittatma)[홀로 마음을 가라앉혀]라는 말은 마음에만 해당됩니까?"

바가반: 예. 그렇습니다.

요기는 한적한 곳에 앉아서 마음을 부단히 명상에 몰입시켜야 한다.
홀로 몸과 마음을 가라앉혀 무욕의 마음으로 소유의 관념에서 벗어난 채.

— 『기타』, 6:10

그 말은, 요기는 아뜨만이라는 비밀 장소에 부단히 머무르면서, 자신의 진아 외에는 아무것도 없다는 것을 깨닫고, 자신의 마음을 진아 안에 고정하여 다른 어떤 것에도 마음이 쏠리지 않도록 해야 한다는 뜻입니다. '비빅따데샤세비뜨왐'(*viviktadesa-sevitvam*)['외딴 곳에 살고 싶어 하며']도 같은 뜻입니다.

또한 끊어짐 없는 일념 정진에 의한, 나에 대한 헌신,
외딴 곳에 살고 싶어 하며, 사람들과 어울리고 싶은 마음이 없는 것.

— 『기타』, 13:10

그 말은, 자기 자신의 진아 외에는 아무것도 존재하지 않는 상태에 머무르면서 바깥 세상에 대한 집착이 없고 오로지 진아에 헌신하면서, 아무 생각 없이 그리고 세간사에 초연한 곳에서 살아야 한다는 뜻입니다. 그래서 홀로 있다는 것은 마음을 두고 하는 말일 뿐, 몸을 두고 하는 말이 아닙니다. 여기에 사람들이 있다면 거기에는 동물들이 있습니다. 동물인들 시끄럽게 하면서 평안을 방해하지 않겠습니까? 헤이그(Haig)란 한 유럽인이 빨라꾸뚜(Palakuthu)에 산 적이 있습니다.49) 그는 한 10년 전에 같은 이유로 히말라야에 갔습니다. 최근에 우리는 그로부터 편지 한 통을 받았는데, 여기 돌아오겠다면서 자기는 죽을 때까지 여기서만 살겠다고 했습니다. 많은 사람들이 이와 같습니다. 여기서는 평안을 얻지 못하겠다면서 떠나지만, 여기 저기 헤매다가 다시 돌아옵니다.

1949년 3월 6일

79. 도사

드라우빠담마 사원은 아쉬라맘에서 서쪽 방향의 오른편 길로 여기서 약 200미터가량 떨어져 있습니다. 최근에 그 사원이 중수重修되어 관수식을 거행했습니다. 많은 사람들이 그 사원에 가면서 지나는 길에 아쉬라맘에도 들렀습니다. 어느 날 오후, 헌신자들이 아쉬라맘에 다량으로 시주한 과자를 시자들이 가져와, 과자가 많은데 그러지 않으면 처리하기 어렵다면서 회당에 있는 사람들에게 나누어 주어도 되겠느냐고 바가반의 허락을 구했습니다. 바로 그때 한 노파가 지팡이에 의지해 길을 더듬으며 도착했는데, 반얀나무 잎 그릇에 싼 도사(*dosais*)[부침개] 두세 개를 가져왔습니다. 노파는 회당에 들어서자마자 곧장 바가반께 가서 자기 스스로 말했습니다. "스와미, 이 도사를 드시지요. 죄송합니다. 더 좋은 것을 가져오지 못했습니다." 그러면서 그

---

49) '빨라꾸뚜'는 아쉬라맘 서쪽의 수행자들이 사는 작은 구역으로 사원 하나와 저수지 하나가 있다. 헤이그라는 외국인은 이곳에 살면서 자기가 키우던 개와 원숭이들과 늘 놀며 지냈다.

것을 바가반께 직접 건네 드리려고 했습니다. 가까이 있던 사람들이 그러지 못하게 하면서 "그건 다른 데 놓으세요" 했습니다. 그녀는 화를 내며 말했습니다. "조용히 해요. 당신들이 누군데 그래요? 다 어제나 그제 온 사람들이 뭘 안다고. 이 대(臺)를 만들어서 스와미님이 여기 앉으시게 한 사람이 나 아닌가요? 나더러 스와미 가까이 가지 말라고 하지만, 그런 소리 마오." 다들 그녀의 권위 있는 태도에 놀랐습니다. 바가반은 손을 뻗어 더없이 친절하게 그녀의 공양물을 받고는 이렇게 말씀하셨습니다. "할머니, 그들은 뭐가 뭔지 모르는 어린 자식들입니다. 달리 고깝게 생각하지 마십시오. 이 도사는 어떤 밀가루로 만들었습니까? 조카들이 아무도 당신을 제대로 돌봐 드리지 않습니까? 어떻게 먹고 사세요? 걸어서 왔습니까, 달구지를 타고 왔습니까?" 이렇게 그녀의 안부를 물으면서 바가반은 도사를 드시기 시작했습니다. 그것은 제대로 구워지지 않은 것이었지만 당신은 그것을 마치 감로만큼이나 맛난 것인 양 아주 맛있게 드셨습니다.

노파는 기쁨과 헤아릴 수 없는 행복감에 사로잡혀 거기 앉아 있었습니다. 나중에 바가반은 과자를 좀 달라고 하셔서 종류별로 조금씩 드시더니 당신은 그걸로 충분하다면서 시자들에게 나머지를 사람들과 나누어 먹으라고 하셨습니다. 노파는 일어나서 바가반 앞에서 오체투지하고 자신의 몫인 과자를 은사물로 받아서 떠나면서 이렇게 말했습니다. "남들이 저를 어떻게 돌봐주는 게 뭐 중요합니까, 스와미? 당신의 은총으로 저는 도사를 팔아서 그걸로 먹고 삽니다. 여생을 이렇게 보낼 수 있으면 그걸로 족합니다."

그녀가 떠난 뒤에 시자들이 여쭈었습니다. "제대로 구워지지도 않은 그 도사는 드시지 말고 저희들에게 주시고 과자를 드시지 그랬습니까?" 바가반이 말씀하셨습니다. "오! 자네들 생각에는 그 과자가 이 도사보다 훨씬 더 맛있을 거라는 건가? 먹고 싶으면 과자를 다 먹게나. 나는 이 도사로도 족하니까." 시자들은 더 이상 아무 말도 못했습니다.

바가반은 저를 바라보며 말씀하셨습니다. "가엾은 할머니, (가난하니) 어떻게 할 수 있나? 자기가 가진 것을 가져온 거지. 내가 산 위에 있을 때 그녀와 그 남편이 나를 더러 찾아왔는데 이따금 먹을 것을 가져오기도 했지. 남편이 세상을 떠난 뒤에는 형제와 같이 살았는데 그마저 세상을 떠났어. 형제들의 자식들이 자기를 제대로 돌봐주지 않고 집에서 내보내자 어디 다른 데 가서 살다가 도사를 팔기 시작한 모양이야. 어머니 사원에서 내가 앉아 있곤 하던 대(臺)를 만들게 하여 거기에 야자 잎을 덮도록 한 것이 그녀였어. 그때까지는 어느 나무 밑에 앉곤 했지. '아이! 스와미님이 땅바닥에 앉아서 햇볕을 받다니!' 그렇게 말하더니 그 대를 만들게 한 거야. 드라우빠담마 사원을 수리한 것은 그녀의 조카였지. 그 먼 거리를 지팡이를 짚고 힘들게 여기까지 온 것 봐!" 그러더니 당신은 그 도사들을 부스러기 하나 남기지 않고 다 드셨습니다.

　또 한번은 바가반이 스깐다쉬라맘에 살고 계실 때 어느 디빠발리 날에, 읍내의 헌신자들이 아침 일찍 와서 당신께 랏두, 질레비 등의 과자를 당신께 공양했습니다. 때는 아침 8시쯤이었습니다. 그때까지 기름 목욕을 끝낸 아쉬람 사람들은 그 헌신자들한테서 과자를 받아 그들에게 은사물을 주어서 돌려보내고 나서 그것을 먹으려고 하는데, 노파인 다른 헌신자가 좁쌀죽 한 그릇을 가져와 바가반 앞에 놓았습니다. 그녀는 아주 어려서 남편을 잃고 자기 형제의 도움을 받아 어느 정사에서 살면서 가난한 사람들과 사두들에게 죽을 베풀고 있었습니다. 바가반께서 비루팍샤 산굴에 살고 계실 때부터 그녀는 이따금 좁쌀밥을 당신께 가져오곤 했습니다. 하루는 당신이 그녀에게 좁쌀은 몸을 냉하게 하니까 수지(Suji-인도산 고급 밀가루) 같은 붉은 밀가루를 섞어야 한다고 말씀하셨습니다. 그날부터 그녀는 그에 따라 좁쌀죽을 쑤어서 바가반께 드렸습니다. 따라서 그 축제날에도 그 죽을 쑤어서 다른 사람들과 같이 아쉬라맘에 가져왔습니다. 이에 바가반은 그 음식을 받아서 주둥이가 넓은 그릇에 넣고 물과 마른 생강, 소금, 라임 즙을 넣고 모두 한데 섞었습니다. 그리고 음식을 배식하던 사람들에게 랏두, 질레비 등은 그들이 먹으라고 하시고 당신은 그 혼합물을 아주 맛있게 드셨습니다. 헌신자들이 말했습니다. "좋은 음식들이 많이 있는데 왜 변변찮은 음식으로 당신의 배를 채우십니까? 너무 불공평하십니다!" 바가반이 말씀하셨습니다. "뭐가 불공평합니까? 다른 음식들과 마찬가지로 이 음식도 우리가 받은 것입니다. 제가 어떻게 합니까? 그것을 던져 버리기를 바랍니까?" 헌신자들이 대답했습니다. "왜 던져 버립니까? 저희들이 모두 조금씩 먹으면 없어질 텐데요. 바가반께서 혼자서만 드셔야 합니까?"

　바가반: 말 잘했습니다. 그러나 그렇게 좋은 음식들이 있는데 누가 이것을 먹으려고 하겠습니까? 사람들은 축제날에 이런 음식을 먹어야 한다는 것을 혐오스럽게 생각할 것입니다. 남들을 번거롭게 할 거 있습니까?"

　헌신자: 지금이 아니라도 오후에 저희들이 먹을 수 있습니다. 보관해 두면 되지 않습니까?

　바가반: 한 동안 보관해 두면 상하지 않겠습니까? 그러나 과자들은 보관해 두어도 상하지 않고, 누가 권하지 않아도 사람들이 그것을 먹겠지요. 그런 것은 찬장을

열고 꺼내면 그만이지만, 이것은 보관해 두면 그냥 그대로 있을 겁니다. 그래서 제가 그것을 먹기로 한 것입니다. 그녀가 그렇게 큰 신심으로 가져왔는데 우리가 그것을 내버릴 수 있습니까?

바가반께서는 그것을 혼자서 다 드신 모양입니다. 그런 일들이 아쉬라맘에서 얼마나 자주 일어나는지 누가 알겠습니까?

1949년 3월 8일

80. 황금 팔

오늘 오전 제가 바가반의 친존에 가기 전에 순다레샤 아이어가 바가반께 자기가 읽고 있던 책 한 권을 드린 것 같습니다. 바가반은 이렇게 말씀하고 계셨습니다. "보게. 여기 '나모 히라냐 바하베'(Namo Hiranya-Bahave)[황금 팔을 가지신 분께 경배합니다]라고 되어 있군." 그러자 순다레샤 아이어가 말했습니다. "바가반께서 설명해 주시기 전에는 제가 그 세부적인 내용을 알 수가 없었습니다." 제가 바가반께 그것은 무슨 이야기냐고 여쭈었습니다.

바가반: (미소를 지으며) 그러니까 제가 어릴 때 탕가까이(Thangakkai)[황금 팔]라는 이름을 얻었습니다. 「나마깜」(Namakam)50)에 보면 루드라(Rudra-시바)가 이미 '황금 팔'(Hiranya Bahu)이라는 이름을 얻고 있습니다. 여기서 하는 베다 빠라야나에서도 매일 독송하는 구절인데 아무도 알아차리지 못했지요. 어제 왜 그런지 그 이름이 떠올라서 순다레샤 아이어에게 그 이름이 낯설지 않다고 말했습니다. 그랬더니 지금 저 책을 가져온 것입니다.

헌신자: 바가반께서는 어떻게 해서 황금팔이라는 이름을 얻으시게 되었습니까?

바가반: 저는 무슨 게임을 하든 어김없이 늘 이겼습니다. 레슬링이든 수영이든, 심지어 집안의 자질구레한 일에서도 말입니다. 그래서 사람들은 저를 황금팔이라고 불렀습니다. 숙모님이 압빨람 같은 것을 만들려고 할 때는 저를 불러서 먼저 거기에 손을 대게 했습니다. 그렇게 저에 대해 큰 믿음을 가지고 계셨지요. 왜냐하면 저는 늘 모든 일에서 당신의 뜻에 따라주었고 절대로 거짓말을 하지 않았으니까요. 딱 한 번 거짓말을 하지 않을 수 없었는데, 그것은 제가 여기로 올 때였습니다.

헌신자: 그것은 어떤 것이었습니까?

바가반: 형이 저에게 어디 가느냐고 묻기에 특별 수업을 들으러 학교에 간다고

---

50) 베다 찬가의 하나.

했지요. 밥을 먹고 나서 열쇠를 달라고 하면서 숙모님에게도 그렇게 말했습니다. 숙모님이 어떻게 알겠습니까? 제가 그렇게 말하니까 그런 줄 아셨지요.

헌신자: 그 말씀은, 큰일을 하기 위해서는 작은 거짓말을 할 수밖에 없다는 뜻이군요!

바가반: 그렇지요. 그것이 세상 사람들의 이익을 위한 것이고 상황이 불가피할 때는 그럴 수밖에 없습니다. 도리가 없습니다. 거짓말 한다고 할 거나 있습니까? 어떤 힘이 우리를 그렇게 하도록 합니다. 어떤 목적이 있으면 행위를 할 필요가 있습니다. 아무 목적이 없으면 행위할 필요가 없습니다. 이 경우에는 『요가 바쉬슈타』에 나오는 '진인과 사냥꾼' 이야기에서 진인이 한 것과 같은 방식으로 행위를 피할 수 있습니다.

헌신자: 그것은 어떤 이야기입니까?

바가반: 어느 숲 속에 한 진인이 꼼짝하지 않고 침묵 속에 앉아 있었습니다. 그러나 눈은 뜨고 있었지요. 사냥꾼 한 사람이 사슴을 쏜 뒤에 그것이 달아나자 뒤를 쫓다가 그 진인을 보고는 발을 멈추었습니다. 사슴이 진인의 앞을 지나 달아나서 근처의 덤불 속에 숨어 버렸던 것입니다. 사냥꾼은 사슴이 안 보이자 진인에게 물었습니다. '스와미, 제 사슴이 이쪽으로 뛰어 왔습니다. 정확히 어디로 갔는지 좀 말씀해 주시겠습니까?' 진인은 모르겠다고 말했습니다. 사냥꾼이 말했습니다. '그것은 당신의 앞으로 뛰어 왔습니다. 당신께서는 눈을 뜨고 계셨습니다. 어떻게 모른다고 말씀하실 수 있습니까?' 그러자 진인이 대답했습니다. '오 친구여! 우리는 보편적인 평등심으로 이 숲 속에 살고 있네. 우리에게는 에고가 없다네. 자네는 에고가 없으면 이 세상일을 할 수가 없지. 그 에고는 마음 속에 있네. 그 마음이 모든 일을 하는 거라네. 그것이 또한 모든 감각 기관들로 하여금 일을 하게 하지. 그러나 우리한테는 마음이 전혀 없네. 그것은 오래 전에 사라져 버렸어. 우리한테는 생시, 꿈, 깊은 잠의 세 가지 상태가 없다네. 우리는 늘 네 번째, 즉 뚜리야(Turiya) 상태에 있네. 그 상태에서는 우리 눈에 아무것도 보이지 않아. 그러니 어떻게 자네의 사슴에 대해서 우리가 뭐라고 말할 수 있겠나?'라고 말입니다. 진인의 말을 이해하지 못한 사냥꾼은 그것을 모두 미친 사람의 말이라 생각하고 자기 갈 길을 갔습니다.

1949년 3월 9일

81. 화신

바가반께서 어제 황금팔이라는 별명이 새로운 것은 아니고 산스크리트로는 루드라의 이름 중 하나인 '히라냐 바후'(Hiranya Bahu)라고 말씀하신 이야기를 듣고 나니, 그전에 있었던 한두 가지 유사한 사건들이 생각나기에 그에 대해 말씀드리고자 합니다.

지난 12월 18일 우리가 바가반의 탄신일 잔치를 할 때 끄리슈나 빅슈가 바가반을 칭송하는 시 몇 수를 지었습니다. 그 시들을 자얀띠 날에 낭독하지는 않았는데, 잔치가 끝난 뒤에 바가반의 친존에서 저에게 그 시들을 낭독해 달라고 했습니다. 그 시들은 '오 라마나! 당신의 명성이 영원하기를' 하는 내용으로 시작하여 '당신의 탄신들이 영원히 이어지기를' 하는 내용으로 끝났습니다. 제가 그 마지막 부분을 읽고 있을 때 바가반은 웃으시면서 끄리슈나 빅슈를 바라보고 말씀하셨습니다. "아주 좋아. 내가 계속 탄신일을 가져야 하나?" 빅슈가 말했습니다. "저희들을 위해서요." 데바라자 무달라이아르가 말했습니다. "어떻게 시를 그렇게 썼습니까? 이 육신으로 우리와 함께 계셔달라고 하지 않고 계속 다시 태어나 주시라고 기원할 수 있습니까? 바가반께 다시 태어난다는 일이 어디 있습니까?" 제가 바가반 쪽을 바라보며 말했습니다. "그게 뭐 잘못입니까? '선한 사람들을 구원하기 위해서'라고 하는데요." 제가 그렇게 말하자 바가반이 그 대화를 이어서 말씀하셨습니다. "예, 맞습니다."

> 선한 자들을 보호하고 악한 자들을 멸하며,
> 다르마를 확립하기 위해 나는 시대를 내려오며 태어난다.
> ―『바가바드 기타』, 4:8

"그래서 저는 계속 다시 태어나야 하는군요. 아주 좋습니다."
"그것을 어떻게 피하실 수 있겠습니까?" 제가 말했습니다. 바가반은 그저 고개만 끄덕이시고 침묵하셨습니다.

여기서 오랫동안 수행을 해 오고 있는 헌신자인 사이에드 박사는 바가반께 여러 가지 질문을 하여 적절한 답변을 얻은 바 있습니다. 그럼에도 그는 아무런 영적인 체험도 하지 못했습니다. 그래서 하루는 아주 슬퍼하면서 바가반을 찾아와 말했습니다. "바가반, 당신께서 저에게 가능한 모든 수행법들을 일러주셨는데도 저는 영적인 체험에서 힘을 얻지 못하고 있습니다. 저에게 힘을 좀 주셔야 합니다. 안 그러면 제가 어떻게 그 힘을 얻을 수 있겠습니까?" 바가반이 말씀하셨습니다. "오로지 수행에 의해서 얻어야 합니다. 그 문제에서 누가 그대를 도와줄 수 있겠습니까?"

사이에드 박사: 달리 누가 있습니까, 바가반? 제가 아무리 많은 생을 태어난다 하더라도 저는 반드시 바가반을 제 스승으로 모셔야겠고, 당신만이 저에게 구원을 주셔야 합니다. 언제, 어느 유가(Yuga)라 해도 다른 스승은 원치 않습니다. 제가 구

원을 얻을 수 있도록 도와주신다는 약속만 해 주시면 충분합니다.

바가반은 누가 보기에도 감동을 받으신 듯했습니다. 당신을 그를 자애롭게 바라보시고 미소를 지으신 뒤, 손으로 턱을 괸 당신 특유의 자세로 베개에 기대신 뒤 침묵하셨습니다.

"어떻습니까, 바가반?" 사이에드 박사가 말했습니다. 바가반은 그저 고개만 끄덕이시고 침묵하셨습니다. 그 헌신자는 그것을 자신에 대한 축복으로 받아들이고 만족해했습니다.

1949년 3월 25일

82. 어머니 사원의 낙성

아쉬라맘에서 초청한 승려들(Vaidiks)이 지난 13일 일요일 이른 아침, 짠디 호마(Chandi Homam)[51]와 나바까니야까스(Navakanyakas)[52] 예배식을 거행하기 위해 바가반의 허락을 받았습니다. 보름날인 14일 월요일에는 수천 명의 군중이 아쉬라맘에 모여들었습니다. 왜냐하면 비그네스와라 예공(Puja of Vigneswara)과 같은 관수식(낙성식) 예비행사들이 저녁 식사를 하고 난 뒤부터 거행된다고 공고되었기 때문입니다. 아쉬라맘에서는 도처에 전등 불빛을 밝혀 카일라스와 같은 모습을 연출했습니다. 춤추는 자세의 시바 도상圖像들이 승려들과 빤디뜨들의 움막 주위에 걸렸습니다. 도로 양편은 (임시로 생겨난) 가게들로 붐볐습니다. 차일은 푸른 잎들을 엮은 줄로 장식되었고, 아쉬라맘에는 악기들을 연주하는 소리가 울려 퍼졌습니다.

오후 8시가 지나자 음악이 그쳤습니다. 그리고 우사 쪽에서 베다 찬송 소리가 들려왔습니다. 그게 뭘까 궁금하여 그쪽을 보니 승려들이 바가반을 따라서 우사 쪽에서 예공이 이미 시작된 사원 쪽으로 오고 있는 것이 보였습니다. 바가반이 오셔서 소파에 앉으신 뒤에 베다를 찬송하는 다른 승려들이 이틀 전에 여기 오신 뿌리의 스리 샹까라짜리야를 모시고 들어왔습니다. 그들은 샹까라짜리야를 스리 바가반 옆의 특별한 소파에 앉게 했습니다.

그러고 나서 수백 명의 브라민들이 바가반과 좀 떨어져 줄지어 앉아 베다 찬가를 부르는 노랫소리로 사방의 공간을 가득 채웠습니다. 그것은 브라마의 알현실이 갖는 그런 장려함도 넘어섰다고 해도 과언이 아닐 것입니다. 별이 빛나는 하늘 아래 앉아

---

51) [역주] 호마 의식 - 불을 피우고 기이 등을 그 속에 던져 신에게 공양하는 의식 - 의 하나.
52) [역주] 동녀童女 아홉 명을 여신으로 꾸미고 숭배하는 것. 사원의 개원식 같은 때 거행하는 주요 의식 중의 하나이다.

계신 바가반의 빛나는 얼굴은 서늘한 광채를 사방으로 방사했고, 사람들은 그 광경에 넋을 놓고 있었습니다. 그것은 마치 눈부신 주 아루나찰라의 링감이 직접 바가반의 형상을 취한 것처럼 보였습니다.

도감의 아들인 T.N. 벤까따라만이 자기 처를 대동하고 브라민들과 함께 행렬의 선두에 서서 걸어왔습니다. 그들이 가져온 과일과 꽃들이 바가반의 발 아래 놓였습니다. 그런 다음 벤까따라만은 바가반 앞에 오체투지 했고, 의식을 시작하라는 당신의 허락을 얻고 나서 나무 의자에 앉았습니다. 그 뒤에 (사원 건축책임자인) 바이디야나타 도편수(Vaidyanatha Stapathi)가 자기 아랫사람들을 거느리고 와서 바가반 앞에 오체투지 했습니다. 다르마까르따(Darmakarthas) 예공53)을 한 뒤에는 도편수 예공(Stapathi Puja)54)을 해야 했기 때문에 그는 바가반의 허락을 얻은 뒤에 나갔습니다. 이어서 승려들과 아쉬람 사람들이 차례로 들어와서 바가반의 허락을 받고 가나빠띠 숭배와 함께 의식을 시작했습니다. 그 예배가 끝나자 벤까따라만과 그의 처는 바가반 앞에서 오체투지 하고 떠났습니다.

그 직후 바가반은 만수滿水 항아리(Purnakalasam)[물이 가득 든 항아리]와 함께 일어나셔서 베다 찬송을 하는 브라민들의 행렬과 더불어 무카만다빰(Mukhamandapam)[새 사원의 정면에 지은 만다빰]으로 지어진 회당으로 오시더니, 사원의 개원을 상징하는 행위로서 사원 안쪽으로 통하는 문을 여셨습니다. 그런 다음 당신은 링가(Linga)55)와 메루쁘라스타 짜끄라(Meruprasthara Chakra)를 안치할 (어머니) 삼매지로 곧장 가셔서 링가와 짜끄라에 손을 대시고 살펴보신 뒤에, 사원을 한 바퀴 돌면서 모든 것을 점검하시고 사원 앞쪽의 회당으로 돌아오셨습니다.

그곳에는 바가반이 앉으시도록 특별히 조각한 돌 소파가 놓여 있었습니다. 소파 중앙에는 연꽃이 한 송이 새겨졌고, 뒷면에는 '옴'자, 그리고 좌우에는 사자가 한 마리씩 새겨져 있습니다. 이 좌석의 네 다리에는 화신들 몇 분을 나타내는 조각상들이 있습니다. 이런 상들은 모두 금색으로 칠해져 있습니다. 아쉬람 당국에서는 바가반께서 이날이 아니라 관수식 날 그 소파에 앉으시기를 원했습니다. 그래서 소파 위에 깔개가 전혀 없었습니다. 다들 바가반이 소파를 살펴보기만 하고 나오시기를 기대했지만 당신이 뜻밖에도 그 위에 앉으시는 바람에 모두가 놀랐습니다. 사람들은

---

53) [역주] Darmakarthas는 사원 등의 재산관리인들(Trustees)이다. 사원의 관수식 때 이들이 거행하는 예공이 다르마까르따 예공이다.
54) [역주] 도편수의 예주禮主가 되어 올리는 예공.
55) [역주] 어머니 사원의 중심적인 상징물. 뒤에서 마뜨루부떼스와라 링가라고 한 것이다.

당신 앞에서 오체투지 했습니다. 얼마 후에 바가반은 그곳을 떠나 스리 짜끄라 의식(Sri Chakra Yaga)을 위해 건립한 움막 쪽으로 가셨고, 거기서 제기祭器들을 모두 만져보셨습니다. 오전 10시경에 당신은 50주년 기념당의 당신 자리로 돌아가셨습니다.

밤에는 새벽 2시부터 깔라까르샤남(Kalakarshanam)과 가타스타빠남(Ghatasthapanam)56)이 거행되었습니다. 승려들의 움막에서는 짠디 의식(짠디 호마 의식)이 시작되어 경전의 예법에 따라 거행되었고, 아가마 움막에서도 그 비슷한 의식들이 거행되었습니다. 그리하여 몇 군데서 각각의 신들을 불렀고, 제수祭水를 담은 제기들을 차리고 호마(Homas)57)가 시작되었습니다. 호마 외에도 네 부류의 사람들이 4베다서(Vedas)를 각기 찬송했습니다. 베다 음악은 듣기에 감미로웠고 어떤 고요한 분위기를 만들어내어 우리로 하여금 고대의 아쉬람에서 흔히 접할 수 있었을 그런 분위기와 유사한 분위기를 자아냈습니다. 이 외에도 『데비 바가바땀』(Devi Bhagavatam)58) 등의 송경이 있었습니다.

둘째 날에도 같은 방식으로 호마를 거행했습니다. 오전 7시와 10시 사이, 그리고 오후 5시와 10시 사이에는 야가 예공(Yaga Puja)59)을 거행했습니다. 오전에는 우사의 황소들을 예공이 거행 중인 사원으로 데려갔습니다. 소들의 뿔은 심황 가루, 꿈꿈, 꽃목걸이 등으로 장식했고, 소들 중 한 마리에게는 뿔 사이에 링가도 하나 매달았습니다. 그 링가는 의식의 일부로서 뿔 사이에 한 동안 매달려 있었습니다. 그런 다음 소들을 도로 우사로 데려가고 링가는 악기들의 반주와 베다 찬송에 맞추어 사원으로 향하던 행렬에 실려 갔습니다. (링가에 대한) 오른돌이가 끝난 뒤 링가는 안으로 모셨습니다. 이어서 요감바(Yogamba)60), 비그네스와라(Vigneswara-시바), 까르띠께야(Kartikeya-수브라마니야) 신상들을 같은 방식으로 사원 안으로 모셨습니다.

둘째 날 밤 10시 30분과 자정 사이에는 바가반께서 베다 찬송이 울리는 가운데 메루쁘라스타라 스리 짜끄라를 링가 뒤쪽에 놓으셨습니다. 그런 다음 헌신자들이 그 의식에 맞는 진언을 염하면서 메루짜끄라를 아홉 개의 보석이 박힌 제자리에 맞춰

---

56) [역주] Kalakarshanam은 신상들의 신성神性을 의식당儀式堂에 있는 물항아리로 옮기는 의식이고, Ghatasthapanam은 그 물항아리들을 의식당 안에 자리잡게 하는 의식이다.
57) [역주] 타밀어로는 '호맘'이라고도 한다. 화로에 불을 피우고 불의 신인 아그니(Agni)에게 제물을 올리는 전통 힌두 의식. 재앙을 쫓고 복을 구하는 의미가 있다.
58) [역주] 비야사가 지은 경전의 하나. 헌신파에 『바가바땀』이 있다면 샥띠파에는 이 『데비 바가바땀』이 있다. 여신 데비에 관한 이야기를 위시하여 아주 폭넓고 다양한 주제를 다루고 있다.
59) [역주] 의식당(Yaga Sala)에 자리잡아 둔 물항아리들을 신성하게 하는 의식.
60) [역주] 요가 수행을 하는 암바. 암바(혹은 암비까)는 빠르바띠의 다른 이름이며, 어머니 사원에 모신 여신상의 이름이 요감바 혹은 요감비까이다.

놓았습니다. 링가 밑에 놓고 금으로 봉하게 되어 있는 또 하나의 황금색 스리 짜끄라가 있었습니다. 그것은 시간이 걸리는 일이었기 때문에 바가반은 헌신자들의 요청에 따라 거기에 손만 대시고 원래의 당신 자리로 돌아가셨습니다. 나머지 신상들은 당신이 물러나신 뒤 다른 사람들이 안치했습니다.

셋째 날 이른 아침에는 깔라까르샤나 의식이 거행되었습니다. 그러고 나서 여러 신상들이 아홉 가지 보석이 박힌 제각기의 자리에 고정되었습니다. 앞서 말한, 바가반을 위해 특별히 마련된 돌 소파도 그와 같이 아홉 가지 보석이 박혀 있었습니다.

모든 의식 중에서도 가장 중요한 의식은 넷째 날(3월 17일)에 거행되었습니다. 새벽 2시부터 악기들이 연주하는 소리를 듣고 잠자리에서 일어나 아쉬라맘에 갔더니 마루바닥에는 누워 자는 사람들로 가득했습니다. 걸어 다닐 공간도 없었습니다. 그 음악소리는 다른 데서 나고 있었기 때문에 자고 있던 사람들은 천천히 깨어났습니다. 3일 밤에 걸쳐 모든 제식祭式들이 거행되고 끝이 나, 수바시니 예공(Suvasini Puja), 스빠르사후띠(Sparsahuti), 뿌르나후띠(Purnahuti)와 같은 나머지 의식들이 거행되었습니다. 오전에는 물항아리들이 여법한 의식과 함께 사원 안에 놓여졌습니다. 이어서 승려들이 진언을 외면서 머리에 만수 항아리들을 이고 바가반을 한 바퀴 돈 다음 당신의 허락을 얻어 사원 꼭대기로 올라갔습니다. 바가반은 소파에 앉아 계셨고 헌신자들은 당신 앞에서 오체투지 했습니다. 그러고 난 다음 당신은 의식이 거행되는 움막 속으로 모셔져 의자에 앉으셨고, 사원의 탑은 (가지고 올라간) 성수가 뿌려져 성스럽게 되었습니다. 그런 다음 바가반은 사원 안에 있는 물항아리로 안내되어 난디 앞에 놓인 벤치에 앉으셨습니다. 이어서 메루쁘라스타라와 마트루부떼스와라 링가(Mathrubhuteswara Linga)에 관수가 행해졌습니다.

이 대大관수식(Mahakumbhabhishekam)이 끝난 뒤 바가반은 당신의 자리로 돌아가셨습니다. 그리고 모든 행사를 주관했던 니란자난다 스와미는 바가반의 친존에서 사람들로부터 화만을 받고 공덕을 칭송받았습니다. 오후 4시에 아유르베다 의사인 방갈로르의 라마짠드라 라오가 바가반의 친존에서 관수식의 효용에 대해 강연을 했는데, 호마에 쓰이는 나뭇가지들이 얼마나 희유한 약효가 있는지, 진언을 외면서 그것을 태워 그 연기를 들이마시면 모든 폐질환이 어떻게 치유되는지를 설명했습니다. 우리가 예배 의식을 거행하도록 고인들이 규정해 놓은 것은 그 때문이라고 그가 말했습니다.

오후 5시 30분에 K. 비자야라가반 박사가 음악 공연을 했습니다. 저녁 8시 이후에 또 한 번의 대관수(Mahabhishekam)가 있었습니다. 띠루뿌갈 가무단歌舞團은 바가반의 친존에서, 그리고 의식장에서 꼬박 네 시간 동안 헌가 공연을 했습니다. 사흘 동안 내리 빈자 급식은 끝이 없었습니다. 경찰과 자원봉사자들의 협조로 빈자 급식을 위한 특별한 준비가 이루어졌습니다. 그 급식 도중 바가반은 시자들과 함께 돌아다니며 급식 상황을 감독하셨습니다. 영화계 사람들은 모든 행사를 필름에 담았습니다. 행사들은 평소에 하는 진언들과 함께 종료되었지만, 사원 앞 회당에서의 일이 다 끝나지 않았기 때문에 바가반은 이날 밤 50주년 기념당으로 돌아가셨습니다.

1949년 3월 26일

83. 백단향 예배

관수식과 관련된 모든 행사 준비를 맡아 열성적으로 일했던 사람들의 자기 소임에 대한 헌신은 실로 칭찬할 만합니다. 아쉬람 사람들, 경찰, 여러 학교에서 나온 소년단원들, 자원봉사자들과 수백 명의 헌신자들이 밤낮으로 일하여 이 행사를 장엄한 성공으로 이끌었습니다. 도감인 스리 니란자나난다 스와미는 그들 중에서도 중요한 몇 사람의 공적을 기리기 위해, 승려와 빤디뜨들, 아쉬람 사람들 기타 헌신자에게 선물을 드리기 시작했습니다. 그 중에는 사원을 건축한 바이디야나타 도편수도 들어 있었습니다. 그에게는 바가반의 사진을 새긴 금메달 하나가 주어졌습니다.

지난 19일 오후 3시에 스리 니란자나난다 스와미는 이 도편수를 스리 바가반의 친존으로 초청했고, 이때 바가반께서 손수 그에게 메달을 걸어주셨습니다. 도편수는 신심에 가득 차서 바가반께 오체투지하고 나서 말했습니다. "저는 바가반의 친존에서 이런 봉사를 하는 큰 행운을 가졌습니다. 바가반께서는 이 메달이 저희 집안의 가정신(family god)이자 저희들의 구원자가 되도록 저희들을 축복해 주시겠습니까?" 바가반은 애정 어린 표정으로 그를 축복해 주셨습니다.

20일 오전에는 또 다른 행사가 있었습니다. 스리 깃달루리 삼바시바 라오가 어머니 사원의 앞 회당(신회당)에서 스리 니란자난다 스와미의 두 발에 예배를 올리기로 했습니다. 그는 새 황색 법의와 봉족예공(Pada Puja)에 필요한 모든 재료를 가져와서 바가반을 그 회당에 모시고 소파에 앉으시게 한 다음, 바가반께 자신의 의도를 말씀드렸습니다. 그런 다음 니란자나난다 스와미를 설득하여 그를 몇 명의 브라민들과 함께 모셔와 회당 중앙의 한 단壇 위에 앉게 했습니다. 황송한 마음에 어쩔 줄 모르던 니란자나난다 스와미가 말했습니다. "그래서 여러분이 모두 제가 낮잠 자는 때를 기다렸군요. 그만 하면 여러분의 헌신은 충분합니다. 저는 이런 예배에 동의하지 않겠습니다. 봉족예공은 에고 의식이 없는 사람들에게나 하는 것입니다. 그렇지

않은 사람들에게는 하는 것이 아닙니다. 저는 그런 것을 받을 자격이 없습니다." 그
렇게 말하고 그는 내려와서 바닥에 앉았습니다. 그러나 삼바시바 라오는 그를 나가
지 못하게 하면서 계속 권했습니다. 스와미는 난처한 입장에 빠졌습니다. 그런 당혹
한 상황에서 갑자기 그의 얼굴이 밝아졌습니다. 무슨 생각이 떠올랐던 것입니다. 그
는 학당 학생들을 바라보면서 떨리는 목소리로 말했습니다. "그러니까 저를 놓아주
지 않겠다 그거지요. 바가반의 샌들이 저 링가 근처에 있습니다. 그것을 가져와 거
기에 예공을 하십시오."

한 헌신자가 관수식이 있기 전에 은으로 도금한 그 샌들을 가져와서 아쉬라맘에
시주했습니다. 바가반의 발이 한 번 접촉한 그것을 사람들이 숭배할 수 있도록 링가
근처에 놓아두고 있었습니다. 도감의 명에 따라 브라민 소년들이 쟁반에 담긴 그 샌
들을 가져와서 도감의 앞에 놓았습니다. 삼바시바 라오가 (그 샌들에) 관수를 하자
스와미는 그것을 천으로 깨끗이 닦아 경건한 마음으로 그것을 쟁반 위에 다시 올려
놓았습니다. (그 앞에서) 일상적인 예공이 거행되고, 황색 법의가 그 쟁반 위에 놓여
졌으며, 그 쟁반이 니란자나난다 스와미에게 건네졌습니다. 그는 그것을 받아 자기
눈을 샌들에 갖다 댄 뒤에 그 옷을 은사물로 받았습니다. 그러면서 그가 말했습니다.
"보십시오. 저는 당신이 하도 우겨서 이번에 샌들 예공을 받았습니다. 그러나 앞으
로는 누구도 이런 것을 하면 안 됩니다. 이런 성격의 일은 바가반의 친존에서는 결
코 해서는 안 됩니다."

관수식 날부터 마하니야사(*Mahanyasa*)[61])에 따라 (어머니 사원의 링가에 대해) 매일
정규적으로 관수가 거행되었습니다. 5월 2일 월요일에는 바이샤카 슛다 짜뚜르띠
(Vaishakha Suddha Chathurthi)[62])에 상응하여 만달라 관수식(Mandalabhishekam)[63])이
거행될 것입니다.

사뜨-찌뜨-아난다의 화신이신 바가반의 친존에서 큰 행사가 거행될 때는 우리가
유디슈띠라(Yudhishtira)[64])의 라자수야 의식(Rajasuya Yaga)을 상기하게 된다고 해도
과언이 아닙니다. 당신의 친존에서 그렇게 많은 일들이 이루어지고 있는데도, 바가
반은 단지 한 분의 주시자(*Sakshi*)로서 그것을 바라보고 경청하면서 "예, 예" 하고
말씀하실 뿐이었습니다. 당신은 사다시바(Sadasiva-시바의 별칭)처럼 소파에 앉으셔서,

---

61) [역주] 11명의 승려들이 '스리 루드람'(Sri Rudram)을 11번 송경하여 11개의 작은 물항아리들을 신
성하게 하는 의식.
62) [역주] 타밀력으로 2월 초나흗날.
63) [역주] 관수식을 한 뒤 40일째 되는 날 거행하는 회향식廻向式. 관수식을 축소된 형태로 반복한다.
64) [역주] 『마하바라타』에 나오는 빤두 5형제 중 맏형.

당신을 찾아오는 모든 사람들을 자비의 시선으로 바라보셨습니다.

1949년 3월 28일

84. 열 명의 브라민 이야기

오늘 오후에는 좀 늦게 바가반의 친존에 갔는데, 시계를 보니 3시 30분이었습니다. 바가반은 당신 가까이 앉아 있던 새로 온 사람 하나가 진아 지복(Atmanandam)에 대해 여쭌 질문에 미소를 지으며 답변하고 계셨습니다. "부디 그대가 누구인지를 먼저 알아내십시오. 그것을 알면 일체가 지복(Anandam)입니다. 사실 그대의 진아 그 자체가 지복입니다."

한 아쉬람 사람이 그 대화를 이어받아 말했습니다. "제가 늘 지복 안에 있을 수 있도록 저를 축복해 달라고 청했을 때, 당신께서는 '지복은 그대의 성품이다. 그것은 그대의 진아다. 그것이 해탈이다'라고 말씀하셨습니다." 바가반은 미소를 지으며 "예, 예" 하고 대답하셨습니다. 그런 다음 당신은 거기 있던 스리니바사 라오 박사를 바라보면서 말씀하셨습니다. "어떻게 생각합니까, 의사 선생님? 우리는 누가 병이 났을 때만 의사를 부르고 의사도 그럴 때에만 약을 주어야 한다고 말합니다. 그렇지 않으면 의사가 왜 필요하겠습니까? 어제는 건강이 좋지 않았습니다. 오늘은 두통이 있습니다. 두통이 있으니 약을 먹어야 한다고 당신은 이야기합니다. 왜냐? 두통이 사라지고 본래의 상태로 돌아가도록 하기 위해서입니다. 지복도 그와 마찬가지입니다. 그렇지 않다면 왜 그것을 갈망하겠습니까?"

의사가 말했습니다. "바가반께서는 늘 이런 것들은 마음 때문에 일어나고, 그 마음을 없애려고 노력하면 그런 것들이 사라질 거라고 말씀하십니다. 『바쉬슈탐』에서도 이런 모든 것은 마음의 욕망 때문에 사람에게 닥쳐오며, 마음이 그런 것들을 만들어낸다고 이야기합니다. 그러나 그것이 어떻게 가능합니까, 바가반?"

"어떻게 가능하냐고 하는데, 열 명의 브라민 이야기에 그 말이 나오지 않습니까? 그 이야기도 『바쉬슈탐』에 있습니다"라고 바가반이 말씀하셨습니다.

"그 이야기가 어떤 것인지 부디 저희들에게 들려주시겠습니까?" 다른 헌신자가 여쭈었습니다.

그러자 바가반은 쾌활하게 그 이야기를 우리에게 들려주셨습니다.

"옛날에 창조주 브라마가 하루 종일 자신의 임무를 다한 다음 밤이 되어 잠자리에 들었습니다. 밤이 새자 그는 깨어났습니다. 아침 목욕재계를 한 다음 그날의 창조 작업을 하기 전에 하늘을 쳐다보았더니, 다른 세계들이 몇 개 있는 것이 보였습니다. 자신의 창조 작업이 제대로 수행되고 있었기 때문에 다른 세계가 생겨날 이유가 없었습니다. '아니! 내가 창조할 때까지는 잠재되어 있어야 할 세계들이 생겨났어! 이것들이 어떻게 생겨났지?' 크게 놀란 그는 마음의 힘으로 그 세계들의 태양들 중 하나를 불러내어 물었습니다. '여보시오, 이 세계들이 어떻게 생겨난 거요?'"

"그 태양이 말했습니다. '오, 주님, 브라마시군요. 당신께서 모르시는 것이 뭐가 있습니까? 그렇지만 저에게서 이야기를 듣고 싶으시다면 말씀해 올리지요.' 그러면서 그는 다음과 같은 이야기를 했습니다. '스와미, 카일라스 산 근처의 한 도시에 자기 아내와 함께 살고 있는 한 브라민이 자식이 없어 빠라메스와라께 자식을 점지해 달라고 기도한 끝에 마침내 열 명의 자식을 낳았습니다. 세월이 지나 이 자식들은 성장하여 모든 경전을 공부했습니다. 얼마 후 그 부모가 세상을 떠나자 소년들은 슬픔에 가득 찼습니다. 그들에게는 친척이 아무도 없었고 결국 부모 집에서 계속 살아갈 수가 없었습니다. 그래서 카일라스 산으로 올라가 거기서 따빠스를 하기로 했습니다. 그들은 자신들의 슬픔을 없애려면 정확히 무엇을 해야 하는지를 생각하기 시작했습니다. 처음에는 부富가 자기들에게 행복을 줄 거라고 생각했지만 자기들보다 더 부유한 사람들이 항상 있을 테니 그건 아니라고 하여 그 생각을 버렸습니다. 왕이 되는 것도 마찬가지이고, 마헨드라(Mahendra-인드라)의 제위帝位라고 해도 마찬가지일 터였습니다. 그래서 그런 것들로는 아무것도 이룰 수 없다고 생각했습니다. 마지막으로 그들 중의 맏형이 말했습니다. '이 모든 것을 창조하는 것은 브라마다. 그러니 브라마가 모든 것 중에서 최고다.' 그들은 모두 그렇게 생각했고, 그래서 이렇게 말했습니다. '브라마의 지위(Brahmatvam)를 성취하는 방도는 무엇일까?' 그리고 한 동안 생각한 뒤에 맏형이 말했습니다. '그렇게 어려운 것이 아니다. 마음이 일체의 근본 원인이다. 그러니 우리는 모두 외딴 곳에 앉아서 브라만의 지위를 성취하는 데에 마음을 집중하여, 육신은 물론 다른 모든 것에 대한 생각들을 놓아버리자. 너희가 한 송이 연꽃 위에 앉아 있고, 광채로 빛나는 가운데 이 세계를 창조하고 또 파괴한다고 끊임없이 느껴라. 나도 그렇게 하겠다.' 그 발상에 다들 즐거워했습니다. 그리하여 '나는 네 얼굴[四面]의 브라마다' 하는 관념이 그들의 마음에 확고히 자리잡았고, 자신들의 몸을 완전히 잊어버렸습니다. 나중에는 그 몸들이 나무에서 낙엽 떨어지듯 떨어져 나갔습니다. 그들의 욕망이 강렬했기 때문에 결국 열 개의 세계가 생겨났습니다. 왜냐하면 그들 열 명 모두 브라마가 되었으니까요. 그들의 욕망의 힘이 지금은 의식 허공(Chit Akasa) 안에 정지해 있습니다. 저는 그 열 개의 세계 중 한 세계의 태양입니다.' 그렇게 말하고 그 태양은 자기 자리로 돌아갔습니다. 이것이 열 명의 브라마 이야기입니다. 『바쉬슈탐』에는 '새로운 창조'(Naveena Srishti)라는 제목 하에 이 이야기가 아주 자세히 나와 있지요."

"그 이야기는, 만약 우리가 부단히 지복을 욕망하면 그 지복이 와서 영구히 머무른다는 것을 뜻합니다. 그렇습니까?" 하고 그 질문자가 여쭈었습니다.

"예. 만일 그 욕망이 강하면 그렇게 머무르겠지요. 그러나 마음속에 다른 욕망이 없어야 합니다." 그렇게 말씀하시고 바가반은 다시 침묵하셨습니다.

1949년 4월 10일

85. 반얀나무

갓 나온 『라마나 릴라』 제3판에서는 그 이전 판들에 있던 몇 가지 사항이 빠지고 몇 가지가 추가되었습니다. 바가반은 그 책을 들여다보시고 몇 가지 사실의 오류가 있다고 말씀하셨습니다. 저는 끄리슈나 빅슈에게 그 이야기를 해 주고 바가반의 친존에서 그것을 수정하여 다음 판에서는 그것이 반영되도록 하는 게 좋겠다고 말했습니다. 그는 관수식에 참석하러 와서 최근까지 여기 머무르고 있었습니다. 지난 달 29일에 그는 그 책을 바가반의 친존에서 읽고 필요한 곳을 수정하기 위해 사무실의 허락을 얻었습니다. 그리고 31일 오후 2시 30분부터 그 책을 읽기 시작했는데, 바가반께서 그에게 여러 가지 수정에 대한 지침들을 주면서 부수적으로 몇 가지 사건들에 대한 이야기를 들려주시는 바람에 이달 2일까지 책의 절반밖에 읽지 못했습니다. 바가반의 팔에 자라난 종양을 3일에 수술했고, 그래서 그날은 책 읽기가 중단되었습니다. 의사들과 아쉬람 당국은 3일 날 책 읽기를 허락했고, 그래서 낭독이 재개되어 이틀 만에 끝났습니다. 끄리슈나 빅슈는 그리고 나서 이곳을 떠났습니다.

그는 떠났는데도 그 책에 대한 논의가 바가반의 친존에서 계속되었습니다. 어제 오후에 한 헌신자는 그 전기의 텔루구어판과 영어판 사이에 몇 가지 상위점이 있다고 말했습니다. 바가반이 말씀하셨습니다. "예, 그렇지요. 끄리슈나 빅슈는 이곳에 자주 오면서 (새로운 정보를 토대로 책 내용을) 점검하기 때문에 몇 군데를 고쳤습니다. 그러나 영어판을 쓴 나라싱하이야(Narasimhayya)와 타밀어판을 쓴 슏다난다 바라띠(Suddhananda Bharati)는 그 책들을 쓴 뒤로는 여기 온 적이 없습니다."[65]

제가 말했습니다. "벌들과 반얀나무 잎에 관한 사건도 『라마나 릴라』에는 좀 다르게 기록되었습니다. 저는 바가반께서 그 잎을 보신 뒤에 비로소 산을 올라가셨고,

---

[65] [역주] 텔루구어판 『라마나 릴라』나 타밀어판 전기는 모두 나라싱하이야의 영어판 『진아 깨달음』을 토대로 한 번역본들이다. 그러나 『라마나 릴라』의 경우는 영어판과 다른 내용도 상당히 많다.

그때 그 곤충들이 당신을 쏘았다고 말씀하신 걸로 기억합니다."

"예, 예. 어느 날 아침 저는 무심코 비루팍샤 산굴을 내려와서 산을 돌러 갔는데, 그때 빤짜무카 사원(Panchamukha temple)66)과 빠짜이암마 사원(Pachayamma temple) 사이의 지름길로 산을 올라가야겠다는 생각이 들었습니다. 그곳은 모두 큰 숲이었습니다. 제가 길을 더듬어 찾고 있을 때, 큰 반얀나무 잎 하나가 제 길을 가로질러 떠내려 왔습니다. 그 잎은 우리가 반얀나무 잎을 여러 장 꿰매어 음식을 놓아먹는 엽반만큼이나 컸습니다. 그 잎을 보자 저는 『아루나찰라 뿌라남』에서 반얀나무 밑에 아루나기리 요기(Arunagiri Yogi)가 살고 있다고 묘사한 그 시구가 생각났습니다."

"그 시구는 어떤 것입니까?" 한 헌신자가 여쭈었습니다. 그러자 바가반은 그 시구를 다음과 같이 암송하셨습니다.

> 그늘이 넓고 둥글며 일체를 감싸, 인간과 신들이 경외심으로
> 바라보는 그 반얀나무는 아루나기리의 북쪽 사면에서
> 무성히 자라고 있네. 그 반얀나무의 그늘 아래에는
> 마헤스와라이신 싯다 뿌루샤가 살고 계시다네.

"그 시구가 생각나자마자 저는 그 잎이 그 반얀나무에서 떨어진 것이 틀림없다고 생각했고, 그래서 그 잎이 떠내려 온 방향을 따라가면 그 나무를 볼 수 있겠다 싶었습니다. 저는 더 올라가기 시작했는데, 곧 높은 곳에 나무 한 그루가 있는 것이 보였습니다. 그쪽으로 계속 가다가 제 허벅다리가 어떤 덤불에 부딪쳤습니다. 그렇게 건드리는 바람에 그 덤불 속에 살고 있던 벌들이 나와서 저를 쏘기 시작했습니다. 저는 '내가 실수하여 벌을 받는구나' 생각했습니다. 그렇게 생각하면서 가만히 서 있었지요. 그들은 실컷 저를 쏘아댔습니다. 벌들이 저를 떠난 뒤에 다시 걷기 시작했습니다. 그런데 희한하게도 그 반얀나무에 대해서는 까맣게 잊어버리고 일곱 샘이 있는 곳으로 가고 싶었습니다. 그러나 그 사이에는 아주 깊은 개천이 세 개나 있었습니다. 허벅지도 부어올라 아팠습니다. 어찌어찌 해서 그 개천 세 개를 건너 일곱 샘에 당도했고, 거기서부터는 산을 내려가서 저녁에 자따스와미의 산굴에 도착했습니다. 그때까지 아무것도 먹지 않은 상태였습니다. 전혀 아무것도. 거기서 그들이 저에게 우유 한 컵을 주기에 그것을 마시고 과일도 약간 먹었습니다. 얼마 있다가 저는 비루팍샤 산굴로 가 그날 밤을 거기서 머물렀습니다. 다리는 한층 더 부어올랐습니다. 자따스와미를 비롯한 몇 사람은 그것을 눈치 채지 못했지만, 빨라니스와미는

---

66) [역주] 아루나찰라 산 뒤쪽 길가에 있는 작은 사원. 이 근방에서 아루나찰라를 바라보면 다섯 개의 크고 작은 봉우리가 보이는데 이것을 아루나찰라의 '다섯 얼굴'(panchamukha)이라고 한다.

그것을 보더니 '그게 뭡니까?' 했습니다. 그래서 자초지종을 말해 주었지요. 다음날 그는 거기에 참기름을 좀 발라주었습니다. 그는 기름을 바르다가 제가 쏘인 곳마다 철사못같이 강한 침이 박혀 있는 것을 발견했습니다. 그는 힘들여 그것을 모두 뽑아내고 약간의 치료를 해 주었습니다. 2, 3일 뒤에 그 부기는 가라앉았지요."

"그 뒤에 바가반께서는 그 반얀나무가 있던 곳을 찾아가 보려고 조금이라도 어떤 노력을 하셨습니까?" 제가 여쭈었습니다.

"아닙니다. 그런 생각은 다시는 일어나지 않았습니다." 바가반이 대답하셨습니다.

제가 말했습니다. "얼마 뒤에 벤까따라마이아, 무루가나르, 꾼주스와미 등 몇 사람이 그곳을 찾으러 나섰다가 실망하고 돌아온 것 같습니다."

"예, 그랬지요. 그것은 우매한 짓(tamasha)이었습니다. 당시에 자네도 여기 있었으니 그 이야기를 들었을 텐데, 못 들었나?" 바가반이 물으셨습니다.

"이야기는 들었지만 자세한 내용은 모릅니다." 제가 말했습니다.

"그렇다면 그들 중의 누구한테 물어 보는 게 나을 텐데. 그러면 이야기해 주겠지. 그런 고생을 해 본 사람들이 그 이야기를 해 주는 게 좋을 거야." 바가반이 말씀하셨습니다.

1949년 4월 13일

86. 악마적 원습

스리 라마 요기가 약 1주일 전에 여기 왔습니다. 그가 오늘 오전에 바가반 앞에 앉아서 말했습니다. "바가반, 어떤 사람들은 '우리는 진인이 되었다. 우리는 생존해탈자의 상태에 있다'고 말합니다. 그러나 그들은 1분도 가만히 앉아 있지 않고 늘 돌아다닙니다. 그런 사람들이 어떻게 생존해탈자일 수 있습니까?"

"그게 어떻다는 겁니까? 나라다를 비롯한 생존해탈자들이 있지 않습니까? 세상을 돌아다닌다고 해서 생존해탈자의 상태에 무슨 문제가 있습니까? 모든 일은 그 사람의 발현업에 따라서 일어납니다." 바가반이 말씀하셨습니다.

"그런 게 아닙니다, 바가반. 나라다 같은 분들은 생존해탈자가 되고 나서 세상 사람들의 이익을 위해 천상의 노래들을 부르면서 돌아다녔습니다. 그러나 이 사람들은 그런 것이 아닙니다. 그들은 욕망(Raga)과 혐오(Dvesha)에 가득 찬 채 온갖 세속사에 관여하면서 진인이니 생존해탈자니 하고 자처합니다. 어떻게 그럴 수 있습니까?" 그 헌신자가 말했습니다.

"그게 질문하는 내용인가요?" 바가반이 말씀하셨습니다. "알겠습니다. 그런 것은 모두 악마적 원습(Aasura Vasana)이라고 하는 것입니다. 『바수데바 마나남』에서 그것을 유머러스하게 묘사하고 있습니다. 잠깐, 제가 그것을 읽어 드리지요."

바가반은 벵까따라뜨남에게 『바수데바 마나남』 한 권을 갖다 달라고 하셨습니다. 그리고 악마적 원습에 대한 장(章)을 펴서 그에게 읽어달라고 하면서 말씀하셨습니다. "보게. 읽으면서 웃지 않도록 주의하게. 또 혼자 중얼거리지 말고 큰 소리로 읽어야 하네. 웃지 말고." 그는 어찌어찌 웃음을 참고 책을 읽기 시작했습니다. 저는 그 요지만 여기 적어보겠습니다. "수행자에게는 악마적 원습과 관계되는 장애들이 빈번히 나타나는데, 그것을 다 없애버렸다고 생각하는데도 그러하다. 예를 들어 그는 '너는 타락한 요기다. 이 쓸모없는 친구야. 이것을 의식이라고 거행하느냐? 그에 대해서는 의심할 여지가 없다. 너에게 이런 의식을 가르친 스승도 타락자(Brashta)다. 내일부터는 내가 있는 곳에 오지 마라. 가거라' 하고 말할 것입니다."

"'이 친구야! 내 앞에 절하고 구원 받아라. 우리의 연꽃 발에서 성수를 받고 구원받아라. 우리를 섬기는 데 다른 베단타적 탐구가 무슨 필요 있나? 네가 우리를 숭배하면 너의 모든 욕망이 성취될 것이다. 우리 말고는 누구도 섬기지 마라. 이 친구야, 네가 가진 모든 것을 여기 있는 사람들 중의 한 사람에게 주지 않을 거면 우리한테 오지 마라. 봐라! 어떤 사람은 우리를 전혀 돌보지 않았다. 그래서 우리는 그가 더 이상 살아서는 안 된다고 말했다. 그러자 그는 한 줌의 재가 되고 말았다. 그와 마찬가지로 또 어떤 사람은 모든 재산을 잃었고, 또 어떤 사람은 우리에게서 가르침을 받고 난 뒤 전혀 우리를 돌보지 않았기 때문에 나중에 한 줌 재가 되었다. 우리 같은 위대한 사람 아니면 누가 우리의 위대함을 알 수 있겠나? 우리는 과거, 현재, 미래를 안다. 우리는 늘 세상 사람들을 보호한다. 우리는 돈을 많이 벌어서 그것을 시주금으로 나눠주었다. 우리는 모든 사람의 마음속에 있는 욕망을 안다. 그 욕망들이 와서 우리 앞에 선다. 우리는 어떤 사람이 언제 곤란을 당할지, 어떤 사람이 언제 부자가 될 것인지 안다. 이런 식으로 우리는 미래에 일어날 일들을 확실히 알게 된다. 나는 싯다이고, 나는 이스와라다. 나보다 더 높은 자가 누구냐? 모두가 나를 섬겨야 한다. 나를 통해서만 사람들이 자기 욕망을 이룰 수 있다. 만약 우리를 통해서 자신의 욕망을 이루려고 하지 않으면, 그들은 죄의 구렁텅이에 떨어질 것이다. 그리고 이내 스승에 대해 죄를 짓게 된다. 조심해라.'"

이와 같은 내용이 좀 더 나오고 나서 이 장은 이런 말로 끝을 맺습니다. "욕망과 혐오와 같은 감정들은 그 수행자의 진보를 지체시키는 원인이고, 그래서 해탈을 성취하고자 열망하는 사람들은 '자기탐구'를 수행하면서 그런 감정들을 놓아버려야 한다. 누구든지 청문, 성찰 등의 수행을 하면 설사 금생 안에 해탈을 얻지 못한다 하더라도 그 수행은 허사가 되지 않는다. 그 수행을 통해서 높은 세계(*Uttamaloka*)로 올라가 청정심(Chitta Suddhi)을 성취할 것이고, 브라마니쉬타(*Brahmanishta*)로 태어나 청문, 성찰 등을 다시 수행하여 때가 되면 진지(Jnanam)를 성취할 것이다."

벤까따라뜨남이 이 장章을 읽고 나자 바가반이 처음에 질문한 그 헌신자를 바라보고 웃으면서 말씀하셨습니다. "자, 보세요, 다 들었지요?" 그 헌신자가 말했습니다. "예, 들었습니다. 그렇기는 하나, 장애들이 있을 때는 청문, 성찰 등을 수행해도 해탈을 얻지 못할 것이라고 했습니다. 또 그 수행들은 허사가 되지 않고 더 높은 세상에 태어날 것이고 했습니다. 그러나 청문, 성찰 등을 수행하지 않고 잘못된 짓을 계속하면 어떻게 됩니까?"

"그야 자신이 망하는 원인이 되지요. 자기 제국을 잃어버리고 만 년 동안 왕뱀(Ajagara)의 몸을 받았던 나후샤(Nahusha)[67]의 이야기를 들어보지 않았습니까?" 하고 바가반은 대답하셨습니다.

1949년 4월 14일
87. 칭찬과 비방을 같이 보는 사람

1945년 6월인가 7월의 어느 때 한 유럽인 청년이 닐라기리(Nilagiri)에서 왔습니다. 그가 오전 7시 30분에 왔을 때 바가반은 가벼운 식사를 하러 나가고 안 계셨습니다. 청년은 가지고 온 과일 바구니를 회당 안에 있던 시자들에게 건네주고 급히 식당으로 들어갔습니다. 그러는 통에 그의 지갑이 떨어졌는데, 그는 알아차리지 못했습니다. 그 장면을 다 보고 있던 아난따뿌르에서 온 렛디아르란 노인이 그가 돌아오면 이야기해 주어야겠다고 생각했습니다. 그러는 사이 나맘(*Namam*)[68] 표시를 한 비슈누교도 한 사람이 와서 그 지갑을 주웠습니다. 노인은 그것을 보고 그 지갑은 유럽인의 것이라고 말했습니다. 비슈누 교도가 말했습니다. "저는 그의 대리인입니다. 저에게 가져오라고 했습니다. 그에게 갖다 주려고 하는 것뿐입니다." 그러면서

---

67) [역주] 원서에 하르샤(Harsha)로 나오지만 하르샤가 아니라 나후샤라고 라마나스라맘에서 지적했다. 나후샤는 『마하바라타』에 나오는 빤다바 형제들의 먼 조상으로, 한때 따빠스를 하여 큰 힘을 얻었다. 나중에 천신들의 왕 인드라가 어떤 저주 때문에 은둔했을 때 인드라 대신 왕으로 추대되었으나 인드라의 왕비인 Sachi를 탐냈다. Sachi는 7명의 리쉬들이 메는 천상의 탈것을 타고 오면 그를 받아주겠다고 했다. 나후샤는 그 리쉬들이 멘 탈것을 타고 공중을 날아가다가 '빨리, 빨리' 하면서 진인 아가스띠야를 발로 찼다. 이에 아가스띠야가 나후샤에게 '뱀이 되라!' 하고 저주하자 그는 땅으로 떨어져 뱀이 되었고, 먼 훗날 마하바라타 시대에 후손들에 의해 비로소 저주에서 풀려났다.
68) 비슈누교도들이 이마에 하는 카스트 표시.

노인의 의심을 누그러뜨린 그는 식당으로 들어갔고, 거기서 사람들 눈에 띄지 않게 사라져 버렸습니다.

유럽인 청년이 돌아오더니 지갑을 잃어버렸다고 모든 사람에게 말했습니다. 노인이 나맘 표시가 있는 그 사람이 장난 친 일을 그에게 말해주었습니다. 사람들이 모두 나서서 그 사기꾼을 찾았지만 아무 소용이 없었습니다. 그 지갑 안에는 10루피가 들어 있었던 것 같습니다. 이 일은 모두 오전 7시 45분에 일어났습니다. 렛디아르 노인한테서 그 이야기를 다 듣고 나서 제가 회당에 들어갔더니 바가반이 웃으면서 말씀하셨습니다. "봐, 이 사람이 그 비슈누 교도에게 10루피를 시주한 신사야." 회당 안에 있던 한 신사가 말했습니다. "지갑을 주운 그 사람은 바가반께서 자기에게 그것을 주셨다고 생각하면서 기분 좋아할 겁니다." 바가반이 말씀하셨습니다. "알았습니다. 지갑을 잃어버린 사람도 바가반이 그것을 훔쳤다고 생각하겠군요."

그 무렵 먼 곳에서 온 몇 사람의 헌신자들이 아쉬라맘에 왔습니다. 그들은 목욕을 하고 나서 과일과 여러 가지 과자들을 큰 쟁반에 담아 바가반의 친존에 와서 당신 앞에 오체투지하고 앉았습니다. 얼마 뒤 그들은 아루나찰라 사원에 갔다고 오겠다면서 모두 일어났습니다. 그들 중 한 사람이 합장을 하고 말했습니다. "스와미, 저는 어떤 일을 시작할 때 바가반께 기도를 드렸는데, 그 일이 성공했습니다. 제가 성공한 것은 바가반의 은총 덕분입니다." 그는 그렇게 한참 동안 바가반을 칭찬한 다음 다른 사람들과 함께 사원으로 떠났습니다. 그가 떠나자마자 바가반은 우리를 바라보며 미소를 띠고 말씀하셨습니다. "그는 무슨 생각을 했는데 그것이 성공한 모양입니다. 그것은 자신의 과거업(past Karma) 때문인데, 그는 그것이 바가반의 은총 때문이라고 계속 이야기합니다. 어떤 사람은 또 어떤 일을 하지만 과거업 때문에 실패합니다. 그는 바가반이 자기를 도와주지 않았다고 하면서 바가반을 원망합니다. 비방도 칭찬과 마찬가지로 저에게 오지만 저는 두 가지 다 받아주어야 합니다."

또 한 가지 흥미로운 일은 바로 어제 일어났습니다. 영어로 쓴 편지 한 통이 우편으로 왔는데, 바가반에 대해 몇 가지 주장을 하면서 당신을 비방하는 내용이었습니다. 아쉬람 당국에서는 바가반이 오후에 쉬고 계실 때 그것을 당신께 보여드렸습니다. 오후 3시에 무루가나르, 비스와나타 브라마짜리 등 헌신자들이 들어오자마자 바가반은 그들에게 그 편지에 대해 이야기하기 시작하셨습니다. 그러고 나서 벤까따라뜨남을 바라보면서 "사무실에 가서 그 편지를 좀 가져오지. 이 사람들 중에서 누가 그것을 읽으면 모두 들을 수 있을 테니까" 하셨습니다. 벤까따라뜨남은 그럴 필요가 뭐 있겠느냐면서 가기를 망설였습니다. 그러자 바가반이 말씀하셨습니다. "왜 그럴 필요가 없다고 하지? 자네는 늘 나를 찬양하면서 '스와미, 스와미' 하지 않나? 그 편지를 읽어 보면 내 스와미 노릇에 대해 속속들이 알게 될 걸세." 벤까따라뜨남은 움직이지 않았습니다. 바가반은 그를 바라보면서 다시 말씀하셨습니다. "왜? 왜 망설이나? 누가 바가반을 칭찬하면 그 편지를 가져와 큰 소리로 읽어서 모든 사람이 듣게 하면서, 왜 이건 안 가져오는 거지?" 그러면서 바가반은 우리를 바라보면서 말씀하셨습니다. "그가 행동하는 것을 보십시오. 누가 바가반이 위대하다고 쓴 글이 있으면 그가 그것을 낭독했습니다. 그러나 이 편지는 낭독하고 싶어 하지 않는군요. 왜 그러지요?"

무루가나르가 말했습니다. "그것은 그 정도로 해 두시죠. 그걸 왜 읽습니까?"

"오호! 그렇다 그거지요." 바가반이 말씀하셨습니다. "여러분들끼리 이미 다 공모했군요.. 그렇다면 제가 왜 신경을 씁니까?" 그렇게 말씀하시고 바가반은 관용하는 미소를 지으며 침묵하셨습니다. 말라스와미, 자따스와미 등 바가반이 큰 명성을 얻어가고 있던 것을 평온한 마음으로 참지 못했던 몇몇 사람이 당신을 비방하려고 했을 때 당신이 보여주신 인내심에 비하면 그 정도는 아무것도 아니라고 해야겠지요. 이것은 『바가바드 기타』 제12장 18절과 19절을 잘 보여주는 예입니다.

> 적과 친구에 평등하고, 명예와 불명예에도 그러하며
> 더위와 추위, 행복과 불행에서도 평온한 이는 집착에서 벗어난다.
> ─『바가바드 기타』, 12:18

> 비방과 칭찬을 같이 보고 말이 없이 어떤 것에나 만족하며,
> 머물 집에 애착하지 않고 고정된 마음으로 헌신하는 사람을 나는 아낀다.
> ─『바가바드 기타』, 12:19

1949년 5월 10일

88. 지하실의 링가

스리 바가반의 전기에서 말하기를, 당신이 (띠루반나말라이에) 오신 초기에 아루나찰레스와라 사원의 천주天柱 만다빰에 있는 지하실 링가 곁에 곧잘 앉아 계셨는데, 내면으로 워낙 완전히 몰입되어 곤충들이 당신을 물어뜯어 피가 날 때까지도 그것을 의식하지 못하셨다고 했습니다. 우리가 그 지하실과 링가를 본 적이 있다는 것을 기억하시겠지요. 그곳이 오랫동안 낙후된 상태에 있었습니다. 그런데 최근에 딸라야르칸 부인(Mrs. Talayarkhan)이, 그곳을 수리하여 멋진 사당으로 바꿔놓기로 했습니다. 그래서 그녀는 돈을 좀 모아 그 일을 하청업체인 따라뽀르 사社(Tarapore & Co.)

에 맡겼습니다. 그 사당은 마트루부떼스와라 사원(어머니 사원)의 관수식 이전에 개원 준비가 되었지만 개원식은 관수식이 끝날 때까지 연기되었습니다.

관수식이 끝나자 딸라야르칸 부인은 빠딸라 링가 사당(Pathala Linga Shrine) 개원식을 이달 4일 오전 8시 30분에 하도록 준비하고 모든 사람에게 초청장을 발송했습니다. 총독인 스리 C. 라자고빨라짜리(Rajagopalachari)[69]가 와서 개원하도록 했는데, 그가 자기 행렬과 함께 도착하기 전에 몇 무리의 예비경찰대가 여기 왔습니다. 도로들은 보수되어 국기들로 장식되었습니다. 천주 만다빰은 청소를 하고 회칠을 했습니다. 각지에서 구경꾼들이 왔고, 읍내 전체가 소란하고 시끄러웠습니다. 읍 당국과 경찰에서는 총독, 마드라스 지사, 바브나가르(Bhavnagar)의 마하라자와 그의 부인 등이 이번 행사에 참석한 뒤 바가반을 친견하기 위해 아쉬라맘도 방문할 것이라는 것을 알고 아쉬라맘에도 제반 준비를 해 두었습니다.

총독은 예정된 시간에 철도역에서 사원으로 직행하여 스리 바가반을 찬양하는 말을 한 뒤에, 바가반께는 급한 일이 좀 있어서 찾아뵙지 못한다는 전갈을 전하면서 떠났습니다. 그가 떠나자마자 사원에 모였던 사람들이 모두 여기로 왔습니다. 오전 10시 30분에 바브나가르의 마하라자 부처大妻가 바가반의 친존에 와서 큰 신심으로 당신 앞에 오체투지하고 아주 공경스럽게 바가반께 몇 마디 이야기한 뒤, 반시간 동안 머물러 있다가 은사물을 받고 떠났습니다.

그 사당의 개원 선언을 할 때 모든 행사를 참관했던 헌신자들 중의 한 사람이 바가반께 이렇게 말했습니다. "어느 천주 만다빰에도 지하실이 있는 것은 보지 못했습니다. 그런데 여기는 지하실이 있는 이유가 무엇입니까?" 바가반이 대답하셨습니다. "예, 보통은 어디에도 지하실이 없지요. 여기는 그것이 있는 이유는 어떤 중요한 인물이 세상을 떠난 뒤에 그의 시신을 거기 묻고 그 위에 링가를 안치했기 때문입니다. 그 링가는 천주 만다빰을 짓기 훨씬 전부터 거기 있었기 때문에 누구도 건드리지 않고 그 자리에 그대로 있었지요. 그런데 그 땅의 다른 부분들을 높인 뒤에 거기다 만다빰을 지었습니다. 그래서 링가가 만다빰의 밑으로 들어가 동굴처럼 된 것입니다. 나중에 그곳으로 내려가는 계단을 만들었지요. 제가 거기 있을 때는 먼지가 가득했습니다. 만다빰의 코끼리와 지하실의 저를 제외하면 누구도 거기 산 적이 없습니다." 우리는 그 지하실이 생겨난 유래를 듣고 모두 놀랐습니다.

바가반은 몇 번인가 우리에게 말씀하시기를, (만다빰의) 벽에 안드라 황제인 끄리

---

[69] [역주] 라자고빨라짜리는 인도의 초대 수상이었다. 독립된 인도는 영연방의 일원이었으므로 초기에는 수상이 총독으로 불렸다.

슈나데바라야(Krishnadevaraya)가 그 만다빰을 지었다는 명문銘文이 몇 개 있었는데 그 명문에는 그 황제가 다른 비슷한 선행들도 했다고 되어 있었다고 하셨습니다. 이 이야기를 듣고 나서 아난따나라야나 라오 박사가 몇 명의 헌신자들과 함께 거기 가서 쁘라끄리뜨어(Prakrit language)70)로 쓰여진 그 명문을 베껴 자신의 어느 책에 그 것을 실었습니다. 제가 1944년에 띠루쭐리에서 돌아오고 나서 바가반은 저에게 그와 비슷한 몇 가지 일화를 들려주셨습니다. 그 이야기들에 대해서는 다음에 한가할 때 편지로 말씀드리겠습니다.

1949년 5월 12일

89. 약 자체가 도착했다

약 1주일 전에 마다비 암마(Madhavi Amma)한테서 편지 한 통이 우편으로 왔습니다. 그 편지에 다음과 같이 쓰여 있었습니다.

"바가반께서 점점 몸이 약해지고 계시다는 이야기를 듣고 있습니다. 제가 바라는 바는, 당신께서 토마토 즙이나 오렌지 즙을 드셨으면 하는 것입니다."

바가반은 그 편지를 읽고 그에 대해 우리에게 이야기하면서 이렇게 말씀하셨습니다. "무슨 이런 제안을! 그녀는 부자입니다. 뭐든지 먹고 싶은 것을 사먹을 수가 있지요. 제가 그럴 수 있습니까? 그렇기는 하나, 그녀는 그런 것을 다 먹어서 얼마나 튼튼하고 건강합니까? 이런 저런 통증이 있다고 늘 불평합니다. 그리고 키는 한 자 정도밖에 안 되지요!71) 왜 자기는 그런 즙들을 마시지 않습니까?"

그날 오후에 아유르베다 의사인 라마짠드라 라오가 방갈로르에서 왔습니다. 그가 회당에 온 것을 보고 바가반이 가까이 있던 사람들에게 말씀하셨습니다. "보세요! 라마짠드라 라오가 들어옵니다. 무슨 약을 가져온 게 분명합니다. 그를 보니 제가 사람을 보고 있다는 생각이 안 드는군요. 약 자체를 보고 있는 것 같습니다." 그러는 사이에 라마짠드라는 들어와서 바가반 앞에 큰 약병을 하나 놓고 오체투지를 했습니다. 그가 일어서기가 무섭게 바가반이 웃으면서 말씀하셨습니다. "저 약 자체가 도착했다고 제가 여러분에게 말하지 않았습니까?" 라마짠드라 라오는 합장을 한 채 기도하는 태도로 말했습니다. "약이 아닙니다, 바가반. 아리쉬땀(Arishtam)[정제한 혼합물인 보약입니다. 바가반의 몸이 아주 수척해졌습니다. 이 보약을 드시면 힘이 나실 겁니다. 부디 드셔 주십시오."

---

70) [역주] 중세 인도의 구어口語. 현대 힌디어 등의 조상어이다.
71) [역주] 이 말은, 그녀가 늘 누워서 자리보전을 하고 있다는 뜻이다.

바가반이 말씀하셨습니다. "좋습니다. 그것을 먹어서 사람이 건강해진다면 왜 당신이 직접 먹어 보지 그럽니까? 당신은 얼마나 야위고 약합니까! 먼저 당신이 먹어서 건강하고 튼튼해지십시오. 그러고 나서 저의 경우에 대해 생각해 보지요." 그리고 당신은 우리를 돌아보면서 우스개로 말씀하셨습니다. "그가 어떤지 보세요! 자기 자신도 더 건강해지지 못하면서 저를 더 건강하게 만들려고 하는군요!" 의사는 아무 말도 못하고 사무실로 가 버렸습니다. 다음날 바가반은 그 아리쉬따를 당신 가까이 앉아 있던 모든 사람에게 1온스씩 나누어주도록 하시고 당신도 1온스를 드시면서 말씀하셨습니다. "보세요. 저 라마짠드라 라오는 우리 중의 누구보다도 야윕니다. 그러니 그에게는 1온스를 더 주십시오. 그렇게 해서 건장해지나 봅시다."

그러고 4, 5일 뒤에 하청업자 샤따고빠 나이두가 방갈로르에서 왔습니다. 그는 셔벗(Sherbet-과즙에 물을 타서 마시는 음료)이 든 병 몇 개를 가져와 늘 바가반 가까이 앉는 사람 하나를 통해 바가반께 보내면서, 그 셔벗은 바가반의 몸에 기운이 나게 해 줄 것이므로 여름 동안 매일 그것을 바가반께 드려야 한다고 했습니다. 샤따고빤은 아쉬람에 오면 몇 달씩 머무르면서 수천 루피를 쓰고 아쉬라맘의 공사에 많은 돈을 시주하면서도 바가반의 친존에는 전혀 오지 않는 사람입니다. 왜 그러느냐고 물으면 아무 말이 없습니다. 그것도 헌신의 한 형태입니다.

바가반은 그 셔벗 병들을 보시자마자 웃으면서 말씀하셨습니다. "라마짠드라 라오와 그가 서로 의논한 게 분명하군요. 왜 우리한테 이런 걸 다 가져옵니까? 그는 부자니까 셔벗을 몇 병이라도 사 마실 수 있겠지요. 부디 그에게 이 병들은 자기 방에 두고 자기가 매일 조금씩 마시라 하십시오."

"그는 오로지 바가반께서 드시라고 가져온 것 같습니다." 한 신사가 말했습니다.

"알겠습니다. 그러면 우리는 한 가지를 해야지요." 바가반은 그렇게 말씀하시고, 큰 그릇을 하나 가져오게 하여 마시는 물을 채우게 하고 셔벗을 그 물에 모두 쏟은 다음 모인 사람들 모두에게 한 컵씩 주도록 하셨습니다. 뿐만 아니라 특별히 많은 양 한 잔은 샤따고빤에게 주어서 피로를 회복하게 하도록 하셨습니다. 그 나머지 셔벗은 나중에 다른 아쉬람 사람들에게 모두 분배되었습니다.

1948년에 깐뿌르에서 온 칸나(Khanna)라는 이름의 한 헌신자가 '찌야바나쁘라사'(Chyavanaprasa-부드럽게 개어 만든 약의 일종)가 든 깡통 몇 개를 소포로 보내왔는데, 그것은 바가반이 드시라고 자기가 직접 만든 것이라면서 그것을 드시면 바가반의 몸에 기운이 날 것이라고 했습니다. 바가반은 그것이 당신 몸에 기운이 나게 한다면 다른 사람들에게도 기운이 나게 할 거라면서, 그것을 아침 식사와 함께 아쉬라맘의 모든 사람들에게 배식하라고 하셨습니다. 그리고 당신도 다른 사람들과 비슷한 양을 드시면서 그 이상은 들지 않으셨습니다.

죽이나 찬밥과 같이 다른 사람들이 먹고 싶어 하지 않는 것이 있으면 바가반은 그 대부분을 당신이 드십니다. 만약 그것이 누구나 좋아하는 과자같이 맛난 것이면 당신은 그 대부분을 남들에게 주시고 당신은 조금만 드십니다. 이런 평등 의식에 있어서 당신에 비할 이가 누가 있겠습니까? 당신은 오직 당신 자신과 비교될 수 있을 뿐입니다.

1949년 5월 16일

90. 베다 공부

스리니바사 라오 박사는 여기 올 때마다 산스크리트 학당 소년들과 함께 베다 빠라야나에 참석하는 것이 보통입니다. 2, 3일 전에는 그가 여기 와서 여느 때와 같이 저녁 빠라야나를 하기 위해 소년들과 함께 앉아 있었는데, 자신의 도띠(dhoti)를 브라마짜리들과 같은 방식으로 묶고 있었습니다. 바가반은 전에도 한 동안 그것을 관찰하셨지만 아무 말씀도 하지 않으셨습니다. 그런데 그날 저녁에는 의사를 보시자 속으로 웃으셨습니다. 저는 뭔가 특이한 점이 있나보다고 생각했습니다. 빠라야나가 끝나고 의사가 일어서자마자 바가반이 말씀하셨습니다. "아니 박사! 다른 때에도 도띠를 그런 식으로 매시오, 아니면 정통적인 방식으로 매시오?"[72]

박사가 다소 긴장하여 말했습니다. "보통은 정통적인 방식으로 맵니다. 오늘은 어쩌다가 이렇게 매어졌습니다. 내일부터는 제대로 매겠습니다." "그게 아니지요." 바가반이 말씀하셨습니다. "빠라야나를 하러 오는 빤디뜨들은 도띠를 정통적인 방식대로 맵니다. 그래서 물어본 거지요. 더군다나 당신은 마하라쉬트라 사람입니다. 또 기혼자이고. 나는 단지 당신이 그 방식에 익숙한 건지 아닌지에만 관심이 있습니다." "아닙니다, 바가반. 내일부터는 그 방식으로만 매겠습니다." 박사가 말했습니다. 그날부터 그는 도띠를 기혼자들이 매는 것과 같은 방식으로 매기 시작했습니다. 물론 바가반은 그것을 보시고 혼자 속으로 웃으셨습니다.

베다 빠라야나와 관련하여 누가 실수를 하면 바가반은 보통 그 사람을 이런 미묘한 방식으로 교정해 주십니다. 1938년에 샹까란이라는 말라얄람인 헌신자가 말라얄람어로 바가반의 전기를 써서 바가반께 가져와 말했습니다. "저희는 이 책을 인쇄소

---

[72] 정통적인 방식은 도띠를 몸에 감되 한 끝은 두 다리 사이에 넣고 한 끝은 등 뒤에 밀어 넣는 형태이다. 이것이 마하라쉬트라인들이나 다른 사람들, 그리고 기혼자들이 도띠를 입는 방식이다.

에 넘기려고 생각하고 있습니다. 출판하기 전에 바가반께서 부디 살펴봐 주십시오." 그래서 바가반은 당신 주위에 있던 사람들에게 알리신 다음 몇 군데를 고쳐주셨습니다. 그 책의 한 군데서는 모든 계급의 사람들이 베다를 공부할 수 있다고 되어 있는 모양입니다. 바가반은 그것을 발견하시고, '아디야야나'(Adhyayana-공부)란 단어 대신 '아비야사'(Abhyasa-수행)란 단어를 넣어서 모든 계급이 베다를 수행할 수 있다고 고치셨습니다. 그때 라마나타 아이어가 회당에 있었는데 이 이야기를 모두 들었습니다. 그는 당시에 '아비야사'와 '아디야야나'의 두 단어가 차이가 있다는 것을 몰랐습니다. 그래서 어떤 사람들은 바가반께서 모든 계급의 베다 공부를 승인하셨다고 생각했습니다. 샹까란은 바가반이 식사를 하러 회당을 나가시자마자 이 이야기를 꾼주스와미에게 해 주려고 집으로 갔습니다.

당시에 꾼주스와미와 라마나타 아이어는 빨라꼬뚜로 가는 길 옆에 있는 한 방에 같이 살고 있었습니다. 두 사람은 식사를 하고 나서 그들의 방 베란다에 있는 대臺 위에 앉아서 잡다한 문제를 의논하고 있었는데, 라마나타 아이어가 말했습니다. "보세요, 꾼주스와미. 내일부터 당신도 베다공부를 할 수 있습니다. 바가반께서 오늘 그렇게 결정하셨습니다." 식사 후에 보통 빨라꼬뚜로 가시던 바가반이 돌아오는 길에 그때 우연히 그 이야기를 듣고 말씀하셨습니다. "뭐라고? 내가 그렇게 결정했다고? 나는 모든 카스트가 공부를 할 수 있다는 말은 전혀 하지 않았어."

두 사람 다 이 갑작스런 바가반의 말씀에 놀라서 일어나 합장을 했고, 라마나타 아이어가 말했습니다. "바로 얼마 전에 바가반께서 샹까란의 전기를 승인하셨지 않습니까? 모든 계급의 사람들이 베다 공부를 할 수 있다고 되어 있는데 말입니다." "응, 그 책을 살펴보았지. 그러나 아디야야나란 단어를 아비야사로 고쳤어." "아디야야나와 아비야사 간에 차이가 있습니까?" 그들이 여쭈었습니다. "왜 없어? 베다는 지知를 뜻하지. 그래서 나는 베다아비야사(Vedabhyasa)[지知 수행]라고 한 거지. 그게 전부야. 아디야야나를 할 수 있다는 이야기는 전혀 하지 않았어." 라마나타 아이어가 대답했습니다. "저는 그 차이를 이해하지 못했습니다. 바가반께서 분명하게 설명해 주시니까 이제야 전부 이해할 수 있겠습니다. 모든 계급의 사람들이 아디야야나를 할 수는 없다고 분명하게 이야기해 놓지 않으면 보통 사람들은 이해하지 못할 것입니다." 바가반이 말씀하셨습니다. "사람들이야 자기 좋을 대로 이해하라지. 우리가 왜 상관해? 이 세상의 모든 오해들에 대해 우리가 책임을 져야 하나?" 그렇게 말씀하시고 바가반은 아쉬라맘 쪽으로 가셨습니다.

1949년 5월 17일

91. 세간적 의무

바가반은 베다 공부나 그 유사한 문제들에 대해서 뿐만 아니라 세간적 의무(Low-kika Dharma)에 대해서도 당신의 견해를 표명하셨습니다. 라잠마라는 젊은 여자는 가끔씩 아쉬라맘에 오는 헌신자인 띠루빼뿔리유르의 끄리슈나스와미 아이어의 딸인데, 그녀가 최근에 여기 와서 라마나나가르에 집 한 채를 세내어 혼자 살기 시작했습니다. 그녀와 남편 사이에 불화가 있는 듯하고 그녀는 자식이 없기 때문에 바가반의 친존에서 아주 살겠다면서 1945년에 이리로 와 버렸습니다. 그녀는 외동딸이었습니다. 그러나 그 부모들은 너무 늙은 탓인지─아니면 다른 어떤 이유로─여기 와서 아주 살 수는 없었습니다. 그들은 중년의 딸이 여기서 혼자 사는 것은 적절치 않다고 생각하여 딸에게 편지를 보내, 남편하고 같이 살든지 아니면 자기들하고 살든지 해야 한다고 말했습니다. 딸이 이따금 바가반을 친견하러 가는 것은 반대하지 않지만 이곳에 눌러앉아 사는 것은 용납하려 들지 않았습니다. 그녀는 바가반께 이런 이야기들을 다 들려 드리면서 자기는 돌아가고 싶지 않다고 했습니다.

한 동안 바가반은 마치 그녀가 하는 말을 제대로 듣지 못한 것처럼 침묵을 지키셨습니다. 마침내 어느 날 당신이 말씀하셨습니다. "이거 보게. 자네는 돌아오기를 바라는 어른들이 있는데도 여기 살겠다고 고집하는군. 자네 좋을 대로 하게. 있고 싶으면 있고 가고 싶으면 가고. 왜 나한테 그런 이야기까지 하나? 자네 부모님은 이곳을 찾아오기 시작한 지 아주 오래 되었어. 만일 그분들이 와서 '스와미, 이게 뭡니까?' 하면 내가 무슨 말을 하지? 그녀는 바가반이 하신 말씀에 속이 상해 밖으로 나갔습니다. 그 직후에 바가반은 라마짠드라 아이어를 바라보면서 말씀하셨습니다. '부모가 그녀에게 남편에게 가든지 자기들과 있든지 하라고 했는데, 나한테 와서 이런 이야기를 하는 게 무슨 소용이 있지? 내가 어떻게 해? 그들은 스와미가 자기 딸에게 제대로 조언을 해 주지 않고 자신의 곁에 붙들어 두었다고 생각하지 않겠어? 부모 양쪽 다 연세가 많고 그녀는 외동딸이지. 누가 그녀에게 자신의 의무를 내팽개치고 여기서 혼자 살라고 했나? 누가 여기 오라고 했어?"

제가 여기 와서 살던 초기에 오라버니께 집안의 무슨 어려운 일이 있을 때마다 제가 오라버니댁에 갔다가 얼마 후에 돌아오곤 했었지요. 1945년에 오라버니께서는 올케가 병이 나서 여러 가지로 힘들다고 편지를 보내셨지만 저더러 오라고는 하지 않으셨습니다. 그러나 올케가 아픈 중에도 저를 보고 싶어 한다고는 말씀하셨지요. 저는 그 편지의 내용을 바가반께 읽어드리고 나서 오라버니께 다시 편지를 보내 답장을 받은 뒤에 오라버니댁으로 가겠다고 말씀드렸습니다. 왜냐하면 오라버니께서 저더러 오라고 하지 않으셨으니까요. 그러나 바가반은 마뜩찮게 생각하시고 저더러 제가 최선이라고 생각하는 대로 하라고 하셨습니다. 그 말씀을 듣자 즉시 저는 그날 밤 바로 떠나겠다고 말씀드렸습니다. 그러자 바가반께서는 "그래. 그게 좋지" 하고 대답하셨습니다. 그러는 사이 라자고빨라 아이어가 회당에 들어와서 제가 오라버니 댁에 간다는 게 사실이냐고 여쭈었습니다. 바가반이 말씀하셨습니다. "응. 그녀가 가면 그들이 만족해하겠지. 가는 게 좋아. 사람이 병으로 아파 누워 있으면서 계속 시누이를 와 달라고 하면 가야 하지 않나?"

얼마 전에 순다람 아이어[바가반의 부친]의 가까운 친척인 한 젊은이가 자기는 결혼하고 싶지 않기 때문에 여기 왔다고 자기 부모와 언쟁을 했습니다. 그가 온 것은 문제가 되지 않았지만, 그는 바로 처음부터 비非브라민들이 앉는 곳에 앉아 식사를 하려고 했습니다. 도감은 그것을 좋아하지 않았고, 그에게 브라민들이 앉는 곳으로 가라고 했습니다. 그는 그렇게 하지 않고, 바가반의 친존에서는 카스트 구별을 할 필요가 없다고 말했습니다. 도감은 그에게 이런 충고를 했습니다. "바가반은 일체를 포기하셨으니 상관없지. 그러나 자네가 그런 입장을 취할 수 있나? 자네 부모님이 이런 이야기를 들으면 뭐라고 하시겠나?" 그러나 그는 그 충고를 귀담아 듣지 않고 언쟁을 하기 시작했습니다. 한 동안 격한 이야기들이 오고갔습니다. 바가반은 침묵하신 채 모든 과정을 아무렇지도 않은 듯 지켜보셨습니다. 젊은이는 자신을 억제하지 못하고 바가반께 다가가서 말했습니다. "저희가 바가반의 친존에 오게 되면 카스트 구별을 버려야 하지 않습니까?"

"오호! 자네한테 남은 게 그것뿐인가? 그 나머지는 다 버렸단 말이지? 그렇다면 이것도 버려야. 버리고 말고가 어디 있나? 저절로 사라지는 거지. 자네 생각은 어떤가? 다른 분별심은 다 버려졌나?" 하고 바가반이 물으셨습니다. 그러자 젊은이는 군말 없이 브라민들이 앉는 곳으로 가서 앉았습니다. 나중에 그는 결혼하여 자식을 낳고 직업 활동을 시작했습니다. 그리고 가끔씩 바가반을 친견하러 옵니다.

이것으로 이루어 볼 때 바가반은 우리에게 예고의 느낌과 애증의 느낌이 있는 한 세간적 의무를 다하기를 바라신다는 것이 분명하지 않습니까?

1949년 5월 22일

92. 평등견

바이사카 슛다 짜뚜르띠(Vaisakha Suddha Chathurthi), 즉 1949년 5월 2일 월요일에

마트루부떼스와라 사원에서 만달라 관수식이 거행되었습니다. 마하뿌자(Mahapuja)[바가반의 어머니 기일]는 바이사카 바훌라 나바미(Vaisakha Bahula Navami)였던 어제 거행되었습니다. 이때까지는 사원 앞 회당(신회당)의 건립이 거의 완성되었습니다. 그래서 도감은 바가반의 시자들과 의논하고 바가반께 이틀 동안은 앞 회당에 머물러 주시라고 청했습니다. 그에 따라 바가반은 20일 오후에 이곳으로 오셨습니다. 그날 저는 평소보다 조금 일찍 그곳에 가게 되었습니다. 정문을 들어설 때 앞 회당에 전에 없던 웅성거림이 있었습니다. 무슨 일인가 하고 베란다 쪽으로 가 보니 바가반이 소파에 앉아 계셨습니다. 당신의 얼굴은 평소처럼 빛이 나지 않았습니다. 저는 왜 그럴까 하고 의아하게 생각했습니다. 누구한테 물어볼 수도 없었고요.

　도감은 바가반의 소파 맞은편에 자기 친구들, 그리고 아쉬람 일꾼들 중 몇 명의 중요 인물들과 함께 서서 무슨 말을 하고 있었습니다. 바가반은 별 상관없다는 투로 '그래, 그래' 하는 대답만 하고 계셨습니다. 그런 상황에서 저는 들어가기가 주저되어 베란다에 서 있었습니다. 바가반은 창문을 통해 제가 오는 것과 회당에 들어오기 주저하는 것을 이미 보고 계셨습니다. 10분이 지나자 그들이 모두 떠났고, 나중에는 시바난담(시자의 한 사람)만 바가반 곁에 혼자 있었습니다. 아쉬라맘에 막 온 사람 두셋이 멀찍이 떨어져 앉아 있었습니다. 바가반은 회당의 천장과, 바깥에 있는 아직 조각 작업이 진행 중인 큰 바위들을 골똘히 바라보셨습니다. 저는 들어가서 오체투지하고 일어섰습니다. 바가반은 저를 바라보면서 자애로 가득한 목소리로 말씀하셨습니다. "이거 보여? 그들이 나를 이 네 벽 안에 가두었어. 다른 사람들이 들어오지 못하게 하고 나를 죄수로 만들었어. 봐! 아무도 들어올 자리가 없어." 그렇게 말씀하시고 당신은 천장을 쳐다보셨는데, 거기에는 어디에도 드나들 구멍이 없었습니다. 당신은 "그들[다람쥐들]이 여기를 어떻게 오지?" 하면서 계속 천장을 쳐다보셨습니다. 저는 당신이 사물을 보시는 방식을 깨닫고 완전히 말문이 막혀 버렸습니다. 가까이 있던 시바난담이 말했습니다. "도감이나 다른 사람들은 바가반께서 여기 계시면 바깥의 비나 햇볕으로부터 보호받으실 거라고 생각하는 것입니다." 천장에 시선을 집중하고 계시던 바가반은 그 말을 듣자 깜짝 놀라면서 정신이 드셔서 시바난담을 바라보면서 말씀하셨습니다. "그건 상관없어. 우리가 자신의 안락을 구하면 그것은 남들의 고통을 대가로 하는 거 아닌가? 다람쥐, 원숭이, 공작, 소 등은 여기 올 엄두를 못 낼 거야. 그것은 우리가 그들의 특권을 박탈해 버렸다는 이야기 아닌가? 사람들은 스와미가 여기 있으면 그에게 크나큰 행복이 된다고 생각하지. 어떻게 해야 하나?" 바가반의 목소리가 떨렸습니다. 시자가 그 대화를 이어 말했습니다. "예, 맞습니다. 사람들만 여기 들어올 수 있습니다. 짐승과 새들은 마음대로 못 들어옵니다." 바가반은 아무 말씀도 하지 않았습니다.

얼마 후에 몇 명의 부유한 헌신자들이 와서 바가반 반대편에 앉았습니다. 한두 명의 사람들이 그들의 뒤에 왔지만 겁을 내어 들어오지 않았습니다. 창문을 통해 이것을 보신 바가반이 시자들에게 말씀하셨습니다. "거 보라니까. 저 사람들을 좀 봐. 자네들은 사람들이 들어오기가 무척 편할 거라고 했지. 모든 사람이 들어올 수 있는 여지가 있나? 부자들은 전등에, 선풍기에, 접이식 문에, 기타 번듯한 가구를 갖춘 큰 건물에 익숙하니까 주저 없이 들어오지만, 나처럼 가난한 사람들은 들어오기를 주저하지. 왜냐하면 이런 데는 부자들이나 사는 것으로 생각하니까. 자기들이 들어오면 사람들이 뭐라고 할까 두렵고, 그래서 자네들이 보다시피 창문으로 들여다보는 저 사람들처럼 조용히 가 버리지. 그들이 여기 앉을 자리가 어디 있어? 저 가엾은 사람들 좀 봐! 딱하군!" 바가반은 더 이상 말씀을 못하시고 다시 침묵하셨습니다.

저녁이 되자마자 당신은 시자들에게, 저녁은 그들[원숭이, 공작 등]이 모두 여기 오는 시간이라고 하면서 그들을 내보내셨습니다. "그들은 아마 스와미가 자기들을 따돌리고 어디 가 버렸다고 생각하겠지. 제발 가. 딱해! 가서 음식이라도 좀 주고 와." 시자들이 동물들에게 음식을 주고 돌아오자마자 바가반은 떨리는 목소리로 말씀하셨습니다. "다 먹였나? 그들은 아마 스와미가 혼자 행복하려고 자기들을 버리고 더 좋은 곳으로 갔다고 생각하겠지. 아마 내가 자기들을 잊어버렸다고 생각했겠지. 그들이 여기 올 수 있는 여지가 없어. 어떻게 하나?" 어떤 동물이나 새들이 당신을 찾아오면 당신은 늘 이렇게 말씀하시곤 했습니다. "우리는 그들이 누군지 모릅니다." 그러면서 결코 그들을 무관심하게 바라보지 않으셨습니다. 만약 어느 시자가 그들을 제대로 보살펴주지 않으면 당신은 그것을 관용하지 않고 이렇게 말씀하십니다. "그것은 좋지 않아. 자네는 그 육신을 덮고 있는 껍데기만 보고 그 안에 있는 사람을 보지 못해. 자네는 자신은 대단하고 남들은 하찮다고 생각해서 그들을 쫓아내려고 하지. 그들이 여기 온 목적은 우리가 온 목적과 다를 바 없어. 그들이라고 왜 우리와 같은 권리를 못 가지나?" 이렇게 당신은 그들을 질책하셨습니다. 온갖 전등과 선풍기와 철제문과 경비원 기타 부속물들을 갖춘 이 신 회당에 감히 들어오지 못하는 동물들과 가난한 사람들에게, 바가반이 연민을 느끼신다는 것은 놀라운 일이 아닙니다. 평등견平等見(samadarsatvam), 즉 모든 중생을 평등하게 바라보는 태도는 바가반께는 자연스러운 면모 아닙니까.

1949년 5월 24일

93. 무력한 자들의 조력자

　1943년까지 구 회당에는 바가반이 소파에 앉으시던 곳의 맞은편으로 남쪽 문이 하나 있었고, 남쪽 벽에는 창문이 하나 있었는데 지금은 문으로 바뀌었다는 것 기억하시지요. 헌신자들은 그 남쪽 문으로 들어와서 다끄쉬나무르띠의 화신인 바가반을 친견하고 북쪽 문으로 나가곤 했습니다. 어떤 여자들은 바가반 맞은편인 남쪽에 앉아 있기도 했는데, 시간이 지나면서 방문객들의 숫자가 늘어나자 아이들을 데리고 온 여자들이 그곳에 앉기 시작했습니다. 그 아이들은 자연히 좀 시끄럽게 떠들기 시작했습니다. 그 뿐만 아니라 1943년 이후로는 온갖 유형의 방문객들 숫자가 더욱 늘어났습니다. 더욱이 어떤 가난한 여자들이 아이들을 데리고 와서 오체투지를 하면 그 아이들이 회당에서 오줌을 싸기도 했습니다. 그 어미들은 그것을 닦아낼 천도 가지고 있지 않았고, 설사 천을 주어도 현대적인 어떤 여성들은 그곳을 닦는 수고를 하지 않으려고 했습니다. 그래서 바가반의 시자들이 닦아야 했습니다. 그들은 이런 일에 지치고 화가 나서 그런 교양 없는 사람들이 회당 안에 들어오지 못하게 할 수 없을까 생각했습니다. 하지만 바가반은 어떤 상황에서도 그렇게 하는 데는 반대하셨습니다. 그래서 그들은 여자들을 회당 안에 앉지 못하게 하고 베란다에만 앉도록 조치를 취할 궁리를 했습니다. 저는 간접적으로 그것을 알게 되어 아주 슬펐습니다. 그래서 그들에게 말했습니다. "한두 명이 교양 없이 행동한다고 해서 왜 모든 여자들에게 안에 앉지 못하는 벌을 주려고 하세요? 우리는 바가반을 믿고 여기까지 먼 거리를 왔습니다. 부디 우리 모두를 벌하지는 마세요." 그때부터 제가 그 일을 보살피기 시작했습니다. 그래도 그들은 만족하지 않았습니다. 마침내 어느 날 그들은 바가반께 가서 여자들은 밖에 앉도록 조치하겠다고 말씀드렸습니다. 여기에 대해 바가반은 만약 여자들이 안에 앉지 못한다면 왜 남자들은 회당 안에 앉아야 하느냐고 물으셨습니다. 시자들은 오고가는 여자들을 돌보기가 너무 어렵다고 말했습니다. 바가반이 말씀하셨습니다. "그러면 바가반은 회당 안에서 하는 일이 뭐가 있지? 그는 맞은편에 있는 아몬드 나무 밑에 앉으면 될 것이네. 그러면 누구에 대해서도, 아이들이 무슨 짓을 해도 신경 쓰거나 걱정할 일이 없겠지." 당신이 이렇게 말씀하시자 그들은 여자들을 격리하려던 생각을 모두 포기했습니다. 그 대신, 한쪽의 창문이 다른 쪽의 문과 교체되고 그 문은 창문으로 교체되었습니다. 그 뒤로 여자들이 바가반의 발 맞은 편에 앉게 된 것입니다.

　1946년에 제가 브라마우뜨사밤 때 여자들을 보살피는 자원봉사자로 지명되었을 때도 비슷한 일이 일어났습니다. 바가반께서는 50주년 기념당이 준비되자마자 즉시, 그러니까 그 축제의 3일째 되는 날에 당신의 자리를 그쪽으로 옮기셨다는 이야기는 오라버니께 이미 편지로 말씀드렸지요. 그 이후로는 오후에 쉬시는 시간에도 회당으로 돌아가시지 않았습니다. 소파 주위에는 커튼도 없었습니다. 오후에 마을 사람들이 당신 주위에 몰리지 못하게 하기 위한 밧줄 하나가 쳐져 있을 뿐이었습니다. 사람들은 읍내를 곧잘 돌아다녔고, 그래서 그들이 아주 지쳐서 바가반의 친존에 오면 다리를 뻗은 채로 바닥에 앉기도 했습니다. 어떤 사람들은 개인적인 문제를 가지고 큰 소리로 주거니 받거니 떠들었고 어떤 사람들은 드러누워 코를 골기도 했습니다. 그것은 정오와 오후 2시 사이에 일어나는 일들이었습니다. 엄마들은 아이들 젖을 먹이다가 잠이 들기도 했고 어떤 아이들은 온 데를 돌아다니며 놀기도 했습니다. 시자들이 그런 사람들을 내보내려고 시도했을 때 바가반은 이렇게 말씀하신 모양입니다. "가엾은 사람들! 많이 돌아다녔나 보군. 이제 좀 쉬고 있는데 어떻게 그런 사람들을 쫓아낼 수 있나? 그냥 있게 하지."

저는 오후 2시가 지난 직후에 그곳에 갔는데, 이때는 그 사람들이 떠나고 있었습니다. 끄리슈나스와미 등은 그 장소를 청소해야 했습니다. 끄리슈나스와미는 그 사람들이 어질러 놓은 것을 더 이상 참지 못하고, 바가반께 회당에만 계셔 달라고 청했지만 바가반은 동의하지 않으셨습니다.

끄리슈나스와미: 아이들이 어질러 놓은 것을 누가 치워야 합니까?

바가반: 아이들의 엄마들에게 치워달라고 하고 앞으로는 그러지 않도록 주의해 달라고 하면 문제가 없겠지.

끄리슈나스와미: 그들에게 그런 이야기를 할 사람이 누가 있습니까? 의회 같으면 그런 여자 방문객들을 보살필 여자 자원봉사자들이 있겠지만 말입니다.

바가반: (저를 보고 미소를 지으시며) 저기 그녀가 있지 않아. 우리도 자원봉사자가 있어. 왜 없다고 그래?

저: (바가반의 지시를 이해하고) 그들이 제 말을 듣겠습니까?

바가반: (냉정하게) 왜 안 들어? 외부인들은 분명히 자네 지시를 들을 거야.

저: 그러면 좋습니다. 제가 그들에게 확실하게 이야기하겠습니다.

바가반: 가엾은 사람들! 그들이야 스와미를 보러 여기 올 뿐이지. 그래도 여기서 자기들에게 필요한 모든 편의를 얻는군.

저는 바가반의 명에 따라 그날부터 그 일을 맡았습니다. 사람들은 그 방식이 아주 편리하다는 것을 알게 되었고, 사무실 사람들도 그 문제를 검토한 뒤에 저더러 그 일을 계속하라고 했습니다. 바가반은 그 열흘 동안 그런 식으로 가난한 사람들에게 친견을 베풀고 싶어 하셨고, 그들에 대한 따뜻한 보살핌으로 거기 앉아 계셨습니다. 그래서 저도 그들에게 그만큼의 봉사는 해야겠다고 생각했습니다.

아시다시피 자얀띠, 마하뿌자 기타 잔치 때 바가반은 빈자 급식이 먼저 시작되어 절반쯤 끝나기 전에는 식사하러 가시지 않습니다. 예전에는 그런 잔칫날이면 가난한 이들이 식사를 하는 마지막 차례에 당신도 식사를 하신 모양입니다. 최근에 와서야 헌신자들의 건의에 따라, 가난한 이들이 절반쯤 식사를 하고 있을 때 식사를 하십니다. 아쉬람에서는 매일 점심 식사 시간 전, 식사종이 울리기 전에 밥과 그 외 반찬들을 모두 섞어서 주먹밥을 만들어 그것을 가난한 사람들에게 나누어주고 있는데, 이 관행은 오랫동안 지속되었습니다. 그러나 최근에 들어와서는 그 급식이 식사 중이나 식사가 끝난 뒤에 이루어지게 되었습니다. 하루는 바가반께서 한 가난한 사람이 음식을 배식 받지 못해 나무 밑에서 안달하고 있는 것을 보셨습니다. 다음날 식사종이 울리자 바가반은 일어나서 가난한 사람들이 모여 있던 그 나무 밑으로 가셔서 거기 선 채 말씀하셨습니다. "이들에게 먼저 음식을 주지 않으면 나는 식당에 아예 들어가지 않겠어. 이 사람들과 같이 나무 밑에 서서 그들처럼 내 손을 벌려 주먹밥을 받고, 그것을 먹고 나면 바로 회당으로 가서 앉겠어." 그날 이후로는 가난한 사람들에게 음식을 준 다음에야 식당에 있는 식사종을 쳤습니다.

1947년 2월의 어느 날은 어떤 일이 있었는지 아십니까? 가난한 사람 하나가 회당에 들어와 바가반의 소파 맞은편에 섰습니다. 바가반은 뭔가 쓰시느라고 바빠서 그 사람을 보지 못하셨습니다. 시자들이 그 가난한 사람에게 나가라고 했지만 그는 나가지 않았습니다. 그들이 "가지 않을 거면 앉지 그럽니까?" 해도 그는 움직이지 않았습니다. 바가반이 고개를 드시고 무슨 일이냐는 표정으로 그를 바라보셨습니다. 가난한 사람이 큰 열의를 가지고 말했습니다. "스와미, 저는 아무것도 바라지 않습니다. 허기가 져서 뱃속에 불이 납니다. 이 허기를 면할 수 있게 제발 밥 한 움큼만 먹게 해 주십시오." 바가반은 당신의 뜻을 담은 시선으로 시자들을 쳐다보셨습니다. "이런 사소한 일로 바가반께 말씀을 드려야 합니까? 자, 갑시다" 하면서 한 시자가 그 가난뱅이를 주방 쪽으로 데려갔습니다. 그들이 가고 난 뒤 바가반은 회당에 있던 모든 사람을 바라보면서 말씀하셨습니다. "보셨지요? 그는 너무 가난해서 한 가지 외에는 아무것도 바라는 것이 없는데, 그것은 허기로 불이 나는 자기 배를 음식으로 채우는 것입니다. 먹기만 하면 만족해서 갑니다. 그리고 어느 나무 밑에 누워 행복하게 잠을 잡니다. 그가 얻는 그런 만족감을 우리가 어디서 얻습니까? 우리는 무수한 욕망이 있습니다. 한 욕망을 충족하면 다른 것이 일어납니다. 그러니 우리의 욕망들이 충족될 수 있겠습니까?"

이 말씀에 비추어 볼 때, 바가반의 친존에는 힘없고 무력하고 가난한 자들에 대한 피난처가 늘 있다는 것이 분명하지 않습니까?

1949년 6월 3일

94. 앞 회당에서 거처하심

바가반은 마하뿌자 날에 사원의 신 회당에서 하루 종일 보내시고 밤에는 50주년 기념당으로 돌아가셨습니다. 1주일 뒤에 신회당의 공사가 끝났습니다. 어떤 헌신자들은 50주년 기념당이 바가반께 더 편할 거라고 생각하고 사무실 사람들에게 그 이야기를 했습니다. 그러나 도감은 바가반께서 사원의 앞 회당에 앉으시기를 바랐습니다. 그래서 그는 어느 날 오전에 시자들과 함께 당신께 가서, 지예쉬따 슛다 빤짜미(Jyeshta Suddha Panchami)[음력으로 지예쉬타 달의 초닷새] 때 바가반께서 신 회당의 요가사나(Yogasana)[침상]에 앉으실 수 있도록 자기가 모든 준비를 하겠으니 부디 그 자리에 앉아 주시라고 말했습니다. 바가반은 평소와 같이 무관심한 어투로 말씀하셨습니다. "그런 문제를 두고 내가 무슨 말을 하나? 자네들이 모두 원하는 곳이면 어디든지 앉겠네." "그래서 저희들이 모두 당신께 신 회당으로 오시라고 간청하러 온 것입니다." 그들이 말했습니다. 바가반은 동의하면서 고개를 끄덕이셨습니다.

이달 초하루 오전에 앞 회당 주위의 바닥에는 장식적인 횟가루 문양들이 그려졌고, 문과 창문에는 푸른 잎들을 매단 실들이 한 줄로 매달렸습니다. 요가사나에는 공단 천을 두른 견면絹綿(silk cotton-나무 열매에서 나오는 부드러운 솜의 일종) 담요를 펴고 뒤에는 널찍한 베개 하나를 놓아두었습니다. 담요 위에는 명주 시트가 깔려 있는데, 그것 또한 예쁘게 장식되어 있었습니다. 사원에서는 관수식을 비롯한 예공이 행해졌고, 종이 울렸으며, 장뇌로 아라띠를 흔들었습니다. 한편 오전 9시 45분에 우사에서 돌아오시던 바가반은 만수 항아리를 앞세우고 베다를 찬송하는 브라민들과 함께 앞 회당으로 오셨고, 사람들은 당신께 요가사나에 오르시기를 청했습니다. '나까르마나' 등 진언을 염송하고 장뇌 불꽃을 흔들고 나서 모든 헌신자들은 당신 앞에서 오체투지를 했고, 바가반은 당신을 위해 마련된 침상 위에 앉으셨습니다.

저는 회당에 앉아서 그 모든 장면을 다음과 같이 반추했습니다. '비디야라니야는 짜끄라의 모습을 본뜬 도시 하나를 건설하기 시작했지만 성공하지 못했습니다. 그러나 그는 그에 대한 이야기를 서술하면서 미래에 어떤 황제가 그것을 건설할 것이라고 했지. 가나빠띠 무니는 이것을 염두에 두고 (스리 샹까라의) 「아루나찰라에 바치는 8연의 송찬」(Arunachala Ashtakam)에서 '스리 짜끄라끄리띠 쇼나 샤일라 바뿌샴'(Sri Chakrakriti Sona Saila Vapusham)이라는 말로 시작되는 구절을 이야기했다.'73)

'그 문장에 부응하여 그가 말했지. "이 산 자체가 짜끄라의 형상을 하고 있다. 따라서 이곳이 비디야라니야가 말하고자 한 그곳이다. 바가반은 황제이시고 남은 일은 주위에 집들을 짓는 것뿐이다." 그러면서 그는 그 왕국을 위한 설계도를 그렸지만 그 계획을 실행하기 전에 세상을 떠남으로써 결국 우리를 실망시켰지. 그러나 도감은 어머니 삼매 위에 사원을 지어 앞 회당을 그 제국의 본당으로 만들고, 비끄라마르까(Vikramarka)의 옥좌처럼 석조 좌석을 조성하여 바가반께서 앉으실 수 있도록 했으니, 이는 모두 가나빠띠 무니의 원대한 꿈에 따른 것이다. 그의 욕망은 충족되었고, 요기들 중의 황제이신 스리 바가반은 진짜 사다시바(Sadasiva)처럼 거기에 앉아 계시다.'

제가 이런 생각에 빠져 있을 때 도편수를 위시한 몇 사람이 쟁반에 과일, 꽃 기타 상서로운 물품들을 담아 가지고 와서 바가반더러 거기에 손을 대시게 한 다음 남쪽 문으로 해서 나갔습니다. 저는 그것이 무얼 하는 건지 몰랐습니다. 바가반은 그쪽 방향을 계속 주시하고 계셨습니다. 무슨 일인가 알고 싶어서 밖으로 나갔더니 문간 맞은편의 트인 마당에 큰 돌이 하나 있었습니다. 사람들은 거기에 심황 가루와 꿈꿈을 바르고, 화만을 걸고, 코코넛 몇 개를 그 위에서 깨트리더니 장뇌 불을 켰습니다. 그러더니 그 돌을 정으로 쪼기 시작했습니다. 저게 뭐냐고 누구에게 물어보니 바가반의 석상을 하나 만든다는 것이었습니다. 저는 걱정이 되어 가슴이 쿵쿵 뛰기 시작했습니다. 왜냐고 물으실지 모르겠습니다. 바가반께서 아프시다는 것을 우리가 다 알기 때문에 마음이 편지 않았던 것입니다. 이런 상황에서 왜 석상을 만들 생각을 했을까 하고 저는 의아한 생각이 들기 시작했습니다. 그리고 몇 가지 설명으로 저 자신을 달래면서 바가반의 친존에 와서 앉았습니다. 바가반은 저의 걱정과 심란한 마음을 눈치 채셨습니다. 그러는 사이 석상과 관계된 행사가 끝나고 사람들이 다 들어왔다가, 식당의 종이 울리자 모두 흩어졌습니다. 그러나 제 마음은 어쩐지 계속 심란하기만 했습니다. 오후 3시에 제가 들어가자 바가반이 우리에게 몇 가지 이야기를 해 주시는 바람에 그 문제를 잊을 수 있었습니다. 그 일들에 대해서는 다른 편지에서 말씀드리겠습니다.

---

73) [역주] 209쪽 참조.

1949년 6월 3일

95. 독립된 삶의 행복

석상 조성을 위해 오늘 오전에 치러진 행사와 관련한 제반 사항들이 제 마음 속을 맴도는 가운데, 저는 오늘 오후 3시가 되기 전에 아쉬라맘에 갔습니다. 바가반은 밖에 나가고 안 계셨기 때문에 저는 당신이 돌아오시기를 기다리며 회당에 서 있었습니다. 침상 위에 깔아둔 견면 담요는 두껍고 단단히 재봉질을 한 것이기는 했지만 새 것이어서 반들반들했습니다. 한쪽에는 바가반이 팔을 걸치실 수 있게 큰 베개가 있고 또 하나는 당신이 기대실 수 있게 뒤쪽에, 그리고 세 번째 베개가 당신의 발치에 있었기 때문에 실제로 앉는 공간은 상당히 줄어들었습니다. 거기에 바가반이 어떻게 앉으실까 의아해 하고 있을 때 당신이 들어오셨습니다. 당신은 담요에 앉아 손으로 그것을 누르시면서 시자들을 바라보고 말씀하셨습니다. "이 담요가 이쪽에서 저쪽으로 미끄러지는 것 좀 봐! 사람들은 비싼 담요가 있으면 바가반이 편안할 거라고 생각하지. 그러나 이 위에는 편안히 앉을 수도 없잖아? 왜 이래야 하지? 돌바닥에 그냥 앉는 게 훨씬 더 편할 텐데. 사실 말이지만, 내가 비루팍샤 산굴에서 돌과 흙으로 쌓았던 대 위에서 앉거나 잠자던 때의 그 행복과 비교하면, 이 담요와 베개 위에서는 조금도 편안하지가 않아. 그 사두에 대한 이야기에서 말하고 있듯이, 사람들은 스와미가 초가움막에 살면서 돌 벤치에 눕는 것은 큰 고생이라고 생각하여 소동을 벌여. 그러나 나는 이 담요와 베개에서 조금도 행복감을 느끼지 못해. 그 이야기에 나오는 사두같이, 비루팍샤 산굴에서 가지고 있었던 그런 돌들을 모아서 어디든지 내가 가는 곳으로 가지고 가 담요 위에 이처럼 깔면 더 좋겠지. 거기서는 그것이 석대石臺였는데 기념당이나 여기서는 돌 침상이군. 나와 이 침상 사이의 장애물은 이 담요뿐이야. 그러나 한 가지 다른 점은 발치의 베개, 옆에 있는 베개, 그리고 뒤에 있는 넓은 베개, 이 셋 다 거의 돌같이 단단하다는 거지. 그래서 이것은 그 사두의 이야기와 거의 비슷해. 다른 데서 돌을 가져올 것도 없이 내 돌 침상이 이미 여기 있군."

한 헌신자가 말했습니다. "바가반께서 방금 말씀하신 그 사두의 이야기는 어떤 것입니까?" 그러자 바가반은 다음과 같이 그 이야기를 들려주셨습니다.

"한 위대한 마하트마가 사두로서 어느 숲 속의 한 나무 밑에 살고 있었습니다. 그는 늘 돌 세 개를 지니고 있었습니다. 잠을 잘 때는 그 중의 하나를 머리 밑에, 다른 하나는 허리에, 또 하나는 다리 밑에 두고 홑이불을 덮었습니다. 비가 올 때는 몸이 돌들 위에 있어서 물이 밑으로 지나갔고, 홑이불 위에 떨어진 물도 밑으로 흘러내렸습니다. 그러니 잠자는 데 아무 불편이 없어, 잠을 푹 자곤 했습니다. 앉을 때는 돌 세 개를 화로처럼 모아놓고 그 위에 편안히 앉았습니다. 그래서 뱀이나 다른 파충류들이 그를 귀찮게 하지 않았고 그도 그들을 귀찮게 하지 않았습니다. 왜냐하면 그런 것들이 그 돌들 사이의 틈으로 지나갈 수 있었으니까요. 또 누가 음식을 갖다 주곤 하여 그것을 먹었습니다. 그래서 그는 걱정할 일이 전혀 없었습니다."

"그 숲에 사냥을 하러 온 어느 왕이 이 사두를 보고 이렇게 생각했습니다. '가엾구나! 자기 몸을 저 돌들에 맞춰 가며 그 위에서 잠을 자야 하니 얼마나 고생스러울까. 내가 집으로 모셔 가서 최소한 하루 이틀이라도 편안하게 해 드려야겠다.' 그렇게 생각하면서 궁으로 간 그는, 병사 두 명을 가마를 멘 가마꾼들과 함께 보내면서 그 사두를 정중하게 청하여 궁궐로 모셔오라고 지시했습니다. 또 만약 모셔오지 못하면 벌을 내리겠다고 했습니다. 그들이 가서 사두를 보고 임금님이 자기들에게 당신을 궁궐로 모시고 오라고 했으니 가셔야겠다고 했습니다. 사두가 함께 가는 것을 내켜하지 않자 그들은 만약 모시고 가지 않으면 자기들이 벌을 받게 된다면서, 자기들이 고초를 겪지 않도록 하기 위해서라도 제발 가 주시라고 사정을 했습니다. 사두는 그들이 자기 때문에 곤란해지는 것을 원치 않았기 때문에 같이 가기로 했습니다. 짐이야 꾸릴 게 뭐가 있겠습니까? 삵가리개 하나, 홑이불 하나, 그리고 그 돌 세 개였습니다. 삵가리개는 싸서 홑이불 속에 넣고 돌 세 개도 홑이불 속에 넣어 한데 묶었습니다. '이게 뭐야? 이 스와미는 왕궁으로 가면서 돌을 가지고 가네? 미친 거 아냐?' 병사들은 그렇게 생각했습니다. 아무튼 그는 그 보따리를 들고 가마에 타서 왕에게 갔습니다. 왕은 보따리를 보고 무슨 소지품이 들었나보다 생각했습니다. 그리고 그를 정중하게 궁궐 안으로 모셔서 성찬을 대접하고, 그가 잠잘 수 있도록 견면 담요를 깐 노끈침대를 준비했습니다. 사두는 보따리를 끌러 세 개의 돌을 꺼내어 침대 위에 펴 놓고 그 홑이불을 덮고 평소와 같이 잠을 잤습니다."

"다음날 아침 왕이 찾아와서 그에게 존경스럽게 절을 한 뒤에 물었습니다. '스와미, 여기가 편안하십니까?' 스와미가 말했습니다. '예. 여기서 부족한 게 뭐가 있겠습니까? 저는 늘 행복합니다.' 왕이 말했습니다. '그게 아닙니다, 스와미. 당신께서는 그 돌들 위에서 주무시느라고 숲 속에서 고생을 하셨습니다. 그러나 여기 이 침대와 이 집에서는 편안하셨을 겁니다. 그래서 여쭈어 보는 것입니다.' 스와미가 말했습니다. '거기 있던 침대가 여기에도 있고, 여기 있는 침대가 거기에도 있습니다. 그래서 저는 어디 있으나 똑같은 행복을 누립니다. 잠자는 것에서나 저의 행복에서나 항상 부족한 것이 전혀 없습니다.'"

"왕이 놀라서 침상을 쳐다보니 그 돌 세 개가 침상 위에 있었습니다. 그것을 보고 왕은 즉시 사두 앞에서 오체투지하고 말했습니다. '오, 성인이시여! 당신의 위대함을 몰라보고 제가 당신을 행복하게 해 드린다고 이리로 모셨습니다. 당신께서 늘 행복의 상태에 계신 줄은 모르고, 이렇게 어리석은 짓을 했습니다. 부디 저를 용서해 주시고 저를 축복해 주십시오.' 그는 이렇게 자신의 실수를 만회한 다음 사두가 떠나는 것을 허락했습니다. 이것이 사두의 이야기입니다."

"그러니까 마하트마의 눈에는 그런 자유로운 삶이 진정으로 행복한 삶이로군요?" 그 헌신자가 여쭈었습니다. "달리 무엇이 행복한 삶입니까? 이런 큰 건물 안에 사는 것은 감옥 생활과 같습니다. 단지 저는 A급 죄수인지도 모르지요. 이런 담요 위에 앉아 있으면 가시나무 위에 앉은 것 같습니다. 평안이 어디 있고 편함이 어디 있습니까?" 바가반이 말씀하셨습니다.

다음날 그 담요는 치워졌고 평소에 쓰시던 담요가 침상 위에 깔렸습니다. 그래도 어떤 사람들은 바가반이 그 사두처럼 자유롭게 사실 수 있도록 놓아 드리는 것이 더 낫다고 생각했습니다. 그러나 바가반은 헌신자들의 새장에 갇힌 앵무새처럼 그곳에 홀로 계셔야 했습니다. 헌신자들이 당신을 결코 자유롭게 놓아주지 않으니 말입니다.

1949년 6월 4일

96. 선풍기

어제 오후 바가반이 밖에 나가셨다가 돌아오실 무렵, 세련되고 교양 있는 헌신자들 몇 명이 신회당의 선풍기들을 모두 틀어놓고 편안하게 앉아서 바가반이 돌아오시기를 기다렸습니다. 당신은 오시자마자 침상에 앉으시면서 위를 쳐다보시고 시자들에게 누가 선풍기들을 다 켰느냐고 물으셨습니다. 시자들은 거기 앉아 있던 사람들을 가리키면서 "저분들이 켜 달라고 해서 저희들이 켰습니다" 하고 말했습니다. "그랬군. 정말 대단한 일을 했어! 그들이 그렇게 더웠다면 그들이 앉아 있는 곳의 선풍기들만 켰어도 충분했을 텐데. 왜 다 켜?" 하고 바가반이 물으셨습니다. "저분들이 선풍기를 다 켜면 아주 쾌적할 거라고 해서요." 시자들이 말했습니다. "그래? 이 선풍기들을 다 돌리면 전력이 얼마나 드는데! 얼마나 비싸냐고! 왜 우리 때문에 이런 비용을 물어야 하지? 그만하면 됐군. 멈춰." 하고 바가반이 말씀하셨습니다. "저분들은 최소한 베다 빠라야나가 끝날 때까지는 켜두어도 되지 않겠느냐고 합니다." "오, 그래? 그들은 부자고 그래서 자기들 집에서는 이보다 열 배나 더 돈을 내고도 선풍기 밑에 앉아 있을 수 있겠지. 왜 우리가 그래야 하나? 왜 이런 과시를 해? 부채가 있고 손이 있는데. 다 멈춰." 바가반이 말씀하셨습니다. 그 말씀에 시자들은 그 사람들 위의 선풍기를 제외한 모든 선풍기를 껐습니다.

제가 여기 온 초기에, 그러니까 1941-2년에 어떤 사람이 선풍기를 하나 가져와 바가반께서 쓰시라고 했습니다. "왜 이런 선풍기를 가져옵니까? 부채가 있는데. 우리 손도 있고. 필요할 때는 언제든지 직접 부채를 부치겠습니다. 이런 것들이 저에게 왜 필요합니까?" 하고 바가반이 말씀하셨습니다. "좀 번거롭지 않습니까? 선풍기를 쓰시면 전혀 번거로울 게 없습니다." 그 헌신자가 말했습니다. "뭐가 번거롭지요? 부채만 부쳐도 우리가 원하는 만큼의 충분한 바람이 일어납니다. 선풍기는 너무 많은 바람을 얼으키고 웅웅거리는 소리가 납니다. 게다가 전류도 제법 소모됩니다. 그에 대해서는 전기세가 나오겠지요. 왜 우리 때문에 사무실로 하여금 그 비용을 부담하게 합니까?" 하고 바가반이 말씀하셨습니다. "저희들은 사무실의 허락을 얻어 여기 가져온 것입니다, 스와미." 그 헌신자가 말했습니다. "오, 그래요? 그러면 그 선풍기는 그들이나 쓰라 하십시오. 그들은 일을 하는 사람들이니 그것이 필요하지요. 저에게 왜 필요합니까?" 바가반이 말씀하셨습니다. 그 헌신자는 더 이상 아무 말도 하지 않고 선풍기를 거기 둔 채 나갔습니다.

그것은 탁상용 선풍기였기 때문에, 바가반의 소파 가까이 두었다가 더운 때는 가까이 있는 사람이 그것을 틀곤 했습니다. 그러면 바가반은 즉시 이렇게 말씀하시는 것이었습니다. "바로 그런 것 때문에 그것을 여기 두지 말라고 한 것입니다. 여러분이 선풍기가 필요하면 여러분 가까이 두십시오." 그리고 아무도 그것을 끄지 않으면 당신이 손수 작은 막대기를 이용해 그것을 끄시곤 했습니다. 바가반은 선풍기 하나를 쓰는 것도 동의하지 않으시는데 많은 선풍기를 돌리는 데 찬성하시겠습니까? 뿐만 아니라, 당신은 누가 당신에게 부채질을 해 드리는 것도 용납하지 않으셨습니다. 만일 누가 그렇게 하면 당신은, 그렇게 더우면 당신도 그 헌신자에게 부채질을 해 주는 봉사를 해야 할 거라고 말씀하시겠지요. 지난 5월 라듐 바늘을 바가반의 손에 붙이고 계셔서 벤까따라뜨남을 위시한 시자들이 당신에게 부채질을 해 드리자, 당신은 몇 번이나 그들을 질책하셨습니다.

1949년 6월 5일

97. 무욕

어제와 그제 드린 편지에서, 바가반께서 공단으로 싼 담요, 베개, 선풍기 등을 사용하는 것을 좋아하시지 않는다는 이야기를 했습니다. 아시다시피 1946년 9월에 바가반의 입산 50주년 기념식을 경축했습니다. 그 경축이 있기 약 한 달 전에 바로다의 마하라니가 벨벳 숄 하나를 소포로 보내왔는데, 비단과 금실로 수를 놓은 것이었습니다. 사무실 사람들은 사무실 시자의 한 사람인 라자고빨라 아이어를 통해 그것을 바가반께 보냈습니다. 그는 그것을 바가반께 보여드리고 소파 위에 펴려고 했지만, 바가반이 그러지 못하게 하셨습니다. 그 헌신자가 그것을 바가반의 발 밑에 놓으려고 하자 당신은 발을 거두어들여 가부좌를 하셨습니다. 그러자 그 헌신자는 그것을 바가반이 기대시는 베개 위에 놓았습니다. 그 직후부터 바가반은 베개에 기대시는 것을 그만두고 소파 중앙으로 옮겨가셔서 한 마디 말씀도 없이 연화좌 자세로 앉아 계셨습니다.

그 헌신자는 더 이상 해 봐야 소용없다고 생각하고 그 숄을 접어서 사무실로 되가져갔습니다. 그가 가고 난 뒤에 바가반은 평소처럼 앉으시고는 이렇게 말씀하셨습니다. "그런 것은 셔츠, 코트, 터번 등을 착용하여 멋있게 보이는 사람들이 쓰는 것인데, 제가 그런 것이 왜 필요합니까? 그런 것 위에 앉으면 가시방석 위에 앉는 것 같습니다. 옛말대로 하면, 저는 맨몸에 맨머리입니다. 그런 것이 저한테 무슨 소용 있습니까? 이 타월이 바로 저의 비단 숄이고 저의 레이스 달린 윗도리입니다."

"그런 것들이 쓰이는 곳이 있습니다. 그래서 아마 그것을 보낸 모양입니다." 한 헌신자가 말했습니다. "그럴지도 모르지요. 하지만 제가 무슨 지위가 있어 그런 것을 씁니까? 저는 가난뱅이입니다. 제 지위에는 제가 지금 가지고 있는 것만도 과분합니다. 이 소파, 이 담요, 이 베개들—이런 게 모두 왜 필요합니까? 여러분들은 동의하지 않지만, 이 타월을 바닥에 깔고 그 위에 앉으면 제가 얼마나 기분이 좋은지 모릅니다." 바가반이 말씀하셨습니다. "그 타월조차도 지금 것보다 더 커서는 안 된다는 말씀이시군요!" 무달라이아르가 말했습니다. "왜 더 큰 것을 씁니까? 너비 반 야드(45cm)에 길이 4분의 3야드(60cm)입니다. 이 정도면 목욕하고 나서 몸을 닦고, 햇볕에 걸을 때 머리를 덮고, 추우면 목에 두르고, 또 바닥에 깔고 앉는 데 충분합니다. 더 큰 것을 가지고 무엇을 더 할 수 있겠습니까?" 바가반이 말씀하셨습니다.

어떤 부자들이 은제 컵과 쟁반들을 가져와서 바가반께서 쓰시라고 했습니다. 바가반은 거기에 손도 대시지 않고, 만약 그것이 사무실을 거쳐 온 것이면 사무실로 돌려보내고 사람들이 직접 가져온 것이면 그들에게 돌려주셨습니다. 가나빠띠 아이어 박사의 부인인 자나끼 암말(Janaki Ammal)은 바가반이 그런 물품들을 받지 않으신다는 것을 알고 한 헌신자를 통해 바가반께서 쓰시라고 은제 부속이 있는 목제 샌들을 보내왔습니다. 바가반은 그것을 만져보시다가 은제 부속을 보고 말씀하셨습니다. "부자들이군. 은제 부속이 있는 샌들은 그들에게나 맞지 우리한테는 안 맞아요. 그러니 그 사람들에게 돌려보내세요. 그리고 '스와미가 손을 댔으니 그걸로 족하다'고 말하십시오. 우리는 신이 주신 두 발이 있습니다. 이런 장식품이 왜 필요합니까? 그들의 물건이니 그들에게 돌려주십시오." 그렇게 말씀하시고 당신은 그것을 돌려보내셨습니다.

은제 부속이 있는 샌들을 신는 문제는 말할 것도 없고, 당신은 보통의 목제 샌들도 신지 않으십니다. 한여름에 발바닥이 뜨거운 열기에 델 때도 당신은 발을 보호하는 어떤 것도 신지 않고 맨발로 걸어 다니십니다. 얼마 전에는 사무실에서 우사 쪽으로 가는 길에 시멘트를 발랐는데 바가반이 뙤약볕에 그 위를 걸어가고 계셨습니다. 당신이 그 고통을 받는 것을 차마 볼 수 없었던 헌신자들이 길에 물을 부었지만, 바가반은 그들을 말리면서 말씀하셨습니다. "왜 나를 위해서 땅바닥에 그렇게 많은 물을 부어 낭비하시오? 여행자들에게 마실 물을 제공하는 움막을 열면 그 물이 얼마나 더 유용하게 쓰이겠소! 왜 나를 위해 두세 명씩이나 나서서 시간과 물을 낭비하는 거요? 제발 그러지 마시오." 그래서 물을 붓는 것은 중단되고 그 대신 그 길에는 차일을 쳤습니다. 바가반은 사람들이 (회당) 꾸스-꾸스 발을 걸고 물을 뿌릴 때도 같은 말씀을 하시곤 했습니다.

이와 같은 위대한 포기자(*Thyagi*)이자 마하뿌루샤(*Mahapurusha*)인 분에게 은제 샌들이니, 공단천 담요니, 비단 베개니 기타 장식품들에 대한 무슨 욕망이 있겠습니까? 자유를 빼앗는 이런 사치품들을 왜 쓰시겠습니까? 무욕(*Vairagya*)이 당신의 장식품이며, 시바의 광휘(*Sivavibhuti*)가 당신의 영광입니다.

1949년 6월 26일
98. 성지순례와 오른돌이의 중요성

바가반은 얼마 전 한 동안 건강이 좋지 않으셨습니다. 그 때문에 저는 마음이 심란하여 어찌해야 할 바를 몰라, 평소처럼 화요일뿐만 아니라 금요일에도 산을 돌면서 아루나찰레스와라께 바가반의 건강을 위해 기도하기로 했습니다. 그런 결심을 한 저는 목요일에 바가반께 가서 다음날 아침에 산을 돌러 가겠다고 말씀드렸습니다. "내일? 내일이 화요일인가?" 바가반이 물으셨습니다. "아뇨. 금요일입니다." 제가 말했습니다. 당신은 저의 목적을 다 알고 계셨던 것처럼 "그래, 그래" 하셨습니다.

최근에 여기 와서 한 동안 머무르고 있던 헌신자 한 사람이 바가반께 질문했습니다. "여기 있는 어떤 사람들은 산을 자주 돕니다. 그렇게 하는 것은 어떤 공덕이 있습니까?" 바가반은 그에게 다음과 같은 이야기를 해 주셨습니다.

"이 산 오른돌이(Giri Pradakshina)의 공덕은 『아루나찰라 뿌라남』에 자세히 나와 있습니다. 주 난디께샤(Lord Nandikesa-난디)가 사다시바에게 그 비슷한 질문을 하자 사다시바가 다음과 같이 이야기했습니다. '이 산을 도는 것은 좋다. '쁘라다끄쉬나'(Pradakshina)라는 말은 상징적인 의미가 있다. '쁘라'(Pra)는 온갖 죄의 소멸을 나타내고, '다'(da)는 욕망의 성취를 나타낸다. '끄쉬'(kshi)는 미래의 환생에서 벗어남을 나타내고, '나'(na)는 지(知)를 통해 해탈을 주는 것을 나타낸다. 오른돌이를 하면서 한 걸음 내딛으면 이 세상의 행복을 얻을 것이요, 두 걸음 내딛으면 천상에서의 행복을 얻을 것이며, 세 걸음 내딛으면 사띠야로까(Satyaloka-브라마와 비슈누의 세계)의 지복을 얻을 것이다'라고 말입니다. 산을 돌 때는 묵언을 하거나, 명상, 염송 혹은 찬가를 부르면서 내내 신을 생각해야 합니다. 그리고 임신 9개월 된 여자가 걷듯이 천천히 걸어야 합니다. 이곳에서 따빠스를 하고 있던 암바(빠르바띠)가 어느 끄리띠까 날 밤의 초저녁에 산을 돌기 시작한 모양입니다. 그런데 (산꼭대기의) 성화를 친견한 직후에 주 시바 안에 최종적으로 합일되었습니다. 성화 축제가 끝난 지 사흘째 되는 날에는 시바가 몸소 당신의 추종자들을 거느리고 산을 돌기 시작했다고 합니다. 사실, 이 오른돌이를 함으로써 우리가 얻는 기쁨과 행복은 이루 묘사하기 어렵습니다. 몸은 지치고 감각 기관들은 기력을 잃어 몸의 모든 활동은 내면으로 흡수됩니다. 그리하여 자기 자신을 잊어버리는 것이 불가능해져 명상의 상태에 들어갑니다. 계속 걸으면 몸이 자동적으로 정좌(正坐) 상태에 있을 때처럼 조화롭게 됩니다. 따라서 몸도 건강해집니다. 뿐만 아니라 이 산에는 여러 가지 약초들이 있습니다. 그 약초들을 지나 불어오는 바람은 폐에 좋습니다. 차량들이 왕래하지도 않기 때문에 차나 버스들을 위해 길을 비켜줄 일도 없습니다. 자기가 원하는 대로 마음 놓고 걸을 수 있습니다."

"우리가 오른돌이를 떠나던 그 시절에는 오른돌이 하는 것이 아주 신났습니다. 가고 싶을 때는 언제든지, 특히 무슨 축제가 있는 날에는 떠났는데, 시간이 늦었거나 우리가 피곤할 때는 멈춰서 음식을 해 먹기도 했습니다. 어느 특정한 지점에서 멈춰야 한다는 규정이 없기 때문에 우리는 아무 걱정이 없었습니다. 철도 여행이 시작되기 전에는 성지순례를 모두 걸어 다니며 했습니다. 특정 시간에 특정 장소에 도착한다거나, 특정 장소에 특정 기간 동안 머무르겠다는 그런 생각을 하고 출발하는 일은 없었습니다. 까시(Kasi)[베나레스]에 가는 사람들과 까띠(Kati)[화장장]에 가는 사람들은 똑같다는 속담이 있습니다. 돌아올 가망이 없는 사람들만이 까시를 향해 떠나곤 했습니다. 그들은 자기 소유물을 다 싸 짊어지고 명상에 잠긴 채 걸어갔는데, 어디서든 피로를 느끼면 멈추었다가 때가 되면 다시 떠났습니다. 마을 외곽에는 휴식소(Dharmasalas)가 있었기 때문에 순례자들이 마을 안으로 들어갈 필요가 없었습니다. 휴식소가 없는 곳에는 사원, 산굴, 나무 그리고 바위 무더기들이 있어서 그들의 안식처로 사용되었습니다. 그 순례자들은 신에 대한 생각 외에는 다른 아무 생각 없이 걸음으로써 자신의 진아 안에 몰입해 갔습니다. 산 오른돌이도 똑같은 것입니다. 몸이 가벼워져 제 스스로 걷습니다. 우리가 걷는다는 느낌이 없어집니다. 앉아 있을 때는 잘 되지 않던 명상도 오른돌이를 할 때는 자동적으로 됩니다. 이 장소와 분위기가 그와 같습니다. 아무리 걷기 힘든 사람이라 할지라도 산을 한 바퀴 돌고 나면 자꾸 다시 돌고 싶어질 것입니다. 돌면 돌수록 돌고 싶은 열의가 더 생겨납니다. 그 열의는 결코 줄어들지 않습니다. 사람이 한 번 오른돌이의 행복감에 익숙해지면 결코 그만둘 수가 없습니다. 나감마를 보십시오! 그녀는 매주 화요일에 한 번씩만 돕니다. 이제는 금요일에도 돌러 가는군요. 어두운 밤에도 아무 두려움 없이 혼자서 돕니다."

"깐나빠라는 이름의 사두는 매일 도는 모양입니다." 그 헌신자가 말했습니다. "예, 예. 그는 아주 연세가 많은 분인데, 앞을 못 봅니다. 그래서 매일 차량 통행이 적은 저녁 8시에 출발합니다. 그에게는 걸으면서 부는 소라고동이 있습니다. 그 소리를 들으면 모든 사람들이 길을 비켜줍니다. 앞을 못 보는 사람들이 쓸 수 있는 몇 가지 도구가 있지요." 바가반이 말씀하셨습니다.

"바가반께서 헌신자들과 함께 밤중에 산을 도실 때는 싯다들의 무리를 더러 보시기도 했다는 것이 사실입니까?" 다른 사람이 질문했습니다. "예. 그런 이야기는 전기에 다 쓰여져 있습니다." 그렇게 말씀하시고 바가반은 다시 침묵하셨습니다.

1949년 7월 2일

99. 경전

바가반이 신 회당으로 들어오신 뒤에 도감이 구 회당에 도서실을 유지하기로 결정하여 큰 책장 몇 개가 만들어졌습니다. 또한 이 도서실은 고빈다라줄라 숩바 라오가 맡아서 관리하고 벤까따라뜨남은 바가반의 시봉에만 전념하도록 했습니다. 벤까따라뜨남은 모든 일을 숩바 라오에게 넘겨주고 바가반과 함께 신 회당에 앉았습니다.

엊그제 오후 3시에 바가반은 우사에서 돌아오시다가 제작 중이던 그 책장들과 구 회당 안에 흩어져 있는 책들을 보시고 신 회당으로 들어오셨습니다. 그리고 침상에 앉으시면서 뻰까따라뜨남을 바라보고 말씀하셨습니다. "아니, 도서 시자, 일체의 소임을 넘겨주고 이리로 온 건가?" 뻰까따라뜨남은 그렇다고 대답했습니다. 바가반은 뻰까따라뜨남이 조금이나마 품고 있을지 모르는 서운함을 없애주시려고 다음과 같이 말씀하셨습니다. "고인들이 말하기를 책 지식이 너무 많은 것은 마음이 헤매는 원인이라고 했지. 그것은 자네를 (해탈이라는) 목표로 데려다 주지 않아. 경전들을 읽고 빤디뜨가 되면 그 사람에게 명예가 될지는 모르지만, 진리와 해탈 추구자들에게 필요한 마음의 평안은 파괴되지. 해탈열망자(Mumukshu)는 경전들의 핵심을 이해해야 하지만 경전 읽는 것은 포기해야 하네. 왜냐하면 명상에 해롭거든. 그것은 알곡을 취하고 겨를 버리는 것과 같아. 큰 책장을 많이 만들어 많은 책을 두겠지만 그 중에서 얼마만큼이나 읽어낼 수 있겠나? 너무나 많은 책이 있고 너무나 많은 종교가 있어, 한 종교에 관련되는 책들만 다 읽으려고 해도 한 생으로는 모자라. 그러면 수행할 시간이 어디 있어? 많이 읽으면 읽을수록 더 읽고 싶어지지. 그렇게 되면 결국 책을 가진 사람들과 계속 토론을 하게 되고 그렇게 시간을 보내게 되지만, 그것이 해탈을 가져다주지는 않지. 내가 처음 여기 와서 2년 동안 눈을 감고 조용히 평화롭게 있기만 했지, 내가 무슨 책을 보았으며 무슨 베단타 법문을 들었나?"

조금 전에 회당에 들어와 있던 어떤 사람이 말했습니다. "스와미, 저에게도 제 마음을 위해 그런 평안을 베풀어 주셔야 합니다." 바가반은 미소를 지으며 말씀하셨습니다. "오호! 그래요? 먼저 마음이 무엇을 뜻하는지 알아내십시오. 그렇게 탐구하면 마음 자체가 사라질 것입니다. 그러면 남는 것은 평안 그 자체입니다. 그럴 때 그대는 '항상 존재하는 것'이 바로 평안이라고 하는 것임을 알게 될 것입니다. 베다들도 '샨띠'(Shanti)[평안]로 시작해서 '샨띠'로 끝납니다. 여기서는 매일 베다를 찬송하는데, 찬송할 때마다 '샨띠 히, 샨띠 히, 샨띠 히'(Shanti hi, Shanti hi, Shanti hi')[74]라는 말을 반복할 것입니다. 그러나 누구도 그 말의 의미를 알아내려는 사람은 없습니다. 만약 그 의미를 이해하면, 샨띠란 말로 시작하여 샨띠란 말로 끝나는 것은 그 중간에도 샨띠를 가지고 있을 수밖에 없다는 것을 깨달을 텐데 말입니다. 그 전부가 샨띠로 가득 차 있게 됩니다. 그래서 베다 찬송은 마음이 평화롭고 고요할 때 시작해야 하는 것입니다."

---

74) [역주] 'Shanti hi'는 '실로 평안이로다' 또는 '부디 평안을!'이란 의미로 해석된다.

벤까따라뜨남이 말했습니다. "샹까라짜리야도「진아각지송」에서 지知를 아뜨마라마(Atmarama)로, 평안을 시따(Sita)로 묘사하면서 같은 이야기를 하고 있습니다.

미혹의 바다를 건너 애증의 악마를 죽여 버리고,
요기는 평안과 합일되어 자기 자신의 진아 안에서 즐거워한다.

—「진아각지송」(*Atmabodha*), 제50송

"이것이 그 시구입니다. 그렇지 않습니까?" "그렇지요." 바가반이 말씀하셨습니다. "최근에 바가반을 친견하러 왔던 한 신사가 저에게 편지를 보냈습니다. 그는 돌아간 뒤로 명상을 하면서 앉아 있으면 어떤 빛을 보고 어떤 소리를 듣는 모양입니다. 그는 저에게, 그 이야기를 바가반께 해 드리고 당신께서 혹시 무슨 답변을 주시면 자기에게 편지로 알려달라고 했습니다." 벤까따라뜨남이 말했습니다.

"무슨 빛을 보고 무슨 소리를 듣든, 그것을 보고 듣는 자가 있을 수밖에 없지요. 그 사람이 누구인지를 발견하라고 하십시오. 그런 바깥의 것들에 대해서는 그가 걱정할 필요가 없습니다. 보는 그 사람이 누구인지를 탐구하면 그런 바깥의 것들에 대한 생각은 완전히 사라질 것입니다. 그런 것들이 나타나든 사라지든 전혀 신경 쓰거나 걱정하지 않게 될 것입니다. 그런 것들은 진아 없이는 존재하지 않습니다. 누구도 자신의 자아에 대해서는 전혀 의심하지 않습니다. 사람들은 자기와 같이 그렇게 확실한 것은 내버려둔 채, 다른 의심들을 품고 그 의심을 해소하기 위해 온갖 고생을 합니다. 그런 의심을 가지고 있는 그 사람을 의심하라고 하십시오." 바가반이 말씀하셨습니다.

"'나는 누구인가?' 하는 탐구를 통해 모든 체험이 사라지면 구도자가 경전을 볼 무슨 필요가 있습니까?" 벤까따라뜨남이 여쭈었습니다. "사람이 경전을 읽으면 빤디뜨들과 토론할 수 있고 그래서 만족감을 느끼겠지만, 그런 것은 수행에 아무 소용없습니다. 어떤 생각이 일어날 때마다 그 생각을 누가 가지고 있는지 탐구하십시오. 그에 대한 답은 침묵입니다. 자기 자신의 존재 외에는 아무것도 없을 때, 그대가 보거나 듣는 모든 것은 곧 브라만입니다. 그것이 아뜨마이고 그것이 '진아'입니다." 바가반이 말씀하셨습니다.

1949년 7월 10일

100. 비이원적인 견見

최근에 한 안드라 신사가 여기 와서 『바가바땀』에 나오는 가젠드라의 해탈 이야기를 논하고 뽀따나(Pothana)가 텔루구어로 쓴 『바가바땀』에서 시 몇 수를 낭독했습니다. 그런 다음 그는 가젠드라가 가졌던 '사끄샤뜨까람'(Sakshatkaram)[신의 친견]에 대한 바가바의 의견을 물었습니다. 바가반은 미소를 지으며 말씀하셨습니다. "보세요, 가젠드라는 죽음에서 자신을 구해달라고 기도했습니다. 그대가 낭독한 그 시에 신에 대한 묘사가 있는데, 신은 탄생, 죄, 형상, 행위, 파괴 등의 속성이나 기타 어떤 성질도 가지고 있지 않다고 했습니다. 또 신은 도처에 편재한다고 했습니다. 그 말은, 가젠드라가 모든 충만함을 갖춘 빠라마뜨마(Paramatma)에게 기도했다는 뜻입니다. 그가 빠라마뜨마 외에는 그 누구도 보지 않는 상태에 도달했다는 것은, 그가 도처에서 오로지 빠라마뜨마만을 본다는 의미입니다. 만약 그렇다면, 고통을 야기하는 것을 누구이며 고통을 받는 것은 누구입니까? 논의의 대상(빠라마뜨마)이 이렇게 충만되어 있을 때, 신이 (가젠드라를 구하러 가기 위해) 바이꾼타에 있는 한 정원의 요새에서 나왔다는 말은 무슨 뜻입니까? 그것이 하나의 관념 아니고 무엇입니까? 그것을 사끄샤뜨까람이라 해도 좋고 뭐라 해도 좋습니다."

"만약 그렇다면, 모든 사끄샤뜨까라는 관념에 불과합니까?" 그 헌신자가 여쭈었습니다. "이원론의 견지에서는 그것이 사끄샤뜨까람이지만, 비이원론의 견지에서는 관념에 지나지 않습니다." 바가반이 말씀하셨습니다.

얼마 전에 성지순례 중인 몇 사람의 안드라인이 여기 와서 며칠 머물렀습니다. 그들 중 한 여성이 이따금 회당에서 바드라드리 라마다스(Bhadradri Ramadas)[75]의 노래들을 불렀습니다. 하루는 그녀가 '익슈바꾸 꿀라띨라까'(Ikshvaku Kulatilaka)라는 말로 시작되는 노래를 불렀습니다. 그 노래에서는 라마다스가 이런 저런 장신구를 만들었는데 얼마 얼마의 비용이 들었다고 했습니다. 그 다음 또 한 곡을 불렀는데, 거기서는 라마다스가 몇 가지 장신구를 만들자 스리 라마짠드라(Sri Ramachandra-스리 라마)가 그것을 걸치고 자랑스럽게 돌아다녔다고 했습니다. 바가반은 이 노래를 들으신 뒤에 우리를 바라보면서 말씀하셨습니다. "스리 라마짠드라가 그 장신구들을 달라고 했습니까? 그것은 다 그 헌신자 자신의 욕망입니다. 그런데 왜 라마짠드라를 비난합니까?"

"누구를 비난하고 싶으면 오직 신을 비난해야 한다고 합니다." 한 헌신자가 말했습니다.

"맞습니다. 아빠르(Appar)도 그런 식으로 신을 비난하면서 기도했습니다. 그러나 그는 미묘한 방식으로 비난했지요. 그건 그렇고, '나는 이런 저런 장신구를 만들었

---

75) [역주] 안드라 지방의 헌신가(1620-1688). 주로 텔루구어로 스리 라마에 헌신하는 많은 노래를 지었다.

다'고 했습니다. 그 장신구를 만드는 것은 누구입니까? 그 말은, 그가 신과 별개의 어떤 사람이라는 것을 뜻합니다." 바가반이 말씀하셨습니다.

"신과 헌신자가 있는 한, 그런 느낌이 있는 것이 당연합니다." 그 헌신자가 말했습니다.

"예, 그것은 우리가 이원적인 견見(Dvaita Drishti)[이원성의 느낌]을 가지고 있는 한에서입니다. 그러나 비이원적 견見(Advaita Drishti)[하나라는 느낌] 안에서는 이런 것이 하나도 없게 됩니다. 당신이 바로 나고 내가 바로 당신입니다. 그런 느낌이 올 때 행위자는 누구입니까? 행위의 대상인 것은 무엇입니까?" 바가반이 물으셨습니다.

"그것이 빠라박띠(Parabhakti-지고의 헌신)라는 것 아닙니까?" 그 헌신자가 여쭈었습니다.

"예, 예." 바가반은 고개를 끄덕이면서 말씀하시고 침묵을 지키셨습니다.

1949년 7월 26일

101. 지知의 제사

엊그제 오전에 구람 숩바라마이아(Gurram Subbaramaiah)가 여기 왔습니다. 그는 오기만 하면 여기 있는 동안 내내 바가반께 이야기를 합니다. 오늘 오전에도 여느 때와 같이 바가반께 이야기를 하다가 이렇게 말했습니다. "제가 여기 오다가 마드라스에 내려 나감마의 오빠 D.S. 샤스뜨리의 집에 갔더니, 『기타』에 대한 강독회를 하고 있었습니다."

바가반이 말씀하셨습니다. "예. 그 강독회를 하기 전에 모두 여기 왔다 갔습니다. 지금은 몇 장을 읽고 있던가요?"

숩바라마이아가 대답했습니다. "지知 요가(Jnana Yoga)에 관한 제4장을 읽고 있었습니다. 제가 거기 앉았을 때는, '사람이 지知를 성취한 뒤에 하는 행위는 모두 브라만의 행위다. 일체가 제사이다'라는 부분을 하고 있었습니다. 그 점을 보여주기 위해 『기타』 제4장 25절부터 30절까지의 시구들을 낭독했는데, 요기들이 하는 다양한 희생제가 어떻게 브라만 속으로 합일되는지를 이야기하고 있었습니다. 일체가 그 희생제의 불길에 태워져 궁극적으로 브라만에 합일되는 것을 나타내는 데 '주흐바띠'란 단어가 사용되고 있었습니다. 주석하던 이는, '슈로뜨라딘 인드리야니야니예 사미야마아그니슈 주흐바띠'(srotradin indriyanyanye samyamagnisu juhvati-『기타』, 4:26)라는 말이 '그들은 감각 기관을 제어하고 있다'는 의미라고 했습니다. 저는 그 말을 잘 이해하지 못했습니다. 부디 바가반께서 그것을 분명하게 설명해 주시기 바랍니다."

이때까지 뒤로 기대고 계시던 바가반은 일어나 앉으시며 말씀하셨습니다.

어떤 이들은 청각 등의 감각 기관을 절제(節制)의 불에 바치고
어떤 이들은 소리 등의 지각 대상을 감각 기관의 불에 바친다.
— 『기타』, 4:26

"이런 희생제를 지내는 방법을 먼저 위와 같이 설명한 다음, 이렇게 말합니다."

어떤 이들은 모든 감각 기관의 작용과 생기의 작용을
지혜에 의해 타오르는 자기 절제의 요가 불에 바친다.
— 『기타』, 4:27

"그 말은, 감각 기관과 생기의 작용들이 절제(Samyamana)의 불길에 희생된다는 뜻입니다. 이렇게 말한 다음, 더 나아가 생기들은 쁘라나(Prana)가 아빠나(Apana)에 희생되고, 아빠나는 비야나(Vyana)에76) 희생되는 식으로 하나씩 서로에게 희생된다고 말합니다. 생기와 감각 기관들뿐만 아니라 유아기는 소년기에, 소년기는 청년기에, 청년기는 중년에, 중년은 노년에 희생됩니다. 생기의 들숨과 날숨도 마찬가지입니다. 이리하여 하나가 다른 하나에 희생되니, 이것은 하나의 연속적인 과정인 것입니다. 이것은 우리가 의식하지 못하는 사이에 일어납니다. 의식적으로 이루어지는 일은 지(知)의 제사(Jnana Yagna)77)라고 합니다." 바가반이 말씀하셨습니다.

다른 헌신자가 대화에 가담하여 이렇게 질문했습니다. "그 지(知)의 제사를 지내려면 삶의 불순물들을(원습)을 소멸해야 한다고 합니다. 그것을 어떻게 소멸합니까?"

바가반이 답변하셨습니다. "그것을 알고 싶습니까?"

자기 몸을 아랫나무로 하고 '옴'자를 윗나무로 하여,
지(知)의 불을 붙이는 노력으로 학자는 속박을 불태운다.
— 『까이왈리야 우파니샤드』, 11

"이 말은, 자기를 아래쪽 아라니(Arani)78)로 하고 쁘라나밤(Pranavam)['옴']을 위쪽 아라니로 하여 서로 부단히 비벼서 그 마찰로 인해 그 둘 사이에서 지(知)의 불길이 일어나면, 브라만 지자(知者)(Brahma Jnani)는 무지라고 하는 속박을 태워버린다는 뜻입니다. 이것을 이해하고 실천하면 삶의 불순물들이 소멸됩니다." 바가반이 말씀하셨습니다.

---

76) [역주] 쁘라나, 아빠나, 비야나는 사마나(Samana), 우다나(Udana)와 함께 다섯 가지 주요 생기이다.
77) [역주] '재물의 제사보다 지(知)의 제사가 더 우월하다. 왜냐하면 모든 행위는 어김없이 지(知) 안에서 완성되므로.' —『바가바드 기타』, 4.33.
78) 아라니는 마찰로써 신성한 불을 얻는 데 쓰는 사미나무(Sami tree)의 가지를 뜻한다.

그 헌신자가 말했습니다. "그러나 바가반께서는 늘 저희들에게 '나는 누구인가?'의 자기탐구가 가장 중요하다고 말씀하시지 않습니까?"

바가반이 답변하셨습니다. "그것은 똑같은 것입니다. 탐구를 하기 위해서는 누군가가 있어야 합니다. 그 사람이 있고 그 자기가 있습니다. 그것을 낮은 아라니와 높은 아라니라고 하는 것입니다. 그리고 탐구 자체가 마찰입니다. 이 마찰을 계속하면 명지明知(Vijnana)라고 하는 불이 일어나서, 자기가 대상과 다르다고 하는 무지가 불태워집니다. 그것은 삶의 불순물들이 소멸된다는 것을 뜻합니다. 그러고 나면 자기가 진정한 '자기'로서 남습니다. 그것이 '해탈'입니다. 지知의 제사니 뭐니 하는 것이 바로 이것입니다." 이렇게 말씀하시고 바가반은 침묵하셨습니다.

1949년 8월 2일

102. 조식調息

한 헌신자가 저에게 말하기를, 자기는 오라버니께서 이틀 전에 여기 오셔서 바가반께 여쭌 질문들과 바가반이 하신 답변들을 제대로 듣지 못했다고 했습니다. 그러면서 저에게, 그 대화 전체를 글로 써서 자기에게 보여 달라고 했습니다. 그래서 제가 그것을 기록했습니다. 그것이 맞게 되었는지 살펴보시라고 이제 그것을 다른 편지들과 함께 보내 드립니다.

지난 달 28일 오후 4시에 오라버니께서 바가반 가까이 앉아 계실 때 다음과 같은 토론을 하셨습니다.

오라버니: 가야뜨리(Gayatri)에서는 '드히요 요나하 쁘라쪼다야뜨'(Dhiyo yonah prachodayath)라고 하는데, 그 의미는 무엇입니까?

바가반: 드히(Dhi)는 '붓디[지성]'를 뜻하고, '야하'(yah)는 '그것, 광채', '나하'(nah)는 '우리의', '드히야하'(Dhiyah)는 '지성'(지성의 광채), '쁘라쪼다야뜨'(prachodayath)는 '가르치다'는 뜻입니다.79) 그런 의미 아닙니까? 감각 기관들이 모든 행위를 하게 되는 것은 지성에 의해서입니다.

오라버니: 수행을 하기 위해서는 조식調息(Pranayama)이 필요합니까?

바가반: 예, 예. 우리가 무슨 일을 시작하기 전에도 먼저 호흡을 가다듬지 않습니까? 어떤 이는 '아짜미야, 쁘라나야미야'(Achamya, Pranayamya)라고 하는데, 그것은

---

79) [역주] 리그베다의 유명한 진언인 가야뜨리의 전문은 8음절씩의 3구로 된 'Tat savitur varenyam, bhargo devasya dhimahi, dhiyo yo nah pracodayat'(우리는 저 빛나는 태양의, 존엄한 광휘를 명상하나니, 그가 우리 지성을 밝혀주기를!)이다. yah는 뒤에 오는 말에 따라 yo로 변화한다.

우리가 먼저 아짜마나(Achamana)80)를 한 다음, 쁘라나(Pranas)[생기]를 끌어모아 산깔빠(Sankalpa)[숭배의식]로 나아가 연월일, 장소를 고하는 등의 행위를 한다는 뜻입니다. 먼저 조식을 하고 나서 가야뜨리 염송을 해야 합니다. 모든 염송이 다 마찬가지입니다. 먼저 조식을 해야 합니다. 그러나 거기서 멈추면 안 됩니다. 생기를 제어한 다음 오랫동안 계속 염송을 하면 염송이 참으로 무엇인지를 깨닫게 됩니다.

오라버니: 어떤 사람들은 조식을 수련해도 별 소용이 없다고 합니다.

바가반: 그렇지요. 미성숙한 마음들에게는 명상이나 염송을 하려면 조식을 하라고 이야기하지만, 성숙한 마음들에게는 명상이 주된 것입니다. 숨을 들이쉰 다음 멈추어 마음을 제어하려고 하게 되면 숨이 막히고, 그 때문에 마음이 흐트러집니다.

오라버니: 그 말씀은, 그것이 '그물에 걸린 새'(Jaala Pakshivath)같이 될 거라는 뜻이군요.

바가반: 예, 그렇습니다. 그러나 미성숙한 사람은 호흡 제어를 수련하지 않으면 마음을 제어할 수 없습니다. 그래서 마음이 제어될 때까지는 그것을 수련해야 한다는 것입니다. 그러나 마음이 제어된 뒤에도 그것을 멈추면 안 됩니다. 성숙한 사람들에게는 호흡 제어가 저절로 일어납니다. 왜냐하면 주로 존재하는 것이 호흡 행위이기 때문입니다. 그것은 저절로 진행됩니다. 염송을 하든 명상을 하든, 마음이 집중되어 있습니다. 그럴 때 호흡은 자동적으로 제어됩니다. 모든 수행법들은 마음을 집중하기 위한 것입니다.

오라버니: 저는 명상을 하면 온 몸이 뜨거워지는 것 같습니다. 왜 그렇습니까? 그리고 그것은 좋은 것입니까?

바가반: 예. 그렇게 되지 않겠습니까? 마음이 집중되면 호흡이 자기도 모르게 멈추어집니다. 그럴 때는 몸이 뜨거워지는 느낌이 있습니다. 그게 어떻다는 겁니까? 때가 되면 거기에 익숙해집니다.

이때 그 자리에 있던 올케가 그 대화를 이어받아 질문했습니다. "염송과 명상은 같은 것입니까?"

바가반: 예. 오랫동안 염송을 계속하면 염송이 참으로 무엇인지 알게 됩니다. 그것을 명상이라고 합니다. 상㘊(Vritti)[마음의 움직임 혹은 작용]을 들을 수 있게(sabdha) 되면 그것을 염송이라고 합니다. 상㘊만 있으면 그것을 명상이라 하고, 사물을 아는 것을 지知(Jnana)라고 합니다.

---

80) 아짜마나는 종교적 의식을 거행하기 전에 손바닥으로 물을 세 모금 마시는 것을 뜻한다.

1949년 9월 20일

103. 지복과 아름다움

뻿다빠바니(Peddapavani)의 자민다르(Zamindar-징세관)의 부인은 아쉬라맘에 자주 오는 방문객인데, 지난달에 자식들을 데리고 와서 한 달간 머물렀다가 엊그제 떠났습니다. 어느 날 저녁, 베다 빠라야나가 끝난 뒤 그녀가 바가반께 다가가서 말했습니다. "얼마 전에 바가반께서는 제 꿈 속에서 저에게 친견을 베푸시고 저에게 가르침을 주셨습니다. 그 뒤에 저의 진아를 깨달았지만 그것이 안정되어 있지 않습니다. 어떻게 해야 합니까?"

바가반: (재미있다는 듯이) 그것이 안정되어 있지 않고 어디로 가 버렸습니까? 안정되지 않은 것은 누구입니까?

자민다리니: 그것[깨달음]이 안정되어 있지 않습니다.

바가반: 그것이 안정되어 있지 않고 어디로 가 버렸습니까?

자민다리니: 몸이 아픈데다가 집안 문제 때문에, 제가 한 그 체험이 안정되게 머물러 있지 않았습니다.

바가반: 알겠습니다. 그렇다 그 말이지요. 오는 것들은 오고, 가는 것들은 갑니다. 우리는 있는 그대로 남아 있습니다.

자민다리니: 제가 있는 그대로 남아 있을 수 있도록 저에게 힘을 주셔야 합니다.

바가반: 그대는 진아를 깨달았지 않습니까? 그렇다면 다른 모든 것은 저절로 사라지겠지요.

자민다리니: 그러나 그런 것들이 사라지지 않았습니다.

바가반: (미소를 지으며) 알겠습니다. 사라지겠지요. 원습들이 오랫동안 내면에 둥지를 틀어 왔습니다. 그 원습들이 있다는 것을 깨달으면 그것들은 점차 사라질 것입니다.

자민다리니: 바가반께서는 그것들이 사라질 수 있도록 저에게 힘을 주셔야 합니다.

바가반: 두고 봅시다.

다음날 거의 같은 시간에 그녀는 바가반의 친존에 겸손하게 서서 말했습니다. "바가반, 기혼녀는 스승의 친존에 장시간 머무를 수 없습니다. 그렇지 않습니까?"

바가반: 스승은 그대가 있는 곳에 있습니다.

자민다리니: (여전히 확신하지 못한 채) 전 세계를 브라만으로 보아야 합니까, 아니면 자신의 진아가 가장 중요하다고 보아야 합니까?

바가반: 우리는 존재합니다. 그리고 세계가 브라만 자체입니다. 그렇다면 브라만으로 보아야 할 것이 무엇입니까?

그녀는 놀라서 가만히 서 있었습니다. 그러자 바가반은 그녀를 자애롭게 바라보시면서 더 나아가 이렇게 설명하셨습니다. "그대가 알다시피 우리는 분명히 존재합니다. 세계도 브라만으로서 존재합니다. 그렇다면, 우리가 브라만으로 볼 수 있는 것이 뭐가 있습니까? 우리의 소견所見을 일체에 두루한 브라만으로 만들어야 합니다. 고인들이 말하기를, '견見을 지知의 견見으로 하면 세계가 브라만으로 보인다'고 했습니다. 세계는 우리가 보는 대로입니다. 우리가 그것을 물질로 보면 그것은 물질입니다. 그것을 브라만으로 보면 그것은 브라만입니다. 그래서 우리의 소견을 바꾸어야 하는 것입니다. 화막 없이 영화의 화면을 볼 수 있습니까? 우리가 있는 그대로 머물러 있으면 일체가 그러한 태도에 스스로를 맞춰 옵니다."

이 말씀에 환희심을 느끼고 아주 만족한 그녀는 밖으로 나가 바가반의 침상 맞은편 베란다의 계단에 앉았습니다. 바가반의 특유의 자세로 침상 위에 앉아 계셨는데, 평소처럼 침묵하면서 얼굴에는 미소를 띠고 계셨습니다. 바가반의 빛나는 얼굴을 바라보던 그녀가 자기도 모르게 말했습니다. "아! 바가반은 얼마나 아름다우신지!" 그 말을 들은 한 헌신자가 바가반께 다가가서 말했습니다. "그녀는 바가반이 얼마나 아름다우시냐고 합니다." 바가반은 고개를 가볍게 끄덕이고 말씀하셨습니다. "시밤 순다람"(*Sivam Sundaram*).[81] 그 표현은 얼마나 풍부한 의미를 담고 있습니까?

1949년 9월 24일

104. 무달라이아르 할머니

에짬말처럼 매일 바가반께 음식을 가져오던 무달라이아르 할머니가 어젯밤에 몸을 버리고 스리 라마나의 연꽃 발에 합일되어, 오늘 오후 가운더(Gounder)[82]의 경내에 묻혔습니다. 그녀의 고향은 까라이깔 근처의 떨라야데라는 곳입니다. 그녀는 똔다이만달라 무달라이아르 계급(Thondaimandala Mudaliar caste) 사람으로, 이름은 알란까랏땀마니(Alankaratthammani)였습니다. 숩바이아 무달라이아르라는 이름의 아들과 며느리인 까막쉬가 있었습니다. 이 세 사람은 한 연로한 산야시에게 봉사하면서

---

81) '시밤-순다람'(*Sivam-Sundaram*)은 '아름다운 것은 진아의 형상'이란 뜻이고, '사띠얌-시밤-순다람'(*Satyam-Sivam-Sundaram*)과 '사뜨-찌뜨-아난담'은 아뜨만 혹은 브라만을 묘사하는 이름이다.
82) [역주] 랑가스와미 가운더. 라마나스라맘 맞은편의 넓은 대지를 사서 여러 필지로 나눈 뒤에 헌신자들에게 실비로 분양해 라마나 나가르(라마나 헌신자들이 모여 사는 동네)가 이루어지게 한 헌신자.

시간을 보내곤 했는데, 그 산야시는 1908년인가 1909년에 타계했습니다. 그의 입적이 얼마 남지 않았을 때 그들이 그에게 앞으로 자기들은 어떻게 되느냐고 묻자, 그는 그들이 장차 아루나찰라에서 살게 될 거라고 말한 모양입니다.

그 뒤 1910년에 그녀는 아들과 며느리를 데리고 여기로 왔습니다. 이때는 에짬마가 바가반께 매일 음식을 가지고 올 때였습니다. 그와 마찬가지로 알란까랏땀마니도 음식을 가져오기 시작했습니다. 시간이 지나자 그녀는 이따금씩 헌신자들에게도 음식을 제공하기 시작했습니다. 아들과 며느리도 어머니의 일을 도와주었습니다. 얼마 후에 아들은 일체를 포기하고 띠루빠난딸 사원(Thiruppananthal Mutt)으로 출가하여 땀부란(Tamburam)[유랑 승려]이 되어 유랑하기 시작했습니다. 며느리 까막쉬는 남편이 자기를 버리고 떠났는데도 전혀 걱정하지 않고 오롯한 헌신으로 바가반께 봉사하는 데 온 마음을 바쳤는데, 그녀는 1938년에서 1939년 사이의 어느 때에 세상을 떠났습니다.

할머니는 돈도 없었고 집안일을 도와줄 사람도 없었습니다. 그녀의 딱한 형편을 보고 연민을 느낀 니란자나난다스와미, 꾼주스와미, 랑가나타 가운더 등이 그녀에게 이렇게 충고했습니다. "이제 연세도 많으시고 하니, 바가반께 공양 올리는 이 봉사는 더 이상 걱정하지 않으셔도 됩니다. 아쉬라맘에서는 여러 사람에게 숙식을 제공합니다. 그러니 여기 와서 드시고 바가반의 친존에서 눈을 감고 가만히 앉아 계십시오. 또 원하시면 저희가 댁으로 음식을 보내드리겠습니다. 그것을 드시고 그만 댁에 계십시오." 할머니는 이렇게 대답했습니다. "아무리 어려워도 나는 이 성스러운 과업을 포기하지 않을라오. 돈이 없으면 지팡이를 짚고 길을 더듬어서 열 집을 찾아가 음식을 탁발하여, 그것을 바가반께 드리고 그런 다음에야 나도 먹을라오. 내가 어디 가만히 있을 수 있나." 그러면서 눈에 눈물을 글썽거리며 떠나는 것이었습니다. 꾼주스와미, 가운더 등 몇몇 헌신자들은 할머니를 가엾게 여겨 그녀가 바가반께 계속 공양을 올릴 수 있도록 재정적인 도움을 주었습니다. 그런 뒤에야 랑가스와미 가운더가 지금 꾼주스와미가 살고 있는 자리에 집을 두 채 지었는데, 꾼주스와미가 평생을 살고 나면 나중에 다른 사두들이 살 수 있게 한다는 것을 조건으로 했습니다. 그는 이 건물들을 유지하기 위한 얼마간의 재산을 제공했고, 이 할머니가 이곳에 살 수 있게 해 주었습니다. 할머니가 세상을 뜨기 얼마 전에는 아들이 와서 모친이 바가반께 올리는 공양을 도와주었습니다. 세간을 포기하고 유랑 승려가 된 신분이었는데도 말입니다. 이렇게 하여 약 40년간 단 하루도 어김없이, 그것을 자신의 임무로 스스로 떠맡아 바가반을 숭배했던 한 헌신자의 생애도 끝이 났습니다.

할머니는 바가반을 아주 허물없이 대했습니다. 제가 여기 온 초기에 그녀는 음식을 가져와 바가반께 그것을 직접 담아 드리곤 했는데, 곧잘 당신의 엽반에 커리 한 줌과 밥 한 줌을 놓아드리는 것이었습니다. 하루는 바가반이 그녀를 질책했습니다. "그렇게 많이 놓으면 내가 어떻게 먹습니까?" 할머니는 아주 무람없이 말했습니다. "그게 뭐 많다고 그래요, 스와미? 얼마 되지도 않는데." "먹어야 할 게 한두 가지가 아닌데, 내 배에 그걸 다 넣어야 하지 않습니까?" 바가반이 말씀하셨습니다. "다 마음의 문제지요, 스와미." 그러면서 평소처럼 음식을 놓아 드리고 가 버렸습니다. 바가반은 웃으면서 당신 가까이 있던 사람들에게 말씀하셨습니다. "봤어? 그녀가 나한테서 받은 것[내 가르침]을 도로 돌려주는군."

지난 2, 3년 동안 할머니는 시력이 나빠져 자신이 직접 바가반께 공양을 올리는 것은 포기하고 누군가를 통해 음식을 보내왔습니다. 어떤 사람이 그녀에게 바가반의 몸이 아주 많이 수척해졌다고 말했던 모양입니다. 그녀는 그것이 모두 자기가 직접 바가반께 공양을 올리지 않은 때문이라고 생각하고 하루는 바가반을 찾아왔습니다. 할머니는 바가반께 다가가서 손바닥으로 눈에 그늘을 지으며 아주 슬픈 심정으로 말했습니다. "아이고! 몸이 이렇게 축나다니!" "누가 그럽디까, 할머니? 나는 괜찮아요. 할머니가 들은 얘기는 다 사실이 아닙니다." 바가반이 말씀하셨습니다. 할머니는 회당 안의 여자들이 앉는 자리에 와서 앞줄에 앉았습니다. 얼마 후에 바가반은 자리에서 일어나 밖으로 나가셨습니다. 바가반이 일어나시면 아시다시피 우리도 모두 일어납니다. 할머니는 문간에 문을 기대고 섰습니다. 바가반은 그녀에게 다가가 웃으면서 말씀하셨습니다. "할머니, 내가 몸이 축났다고요? 얼마나 건강한지 보세요. 앞을 잘 못 보니 딱하군요." 그렇게 말씀하시고 당신은 나가셨습니다.

최근에 그녀는 앞을 전혀 보지 못했습니다. 그런데도 약 넉 달 전에는 바가반을 뵙고 싶다고 소원을 해서 한 헌신자가 그녀를 바가반의 친존에 모시고 갔습니다. 바가반 가까이 있던 사람 하나가 "할머니, 바가반을 뵐 시력이 안 되면서 왜 오셨습니까?" 하자 그녀가 대답하기를, "내가 바가반의 몸을 못 봐도 내 몸을 바가반이 보실 수 있으니 나로서는 그 이상 없지" 했습니다. 바가반이 팔에 난 종양 때문에 수술을 받으셨다는 이야기를 듣자 그녀가 겪은 괴로움은 이루 말할 수 없습니다. 에짬마가 세상을 떠났을 때 바가반은 무달라이아르 할머니가 아직 살아 있다고 말씀하셨는데, 이제는 할머니마저 세상을 떠났습니다. 그런데 바가반은 큰 책임 하나가 이제 당신의 손을 떠나게 되었기 때문에 안도하셨습니다. 그녀는 실로 복이 많은 분이지만, 어찌된 셈인지 저는 당신의 죽음에 슬픈 마음을 금할 수 없습니다.

1949년 11월 12일

105. 띠루쭐리 순례

제가 오라버니댁에 2주일을 머무른 뒤 여기 돌아와 보니 바가반의 몸 상태가 많이 악화되어 있었습니다. 그래서 당신을 좀 쉬시게 하려고, 베다 빠라야나 시간 외에는 아무도 당신의 친존에 있지 못하게 했습니다. 그 바람에 헌신자들의 질문과 바가반의 답변이 드물어져서, 그런 내용들을 오라버니께 편지로 전해드리지 못했습니다. 저는 이것이 마음에 걸려 예전에 써둔 것들을 뒤적이다가, 바가반의 친존에서 일어난 일들과 바가반이 이따금 하신 말씀들을 적어둔 기록들을 발견했습니다. 그 기록들은 제가 오라버니께 편지 쓰기를 시작하기 전에 적어둔 것입니다. 그래서 그 기록들을 필사하여 오라버니께 보내드립니다.

바가반이 태어나신 띠루쭐리의 순다라만디람에 바가반과 당신 부모님의 사진이 모셔져 있다는 이야기는 이미 들으셨겠지요. 그것은 1944년 6월인가 7월의 어느 때 헌신자들의 도움으로 그 건물을 사서 아쉬라맘 당국의 소유로 했을 때 이루어진 일입니다. 도감은 그 건물을 수리할 요량으로 1945년 1월 17일 헌신자들과 함께 띠루쭐리로 떠났습니다. 실제로 떠나기 전에 그는 우리 모두에게, 갈 사람은 같이 가자고 하면서 이번 일을 위해 몇 가지 여행 편의가 제공된다고 했습니다. 바가반의 누이동생인 알라멜루 암마를 위시한 몇 사람의 여자와 남자들도 같이 갔습니다. 저는 바가반의 친존을 떠나고 싶지 않았습니다. 저에게는 당신이 신의 화신이니까요. 그러나 사람들이 설득해서 저도 같이 가기로 했습니다. 동참하는 헌신자들이 20명 정도 되었기 때문에, 이 여행은 그 나름대로 흥미로운 일이었습니다.

띠루쭐리를 가려면 마두라이에 내려서 버스로 아룹뿌꼬따이(Aruppukkottai)를 경유하여 약 30마일(48km)을 가야 합니다. 도감은 마두라이에서 일이 좀 있었기 때문에 우리는 그곳에서 이틀간 머물러야 했습니다. 우리가 숙박한 곳은 끄리슈나무르티 아이어 댁이었습니다. 밤에는 도감과 함께 온 우리 모두가 미나끄쉬 사원에서 예공을 올렸습니다. 그리고 바가반이 소년 시절에 자주 찾아가서 헌신의 감정에 압도되어 눈에 눈물을 가득 담은 채 서 있곤 하던 63인 성자들의 상像도 보았습니다. 다음날 오전에 우리 중 몇 사람은 뻬루말(Perumal)[비슈누] 사원을 찾아갔는데, 그곳의 3층 건물 안에는 주 바라다라자(Lord Varadaraja-비슈누)가 세 가지 다른 자세로 위엄을 과시하고 있습니다. 우리는 그 앞에 예배를 드렸습니다. 그런 뒤에 우리는 바가반께서 진지(Jnana)를 성취하신 그 성스러운 집에 대해서 묻기 시작했습니다. 바가반의 헌신자이자 당신의 소년 시절 친구가 우리와 일행이 되어 그날 저녁 우리를 서쪽편의 쪼까나타 거리(Chokkanatha Street) 11번지인 그 집으로 데려갔습니다. 우리는 그 오래된 집에 들어가서 2층으로 올라가 계단 옆의 방으로 들어갔습니다. "여기가 바가반께서 진아를 깨달으신 방입니다." 그곳 사람들이 말했습니다. 그들은 또 당신이 마두라이를 떠나시던 날 오전 11시에 앉아 계시던 곳, 선생님이 벌로 써 오라고 한 베인즈 문법책을 당신이 베껴 써야 했던 곳, 그리고 바가반이 명상에 몰입하셨던 곳을 가리켜 보였습니다. 저는 가슴이 헌신으로 가득 찼고 눈에는 눈물이 어렸으며 목이 메었습니다. 그리고 저를 사로잡은 것이 슬픔인지 행복인지 모를 그런 상태에 있었습니다. 「실재사십송 증보」 제11송에서 바가반은 이렇게 쓰셨습니다.

누가 태어나는가? '나는 어디서 태어났나?' 하고 탐구하여 자기 존재의 근원 안에서 태어나는 사람만이 태어난다는 것을 알라. 그 지고의 현자는 거듭거듭, 날이면 날마다, 영원히 태어난다네.

스리 라마나는 위에서 말한 것처럼 세상 사람들의 행복을 위해 태어나셨으니, 그 장소는 얼마나 성스럽고 축복받은 곳이겠습니까!

바가반이 일체를 포기하고 출가하실 때, 배불리 식사를 하고 나서 안락의자에 앉아 있다가 당신 옆의 책장에 쪽지 하나를 남겨두고 떠나신 곳이 바로 이 작은 집입니다. 떠나시게 된 계기는 당신의 형님이 당신을 질책하면서 "(가만히 앉아 있는) 이런 녀석에게 이런 것들[숙제와 공부]이 다 무슨 소용 있어?" 하고 말했기 때문입니다. 그때 바가반은 명상에 깊이 들어 있었습니다. 주 아루나찰라는 바가반이 진지를 얻은 곳인 이 집에 6주일 이상 머무르기를 바라지 않으신 듯합니다. 부처님은 숲 속에서 6년을 살면서 밤낮으로 고행을 하신 뒤에 깨달음을 얻었습니다. 붓다가야란 곳이 바로 그곳인데, 지금은 순례지의 하나입니다. 하지만 라마나 바가반의 경우에는 도시 한복판의 좁은 골목길에 있는 평범한 집에서 여러 가족 친지들에게 둘러싸여 살면서, 이 작은 방에서 아무 애씀 없이 진지를 얻었습니다. 참 희한한 일이지요!

바가반께서 한 소년에서 아뜨마난다 라마나(Atmananda Ramana)[진아지의 지복을 즐기는 라마나]로 변하신 곳이 여기요, '나는 누구인가?'라는 브라마 아스뜨람을 가지고 아루나찰라를 향해 길을 나서, 실체험도 없으면서 계속 논란만 벌이는 학자들이 위대한 줄 아는 신화를 깨 버리시게 되는 출발점이 여기인데도, 이렇게 성스러운 장소가 알려지지 않은 채 있다는 것을 알고 저는 슬펐습니다. 하지만 바가반의 은총에 의해 이곳도 띠루쭐리의 순다라만디람처럼 순례지가 될 거라고 저는 확신했습니다. 저는 그 방에서 신심으로 오체투지를 하고 나서 옆에 있는 베란다로 나갔다가 계단을 내려왔습니다. 거기서 75세 되신 숩바암마(Subbamma)라는 할머니를 만났습니다. 그녀는 바가반이 출가할 무렵 자기도 같은 거리에 살았다면서 바가반의 소년 시절 이야기 몇 가지를 우리에게 들려주었습니다. 우리는 나중에 그녀와 작별하고 숙소로 돌아왔습니다.

다음날 아침 우리는 버스로 출발하여 아룹뿌꼬따이를 지나 띠루쭐리로 갔습니다. 띠루쭐리에 다가가면서 처음 눈에 들어온 것은 부미나떼스와라(Bhuminatheswara) 사원의 고뿌람이었습니다. 사원의 외벽을 지나 순다라만디람에 도착하자 버스가 멈추었습니다. 우리는 모두 내려서 바가반이 태어나신 집 안으로 들어갔습니다. 방 안에는 연화좌 자세로 앉으신 스리 라마나의 사진이 부모님의 사진들 사이에 모셔져 있었습니다. 우리는 크나큰 환희심으로 그 앞에서 오체투지를 했습니다. 우리와 우리를 보러 온 사람들을 합해서 대략 40명의 사람들은 그 집에서 식사를 했습니다. 나중에 우리가 쉬고 있을 때 온 몇 사람은 순다람 아이어가 활동하던 시절에도 그렇게 사람들로 북적댔다는 등의 이야기를 했습니다.

우리가 거기 머무르던 3일 동안 우리는 까운디니야(Koundinya) 강에서 목욕도 하고, 깔레스와라(Kaleswara)[83]를 친견하고, 부미나따(Bhuminatha)와 그의 반려자 사하야발리(Sahayavalli)[84]에게 예배를 올렸으며, 쁘랄라야루드라(Pralayarudra)를 오른 돌이 하고 바이라비(Bharavi) 앞에서 오체투지 한 다음,[85] 바가반이 어린 시절을 보내셨던 여러 곳을 돌아보았습니다. 나중에 띠루반나말라이에서 온 사람들 중 일부는 라메스와람(Rameswaram)으로 순례를 떠났고, 도감과 그의 보좌역들은 무슨 일 때문에 거기 남았습니다. 저만 거기 남지도 않고 라메스와람으로 가지도 않고 22일 밤에 마두라이로 왔고, 다음날 다시 출발하여 스리 바가반의 연꽃 발 아래로 돌아왔습니다. 제가 오기 전부터 이곳 사람들은 끄리슈나무르티 아이어의 편지를 통해 쪼까나따 거리의 그 집에 대해 알게 되었습니다. 제가 오자 모든 사람이 그에 대해 물어보더니 저한테서 자세한 이야기를 듣고는 즐거워했습니다. 그 뒤에야 아쉬람에서는 와나빠르띠 라자(Wanaparti Raja)의 재정적인 도움으로 그 집을 사들였습니다. 제가 다녀온 자세한 이야기를 들려줄 때의 그 기쁨은 형언할 수 없는 것이었고, 제가 실제로 그런 곳들을 볼 때 느꼈던 기쁨보다도 더 컸습니다. 더욱이 바가반은 저에게

---

83) [역주] 까운디니야 강변의 작은 사원인 깔라이야르 사원(Kalaiyar Koil)에 모셔진 시바 신.
84) [역주] 부미나따와 사하야발리는 띠루쭐리의 부미나따 사원에 모셔진 시바와 빠르바띠를 말한다. 사하야발리는 사하얌바라고도 한다.
85) [역주] 쁘랄라야루드라와 바이라비 역시 시바와 빠르바띠의 다른 이름이다. 이 신상들은 이 사원 내의 다른 사당들에 모셔져 있다.

여기를 가 보았느냐, 저기를 가 보았느냐 물으시면서 저에게 어린 시절의 이야기를 몇 가지 들려주셨습니다. 그 이야기들 중 몇 가지는 전기에 없기 때문에 제가 적어 두었습니다. 그에 대해서는 다른 편지에서 말씀드리겠습니다.

1950년 1월 15일

106. 마두라이에서의 어린 시절

(1945년에) 도감이 바가반의 탄생지인 띠루쭐리의 집을 수리하러 갈 때 제가 갔다는 이야기와, 그때 몇 명의 여성들을 포함한 여러 명의 헌신자들이 어떻게 같이 가게 되었고, 제가 돌아온 뒤에 바가반이 저에게 당신의 어린 시절에 대한 몇 가지 사건들을 들려주셨다는 이야기를 이미 편지로 말씀드렸지요. 그 당시 우리는 바가반이 진아 깨달음을 얻으신 마두라이의 그 집도 가 보았는데, 제가 바가반께 숨바암마 라는 할머니가 당신의 소년 시절에 대한 몇 가지 사건들을 더 이야기해 주더라고 말씀드리자, 당신은 그 이야기를 다 해보라고 채근하셨습니다.

제가 말했습니다. "그분 말씀이, 자기는 바가반께서 마두라이의 그 집에서 나오실 무렵 같은 거리에 살고 있었다더군요. 바가반은 그 당시에도 벌써 모든 사람들에 대한 평등심을 행동 가운데 얼핏얼핏 드러내셨다고 했고, 그것을 말해주는 여러 사건들이 있었다고 했습니다."

"그게 어떤 거였지?" 바가반이 물으셨습니다.

제가 말했습니다. "바가반께서 사시던 그 집에 물이 잘 나오지 않아서 맞은편 집에서 물을 길어 와야 했는데, 바가반께서는 가끔씩 숙모님이 물 길어 오는 것을 도와주셨고, 그 외에도 여러 가지 자질구레한 집안일을 거들어 주신 것 같습니다."

바가반이 말씀하셨습니다. "예. 숙모님은 큰 항아리를 들지 못하셨지요. 작은 항아리에 물을 길어 오시는 것이 어떤 때는 가용家用에 충분치 못했습니다. 그래서 제가 큰 항아리로 물을 길어오곤 했습니다. 그게 어떻다는 거지요?"

제가 말했습니다. "당신의 어머님이 이 이야기를 들으시고 좀 화가 나서,, 아들이 무거운 것을 들고 다니게 시킨다고 말씀하셨던 것 같습니다. 어머니가 한 번은 마두라이에 오셨다가 당신도 물을 길어 와야 했습니다. 큰 항아리를 들 수 없자 바가반께 큰 항아리로 물을 길어다 달라고 부탁하셨습니다. 바가반은 물을 길어 오면서 '숙모님을 욕하시더니, 지금 무슨 일을 시키셨지요?'라고 말씀하신 모양입니다. 그게 다 사실입니까?"

바가반은 웃으면서 말씀하셨습니다. "예, 예. 그러나 그게 뭐 어떻다는 겁니까?

지금은 상수도 시설이 되어 있지요. 그러나 당시에는 물을 구하기가 어려웠습니다. 바이가이 강(Vaigai river)은 쪼까나타 거리에서 멀리 떨어져 있었습니다. 우리가 처음에 살던 집에서는 그 강이 가까웠지요. 거기 살 때는 바이가이 강에서 매일 멱을 감았습니다. 여름에 접어들면 강물이 마르곤 했습니다. 그러면 우리는 저녁에 강가로 나가 강바닥의 모래를 움푹 파내어 큰 항아리가 들어갈 수 있도록 해 두고는 모래더미 사이에서 놀았습니다. 우리의 놀이가 끝날 때쯤에는 모래 도랑에 물이 차 있는 것이었습니다. 우리는 그 물에서 멱을 감고 집으로 돌아가곤 했습니다. 우리가 매일 파낸 모래 도랑은 다른 사람들이 유용하게 쓰기도 했지요."

제가 말했습니다. "마하트마들이 가지고 놀던 것들도 다른 사람들에게는 유용한 물건이 되나 봅니다."

바가반이 말씀하셨습니다. "맞습니다. 하지만 그대는 바라다라자 뻬루말 사원에 가 보았다고 하지 않았나요? 3층의 각 층마다 세 개씩의 난간벽이 있는 것을 분명히 보았을 텐데. 우리 소년들은 그 3층에 올라가서 숨바꼭질이나 뭐 그런 놀이를 하곤 했습니다. 3층 창문으로는 큰 저수지가 하나 보였습니다. 우리는 가끔 그 저수지로 가서 헤엄치기 경쟁을 하기도 했습니다. 그러면 제가 도맡아 놓고 1등을 했지요. 그 저수지는 띠루빠란꾼드람으로 가는 길가에 있습니다."

제가 말했습니다. "『라마나 릴라』를 보니 바가반께서 다른 소년들과 함께 띠루빠란꾼드람에서 잔치를 벌였다는 이야기가 있더군요. 하지만 저희들은 그곳에 가 볼 수 없었습니다."

바가반이 말씀하셨습니다. "그곳은 띠루쭐리로 가는 길에 있습니다. 조금 소풍 가는 기분을 내기만 하면 됩니다. 마두라이 주변에는 빼수말라이, 나가말라이, 에누가말라이 등등 그 비슷한 동네가 여럿 있습니다. 우리는 그런 데도 가끔씩 갔습니다. 그런 데가 대단한 곳이라는 이야기는 『할라시야마하뜨미얌』(Halasyamahatmyam)에 나옵니다."

제가 여쭈었습니다. "알라가르 사원(Alagar Koil)에도 자주 가셨다던데 사실입니까?"

바가반이 대답하셨습니다. "예, 예. 그곳은 마두라이에서 12마일(19km)쯤 되는 곳인데, 사원이 아주 큽니다. 거기서는 매일 두 번씩 주님께 사르까라이 뽕갈(Sarkarai Pongal)을 공양 올립니다. 아주 맛있었지요. 한번은 제가 거기 갔을 때 그 뽕갈을 다른 것들과 함께 조금 주었는데, 좀 더 주었으면 했지만 더 달라고 말하기가 쑥스러웠습니다. 그래서 아무 말도 하지 않았습니다. 그 뒤에 한번 갔을 때는 어떤 일이 있었는지 압니까? 승려들(Archakas-사원에서 예공 올리는 것을 주업으로 하는 승려) 중 한 사람의 자식들이 방학이라고 집에 가는 중이었습니다. 저는 그들을 따라가 하루 종일 그들과 함께 있었습니다. 그날은 그 집 식구들이 예공(Archana)을 올릴 차례였습니다. 그들의 집은 사원에서 2펄롱(400m)쯤 떨어져 있었습니다. 야간 예공이 끝난 뒤 그들은 자기들 몫으로 큰 쟁반 하나 가득 뽕갈을 받았습니다. 그들은 저를 보더니 제가 체격이 튼튼하니 그것을 쉽게 운반할 수 있겠다 싶었던지 쟁반을 제 머리에 이워 주고는 자기들끼리 잡담을 하면서 가 버렸습니다. 그게 얼마나 무겁던지! 목 근육이 다 아파오기 시작했습니다. 또 밤 시간이라 어두웠습니다. 그 쟁반에는 신의 은사물(Prasadam)이 들어 있으니 떨어뜨리면 안 되었습니다. 그러니 어떻게 합니까? 저는 그것을 저번에 왔을 때 뽕갈을 더 먹고 싶어 했던 데 대한 벌이라 생각하고, 어떻게든 그것을 그 집까지 운반해 갔지요."

제가 말했습니다. "그들 중의 누가 조금이라도 운반해 주겠다고 하지 않았습니까?"

바가반이 대답하셨습니다. "전혀. 그들은 걸어가면서 자기들의 무슨 문제에 대해 토론하는 데 완전히 몰두해 있었지요. 저에 대해 생각이나 했겠습니까?"

제가 말했습니다. "아마 바가반께서 그게 무거워 못 이고 가겠다는 말씀을 안 하셨겠지요."

바가반이 말씀하셨습니다. "어떻게 그럴 수 있습니까? 제가 그것을 운반하도록 예정되어 있었고 그래서 운반한 것입니다. 나중에 그들은 뽕갈을 잔뜩 엽반에 담아 저에게 주었습니다. 그것을 좀 먹고 나니 그 뽕갈에 대해 혐오감이 일어났습니다. 그러나 은사물인데 내버릴 수도 없어, 어떻게든 그것을 다 먹었습니다. 그들은 누구도 뽕갈에 손을 대지 않았고 다음날 하인에게 줘 버리더군요. 모든 일이 그와 같습니다. 풍족하게 얻을 수 있는 것은 아무도 갖고 싶어 하지 않습니다."

제가 말했습니다. "그러니까 바가반께서는 마치 자다 바라따(Jada Bharata)가 가마를 메고 갈 때와 같은 그런 느낌으로 그 쟁반을 운반하셨군요?"[86]

바가반이 말씀하셨습니다. "그게 어떻다는 거지요? 그들은 그냥 제가 몸이 건장하니까 쉽게 운반할 수 있겠다고 생각한 것뿐입니다. 그밖에 무엇을 알았겠습니까?" 그렇게 말씀하시더니 당신은 화제를 바꾸어 레슬링 시합이며, 구기 운동이며, 기타

---

[86] [역주] 선인이었다가 사슴으로 태어났던 자다 바라따는 그 다음 생에 브라민으로 태어났다. 사람들은 말이 없는 그를 바보로 알고 힘든 일을 시키곤 했다. 한 번은 왕의 가마를 메기도 했는데, 왕이 그의 위대함을 알아보고 가르침을 청했다. 『바가바따 뿌라나』에 나오는 이야기이다.

소년 시절에 하신 놀이들에 대한 말씀을 하시기 시작했습니다. 그런 모든 이야기는
『라마나 릴라』에 나옵니다.

107. 범열반梵涅槃

1948년 11월에 바가반의 왼팔 윗부분에 나타난 종양이 나날이 자라기 시작해 1949년 2월 1일에는 조약돌만큼 커졌습니다. 아쉬라맘 병원의 책임자인 샹까라 라오 박사와 은퇴한 외과의사인 스리니바사 라오 박사가 바가반께 그것을 지적하면서 작은 외과적 수술로 그것을 제거하겠다고 했습니다. 그러나 바가반은 그에 동의하지 않으셨습니다. 그러나 종양이 계속 급속히 자라나자 의사들은 당황하여 어떻게든 바가반을 설득하여 제거 수술에 동의하시게 했습니다. 그래서 첫 수술이 2월 9일에 행해졌습니다.

모든 헌신자들은 외부인들이 보지 못하도록 붕대를 덮어 가리고 싶어 했습니다. 그렇지만 그것을 가릴 윗도리가 어디 있습니까? 입으실 셔츠가 있습니까? 바가반이 가지고 계신 것은 너비 반 야드에 길이 4분의 3야드인 흰 천(타월)뿐이었습니다. 당신은 붕대를 감추기 위해 그것을 목에 두르셨지만 그래도 붕대는 그 틈 사이로 보였습니다. 당신께 질문할 용기가 있는 사람들이 무엇 때문에 붕대를 하셨느냐고 물으면 바가반은 웃으면서, 팔에 팔찌를 하나 했다고 하시거나 아니면 거기에 링감이 하나 태어났다거나, 스와얌부 링감(Swayambhu Lingam)[87]이라고 대답하시곤 했습니다. 얼마 뒤에 붕대가 풀렸고, 사람들은 상처가 아물고 있다고 말했습니다. 그러다가 1949년 3월 17일에 거행된 관수식의 소란함 속에서 다들 그것에 대해서는 까맣게 잊어버렸습니다. 그러나 잔치가 끝나자마자 그 종양이 다시 나타난 것을 모든 사람이 알게 되었습니다. 어떤 사람들은 무화과나무의 푸른 잎과 즙으로 치료할 것을 제안했고, 어떤 사람들은 고약을 가져와 붙이기도 했습니다. 3월 27일에 라가바짜리 등 몇 명의 의사들이 마드라스에서 와서 말하기를, 그런 어떤 요법으로도 되지 않을 것이고 다시 수술을 해야 한다고 했습니다. 그들은 두 번째 수술을 해야 할 날짜를 정하고 나서 4월 3일에 그 수술을 하러 오겠다고 약속하고 떠났습니다.

저는 아무래도 겁이 나서 기도하는 태도로 바가반께 이렇게 애원했습니다. "왜 이런 수술을 해야 합니까? 왜 황달에 걸리셨을 때처럼 당신 스스로 처방하시는 어떤 약을 구해다 쓰셔서 당신을 스스로 치유하지 않으십니까?"

---

87) 스와얌부 링감은 땅에서 저절로 솟아나거나 생겨나는 링감이다.

바가반이 말씀하셨습니다. "그들은 모두 이름난 의사들이야. 그들의 치료가 이루어지도록 하지."

그들이 이미 한 번 수술을 했지만 성공 못하지 않았느냐고 하면서 제가 바가반께 왜 스스로를 치유하지 않으시냐고 여쭈자 바가반이 말씀하셨습니다. "이번에는 내버려 둬 보세. 만약 다시 나타나면 그때 가서 보지."

1949년 4월 3일 오전에 우리가 바가반의 친존에서 수술의 세부 사항들을 토론하고 있는 동안, 의사들이 왔습니다. 그들을 보자 바가반이 말씀하셨습니다. "보세요. 의사들이 왔습니다." 그리고 일어나시기 위한 준비로 당신의 두 다리를 정리하시기 시작했습니다. 바가반은 이런 문제에 있어서도 '일어날 일은 일어날 것이고, 일어나지 않을 일은 일어나지 않는다'는 '가르침'을 실천으로써 보여주고 계셨습니다. 바가반은 확고한 음성으로 말씀하셨습니다. "그래요. 일어날 일은 우리가 설사 '안 된다'고 해도 멈추지 않겠지요." 그렇게 말씀하시면서 당신은 침상을 내려와 병원으로 들어가셨습니다. 대략 5월 중순까지는 모든 일이 꽤 만족스럽게 되어 갔습니다. 그러나 그 이후에는 늘 불안과 걱정이 떠나지 않았습니다. 왜냐하면 봉합한 실을 뽑자 수술한 자리에서 피가 배어나오기 시작했기 때문입니다. 종양은 치유되지 않았고 그것이 악성임을 뚜렷이 과시하고 있었습니다.

종양을 햇볕에 쬐는 것이 좋을 거라고 해서 1949년 6월에 의사들이 바가반을 우사 뒤쪽에 앉으시게 하고 붕대를 풀어 상처를 씻고 나서 한 동안 햇빛에 노출했습니다. 그럴 때 두려움과 불안을 표시하는 헌신자들에게 바가반이 이렇게 말씀하셨습니다. "그게 얼마나 멋진지 보세요! 귀중한 루비 같군요. 그것은 제 팔에 단 장식품이 되었습니다. 얼마나 붉은지 보세요! 햇살을 받아 찬란하게 붉은 빛을 띠는군요. 보세요!" 그리고 피가 스며 나오는 것을 보고 사람들이 몹시 슬퍼하면서 무슨 말을 하면 이렇게 말씀하시는 것이었습니다. "왜 걱정합니까? 피가 흘러나오게 하십시오. 루비 같군요. 시야만따까마니(Syamanthakamani)[88]처럼 이것도 매일 금을 산출합니다. 단지 차이점이 있다면 그 경우에는 누른 금이 나왔지만 이 경우에는 붉은 금이 나온다는 것입니다. 얼마나 많이 스며 나오는지 보세요." 그리고 어떤 헌신자들이 당신께 스스로를 치유하시라고 기원하면, 당신은 "제가 이것과 무슨 관계가 있습니까?"라든가 "제가 어떻게 할 수 있습니까?"라고 하셨습니다.

1949년 7월 5일에 인근의 마을인 발루바이에 사는 이름난 아유르베다 의원인 한

---

[88] 시야만따까마니는 그것을 지닌 사람을 온갖 위험과 재난에서 보호해 준다는 보석의 일종으로, 매일 8분량의 금을 산출한다고 한다.

노인이 상처에 무슨 푸른 잎의 즙을 바르고 붕대를 감기 시작했습니다. 그는 치료를 시작하기 전에 잔뜩 독이 올라 있는 상처를 보고 무척이나 애통해 하면서 말했습니다. "오, 바가반! 이렇게 심할 수가 있습니까! 스와미, 이것은 암입니다. 이것은 아예 손을 대서는 안 되는 것입니다. 왜 수술하도록 허락하셨습니까? 처음부터 제가 알았으면 약성이 있는 푸른 잎을 붙여서 치료했습니다. 이젠 너무 늦었습니다, 스와미."

바가반이 7월 1일 오후에 병원을 떠나 회당으로 돌아오실 때, 당신의 몸이 후들거리고 다리가 휘청거리기 시작했습니다. 열도 있었습니다. 그래도 어떻게 회당에 당도하여 침상 위에 앉으셨습니다. 우리가 모두 놀라 걱정스럽게 당신을 바라보고 있을 때, 샨땀마가 자신을 주체하지 못하고 나섰습니다. 그녀는 나이가 많고 아주 오랜 헌신자여서 바가반을 격의 없이 부르면서 말했습니다. "아이고, 그 몸이!" 이 말이 나오기가 무섭게 바가반이 말씀하셨습니다. "아이고, 그 몸이? 왜요? 무슨 일이 있습니까? 떨린다고요. 떨리면 어때서요?" 그렇게 말씀하시고 몸의 떨림을 억제하신 뒤, 시자들을 바라보고 웃으면서 말씀하셨습니다. "그건 나따라자(Nataraja)[89]의 춤이야. 왜 겁을 내? 매일 그 몸이 자네들에게 정적인 형태로 친견을 베풀었다면, 오늘은 춤추는 자세로 친견을 베푸는 거지. 왜 그렇게 걱정하나?" 그러면서 당신은 엄숙한 침묵 속에서 자리에 앉으셨습니다. 이때 베다 빠라야나가 진행되었습니다.

1949년 8월 7일에 구루스와미 무달라이아르 박사가 세 번째 수술을 개인적으로 감독하기 위해 여기 왔습니다. 바가반의 친존에서 이루어지던 질문과 답변이 뜸해진 것이 그날부터라고 이미 오라버니께 편지로 말씀드렸지요. 12월 19일의 마지막 수술이 있었습니다. 그러고 난 뒤에는 바가반이 신 회당에도 들어가지 않고 구 회당에도 들어가지 않으시고, 큰 회당 맞은편의 작은 방 안에 칩거하셨습니다. 동종요법 치료를 해 본 뒤에 아유르베다 치료가 시작되었습니다. 바가반을 치료하던 무스(Moos)[께랄라에서 온 유명한 아유르베다 의사]는 낙심하여 1950년 3월 3월에 바가반을 찬양하는 송찬 한 수를 짓고 매일 비슈누 1천명호(*Vishnu Sahasranamam*)와 함께 그 빠라야나를 할 수 있도록 주선했습니다. 어떤 헌신자들은 태양경배(*Surya namaskar*)를 거행했고, 어떤 헌신자들은 파사염송 破死念誦(*Mrityunjaya Japam*)[죽음의 정복자인 주 시바에 대한 기도]을 하기 시작했습니다. 바가반은 "예, 예" 하면서 당신의 몸을 의사들이 자기들 하고 싶은 대로 하도록 내맡기셨듯이, 성수 聖水나 은사물 형태로 헌신자들이 가져오는 공양물들도 받으셨습니다.

---

89) 황홀경 속에서 춤을 춘다고 하는 주 시바의 다른 이름.

파사염송이 끝난 뒤에 그 염송에 관계했던 사람들은 파사호마破死護摩(Mrityunjaya Homam)를 진행해도 되겠는지 당신께 여쭈었습니다. 당신은 고개를 끄덕여 동의하셨고, 그들이 나가자마자 벤까따라뜨남 쪽을 향해 말씀하셨습니다. "에고를 소멸하고 진아에 안주하는 것이 파사호마지.『데비깔롯따람』(Devikalottaram) 제16, 17연에서는 진언, 호마 따위에 몰두해서는 안 된다고 이야기하고 있고,『싸르와냐놋따람』(Sarvajnanottaram)90) 제35연에서도 진아에 안주하는 것 자체가 진언이요, 신神이요, 전수요, 따빠스요, 호마며 명상이라고 말하지."

거의 같은 때 한 여성 헌신자가 '짠디 호마'(Chandi Homam)를 봉행했습니다. 또 다른 여성 헌신자는 사니(Sani)[토성]을 달래기 위해 성스러운 촛불을 밝혔습니다. 어떤 사람들은 아루나찰레스와라 사원에서 관수를 했고 어떤 사람들은 거기서 예공을 올렸습니다.

1950년 3월 17일에 바가반은 몇 번 구토를 하셨고 계속 상태가 좋지 않았습니다. 그래서 나중에는 음식을 거의 드시지 않았습니다. 그 이야기를 듣고 당신의 누이 알라멜루가 당신께 가서 말했습니다. "오, 바가반! 전혀 아무것도 안 드신 모양이네요. 오늘 만든 빠야삼이 아주 맛있습니다. 한 방울도 안 드셨지요." 그러나 바가반은 몇 마디 위안의 말로 그녀를 돌려보내셨습니다.

암이 나타나기 시작한 그때부터 저는 당신을 뵐 기회가 있을 때마다 늘 이렇게 빌었습니다. "부디 당신 스스로 이 질병을 치유하셔서 저희들을 위해 이 세상에 머물러 주십시오." 그러면 바가반은 이런 저런 위로의 말로써 저를 위안해 주시곤 했습니다. 세 번째와 네 번째 수술이 행해질 때 제가 두려움과 걱정을 표하자, 당신은 걱정할 필요가 없다고 하시면서 실은 크게 잘못된 일은 전혀 없다고 말씀하시기도 했습니다. 그래서 그 질병이 아무리 심각하고 아무리 많은 사람들이 걱정하고 낙심해도, 저는 바가반께서 만약 무슨 급박한 일이 있으면 저에게 그것을 암시해 주실 거라고 생각했습니다. 그런 에고적인 생각이 저를 온통 사로잡고 있으면서 엄연한 현실 상황에 대해 눈멀게 했기 때문에, 저는 당신이 결국은 나으실 거라고 확신하고 있었습니다.

3월 19일은 음력설이었습니다. 제가 여기 온 이후로 이날은 제가 늘 바가반께서 쓰시라고 카다르 천의 타월 하나와 샅가리개 하나를 당신께 드리고 아쉬라맘에 대중공양을 올려 왔습니다. 올해라고 그것을 포기하고 싶지 않았기 때문에, 저는 18일

---

90) [역주]「싸르와냐놋따람」과「데비깔롯따람」은『라마나 마하르쉬 저작 전집』참조.

저녁 7시경에 타월 하나와 샅가리개 하나를 가지고 가서 우리의 우체국장 라자 아이어와 동행하여 (바가반이 계신) 그 작은 방으로 들어갔습니다. 바가반은 저를 응시하셨습니다. 저는 그 천들을 탁자 위에 조용히 놓고 내일이 우가디(Ugadi)[텔루구 음력설]라고 말씀드렸습니다. 바가반은 놀라면서 말씀하셨습니다. "우가디가 왔나? 비끄루띠(Vikruti)[새해의 이름]가 왔어?" 그 목소리에는 뭔가 이상하고 당혹스러운 느낌이 있었습니다. 그 말씀이 왜 뭔가 엄청난 일이 일어날 듯한 조짐으로 느껴졌고, 왜 제 가슴을 찢어지게 했는지는 설명할 수가 없습니다. 두 사람의 시자들도 놀라면서 서 있었습니다. 저는 아무 말도 못한 채 우물거렸습니다. "제가 늘 해 오던 관행을 포기하면 상서롭지 않을 것 같아서요." 바가반이 말씀하셨습니다. "오, 그게 뭐 어떻다고?" 그리고 당신 곁에 서 있던 안자네얄루라는 시자를 바라보면서 말씀하셨습니다. "그 천들을 잘 간수해 두게. 나감마가 가져왔어. 내일이 우가디인 모양이군." 그렇게 말씀하시고 당신은 아주 온화하게 우리가 물러가는 것을 허락하셨습니다. 시자들이 그 천을 치우고 있을 때 저는 침상 곁으로 다가가 바가반께 여쭈었습니다. "팔은 좀 어떻습니까?" 바가반이 말씀하셨습니다. "그게 어떻다고 내가 어떻게 말하지?" 제가 바가반께 말씀드렸습니다. "어떻게든 당신 스스로 치유하셔야지요." 바가반이 대답하셨습니다. "으흠. 지금은 아무 말도 못하겠네." 저는 아주 겸손하게 간청했습니다. "어떻게 그렇게 말씀하실 수 있습니까, 바가반?" 당신은 아마 저에게 사실 그대로 말씀하시지 않으면 저의 바람이 사라지지 않을 거라고 느끼셨는지 이렇게 말씀하셨습니다. "으흠. 치유? 무슨 치유?" 제가 말했습니다. "아이요(Ayyo)! 치유되지 않는다고요?" 바가반이 대답하셨습니다. "으흠. 치유? 무슨 치유? 이제 와서 무슨 치유가 있을 수 있겠나?" 걱정할 게 아무것도 없고 아무 일도 일어나지 않을 거라고 하시던 앞서의 보증들은 그 순간 모두 사라졌고, 그 말씀을 듣는 순간 저는 온 몸이 두려움으로 전율했습니다. 눈에는 눈물이 가득 고였고 목이 메었습니다. 저는 앞으로 우리의 운명에 대해서 여쭈고 싶어서 마음을 안정시켜 보려고 애를 썼습니다. 그리고 입을 여는 순간 사무실의 어떤 사람이 무슨 급한 일로 들어왔습니다. 저는 그 소음에 놀라 제가 여쭈고 싶었던 것을 여쭈지 못한 채 밖으로 나와 제 오두막으로 발걸음을 도로 옮겼습니다. 다음날 아침 저는 바가반께 다시 가서 당신의 마지막 메시지를 여쭈어야겠다고 생각했지만 그럴 기회를 얻지 못했습니다. "우가디가 왔나?" 하시던 바가반의 그 쟁쟁한 음성이 저에게는 마치 "다 끝났어" 하시는 것 같았습니다. 우가디가 오면서 지난 몇 년 간 바가반의 감로 같은 목소리를 듣고 즐기던 시절도 끝이 난 것입니다.

1950년 4월 14일 저녁, 저는 6시 30분에 아쉬라맘으로 가서 질서 있게 바가반을 친견하는 사람들의 줄에 섰습니다. 바가반이 앉아 계신 방의 문 맞은편의 약간 솟은 땅 위에 제가 도달하여 시선을 당신께 집중하고 잠시 서 있으면서 마음속으로 빌었습니다. "오, 쁘라보(Prabho-'주이시여')! 한 번이라도 당신의 자비로운 시선을 저에게 보내주시지 않겠습니까?" 바가반의 눈이 천천히 떠지더니 그 눈으로부터 부드럽고 자비로운 시선에 저에게 다가왔습니다. 그것은 제가 당신의 자비로운 시선이라는 크나큰 복을 받는 마지막 순간이었습니다.

  그날 밤 8시 47분, 빛과 깨달음의 화신 스리 라마나는 육신을 떠나셨습니다.

  저의 어머니요 아버지요 스승이자 신이셨고, 그 여러 해 동안 저를 보호해 주셨던 스승님의 육신이 저 위대한 영혼의 거주처이기를 그쳤을 때, 저는 형언할 수 없는 비통함과 슬픔에 잠긴 채 석상처럼 꼼짝 않고 서 있었습니다.

  이 편지들을 쓰기 시작한 것은 1945년 11월 12일이었고, 바가반의 은총을 통해 그 많은 날들 동안 중단 없이 계속되었습니다. 이제 바가반(신)의 화신께서 떠나셨으니 이 편지를 쓰는 일도 여기서 접겠습니다.

옴 따뜨 사뜨
OM TAT SAT

합본별책 1

라마나스라맘에서 보낸
편지와 회상

간행사

   수리 나감마의 '라마나스라맘에서 보낸 편지'(텔루구어 원제는 『레칼루』) 31편을 스리 바가반의 헌신자들에게 소개하는 것은 우리에게 크나큰 즐거움이다. 이 편지들은 영역판을 간행할 때 출간을 미루어 두었던 것이다. 이 역시 『라마나스라맘에서 보낸 편지』를 읽고 즐거움과 이익을 얻었을 독자 여러분으로부터 환영받을 것으로 확신한다.

   우리는 또한 수리 나감마가 텔루구어로 쓴 『스리 라마나스라맘 회상』(Sri Ramanasramam Smrutulu)에서 영역된 그녀의 회상록도 이 편지들과 함께 간행한다.

   스리 D.S. 샤스뜨리는 이 문헌을 텔루구어에서 영어로 번역함으로써 헌신자들에게 큰 봉사를 하였다.

1978년 12월 12일
스리 라마나스라맘에서
재단 총재, T.N. 벤까따라만

편지 제3권

1947년 9월 20일

1. 아루나찰라

4, 5일 전에 몇 사람의 헌신자들이 산 오른돌이를 가면서 저에게 같이 가자고 했습니다. 그래서 바가반의 허락을 얻은 뒤 그들과 동행했습니다. 우리가 아디 안나말라이(Adi Annamalai)에 도착했을 무렵 비가 내리기 시작해서 우리는 길가에 있던 작은 정사(Mutt)에 들어가 비를 피했습니다. 거기 있던 한 사두에게 제가 물었습니다. "여기는 누구의 정사입니까?" "마니까바짜가르(Manikkavachakar)의 정사지요." 그가 말했습니다. 그 정사가 지어지게 된 내력을 물어보자, 그는 온갖 이야기를 다 들려주었습니다. 그가 정확히 무슨 말을 하는지는 이해할 수 없었지만 나중에 바가반께 여쭈어 보면 알 수 있으려니 싶어서, 저는 더 이상 묻지 않고 인내심 있게 그의 말을 경청했습니다.

어제 그것을 여쭐 기회가 오기를 기다렸지만 바가반은 「깔레스와라 마하뜨미얌」(*Kaleswara Mahatmyam*)에 나오는 순다라무르띠의 이야기를 읽으시느라고 바빴습니다. 이 「깔레스와라 마하뜨미얌」은 『브라마바이바르따 뿌라남』(*Brahmavaivartha Puranam*)의 일부입니다. 당신은 우리에게 순다라무르띠가 깔레스와라 사원에 들어가려다가, 그곳에 들어가기 전에 반대편에 있던 가자 뿌쉬까리니 저수지(Gaja Pushkarini tank)에 목욕하러 가는 부분을 읽어주셨습니다. 그가 목욕을 하고 나와 보니 사원이 사라지고 없었습니다. 그래서 순다라무르띠는 자신이 주±를 친견하려 사원에 들어가지 않고 먼저 목욕을 하러 저수지로 간 것을 후회하는 노래를 몇 곡 부르자 사원이 다시 나타났습니다. 그 이야기의 몇 부분을 더 읽어주신 뒤에 바가반은 이렇게 말씀하셨습니다. "처음에는 그에게 모든 것이 광대한 물바다로 보이고 다른 것은 아무것도 없었고, 나중에는 즈요띠(*Jyothi*)—신성한 빛으로 보였습니다."

한 헌신자가 질문했습니다. "아루나찰라도 즈요띠의 한 형태라고 합니다." "예, 그렇지요. 인간의 눈으로는 그것이 흙과 돌의 형상일 뿐이지만, 그것의 참된 형상은 즈요띠입니다." 바가반이 말씀하셨습니다. 이 기회를 이용하여 제가 여쭈었습니다.

"아디 안나말라이에는 마니까바짜가르의 이름으로 된 정사가 하나 있습니다. 그 정사가 그렇게 이름 붙여진 무슨 이유가 있습니까?" "아, 그거요? 그는 순례를 하면서 띠루반나말라이에도 왔던 모양입니다. 그러다가 바로 그 정사 자리에 서서 아루나기리를 향하여 「띠루뱀빠바이」(Tiruvempavai)와 「암마나이」(Ammanai) 노래를 불렀지요. 그래서 그것을 기념하기 위해 거기에 정사가 세워진 것입니다. 그대도 「띠루뱀빠바이」 노래를 틀림없이 들어보았겠지만, 20가지 곡이 있습니다. 안달(Andal)은 주 끄리슈나를 찬양하는 노래 30곡을 불렀는데,[1] 무루가나르도 같은 분위기로 저를 찬양하는 노래들을 불렀습니다." 바가반이 말씀하셨습니다.

헌신자: 이 산은 어떻게 해서 '안나말라이'(Annaamalai)라는 이름을 얻었습니까?

바가반: 브라마-비슈누가 도달할 수 없는 것—그것이 바로 안나-말라이(Anna-malai)입니다. 그것은 이 산이 말이나 마음을 넘어선 즈요띠의 화현이라는 뜻입니다. 안나(Annaa)는 '도달할 수 없는'이란 뜻입니다. 이것이 그 이름의 연유입니다.

헌신자: 그러나 이 산은 하나의 형상과 하나의 모습을 가지고 있습니다.

바가반: 브라마와 비슈누가 이 산을 보았을 때 그것은 전 우주를 감싸고 있는 빛의 기둥으로 보였습니다. 나중에야 그것이 산과 같은 모습으로 보였습니다. 이것은 이스와라의 조대신粗大身(sthula sariram)입니다. 즈요띠 자체는 (이스와라의) 미세신微細身(sukshma sariram)입니다. 이 모든 몸들을 넘어서 있는 것이 실재입니다. 미세하다는 것은 떼자스(tejas)[전 우주를 가득 채우는 빛]를 의미합니다.

헌신자: 순다라무르띠에게도 그것이 그렇게 보였습니까?

바가반: 예. 처음에는 그것이 '잘라마얌'(Jalamayam)[광대한 물의 바다]으로 보였고, 이어서 떼자스로 보였으며, 마지막으로 인간의 눈에 그것이 하나의 사원으로 나타났습니다. 마하트마들은 늘 신안神眼으로 봅니다. 그래서 그들에게는 일체가 순수한 빛, 곧 브라만으로 보입니다.

나감마: 제가 알기로는 바가반께서 아루나찰라 링가의 탄생 또는 출현에 대해 빠디얌(padyam)을 한 수 쓰셨다고 하는데, 그게 사실입니까?

바가반: 예. 어느 비끄라마(Vikrama) 해의 시바라뜨리 날에 어떤 사람이 청하기에 그 빠디얌을 지었지요. 저는 아마 그것을 텔루구어로도 썼을 겁니다.

나감마: 예. 그 텔루구 빠디얌에서 말하기를, 그 링가는 아루드라(Arudra) 별자리

---

1) [역주] 안달은 옛날 남인도의 여류 성자이다. 어릴 때부터 비슈누의 아내 되기를 원하여 헌신으로 가득 찬 「띠루빠바이」(Tiruppavai)라는 30연의 찬가를 불렀고, 나중에 주 랑가나타와 합일되었다고 한다. 주 랑가나타는 남인도에서 숭배되는 비슈누(=끄리슈나)의 한 이름이다.

의 다누르마샴(*dhanurmasam*) 날에 나타났고, 이때 비슈누와 천신들은 그들에게 신견神見(divine vision)을 베풀어준 시바를 숭배했는데, 그것은 꿈바(*Kumbha*) 달의 일이었다고 했습니다. 그것은 원래 어디에 나오는 이야기입니까? 그리고 끄리띠까 별과 관련하여 축제를 벌이게 된 경위는 무엇입니까?

바가반: 아, 그거요! 브라마와 비슈누는 서로 누가 더 위대한가를 두고 말다툼을 벌였습니다. 까르띠까(*Kartika*) 달의 끄리띠까(*Krithika*) 별의 날, 그들 사이에 빛나는 기둥 하나가 나타났습니다. 그 사건을 기념하기 위해 매년 그날에 빛의 축제가 거행됩니다. 알다시피 브라마와 비슈누 둘 다 그 기둥의 처음과 끝을 찾으려다가 끝내 찾지 못하고 지쳐 버렸지요. 실패하여 낙심한 그들은 서로 같은 곳에서 만나 하느님에게 기도했습니다. 그러자 주 시바가 그 기둥 안에서 그들 앞에 나타나 자비롭게 그들을 축복했습니다. 그리고 그들의 청에 따라 그들이 다가와 숭배할 수 있도록 산과 (사원 안에 모셔진) 링가의 형상을 취하기로 했습니다. 시바는 또 그들에게, 만약 자신을 그와 같이 숭배하면 자신이 얼마 뒤에는 루드라(*Rudra*)의 형상으로 나와서 가능한 모든 방법으로 그들을 돕겠다고 했습니다. 그러고는 사라졌습니다. 그때부터 다누스(*Dhanus*) 달, 아루드라 별의 날에는 브라마와 비슈누가 이스와라의 약속에 따라 나타난 그 링가를 숭배하기 시작했습니다. 그들이 매년 꿈바 달 후반의 열사흘과 열나흘 한밤중에 그 숭배를 계속하자, 시바는 그 링가로부터 자신의 모습을 나투어 하리(Hari-비슈누)와 천신들로부터 숭배를 받았습니다. 그래서 『링가 뿌라남』(*Linga Puranam*)과 『시바 뿌라남』(*Siva Puranam*)에서 이야기하는 대로 그날을 시바라뜨리(*Sivarathri*-'시바의 밤')라고 하는 것입니다. 링가에 대한 숭배는 그때부터 시작된 것 같습니다. 『스깐다 뿌라나』에서는, 최초의 링가가 나타난 것은 바로 아루나찰라에서라고 힘주어 이야기합니다.

1947년 9월 21일

2. 마니까바짜가르

아디 안나말라이에 마니까바짜가르의 정사가 세워진 내력이라고 생각되는 이야기를 바가반께서 해 주실 때부터 저는 그의 탄생과 업적에 대한 이야기를 몹시 듣고 싶었습니다. 그 기회가 왔을 때 제가 여쭈었습니다.

나감마: 마니까바짜가르가 『띠루바짜감』(*Tiruvachakam*)을 노래 부를 때 나따라자무르띠(Natarajamurthi-'나따라자의 화신')가 그것을 받아 적었다고 하는데, 그것이 사실입니까? 그는 어디서 태어났습니까?

바가반: 예. 사실이지요. 그 얘기는 『할라시야 마하뜨미얌』(Halasya Mahatmyam)에 나올 겁니다. 그대는 모릅니까?

나감마: 여기는 텔루구어판 『할라시야 마하뜨미얌』이 한 권도 없습니다. 그래서 저는 모릅니다.

바가반: 알겠습니다. 그렇다면 여러분에게 그 이야기를 간략히 해 드리지요.

그러면서 바가반은 다음과 같은 이야기를 해주셨습니다.

"마니까바짜르는 빤디야국國(Pandya Desha)2)의 바아다부르(Vaadavur)[바아따뿌리(Vaatapuri)]라고 하는 마을에서 태어났습니다. 그래서 사람들은 그를 바아다부라르(Vaadavurar)라고 부르곤 했습니다. 그는 아주 어려서 학교에 들어갔는데, 종교 서적이란 서적은 다 읽고 나서 그 가르침에 매료되었고, 시바에 대한 헌신과 뭇 생명들에 대한 친절함으로 유명해졌습니다. 빤디야 왕은 그의 소문을 듣자 그를 불러와서 수상首相을 시키고 그에게 '뗀나반 브라마라얀(Thennavan Brahmanrayan), 즉 '남쪽 지방의 브라민들 중에서 으뜸'이란 칭호를 붙여주었습니다. 그는 솜씨 있고 정직하게 수상의 임무를 수행했지만 물질적 행복에는 전혀 욕망이 없었습니다. 그의 마음은 늘 영적인 문제에 몰입되어 있었지요. 진지를 성취하려면 스승의 은총이 필수적이라고 확신한 그는, 좋은 스승이 어디 있는지 계속 찾았습니다."

"한번은 빤디야 왕이 이 장관에게 몇 마리의 좋은 말을 사서 자기에게 가져오라고 했습니다. 이미 스승을 찾고 있던 마니까바짜르는 이야말로 좋은 기회라 생각하고, 말을 사는 데 필요한 금을 가지고 수행원들과 함께 길을 나섰습니다. 그는 마음 속으로 열렬히 스승을 찾고 있었기 때문에, 도중에 있는 모든 사원을 방문했습니다. 마니까바짜르의 마음이 성숙되었다는 것을 아신 빠라메스와라(Parameswara)는 학교 선생님의 모습을 하고 약 1년 전부터 사원 근처 마을의 한 거리에 있는 대臺 위에 자리잡은 학교에서 가난한 아이들을 가르치고 있었습니다. 그는 매일 자기 학생들의 집을 돌아가며 식사를 했는데, 요리한 야채들만 먹었습니다. 그러면서 마니까바짜르가 도착하기만을 손꼽아 기다리고 있었지요. 마니까바짜르가 정말 왔을 때, 이스와라는 많은 산야시들을 주위에 거느리고 사원 경내의 꾸룬다이(Kurundai) 나무 아래에 앉아 있는 싯다 뿌루샤(Siddha Purusha)[깨달은 영혼]의 형상을 하고 있었습니다. 바아다부라르는 사원에 와서 그 안의 주님을 친견한 뒤에 사원의 오른돌이를 하다가 싯다 뿌루샤를 보았습니다. 그는 그 모습을 보자 전율했고, 눈에는 눈물

---

2) [역주] 마두라이를 수도로 한 남인도 타밀 지역의 옛 왕국.

이 솟구쳤으며, 심장은 기쁨으로 약동했습니다. 자기도 모르게 두 손을 머리 위로 올려 합장을 한 그는 뿌리 뽑힌 나무가 쓰러지듯 스승의 발 앞에 엎드렸습니다. 그런 다음 일어나서, 자기같이 비천한 존재도 제자로 받아줄 수 있느냐고 여쭈었습니다. 오로지 그에게 은총을 주기 위해 내려오셨던 이스와라는 그를 바라보는 것만으로도 그에게 지知 우빠데샤(*Jnana Upadesa*)[지知에 들게 힘]를 주었습니다. 그 우빠데샤는 그의 심장 안에 뿌리를 내렸고, 그에게 형언할 수 없는 행복감을 주었습니다. 그는 합장을 한 채 기쁨의 눈물을 흘리면서 스승을 오른돌이 하고 절을 한 뒤에, 입고 있던 모든 관복官服과 장식들을 벗어 스승의 곁에 놓고 샅가리개만 한 채 스승 앞에 섰습니다. 그리고 스승을 찬양하는 노래를 부르고 싶어 몇 곡의 헌가를 불렀는데, 그 노래들이 보석과 같았습니다. 이스와라는 즐거워하며 그를 마니까바짜가르라고 부르면서 그에게 바로 그곳에 머무르면서 당신을 숭배하라고 명했습니다. 그런 다음 그는 사라졌습니다."

"자신을 축복해 준 분이 다름 아닌 이스와라임을 완전히 확신한 마니까바짜가르는 견딜 수 없는 슬픔에 사로잡혀 땅바닥에 쓰러져 울면서 말했습니다. '오, 주님, 왜 저를 여기 버려두고 가 버리셨습니까?' 마을 사람들은 이 광경에 너무나 놀라 그때까지 자기네 마을에서 선생 노릇을 하던 그 사람을 찾기 시작했지만 어디에서도 그를 찾을 수 없었습니다. 그제야 그들은 그것이 하느님의 유희였다는 것을 알았습니다. 얼마 뒤 마니까바짜가르는 슬픔을 극복하고 이스와라의 명에 따라 살기로 결심했습니다. 그는 수행원들을 마두라이로 돌려보낸 뒤 자신이 지니고 있던 모든 금을 그 사원에 주고 그곳에서만 살았습니다."

"왕은 자초지종에 대한 이야기를 듣자 즉시 마니까바짜가르에게 마두라이로 돌아오라는 명을 내렸습니다. 그러나 말을 한 마리도 사지 않았는데 어떻게 돌아갈 수 있겠습니까? 설사 말을 사고 싶었다고 한들 돈이 어디 있습니까? 어찌해야 할 바를 모른 그는 주 시바께 도와달라고 기도했습니다. 그날 밤 주 시바가 그의 꿈에 나타나 값을 헤아릴 수 없는 보석 하나를 주면서 말했습니다. '이것을 왕에게 바치고 말들은 스라바나(*Sravana*) 달의 물라(*Moola*) 별의 날에 올 것이라고 말하라.' 그 환영에 놀란 그가 눈을 뜨자 주님은 계시지 않았습니다. 마니까바짜가르는 환영을 본 것을 너무나 기뻐하면서 자신의 관복을 입고 마두라이로 갔습니다. 그리고 그 보석을 왕에게 바치고 말들이 도착할 길시를 논의한 뒤에 그날이 오기를 손꼽아 기다렸습니다. 그러나 공직을 다시 맡지는 않았습니다. 그의 몸은 마두라이에 있었으나 마음은 띠루뻬룬두라이에 가 있었고, 다만 돌아갈 때를 기다릴 뿐이었습니다. 그러나 빤디야 왕은 뻬룬두라이에 정탐꾼을 보내 알아보게 하여 그곳에는 자신에게 보낼 말이 한 마리도 없고, 말을 사라고 준 돈은 사원을 개수하는 데 다 쓰였다는 것을 알았습니다. 그래서 왕은 즉시 마니까바짜가르를 감옥에 가두어 감옥생활의 온갖 시련과 고난을 겪게 했습니다.”

"한편 물라 별의 날이 되자 이스와라는 당초 준비한 대로 마부로 변장하고 밀림 속의 재칼들을 말로 변신시켜 왕에게 끌고 갔습니다. 왕은 이것을 보고 놀라 그 말들을 받은 다음, 마구간지기의 조언에 따라 그 말들을 다른 말들을 넣어 둔 곳에 같이 매어두었습니다. 왕은 그 마부를 후하게 감사하고 몇 가지 선물을 주어 그를 돌려보냈으며, 마니까바짜가르를 심심한 사과와 함께 석방했습니다. 그날 밤, 새로 온 말들이 원래의 재칼 형상으로 돌아가 마구간의 말들을 다 죽이고 마두라이에 그 비슷한 피해를 끼친 다음 달아나 버렸습니다. 몹시 분노한 왕은 마니까바짜가르에게 사기꾼이란 딱지를 붙여 그를 다시 투옥했습니다. 이윽고 이스와라의 명에 따라 바이가이 강이 홍수로 범람해 마두라이 도시 전체가 물에 잠겼습니다. 여기에 경악한 왕은 모든 사람들을 불러 모아 그들에게 강둑을 높이라고 명했습니다. 왕은 모든 시민이 강둑을 쌓는 데 일정한 양의 일을 해야 한다고 명하면서, 누구든지 자신에게 할당된 일을 하지 않으면 심각한 결과가 따를 것이라고 위협했습니다.”

"마두라이에는 뻬뚜바니 암마이야르(Pittuvani Ammaiyar)라는 이름의 노파가 살고 있었습니다. 그녀는 주 시바의 독실한 헌신자였습니다. 그녀는 매일 '뻬뚜'(Pittu)[쌀가루를 원추 모양으로 눌러 만든 단 음식]를 만들어 팔아 생계를 꾸리며 혼자 살고 있었습니다. 강둑 공사에 할당된 자기 일을 해 줄 사람도 없었고 남을 고용해서 대신 보낼 돈도 없었습니다. 그래서 크게 걱정이 된 그녀는 '이스와라! 저는 어떻게 해야 합니까?' 하면서 부르짖었습니다. 이스와라는 그녀의 딱한 처지를 보고 어깨에 삽을 맨 일꾼의 모습으로 변장하고 나타나 그녀를 불렀습니다. '할머니, 할머니, 일꾼이 필요하십니까?' '필요하고말고.' 할머니가 말했습니다. '그렇지만 내 수중에 단돈 1파이사도 당신한테 줄 돈이 없으니 난들 어떡하우?' 그가 말했습니다. '저는 돈 같은 것은 원치 않고 제가 먹게 뻬뚜만 좀 주시면 됩니다. 그러면 제가 대신 강둑에 일을 하러 가겠습니다.'"

"그 말에 신이 난 그녀는 뻬뚜를 만들기 시작했는데, 그것이 제 모양이 나오지 않고 부서져 버리는 게 아니겠습니까. 놀란 할머니는 그 부스러기들을 모두 일꾼에게 주었습니다. 그는 먹을 수 있는 데까지 그 부스러기들을 다 먹고 나서 강둑 돋우기 일을 하러 간다면서 떠났습니다. 그런데 놀랍게도 노파가 준비했던 반죽은 일꾼에게 부스러기 삐뚜를 만들어 주었는데도 불구하고 전혀 손대지 않은 상태 그대로 있었습니다. 그 일꾼은 작업 현장에 갔지만 일을 하지는 않고 그곳에 드러누워, 자기 일을 하고 있는 사람들에게 빈둥빈둥 훼방만 놓았습니다."

"왕은 작업 진도를 점검하러 왔다가 암마이야르에게 할당된 부분의 일이 방치된 채로 있는 것을 발견했습니다. 왕이 묻자 그의 시종들은 그 일꾼이 벌인 장난에 대해 자초지종을 보고했습니다. 격분한 왕은 그 일꾼을 불러서 말했습니다. '너는 할당된 일을 하지는 않고 드러누워 노래만 부르고 있구나.' 그러면서 손에 쥐고 있던 막대기로 일꾼의 등짝을 때렸습니다. 그러자 그 매질이 왕 자신에게도 돌아왔을 뿐 아니라, 거기 있던 모든 산 존재들에게도 돌아가 그들 모두가 그로 인해 고통을 받았습니다. 왕은 즉시 자신이 때린 사람이 일꾼으로 변장한 빠라메스와라라는 것을 깨닫고 말문이 막힌 채 서 있었습니다. 빠라메스와라는 어느 새 사라졌고, 하늘에서는 이런 목소리가 들려왔습니다. '오 왕이여! 마니까바짜가르는 내가 사랑하는 헌신자이다. 그의 위대함을 보여주기 위해 내가 이 모든 일을 벌였노라. 그러니 그를 보호해 주도록 하라.' 그 목소리를 듣고 나자 왕은 즉시 마니까바짜가르를 보러 갔는데, 도중에 삐뚜바니를 만나 보러 그녀의 집에 들어갔습니다. 그때 그녀는 이미 한 비마남(vimanam)[하늘을 나는 천상의 탈것]을 타고 까일라사로 떠나고 있는 중이었습니다. 왕은 크게 놀라 그녀에게 절을 한 뒤에 곧장 마니까바짜가르를 찾아가서 그의 발 앞에 엎드렸습니다. 마니까바짜가르는 아주 공손하게 그를 일으켜 세우고 잘 계셨느냐고 물었습니다. 왕은 애원하듯이 말했습니다. '부디 나를 용서해 주고 이 나라를 자네가 직접 다스려 주시게.' 마니까바짜가르는 왕을 바라보면서 친절하게 말했습니다. '압빠(Appah)[애정 어린 호칭]! 저는 이미 주님을 섬기기로 약속했기 때문에 나라를 다스리는 그런 문제들은 감당할 수 없습니다. 부디 저를 오해하지 말아 주십시오. 폐하께서 백성들의 안위를 잘 보살피면서 나라를 다스리십시오. 앞으로는 아무 걱정할 것이 없을 겁니다.' 그렇게 말하고 그는 웃으면서 산야신의 복장을 걸치더니 떠나버렸습니다. 그리고 성지를 순례하면서 시바를 찬양하는 노래들을 불렀습니다. 이와 비슷한 이야기가 몇 종류 있습니다."

나감마: 『띠루바짜감』은 언제 쓰여졌습니까?

바가반: 아니, 그는 그것을 쓴 적이 없습니다. 노래를 부르면서 돌아다녔을 뿐이지요.

나감마: 그러면 『띠루바짜감』은 어떻게 해서 쓰여졌습니까?

바가반: 아, 그거요! 그는 여기저기를 방문하다가 찌담바람에 왔습니다. 그리고

나따라자의 춤을 지켜보다가 가슴 절절한 노래들을 부르기 시작했고, 그곳에 그대로 머물렀습니다. 그러다가 하루는 나따라자가 마니까바짜가르의 위대성을 사람들이 알게 하고 그런 탁월한 찬가들을 수집해 둔 사람들을 축복할 목적으로, 밤중에 브라민으로 변장하여 마니까바짜가르의 집을 찾아갔습니다. 마니까바짜가르가 그를 따뜻이 맞이하면서 어떻게 오셨느냐고 묻자 주님은 웃음 띤 얼굴로 아주 친숙하게 물었습니다. '당신은 성지를 순례하는 동안 찬가를 많이 불렀고 여기서도 부르고 있는 모양인데, 그것을 좀 들어 볼 수 있습니까? 오래 전부터 당신을 찾아와서 그 노래를 듣고 싶었지만 그럴 틈이 나지 않았습니다. 그래서 이렇게 밤중에 온 것입니다. 괜찮으시다면 그 노래들을 좀 불러주실 수 없습니까? 그 노래를 다 기억하고 있습니까?' '잠자는 시간은 걱정하실 필요가 없습니다. 제가 기억하는 노래는 다 불러 드리겠습니다. 부디 잘 들어 주십시오.' 그러면서 마니까바짜가르는 황홀경에 빠져 그 노래들을 부르기 시작했습니다. 브라민으로 변장한 주님은 곁에 앉아 그 노래들을 야자수 잎에 적었습니다. 마니까바짜가르는 황홀경에 들어 있었기 때문에 브라민이 노래를 받아 적고 있는지 거의 알지 못했습니다. 계속 노래를 부르면서 그는 신에 대한 생각에 몰입하여 자신을 완전히 잊어버렸고, 마침내 침묵에 잠겼습니다. 그러자 늙은 브라민은 조용히 사라져버렸습니다.

　새벽에 사원의 승려(dikshitar)가 평소와 같이 아침 예공을 하러 나따라자 사원에 와서 문을 열어 보니 나따라자 신상 앞의 문간에 야자수 잎들로 만든 책이 한 권 있었습니다. 책을 펴서 자세히 살펴보니 거기에는 『띠루바짜감』의 찬가들이 기록되어 있을 뿐 아니라 그 책은 마니까바짜가르가 불러준 대로 기록한 것이라고 되어 있었습니다. 그리고 밑에는 '띠루찌뜨람발람'(Tiruchitrambalam), 곧 찌담바람이라고 적고 그 밑에 (나따라자의) 서명이 있었고, 서명 밑에는 스리 나따라자의 도장도 찍혀 있었습니다. 이곳에 모여든 사원의 승려들이 모두 그것을 보고 크게 놀랐습니다. 그들은 마니까바짜가르에게 그 사실을 알리고 그에게 『띠루바짜감』과 나따라자의 서명을 보여주면서 이 찬가들이 어떻게 해서 나오게 되었는지 말해 달라고 했습니다.

　마니까바짜가르는 아무 말도 하지 않고 그들에게 자신을 따라오라고 하여, 나따라자 사원으로 가더니 주님의 맞은편에 서서 말했습니다. "여러분, 우리 앞에 계신 주님만이 여러분의 질문에 대한 유일한 답변이십니다. 당신이 곧 답변이십니다." 그렇게 말하고 나서 그는 주님 안으로 합일되었습니다.

　이 이야기를 들려주실 때 바가반은 목이 메었습니다. 당신은 더 이상 말씀을 못하시고 황홀한 침묵 상태에 머무르셨습니다.

1947년 11월 30일

3. 달구지에서 잠든 사람

우리는 꾼주스와미의 이야기를 들으면서 아디 안나말라이를 지나갔습니다. 벤따말라(Ventamala)에 도착하자 그가 우리에게 바가반께서 「실재사십송 증보」제31송을 지으신 연유를 들어 본 적이 있느냐고 물었습니다. 우리가 듣지 못했다고 하자 꾼주스와미는 다음과 같은 사건을 들려주었습니다.

"어느 날 밤 우리가 바가반과 함께 산을 돌고 있을 때였지요. 바로 이 근처였는데, 짐을 잔뜩 실은 황소 달구지 두세 대가 지나가고 있었습니다. 달구지에 탄 사람들은 다리를 뻗은 채 깊이 잠이 들어 모든 근심에서 벗어나 있었습니다. 바가반은 그들을 가리키면서 말씀하셨습니다. '저거 봤습니까? 사하자 니쉬타(sahaja nishta), 즉 본래적 상태도 그와 같습니다. 깨달은 자, 곧 육신 안에 잠자고 있는 진아에게는 생시, 꿈, 잠의 세 가지 상태가 동일합니다. 예를 들어 이 달구지는 가는데 달구지 안의 사람은 잠이 들어 있습니다. 깨달은 영혼의 육신이 움직이는 것도 그와 같습니다. 달구지가 목적지에 도착하여 멈추고 짐이 부려지고 황소들의 멍에를 끄르는데도 그 사람이 계속 잠을 잔다고 해 봅시다. 깨달은 사람의 잠이 그와 같습니다. 그 육신은 그에게 하나의 달구지입니다. 움직일 때나, 서 있을 때나, 짐을 부릴 때나 그 사람은 계속 잠을 잡니다.' 나중에 그런 관념이 「실재사십송 증보」제31송에서 표현되었고, 텔루구어 산문3)으로도 쓰여졌지요.'"

우리는 대화를 계속하면서 길을 걸어 이사니야 정사 쪽으로 가는 모퉁이에 당도했습니다. 이때 꾼주스와미가 하던 이야기를 계속했습니다.

"가끔 우리가 산을 돌고 있으면 갑자기 비가 퍼부을 때가 있었습니다. 바가반과 동행하던 다른 사람들은 피를 피할 데로 달려가곤 했지만 당신은 결코 발걸음을 재촉하지 않으셨고, 비에 개의치 않고 꾸준히 걸어가셨습니다. 한번은 이 모퉁이에서 비가 퍼붓기 시작했습니다. 우리는 모두 이사니야 정사로 뛰어갔지만 바가반은 평소와 같이 걸으셔서 정사에 도착하셨을 때는 흠뻑 젖어 있었습니다. 대체로 당신은 이 정사로 가시지 않는데, 그것은 갔다 하면 사람들이 불필요하게 당신을 붙잡아두곤 했기 때문입니다. 그래서 당신은 산을 끼고 돌아서 저쪽의 시립市立 방갈로 쪽으로 가셔서 그 앞의 좁은 베란다에 앉곤 하셨습니다. 당신의 시자 한두 명을 제외한 나머지 일행은 당신께 오체투지를 하고 나서 계속 걸어갔습니다. 왜 그랬는가 하면,

---

3) 그 번역문: '거친 몸 안에 잠들어 있는 깨달은 영혼에게 활동, 삼매, 깊은 잠의 상태가 갖는 의미는, 마치 달구지가 움직이고, 멈추고, 황소들의 멍에가 끌러질 때도 잠을 자는 달구지꾼과 다르지 않네.'

만약 우리가 다 함께 무리를 지어 가면 읍내 사람들이 우리가 오른돌이 하고 있는 것을 알고 주위에 몰려들어 바가반을 숭배하는 무슨 일들을 벌일 것이 뻔했기 때문입니다. 그래서 당신은 다른 사람들을 다 떠나보낸 뒤에 숄로 몸을 감싸고 샛길로 해서 아쉬람으로 오시곤 했습니다. 그래도 이따금 몇몇 사람들이 당신을 알아보고 먹을 것을 드리기도 했습니다. 당신이 밤에 산을 도실 때는, 읍내가 가까워지면 우리에게 큰 소리로 노래를 부르거나 이야기를 하지 말라고 하셨습니다. 그러면 잠든 사람들을 깨울 수 있다고 말입니다."

꾼주스와미가 이런 사건들에 대한 이야기를 끝냈을 때는 새벽 2시경이었는데, 우리는 읍내에 이미 당도해 있었습니다. 일체가 고요했고, 그는 다시 우리에게 이런 회상을 들려주기 시작했습니다.

"또 한번은 여름에 우리가 저녁을 먹은 뒤에 산을 돌러 나섰습니다. 달빛이 좋았고, 우리가 이곳에 도착했을 때는 새벽 2시쯤 되었습니다. 읍내의 모든 사람이 잠들어 있어서 아주 조용했습니다. 여름이어서 집집마다 창문들이 다 열려 있었습니다. 가게들도 모두 문이 닫히고 자물쇠가 채워져 있었습니다. 야경꾼들만 거리를 순찰하고 있었지요. 바가반은 우리에게 이것을 가리켜 보이면서 말씀하셨습니다. '읍 전체가 얼마나 조용한지 보입니까? 거리, 집들, 불빛들이 있지만, 야경꾼만 제외하고 모든 사람이 잠이 들었습니다. 그래서 모두 조용합니다. 그러나 새벽이 오면 다들 일어날 것이고 사방에서 활동이 벌어질 것입니다. 그것은 유상삼매(*savikalpa samadhi*)와 같습니다. 저 큰 집들과 작은 집들이 보입니까? 창문들이 열려 있지만 보는 자는 잠들어 있습니다. 그것은 뚜리야(*turiya*), 즉 네 번째 상태와 같습니다. 깨달은 영혼의 상태도 그와 같다고 할 수 있습니다. 그래서 그것을 한 예로 들 수 있습니다. 눈들은 보는 것처럼 보여도 그들은 평화롭게 잠들어 있는 것입니다.'"

이 이야기를 듣고 나서 우리는 각자 집으로 들어갔습니다. 다음날 바가반은 당신 주위의 사람들로부터 우리가 산을 돌 때 있었던 일들을 자세히 아신 뒤 이렇게 말씀하셨습니다. "여러분이 그렇게 행복하게 산을 돌았다고 하니 여러분이 부럽군요. 하지만 저는 이제 그와 같이 길을 나설 수가 없습니다." 그러면서 웃으셨습니다. "많은 사람들이 저와 동행하게 되면 저는 숲 속으로 난 길로 가곤 했지요. 그러나 만일 혼자 가게 되면 산기슭을 따라 난 길을 택했습니다."
"산을 도는 길은 세 갈래가 있습니까?" 한 헌신자가 여쭈었습니다.
"예. 하나는 도로이고, 하나는 산기슭을 따라 난 길, 그 다음은 숲길입니다." 바가반이 말씀하셨습니다.

"그러니까 바가반께서는 그 길들을 다 다녀보셨군요?" 그 헌신자가 여쭈었습니다. "왜 그 길들뿐이겠습니까?" 바가반이 말씀하셨습니다. "이 산에는 제가 발을 들여놓지 않은 곳이 한 군데도 없다고 말할 수도 있습니다. 이 산 위에는 아유르베다 약초들이 무수히 있습니다. 몇 군데에는 폭포도 있지요. 그래서 이 산을 싯다들[초능력을 지닌 도인들]의 거주처라고 하는 것입니다. 얼마 전에는 한 지구물리학자가 이 산이 얼마나 오래 되었는지 알아보기 위해 여기 온 적이 있습니다. 그는 자기 고국으로 돌아가서는 표본으로 돌 몇 개를 보내 달라는 편지를 보내왔습니다. 돌을 보내주었더니 그는 그것을 받아서 다른 산들[가령 히말라야]에서 가져온 돌들과 비교해 보고, 아루나찰라의 돌들이 가장 오래 되었다는 것을 발견했다고 합니다. 그런 내용의 편지를 우리에게 보냈습니다."

1947년 12월 3일

4. 여섯 가지 삼매

오늘 오전에 한 헌신자가 바가반께 다가가서 이렇게 질문했습니다. "스와미, 어떤 사람들은 무념의 자각 상태[무상삼매]에 상당히 오랫동안 머물러 있다고 합니다. 그 기간 동안 그들이 음식이나 기타의 것을 섭취합니까?"

"어떻게 그럴 수 있겠습니까?" 바가반이 반문하셨습니다. "그대는 잠들어 있을 때 음식을 먹습니까?"

"아닙니다. 하지만 무상삼매에 들어 있는 동안 마음이 존재하겠습니까, 존재하지 않겠습니까?" 그 질문자가 질문했습니다.

"왜 존재하지 않겠습니까? 잠 속에서 존재하는 것은 그때에도 존재합니다. 자 보세요. 지금 정오인 12시부터 오후 2시까지 우리는 회당의 문을 닫아놓고 안에서 잠을 잡니다. 그것도 삼매입니다. 아주 멋진 삼매지요! 마음이 있는지 없는지는 누가 압니까?" 바가반이 말씀하셨습니다.

그 헌신자가 다시 한 번 여쭈었습니다. "완전한 자각 상태[본연삼매]에 들어 있는 이들은 어떻습니까?"

바가반은 이렇게 답변하셨습니다. "바로 그런 질문을 하기 때문에 바쉬슈타가 라마에게 네 번째 상태, 즉 뚜리야를 알기 쉽게 설명하기 위해 진인과 사냥꾼의 이야기를 들려준 것입니다. 숲 속에 한 위대한 무니(Muni)가 연화좌 자세로 앉아 있었는데, 두 눈만 뜬 채 깊은 무아경에 들어 있었습니다. 한 사냥꾼이 화살로 사슴 한 마리를 쏘았는데 사슴은 달아나 무니의 앞에서 근처의 덤불 속으로 숨어 버렸습니다.

사슴을 부리나케 쫓아온 사냥꾼은 사슴이 보이지 않자 무니에게 그것이 어디로 갔느냐고 물었습니다. '나는 모르네, 친구여.' 무니가 말했습니다. 사냥꾼이 말했습니다. '선생님, 사슴이 바로 당신 앞으로 달려왔고 당신은 눈을 뜨고 있었습니다. 어떻게 그것을 보지 못하실 수 있습니까?' 제대로 답변을 해 주지 않으면 사냥꾼이 자신을 평화롭게 내버려두지 않을 것임을 알고 무니가 말했습니다. '친애하는 양반, 우리는 진아 안에 몰입해 있네. 우리는 늘 네 번째 상태에 들어 있다네. 우리에게는 생시나 꿈이나 깊은 잠의 상태가 없네. 우리에게는 모든 것이 똑같다네. 그 세 가지 상태는 에고의 징표들이지만 우리한테는 에고가 없네. 에고성 그 자체가 바로 마음이고, 그것이 이 세상에서 이루어지는 모든 행위에 대해 책임이 있는 자라네. 그 에고는 오래 전에 우리를 떠났네. 그래서 우리가 눈을 뜨고 있든 감고 있든 그것은 중요하지 않다네. 우리는 주위에서 무슨 일이 일어나는지 전혀 의식하지 못하네. 그러니 자네의 사슴에 대해 내가 무슨 말을 해 줄 수 있겠나?' 사냥꾼은 그것이 다 말도 안 되는 헛소리라고 생각하면서 자기 갈 길을 갔습니다."

"'만약 '나'(aham)가 없으면 어떻게 그가 말을 했느냐?'고 물을지 모르겠습니다. 제대로 이해하면 그 전에 '나'로서 일어났던 것이 나중에는 우리 자신의 성품(swarupa)로 됩니다. 그것을 마음 소멸(mano nasa)이라고 합니다. 저 무념의 자각 상태 혹은 자각의 다른 징표들은 (일시적인) 합일(laya)의 경우이지 소멸(nasa)의 경우는 아닙니다. 합일과 출현이 있는 한 그것은 수행의 한 상태에 지나지 않습니다." 바가반이 말씀하셨습니다.

그 대화를 이어서 다른 헌신자가 말했습니다. "삼매에는 유상삼매, 무상삼매와 같은 몇 가지가 있다고 합니다. 거기에 대해 말씀해 주실 수 있습니까?" 그러자 바가반은 이렇게 설명하셨습니다.

"예. 샹까라는 『분별정보』(Vivekachudamani)와 『능지소지분별』(Drigdrisyaviveka)에서 삼매를 여섯 가지로 기술하고 있습니다. 그 여섯 가지는 두 가지 주된 범주, 즉 유상삼매와 무상삼매로 나누어집니다. 전자는 다시 '대상지각'(Drisyanubiddha)과 '소리지각'(Sabdanubiddha)의 둘로 나뉘는데, 이 둘은 다시 아래와 같이 세분됩니다."

1) 내적인 대상지각의 유상삼매: 욕망 기타 가시적인 마음의 속성들에 대한 주시자로서의 자기 자신의 진아에 대한 명상.
2) 내적인 소리지각의 유상삼매: 진아는 접촉을 벗어나 있고(Asanga) 스스로 빛나는(Swaprakasa) 사뜨-찌뜨-아난다이자 비이원적인 것(Advaita)임을 아는 것.
3) 내적인 무상삼매: 위 두 가지 상태의 지복을 즐기면서 그 두 가지 모두 내버

리고 바람 없는 곳의 깜박임 없는 등불처럼 움직임 없이 머무르는 결과로 얻는, 진아의 고양된 느낌.

4) 외적인 대상지각의 유상삼매: 심장 속에 안주하는 진아의 경우처럼, 이름과 형상이 있고 가시적인 세상의 외물들을 무관심한 태도로 내버리고 저변의 실재에 대하여 명상하는 것.

5) 외적인 소리지각의 유상삼매: 스스로를 사뜨-찌뜨-아난다로 나투는 것은 보편적인 브라만임을 늘 알고 자각하는 것.

6) 외적인 무상삼매: 위 두 가지 삼매의 체험으로 모든 욕망을 극복하고 파도 없는 바다처럼 고요하고 움직임 없이 머무르는 것.

"이 여섯 가지 삼매를 언제 어느 때나 끊임없이 부단히 수련하면 우리는 무념의 자각 상태를 성취할 수 있습니다. 그 상태를 얻지 못하면 에고가 완전히 소멸되지 않습니다. 에고가 소멸된 사람들은 워낙 초연하기 때문에, 비록 그들이 무엇을 보는 것처럼 보여도 실제로는 아무것도 보지 않고, 먹는 것처럼 보여도 실제로는 아무것도 먹지 않으며, 듣는 것처럼 보여도 실제로는 듣지 않고, 잠을 자는 것처럼 보여도 실제로는 잠을 자지 않습니다. 그들이 무엇을 하든 실제로는 '하는' 것이 아닙니다."

1948년 4월 8일

5. 스승의 발의 신성함

오늘 오후에 제가 바가반께 가 보니 어떤 사람이 '스승의 발의 신성함'(Guru pada mahima)이라는 노래를 부르고 있었습니다. 그 노래가 끝난 뒤에 바가반은 저를 바라보면서 말씀하셨습니다. "이 노래들은 따뜨와라야스와미(Tatvarayaswami)가 지은 거지. 자네는 '스승의 발의 신성함'을 들은 적이 있을 텐데, 안 그런가?" "예. 그 노래들을 들은 적이 있습니다. 그 노랫말의 의미가 심오해서 저는 어떤 위대한 인물이 그것을 지었으리라고 생각했습니다." 제가 말했습니다. "그렇지. 거기에는 어떤 이야기가 있지." 바가반이 말씀하셨습니다. 그 이야기가 어떤 거냐고 제가 여쭈자 바가반은 느긋하게 다음과 같이 그 이야기를 우리에게 들려주셨습니다.

"따뜨와라야와 스와루빠난다(swarupananda)가 참스승(Sadguru)을 찾아 각기 다른 방향으로 나뉘어 가기로 했습니다. 길을 떠나기 전에 그들은 한 가지 합의를 했습니다. 누구든지 먼저 참스승을 찾아내는 사람이 다른 사람에게 그 스승을 보여주기로 말입니다. 따뜨와라야는 아무리 찾아도 참스승을 찾아내지 못했습니다. 따뜨와라야의 삼촌이었던 스와루빠난다는 당연히 나이가 더 많았습니다. 그는 한 동안 돌아다니다가 지쳐서 어느 곳에서 쉬었습니다. 더 이상 찾으러 돌아다닐 수 없다고 느낀 그는 하느님에게 기도했습니다. '오, 이스와라시여! 저는 더 이상 돌아다닐 수 없습니다. 그러니 당신께서 저에게 참스승을 한 분 보내주십시오.' 그는 짐을 하느님께 맡겨버리고 침묵 속에서 앉아 있었습니다. 그러자 신의 은총으로 참스승 한 분이 스스로 그곳에 와서 그에게 진리의 가르침(tatva upadesa)[진아 깨달음의 가르침]을 주었습니다. 그 가르침의 요지를 하나의 노래로 지은 것이 『따뜨와-사람』(Tatva-saram)이라는 것입니다. 그 책은 주석과 함께 간행되었는데 아주 유명한 책이지요. 삼촌과 조카 사이에 서로 정한 합의는 그 스승이 곧 타계해 버리는 바람에 지킬 수 없게 되었습니다. 그런 상황이 되자 삼촌 자신이 조카에게 가르침을 주었습니다. 스와루빠난다는 책을 한 권밖에 쓰지 않았지만 따뜨와라야는 무수한 노래들을 지었습니다. '스승의 발의 위대함'도 그 중의 하나입니다. 다른 많은· 노래들이 전해지지만 지금은 더러 산실散失된 것도 있습니다."

1948년 4월 23일

6. 스승의 은총

    4월 12일에 이따금 아쉬람을 찾아오는 비자야와다의 강가라주 말리까르주나 라오라는 사람이 부인과 자식들을 데리고 여기 왔습니다. 그는 딸이 다섯입니다. 이 딸들 사이사이에 다섯 명의 아들을 번갈아 낳았는데 그들은 모두 죽었다고 합니다. 그들은 여섯 번째 아들을 위해 바가반의 친존에서 안나쁘라사나(annaprasana)[처음으로 아이에게 고형 음식을 주는 의식]를 거행하고 싶어 했습니다.

    그런데 그 길일의 이틀 전에 그들이 아직 비자야와다에 있을 때 그 아이가 갑자기 죽었습니다. 그들은 바로 그날 저녁 이곳으로 출발하기로 했고, 다음날 오후 3시에 바가반의 친존에 도착했습니다.

    마치 바가반이 이 사람들의 슬픔을 덜어줄 수 있도록 그 질문을 유발하시기라도 한 듯, 한 헌신자가 이렇게 여쭈었습니다. "스와미, 호흡 제어나 기타 행법에 의해 이 육신이 오래 가도록 할 수 있다고 하며, 어떤 사람들은 깨달은 영혼, 즉 진인이 되기 위해 이런 행법들에 몰두한다고 합니다. 그것이 사실입니까? 그런 행법들을 하는 것은 좋습니까?"

    "예." 바가반이 부드럽게 대답하셨습니다. "그런 행법들을 하면 사람들이 오래 삽니다. 그러나 사람이 오래 산다고 해서 진인이 됩니까? 깨달음이 누가 얼마나 오래 사느냐에 달렸습니까? 샹까라는 32년밖에 살지 않았고, 마니까바짜가르도 32세, 순다라르는 18세, 그리고 삼반다르는 16세 때 육신을 떠났습니다. 그들은 깨달은 영혼이 아니었습니까? 깨달은 영혼은 이 몸에 대한 애착이 없습니다. 지복의 화신인 자에게는 몸 자체가 하나의 질병입니다. 그래서 그 몸을 버릴 날을 고대하겠지요. 몸 뚱이가 있으면 이빨을 닦아 주어야 하고, 걸어야 하고, 목욕을 해야 하고, 음식을 먹여 주어야 하고, 그 외에도 여러 가지를 해야 합니다. 종기가 나면 씻고 치료해 주어야 하는데 만약 그렇게 하지 않으면 곪아서 나쁜 냄새를 풍깁니다. 마찬가지로, 몸을 청결히 하지 않으면 병이 듭니다. 깨달은 영혼은 자신의 몸을 짐꾼이 자기 짐 보듯이 합니다. 그래서 목적지에서 그 짐을 내려놓을 때를 고대합니다. 그런데, 그가 호흡제어나 회춘법을 통해 자기 몸을 유지하거나 그 수명을 연장하려고 하겠습니까? 그런 것은 능력을 추구하는 이들, 즉 싯다들이 택하는 방법입니다. 제가 산 위에 있을 때 그런 부류의 싯다들을 본 적이 있습니다. 누가 그들을 찾아가면 그들은 사람들을 앉게 하고 그들이 사는 마을, 아버지와 할아버지, 증조할아버지의 이름을 묻고 나서, 자기들이 한때 그 증조할아버지 시절에 그 마을에 간 적이 있다고 이야기합니다. 마을 사람들은 그 말에 놀라고, 그렇게 나이 많은 분들이 어떻게 그렇게 오래 살 뿐 아니라 그렇게 정정할 수 있을까 의아해 하면서 몇 가지 선물을 주고 가곤 했습니다. 그런 것은 다 사람들에게 자기들이 대단하다는 인상을 주기 위한 것이었습니다. 하지만 사람들이 그런 방법을 가지고 깨달은 영혼이 되겠습니까?"

"『바쉬슈탐』에서 말하기를, 라마가 성지순례에서 돌아온 뒤에 온 세상이 그 자체로 불행의 원인이라는 것을 알았다고 했습니다. 그래서 일체를 남들에게 맡겨 버렸고, 심지어 먹고 마시지도 않은 채 꼼짝 않고 있었습니다. 비스와미뜨라(Viswamitra-진인의 한 사람)가 다샤라타(Dasaratha-라마의 아버지인 왕)를 찾아와 라마를 자신의 제사의식을 수호하도록 보내달라고 하자, 다샤라타는 라마가 미친 사람 같다고 하면서 그 미친 징후 몇 가지를 이야기합니다. 그 말을 듣자 비스와미뜨라는 그런 징후를 들으니 아주 기쁘다면서, 그런 미친 증세는 많은 사람에게 찾아오는 게 아니며, 자신이 라마를 만나보겠으니 그를 불러 달라고 합니다. 그래서 라마가 와서 임석한 모든 사람들 앞에 오체투지 하고 앉았습니다. 비스와미뜨라는 라마를 보고 그 미친 증세는 무엇 때문이냐고 묻고 바쉬슈타(라마의 스승)에게 이렇게 말합니다. '부디 라마에게 진아에 대한 지식을 가르쳐 주시오. 브라마가 그대와 나에게 가르쳐 준 그 지식 말이오.' 바쉬슈타는 그렇게 하겠다고 합니다. 그가 라마를 가르치고 있을 때, 사방에서 온 싯다들이 그의 말에 귀를 기울이면서 이렇게 생각합니다. '라마는 어린 나이에도 너무나 많은 것을 얻었구나. 놀랍다! 대단하다! 우리가 이렇게 오래 사는 게 무슨 소용 있나?' 여러분은 왜 그런지 알겠습니까?" 바가반이 말씀하셨습니다.

"예, 맞습니다." 다른 헌신자가 말했습니다. "어떤 사람들은 '우리가 50년을 살았는데 뭐가 더 필요하냐?'고 합니다. 마치 그렇게 오래 산 것이 대단한 일인 양 말입니다."

"예, 그렇지요." 바가반이 웃으면서 말씀하셨습니다. "그것은 일종의 자부심인데, 거기에는 한 가지 이야기가 있습니다. 옛날에 브라마가 한번은 자신이 오래 산 것에 자부심을 느꼈습니다. 그래서 비슈누를 찾아가서 말했습니다. '그대는 내가 얼마나 대단한지 모르는가? 나는 가장 오래 살고 있는 사람(chiranjivi)이라네.' 비슈누는 그에게, 그것은 그렇지 않다고 하면서 그보다 훨씬 더 오래 산 사람들이 있다고 말했습니다. 브라마가 자신이 모든 중생을 창조했는데 어떻게 그럴 수 있느냐고 하자, 비슈누는 그보다 더 나이 많은 사람들을 보여주기 위해 그를 데리고 갑니다."

"그들은 어느 장소에 이르러 로마사 마하무니(Romasa Mahamuni)4)를 발견했습니다. 비슈누가 그에게 나이를 물으면서 얼마나 더 오래 사실 것 같으냐고 물었습니다. '오호! 내 나이를 알고 싶소? 좋소, 그러면 들어보시오, 내가 말할 터이니.' 로마사가 말했습니다. '이 유가(yuga)는 수수만년으로 이루어진다오. 이 모든 세월을 합치면 브라마의 하루 낮과 하룻밤이 되는데, 이 계산법으로 할 때 브라마의 생애는 백 년에 한정되오. 그러한 브라마가 죽으면 내 몸의 털 하나가 빠진다오. 이미 그런 죽음이 몇 번 있었기 때문에 내 털이 더러 빠졌지만 남아 있는 게 훨씬 더 많소. 내 털이 다 빠지면 내 생명도 끝이 나서 나도 죽을 것이오.'"

"이 말에 몹시 놀란 그들은 아쉬따바끄라 마하무니(Ashtavakra Mahamuni)를 찾아갔는데, 그는 몸의 여덟 군데가 비틀려 있는 고행자였습니다. 그들이 로마사가 말한 계산법에 대해 묻자, 그는 말하기를 그런 로마사 마하무니 한 사람이 죽을 때 자기 몸의 비틀린 곳 한 군데가 풀리고 여덟 군데가 다 풀리면 자기도 죽을 것이라고 했습니다. 그 말을 듣자 브라마는 기가 꺾였습니다. 이와 비슷한 이야기가 많이 있습니다. 참된 깨달음을 성취하면 누가 이 육신을 원하겠습니까? 진아 깨달음을 통해 무한한 지복을 즐기는 깨달은 영혼에게, 이 육신이란 짐이 왜 필요합니까?"

"스승의 축복 없이 지(知)를 얻을 수도 있습니까? 소싯적에는 아둔한 사람 같았던 라마도 스승의 도움을 얻고서야 깨달은 영혼이 되었는데 말입니다." 그 헌신자가 여쭈었습니다.

---

4) Romasa는 '털로 가득한'(full of hair)이란 뜻이다.

"예. 무슨 의문이 있을 수 있습니까? 스승의 은총은 절대적으로 필요합니다. 그래서 따유마나바르는 찬가를 불러 스승을 찬양했고, 다른 어떤 분도 '오, 구루데바시여, 당신의 시선이 떨어지면 호랑이가 염소처럼 유순해지고 뱀이 다람쥐같이 되며, 나쁜 사람은 착한 사람이 됩니다. 그러니 무슨 일인들 일어날 수 없겠습니까? 당신의 자비로운 시선을 받으면 일체가 선해집니다. 당신의 위대함을 제가 어떻게 형용할 수 있겠습니까?'라고 했습니다. 그는 이렇게 노래했습니다. 스승의 은총은 굉장합니다." 바가반이 말씀하셨습니다.

이런 이야기들을 듣고 나자 비자야와다에서 온 그 사람들은 기쁨에 넘쳐 말했습니다. "스승님의 은총이 저희에게 쏟아졌으니 저희들은 축복 받았습니다! 바가반께서 저희들에게 이런 이야기들을 다 해 주셔서 저희들의 슬픔을 덜어주셨습니다."

1948년 4월 24일

7. 아쉬따바끄라와 자나까 사이의 논의

이틀 전에 아쉬따바끄라의 이야기를 들은 한 헌신자가 어제 오전 바가반께 여쭈었습니다. "어제 말씀하신 아쉬따바끄라 무니는 자나까에게 가르침을 준 사람과 같은 분입니까?"

"예." 바가반이 말씀하셨습니다. "『아쉬따바끄라 기타』는 북인도에서는 잘 알려져 있는데 남쪽에서는 그렇지 않습니다. 최근에야 비스와나탄이 그것을 타밀어로 번역했습니다."

좌중에 있던 한 안드라 신사가 말했습니다. "그 『기타』는 텔루구어로도 나와 있습니까?"

"예, 텔루구어로도 있지요. 그 『기타』 이상으로, 그 가르침의 원인이 된 아쉬따바끄라와 자나까 사이의 대화가 아주 흥미롭습니다"라고 바가반은 말씀하신 다음, 그 이야기를 우리에게 들려주셨습니다.

"여러분도 아마 아시겠지만, 미틸라국(Mithila)의 모든 왕들은 자나까(Janakas)라고 불렸습니다. 그 중에서도 한 자나까는 진아지를 얻기 전의 어느 공부 시간 중에 학자들이 책을 읽는 것을 듣다가 다음과 같은 구절을 들었습니다. '브라만에 대한 지(知)는 한 발을 첫 번째 등자(鐙子)에 걸친 뒤 다른 발을 두 번째 등자에 올려놓는 짧은 시간 안에도 얻을 수 있다.' 그는 그 학자에게 그것이 사실이냐고 물었습니다. 학자는 그럴 수 있으며, 거기에 대해서는 조금도 의심이 없다고 말했습니다. 왕은 즉시 자신의 말을 데려오게 하여 경전에서 말하는 것이 옳은지 시험하겠으며, 사실이 아니면 그 학자가 책임을 져야 할 것이라고 했습니다. 그 학자는 자신은 그 말이 옳다는 것을 증명할 능력이 없지만, 경전에서 말한 것은 절대적으로 옳다고 주장했습니다. 왕은 분노하여, 만약 그것을 증명하지 못하면 그 문장을 경전에서 삭제해야 한다고 말했습니다. 그래도 학자는 두려워하지 않고 자신은 경전에서 말한 내용이 참되다는 데 대해 조금도 의심이 없고, 따라서 자신은 그에 반대되는 어떤 말도 하지 않겠다고 했습니다."

"왕은 즉시 그 학자를 감옥에 가두고 그 도시의 모든 학자를 불렀습니다. 그리고 그들에게 경전의 그 말이 옳으냐고 묻자, 그들 모두 그것이 옳다고 했습니다. 그러나 그것을 증명할 수 있느냐고 하자 그들 역시 처음의 학자와 같이 자신들은 그 말이 참되다는 것을 증명할 능력이 없다고 했습니다. 그래서 왕은 그들을 모두 감옥에 가두어 버렸습니다. 그리고 어떤 브라민이 자기 나라에 들어오든 그를 자기 앞으로 데려와야 하며, 만약 그들도 앞의 사람들처럼 대답하면 역시 감옥에 가두어 버리라고 명령했습니다. 그 소식이 사방에 퍼지자 어떤 브라민도 감히 그 나라에 발을 들여놓지 못했습니다. 얼마 뒤에 아쉬따바끄라 무니가 그쪽으로 지나가면서 나무 아래서 쉬려고 하다가 두 명의 브라민을 만났습니다. 그가 그 도시의 왕이 누구냐고 묻자 그들이 대답하기를, '그 왕에 대해서 무엇을 물으시려고 합니까? 그 도시에 들어가시려고요?' 했습니다. 그가 그럴 생각이라고 하면서 그래서 왕에 대해서 물었다고 하자, 그들이 말했습니다. '스와미, 이 도시를 다스리는 왕은 많은 브라민들을 투옥했습니다. 그러니 거기 가지 않으시는 게 좋겠습니다. 만약 운 나쁘게 어떤 브라만이 이 도시에 들어가면 그는 이렇게 물을 것입니다. "당신은 경전에서 말하는 대로, 두 발을 말안장의 등자에 걸치는 시간 안에 사람이 깨달은 영혼이 될 수 있다는 것을 증명할 수 있소?"라고 말입니다. 그리고 그것을 증명하지 못하면 그 사람은 감옥에 갇히고 말 것입니다.' 그 말을 듣자 재미있어진 그가 말했습니다. '오호! 그게 그렇게 된 일이오? 그러면 이렇게 해 보시오. 나를 가마에 태워 그 왕에게 데려다 주시오. 내가 경전의 그 말이 옳다는 것을 증명하여 모든 학자들을 석방하겠소.' 그들은 기뻐하면서 즉시 가마 한 채를 대령하여 무니를 그 안에 태우고, 직접 가마를 메고 가 왕 앞에 내려놓았습니다. 왕은 그때 알현실에 앉아 있었습니다."

"왕은 무니의 빛나는 얼굴을 보자마자 그에게 예배를 올리고 싶어졌습니다. 그래서 즉시 그의 앞에 엎드려, 바닥에 전신을 뻗고 몸의 여덟 군데를 땅에 대고 두 손을 합장한 채 말했습니다. '스와미, 이곳을 찾아오신 목적이 무엇인지요? 제가 할 수 있는 일이 있다면 부디 말씀해 주십시오.' 무니는 그가 보여주는 존경에 흡족해하면서 말했습니다. '학자들이 무슨 잘못을 했다고 그들을 모두 감옥에 가두었소? 먼저 그것을 말해 주시오. 그러고 나서 다른 일들을 이야기해 봅시다.' '그들은 경전에서, 진아지는 사람이 한 발을 첫 번째 등자에 얹고 나서 두 번째 발을 두 번째 등자에 걸치는 짧은 시간 안에 얻을 수 있다고 하는 말을 증명하지 못했습니다. 그래서 모두 감옥에 가두었습니다. 저는 그 말이 참된지 여부를 알기 위해 그렇게 한 것입니다.' 왕이 말했습니다. '말도 안 되는 소리요! 단지 증명하지 못한다고 해서 우리가 경전 말씀이 참되지 않다고 할 수 있소? 나는 경전의 모든 구절이 다 참되다고 선언하는 바이오.' 무니가 말했습니다. '그렇다면 바로 지금 말을 데려오라고 하겠습니다. 부디 당신께서 경전에서 한 말이 옳다는 것을 증명해 주시기 바랍니다.' 왕이 말했습니다. '그대의 욕망이 선한 것이어서 나는 기분이 좋소. 그러나 깨달음에의 입문은 그럴 만한 적격자가 아닌 사람에게는 주어지지 않는다는 것을 알 거라고 생각하오. 그 입문을 원한다면 그대가 나를 전적으로 믿고 먼저 감옥에 갇혀 있는 학자들을 석방해야 하오.. 그러고 나서 말을 타고 숲 속으로 오면 내가 그대의 적격 여부를 판단하고 나서 가르침을 주겠소.' 무니가 말했습니다."

"큰 믿음을 불러일으키는 무니의 그 말을 듣자 왕의 열의가 부쩍 솟구쳤고, 그래서 갇혀 있던 사람들을 즉시 석방했습니다. 왕은 아쉬따바끄라를 가마에 타게 하고, 대신들을 비롯한 아랫사람들을 거느린 채 직접 말을 타고 숲으로 갔습니다. 이윽고 그들은 한 그루 반얀나무 아래 멈추었고, 무니가 말했습니다. '왜 모든 수행원들을 돌려보내지 않는 거요? 왜 이 모든 사람들을 입문시키려고 하오?' 그래서 왕은 그들을 모두 돌려보냈습니다. 그리고 더 이상 시간을 허비하고 싶지 않아서, 아쉬따바끄라의 허락을 얻어 한 발을 등자에 걸치고 다른 발을 들려고 했습니다. 이때 무니가 말했습니다. '잠깐, 잠깐! 다른 다리를 들기 전에 내 질문에 대답해야 하오.' 왕이 동의하자 무니가 물었습니다. '우리가 말하는 경전에서, 사람이 다른 발을 등자에 올려놓는 짧은 시간 안에 깨달음을 얻을 수 있다는 말밖에 없소, 아니면 다른 말도 있소?' 왕은 다른 말도 많이 있다고 했습니다. 무니가 다시, 깨달음을 얻기 위해서는 스승이 있어야 한다는 말도 있느냐고 묻자 그는 그렇다고 대답했습니다. '만약 그렇다면, 왜 그대는 먼저 나를 스승으로 받아들이지도 않고 입문을 해 달라고 하는 거요?' 무니가 이렇게 말하자, 왕은 경전에서 말하는 대로 자신은 무니를 자기 스승으로 즉시 받아들인다고 대답했습니다. '스승 사례(*Gurudakshina*)[수업료로 스승에게 드리는 선물]는 어떻게 할 거요?' 무니가 물었습니다. 왕은 바로 그 순간 자기 몸과 마음, 재산 그리고 자신이 세간에서 소유한 일체를 스승의 발에 바친다고 하면서 그것을 받아달라고 청했습니다."

"그 말을 듣자마자 아쉬따바끄라는 근처의 숲 속으로 들어가서 자취를 감춰 버렸습니다. 왕은 한 발을 등자에 걸친 채 꼼짝없이 그대로 있었습니다. 해가 졌습니다. 대신들을 비롯한 그의 권속들은 그가 집으로 돌아오지 않자 걱정이 되어 숲으로 갔습니다. 숲 속에 가마는 있었지만 아쉬따바끄라는 보이지 않았습니다. 그리고 왕은 석상처럼 꼼짝하지 않는 상태로 있었습니다. 그 광경에 그들은 모두 놀라서 말문이 막혔습니다. 대신이 왕에게 다가가 왜 그렇게 꼼짝 않고 있느냐고 물었지만 대답이 없었습니다. 이때 그들은 무니가 무슨 흑마술을 썼다고 생각하고 그를 찾기 시작했지만 그는 어디에도 없었습니다. 무니를 찾기를 포기한 그들은 왕을 가마에 태워 궁궐로 모셔와 침상에 눕게 했습니다. 그는 눕혀 놓은 그 자세로 침대에 누워 꼼짝도 하지 않고 있었습니다. 대신들은 몹시 걱정이 되어, 기병들을 모두 불러 무니를 찾아서 잡아오되 빈손으로는 돌아오지 말라고 명했습니다."

"왕은 아무것도 먹지 않았을 뿐 아니라, 말 한 마디도 하지 않았습니다. 입에 부어준 물도 삼키지 않았습니다. 그 상태를 보고 왕비를 비롯한 왕의 가족친지들은 슬픔에 사로잡혔습니다. 그 소식이 사람들 사이에 퍼지자 그들에게 공포감이 일어났습니다. 해가 떴는데도 왕은 일어나지 않았고 무니도 나타나지 않았습니다. 다들 무슨 소식을 기다리면서 걱정하고 있을 때, 하인들 중의 한 사람이 해 지는 쪽에서 가마를 탄 아쉬따바끄라와 함께 나타났습니다. 대신들은 무니를 보자마자 분개했습니다. 그러나 자신들의 분노를 표출했다가는 앞으로의 일을 망칠까 두려워, 무니에게 혹시 왕에게 흑마술을 쓰셨느냐고 공손하게 물었습니다. '그대들의 왕에게 흑마술을 써서 내가 얻을 게 무엇인가? 그건 그렇고 왜 그대들의 주인에게 직접 물어보지 않는가?' 무니가 반문했습니다. '여쭈어 보았지만 폐하께서는 말씀을 못 하십니다. 지난 이틀 간 음식은커녕 물도 드시지 않았습니다. 부디 어떻게든 폐하께서 무엇을 좀 드시게 보살펴 주십시오.' 대신들이 말했습니다. 그러자 무니가 왕에게 다가가 말했습니다. '라자(Rajah)!' 그러자 왕이 즉시 대답했습니다. '무슨 하교가 있으십니까, 스와미? 제가 당신께 뭘 잘못했습니까?' '누가 그대에게 뭘 잘못했다 하오? 아무 잘못한 거 없소. 괜찮소. 걱정 마오. 이제 일어나서 뭘 좀 들도록 하오.' 무니가 말했습니다."

"왕은 일어나서 식사를 하고 다시 꼼짝하지 않고 앉아 있었습니다. '부디 저희들에게 자비를 베푸시어 폐하를 원래의 상태로 돌려놓아 주십시오' 하고 대신들이 말했습니다. 무니는 그러마고 약속했습니다. 그리고 그들을 다 내 보낸 뒤에 그는 문들을 걸어 잠그고 왕에게 다가가 왜 그렇게 꼼짝 않고 앉아 있느냐고 물었습니다.

왕은 즉시 이렇게 말했습니다. '스와미, 저는 이 몸뚱이에 대해 전혀 아무런 권리가 없습니다. 이 다리와 손들은 제 것이 아닙니다. 이 혀도 제 것이 아니고, 이 눈, 귀 그리고 모든 감각 기관, 그 어느 것도 제 것이 아닙니다. 이 나라도 제 것이 아닙니다. 사실 저는 제 몸과 마음, 저의 재산을 당신께 바쳤습니다. 당신의 명령 없이는 아무것도 할 수 없습니다. 그래서 이러고 있습니다'라고 말입니다."

"이러한 믿음과 헌신의 말을 듣자 무니는 기쁘고 흡족하여 왕의 머리에 손을 얹고 말했습니다. '여보게, 그대가 해탈자가 될 만한 그릇인가 아닌가를 알기 위해 내가 그런 예비적인 시험을 부과했는데, 이제는 입문에 적합한 자격을 갖춘 제자를 얻었네. 그대는 지금 브라마 스와루빠(Brahma Swarupa), 곧 깨달은 영혼이네. 해야 할 모든 일을 해낸 자이고, (스승에게서) 받아야 할 모든 것을 받은 자라네.' 그러자 왕은 무니의 앞에 오체투지를 하면서, 완전히 무지에 싸여 있던 자신이 어떻게 해서 브라마 스와루빠가 되었는지 궁금해서 이렇게 물었습니다.

제가 어떻게 깨달음을 얻었고 어떻게 해탈을 얻었으며,
무욕을 어떻게 얻었는지, 이것을 제게 말씀해 주십시오, 스와미.5)

"『아쉬따바끄라 기타』는 문답 형태로 되어 있는데, 자나까는 진아지에 입문한 상태입니다. 그 입문의 결과로 꼬박 하룻밤이 잠깐 사이처럼 지나갔습니다."

"해가 뜬 직후에 문들이 열리고 대신들을 비롯한 여러 사람들이 들어와서 왕이 큰 황홀경에 들어 있는 것을 보고 기뻐해 마지않았습니다. 이때 위대한 무니가 왕에게, 아직도 경전에서 말하는 대로 다른 한 발을 등자에 걸치는 짧은 시간 안에 지(知)를 얻을 수 있다는 것에 대해 의심이 있느냐고 물으면서, 만약 의심이 있으면 말을 데려와서 그 구절을 증명해도 좋다고 말했습니다. 왕은 감사와 헌신의 감정으로 가슴이 가득한 채, 자기 마음에는 어떠한 의심도 없으며, 경전에서 말한 것은 절대적으로 참되다고 말했습니다. 그리고 다시금 스승이 자신에게 베풀어 준 큰 은혜에 대해 감사를 표했습니다. 이것이 그 이야기의 전말입니다. 『아쉬따바끄라 기타』는 『리부 기타』와 같이 깨달음의 위없는 상태에 대해 가르치고 있습니다. 다시 말해서, 자나까는 자신의 몸과 마음, 그리고 재산을 스승에게 거리낌 없이 내맡긴 순간 자신의 진아 안에 흡수되어 삼매의 상태에 들어간 것입니다. 바꾸어 말해서, (아쉬따바끄라는) 그에게 『기타』를 가르쳐 주면서 그것이 그의 진정한 상태라고, 그리고 그 본래적 상태 안에 자리잡고 머물러 있어도 된다고 말해 준 것입니다."

---

5) [역주] 『아쉬따바끄라 기타』, 1:1.

"바쉬슈타가 라마에게 가르친 것도 그와 같은 내용 아닙니까?" 제가 말했습니다. "예, 그렇지요. 그러나 『바쉬슈탐』은 이야기 형태로 되어 있습니다. 이 책(『아쉬따바끄라 기타』)과 『리부 기타』에서만 진아의 본질이 (이론적으로) 아주 상세하게 설명되어 있지요." 바가반이 말씀하셨습니다.

1948년 4월 25일

8. 리부와 니가다

어제 바가반이 아쉬따바끄라 이야기를 들려주실 때 그것을 경청한 한 안드라 신사가 오늘 오전 마하르쉬님께 다가가서 말했습니다. "어제 아쉬따바끄라와 자나까 사이의 논의를 들려주실 때 『리부 기타』를 언급하셨습니다. 그 『기타』가 나오게 된 연유는 무엇입니까?" "아, 그거요. 리부 마하르쉬(Ribhu Maharshi)가 니다가(Nidagha)에게 해 준 입문 그 자체가 『리부 기타』입니다." 바가반이 말씀하셨습니다. "리부가 니다가를 어떻게 시험했는가 하는 이야기가 아주 재미있습니다. 그렇지 않습니까?" 제가 말했습니다. 제 말을 듣자 그 헌신자가 바가반께 그 이야기를 들려달라고 청했고, 바가반은 미소를 지으며 이야기를 시작했습니다.

"리부에게는 여러 명의 제자가 있었지만 니다가를 특히 총애했습니다. 왜냐하면 니다가는 경전에 통달해 있었고 마음이 순수했으며, 스승에 대해 대단한 신심을 가지고 있었기 때문입니다. 리부는 아주 자세하게 그리고 분명하게 비이원론 철학의 핵심을 가르쳐 주었습니다. 그런데도 이 제자의 마음은 의식(karma)을 거행하는 데 깊이 몰두해 있었기 때문에 스승이 가르쳐 준 지(知)의 길에 안정되게 머무를 수 없었습니다. 그는 자기 고향으로 돌아가 살면서 의식에 관한 경전(karma kanda)에서 규정한 모든 의식을 거행하고 있었습니다. 니다가가 멀리 떨어진 곳에 살고 있었지만 그에 대한 스승의 걱정은 나날이 커져갔습니다. 그래서 리부는 이따금씩 제자가 의식 거행에서 얼마나 떨어져 나오고 있나 알아보기 위해 니다가가 사는 곳을 가 보았습니다. 어쩌다 한 번씩은 남 몰래 가기도 했습니다.

"그렇게 남 몰래 가던 중 한 번은, 리부가 시골 사람으로 변장하고 가 보니 니다가가 서서 왕이 행차하면서 왕궁에서 나오고 있는 것을 보고 있었습니다. 니다가는 리부가 뒤에서 다가오고 있는 것을 몰랐습니다. 리부는 니다가를 시험해 보고 싶어서 이렇게 말했습니다. '여기는 웬 사람들이 이렇게 모였소?'"

니다가: (돌아보지도 않고, 물은 사람이 누군지 모른 채) 왕이 행차하고 있군요.

리부: 오호! 왕이 행차하는군요. 왕이 누군가요?

니다가: 저기를 보십시오. 코끼리 위에 탄 사람이 바로 왕입니다.

리부: 아니, 뭐라고 했소? 왕이 코끼리를 타고 있다고 했소? 그래, 둘 다 보이는군. 하지만 누가 왕이고 누가 코끼리요?

니다가: 무슨 그런 터무니없는 말씀을 하십니까? 둘 다 보인다고 하면서, 위에 탄 것이 왕이고 아래에 있는 것이 코끼리라는 것을 모르신단 말입니까?

리부: 아니, 뭐라고 했소? 제발 좀 똑똑히 말해 주시오.

니다가: 정말 귀찮게 하시는군요! 당신 같은 분들한테는 무슨 설명을 해 주기가 어렵습니다. 똑같은 것을 몇 번이나 말해 주어야 합니까? 잘 들으십시오. 위에 있는 것은 왕이고 아래에 있는 것은 코끼리입니다. 이제는 알아들으셨겠지요?

리부: 미안하오. 부디 나 같은 멍텅구리에게 화를 내지 마소. 한 마디만 더 합시다. 위와 아래라고 했는데, 여보시오, 그것이 정확히 무슨 뜻인지 부디 말해 주시겠소?

니다가: (크게 화를 내면서) 정말 우습군요! 위에 있는 것이 보이지요. 그것이 왕입니다. 아래 있는 것은 코끼리고요. 위가 뭔지 아래가 뭔지 모른다고 하는 것은 무슨 억지소립니까?

리부: 그렇소. 물론 맞는 말이오! 내 눈에도 둘 다 보이는구려. 그래도 위와 아래라는 것이 뭔지 모르겠소.

니다가: (분노를 억제하지 못하고) 무슨 말도 안 되는! 명백히 눈에 보이는 것을 모르겠다면 당신이 그것을 이해할 수 있게 하는 유일한 방법은 실제로 그것을 보여 주는 수밖에 없지요. 지금 그렇게 하겠습니다. 몸을 앞으로 굽혀 보십시오. 그러면 모든 것을 완전히 이해할 테니.

"저 시골 일꾼은 시킨 대로 몸을 굽혔습니다. 니다가는 그 위에 올라타서 말했습니다. '자, 자, 보세요. 이해됩니까? 나는 왕처럼 당신의 위에 있고 당신은 코끼리처럼 아래에 있습니다. 이제 됐습니까? 분명히 이해가 됩니까?'"

리부: 아니, 아직 이해하지 못했소. 나는 아직 그 의미를 모르겠소. 그대는 왕처럼 위에 있고 나는 코끼리처럼 아래에 있다고 했는데, 왕이 위에 있고 코끼리가 아래에 있다는 것은 그래도 이해가 되오. 그러나 그대는 '당신'과 '나'라고 했는데 그것이 뭔지 이해가 되지 않소. '당신'과 '나'라고 할 때 그것은 누구를 가리켜 한 말이오? 부디 그 점을 분명하고 좀 자세하게 설명해 주시오.

"그는 이런 모든 이야기를 차분하고 기품 있는 어조로 말했습니다. 니다가는 자신을 예리하게 겨냥한 이런 질문을 듣자 '당신'과 '나'라는 별개의 실체가 존재하지 않으며, 그것들은 진아의 의식 안에 합일된다는 것을 깨달았습니다. 그래서 그는 본능적으로 자신의 실수를 깨닫고, 이렇게 자신의 마음을 바깥의 차별상으로부터 진아인 진리로 향하게 해 준 사람은 다름 아닌 자신의 스승이라는 것을 알고, 그 시골 노인의 발 앞에 털썩 엎드렸습니다. 그리고 합장한 채 큰 가르침을 베풀어 준 스승에게 깊은 사의를 표하고 스승이 자신에게 해 준 모든 배려에 감사했습니다. 리부는 다시 그에게 실재의 상태를 설명하고 진아 안에 안주하는 법을 가르쳐 주었습니다. 그 가르침이 『리부 기타』입니다. 그 『기타』에서는 진아를, 오직 진아만을 상세히 다루고 있지요." 바가반이 말씀하셨습니다.

1948년 5월 4일

9. 베다라니얌

아빠르를 위시한 헌신가들이 지은 시들은 대개 빠디깜(padikams-'10연시')입니다. 즉, 특정한 주제를 10개 연에서 다루고 있습니다. 어제는 아빠르의 기념일이어서 순다레샤 아이어와 시바난담이 그의 「빠디깜」(Padikams)에서 각기 한두 수씩의 비율로 아빠르의 시들을 노래했는데, 바가반은 각 연의 의미를 그들에게 설명해 주셨습니다. 베다라니얌(Vedaranyam)에서 지은 「스또뜨라 빠디깜」(Stotra Padikam)의 마지막 연을 노래하고 있을 때 바가반이 말씀하셨습니다.

"12살 난 삼반다르와 아빠르가 성지순례를 하면서 베다라니얌에 당도했을 때 베다라니얌 사원의 정문이 잠겨 있었습니다. 먼 옛날 고대의 베다서들이 인간의 형상을 취했던 모양입니다. 그들은 그 사원에서 물을 뿌리거나 붓고[관주] 예공을 하면서 주님께 예배하고 나서, 떠나면서 정문을 잠그고 봉인을 해 두었습니다. 그때 이후로 누구도 감히 그 문을 열 생각을 못했고, 그래서 벽에 구멍을 내어 사람들이 드나들 수 있도록 옆문을 하나 만들어 두었습니다. 아빠르와 삼반다르가 정문이 잠겨 있는 이유를 묻자 경비원은 이 이야기를 해 주면서 옆문으로 들어가면 된다고 했습니다. 옆문을 이용하고 싶지 않았던 그들은 이스와라에게 정문을 열어 달라고 기도하기로 했습니다. 삼반다르는 아빠르더러 기도를 하라고 했고, 그때 아빠르가 이 10연의 노래를 불렀습니다. 이스와라는 아빠르의 노래들을 좋아합니다. 그는 그 노래를 듣는데 워낙 몰두하여 문을 열어주는 것을 잊어버렸습니다. 9연째 노래를 부르는데도 문이 열리지 않자 아빠르는 슬픔에 잠겨 '오 주님, 당신의 가슴이 아직도 녹지 않았습니까?' 하는 10번째 노래를 불렀습니다. 그것도 효과가 없자 그는 '아바까나이 바발라라다르 띠따네에르'(Avakkanai Vavalaladar Thittaneer)로 시작되는 11번째 노래를 부르기 시작했는데, 그 내용은 이렇습니다. '라바나가 두 손으로 까일라사를 들어올렸을 때 당신은 새끼손가락 하나로 그를 쓰러뜨리시고, 천 년간이나 그가 고초를 겪게 하셨습니다.6) 그러니 저에게 어찌 자비를 보이시겠습니까?' 이 노래를 부르자 이스와라는 문을 얼른 열어주지 않은 것을 후회하고 즉시 그 문을 열어준 모양입니다."

바가반이 말씀을 계속했습니다. "그들은 사원에 들어가 주님께 예배를 올린 뒤에 나왔습니다. 아빠르는 삼반다르에게 문이 닫히도록 기도를 올리라고 했습니다. 삼반다르가 불과 1연을 노래하자 문이 쿵 하고 닫혔습니다. 이 경우에 이스와라는 아빠르가 11연을 부를 때까지 그의 기도에 응하지 않다가 삼반다르가 1연만 불렀는데도 즉시 문을 닫아주면서 아빠르를 시험했습니다. 또 어떤 경우에는 삼반다르가 가혹한 시험을 받고 아빠르는 쉽게 은혜를 받기도 했습니다. 그것은 또 다른 이야기입니다." 제가 그 이야기에 대해서 여쭤자 바가반은 그것을 다음과 같이 들려주셨습니다.

"이스와라가 베다라니얌에서 엄중한 시험을 가한 이후로 아빠르는 상심하여 그 어느 때보다도 더 큰 헌신으로 이스와라를 숭배하기 시작했습니다. 나중에 아빠르와 삼반다르 둘 다 각자의 추종자들을 거느리고 성지순례에 나서 띠루베엘리말라이라는 마을에 도착했습니다. 그때 그 마을은 기근에 시달리고 있었습니다. 사람들이 고초를 겪는 것을 보다 못한 그들은 각자의 수행원들과 함께 두 개의 정사에 각기 따로 머무르면서 사람들에게 음식을 나누어주기로 했습니다. 물론 그들은 돈이 없었고, 그래서 이스와라에게 기도하기 위해 현지의 사원으로 갔습니다. 이스와라는 그들의 헌신에 기뻐하면서 각자에게 매일 금화를 하나씩 주었습니다. 금화는 문간에 끼워져 있곤 했습니다. 아빠르는 자기가 받은 금화를 식료품 상인에게 주고 필요한 물품들을 쉽게 구할 수 있었습니다. 그래서 오후가 되기 전에 사람들에게 음식을 나누어줄 수 있었습니다. 그러나 삼반다르의 금화는 순금이 아니었기 때문에 상인들이 에누리를 해서 받았습니다. 그래서 수행원들은 삼반다르의 동의를 얻기 위해 정사로 돌아왔다가 다시 가게로 가서 필요한 물품들을 사다가 사람들을 먹였는데, 그러다 보니 시간이 늦어져 매일 오후 2시경이 되었습니다."

"얼마 후 삼반다르가 이 사실을 알게 되었습니다. 그 이유를 물어보고 나서 주님이 매일 주시는 금화의 질이 떨어지기 때문이라는 알았습니다. 그는 아주 상심하여 사원으로 가서 '바찌떼에라베 까쭈날구베에르'(Vachiteerave Kachunalguveer)로 시작되는 노래를 불렀는데, 그것은 '스와미, 왜 순금이 아닌 금화를 주십니까!'라는 뜻입

---

6) [역주] 이것은 『라마야나』에 나오는 이야기이다. 라바나가 까일라사 산을 들어올리자 시바가 발가락으로 산을 눌러 라바나는 팔이 짓눌리면서 부러졌다. 그 상태로 그는 천 년간 고통을 받았다.

니다. 그러자 자애로움의 화신인 주님이 말했습니다. '아빠르는 마음과 생각과 행동으로 오롯이 나를 숭배하는 데 반해 너는 마음과 생각으로만 숭배하고 있지 않느냐.' (아마 아빠르는 매일 신상을 물로 씻으면서 숭배한 모양입니다.) '내가 이러는 것은 단지 그 차이점을 지적하기 위해서였다. 앞으로는 너에게도 좋은 금화를 주겠다. 걱정하지 마라.' 그리고 그날부터 좋은 금화를 받게 되었습니다. 그들의 전기에는 이런 이야기들이 많이 나옵니다."

1948년 5월 5일

10. 아빠르

베다라니얌과 금화 이야기에 관한 어제 있었던 일에 대해 오라버니께 편지를 쓰고 나서 오늘 오후 2시 30분에 회당에 갔더니, 아빠르에 대한 이야기가 논의되고 있었습니다.

한 헌신자가 바가반께 여쭈었습니다. "아빠르가 그런 이름을 얻은 것은 삼반다르가 그를 아빠(Appah)[아버지]라고 불렀기 때문이라는 게 사실입니까?"

"예, 그것은 사실입니다. 그의 부모님이 지어준 이름은 마룰 니이끼야르(Marul Neekkiyar)였습니다. 그는 음성이 청아했기 때문에 나중에 바기스와라(Vageeswara)라는 이름을 얻었지만, 아빠르란 이름을 얻은 것은 주로 삼반다르가 그를 아빠라고 불렀기 때문입니다." 바가반이 말씀하셨습니다.

"그의 고향은 어디입니까?" 어떤 사람이 여쭈었습니다. 그러자 바가반은 아빠르에 대한 자세한 내력 이야기를 들려주셨습니다.

"아빠르는 띠루무나이빠디(Thirumunaipadi) 지방의 띠루바무르(Tiruvamur)라는 마을에서 시바교도인 벨랄라(Vellala) 집안에서 태어났습니다. 아버지의 이름은 뿌갈라나르였고 어머니의 이름은 마디니야르였습니다. 누나가 하나 있었는데 이름을 띨라까바띠(Tilakavati)라고 했습니다. 그는 자라면서 모든 학문에 능통해졌습니다. 띨라까바띠가 12살이 되었을 때 부모들은 딸을 왕의 군대에 속한 한 지휘관에게 시집보내기로 했습니다. 바로 그때 전쟁이 일어나, 그 지휘관은 돌아오면 결혼하겠다는 말을 남기고 출전했습니다. 그러는 사이 뿌갈라나르는 세상을 떠났고 그의 아내 마디니야르는 사띠(Sati)[7]를 결행했습니다. 그래서 남매만 남게 되었습니다. 그들은 지휘관이 돌아오기를 기다렸지만, 얼마 후 그 지휘관이 전사했다는 소식을 들었습니다.

---

7) 남편의 화장 장작더미 위에 몸을 던져 같이 죽는 것.

떨라까바띠는 부모님이 자신을 그 지휘관에게 시집보내기로 했기 때문에 자신의 몸은 그 지휘관의 것이라고 생각하고 사띠를 결행하고 싶어 했습니다. 마룰 니이끼야르는 크게 슬퍼하면서 누나의 발 앞에 엎드려 말하기를, 자신은 그녀를 아버지이자 어머니로 여기고 있는데, 만약 화장 장작더미 위에 올라가기를 고집하면 자기도 자살하겠다고 했습니다. 그녀는 동생이 행복하게 잘 살기를 바랬기 때문에 사띠를 결행할 생각을 접었습니다."

"그러나 그녀는 결혼을 하지 않고 집에 남아서 시바 사원에 봉사를 하고 자신의 따빠스를 하는 데 몰두했습니다."

"마룰 니이끼야르는 물질적 부가 덧없음을 깨달았습니다. 그래서 자신이 가지고 있던 돈, 금, 기타 재물을 모두 남들에게 나눠주고 산야시가 되어 집을 떠났습니다. 그는 유랑하다가 빠딸리뿌람(Patalipuram)[띠루뽀디리뻴리유르, 즉 쭈달로르]에 이르렀는데, 당시 그곳에서 가장 중요한 곳은 사마나 사원(Samana Mutt)이었습니다. 아마 운명이었겠지만, 그곳에 간 그는 사마나교(Samana cult)[8]에 가입하고 다르마세나라는 이름을 받았습니다. 그리고 그 사원의 원장이 되었고, 왕실의 가문제관(Purohit-그 집안의 의식을 주관하는 승려) 겸 그 나라의 계관시인이 되었습니다. 그래서 그곳에 계속 머물러 있었습니다."

"고향에 있던 떨라까바띠는 이 소식을 듣고 슬퍼하면서 게딜라(Gedila) 강둑에 있는 자신들의 가정신 비이라스따네스와라(Veerasthaneswara)에게 동생이 이교도들을 추종하는 것을 그만두게 해 달라고 기도했습니다. 하루는 빠라메스와라가 그녀의 꿈에 나타나서 말했습니다. '오 고행녀(Tapaswini)야, 이제 번민을 그만두어라. 네 동생은 전생에 산야시였지만 따빠스를 제대로 하지 않았다. 그의 따빠스에는 결함이 있었다. 그래서 지금 이교도에 가담해 있는 것이다. 이제 내가 그에게 복통을 안겨주어 그를 구제하겠다. 슬픔을 거두고 편히 있으라.'"

"그 직후에 다르마세나에게 격심한 복통이 찾아왔습니다. 진언과 탄트라에 해박한 그 사원의 여러 사람들이 그것을 낫게 해 보려고 했지만 성공하지 못하고 모든 희망을 포기했습니다. 다르마세나는 그 고통을 더 이상 견딜 수 없었습니다. 그때 누님이 생각났습니다. 혹시 누님이 도움이 될지 모르겠다고 생각한 그는 사람을 보내 누님을 불렀습니다. 그러나 그녀는 자신의 다르마를 포기하고 사마나 사원에 가는 것을 거부했습니다. 그 이야기를 듣자 다르마세나는 그가 자신의 다르마인 시바

---

8) 자이나교의 일파.

교를 포기했던 것을 후회하고, 그 사원의 다른 사람들이 모르게 밤중에 사원을 떠나 두 명의 하인과 함께 고향으로 갔습니다. 그가 문을 두드리면서 누님의 이름을 부르자 그녀가 그 목소리를 알아듣고 문을 열었습니다. 그는 그녀의 발 밑에 엎드려 자신을 용서해 달라고 했습니다. 그녀는 그를 따뜻하게 맞아들였고, 빠라메스와라의 자애로움에 크게 기뻐했습니다. 그리고 동생에게 성회聖灰를 준 뒤에 5음절 진언(Panchakshari Mantra)9)을 가르쳐 주었습니다. 그는 성회를 자신의 온 몸에 바르고 그 진언을 염했습니다."

"띨라까바띠는 동생을 비이라스따네스와라 사원에 데려갔습니다. 마룰 니이끼야르는 오체투지를 하고 일어나면서 타밀어로 시바를 찬양하는 노래를 부르기 시작했습니다. 그 10연시 중의 첫 연은 '꾸뜨라이나바루'(Kootrayinavaru)라는 말로 시작됩니다. 그의 복통은 즉시 없어졌습니다. 그래서 이 노래들을 부르는 사람은 누구나 모든 질병에서 벗어난다는 믿음이 생겨난 것입니다."

"그리고 나서 그는 출가식(Sannyasa)을 하고 빠디깜들을 노래하면서 성지순례를 떠났습니다. 그러다가 찌담바람에 이르렀고, 그곳의 나따라자에게 예배를 올린 뒤에 빠디깜을 노래하면서 자신의 추종자들과 함께 근처에 있는 시르깔리(Sirkali)로 갔습니다. 왜냐하면 삼반다르가 아주 어릴 때 이곳에서 우주의 어머니인 빠르바띠가 주는 젖을 먹고 나서 성자가 되었다는 말을 들었기 때문입니다. 그가 온다는 말을 듣자 삼반다르는 자신의 추종자들과 함께 그를 맞이하러 나갔습니다. 서로 만나자마자 마룰 니이끼야르는 삼반다르의 발 앞에 엎드렸고, 삼반다르는 큰 애정을 가지고 두 손으로 그를 일으켜 세우고, 존경의 표시로 그를 '아빠르'라고 불렀습니다. 그러자 아빠르는 즉시 자기는 삼반다르의 다산(Dasan)[하인]이라고 말했습니다. 그때부터 마룰 니이끼야르는 아빠르로 알려지게 되었습니다. 나중에 둘이서 함께 브라마뿌리스와라 사원에 갔습니다. 거기서 삼반다르는 아빠르에게 주님을 예배하지 않겠느냐고 했고, 아빠르는 빠디깜을 부르면서 그렇게 했습니다. 그리고 나서 그들은 함께 여러 사원들을 찾아다니며 주님을 찬양하는 빠디깜들을 노래 불렀습니다. 베다라니얌과 금화 이야기는 여러분이 이미 들었고, 그 비슷한 다른 이야기들도 더러 있습니다. 삼반다르는 아빠르와 함께 다니게 된 뒤에 빠딸리뿌람(Patalipuram)으로 가서 논쟁으로 사마나 사원의 사람들을 패배시키고 시바교를 확립했습니다. 그들은 늘 함께 다니곤 했지요."

---

9) '옴 나마 시바야'.

1948년 7월 21일

11. 가시나무의 해탈

 바가반이 락슈미의 해탈에 대해 쓰신 시에 대한 이야기를 어제 들은 헌신자 한 사람이 오늘 오전에 당신께 다가가서 말했습니다. "스와미, 저희들은 짐승과 새들이 당신의 친존에서 해탈을 얻는 것을 직접 보았습니다. 하지만 인간들만 해탈을 얻을 수 있는 것 아닙니까?"

 "왜요? 어떤 마하뿌루샤(Mahapurusha)[큰 성자]는 가시나무에게 해탈을 주었다고 합니다." 바가반이 웃으면서 말씀하셨습니다. 그 헌신자는 그 큰 성자가 누구며, 가시나무에 대한 그 이야기는 어떤 것이냐고 열띠게 질문했습니다. 그러자 바가반은 이러한 이야기를 들려주셨습니다.

 "찌담바람에 우마빠띠 시바짜리야(Umapathi Sivacharya)라는 진인이 있었습니다. 그는 시인이자 학자였습니다. 그는 비상한 영성의 상태에 있었기 때문에 일상적인 브라만의 관행에 주의를 기울이지 않았습니다. 그래서 그 동네의 학자들은 그를 못마땅하게 여겼는데, 그가 학식이 있고 힌두교의 모든 가르침을 아는 사람이었기 때문에 특히 더 그랬습니다. 그들은 그를 그 마을에 살지 못하게 하고 심지어 사원에도 출입하지 못하게 했습니다. 그래서 그는 마을 바깥의 높은 지대에 작은 움막을 짓고 살았습니다. 카스트가 낮은 뻬딴 삼반이라는 사람이 그에게 필요한 것들을 공급해 주고 여러 가지로 도와주었습니다. 이렇게 살아가고 있는데 하루는 뻬딴이 머리에 나무 한 단을 이고 시바짜리야의 움막으로 가다가 도중에 사원의 책임자인 승려(Dikshita)의 모습으로 변장한 이스와라를 만났습니다. 그는 빨미라 잎에 시 한 수를 적어 그에게 주면서 그것을 우마빠띠 시바짜리야에게 건네주라고 말하고는 사라져 버렸습니다."

 "뻬딴이 그 시를 시바짜리야에게 주자 그는 그것을 펴 보고 첫 줄에 '헌신자들의 종從인 찌담바람의 주主'(Adiyarkkadiyen Chitrambalavanan)라는 말이 있는 것을 발견했습니다. 즉시 그는 헌신의 감정에 휩싸였고, 그 글을 읽는 동안 전율이 그의 몸을 뚫고 지나갔습니다. 그 시의 요지는 이러했습니다. '헌신자들의 종인 찌담바람의 주(Chidambaranathan)가 새로운 정사를 설립한 사람, 곧 시바짜리야에게 전함 — 그대는 이 뻬딴 삼반에게 카스트에 관계없이 입문을 베풀어 모든 사람을 놀라게 해 주어야 할 의무가 있다.'"

 "그는 이 편지를 읽고 기뻐서 어쩔 줄을 몰랐습니다. 그리고 주님의 명령에 따라 뻬딴을 출가 승단에 입문시켰습니다. 뻬딴은 가장 낮은 카스트였는데도 말입니다.

그리고 나중에는 친안전수親眼傳授(nayana diksha)[눈을 통한 힘의 전달]를 베풀어 주었는데 빼딴은 그 전수를 받고 나자마자 성스러운 빛으로 화해 사라져 버렸습니다. 시바짜리 자신도 여기에 크게 놀랐고, 그제야 빼딴이 지혜가 깊은 사람이었음을 이해했습니다."

"시바짜리야의 적들은 그가 입문식을 위해 갖추어 놓았던 공물供物 따위를 보고 나서, 빼딴이 무슨 잘못을 범했다는 이유로 시바짜리야가 그를 불태워 죽인 모양이라고 나라에 신고했습니다. 왕이 그 사안을 심문하기 위해 수행원들을 데리고 오자 시바짜리야는 주 나따라자의 그 시를 보여주면서, 자신은 빼딴에게 입문식을 베풀었을 뿐인데 빼딴이 신성한 빛(Jyothi)의 형상으로 사라져 버린 것이라고 말했습니다. 왕은 놀라서 시바짜리야에게 묻기를, 그러면 옆에 있는 이 가시나무에게도 입문을 베풀어 해탈시킬 수 있느냐고 했습니다. '예. 여부가 있겠습니까?' 시바짜리야가 말했습니다. 그런 다음 그는 그 가시나무에게 친안전수를 베풀자 그것은 순식간에 순수한 빛으로 화해 사라지고 말았습니다."

"왕은 이것을 보자 더 놀라서 말했습니다. '이것은 무슨 흑마술 같소. 당신은 이 편지를 주 나따라자께서 써 보내신 거라고 하는데, 우리 가서 직접 여쭈어 봅시다.' 시바짜리야가 자신은 사원에 들어가는 것이 금지되어 있다고 하자, 왕은 자신이 시바짜리야와 동행하니 문제 될 것이 없다고 했습니다. 그래서 그들은 함께 사원으로 갔습니다. 이 소문을 듣고 학자들과 일반 백성 등 모든 사람이 이 희한한 광경을 보려고 사원으로 몰려들었습니다. 여기에는 그 일이 어떻게 될까 하는 호기심에서 온 사람들은 물론, 시바짜리야가 응당 처벌을 받게 될 거라고 확신한 그의 적들도 있었습니다. 두 사람이 사원으로 들어서자 왕에 대한 경의의 표시로 주 나따라자 앞에서 아라띠가 거행되었습니다. 그런데 보니 주 나따라자의 좌우에 빼딴과 가시나무가 서 있는 것이었습니다. 학자들은 소스라치게 놀랐고, 두려움과 후회심에서 시바짜리야의 발 앞에 엎드려 자신들의 잘못을 용서해 달라고 빌었습니다. 그러고 나서 그들은 정중한 예의를 갖추어 그를 마을로 모셔갔습니다. 이 이야기는『찌담바라 마하뜨미얌』(Chidambara Mahatmyam)에 나옵니다."

1948년 7월 28일

12. 샹까라의 진아각지송에 대한 주석

산스크리트를 어느 정도 공부한 한 무슬림 학자가 샹까라의「진아각지송眞我覺知頌」(Atmabodha)에 대해 타밀어로 주석서를 써서 두 권으로 간행한 모양입니다. 그 책이 지난 13일에 우편으로 왔습니다. 바가반은 그 책들을 대충 훑어보신 뒤 도서실로 보내셨는데, 우리는 당신의 얼굴에서 뭔가 잘못된 것이 있음을 알 수 있었습니다. 당신의 도서실에 사람을 보내 나가리(산스크리트) 문자로 된 샹까라의 「진아각지송」을 가져오게 하여 이따금씩 들여다보셨습니다. 그러기를 이틀 동안 하시고 나서 당신은 연필과 종이를 집어들고 스스로 뭔가를 쓰시기 시작했습니다. 우리는 당신이 무엇을 쓰시는지 궁금했습니다. 지난 16일 당신은 그 첫 두 연을 타밀어 벤바 운으로 번역하여 우리에게 보여주셨습니다. 우리는 다들 다른 시구들도 모두 번역해 주시면 좋겠다고 말했습니다. 당신은 "왜? 왜?"라고 하시지 않고 그 뒤 이틀 동안 몇 연을 더 번역하시고 나서 "이걸 짓고 싶지도 않고 해서 계속 뒤로 미루었는데, 그것들이 이따금씩 차례로 눈앞에 떠올라 옵니다. 그러니 어떻게 합니까?" 제가 말했습니다. "당신께 다가오는 것이면 뭐든지 적어두신다면 한 달 안에 전체가 다 끝날 수도 있겠습니다. 그렇게 되면 좋죠." "그것을 쓴 사람이 여러 명인데 내가 왜 그런 일을 합니까?" 바가반이 말씀하셨습니다.

제가 말했습니다. "그 어느 것이 바가반께서 지으신 것만 하겠습니까?"

19일이 되기까지 당신은 몇 연을 더 지으시고 나서 말씀하셨습니다. "이런 건 애들이나 볼 것 같군요. 하지만 지으려는 충동을 거역할 수가 없습니다."

"저희들이 다 당신의 자식 아닙니까?" 제가 말했습니다.

20일은 비야사 보름날(Vyasa Purnima)이었습니다. 이날까지 13연이 완성되었습니다. 바가반은 벤까따라뜨남에게 말씀하셨습니다. "이게 이제 우리를 떠나려 하지 않는군. 한 권의 책으로 묶어 두게." 그러면서 서문 격의 시 한 수를 지으셨습니다.

"'아안마빈 보다마룰 아샤남 샹까란(Aanmavin Bodhamarul Ashanam Sankaran).' 이 말은, '진아각지송을 지으신 샹까라가 바로 진아 아니고 무엇이겠습니까? 제 심장 속에 계시면서 이것을 타밀어로 쓰게 하신 분이 그분 외에 누가 있겠습니까?'라는 뜻입니다."

27일까지 68연 전부가 운문으로 번역되었는데, 일을 끝내면서 바가반이 말씀하셨습니다. "이 시구들은 제가 말했듯이 40년 전 우리의 첫 소유물이던 그 작은 공책에 말라얄람 문자로 기록했던 것인데, 그때는 그것을 번역해야겠다는 생각이 전혀 일어나지 않았지요."

한 헌신자가 말했습니다. "모든 일은 시절인연이 닥쳐와야 합니다."

바가반은 미소를 띠며 말씀하셨습니다. "예, 그렇습니다. 제가 한 연을 (번역해) 지으면 다른 것 하나가 (저절로) 나타납니다. (새로 지은 것인데도) 이것을 예전에 읽어

본 적이 있다는 느낌이 드는 것은 왜입니까? 누군가가 이미 이것을 지어두었을 리는 없지 않습니까?"

무루가나르: 벤바 운으로는 아무도 지은 적이 없습니다. 한 연씩 이어서 바가반께 떠오른다고 해서 뭐 놀랄 것이 있습니까? 매 겁劫(kalpa)10)마다 베다들이 브라마의 눈앞에 있는 듯이 나타난다고 합니다. 이것도 그와 같습니다.

바가반: 예. 베다들은 '시작이 없다'(anadi-無始)라고 합니다. 맞는 말입니다.

무루가나르: 진아지(atma vidya)도 시작이 없지 않습니까? 바가반께는 진아지조차도 애씀 없이 수월합니다.

바가반은 미소를 지으며 말씀하셨습니다. "그건 좋습니다. 자야데바(Jayadeva)의 이야기에서 그랬던 것처럼, 어떤 사람이 와서 자기가 지은 시라고 주장할지도 모르겠습니다."

헌신자: 그것은 어떤 이야기입니까, 바가반? 부디 저희들에게 들려주십시오.

그러자 바가반은 그 이야기를 우리에게 다음과 같이 들려주셨습니다.

"자야데바의 이야기는 『빤두랑가 박따 비자얌』(Panduranga Bhakta Vijayam)에 나옵니다. 자야데바는 『기따 고빈담』(Gita Govindam)11)을 쓰고 나서 『바가바땀』도 산스크리트로 썼습니다. 그 이야기를 들은 끄라운짜 라자(Krauncha Raja)가 자야데바에게 『기따 고빈담』을 알현실에서 읽어 달라고 했습니다. 그래서 그는 그것을 읽기 시작했는데, 그것을 들은 이들이 그 내용과 그가 한 법문에 아주 감명 받았기 때문에 그의 명성이 사방으로 퍼져 사람들이 그의 법문을 들으려고 대거 몰려들었습니다. 그의 명성이 워낙 멀리 퍼져 뿌리(Puri)의 자간나타 스와미(Jagannatha Swami)12)도 그가 하는 말을 듣고 싶어 했습니다. 그래서 그는 브라민의 한 사람으로 변장하여 그 법문이 진행되는 도중의 어느 날 길을 떠나 왕의 알현실에 들어갔습니다. 그는 왕을 축복하고 나서 말했습니다. '폐하, 저는 고꿀라 브린다반(Gokula Brindavan)에 사는 사람입니다. 저는 모든 경전에 해박한 빤디뜨입니다. 저는 저와 대등하게 경전을 논할 수 있을 사람을 찾아 온 세상을 돌아다녔지만 아직까지 한 사람도 못 만났습니다. 그래서 토론을 한 번 해 보고 싶습니다. 자야데바가 폐하와 함께 있다는 말을 듣고 이렇게 찾아왔습니다. 그는 어디 있습니까?" 사람들이 그를 가리켜 주자 그

---

10) 브라마의 하루, 곧 1천 유가(Yugas). 인간의 햇수로는 4억 3천 2백만 년이며, 세계가 한 번 지속되는 기간이다. 지금 우리가 살고 있는 겁은 스웨타 바라하 깔빠(Svetha Varaha Kalpa)라고 한다.

11) [역주] 12세기의 시인 자야데바가 주 끄리슈나와 라다(Radha)의 사랑을 노래한 일련의 산스크리트 시편. 사원에서 춤을 추며 노래하도록 지어졌으며, 지금도 뿌리의 사원에서 불려진다고 한다.

12) [역주] 뿌리의 사원에서 모시는 주 **자간나타**. Swami는 원래 신을 뜻하는 칭호이다.

가 깔보는 투로 말했습니다. "오호! 당신이 자야데바로군. 어디 봅시다. 당신이 공부한 어떤 경전이든지 놓고 우리 토론을 해 봅시다.' 그러면서 그를 뚫어지게 바라보면서 말했습니다. '당신 손에 쥐고 있는 것은 뭐요?' 그리고 대답을 기다리지도 않고 그의 손에서 그 책을 낚아채고 말했습니다. '오호!『바가바땀』이로군. 그러니까 당신은 빠우라니까(Pauranika)[서사시에 대한 법문을 들려주는 사람]요? 이것을 누가 썼소?' 자야데바는 두려움과 헌신의 마음으로 말했습니다. '어르신, 저는 당신과의 토론을 감당할 만한 학자가 아닙니다. 저는 당신 같으신 어르신들께서 축복해 주시기를 겸허히 바랍니다. 제가 이 책을 썼다고 어르신 앞에서 말할 용기는 없지만, 사실을 말씀드리지 않는 것도 허물이 되겠기에 제가 이 책의 저자라는 것을 시인합니다.' 그 브라민은 놀라는 척하면서 말했습니다. '아니! 만일 그 책을 쓴 사람이 당신이라면 어떻게 내가 그 내용을 전부 암기하고 있겠소? 어디 말해 보시오.' 그러면서 그는 그 책을 펼치지도 않은 채 그 내용을 한 장 한 장 재빨리 암송하기 시작했습니다. 왕과 청중들은 놀라워해 마지않았습니다. 자야데바는 주± 자간나타(Lord Jagannatha)가 자신에게 은총을 하사하기 위해 그런 모습으로 찾아왔다는 것을 깨닫고, 소라고동, 홀笏, 원반 등을 든 당신의 진짜 모습[비슈누]을 보여 달라고 (찬가로써) 기원했습니다. 그 찬가(stotras)[기도]에 기쁨을 느낀 주 자간나타는 자야데바가 찬가에서 묘사한 여러 가지 모습으로 당신의 모습을 나투고, 그를 축복한 뒤에 사라졌습니다. 그와 마찬가지로 어떤 사람이 이「진아각지송」을 자신이 썼다고 저에게 시비를 걸어 올지도 모르지요!"

1948년 7월 30일

13. 반합신半合身

자가디스와라 샤스뜨리가 오늘 오전 마드라스에서 왔습니다. 그는 순례지로서의 아루나찰라의 위대함을 논의하던 도중 바가반께, 왜 빠르바띠는 시바의 몸 절반을 얻게 되었느냐고 여쭈었습니다. 그에 대해 바가반은 우리에게 다음과 같은 이야기를 들려주셨습니다.

"옛날 옛적에 시바가 카일라스 산에 편안히 앉아 있을 때 빠르바띠가 뒤에서 다가와 장난으로 그의 눈을 감겼습니다. 그 결과로 해와 달이 광채를 잃어 전 세계가 암흑에 빠져 버렸습니다. 사람들은 겁에 질려 동요했고, 헌신자들은 시바에게 자신들을 파국에서 구해 달라고 기도했습니다. 빠라메스와라는 즉시 세 번째 눈을 떠서 사람들을 고통에서 구해주었습니다. 빠르바띠는 겁이 나서 손을 떼었고, 빠라메스와라는 아무 말도 하지 않았습니다. 그러나 빠르바띠는 두려움으로 몸을 떨었습니다. 주님이 부드럽게 말했습니다. '데비(Devi)여, 이것은 당신에게는 분명 심심풀이에 지나지 않았겠지만 그로 인해 전 세계가 해와 달의 빛을 잃었소. 사람들이 얼마나 고통 받았는지 보시오. 당신은 그것이 우리에게 잠깐에 지나지 않았다고 생각할지 모르지만 세상 사람들에게는 오랜 시간이라오.. 왜 이런 유치한 짓을 했소?'"

"빠라메스와라로부터 그런 부드러운 질책을 듣고 나자 빠르바띠는 자신의 잘못을 깨닫고 부끄러워하면서 그 죄를 참회하기 위한 따빠스를 하도록 허락해 달라고 빌었습니다. 빠라메스와라가 말했습니다. '당신은 세계의 어머니요. 아무런 죄가 없소. 따빠스를 할 필요가 없소.' 그러나 흡족하지 않았던 그녀는 빠라메스와라에게 자신은 전 세계에 하나의 모범이 되겠으며, 그래서 따빠스를 하겠다고 말했습니다. 그리고 허락을 얻어 남쪽으로 길을 떠났습니다. 당시 까시(Kasi) 왕국에는 비가 오지 않아 기근이 들었고 사람들은 먹을 것이 없어 굉장히 고통 받고 있었습니다. 도중에 이것을 보고 사람들에게 연민을 느낀 데비는 그저 그러기를 바라는 것만으로 큰 집 하나를 창조하고, 스스로를 안나뿌르나(Annapurna-'음식 충만')라는 이름으로 칭하면서 결코 동이 나지 않는 그릇으로 수천 명의 사람들에게 먹을 것을 주었습니다. 오래지 않아 그녀의 명성이 온 나라에 퍼졌습니다. 그러는 사이 왕은 자신의 곳간이 텅 비어 버린 것을 알고 어찌해야 할까 궁리하고 있었습니다. 그러다가 안나뿌르나라는 여성이 빈자 급식을 하고 있다는 말을 듣자 일개 여자가 어떻게 그럴 수 있느냐고 놀란 그는, 그녀를 시험하기 위해 쌀 몇 되를 꾸어 달라고 했습니다. 그랬더니 꾸어 줄 수는 없고 와서 드시라는 답변을 받았습니다. 왕은 그녀의 능력을 시험해 볼 요량으로 대신들과 함께 변장을 하고 가서 거기서 주는 음식을 받았습니다. 왕은 거기 온 모든 사람들에게 나누어주는 음식이 결코 동이 나지 않는 것을 발견하고, 이내 그것은 인간의 행위가 아니라 신의 힘일 수밖에 없다는 것을 깨달았습니다. 그래서 식사를 마친 뒤에 그는 안나뿌르나의 발 아래 엎드려 말했습니다. '위대하신 어머니시여, 부디 저희랑 함께 사시면서 저희들에게 해탈을 하사해 주십시오.' 그 헌신에 기쁨을 느낀 성모님은 당신의 원래 모습을 취하여 말했습니다. '내 아들아, 나는 그대의 헌신에 기쁨을 느낀다. 내가 여기 오랫동안 있었기 때문에 그대의 나라는 기근의 재앙에서 벗어나게 될 것이다. 이제 비가 내일 것이고 기근은 사라질 것이다. 나는 더 이상 머무를 수 없다. 따빠스를 하기 위해 남쪽으로 가야 한다. 백성들을 잘 다스리고 행복하게 살도록 하라.' 왕이 말했습니다. '그렇다 하더라도 저희들이 당신을 숭배할 수 있도록 저희들 곁에 계셔주셔야 합니다.' 그래서 어머니는 그러마고 하고 떠났습니다. 그녀가 안나뿌르나 산으로 자신을 나툰 것은 그 때문이고, 그녀가 있던 곳은 지금 안나뿌르나 사원으로 잘 알려져 있습니다."

"그녀는 그곳을 떠나 남쪽의 깐찌뿌람으로 가서 모래로 시바링가(Sivalinga)를 만들어 그것을 숭배했습니다. 그리고 자신이 죄에서 벗어났다는 것을 안 그녀는 사람들의 간절한 요청에 따라 그곳에 까막쉬(Kamakshi)로서 자신을 나투었습니다. 그런 다음 황소를 타고 아루나기리로 간다고 하면서 이곳으로 왔습니다. 데비는 먼저 쁘라발라 언덕(Pravala Hill-타밀어로 '빠발라꾼루') 기슭에 있던 가우따마 아쉬람(Goutama Ashram)을 찾아갔습니다. 가우따마의 아들인 샤따난다(Satananda)가 그녀를 보고 헌신의 열의에 가득 사로잡혀 그녀를 청해 들이고 법식대로 그녀를 숭배한 뒤, 아버지 가우따마는 길상초吉祥草(kusa grass)를 뜯으러 숲으로 가셨으니 자기가 모셔올 동안 머물러 계시라고 청했습니다. 그때 가우따마는 이미 집으로 오고 있었습니다. 샤따난다는 아버지를 보자 흥분한 채 달려가서 성모님이 아쉬람에 오셨다고 말했습니다. 이때 온 숲이 눈 깜짝할 사이에 초록으로 변하고 꽃과 과일들로 풍성해졌습니다. 가우따마는 놀라서 그것이 정말이냐고 아들에게 물었습니다. 샤난다는 더듬거리는 목소리로 말했습니다. '어머니 빠르바띠께서 몸소 오셨습니다.' 이제는 똑같이 흥분되고 신이 난 가우따마는 급히 아쉬람으로 와서 빠르바띠를 뵙고 그녀를 숭배했습니다. 그리고 나서 데비는 가우따마가 일러주는 말에 따라 따빠스를 오랫동안 했습니다. 마침내 마하데바(마헤스와라)가 나타나서 그녀에게 어떤 은택이든지 베풀어 줄 테니 말해 보라고 했습니다. 데비는 큰 존경심으로, 자신은 시바의 몸 절반이 되고 싶다고 했습니다. '저는 당신과 떨어진 몸으로는 더 이상 살 수 없습니다. 떨어져 있으면 또다시 그런 실수를 저질러 따빠스의 온갖 고생과 떨어져 있는 고통을 겪게 될지 모릅니다'하고 그녀가 말했습니다. 빠라메스와라는 그녀의 청을 들어주었고, 그래서 '반합신半合神'(Ardhanareeswara-둘이 합쳐 하나인 신)이 되었습니다. 이것이 우주의 어머니인 암바(Amba)가 시바의 절반이 되게 된 내력입니다."

이 이야기를 들려주실 때 바가반은 누가 보기에도 가슴이 메어, 눈에는 눈물이 가득하고 목소리가 떨렸습니다. 이야기를 마치신 당신은 엄숙한 침묵에 잠기셨습니다.

1948년 9월 14일

14. 아홉 보주화만

어제 전수(Diksha)를 받는 것과 관련된 사건들의 이야기를 들은 한 젊은이가 오늘 아침 8시에 바가반 가까이 앉아 일반적인 사항에 대한 이야기를 하던 도중 이렇게 말했습니다. "그전에 찌담바람에서 온 어떤 사람이 바가반께 그곳으로 가셔서 나따라자를 친견해 보시라고 권한 것 같은데, 맞습니까?"

바가반은 다음과 같이 대답하셨습니다. "예, 그랬지요. 그것은 1914년인가 1915년이었습니다. 찌담바람에 사는 한 승려가 제 소문을 듣고 여기 왔습니다. 그는 읍내에 머무르면서 매일 비루팍샤 산굴을 찾아왔습니다. 올 때마다 몇 가지 사항들에 대해 이야기를 했는데, 끝에 가서는 허공 링가(Akasa linga)가 남쪽 지방의 신성한 다섯 링가13) 중 하나이니 찌담바람으로 와서 주 나따라자를 친견해 보라고 권하는 것이었습니다. 제가 다음과 같은 빠디얌을 지은 것은 바로 그것과 관련해서입니다."

'아짤라네 야이눔 아짜바이딴니'(Achalane yayinum achavaithanni).

"이 연의 의미는 이렇습니다. '아버지[시바]는 비록 부동이시나, 저 사바(Sabha)[찌담바람]에서 암바[어머니] 앞에서 춤을 추셨네. 그것이 시바의 춤이라네. 그 샥띠가 가라앉고 난 뒤에 그것이 아루나찰라의 불길이 되었다는 것을 알라.' 그 말은, 찬연하면서도 움직임이 없는 아루나찰라가 움직임이 있는 암바라 링감(Ambara lingam-'허공' 또는 '공기' 링감)보다 낫다는 뜻입니다. 그 빠디얌을 보고 나서 그는 더 이상 찌담바람으로 오라고 저를 귀찮게 하지 않았습니다."

그 빠디얌은 나중에 「아홉 보주화만」(Nava Mani Mala)의 첫 연이 되었습니다. 이 시는 바가반이 현재의 아쉬람으로 내려오신 뒤(1923년 이후)에 지어진 것입니다.

벤까따라뜨남이 「아홉 보주화만」의 나머지 8연도 아마 그런 식으로 이따금씩 지어졌을 거라고 말했습니다. 바가반은 미소를 지으며 말씀하셨습니다. "예, 예. 그랬지요. 다른 8연은 각기 다른 때 지어져 나중에 지금과 같은 형태로 정리되었습니다. (예컨대) 하루는 이스와라스와미가 타밀나두의 마하까비(Mahakavi-大시인)인 오따꾸뚜르(Ottakuthur)의 빠디얌 중 한 수를 낭독하고는 저에게도 같은 운韻, 같은 주제로 빠디얌을 한 수 지어보라고 했습니다. 오따꾸뚜르는 사람들에게 한 번 도전해 보라는 뜻에서 그 운율로 지었습니다. 그 자신의 학식을 찬양하면서 지은 시인데, 왕으로부터 그것을 지은 데 대해 상을 받았습니다. 이 신사(아이야스와미)도 저에게 그것과 비슷하게 지어 보라고 한 것입니다. 그래서 (다음과 같은 시를) 지었습니다."

'부비꾸뜨뽄기둠 부비쪼르 뿐가반'(Bhuvikkutpondigum bhuvicchor pungavan).14)

"이 연의 의미는 이렇습니다. '유명한 부미나떼스와라의 띠루쭐리에서 순다라마이

---

13) 흙 링가는 띠루바루르(Tiruvarur), 물 링가는 잠부께스와람(Jambukeswaram), 불 링가는 아루나찰람, 바람 링가는 스리 깔라하스띠(Sri Kalahasti), 허공 링가는 찌담바람(Chidambaram)에 있다.

14) [역주] 「아루나찰라에 바치는 아홉 보주화만」 제8연의 첫 구절.

야르와 그의 알라감마 사이에 태어난 나를, 주 아루나찰레스와르께서 받아들이셨네. 가슴은 은혜로 가득 차고 마음은 자비심으로 찬란히 넘쳐흐르는 당신은 세간의 근심에서 나를 벗어나게 하셨네.' 나머지 7연의 빠디얌들도 이런저런 이유로 해서 지어졌습니다."

"그 이유들도 말씀해 주실 수 있습니까?" 제가 여쭈었습니다. 바가반은 "알겠습니다. 여러분은 달리 할 일이 없나 보군요" 하시더니 다른 화제로 이야기를 돌리셨습니다. 저는 당분간 제가 얻을 수 있는 것은 그게 전부인 듯해서 잠자코 있었습니다.

1949년 1월 20일

15. 서로 저주하기

최근에 띠루쭐리를 방문하고 돌아온 헌신자 한 사람이 여쭈었습니다. "술라 띠르따(Sula Thirtha)[띠루쭐리의 부미나떼스와라 사원 맞은편의 저수지] 둑에 보리수나무가 한 그루 있는데, 가우따마가 그 나무 아래서 따빠스를 했다고 합니다. 그것이 사실입니까? 만약 사실이라면 그가 거기서 따빠스를 할 이유가 무엇입니까?"

"예, 사실입니다." 바가반이 말씀하셨습니다. "『뜨리술라 뿌라나』(Trisula Purana)라는 산스크리트본에서 말하기를, 가우따마는 사나까(Sanaka)의 권유에 따라 아바르따 크세뜨라(Avartha Kshetra)[띠루쭐리]로 가서 따빠스를 했다고 합니다. 하지만 타밀어 본인 『띠루쭐리 뿌라남』(Tiruchuli Puranam)에서는 이야기가 다릅니다. 가우따마가 인드라(Indra)와 아할리야(Ahalya)를 저주했다는 것은 잘 알려진 이야기입니다. 인드라가 가우따마의 모습을 취해 아할리야[가우따마의 부인]에게 접근하자 그녀는 그가 자기 남편이 아니라는 것을 모른 채 응했습니다. 가우따마는 사실을 확인해 보지도 않고 그녀를 돌이 되어 버리라고 저주했습니다. 여기에 분개한 아할리야가 말했습니다. '오, 바보 같은 무니! 진상도 물어보지 않고 나를 저주하고, 내가 이 저주에서 언제 풀릴 거라는 말도 하지 않는군요! 이 저주가 언제 어떻게 끝날 것인지 말해 주세요!' 그러자 가우따마는 화신 라마(Rama Avatar)의 시대에 라마의 발에 묻었던 먼지가 그녀에게 떨어지면 저주에서 풀려날 거라고 말했습니다. 그 말이 끝나기가 무섭게 그녀는 돌이 되어 버렸습니다."15)

"가우따마는 그곳을 떠났고, 일상적으로 해 오던 의식儀式들을 해 보려고 했지만 마음이 편치 않아서 할 수가 없었습니다. 있는 힘을 다 써 보아도 마음을 다스릴 수

---

15) [역주]『라마야나』에 따르면 아할리야는 인드라가 남편의 모습으로 변신하여 접근하는 것을 알면서도 그와 정을 통했으며, 가우따마의 저주를 받고 나서 그 자리에서 '먼지'가 되어 버렸다고 한다.

없고 번뇌가 더 심해져 갔습니다. 그 문제를 심사숙고한 그는 자신이 아할리야에게 제대로 물어보지도 않고 저주를 했다는 것을 깨달았고, 그녀도 자신을 '바보 같은 무니'라고 되받아 저주했다는 것을 기억했습니다. 어쨌든 그녀도 대단한 고행녀였으니 말입니다. 그 예기치 않은 말들이 자기 자신에게 어떤 돌이킬 수 없는 저주가 된 것이 분명했습니다. 그래서 그는 이스와라의 도움을 받아 그 저주에서 벗어나기 위해 그의 '나따라자 춤'을 보기로 하고 찌담바람으로 갔습니다. 그곳에서 그는 어떤 천상의 목소리가 이렇게 말하는 것을 들었습니다. '나는 뜨리술라뿌라(Trisulapura-띠루쭐리)에서 너에게 내 딴다바 춤(Tandava dance)을 기꺼이 친견케 하겠노라.' 그래서 가우따마는 즉시 그곳을 떠나, 걸어서 뜨리술라뿌라로 갔습니다. 그곳에 다가가자, 그리고 멀리서 그곳을 바라보기만 했는데도 그의 마음이 맑아지기 시작했습니다. 그는 그곳에 오랫동안 머무르면서 따빠스를 했습니다. 그리하여 마침내 이스와라가 기뻐하면서, 아르드라(Ardra) 별이 우세하던 해의 다누르(Dhanur) 달에 그에게 자신의 나따라자 춤을 친견하게 해 주었습니다. 가우따마는 이스와라의 춤을 보고 나서 이스와라를 숭배하고, 자신의 원래 아쉬람으로 돌아가서 예전처럼 자신이 해 오던 의식들을 거행했습니다."

"나중에 아할리야는 스리 라마의 발에 묻은 먼지에 의해 정화되어 정상적인 모습을 되찾고 가우따마에게 다가갔습니다. 가우따마는 그녀를 다시 보자 몹시 기뻐했고, 두 사람은 정상적인 가정생활로 돌아가기 전에 이스와라의 축복을 얻기 위해 '아바르따 크세트라'로 갔습니다. 이스와라는 그들에게 자신의 '결혼 축제'를 친견하게 하고 그들을 축복해 주었습니다. 가우따마는 그들의 모든 장애가 제거되었기에 이스와라를 숭배한 다음, 아내를 데리고 고향으로 돌아가 그들이 하던 숭배를 계속 했습니다. 이것이 타밀어본『뿌라남』에서 기술하고 있는 내용입니다."

헌신자: 가우따마도 저주에 의해 영향을 받았다는 이야기가 있습니까? 그런 이야기는 들은 적이 없는데요.

바가반: 이 상호 저주에 대한 이야기는『띠루쭐리 뿌라남』에만 나옵니다.『라마야나』에서는 당시에 자나까와 함께 있던 샤따난다(가우따마의 아들이며 자나까의 스승)가 비스와미뜨라(Viswamitra)[16]를 통해서, 그의 어머니[아할리야]가 스리 라마의 발에 묻은 먼지에 의해 원래의 상태로 회복되었으며, 어머니가 라마를 숭배한 뒤에 아버지에게 돌아갔다는 이야기를 들었다고만 기술하고 있습니다. 그 이야기를 듣자 그는

---

16) [역주]『라마야나』에 나오는 진인. 청년 라마를 자기 아쉬람으로 데려가던 도중 가우따마의 옛 아쉬람에 들러, 라마로 하여금 그곳에 발을 들여놓게 하여 아할리야를 부활시키게 한다.

그들이 다시 결합한 것을 몹시 기뻐했습니다. 다른 이야기는 거기에 없습니다.

헌신자: 만약 그렇다면 아할리야가 돌로 변했다고 한 이야기는 그녀의 마음에 대해서만 해당되지 몸에 대해서는 해당되지 않는군요. 맞습니까?

바가반: 그렇지요. 만약 그것이 마음에 대한 것이 아니면 몸에 해당될 수가 있겠습니까? 그녀의 몸이 돌로 변했고 라마가 그녀를 그 돌에 발을 얹어 그녀를 원래 상태로 돌아가게 했다고 말하는 것은 범부들뿐입니다. 어떻게 그것이 가능하겠습니까? 그것은, 그 마음이 진아에 대한 자각을 잃어버려 다른 아무것도 생각할 수 없게 되어 그녀가 마치 돌같이 둔감해졌다는 것을 뜻할 뿐입니다. 위대한 인물을 친견함으로써 그 둔감함이 사라진 것입니다. 그녀 자신이 대단한 고행녀였기 때문에 즉시 진아를 자각할 수 있었습니다. 이러한 내적인 의미를 『라마야나』에서 찾을 수 있습니다. 라마가 가우따마 아쉬람에 발을 들여놓는 순간, 아할리야의 마음이 마치 꽃이 만개하듯 원상태로 회복된 것입니다.

1949년 3월 24일

16. 관수식 준비

안드라 지방에서는 큰 사원을 건립하는 일이 드물고, 관수식(*Kumbhabhishekam*)을 거행하는 일도 드뭅니다. 그래서 여러 사람이 저에게 어머니 사원의 관수식을 면밀히 관찰하여 그것을 편지로 자세히 써 보내 달라고 부탁했습니다. 그렇지만 제가 그 다면적인 행사를 처음부터 끝까지 어떻게 다 관찰할 수 있겠습니까? 하지만 제가 보고 들을 수 있었던 것은 모두 말씀드려 보겠습니다.

『라마나 릴라』에서는 이 사원과 아쉬람이 생겨난 유래를 이렇게 말하고 있습니다. "바가반이 산 위에 계실 때, 당신의 어머니 알라감마가 당신과 함께 살기 위해 1917년에 찾아왔다. 산 위에 살면서 그녀는 따빠스에 몰두했고, 나중에는 영적으로 아주 진보하게 되었다. 1922년 5월 19일, 바가반은 어머니의 임종이 다가온 것을 아시고 당신의 손을 그녀의 심장과 머리에 얹어 생기가 몸을 빠져나가지 못하게 하고 당신의 힘으로 그것이 진아 안에 합일되도록 하셨다. 그리하여 원습들이 소멸되고 그 개아는 해방되었다. 그러자 당신은 어머니의 육신이 성스럽게 되었다고 선언하셨다. 그녀의 시신은 빨리 띠르탐[저수지] 옆에 묻혔다. 열흘 째 되는 날, 헌신자들이 그 삼매지 위에 링가를 하나 안치했고 바가반이 그것에 손을 대셨다. 그 옆에는 아가사마나 띠르탐(*Aghasamana Thirtham*)이라는 저수지를 하나 팠다. 나중에 바가반은 산을 내려와 현재의 아쉬람이 있는 장소에 거주하셨다."

까비야깐타 가나빠띠 무니가 바가반의 친존에서 준비한 스리 짜끄라(Sri Chakra)가 링가 옆에 안치되고 사람들이 여기에 예배를 올렸습니다. 10년 전, 도감은 이 삼매지 위에 사원을 하나 건립하기로 했습니다. 사원을 짓고 있던 중에는 링가가 삼매지 근처의 작은 오두막 안에 안치되어 있었고 여기서 매일 정기적으로 예배를 올렸습니다. 링가 옆에는 여신 요감바(Devi Yogamba)의 상像도 5년 전에 안치되었습니다. 바가반이 빠짜이암만 사원에 계실 때 찍은 당신의 사진 한 장도 그 옆에 놓아두고 여기에도 예배를 올렸습니다. 바가반의 은총으로 이 사원의 건축이 완료되어 1949년 3월 17일에 관수식을 거행하기로 한 것입니다. 이 행사와 관련되는 작업은 길일에 비그네스와라(Vigneswara)에 대한 예공을 거행하고 나서부터 시작되었습니다. 도감은 온 신경을 이 일에 집중했고, 헌신자들은 가능한 모든 방법으로 그를 도왔습니다. 1949년 1월 1일 스리 짜끄라를 안치하기 위한 밑돌을 음악 반주와 함께 놓았습니다. 그러고 나서 바로 아가마살라(Agamasala-의식을 거행하는 장소) 건립을 위한 준비가 시작될 때 바가반이 마침 그곳으로 오셨습니다. 사람들은 당신을 의자에 앉으시게 하고, 여법한 의식과 함께 그 밑돌을 놓았습니다. 나중에 헌신자인 또뻐아 무달라이아르(Thoppiah Mudaliar)에게 건축공사를 맡겼습니다. 도감은 필요한 물자를 구하러 마드라스로 갔다가 20일 후에 돌아왔습니다.

3월 12일에는 공사가 다 끝났고, 사람들이 무리를 지어 도착하기 시작했습니다. 먼 데서 오는 사람들의 편의를 위해 아쉬라맘 정문 근처에 큰 초가 움막 두 개가 세워졌습니다. 첫 번째 움막 앞에는 접수 사무실이, 그리고 가운더(Gownder)의 집 마당 안에는 여성들의 편의를 위한 큰 움막이 건립되었습니다. 아쉬라맘 맞은편의 대지는 자원봉사자들과 경찰관들이 기거할 수 있도록 준비해 두었습니다. 아쉬라맘 경내에서는 건물들의 평평한 옥상 위에 브라민, 승려, 기타 정통주의적인 사람들을 위한 움막들을 지었습니다. 다른 헌신자들과 현지 헌신자들을 위해서는 식당과 기념당에서 잘 수 있도록 했습니다. 빈자 급식을 위해 바가반의 사진을 위에 붙인 도시락들을 가져오도록 준비했고, 그것을 나누어 주는 일은 경찰의 도움을 받아 보세의 집 마당 안에서 하기로 했습니다. 소방차 두 대를 대기시켜 두었지만 바가반의 은총으로 아무 사고도 일어나지 않았습니다. 하지만 소방차들 중 한 대는 어느 날 사원의 고뿌람(Gopuram-사원 꼭대기의 탑)을 세척할 때 그 호스로 물을 끼얹는 데 사용되었습니다. 그리고 모든 곳에 전기 배선을 적절히 가설했습니다. 길상초(*darbha*)와 장작(*samidhas*)도 잔뜩 쌓아두었습니다. 쌀자루, 채소, 바나나 잎 들이 여러 곳에서 화물차로 들어왔습니다. 고위 관리들이 자동차로 오면서, 그 차들을 주차시키기 위한 차

일들이 모르비 게스트 하우스 동쪽의 공터(maidan)에 쳐졌습니다. 읍청邑廳과 철도 당국에서는 방문객들의 특별 수송 대책을 마련했습니다. 아쉬람의 모든 헌신자들은 예외 없이 각기 무슨 소임을 할당 받았습니다. 두 달가량 앞서 아쉬라맘에 온 적이 있는 뿌리의 상까라짜리야가 행사에 참석하겠다는 전갈을 보내왔습니다. 관수식에 쓰일 코끼리 상아와 모든 큰 강에서 길어 온 성수聖水들이 도착했습니다. 그리고 까니야꾸마리 등지에서 가져온 성스러운 모래가 든 자루들도 왔습니다. 아루나찰레스와라 사원의 고위 승려들은 관수식과 기타 의식에 참여하기 위해 매일 백단향액과 장뇌를 가져오기로 했습니다. 법률가들, 의사들, 기사들, 그리고 여러 명의 고위 관리들도 그 축제에 참석하겠다고 했습니다. 몇 명의 라자들(Rajahs)로부터 아홉 가지 보석(Navaratnas)도 도착했습니다.

관수식이란 실은 작은 움막 안에서 매일 예공, 공물 등을 받는 신상神像 위에 성수를 붓는 것을 의미합니다. 이 신상들을 새 회당에 안치하게 되었는데, 링가는 삼매지 위에 안치하고, 링가 밑에는 금으로 만든 부쁘라스타라 스리 짜끄라(Bhuprasthara Sri Chakra)를 안치했으며, 링가 위편에는 또 다른 메루쁘라스타라 스리 짜끄라(Meruprasthara Sri Chakra)를 안치하고, 요감바, 비그네스와라, 까르띠께야, 짠디께스와라, 바이라바, 짠드라, 수리야, 나바그라하 등의 신상들은 각기 정해진 위치에 안치할 것입니다. 일정이 그렇습니다. 그것을 하기 전에 마하가나빠띠(Mahaganapathi)에 대한 예공, 짠디 의식(Chandi Yagam), 아가마 의식(Agama Yagam) 등의 절차를 거행해야 합니다. 이 모든 절차가 끝나면 엄격한 베다 의식과 아가마 경전에 따라 성화가 켜질 것입니다. 거기에 대해서는 다른 편지에서 말씀드리겠습니다.

1949년 4월 12일

17. 헌신자들의 낭패

바가반이 반얀나무에 대해서 하신 말씀들을 편지로 다 쓰고 나서 저는 그 반얀나무를 찾으러 나섰던 헌신자들 중에서 누구한테 물어봐야 할까 궁리하고 있는데, 뜻밖에도 꾼주스와미가 오늘 아침 저를 찾아왔습니다. 저는 바가반의 친존에서 있었던 모든 일을 들려주고 나서 말했습니다. "왜 바가반께서 저더러 자세한 것은 다른 사람들에게 물어보라고 하셨는지 모르겠습니다. 부디 자세한 이야기를 좀 해 주십시오." 그는 놀라서 소리쳤습니다. "아이요! 그걸 왜 물어? 우리가 겪은 고초야 아무도 모르지." "그래서 당신한테서 직접 듣고 싶은 겁니다." 제가 말했습니다. "좋아. 내 이야기를 듣고 나서 내가 말한 것을 적어 둬. 다른 사람들에게도 좋은 교훈이 되어서 아무도 앞으로는 그런 짓을 하지 않도록 말이야." 그러면서 그는 그 사건을 다음과 같이 들려주었습니다.

"한 5, 6년 전에 일어난 일이지 아마. 그해의 자얀띠에는 헌신자들이 상당히 많이 왔어. 자얀띠는 예년과 같이 치러졌지. 잔치의 부산함이 끝난 뒤에 우리는 다들 아루나찰라 정상에 오를 생각을 했어. 25명가량의 헌신자들이 산을 오르겠노라고 했지. 그래서 전날 밤 우리는 바가반께 우리의 계획을 말씀드렸어."

"바가반은 우리한테 오르는 길과 쉴 수 있는 곳들을 말씀하시다가 무심코 아루나기리 요기가 살고 있는 그 반얀나무 이야기를 하셨는데, 자네들한테 말씀하신 것과 같이 당신이 그쪽으로 가시다가 벌들한테 쏘인 이야기를 모두에게 들려주셨지. 그 이야기를 듣고 나서 무나갈라 벤까따라마이아와 나는 그곳을 몹시 가 보고 싶었어. 하지만 그에 대해 바가반께 아무 말씀도 드리지 않았어. 우리가 빨라꼬뚜로 돌아온 뒤에 벤까따라마이아와 나는 준비를 시작했지. 우리는 무루가나르, 깔리야나순다라마야, 토머스라는 유럽인과 그의 친구인 젊은 자민다르(Zamindar), 그리고 새로 온 사람 둘과 의논하고 일행의 나머지 사람들에게는 그 계획을 전혀 말하지 않았어. 우리는 필요한 음식을 싸 가지고 일찍 출발하여, 아침에 읍내로 내려가는 계단이 있는 쪽(아루나찰라의 동남쪽 기슭)에 도착했지. 우리 일행 8명은 거기서 멈추어 다른 사람들에게 먼저 가라고 했어. 한두 사람이 아직 안 왔다고 하면서 말이야. 그런 구실로 그들을 먼저 보낸 우리는 옆길로 살짝 빠져 빠짜이암마 사원 옆으로 난 지름길로 해서 산을 오르기 시작했지. 자민다르 청년은 카메라를 하나 가져왔는데, 우리가 그 반얀나무의 사진을 찍어 바가반께 보여드리고 싶었기 때문이야. 우리는 그 나무를 찾아 산을 오르고 또 올랐는데 거기가 어딘지 찾을 수가 없었어. 산 정상이 보이지 않아서 정상으로도 오를 수 없었지. 올라가야 할지 내려가야 할지 몰라 뺑뺑 돌다가 우리는 지쳤고, 나중에는 한 군데서 오도 가도 못하게 되었어. 밑으로는 깊은 계곡이 있었고, 앉아 있을 만한 평평한 자리도 없고 어디 기댈만한 데도 없었어. 시간이 12시쯤 되었으니 뙤약볕은 쨍쨍 내리쬐고 말이야. 갑자기 벤까따라마이야가 심장이 두근거리기 시작해 풀 위에 드러누웠어. 무루가나르는 어디로 갔는지 보이지도 않고. 이 사람이 어떻게 되었나 하고 찾아보니 우리 뒤에서 엉금엉금 기어 올라오고 있는 거야. 걸을 힘도 없었던 거지. 우리는 반쯤 죽은 상태로 서로 말을 할 기운도 없었어. 나는 걱정도 되고 초조해졌어. 왜냐하면 바가반께 말씀을 드리지 않고 우리가 그런 일을 벌였으니까 말이야. 혹시 우리 중의 누구한테 무슨 일이 생기면 무슨 면목으로 바가반의 친존에 갈 수 있겠나 싶더라고. 그러면 나는 당신을 뵙지 않고 바로 북인도로 올라가 성지순례를 하면서 물과 음식을 끊고 목숨을 버릴 생각을 했지. 나는 그때까지 한 번도 바가반께 무엇을 이루어 달라고 기도를 해 본 적이 없었지만, 그때는 내 가슴 깊은 곳에서부터 이 모든 사람들을 위험에서 구해 주시라고 기도를 드렸어."

"그러고 나자 바로 어떤 사람이 나무를 자르는 소리가 들리는 거야. 그 소리가 들리는 쪽을 바라보니 멀리 나무꾼 한 사람이 있었어. 우리의 목소리가 거기까지 들리지 않겠기에 우리 중의 한 사람이 윗도리를 벗어서 우리가 있다는 것을 알렸지. 우리 일행 중의 한두 명은 바지와 코트를 입고 있었기 때문에 그는 우리를 산림감시관으로 알고 달아나려고 했어. 그때 내가 우리의 황색 법복을 흔들어서 우리는 아쉬람 사람이니 우리를 겁낼 필요가 없다고 안심시켰지. 그러자 그는 우리를 믿고 우리한테 왔어. 그때는 이미 우리가 그 반얀나무를 찾아내겠다는 희망을 다 포기했기 때문에, 그 사람에게 우리를 산 정상이나 (정상 아래쪽) 일곱 샘으로 데려다 달라고 했지. 그는 그 지점에서 산 정상으로 가는 길은 없다면서 일곱 개천에만 우리를 데려다 줄 수 있다고 했어. 다만 그 사이에는 건너기 아주 어려운 개천이 세 개 있다는 거야. 그래도 그는 한 사람씩 우리의 손을 잡고 그 개천 세 개를 건너게 도와주었지. 우리가 개천들을 다 건너도록 도와주고 나서 그는 우리를 맞은편에 앉게 했는데, 이때쯤에는 우리가 완전히 녹초가 되어 운신할 수가 없었어. 그러고 있을 때 바가반의 은총으로 가랑비가 내리기 시작했어. 그 비에 우리는 큰 안도감을 느꼈고, 아주 새로운 기운을 되찾았지. 일곱 샘에서 보니 산 위에 먼저 올라간 사람들이 보였어. 그들은 우리를 보지 못했지. 그들은 뭘 좀 먹고 나서, 우리가 혹시 어떻게 되었나 하고 우리를 찾기 시작했어. 그러다 결국 비참한 몰골을 하고 있는 우리를 발견하자 고함을 질렀고, 우리도 응답을 했지. 나무꾼은 어찌어찌 해서 우리를 그들에게 데려다 주었어."

"우리는 옷이 찢어지고 몸은 멍이 들고 해서 가관이었지. 그들은 먼저 우리한테 과일을 주고 나서 어떻게 된 일인지 물어보고 사태를 파악했지. 그리고 카메라와 보온병을 보더니 이러는 거야. '보온병의 응유를 다 마셔 버렸다 해도 상관은 않겠는데, 최소한 그곳의 사진은 한 장 찍었겠지요?' 그제야 우리는 카메라가 있다는 걸 알았어. 그게 있다는 걸 까맣게 잊고 있었던 거야."

"우리는 한 동안 쉬었다가 비루팍샤 산굴로 내려왔지. 그리고 그런 엉망인 상태로 바가반의 친존에 가서는 안 되겠다 싶어서 해가 질 때까지 기다렸다가 내려왔어. 나는 목욕을 하고 나서 바가반을 찾아뵐 생각으로 빨라꼬뚜로 갔어. 그런데 자민다르 청년과 벤까따라마이야는 곧장 바가반께로 가서 멀찍이서 당신 앞에 오체투지를 했지. 그들이 떠나려고 할 때 바가반이 그들의 너덜너덜한 꼴을 보시고 당신 가까이 있던 헌신자들에게 말씀하셨지. '저 사람들 좀 봐. 하고 있는 꼴을 보라고. 무슨 뜻하지 않은 일이 있었나 보지.'"

"바로 그때 내가 거기를 갔지. 절을 하고 일어서는데 바가반께서 걱정스럽게 물으시는 거야. '어떻게 된 거지? 저 두 사람을 보니 전신에 피가 튀고 옷이 찢어져 몰골이 말이 아니군.' 나는 자초지종을 공손히 말씀드렸지. 바가반은 내가 저지른 잘못을 꾸짖으면서 이렇게 말씀하셨어. '자네들이 그런 짓을 해서야 되겠나? 나한테 미리 말했으면 못 가게 했을 텐데. 마하트마들이 계신 비밀스런 장소를 몰래 엿보는 건 잘못된 일 아닌가? 나는 별 생각 없이 거기에 발을 들여 놓은 것만으로도 벌들한테 쏘였는데. 그 뒤로는 그쪽으로 가 볼 생각이 두 번 다시 일어나지 않았어. 그런 곳들에 대한 이야기를 내가 애당초 한 게 잘못이야.' 나는 참회하는 심정으로 합장을 하고 말했지. '바가반, 저희들이 잘못했습니다. 저는 바가반께서 이 산과 연관된 아주 흥미로운 이야기들을 들려주실 때마다 그런 데를 다 찾아내서 가 보고 싶은 생각이 들곤 했습니다. 이제는 그런 욕망이 사라졌습니다. 저는 또 바가반께 말씀드리지 않고 그곳에 간 데 대해 응분의 벌을 받았습니다. 앞으로 다시는 그런 어리석은 짓을 하지 않겠습니다.' 그러면서 바가반의 용서를 구했지." 꾼주스와미가 말했습니다.

1949년 5월 23일

18. 동물들에 대한 자상함

1946년의 어느 날 오후 2시에 아쉬라맘에서 맛난 무슨 음식을 만들어 헌신자들에게 나누어 주었습니다. 그 중의 몇 개는 바가반께도 드렸습니다. 바가반은 그것을 드시고 물을 마신 다음 밖에 나가셨다가 돌아오셨는데, 이때 원숭이 몇 마리가 당신 소파 옆의 창문으로 다가왔습니다. 바가반은 그들을 보시자 시자들에게, 가서 그 맛난 음식을 좀 가져오라고 하셨습니다. 원숭이들이 그것을 아주 좋아할 거라고 하시면서 말입니다. 시자들이 돌아와서 말하기를, 주방에 있는 사람들이 원숭이들에게까지 줄 만큼 많이 만들지 않았다고 하면서 안 주더라고 말했습니다. "오호! 그러면 우리는 어떻게 얻어먹었지?" 바가반이 말씀하셨습니다. "지금이 배급 시간이니까요." 한 헌신자가 말했습니다. "배급시간이면 어떻다는 거지요? 우리가 배급을 받으면 그들[원숭이들]도 배급을 받아야 하지 않습니까? 원숭이들한테도 배급 카드를 주면 문제가 해결되겠군요. 그들은 이런 것을 우리보다 더 맛나게 먹습니다. 그들이 먹지 못하는데 우리가 왜 그것을 먹어야 합니까? 우리가 먹을 때 저 어린 자식들이 우리를 쳐다보는 모습을 보세요." 바가반이 말씀하셨습니다. 그리하여 원숭이들도 자기들 몫을 얻게 되었습니다.

그때부터 바가반은 원숭이들의 몫이 그들에게 돌아가고 난 뒤에야 음식을 받으셨습니다. 전에는 무엇을 나누어주기 전에 그들의 몫을 먼저 떼고 나누어준 관행이 있었던 모양입니다. 그 중간에 바뀌었던 것이 바가반의 이 질책과 함께 사라졌습니다. 과거에는 자얀띠나 마하뿌자와 같은 잔칫날, 바가반이 음식을 좀 따로 떼어서 동글동글하게 만들어 바구니에 담아 빨라꼬뚜로 가셔서 거기 앉아 원숭이들에게 동그란 것들을 나누어주면서 아주 즐거워하시곤 했습니다. 1939년에 바가반의 환갑잔치 때 그 모습을 찍은 사진이 한 장 있습니다. 그 사진을 보면 그때 바가반의 얼굴이 밝게 빛나고 있음을 우리가 능히 알아볼 수 있습니다.

1946년의 어느 날 오전에는 어떤 일이 있었는지 아십니까? 다람쥐들이 캐슈너트를 얻어먹으려고 바가반의 소파로 다가왔습니다. 보통 바가반 가까이에 있는 깡통에 담겨 있는 그 견과들이 이날따라 다 떨어졌습니다. 그래서 그 대신 땅콩을 주었는데, 다람쥐들은 그것을 먹지 않고 별별 수단을 다해 자기들의 불만을 표시했습니다. "그게 없단다, 얘들아. 어떡하니?" 그러면서 바가반은 다람쥐들을 구슬려 보려고 하셨지요. 그런데 그게 아니었습니다. 다람쥐들은 수그러들지 않고, 바가반의 다리며 손으로 계속 기어오르면서 불만을 표시했습니다. 그래서 바가반은 끄리슈나스와미에게 고방에 가서 혹시 캐슈너트가 조금 남아 있는지 찾아보라고 하셨습니다. 끄리슈나스와미가 가서 그것을 조금 가지고 왔습니다. "그것뿐인가?" 바가반이 물으셨습니다. 끄리슈나스와미는 사람들이 저녁에 빠야삼(payasam)을 만든다고 하면서 그것밖에 안 주더라고 했습니다. 바가반은 언짢은 기색으로 말씀하셨습니다. '알았네. 캐슈너트가 평소보다 적은 양이 들어가면 빠야삼이 맛이 안 난단 말이지. 딱한 일이야. 이 다람쥐들은 그보다 못한 것은 좋아하지 않으니 걱정이군. 고방지기들은 캐슈너트를 빠야삼에 넣어야 한다면서 그걸 주지 않았단 말이지. 빠야삼에 캐슈너트가 안 들어갔다고 누가 걱정이나 할까? 이 어린자식들이 캐슈너트가 없다고 걱정하는 것 좀 봐!' 그리하여 빠야삼에 들어가야 할 캐슈너트들이 다람쥐들의 뱃속으로 들어갔고 (다음에 다람쥐들에게 주기 위해) 당신 곁의 깡통 속으로도 들어갔습니다.

그날 오후 아난따나라야나 라오 박사가 마드라스에서 오면서 캐슈너트를 두 봉지 사왔는데, 다람쥐에게 주기 위한 것이라고 말했습니다. 바가반은 미소를 지으며 끄리슈나스와미에게 말씀하셨습니다. "이거 봐. 그들은 뭐든지 자기들이 원하는 걸 얻는군. 자네한테 부탁할 필요가 없겠어. 이 캐슈너트는 그들의 재산이야. 잘 보관해 둬. 고방에 주어버리는 일이 없도록 해야 돼. 잘 살펴."

1947년의 어느 날 오전 9시에 암소 락슈미가 다리와 몸뚱이, 꼬리에 온통 진흙을 묻힌 채 급히 회당에 들어왔습니다. 코에서는 피가 흐르고 있었고 목에는 반쯤 잘린 밧줄이 걸려 있었습니다. 락슈미는 바가반이 앉아 계신 소파 쪽으로 곧장 갔습니다. 시자들은 그녀가 진흙을 몸에 묻힌 채 들어왔다고 뭐라고 싫은 소리를 했지만, 바가반은 애정을 가지고 말씀하셨습니다. "들어오라 해. 들어오라 해. 어떻게 하고 왔든 무슨 상관인가?" 그리고 암소에게 말씀하셨습니다. "어이구, 어서 와. 가까이 좀 와." 그러면서 손으로 그 몸을 가볍게 쓰다듬으시고 목을 토닥이신 다음 얼굴을 보면서 말씀하셨습니다. "왜 그래? 피가 나네!" 시자 한 사람이 말했습니다. "최근에 사람들이 밧줄로 코를 꿰었습니다."

"오호! 그래서 그런 거야? 그래서 나한테 하소연하러 왔군. 그녀한테 너무 아픈 거 아닌가? 고통을 못 견디겠으니까 자기 몸도 씻지 않고 나한테 하소연하러 달려왔군 그래. 어떡하지? 이들리나 뭐 그런 걸 좀 주지." 바가반은 락슈미의 안위에 대해 크게 염려하시면서 말씀하셨습니다. 시자들은 그녀에게 바나나를 좀 주고 어찌어찌 구슬려서 밖으로 내보냈습니다. 저는 주방에 가서 이들리를 좀 가져와 락슈미에게 주었고, 그녀는 만족하여 자신이 평소에 거처하는 곳으로 돌아갔습니다.

우리가 모두 회당으로 돌아가서 앉고 나자 바가반이 시자들을 바라보면서 말씀하셨습니다. "자네들은 자기 문제를 나한테 이야기하려고 오지 않나? 그녀도 마찬가지야. 그런데 왜 진흙을 묻히고 왔다고 해서 그녀한테 화를 내나? 우리한테 문제가 있을 때, 우리 옷이 제대로 갖추어졌는지, 머리를 제대로 빗었는지 돌아보나?"

바가반이 공작들에 대해서 보여주시는 사랑과 애정에 대해서는 두말할 필요도 없습니다. 공작과 같은 순한 짐승들에 대해서는 특히 배려하실 뿐만 아니라, 뱀과 같이 역시 아쉬라맘에 사는 것이 허용된 존재들에 대해서도 똑같이 배려하십니다. 이것은 당신의 전기에서도 이야기하고 있을뿐더러, 우리 자신도 여기서 그것을 이따금 목격합니다. 호랑이 새끼들에 대한 이야기는 이미 편지로 말씀드린 적이 있습니다. 최근에는 뱀들에 관한 사건이 하나 있었습니다.

빠딸라 링가 사원의 개원식이 지난 4일로 잡혀 있었고 몇 명의 방문객들, 특히 총독 내외가 아쉬라맘을 찾아올 것으로 예상되었기 때문에, 지금 있는 공간만으로는 부족할 것 같아 그들이 와서 머무를 수 있도록 기념당의 바가반 소파 오른편에 차일 하나를 쳐 두었습니다. 그 1주일 전에, 그러니까 4월 말경에 끄리슈나스와미는 그 차일 밑에서 베다 빠라야나도 하고 여성들도 거기 앉을 수 있게 조치했습니다. 어쨌든 그것은 새로 지은 시설이었습니다. 사방에는 파두叩들을 놓아두고, 쿠스쿠스 발을 매달아 시간 맞춰 물을 뿌렸습니다. 그래서 그곳은 비교적 서늘했습니다. 그 차일을 친 4일쯤 뒤, 제가 오후에 평소보다 조금 일찍 거기에 갔습니다. 바가반은 막 밖에 나가셨다가 돌아오셨습니다. 당신 곁에는 아무도 없었습니다. 저는 당신 앞에서 오체투지하고 나서 그 차일 아래 앉았습니다. 그때 큰 푸른 뱀 한 마리가 바가반의 소파 곁에 놓인 파두들 사이에 난 틈으로 스르르 미끄러져서 얼마쯤 들어오더니 차일의 지붕으로 올라가 거기서 편안히 머물러 있었습니다. 저는 전혀 무섭지 않았기 때문에 뱀과 바가반을 바라보면서 가만히 있었습니다. 당신은 제 마음을 알아차리시고 웃으면서 말씀하셨습니다. "그는 거기가 시원하니까 온 거야." 제가 말했습니다. "그는 얼마나 오래 여기 있을 수 있었습니까?" 바가반이 대답하셨습니다. "그는 내가 점심을 먹고 나서 여기 돌아왔을 때와 거의 같은 시간에 여기 왔지. 차일 주변과 파두 주변을 돌고 있었어. 지난 3일간 그런 식으로 여기 왔다가 오후 2시 30분쯤 사라졌지."

제가 말했습니다. "그는 대단한 영혼인가 봅니다. 바가반께서 혼자 계실 때 당신을 시봉하러 저런 형상으로 온 게 분명합니다." 제가 이렇게 말하고 있을 때 끄리슈나스와미가 들어왔습니다.

끄리슈나스와미: 어떻게 해야 할지 모르겠습니다. 그는 매일 여기 옵니다. 바가반께서는 저희들더러 쫓아내지 말라고 하시니 말입니다.

바가반: 그가 오는 게 어때서? 그가 우리한테 무슨 해를 끼쳤어?

끄리슈나스와미: 우리한테 아무 해도 끼친 건 없습니다. 그러나 여기는 많은 사람들이 오는 곳입니다. 위험하지 않습니까?

바가반: 하지만 그는 오후 2시 30분이면 가는데? 안 그래?

끄리슈나스와미: 지금은 괜찮습니다만, 잔치 때는 사람들이 상시로 옵니다.

바가반: 오호! 자넨 그게 두려운 거로군!

바가반은 그렇게 말씀하시고 뱀과 저를 쳐다보셨습니다. 저도 뱀과 바가반을 바라보고 나서 말했습니다. "그는 바가반을 시봉하려 온 게 분명합니다. 하지만 그가 이런 껍질[그 몸뚱이]을 두르고 오면 그가 일반 사람들한테서 해를 입거나 일반 사람들이 그에게서 해를 입을 것 같습니다."

바가반: 그럴지도 모르지.

그런 다음 바가반은 차분히 그리고 자애롭게 그 뱀을 한 동안 바라보셨습니다. 그러자 즉시, 이제까지 우리가 토의하고 있는 동안 가만히 있던 뱀이 차일을 얼른 내려와 화단 속으로 들어가 사라져 버렸습니다. 바가반이 그를 응시하셨을 때 그가 어떤 메시지를 받았는지는 알 수가 없습니다. 시계가 30분을 알리며 쳤습니다. 헌신자들이 줄을 지어 들어와서 바가반 앞에 오체투지를 했습니다. 그리하여 바가반은 시선을 거두고 평상시의 상태로 돌아가셨습니다. 그 뒤로 그 뱀은 전혀 보이지 않았습니다.

바가반의 처소는 여자들과 가난한 사람들에게 안전한 귀의처일 뿐 아니라 말 못하는 짐승들에게도 늘 그런 곳이라는 것을 보여주는 사건들은 너무나 많습니다. 이런 성격의 다른 사건들에 대해서는 다른 편지에서 말씀드리겠습니다.

1949년 11월 14일

19. 소년 시절

제가 띠루쭐리에서 돌아온 날 오전은 모든 사람들의 근황에 대한 질문들로 지나갔습니다. 오후에는 평소보다 조금 일찍, 그러니까 2시에 바가반의 친존에 갔습니다. 제가 절을 하고 일어서자마자 바가반이 물으셨습니다. "술라 띠르탐에서 목욕을 했나?"

저: 아뇨. 지금은 그 물이 별로 좋지 않습니다. 저희들은 거기서 조금 떨어진 곳에 있는 저수지에서 목욕을 했습니다.

바가반: 그래. 이때쯤은 그 물이 별로 좋지 않을 거야. 마가(Magha) 달, 마가 별의 날에는 그 물이 차면서 수면이 올라와. 신상神像의 관수식 축제가 벌어지는 게 그날이야. 그러니까 브라마우뜨사밤으로부터 열흘째 되는 날이지. 그날 신상을 그 사원의 만다빰으로 모셔나와 뜨리술라 띠르따(Trisula Theertha - 술라 띠르탐)의 물로 관수를 하고, 관수식이 끝나면 모든 사람이 그 저수지에서 목욕을 하지. 내 소년 시절에는 우리가 다 한데 모여 그 계단들에다 무슨 표시를 해 두고 물이 매일 얼마나 올라오는지 관찰하곤 했지. 재미있었어. 물이 차 올라오는 것은 열흘 전부터 시작했는데 하루에 한 계단씩 차올라 보름날 완전히 다 찼어. 우리는 그게 아주 재미있었지. 요즘은 물이 제대로 차오르지 않는다고 말하는 사람들이 있더군. 작년에 우리네 사람들이 과연 물이 제대로 차오르지 않는지 확인하기 위해 거기 갔었지. 그렇게 해서 그들은 뿌라나에서 이야기하고 있는 것이 그른 말이 아니더라고 하면서 흡족해했어.

저: 사람들 말로는, 그날 강가(Ganga), 야무나(Yamuna), 사라스와띠(Saraswati)도 거기 온다고 합니다17). 그렇습니까?

바가반: 그렇지. 『스탈라뿌라나』에 그렇게 쓰여 있어. 스와미(신)에 대한 관수가 끝나자마자 그 물은 하루에 한 계단씩 내려가지. 우리는 사원 옆에 있는 깔리야나 만다빰에서 곧잘 놀았어. 학교 수업을 한 동안 거기서 하기도 했지. 거기도 가 보았 겠지?

저: 예. 가 봤습니다. 무띠룰랍빠 무달리라는 분은 바가반의 학교동무였던 모양입니다. 그분이 그런 데들을 다 구경시켜 주었습니다. 저는 또 바가반의 집 오른쪽에 살았던 텔루구 사람들도 만났습니다. 그들은 바가반의 사진 하나를 모셔두고 예배를 올리고 있었습니다.

바가반: 오, 그 사람들! 당시에 나는 하루 중 태반을 그들의 집에서 보내곤 했지. 나보다 나이가 많거나 동갑내기인 사람들도 지금은 다 세상을 떠났고, 그 중에서 나보다 연하인 사람 하나만 아직도 생존해 있어. 나는 그 사람들과 이야기하면서 텔루구어로 말하는 데 친숙해졌지.

저: 그래서 당신의 아버님을 텔루구 사람들처럼 '나야나'라고 부르신 버릇이 드신 겁니까?

바가반: 아니야. 그것은 락슈마나 아이어를 통해서였어. 그는 텔루구어를 아주 잘 했는데, 그 양반이 나에게 아버지를 '나야나'라고 부르라고 가르쳐 주더군. 내가 아버지를 '나야나'라고 부르기 시작한 뒤부터 모든 사람이 당신을 '나야나'라고 부르는 데 익숙해졌지. 락슈마나 아이어는 나를 아주 좋아했어. 모든 사람이 나를 '벤까따라만'이라고 부르는데 유독 그 양반만 나를 '라마나' 혹은 '라마니'라고 불렀어. 결국 그 이름이 아주 굳어지고 말았지.

라자고빨라 아이어: 가나빠띠 샤스뜨리가 바가반께 '라마나 마하르쉬'란 이름을 붙여드릴 때 그 사실을 알았습니까?

바가반: 아니. 그가 어떻게 알았겠어? 훨씬 나중에야 어떤 대화 도중에 내가 그에게 그 이야기를 해 주었지. 그뿐이야.

저: 락슈마나 아이어는 아버님 댁의 왼쪽 집에 살고 있었습니까?

바가반: 아니, 아니. 그는 한 동안 우리 집의 왼쪽 부분에 살았어. 거기로 들어온 것은 그가 띠루쭐리로 전근을 온 때문이지. 오랫동안 안드라 지방에서 일을 했기 때

---

17) [역주] 전설에 따르면, 강가, 야무나, 사라스와띠 강들이 1년에 한 번씩 땅 밑으로 해서 띠루쭐리의 이 저수지에까지 흘러오고, 그래서 매일 한 계단씩 물이 차오른다고 한다.

문에 텔루구에 능했어. 그것을 잊어버릴까 두려워서 나한테는 텔루구어로만 이야기한 거야. 지금 우리 집에서 예공을 올리는 까르뿌라 순다라 바따르 가족은 당시에도 바로 우리 집 옆집에 살고 있었어. 까르뿌라 순다라 바따르의 부친은 아직도 생존해 계시지. 그분을 만나보지 않았나?

저: 예, 만나 보았습니다. 아주 연로해지셨더군요.

바가반: 그래도 나보다 두세 살 아래야. 나보다 연상인 의붓형들이 두세 명 있었는데 늘 그를 놀려대곤 했지. 하루는 그가 사탕 수숫대 하나와 칼 한 자루가 생겼는데, 자기가 못 자르니까 자기 형들한테 도와달라고 했어. 그들은 들은 척 만 척하고 어디로 가 버렸지. 그러자 이 아이가 울기 시작했어. 내가 보기 안 되어서 그 사탕 수숫대를 잡고 잘라 보려고 했지. 그러다 손가락을 베어 피가 났지. 그래도 그 어린 것이 우는 게 안쓰러워 어찌어찌 그 사탕수수를 몇 토막으로 잘라주었지. 그리고 젖은 천으로 손가락을 싸맸는데, 그래도 피가 계속 나. 마침 식사 때라 집에서 밥 먹으러 오라고 부르더군. 가서 앉았는데 손을 못 쓰니 음식을 섞을 수가 없어서 아버지가 대신 섞어 주셨지. 나중에 아버지는 손가락에 붕대를 감아 주셨어. 어떻게 된 거냐고 물으시기에 경위를 말씀드렸지. 그 상처는 아무는 데 한 달이나 걸렸어.

저: 그러니까 바가반께서는 어릴 때부터 남을 도와주고 동정하는 것이 타고나셨군요.

바가반: 그건 그 정도로 하지. 그게 뭐 대순가?

그렇게 말씀하시고 화제를 바꾸신 바가반은 다시 이렇게 말씀하셨습니다.

바가반: 그들은 승려 아닌가. 그래서 그들이 깔라야르 사원(Kalayar Temple)[18]에서 예공을 할 때는 집에서 음식을 만들어 소년들을 시켜 그 사원으로 보내곤 했지. 가끔은 나도 그 소년들과 함께 거기를 갔어. 우리는 까운디니야 강에서 목욕을 하고 나서 그 사원의 링가에 한 통 가득한 물을 들이붓고 그 음식을 공양물로 바친 다음, (은사물로 그 음식을 나누어주면) 그것을 먹었지. 사원에 인접한 마을인 빨레마땀의 아이들이 거기 와서 우리와 합세하기도 했어. 우리는 한밤중까지 같이 놀다가 집으로 가곤 했지.

저: 순다란이 그곳에 산 적이 있지 않습니까?

바가반: 그랬지. 그는 거기 있다가 즈요띠르바남으로 갔어.

저: 강물이 가득 불어났을 때는 어떻게 하셨습니까? 다른 길이 있었습니까?

---

18) [역주] 띠루쭐리 외곽, 까운디니야 강 건너편에 있는 작은 사원.

바가반: 아니야. 그게 유일한 길이야. 그러나 그 강은 물이 보통 허리까지밖에 오지 않아. 만일 홍수가 났다 하면 우리는 배를 타고 건넜지. 그런 경우에는 아이들을 보내지 않고 어른들이 직접 가. 홍수는 보통 며칠 안에 가라앉았어. 자네들은 거기서 목욕을 하지 않았나?

저: 목욕을 하기는 했습니다. 그런데 왠지 물에서 좋지 않은 냄새가 나서 마시기에는 적당치 않았습니다.

바가반: 맞아. 그 물은 마시기에는 적당치 않아. 그 물에는 피부병에 좋은 유황 성분이 들어 있다고 해서 사람들이 거기서 목욕을 하는데, 그뿐이야. 어느 뿌라나에서는 소마시탈라(Somaseethala)라는 왕이 거기서 목욕을 하고 문둥병이 나았다고 하지. 한번은 내가 몸에 가려움증이 있었을 때 어머니가 나를 매일 거기서 목욕을 시켜주었어. 그 강은 무휴천無休川(jivavahini), 즉 연중 물이 마르지 않는 강인데, 최악의 여름에도 어느 구석엔가는 물이 흘러. 까운디니야(Koundinya)가 거기서 따빠스를 하고 있을 때 물이 없어 시바에게 기도를 한 모양이야. 그 강이 무휴천으로 태어나서 '빠빠하리'(Papahari)[죄의 소멸자]라는 이름으로 흐르게 된 것은 그때부터였지. 그 강이 까운디니야를 위해 태어났기 때문에 이름을 까운디니야 강이라고도 하는 거야.

저: 『라마나 릴라』에 보면 그곳을 까운디니야 끄세뜨라(Koundinya Kshetra-'까운디니야 들판')라고도 한다고 되어 있습니다. 그렇습니까?

바가반: 그렇지, 그렇지. 까운디니야가 그곳에서 따빠스를 했기 때문에, 누군가가 어느 책에서 말하기를 냐나삼반다가 그 집안에서 태어났다고 했어. 『라마나 릴라』에서도 그렇게 말하고 있지.

저: 그렇다면 삼반다르는 까운디니야 종성種姓(Koundinya Gothra)에 속합니까?

바가반: 그렇지. 그래서 우리의 벤까따끄리슈나이야가 『라마나 릴라』에서 자기 이름을 '끄리슈나 까운디니야'라고 한 거야. '바가반은 까운디니야 끄세뜨라에서 태어났다. 그 강이 까운디니야. 상수제자 가나빠띠 무니는 까운디니야 사람이다. 바가반은 전생에 냐나삼반다르였다고 생각하는 사람들이 많은데, 냐나삼반다르는 곧 까운디니야 가문이었다. 모든 까운디니야 집안 사람들은 바쉬슈타의 후예이고, 바쉬슈타 가문의 모든 사람은 비이원론자들(advaitins)이며, 그래서 스와미는 그 가문에 속한다.' 끄리슈나이야는 『라마나 릴라』에서 그렇게 말하고 있지. '나는 라마나의 전기를 썼으니 까운디니야 사람이고, 그래서 우리는 모두 같은 가계에 속하며, 같은 비이원론자 가문이다'라고.

바가반은 그렇게 말씀하시고 미소를 지으셨습니다.

저: 오! 이론이 그렇게 됩니까?

바가반: 응, 그렇지. 가나빠띠 샤스뜨리와 그 제자들은 자신의 종성을 먼저 써. 끄리슈나이야도 그 제자들 중 한 사람이지. 그것도 또 하나의 이유야.

한 헌신자: 저 끄세뜨라 뿌라남[띠루쭐리에 관한 뿌라남]에서는 자세히 기술하고 있지 않습니다.

바가반: 그렇지요. 그것은 『스깐다뿌라남』의 한 부분에서 이야기하고 있습니다. 산스크리트 원고가 하나 있고, 타밀어로 된 간략한 뿌라남도 있습니다. 「즈요띠르바나 마하뜨미얌」(Jyotirvana Mahatmyam)에도 여기저기 그 끄세뜨라에 관한 타밀어로 된 이야기가 좀 있습니다. 누군가가 그것을 한데 모아 산문으로 쓰면 좋겠지요.

라자고빨라 아이어: 비스와나타 브라마짜리가 아마 하지 않을까요?

바가반: 누가 알겠습니까? 그 뿌라남들을 다 들여다보고 나서 자기가 그것을 쓰겠다고 해야 하지요.

헌신자: 우리가 이야기를 해 봐야겠죠.

바가반: 좋습니다. 그렇게 하십시오.

그날 오후에 비스와나타 브라마짜리가 오자마자 바가반은 웃음 띤 얼굴로 그에게, 모든 헌신자들이 그가 『뜨리술라뿌라 마하뜨미얌』(Trisulapura Mahatmyam)[띠루쭐리 뿌라남]을 산문으로 써 주면 좋겠다고 생각한다고 말씀하셨습니다. 그리하여 비스와나타 브라마짜리는 관련되는 모든 뿌라나들을 섭렵하고 바가반의 도움을 받아, 관련되는 부분들을 번역하여 타밀어 산문으로 『뜨리술라뿌라 마하뜨미얌』을 썼습니다. 그 책은 즉시 간행되었습니다. 나가나리야는 그것을 텔루구어 운문으로 썼는데, 그것은 아직 간행되지 않았습니다.

1949년 11월 21일

20. 좋은 일을 도와주심

1946년 3-4월에 제가 『박따 비자얌』에 나오는 비또바와 냐네스와르 간의 대화에 대한 텔루구어 번역본을 편지로 보내드린 것을 기억하시지요. 그때의 일은 특이한 상황에서 일어났습니다. 1944년에 마누 수베다르가 여기를 다녀가고 나서 한 헌신자가 싯다와 수행자 간의 그 토론을 영역한 것을 수베다르에게 보내준 뒤로 저는 그것을 텔루구어로 번역하고 싶은 생각을 가지고 있었습니다. 숨바라마이야와 벤따까뜨리슈나이야가 여기 있을 때 제가 바가반의 친존에서 그들에게 부탁해 보았습니다. "자네는 타밀어를 아주 잘 하지 않아?" 그들이 말했습니다. "우리가 영역본에서 번역하느니, 누구에게 타밀어본을 읽어 달라고 해서 자네가 직접 번역해 보지." 그러면서 그들은 그 일을 저한테 맡기고 가 버렸습니다.

이것을 보고 바가반이 하루는 제가 있는 데서 무루가나르에게 그 일에 관해 말씀하셨습니다. 오후에 바가반이 밖으로 나가시자 무루가나르가 저를 보고 말했습니다. "바가반께서 지금 말씀하신 것으로 볼 때 자네는 타밀 문헌을 가지고 일을 많이 해야 할 모양이군. 타밀어를 한번 배워보지 그래? 다른 언어라면 배워보라는 말을 하지 않겠어. 바가반께서는 보통 타밀어로만 글을 쓰고 말씀을 하시잖아. 그래서 타밀어를 배워보라는 거지." 저는 그것을 바가반의 명령으로 간주했습니다. 그래서 『발라보디니』(Balabodhini-타밀어 초급 교과서) 한 권을 구하고 도서실에 있는 타밀-텔루구 사전을 구해 그 텍스트를 보면서 알파벳을 혼자서 천천히 써 놓고, 그 문자들 위에 몇 번이고 덮어쓰기를 반복하여 1주일 만에 읽고 쓰는 법을 배웠습니다. 개와 여우에 대한 초보적인 단원들은 굳이 읽지 않고, 사서司書 소임자에게 『박따 비자얌』 한 권을 바로 갖다 달라고 했습니다. 그가 그 책을 저에게 줄 때 바가반이 그것을 보시고 말씀하셨습니다. "타밀어 읽는 법을 배웠어?" 저는 "조금 배웠습니다" 하고는 그동안의 일을 전부 말씀드렸습니다. 바가반은 "좋아, 잘했어" 하시고는 왜 바로 처음부터 『박따 비자얌』을 잡았느냐고 물으셨습니다. 저는 헌신가들의 이야기가 읽기에 재미있을 것 같아서 골랐다고 말씀드렸습니다. 바가반은 비또바와 냐네스와르 간의 토론을 읽고 싶으냐고 물으셨습니다. 제가 그러고 싶다고 하자 당신은 저에게 책을 가져오라고 하면서 해당 부분을 보여주겠다고 하셨습니다. 그래서 책을 드리자 당신은 관련 부분을 찾아내어 붉은 잉크로 표시를 해 주셨습니다. 그리고 지나가는 말로 제가 그것을 텔루구어로 옮기고 싶으냐고 물으셨습니다. 저는 그냥 읽어보려고 그 책을 골랐고 그것을 번역할 정도로 충분히 잘 이해할 수 있을지 모르겠다고 말씀드렸습니다. 그러자 당신은 제가 능히 그럴 수 있겠지만 그것을 텔루구어로 번역하려면 누군가 타밀 사람의 도움을 받아야 할 거라고 하셨습니다.

나중에 저는 비스와나타 브라마짜리에게 바가반의 말씀에 대해 이야기하고 저를 도와달라고 부탁했는데, 그는 그러겠다고 했습니다. 그러나 그는 도와주는 일을 자꾸 미루었습니다. 그렇게 며칠이 지나갔습니다. 어느 날 오후에 그가 갑자기 저를 찾아와 말했습니다. "바가반께 말씀드릴 것 없이 우리끼리 번역을 해 볼까요? 만약 말씀드리면 당신은 그것을 가져와 보라고 해서 그것을 고치시느라고 불필요한 노고를 하실 겁니다. 바가반의 건강도 좋지 않고 하니, 우리끼리 하면 바가반께 고생을 면하게 해 드리게 될 겁니다. 어떻게 생각합니까?" 저는 그에게 어떻든 그 작업을 일단 끝내야 한다고 말했습니다. 일이란 제 나름대로 풀려나가기 마련이고 우리는 아무것도 걱정해서는 안 된다고 말입니다. 그래서 우리는 작업을 시작했고, 밤 10시까지 계속 번역에 매달려 그것을 완료했습니다. 그러는 사이 무슨 일이 있었는지 아십니까? 달이 밝은 때여서 몇 명의 유럽인들이 달빛을 받으며 산을 돌고 싶어 했습니다. 그래서 오후 1시에 그들은 바가반의 허락을 얻으면서 누군가 길을 아는 사람이 자신들을 도와줄 수 있게 해 달라고 부탁했습니다. 바가반은 당신 가까이 있던 사람들을 바라보시다가 비스와나타가 영어를 하니까 그를 보내는 게 좋겠다고 말씀하셨습니다. 그래서 그를 찾으러 사람을 보냈습니다. 이 사람 저 사람 번갈아 빨라꼬뚜로 가서 여기저기 찾았지만 어디서도 그를 찾지 못했습니다. 바가반은 그가 어디로 갔을까 의아하게 생각하셨고, 아무도 신뢰할 만한 정보를 당신께 드리지 못했습니다. 나중에 사람들을 그가 잘 가는 라마나 나가르로 보내 집집마다 뒤졌지만 그래도 찾지 못했습니다. 그래서 바가반은 다른 사람을 유럽인들의 안내자로 보내셨습니다.

비스와나타가 밤 10시에 자기 방으로 돌아가자 이웃 사람들이 그 동안 있었던 일을 이야기해 주었습니다. 비스와나타는 더 이상 바가반께 말씀 드리지 않고 지나갈 수 없다고 생각하여 새벽같이 일어나 바로 바가반을 찾아갔습니다. 바가반은 그를 보시자마자 어젯밤에는 라마나 나가르 어디에도 없었는데 읍내에 내려갔더냐고 물으셨습니다. 비스와나타는 사실을 말씀드렸습니다. 바가반은 사람들이 나감마의 집에는 가 보지 않았다고 말씀하셨습니다. 왜냐하면 비스와나타가 제 집에는 잘 오지 않기 때문이라는 것이었습니다. 그리고 나서 당신은 그에게 거기서 무슨 책을 읽었느냐고 물으셨습니다. 그러니 그가 뭐라고 합니까? 진실을 말씀드리지 않을 수 없었지요. 비또바-냐네스와르 간의 토론을 완전히 번역했다는 것을 아시고 바가반은 웃으면서 말씀하셨습니다. "알겠어. 이제 보니 그랬군! 어쨌든 좋은 일을 끝냈어. 나감마는 오랫동안 사람들에게 그것을 텔루구어로 번역해 달라고 했었지. 자네들이 한 일에는 아무 잘못된 것이 없어. 어쨌거나 그것은 좋은 일이니까. 나한테 미리 말해 주지 않은 것은 상관없어. 그러나 자네 이웃 사람들에게는 이야기할 수도 있지 않나? 얼마나 많은 사람들이 자네를 찾고 걱정했는지 아나?"

다음날 아침 저는 평소와 같이 7시 30분에 아쉬라맘에 갔습니다. 바가반은 저를 보시자마자 혼자 웃으시기 시작했습니다. 저는 영문을 몰랐습니다. 제가 절을 하고 나서 일어서자 당신은 전날 밤 번역 작업을 다 끝낸 것이 사실이냐고 물으셨습니다. 저는 너무 놀라서 대답을 못했습니다. 그러자 바가반은 비스와나타가 아침 일찍 그 이야기를 해 주었다면서 그를 가리키셨습니다. 제가 비스와나타를 쳐다보자 그는 빙그레 웃으면서 아무 말도 하지 않았습니다. 그러자 바가반은 저에게 그 사본을 하나 달라고 하셨습니다. 제가 아직 정서를 못했다고 하자 바가반은 틈나는 대로 천천히 하라고 말씀하셨습니다.

바가반이 밖으로 나가시자 비스와나타 브라마짜리가 저에게 어제 벌어진 일을 이야기하고 이렇게 말했습니다. "우리는 아무도 모르게 조용히 번역하려고 했지만 이제 모두가 다 알고 말았습니다. 누가 바가반의 눈을 가릴 수 있습니까? 당신께서 직접 사본을 하나 달라고 하셨으니 이제 우리는 아무것도 걱정할 게 없습니다. 정서본을 만들어서 드리십시오."

바가반은 이따금씩 그 정서본에 대해 물으셨고, 마침내 제가 그것을 드리자 당신은 그것을 잘 고쳐서 돌려주셨습니다. 그 뒤에 일어난 일은 오라버니도 다 아십니다. 바가반은 그것을 "라마나스라맘에서 보낸 편지" 제1부의 부록으로 간행하는 게 좋겠다고 하셨고 오라버니는 동의하셨습니다. 이와 같이 바가반은 늘 사람들이 무슨 좋은 일을 하고 싶어 할 때 도와주십니다.

1949년 12월 8일

21. 기만적인 겉모습

1944년의 어느 오후, 헌신자들이 바가반의 친존에서 잡다한 문제들에 대해 이야기를 나누고 있을 때 기만적인 겉모습과 이야기라는 화제가 논의의 대상이 되었습니다. 한 헌신자가 바가반께 말했습니다. "더러 어떤 사람들은 온갖 거짓된 겉모습으로 세상 사람들을 기만합니다."

바가반이 말씀하셨습니다. "예. 더러가 아니라 많은 사람들이 그렇게 하지요. 그게 어떻다는 겁니까? 사람들이 거짓된 겉모습을 꾸미면 결국 그들 자신의 마음만 번뇌에 빠지게 됩니다. 남들이 자기를 어떻게 생각할까 두려워하기 시작하고, 그래서 그들의 마음이 자기 자신의 적이 됩니다. 사람들이 거짓된 겉모습을 꾸며 남들을 속이려고 생각하면 결국에는 그들 자신이 속게 됩니다. 그들은 '우리가 계획을 꾸며 남들을 속였고, 그러면서 대단히 영리한 모습을 보여주었다'고 생각합니다. 그리하여 자만심을 가지고 더 많은 기만책을 씁니다. 그런 행위의 과보는 그 기만이 탄로 날 때에야 깨닫게 됩니다. 때가 되면 그들 자신의 속임수로 인해 패망할 것입니다."

바가반이 누구를 염두에 두고 그런 말씀을 하시는 걸까 하고 다들 궁금해 하고 있을 때 라마 요기가 말했습니다. "스와미, 그 말씀을 들으니 한 사건이 생각납니다.

저는 바가반께서 언젠가 빵가나맘(Panganamam)19)을 칠하신 적이 있다고 어디서 읽은 기억이 납니다. 그게 사실입니까?"

바가반은 다음과 같이 답변하셨습니다. "예. 그것은 제가 산 위에 살던 초기의 일입니다. 당시 몇 명의 비슈누교도들이 저를 찾아오곤 했는데, 그들이 하도 권해서 저도 나맘(namam)을 칠하곤 했습니다. 그런다고 제가 잃을 것은 없으니 말입니다. 그뿐이 아닙니다. 한번은 제가 어떻게 했는지 아십니까? 당시는 아루나찰레스와라 사원 안에 깔리야나 만다빰을 건립할 때였습니다. 그때는 나바라뜨리(Navaratri)[다샤라(Dasara) 축제] 때였습니다. 한 헌가단(獻歌團)이 사원에서 숭배의 일환으로 인형극을 공연할 준비를 해 두고 있었습니다. 그들이 저더러 그 공연을 보러 오라고 자꾸 권했습니다. 저는 누가 저를 알아보고 온갖 예배를 다 할까 염려되어 빨라니스와미의 도띠를 입고 다른 천으로 몸을 감싼 다음 비슈누교도처럼 나맘을 칠하고 그들과 같이 갔습니다. 사원의 소임자들은 저를 잘 알고 있었습니다. 저는 그들을 피하고 싶었는데, 그들은 바로 문 앞에서 저를 알아보고 제 뒤를 쫓아오면서 말했습니다. '스와미! 스와미! 당신도 스와미(神)를 보러 오셨군요. 당신도 스와미 아닙니까?' 그러니 어떻게 합니까? 제가 저 자신을 기만하고 있다는 느낌이 들었습니다. 저는 어찌어찌해서 그들을 피해 안으로 들어갔지만 모두가 저를 바라보는 것만 같았습니다. 저는 그 만다빰도 보지 못했고 다른 것도 전혀 보지 못했습니다. 저는 사람들 눈에 띄지 않게 집으로 돌아가려고 돌아 나왔는데 승려들 중의 우두머리가 문 앞에서 저를 발견했습니다. '스와미! 스와미! 그런 옷을 하고 오셨습니까? 아하, 정말 멋있네요, 스와미! 좀 기다려 보십시오.' 그러면서 저를 불러 세우더니 자기 시자들에게 말했습니다. '여보게! 화만을 하나 가져오게. 백단향도. 은사물도 가져오고. 우리 브라마나 스와미가 주 스리 끄리슈나의 복장을 하고 오셨어. 이건 우리의 큰 복이야.' 그러면서 그들은 사원의 예식을 저에게 쏟아주었습니다. 저는 용케 그들의 시선을 벗어나 빠져 나왔습니다. 나중에도 몇 번인가 그들의 눈을 속이며 사원에 용케 들어갔으나 그들은 어김없이 저를 알아보고 사원의 온갖 예식을 베풀어주었습니다. 그래서 저는 더 이상 그러기를 포기하고 사원에 가는 것을 아예 그만둬 버렸지요. 매사가 그와 같습니다. 여러분이 자신의 진정한 모습으로 있게 되면 어디든 아무 두려움 없이 있을 수 있습니다. 그러나 남들을 속이기 위한 복장을 하면 매순간 누가 여러분의 기만책을 알아볼까 두려워하게 될 것이고, 여러분의 마음이 여러분 자신의 적이 되어

---

19) 빵가나맘은 비슈누교도들의 특징적인 카스트 표식이다.

여러분을 번뇌에 빠뜨릴 것입니다."

1949년 12월 12일

22. 여러분이 여기 와서 해야 할 일은 다 끝났는가?

1943-44년 사이의 어느 때, 알라멜루라는 한 젊은 안드라 여성이 코임바토르에서 왔습니다. 그녀는 남편이 죽은 지 얼마 되지 않았기 때문에 길동무로 오빠를 데려왔습니다. 그녀에게 자식은 없었습니다. 그녀와 그 어머니는 그 전에도 아쉬라맘에 몇 번 온 적이 있는데, 올 때마다 열흘에서 보름 정도씩 머물렀습니다. 그럴 때 그들은 매일 오후 2시에 과자를 좀 가져와서 바가반께 드리고 헌신자들에게도 나누어 주었습니다. 바가반은 그러지 말라고 그들에게 몇 번이나 말씀하셨지만 그들은 귀담아듣지 않고 매일 뭔가를 계속 가져왔습니다. 그러면서 '이것은 제 어머님이 좋아하시던 거고, 저것은 제가 아주 좋아하는 겁니다. 그리고 이것은 제 오빠가 왔기 때문에 한 적이 있는 거고요' 하는 것이었습니다. 이번에도 그들은 읍내의 집 한 채를 빌려 약 한 달간 머무르면서 그전과 같이 과자를 계속 가져왔습니다. 이번에는 바가반이 아무 말씀도 하지 않으셨는데, 그것은 아마도 그들이 어려운 처지에 있기 때문인 듯 싶었습니다. 그들은 그것을 기화로, 그리고 바가반이 그것을 좋아하시는 줄 알고 먹을 것을 더 많이 준비하기 시작했습니다. 마침내 그들이 아쉬라맘을 떠나기 전날, 그들은 바가반께 다가가 말했습니다. "저희들은 내일 떠납니다."

바가반은 혼자 웃으면서 말씀하셨습니다. "오, 그래요? 여러분이 여기 와서 할 일이 다 끝났습니까?" 그 말씀의 의미를 정확히 이해하지 못한 그들이 말했습니다. "집에도 해야 할 일이 좀 있습니다. 식구들이 돌아오라고 편지를 보냈습니다."

바가반이 말씀하셨습니다. "그건 좋습니다. 여러분이 여기 와서 해야 할 일은 다 끝났습니까? 남은 일이 있습니까?" 그들은 무슨 말을 해야 할지 몰라 어리둥절한 채 서 있었습니다.

그러자 바가반이 말씀하셨습니다. "그게 아니고요. 여러분이 간다고 하는데, 그 온갖 과자들을 다 만드셨느냐, 아니면 남은 게 있느냐는 말입니다. 제가 물어보는 것은 그것입니다." 우리는 모두 웃었습니다. 그 모녀는 아무 대답도 못하고 합장한 채 서 있었습니다. 바가반이 웃으면서 말씀하셨습니다. "좋습니다. 가 보십시오." 그들이 바가반 앞에서 절을 하고 떠난 뒤에 당신은 라마짠드라 아이어를 바라보면서 말씀하셨습니다. "내가 그들에게 여기 온 목적에 충실하라고 말해도 그들은 귀담아듣지 않지. 내가 몇 번이나 말했는데도 왜 이런 걸 해 와? 무슨 소용 있어? 그들은 매일 이런 저런 과자를 만들 생각과, 바가반이 뭘 좋아할까 하는 생각밖에 하지 않아. 그러려고 왔나? 그것이 바가반을 기쁘게 하는 건가? 많은 사람들이 그와 같이 하지. 자기들이 온 목적을 잊어버리고 말이야. 그러니 어떡하나?"

1949년 12월 14일

23. 횟가루로 하는 바닥 장식

1944년의 어느 축제날, 몇 명의 여성이 쌀을 물에 불려서 간 쌀반죽으로 아쉬라맘 바닥을 장식하고 있었습니다. 바가반은 우사에서 돌아오시다가 당신을 뒤따르는 사람들에게 말씀하셨습니다. "저 사람들 좀 보세요, 뭘 하는지. 마음을 저런 일에 온통 쏟고 있군요. 그러니 어떡합니까? 그러게 내버려두세요. 저 그림들을 밟지 않도록 조심하고. 저렇게 크나큰 신심으로 그리고 있는데 우리가 왜 그것을 밟습니까?" 그러면서 당신은 그 도형들을 건드리지 않고 조심해 걸어서 회당에 들어가 앉으셨습니다.

그 직후에 바가반은 아쉬라맘의 한 노여사가 회당 맞은편의 계단 아래 바닥에 마른 횟가루로 도형들을 조심스럽게 그리고 있는 것을 보셨습니다. 바가반은 '할머니' 하고 친근한 이름으로 그녀를 불렀고, 그녀가 큰 기대를 안고 오자 말씀하셨습니다. "이거 보세요, 할머니. 그 가루로 아주 애써서 바닥을 장식하고 계신데, 그거 쌀가루입니까?" 그녀가 횟가루일 뿐이라고 하자 바가반이 말씀하셨습니다. "저런! 그것은 개미들한테도 쓸모가 없겠지요. 저기 여사들도 같은 일을 하고 있지만 시간 낭비일 뿐입니다. 그들이 하는 일은 아무짝에도 소용없습니다. 그들이 쓰는 반죽은 쌀반죽인데 그것은 땅에 들러붙어 개미들이 먹을 수 없습니다. 바닥을 장식하는 것은 실은 개미들에게 음식을 주기 위한 것입니다. 그 다르마(dharma)를 포기하고 횟가루를 쓰면 개미들이 먹을 수 없을뿐더러, 실수로 가까이 왔다가는 그 강한 자극성 냄새 때문에 죽고 마는데 그런 일을 왜 합니까? 최소한 거기에 쌀가루를 좀 타서 하세요."

한 안드라 신사가 질문했습니다. "다누르마사(dhanurmasa)[12월-1월에 걸친 달] 때 쌀가루로 바닥을 장식하는 것은 개미들을 먹이기 위한 것입니까?"

"예, 물론이지요!" 바가반이 말씀하셨습니다. "햅쌀을 수확하여 행복하고 기쁜 마음에서 쌀가루로 바닥을 장식하여 개미들을 먹이는 것입니다. 선인들이 만들어 놓은 관습들은 늘 중생들에 대한 자비에 바탕을 두고 있습니다. 하지만 지금 그런 전통에 누가 관심을 갖습니까? 지금 사람들이 하는 대부분의 것들은 오로지 아름답게 보이기 위해 하는 것일 뿐입니다."

1947년 11월 30일

24. 어리석은 짓

　1942-43년 사이의 어느 때, 마두라이의 베다학당에서 공부하고 있던 자가디스와라 샤스뜨리의 아들이 방학 때 여기 와 있었습니다. 그는 어렸기 때문에 머리채를 어깨까지 늘어뜨리고 다녔습니다. 아마 멋있게 보이고 싶었던 것이겠지요. 그가 회당에 들어와서 절을 하고 난 뒤 일어서자마자 바가반이 말씀하셨습니다. "오, 자넨가? 자네 머리 모양새를 보고 나는 딴 사람인 줄 알았지. 세상에! 그게 뭐야! 자네가 자가디스와라 샤스뜨리의 아들이라고 누가 믿겠나?" 소년은 몹시 부끄러워했고, 다음날 회당에 왔을 때는 뒷머리에 작은 술 하나만 남기고 있었습니다. 그것을 보시고 바가반이 말씀하셨습니다. "그래. 그래야지. 사택師宅(Gurukula)[스승의 집]에서 살고 있는 브라마짜리인 자가디스와라 샤스뜨리의 아들이 격에 어울리지 않는 머리 모양을 하고 있으면 사람들이 안 좋게 말하지 않겠어?"

　1943년에 구람 숨바라마이야 님이 대여섯 살 난 딸을 데리고 왔습니다. 아시다시피 이 아이는 엄마가 없습니다. 바가반은 그녀의 머리가 양쪽으로 땋아져 있는 것을 보고 말씀하셨습니다. "무슨 아이가! 두 가닥만 땋았어? 앞으로 두 가닥, 머리 한가운데 두 가닥 더 있어야 하지 않아?" 그러면서 웃으셨습니다. 바가반은 그 전에도 다른 아이들이 그런 차림새를 하고 있으면 늘 그 비슷한 말씀들을 하셨습니다. 이제 이 아이는 부끄러워하면서 저에게 와서 머리를 한 가닥으로 땋아 가지고 바가반께 갔습니다. 바가반은 그것을 보시고 웃으면서 잘 됐다 하시고, 그 아비에게 말씀하셨습니다. "보시게, 여기 오는 유럽 여성들은 사리를 입고 머리를 땋아 묶어 거기다 꽃들을 꽂아서 우리 여성들처럼 보이려고 하는데, 우리나라 사람들은 그들의 스타일을 따르려고 하지. 그러니 어떡하나?"

　1943-44년의 어느 때, 맥키버(McIver)라는 유럽인이 여기서 살았던 적이 있습니다. 그는 어느 디빠발리 날에 명주로 가장자리를 두른 살렘(Salem) 도띠를 정통적 스타일로 입고 상체도 그 비슷한 천으로 감싼 채, 바가반 앞에서 절을 했습니다. 그리고 이마에 성회와 꿈꿈을 바른 다음, 회당을 나가서 연화좌 자세로 눈을 감고 앉아 있었습니다. 바가반은 창문을 통해 그를 바라보시고 혼자 미소를 지으셨습니다. 그러는 사이에 라자고빨라 아이어가 회당에 들어오자 바가반은 큰 소리로 웃으면서 소리치셨습니다. "저거 봐! 맥키버 샤스뜨리가 여기 왔어. 저기 저쪽에 앉아 있어. 정말이지, 누가 보면 샤스뜨리라고 하지 않을 수 있겠나? 자네들은 다 도띠를 입지 않고 양복에 장화를 신지만, 그는 샤스뜨리처럼 차려 입었어. 지금 (그에게) 없는 게

있다면 성사聖絲뿐이야. 우리나라 사람들이 그것마저 내버리고 있으니, 그 점에 관해서는 (그도) 아무 문제가 없지. 한 번 보라고!"

바가반은 남들에게 말씀을 하실 때 보통 그들 자신의 언어로, 즉 타밀어, 텔루구어 혹은 말라얄람어로 말씀하시지만 영어로는 결코 말씀하시지 않습니다. 이것을 알면서도 우리 젊은이들 중 어떤 이들은 바가반께 영어로 질문을 드리기도 합니다. 어떤 때는 통역할 사람이 아무도 없거나 통역이 어려울 때가 있습니다. 그런 경우에 우리는 왜 그 사람들이 자기 언어로 질문을 할 수 없었느냐고 여쭈어 보면 바가반은 이렇게 말씀하시곤 합니다. "왜 그들이 영어로 말하는지 알고 싶습니까? 바가반을 시험해 보고 싶기 때문입니다. 그들은 영어를 좀 안다 이겁니다. 모든 사람이 영어를 알아야 하지 않느냐는 거지요. 그뿐이 아닙니다. 그들은 자기네 언어가 그런 중요한 문제에 대해서는 쓸모가 없다고 진심으로 믿고 있습니다. 그 언어에 빠지다 보면 그렇게 생각하게 됩니다. 가엾은 사람들! 그들이 어떻게 할 수 있습니까?"

1949년 12월 24일

25. 헌가

1943년 12월, 그러니까 다누르마삼(dhanurmasam)[20] 때, 한 헌가단이 산을 돌다가 바가반을 찾아와서 당신 앞에 절하고, 헌가를 부르면서 회당을 오른돌이 한 뒤 떠났습니다. 그들이 가고 나자마자 라자고빨라 아이어가 바가반께 여쭈었습니다. "바가반께서 빠자이암만 사원에 살고 계실 때 어떤 사람들이 헌가회를 마련하여 바가반더러 거기 참석하시도록 초청했다는 게 사실입니까?"

"예, 사실이지요." 바가반이 말씀하셨습니다. "그것은 역병疫病이 읍내를 휩쓸 때의 일입니다. 그 역병이 초래한 참화에 대해서는 전기에 이미 나와 있습니다. 모든 역병이 끝이 난 뒤에 읍내 사람들과 그 역병을 근절하기 위해 와 있던 사람들이 헌가회를 마련했지요. 그들 중에서 저명한 사람들 몇이 저를 이따금씩 찾아오곤 했기 때문에, 그 헌가회에 참석해 달라고 저를 초청한 것입니다. 제가 그런 데 별로 가고 싶지 않다고 하자 그들은 저를 가만 내버려두지 않고 자꾸만 참석해 달라고 권했습니다. 그래서 도대체 어떻게 하나 그것만 보려고 갔지요. 저는 당시 빠짜이암만 사원에 살고 있었습니다. 아시겠지만 그 사원 맞은편에는 저수지가 하나 있습니다. 그들은 그 저수지 둑에 인접한 공터에 천막을 몇 개 치고 거기서 헌가회를 열 준비를

---

[20] 12월 중순에서 1월 중순 사이에 드는 다누르마삼은 주 비슈누를 숭배하는 아주 길상스러운 때로 간주되며, 그 기간 동안에는 보통 이른 아침에 헌가를 부르는 행사가 거행된다.

했습니다. 그러나 그 헌가회는 보통의 그런 헌가회가 아니었습니다. 아니, 전혀 달랐지요. 큰 천막 안의 한가운데는 공연에 필요한 공간을 남겨두고 그 주위에는 서커스 천막에서처럼 의자와 벤치들을 배열해 두었습니다. 그리고 다과회를 준비하듯이 음식물을 가져왔는데 마치 전시회 때처럼 모두 체계 있게 준비했습니다. 그들이 가져오는 꽃들은 한이 없었습니다. 징세관(Collectors)21), 세무관(Tahsildars)22), 경찰들이 다 와 있었습니다. 그들은 저를 위해 특별한 대臺 하나를 마련해 두었습니다. 제가 도착하자마자 그들은 모두 일어나 저의 앞에서 절을 하고 나서 저더러 그 대 위로 오르라고 했습니다. 당혹스러웠지요. 하지만 어떡합니까? 그렇게 야단들을 할 줄은 몰랐습니다. 일단 거기 간 이상 그 대 위에 앉아 있는 수밖에 없었습니다. 그들은 저에게 화만을 걸어주려고 했지만 저는 그것은 저명인사들에게 걸어주라 하고 거절했습니다. 그들은 그렇게 하더군요. 그 일이 끝날 때까지는 헌가를 시작하지 않았습니다. 제가 자리에 앉고 나자 그들은 헌가를 시작해도 되겠느냐고 허락을 구했습니다. 한 무리가 헌가를 끝내고 나면 다른 무리가 시작하고, 그 사이에 다른 사람들은 가벼운 음식이나 사이다, 기타 음료수를 마시고 쉬었습니다. 이른 아침까지 이와 같이 계속 먹어가면서 차례로 헌가를 계속했습니다. 저만 아무것에도 손을 대지 않고 아무것도 하지 않았습니다. 그냥 거기 앉아 있었지요. 저는 그들이 저더러 뭘 해달라고 요구하지 않는 것만으로 만족하고 있었습니다. 날이 밝자 모든 절차가 끝나 그들은 천막을 걷어 모두 떠났고, 한 사람도 남지 않았습니다. 오, 모두 아주 열정적이었고 신명나 했지요."

"그러니까 그 당시에도 벌써 바가반께서는 큰 존경을 받으셨군요." 라자고빨라 아이어가 말했습니다.

"그랬지요. 그들은 제가 갈 때까지는 헌가를 시작하지 않고 있었습니다." 바가반이 말씀하셨습니다.

"이 사건은 전기에 나와 있지 않은데요." 제가 말했습니다.

"왜요? 거기 나와 있는 걸로도 충분하지 않은가요? 이런 이야기를 왜 다 해야 합니까?"

"저희들이 모르는 이와 같은 일들이 얼마나 많이 있는지 저희는 모릅니다." 제가 말했습니다. 바가반은 미소를 지으시고 침묵에 잠기셨습니다.

---

21) [역주] 군郡(district)의 세금 징수 책임자. 군의 행정 책임자(군수)이기도 하다.
22) [역주] 군 다음의 행정단위인 읍면(tahsil)의 장. 세금 징수도 책임진다.

1949년 12월 26일

26. 약용 기름과 버터

    1944년 9월인가 10월의 어느 때 바가반은 아짠따 락슈미빠띠가 쓴 아유르베다에 관한 작은 책 한 권을 받으시고 그것을 읽어보신 뒤, 거기 나오는 처방대로 까르뿌라 따일람(Karpura Thailam)[장뇌 등으로 만드는 약용 기름]을 조제하게 해서 당신의 다리 근육통에 사용하시기 시작했습니다. 이것을 보고 어떤 헌신자들은 나라야나 따일람이 더 좋다고 하고, 또 어떤 헌신자들은 마하나라야나 따일람이 훨씬 더 좋다고 하는 등 이런저런 말을 했습니다. 그런 제안들을 듣고 나서 (시자인) 끄리슈나스와미가 짜증이 나서 말했습니다. "얼마나 많은 약용 기름을 우리가 바를 수 있겠습니까? 아무리 많이 발라도 통증은 줄어들지 않았습니다." 바가반이 말씀하셨습니다. "오호! 그들이 여러 가지 약용 기름의 상대적인 장점들을 이야기하고 있는데 자네가 왜 짜증을 내나?"

    끄리슈나스와미: 이미 어떤 치료를 하고 있는데, 왜 가만히 있지 않고 이러니저러니 합니까? 사람마다 제각기 뭐가 좋다고 하면 저희가 어떻게 합니까? 그런 기름들을 저희가 얼마나 자주 발라 보았습니까? 그런다고 통증이 나았습니까?

    바가반: 아니. 하지만 자네는 그 통증이 반드시 나아야 한다는 마음으로 기름을 바른 적이 없지. 만약 자네가 강한 의지를 가지고 발랐으면 왜 그 통증이 우리를 떠나지 않겠나? 통증이 사라지지 않았기 때문에 그들이 다른 치료법을 제안하는 거지. 통증이 나았으면 그들이 왜 이런 온갖 것을 제안하겠나?

    끄리슈나스와미: 까르뿌라 따일람을 썼더니 지금은 통증이 좀 완화되었습니다. 왜 그런 온갖 다른 치료법을 이야기해서 저희들을 번거롭게 합니까?

    바가반: 하지만 자네는 이 약으로 그 통증이 완전히 사라질 거라고 확신하나?

    끄리슈나스와미: 그야 모릅니다. 하지만 노력해 봐야죠.

    바가반: 그래, 바로 그거야. 자네가 통증이 완전히 사라져야 한다는 마음으로 약을 바르면 분명히 그게 사라질 거야. 하지만 자네는 그것이 사라져 버리면 바가반의 다리를 만질 수 없게 될까 두려워하고 있지. 그래서 자네는 그 통증이 완전히 사라져서는 안 된다는 마음으로 기름을 바르는 거야. 그러니 그 통증이 왜 사라지려고 하겠나?

    어느 날 오후 3시에 마드라스로 떠나는 한 헌신자가 무슨 연고가 든 작은 깡통을 드리면서 말하기를, 그 약을 바가반의 다리에 바르면 통증이 줄어들 것이라고 했습니다. 그러면서, 만약 바가반이 그것을 계속 사용하시겠다면 마드라스에서 그것을

10여 깡통 가져오겠다고 했습니다. 바가반은 이렇게 대답하셨습니다. "그만하면 됐습니다. 지금 사용하고 있는 까르뿌라 따일람으로도 충분합니다. 저한테 그런 비싼 약이 왜 필요합니까? 식사만 제대로 조절해도 아무 약이 필요 없습니다. 이런 약을 쓰면 질병이 사라지는 것처럼 보이겠지만, 그러다가 다시 시작됩니다. 그것은 먹는 음식이 좀 일정하지 않기 때문인데, 그야 도리가 없지요." 그 헌신자가 말했습니다. "그렇다면 식사를 적절히 조절하면 되겠군요. 왜 그렇게 하시지 않습니까?"

"예, 선생. 그건 좋습니다. 하지만 제가 음식을 어떻게 조절할 수 있습니까? 제가 후춧물을 탄 간단한 음식을 먹어야겠다고 생각하면 사람들은 대중공양이 있는 날이라고 합니다. 대중공양으로 만든 바다이(*vadai*)23)와 빠야삼(*payasam*)24)을 피할 수 없습니다. 배식자들이 바가반에게 오면 남들보다 훨씬 많은 음식을 저한테 줍니다. 그것은 분명히 신심에서 우러난 행동인데, 제가 어떡합니까? 먹어야지요. 이렇게 음식을 먹고 나면 이런 저런 병이 생깁니다. 그런 병이 약으로 어떻게 치료되겠습니까? 저절로 치유되어야지요. 한번은 제가 산 위에 살고 있을 때 심한 기침으로 고생한 적이 있습니다. 사람들이 많은 약을 주었지만 아무 소용이 없었습니다. 그리고 여기로 내려와 살고 있습니다. 이 산의 약초들 위로 부는 바람 때문인지는 모르지만 그 기침 증세는 저절로 나았습니다. 이 숲 자체가 짜바나쁘라사(*Chavanaprasa*)[기침에 좋은 아유르베다의 특효약]로 가득 차게 되었습니다. 지금 이 병도 그런 식으로 나을 것입니다. 이 깡통으로 충분합니다. 제발 더는 가져오지 마십시오." 바가반이 말씀하셨습니다.

한 헌신자가 말했습니다. "스와미, 어떤 사람들은 삼매의 상태에서 나오고 나면 버터만 먹고 삽니다. 저희는 그런 사람들을 실제로 본 적이 있습니다. 그걸 먹고 어떻게 삽니까?"

바가반은 웃으면서 대답하셨습니다. "아하! 누가 한 움큼의 버터를 나뭇잎에 싸서 먹은들 어떻습니까? 나중에 무슨 식욕이 있겠습니까? 그러려고 삼매의 상태에서 나올 필요는 없습니다. 그거야 누구나 먹을 수 있지요. 몇 가지 약초가 있는데 그것을 먹으면 전혀 배가 고프지 않습니다. 어떤 사람들은 그 약초를 호주머니나 봉지에 넣어두고 하나씩 계속 먹기도 합니다. 그러고 나면 무슨 식욕이 있겠습니까? 그럴 때 사람들은 이 스와미가 먹지도 않고 산다고 하면서 대단한 영혼이라고 말합니다. 그렇게 해서 그 사람은 스와미가 되는 것입니다."

---

23) 검정콩, 푸른콩 등 온갖 콩을 갈아 만든 반죽으로 기름에 튀긴 부침개.
24) 우유로 만든 생과자(milk pudding).

1949년 12월 30일

27. 책 장정

 어떤 사람들은 너덜너덜한 오래된 경전들을 가져와 그 내용을 좀 살펴봐 달라고 바가반께 부탁합니다. 바가반은 그 내용을 살펴보심과 동시에 그 페이지들을 정돈하고 찢어진 조각들을 한데 풀로 붙인 뒤, 그 텍스트에서 없어진 부분들은 손수 그 내용을 적어 넣어 그 책에 새로운 면모를 부여하곤 하십니다. 어떤 사람들은 책장이 빠지는 것을 실로 묶어 놓은 책을 보내면서 살펴보신 뒤에 바로잡아 주시라고 청하기도 합니다. 그런 경우에 바가반은 그 종이들을 적당히 잘라 함께 풀로 붙이고 실로 꿰매어 장정하신 다음, 표지에 백지 조각을 붙여서 그 책 제목을 마치 진주 같은 글자들로 쓰시고 그 밑에 붉은 줄을 쳐서 그 책을 조심스럽게 보존하시기도 합니다.

 1942년에 구람 숩바라마이야가, 끄리슈나데바라야(Krishnadevaraya)가 지은 『아묵따 말리야다』(*Amukta Malyada*)[25]라는 책의 고본古本 하나를 여기로 보내면서 아쉬람에 부탁하기를, 이 책은 바가반이 읽으신 뒤에 아쉬라맘 도서실에 보관해 달라고 했습니다. 그 책의 표지는 너덜너덜하고 더럽혀진데다가 많이 찢어져 있었습니다. 바가반은 즉시 책 전체를 정리하여 예쁘게 장정하신 다음, 표지에 백지를 풀로 붙이셨습니다. 그리고 인쇄한 것보다 더 좋아 보이는 굵은 글자로 제목을 쓰시고, 붉은 잉크로 그 밑에 줄을 치신 뒤 저에게 건네주면서 말씀하셨습니다. "이제 모양새가 어떤지 한번 봐." 그 책은 새 신부같이 아름다웠습니다. 그래서 저는 그에 대해 시를 몇 수 지어 그것을 바가반의 손에 공손히 놓아드렸습니다.

 1943년 6월인가 7월에 제가 바가반의 친존에서 모든 텔루구어 문건에 대해 필기하는 작업을 맡았던 것을 기억하시겠지요. 당시에는 세계 대전 때문에 종이가 귀해 제가 오라버니댁에서 금융업에 관한 오라버니의 책에 관련된 타자지들을 모두 가져 왔었는데, 그 종이들은 한쪽 면만 타자되어 이면지로 쓸 수 있었기 때문입니다. 저는 그 종이들을 이용해 자가디스와라 샤스뜨리가 지어 나가리(산스크리트) 문자로 쓴 『라마나 뿌자 비다남』(*Ramana Puja Vidhanam*)을 텔루구 문자로 필사했습니다. 바가반이 그것을 보시고 그 종이가 어디서 났느냐고 물으셨습니다. 저는 사실을 말씀드렸습니다. "좋은 일을 했군. 다른 사람들 같으면 그런 종이는 내버렸을 텐데. 초벌 작업에는 우리가 그런 걸 쓸 수 있지. 나는 늘 남들이 쓸모없다고 내버리는 종이를 써. 한쪽 면에만 글이 쓰인 종이들은 글 쓰인 면들을 풀로 붙여서 백지면들을 유용

---

[25] [역주] 이 책은 텔루구 지역 뚤루바 왕조의 황제였던 저자(재위 기간, 1509-1529)가 쓴 종교적 문학 작품이다. 여신 고다데비(Godadevi)가 비슈누와 떨어졌다가 다시 결합하는 과정을 노래한다.

하게 쓸 수 있고, 한 권의 새 책을 묶을 수 있지. 그런 식으로 한 게 여러 번이야. 왜 그걸 낭비해?" 바가반이 말씀하셨습니다.

한 헌신자가 바가반께, 나야나가 쓰레기통에 버린 종이들을 당신이 건져내어 모두 한데 묶어서 한 권의 책을 만드셨다는 게 사실이냐고 여쭈었습니다. 바가반이 대답하셨습니다. "예, 사실입니다. 나야나는 빨라꼬뚜에 살면서 한 동안 우리와 함께 지내지 않았습니까? 그는 그곳을 떠나면서 못쓰는 종이들을 모두 버렸습니다. 그는 종이의 절반 정도만 쓰고 나머지는 그대로 두는 습관이 있었습니다. 그런 식으로 그가 절반만 쓰고 만 책들이 여러 권입니다. 책들도 그런데 한갓 종이를 그가 신경 쓰겠습니까? 그런 종이들이 쓰레기통에 여러 장 버려져 있었습니다. 마다바와 저는 점심을 먹고 난 뒤 평소처럼 포행을 나갔다가 그 뭉치를 발견했습니다. 우리는 종이를 낭비하는 것을 좋아하지 않았기 때문에, 쓸만한 종이들을 건져내어 적당히 잘라서 한데 엮어 책으로 만들고 잘 간수해 두었습니다. 거의 새로 장정한 책 같았지요. 얼마 후 나야나가 돌아와서 무엇을 쓸 공책을 찾았습니다. 저는 마다바에게 그 장정한 책을 주라고 했습니다. 저는 속으로 웃으면서 가만히 있었지요. 그런데 마다바가 말했습니다. '나야나, 이것은 당신께서 쓸모없다고 버리신 종이들입니다. 바가반께서 보시고 쓸만한 것들을 골라내라고 하셔서, 그렇게 하여 이 공책을 만든 것입니다.' 나야나는 몹시 놀랐지요. 저는 보통 그런 종이들만 묶어서 공책을 만듭니다."

1950년 1월 3일

28. 머무를 데는 어디며, 갈 데는 어디인가?

1943-44년의 어느 때 헌신자들의 집단과 친숙한 한 헌신자가 라마나 나가르에 집을 한 채 짓고 나서 집들이를 하기 전에 바가반께 다가가서 낮은 목소리로 말했습니다. "바가반께서 제 집에 와 주시면 좋겠습니다." 바가반은 미소를 지으며 말씀하셨습니다. "무슨 그런 청을! 바가반이 갈 데가 어딘가? 그 행사에 오는 모든 사람이 바가반이라고 왜 생각 못하지? 모든 사람이 오면 바가반이 온 것과 뭐가 달라? 가 보게. 집들이를 끝내게." 이런 말로 그 사람을 돌려보내신 바가반은 가까이 있던 사람들에게 말씀하셨습니다. "봤나? 그는 바가반이 거기 와야 한다는 거야. 누구나 똑같은 말을 하는군. 내가 어디로 갈 수 있나?"

다른 헌신자가 말했습니다. "어떤 이가 바라따 마따 사원(Bharata Mata temple-바라나시에 있는 힌두 사원)이 건립되고 있다면서 바가반이 초석을 놓으실 거라고 말했다는 게 사실입니까?"

"예, 예. 그것은 5, 6년 전의 일일 겁니다. 초청장 같은 건 없었지요. 전혀 아무것도. 그렇지만 신문에는 바가반이 그 기공식에 참석할 것이고, 1등석 침대칸도 예약되었다고 나왔었지요. 몇 사람이 와서 저에게 가겠느냐고 묻기에, 저는 '머무를 데는 어디며, 갈 데는 어딥니까? 제가 갈 수 있는 곳은 아무데도 없습니다'라고 했지요." 바가반이 말씀하셨습니다.

"한 번은 띠루빠띠(Tirupati)에 가시도록 사람들이 준비한 적도 있지 않습니까?" 다른 헌신자가 여쭈었습니다.

바가반이 대답하셨습니다. "예. 맞습니다. 그것은 제가 비루빡샤 산굴에 살고 있을 때의 일입니다. 당시 저는 상체를 전혀 가리지 않고 있었습니다. 그런데 그해는 웬일인지 모기들이 유난히 극성스러웠습니다. 그래서 자야라만이 좋은 숄을 하나 사 와서 그것으로 몸을 덮으라고 자꾸 권했습니다. 저는 거기 손도 대지 않았지요. 그는 한 동안 기다렸고, 그 숄은 펼쳐진 채로 있었습니다. 모기의 괴롭힘은 줄어들 기미가 없었습니다. 제 주위의 사람들은 그것을 못 견뎌 자기들끼리 의논한 끝에 외부인들 몰래 띠루빠띠로 옮겨갈 준비를 다 해 두었습니다. 그들은 저한테 이렇게 가서 저렇게 돌아와야 한다는 등의 이야기를 했습니다. 저는 그들이 하는 모든 말에 대해 동의의 표시로 고개를 끄덕였습니다. 그들은 떠날 길일을 잡아 짐을 다 꾸린 다음 떠나기 전에 저한테 와서 말했습니다. '스와미, 우리 출발할까요?' 제가 말했습니다. '예. 갔다 오세요.' '바가반께서는요?' '바가반이 어디로 갈 수 있습니까? 그가 어디에 있습니까?' 제가 말했지요. 그들은 '보시다시피 저희들은 이 모기들의 등쌀에 못 견디겠습니다' 하고 말했습니다. 제가 말했지요. '여러분은 그것이 못 견디겠으면 갔다 오십시오. 여러분이 가는 게 저를 위해서입니까? 제가 언제 모기들 등쌀에 못 견디겠다고 하던가요?'라고 말입니다. 그러니 그들이 무슨 말을 하겠습니까? 그들은 더 이상 입씨름 해 봐야 소용없겠다 싶었던지 떠나는 것을 포기하고, 저더러 그 숄을 몸에 덮으라고 권했습니다. 자야람의 아들인 뻬짠디는 당시 아주 어린 친구였습니다. 이 아이는 매일 낡은 덮개를 몸에 덮고 오곤 했습니다. 저는 모기가 무는 것을 피하기 위해 뭔가를 덮지 않으면 이 사람들이 저를 가만히 내버려두지 않겠다 싶어서 그들에게 말했지요. 그 새 숄을 아이에게 주면 제가 그 낡은 덮개를 덮겠다고 말입니다. 그러니 그들이 어떡합니까? 마지못해 새 숄을 주고 헌 것을 받았고, 저는 그 숄로 몸을 덮었습니다. 그것이 제가 몸에 무엇을 두르기 시작한 최초입니다. 그 따끔거리는 숄로 몸을 덮기 시작하자 모기들은 감히 제 가까이 오지 못했습니다. 그것은 또 따뜻하기도 했지요."

다른 사람이 여쭈었습니다. "어떤 사람은 당신을 모시고 전국을 돌면서 선전과 설법을 하자고 허락을 구했던 모양인데요." 바가반이 대답하셨습니다. "예. 그것은 다름 아닌 스와미 라제스와라난다(Swami Rajeswarananda)였습니다. 당시에 그는 인도 전역을 여행할 계획을 세우고 있었는데, 어디 어디 중요한 곳에 가서 강연을 해야 하고, 그 여행을 위해 어떤 특별열차를 준비해야 하며, 여기저기서 며칠을 머물러야 한다는 따위를 이야기했습니다. 저는 그가 하는 이야기를 다 들어주고 침묵을 지켰습니다. 그런데 그는 저의 침묵을 제가 거기에 동의하는 것으로 착각했습니다. 마침내 그는 1등석으로 여행하기로 하고 모든 짐을 꾸린 다음 말했습니다. '스와미, 우리 떠날까요?' '예, 그러세요. 갔다 오십시오.' 제가 말했습니다. '바가반께서는요?' 그가 말했습니다. '제가 왜요?' 하니까 '인도 전역에서 비이원론의 핵심을 설법하셔야지요, 스와미.' 하는 것이었습니다. 저는 '그런가요? 제가 무엇을 할 수 있습니까? 머무를 데가 어디입니까? 갈 데가 어디입니까? 저는 갈 데가 없습니다' 하고 말했습니다. 그는 놀라서 말을 못했습니다."

"자동차가 우리나라에 처음 들어왔을 무렵, 어떤 사람들이 차를 사서 여기 끌고 와 말했습니다. '바가반께서 이 차에 한번 타시기만 하면 저희들이 산을 한 바퀴 돌아 금방 올 수 있습니다. 부디 타시지요.' 제가 그런 것을 타고 가야 할 데가 어딥니까?" 바가반이 말씀하셨습니다.

『마하바키야 라뜨나말라』(Mahavakya Ratnamala)에서 말하고 있는 것을 보십시오.
 내가 할 일이 무엇이고, 가야 할 곳은 어디며, 취하고 버려야 할 것은 무엇인가.
 나는 전 우주에 마치 최후의 홍숫물[26]처럼 편재하고 있는데.

1950년 1월 20일

29. 묵띠 깐따

얼마 전 바가반의 헌신자인 뿌뚬바까 스리끄리슈나이야가 주± 스리 랑가나타(Lord Sri Ranganatha)의 헌신자인 다누르다샤(Dhanurdasa)[27]의 전기를 운문으로 써서 바가반께 헌정했습니다. 바가반이 이 운문 책을 자애롭게 받으신 뒤에, 그는 시 몇 편을 따로 지어 그것을 바가반께 드렸습니다. 그 첫 시의 요지는 이러했습니다. "스와미, 저의 끄리띠 까니야(Kriti Kanya)[시를 처녀에 비유함]는 바가반 외의 그 누구도 구혼자로 받아들이지 않습니다. 그래서 저는 이 여식을 삼가 당신께 바치기로 했

---
26) [역주] 힌두 경전에서, 우주가 궁극적으로 파괴되는 것은 대홍수에 의해서라고 한다.
27) [역주] 라마누자의 제자. 주 비슈누(=랑가나타)의 헌신자였다.

습니다. 부디 그녀를 받아주시고 저희를 축복해 주십시오." 마지막 시에서는 이렇게 썼습니다. "당신께서는 저의 사위가 되셨습니다. 저는 이 혼인 잔치에 당신과 함께 참석했습니다. 그리하여 축복을 받았습니다. 이제 당신께 작별을 고합니다. 당신께서 묵띠 까니야(Mukti Kanya)[침묵을 처녀에 비유함]에게 구혼하여 그녀를 얻으셨으니, 부디 제 사랑하는 자식을 소홀히 하지 말아 주십시오."

이런 일이 벌어지고 있을 때 저는 읍내를 떠나 있었습니다. 제가 돌아오자마자 바가반이 저에게 그 동안 있었던 일을 말씀해 주셨습니다. "봐, 나는 이미 침묵이라는 처녀한테 장가를 든 모양이야. 그가 나더러 자기 자식을 소홀히 하지 말아 달라고 명령했어. 이걸 읽어 봐." 그러면서 바가반은 저에게 그 시들을 읽게 하셨습니다. 그리고 이와는 별도로 이 사건을 유머러스하게 들려주셨습니다. 나중에 이 책의 지은이가 오면 당신은 익살스럽게 이렇게 말씀하시곤 했습니다. "장인어른이 오셨어. 자네 봤나?" 얼마 뒤에 마하데바 샤스뜨리가 오자 바가반은 그에게 이 시들을 보여주고 그에게 그것을 낭독하게 하셨습니다. 바가반의 헌신자인 라마남마는 이 시들이 재미삼아 감상할 만한 것일 뿐이라는 것을 모르고, 바가반의 허락을 얻어 그 책을 베끼기 위해 가져갔습니다. 다음날 오전에 제가 갔더니 바가반이 그 책을 손에 쥐고 계셨습니다. 당신은 저를 보고 가벼운 웃음을 띠며 말씀하셨습니다. "저기 앉아 있는 여사를 봐. 이 '끄리띠 까니야 사마르빠나'(Kriti Kanya Samarpana)시들을 베끼고 싶다고 어제 이 책을 가져가더니, 어제 오후에 그 베낀 시들을 가져와서 나한테 그것을 읽어주고 싶다는 거야. 내가 그랬지. '됐습니다. 읽을 것 없습니다. 당신이 가지고 있으면서 매일 빠라야나를 하십시오'라고 말이야. 일전에 마하데바가 왔을 때 내가 재미로 그 시들을 보여주었는데, 그 사람이 여기서 그것을 읽었어. 더 이상 뭐가 필요해? 그녀는 스와미가 그 시들을 아주 좋아한다고 생각한 모양이야. 즉시 베낀 걸 보면. 그러나 정말로 그 시들을 원했던 것은 아닌 것 같아. 진짜 의도는 그것을 회당에서 읽으려는 것이었지." 이렇게 말씀하시고 바가반은 웃으셨습니다. 제가 말했습니다. "누가 바가반에 대해 '당신은 도둑이십니다, 멍청이십니다, 기만자이십니다'라는 식으로 유머러스하게 무엇을 지으면 바가반께서 그에 대해 농담을 하시니까, 어떤 사람들은 바가반께서 그것을 좋아하신다고 생각하는 것입니다." "그렇지, 그렇지. 만일 그 지은이가, 그 시를 읽는 사람은 딸을 보시하는 공덕을 얻게 될 거라는 말을 덧붙여 놓았더라면 더없이 적절했을 텐데 말이야."

4, 5년 전에 헌신자인 랑가나타 아이어의 부인이 자기 아들이 지은 『라마나 깔리야남』(Ramana Kalyanam)이라는 책을 바가반께 드렸습니다. 랑가나타 아이어는 바가

반의 어릴 적 놀이친구인 모양입니다. 그 책은 노래들로 가득 차 있는데, 거기서 바가반은 묵띠 깐타(Mukti Kanta-침묵이라는 '처녀' 또는 '시詩')를 신부로 맞는 신랑으로 묘사되고 있습니다. 하루는 그가 회당에서 이 노래들을 모두 부르기 시작했습니다. 결혼식과 관계되는 일체가, 예컨대 신부의 행렬, 꽃목걸이의 교환 같은 절차가 거기서 자세히 묘사되고 있었습니다. 그때 바가반은 우리를 바라보면서 말씀하셨습니다. "여러분 모두 제가 결혼하는 것을 보셨지요? 저는 여기 있으면서 꽃을 가지고 놀고, 화만을 교환하고, 노래를 들으며 법식대로 결혼을 합니다. 이 사람들은 모두 스와미가 결혼을 하지 않아 그 동안 줄곧 서운했기 때문에, 이런 식으로 결국 그 아쉬움을 보상받은 것입니다. 저 노래들을 들어보세요!" 그러면서 바가반은 웃으셨습니다.

1950년 2월 4일

30. 작은 일화들

1947년 10월 12일에 띠루넬벨리 군郡의 에따이야뿌람에서, 저명한 시인이었던 고故 수브라마니아 바라띠(Subramanya Bharati)[28]의 이름을 기념하는 건물을 건립하여 그의 초상화를 제막하기로 되어 있었습니다. 라자지(Rajaji-라자에 대한 존칭)가 그 건물의 개원을 선언하고 라마스와미 렛디아르(1947-49년 마드라스의 총리)가 시인 바라띠의 초상화를 제막할 예정이었습니다. 지난 5, 6일간 라자고빨라 아이어와 끄리슈나스와미는 일간지에 실린 바라띠와 그 건물의 사진들을 스크랩했고, 이제 그것들을 한 장의 마분지에 풀로 붙이느라고 바빴습니다. 바라띠의 사진 밑에 건물 사진이 들어가 있었는데, 바가반은 제반 측면에서 그들에게 조언을 해 주고 계셨습니다. 이 일은 10월 11일에 완료되었고, 그들은 그것을 바가반께 보여드렸습니다. 바가반은 웃음을 띠고 말씀하셨습니다. "그러면 이제 자네들이 해야 할 일은 마분지의 꼭대기와 밑바닥을 두 장의 천으로 덮어서 줄이 달린 커튼처럼 만드는 걸세. 그리고 나서 라자고빨라 아이어는 총독인 라자고빨라짜리의 역을 하고, 끄리슈나스와미 렛디아르는 라마스와미 렛디아르의 역을 하게. 에따이야뿌람에서 행사가 거행되는 바로 그 시간에 자네들이 이 사진의 커튼을 당겨서 여기서도 동시에 그 행사가 재현되도록 하지."

1947년의 어느 날 오후 2시 30분부터 약 4시까지 바가반은 북쪽에서 온 한 헌신자에게 뭔가를 설명해 주고 계셨습니다. 시자들은 바가반의 지팡이와 물주전자를 들고 바가반 앞에 서서 저녁 포행을 나갈 시간에 늦었음을 암시하고 있었습니다. 바가

---

28) [역주] 식민지 시대 타밀나두의 독립운동가이자 시인(1882-1921).

반은 다리를 주무르면서 말씀하셨습니다. "잠깐, 잠깐. 라마 헌신자 하누만의 아버지 [바람의 신]가 내 다리를 꽉 붙잡고 있어.29) 그는 여간내기가 아니라서 얼른 놓지 않고 뜸을 들여. 조금 기다려." 그런 다음 바가반은 약간의 기름을 당신의 두 종지뼈에 바르시고 일어나셨습니다. 바가반이 당신의 뻣뻣한 관절에 대해 그것이 바람 때문이라는 뜻의 유머를 하시자, 그것을 이해한 몇몇 헌신자들은 당신의 익살스런 말에 웃음을 터뜨렸습니다.

바가반이 회당으로 돌아와 침상에 앉으시자마자 헌신자들 중의 한 사람이 가까이 있던 화덕에 향 몇 개를 집어넣었습니다. 그 연기가 좀 짙었고, 그것이 바가반의 얼굴 주위에 퍼지자 당신은 거의 숨이 막힐 지경이었습니다. "창문을 열까요?" 한 헌신자가 말했습니다. 바가반은 "내버려 두세요. 그냥 두세요. 사원에서는 우리가 향을 피우고 나서 그 연기를 신상 쪽으로 부채로 부쳐서 신상이 연기에 완전히 싸이게 합니다. 여기서 향을 태우려고 그대가 생각한 것도 스와미가 그 연기를 즐기는가 보기 위한 것이겠지요. 더욱이 그 연기들은 저절로 퍼져나갑니다. 왜 지금 연기를 몰아내려고 합니까?" 바가반이 막 이 말씀을 하고 계실 때 한 헌신자가 자기 손으로 화덕 안의 잉걸불에 부채질을 했습니다. 그러자 불길이 갑자기 확 일어났습니다. 우리는 그 불길의 열기에 바가반이 데시지 않을까 걱정이 되기 시작했습니다. 그러나 바가반은 미소를 지으며 말씀하셨습니다. "예, 이제는 됐습니다. 향도 태웠고 불꽃도 흔들었으니, 예공의 과정이 다 끝났군요." 그런 다음 당신은 침묵에 잠기셨습니다.

1950년 2월 6일

31. 고추의 대단한 효능

1947년의 4월 마지막 주에 텔루구어 월간잡지인 「바라띠」(*Bharati*)가 아쉬람에 도착했습니다. 거기에는 빨나드(Palnad)[안드라 프라데쉬 주, 군뚜르(Guntur) 군의 한 지역]의 고추에 대한 기사가 있었습니다. 거기서 말하기를, 고추는 담 울혈을 치유하고, 소화를 도우며, 몸의 기력을 보하는 작용을 한다고 되어 있었습니다. 글쓴이는 또한 고추가 몸에 여러 가지 유익한 효능을 가지고 있고, 뇌를 자극하며, 많은 약을 조제하는 데 유용하게 쓰인다고 하면서 이를 뒷받침하는 전거들을 인용하고 있었습니다. 바가반은 저더러 그 글을 낭독하게 하시고, 아쉬람 의사들을 불러서 웃으며 말씀하셨습니다. "이거 보세요. 여러분은 저더러 고추 양을 줄이라고 하지만, 「바라띠」에

---

29) [역주] 『라마야나』에 나오는 하누만은 바람의 신 바유(Vayu)의 아들이다. 바유는 바람의 신이므로, 타밀 사람들은 류머티즘 증세가 있을 때 '바람이 들었다'는 뜻으로 이렇게 표현하기도 한다.

실린 글에서는 고추의 효능을 이야기하고 있군요. 나감마가 읽어 줄 겁니다. 잘 들어 보십시오. 고추는 담을 막아주고 기력을 보하는 작용을 합니다. 고추의 유익한 효능이 여러 가지로군요." 그러면서 바가반은 벤까따라뜨남에게 그「바라띠」잡지를 보관해 두라고 하셨습니다.

벤까따라뜨남과 저는 왜 바가반께서 이 잡지를 보관해 두고 싶어 하시는지 궁금했습니다. 열흘 뒤에 은퇴한 의사 가나빠띠 아이어의 부인인 자나끼 암말[지금은 자나끼 마따]가 다른 여자들 몇 사람과 같이 와서 아쉬람에 며칠간 머물렀습니다. 어느 날 오후 3시경에 그녀는 바가반께 이렇게 말했습니다. "바가반, 몸이 아주 약해 보이십니다. 고추를 아주 끊으시고 영양가 있는 음식만 드십시오. 고추는 몸의 수분을 빼앗습니다." 그러면서 자신의 말을 뒷받침할 몇 가지 사례를 들었습니다. 그리고 그런 취지로 계속 이야기를 했습니다. 어떤 사람이 고추는 바가반께 아무런 해도 끼친 적이 없다고 말했는데도 불구하고 말입니다.

또다시 가까이 있던 어떤 사람이 그녀의 말을 중단시키려고 했습니다. 그러자 바가반이 말씀하셨습니다. "조급하게 그러지 마세요. 그녀는 의사의 부인입니다. 그가 약을 처방할 때 그녀는 환자들에게 식사를 처방합니다. 그런 것을 그대가 어떻게 알 수 있습니까?" 그런 다음 그녀 쪽을 향해 말씀하셨습니다. "당신은 고추가 좋지 않다고 하지만「바라띠」에는 고추의 좋은 성질들을 찬양하는 장문의 글이 실려 있지요. 저는 누구의 조언을 따라야 합니까? 잠시만 기다려 보십시오. 그들이 그 글을 당신에게 읽어줄 테니. 그러면 모든 것을 이해할 것입니다. 당신의 말에 따르면 고추는 몸을 약하게 만들지만, 그 글에 따르면 빨나드의 렛디 가문 사람들은 고추를 많이 먹기 때문에 튼튼하고 건장합니다. 자세한 내용을 들어보세요." 그렇게 말씀하신 바가반은 벤까따라뜨남에게 그 잡지를 가져와서 그 글을 낭독해 달라고 하셨습니다.

그 부인은 더 이상 아무 말도 못했습니다.

라마나스라맘에 대한 회상

서언

위대한 헌신자들의 따빠스가 충분히 성숙된 단계에 이르면, 그들은 신의 은총에 의해 이 세상에 다시 태어난다. 그리고 자신에게 부여된 일이 끝나면 다시 돌아간다. 이런 범주에 드는 이들로는 꾸마라스와미, 꾸마릴라밧따, 냐나삼반다르, 그리고 스리 라마나 마하르쉬가 있다.

금세기에는 비이원론을 '니이베바로보 뗄루수꼬'(*Neevevarovo telusuko*)['나는 누구인가?'를 발견하라][1]라는 10음절의 진언을 가지고, 그렇게 이해하기 쉽게 가르친 이가 아무도 없었다.

스리 나감마님은 이 탁월한 스승의 연꽃 발 아래 피난처를 구하여 크나큰 지복을 즐기면서 그 아쉬람에 오래 머물렀는데, 그 동안 그곳에서 일어나는 아주 작은 사건들까지 기록하여, 마하르쉬님이 이따금 설하시는 위대한 진리를 누구나 이해하기 쉽게 대중들 앞에 내놓았다. 독자들은 그녀의 『편지』와 『삶』을 통해 이것을 알고 있다.

이 두 권의 책을 쓰면서 빠졌던 사건들이 이제 이 『회상』에서 이야기되고 있다. 탐구자들(*Jignasus*)은 이것을 읽고 무한한 지복을 체험하시기를!

1978년 6월 12일
라자문드리(동東 고다바리 군郡), 라마크리슈나 정사에서
스와미 니르비깔빠난다 씀

---

[1] [역주] '니이베바로보 뗄루수꼬' 문장은 텔루구어이다.

서문

여러 헌신자들이 바가반 스리 라마나 마하르쉬의 흥미로운 이야기들과 감로 같은 말씀들을 듣고 싶다는 소망을 피력했는데, 내 오라버니인 스리 D.S. 샤스뜨리도 그 중 한 사람이다. 1976년 2월, 나는 마드라스에서 암에 대한 수술을 받아야 했다. 오라버니와 조카딸 바산따, 그리고 그 남편인 라마크리슈나가 나를 돌보면서 사랑과 애정으로 내 시중을 들어주었다. 수술이 끝나고 코발트 치료를 계속하는 동안 오라버니는 내 침대 곁에 의자를 놓고 앉아 아침마다 『바가바드 기타』를, 그리고 저녁마다 『바가바땀』을 읽어주셨다. 그럴 때 나는 바가반의 친존에서 있었던 그와 관련되는 사건들로서 쉽게 기억나는 이야기들을 들려드렸다. 오라버니는 『라마나스라맘에서 보낸 편지』나 『스리 라마나스라맘에서 보낸 나의 삶』에 나오지 않는 그런 모든 사건들을 기록해 두셨다. 그리고 나중에 나더러 그것을 책의 형태로 저술하라고 채근하셨지만, 당시에는 내가 그럴 기력이나 열의가 없었다.

1976년 5월 10일에 나는 언니의 아들인 G.R. 샤르마와 그의 처 니르말라의 초청으로 몸을 회복하기 위해 방갈로르로 갔다. 거기 머무르고 있을 때 스리 라마나스라맘의 가네샨이 나에게 편지를 보내어 말하기를, 내가 바가반과 관계되는 모든 기억을 되살려 내어 이야기 형식으로 적어두면 나중에 아쉬람에서 그것을 출판하겠다고 했다. 그래도 나는 앉아서 그것을 쓸 충동이나 기력이 없었기 때문에, 내가 아쉬람으로 가서 오래 머물 수 있을 만큼 충분한 기력이 생기면 그 일을 시작하겠다고 답장을 보냈다.

1976년 10월 12일에 언니의 딸인 쁘라풀라와 그녀의 남편 S.V. 아바다니가 기분전환 삼아 봄베이에 한 번 오라고 나를 초청했다. 거기 가 있을 때 봄베이 라마나껜드라(Ramana Kendra-라마나 헌신자들의 지역 신도회)의 서기인 P.V. 소마순다람이 10월 21일에 헌신자들의 모임을 마련하여 나더러 담화를 해 달라고 했다. 내가 대중 앞에서 말하는 데 익숙하지 않다고 하자, 그는 내가 하고 싶은 이야기를 적어두면 자기가 내 조카더러 그것을 영어로 번역하게 하여 모임에서 낭독하게 하겠다고 했다. 그러니 그의 청에 동의하는 수밖에 도리가 없었다. 11월 18일에 나는 조카 내외가 살고 있는 나리만 포인트(봄베이 시내의 남서쪽 해안 지역)의 뱅크 하우스 바깥에 있는 공원 안의 아스와타 나무(Aswatha tree) 밑에 앉아 이 회상록을 쓰기 시작했다. 나는 그것이 바가반의 분부라고 느껴져 더 이상은 그것을 무시해서는 안 되겠다고 생각했다. 그래서 다시 책을 쓰게 된 것이다.

4년 전에 『스리 라마나스라맘에서 보낸 나의 삶』을 썼고 또 (이번에는) 시간이 부족했기 때문에 이 책에서 더러 중복되는 이야기를 했을 가능성이 없지 않은데, 이는 내가 잘 살펴보지 못한 탓이다. 이 점에서 독자 여러분이 너그럽게 양해해 주시기 바란다.

1978년 1월 1일
띠루반나말라이, 스리 라마나스라맘에서
수리 나감마

회상

1. 자, 갑시다

 바가반의 전기 『라마나 마하르쉬와 진아지의 길』에서는 바가반이 비루팍샤 산굴에 계실 때 당신의 어머니가 한두 번 다녀가신 걸로 되어 있다. 1912년에 와서 열흘쯤 머무르실 때는 어머니가 병이 들었다. 그때 바가반은 주 아루나찰라께 호소하는 4연의 시를 지으셨는데, 이것은 사건의 흐름에 영향을 주기 위해 당신이 올린 아마도 유일한 기도였을 것이다. 열병이 가라앉은 어머니는 마나마두라이에 있는 집으로 돌아갔다. 1916년에 집안에 궂은 일이 생기자 그녀는 세상살이에 환멸을 느끼고 다시 아루나찰라로 왔는데, 이번에는 목숨을 마칠 때까지 바가반과 함께 살기 위해서였다. 비루팍샤 산굴에서 바가반과 함께 사는 것은 용납되지 않을 것이라고 보았기 때문에, 임시로 에짬말의 집에서 거처하면서 에짬말 등 다른 여성 헌신자들과 함께 자주 바가반을 찾아갔다. 얼마 후 어머니는 산굴에서 바가반과 아주 함께 살고 싶다는 뜻을 밝혔다. 바가반은 경청하기만 했지 아무 말씀도 하지 않으셨다. 당시에 아쉬람의 업무를 보던 헌신자의 한 사람은 바가반이 어머니의 그런 뜻을 좋아하시지 않으며, (만약 어머니와 같이 살게 되면) 당신이 어디로 가 버리고 다시는 돌아오시지 않을지도 모른다고 생각했다. 그것은 어머니를 포함한 가족친지들에 대해 당신이 무관심하게 대하신다는 것이 잘 알려져 있었기 때문이다. 더욱이 어머니의 경우에 예외를 인정하게 되면 에짬마나 무달라이아 할머니와 같은 다른 여성들도 비슷한 예외를 요구할지도 몰랐다. 그래서 모든 시자들은 한 목소리로, 여성들은 어떠한 경우에도 산굴에서 살아서는 안 된다고 말했던 것이다.

 그들이 반대한다는 것이 알려지자 에짬마 등 다른 여성들은 그들을 안심시키기 위해 이렇게 말했다. "우리는 아쉬람에서 살게 해 달라는 청은 절대 하지 않습니다. 어머니만 사시게 해 주면 족합니다. 어머니는 너무 연로하셔서 매일 산을 올라오실 수 없습니다. 그리고 그 나이에 어디를 가실 수 있겠습니까? 앞으로는 바가반께서 어머니를 돌보셔야지요." 바가반이 어떻게 생각하시는지 아무도 짐작할 수 없었고,

아쉬람의 기존 전통을 좀 바꾸어 보자고 말씀드리기도 두려워 그들은 어머니의 요청을 계속 받아주지 않고 있었다. 그래서 어머니는 몹시 상심하여 아쉬람을 떠나려고 자리에서 일어났다. 그것을 보고 깊이 연민을 느끼신 바가반이 같이 일어나 그녀의 손을 잡고 말씀하셨다. "자, 갑시다. 여기 아니라도 어디 다른 데서 살면 되지요. 가요." 그러나 아쉬람 거주자들은 바가반이 아주 떠나버리실까 두려워 당신의 발 앞에 엎드려서 제발 계셔 달라고 애원했다. "제발 아무 데도 가지 마십시오. 부디 어머님과 함께 여기서 사십시오." 그때부터 어머니는 바가반과 함께 살게 되었다.

   시간이 가면서 어머니는 잠재적인 원습이 발동하여, 이런 저런 물건이 있으면 좋겠다는 말씀을 하시곤 했다. 그러면 바가반은 조용히 나무라시는 것이었다. "어머니, 몸이 편하기를 원하신다면 다른 아들을 찾아가십시오. 마음이 편하기를 원하시면 여기 계시고요." 어머니는 당연히 후자를 택했다. 그녀는 아쉬람의 힘든 생활에 적응했고, 어떤 경우에도 다른 데로 갈 생각은 결코 하지 않았다. 최후까지 아쉬람에 홀로 있었고, 바가반은 당신의 신적 은총으로 그녀에게 해탈을 안겨줌으로써 우파니샤드에서 명하는 '어머니를 신으로 보는 태도'(Matrudevo Bhava)를 성취하셨다.

   내가 꾼주스와미로부터 이 이야기를 듣고 왜 이 이야기는 바가반의 전기에 나오지 않느냐고 물었더니 그는 "그 이야기가 나오지 않는 건 사실이지"라고 말했다. 나도 그 점에 대해 바가반께 여쭈었더니 당신은 이렇게 말씀하셨다. "왜? 아쉬람 사람들 사이에서 의견 차이가 있을 수 있는 문제는 드러내 놓고 이야기하고 싶지 않았지." 대중들이 모르는 그런 일들이 많이 있을지 모른다고 내가 말하자 바가반이 말씀하셨다. "그렇지. 남들이 모르는 일들도 아주 많았지. 우리가 어떻게 하나?"

   나는 당연히 이런 성격의 중요한 일들을 공개하는 데 관심을 갖게 되어, 하루는 그것을 주방에서 일하는 공양주인 샨땀마와 숨바락슈미암마에게 이야기했다. 그들은 나에게 다른 사건 하나를 다음과 같이 들려주었다.

   바가반이 어머니와 함께 스깐다쉬라맘에 정주하신 뒤에 바가반의 동생인 찐나스와미가 아루나찰라로 와서 출가하고 음식을 일반 대중으로부터 탁발하면서 살기 시작했다. 얼마 후 그는 다른 시자들과 함께 바가반을 모시고 살게 되었다. 바가반은 어머니가 돌아가실 때까지 스깐다쉬라맘에 사셨다는 것을 기억해야 할 것이다. 어머니는 자신의 최후가 가까워진 것을 알고 의식을 잃기 전에 바가반을 곁으로 불러 찐나스와미의 손을 바가반의 손에 쥐어드리며 말했다. "보게, 이 사람아. 이 아이는 무엇이 옳고 무엇이 그른지를 몰라. 자네한테서 벗어나지 않도록 해 줘. 그에게서 눈을 떼지 말고. 이게 내 마지막 소원일세." 그렇게 말하면서 그녀는 셋째 아들을 바가반의 보살핌에 맡겼다. 바가반은 어머니의 소원에 따라 늘 찐나스와미를 예의 주시하셨고, 그에게 무슨 잘못이 있을 때마다 바가반은 거기서 야기되는 문제들을 솜씨 좋게 해결하곤 하셨다. 찐나스와미는 나중에 아쉬람의 도감이 되었는데, 그 자신도 바가반께 크나큰 신심과 최고의 존경심을 품고 있었다.

이것은 찐나스와미가 도감으로서 아쉬람의 행정사무를 관장하고 있을 때 아주 잘 드러났다. 그가 어떤 헌신자를 비난하고 그 헌신자가 상심하여 바가반께 하소연하면 당신은 자비심으로 그를 바라보면서 아무도 흉내 낼 수 없는 당신만의 방식으로 어떤 재미있는 이야기를 들려주어서 그 사람의 감정을 달래주시곤 했다. 그래도 그 헌신자가 계속 하소연하면 바가반은 이런 말로 그를 위로하시는 것이었다. "누가 도감한테 가서 무슨 이야기를 했는지, 누가 알겠습니까?"

앞에서 본 바와 같이 당신의 어머니에게 해탈을 안겨주신 데 대해서는 한 사건이 특히 언급할 만하다. 초기의 제자인 빨라니스와미가 마지막 숨이 넘어가려고 할 때, 바가반은 그에게 해탈을 안겨주실 생각을 하시고 당신의 손을 그의 심장과 머리에 얹었지만 그의 원습이 워낙 강력하여 해소되기 어려웠다. 그래서 얼마 뒤에 당신은 손을 거두셨고 결국 포기하셨다. 몇 년 뒤에 당신 어머니의 경우에는 바가반이 먼저와 같이 손을 어머니의 심장과 머리에 두시자 그녀의 원습이 점차 가라앉았다. 그래서 당신은 (어머니의) 생명력이 소멸될 때까지 계속 손을 그대로 얹고 계셨다. 이리하여 어머니에게 해탈을 안겨드리려고 하신 시도는 성공했다. 암소 락슈미의 경우에는 그가 전생에 겪은 온갖 일들이 어머니의 경우와 같이 솟아올랐지만 (바가반의 손길에 의해) 결국 가라앉았는데, 빨라니스와미의 경우에는 그렇게 되지 않았다고 바가반이 종종 말씀하셨다. 내가 바가반께, 락슈미가 목숨을 마칠 때는 어머니의 경우와는 달리 바가반이 옆에 계시지 않았다는 점을 이야기하자 당신은 이렇게 말씀하셨다. "아, 그거! 어쨌든 락슈미에게 무슨 욕망이 있었겠나? 욕망이 많을 경우에만 마지막까지 그것이 남지." 그래서 바가반은 암소 락슈미가 동물이기는 했어도 우리 인간들 같은 원습은 없었다는 것을 우리가 이해하기를 바라셨던 것이다. 그들 생의 마지막 순간에 바가반이 당신의 은총을 베풀어 주신 것은 이 세 번의 경우뿐이었다.

2. 공양주

1942년의 어느 때 한 헌신자가 바가반께, 「짜뜨와림사뜨」(*Chatvarimsat*)의 시구들은 40연밖에 안 되는데도 왜 여러 가지 운율로 되어 있느냐고 여쭈었다. 바가반은 미소를 지으며 말씀하셨다. "아, 그거요! 나야나는 '라마나 샤따깜'(*Ramana Satakam*)

[라마나 100송]을 10연씩 묶어 각기 다른 운율로 짓고 싶어서 그에 필요한 운율들을 뽑아냈습니다. 그런 다음 각 운율로 한 연씩 짓기 시작하여 천천히 생각날 때마다 몇 수를 더 지었는데, 그 작품을 완성하지는 못했습니다. 그가 죽기 전까지 지은 것은 40수였습니다. 이것을 제가 한데 모아 「짜뜨와림사뜨」라고 이름붙인 것입니다. 이것은 매일 아침 우파니샤드 빠라야나 전에 독송됩니다. 어떡합니까? 그가 지은 작품 여러 편이 그처럼 미완성입니다. 그가 일을 하는 방식이 그랬습니다." "한두 군데서는 10개 연이 연달아 한 운율로 되어 있는데, 어째서입니까?" 그 헌신자가 여쭈었다. "예, 예. 한 다샤깜(dasakam)[10연시]에서는 2연밖에 짓지 않았는데, 가벼운 기분으로 '오, 산야사의 주이시여! 당신은 신께 봉사하는 공양주 같으십니다', 그리고 '당신은 인간 동물의 에고들을 소멸하시고 빠라마 시바(Parama Siva)를 위해 식사를 지으십니다'라고 했습니다. 그것은 제가 훌륭한 공양주라는 뜻입니다. 나야나는 저에게 공양주라는 칭호를 붙였습니다. 희한하지요! 아마 그때까지는 아루나찰레스와라께서 인간들을 날것으로 드시다가 이제는 능숙한 공양주인 저를 만나신 모양입니다. 나야나는 제가 공양을 맛나게 잘 지어 주님께 바친다는 뜻으로 한 말입니다. 좋습니다! 주님께서 음식을 아주 맛있게 드실 수 있으니! 실로 훌륭한 공양주로군요." 바가반이 미소를 띠고 말씀하셨다.

3. 칭호

1944년에 모든 텔루구어 시들을 한 권의 공책에 베끼다가 두르바 수브라마니아 샤스뜨리가 지은 찬가 한 수를 발견했다. 그것을 바가반께 보여 드렸더니 당신은 거기에 나오는 시구 하나를 나에게 가리켜 보이면서 말씀하셨다. "봐! 그는 이렇게 말하고 있군. '당신은 정말 바보로군요! 산 위의 여러 산굴에서 따빠스를 하실 때 수집하신 그 가치 있는 지식에 대해 저작권을 설정하여 보호하지 않고 사방에 흩어버리셨으니'라고. 그러면서 내가 바보라고 하는군. 그렇지. 그건 좋아. 어쨌거나 상관없어." 우리는 모두 바가반이 하신 말씀을 듣고 재미있어 했다. 빈나꼬따 벤까따라뜨남이 텔루구어로 지은 시 한 수가 다른 종이들 사이에서 발견된 것도 그 무렵이었다. 그 내용은 아래와 같다.

  그분은 알라감마의 아들이시니, 이 아들은 아주 점잖으시네.
  아주 섬세하고 아주 예리하시며,
  일체 말씀이 없으시나, 말씀을 하시면 감로가 흐르고
  일체 보지 않으시나, 보실 때는 당신의 진아 안에서 보신다네.

뱃속 허기를 면케 하여 우리를 들뜨게 하시나, 해탈의 길은 보여주지 않으시며, 집착 없이 다니시나, 무집착의 길을 보여주지 않으신다네.

같은 취지의 시구가 몇 수 더 있었다. 벤까따라뜨남이 그 시들을 언제 썼느냐고 제가 여쭈자 바가반이 말씀하셨다. "아, 그거! 자네가 아쉬라맘에 오기 오래 전에 한동안 여기 머물렀지. 그러나 떠날 무렵이 다 되었을 때 이 시들을 지어 우리한테 넘겨주었어. 그가 나를 '마야디'(*maayaadi*)[남을 현혹하는 사람]라고 부르는 거 봐. 그래. 사람들은 이런 저런 이름들을 나한테 붙여주었지. 누가 문제 삼을 수 있나?" 하고 바가반은 웃음을 띠고 말씀하셨다. 며칠 뒤에 사우리스(Sowrees)가 쓴 글이 어느 텔루구 월간 잡지에 실렸다. 모든 편지의 접수와 발송을 맡은 스리니바사 마우니가 그 날 우편으로 받은 다른 기고문들과 함께 그 잡지를 가져왔다. 바가반은 받은 모든 편지를 읽어보신 뒤 그것을 그에게 돌려주셨다. 스리니바사 마우니는 그 잡지를 바가반 곁에 두고 미소를 지으며 "바가반은 정말 도둑이시군요!" 하고 말했다. 바가반은 그 잡지의 기고문을 훑어보신 뒤 그것을 나에게 건네주면서 말씀하셨다. "봐. 이 잡지에 사우리스가 나에 대해 쓴 글이 있어. 여기 있는 모든 사람이 들을 수 있도록 큰 소리로 읽어 주지." 나는 그 전문을 낭독했다. 글쓴이는 맨 끝에 가서 이렇게 말하고 있었다. "마침내 바가반은 나를, 즉 내 에고를 바로 삼키 버리셨다. 정말 도둑이시다!" 내가 그것을 낭독하자 텔루구어를 알아듣는 모든 사람이 웃었다. 바가반께서도 웃음을 띠며 말씀하셨다. "마우니는 저한테 그 잡지를 주면서 '바가반은 정말 도둑이네요!' 하고는 그게 무슨 뜻인지 이야기하지 않고 웃으면서 가 버렸습니다. 저는 왜 저런 말을 할까 궁금해서 그 글을 훑어보았지요. 알고 보니 그런 이유였습니다. 저는 제가 진정 무엇인지 모릅니다. 샤르마는 저를 바보라고 했고, 빈나꼬따는 '마야디'라고 했습니다. 사우리스는 저를 도둑이라고 하는군요. 제가 정확히 무엇인지는 그들이 알아서 판단하겠지요. 나야나는 저를 이미 공양주라고 불렀습니다. 예, 이거든 저거든 상관없지요. 다 좋은 칭호입니다." 당신이 그렇게 말씀하시자 우리는 모두 웃음을 터뜨렸고 당신도 같이 껄껄 웃으셨다.

4. 이 샤바리는 얼마나 행운아인가!

1946년의 어느 때, S. 도라이스와미 아이어가 아쉬람에 왔다. 그는 마드라스에서 변호사로 개업하여 크게 성공한 사람으로, 돈을 많이 번 뒤에 은퇴하여 번 돈 모두를 아라빈드 아쉬람(Arabindashram-오로빈도 아쉬람)에 시주하고 그곳에서 아쉬람 상주자로 살고 있었다. 그는 이따금씩 라마나스라맘을 찾아오곤 했다. 한 번은 내가 텔루구어로 바가반을 찬양하는 여러 송찬들을 한 권의 공책에 옮겨 적고 있는데 도라이스와미가 회당에 들어와서 섰다. 그는 바가반이 이따금 나를 불러서 텔루구어로 된 송찬 등의 시구들을 베끼는 일에 대해 지침을 주시는 모습을 보았다. 도라이스와미는 바가반이 나를 부르실 때의 그 아버지 같은 정을 보았는지, 바가반이 회당을 나가시고 나도 곧 이어 나가려고 할 때 나도 모르는 사이에 바로 내 뒤를 따라와 띠야가라자(Thyagaraja-18세기 남인도의 성자)의 유명한 찬가인 '샤바리(Sabari)[2]는 얼마나 행운아인가? 이 샤바리는 얼마나 행운아인가!' 하는 노래를 부르기 시작했다. 바로 등 뒤에서 갑자기 누가 노래를 부르는 데 놀라 뒤를 돌아보니 그가 웃음을 띠며 나를 보고 있었다. 왜 그렇게 노래를 부르느냐고 물어보자 그는 손으로 나를 가리키며 말했다. "그래, 암마. 이 샤바리는 얼마나 행운아냐고 했어. 우리가 바가반께 온갖 질문을 다 드려도 당신이 우리한테는 말씀 한 마디 안 하시는데, 자네 경우는 바가반께서 '나감마는 어디 있지?' 하고 물으시고 이따금씩 자네와 말씀을 나누시지 않나. 그러니 자네는 얼마나 복이 많으냐고!" 그 말을 듣자 나는 당연히 아주 기분이 좋았다.

    1954년에 나는 거처를 아쉬람에서 안드라 프라데시로 아주 옮겼고, 아쉬람에는 1년에 한두 번 와서 한두 달 정도씩 머물렀다. 한 번은 그런 경우에—아마 1957년일 것이다—내가 마음속에 바가반에 대한 생각이 가득한 채 회당에 평소보다 조금 더 오래 머물러 있다가 나가는데 갑자기 뒤에서 "나감마는 어디 있지?"(Nagamma yedhi) 하고 바가반이 부르시는 것 같은 소리가 들렸다. 그 소리에 놀라 돌아보니 데바라자 무달라이아르가 나를 보면서 웃고 있었다. 그는 내 눈에 눈물이 고이는 것을 보고 말했다. "바가반께서 자네를 곧잘 그렇게 부르셨지, 안 그래?" 나는 마음을 진정하고 나서 대답했다. "예, 오라버님. 꼭 바가반께서 부르시던 그대로였습니다. 일순간 저는 바가반께서 저를 부르시는 줄 알았습니다. 그런 착각을 하다니! 어찌 되었든 최소한 오라버님의 입을 통해 그 다정한 말씀을 다시 한 번 들었군요. 오늘은 저에게 정말 좋은 날입니다. 도라이스와미 아이어님이 '이 사바리는 얼마나 행운아인가!' 하는 노래를 불렀을 때 바가반의 그 말씀을 들은 뒤로는 처음이거든요. 그 좋던 시절은 다 지나가고 다시는 오지 않네요." 내가 말했다. 무달라이아르도 동료 헌신자로서 역시 그런 감정을 느끼고 나의 서운한 마음을 위로해 주었다.

---

[2] [역주] 『라마야나』에서, 진인 마땅가의 제자인 샤바리는 스승과 다른 제자들이 모두 천상으로 올라간 뒤에도 마땅가 숲에 남아 오랜 세월 동안 라마와 락슈마나 형제를 기다렸다. 마침내 그들이 오자 그녀는 맛난 과일들을 공양 올린 다음, 라마의 은총을 받고 나서 천상으로 올라간다.

5. 여자들은 휴가 신청을 할 필요가 없다

정통 신앙의 여성들은 생리 기간 중에 글을 읽거나 쓰는 것을 피하는 것이 관습이므로 나도 오랫동안 그 관행을 지키고 있었고, 그 3, 4일 동안에는 아쉬람에 가지 않았다. 그래서 여러 사람들로부터 받은 텔루구어 저작들을 베끼는 일이 쌓여가고 있었다. 바가반은 한 동안 이것을 지켜보고 계셨다. 이렇게 아쉬람에 가지 않는 일이 네 번째가 되었을 때, 바가반이 그에 대해 무슨 말씀을 하셨다. 그날은 아쉬람에 우편으로 몇 가지 송찬이 와서 그것을 회당에서 낭독한 뒤에 베껴두어야 했다. 평소와 같이 그것을 받아 보신 당신은 라자고빨라 아이어를 보면서 말씀하셨다. "오! 이 글들을 받기는 했지만 나감마가 나타나지 않았어. 그녀는 두 달에 세 번씩 이렇게 휴가를 떠나는군. 일국의 총독도 아마 휴가 신청을 해야 할 텐데, 여자들은 그렇지 않아. 자기 좋을 대로 나타나지 않으니 그 이유는 우리가 짐작해 볼 수밖에 없지. 좋아. 이 문건과 공책을 그녀한테 갖다 주게. 그녀가 한가할 때 베낄 수 있겠지. 교정본은 즉시 인쇄소에 넘겨야 하니까 그걸 먼저 살펴보라고 하게. 고친 걸 자네가 가져오면 더 좋고." 그러면서 그 문건을 나에게 보내셨다. 라자고빨라 아이어는 이내 그 문건을 가지고 와서, 바가반이 하신 말씀을 웃으면서 전부 들려주었다. 그리고 그 문건을 나에게 준 뒤 돌아갔다. 생리 기간 중에 글을 읽고 쓰는 일에 대해 내가 가지고 있던 의문이 그날로 해소되었다. 나는 바가반의 견해를 권위 있는 것으로 받아들이고 즉시 그 글의 교정을 보았다. 이어서 내가 받은 모든 문건들을 공책에 베끼고 나서 몸을 정화하는 목욕을 한 다음, 아쉬람으로 가서 그것을 바가반의 연꽃 발 앞에 놓아드렸다. 당신은 자애로운 미소를 지으며 그것을 받으셨다.

6. 왜 걱정하나?

바가반의 자얀띠는 늘 중요한 연례행사이다. 잔치가 있기 전날은 바가반을 찬양하는 송찬들을 회당에서 낭독하고, 밤에는 연회가 벌어진다. 대부분의 헌신자들은 자얀띠 날 오전에 와서 오후에 떠나지만, 구참 헌신자들 중에는 바가반과 더 오랜 시간을 보내기 위해 하루 먼저 와서 하루 늦게 떠나는 사람들도 있다. 그래서 사흘 간 내리 부산한 움직임이 있게 된다.

한 번은 자얀띠가 12월의 연휴기간에 들었다. 그래서 구람 숨바라마이야, 끄리슈나 빅슈 기타 공직에 있는 사람들은 4, 5일 먼저 왔다. 나는 그들이 바가반과 토론하는 것을 들으면서 유용하게 시간을 보낼 수 있겠거니 했는데, 운이 없게도 자얀띠 바로 전날 새벽부터 생리가 시작되었다. 나는 몹시 속상하여 내 집 베란다에 앉아 왜 이렇게 운이 없지 하고 곰곰이 생각하고 있었다. 내가 평소와 같은 시간에 아쉬람에 나타나지 않자 숩바라마이야가 무슨 일이 있는지 알아보려고 집으로 찾아왔다. 내가 고충을 설명하자 그는 몇 마디 위로의 말을 한 뒤 돌아갔다. 바가반은 그를 보시자 "무슨 일이지? 왜 나감마가 안 왔나?" 하고 물으셨다. 숩바라마이야는 내가 빠진 이유를 말하고 나서 내가 몹시 낙심하여 울적해 한다고 말했다. "왜? 왜 슬퍼해? 앉아서 명상하면 되지." 바가반이 말씀하셨다. 숩바라마이야는 점심을 먹고 난 뒤 나를 찾아와서 바가반이 하신 말씀을 전해주었다. 그날부터 나는, 그런 상황에서도 명상 수행을 회피할 필요가 없으며, 정말 중요한 것은 마음의 불순물들을 없애는 것이라는 견해를 확고히 지니게 되었다. 글 쓰는 일도 마찬가지이다. 바가반이 하신 말씀들은 실로 당신의 은총과 자애가 수반된 지침이었다.

7. 단식

내가 글쓰기 작업을 시작한 그 무렵 또 한 가지 중요한 일이 일어났다. 나는 까르띠까 달의 월요일이나 마하 시바라뜨리 날 같은 길일에는 단식을 하곤 했는데, 그런 날에는 마치 나를 시험하기라도 하듯이, 베껴야 할 문건들이 대량으로 들어오는 것이었다. 내가 없으면 바가반은 그것들을 대강 훑어보는 대신 꼼꼼히 살펴보셨다. 그래서 라자고빨라 아이어는 왜 그것을 나감마에게 넘겨주지 않고 꼼꼼히 살펴보는 수고를 하시느냐고 여쭈었다. 바가반은 그 질문에 결코 대답을 하시지 않기 때문에 내가 가서 그 문건들을 주시라고 말씀드렸다. 그러면 마지못해 그것을 주시는 것이었다. 한두 번 그런 일이 있고 나서 나는, 에짬마의 조카딸 쩰람마가 특별한 날에 단식을 하곤 하다가 단식하는 것보다는 바가반의 성스러운 발에 봉사하는 것이 더 가치 있다는 것을 느끼고 단식하는 것을 포기했다는 것을 상기했다. 우연히 쩰람마의 손에 들어왔던 시구를 여기 적어본다.

Sajjanasange samprapte samastha niyamairalam
taalavrinthena kim karyam labdhe malayamarutham.

성스러운 분들과 친교하면, 종교적 고행을 할 필요가 없네.
시원한 바람이 불어오는데 부채가 무슨 소용 있으랴?

꾼주스와미는 한 동안 특별한 잔칫날 때 단식을 하곤 했던 모양이다. 그래서 그런 경우에 바가반은 "단식을 한다고 몸이 약한데 우리가 무슨 일을 해 달라고 할 수 있나?" 하시면서 그에게 어떤 일도 맡기지 않으셨다. 꾼주스와미가 이것을 알게 되자 단식을 포기하고 이렇게 말했다. "이것은 이제 그만하면 충분해. 단식이 스승님에게 봉사하는 것보다 더 중요한가?"

한번은 어느 헌신자가 바가반께 단식의 중요성에 대해 여쭈었다. 바가반은 그에게 자비로운 눈길을 주시며 말씀하셨다. "감각 기관들(indriyas)의 모든 활동을 그만두면 마음이 일념으로 됩니다. 그런 마음이 신에게 집중될 때, 그것이 진정한 우빠바삼(upavasam)[단식]입니다. '우빠'는 가까이 있다는 뜻이고, '바삼'은 살아감을 뜻합니다. 그가 어디서 살아가겠습니까? 자신의 진아 안에서 살 것입니다. 욕망은 마음의 음식입니다. 그 욕망들을 포기하는 것이 우빠바삼입니다. 아무 욕망이 없으면 마음 같은 것도 없습니다. 그럴 때 남는 것이 진아입니다. 마음을 '단식'시킬 수 있는 사람은 몸을 '단식'시킬 필요가 없습니다."

그 헌신자가 다시 여쭈었다. "왜 사람들은 우리가 제사(yagnas), 의식(yagas), 관수식, 예공 따위를 해야 하고, 그런 경우에 단식을 해야 한다고 말합니까?" 바가반이 대답하셨다. "그것은 2차적입니다. 앞에서 말한 대로 마음을 단식시킬 수 없는 사람들에게, 마음을 정화할 수 있도록 몸의 단식을 하라고 하는 것입니다. 그것마저 할 수 없는 사람들에게는 헌가(bhajan)와 찬가 부르기(sankeertanam)를 권하게 됩니다. 다 이익 되는 바가 있지요."

8. 그것은 먼젓번에 먹은 사람들에게 주라

1950년 1월에 바가반의 왼쪽 팔꿈치에 난 암 종양에 대해 동종요법 치료를 시행했다. 왜냐하면 다른 모든 치료 방법들이 그것을 치유하는 데 실패했기 때문이다. 동종요법 의사는 다른 모든 의사들과 마찬가지로 처음에는 바가반께 다가가서 자신이 할 수 있는 것은 극히 미미하다고 하면서, 치료를 시작하기 전에 당신 자신께서 스스로를 치유하시라고 호소했다. 당시에 나는 밥 대신에 기장(cholam) 음식만 먹었다. 마침 1월이었고 햇기장이 시장에 나와 있기에, 작년에 했듯이 기장으로 튀밥을 만들어 예년과 같이 그것을 바가반께 드리고 싶었다. 내가 먹을 것으로는 기장 음식만 하면 되었다. 바가반은 기장 튀밥을 아주 좋아하셔서 내가 그것을 드릴 때마다 아주 맛있게 드셨다. 이제는 병환이 나셨기 때문에 사무실 당국에서 그들의 사전 승낙 없이는 어떤 음식물이나 약도 바가반께 드리지 못하도록 하고 있었다. 이것을 감안한 나는, 먼저 의사에게 부탁하여 그가 반대하지 않는다는 말을 듣고 나서 튀밥을 만들었다. 그것을 큰 놋쇠 그릇에 담아 아침 식사 시간 약 30분 전에 아쉬람 사무실에 갔다. 의사가 바가반께서 튀밥 드시는 데 반대하지 않았다고 하면서 내가 그것을 아침 식사 때 주방에서 바가반을 위시하여 여러 사람들에게 나누어 드리겠다고 하자, 도감 등 다른 소임자들은 아무 말도 하지 않았다. 나는 어찌할 바를 모른 채 그 튀밥을 주방에 있는 샨땀마에게 건네주면서 그것을 알아서 하라고 했다. 당시에 바가반은 식사를 하러 식당으로 가시지 않았고, 그래서 거기서 어떤 일이 벌어지는지 모르셨다. 아쉬람 당국은 자기들이 의사한테 부탁한 것이 아니다 보니 그 튀밥을 바가반께 드리기가 망설여져 그것을 헌신자들에게만 나누어주었다. 바가반의 헌신자 중 한 사람인 라마짠드라 아이어가 아침 식사 때 그것을 먹고 와서 바가반께 말씀드렸다. "나감마가 기장 튀밥을 좀 가져와 식당에서 나누어주게 한 모양입니다. 우리한테 다 나누어주었습니다. 먹어 보니 아주 맛있더군요." 바가반은 이렇게만 말씀하신 모양이다. "오호! 그래? 그거 아주 맛있지. 이제 의사의 허락 없이는 그것도 못 먹어 보는군."

나는 그 튀밥을 바가반께도 드렸는지 알고 싶어서 오후에 라마짠드라 아이어에게 물어보았다. "아뇨. 바가반께는 드리지 않았습니다. 아마 그들은 의사가 승인하지 않을까봐 두려웠겠지요." 그가 말했다. 나는 그 말을 듣고 화가 나서 내가 이미 의사의 허락을 얻었고, 사무실에도 그 이야기를 했다고 그에게 말했다. 나는 아주 속이 상해서 집으로 돌아갔다. 나중에 라마짠드라 아이어가 바가반께 내가 의사의 허락을 얻었고, 그 튀밥을 주방 사람들에게 건네주기 전에 당국에 그 이야기를 했었다고 조용히 귀띔해 드렸다. "오호! 그래?" 바가반은 그렇게 말씀하시고 더 이상은 말씀이 없으셨다. 열흘 뒤에 아쉬람 당국은 자기들 스스로 의사의 허락을 얻어 기장 튀밥을 좀 사서 바가반께 드리면서 "의사가 당신께서 이걸 드시는 것을 허락했습니다. 부디 좀 드시지요" 했다. 바가반은 언짢은 기색으로 말씀하셨다. "오호! 나감마가 가져오면 먹어서는 안 되고 자네들이 가져와야만 먹어야 한다, 그건가? 그녀는 의사의 허락을 얻어 가져왔는데도 자네들이 그녀의 말을 믿지 않았지. 이제 와서 자네들 말은 믿어야 한다, 그건가? 이런 실없는 짓은 그만하면 됐네. 먼젓번에 그것을 먹은 사람들에게 주게. 나는 먹고 싶지 않으니." 그러면서 당신은 그것에 손도 대지 않으셨다.

내가 1940년에 먹기 시작하여 1950년까지 계속 먹은 기장 음식은 나중에는 나한테 맞지 않아서 그 이후로는 먹지 않고 있다. 아마 어느 전생엔가 내가 11년 동안 어느 성자에게 기장을 음식으로 드려 그가 그것으로 몸을 지탱하며 따빠스를 한 게 아닌가 싶다. 그래서 금생에 기장을 음식으로 먹으면서 바가반의 발 앞에서 봉사할 수 있는 특권을 얻은 것이리라.

9. 무화과

앞의 사건이 있고 난 며칠 뒤 올케가 인편에 말린 무화과를 좀 보내왔는데, 바가반이 무화과를 아주 좋아하신다는 것을 알고 있다면서 내가 좀 먹고 나머지는 바가반께 드리라고 했다. 나는 그것을 조심스럽게 씻어서 말린 다음, 홀릭스 병(Horlicks bottle)[3])에 보관해 두었다. 아쉬람 당국에서 헌신자들이 바가반께 어떤 음식물도 드리지 못하게 금하고 있었기 때문에 나는 그것을 바가반께 드릴 수 없었다. 이번에는 그들의 허락을 얻으려는 시도조차 하지 않았다. 무척 괴롭기는 했지만 말이다. 하지만 무화과를 조심스럽게 보관해 두었기 때문에 서두를 필요는 없었다. 바가반께 먼저 드리기 전에는 나도 먹고 싶지 않아 한 조각도 맛을 보지 않았다. 동종요법 치료는 여전히 계속되고 있었다. 하루는 내가 오후 4시보다 조금 이르게 아쉬람에 갔다. 당시에 바가반은 오전 8시부터 10시 사이, 오후 4시에서 6시 사이에 친견을 베풀고 계셨다. 내가 갔을 때 사람들이 열반실에 붙은 베란다에 둔 탁자 위에 담요를 깔고 바가반을 그 위에 앉으시도록 해 두고 있었다. 그날 바가반이 나오셔서 그 대(臺) 위에 앉으셨을 때는 남녀노소를 합쳐 약 500명의 헌신자들이 있었다. 베란다의 남쪽, 낮은 둔덕에 나를 포함한 여자들이 앉았다. 4시 30분에 스리니바사 마우니가 발송할 편지들을 가지고 와서 바가반께 보여드렸다. 바가반은 그 편지들 중의 하나를 읽으시다가 내 쪽으로 향해 시선을 고정하고 바라보셨다. 나는 당신이 왜 그러시는지 이유를 알 수 없었다. 당신이 이렇게 두세 번 바라보시자 S. 도라이스와미 아이어 등 당신 옆에 있던 사람들이 무슨 일일까 하면서 자기들끼리 소곤거리며 의논을 하기 시작했다. 마우니는 바가반에게서 편지들을 받아 떠났다. 그가 떠나기가 무섭게 바가반은 내 쪽을 향해 말씀하셨다. "봐. 동종요법 의사가 내가 무화과나 포도 같은 건과를 먹는 것을 허락한 모양이야. 그래서 이 사람들이 마드라스에 있는 자네 오라버니 D.S. 샤스뜨리한테 그걸 좀 보내라고 편지를 써 보내는군. 내가 방금 읽은 게 그 편지야." 나는 놀랐지만 용기를 내어서 바로 말했다. "그렇습니까? 정말 희한한 일이군요! 제 올케가 얼마 전에 말린 무화과를 좀 보내면서 당신께 드리라고 했거든요. 하지만 그것을 드리는 것이 허락되지 않을까 싶어 여기 가져오지 않았습니다. 그래서 그것을 씻어 말려서 유리병에 잘 보관해 두었습니다." 바가반은 자비심 어린 눈길로 나를 바라보면서 말씀하셨다. "그래? 자네 집에 있단 말이지?" 저는 그렇다고 대답했지만 바로 가서 가져와야 할지 망설이고 있는데, 바가반이 말씀하셨다.

---

3) [역주] 예전에 미국 위스콘신 주에서 생산된 맥아유麥芽乳(malted milk) 유리병의 상표.

"오호! 알았어. 여기 바로 자네 집에 있다 그거지. 그러면 뭘 걱정해? 왜 마드라스로 편지를 보내?" 그 말씀을 듣자 나는 더 이상 앉아 있을 수 없어 나중에 어떻게 되든 말든, 일어나서 말했다. "즉시 가서 가져오겠습니다."

나는 집으로 갔다가 약 10분 뒤에 무화과가 가득 든 그 병을 가지고 왔다. 내가 돌아오는 것을 보시자 바가반은 당신의 개인 시자 중 한 사람인 랑가스와미에게 말씀하셨다. "저기, 나감마가 과일 단지를 가져오는군. 가서 받아." 그래서 랑가스와미가 베란다 끝으로 와서 손을 뻗쳐 내가 밑에서 건네주는 단지를 받았다. 바가반은 즉시 그 뚜껑을 열어 무화과 몇 개를 꺼내시더니 종이칼을 달라고 하여 랑가스와미가 그것을 가져오자 그 과일을 몇 조각으로 잘라 드시기 시작했다. 당신 주위에 있던 사람들이 다 놀라서 당신을 쳐다보았다. 바가반은 그 단지를 랑가스와미에게 돌려주면서 잘 보관해 두어야 안 그러면 사람들이 그것을 보내 달라고 온 데다 편지를 할 거라고 말씀하셨다. "이미 우리한테 있다고 말할 수 있겠군. 내가 먹고 싶을 때마다 먹을 수 있으니까 말이야." 바가반이 말씀하셨다. 랑가스와미는 나를 보면서 빈병을 돌려주면 좋겠느냐고 하기에 나는 아니라고 대답했다. 바가반이 나에게 베풀어주신 자애로움에 나는 한량없는 기쁨을 느꼈고, 눈에는 기쁨의 눈물이 가득 고였다. 바가반은 마치 "이제 자네 바람이 충족되었나?" 하고 말씀하시는 듯이 나를 바라보셨다. 이때 당신의 두 눈은 에메랄드처럼 빛나고 있었다 해도 과언이 아니다.

거기 있던 사람들에게는 헌신자들이 드리는 어떤 음식도 그것을 당신 주변의 사람들과 함께 나누지 않고서는 드시지 않는 바가반이 이 경우에는 그러지 않으셨다는 것이 아주 놀라운 일이었다. 이런 일은 아주 이례적이었기 때문에 내 행복감은 더할 나위가 없었다. 나는 주 스리 라마께서, 샤바리(Sabari)가 주님이 돌아오실 때를 기다리며 오랫동안 보관했다가 드린 과일을 받아 아주 맛있게 드셨다는 것을 상기했다. 나는 또 도라이스와미 아이어가 1946년에 바로 내 뒤에서 "샤바리는 얼마나 행운아인가? 이 샤바리는 얼마나 행운아인가?" 하는 노래를 불렀던 것도 상기했다. 어느 면에서는 그것이 실현된 것이다. 바로 그 도라이스와미 아이어가 지금 이 자리에서 모든 광경을 지켜보면서 아주 자상한 눈길로 나를 바라보고 있었다.

10. 우리가 생각하는 대로 일은 일어난다

바가반께 어느 정도 친숙하게 이야기할 수 있는 헌신자 한 사람이 아쉬람 내에서 어떤 헌신자들의 바람직하지 못한 행동을 목격하고 이렇게 여쭈었다. "바가반, 왜 사람들은 당신의 존엄한 친존에서조차 이런 식으로 행동합니까?" 바가반은 웃음을 띠고 이렇게 대답하셨다. "달리 어떻게 합니까? 안에 있는 것이 밖으로 나옵니다. 안에 있지 않은 그 어떤 것도 나올 수 없지 않습니까? 좋은 것이 있으면 좋은 것이 나올 것이고, 나쁜 것이 있으면 나쁜 것이 나오겠지요. 그 어떤 것도 오랫동안 억눌려 있을 수는 없습니다." "그것은 진인이나 마하트마들의 친존이 하나의 거울로 작용할 뿐이라는 것을 뜻합니다. 내면에 있는 것이 무엇이든, 그것은 밖으로 반사됩니다. 그렇습니까?" 그 헌신자가 여쭈었다. "예, 그렇지요. 저의 맞은편에 앉아 있는 사람의 생각들이 여기서 반사됩니다. 그게 어떻다는 겁니까? 사람들이 모여 있는 곳에서는 그런 일들이 반드시 일어나게 마련입니다. 피할 도리가 없지요." 바가반이 말씀하셨다. 그런 성격의 사건이 몇 번 있었다. 그 중의 한 사건은 다음과 같다.

아쉬람이 산기슭으로 옮겨오고 나서 안나말라이가 건축 공사를 감독하고 있을 때였다. 하루는 다들 회당에서 조용히 명상을 하고 있는데, 그가 바가반을 찾아와 오체투지를 했다. 그가 일어서자 바가반은 어떤 벽의 공사가 끝났는지, 어떤 새 방의 건축이 시작되었는지 물으셨다. 그렇게 물으시는 것을 보고 한 헌신자가 말했다. "바가반, 왜 안나말라이스와미가 들어올 때마다 그에게 건축 공사에 대해서만 말씀을 하십니까?" "그게 그대의 의문사항입니까? 그가 여기 올 때 안나말라이라는 이름의 한 개인으로서 옵니까? 그는 마치 그 건물들 자체가 온 것처럼 그렇게 나타납니다. 제가 어떻게 합니까? 사람들이 어떤 생각을 가지고 저를 찾아오건, 그 생각들이 마치 거울에 반사되듯이 저에게 떠오릅니다. 그런 문제에 대해 제가 이야기를 하면 그가 만족해합니다. 그러면 여기 앉아서 명상을 하지 못해도 아무 유감이 없겠지요. 그는 건축 공사에 대한 생각뿐이니 제가 그에 대해 물어보면 아주 만족해합니다. 그래서 고인들이 '우리가 생각하는 대로 일이 일어난다'(Yad bhavam Tat Bhavati)고 한 것입니다."

11. 가르침의 꽃목걸이

언젠가 한 헌신자가 여쭈었다. "『기타』에 나오는 다음과 같은 시구에 들어 있는 주 끄리슈나의 가르침이 말하고자 하는 취지는 무엇입니까?"

Paritranaya sadhunam vinasayacha dushkrutam
Dharmasamstapanarthaya sambhavami yuge yuge.

바가반: (얼굴에 웃음을 띠며) 거기 어려운 게 뭐가 있습니까? 그것은 '덕 있는 사람들을 보호하기 위해, 악행자들을 파멸시키기 위해, 그리고 다르마를 확립하기 위해, 나는 시대에서 시대를 내려오며 태어난다'는 뜻이지요. 그것은 이해하기 쉬운

것입니다.

헌신자: 제가 말씀드리려는 핵심은 그게 아닙니다, 바가반. 주 끄리슈나는 '나는 태어날 것이다. 내가 보호해 줄 것이다'라고 합니다. 그 말은 그가 거듭 거듭 다시 태어날 거라는 뜻입니까?

바가반: 오호, 그것이 그대의 의문사항입니까? 마하트마들이 '나, 나'라고 할 때 그것은 육신을 말하는 것이 아닙니다. 그 '나'라는 것은 아항까라(ahankara)가 되는 아항까라나(ahankarana)[마음, 지성, 기억, 에고를 합친 것]와 더불어 있는 '나'를 뜻합니다. 그 아항까라나에서 자유로워진 것이 진아(atma)입니다. 그 '나'가 외향적으로 되면, 즉 밖으로 향하면 세간적이 되고, 내향적으로 되면, 즉 안으로 향하면 아한-스푸라나(ahan-sphurana)가 되어 일체에 두루하게 됩니다.

헌신자: 그렇다고 하면, 경전에서는 발현업 없이는 누구도 이 세상에 태어날 수 없다고 하는데, 지고아至高我(paramatma)에게 발현업이란 문제가 어디 있습니까?

바가반: 경전을 의심할 필요는 없습니다. 지고아는 무위無爲(nishkriya)입니다. 그가 어떻게 발현업을 가질 수 있느냐고 하는데, 그대의 의문에 대한 답변은 바로 그 시구 안에 들어 있습니다. 그 시구에서 말합니다. '악행자가 덕 있는 사람들을 해치면 덕 있는 사람은 악행자들이 자기들에게 끼치는 해악에서 벗어나게 해 달라고 예공, 염송, 고행, 제사 기타 선행으로써 신에게 기도한다'고 말입니다. 악행자들의 악행과 덕 있는 자들의 선행은 발현업을 만들고, 신이 하나의 형상[화신]을 취해 지상에 내려오면 그것이 타원발현업(pareccha prarabdha)이라는 것입니다.

또 한번은 다른 헌신자가 여쭈었다.

헌신자: 아쮸따(Achyuta-'확고한 자')라는 말은 무슨 뜻입니까?

바가반: 아쮸따는 자신의 진정한 상태에서 미끄러지지 않는 사람을 뜻합니다. 즉, 마음이 진아(atma)와 하나가 되어 버린 사람입니다. 아스칼리따 브라마짜리(Askhalita brahmachari)도 같은 의미인데, 브라만 안에 살고 있는 사람, 마음이 브라만에서 미끄러져 내려가지 않는 사람이란 뜻입니다.

헌신자: 흐리쉬케샤(Hrisheekesa)[4]는 무엇을 뜻합니까?

바가반: 흐리쉬카(Hrisheeka)는 감각 기관(indriyas)을 뜻하고 이샤(Easa)는 주를 뜻합니다. 그래서 흐리쉬케샤는 감각 기관의 주라는 뜻입니다. 주를 묘사하는 여러 단어에는 언제나 (이와 같이) 별개의 어떤 의미가 있습니다.

---

4) [역주] 『기타』에서 주 끄리슈나가 아르쥬나를 부르는 호칭의 하나.

또 한번은 어떤 헌신자가 『기타』에 대해 이야기하다가 이렇게 여쭈었다.

헌신자: '디에비 히에샤 구나마이'라는 시구에서는 '나에게 헌신하는 자는 내 마야를 정복할 수 있다'고 말하고 있습니다. 그 의미는 정확히 무엇입니까?

바가반: 그것도 같은 것입니다.

    Dievihyesha gunamayi mama maya duratyaya
    Mameva Ye prapatdyante mayametham tharanthi the.

—『기타』, 7:14

그 의미는 이렇습니다. '세 가지 구나로 이루어진 나의 이 놀라운 환(幻)은 넘어서기가 극히 어렵다. 그러나 내 안에서 피난처를 구하는 자들만은 그것은 건넌다.' '내 안에서 피난처를 구하는 자들'이란 진아탐구에 매진하여 그 '나' 안에 피난처를 얻는 자들이고, 그들은 마야(maya)[환]를 건너갈 수 있다는 것입니다. 그 말은 그런 뜻입니다. 그 뒤에 나오는 시구에서는 헌신의 네 가지 유형을 언급하고 있습니다.

    Chaturvidha bhajanthe mam janah sukritino arjuna,
    Artho jinasu artharthi jnaneecha bharatarshbha.

—『기타』, 7:16

그 의미는 이렇습니다. '네 가지 부류의 덕 있는 사람들이 나를 숭배한다, 오 아르쥬나여. 세간적인 대상의 추구자, 고통받는 자, 지식을 추구하는 자, 지혜로운 사람이 그것이다.' 바로 그 다음 시구는 이렇습니다.

    Thesham jnani nityayukta ekebhaktir visishyate
    Priyo hi jnaninotyartham aham sa cha mama priyah.

—『기타』, 7:17

그 의미는 이렇습니다. '그들 중에서도 지혜로운 사람이 최고이니, 그는 나와의 동일성 안에 부단히 자리잡고 있으면서 독점적인 헌신을 확보한다. 왜냐하면 나는 그 지혜로운 자[실재 안에서 나를 아는 자]에게 극히 소중하고, 그는 나에게 극히 소중하기 때문이다.' 진인은 그 '나'를 더없이 좋아한다는 것을 알겠지요. 그는 나에게 소중하고 나는 그에게 소중합니다. 그 말은, 항상 '나, 나'라고 말하는 진아가 소중하다는 뜻입니다. 마찬가지로, 『기타』에서 '나에게 봉사하라, 나에게 순복하라, 나는 모든 것이다'라고 할 때 그것은 '진아의 참된 형상'(atmaswarupa)을 가리키지, 소라고둥(sankha), 바퀴(chakra), 홀(gada)을 든, 팔이 네 개인 형상(비슈누의 형상)이 아닙니다. 모든 마하트마들이 이야기하는 '나'는 그 진아의 참된 형상을 말하는 것이지 육신을 말하는 것이 아닙니다. 그들에게는 진아 아닌 그 어떤 것도 뚜렷이 보이지 않습니다.

그렇게 말씀하시고 바가반은 침묵에 들어가셨다.

12. 만뜨라 우빠데샤

한번은 어떤 여성 헌신자가, 바가반이 자기에게 우빠데샤(upadesa)[입문적인 진언의 전수]를 남에게 베풀 수 있는 권한을 위임해 주었다는 말을 하고 다녔다. 그리하여 자기 주위에 헌신자들을 더러 끌어 모았다. 시간이 지나자 이것은 하나의 돈벌이로 발전했다. 우빠데샤를 주고, 알현을 베푸는 따위의 짓을 하더니 나중에는 헌신자들이 그녀에게 비싼 명주 사리뿐만 아니라 봉족예공(pada pujas)[스승에게 하듯이 발에 예배를 올리는 것]까지 하면서 그녀를 신격화하는 것이었다. 스리 라마나스라맘의 한 헌신자가 우연히 그녀의 고향에 갔다가 그 여자의 제자들 몇 명을 만났다. 그는 거기서 그녀가 바가반의 이름으로 행하는 모든 거짓 선전들을 맹비난했다. 그리고 바가반은 결코 누구한테도 당신의 이름으로 무슨 선전을 하게 하시지 않을 뿐더러, 거기서 하는 그런 식으로 하라고 한 적도 없다고 단언했다. 그러나 그들은 그의 이의를 귀담아 듣지 않고 바가반이 몸소 그 여자에게 개인적인 가르침을 주었다고 주장했다. 그들에 따르면 그녀는 성모(여신)의 화신이며, 결코 거짓말을 할 사람이 아니라는 것이었다. 그 헌신자는 아쉬람에 돌아오자 바가반에게 자초지종을 들려드리고 나서, 혹시 그들이 주장하는 그런 어떤 지시를 하신 적이 있느냐고 당신께 여쭈었다. 바가반이 대답하셨다. "제가 뭘 압니까? 저는 결코 누구한테도 그런 식으로 말하지 않았습니다." "만약 그렇다면 제가 가서 그곳의 모든 사람들에게, 거기서 바가반의 이름으로 행해지는 모든 선전을 중단하라고 이야기할까요?" 그 헌신자가 여쭈었습니다. 바가반은 웃음을 띠며 말씀하셨다. "무슨 그런 생각을! 가령 그대가 가서 그들에게 바가반은 결코 그런 식으로 가르침을 주지 않았다고 말한다 해도, 그들은 바가반이 (남들이 모르는) 미묘한 방식으로 그렇게 했다고 말할지도 모릅니다. 아니면 바가반이 꿈에 나타나서 가르침을 주었다고 할 수도 있습니다. 그래서 논쟁은 끝이 없겠지요. 그들이 거기서 그치겠습니까? 그녀가 여기 와서 저한테 이렇게 물을지도 모릅니다. '스와미, 당신께서는 이러이러한 날 제 꿈에 나타나셔서 말씀하시지 않았습니까?' 아니면 '당신께서 미세신으로 저에게 오셔서 말씀하시지 않았습니까?' 그러면서 저에게 대들 수도 있습니다. 그럴 때 어떻게 할 수 있습니까? '아니'라고 말하려면 증거가 있어야 합니다. 누가 그들과 다툴 수 있습니까?" 그 말씀에 그 헌신자는 이 문제에 관해 더 이상 어떻게 해 보려는 생각을 모두 접었다.

13. 어린아이

1944-45년의 어느 때 소마순다람 삘라이라는 헌신자가 아쉬람에서 아주 거주할 생각으로 아루나찰라에 왔다. 그의 부인도 바가반의 대단한 헌신자이다. 하지만 그녀의 헌신은 특이한 성격의 것이다. 한번은 바가반이 그녀의 꿈속에서 어린아이로 나타난 모양이다. 그래서 그녀는 어린아이에게 젖을 먹이고, 목욕시키고, 요람에 뉘어 흔들어서 잠을 재우는 내용의 시를 몇 수 지었다. 그녀는 이 노래들을 회상에서 부르기 시작했는데, 어떤 때는 황홀경에 든 뒤에 기절하기도 했다. 그런 경우에는 그녀의 가족들이 그것을 신의 축복이라고 굳게 확신하면서 그녀를 집으로 데려가곤 했다. 바가반은 이 모든 일을 재미있게 지켜보셨지만 침묵을 지키셨다. 하루는 그녀가 요람을 하나 가져와 회당의 바가반 맞은편에 앉았다. 요람 안에는 바가반의 작은 사진 하나가 들어 있었는데, 그녀는 이 요람을 흔들면서 자장가를 부르기 시작했다. 그녀의 옆에는 기저귀 봉지와 여분의 침대 및 아기 옷이 놓여 있었다. 회당 안에 있던 사람들은 호기심을 가지고 이 광경을 지켜보고 있었다. 나는 회당에 들어가서 무슨 일이냐고 여쭈는 표정으로 바가반을 바라보았다. 바가반은 웃음이 나오려는 것을 참으면서 평소와 같이 위엄 있게 앉아 계셨다. 나는 말없이 자리에 앉았다. 그녀는 요람을 흔들면서 노래 몇 곡을 부르고 난 뒤 물건들을 거두어 자기 가족들과 함께 떠났다. 그녀가 나가자마자 바가반이 나를 바라보면서 말씀하셨다. "저렇다니까! 그녀는 나를 어린아이로 보더니 이제는 나를 키우고 있어. 아마 아무도 나를 돌봐줄 사람이 없다는 거겠지. 나를 집으로 데려가서 젖을 먹이고 목욕시킨 다음, 특별히 나를 위해 만든 침대에 나를 눕히고 자장가를 불러서 나를 재우는 거지. 그러면서 '우리 아기 이리 와. 젖 줄게. 목욕시켜 줄게. 밥 줄게. 재워 줄게' 하는군. 그것도 모두 내가 보는 앞에서 말이야. 그들에게 무슨 말을 하나! 사람들은 자신의 선입견에 따라 별 이상한 짓들을 다 해. 우리는 그저 침묵하면서 지켜볼 수밖에."

14. 꾼주스와미의 떠루빠떠 여행

바가반이 산 위에 사실 때 한 말라얄람 헌신자가 당시에는 아주 젊었던 꾼주스와미를 데려와서 바가반께 말했다. "스와미, 이 청년은 어머니도 아버지도 고향도 원치 않는다면서 저희를 찾아와서 저희와 함께 살았습니다. 어린 나이에도 대단한 무욕의 정신을 가지고 있었습니다. 정말 똑똑한 청년입니다. 그러나 저희랑 같이 있어서 무슨 소용 있겠습니까? 당신과 같은 성자와 함께 사는 것이 좋겠다 싶어서 이렇게 데려왔습니다. 부디 그에게 당신과 함께 살도록 허락해 주십시오." 이렇게 그들은 바가반께 부탁한 뒤에 떠났다. 그 약관의 나이 때부터 그는 바가반께 아주 순종적이었고 유순했다. 그래서 바가반은 그를 '꾼주, 꾼주'라고 부르기 시작하셨다. 나중에는 모든 사람이 그를 그 이름으로 부르기 시작했고, 마침내 그것이 아주 그의 이름이 되어 버렸다. 그는 성장하면서 두드러진 지성을 보여주었다.

바가반이 스깐다쉬라맘에서 현재의 장소로 옮겨오면서 개인 시자들은 수효도 점차 늘어났고, 헌신자들의 수도 늘었다. 당시에는 단다빠니 스와미가 아쉬람의 관리를 맡고 있었는데, 그는 주방 일도 책임지고 있었다. 당시 바가반은 주방에서 마치 그의 조수처럼 일을 하시곤 했다. 만약 단다빠니가 처트니를 만들기 위해 재료들을 구우면 바가반이 그것을 (맷돌로) 알맞게 가셨다. 쌀과 달(dhal)을 밤새 물에 불려 둘 때는 바가반이 다음날 아침 그것을 갈아 이들리 반죽을 만드셨다. 당시에 그런 일들은 바가반이 하고 계셨던 것이다.

한번은 바가반이 이들리를 만들기 위해 쌀과 달을 갈고 계실 때 당신의 손에 물집이 잡혔다. 꾼주스와미는 그것을 보고 아주 겸손하게 바가반께 그만 가시라고 청했다. 그러나 바가반은 그의 말을 듣지 않으셨다. 그는 단다빠니에게도 바가반께 그 일을 맡기지 말아달라고 부탁했지만 아무 소용이 없었다. 그러는 동안 단다빠니는 타마린드 잎을 한 바구니 가져와서 고추를 곁들여 가볍게 볶은 뒤에 그것을 전부 바가반께 드려 갈아서 처트니에 넣으시도록 했다. 바가반은 손에 물집이 있는데도 불구하고 그것을 가시기 시작했다. 그것을 도저히 볼 수 없었던 꾼주스와미는 바가반께 "제발 갈지 마십시오. 만약 가시면 저는 그 처트니를 먹지 않겠습니다"라고 말했다. 그러나 바가반은 그의 항의에 신경 쓰지 않고 갈기를 마친 뒤 처트니를 준비하셨다. 식사 시간에 그것을 배식할 때 꾼주스와미는 그것을 먹으려고 하지 않았다. 바가반이 그것을 보셨다. 그때부터 당신은 누가 당신을 찾아오기만 하면 꾼주스와미를 불러서 "내가 이 사람에게 이야기를 해도 좋은가?" 하고 물으셨다. 또 어떤 때는 "내가 용변을 보러 나가도 되겠나? 밥을 먹어도 되겠나?" 하는 식으로 물으셨다. 이런 식으로 당신은 매사에 허락을 구하는 것으로써 꾼주스와미를 조롱하셨다. 시자들이 "왜 그러시는 겁니까, 바가반?" 하고 여쭈어 보면 당신은 "그래, 나는 그의 지시에 따라 행동해야 돼. 그렇지 않으면 그가 밥을 안 먹겠다고 할지 모르니까. 그가 나더러 일어서라고 하면 내가 일어서야 하고, 앉으라고 하면 앉아야지. 모든 점에서 그의 지시를 따라야 해. 그는 내가 타마린드 처트니 가는 것을 보고 자기가 못하게 했는데도 내가 멈추지 않았다고 해서 그것을 먹지 않았어. 이 사람들도 마찬가지야. 그들은 수행자로서 여기 왔다가 나중에는 우리 위에 군림하려고 들지. 우리가 그들의 지시에 따라 행동하면 일이 잘 돌아가겠지."

그 말씀을 듣고 꾼주스와미는 깊이 상심하고 낙심했다. 그런 우울한 마음 상태에서 그는 한 동안 어디로 순례를 떠나기로 결심했다. 그래서 바가반을 찾아가서 띠루빠띠로 떠나는 것을 허락해 달라고 했다. 바가반은 그의 청에 대해 가타부타 말씀을 하지 않으시고, 그에게 이런 저런 일을 주어서 계속 바쁘게 만드셨다. 그렇게 하여 그가 떠나겠다고 허락 구하는 것을 효과적으로 막으신 것이다. 그러다 어느 날 갑자기 바가반은 산 오른돌이를 떠나면서 꾼주에게 같이 가자고 하셨다. 못 가겠다고 하기는 두려워, 산 오른돌이가 끝난 뒤에는 떠나도 좋다는 허락을 얻을 수 있겠거니 하는 헛된 희망을 품고 그는 옷가지를 싸서 당신을 따라나섰다. 아쉬람에 돌아오지 않고 기차역으로 직행하기 위해서였다. 바가반은 이것을 보시고 일부러 평소보다 더 천천히 걷기 시작하셨다. 결국 그들이 산 오른돌이의 끝 무렵에 읍내에 도착했을 때는 기차가 이미 역을 떠나고 있었다. 바가반은 웃음 띤 얼굴로 꾼주를 바라보며 말씀하셨다. "꾼주, 자네가 타고 가려던 기차가 저기 가는군. 얼른 가서 타." 이 말에 같이 있던 헌신자들이 다 웃었다. 바가반이 말씀하셨다. "그럴 수는 없지요. 그가 어릴 때 어떤 사람이 그를 저한테 데리고 와서 돌봐 달라고 맡겼습니다. 아마 그의 스승이었겠지요. 이제 저를 떠나 어디로 가겠다지만, 그가 어디로 가겠습니까? 만약 그의 스승이 와서 '내 제자는 어디 있소?' 하면 제가 뭐라고 대답합니까?" 그걸로 그 이야기는 끝이 났고, 그는 어디로 순례를 떠난다는 생각을 접었다. 그것은 그가 어떻게 바가반의 은총에 묶여 있었는지를 보여주는 사례일 뿐이다.

나중에 헌신자들이 바가반께 공손히 말씀드렸다. "꾼주는 몹시 상심해 있습니다. 그래서 띠루빠띠로 가서 마음의 평안을 좀 얻어 볼까 한 것입니다. 바가반께서 그를 용서해 주지 않으시면 그가 어떻게 여기서 계속 살 수 있겠습니까?" 바가반이 웃으면서 말씀하셨다. "별 일도 다 있군요! 제가 한 말들은 가벼운 기분으로 한 것일 뿐입니다. 어쨌든 그가 잘못한 게 뭐 있습니까? 그는 제가 계속 맷돌을 가는 바람에 제 손에 생긴 물집이 더 심해지는 것을 차마 보지 못해서 저를 말리려고 한 것뿐입니다. 별로 잘못한 것도 아니지요. 순례를 떠난다는 그런 어리석은 생각일랑 단념하라고 말해 주십시오. 그의 스승이 나타나서 자기 제자에 대해 물으면 제가 뭐라고 합니까?" 그 뒤로 꾼주스와미에 대한 바가반의 태도는 완전히 정상으로 되었다.

꾼주스와미는 이 사건을 나에게 들려주면서 이렇게 말했다. "암마! 이 사건이 있은 뒤에 나는 몇 군데 순례를 가기는 했지만, 아루나찰라로 돌아올 때까지는 마음의 평안을 발견하지 못했어. 이것이 바가반의 은총이야." 꾼주스와미는 지금까지 아쉬람에서 살고 있다.

15. 아루나찰라 마하뜨미얌

내가 아쉬람에 살던 초기, 그러니까 1942-43년의 어느 때, 나는 바가반의 허락을 얻어 『아루나찰라 마하뜨미얌』(Arunachala Mahatmyam)의 텔루구어판 한 권을 도서실에서 빌려 집으로 가져갔다. 그 책을 다 읽고 난 뒤에 새로 책가위를 입히고 그 위에 단정한 글씨로 "아루나찰라 마하띠얌"이라고 조심스럽게 써서 그 책을 바가반의 손에 놓아드렸다. 당신은 그것을 이리저리 넘겨보셨는데 누가 보기에도 재미있어 하시는 것 같았다. 나는 왜 당신이 재미있어 하시는지 몰랐다. 그런데 라자고빨라 아이어가 들어오자마자 바가반은 미소를 지으며 말씀하셨다. "자, 이걸 봐. 나감마가 빌려갔던 책을 돌려주었어. 보통 여자들이 우리한테서 책을 빌려 가면 자기네 라짭빠(rachappas)[음식을 보관해 두는 돌 항아리] 뚜껑으로 쓰는 바람에 책 표지가 항아리 자국으로 더러워지지. 나감마의 경우는 그렇지 않군. 책에 예쁜 커버를 씌워서 더 나은 상태로 도로 가져왔어. 그뿐만이 아니야. 책 제목까지 썼어. 어떻게 했는지 봐." 라자고빨라 아이어는 텔루구어를 몰랐기 때문에 정확히 뭐라고 썼느냐고 여쭈었다. "뭐냐고? '아루나찰라 마하띠얌'이라고 썼지. 그녀는 시인 아닌가. 그래서 자기 좋을 대로 아예 새로운 이름을 붙였군. '마하띠얌'이라고 말이야, '마하띠얌'." 그러면서 웃으셨다. 나는 그 이름이 뭐가 잘못됐는지 몰라 당신께 여쭈어보는 게 좋겠다고 생각했다. 그래서 몹시 떨면서 여쭈었다. "그게 잘못된 겁니까? 저는 모르겠는데요." 바가반은 다시 한번 웃으면서 말씀하셨다. "그건 '마아하아뜨미얌(Maahaatmyam)'이지 '마하띠얌(Mahatyam)'이 아니야. 여기 자네가 쓴 걸 봐." 당신은 그것을 보여주면서 실수를 지적해 주셨다. 나는 마음속으로 말했다. '오, 마하쁘라보(Mahaprabho)! 저희는 살면서 얼마나 많은 실수를 저지릅니까! 당신의 은총으로 때때로 저희를 구하러 오셔서 저희를 구원해 주셔야 합니다!'라고.

16. 라마나 1천명호 名號

1943년에 한번은 넬로르 헌신자들이 보낸 편지 한 통이 왔다. 그들은 여러 해 동안 라마나 자얀띠를 경축해 왔는데, 그 경축 행사의 일부로 바가반의 사진에 대해 예공을 올리고 싶다면서 그 절차에 필요한 진언들을 마련해서 보내주면 좋겠다고 했다. 바가반은 편지를 읽어보신 뒤 그것을 자가디스와라 샤스뜨리에게 건네주셨다. 얼마 전에 샤스뜨리는 「라마나 1천명호 名號 송찬」(Ramana Sahasranamam Stotra)을 지

회상 549

있었는데 나중에 그것을 잃어버린 것 같아서 그냥 그대로 내버려 두고 있었던 모양이다. 이제 그 송찬뿐만 아니라 예공 진언(puja mantras)에 대해서까지 특별한 요청이 들어오자 샤스뜨리는 즐겁고 의욕이 솟구쳐 그 전부를 자신이 준비하겠다고 했다. 그리고 아주 진지하게 그 일에 착수했다.

누가 그 일에 착수했다는 소식을 넬로르의 헌신자들이 듣자 그들은 이따금 일이 얼마나 진척되고 있는지 물어오기 시작했다. 그래서 샤스뜨리는 예공 진언과 송찬을 서둘러 완성했다. 작업을 끝내자 그는 바가반을 찾아와 회당에서 자신이 바가반께 개인적으로 첫 예공을 올리고 싶으니 허락해 달라고 청했다. 바가반은 미소를 지으며 말씀하셨다. "오! 나를 여기 앉혀 놓고 나한테 예공을 하겠다 이 말이오?" "아닙니다, 바가반. 당신께 하는 것이 아니라 당신의 연꽃 발에 하겠다는 것입니다." 샤스뜨리가 대답했다. 바가반은 당신의 발을 얼른 끌어들이면서 말씀하셨다. "그만. 이런 말도 안 되는 일은 그만두시오. 집에 가서 사진에다 예공을 하시오. 봉족예공(Pada puja)과 봉두예공奉頭禮供(Sirah puja)[발에 하는 예공과 머리에 하는 예공]이라! 그런 걸 왜 여기서 하겠다는 거요?" 샤스뜨리는 아무 대답도 못하고 바가반의 지시에 따라 자신의 집에 모셔 둔 바가반의 사진에다 첫 예공을 올리고 나서 그 송찬집을 바가반의 발 앞에 바쳤다. 우리는 다들 그것이, 소위 성자라는 사람들이 자기 헌신자들로부터 예공을 받는 데 대한 좋은 교훈이라고 생각했다. 자신도 그 헌신자들과 마찬가지로 결국은 썩어 없어질 다섯 가지 원소로 된 육신을 가졌고, 자신도 그 헌신자들과 같이 목숨이 유한한 존재라는 것을 망각한 채 그런 예공을 받는 사람들 말이다.

그 예공의 세부 절차는 산스크리트의 데바나가리 문자로 쓰여져 있었다. 그러나 넬로르 사람들은 텔루구어로 된 것을 원했다. 그래서 바가반은 나에게 그 옮겨쓰기 작업을 해 달라고 하셨다. 나는 나가리 문자를 다 알지는 못했기 때문에 의문이 날 때마다 다른 사람들의 도움을 청했다. 나중에 바가반은 몸소 그 작품 전체를 훑어보면서 필요한 곳마다 수정을 하셨다. 그러고 나서 나는 그것을 한 부 정서하여 넬로르로 보냈다. 그들은 그것을 1944년에 간행했는데, 그 책들은 지금도 아쉬람의 서점에서 구할 수 있다. 지금은 아쉬람에서도 그 책에 따라 예공을 거행하고 있다. 비스와나타 스와미가 지은 「라마나 108명호」도 예공 때 찬송된다. 그 책도 두세 가지 언어로 아쉬람에서 출간했고 지금도 서점에서 구할 수 있다.

바가반이 개인적인 숭배를 허락하지 않으신 것이 이번만은 아니었다. 당신이 구루무르땀에 계실 때 한번은 땀비란스와미가 당신의 육신에 대해 예공을 거행했다. 그 당시 당신은 묵언을 하고 있었기 때문에 누구에게도 말을 하지 않으셨다. 그래서 당신은 숯으로 벽에다 "이 몸에는 이것으로 족합니다"라고 써서 그에게 보여주셨다. 땀비란은 벽에 쓰인 글귀의 의미를 이해하지 못하고 다음날도 예공할 준비를 했다. 바가반은 다시 "이것은 배만 채우면 됩니다"라고 쓰고, 예공할 시간에 그 자리를 떠나버리셨다. 그제야 땀비란은 개인적 숭배를 하겠다는 생각을 모두 포기했다. 이런 이야기는 바가반의 텔루구어 전기인 『라마나 릴라』에 다 나온다. 이 뿐만 아니라 무 달라이아르 빠띠, 에짬말 등 어떤 여성들도 바가반의 목에 화만을 걸어드리거나 당신의 발 앞에 꽃을 놓고 예공을 하려고 화만이나 꽃다발을 가져오곤 했다. 그것은 당신이 스깐다쉬라맘에 계실 때의 일이었다. 사태를 감지하신 바가반은 당신의 사진 하나를 옆방에 두고 그들에게 "저기 가서 당신이 하고 싶은 것을 하십시오"라고 말씀하셨다. 그래서 그들은 그 사진에만 예공을 올리곤 했다. 당신은 누구에게도 그 육신을 조금이라도 진아와 같은 것으로 여기게끔 말씀하시는 적이 한 번도 없었다.

17. 가네샨

1943-44년에 도감인 찐나스와미의 아들 T.N. 벵까따라만은 읍내에 살면서 매일 아쉬람에 와서 맡은 바 소임을 보고 있었다. 그의 둘째 아들인 가네샨은 당시에 7, 8살쯤 된 꼬마였다. 하루는 그가 우연히 집안사람들이 아는 달구지꾼을 만나 그의 달구지를 집어타게 되었다. 아이가 평소에 집에 오는 시간에 오지 않자 가족들이 걱정이 되어 찾기 시작했다. 그러나 학교 근처에도 없고 그 주변 어디에도 없었다. 한두 명이 그를 찾아 아쉬람에 와서 바가반께 아이가 없어졌다고 말씀드렸다. 바가반은 아마 근처 어디에 있을 테니 너무 야단할 필요가 없다고 하면서 그들을 돌려보내셨다. 가까이 앉아 있던 헌신자 한 사람이 말했다. "그 아이는 비그네스와라나 스리 끄리슈나 같은 신들의 상에 예배하면서 이 근처에서 곧잘 놀았습니다. 저런 어떡합니까! 어디로 갔을까요?" 바가반은 웃으면서 말씀하셨다. "왜 걱정합니까? 어디선가 돌아다니고 있겠지요. 집을 떠나 도망가는 것은 집안 내력입니다. 이상할 게 하나도 없습니다." 아이는 나중에 발견되었다. 그는 자라서 (대학에서) 석사학위를 얻었다. 봄베이에서 직장 생활을 하면서 (세간의) 삶에 염증을 느껴 일체를 포기하고 누구한테도 말하지 않은 채 어디론가 가 버렸는데, 나중에 결국 까시(Kashi)에서 발견되었다. 그의 아버지가 거기 가서 그를 집으로 데려왔다. 그러나 그는 봉급을 받는 어떤 직장도 마다했고 결혼하여 정착하려 들지도 않았다. 마드라스의 헌신자들과 아쉬람의 헌신자들이 가네샨에게 말했다. "그런 거 다 신경 쓸 거 없다. 네가 아쉬람에 있으면서 여기 업무만 봐 주면 그걸로 족해." 그래서 그는 여기 남았고 지금은 (아쉬람의)

정기간행물인 「산길」(The Mountain Path)의 주간을 맡고 있다. 집을 떠나 도망가서 산야시가 되는 것이 집안의 내력이라고 하신 바가반의 말씀은 그의 경우에도 실현되었다. 마하트마의 말씀들은 예언적이며 결코 헛되이 끝나지 않는다는 것은 정말 맞는 말이다. 때가 되면 그들의 예언이 어김없이 실현된다.

18. 자네의 들끓는 욕망은 충족되었나?

1944-45년에 아뜨마꾸리 고빈다짜리와 불루수 삼바무르띠(Bulusu Sambamurthi-안드라 지역 독립운동가. 1886-1958)가 아쉬람에 왔다. 그들이 도착하기 전날 우리는 모두 그들이 온다는 사실을 알고 있었다. 나는 그전부터 삼바무르띠를 알고 있었지만 그는 그 뒤에 저명한 정치 지도자가 되었기 때문에 나를 기억할지 자신할 수 없었다. 그래서 평소와 같은 시간이 되어서야 아쉬람에 갔다. 삼바무르띠와 그의 친구는 이미 기차로 와서 바가반을 친견하고 아쉬람 경내에 마련된 그들의 숙소로 들어간 뒤였다. 내가 바가반께 절을 하고 일어서자마자 당신이 말씀하셨다. "삼바무르띠 일행이 왔어. 그들이 편안히 숙소에 들었는지 가 보는 게 좋을 거야. 바로 아쉬람 경내에 있으니까." 나는 '예' 한 뒤에 그들의 숙소로 가 보았다. 그때까지 두 사람은 목욕을 끝낸 뒤 바가반의 회당으로 갈 준비를 하고 있었다. 삼바무르띠는 나를 보자 말했다. "암마, 자네가 직접 왔군. 자네 오빠 세샤드리 샤스뜨리가 네가 여기 있다고 해서 사람들에게 물어보려고 했는데. 아쉬람에 있는 건 아주 잘 한 일이야." 그러면서 나를 고빈다짜리에게 소개했고, 두 사람은 바가반을 친견하러 나섰다. 나는 그들에게 바가반께서 그들이 편안히 있는지, 혹시 필요한 게 없는지 알아보러 나를 특별히 보내셨다고 말했다. 그들은 아주 편안하다고 했다. 우리가 나온 뒤에 고빈다짜리는 사무실에 어떤 용무를 보러 갔고, 삼바무르띠는 시력이 좋지 않았으므로 나는 그의 곁에서 천천히 걸으면서 그를 회당으로 안내했다. 그는 바가반께 절을 하고 나서 말했다. "스와미, 나감마의 오빠인 세샤드리가 저한테 그녀가 여기 있다고 하더군요. 그녀가 여기 있으니 저희들은 모두 기분이 좋습니다. 저 같은 사람들도 당신의 자비로운 보살핌 아래서 당신의 아쉬람에 사는 특권을 가질 수 있겠습니까?" 바가반은 미소를 짓고 고개를 끄덕이시면서 그에게 자리에 앉으시라고 말씀하셨습니다.

그가 앉고 나서 고빈다짜리가 바가반을 찬양하는 송찬 몇 수가 들어 있는 종이 한 장을 꺼내어 그것을 당신께 드렸다. 바가반은 나를 돌아보셨고, 내가 당신께 다가가자 그것을 주면서 읽어 보라고 하셨다. 나는 거기 있는 모든 사람이 알아들을 수 있도록 적절히 끊어가면서 또렷한 낭랑한 목소리로 그것을 낭독했다. 삼바무르띠는 아주 즐거워하면서 내가 그것을 아주 잘 읽었다고 바가반께 말씀드렸다. 바가반은 부드러운 표정으로 말씀하셨다. "예, 예. 그것이 산문일 때는 더 잘 하지요. 쩐따딕쉬뚤루 같은 사람들이 쓴 에세이를 제가 받으면 그녀에게 낭독하라고 합니다. 그녀가 읽으면 거기 쓰여진 이야기들이 실제로 우리 눈앞에서 일어나고 있거나 우리의 면전에서 그들이 이야기하고 있는 것 같습니다." 그런 애정 어린 말씀에 내가 얼마나 고무되었는지는 오직 신만이 아실 것이다.

이 손님들은 다음날 밤기차로 떠나기로 했다. 그래서 다음날 아침 나는 평소보다 일찍 와서 바가반께 절을 한 뒤에, 삼바무르띠와 그의 친구가 아직 오지 않았기에 그들의 방으로 찾아갔다. 거기서 나는 무심코 바가반의 필적은 너무 멋있어서 그 글자들이 마치 진주같이 보인다는 말을 했다. "우리한테 보여줄 수 있나?" 하고 그들이 물었다. "그럼요." 나는 그렇게 말하고 그들보다 조금 먼저 회당에 왔다. 그리고 바가반의 소파 근처에 있는 서가로 직행해서 당신의 필적이 들어 있는 책을 가져왔다. 바가반은 무슨 일이냐는 표정으로 나를 바라보셨다. "그들이 바가반의 필적을 보고 싶다고 해서 제가 보여주겠다고 했습니다." "그래? 그런데 왜 그걸 다 보여줘?" 나는 어떻게 용기를 내야 할지 몰랐지만 이렇게 대답했다. "보여주면 어떻습니까? 그들이 보고 싶어 하는데요. 보여주고 책을 도로 가져오겠습니다." 그래서 나는 「실재사십송」(Unnadi Naluvadi-'실재사십송')과 「가르침의 핵심」(Upadesa Saram) 원본을 꺼냈다. "그래. 좋아. 자네는 달리 할 일이 없나 보군." 이렇게 말씀하시고 당신은 마침 읽고 계시던 신문을 들여다보시기 시작했다. 나는 허락을 받은 것이 너무 기뻤다. 그리고 바로 회당 밖에 있던 그 저명한 방문객들에게 그 책들을 보여주었다. 그들은 아주 기뻐했고, 나로 인해 그런 좀처럼 없는 귀한 기회를 얻었다고 말했다. 내가 책을 도로 가져와 원래의 자리에 갖다 둔 직후에 바가반이 말씀하셨다. "자네의 들끓던 욕망은 충족되었나?" "그들이 얼마나 좋아했는지 모릅니다!" 내가 말했다. "그러니까 자네는 앞으로 누구든지 여기 오면 그렇게 하겠군?" 바가반이 물으셨다. "아닙니다. 진짜로 관심 있는 사람들한테만요." 그러면서 나는 내 자리로 돌아갔다. 바가반은 아버지 같은 애정으로 나를 바라보시며 침묵을 지키셨다.

19. 분노와 적의

한 헌신자가 나에게 물었다. "분노와 짜증은 겉으로 드러나지 않아도 잠재해 있을 수 있다. 거기에 어떤 해로움이 있는가?" 그때 나는 1944-45년에 바가반의 친존에서 일어난 한 사건을 기억했다. 안드라프라데시 출신의 한 여성 헌신자가 아쉬람에

회상 553

와서 한 동안 머물렀다. 그녀의 헌신은 특이한 성격의 것이었다. 그녀는 바가반이 주 스리 끄리슈나이고 자신은 목녀牧女(Gopika)라고 생각했다. 그러나 이곳의 헌신자들은 그런 개념은 여기서 받아들여질 수 없다고 보았다. 왜냐하면 바가반은 태어나서부터 (지금까지) 브라마짜리(brahmachari)이시고 생존해탈자(Jivan mukta)이시기 때문이었다. 그럼에도 그녀는 자신의 견해를 혼자만 간직하지 않고 공개했고, 심지어 그런 개념으로 바가반께 글을 써 올리기도 했다. 바가반은 평소와 같이 그런 글에 무관심하셨고, 나에게 그 글들을 읽어보라고 주셨다. 당신은 그런 모든 하찮은 일들에 개의치 않고 가만히 계셨지만 나는 그런 형편없는 글들을 보고 가만히 있을 수 없었다. 그래서 그 여자를 조용히 꾸짖었다. 그녀는 발끈 화를 내면서 나에 대해 온갖 지저분한 내용을 글로 쓰기 시작했다. 바가반은 그 글들을 보시고 웃으면서 말씀하셨다. "여기 그녀가 가져온 종이들이 있어. 다 자네에 대한 거로군." 그러면서 그 종이들을 나에게 건네주셨다. 나는 속이 뒤집혔지만 어떻게 하겠는가? 마침내 하루는 눈물을 글썽이면서 바가반께 말씀드렸다. "저는 더 이상 그런 편지들을 읽고 가만히 있을 수 없습니다. 그녀더러 자기 자신을 욕하라 하십시오. 그러나 더 이상 저한테 그녀의 편지를 주지 마십시오." "좋아. 주지 않도록 하지." 바가반은 그렇게 말씀하시고 그 편지들을 더는 주지 않으셨다.

며칠 뒤에 그 여자가 자기 옷을 찢더니 소리를 지르면서 거리를 달려가기 시작했다. 아마 정신이 돌았거나 일부러 그러는 것 같았다. 바가반이 그것을 아시게 되자 말씀하셨다. "누가 그녀를 동정해서 뭔가를 해 줘야겠군. 그렇지 않으면 그녀가 어떻게 생활할 수 있겠나?" 나는 그것을 하나의 명령으로 받아들여 몇 명의 부유한 안드라 헌신자들에게 이야기하여 그들의 도움으로 그녀의 남편에게 전보를 보냈다. 그리고 그 남편이 올 때까지 어떤 사람이 그녀를 돌봐주도록 조치했다. 며칠 후에 남편이 와서 그녀를 데려갔다. 얼마 뒤에 그녀는 우리 네댓 명에게 등기 우편을 보내어 말하기를, 우리가 그녀를 미친 사람으로 부른 것은 자기가 싯디[깨달음]를 얻은 것을 시기한 때문이라고 하면서 우리를 명예훼손죄로 고소하겠다고 했다. 그러더니 나중에는 변호사를 대동하고 아쉬람에 왔다. 바가반이 그 변호사에게 자초지종을 말해주자, 그는 우리 모두에게 사과하고 그녀를 이렇게 꾸짖었다. "무슨 그런 헛소리를! 그만하시오. 더 이상은 듣기 싫으니." 그러고는 떠났다. 그녀도 더 이상 우리에게 공갈을 칠 수 없다는 것을 깨닫자 안드라프라데시의 자기 고향으로 돌아갔다.

나중에 1949년 11월의 어느 때 나는 그녀로부터 편지 한 통을 받았는데, 거기서 그녀는 바가반의 건강이 좋지 않다는 이야기들을 들었다면서 당신의 건강을 묻고 있었다. 편지에서 그녀는 이렇게 말했다. "저는 바가반의 건강이 만족스럽지 않다는 말을 들었습니다. 당신의 지금 상태가 어떤지 부디 알려주십시오. 전에는 당신을 욕하는 편지들을 썼었는데, 그 일은 미안합니다. 당신이야말로 진정 바가반의 자식입니다. 부디 저를 용서하시고 저에게 즉답을 해 주시기 바랍니다. 여기 제 주소가 있습니다." 나는 바가반께 그 편지에 대해 말씀드렸다. 당신은 그저 "그래?"라고만 하시고 3, 4일 동안 침묵을 지키셨다. 그 며칠 동안은 내가 당신 앞에 절을 해도 당신의 표정에는 평소의 자애로움이 없었고, 얼굴을 나에게서 돌리셨다. 그때 나는 당신이 언짢아하시는 이유는 아마 내가 마음속으로 아직도 그 여자에 대한 나쁜 감정을 품고 있으면서 그녀에게 답장을 보내지 않고 있다는 내 마음 속의 내적인 불순함 때문이라는 생각이 떠올랐다. 그래서 나는 즉시 우편엽서 하나를 사서 그녀 앞으로 이렇게 썼다. "지금은 바가반의 건강에 대해 특별히 걱정할 게 없습니다. 만일 걱정할 만한 무슨 사유가 있으면 다시 연락드리지요." 나는 그 카드를 부친 뒤 바가반께 갔다. 내가 당신 앞에서 절을 하고 일어서자 당신이 자애롭게 나를 바라보셨다. 나는 당신께 방금 그 안드라 여성에게 답장을 보냈다고 말씀드렸다. 당신은 즐거운 어조로 "그래, 그래" 하시고 랑가스와미, 사띠야난담 등 회당에 있던 시자들을 불러 말씀하셨다. "봐. 그녀가 그 텔루구 여자한테 편지를 보냈어. 그 여자는 나감마한테 보낸 편지에서, '내가 얼마 전에는 당신을 욕했지만 지금은 내 잘못을 깨달았으니 부디 나를 용서해 주고 바가반의 건강에 대해 알려 달라'고 한 모양이야. 나감마는 방금 답장을 보냈다는군. 그러니까 이제 그 여자도 유감을 표명한 거야." 그런 다음 당신은 자상하고 자비로운 표정으로 내 쪽을 바라보셨다. 나는 더없이 행복하고 즐거웠다. 그러니까 이것이 스승의 발 밑에서 사는 결과라고 하겠다. 즉, 마음의 모든 불순물이 이와 같이 씻겨 나가는 것이다.

나는 안드라프라데시의 그 여자에게 이 사건을 편지로 이야기하면서 분노와 적의가 마음속에 남아 있으면 결코 진정한 포기가 이루어질 수 없다고 말했다. 그 여자는 바가반의 친존에서도 그런 불순한 생각들이 일어날 수 있는지, 그리고 바가반이 그런 사람들을 동정심과 관용으로 대하시겠는지 궁금해 했다. 마하트마들은 타락자들의 구원자라는 말이 바가반의 친존에서 잘 드러난 것이다. 그 여자는 지각없이 행동했지만 바가반은 늘 그녀에 대해 자비심을 가지고 계셨다. 그 대신 당신은 나로 하여금 그녀에 대해 어떠한 악감정도 품고 있으면 안 된다는 것을 누구도 흉내 낼 수 없는 당신만의 방식으로 이해하게 해 주셨다. 그리고 내가 그 여자에 대한 분노와 적의를 놓아버릴 때까지 나에게 냉정한 태도를 보이셨다. 당신의 크나큰 자비심에 대해 우리가 무슨 말을 할 수 있겠는가!

20. 그는 왕 아닌가?

　주방의 배식자들은 보통 다른 사람들한테보다 바가반께 뭔가 더 배식하는 것으로써 당신께 특별한 경의를 표한다. 당신은 그런 부당한 차별을 눈치 채시고는 그들에게 그러지 못하게 하려고 애쓰셨다. 한번은 우체국장인 라자이야(Rajayya)가 그렇게 하자 바가반은 못마땅한 듯이 그를 바라보셨지만 그때는 아무 말씀도 하지 않으셨다. 그러자 라자이야는 가끔씩 그런 행동을 계속했다.

　어느 날 밤에는 빨빠야삼(*palpayasam*)[우유로 만든 푸딩]을 만들었는데, 찐나스와미는 그것이 특별히 맛있는 것을 알고 라자이야에게 바가반께는 평소보다 좀 더 드리라고 귀뜸한 모양이었다. 그래서 라자이야는 좀 더 배식했다. 바가반은 더 이상 참지 못하고 소리를 버럭 지르셨다. "저런! 또 그런 쓸데없는 짓을 하는군. 똑같은 속임수야. 왜 남들보다 나한테 더 배식하지? 남들한테 배식할 때는 국자가 절반만 잠기는데 바가반한테 배식할 때는 그게 다 잠겨요. 그러지 말라고 몇 번을 말해야 합니까? 아무도 내 말을 듣지를 않아요. 국자를 손에 들고 있으면 자기가 군수만큼이나 권세가 있는 줄 알고 겁 없이 무슨 짓이나 할 수 있다고 생각합니다. 자기는 배식자고 우리는 자기가 배식하는 것을 먹는 사람이다 이거지요. 자기 손은 위에 있고 우리의 손은 밑에 있다 이겁니다. 우리는 그가 좋을 대로 행동해고 그가 정해주는 대로 먹으면서 아무 말 않고 있어야 하는군요." 그리고 바가반은 이런 취지로 계속 말씀을 하시면서 모든 관계자들을 엄히 질책하셨다.

　며칠 뒤에 스리니바사 라오 박사 앞으로 약이 좀 든 소포 하나를 (아쉬람) 우체국에서 받았다. 스리니바사 라오 박사는 마침 읍내 밖으로 나가고 없었다. 그 약은 바가반이 사용하시도록 하기 위해 특별히 주문한 것이었다. 그러나 라자이야는 그것을 몰랐고, 그래서 스리니바사 라오 박사가 돌아올 때까지 그것을 보관하고 있었다. 바가반의 시자들이 라자이야에게 그 소포는 바가반이 사용하기 위한 것이니 달라고 했지만 그는 그러기를 거절했다. 바가반이 그것을 아시게 되었다. 내가 그날 오후 아쉬람에 가자 바가반이 이렇게 말씀하고 계셨다. "예, 선생, 예. 그 자신이 한 사람의 왕이지요. 그냥 왕이 아니라 씬지 라자(Gingee Rajah)[라자는 씬지 출신이어서 씬지 라자로 알려져 있다]입니다. 그 뿐만 아니라 우체국장이지요. 아무리 대단한 사람이라 할지라도 그를 찾아가야 합니다. 그렇지 않으면 자기 앞으로 온 편지를 제대로 받지 못하니까요. 송금환이나 소포도 마찬가지입니다. 그래서 사람들은 그에게 복종해야 하고 존경과 예의를 갖추어 그의 주위를 맴돌아야 합니다. 사정이 그러하니, 우리는 아마 그를 찾아가서 그 약은 우리가 쓸 것이니 그 소포를 달라고 사정해야 하겠지요. 그 일을 지금 누가 하려고 들겠습니까? 그 문제는 신경 쓰지 마십시오. 잊어버립시다." 나는 그 문제를 모르고 있었기 때문에 말씀하시는 내용이 무슨 의미인지 이해하지 못했다. 그래서 끄리슈나스와미에게 무슨 일이냐고 물었더니 그가 자초지종을 말해주었다. 나중에 라자이야는 바가반이 하신 말씀에 대한 이야기를 듣자 그 소포를 가지고 회당에 와서 백배 사죄하면서 그것을 내놓았다. 그러나 바가반은 받지 않으셨다. 스리니바사 라오 박사가 돌아오자 그가 라자이야와 함께 그 소포를 들고 바가반을 찾아와서 바가반께 오체투지 하고 용서를 빌었다. 그러자 바가반은 자비롭게 소포를 받으셨다. 결국 바가반은 헌신자들의 벗(bhakta-vatsala) 아니신가!

21. 비서

1943-44년에 나는 흩어져 있던 텔루구어 시들을 한 권의 공책에 베껴 쓰는 일을 시작했다. 그래서 바가반은 그 이후에 받는 모든 텔루구어 시를 내가 베껴 쓸 수 있도록 나에게 주셨다. 그러다 보니 자연히 당신은 텔루구어 책들의 인쇄와 관련된 사항들도 나와 의논하시게 되었다. 나는 또 책을 빌려주었다가 돌려받는 도서실 소임도 보았다. 내가 이런 일을 하고 있을 때 바가반은 나를 자주 부르셔서 나에게 이런 저런 일들을 맡기시곤 했다. 나중에 나는 또 스리 라마나스라맘에서 보낸 편지를 쓰는 일도 시작했다. 그래서 다른 헌신자들보다 바가반과 더 가깝게 접촉하게 되었다.

이것을 본 데바라자 무달라이아르가 하루는 장난스럽게 말했다. "나감마는 바가반의 텔루구어 비서야." 나는 그가 그렇게 말하는 것이 싫어서 이렇게 항의했다. "선생님, 저를 조금이라도 생각하신다면 제발 그런 말씀은 혼자서만 하십시오. 왜 그런 명칭을 붙이고 그러십니까? 어쨌거나 제가 바가반을 위해서 하는 일이 무엇입니까? 실제로 말하자면 제가 바가반을 위해 해 드릴 일이 뭐가 있습니까?" "그런 게 아니지, 누이. 텔루구어로 쓰여진 것이 올 때마다 당신이 그것을 자네한테 주시는 건 사실 아니야? 자네는 모든 텔루구어 작업을 맡아 하잖아. 그래서 자네를 당신의 텔루구어 비서라고 한 거야." 나는 그에게 그런 식으로 나를 부르지 말아 달라고 부탁했지만 그는 내 말을 듣지 않았다. 마침내 어느 날 나는 그에게 말했다. "보십시오. 계속 저를 비서라고 부르시면 저는 선생님을 바가반 앞에 세워서 당신께 하소연하겠습니다." 나는 그 위협이 효과가 있을 것으로 생각했지만 그가 위협을 받는다고 쉽사리 물러날 그런 사람이던가?

다음날 오전 바가반은 우편물을 살펴보신 뒤에 평소와 같이 밖에 나가셨다가 돌아오셨다. 당신이 소파 위에 느긋하게 앉아 계시고 발라라마 레디가 당신의 맞은편에 앉아 있을 때 데바라자 무달라이아르가 불쑥 들어와서 바가반 앞에서 절을 했다. 그는 일어서더니 웃음 띤 얼굴로 말했다. "바가반, 나감마는 오늘 저를 당신 앞에 세워서 저를 탄핵하겠다고 합니다." 무달라이아르는 한층 더 웃음 띤 얼굴로 내 쪽으로 얼굴을 돌려 말했다. "그래, 탄핵을 시작해 보게. 내가 지금 바가반 앞에 서 있으니 말이야." "그러니까 선생님이 시작하셨군요. 좋습니다. 저는 어떡하면 좋습니까, 바가반. 그가 저를 '나감마는 비서다, 비서' 하고 놀리니 말입니다. 몇 번이나 그러지 말라고 부탁했는데도 저의 애원을 들은 척 만 척합니다. 바가반께서는 비서를 필요로 하실 정도로 무슨 큰 일을 맡고 계십니까?" 내가 그렇게 말하기가 무섭게 무달라이아르가 웃으면서 말했다. "그래. 그렇게 말했지. 그것은 실제 사실에 근거한 거잖아. 나감마는 바가반의 텔루구어 비서고 무루가나르는 타밀어 비서지. 내가 그렇게 말했다고 해서 뭐가 잘못이지?" 그러고 나서 그는 회당을 나가 버렸다. 바가반은 웃기만 하실 뿐 침묵을 지키셨다.

발라라마 레디가 그 대화를 이어서 말했다. "바가반께서는 어떤 일도 가지고 계시지 않습니다. 비서가 무슨 필요 있습니까?" "제 말이 바로 그 말입니다. 바가반께서 하시는 일이 없는데 나감마와 무루가나르라는 두 명의 비서를 쓰실 필요가 어디 있습니까? 우리가 하는 아무리 사소한 일도 우리 자신들을 만족시키기 위해서 하는 것입니다. 그렇지 않다면 일이라고 할 만한 게 뭐가 있습니까? 저는 그에게, 설사 무슨 의견이 있다 하더라도 혼자만 간직하지 그렇게 큰 소리로 부르고 다니지 말아달라고 몇 번이나 말했습니다. 그래도 그는 계속 고집합니다. 그래서 저는 이 문제를 바가반께 말씀드리려고 한 것입니다. 그러면 그가 잠잠해질까 해서요. 그뿐입니다." 바가반은 웃으시더니 말씀하셨다. "나는 이미 일 없는 사람이라는 칭호를 얻었군." "예. 바로 그거죠. 이것은 '일 없는 사람은 일하는 사람 열 명을 수하에 부린다'는 말 그대로입니다." 내가 말했다. 우리는 모두 마음껏 웃었다. 이런 일이 있었음에도 불구하고 무달라이아르는 나를 계속 비서라고 불렀다.

22. 알았다. 그것이 진짜 목적이었군.

바가반이 산 위에 살고 계실 때 마두라이 근처에 사는 한 빤디뜨가 이따금 당신을 찾아오곤 했다. 그는 산스크리트로 『라마니이야 빌라사 마하까비얌』(Ramaneeya Vilasa Mahakavyam)이라는 전기를 한 권 써서 바가반께 건네 드렸다. 그 책은 지금의 아쉬람이 생겨난 뒤에도 간행되지 않았는데, 내가 여기 온 뒤인 1945년인가 그 무렵 아쉬람에서 간행했다. 이 책은 산스크리트로 쓰여졌기 때문에 간행 부수는 얼마 되지 않았다. 이곳에 있는 사람들은 누구나 그것을 재미있게 읽었다. 그 무렵 기르달루르 삼바시바 라오가 우연히 이곳에 왔다가 그 책을 읽었다. 책을 읽다가 그는 바가반을 찬양하는 9연시가 들어 있는 것을 발견했다. 그래서 그는 어느 날 오후 바가반 곁에 아무도 없을 때 그 9연시가 아주 훌륭하다면서 바가반께 그것을 텔루구어로 좀 베껴 써 주시라고 청하고는 그 책을 놓고 나갔다. 오후 2시에 내가 회당에 가서 평소와 같이 바가반께 절을 하고 나자 당신이 나를 가까이 오라고 손짓하시더니 그 책을 보여주며 말씀하셨다. "봐. 비스와나타 샤스뜨리가 쓴 이 전기에 나를 찬양하는 9연의 시구가 있어. 삼바시바 라오가 그것을 텔루구 문자로 써 주었으면 하는군. 다른 사람을 시키지 말고 나더러 베껴 써 달라는 거야. 자네가 나를 위해서 베껴 줄 수 있나?" "예, 저는 데바나가리 문자를 잘 모르니까 책의 내용에 주의하면서 베끼겠습니다. 만일 제가 실수를 하면 바가반께서 고쳐 주십시오." 내가 말했다. 당신은 나에게 그 책과 작업에 필요한 종이들을 주셨다. 그리고 평소와 같이 마치 당신의 책임은 끝났다는 듯이 방관하셨다.

나는 데바나가리 문자를 다 터득하지 못했기 때문에, 그 시들을 조심스럽게 베껴서 다음날 바가반께 드렸다. 당신은 그것을 훑어보신 뒤 한두 군데 수정하셨다. 그리고 그 종이들을 나에게 넘겨주시면서 삼바시바 라오에게 주라고 말씀하셨다. 삼바시바 라오는 그 종이들을 보자 이렇게 소리쳤다. "아이고! 바가반께서 그 작품을 자네에게 주셨다고? 나는 당신이 손수 쓰신 문건을 내가 간직했으면 해서 당신께서 직접 그 시구들을 베껴주시기를 바랐지. 그래서 그런 청을 드렸던 건데. 그렇지 않다면 누군가 다른 사람을 시켜서 쉽게 이 일을 했겠지." 나는 그에게, 나는 그런 것은 일체 모르며, 나는 단지 바가반의 지시에 따랐을 뿐이라고 말했다. 그는 크게 실망하여 그 종이들을 가져갔다. 나는 돌아와서 바가반께 자초지종을 말씀드렸다. "알았어! 그게 진짜 목적이었군. 그러니까 어떻게든 내 필적으로 된 문건을 간직하고 싶었던 거로군. 누구나 그러고 싶어 하지. 전에는 내가 그런 일에 개의치 않았지만 지금은 글을 제대로 쓸 수가 없어. 글을 쓰면 손이 떨리니까. 어떡하나? 내가 못 쓰니까 자네한테 베끼라고 한 건데 말이야." 바가반이 말씀하셨다.

한 헌신자가 내 쪽을 가리키면서 말했다. "이제 그녀가 모든 텔루구어 작품들을 맡아서 처리합니까?" "예, 예. 그녀가 여기 온 뒤로 저는 텔루구어에 관련된 작업을 중단했습니다. 그녀가 일체를 맡아서 처리합니다. 사람들은 그것을 알면서 왜 저더러 텔루구어로 무엇을 베껴 써 달라고 하는지 모르겠군요. 희한한 일입니다." 바가반이 말씀하셨다.

23. 이것도 법정으로 가지 않을까?

1946-47년의 어느 때 꾸뜨랄람의 마우나스와미(Mounaswami)가 삼매를 성취했다[타계했다]는 취지의 소식이 왔다. 그 소식을 듣자 바가반은 우리에게 그와 그의 훌륭한 성품에 관련된 몇 가지 사건에 대해 말씀해 주셨다. 새로 온 한 헌신자가 질문했다. "그 스와미는 과연 어떤 분입니까? 사람들은 그분이 안드라 사람이라고 합니다. 그게 사실입니까?" 바가반이 대답하셨다. "예, 예. 안드라 사람이지요. 뿌르바아쉬라마(purvashrama)[출가하기 전 단계] 때의 그의 이름은 시바이야(Sivayya)였습니다. 그가 처음 저를 찾아왔을 때 저는 비루팍샤 산굴에 있었습니다. 그 뒤에도 이따금씩 왔는데, 꽤 여러 번이었다고 생각됩니다. 나중에 그는 출가하여 남쪽으로 성지순례를 떠났는데, 얼마 후에는 꾸뜨랄람에 이르렀고, 그 뒤에 큰 스와미지가 되었습니다. 거기서 그는 사원(Peetam)[승원]를 하나 창건했지요." 라자고빨라 아이어가 말했다. "그는 많은 싯디를 얻었다고 알려졌습니다. 그것이 사실입니까?" "예, 예. 그는 금을 만들어 사람들에게 보여주고 한 모양입니다." 다른 헌신자가 말했다. 바가반은 사람들이 하는 이야기를 다 듣고 계시면서도 아무 말씀을 하지 않으셨다.

그 뒤 며칠 동안 헌신자들은 바가반의 친존에서 자기들끼리 그 문제를 가지고 계속 논의했다. 하루는 한 헌신자가 말했다. "꾸뜨랄람에 있는 그 사원과 사원 재산의 소유권과 주도권을 놓고 분쟁이 일어난 모양입니다." 다른 헌신자가 말했다. "예, 예. 분쟁이 일어났습니다. 돌아가신 스와미는 유언장을 작성하여 어느 안드라 니요기 브라민만이 사원 원장직을 승계하도록 했는데, 타밀 사람들이 '어쨌든 사원에 재산을 시주한 것은 타밀인들이니 우리가 승계 문제에 대한 결정권을 가져야 한다'면서 다투었습니다. 그 문제는 법정으로 갔습니다." "아니, 법정으로요?" 라자고빨라 아이어가 외치면서 바가반을 쳐다본 다음 말했다. "유언장이 있는데도 그 문제가 법정으로 갔군요!" 바가반이 미소를 지으며 말씀하셨다. "예, 그렇습니다. 재산이 모이면 달리 무슨 일이 일어나겠습니까? (분쟁이 일어납니다.) 왜입니까? 이것도[라마나 아쉬람을 뜻함] 법정으로 가지 않겠습니까?" 아이어가 공손하게 합장을 하고 말했다. "저희들도 유언장이 있습니다. 그렇지 않습니까?" "예, 물론이지요. 유언장이 있습니다. 유언장에 따르면 처음에는 찐나스와미가, 그 다음에는 벤끼뚜(Venkittu - 찐나스와미의 아들)가, 그 다음에는 순다람(Sundaram - 벤끼뚜의 맏아들)이, 그렇게 아쉬람을 관리하도록 되어 있습니다. 그게 어떻단 말입니까? 이것도 법정으로 가지 않겠습니까?" 그렇게 말씀하시고 바가반은 침묵을 지키셨다.

꾸뜨랄람 정사 문제는 결국 마우나스와미의 유언장 조항에 따라 해결되었다. 그와 마찬가지로 여기서도 바가반이 육신을 떠나신 뒤에 아쉬람의 관리 문제가 법정으로 갔고, 결국 법원에서 그 관리권은 유언장 조항에 따라 쩐나스와미 가문의 수중에 있다고 판결했다. 그런데도 (아직까지) 늘 이런 저런 법정 분쟁이 있다. 그래서 바가반이 하신 말씀은 실현되었다. 희한한 일 아닌가! 마하트마들이 하신 말씀들은 결코 어긋나는 법이 없을 것이다.

24. 그들이 자네 말에 신경을 쓰겠어?

1943년에 나는 거처를 읍내에서 라마나 나가르의 라주 쩨따이아르(Raju Chettiar) 저택 안에 있는 한 집으로 옮겼다. 나는 띠루반나말라이에 온 뒤로 아침마다 커피를 드는 습관이 있었다. 새 집에는 우유가 아주 늦게 배달되었는데, 어떤 때는 아침 8시나 9시에 오기도 했다. 나는 그때까지 할 일이 아무것도 없었기 때문에 이른 아침 시간에 아쉬람에 가곤 했다. 상당히 이기적인 여성 헌신자 한 사람은 더 일찍 왔다. 두세 명의 여성이 곧잘 그녀와 함께 오기도 했다. 내가 식당의 검은 문 근처 어딘가에 앉아 있으면 그들은 바가반의 목욕실을 마주 보는 정문 바로 앞에 앉아 있었다. 기존 관행으로는 바가반이 목욕실에서 나오실 때 아침 식사종이 울렸고, 그러면 바가반은 식당으로 직행하시곤 했다. 바가반은 더러 어떤 헌신자들이 조반도 들지 않고 당신의 바로 맞은편에서 기다리고 있는데 당신이 조반을 들러 들어가기가 거북하다는 표시를 몇 번이나 하셨다. "저 봐. 저 사람들이 아침 커피도 마시지 않고 빈 속으로 다 앉아 있는데 내가 들어가서 거하게 먹기가 뭣하군." 그러나 아무도 당신의 말씀을 심각하게 듣지 않았다. 하루는 당신이 조반을 드신 뒤 산 쪽으로 나가시다가 내가 뒷문에 서 있는 것을 보셨다. 내 모습을 보시자 당신이 말씀하셨다. "봐. 나감마도 저기 서 있어. 그녀는 밤에 아무것도 먹지 않아. 피곤해 보이는군. 우유배달원이 늦게 와서 아침 커피도 못 먹지. 이 모든 사람들이 배가 고픈데 내가 어떻게 배불리 먹을 수 있나? 어떡하나?" 당신은 두세 번 이렇게 말씀하신 모양이다.

며칠 뒤에 바가반의 시자인 라마끄리슈나스와미가 이 일을 나에게 이야기해 주었다. "아이요! 그것이 바가반께 아픔과 당혹감을 안겨 드릴 줄 알았으면 그쪽으로 절대 가지 않았을 텐데!" 내가 말했다. 그리고 그날부터는 그쪽으로 가지 않았다. 나는 바가반이 산 위로 포행을 가셨다가 돌아오신 뒤에야 아쉬람에 갔다. 라마끄리슈나스

회상 561

와미가 이것을 바가반께 말씀드리자 바가반이 이렇게 말씀하신 모양이다. "오호! 알았어. 자네가 나감마에게 이야기했다 그거지. 좋아. 하지만 저 다른 여자들에게 이야기하면 어떻게 되나 한번 보게." "그야 어렵습니까? 제가 이야기해서 그들이 제 말을 듣나 보겠습니다." 그는 자신 있게 말했다. 그래서 그는 다음날 그들에게 그 이야기를 했다. 그러나 그들이 그의 말에 신경을 쓸 사람들인가? 오히려 그를 이렇게 나무랐다. "당신 일이나 상관하세요. 우리가 여기 서 있다고 당신이 무슨 손해가 나요? 우리는 당신의 커피를 얻어먹으려고 여기 온 거 아니에요. 그 이야기는 다 당신이 지어낸 거죠. 바가반은 그런 말씀 안 하실 거예요." 바가반은 이 이야기를 듣자 껄껄 웃으시면서 이렇게 말씀하셨다. "거 봐. 자네는 그들이 자네 말을 들을 거라고 했지. 그 사람들이 나감마처럼 그 말을 바른 정신으로 듣겠어? 자네가 무슨 말을 더 하면 그들은 바가반이 자기들에게 거기 서 있는 것을 허락했다고 말할 걸. 가령 자네가 바가반은 그런 것을 결코 허락하지 않는다고 말하면, 그들은 당신이 말로 허락한 게 아니라 침묵 속에서 허락했다고 할 테지. 그것도 믿지 못하겠다고 하면 그들은 바가반이 자기들에게 꿈속에서 그렇게 말했다고 할 거야. 그러면 자네가 어떻게 하겠나? 그들은 행동하는 게 그런 식이지." 바가반이 말씀하셨다.

25. 스승의 은사물

1945-46년의 어느 날 오후, 나는 오후 늦은 시간에 아쉬람에 갔다. 헌신자들은 모여서 뭔가를 우물우물 먹고 있었다. 그게 뭐냐고 했더니 다 익은 코코넛 몇 개가 땅에 떨어졌는데, 그 속의 익은 과육이 아주 맛있어서 그것을 먹고 있다고 했다. 나는 "그래요?" 한 뒤에 바가반께 갔다. 당신도 왼손에 그 과육 조각을 들고서 잡숫고 계셨다. 당신은 나를 보자마자 "그녀가 왔군. 나감마가 왔어. 그녀에게도 좀 주지" 하셨다. "아이요! 다 먹고 없는데요!" 당신 옆에 있던 사람들이 외쳤다.

보통 오후에 누가 먹을 것을 가지고 오면 내가 바가반께 갈 무렵에는 다 먹고 없으므로 당신은 당신의 손에 가지고 있던 것을 나한테 먹어 보라고 주시지만, 당신이 드시는 양이 보통 아주 적기 때문에 나는 공손하게 거절하고 주방으로 가서 먹는다. 이번에도 나는 그러고 싶어서 주방 쪽을 쳐다보았다. 바가반이 그것을 보시고 나를 불러 말씀하셨다. "들어 봐. 여기서 다 먹고 끝내니까 거기 가 봐야 없어. 가까이 와. 이거 아주 맛있어." 당신이 바라시는 대로 다가가자 바가반은 당신의 손에 있던 것을 다 주셨다. 왜 가지신 걸 다 주시느냐고 항의하자 당신이 말씀하셨다. "괜찮아. 이미 많이 먹었어. 자네 몫만 남은 거야." 나는 그것을 큰 은사물(*mahaprasadam*)[비할 바 없는 선물로 받아들이고 아주 맛있게 그것을 먹었다. 나에게는 그것이 감로와도 같았다. 그것은 달라고 하지 않았는데도 바가반이 당신 손에 있던 것을 주신 은사물이었기에 내 즐거움은 한량이 없었다. 그 기쁨은 도저히 말로 표현할 수 없는 것이었다. 스승의 잔반(Guroruchistam)[스승이 먹다 남긴 음식]이란 실로 이런 것이지, 스승이 드신 식반이나 엽반에 남아 있는 찌꺼기가 아니다. 바가반이 그날 우리에게 가르치려고 하신 게 아마 이것이리라.

바가반이 산 위에 사실 때나 지금 아쉬람의 초창기에는 당신도 주방일에 곧잘 동참하셨고, 그래서 당시의 헌신자들은 이처럼 당신의 손에서 은사물을 받곤 했다. 그러나 내가 여기 온 뒤로는 그런 일이 없었다. 그래서 바가반이 드시다가 당신 손으로 직접 주시는 것을 내가 받은 그날, 다들 그것이 나의 특별한 행운이라고 생각했다. 전생에 내가 지은 복의 과보라고 말이다.

26. 여성의 출가

1946-47년에 까마꼬띠 승원(Kamakoti Peetam)의 원장[5]이 순회 여행 도중 아루나찰라에 와서 읍내의 빈자급식소에 임시숙소를 마련했다. 아루나찰라 사원 경내 등 몇 군데에서 그의 법문을 위한 준비가 이루어졌다. 그를 수행하는 여러 명의 빤디뜨들이 아쉬람에 왔고, 아쉬람 사람들도 여러 명 그 임시숙소를 찾아갔다. 하루는 이름난 산스크리트 학자이자 사나따나 다르마(sanatana dharma)[6]의 유능한 주창자인 깔루리 비라바드라 샤스뜨리(Kalluri Veerabhadra Sastri)가 바가반을 뵈러 왔다. 그는 마드라스의 오라버니 집에서 몇 달간 『바가바드 기타』에 대한 법문을 한 적이 있기 때문에 나는 그를 잘 알고 있었다. 우리가 다시 만나자 그가 나에게 까마꼬띠 스와미를 친견했느냐고 물었다. 사실 나는 바가반 외의 그 누구도 보러 가고 싶은 마음이 없었다. 그렇지만 그에게 그런 말은 하고 싶지 않아서 지나가는 말로 이렇게 말했다. "그 스와미님은 머리를 삭발하지 않은 과부인 저 같은 사람들을 만나지 않는다는 게 사실 아닙니까." "그렇지. 그렇기는 하나, 자네는 대중 법회 때 멀리서 그분을 뵐 수는 있을 거야." 그가 말했다. 내가 대답했다. "그분 같은 어른들 가까이 가서 이야기를 나눌 수 있다면 수행에 유익하겠지만, 멀리서 뵙는 것만으로 무슨 소용이 있겠습니까?" 그 점에서는 그도 내 말에 동의했다.

---

5) [역주] 깐치뿌람의 제68대 샹까라짜리야였던 스리 짠드라세카렌드라 사라스와띠 스와미(Sri Chandrasekharendra Saraswati Swami, 1894-1994).
6) [역주] '영원한 진리, 혹은 가르침'이란 뜻으로, 힌두교의 다른 명칭이기도 하다.

그 뒤 어느 날 아침, 나는 그 스와미가 산 오른돌이를 떠났으며, 도중에 아쉬람을 지나갈 것이라는 것을 알게 되었다. 헌신자들 사이에서는 그가 아쉬람에 들어 오겠느냐를 두고 추측이 분분했다. 나는 그런 논의에 끼어들고 싶지 않아서 바가반 앞으로 가서 앉아 있었다. 오전 9시경에 스와미가 아쉬람 가까이 왔다는 소식이 전해졌다. 그래서 그들은 모두 나가서 아쉬람 정문에서 기다렸다. 뒤에 남은 사람은 바가반과 나뿐이었다. 바가반은 나에게 왜 그들과 같이 가지 않느냐고 물으셨다. 나는 스와미가 나 같은 사람들은 만나주지 않기 때문에 공연히 그분이나 주위 사람들을 당혹스럽게 하고 싶지 않기 때문이라고 말씀드렸다. 바가반은 알았다는 표시로 고개를 끄덕이셨고 자비의 시선을 내 쪽으로 향하신 채 침묵을 지키셨다. 조금 뒤에 스와미가 그의 추종자들과 함께 아쉬람 정문에서 걸음을 멈추고 주위를 둘러본 뒤 떠났다. 아쉬람 사람들이 돌아와서 그 사실을 보고했다. 그날 오후의 대중 법회에서 스와미는 이런 말을 아주 길고 자세하게 했다. 즉, 어떤 종교 조직의 수장이든 (그 조직의) 확립된 전통을 지켜야 하지만 단계초월자(*Atyasramite*)에게는 그런 제한이 없다는 것, 그리고 아바두타(*Avadhuta*)가 그런 단계초월자이며, 그 상태를 성취하기란 아주 어렵고, 그런 일은 라마나 마하르쉬 같은 위대한 영혼에게만 가능하다고.

4, 5일 뒤에 라주 샤스뜨리 등 읍내에서 올라오는 빤디뜨들이 평소보다 조금 늦게 왔다. 이들은 매일 바가반 앞에서 하는 베다 빠라야나와 어머니 사원에서 하는 마하니야삼(*mahanyasam*)에 참석하러 오는 베다에 능통한 이들이었다. 그들이 바가반께 말하기를, 자기들은 그 스와미로부터 "여성의 출가는 허용될 수 없고, 어머니 삼매지와 그 위에 세운 링가는 경전에 반하며, 따라서 그 사원에서 하는 마하니야사 예공(*Mahanyasa puja*)은 거행해서는 안 되는 것이다"라면서 어머니 사원에서의 마하니야사 예공을 금하는 명령을 받았다고 했다. 이에 대해 바가반은 이렇게 말씀하셨다. "저는『라마나 기타』에서 비살락쉬맘마(*Visalakshimamma*-나야나의 부인)가 나야나를 통해 한 질문에 대한 대답으로 이 문제에 대해 적절한 답변을 했습니다. 즉, 지知 수행을 통해 빠리브라자까(*Pariprajakas*-완전한 존재)가 된 여성들에게는 출가나 삼매지에 관해 아무런 제한이 없다고 말입니다. 지금 우리가 더 할 말이 뭐가 있습니까?" 하지만 그들이 질문했다. "저 스와미께는 저희가 어떤 답변을 드려야 합니까?" "왜 그런 주장과 반대 주장에 신경을 씁니까? 그가 그 승원의 원장인 한, 그는 그 승원의 규칙과 예법을 준수하고 실천해야 합니다. 그래서 일상적인 과정으로 그런 금지명령을 내린 것입니다. 우리는 조용히 우리 할 일을 계속하는 것이 좋습니다. 여러분 중에 오고 싶은 사람은 와도 좋고, 그렇지 않은 사람은 오지 않아도 좋습니

다. 왜 온갖 의문을 일으킵니까?"

그들은 바가반이 하신 말씀들을 충분히 납득했고, 그전처럼 베다 빠라야나와 마하니야사 예공을 계속 거행했다. 아래에 『라마나 기타』, 제13장에 나오는 비살락쉬맘마의 질문과 그에 대한 설시說示가 있다.

제5연 – 만약 진아에 안주해 있는 여자들에게 (가정생활이라는) 장애가 있다면, 경전들은 여자들이 출가하여 수도자가 되는 것을 인정해 줍니까?

제6연 – 만약 살아 있을 때 해탈한 여자가 육신을 벗게 되면, 화장하는 것과 매장하는 것 중 어느 것이 적합합니까?

제7연 – 위대한 현자이자 모든 경전의 취지를 아시는 자인 바가반은, 이 두 가지 질문을 경청하시고 이러한 판정을 내리셨다.

제8연 – 경전에는 그러한 제한이 없으니, 진아에 안주하여 충분히 성숙된 여자들이 수도자가 되는 데는 아무 잘못이 없다.

제9연 – 해탈과 지知에 있어서는 남녀 간에 아무 차별이 없으니, 살아 있으면서 해탈한 여자의 육신은 화장해서는 안 된다. 그것도 하나의 사원이기 때문이다.

제10연 – 살아 있으면서 해탈한 남자의 육신을 화장할 때 따라오는 해악은, 살아 있으면서 해탈한 여자의 육신을 화장할 때에도 모두 따라온다.

27. 깔리 여신

바가반은 1949년에 네 번의 수술을 받으신 뒤에 지금은 열반실로 불리는 사원 앞의 작은 방으로 옮겨가셨다. 그 방은 공간이 아주 좁아서 헌신자들이 예전처럼 당신의 친존에 들어가 앉는 것이 허용되지 않았다. 그래서 나는 아쉬람과 내 집 사이를 하릴없이 배회했다. 어느 날 오후에는 내가 바가반의 건강에 대한 걱정이 나날이 심해지는 가운데 이렇게 배회하다가 내 집과 아쉬람 사이의 길가에 위치한 깔리 여신(Goddess Kali)[7]의 사당에서 무슨 소란이 벌어지는 것을 보았다. 나는 무슨 특별한 예공을 거행하겠거니 생각했지만, 염소가 울어대는 소리를 듣자 희생 제물로 염소를 죽이는 게 분명하다고 생각했다. 그런 울음소리는 그전에도 내가 집에서 쉬고 있을 때 꽤 자주 들었지만 그다지 특별히 주의하지 않았다. 그러나 바가반의 건강 때문에 크게 걱정하고 있는 이때 그러한 염소 울음소리는 나쁜 징조라고 느껴져, 왜 아쉬람에서 저렇게 가까운 데서 동물 희생제를 거행하는지 의아하게 생각했다.

---

7) [역주] 악마를 죽이는 무서운 형상의 여신. 이는 여신 빠르바띠의 여러 가지 모습 중 하나이지만, 깔리 여신의 힘과 공포의 측면을 숭배하는 탄트라적 교파도 있다.

그런 생각을 하며 아쉬람으로 가서 바가반의 건강에 대해 늘 하듯이 몇 가지 물어본 다음 집으로 돌아오는데, 깔리 여신상이 피를 뚝뚝 흘리면서 상당히 무서운 광경을 연출하고 있는 것을 보았다. 그때 근처에는 아무도 없었고, 아마 그 때문이었겠지만 나는 두려움으로 몸이 떨리고 식은땀을 흘렸다. 나는 속으로 생각했다. '오 맙소사! 왜 이런 무고한 짐승들을 도살하지? 그것도 주거지역 한 가운데서? 아쉬람이 있는 성스러운 동네에서 이런 야만적인 의식을 종교의 이름으로 자행하는 것을 내버려두는 게 온당한가? 더구나 바가반의 건강도 좋지 않은 이때에.' 나는 무슨 일이 있어도 그런 희생제를 중단시켜야 한다고 생각하고, 그날 저녁에 몇 명의 헌신자들과 접촉하여 그 문제에 대한 내 심정을 피력했다. 그리고 이런 의식을 중단시키기 위한 무슨 조치를 취해 달라고 말했다. 그들은 다들 이렇게 말했다. "오, 안 돼요! 깔리 숭배자들은 탄트라 의식의 도사들이어서 만약 우리가 좋지 않은 말을 하면 우리한테 자기네의 탄트라 능력을 행사해 우리에게 해를 끼칠지도 모릅니다. 그들은 피하는 것이 상책입니다." 그러면서 아무도 그 문제에 선뜻 나서려고 하지 않았다.

나는 2, 3일간 기다려 보았지만 희생제는 더 잦아졌고 염소들의 울음소리는 가슴을 저미게 했다. 나는 바가반께 가서 조언과 지도를 부탁드리는 외에 다른 도리가 없다고 생각했다. 그래서 어느 날 오전에 끄리슈나스와미를 위시한 바가반의 개인 시자들에게 그 문제를 이야기했다. 그날 오후에 바가반 곁에 아무도 없기에 내가 당신께 가서 절을 하고 당신 앞에 섰다. 당신은 무슨 일이냐는 듯이 나를 쳐다보셨다. 나는 긴장하여 말했다. "이곳의 깔리 사원에서 염소들을 희생하고 있는데, 끔찍한 광경입니다. 전에는 그렇게 심하지 않았습니다. 가엾은 염소들의 울음소리는 아마 이 방에서도 들릴 겁니다. 아주 가슴을 저밉니다. 저는 깔리 여신의 상에서 피가 뚝뚝 흐르는 광경을 차마 못 보겠습니다." 바가반은 부드러운 눈길로 내 쪽을 보시면서 말씀하셨다. "그래, 울음소리가 여기서도 들려. 하지만 아무도 무슨 조치를 취하지 않아. 어떻게 하나?" 나는 당신께 내가 몇 명의 헌신자들을 접촉하여, 아쉬람에서 그렇게 가까운 곳에서 짐승들을 도살하는 것에 대해 슬픔을 표현하고 그것을 막을 무슨 조치를 취해 달라고 했지만 그들은 모두 탄트라 의식과 흑마술에 능통한 깔리 숭배자들을 겁냈다고 말씀드렸다. 나는 또 당신께, 주거지역에서는 동물의 희생을 금하는 법률이 있으며, 우리 지역은 최근에 개발되었기 때문에 무슨 조치를 취할 수 있을 거라는 말씀도 드렸다. 또 만약 다른 헌신자들이 이런 의식에 항의하는 일에 동참하지 않으면, 바가반의 허락 하에 내가 혼자서 직접 그 문제를 해결하겠다고 말씀드렸다. 바가반은 인내심 있게 내 이야기를 듣고 나서 말씀하셨다. "헌신자들에게 부탁해 봐야 소용없어. 그 숭배자들이 우리의 항의를 새겨듣는지 보기로 하지. 이 문제에 대해 그들에게 이야기하는 것을 겁낼 필요가 없어." 바가반이 그렇게 말씀하시자 나는 코끼리 같은 힘을 얻은 느낌이었다.

나는 집으로 돌아와서 깔리 여신을 찬양하는 7, 8연의 시를 지었는데 그 내용은 이러했다. "오, 어머니! 이곳은 당신의 아들인 라마나가 살고 있는 곳입니다. 왜 당신의 사뜨와적(sattvic)인 형상을 취하지 않고 라자스적(rajasic)이고 따마스적(tamasic)인 형상을 취하십니까? 당신께서 정말 제물로 바치는 살을 좋아하신다면, 왜 제 머리를 제물로 취하지 않으십니까? 말 못하는 짐승들의 희생을 받으시는 것이 당신께 어울립니까? 만약 당신께서 배가 고프시면 과자는 둘째 치고라도 코코넛과 과일이 있지 않습니까? 뽕갈(pongal)도 있습니다. 부디 저의 기도를 들으시어, 사뜨와적인 음식으로 만족하시고 라자스적이고 따마스적인 음식은 포기하소서. 저뿐만 아니라 당신의 아들인 라마나도 희생되는 염소들의 울음소리에 슬픔과 비통함을 느낍니다." 나는 밤을 꼬박 새면서 그런 취지의 시들을 몇 수 더 지었다.

날이 밝자 나는 집 주인인 라주 쩨띠아르에게 그 희생 의식과 그에 대한 바가반의 말씀을 들려주었다. 그의 주선으로 우리는 그 사원의 승려들을 좀 오시라 해서 그들에게 아주 설득력 있게 우리의 입장을 이야기했다. 이 주변 지역에 사람이 아무도 살지 않아 이곳이 버려져 있을 때는 그런 동물 희생을 거행하는 것이 무방했겠지만, 지금은 이곳에 집을 짓고 살기 시작한 사람들이 가득하니 그런 희생제는 중단해 달라고 말이다. 우리는 바가반이 그런 일에 대해 상심해 하고 계시다는 이야기도 했다. 그들은 처음에는 이의를 하면서 변명을 늘어놓기 시작했다. 그래서 내가 그들에게 말했다. 군 징세관과 기타 정부 관리들이 곧 아쉬람을 방문할 예정인데, 만약 당신들이 그런 행위를 계속한다면 주거지역에서 그런 희생의식을 하지 못하게 하는 법이 있으니까 그 문제를 그들에게 제기하겠다고. 그들은 법과 정부 관리들, 그리고 바가반에 대한 두려움에서 그 이후로는 그 희생의식을 중단했다. 나는 내 돈으로 표지판을 몇 개 사서 그곳에 눈에 잘 띄도록 내걸게 했다. 바가반은 그간의 경과를 내가 말씀드리자 기뻐하셨다. 당신은 잘했다는 표정으로 이렇게 말씀하셨다. "좋아. 그런 일이 오랫동안 계속되었지만 아무도 그 문제에 관심을 갖지 않았지. 그러자 나날이 심해졌어. 마침내 그쳤군."

그때부터 그 사원에서 동물 희생은 중지되었고, 숭배는 사뜨와적인 공물을 바치는 것으로써 거행되었다. 다들 내가 이 임무를 성공적으로 완수할 수 있었던 것은 바가반의 뜻에 힘입은 것이라고 느꼈다.

28. 인내

이 책의 첫머리에서 내가 1976년 2월에 마드라스에서 암 수술을 받았고 그 이후 휴식과 회복을 위해 방갈로르와 봄베이에 갔었다는 이야기를 이미 했다. 그때는 내가 정상적인 건강을 회복한 것처럼 보였다. 그러나 1977년 2월에 왼팔 뒤쪽에서 통증이 시작되더니 점차 목까지 뻗쳐 올라갔다. 사람들은 그것이 어떤 류머티스성 통증일지 모른다고 이야기했다. 그러나 나는 나름대로 의심하는 바가 있었다.

내 언니의 아들인 G.R.N. 샤스뜨리 박사는 당시 바로다(Baroda)의 인도석유화학 회사의 임원으로 일하고 있었는데, 그가 나더러 기분전환 삼아 자기 집에 한번 오라고 초청하기에 그곳으로 갔다. 한 달쯤 지난 뒤에 통증이 크게 심해지더니 원래 수술 받은 자리에 혹이 하나 나타났다. 현지 의사는 그것이 내가 수술 후에 코발트 치료를 받은 때문이며, 시간이 지나면 사라질지도 모른다고 말했다. 그러기는커녕 그것은 계속 커졌고 그와 함께 통증도 커졌다. 그래서 나는 전문적 치료를 받기 위해 봄베이로 돌아오는 수밖에 달리 도리가 없었다.

봄베이에서는 암 전문의들과 상의했다. 그들은 정교한 검사를 한 뒤에 그 혹은 성질상 암이며, 더 이상의 치료는 생각할 수 없다고 했다. 유일한 희망은 코발트 치료지만 성공 여부는 아주 회의적이라는 것이었다. 즉시 코발트 치료를 받았지만 그것도 별 소용이 없었기 때문에 중단했다. 대중요법 의사(양의사)들은 모두 내 증세가 희망이 없고 더 이상 치료가 불가능하다면서 포기했다. 그러는 동안 완화제를 복용했는데도 극심한 통증이 있었다. 그것은 1977년 5월의 일이었다.

약으로는 치료할 희망이 없었기 때문에 나는 바가반께 그 고통을 의연히 참을 수 있는 힘을 달라고 밤낮으로 기도했다. 그리고 (당신께) 호소하는 시도 몇 수 지었다. 기도와 명상이 내 유일한 피난처였다. 기력은 점차 떨어졌고 나는 거의 자리에 누운 처지가 되었다. 봄베이에서는 누가 나를 제대로 간호해 줄 수 있는 형편이 안 되었기 때문에, 내 조카인 G.R. 샤르마가 나를 비행기로 방갈로르에 데려가기로 하여 실제로 표까지 사 주었다.

그럴 즈음 아쉬람 총재인 스리 T.N. 벤까따라만과 그의 처가 우연히 그들의 아들이 일하는 봄베이에 왔다가, 스리 R. 벤까따라만 및 그의 부인과 동행하여 5월 14일 오후 3시에 나를 찾아왔다. 스리 R. 벤까따라만은 봄베이의 국방회계감사관으로 바가반의 대단한 헌신자였는데, 취미로 동종요법 치료도 하고 있었다. 그들은 내가 큰 고통과 고뇌를 겪고 있는 것을 보고 모두 아주 상심했다. 나는 총재에게 내가 바가반께 고통을 덜어달라고 기도한 글이 적힌 종이를 정중하게 건네주었다. 그런 슬픈 상황을 본 스리 R. 벤까따라만은 내 조카사위인 스리 S.R. 아바다니를 한쪽 옆으로 데려가 자기가 동종요법을 한번 써 보면 어떻겠느냐고 물었다. 대증요법 의사들이 희망이 없다고 다 포기했기 때문에 우리는 동종요법을 써 볼 생각을 하고 있던 차라, 그런 제안은 신의 섭리처럼 보였다. 우리는 선선히 그에 동의했다. 우리가 볼 때는 마치 바가반께서 특별히 나를 치료하게 할 목적으로 당신의 헌신자인 벤까따라만을 보내신 것 같았다. 벤까따라만은 집이 내 집에 아주 가까웠기 때문에 바로 그날 밤 약을 조제하여 다음날 아침 우리한테 와서 치료를 시작했다. 그날은 1977년 5월 15일 일요일이었다.

그날부터 그는 하루에 한두 번씩 와서 이 약 저 약 시험해 보았다. 초기 단계에서는 통증이 상당히 심해지더니 혹이 터져 벌어졌다. 그는 그것을 좋은 징후로 보고 치료를 계속했고, 마침내 바가반의 은총으로 통증이 점차 가라앉기 시작했다. 그러는 사이 한 파르시교도(Parsi) 헌신자가 나를 찾아왔다가 지나가는 말로, 암 환자들에게 특히 용한 약을 가졌다고 알려진 티베트 의사가 한 사람 있다고 했다. 그러나 암 환자이던 자기 처는 암이 너무 많이 진행되어 있었기 때문에 그 약을 썼는데도 결국 죽었다고 했다. 그는 봄베이에 그 티베트 의사의 특별 대리인이 있다면서 그를 내 집으로 데려오겠다고 했다. 이틀 뒤에 P.V. 소마순다람, 뉴욕에서 온 아루나찰라 박따 바가바따(Arunachala Bhakta Bhagavata), 그리고 캐나다에서 온 다른 헌신자 한 사람이 나를 보러 왔다. 동시에 그 티베트 의사의 대리인도 찾아왔다. 이 사람은 나를 검사하더니 자기 스승은 환자를 개인적으로 보지 않고서는 치료하지 않는다면서 그가 지금 티베트에 있으니 내가 티베트로 가든지 아니면 그가 봄베이로 돌아오도록 조치해야 할 것이라고 했다. 내가 소리를 질렀다. "오! 티베트까지 간다고요! 저는 까일라사 순례(Kailasa yatra)[8]를 떠날 준비를 하고 있고 이스와라의 마지막 부르심을 기다리고 있습니다. 바가반의 헌신자가 지금 해 주는 치료로 저는 만족합니다."

2, 3일 뒤에 캐나다에서 온 헌신자, 소마순다람, 그 외 몇 명의 헌신자들이 찾아왔고, 내가 극심한 통증에 시달리고 있는데도 나더러 자기들이 캐나다에서 사용하기 위해 기록한 것을 좀 읽어 달라고 고집했다. 6월 10일쯤 되자 통증이 많이 가라앉아 산책을 나갈 수 있을 정도의 기력을 되찾았다. 내가 벤까따라만에게, 나는 까일라사 순례를 떠날 준비를 하고 있었는데 그가 내 모든 계획을 뒤집어 놓았다고 말하자 그는 차분하게 말하기를, 자기 약이 효험이 있었으며, 까일라사 대신 내가 아

---

8) [역주] 죽음을 앞둔 사람이 마지막으로 떠나는 성지순례를 뜻한다. 여기서는 죽어서 신의 품에 안기는 것을 은유적으로 표현했다.

루나찰라 순례를 떠나도록 하겠다고 했다. 그것이 바가반에 대한 그의 대단한 헌신 때문이었는지 아니면 그를 통해서 작용하는 바가반의 은총 때문이었는지 모르겠지만, 혹이 점점 작아졌고 통증이 점차 줄어들었다. 나는 나날이 기력을 회복하여 예전처럼 자유롭게 다니기 시작했다. 그전에 나를 보았던 봄베이 헌신자들은 그 치유가 거의 기적이나 마찬가지라는 의견들을 강하게 표명했다. 그리고 먼저 나를 검사했던 봄베이의 저명한 의사들은 그것을 좀처럼 믿을 수 없었다.

나는 1977년 9월까지 봄베이에 있다가 친척들과 함께 비자야와다로 가서 약 두 달 간 머무른 다음, 내 집인 "라마나 사다남"을 비워주고 마드라스로 갔다. 우연히도 이 무렵 스리 R. 벤까따라만이 마드라스로 전근되어 왔기 때문에 나는 그로부터 필요한 모든 약을 받을 수 있었다. 나는 오라버니인 D.S. 샤스뜨리에게 이 회상록의 원고를 보여주었고, 1977년 11월 27일 밤에는 아루나찰라에 도착했다. 다음날 아침 일찍 나는 아쉬람으로 가서 바가반의 삼매지 앞에 오체투지 했다. 까일라사 순례를 떠날 준비를 하고 있던 사람이 아루나찰라 순례를 와서, 다시 한번 바가반의 삼매지 앞에서 오체투지를 할 수 있었다는 것은 실로 기적 같은 일이었다. 운명이 큰 역할을 한 것 같았다. 그리고 나는 다시 한번, 아쉬람 당국의 요청에 따라 이 회상록을 쓰면서 아쉬람에 머무르는 행운을 가지고 있다.

내가 써 두었던 원고는 헌신자의 한 사람이 정서하여 인쇄 준비를 해 주었다. 이 상서로운 마까라 산끄란띠(Makara Sankranthi) 날에, 저는 이 원고를 저의 보잘것없는 공양물로서 스리 라마나 바가반의 연꽃 발 아래 바칩니다.

옴 나모 바가바떼 스리 라마나야

1978년 1월 14일
스리 라마나스라맘에서, 수리 나감마

합본별책 2

라마나스라맘에서 보낸
나의 삶

영역자의 말

스리 라마나스라맘 총재님의 요청으로 나는 스리마띠 수리 나감마의 텔루구어 책을 영어로 번역했다. 번역하면서 나는 이 작업이 먼저 나온 텔루구어 책 『라마나스라맘에서 보낸 편지』를 번역하기보다 훨씬 쉽다는 것을 알았다. 왜냐하면 지금 이 책은 성격상 더 자전적이고 마하르쉬님의 대담이나 말씀들을 먼저 책과 같은 정도로 많이 담고 있지는 않기 때문이다. 이 번역 또한 먼저와 마찬가지로 직역이 아니라 의역인데, 원문에 나오는 몇몇 부분은 너무 개인적인 이야기이거나 때로는 논란의 소지가 없지 않았기 때문에 생략했다. 나는 이 책이 독자들에게 흥미로우면서도 유익한 정보를 제공하는 것이 될 것이라고 확신한다. 내 원고를 세심하게 검토해 주고, 이 점에 있어서 가치 있는 제안을 해 주신 아쉬람의 상주자 스리 필립 페글러 님께 감사드린다.

1974년 11월 1일
마드라스 -17, 띠야가라야나가르
비자야라가바짜리 로드 10번지
D.S. 샤스뜨리 씀

서 문

스리마띠 수리 나감마는 『라마나스라맘에서 보낸 편지』— 이 책은 아쉬람에서 원래 텔루구어로 간행되고 그 뒤에는 영어로 간행되었다 — 를 통해 스리 라마나 마하르쉬의 헌신자들에게 잘 알려져 있다. 그녀가 이제 몇몇 헌신자들의 청을 받고 아쉬람에서 자신이 보낸 삶에 대한 책을 썼다.

이 책 『라마나스라맘에서 보낸 나의 삶』을 찬찬히 읽어 보면 나감마의 초년 시절은 시련과 고난으로 가득 차 있었다는 데 주목하게 된다. 그녀는 네 살 때 아버지를 잃었고, 열 살 때는 어머니를, 그리고 열두 살 때는 남편을 잃었다. 이렇게 계속된 재난으로 슬픔의 바다에 빠진 그녀는 친정집의 작은 방에 틀어박혀 밖으로 잘 나오지 않았는데, 하도 틀어박혀 있어서 몇 년간은 햇빛이 뭔지도 몰랐다. 당시에 그 방에는 『마하바라따』, 『바가바땀』, 『바가바드 기타』와 같은 고대의 전승지에 관한 책들이 있었고, 그녀는 그것을 몇 번이고 읽었다. 그리하여 그녀의 마음은 신에로 향하게 되었던 것이다.

몇 년이 지난 뒤에 고독에서 나온 그녀는 오빠와 언니들의 집을 전전하였는데, 그것은 사심 없는 행위(Nishkama Karma)로써 그들에게 봉사할 의도였다. 그러나 이내 그것에 만족을 느끼지 못한 그녀는 참스승을 찾아서 국내의 여러 성지들로 순례를 떠났다. 그러다가 궁극적으로 스리 라마나스라맘에 안착한 것이다.

그녀는 아무도 아는 사람이 없는 이 아쉬람을 혼자서 찾아갔다. 그리고 인내와 부단한 노력으로 바가반의 은총을 얻었으며, 시간이 흘러 아쉬람의 중요한 일원이 되었다. 바가반은 그녀에게 수행의 바른 길을 일러주고 그녀의 제반 노력을 격려해 주었으며, 그녀를 천천히 자기탐구로 이끌어 들였다. 나감마는 이 책에서 아쉬람에 있는 동안의 자신의 삶을 생생하게 이야기하고 있는데, 읽어보면 흥미롭다.

아쉬람에서 산다는 것은 결코 쉬운 일이 아니다. 역경들이 닥쳐오고 무수한 장애가 있으며 더러 함정도 만나게 되는데, 나감마 역시 그런 것들을 겪을 만큼 겪었다. 이 책은 바가반이 어떻게 그녀를 조언하고 인도하여 그 모든 어려움을 극복할 수 있게 도와주었는지를 상세히 묘사한다.

나감마는 이제 비자야와다의 마루띠나가람에 있는 작은 집에서 홀로 평화롭게,

조용하고 드러나지 않는 삶을 살고 있다. 그녀는 이 집에 바가반의 사진 하나를 모셔두고 아침저녁으로 예공과 빠라야나를 봉행한다. 이따금 헌신자들이 들르기도 하는데, 그녀는 영적인 문제에 관한 조언과 인도로써 그들을 도와준다. 그녀는 순수성 식품으로 자신의 음식을 직접 만들어 먹으며, 순백의 옷을 입고 대부분의 시간을 명상으로 보낸다. 사실상 거의 모든 시간 동안 그녀는 집에 머물러 있으면서 사회적이거나 종교적인 다른 활동에는 가담하지 않는다. 그리고 1년에 한 번씩 자얀띠나 아라다나(Aradhana-입적 기념일) 때 아쉬람을 방문한다.

이 책은 한 수행자가 아쉬람에서 보낸 삶을 워낙 상세히 묘사하고 있기 때문에, 이 책을 주의 깊게 읽고 여기서 제시한 방법으로 수행하는 사람은 분명히 큰 이익을 얻을 수 있을 것이다.

1974년 1월 1일
마드라스 웨스트 맘발람
자나끼람 삘라이 거리 39번지에서
아칸담 시따라마 샤스뜨리

라마나스라맘에서 보낸 나의 삶

1. 나의 어린 시절

나는 1902년 8월 안드라 프라데시의 군뚜르 군에 있는 작은 마을에서 태어났다. 아버지는 내가 네 살 때 돌아가셨고 어머니도 내가 열 살 때 뒤를 따르셨다. 태어날 때부터 난장이였던 큰오빠는 집안을 꾸려나가지도 못했고 마드라스에서 대학을 다니던 다른 두 오빠를 보살필 수도 없었다. 그래서 언니는 형부와 함께 우리 마을에서 눌러 살면서 나를 돌보아 주었다.

나는 11살이 채 되기도 전에 혼인을 했다. 뿌라나에 나오는 여인들처럼 나는 남편을 지극히 섬기면 구원을 얻을 수 있을 것으로 생각했지만, 불과 1년 만에 그는 천연두에 걸려 갑자기 세상을 떠나면서 나를 평생 과부로 만들어 주었다. 나는 그 당시 너무 어려 그런 변고가 갖는 의미를 온전히 깨닫지 못했다. 그래도 나는 상심했고, 내 불행에 대해 곰곰이 생각하면서 커다란 우리 집의 여러 방들 가운데 한 곳에 혼자 틀어박혔다. 밥맛도 없었고 집 밖에도 거의 나가지 않았다. 그래서 나는 아주 창백해졌고 위장 장애로 고생했다. 거의 언제나 바닥에 깐 해진 담요 한 장 위에 손을 베개 삼아 누워 있었는데, 그 모습은 마치 벽에 딱 붙어 있는 도마뱀 같았다. 누가 나를 찾아올 때마다 나는 서럽게 울었다. 몇 달이 그와 같이 지나갔다.

해가 가면서 나는 세상 돌아가는 이치를 이해하기 시작했다. 종교적 법회와 헌가, 또는 그 비슷한 것들이 내 마음을 끌기 시작했고, 나는 낮이건 밤이건 그런 모임에 참석했다. 집안 식구들은 내 신심이 강렬한 것을 보고 기뻐했고, 그것은 그 어렵던 시절에 나에게 많은 도움이 되었다. 아버지, 어머니, 남편과 같은 가족 인연이 아주 어린 나이에 끊어졌기 때문에, 나는 기도와 명상으로 신의 도움을 구하는 것 밖에는 달리 도리가 없다고 느꼈다. 내가 세간연世間緣(samsara)의 바다에 들어서기도 전에 과부가 되어 버렸기 때문에, 나는 자신의 불운한 상태를 최대한 잘 이용해야 한다고 생각했다.

나는 초등학교도 없는 작은 시골마을에서 태어났기 때문에, 윗사람들의 도움을 받아 가며 읽고 쓰기를 스스로 배워야 했다. 나는 천천히 종교서적들을 내 모국어인 텔루구어로 읽기 시작했는데, 그 중에서도 으뜸가는 책은 뽀타나(Pothana)의 『바가바땀』이었다. 나는 그 책을 몇 번이나 되풀이해서 읽었다. 그 책의 제3장에는 까뻴라 마하무니(Kapila Mahamuni)가 자기 어머니인 데바부띠(Devabhuti)에게 진리를 가르쳤다고 되어 있다. 나는 그 이야기에 매혹되었다. 하루는 그 부분을 몇 번이나 읽으면서 지극 정성으로 기도했다. 나도 까뻴라 같은 싯다뿌루샤(siddhapurusha)를 스승으로 모셔서 그 스승이 까뻴라처럼 성의와 친절로 나를 가르쳐 줄 수 있게 해 달라고. 나는 울다가 울다가 지쳐 쓰러져 잠이 들었다. 꿈 속에서 나는 연화좌 자세를 하고 석 자 높이의 어느 대(臺) 위에 앉아 주 다끄쉬나무르띠와 같은 침묵수인沈默手印(mounamudra)을 하고 있는 한 진인을 친견했다. 그의 주위에는 성스러운 오라(aura)가 있었다. 그 찬란한 모습을 보는 순간 척추로 전율이 타고 내렸다. 나는 절을 하기 위해 일어서려고 하다가 나도 모르게 눈이 떠졌다. 그 환영은 사라졌다. 방 주위를 다 둘러보았지만 아무것도 보이지 않았다. 나는 크게 당황했고 상심했다.

그것은 1913년의 일이었고, 그때부터 내 마음 속에는 그 환영이 각인되었다. 그 환영을 떠올릴 때마다 나는 금생에 그런 진인에게 봉사하는 특권을 갖게 해 달라고 신에게 기도하곤 했다. 그러나 이 일은 나 혼자만 간직했지 누구에게도 이야기하지 않았다. 이렇게 4년가량 그 마을에서 계속 살았다. 나는 남들에게 봉사하는 것을 곧 신에게 봉사하는 것으로 보고 집안의 허드렛일을 어느 정도 돕기 시작했고, 그러면서 기회가 날 때마다 종교적 법문 같은 것을 들으러 다녔다.

1918년에 둘째오빠인 스리 세샤드리 샤스뜨리(Sri Seshadri Sastri)가 비자야와다에서 법률가로 개업했기 때문에 마을 집은 문을 닫아두고 나는 큰오빠와 함께 비자야와다로 이사를 갔다. 거기 살면서 나는 몇 명의 다른 여자들과 함께 성스러운 끄리슈나 강에서 목욕도 하고, 사원에 다니며, 특별한 날에는 단식도 하는 등 그런 엄격한 수행을 하기 시작했다. 정통 신앙을 가진 나이 든 어떤 이들은, 남편이 죽고 나서 머리를 삭발하는 것을 온당한 일로 여기지 않은 사람은 그런 고행을 할 자격이 없다면서 내가 하는 고행을 비난했다. 내가 어떤 진언의 우빠데샤(입문시킬 때의 가르침)를 받고 싶었을 때도 사람들은 그런 말을 했다. 그래서 나는 이 번거로운 머리를 잘라버리고 싶었다. 결국 내가 몇 번이나 조른 끝에 오빠들은 내 머리를 삭발해 주기 위해 나를 띠루빠띠로 데려가려고 길을 나섰다. 그러나 우리가 마드라스에 왔을 때 우리의 가까운 친척들 가운데 누군가가 큰 재난을 당했다는 소식이 와서 우리는 띠루빠띠에 가지 못하고 집으로 돌아왔다. 그때 나는 신의 은총은 다른 데 있다는 것을 느꼈다. 오빠들은 과부들의 머리를 삭발하는 야만적 관습에 늘 반대하고 있었고, 도중에 이런 뜻밖의 장애가 닥치자 삭발 계획을 아주 접어 버렸다. 난들 어떡하겠는가? 손윗사람들은 그런 관습은 행위의 길을 따르는 사람들을 위한 것이지 지(知)의 길을 따르는 사람들을 위한 것이 아니라고 했다. 나는 그것을 마음에 새기고 그 문제에 대해 더 이상은 생각하지 않기로 했다. 정통 신앙을 지닌 친척들은 공개적으로나 은밀히 나를 비난하는 일이 없지 않았지만, 나는 전혀 신경 쓰지 않았다.

먼 친척 여성으로 까이바라뿌 발람바(Kaivarapu Balamba)라는 나이 든 분이 있었는데, 당시 큰 순례지인 망갈라기리에 살고 있었다. 그녀는 그곳에 급식소를 하나 운영하면서 순례자들에게 무료로 식사를 제공하고 있었다. 망갈라기리에 간 순례자 치고 그 급식소에서 음식을 먹어 보지 않은 사람은 없었다 해도 과언이 아니다. 그 순례지의 주主인 스리 빠나깔라 나라싱하스와미(Sri Panakala Narasimhaswamy)는 그녀의 가정신이었다. 어떤 때는 그날 준비한 음식보다 더 많은 사람들이 오곤 했던 모양이다. 그럴 때 요리자들이 음식이 부족할 것이 걱정되어 배식하기를 주저하면, 그녀가 주방에 서서 코코넛을 깨뜨린 뒤에 쟁반에 장뇌를 태우고 준비한 음식 주위로 오른돌이를 세 바퀴 하면서 신에게 이렇게 기도하는 것이었다. "오, 아버지 나라싱하시여! 저희들은 어떻게 해야 합니까? 저 순례자들에게 음식이 다 돌아갈 수 있도록 해 주셔야 하겠습니다." 그러고 나서 음식을 배식하면 결코 모자라는 일이 없었다. 사람들은 아주 신나 하면서 이 이야기를 하곤 했다. 발람바는 매년 시주금을 받기 위해 오빠 집을 찾아왔는데, 그럴 경우에는 나에게 큰 자비심을 가지고 말을 걸면서 『바가바땀』의 이야기들을 들려주곤 했다. 그녀도 과부가 되고 나서 삭발을 한 적이 없었기 때문에 나는 그녀가 보여준 모범에서 큰 위안을 얻곤 했다.

그뿐만이 아니다! 돌아가신 따리꼰다 벤까맘바(Tharikonda Venkamamba)도 이상적인 삶을 산 분이었다. 그녀도 나와 같이 어릴 때 과부가 되었다고 한다. 그녀는 높은 경지에 이른 진인이었다. 그녀는 신상 숭배로써 수행을 시작했는데, 점차 형상 없는 것에 대한 명상으로 발전해 갔다. 그녀에 대한 이야기는 많고도 다양하지만 거의 알려진 것이 없다. 그녀가 텔루구어로 쓴 저작들, 그러니까 『벤까따짤라 마하뜨미얌』(Venkatachala Mahatmyam)과 『라자요가의 핵심』(Rajayoga Saram)은 뛰어난 것이다. 그녀는 (텔루구어로) 『바쉬슈탐』도 지었다. 정통 신앙의 여성들은 스리 끄리슈나의 어린 시절에 대해 그녀가 지은 노래들을 외고 있다. 그녀도 과부가 되고 난 뒤에 머리를 그대로 길렀던 모양인데, 이것을 관용할 수 없었던 일부 친척들이 샹까라짜리야 승원장 한 사람을 설득하여 그녀에게 머리를 삭발하라는 명령을 내리도록 했다. 그녀는 자신이 하는 질문에 대해 그 승원장으로부터 제대로 된 대답을 들어야만 그 명령에 따르겠다고 했다. 그러나 그 당시 문제는 그가 삭발하지 않은 여성을 만나지 않을 거라는 점이었다. 그러니 그 문제가 어떻게 해결되겠는가? 결국 그녀에게 커튼 뒤에서 말을 할 수 있도록 조치했다.

질문을 할 때가 되자 그녀는 승원장에게 이렇게 물었다. "깨끗이 삭발을 해야 하는 것은 무엇입니까? 다시 자라지 않을 것은 무엇입니까?"

그녀의 대단한 지혜에 놀라 자신의 잘못을 깨달은 그가 말했다. "어머니, 저는 지배적인 관행에 따라 당신에게 명령을 내린 것입니다. 그러나 당신 같은 지혜와 탁월함을 갖춘 분들에게는 이런 규정이 해당되지 않습니다."

이 모범에 고무되어 나도 머리를 깎지 않고 그대로 지내기로 했다. 그래도 나는 세간적 욕망을 버리려면 적합한 스승이 필요하다는 것을 알고 있었고, 그런 스승을 애타게 찾고 있었다. 그렇게 모색하고 있던 중에 스리마띠 구디뿌디 인두마띠 데비(Srimathi Gudipudi Indumathi Devi)라는 여성을 만났는데, 그녀는 명망 있는 시인이었다. 그녀를 만난 것은 나로서는 아주 행운이었다. 그녀로부터 시를 짓는 법과 세상을 올바른 각도에서 보는 법을 배웠으니 말이다. 시간이 지나서 나는「마나사 샤따깜」(Manasa Satakam)이라는 제목의 샤따깜(satakam)[108연시] 하나를 지었다.

1923년에 내가 매사를 돌봐 드려야 했던 난쟁이 큰오빠가 세상을 떠났다. 이 무렵 나는 가족에 대한 책임과 속박에서 벗어났다는 생각이 들었다. 오랫동안 길들여져 있던 가정의 분위기 안에 더 이상 머물러 있고 싶지 않았다. 어떤 위대한 영혼으로부터 해탈의 길을 배우고 싶다는 욕망이 내면에서 점차 강렬해져 갔다. 영적인 분야에서 몇 명의 저명한 인물들에 대해 들어서 알고는 있었지만 내가 꿈속에서 본 그런 싯다뿌루샤의 속성을 갖춘 사람은 아무도 없었다. 그래서 그들 중의 누구도 내 스승으로 받아들일 수 없었다. 나는 틈만 나면 비자야와다의 까나까 두르가 사원(Kanaka Durga temple)[9]에 가서 그곳의 주재신인 그녀에게 참스승을 만날 수 있는 은혜를 베풀어 달라고 기도하곤 했다. 나는 그녀에게 내가 지은「마나사 샤따깜」을 바쳤는데, 그 시집에는 참스승을 찾는 것에 대한 시들이 여러 수 들어 있었다.

시를 여러 편 지어 보던 그 초년 시절, 나는 대단한 명성을 지닌 시인인 스리 벨루리 시바라마 샤스뜨리(Sri Veluri Sivaramam Sastri)의 조언을 구한 적이 있었다. 그

---

9) [역주] 비자야와다를 대표하는 사원. 이 사원의 역사는 수천 년을 헤아리지만 건물들은 대부분 개축된 것이라고 한다. 까나까 두르가(Kanaka Durga-빠르바띠)는 이 도시의 수호 여신이다.

는 내가 시를 지으려고 애쓰는 것을 보고 아주 기뻐하면서 이렇게 말했다. "이렇게 시를 짓는 것은 자네 헌신의 삶에서 큰 도움이 될 거야. 시는 헌신의 마음으로 지어야 해. 그런 마음으로 10편을 지으면 그 중에서 적어도 한 편은 쓸 만할 테니 실망하면 안 돼. 출판하는 것은 서두르지 말고." 나는 그 조언을 가슴 깊이 새겼고, 그래서 그 당시에 내가 쓴 모든 시들을 남몰래 간직해 두었다.

나는 베단타에 관한 책들을 아주 많이 읽었지만, 스승의 은총을 받지 못해 마음의 평안을 얻지 못했다. 마침내 나는 진아를 발라끄리슈나(Balakrishna-청년 끄리슈나)로 여기고 마음을 고삐까(Gopika-목녀)로 여기면서 헌신에 많은 시간을 들이는 우빠사나(upasana)의 길을 택했다. 그리고 마음과 생각이 조화를 이룰 때마다 '발라끄리슈나 기따발리'라는 제하에 시들을 쓰기 시작했다. 낮에는 집안일들을 하고 밤에는 신을 생각하면서 하루를 보내곤 했다. 내가 시를 쓰는 것이나 영적인 수행을 하는 것, 그리고 꿈에서 싯다뿌루샤를 본 것조차 오빠들을 포함한 누구에게도 비밀로 하고 있었다. 오빠들은 내가 원하는 어떤 책이든 기꺼이 구해다 주곤 했는데, 나는 그 책들을 다 읽었다. 그러나 책을 읽거나 내 나름대로 수행을 할 때에도 전혀 마음의 평안을 얻지는 못했다.

나는 『시따라마안자네얌』(Sitaramanjaneyam)에 나오는 토론을 읽고 그 가르침을 실천에 옮겨 보려고 애썼지만 아무 소용이 없었다. 그것을 해도 아무런 이익이 없었다. 어떤 때는 연화좌 자세로 앉아서 마음 다스리기를 수련하기도 했다. 그래도 아무 소득이 없었다. 스리마띠 운나바 락슈미바얌마(Srimati Unnava Lakshmibayamma)가 자기 아쉬람에 와서 있으라고 나를 초청했다. 그러나 오빠들은 그 아쉬람이 수행을 할 만한 데가 아니라면서 반대했다. 나는 인류에 대한 봉사가 신에 대한 봉사라고 믿고 병든 사람들에게 상당히 많은 봉사를 했다. 그러나 그것도 내게 마음의 평안을 주지는 않았다. 어떤 설명할 수 없는 고통, 어떤 정신적 불만족이 늘 나를 괴롭히곤 했다. 시간이 가면서 이 불만이 점점 강해지자 나는 어떻게 해서든 가족들을 떠나야겠다고 생각했다. 그래서 오빠들에게 내가 어디 성지聖地에 가서 사는 것을 허락해 달라고 했는데, 그들은 매번 '혼자서 어디를 가느냐'고 하는 것이었다. 둘째 오빠 D.S. 샤스뜨리가 알레뻬이(Allepey)에 있을 때 나는 아난따사야남(Anantasayanam)과 까니야꾸마리(Kanyakumari) 같은 성지들을 그와 함께 방문했다. 나는 가족들로부터 벗어나 쉬고 싶어서 그런 성지들 중의 어느 한 곳에 머물러 있고 싶었다.

비자야와다에 있을 때 나는 작은 집 한 채만 마련해 주면 따로 나와 살 수 있다고 이야기했다. 그때 오빠들은 나더러 언니의 아들 중 한 명을 입양하는 게 어떠냐고 했다. 나는 그것은 또 다른 가족이 되는 것이며, 나는 내 한 몸 겨우 부양할 수 있고 가진 재산도 없으니 입양은 생각할 수 없다고 대답했다. 그래서 입양 구상은 포기되었고, 마찬가지로 내가 따로 집을 얻어 나가서 혼자 산다는 생각도 포기했다.

비자야와다에 있을 때 나는 가끔 아루나짤람(아루나찰라)에 큰 진인이 계시다는 이야기를 듣곤 했지만 그곳에 가 봐야겠다는 충동은 일어나지 않았다. 내 삶에서 30년 가까운 세월이 불만 속에서 흘러갔다. 시간이 갈수록 내 마음의 울적함이 예리해져서 몸 상태가 약해지는 결과가 왔고, 결국 자리보전을 하게 되었다. 상당히 많은 약들을 써 보았지만 아무 효험이 없었다. 꼬까 짤라빠띠 라오와 꼬마라주 아짬맘바는 우리 집안의 주치의였고 가까운 친구들이기도 했다. 그들은 나를 정기적으로 검진하고 용태를 주의 깊게 관찰한 뒤에 내 병은 마음의 병이며 의학적으로 치료를 한다고 해서 듣지 않을 것이고, 내 마음 상태를 개선시켜 줄 무슨 일을 하지 않으면 건강이 회복되지 않을 것이라고 선언했다. 그들은 또 나에게 말하기를, 나 스스로 건강을 회복하기 위해 노력해야 하며, 누구도 그 일을 대신해 줄 수 없다고 했다. 나는 그것을 신의 말씀으로 받아들이고 어떻게 하든 가정의 분위기에서 벗어나야겠다고 결심했다. 그것은 1940년 1월 아니면 2월의 일이었다. 나는 그해 5월에 자연치유법을 시작했다. 좌욕을 하고, 팥수수(jowar) 가루와 채소로 만든 음식을 먹으며, 소금, 고추, 매운 양념 등을 멀리했다. 그리고 그것을 핑계 삼아 오빠들의 허락을 얻어, 거처를 내 고향인 꼴라누꼰다(Kolanukonda)로 옮겼다.

꼴라누꼰다에 있는 커다란 우리 집에는 한 동안 사람이 아무도 살지 않았다. 그래서 뱀, 전갈 기타 유독성 파충류들이 그곳을 자기네 집으로 삼아 마음대로 돌아다니고 있었다. 그래서 우리는 함께 살아야 했는데, 다만 서로 방해하지는 않았다. 그들은 대개 밤 시간에는 밖에 나갔고 낮에는 나를 평화롭게 내버려 두었다. 우리가 함께 사는 것은 아주 재미있는 일이어서, 나에게는 모든 중생들을 향한 우애의 삶을 살아 보는 풍부한 기회를 주었다. 내 일과는 자연에 근거한 것이었다. 즉, 소위 자연치유를 위해 좌욕을 하고, 끄리슈나 강에 들어가 목욕을 하며, 순수성 식품을 먹고, 마을의 사원에서 예공을 올리며, 오후에 내 집으로 모이는 사람들에게 『바가바땀』을 읽고 그것을 설명해 주는 것이었다. 내가 이렇게 마을에서 살아가고 있을 때 인두마띠가 나에게 알려오기를, 자기가 남편과 함께 성지순례를 떠나는데 같이 가지 않겠느냐는 것이었다. 나는 동의했지만, 그 순례는 나에게 아무런 마음의 평화도 주지 못했다. 싯다뿌루샤를 찾아서 내 수행에 있어서 그의 도움과 인도를 받아야겠다는 욕망은 이루지 못한 채 남아 있었고, 그 열망이 나날이 강해져 갔다. 나는 내 소원을 들어 주시라고 신에게 열심히 기도를 올렸다. 그 무렵 오빠 D.S. 샤스뜨리는 에르나꿀람에서 인도중앙은행의 그곳 지점장으로 일하고 있었다. 그러다가 1941년에 아메다바드로 전근되었는데, 그곳으로 부임하기 전에 한 달 간의 휴가를 신청하여 올케와 함께 남인도의 여러 군데를 둘러보는 성지순례를 떠났다. 여행 도중 그는 띠루반나말라이에 들러 바가반 스리 라마나 마하르쉬를 친견하는 행운을 가졌다. 나로서는 다행스럽게도, 그는 나도 그곳에 오면 큰 이익이 있을 거라는 생각을 했다. 데불라빨리 숩밤마라는 친척 아저씨의 딸이 그 아쉬람에 있었다. 남편이 몇 달 전에 죽었는데 그녀는 여기 와서 마음의 평안을 얻었던 것이다. 오빠는 그녀가 나에게 도움을 줄 거라고 생각했다. 그래서 아메다바드에 도착하자마자 나에게 편지를 보내 라마나스라맘으로 가라고 했다. 동시에 그는 비자야와다에 있는 오빠에게도 편지를 보내어 나를 그리로 보내라고 했다. 내가 나 혼자서 거기까지 갈 수 있겠느냐고 회의를 표하자, 오빠는 그 문제라면 신이 나를 도와주실 거라면서 내 두려움을 물리쳐 주었다. 나는 이미 봄베이, 코임바토르, 에르나꿀람 등지를 여행한 적이 있어 힌디어와 타밀어를 약간 할 줄 알았다. 그래서 띠루반나말라이에도 혼자 얼마든지 갈 수 있을 거라는 자신감이 들었다. 비자야와다의 오빠는 나를 위해 띠루반나말라이로 직행하는 차표를 사주었다. 그래서 1941년 7월의 어느 날 밤, 그는 나를 마드라스 우편기차에 태우면서 구두르(Gudur)에서 기차를 갈아타고 까뜨빠디를 거쳐 띠루반나말라이로 가라고 일러주었다.

2. 라마나스라맘으로 떠난 순례

구두르에서 나는 기차를 내렸다. 아직 해가 뜨기 전이었다. 그래서 나는 목욕을 하고 나서 띠루반나말라이로 향하는 기차를 탔다. 기차에는 여성 전용 칸이 없었기 때문에 일반석 칸으로 들어갔다. 깔라하스띠(Kalahasti)와 띠루빠띠(Tirupati)가 도중에 있었고 나는 이곳들을 와 본 적이 없었기 때문에 이 기회를 이용하여 이곳들을 찾아가 볼까 생각했지만 과연 그럴 수 있을지 자신이 없었다. 장거리 표를 가지고 있기는 했으나 잠시 내리는 것은 허용되지 않을 것이라고 생각했다. 내가 객실 칸의 몇 사람과 그것을 의논하고 있을 때 공무원으로 보이는 신사가 내 이야기를 듣고 말했다. "보세요. 당신의 표라면 3일간 쉬었다 갈 수 있습니다. 지금 9시가 다 되어 가는군요. 깔라하스띠에 내려 아불람마의 호텔(Avulamma's hotel)로 가면 머무를 방을 줄 겁니다. 그러면 짐을 그곳에 두고 스와르나무키(Swarnamukhi) 강으로 가서 목욕을 한 다음, 사원에 있는 깔라하스띠스와라(Kalahasteeswara)를 친견할 수 있습니다. 당신이 돌아올 때쯤이면 식사가 준비되어 있을 겁니다. 식사를 한 뒤에 한 동안 쉬었다가 띠루빠띠 행 기차를 오후 2시 30분에 타면 그곳에 오후 8시에는 도착할 것입니다. 그러면 이틀간 띠루빠띠에서의 순례를 마치고 나서 정시에 띠루반나말라이에 도착할 수 있습니다." 내가 어떻게 할까 망설이고 있을 때 기차가 깔라하스띠에 도착했다. 나에게 그 조언을 해 준 신사는 내 짐을 자기 손에 들고 기차를 내리더니, 나를 위해 황소 달구지 한 대를 구해 달구지꾼에게 나를 아불람마 호텔로 데려다 주라고 했다. 그리고 나서 그는 자기 갈 길로 가 버렸다. 나는 그것이 신의 뜻이라고 생각하고 그 신사가 일러준 대로 스리 깔라하스띠스와라를 친견했고, 오후 2시 30분에 띠루빠띠로 가는 기차를 차고 저녁에 그곳에 도착했다.

그곳에 사는 데바스타남(Devasthanam)의 판무관辦務官(Commissioner) 부인은 내가 예전부터 아는 사람이어서 그녀의 집에 머물렀다. 그리고 그녀의 도움을 받으며 산에 올라 주 벤까떼스와라를 친견했고,10) 고가르밤(Gogarbham), 아까샤 강가(Akasa Ganga)11) 같은 다른 성지들을 방문하고 다음날 산을 내려왔다. 띠루빠띠에서는 스리 알리멜루 망가(Sri Alimelu Manga)와 바라다라자(Varadaraja)를 친견했고,12) 3일째 되는 날 아루나짤람으로 향하는 기차를 탔다. 스승을 친견하기 전에 성지순례를 해야 한다는 절차는 이렇게 하여 우연히, 아주 뜻하지 않게 지켜졌다.

내가 탄 기차는 오후 4시에 까뜨빠디에 도착할 예정이었지만 한 시간 연착했고, 그래서 연결 기차는 이미 까뜨빠디를 떠난 뒤였다. 그 다음 기차는 오후 6시 30분에 있었고 띠루반나말라이에 도착하면 밤 시간인 8시 30분이 될 것이었다. 나는 달리 아무것도 할 일이 없어 그 기차를 기다렸다가 탔다. 아쉬람에서는 해가 지고 나면 여자가 머무를 수 없다는 것을 미리 들어 알고 있었다. 내가 타고 있는 칸의 승객들도 그 사실을 확인해 주었다. 띠루반나말라이에 내리면 어디로 가야 할지, 어떻게 해야 할지 몰랐다. 자매 숨밤마의 주소도 가지고 있지 않았고 띠루반나말라이에는 아는 사람이 아무도 없었다. 내가 걱정하는 것을 보고 같은 칸에 있던 여자 두 명이 말했다. "우리는 띠루반나말라이에 있는 친척집에 갑니다. 당신은 우리와 함께 하룻밤을 지내고 다음날 아침 아쉬람으로 가면 됩니다." 나는 그들의 친절한 제안에 감사하고, 만약 그곳의 급식소에서 숙소를 구할 수 없으면 그렇게 하겠다고 했다.

---

10) [역주] 인도 최대의 순례지인 띠루빠띠의 벤까떼스와라 사원은 띠루빠띠 시내에서 11km 떨어진 띠루말라 산(Tirumala Hill) 위에 있다.
11) [역주] 고가르밤은 띠루말라 산의 큰 저수지가 있는 곳이고, 아까샤 강가는 띠루말라 산 위의 벤까떼스와라 사원에서 약 5km 떨어진 곳에 있는 폭포이다.
12) [역주] 알리멜루 망가는 주 벤까떼스와라(비슈누)의 반려자이고, 바라다라자는 곧 비슈누이다.

기차가 띠루반나말라이에 도착했을 때는 밤 8시 30분이었다. 그 여성들은 자기 친척들의 주소를 내 달구지꾼에게 주고 떠났다. 달구지는 바로 급식소 앞에서 멈추었다. 그곳 담당자는 지금은 급식소에 여자가 거처할 곳이 없다면서 내가 거기 혼자 머무르는 것은 적절치 않을 것이라고 했다. 그러면서 다른 데서 숙소를 찾아보라는 것이었다. 그래서 달구지꾼은 기차에서 만난 그 여성들이 준 주소로 나를 데려다 주었다. 내가 도착하자마자 그 두 여성이 나와서 나를 따뜻하게 맞이하면서 그 집 사람들에게 내 처지를 이야기했다. 나는 짐을 그들의 집 안에 들여 놓고 나서, 우물에서 발을 씻고 물을 좀 마신 뒤에 바깥의 베란다에 서 있었다. 그 여성들이 자기 친척들과 이야기를 나누느라고 바빴기 때문이다. 나는 낯선 사람들 가운데서 그렇게 혼자 바깥에 서 있기가 어색했다. 밤 10시에 그 집 주인이 돌아왔는데, 나를 보더니 타밀어로 거칠게 물었다. "저건 누구야?" 나는 그의 태도에 속이 상해 작은 목소리로 대답했다. "제발 안에 들어가셔서 물어 주십시오." 그는 안으로 들어갔지만 더 물어 보러 밖으로 나오지 않았다. 그래도 나는 마음이 불편했고, 이 사람들은 어떤 사람들일까 걱정이 되었다. 그래서 길 가는 사람 몇 명에게 그 시간에 아쉬람에 가도 되느냐고 물어보았다. 한 사람은 가도 된다고 했고 다른 사람은 안 된다고 했다. 이것을 본 이웃집 여자가 나와서 하는 말이, 이 시간에는 절대 아쉬람에 가지 못한다고 했다. 그녀는 나에게 텔루구어로 말했는데, 워낙 나를 동정하는 듯해서 나는 조금 기운이 났다. 이어서 우리는 이야기를 조금 했고 친해졌다. 그녀의 남편은 그때 아쉬람에서 잡역을 하는 일꾼이었던 모양이다. 그녀는 내가 짐을 맡긴 집 사람들이 점잖은 사람들이라고 했다. 그래도 우리는 그날 밤 그 베란다에서 같이 잤다. 나는 아침에 일어나서 그녀의 집에서 목욕을 했다. 내 짐을 달구지에 싣고 있을 때 그녀의 남편이 들어왔다. 그는 나에게 아쉬람에는 바라나시 숨바락슈맘마라는 텔루구 여성이 있는데, 그녀가 나를 돌봐 줄 것이라고 했다.

3. 스리 라마나 마하르쉬를 처음 친견함

내가 탄 달구지는 아쉬람 정문을 통과해 마당 안에서 멈추었다. 내가 달구지에서 내리고 있을 때 저명한 헌신자인 스리 깃달루리 삼바시바 라오가 다가오더니 어디서 오느냐고 물었다. 나는 비자야와다에서 온다고 말하고 오빠의 이름을 말하면서 이곳에 2, 3주일 정도 머무를 생각이라고 했다. 그는 도감인 스리 니란자난다 스와미에게 나에 대해서 이야기했고, 그들은 나를 즐겁게 맞이했다. 삼바시바 라오는 숨바락슈맘마에게 나와 내 짐을 보살펴 주라고 부탁했다. 그녀는 친절하게 나와 몇 마디 나눈 뒤에 나한테 커피를 주었고, 벌써 7시여서 바가반은 아침 식사를 끝내고 산으로 올라가셨다고 말했다. 그리고 당신이 돌아오실 때까지 좀 기다리라고 하더니 그 사이에 나를 회당 밖에 있던 내 사촌 숨밤마에게 소개했다. 그녀는 나를 보자 몹시 놀랐다. 내가 오게 된 경위를 말하고 났을 때, 바가반은 산에서 내려와 회당 안의 소파에 앉아 계셨다. 다른 사람들이 당신 앞에서 절을 하고 난 뒤에 숨바락슈맘마가 나를 따라오라고 하면서 회당 안으로 들어갔다. 나는 과일도 꽃도 가져오지 않았고 내 상자나 바구니에는 바가반께 드릴 것이 아무것도 없었다. 내 마음은 그처럼 비어 있었다. 여러 해 전에 나는 「마나사 샤따깜」에서 "깨달은 영혼은 자신에게 다가오는 사람들로부터 부를 바라지 않네. 그러니 네 마음의 꽃을 그분께 드리고 헌신과 봉사로써 그분의 축복을 받으라"는 시를 썼던 적이 있다. 먼저 진아를 깨달은 스승을 발견해야 한다. 그런 뒤에라야 마음의 불순물들이 씻겨 나가고 마음의 꽃이 만개한다. 그런 순수한 꽃만을 스승께 드릴 수 있다. 내 의도나 의식구조가 그러했기 때문에 나는 바가반께 드릴 것을 아무것도 가져오지 않았다는 것에 대해 특별히 걱정하지 않았다. 나는 바짝 긴장한 채 빈손으로 회당에 들어갔다. 나는 바가반 앞에서 단순히 절만 한 채 여자들이 앉는 자리에 가서 머리를 숙인 채 앉아 있었다.

회당 안에는 절대적인 침묵과 평안이 있었다. 10분이 지나서 내가 고개를 들었더니 바가반이 강렬한 시선으로 나를 바라보고 계셨다. 당신의 자비로운 표정은 동요하던 내 마음을 가라앉혔지만, 나는 그 시선의 강렬함을 견딜 수 없어 나도 모르게 다시 고개를 숙였다. 그날 오후 나는 내가 느꼈던 바를 시로 썼는데 그 의미는 다음과 같다. "내가 당신을 보자 당신이 나를 보셨네. 그 빛은 너무나 강력하여 내 머리는 부끄러움으로 숙여졌네." 나중에 나는 바가반의 꿰뚫는 듯한 시선에 대해 일련의 시들로써 묘사한 것에 이 시를 덧붙였다. 오전 9시 45분에 바가반은 밖으로 나가셨고, 우리도 회당을 나왔다. 그때 내 사촌이 나에게, 자기가 사는 곳은 내가 같이 쓰기에 너무 좁으니 아쉬람의 다른 여자들과 함께 지내라고 조언했다.

그 뒤 3일 동안 나는 밤 시간만 제외하고 계속 아쉬람에 있었고, 밤에는 다른 여자들과 함께 읍내로 내려갔다. 오고 가는 동안 아루나찰라 사원을 자세히 보았다. 나중에는 읍내에서 방을 하나 세내어 자취를 했다. 아쉬람에서는 내가 먹는 특별한 음식을 먹을 수 없었기 때문이다. 숙소를 바꾸기 전에 누군가 나에게 아쉬람에서 대중공양(bhiksha)을 내는 것이 좋을 거라고 조언해 주었다. 당시에 그 비용은 5루피밖에 들지 않았다. 또 조언하기를, 그럴 때 바가반께 샅가리개와 타월을 하나씩 드리는 게 좋을 거라고 했다. 그래서 그 천들을 사다가 바가반께 드렸다. 대중공양이 끝난 뒤 나는 이사를 했다. 그때부터 나는 오전과 오후를 아쉬람에서 보내고 식사 때는 집으로 돌아왔다.

열흘이 이와 같이 지나갔다. 바가반은 나에게 전혀 말씀을 하지 않으셨지만 나는 당신으로부터 깊은 감명을 받았다. 나는 당신에게서 언젠가 내 꿈에 들어오신 마하뿌루샤와 비슷한 점이 있다는 것을 발견했고, 당신에게『바쉬슈탐』등 베단타 경전에서 묘사하는 생존해탈자의 모든 특징이 있는 것을 보았다. 당신은 마치 햇빛을 받아 광채를 발하는 연잎 위의 물방울처럼, 그 어떤 것에도 집착이 없으셨다. 나는 매일 바가반을 지켜보면서 이분은 나의 무지를 몰아내 줄 수 있는 분이라는 것, 그리고 이분의 보호 속에 나 자신을 맡겨야 한다는 확신이 들었다. 그러나 나는 그렇게 많은 단어로 말할 용기가 나지 않았다.

4. 순복

나는 바가반이 텔루구 사람들에게는 텔루구어로만 말씀하신다는 것을 이미 들어 알고 있었다. 그 열흘 동안 나는 또 당신이 텔루구어로 읽고 쓰기를 할 줄 아신다는 것을 발견했다. 더욱이 어떤 헌신자들은 배운 사람들이 아닌데도 종이쪽지에 뭘 써서 바가반께 건네 드리기도 한다는 것을 알았다. 그것을 보고 용기를 낸 나는 순복(saranagati)에 대한 8연의 시를 적어서 바가반이 밖으로 나가고 안 계실 때 시자 한 사람에게 주었다. 바가반이 회당에 돌아오신 뒤에 시자 스리 마다바스와미가 그 종이를 당신께 드렸다. 스승님은 그 시들을 느긋하게 읽어보신 뒤 말씀하셨다. "봐, 그녀의 이름이 나감마인가 보군. 이 시들은 순복에 관한 거야. 공책에 풀로 붙여두지." 그렇게 말씀하시고 당신은 그 종이를 시자에게 도로 주셨다. 마다바스와미는 그런 목적으로 보관하고 있는 큰 공책 안에 그것을 집어넣으면서 말했다. "라마스와미 아이어도 순복에 관한 시를 몇 편 쓰지 않았습니까?" "그래, 그래. 그는 그것을 하나의 노래로 썼는데 이 여사는 시로 썼군." 바가반이 대답하셨다. 나는 아주 기뻤다. 나는 이곳에 이름난 큰 학자들이 있을 것이고, 보잘것없는 내 지식으로는 사람들 눈에 변변찮게 보일 거라고 생각하고 있었다. 그런데 이제 다소 자신감이 생겼다.

나흘 뒤에 나는 "아쉬람과 마하르쉬"라는 제목의 시 3편을 지어 먼저와 같은 방법으로 그것을 바가반께 드렸다. 이때는 바가반이 아무 말씀도 하지 않으셨다. 다음 날 마다바스와미가 회당 밖에서의 일을 끝내고 있을 때 내가 그에게 타밀어로, 내가 쓴 시는 어떻게 되었느냐고 조용히 물었다. 나는 바가반이 내가 말하는 것을 못 들으신 줄 알았다. 마다바스와미는 그 시들을 공책에 풀로 붙여 두었다고 했다. 나는 그 대답에 만족하여 회당으로 들어갔다. 바가반 앞에서 절을 하고 일어서자 당신이 웃음 띤 얼굴로 말씀하셨다. "타밀어는 어떻게 배웠지?" 나는 놀랐다. 잠시 후 정신을 수습한 나는 이렇게 대답했다. "둘째 오빠가 인도중앙은행에 근무하고 있습니다. 그가 남인도의 코임바토르, 알레뻬이, 에르나꿀람 등지에 있을 때 제가 오빠 집에 같이 있었기 때문에 타밀어를 배울 수 있었습니다." 그것은 내가 바가반과 나눈 첫 대화였다. 나는 나같이 순하고 하찮은 사람이 바가반의 아쉬람에서 피난처를 얻기는 불가능할 것이라고 생각했었다. 하지만 지금 바가반이 몸소 나에게 말을 걸어주셨고, 그래서 나는 말할 수 없이 기뻤다. 나는 평소의 내 자리로 돌아가서 당신의 친절함에 몹시 흥분된 상태로 앉아 있었다. 가족 인연은 이미 끊었고 이제 새로운 생활이 시작되고 있던 차에, 이러한 자비로운 시선과 친절한 격려의 말씀들은 나를 참 스승에 대한 사랑으로 묶어 놓았다. 나는 머리에서 큰 짐 하나가 덜어진 것 같은 생각이 들었다.

이 무렵에는 벌써 3주일이 지나가 있었다. 그 기간 동안 나는 헌신자들이 얼마나 스스럼없이 질문을 하고 자신의 의문을 해소하는지, 바가반의 친존에서 그들이 어떻게 평안과 만족의 삶을 살고 있는지 보았다. 그리고 나는 당신이 나를 제대로 인도하고 도와줄 수 있는 스승이라는 느낌이 들었다. 직관적으로 내가 귀의처를 찾았다고 느꼈고, 그래서 나는 아쉬람에 아주 머물러야겠다고 결심했다. 『바가바드 기타』 제9장 22절에서 이렇게 말한다.

일념으로 늘 나를 생각하고 숭배하는 사람들, 늘 헌신 속에서
나와 결합된 자들을 나는 보호하고, 그들의 필요를 충족시켜 준다.

그것은, 우리가 확고한 자세로 꾸준히 그분께 봉사할 때만 그분이 우리에게 필요한 모든 것을 충족해 주면서 완전한 보호를 베풀어 줄 것이라는 뜻이다. 그와 같이 나도 아쉬람에서 당신 곁에 머물러 있으면서 먼저 스승님께 일념으로 봉사해야겠다고 생각했다.

이때는 큰올케가 출산을 앞두고 있을 때였다. 나는 그녀가 분만할 때 옆에 있겠다고 다짐했었다. 팥수수 가루 등 내가 가져왔던 식품이 다 떨어졌다. 그래서 나는 일단 집에 갔다가 여기 아주 머무를 수 있게 필요한 모든 채비를 해서 오기로 마음먹었다. 그러나 바가반의 허락 없이 떠나고 싶지는 않았다. 그래서 나는 애초에 약속한 게 있어 집에 가야 하지만 당신을 무척이나 떠나고 싶지 않다고 하면서, 내가 당신 계신 곳에 빨리 돌아올 수 있도록 나를 축복해 주시라는 작은 쪽지를 하나 적어서 드렸다. 바가반은 승낙의 표시로 고개만 끄덕이시고, 그 쪽지를 접어서 선반에 얹어 두셨다.

5. 일체가 라마나다

　내가 탈 기차는 오전 9시 30분에 띠루반나말라이를 출발하여 까뜨빠디를 거쳐 구두르로 직행하는 것이었다. 그래서 다음날 아침 내 방을 비워주고 작별 인사를 하러 아쉬람으로 갔다. 바가반은 아침 식사를 끝내고 산으로 포행을 가셨다가 돌아와서 회당에 조용히 앉아 계셨다. 나는 짐을 달구지에 놓아두고 바가반께 가서 절을 한 뒤에 떠나도 좋다는 허락을 얻기 위해 당신 앞에 서 있었다. 당신은 나를 계속 바라보셨다. 오! 그 시선은 얼마나 서늘하던지! 머리부터 발끝까지 내 몸은 서늘하고 고요해졌다. 12년간이나 스승을 그리워한 끝에 오빠들의 허락을 얻어 여기 왔는데, 이제 참스승을 만난 이곳을 떠난다는 것은 얼마나 어리석은 짓인가! 이 생각에 사로잡혀 나는 그 자리에서 움직일 수 없었다. 밖에서는 달구지꾼이 나를 부르면서 시간이 다 되었다고 하는 소리가 들렸다. 나는 스승님께 말이 나오지 않아 고개만 꾸벅했다. 바가반은 나를 딱하게 여기시고 역시 고개를 끄덕여 허락하셨다. 회당 밖을 나오자 사촌인 숨밤바와 바라나시 숨바락슈맘마가 나에게 걱정하지 말라면서 금방 돌아오게 될 거라고 안심시켜 주었다. 그 말에 나는 달구지를 탔다.

　달구지가 아쉬람 정문을 빠져나가자마자 나는 눈물을 훔치며 걱정스럽게 주위를 돌아보았다. 그러자 어디를 보든 바가반의 찬란히 빛나는 모습이 보였다. 눈을 감아 보았지만 그래도 바가반의 모습이 남아 있었다. 달구지는 이내 아루나찰레스와라 사원 근처에 왔다. 나는 고개를 들고 고뿌람을 쳐다보았다. 바가반은 거기에도 계셨다. 나는 합장을 하고 나서 기차역으로 갔다. 달구지꾼은 표를 사서 나를 차에 태워주었다. 여성 칸에는 사람들이 많지 않았다. 나는 짐을 조심스럽게 내려놓은 뒤 창가에 앉아 아루나짤람 산 쪽을 계속 쳐다보기 시작했다. 기차가 출발했고, 사원의 고뿌람, 산꼭대기 그리고 일체가 시야에서 점차 사라져갔다. 오직 바가반의 모습만이 내가 어디를 보든 내 마음 속에 선명히 새겨진 채 남아 있었다. 나는 차창으로부터 시선을 돌려 객실칸 안을 바라보았다. 그런데 거기에도 바가반이 계신 것이었다. 라마나께서는 내가 어디를 가든 나와 함께 다니시는 것 같았다. 당신의 모습이 얼마나 확고하게 내 마음에 아로새겨져 있던지! 그것이 바로 스승의 은총이었다. 나는 호랑이의 입 안에 든 양과 같았다. 그 상태에서 나는 배고프고 목마른 것에 전혀 상관하지 않았다. 저절로 나는 이렇게 자신에게 말하는 것이었다. "일체가 라마나로 가득하다. 세계가 라마나로 가득하다." 내 옆에 앉아 있던 여자가 나에게 어디에서 오느냐고 물었다. 나는 라마나스라맘에서 온다고 말해 주었다. "그랬군요. 당신의 행동을 보니 알겠어요. 까뜨빠디에서는 커피라도 좀 드세요." 그녀가 말했다. 그래서 까뜨빠디에서는 커피를 좀 마시고, 구두르에서 기차를 갈아타 비자야와다에 도착했다.

집에서는 내가 해야 할 일들을 하면서도 마음은 부단히 바가반의 연꽃 발에 가 있었다. 집안 식구들은 삶에 대한 내 태도가 달라진 것을 눈치 채고 내가 왜 그렇게 침울하고 멍하냐고 물었다. 나는 내가 달라진 것은 아무것도 없다고 했다. 어떤 사람들은 그 말을 믿었지만, 어떤 사람들은 믿지 않고 내가 미친 사람 같다고 자기들끼리 수군거렸다. 실제로 미친 숙모가 한 사람 있었기 때문에 그들은 나도 미쳐가고 있다고 생각한 것이다. 그러나 내 미친 증세는 좀 다른 유형의 것이라는 것을 그들이 이해할 수 있었을까?

그러는 사이에 올케는 분만실에 들어 아들을 낳았다. 여덟 번째 아이였다. 아기 이름을 어떻게 좋으면 좋겠느냐고 그들이 묻기에, 나는 라마나로 지으면 된다고 말해 주었다. 그래서 그들은 아기 이름을 라마나 샤르마로 지었다. 내가 할 일이 끝나자 나는 집안 식구들에게 아쉬람으로 돌아가겠으며, 언제든 필요할 때는 돌아오겠다고 했다. 1941년 11월, 나는 아쉬람에 아주 눌러 살기 위해 필요한 일체를 챙겨서 디빠우뜨사밤(*Deepotsavam*-디빰 축제) 때에 맞추어 아루나짤람으로 돌아왔다.

6. 라마나스라맘에서의 삶

처음에는 먼저 살던 곳을 세 내었다. 그러나 공간이 너무 협소했고 이웃의 여관이 너무 시끄럽고 번잡스러워 견딜 수 없었다. 그래서 에짬말이 살던 딴 집으로 옮겼다. 에짬말은 바가반의 오랜 헌신자였다. 그녀에게서 특별한 점은, 38년이 넘도록 매일 자기가 준비한 음식을 바가반께 가져가 올린다는 것이었다. 이 관행은 바가반이 비루팍샤 산굴에 혼자 사실 때부터 시작된 것으로, 당시에는 음식을 갖다 드리는 사람이 아무도 없을 때였다. 나는 낮 동안은 온통 아쉬람에서 보냈고, 밤에는 바가반의 생애에 관해 에짬말이 들려주곤 하던 이야기를 들었다. 그녀가 아플 때에는 내가 음식을 만들어 그녀를 대신해 바가반께 갖다 드리기도 했다. 그러나 실제로 음식을 배식하는 것은 주방에서 일하는 샨땀마 등 다른 사람들이었다. 찐나스와미는 내가 음식을 가져갈 때마다 "왜 자네가 그런 일을 다 떠맡지?" 하고 말하곤 했다.

그러나 그것은 바가반에 대한 봉사였고 뜻하지 않게 찾아온 특권이었기에, 나는 그러기를 계속했다. 바가반은 모든 상황을 조용히 지켜보고 계셨다. 나는 에짬말의 충고를 따라, 끄리띠까이(*Kritikai*) 축제가 모두 끝난 뒤 시자들의 허락을 얻어, 회당에 들어가 바가반께 절을 올린 뒤에 당신 앞에 섰다. 마다바스와미가 바가반께 내가 뭘 여쭈어 보러 왔다고 말씀드렸다. 바가반은 무슨 일이냐고 묻는 표정으로 나를 바라보셨다. 내가 당신께 무슨 말씀을 드릴 수 있었겠는가? 마음 속에는 많은 생각들이 있었지만 한 생각도 입 밖으로 나오지 못했다. 마침내 나는 떨리는 목소리로 말했다. "부디 제가 해탈을 성취할 수 있도록 도와주십시오." 당신은 자비심 어린 눈길로 나를 바라보시며 그저 고개만 끄덕이셨다. 나는 더 이상 말을 못하고 당신 앞에 다시 한번 오체투지한 뒤에 밖으로 나왔다. 에짬말은 내가 뭘 여쭈었고 바가반이 뭐라고 대답하셨는지 알고 싶어 했다. 자초지종을 말해주자, 그녀는 그것이 아주 좋은 징후라고 말했다. 내가 했던 식으로 누가 바가반께 다가가면 당신은 보통 이렇게 말씀하셨던 모양이다. "지금 뭐 하는 건가요?" 그리고 그들이 하는 말을 듣고 나서 무슨 조언을 해 주시는 것이었다. 내 경우에는 그렇게 하시지 않고 그저 나에게 가피加被(abhayam)만 주셨는데, 에짬말에 따르면 그것은 굉장한 것이었다. 그러나 그때는 나에게 예전 스승도 없었고 누구에게 입문도 받은 적이 없었는데, 당신이 무엇을 물으시며 내가 무슨 대답을 할 수 있었겠는가? 나는 그녀에게 그렇게 말했다.

내가 바가반의 은총을 받고 난 뒤, 마치 아할리야가 스리 라마의 성스러운 발에 묻은 먼지에 닿자 과거의 무지에서 벗어났듯이, 내 마음은 어두움이 밀려나면서 맑아졌다. 마음은 내면으로 향했고, 일종의 자기탐구를 시작하게 되었다. 내가 그전까지 어떤 수행법으로 공부했든 그것은 다 이 자기탐구에 이르는 길이었을 뿐임을 이제 깨달은 것이었다. 나는 바가반의 가르침을 담고 있는 모든 책을 주의 깊게 읽기 시작했고, 그것을 몇 번이나 거듭 마음 속에서 돌려보면서 하루 중 대부분의 시간을 이 수행에만 쏟았다. 어떤 의문이 있을 때면 작은 종이쪽지에 글로 써서 바가반께 넘겨드리면서 인도를 청했다. 어떤 때는 직접 당신께 여쭈기도 했다. 그러면 당신은 이따금 "왜 그런 의문에 주의를 기울이나?" 하고 나를 질책하시기도 했다.

7. 암리따 나디

1942년에 한 타밀 빤디뜨가 암리따 나디(amritanadi)에 대해 바가반과 논의를 시작했다. 바가반은 아주 관심 있어 하시는 것 같았고, 그의 질문에 대해 암리따 나디가 어떻게 작동하는지 자세하게 대답해 주셨다. 그것을 보자 나는 암리따 나디에 대해 내가 아무것도 모르는 것이 아쉬웠다. 바가반은 빤디뜨가 떠난 뒤에도 마다바스와미와 논의를 계속하셨다. 나는 그것에 대해 알고 싶은 마음이 굴뚝같아 바가반이 우사에서 돌아오실 때 당신께 다가가서 암리따나디에 대해 여쭈었다. 내가 말을 채 끝내기도 전에 당신이 퉁명스럽게 말씀하셨다. "그런 걸 왜 걱정하나?" 내가 조용히 말했다. "당신께서 지난 나흘 동안 그것을 두고 토론하시기에 저도 당신께 여쭈어서 그것을 좀 알아야 되겠다고 생각했습니다." "무슨 그런 생각을! 그는 경전에 쓰여져 있는 것에 대해 질문했고, 나는 그에 적절한 답변을 해 준 건데. 왜 그런 걸 다 신경 쓰나? 자네가 누구인지 자네 자신의 내면을 살펴보면 그걸로 족해." 바가반이 말씀하셨다. 당신은 엄한 목소리로 이 말씀을 하신 뒤 가 버리셨다. 나는 당신이 하신 말씀에 놀라서 그 자리에 한 동안 서 있다가 떠났다.

  2, 3일 뒤에 회당에 사람이 많지 않을 때 또다시 암리따나디에 대한 논의가 있자 바가반이 말씀하셨다. "예. 그것은 하나의 관념에 불과합니다."

"만약 그렇다면, 암리따나디에 관련된 모든 사항들이 관념에 불과합니까?"

"예. 그것이 관념에 불과하지 않다면 달리 무엇이겠습니까? 육신 자체가 하나의 관념이라면, 그것도 하나의 관념이 되지 않겠습니까?" 이렇게 말씀하시면서 바가반은 자비심으로 나를 바라보셨다. 그 순간, 남아 있던 내 모든 의문이 해소되었다.

  이와 같이 바가반의 은총은 나를 향해 꾸준히 흐르기 시작했다. 그것은 물이 마른 땅을 적시며 흘러 꽃을 피우는 것과 같았다. 나는 모든 생각의 근원을 탐구하는 수행을 시작했다. 그러나 내 마음은 나도 모르게 착각과 환상으로 빠져들곤 했다. 그런 경우에 바가반은 마치 그런 생각들을 쫓아버리려는 듯 나를 예리하게 바라보시곤 했다. 내가 눈을 뜨기만 하면 바가반이 나를 바라보고 있는 것이었다. 마치 나더러 잘못을 깨달으라고 말씀하시는 듯이. 그런 경우에는 나 자신이 부끄러웠다. 그럼에도 나는 내 수행상의 서투른 실수들을 바가반의 귀에 속삭이지는 않았고, 그 대신 가끔 그런 내용을 적은 쪽지들을 당신께 드리곤 했다. 당신은 내가 자주 당신께 접근하여 가르침을 청해도 화내시거나 피곤해 하시지 않고 인내심 있게 내 의문을 해소해 주시고 내 결점을 지적해 주셨다. 이런 방식뿐 아니라 기타 여러 가지 방식으로 당신은 내가 제대로 수행을 해 나갈 수 있도록 가르치거나 주의를 주셨다. 이렇게 하여 당신은 나에게 마음의 평화와 만족감을 주셨다. 더욱이 내가 바가반의 연꽃 발에 귀의한 뒤로는 비자야와다 등지에 가서 내 가족을 만나고 싶다는 욕망이 완전히 사라져 버렸다. 어디에도 가고 싶은 마음이 없었다. 오히려 나는 여생 동안 아쉬람에서 살아야겠다고 생각했다. 띠야가라자는 그가 지은 어느 노래에서 이렇게 말했다. "너무나 많은 위대한 영혼들(mahanubhavas)이 계시네. 그분들 모두에게 경배 드리네." 나에게도 그런 감정이 아주 절실히 다가왔다.

8. 원숭이들의 봉사

  어떤 헌신자든 스승의 은총을 받고 나면 그를 찬양하게 되는 것이 당연하다. 나는 내면에 잠재해 있던 시를 쓰는 습이 드러나기 시작했다. 그해 11월 끄리띠까이 축제 기간 중에 나는 시 5수를 지어 바가반의 발 앞에 놓았다. 나중에 구람 숩바라마이야가 『아묵따 말리야다』(Amukta Malyada) 한 권을 스승님께 보내왔다. 이 책은 겉장이 찢어지고 재봉선이 튀어나와 있었다. 바가반은 그것을 제대로 장정하게 하신 뒤에 당신의 진주 같은 글씨로 제목을 써 넣어 그 책을 나에게 주시면서 읽어 보라고 하셨다. 그때도 나는 바가반에 대한 시를 몇 수 지었다. 1943년에는 바가반의 생애를 묘사하는 노래들을 지었는데, 텔루구 헌신자인 짠드람마가 바가반 앞에서 아름다운 목소리로 그 노래를 불렀다.

바가반은 인내심 있게 그 노래를 듣고 나서 주위에 있던 사람들에게 말씀하셨다. "이 노래는 시바쁘라까샴 삘레이가 타밀어로 지은 '발라, 발라, 발라, 라마나 빠담 발라베'(Vazha, Vazha, Vazha, Ramana Padam Vazhave -'축복, 축복, 축복, 라마나의 발에 축복을') 하는 노래와 비슷하군." 그날 오후 당신은 산으로 포행을 가시면서 시자인 랑가스와미에게 이렇게 말씀하신 모양이다. "봐. 사람들은 내가 화신이니 뭐니 하는 글들을 짓는군. 나감마는 뭐라고 쓴 줄 알아? '당신은 전재(全在) 전능하신 진아입니다. 당신은 진아 깨달음의 길을 우리에게 보여주시려고 태어나셨습니다'라고 말이야. 비자야와다가 어디고 아루나짤람이 어디야? 그녀는 거기서 와서 여기 혼자 살면서 이런 시를 지었어. 그에 대해 우리가 무슨 말을 할 수 있나? 사람들의 성품이 각자의 상습에 따라 드러나는 것을. 그녀의 상습은 그런 것이야."

며칠 뒤에 나는 '쁘라르타나'(Prarthana)라는 제목의 시 4수를 지어 바가반 앞에 놓았다. 바가반은 그것을 보시고 혼자 웃으셨다. 이것을 보고 라자고빨라 아이어가 무슨 내용이냐고 여쭈었다. 그러자 당신은 웃음 띤 얼굴로 이렇게 말씀하셨다.

"이 네 수는 기도문으로 지은 것이군. 둘째 연이 재미있어. 내가 산을 내려와 여기 정주한 뒤에는 나에게 봉사하는 원숭이가 없는 모양이야. 그래서 '원숭이인 제 마음의 봉사를 받아 보시지 않겠습니까? 이 원숭이는 물질적인 것들을 추구합니다. 그것을 묶어 놓고 꾸짖어 주셔서 당신께 봉사하도록 해 주십시오'라고 하는군. 그런 내용이야. 샹까라는 「시바난다라하리」(Sivanandalahari)[13]에서 이와 비슷한 내용의 시 한 수를 지었지. '오 샹까라![14] 당신은 걸사(乞士)(Bhiksu)이십니다. 왜 원숭이라고 하는 제 마음을 당신의 지팡이에 묶어 매달고 탁발을 다니지 않으십니까? 그러면 시주를 넘치게 받으실 텐데 말입니다'라고."

---

13) [역주] 샹까라가 시바를 찬양한 100연의 찬시. 그 아래 시구는 그 제20연에 나온다.
14) [역주] 이 샹까라는 시바의 한 이름을 지칭한 것이다.

9. 지식 보시

1943년에 중앙은행 당국은 오빠를 아메다바드에서 마드라스로 전근시켰다. 나는 아쉬람에 있는 2년 동안 고향을 두세 차례 다녀왔지만 가족 친지들은 아무도 아쉬람에 오지 않았다. 오빠는 마드라스로 온 직후 아쉬람을 찾아와서 내가 어떻게 지내는지 알아본 뒤에 돌아갔다. 그가 가고 나자 바가반이 그가 내 큰오빠인지 둘째 오빠인지 나에게 물으셨다. 나는 둘째오빠라고 대답했다. 보름 뒤에 오빠는 아쉬람에 다시 왔는데, 이번에는 가족을 함께 데리고 와서 이틀을 머문 뒤에 돌아갔다. 오빠와 올케는 돌아가면서 나더러 마드라스로 함께 가자고 했다. 비자야와다에 있는 큰오빠로부터도 자기 집에 한번 오라는 편지를 받았다. 그래서 바가반이 우사에서 돌아오실 때 당신께 다가가서 내 가족들이 와 달라고 하는데 다시 집안일이라는 소용돌이에 빠질까 두렵다고 말씀드렸다. 바가반은 미소를 지으시며 "모두가 우리에게 빠지는데 우리가 남들에게 빠질 일이 있겠나?" 하시고는 가 버리셨다. 그때 나는 '세계가 우리 안에 있지, 우리가 세계 안에 있는 것이 아니다'라고 하신 바가반의 가르침을 상기했다. 그러나 그때는 당신이 말씀하신 정확한 의미를 이해하지 못했다.

내가 마드라스에 당도해 보니 비자야와다의 큰오빠한테서 편지가 와 있었다. 오빠와 올케가 마드라스로 오는데 내가 와 있는지, 내가 있으면 자기들이 올 때까지 기다렸다가 같이 아쉬람으로 가자는 것이었다. 나는 놀랐다. 그리고 바가반께서 "모두가 이리 오는데 거기로 갈 거 있나?" 하신 말씀이 무슨 뜻이었는지를 깨달았다.

그래서 나는 마드라스에서 기다렸다가 나흘 뒤 그들과 함께 아쉬람으로 돌아왔다. 바가반은 주위의 사람들에게 말씀하셨다. "오! 나감마가 아주 빨리 와 버렸군!" 나는 그 말씀을 듣고 아주 기뻤고, 큰오빠와 올케를 바가반께 소개하면서 어떻게 해서 계획했던 것보다 빨리 오게 되었는지 말씀드렸다. "오호! 그래? 비자야와다에 간다고 한 사람이 어떻게 해서 그렇게 빨리 왔나 싶었지." 바가반이 말씀하셨다. 오빠네 가족은 꾼주스와미의 집에 있는 한 방에 머무르면서 아쉬람에서 식사를 했고, 나는 그들과 하루 종일 함께 지냈다. 오빠는 내가 살고 있는 읍내의 작은 방을 보고 나서 그것이 너무 작다고 생각하여, 아쉬람 근처 꾼주스와미의 집 안에 있는 방 하나를 얻어 주었다. 오빠는 그 방으로 내 짐들을 옮겨주고 나서 바가반께 이제 내가 아쉬람에서 살게 되었다고 말씀드리고는 떠났다. 아쉬람 근처로 이사하고 나자 나는 먼 거리를 걸어 다니는 수고를 덜었고 집에서 더 많은 시간을 쓸 수 있게 되었다.

나는 아쉬람에서 살기 전부터도 「힌두 순다리」(*Hindu Sundari*)나 「그리하락슈미」(*Grihalakshmi*) 같은 잡지에서 청탁이 들어올 때마다 글을 기고하곤 했다. 그래서 그들은 정기적으로 증정본을 나에게 보내주었다. 아쉬람에 온 뒤로는 기고하는 일을 그만두었는데도 잡지들을 그전처럼 계속 받고 있었다. 나는 그 잡지들이 아쉬람 주소로 오도록 조치했다. 바가반은 그 잡지들을 보시고 "아니, 자네는 잡지에 기고도 하는 모양이군?" 하고 말씀하셨다. 내가 대답했다. "예, 가끔씩 기고를 했습니다. 지금은 그러지 않는데도 잡지를 보내옵니다. 아쉬람에서 받아보는 걸로 하면 모든 사람이 읽을 수 있을 것 같아서 제가 그렇게 조치했습니다." "오호! 그래?" 바가반은 웃으면서 말씀하셨다. 며칠 뒤 찐따 딕쉬뚤루가 바가반을 친견하러 왔다. 나는 그를 그전에 본 적이 없었다. 저녁 베다 빠라야나가 끝난 뒤 바가반은 나를 그에게 소개해 주셨다. 나중에 해가 져서 여자들이 떠날 시간이 되자 나는 집으로 돌아가려고 나섰다. 딕쉬뚤루도 따라 나왔다. 나는 그와 몇 마디 의례적 인사말을 교환한 뒤 집으로 왔다. 딕쉬뚤루가 다시 들어가자 바가반이 이렇게 말씀하신 모양이다. "보세요, 이 나감마는 비자야와다에서 여기까지 와서 계속 살고 있습니다. 그녀는 잡지에 글을 기고하여 대중들에게 철학적 지식을 보시하고 있지요." 그 말씀을 듣고 딕쉬뚤루는 아주 기뻐했다. 그는 바가반의 말씀을 나에게 들려준 뒤 이렇게 말했다. "바가반께서 얼마나 멋지게 말씀하셨는지 보십시오. 당신이 지식을 보시한다고요. 얼마나 멋진 표현입니까!" 그러면서 내가 한 일을 칭찬하고 나서 아쉬람으로 돌아갔다.

10. 바가반 회당에서의 봉사

내가 아쉬람 근처의 저택으로 이사한 지 몇 달이 채 되지 않았을 때, 라니 쁘라브하바띠(Rani Prabhavati)가 자신이 바가반을 찬양하여 지은 산스크리트 시들을 출판하기로 했다. 그녀는 스리 자가디스와라 샤스뜨리에게 그 시들의 교정을 부탁했는데, 그는 바가반의 1천명호名號에 대한 책을 쓴 사람이다. 그 시들의 교정이 끝나자 라니는 그것을 나가리 문자로 베껴 쓰기 시작했다. 하루는 바가반의 시자인 라자고빨라 아이어가 그 시들과 관계되는 종이들을 바가반께 보여드렸는데, 그 중에서 텔루구어로 된 시가 여러 수 들어 있었다. 바가반은 내 쪽을 바라보시면서 그 시들도 누가 베껴두면 좋을 것이라고 몇 번 말씀하셨다. 바가반이 자가디스와라 샤스뜨리에게 이 말씀을 되풀이해서 하시자 샤스뜨리는 그 일이라면 나에게 맡길 수 있을 거라고 말했다. 그러나 바가반은 망설이셨다. 나는 두 분이 주고받는 대화를 잘 듣지 못했기 때문에 나중에 바가반이 회당을 나가신 뒤에 자가디스와라에게 무슨 이야기였느냐고 물어 보았다. 그는 바가반이 누군가가 그 텔루구어 시들을 다 베껴 써 주면 좋겠다 하시더라고 했다. 나는 그에게 그 일은 내가 할 수 있지만 주제넘게 보일지 몰라서 주저된다고 말했다. 그러자 자가디스와라 샤스뜨리가 말했다. "바가반께서 누군가가 그것을 베껴 써 주었으면 한다고 말씀하신 것은 자네를 염두에 두신 거야. 자네한테 그 일을 맡기실 것인지 내일 당신께 여쭈어 보기로 하지."

다음날 바가반이 산 위로 아침 포행을 갔다고 돌아오셔서 회당 안에 느긋하게 앉으시자, 내가 당신의 소파 가까이 가서 섰다. 당신은 무슨 일이냐는 표정으로 나를 바라보셨다. 내가 말했다. "그 텔루구어 시들을 베껴두면 좋을 것입니다." "그렇지. 하지만 누가 하겠으며, 언제 하겠나?" 당신이 대답하셨다. 나는 내가 그럴 준비가 되어 있다고 말씀드렸다. 당신이 말씀하셨다. "그렇다면 좋지. 해 봐. 공책이 한 권 필요하겠군, 그렇지?" 내가 그렇다고 하자 그 문제는 당신은 알아서 하겠다고 하셨다. 그리고 라자고빨라 아이어 쪽을 향해 말씀하셨다. "보게. 나감마가 텔루구어 시들을 다 베껴 쓰겠다는군. 장정한 큰 공책도 한 권 주게." 시자가 흰 종이 약간과 장정한 큰 공책을 가져오자 바가반은 그것을 직접 나에게 건네주셨다. 그날부터 당신은 이따금 들어오는 텔루구어 송찬들을 읽지 않으시고 당신 대신 내가 그것을 읽게 하셨다. 그것은 조만간 내가 그 시들을 베껴야 할 것이기 때문이었다. 나중에 나는 도서실에 들어오는 책들을 받고 대출해 주는 소임을 맡았다. 나아가 축제가 있는 날에는 당신을 친견하러 온 여성 헌신자들의 군중을 통제하는 자원봉사자로서도 일했다. 이런 여러 가지 일들을 하면서 나는 바가반이 계신 회당의 분위기에 친숙해졌고, 텔루구 문헌들에도 정통하게 되었다.

11. 나의 저작 활동

약 6개월 뒤에 나는 라주 쩨띠의 대지 안에 있는 한 가옥으로 이사했는데, 이곳의 분위기는 내가 글쓰기 작업을 하기에 좋았다. 아쉬람에서 소임을 맡지 않았을 때는 독서를 하고 시를 쓰는 데 몰두했다. 1943년에서 1945년 사이에는 「따이바빠땀」(*Taivapatam*)[바가반의 눈에서 나는 광채에 대한 27연시], 「나끄샤뜨라말라」(*Nakshatramala*), 「아르빠나」(*Arpana*) 등의 시를 지었다. 이 시들은 그전에 쓴 순복에 관한 시들과 함께 내가 그 장정한 공책에 베껴 써서, 저명한 텔루구 헌신자이자 아쉬람 상주자인 스리니바사 마우니에게 보여주었다. 그는 아주 기뻐하면서 그 표지에 '라마나 까루나 빌라삼'(*Ramana Karuna Vilasam*)이라고 써 주었다. 나는 어느 설 잔치 때 그 장정된 공책을 스리 바가반의 발 아래 놓았다. 그 뒤의 어느 명절 때는 오빠와 올케가 와 있었는데, 이때는 「발라끄리슈나 기따발리」(*Balakrishna Geetavali*)라는 제목의 108연시가 들어 있는 다른 공책을 스승님께 헌정했다. 또 어느 중요한 날에는 「라마나 샤따깜」(Ramana Satakam)이라는 책을 헌정했다. 나중에 나는 바가반이 들려주신 몇 가지 노래와 짤막한 이야기들, 50주년 기념식을 시로써 묘사한 것 몇 편, 그리고 암소 락슈미를 연구한 글 한 편도 지었다. 이 모든 저작들은 출판되지 않았다.

오빠는 마드라스로 전근된 뒤 휴가를 얻을 때마다 아쉬람을 찾아왔다. 어떤 때는 친구들을 데려오기도 했다. 그가 올 때마다 나는 바가반의 친존에서 있었던 대화와 논의들을 들려주곤 했는데, 그러면 그는 그런 모든 이야기를 한 권의 책으로 모아두면 좋을 거라는 말을 곧잘 했다. 내가 아쉬람에 오기 전에 무나갈라 벤까따라마이야는 스승님 앞에서 일어나는 사건들을 영어로 기록한 모양인데, 나중에는 여러 가지 이유로 그 일을 그만두어야 했다. 그가 쓴 것은 아쉬람 문서고에 그대로 보관되어 있었다. (그 뒤에 그것은 『대담』이라는 제목으로 출간되었다.) 나는 그것이 어려운 과제여서 다른 사람이 하는 게 좋고, 그것도 가급적이면 남자 헌신자라야 가장 잘 해낼 수 있을 것이라고 이야기한 적이 있었다. 마침내 사람들이 설득하여 데바라자 무달라이아르가 아쉬람 당국의 승인을 받아 영어로 일기를 쓰게 되었다.[15]

12. 『편지』를 씀

바로 그 시기에 오빠가 나에게 일기장 한 권을 주면서, 아무리 많은 사람이 바가반의 친존에서 일어나는 일들을 기록해도 상관없으니 텔루구어로 일기를 써 보라고 했다. 일기를 쓰는 데 익숙지 않았던 나는 그것을 한번 써 보려 했지만 잘 되지 않아, 오빠한테 더 쓰려고 해 봐야 소용없겠다고 했다. 그가 말했다. "일기를 쓴다는 생각은 하지 마라. 너는 어쨌든 바가반의 친존에서 일어나는 일들에 대해 가끔씩 편지를 써 보내고 있잖아. 그와 같이 내 앞으로 편지를 써서 그것을 간직하고 있어라. 나중에 그것을 어떻게 할지는 그때 가서 생각하기로 하고. 필요하다면 적절히 고칠 수 있겠지." 그는 펜 하나와 편지지 한 묶음을 가져와 나에게 주고 떠났다.

오빠뿐 아니라 다른 헌신자들도 계속 나에게 글을 쓰라면서 이렇게 말했다. "지금은 당신이 여기 사는 유일한 안드라인이고, 우리는 모두 왔다 갔다 하는 사람들입니다. 부디 글 쓰는 일을 당신의 소임으로 삼아, 바가반의 음성을 소화하여 우리한테 전해주십시오." 나는 그러겠다고 했다. 그래서 1945년 11월부터 편지를 쓰기 시작했다. 이 일에 대해 바가반께 말씀드릴 용기가 없었기 때문에, 이 일이 성공하게 해 달라고 마음속으로 바가반께 기도를 올리고 나서 말이다.

---

[15] 이 일기는 『바가반과 함께 한 나날』로 아쉬람에서 출간되었다.

이 편지들이 얼마나 쓸모 있고 인기가 있을지에 대해 나 자신도 의구심이 있었기 때문에 나는 이 문제를 비밀로 해 두고 싶었다. 그러나 흔히 하는 말로 "사람은 제안하고 신은 처분한다"고 하듯이, 예기치 않은 일이 일어났다. 내가 대여섯 통의 편지를 끝내고 났을 때 대중이 스깐다쉬라맘으로 소풍을 가게 되었는데, 바가반도 동참하셨다. 나는 거기서 있었던 모든 일들을 세 통의 편지 형식으로 서술해 두었다. 어느 날 저녁 내 집의 베란다에 앉아서 그 편지들을 여기 저기 손보고 있는데, 뜻하지 않게 데바라자 무달라이아르가 불쑥 들러 그 쓴 것이 뭐냐고 물었다. 내가 말해 주자 그는 그 편지들을 보고 싶다고 했고, 그래서 보여주었다. 그는 텔루구어를 잘 이해했기 때문에 스깐다쉬라맘 순례 이야기에 대해 아주 즐거워했다. 그리고 나중에 바가반께 그것을 귀띔해 드렸다. 다음날 바가반께 가자 스승님께서 말씀하셨다. "자네는 우리가 스깐다쉬라맘으로 소풍 간 이야기를 소상히 적어두었다면서?" 누가 그런 말을 하더냐고 여쭈자 당신은 "무달라이아르가 그러던데. 그게 어디 있지?" 하셨다. 더 이상 그 문제를 당신께 감출 수 없어 나는 지금까지 쓴 모든 편지를 정서하여 그날 오후에 아쉬람으로 가지고 갔다. 바가반은 그것을 바로 그 자리에서 낭독해 주기를 바라셨다. 첫째 편지에서 나는 바가반에 대해 다음과 같이 썼다. "당신께 무엇이 있습니까? 소지품을 꾸리셔야 한다고요? 지팡이 하나, 물주전자 하나, 그리고 샅가리개입니다. 그것이 당신이 가지신 전부입니다." 이것을 듣자 바가반은 농담하듯이 말씀하셨다. "아이야요(Ayyayo)! 이 타월은 어떡하고? 이것은 까맣게 잊어버렸군그래." 사람들이 모두 웃었다. 나중에 나는 타월도 당신의 소지품에 넣었다. 다들 편지가 아주 잘 됐다고 해서, 다음날 한 헌신자 친구가 그것을 영어로 번역하여 일체를 소상히 서술했다.

4, 5일이 지나 오빠 D.S. 샤스뜨리가 바가반을 친견하러 왔을 때, 그는 헌신자들의 이익을 위해 그 편지들이 제대로 영역되도록 하겠다고 약속했다. 처음에 쓴 3통을 포함하여 그때까지 10통의 편지가 준비되어 있었다. 그는 그 편지 전부의 사본을 떠서 가져갔지만 번역할 시간을 내지는 못했다. 그러는 사이, 최근에 「나보다야」(Navodaya)라는 잡지를 창간하고 자신이 편집자가 된 닐람라주 세샤이야가 오빠에게 자기 잡지에 글을 좀 기고해 달라고 청했다. 오빠는 글을 쓸 시간이 없다고 대답하면서, 만약 그래도 괜찮다면 내가 쓴 편지들을 출판하도록 넘겨줄 수는 있다고 했다. 세샤이야는 선뜻 승낙했고, 그 편지들을 "라마나스라맘에서 보낸 편지"라는 제목으로 잡지에 실었다. 그 편지가 실린 잡지 몇 부가 아쉬람에 왔다. 그 첫 권을 받으신 바가반은 거기에 실려 있는 '편지'를 보시고 당신 가까이 있던 사람 하나에게

말씀하셨다. "봐. 「라마크리슈나 쁘라바」(Ramakrishna Prabha)16)의 경우처럼, 이제부터는 우리가 하는 모든 말이 아마 출판될 걸. 나감마가 글을 쓰기 시작했어. 그들이 그녀의 편지를 출판했군. 보라고." 그러면서 당신은 그 잡지를 그 자리에 있던 모든 사람에게 보여주셨다. 그전에 바가반은 나감마가 지식 보시를 한다고 말씀하신 적이 있었다. 그때 바가반은 아마 이것을 염두에 두셨던 게 아닌가 하는 느낌이 들었다.

13. 벨루리 시바라마 샤스뜨리의 편지

「나보다야」의 첫 호에는 "편지" 4편만 간행되었다. 스리 벨루리 시바라마 샤스뜨리가 그것을 보자마자 나에게 편지를 보냈다. 그는 우리의 가까운 친척이기는 했지만 나에게 편지를 보낸 적은 없었다. 그래서 그의 편지를 보자 긴장이 되었다. 초기에 내가 쓴 시들에 대해 그에게 조언을 구했을 때, 그는 어떤 작품도 서둘러 출판하지는 말라고 충고했었다. 이제 이 편지들이 충분한 잘 검토하지 않은 상태에서 간행되었기 때문에 나는 그가 그 점을 비난할 거라고 생각했다. 그러나 편지를 뜯어보고 나서 아주 뜻밖의 즐거움을 느꼈다. 그 편지의 요지는 다음과 같다.

1946년 10월 6일.
옴(Om). 수리 나감마에게.
다냐시(Dhanyasi). 나는 자네의 "스리 라마나스라맘에서 보낸 편지"를 읽고 너무나 기뻤네. 우리는 저 마하뿌루샤로부터 아주 멀리 떨어져 있지만, 자네 편지가 우리로 하여금 그분의 말씀을 직접 듣고 그분의 모습을 직접 뵙는 것같이 해 주었네. 자네는 복도 많군. 부디 멀리 있는 사람들도 이와 같이 복을 누리도록 해 주게나. 나는 눈이 있지만 앞을 못 보고, 다리가 있지만 절름발이라네. 부디 자네가 나 같은 사람들을 아쉬람으로 데려다 줄 뿐 아니라, 마하르쉬님의 가장 깊은 심장 속으로 데려다 주길 바라네. 옴 뿌르나마다하 뿌르나미담, 뿌르나트 뿌르남 우다찌야떼(Om purnamadah purnamidam, purnath purnam udachyate).17)

나는 이 편지를 읽고 나서 떨리는 손으로 그것을 바가반께 드렸다. 당신을 편지를 훑어보신 뒤 얼굴에 빛나는 미소를 지으시며 그것을 당신 곁에 있던 라자고빨라 아이어에게 한 줄 한 줄 읽어 주셨고, 그는 그것을 타밀어로 통역했다. 아이어는 편

---

16) [역주] 라마크리슈나 포교원에서 1944년에 창간된 텔루구어판 월간지. 라마크리슈나와 비베카난다의 가르침이나 베단타 등 경전 말씀들을 많이 싣고 있다.
17) '옴, 무한한 저것[브라만]과 무한한 이것[현상계]이여, 이것이 저것으로부터 드러나면 무한만이 충만하게 남아 있네.'

지에 나오는 '다냐시'라는 말이 무슨 뜻이냐고 여쭈었다. "그것은 '너는 복이 많다'는 뜻이지." 바가반이 말씀하셨다. 나는 그 편지의 사본을 하나 만들어 마드라스에 있는 오빠에게 보냈다.

얼마 지난 뒤 나는 시바라마 샤스뜨리에게 답장을 썼다. 그러자 그는 또 편지를 보내왔다. 두 번째 편지는 다음과 같은 내용이었다.

1946년 10월 15일.
수리 나감마에게.
　나는 「나보다야」에 실린 편지 4편밖에 알지 못하네. 나같이 밀림 속에 사는 사람이 자네가 쓴 다른 편지들의 내용을 어떻게 알겠나? 그 편지들도 보고 싶네. 자네는 내가 그 편지를 쓴 의도를 모르고 뜻밖의 칭찬에 놀랐다고 했지. 나는 자네에게 그 편지들을 쓰게 한 자네 오라버니를 칭찬하지 않을 수 없네.
　그 편지들의 가치는 헤아릴 수 없다네. 이것은 자네에게 보내는 메시지인 동시에, 자네는 모르겠지만 자네 오라버니에게 보내는 메시지이기도 하네. 자네의 편지들은 이따금씩 잊어버리는 사람들에게 자주 기억을 되살려 주는 상기물이지. 그 편지들이 간행되도록 해야 할 책임은 자네 오라버니에게 있네. 자네는 내 편지가 바가반의 가장 깊은 심장 속으로 곧장 들어갔다고 했지. 내가 보기에는 그 부담이 줄어들었네. 그래, 아주 많이 줄어들었어.18) 자네가 당신의 연꽃 발 가까이 머무르고 있다는 것은 우리에게 아주 다행한 일이야. 부디 당신의 연꽃 발 앞에 내가 올리는 절을 전달해 드리게나. ― 단, 마음으로만.

나는 이 두 번째 편지도 바가반께 드렸다. 당신을 그것을 느긋하게 읽으신 다음 말씀하셨다. "그는 그 '편지'들이 모두 한 권의 책으로 나오면 좋겠다고 말했군. 여하튼 이 편지도 자네 오라버니에게 보내 주지." 그러면서 당신은 그 편지를 발라라마 레디에게 건네주셨다. 그는 많이 배운 안드라 신사로서, 바가반께 매우 헌신하고 애착하는 사람이다. 발라라마 레디는 편지를 주의 깊게 읽고 난 뒤에 말했다. "시바라마 샤스뜨리가 그렇게 높이 평가했다면 이 편지들은 아주 귀중한 것이라고 해야 할 겁니다." 라자고빨라 아이어는 시바라마 샤스뜨리가 누구냐고 물었다. 발라라마 레디는 그가 안드라 프라데시의 큰 학자이자 백분심인 百分心人(satavadhani)19)일 뿐 아니라, 가나빠띠 무니에 버금가는 저명한 시인이라고 대답했다. 바가반의 지시에 따라 나는 바로 그날 저녁에 그 편지의 사본을 만들어 오빠에게 보냈다. 나중에 나

---
18) [역주] 여기서 '부담'이 무엇을 의미하는지는 분명치 않다.
19) 동시에 여러 가지 일에 주의를 기울일 수 있는 사람.

는 시바라마 샤스뜨리에게 편지를 써서 이 일을 이야기하고 그에게 아쉬람 책도 몇 권 보냈다. 그는 답장을 보냈는데, 이 세 번째 편지는 아래와 같은 내용이었다.

옴. 수리 나감마에게.

편지 잘 받았네. 나는 매주 「나보다야」를 받아 보네. 그 곱비 노래(gobbipata)[20]도 받았는데 다른 것들은 모두 어디 있는지 알려주게. 아니면 혹시 자네 오라버니가 가지고 있으면 나한테 좀 보내 달라고 해 주고. 자네가 보내 준 스리 가나빠띠 무니의 『라마나 기타』를 오늘 보았네. 그것은 바가반의 유명한 다음 시구와 같은 취지더군.

심장 동혈 한 가운데 진아의 형상을 한
브라만이 항상 '나, 나' 하면서 빛나고 있네.
진아를 탐구하여 마음을 몰입시키거나,
호흡 제어를 통해 마음을 익사시켜 진아안주자가 되라.

나중에 아쉬람에서 바가반을 친견하고 돌아간 스리 수리 숩바라야 샤스뜨리와 부찌라마 샤스뜨리가 나에게 편지를 보내왔는데, 자기들은 『까타 우파니샤드』에서 말하는 진인의 살아 있는 실례를 보았다고 했다. "가족[경전 가족, 즉 학식]에 대한 내 집착은 아직 소멸되지 않았네. 그것이 나의 장애인 줄은 아네. 하느님은 인도 대륙을 열렬히 사랑하신다고 하며, 동물들도 당신의 은총을 통해 해탈을 얻는다고 하네. 자네도 『바가바땀』에서 그런 이야기를 읽었겠지. 자네는 그런 진인에게서 귀의처를 얻은 것이네. 그래서 나도 무척 기쁘다네. 자네는 축복받은 영혼이네. 그분이 하시는 모든 말씀을 깊이 생각해 보게나. 그리고 그분과 그분의 가르침에 대한 모든 것을 나에게 알려주기 바라네."

바가반은 이 편지를 보시자 미소를 지으시고는 침묵을 지키셨다.

14. 『편지』를 간행하려는 시도

오빠는 두 번째 편지의 사본을 받자 그것을 신의 명령이라고 받아들여 즉시 아쉬람으로 편지를 써서 자신이 "편지"들을 출간하는 데 드는 일체의 경비를 부담하겠다고 했다. 아쉬람 당국이 승인하고 나서 그는 1947년의 바가반 자얀띠에 맞추어 그 책이 간행되도록 조치했다. 이 책에는 바가반이 나에게 해 주신 몇 가지 가르침과 특히 오른돌이의 본질적 의미에 대한 설명이 들어 있었다. 그러나 불행히도, 불

---

[20] [역주] Gonbbipata는 텔루구 여성들이 축제 때 무리를 지어 추는 춤, 혹은 그 춤을 추며 부르는 노래이다.

가피한 사정 때문에 인쇄소에서 그 책을 자얀띠에 맞추어 내지 못했다. 그러는 사이 바가반의 친존에서 몇 가지 흥미로운 일들이 일어났다.

15. 흥미로운 사태 발전

1946년 9월의 50주년 기념식 때 마드라스의 웰링턴 극장 소유주이자 바가반의 저명한 헌신자인 프람지 씨가 아쉬람에서 상영하려고 영화 3편을 가져왔다. 이 영화들을 3일에 걸쳐 저녁 식사가 끝난 뒤 식당에서 상영하게 되었다. 그래서 아쉬람은 흥분으로 가득했다. 사람들은 나에게도 영화를 보라고 했지만 나는 평소 영화를 보지 않기 때문에 거절했다. 다른 헌신자들이 "바가반께서도 보시는데 왜 반대하느냐"고 했지만, 나는 힘주어 이렇게 대답했다. "바가반의 입장은 다릅니다. 당신은 큰 진인이시고 일체를 브라만으로 가득 찬 것으로 보십니다. 당신의 소견은 강가(Ganga) 강물의 큰 홍수와 같습니다. 무엇이건 그 큰 홍수에 떨어지면 휩쓸려가 버립니다. 당신은 싯다 뿌루샤이시고, 따라서 당신을 구속하는 어떠한 규칙이나 규정도 없습니다. 그러나 저 같은 수행자들의 경우에는 그렇지 않습니다. 그래서 저는 이 영화를 볼 수 없습니다." 몇 명의 다른 헌신자들도 나처럼 영화를 보지 않았지만 그 나머지는 모두 영화를 보고 즐겼다. 나는 이런 특별 행사에 관심이 없었기 때문에, 조용히 물러나 50주년 기념식에 대한 이야기를 세 편의 편지로 쓰는 일을 마쳤다. 부산하고 시끄러웠던 모든 행사가 끝난 뒤의 어느 날, 내가 바가반의 친존에서 그 편지들을 읽으면서 필요한 곳을 고치고 있는데, 시자의 한 사람인 라자고빨라 아이어가 나에게 왜 영화 상영에 대해서는 한 마디도 안 썼느냐고 물었다. 나는 그에게 영화는 기념식 축제가 끝난 뒤에 상영했기 때문에 쓰지 않았다고 말했다. 그날 오후 그가 내 집에 와서 말하기를, 바가반께서도 영화 상영에 대해 몇 마디 써 두면 좋을 거라고 하셨다고 했다. 그래도 나는 마하르쉬의 아쉬람에서 영화를 상영했다는 것이 적절했는지에 대해 확신이 서지 않아 그 이야기를 쓰지 못했다.

그러나 그것은 바가반의 명령이었기 때문에 나는 어찌해야 할 바를 몰랐다. 크게 당혹한 나는, 내가 볼 때 아쉬람에서 벌일 일이 아니라고 생각되는 영화 상영에 대해 어떻게 열의를 가지고 쓸 수 있을지 바가반께 여쭈어 보고 싶었다. 그래서 아침에 평소보다 일찍 라자고빨라 아이어가 (회당에) 없을 때 아쉬람으로 가서 바가반 앞에 섰다. 당신은 무슨 일이냐는 표정으로 나를 바라보셨다. 내가 스승님께 여쭈었다.

"만일 기념식 행사에 관해 쓴 편지에다 제가 영화 상영에 대해서 쓴다면, 그것을 정당화하는 방식으로 써야 할 것입니다. 그러나 그렇게는 써지지가 않습니다. 어떻게 해야 합니까?" 바가반이 말씀하셨다. "만약 그렇다면 그 생각은 접게." "제가 그만두고 싶다는 게 아니고, 그것을 어떻게 정당화할 수 있는지만 확실히 알고 싶을 뿐입니다." 내가 말했다. "난들 어떻게 아나? 만일 적합하다 싶으면 쓰고 그렇지 않으면 그만 둬." 바가반이 대답하셨다. "바가반께서 그 문제도 편지에 추가하면 좋을 거라고 말씀하신 것 같은데요." 내가 불쑥 말했다. "무슨 소리!" 라마나께서 대답하셨다. "그들이 그것도 추가되면 좋겠다고 해서 나는 그저, 그렇다면 그들이 자네를 찾아가 그렇게 말하면 될 거라고 했을 뿐이야. 그게 전부지. 반드시 편지에서 그 이야기를 해야 한다고는 결코 말하지 않았어" 하고 당신은 매듭을 지으셨다.

나는 크게 안도했다. 그건 그렇게 된 일이었지, 실제로 바가반께서 그렇게 지시하신 것은 아니었던 것이다.

뒤에 그 편지들은 영화 상영에 대한 언급은 없는 상태로 「나보다야」에 발송되었다. 그 문제에 대해 바가반과 나 사이에 있었던 일은 누구한테도 알려지지 않았다.

나중에 웰링턴 극장 소유주와 몇 명의 아쉬람 사람들은 자기들끼리 의논하여, 영화를 여러 편 더 들여와서 보름간 계속 상영하도록 했다. 시자들 중 한 사람은 바가반이 그것을 승낙하셨다고 선전했다. 나는 아주 난감했다. 나는 아쉬람의 성스러운 분위기 속에서 영화를 상영한다는 것이 유감이었을 뿐 아니라, 그런 거짓 선전에도 몹시 속이 상했다. 내 생각에는 그 사람들이 허락해 달라고 계속 조르자 바가반은 그냥 고개만 끄덕이셨을 것이고, 그 다음에 그들은 도감인 쩐나스와미에게 바가반이 허락하셨다고 말했을 것이 분명했다. 딱한 쩐나스와미가 어떻게 할 수 있겠는가? 그들은 분명히 바가반께도 도감이 동의했다고 말씀드렸을 것이다. 나는 이런 속임수가 결국 어떻게 드러나게 될까 궁금했다. 나는 그 문제를 역시 나처럼 우려하던 몇 사람과 의논했다. 그리고 그들에게 바가반께 가서 말씀드리라고 했다. 그들은 그럴 적당한 기회를 기다려 보겠다고 했다. 영화가 이틀째 상영되었을 때 읍내의 무뢰배들이 아쉬람의 식당에 돌을 던지기 시작했다. 자기들도 영화를 볼 수 있게 넣어주지 않는다는 이유였다. 이런 일이 일어나자 우리 헌신자들은 도감에게 영화 상영을 즉시 중단시키라고 요청했고, 그는 그에 따라 이후의 모든 상영을 중지시켰다. 영화를 상영하자는 쪽 사람들은 아쉬람 당국의 승인 하에 15편의 영화를 가져왔으니 그것을 모두 상영해야 한다고 주장했다. 그리하여 주장과 반론이 엇갈렸다. 이 일은 어느 날 오후 바가반의 회당 북쪽의 공터에서 일어났다. 그 논란을 다 들은 라자고빨라 아이어가 돌아와서 바가반께 보고하자, 스리 무루가나르가 끼어들어 말했다. "리쉬의 아쉬람에서 영화를 상영한다고 하면 웃음거리가 되지 않겠습니까? 바가반의 경우야 당신께서 무엇을 보시든 상관없지만, 수행자들에게는 방해가 되지 않겠습니까? 이것은 중지해야 합니다." 바가반은 동의하시고 이렇게 말씀하셨다. "그렇지. 그래야지. 그래야지. 처음부터 나는 이런 영화 같은 거 번거롭게 상영하지 말라고 했지. 그랬더니 그들이 '아닙니다. 저희들은 바가반께 영화를 보여 드려야겠습니다' 하더군. 그래서 처음 몇 편은 보았지. 그랬는데 15편을 더 가져오겠다는 거야. 나는 더 이상 수고롭게 그러지 말라고 했지만 그들은 모든 사람이 영화를 보고 싶어 한다면서, 자기들이 도감에게 이야기했고 도감도 동의했다고, 그래서 자기들이 그렇게 준비하고 있다고 했어. 그렇다면 자기들 좋을 대로 하라고 했지. 그들은 내가 주의를 주어도 듣지 않았어. 이제 이렇게 큰 분란이 일어난 걸 보라고."

드디어 기다리던 기회가 왔다. 나는 무루가나르에게 이렇게 말했다. "보세요, 무슨 일이 벌어졌는지! 이것은 제가 50주년 기념식에 대해 편지를 쓰면서 영화 상영에 대해 쓰려고 할 때 저의 이 펜이 움직이지 않았기 때문입니다." 바가반은 즉시 무루가나르를 바라보면서 말씀하셨다. "그래. 그래. 당시에 이 사람들은 그녀에게 그 이야기를 쓰도록 하려고 부추겼지. 그녀는 이 영화 상영을 어떻게 정당화해야 할지 모르겠다면서 나한테 물었지. 그래서 쓰고 싶으면 쓰고 아니면 말라고 했지. 그녀는 쓸 가치가 없다고 보고 한 마디도 쓰지 않은 거야."

바가반의 말씀은 이 문제에 대한 더 이상의 모든 의문을 불식시켰다. 나는 아주 기뻤다. 도감은 영화 상영을 단호히 중지시켰고, 그 다음날에는 아쉬람 경내 전체에 평소처럼 평안과 고요가 깃들었다.

거의 그 무렵 안드라 프라데시 출신의 한 젊은 여성이 여기 와서 한 동안 머물렀다. 그녀는 힌디어를 유창하게 했고 음성이 고왔으며 노래를 아름답게 잘 불렀다. 사람들이 더러 바가반에 대한 노래를 부르자, 그녀도 큰 감동을 받고 저명한 안드라 프라데시의 선인先人들과 학자들이 지은 헌가들을 노래 부르기 시작했다. 가사 중에 라마 이름이 나오는 곳마다 그녀는 그것을 라마나로 바꿔 불렀다. 그 노래들은 모두 의미가 풍부했고 그녀는 수준급 가수여서 모든 사람은 아주 즐거운 기분이었다. 그러나 바가반은 라마 대신에 라마나라는 말이 들어가는 것을 놓치지 않으셨다. 나도 그것을 알아차렸지만 그녀가 대단한 신심으로 노래하고 있었기 때문에 아무 말도 하지 않았다. 누가 물어보니 그 노랫말은 그녀가 직접 쓴 거라고 한 모양이다. 다들 즐거워했고 어떤 헌신자들은 그 노래를 영어로 번역할 수 있도록 적어달라고 부탁하기도 했다. 그녀는 그 노래들을 바가반께 보여드리고 그것을 번역해 달라고 청했다. 바가반은 아무 말씀도 하지 않고, 그것을 마침 그 자리에 있던 무나갈라 벤까따라마이아에게 건네주시기만 했다. 그는 그것을 번역하겠다고 했다.

스리 벤까따라마이야는 타밀나두에 오래 살아서 텔루구어를 많이 알지는 못했고, 그러다 보니 그 시들을 번역하기 어려웠다. 특히 애매한 용어들이 많아서 더욱 그랬다. 그래서 그는 바가반께 몇 가지 단어들의 의미를 여쭈었고, 그때 시자들 중의 한 사람이 바가반을 번거롭게 하느니보다는 나감마의 도움을 받는 게 어떻겠느냐고 했다. 바가반이 포행을 나가신 뒤에 벤까따라마이야는 나에게 어려운 몇 단어들의 의미를 설명해 달라고 했다. 나는 그러겠다고 했지만, 그 시들이 바가반에 대해서 쓰여졌다고 확신하느냐고 그에게 물었다.

"내가 이것을 걱정하는 것은, 이 노래들이 바가반에 대해 쓰여졌다는 말을 들었기 때문이네." 그가 말했다. 그때 내가 그에게, 그 헌가들은 사실 오래 전에 어떤 선인들이 지은 것과 예들라 라마도스(Yedla Ramadoss)21)가 라마에 대해 지은 것이지 그 여성이 지은 게 아니라고 말했다. "그래? 알았어!" 그는 이렇게 말하더니, 곧장 바가반을 찾아가 그 사실을 말씀드렸다. "오! 그래요? 그 노랫말과 그 이면의 사상이 훌륭한 것을 보고 그때 벌써 그 노래들은 어떤 옛 선인들이 지은 것이 분명하다고 짐작했었는데. 그래서 그녀는 라마가 나오는 곳마다 라마나로 바꾸기만 했군요. 그게 뭐 대숩니까? 어쨌든 두 단어가 동일한 의미를 가지고 있고, 운율(ganam)도 서로 부합합니다[라마는 수리야가남(suryaganam)이고, 나가남(naganam)인 라마나도 수리야가남이어서 부합된다]. 그러니 어떻게 하겠습니까? 번역을 해 보겠습니까?" 하고 바가반이 물으셨다. 그러자 다들 침묵을 지켰다.

바가반이 헌신자들을 바라보면서 말씀을 계속하셨다. "뻬루말 스와미도 오래 전에 거의 그와 같은 노래를 지었지요. 제가 산을 내려와 여기서 살게 되었을 때 그는 오후 일찍 읍내에서 먹을 것을 좀 가지고 찾아오곤 했습니다. 하루는 그가 종이쪽지에 시를 하나 지어 가져왔습니다. 그것을 직접 지었느냐고 물었더니 그렇다고 했습니다. 읽어 보니 정말 훌륭한 시였습니다. 그때 무루가나르가 모든 저작들을 관리하는 소임을 맡고 있어서 저는 그에게 그 시를 공책에 베껴 두라고 했지요. 나흘 뒤에 뻬루말 스와미가 또 시를 한 수 가져왔습니다. 다들 그것을 칭찬하자 그는 몹시 기뻐하더니, 그 뒤부터는 나흘마다 한 수씩 가져오는 것이었습니다. 만일 늦어지기라도 하면 제가 물었습니다. '또 시를 지었느냐'고. 그러면 그는 '아뇨' 하고는 며칠 뒤에 또 한 수를 가져오는 것이었습니다. 그렇게 우리는 9수를 받았습니다. 그가 열

---

21) [역주] 헌신적이고 서정적인 노래들을 많이 지은 안드라 지방의 위대한 시인의 한 사람(?-1917).

번째 시를 가져왔을 때 저는 그 시를 어디선가 본 적이 있다는 생각이 들어 무루가나르에게 『띠루바눌 빠벤』(Tiruvanul Paven-베단타에 관한 타밀 저작의 하나) 책을 가져와 보라고 했습니다. 책을 펼쳤더니 「라마 빠띠깜」(Rama Patikam)에 그 시들이 있더군요. 거기서 라마가 나오는 곳마다 라마나로 바뀌었고, 그 외에도 여기 저기 몇 군데 바뀐 것이 있었습니다. 저는 그것을 무루가나르에게 보여주었지요. 그러자 그는 베껴쓰기를 중단하고 그 사실을 회당에 있는 모든 사람에게 말했고, 다들 웃었습니다. 딱한 친구! 뻬루말 스와미는 망신을 당한 채 구석에 앉아 있었습니다. 그가 어떻게 하겠습니까? 사람들은 여기 오면 무슨 시를 짓거나 노래를 부르고 싶어 합니다. 시인들은 자기 나름대로 무엇을 짓고, 다른 사람들은 그저 누군가가 지은 것을 베껴서 라마를 라마나로 바꿉니다. 거기에 뭐 잘못된 것이 있습니까? 라마와 라마나는 똑같은 것입니다."

1947년 1월에 「띠야기」(Tyagi)라는 잡지에 『띠루쭐리 뿌라남』에 대한 독후감이 하나 실렸다. 그 글의 끝머리에 주석이 달린 시가 세 수 있었다. 나는 그것을 읽고 그 의미를 이해하고 싶었다. 그래서 바가반께 같은 의미를 텔루구어로 써 주십사고 청을 드렸다. 당신은 내 청에 응하여 「진아에 대한 5연시」(Ekatma Panchakam)를 지으셨다. 처음에는 당신이 내켜하지 않아 하면서 "자네 쪽 사람들(텔루구인들)이 어디가 잘못되었다면서 고치자고 하겠지. 그런데 내가 왜 써?" 하셨다. 나는 당신께, 진인이 쓴 것은 어떤 경우에도 고쳐서는 안 되기 때문에 어디도 고치는 일이 없도록 하겠다고 말씀드렸다. 이렇게 내가 많이 설득한 뒤에 스승님은 그 시를 완성하셨다.

내가 그것을 여기 있는 텔루구 친구들에게 보여주었더니 그들이 말하기를, 작시법 원칙에 따르려면 많이 수정을 해야 한다고 했다. 그러나 나는 그 말에 동의하지 않았다. 수정하는 대신, 나는 그 시들을 아주 존경 받는 시인인 벨루리 시바라마 샤스뜨리에게 보내면서 내 친구들의 반론을 이야기했다. 그는 답장에서 딱 잘라 말했다. "리쉬의 말씀은 베다 그 자체라네. 변경하거나 고쳐서는 안 되네. (필요하다면) 작시법을 규율하는 운율을 변경하거나 새로운 운율을 창안해야지, 그 반대가 되어서는 안 되네. 잘못한 곳이 있다거나 고친다는 것은 일은 있을 수 없네. 그뿐만이 아니라, 그 시들은 텔루구어의 작시법이 아니라 타밀어의 작시법 규칙을 따라 지은 것이네. 바가반께서 이미 지으신 것을 바꾸려고 할 게 아니라, 텔루구어 운율을 지배할 규칙을 당신더러 써 달라고 하는 것이 더 낫네." 그 편지를 내 친구들에게 보여주었지만 그들은 그래도 만족하지 않았다. 오히려 그들은 바가반께 가서 이렇게 말했다. "여기는 이렇게 바꾸어야 하고, 저 말은 이렇게 바꾸는 게 나으며, 이것은 정통이 아닙니다." 바가반은 그저 "예, 좋을 대로 하세요"라고만 말씀하셨다. 내가 오후에 회당에 있을 때 스승님이 말씀하셨다. "봐. 자네는 나더러 텔루구어로 시를 지어 달라고 했지만, 자네 쪽 사람들은 그것을 고쳐야 한다잖아. 그래서 내가 뭘 짓지 않겠다고 하는 거지." 나는 몹시 화가 났다. 그들과 다투어 봐야 소용없다고 생각한 나는 당신 주위에 사람이 별로 없을 때 바가반께 다가가서, 그런 상황에서는 어떻게 해야 하느냐고 여쭈었다. 바가반은 마치 나를 시험하듯이 말씀하셨다. "그걸 고친들 자네한테 무슨 상관인가?" "저는 거기에 동의할 수 없습니다." 내가 대답했다. "저는 아무도 지지해 주는 사람이 없으니, 바가반께서 아무도 그것을 고치지 못하게 해 주셨으면 합니다." 바가반은 아무 말씀이 없으셨다. 그들은 그 고친 시들을 인쇄소로 보냈다. 교정지가 왔을 때 쩐따 딕쉬뚤루, 구람 숨바라마이야 기타 나름대로 저명한 저자들인 몇 사람의 안드라인이 우연히 아쉬람을 방문했다. 왜 그랬는지는 모르겠지만 그날은 내가 우연히 집에 있었다. 바가반은 그 교정지들을 거기 있던 사람들에게 넘겨주면서 말씀하셨다. "그들은 원고를 고칠 필요가 있다고 생각했고 그것을 적절히 고쳐서 인쇄에 넘겼습니다. 나감마는 고쳐서는 안 된다고 합니다. 이제 교정지가 왔습니다. 여러분 좋을 대로 하십시오. 여러분이 결정하세요." 그들은 만장일치로 바가반이 쓰신 것은 고쳐서는 안 된다고 판단하고 당신이 쓰신 원본을 본 다음 그 교정지들을 당신이 쓰신 것에 맞게 고쳐서 인쇄소로 돌려보냈다. 마침내 내 바람대로, 그리고 바가반의 축복 하에, 아무 데도 고친 데 없이 인쇄가 이루어졌다.

나중에 바가반은, 그 운율을 텔루구어로 구성하여 하나의 부가적인 작시법 형태로 텔루구어에 덧붙여야 한다는 시바라마 샤스뜨리의 제안에 따라, 그리고 내 기도에 대한 응답으로 이렇게 말씀하셨다. "나야나는 여기 있을 때 산스크리트로 벤바 운을 이용해 시를 지어 보려 했지만 해 내지 못했지. 나중에 나라싱아 라오가 그것을 텔루구어로 지어 보려 했지만 역시 실패했어. 나는 직접 그것을 지어볼 수도 있었지만 어쩐지 그것을 짓고 싶은 마음이 없었지. 자네가 하도 고집해서 이번에 지은 거야." "같은 방식으로 부디 그 운율에 관한 규칙도 써 주십시오." 내가 말했다. 그래서 자비심의 화신이신 바가반은 나를 위해 그것을 써 주셨다.

1947년 6월 마우니(스리니바사 라오)가 라자고빨라 아이어와 나에게, 바가반께 당신이 타밀어로 지어 두신 「탐구보주화만」(*Vichara Manimala*)을 텔루구어로도 써 달라고 부탁해 보라고 했다. 바가반께 여쭈었더니 당신이 말씀하셨다. "내가 빤디뜨 인가? 자네가 직접 써 보지? 왜 나더러 쓰라고 하고는 잘못된 데가 있다고 하나?" 그러나 다른 헌신자들도 거듭 졸라서 당신은 텔루구어본을 써 주셨다. 이번에는 내가 무관심한 상태로 있었다. 바가반은 전체를 연필로 쓰신 다음 그것을 나에게 베껴 쓰라고 주셨다. 내가 그 원본을 가지고 사무실에 가자 사무실 소임자 중 한 사람이 그것을 빼앗으면서 말했다. "당신은 제대로 베끼지 못해요. 나에게 주시오." 나는 그 일을 즉시 바가반께 보고했다. 당신은 가까이 있던 사람들에게 말씀하셨다. "이게 뭐지? 그녀가 내 필적을 잘 알기 때문에 나는 그녀가 잘 베껴 쓸 거라고 생각해서 준 건데, 그들이 빼앗아 버렸어. 그들이 무슨 변경을 가할지 모르겠군. 망쳐 버리지나 않을까 몰라." 나는 그 문제에 대해 어찌해 볼 도리가 없었으므로 침묵을 지켰다.

다음날 회당에 갔더니 바가반이 말씀하셨다. "봐! 그들이 「탐구보주화만」 전체를 직접 베껴 써서 그것을 누군가에게 보내 교정하게 할 모양이군." 나는 분노를 억제할 수 없었다. "오! 그렇습니까?" 내가 말했다. "바가반께서 쓰신 것을 누가 고칠 수 있습니까? 자기가 발미끼(Valmiki-'라마야나'의 저자)입니까, 비야사(Vyasa-베다의 편집자)입니까?" 바가반이 말씀하셨다. "누가 알아? 아마 그 책은 이 비야사의 허가 없이는 출판될 수 없나 보지?" 이틀 뒤에도 그 정서본은 아직 바가반께 들어오지 않았다. 3일째 되는 날 회당에 가서 앉으니, 바가반이 당신 옆에 있던 라자고빨라 아이어에게 말씀하셨다. "그들이 「탐구보주화만」을 얼마나 정확히 베꼈는지 모르겠군. 내가 다시 보기 전에 인쇄소에 넘기지 않았으면 좋겠는데." 라자고빨라 아이어는 몸을 떨면서 말했다. "오, 맙소사! 제가 그렇게 말하면 그들은 저한테 화를 낼 겁니다." 바가반은 모든 사람을 돌아보면서 말씀하셨다. "누군가 그들에게 이야기하면 좋을 텐데." 사람들은 모두 서로를 쳐다보았지만 아무도 일어서지 않았다. 10분쯤 기다린 뒤에 내가 일어섰다. 결과가 어떻게 되든 상관없다는 생각이었다. 그리고 바가반께 내가 가서 이야기해도 되겠느냐고 여쭈었다. "그래, 좋겠지." 바가반이 말씀하셨다.

내가 사무실에 가서 말했다. "바가반께서는 여러분이 그 텔루구어본 「탐구보주화만」을 인쇄소에 넘기기 전에 당신께 보여주었으면 하십니다. 당신께서 그것을 보고 싶어 하세요." 그들이 나에게 화를 냈지만 나는 개의치 않았다. "바가반께서 저더러 여러분에게 이 이야기를 하라고 하셔서 했습니다. 이것은 바가반의 명령입니다. 여러분은 좋을 대로 하세요. 저는 어떤 변경이나 수정에도 동의하지 않겠습니다." 그렇게 말하고 나는 회당으로 돌아왔다. 사무실에서 고함을 지르는 소리가 바가반의 귀에도 들리기에 나는 이렇게만 말했다. "소용없군요. 이번에는 바가반께서 특별한 관심을 가져주셔야 하겠습니다." 그 말을 하고 나는 얼른 내가 앉는 자리에 앉았다. 나중에 스승님의 은총으로 그 「탐구보주화만」은 사실 아무런 변경 없이 인쇄되었다. 진실은 항상 성공하는 법이다.

16. 『편지』쓰기의 장애

이미 말했듯이 "스리 라마나스라맘에서 보낸 편지"의 제1부는 자얀띠 축제 때까지 준비되지 못했다. 나중에 1947년 6월, 내가 개인적인 용무로 우연히 마드라스에 갔다가 나흘간 체류한 뒤 돌아올 때 오빠가 말하기를, 그 책 12권이 준비되어 있으니 아쉬람으로 가져가라면서 나머지 책들은 때가 되면 인쇄업자가 아쉬람으로 직접 보낼 것이라고 했다. 그래서 나는 그 증정본들을 가지고 7월 4일 아침에 돌아와 그 책들을 바가반의 발 앞에 놓았다.

인쇄업자로부터 무슨 책을 받으면 바가반은 즉시 그것을 낭독하게 하셨다. 내 책도 같은 취급을 받을 것이라고 생각했는데 바가반은 그에 대해 아무 말씀도 하지 않으셨다. 나는 당신의 친존에서 책을 읽고 싶어서 한번은 당신께 다가가서 내 바람을 말씀드렸지만 당신은 그저 "나머지 책도 다 받으면 그때 가서 보지" 하셨다. 나는 찐나스와미에게 한두 번 그 이야기를 했지만 그는 이런 저런 이유로 차일피일 미루었다. 이렇게 2주일이 지나갔다. 그 사이에 그 책 1,000부가 인쇄소에서 도착했다. 그 책은 언론에서 아주 좋은 서평을 받았고 각지에서 책을 달라는 주문이 쇄도하고 있었다. 그러나 아쉬람 거주자들 중 어떤 이들 사이에 부러움과 질투가 커지고 있다는 생각은 미처 하지 못했다. 나는 그 어느 때보다도 바가반의 친존에서 그 책을 읽고 싶었다. 찐나스와미는 어쨌거나 친절한 사람이었으므로 나는 어떻게 그를 설득하여 회당에서 그 책을 읽는 데 동의하게 했다. 바가반께 그 말씀을 드리자 당신도 동의하셨다. 그래서 나는 7월 20일부터 "편지"를 읽기 시작했다. 이 사실을 마드라스의 오빠에게 편지로 알렸더니 올케가 "편지" 낭독을 듣기 위해 급히 왔다.

나는 사흘에 걸쳐 그 책을 절반쯤 읽었다. 바가반은 큰 관심을 가지고 들으시면서 그 편지들의 주제와 관련되는 몇 가지 다른 사항들을 우리에게 말씀해 주셨다. 회당에 있던 대다수 사람들은 편지 내용을 좋게 평가했지만 시기심에 가득 차 있던 몇 사람은 그렇게 낭독하는 것을 참지 못하고 찐나스와미에게 압력을 가해 그것을 중단시키려고 했다. 사흘 째 되던 날 나는 사무실로 호출되었다. 사무실에 가자 찐나스와미가 말했다. "이제 그건 그만하게." 나는 그가 내 "편지" 낭독을 원치 않는다고 생각했고, 그래서 다음날 오후 여러 사람들이 내가 계속 읽기를 바라고 있을 때 책을 읽지 않았다. 바가반이 물으셨다. "왜 안 읽지?" "찐나스와미가 읽지 말라고 했습니다." 내가 대답했다. "그래?" 당신은 가까이 있던 라자고빨라 아이어를 돌아보면서 말씀하셨다. "우리가 어떤 사람에게 읽어 달라고 했는데 그들이 읽지 말라고 했다는 것이 이상하군. 그것은 우리가 누구한테도 무엇을 읽어 달라고 해서는 안 된다는 뜻이군." 라자고빨라 아이어가 사무실에 가서 바가반이 하신 말씀을 되풀이하자, 찐나스와미는 자신은 그 책을 읽지 못하게 한 적이 없고 다만 편지 쓰는 것을 그만두기 바란 것이라고 했다.

다음날 "편지" 낭독이 계속되었고 사흘 만에 끝났다. 이때 다시 사무실에 호출되었고, 찐나스와미로부터 더 이상을 "편지"를 쓰지 말 것이며, 지금까지 쓴 것은 모조리 자기에게 제출하라는 엄명을 받았다. 그는 또 도서실 열쇠도 자기에게 넘기라고 했다. 나는 그 편지들을 써 달라고 한 사람은 내 오빠고, 그래서 다음에 그가 아쉬람에 오면 제출하겠다고 했다. 찐나스와미는 내 말은 듣지 않은 채 불문곡직하고 "편지"들을 즉시 내 놓으라고 명령했다. 나는 화가 머리끝까지 치밀어 제어할 수 없는 상태가 되었다. 그래서 바가반께, 내가 도서실 열쇠를 내 놓으라는 명령을 받았다고 말하고 열쇠를 별 미련 없이 당신께 드렸다. 그것을 받자 바가반이 말씀하셨다. "그래? 신경 쓸 것 없어. 그 일이나 계속해." 나는 도서실 소임을 별 미련 없이 그만두었지만 내가 가지고 있던 편지들을 모두 내 놓아야 한다는 것이 정말이지 아주 서운했다. 몇 해 전에 아쉬람 당국에서 스리 벤까따라마이야의 일기를 압수했다는 이야기를 예전에 들은 바 있어, 만약의 경우에 대비하여 그 시리즈의 제2부를 구성하는 편지 원본들은 1주일 전에 오빠가 아쉬람으로 가져가 버린 뒤였다. 그래서 나에게는 복사본만 남아 있었다.

17. 빈민의 시들

어쨌거나 명령에는 따라야 한다고 생각했다. 그러나 편지들을 사무실에 주고 나면 그들이 그것을 바가반께 보여드리지도 않을 것이 우려되었다. 그래서 그것을 제출하기 전에 스승님께 보여드리는 것이 좋겠다고 생각했다. 다음날 아침 나는 편지들을 한데 묶어서 올케와 함께 회당에 갔다. 바가반은 두 다리를 뻗고 느긋하게 앉아 계셨고, 회당 안에는 절대적인 침묵이 깔려 있었다. 나는 온 몸을 떨면서 들어가 편지 묶음을 바가반의 발 아래 놓고 합장을 한 채 떨리는 목소리로 말했다. "여기 편지들이 있습니다. 이것을 아쉬람에 넘기라고 해서 한데 묶어 여기 가져왔습니다. 이것은 단순히 한 묶음의 편지가 아니라 제 마음속의 보배입니다. 바가반께서 이것을 어떻게 처리하셔도 좋습니다. 저는 결코 명성을 얻거나 돈을 벌려고 이 일을 한 게 아닙니다." 그 말을 할 때 내 뺨으로 눈물이 줄줄 흘러내렸다. 바가반은 연민으로 나를 바라보시고 그 묶음을 두 손으로 받으셨다. 그리고 그것을 들춰 보시더니 라자고빨라 아이어에게 건네주면서 말씀하셨다. "여기 있네. 그녀가 편지를 전부 예쁘게 묶어서 가져왔군. 이걸 사무실에 갖다 주게." 그러는 사이 나는 눈물을 닦고 여자들이 앉는 앞줄에 앉았다. 올케는 내 옆에 앉았다. 그런데 눈물이 그치지 않았다. 올케는 나를 위로하려고 바가반께 이렇게 말했다. "나감마는 이 편지를 쓰기 시작할 때부터 잠자는 걸 잊었습니다. 쓰는 데 완전히 몰입했거든요." 바가반은 그저 고개만 끄덕이시고 잠자코 계셨다. 라자고빨이 사무실에서 돌아와 나에게 원본을 달라고 했다. 나는 원본은 지난번에 오빠가 왔을 때 마드라스로 가져갔다고 말했다. 바가반은 관찰자로서 아무 말씀도 하지 않고 가만히 계셨다.

도서실 소임을 빼앗겼고 편지도 쓰지 말라고 했기 때문에, 나는 자원봉사 소임도 계속하고 싶은 마음이 없어 그것을 그만두었다. 나는 할 아무 일이 없었고, 그래서 바가반께 말을 걸거나 당신의 조언을 구할 기회도 없었다. 올케가 떠나고 난 뒤에는 어디에서나 공허감을 느꼈다. 시간이 도무지 가지 않기 시작했다. 일주일인가 열흘이 그렇게 지나면서 나는 미칠 것만 같았다. 그 기간 동안 찐따 딕쉬뚤루에게 그 동안 일어난 일에 대해 편지를 쓰면서 텔루구어 시 두 행을 써서 나머지 두 행을 지어달라는 문제를 냈다. 그 시는 이렇다.

 당신은 약자들을 위한 힘이라네.
 그들이 원하는 그 힘을 왜 안 주시랴?
그는 나머지 두 행을 이렇게 채웠다.
 자기 자신을 모르는 이들은 약하다네.
 자신을 아는 이들은 유순하다네.

딕쉬뚤루의 편지를 보고 위 시구에서 용기를 낸 나는 「빈나빠무」(*Vinnapamu*)[요청]라는 제목의 9연시를 지어 그것을 바가반의 연꽃 발 아래 놓았다. 당신은 그것을 보신 뒤 조용히 선반에 얹어 두고 아무 말씀이 없으셨다. 나중에 나는 몹시 번민하면서 「아루나드리바사 스리 라마나」(*Arunadrivasa Sri Ramana*)[아루나찰라에 사시는 스리 라마나]라는 제목의 노래를 지었다. 그것은 스승님께 나를 도와달라는 호소였지만 그마저도 아무 반응을 끌어내지 못했다. 나는 너무나 우울하여 차라리 죽어 버렸으면 했다. 그래서 어느 날 오후에는 집에서 순전한 절망감과 깊은 집중력으로 다른 노래를 하나 지었는데, 그 후렴은 '빨루까바 오까사리 라마나'(*Palukava okasari Ramana*)[한번이라도 말씀해 주시지 않으렵니까, 오 라마나!]였다.

18. 자비

그 노래를 끝냈을 때는 오후 3시가 지나 있었기 때문에 나는 그것을 집에 두고 아쉬람에 갔다. 내가 바가반께 다가가고 있을 때 당신이 곁에 있던 사람들에게 말씀하셨다. "저기 봐. 나감마가 오는군." 늘 하는 절을 하고 일어서는데 당신이 선언하셨다. "봐, 누군가가 이 송찬을 써 보냈어." 그러면서 당신은 그 종이를 나에게 주시면서 웃음 띤 얼굴로 나더러 그것을 읽어 보라고 하셨다. 내가 읽기를 끝내자 당신은 지난 열흘 동안 일어난 일들을 마치 그 소식들을 꾸러미로 묶어 두었다가 나를 위해 끌러보이듯이 들려주시기 시작했다. 그런 식으로 한 시간이나 말씀을 하셨다. 이 갑작스러운 상황 변화에 다들 놀랐다. 나는 행복감과 만족감을 느꼈다.

그때부터 당신은 먼저 나를 부르시고 나에게 이야기를 하시기도 했다. 나는 당신이 전혀 모르실 거라고 생각하면서 내가 지은 그 노래, 즉 '빨루까바 오까사리 라마나'를 당신께 보여드렸다. 그러나 당신은 내 어리석음을 비웃기라도 하시는 듯, "그래, 알아. 간직해 둬" 하셨다. 나는 자신의 어리석음에 부끄러움을 느꼈다.

19. 좋은 일에는 장애가 따른다

방금 이야기한 일들이 있기 하루 전날, 나는 바가반이 우사 뒤쪽에서 돌아오실 때 당신 가까이 서 있었다. 당신은 나를 보시더니 걸음을 멈추셨다. "제가 이제까지 해 오던 모든 일이 갑자기 중단되었습니다. 저는 바가반 가까이 가서는 안 되는 것 같습니다. 마치 부모가 자식을 멀찍이 떼어놓은 것처럼 말입니다." 나는 아주 겸손하게 말씀드렸다. "멀찍이 떨어지는 것은 바로 자네지." 바가반이 대답하셨다. "일체를 금지한 것은 쩐나스와미 아닙니까?" 내가 말했다. "그에게 누가 무슨 이야기를 했는지 누가 알겠나?" 바가반은 다시 걸음을 옮기면서 말씀하셨다. 그 말씀을 듣고 나자 쩐나스와미에 대한 분노가 많이 가라앉았다. 분명히 나를 안 좋게 말하는 사람들이 있었던 것이다. 이 일이 있고 나서 나는 근 한 달 간 오빠한테 편지를 쓰지 않았다. 매일 나를 찾아오던 꾼주스와미가 그 이야기를 듣고 말했다. "왜 편지 쓰는 것을 포기하나? 자네 오빠한테 써 보내는 것이니까 누가 무슨 소리를 하든 그만둘 필요가 없어." 이어서 이렇게 이야기했다. "아쉬람 당국에서야 자네더러 그만 쓰라고 할만도 하지. 그 전에 브런튼이나 벤까따라마이어나 또 누군가가 그렇게 쓰면 다른 사람들이 그것을 베껴다가 자기 이름으로 출판하여 돈을 벌고 했으니 말이야. 알고 보면 그런 일에는 뭔가 의도가 있지. 하지만 자네는 그런 돈벌이 의도가 전혀 없지 않아? 안 그래? 그런데 뭘 망설여? 당분간 금지된다 하더라도 이 편지 쓰기를 재개하면 미래 세대들에게는 큰 이익이 있을 거야. 무슨 좋은 일을 할 때는 늘 장애가 있기 마련 아닌가? 이런 장애 때문에 편지 쓰기를 그만두어서는 안 되지."

지난번에 찐따 딕쉬뚤루에게 편지를 보냈을 때 내가 "편지" 쓰기를 그만두었다고 이야기했는데 그는 답장에서 이렇게 말했다. "당신이 편지 쓰기를 포기했다니 유감이군요. 옛사람들이 말하기를 '스레얌시 바후 비그나니'(sreyamsi bahu vighnani)라 했습니다. 이 말은 '좋은 일에는 여러 가지 장애가 따른다'는 뜻입니다. 그런 장애 때문에 좋은 일을 그만두어서는 안 되지요. 바르뜨리하리(Bhartrihari-7세기 중인도의 왕이자 시인)는 그가 쓴 「니띠샤따깜」(Neetisatakam)에서 이렇게 말하고 있습니다.

웬만한 사람들이 극복할 수 없는 그런 장애가 두려워
소심한 사람들은 해야 할 일을 못하네.
유능한 이들은 한번 시작한 일을 결코 포기하지 않네.
그런 장애를 몇 십 번 만난다 하더라도.

이 시구는 당신도 읽어 본 적이 있겠지요. 어떤 장애가 닥쳐와도 이 일을 포기하면 안 됩니다. 만약 당신이 이 일을 포기하면 우리 모두에게 큰 손해를 끼치는 셈이 될 거라는 것을 기억해 주십시오." 그는 이런 취지로 길게 편지를 써 보냈다.

20. 『편지』 쓰기를 재개함

하지만 무엇보다도 고무적이었던 것은, 내 기도에 대한 응답으로 바가반이 내 이름을 부르시면서 내가 없을 때 회당 안에서 일어난 모든 일들을 들려주시기 시작했다는 것이다. 이렇게 말씀하시는 것이었다. "봐! 자네는 여기 없었지. 자네가 없을 때 이런 일이 있었어. 그들이 나한테 이런 질문을 했고, 나는 이런 식으로 답변했어." 그리고 그런 일들을 그전보다 훨씬 더 자세하게 말씀해 주시곤 했다. 그것을 보고 꾼주스와미, 무루가나르 등 가까운 친구들이 말했다. "바가반께서 이렇게까지 자세하게 말씀해 주시는데 자네가 그것을 기록하지 않는다는 것은 크게 유감스러운 일 아닌가? 당신이 그러시는 것은 자네가 그 내용을 모두 기록해 주기 바라시기 때문이지 다른 이유가 아니야. 당신이 우리 중의 어느 누구에게 이런 식으로 말씀하시나? 쓰지 않는다면 그건 분명히 자네가 잘못하는 거지." 그들이 이렇게 강력한 어조로 말하자 나는 무척 감동을 받았고, 그래서 다시 편지를 쓰기 시작했다. 그것은 1947년 9월 3일이었다. 이리하여『라마나스라맘에서 보낸 편지』(텔루구어판)의 제3부가 시작되었다. 다른 일들은 모두 그만두었기 때문에 나는 이 편지 쓰기에 집중할 수 있었고, 그래서 이 시리즈의 두드러진 면모를 이루는 바가반의 탁월한 가르침을 수집하는 더할 나위 없는 기회를 갖게 되었다.

내가 다시 편지를 쓰기 시작한 뒤에 벨루리 시바라마 샤스뜨리가 자기 사촌인 스리라마 무르띠와 함께 바가반을 친견하러 왔다. 그들이 점심을 먹고 나서 내 집으로 찾아왔을 때 나는 시바라마 샤스뜨리에게 내가 편지 쓰기를 중단할 수밖에 없었던 저간의 사정들을 들려주고 그 시리즈의 제3부로서 막 쓰기 시작한 편지들을 보여주었다. 그는 몇 편을 읽고 나서 아주 즐거워하면서 말했다. "어떤 장애가 있고 어떤 시련이나 고난이 있더라도 부디 이 일을 포기하지 말게. 이것은 바가반께서 부여하신 사명과 다를 바 없는 일이야. 왜 의심하나?" 그 이야기를 이어받아 내가 말했다. "왜 저같이 못 배운 여자한테 쓰라고 하십니까? 어르신들은 다 대단한 학자분이신데, 왜 여기 머무르면서 이런 걸 쓰시지 않습니까?" 시바라마 샤스뜨리가 웃으면서 말했다. "보게! 우리가 이런 일을 할 수 있을 것 같은가? 우리 같은 사람들은 경전이나 다른 문헌에 매몰되어 있어서 바가반 같은 큰 진인들의 가르침이 갖는 내적인 의미를 알아차리지 못해. 학식 자체가 영적인 진보에는 큰 장애지. 자네는 그런 어려움이 없어. 왜냐하면 자네는 바가반을 신의 화신으로 보고 당신이 하시는 말씀을 베다 그 자체로 받아들이니 말이야. 그래서 이런 일을 할 사람은 자네밖에 없어. 반드시 해야 하는 일이지. 기죽지 말고, 이 일을 자네의 의무로 여기게." 그것은 그의 충고였을 뿐 아니라 실제적인 명령이었다. 그 말을 하고 나서 그는 돌아갔다. 나중에 제3부가 간행될 때 그는 책 전체를 면밀히 읽고 나서 거기에 서문을 써 주었다. 나는 그가 한 말에 크게 고무되어 쉬지 않고 편지를 쓰기 시작했다.

이따금씩 찐나스와미가 나에게 아직도 편지를 쓰고 있느냐고 물으면 나는 쓰지 않는다고 대답하곤 했다. 고무공은 세게 치면 칠수록 세게 튀어 오른다. 그와 마찬가지로 그가 나더러 편지를 쓰지 못하게 하면 할수록 내 펜의 잉크는 더 거침없이 흐르기 시작했다. 하지만 그에게 거짓말을 한다는 데 대한 죄책감이 있었다. 내 양심이 계속 나를 괴롭혀 나는 한두 번 바가반께 다가가서 말씀드렸다. "저는 어제 당신께서 하신 말씀들을 다 적어 두었습니다. 당신께서 말씀하신 그 시구가 정확히 어디 있는지 알고 싶습니다." 그러면 당신은 그 시구가 있는 책을 일러 주신 뒤 그에 대해 자세히 말씀해 주시는 것이었다. 그렇게 해서 나는 내가 편지를 다시 쓰고 있다는 것을 당신이 알고 계시고 승인하신다는 것을 확인받았다. 그럼에도 내 의문이 완전히 가시지는 않아서 한번은 당신께 내가 쓴 편지들의 숫자를 말씀드리고 그것을 한번 훑어보시겠느냐고 여쭈었다. 당신이 말씀하셨다. "자네한테 있는 게 더 안전하지. 자네가 가지고 있어." 그래도 나는 약간 자신이 없었다.

그 얼마 전에 찐나스와미는 공양주 일손이 부족한 주방 일을 맡아 하고 있었는데, 나도 이따금 미미하나마 그를 도와주기도 했다. 하루는 내가 주방으로 가는데 찐나스와미가 나를 보면서 말했다. "봐. 사람들이 말하기를, 여자들은 편지를 쓰고 남자들은 주방에서 일을 한다고 하더군".
"그러면 스와미, 제가 여기서 힘든 요리 일을 할 수 있습니까?" 내가 물었다. "그렇다는 건 아니고." 그가 대답했다. "자네는 밀가루 음식을 조금만 요리해 먹고 우유를 마시면서 그렇게 순수성 식품만 먹고도 견뎌내지. 그것을 아는 내가 어떻게, 자네가 아쉬람의 주방 일을 할 만큼 튼튼하다고 말하겠나? 내 말은 그냥, 그 편지 쓰는 일을 그만두고 명상이나 좀 하라는 거지." 스와미는 그렇게 말을 맺었다. 나는 동의하는 척했지만 실은 편지 쓰는 일을 포기하지 않았다. 특히 회당에서 늘 이런저런 논의가 오고갔기 때문에 그것을 적어두어야겠다는 유혹을 뿌리치기 어려웠기 때문에도 그랬다. 하루는 쓰다가 지쳐서 누군가가 좀 도와주었으면 싶었다. 그렇게 생각하면서 바가반께 가서 당신 앞에 앉았다. 당신은 우연히 참새와 가루다의 이야기를 하시다가 지나가는 말로 이렇게 말씀하셨다. "좋은 일을 하면서도 자기탐구를 해야겠다는 마음을 가지고 있는 사람들이 그것을 하나의 짐으로 생각하면서도 그 일을 포기하지 않습니다. 그러면 이 이야기에 나오는 참새의 경우에 가루다(용을 잡아먹는다는 천상계의 큰 새)가 참새를 도와주러 나타난 것과 같이 어디선가 도움이 옵니다. 신의 은총에 의해 도움이 저절로 찾아옵니다."22) 이 시기적절한 말씀은 너무나 뜻

---

22) [역주] 텔루구어판과 타밀어판의 『편지』 1948년 7월 27일자 말미에는 바가반이 들려주는 참새와 가루다의 이야기가 있는데 영어판에서는 생략되었다고 한다(David Godman, *Padmalai*, pp.251-2 및 p.374 참조). 그러나 여기서 우리는 나감마가 이 이야기를 처음 들은 것이 1947년 9월 무렵임을 알 수 있다. 그 생략된 부분에 대한 Godman의 영역문을 옮겨보면 다음과 같다.
바가반: 참새 한 마리가 부리에 자기 알을 물고 날아가다가 알이 미끄러져 바다에 빠졌습니다. 참새는 알을 건져내야겠다는 간절한 마음에, 바다에 뛰어들어 부리로 바닷물을 조금 머금고 해변으로 나와서는 물을 뱉고 자기 날개로 그것을 부채질했습니다. 근처를 지나가던 진인 나라다가 참새의 이러한 행동을 보고 왜 그러느냐고 물어 그 이유를 알아냈습니다. '바보 같은 참새야! 그렇게 해서 될 수가 있겠느냐?' 나라다가 말했습니다. 참새가 대답했습니다. '될 수 있든 없든 상관하지 않아요. 만약 제가 꾸준히 해 나간다면 그 나머지는 신의 손에 달렸지요.' 나라다는 그 믿음을 보고 기뻐하면서 가루다를 찾아가 그 이야기를 들려주고 이렇게 말했습니다. '자네의 새 종족에 속하는 한 동물이 그런 대단한 믿음을 가지고 애를 쓰고 있는데 자네가 가만히 있어서야 되겠나? 도와줄 수 없나?' 그 이야기를 듣자 가루다는 즉시 참새에게 날아갔습니다. 거기서 그가 날개를 퍼덕이자 그 바다의 물이 모두 두 쪽으로 갈라져 참새 알이 보였습니다. 참새는 즉시 그것을 물어 올려 날아갔습니다.
그와 마찬가지로 진아에 대해 명상하면서 선행을 하는 사람들이 '이것은 엄청난 일이다! 도와줄 사람이 아무도 없다! 내가 해 낼 수 있을까?' 하는 생각 없이 열심히 노력하면 신의 도움이 자동적으로 올 것입니다. 그 바닷물이 참새가 부리로 물을 머금어 해변에 뱉어낸다고 줄어들겠습니까? 그 참새는 믿음과 인내로 그 일을 했습니다. 그와 마찬가지로 누구든지 노력하면 그것은 언젠가 반드시 열매를 맺을 것입니다. 모든 것 중에서 믿음이야말로 중요합니다. 선행을 하는 사람들도 믿음을 가지고 일을 하면, 가루다를 통해서 그렇게 되었듯이 신의 도움이 올 것입니다. 그 도움이 올 때까지는 그 믿음에 조금도 흔들림이 없이, 그리고 최대한의 노력으로 그 일을 해야 합니다.

밖에 나에게 다가왔고, 나를 상당히 격려해 주었다.

이따금씩 아쉬람 사무실 사람들이 나에게 아직도 편지를 쓰고 있느냐고 물으면 나는 아니라고 대답했다. 그러나 그것은 사실이 아니었기 때문에 나는 죄책감을 느끼고 있었다. 내가 왜 계속 거짓말을 해야 하는지, 그런 적대적 분위기 속에서 편지를 써야 하는지, 그리고 왜 그 일을 아주 포기해 버리면 안 되는지 의문을 갖곤 했다. 하루는 그런 의문과 걱정을 안고 바가반께 갔더니 당신은 어린 시절의 이야기를 들려주고 계셨다. "저도 마두라이를 떠나던 날은 숙모님에게 거짓말을 했지요." 바가반이 말씀하셨다. 그리고 이렇게 덧붙이셨다. "그 거짓말을 하는 것은 우리가 아닙니다. 어떤 힘이 우리더러 그렇게 하도록 합니다. 샹까라도 거짓말을 해서 겨우 출가했지요." 이런 식으로 바가반은 편지 쓰기에 대한 내 의문을 해소해 주셨다. 한 가지 더 언급할 만한 것이 있다. 더러 어떤 이들은 내가 아직도 편지를 쓰는지 알아보려고 가끔 내 집을 찾아오곤 했는데, 그들이 올 때마다 나는 예전에 쓴 편지들만 가지고 있는 것이었다. 그들이 아직도 편지를 쓰느냐고 물어보면 나는 옛날 것들을 고치고 있다고만 말해주었다. 어떤 사람들은 내 말을 믿었지만 믿지 않는 사람들은 찐나스와미에게 귀띔을 해 주곤 했다. 그 스와미인들 어떻게 할 수 있겠는가? 그가 물어보면 나는 늘 아무것도 쓰고 있지 않다고 말했다. 그가 그것을 두고 심한 말을 하면 내 눈에는 눈물이 솟구쳐 뺨을 타고 흘러내렸다. 그러면 그의 마음이 풀어져서 이렇게 말하는 것이었다. "가, 가. 명상을 해. 왜 스스로 그렇게 번잡한 일을 벌여?" 그러면 나는 "예, 예" 했지만, 그래도 글쓰기 작업을 결코 포기하지 않았다.

21. 자리 맡아놓기

우리 속담에, 음식을 배식하는 사람이 자기 사람이면 우리가 말석에 앉아 있어도 상관없다는 말이 있다. 여자들이 앉게 되어 있는 자리에서 어떤 사람들은 나같이 늦게 오는 사람들이 앉을 자리도 남겨주지 않고 앞에다 떡 하니 깔개를 펴기도 한다. 그래서 나는 뒤쪽에 조금이라도 공간이 있으면 비집고 들어가 앉곤 했다. 텔루구 신문이 오거나 어떤 사람이 텔루구어로 질문을 하면 바가반은 내가 어디 있는지 찾으면서 이렇게 물으시는 것이었다. "나감마는 어디 있나?" 누가 나에게 바가반이 부르신다고 일러주면 내가 앞줄로 가곤 했다. 그런 경우에는 다른 여자들도 나에게 자리를 만들어 줄 수밖에 없었다. 바가반의 시자 중 한 사람인 사띠야난다는 이런 번거로움과 불편함이 야기되는 것을 보고 한번은 나에게 왜 늘 앞줄에 앉지 않느냐고 물었다. 그러자 즉시 바가반이 웃음 띤 얼굴로 말씀하셨다. "보면 몰라! 저 자리들을 다 먼저 맡아놓으니 그렇지!" 그때 함께 있던 사람들이 다 웃었다. 누가 깔개를 깔아놓고 밖으로 나가면 바가반은 곧잘 유머러스하게 말씀하셨다. "저 봐. 자기 자리를 맡아놓았군."

한번은 내가 회당의 저쪽 구석 창가에 앉아 아루나찰라를 멍하니 바라보고 있었다. 바가반이 무심코 이쪽을 보셨다. 여기 몇 번 온 적이 있는 깔라하스띠의 헌신자인 수람마가 말했다. "왜 그러시는지는 모르지만 바가반께서 이쪽을 보고 계시네." 나는 일어나서 바가반께 갔다. 당신은 누구한테서 받은 시 한 수를 주셨다. 나는 그것을 읽어본 다음 베껴두었다. 그때 수람마가 말했다. "바가반께서 움직이시거나 말씀하시는 것을 우리가 열심히 지켜보고 있어야 한눈을 팔면 안 되잖아? 자네가 멀리 앉아 있는 것은 스승님께 결례 아닌가?" 그녀의 어머니 같은 충고를 받아들여 나는 그날부터 갑절로 조심하고 주의했다. 며칠 뒤 바가반은 원숭이들에 대해 이야기하다가 이렇게 말씀하셨다. "원숭이를 보십시오. 한 원숭이가 다른 원숭이들에게 눈짓이라도 할라치면 그들은 즉시 그 원숭이 주위로 다 모여듭니다. 그래서 베단타 용어로 표적견標的見(lakshya drishti), 즉 주의력을 원숭이의 시선에 비유하는 것입니다. 스승이 제자를 바라보는 순간, 제자는 그 시선의 의미를 이해해야 합니다. 그렇지 못하면 그가 단순히 제자라고 해서 무슨 이익이 있겠습니까?" 이 말씀을 듣자 나는 그것이 나에게 좋은 교훈이라고 생각했고, 그때부터는 어느 때보다도 더 주의했다.

만일 누가 바가반의 친존에서 헌신가들의 전기나 뿌라나에 나오는 이야기를 하면 바가반은 관계되는 그 책을 꺼내서 큰 소리로 읽어 주셨다. 비극을 묘사한 곳에서는 누가 보기에도 당신이 감정에 휩싸였고, 눈물이 나서 더 이상 읽어나가지 못하시기도 했다. 그러면 당신은 그 책을 소파 위에 내려놓고 이렇게 말씀하시는 것이었다. "이것이 다 이야기일 뿐이라는 것을 아는데도 몸은 감정에 휩싸이는군요. 몸이 차분히 있지 못합니다."

하루는 오후 일찍 회당에 갔더니 바가반이 말라얄람어로 쓰여진 『라마야나』를 읽고 계셨다. 나는 절을 하고 일어나서 그것이 무슨 책인지 알고 싶어 그 책을 쳐다보았다. 이것을 보시고 바가반은 자못 열띤 어조로 말씀하셨다. "이 책은 말라얄람어로 된 『아디야뜨마 라마야나』야. 라마가 안자네야(하누만)를 통해 라바나에게 전한 메시지에 대해서 내가 이야기해 준 거 기억하겠지. 그것은 바로 이 책에 있는 거야. 지금 내가 읽어 보려고 하는 건 '타라 장章'(Tara Vilasam)이지." 당신이 막 책을 읽기 시작하는데 구람 숩바라마이야가 회당에 들어와 바가반 가까이 앉았다. 숩바라마이야는 바가반이 책을 읽으면서 거기 나오는 이야기들을 설명해 주시다가 당신의 눈에 눈물이 가득 고이고 목소리가 떨리는 것을 보았다. 마치 당신의 친존에서 그 모든 드라마가 실연되는 것 같았다. 이것을 보고 나도 말했다. "바가반께서는 타라 자신이 되어 버리신 것 같습니다." 스승님은 감정을 추스르시고 미소를 지으며 말씀하셨다. "어떻게 하지? 내 앞에 있는 모든 것과 저 자신을 동일시하니 말이야. 나에게는 별개의 정체성이 없어. 나는 도처에 편재해." 이 말씀에 얼마나 큰 진리가 들어 있는가!

처음 "라마나스라맘에서 보낸 편지"를 쓰기 시작했을 때, 나는 바가반의 친존에서 하는 우파니샤드 빠라야나에 참석하러 아침 일찍 아쉬람에 가던 습관을 그만두었다. 아침 7시 30분까지는 목욕을 하고 조반을 지어 먹은 뒤 다른 일을 하고, 그러고 나서 아쉬람에 갔다. 그때는 바가반이 아침 식사를 마치고 산 위로 올라가신 뒤였다. 우리는 모두 당신이 돌아오시기를 기다렸는데, 이때 나는 식당의 북쪽 편에 앉아서 기다렸다. 바가반이 산을 내려오실 때는 마치 주 시바께서 하늘에서 땅으로 내려오시는 것처럼 보이기도 했다. 나는 이 아침 시간을 한 번도 빼먹지 않았는데, 왜냐하면 이 아침 시간에만 여러 가지 사항들에 대한 논의가 이루어지곤 했기 때문이다. 그러나 어떤 때는 내가 저녁에 집에 가고 난 뒤에 어떤 사람이 바가반께 송찬을 드리거나 바가반 자신이 어떤 시구를 지으시기도 했다. 그러면 바가반은 그것을 시자한 사람에게 주면서 이렇게 말씀하시는 것이었다. "잘 보관해 두게. 아침에 나감마에게 보여줘야 해. 그녀가 빠라야나에 올지 안 올지 모르니까." 어찌된 셈인지 그런 경우에는 늘 내가 이른 아침의 빠라야나에 참석하고 싶은 생각이 들어, 아쉬람에 갔다 와서 아침을 해 먹어야겠다고 생각하면서 아쉬람에 가곤 했다. 그러면 바가반은 내가 오는 것을 보시고 이렇게 말씀하셨다. "아니! 내가 방금 이 종이들을 자네한테 줘야 한다고 말하던 참인데, 말하기가 무섭게 자네가 그것을 받으러 오는군. 어떻게 안 거지?" 그러면 나는 이렇게 대답하곤 했다. "뭐라고 설명할 수는 없지만 어쩐지 지금 오고 싶었습니다. 그뿐입니다." 그러면 바가반은 그 종이들을 나에게 주시는 것이었다. 다른 사람들의 경우에도 그런 우연의 일치가 더러 있었다고 당신은 말씀하시곤 했다.

1947년 겨울의 어느 때 오빠가 올케와 함께 휴가 때 아쉬람에 왔다. 하루는 그가 친구들과 함께 스깐다쉬라맘에 가고 싶어 했다. 올케도 같이 가겠다고 했다. 오빠는 그녀가 거기까지 못 올라갈지 모른다 싶어 그녀를 남겨두고 올라갔다. 그날로 오빠는 마드라스로 돌아갔는데, 올케가 아쉬람에 조금 더 있고 싶어 했기 때문에 나와 함께 있도록 남겨두고 갔다. 나는 올케에게 스깐다쉬라맘에 올라갈 수 있도록 힘껏 도와주겠다고 안심시켜 주었다. 그래서 다음날 아침 우리는 회당에 들어가서 맨 앞 줄에 앉았다. 바가반이 오빠가 떠났느냐고 물으셨다. 나는 그가 올케를 남겨두고 떠났다고 스승님께 말씀드렸다. "좋지." 바가반이 말씀하셨다. 그 대화를 이용하여 내가 말했다. "올케는 어제 오빠하고 같이 스깐다쉬라맘을 보러 가고 싶었지만, 오빠가 그녀의 건강이 좋지 않다고 데려가지 않았습니다. 올케는 거기를 아주 가고 싶어 합니다." 올케는 애원하는 눈길로 바가반을 쳐다보고 있었다. 그 모습을 보고 당신은 연민을 느껴 내 쪽을 향해 말씀하셨다. "왜 걱정해? 자네가 데려가면 되지. 그는 급한 일이 있었나 보군. 자네들은 내일 당장 올라가도 돼." "예. 제가 직접 데려가겠습니다. 하지만 그녀가 산 위를 오르지 못할까 걱정이 됩니다." 내가 대답했다. 바가반은 미소를 지으며 말씀하셨다. "무슨! 나는 그녀보다 훨씬 나이 많은 사람들도 산꼭대기까지 데려갔어. 그런데 스깐다쉬라맘 데려가는 것을 왜 망설여? 80이 넘은 노인들도 산꼭대기에 올랐는데 그녀를 데리고 올라가는 게 뭐가 어렵다고? 아침에 더워지기 전에 출발해. 소달구지로 계단이 있는 산 정면까지 가서 한 계단 한 계단 천천히 올라가. 그리고 저녁 무렵 서늘해질 때까지 거기 있다가 같은 길로 내려와. 그뿐이야. 거기서 먹을 것도 좀 챙겨가고." 올케는 너무 좋아서 함박웃음을 지었다. 그녀는 필요한 힘을 얻었고 나는 필요한 용기를 얻은 것이다.

바로 그날 오후, 나는 소달구지 한 대를 준비하고 과일과 튀밥, 쪼갠 벵갈 콩, 기타 식품들을 샀다. 다음날 아침 우리는 식사를 하고 나서 바가반께 인사를 드리고 스깐다쉬라맘으로 출발했다. 쩐나스와미는 친절하게도 우리에게 이들리를 한 묶음 싸 주었다. 학당의 학생 두 명도 우리를 도와주러 같이 떠났다. 그 당시 지금의 수탁위원회(Board of Trustees-아쉬람 재단) 총재인 벤까따라만은 읍내에 살고 있었다. 우리가 스깐다쉬라맘으로 순례를 간다는 이야기를 듣고 락슈맘마(Lakshmman-벤까따라만의 부인)와, 그의 집에 사는 할머니 두 사람도 산기슭에서 우리에게 가담했다. 할머니들은 고령이어서 자기들만으로는 거의 산을 오르기 어려웠다. 우리는 천천히 계단을 올라가서 도중에 있는 비루팍샤 산굴과 그 밖의 산굴들을 둘러보고 오전 10시경에 스깐다쉬라맘에 당도했다. 바가반이 우리에게 하루 종일 스깐다쉬라맘에 있으라고 했다는 말을 들은 몇 사람의 헌신자들이 아쉬람 쪽에서 오는 길로 해서 거기로 왔다. 그래서 우리 일행은 거의 15명이나 되었다. 어떤 사람은 양념을 곁들인 밥을 가져왔고 어떤 사람은 움뿌마를, 또 어떤 사람은 버터밀크를 가져왔다. 정오가 되기 전에 우리는 가벼운 음식들을 다 먹고 버터밀크를 마신 다음 휴식을 취했다. 그리고 학생들을 아쉬람으로 먼저 보내 우리가 무사히 도착했다는 것을 바가반께 알리도록 했다. 아, 거기서 우리가 얼마나 즐거워했던지! 말로 표현할 수 없었다. 이야기를 나누고, 노래를 부르고, 음악을 연주하고 별 걸 다 했다. 이렇게 우리가 즐기고 있을 때 학생들로부터 그 이야기를 들은 바가반이 말씀하셨다. "거기는 더없이 즐거운 곳인가 보군요. 그들은 큰 무리가 되었습니다. 우리는 그렇게 나들이를 할 여지가 없지요. 어떻게 합니까? 그들은 오후 4시까지는 돌아오지 않을 테니 말입니다."

우리는 오후 3시까지 산 위에 있다가 남은 음식을 다 먹고 나서 내려왔다. 산기슭에 도착한 우리는 락슈맘마와 함께 달구지를 탔다. 우리가 아쉬람에 도착했을 때는 베다 빠라야나가 막 끝나고 '나 까르마나'를 찬송하고 있었다. 그것까지 끝나자 우리는 바가반께 갔다. 당신은 우리를 보자 말씀하셨다. "다 돌아왔나? 사람들이 꽤 많았던 모양이던데." 그리고 락슈맘마를 보면서 말씀하셨다. "락슈미! 너도 거기 갔어? 좋아. 아주 느긋하게 갔다 왔군." 그런 다음 당신은 내 올케가 산을 올라가는 데 어려움은 없었는지 물으셨다. 어려움은 전혀 없었고, 내가 계속 옆에 붙어서 계단을 하나하나 천천히 오르는 것을 도와주었다고 말씀드렸다. 바가반은 '좋다'고 하시면서 집에 가도 좋다고 하셨다. 다들 이 큰 행사는 바가반의 은총 덕분에 가능했다는 데 의견이 일치했다. 오빠는 우리가 소풍 간 이야기를 듣고 몹시 놀랐다.

나중에 1949년에 올케가 아루나찰라 산을 맨발로 돌고 싶어 했을 때, 오빠는 반대하지는 않았지만 미리 바가반께 그 말씀을 드렸다. 그리고 어느 날 아침 헌신자들의 한 무리가 출발했다. 다만 올케가 그 거리를 다 돌지 못할 경우에 대비해 차를 한 대 가지고 갔다. 바가반의 은총으로 그녀는 차에 타는 일 없이 한 바퀴를 다 돌았다. 그날 저녁 비스와나타 브라마짜리가 놀라서 반색을 하면서 말했다. "당신 올케는 스깐다쉬라맘에 올랐을 뿐 아니라 산도 한 바퀴 돌았군요. '스승의 은총은 벙어리가 말을 하게 하고 절름발이가 산을 넘게 한다'(Mookam karothi vachalam, pangum langhayate girim)[23]는 말이 바가반의 친존에서 실현된 것입니다." 나도 그것은 모두 바가반의 은총 덕분이었다는 것을 인정한다. 나는 그런 특이한 사건들을 여러 번 목격했다. 나는 그것이 기적(mahimas)은 아니고 스승과 헌신자들 사이에 존재하는 유대의 발현에 지나지 않다고 생각한다.

---

23) [역주] 한정비이원론의 주창자인 라마누자(Ramanuja)가 주 끄리슈나에게 바친 어느 찬가에 나오는 구절. '당신의 은총은 벙어리가 말을 하게 하고 절름발이가 산을 넘게 합니다. 그 은총을 구하여 당신께 절합니다. 오, 지복의 정수이신 신이시여(Yat-kripa tamaham vande paramananda madhavam).' 이것은 힌두교 의식에서 요즘도 흔히 찬송되는 노래의 하나이다.

22. 팥수수 튀밥

1940년 이후 나는 밥 대신 팥수수(jowar) 가루를 먹고 있었다. 아쉬람에 온 뒤에 나는 한두 번 팥수수 튀밥을 만들어 바가반께 드렸다. 그런 경우에 당신은 소금과 고춧가루를 좀 가져오게 하여 튀밥에 보태서 회당에 있던 모든 사람에게 그 혼합물을 분배하고 당신도 조금 드셨다. 당신이 그것을 맛있게 드시는 것 같아 그 뒤에도 종종 팥수수 튀밥을 만들어 당신께 가져갔다. 이것을 보시고 바가반이 말씀하셨다. "왜 그런 걸로 자신을 번거롭게 하지? 가끔 한 번씩은 괜찮지만 자주 할 것은 아니지." 그래서 한 동안 그러는 것을 중단했다. 한번은 햇팥수수가 왔기에 그것을 볶아서 솥에 담고 있는데 당시 바가반의 시자로 일하고 있던 벤까따라뜨남이 들어왔다. 재스민 꽃같이 하얀 팥수수 튀밥을 본 그가 말했다. "야 이거, 바가반이 아주 좋아하시는 건데." 나는 그것을 바가반께 가져갈까 생각하고 있지만 혹시 당신이 또 나무라실까 걱정된다고 말했다. 벤까따라뜨남은 내가 바가반께 그것을 드린 뒤에 많은 시간이 흘렀기 때문에, 또 한번 맛보시게 해도 상관하지 않으실지 모른다고 했다. 그에게 맛을 좀 보라고 했더니 바가반이 먼저 드시기 전에는 먹지 않겠다고 했다. 나도 먼저 먹고 싶은 생각은 없었다. 그래서 그것을 휴대용 그릇에 담아 그날 오후 바가반의 회당에 가서 그것을 당신 앞에 놓았다. 바가반이 웃으면서 말씀하셨다. "오! 또 가져왔어?" 나는 조금 용기를 내어 대답했다. "지난번에 가져와서 드린 지 1년쯤 지났습니다. 이 팥수수는 햇곡식입니다. 쟁반에 펴 놓으면 재스민 꽃같이 흽니다. 제가 이것을 바가반께 가져오려고 생각하고 있는데 벤까따라뜨남이 와서 바가반께서 이것을 아주 좋아하신다고 하더군요. 저희 둘 다 먼저 맛보고 싶지는 않았습니다. 그래서 여기 가져온 것입니다. 이제 바가반께서 좋으실 대로 하십시오. 비용이라야 거의 들지 않았고 2안나 어치도 안 됩니다. 그러니 저에게 가끔씩이라도 이것을 당신께 드릴 기회를 주셔야 합니다." 바가반의 가슴은 버터처럼 녹으셨다. "그건 괜찮아. 뭐가 어때서? 나 이거 아주 좋아해. 나는 단지 자네가 이것 때문에 불필요하게 신경을 쓰지 않았으면 해서 그런 거지. 그것이 싫다는 건 아니야. 내가 산 위에 살 때는 온갖 곡식을 먹었는데, 팥수수는 맛도 있고 건강에도 좋아. 요즘 사람들은 '아이요! 이런 곡식을 스와미께 드려? 랏두와 질레비를 드려야지' 하고 말하겠지. 그러나 그런 것들은 이 곡식만큼 맛이 있지는 않아." 그러면서 당신은 그것을 땅콩, 소금, 고춧가루, 기이와 섞어서 그 혼합물을 그 자리에 있던 모든 사람에게 나누어 주도록 하시고, 당신도 조금 집어서 맛있게 드셨다. 그것은 마치 꾸쩰라(Kuchela)가 찐쌀을 드렸을 때 주 스리 끄리슈나가 그것을 드시던 것과 흡사했다.

나중에 언젠가 내가 같은 방식으로 팥수수 튀밥을 가져갔더니 당신은 이렇게 말씀하셨다. "자네는 거의 늘 아쉬람에 있는 것 같은데, 언제 이런 걸 만들 시간이 있나?" 나는 그런 것은 점심을 먹고 난 오후에 만든다고 말씀드렸다. 바가반은 벤까따라뜨남 쪽을 돌아보고 물으셨다. "그녀는 아침 7시에는 여기 오는데 밥은 언제 해 먹어?" 벤까따라뜨남은 내가 새벽 3시경에 잠자리에서 일어나 7시까지 모든 일을 끝낸다고 대답했다. "그래? 그러면 글쓰기 작업은 언제 하고?" 바가반이 물으셨다. 그 대화를 이어받아 내가 설명했다. "아, 그 일요! 여기 있다 저녁에 집에 가서 합니다. 저녁을 간단하게 먹고 나서 잠자리에 듭니다. 잠깐 자고 나면 마치 누가 부르는 것처럼 늘 한밤중에 깹니다. 그러면 한 시간 남짓 글쓰기 작업을 하고 나서 다시 잠자리에 들어 잠깐 잡니다. 3시까지는 자동적으로 잠에서 깹니다. 그 정도면 충분한 수면 아닙니까?" 같은 저택 안에 살고 있는 스리마띠 수람마가 즉시 이렇게 말했다. "잘 모르지만 밤에 그녀의 집을 쳐다보면 늘 불이 켜져 있습니다. 언제 자는지는 하느님만이 아시겠지요." 바가반은 고개만 끄덕이시고 침묵을 지키셨다.

23. 수리의 무리 (Suri sabha)

1947년 봄의 어느 때, 바가반의 건강이 좋지 않으니 누구도 당신과 불필요한 대화를 나누면 안 된다는 사무실의 명령이 내려졌다. 우리는 조심하여 그 명령을 준수했다. 하루는 내가 우연히 오후 2시경에 아쉬람에 갔더니 바가반이 『뻬리아뿌라남』을 훑어보고 계셨다. 당신은 나를 보더니 열띤 어조로 말씀하셨다. "봐! 이것은 순다라무르띠의 이야기이고, 저것은 삼반다르 이야기야. 이것은 마니까바짜가르의 이야기고, 저것은 아빠르의 이야기지." 그러면서 그 이야기를 나에게 다 해 주셨다. 그런 다음 당신은 압바이야르의 이야기를 꺼내어 이렇게 말씀하셨다. "한번은 깜바르(Kambar)[24]가 압바이야르에게 망신을 주려고 사람들이 많이 모인 곳에서 '아디, 아디' 하더니 그녀에게 그 말을 가지고 시를 한 수 지어달라고 했지. 그녀는 깜바르보다 한 길 위여서 순식간에 시를 다 지었어." 이처럼 당신이 그런 흐름의 이런 이야기 저런 이야기를 나에게 계속 하시고 있는데, 그날 발송해야 할 우편물이 오후 늦게 왔다. 편지들을 보내고 나자 당신은 나에게 오따꾸따르(Ottakuthar)[25]의 이야기를 들려주시기 시작했다. 바가반이 계속 이야기를 하시자 마침내 시자들이 일어나서

---

24) [역주] 11세기 타밀나두의 탁월한 시인. 『라마야나』를 타밀어로 번안한 『깜바 라마야나』의 저자.
25) [역주] 깜바르와 비슷한 시대의 타밀 궁정시인. 자신의 시적 재능을 과시하기 위해 공개 석상에서 동시대의 학자들에게 도전하곤 했다. 깜바르와 함께 타밀문학사의 한 시기를 구획한다.

당신이 저녁 포행 가실 때 쓰실 지팡이와 물주전자를 준비했다. 그것을 보자 바가반은 시자들을 보면서 "오! 시간이 다 되었군?" 하시고는 밖으로 나가셨다.

바가반이 나가시고 난 뒤에 시인이기도 한 타밀 빤디뜨 한 사람이 나에게 와서 말했다. "나야나는 「짜뜨와림사뜨」에서 이미 '수리 사바 구루나'(Suri sabha guruna)라고 노래했지요. 그것은 아마 그가, 훗날 언젠가 수리 나감마가 올 것이고 그녀의 무리(sabha)가 여기 생기게 될 것이라는 것을 알았기 때문이 아니었나 싶습니다. 오늘날 그 무리는 나감마의 무리밖에 없습니다." 나는 그 말에 놀라 이렇게 말했다. "제가 그것과 무슨 관계가 있습니까? 말씀하신 분은 바가반일 뿐인데요." "그게 아닙니다. 이것은 분명히 수리 나감마의 무리입니다." 그는 그렇게 말하고 가 버렸다. 나는 그가 한 말이 마음에 걸려 한 친구에게 그 이야기를 했더니 친구는 이렇게 나를 위로해 주었다. "왜 걱정해? 그 말이 맞지. 수리 가족은 빤디뜨 가족을 뜻해. 가나빠띠 샤스뜨리는 '가나란무카 — 수리 사바 구루나'(Ganaranmukha - Suri sabha guruna)[26]라고 했는데, 그것은 '당신은 가나빠띠 등을 포함한 빤디뜨 무리들의 스승이십니다'라는 뜻이지. 그것이 진짜 의미야. 자네는 빤디뜨들의 가족에 속해. 그러니 자네한테도 해당이 되지." 나는 그 설명에 만족했다.

24. 암소 락슈미의 삼매 - 기일 잔치

암소 락슈미의 첫 기일이 7월 18일에 들었다. 나는 그 기일 잔치에 맞추어 돌아올 생각으로 1949년 6월에 비자야와다에 갔다. 편지 제2부를 아쉬람에 넘겨주기는 했지만 원본은 오빠가 가지고 있었기 때문에 나는 동료 헌신자들의 격려에 힘입어 그 제3, 4, 5부를 쓸 수 있었다. 아쉬람 당국은 몇몇 헌신자들이 비용 일체를 부담하겠다고 했는데도 제2부의 출판을 거부했었고, 그래서 후속편들의 출판 문제는 생각할 수도 없었다. 나는 아쉬람에 오기 전에도 『마나사 샤따깜』, 『발라끄리슈나 기따발리』 같은 책들을 몇 권 썼기 때문에, 후속편들은 비자야와다에서 출판하는 게 낫겠다고 생각했다. 그래서 비자야와다에 있는 오빠한테 그 이야기를 편지로 썼더니 오빠가 그 일을 상의하러 나를 좀 오라고 했다. 그래서 그해 여름 그 책들 중 한 권을 인쇄에 넘기려고 그곳에 갔던 것이다. 그리고 거기서 교정을 보느라고 바빠 20일가량 아쉬람을 떠나 있었다. 그 바람에 락슈미 기일 잔치를 잊어버렸다. 그러는 동안 바가반의 종양에 대해 두 번이나 수술이 이루어졌다. 내가 받은 소식에 따르

---

26) [역주]「짜뜨와림사뜨」제2연의 다음과 같은 첫 구절의 앞부분이다. '가나빠띠를 위시한 학자들 무리의 스승이자 인도자이시며, 최고의 덕을 한 몸에 다 갖추신 분(은 누구신가?)'

면, (바가반의 팔에) 라듐 바늘을 삽입하자 피가 스며 나오는 것이 멈추었고 종양이 낫고 있다고 했다. 그래서 아쉬람에 특별히 급히 돌아갈 필요는 없겠거니 했다. 내가 아쉬람을 떠난 지 열흘이 되지 않아 올케가 바가반의 병환 소식을 듣고 요리사를 한 사람 데리고 가서 내 방에 머무르고 있었다. 올케도 건강이 별로 좋지 않은 상태였고 본시 혼자서는 일을 제대로 처리하지 못했기 때문에, 그녀가 아쉬람에 머무르는 동안에는 가능한 모든 면에서 내가 그녀를 도와주곤 했다. 그러나 이번에는 내가 없어 바가반이 그녀가 잘 있는지 물어봐 주셨고 나에 대해서도 물어보셨다. 올케는 아쉬람에 있으면서 바가반의 상처에서 다시 피가 스며 나온다는 것을 알자 나에게 이렇게 편지를 써 보냈다. "바가반께서 매일 나감마가 어디 있느냐고 물으시는데 누이가 더 오래 거기 있는 것은 옳지 않은 것 같아요. 사람들 말이, 바가반의 팔꿈치 종양에서 다시 피가 나오고 있다고 하네요. 제발 얼른 돌아오세요." 나는 그 편지를 받자마자 띠루반나말라이로 최대한 빨리 떠나는 기차를 탔고, 다음날 아침 아루나찰라에 도착했다. 내가 집에 가자마자 올케가 그날이 락슈미의 기일이라고 하면서, 바가반은 몇 번이나 이렇게 말씀하셨다고 했다. "나감마는 이 행사에 빠지지 않을 텐데. 왜 아직 안 오지?" 바가반은 또 락슈미가 내 손 안에서 마지막 숨을 거두었고, 내가 나중에 락슈미의 생애담을 썼다고 애정 어린 어조로 설명하셨다고 했다. 올케는 이런 이야기를 들려주면서 나와 함께 아쉬람으로 갔다. 바가반은 마침 저녁식사를 하신 뒤 세숫대야에서 손을 씻고 계셨다. 우리는 바가반께 가기 전에 먼저 락슈미의 상像을 찾아갔다. 바가반이 우리를 보시고 말씀하셨다. "오! 나감마가 왔군. 분명히 때 맞춰 올 거라고 생각했지. 아주 잘 왔어. 가서 락슈미를 봐." 그리고 나를 부르시더니 말씀하셨다. "자네 올케가 오늘 락슈미의 생애담을 다 읽었어." 우리는 락슈미의 삼매지에 올리려고 내가 가져온 과일과 꽃을 지정된 장소에 놓아두고 집으로 갔다. 도중에 비스와나타 브라마짜리가 우리를 보더니 말했다. "오! 오셨군요. 바가반께서 나감마가 빠질 리 없다고 몇 번이나 말씀하시더니 이제 때맞춰 오셨네요. 바가반이 당신에게 얼마나 정이 많으신지 모릅니다! 부모의 정은 자식이 멀리 가고 나서야 아는 법이지요." 나는 책 하나를 찍기 위해 그렇게 오랫동안 떠나 있었는데도 바가반께서 나에 대해 그렇게나 자애로우셨다는 것이 부끄러웠다. 나는 내가 마침내 돌아온 것은 스승님의 병환 때문이라고만 생각했지, 바가반께서 사실 락슈미의 기일 때문에 나를 끌어당기셨다는 것은 거의 깨닫지 못했다. 그것은 바가반의 뜻이었다. 당신의 감화력에 어떻게 저항할 수 있겠는가!

25. 시바 라하시얌

바가반이 우리에게 다끄쉬나무르띠의 기원에 대해 말씀하실 때, 당신은 그 이야기를 어디선가 읽은 적이 있다고 하셨다. 나는 그 이야기를 모두 적어두었지만 그것이 무슨 책이었는지는 특별히 여쭈지 않았고 당신도 그 말씀을 하지 않으셨다. 그러다가 1948년 4월에 특기할 만한 사건이 일어났다. 당시에 바가반은 50주년 기념당에서 하루 종일 보내시곤 했다. 어느 날 오전, 어느 퇴역판사의 부인이 여자들 자리에 앉아서 무슨 책을 읽다가 그 책을 자리에 남겨둔 채 잠시 밖으로 나갔다. 내가 자리를 정리하다가 그 책이 있는 것을 보았다. 책을 펴 보니 구자라트어 주석이 달린 산스크리트 시구들이 있었다. 나는 그 책이 무엇에 관한 책인지 얼른 이해되지 않아, 바가반께 그것을 드리면서 누군가 잊어먹고 놓아둔 것이라고 말씀드렸다. 바가반이 말씀하셨다. "데사이의 부인이 뭘 읽으면서 거기 앉아 있었지. 그녀의 책일 거야. 나중에 돌아오면 주지 뭐." 그러면서 몇 쪽을 넘겨보시더니 미소를 지으며 말씀하셨다. "봐. 여기 다끄쉬나무르띠의 탄생에 대한 이야기가 있군.『시바 라하시얌』(Siva Rahasyam) 제10부 제2장이야. 여기 와서 봐." 그런 다음 당신은 그 내용 전부를 자세히 보여주셨다. 당신이 예전에 보셨던 책이 이 책인 듯싶었다. 우리는 이와 같은 사례를 바가반의 친존에서 자주 보았다. 뿐만 아니라, 헌신자들이 철학적인 문제를 토론할 때마다 전거가 되는 책들이 나타나곤 했다. 그렇지 않을 경우에는 바가반이 직접 당신의 넘치는 자비심으로 관계되는 책들을 찾아서 헌신자들에게 보여주시기도 했다. 그런 사례 하나를 아래에서 기록한다.

26. 아묵땀

1943년 10월 구람 숩바라마이야가 바가반께 『아묵따 말리야다』 한 권을 보내왔다. 그 책을 받으시자 바가반이 말씀하셨다. "숩바라마이야가 편지에서, 나더러 이 책을 읽으라는군. 내가 이 책을 어떻게 다 읽지? 누군가가 읽고 어떤 건지 말해주면 좋겠군." 내가 읽겠다고 자청해서 당신의 허락을 받고 책을 집으로 가져갔다. 나는 그 책을 전에 읽어 보았기 때문에 그 내용을 쉽게 이해할 수 있었다. 4, 5일이 지난 뒤 바가반이 나에게 책을 잘 읽고 있느냐고 물으셨다. 나는 바가반께, 그 책은 『비슈누 찌띠야무』(Vishnu Cheetteeyamu)라고도 하는데, 고다 깔리야남(Goda Kalyanam)[27]에

---

27) [역주] 여신 고다(Goda)와 주 랑가나타(Lord Ranganatha-비슈누)의 결혼, 또는 그 결혼을 기념하는 축제. 고다는 안달(Andal)이라고도 하며(455쪽의 각주 1 참조), 남인도 빌리뿌뚜르에서 한 성자의 딸로 태어났으나, 실은 비슈누의 반려자인 여신 락슈미가 인간 세상에 화현한 존재라고 한다.

대한 이야기가 주된 내용이고, 물라다사리(Mooladasari) 등에 관한 다른 이야기들도 있지만 가장 흥미로운 것은 칸디끼야(Khandikya)와 께시드와자(Kesidhwaja)[28]의 이야기라고 말씀드렸다. "그래? 그러면 우리가 살펴봐야겠군." 바가반이 말씀하셨다. 다음날 내가 그 책을 바가반께 드리면서, 칸디끼야와 께시드와자의 이야기는 비이원론 철학에 따라 해석되었는데 그것은 『마하바라타』에서 이야기하고 있는 것과 부합하지만, 끝에 가서 저자는 그 의미를 왜곡하여 거기에 한정비이원론(vishistadvaita)의 색깔을 부여했다고 말씀드렸다.

바가반은 미소를 지으며 말씀하셨다. "그래? 그야 상관없지."

그러면서 바가반은 시자 한 사람에게 『마하바라타』를 가져오라고 하여 해당되는 장을 찾아보라고 하셨다. 그러나 그 사건은 어디에도 나오지 않았다. 나도 하루 종일 찾아보았지만 헛수고여서 이상하다고 생각하면서 집으로 돌아갔다.

다음날 오전 평소와 같이 아쉬람에 갔더니 바가반이 무슨 큰 책을 훑어보고 계셨다. 당신이 말씀하셨다.

"봐. 이것은 『비슈누 뿌라나』야. 여기에 칸디끼야와 께시드와자의 이야기가 나와. 비이원론적 논지로 되어 있어. 자네가 한 말이 맞아. 가져가서 봐."

나는 크게 안도하여 말했다. "바가반께서 보셨다면 됐습니다. 제가 더 볼 것 있습니까?"

나는 바가반이 내가 말한 것을 입증하기 위해 뿌라나를 훑어보셨다는 생각에 몹시 기뻤다. 그 자리에 있던 몇 사람의 헌신자들이 자기들은 텔루구어를 모르니 그 이야기를 좀 들려달라고 청했다. 바가반이 대답하셨다. "오! 제가 어떻게 합니까? 듣고 싶으면 나감마에게 부탁해 보세요."

27. 나 까르마나

아쉬람에서 무슨 예공이나 기타 종교적 행사를 거행할 때는 관계자들이 과일, 꽃, 장뇌, 향 등을 담은 쟁반을 바가반께 가져오고, '나 까르마나' 진언을 암송한 뒤에 당신의 축복을 청하는 것이 하나의 관행이었다. 바가반이 거기에 손을 댄 다음에야 의식이 시작되었다. 이것을 본 한 헌신자가 바가반께 여쭈었다. "제가 보니 예공 기타 의식을 할 때마다 사람들이 필요한 물품들을 바가반께 가져와서 당신의 축복

---

28) [역주] 『비슈누 뿌라나』에 등장하는 미틸라국(Mithila)의 왕자들로 사촌간이다. 칸디끼야가 먼저 왕위를 계승했으나 께시드와자에게 왕위를 잃고 숲으로 들어가 고행을 한다. 나중에 께시드와자가 숲으로 칸디끼야를 찾아갔고, 두 사람은 진아의 참된 성품과 요가에 대한 대화를 나눈다.

을 청하고, 바가반께서는 거기에 손을 대 주셔서 축복하십니다. 예공은 하나의 행위 (karma)입니다. 거의 동시에 '나 까르마나' 진언을 암송하는데, 그 의미는 '해탈은 행위나 가정 꾸리기 혹은 부에 의해서는 얻을 수 없고 포기에 의해서만 얻을 수 있다'는 것입니다. 그것은 자기모순 아닙니까?" 바가반은 미소를 지으며 말씀하셨다. "예, 예, 만약 그들이 자기가 암송하는 내용의 참뜻을 이해한다면 이런 것들을 하지 않겠지요. 여기서 이 진언이 얼마나 자주 암송됩니까. 사람들이 그 의미를 알고 그것을 실천한다면 좋겠지요. 그러나 누가 그렇게 합니까? 이런 저런 의식을 거행하는 것은 신을 숭배하기 위해서입니다. 어쨌거나 다 좋은 일이지요. 제가 예공물에 손을 댄다고 해서 잃을 것은 없기 때문에 그렇게 하는 것입니다. 그뿐이지요."

다른 헌신자가 바가반께, 그 진언의 의미를 말씀해 달라고 청했다.

"그래요?" 스승님께서 말씀하셨다. "얼마 전에 한 헌신자가 비슷한 청을 하기에 비디야라니야가 쓴 주석서를 보여주었지요. 그가 잘 이해가 안 된다고 해서 저는 그에게 그 의미를 설명해 주어야 했습니다. 앞으로 그런 청을 받지 않도록 하기 위해 저는 그 의미를 타밀어로 써 두었습니다. 그것은 1938의 어느 때였는데, 나중에 여기 있는 사람들이 그것을 액자에 넣어 식당에 걸어두었습니다. 그걸 가서 보면 그 의미를 이해할 것입니다."

헌신자 한 사람이 그 액자에 든 종이를 가져와서 사람들이 읽을 수 있게 할 때 내가 바가반께 그것을 텔루구어로도 써 두셨느냐고 여쭈었다.

"누가 그것을 텔루구어로 써 두었는지는 모르겠군." 당신이 말씀하셨다.

"바가반께서 쓰신 적은 있습니까?" 내가 여쭈었다.

"아니. 내가 왜 그런 걸 신경 쓰나? 자네가 그러고 싶으면 그것을 보고 텔루구어로 번역하면 되지." 당신이 말씀하셨다.

당신을 더 졸라 봐야 소용없겠다 싶어 내가 직접 그 글을 텔루구어로 번역했다.

28. 종양

1949년 초에 바가반의 왼쪽 팔꿈치 위쪽에 작은 종양 하나가 나타나더니 한 달 안에 공깃돌만한 크기가 되었다. 그것이 중대한 결과를 가져올까 우려한 아쉬람 의사 샹까르 라오와 저명한 퇴역의사인 스리니바사 라오는 수술을 하는 것이 바람직하고 생각했다. 그들은 그 생각을 바가반께 제안했다. 스승님은 말씀하셨다. "전혀 아프지 않아요. 그냥 내버려 두세요. 왜 건드립니까?"

그러나 종양이 나날이 자라자 의사는 걱정이 되어 바가반께 말씀드렸다. "저 종양이 매일 커지고 있습니다. 수술로 떼어내야 합니다."

당신이 대답하셨다. "자라게 내버려두세요. 그게 저와 무슨 상관 있습니까? 왜 건드립니까?" "종양을 즉시 잘라내 버리면 문제가 끝날 텐데요." 바가반은 고개를 약간 기울이고 말씀하셨다. "오! 과연 끝날까요?" 그러고는 침묵을 지키셨다.

도감이 3주 전에 마드라스에 가고 없었기 때문에, 의사들은 그가 돌아오기를 기다렸다가 2월 9일에 그 수술을 했다. 수술이 진행되는 도중 숨바락슈맘마가 나한테 와서 눈물을 글썽이면서, 의사들이 바가반의 몸의 한 부위를 칼로 절개했다고 하면서 나더러 가서 보라고 했다. 나는 크게 당황하여 어떻게 그런 일이 일어났느냐고 물어 일의 전말을 알았다. 나는 1948년 11월에 비자야와다에 가 있었기 때문에 바가반의 몸에 난 종양에 대해서는 전혀 모르고 있었다. 나는 그것이 보통의 종기일 뿐이라고 생각하고 그녀에게 왜 그렇게 걱정을 하느냐고 물었다. 그때 그녀는 그것이 보통의 종기가 아니라 종양이며, 바가반이 의사들에게 그냥 내버려두라고 했는데도 그들이 당신의 말씀을 귀담아듣지 않고, 그것을 내버려두면 위험할 거라고 하면서 수술로 그것을 떼어내고 있는 거라고 했다. "바가반의 몸에 칼을 대는 게 옳은 일인가요?" 하면서 그녀는 울먹였다. 나도 그 생각에 몸을 떨었다.

이윽고 바가반은 붕대를 감은 팔을 타월로 감싸고 그 방을 나오셔서 기념당 움막 안의 돌 소파 위에 앉으셨다. 당신의 얼굴에는 피로한 기색이 있었다. 나는 그 모습을 보고 찌르는 듯한 아픔을 느꼈지만 무슨 말을 해야 할지 몰랐다. 그래서 그 자리에 앉았다. 얼마 후 피가 스며 나오는 바람에 붕대가 붉게 물들었다. 고인들이 말하기를, 진인의 피가 땅에 떨어지면 그것은 재앙의 징조이며 이내 가뭄과 고통이 엄습할 거라고 했다. 그래서 나는 있을 수 있는 모든 결과에 대해 크게 걱정이 되었다.

바가반은 누가 그 붕대를 볼까봐 걱정하시는 듯했다. 그러나 그 당시 당신은 몸을 가릴 윗도리를 전혀 걸치지 않으셨다. 입으실 셔츠 하나도 가지고 계시지 않았다. 당신이 가지신 것이라고는 작은 타월 하나였다. 당신은 그것을 목 주위로 늘어뜨려 상처를 덮으려고 하셨지만 옆에 있는 사람들에게는 그 상처가 다 보였다. 누가 바가반께 팔이 어떻게 된 거냐고 여쭈면, 당신은 웃으면서 "팔찌를 끼고 있다"거나 "령감이 하나 태어났다"거나 뭐 그런 식으로 말씀하시곤 했다.

머리나 목이나 등에 종양이 난 사람이 찾아오면 바가반은 이렇게 말씀하시기도 했다. "저분들이 가지고 있는 것 보세요. 우리처럼 아주 큰 종양입니다. 그러나 그들은 건드리지 않아요! 그와 같이 이것도 그냥 내버려두면 절대로 무해합니다. 그러나 여러분이 그것을 내버려두지 않았지요."

며칠이 지난 뒤 붕대를 풀었다. 의사들은 상처가 아물고 있다고 하면서, 만약 흉터가 생기면 종양이 다시 나타나지 않을 거라고 했다. 그러나 상처가 아물 징조는 없었고 바가반은 조바심을 느끼고 계셨다. 그런데도 불구하고 관수식과 관련된 행사의 와중에서 누구도 그 종양에 대해 걱정하지 않았다. 대다수 사람들은 바가반의 건강이 문제없다고 생각했다. 그럼에도 나는 여전히 걱정이 되었다. 종양이 완전히 낫지 않았기 때문이었다. 나는 아마 내가 사소한 문제로 불필요하게 걱정하는 것이겠거니 하면서 스스로를 위로했다.

1949년 3월 17일에 관수식이 끝나고 바로 다음날, 올케와 나는 바가반이 그 상처 부위를 자주 긁으시는 것을 보고 앞으로 어떻게 될지 걱정이 되기 시작했다. 며칠 뒤에 나는 수술한 자리에 혹 하나가 난 것을 발견하고 말했다. "오! 또 생겼습니다." 바가반은 무관심한 어투로 말씀하셨다. "그래. 생겼어. 마드라스에서 저명한 의사들이 올 모양이군. 아마 또 수술을 하겠지." 나는 그 말씀에 깊은 고통을 느꼈다. "왜 또 합니까? 왜 바가반께서 직접 어떤 치료법을 말씀하셔서 그에 따라 그 병을 치료하지 않으십니까? 황달에 걸리셨을 때도 결국 어떤 의서醫書를 말씀하셔서 거기에 나온 처방대로 약을 지어 드시고 당신 스스로 낫지 않으셨습니까?" 내가 말했다. "내가 어떡해? 의사들이 계속 '수술, 수술' 하는데 말이야." 스승님께서 말씀하셨다. "그건 한 번 하지 않았습니까." 내가 당돌하게 말했다. "그래. 수술을 했지." 바가반이 말씀하셨다. "그런데 종양이 전보다 더 커졌습니다. 그러니 또 수술을 한들 무슨 소용 있겠습니까?" 내가 계속 말했다. 바가반은 내 말에 동의하셨다. 우리의 대화는 다음과 같이 계속되었다.

나감마: 왜 토속 약제를 써 보지 않으십니까?

바가반: 그래. 그럴 수 있겠지. 그렇지만 저들이 모두 수술을 해야 한다고 하지 않아. 어떻게 하지?

나감마: 얼마 전에 어느 아이도 그 비슷한 종양이 있었는데 수술을 한 뒤에 다시 생겼습니다. 어떤 아유르베다 의원과 상의했더니 그가 무화과나무에서 나온 뿌연 즙을 거기다 붙이게 해서 그 종양이 나았습니다. 그 방법을 써 보시지요? 어쨌거나 바가반께서 모르시는 약이 어디 있습니까? 만약 그것이 듣지 않으면 수술을 고려해 볼 수도 있고요. 지금까지는 제가 그런 제안을 하는 것을 자제했지만 이제 또 수술을 고려한다고 하니 감히 이 말씀을 드리는 것입니다.

바가반: 그래. 무화과 즙이 좋지. 그러나 누가 그런 조언을 귀담아 듣나? 사무실 사람들에게 가서 이야기해 봐. 의사들이 또 오려면 열흘이 걸릴 거야. 그 사이에 이

치료를 해 볼 수 있겠지.”

시자 한 사람이 여쭈었다. "그런 비정통적인 치료법이 이런 데 도움이 되겠습니까?" 바가반이 대답하셨다. "왜 안 돼? 내가 산 위에 있을 때 어머니가 그런 병에 걸린 사람들을 많이 고쳤는데.”

나는 사무실에 있는 사람에게 말하기가 내키지 않아 아쉬람 의사들에게 부탁했다. 그들이 말했다. "당신 좋을 대로 해 보세요. 우리는 그런 치료법에 대해서는 전혀 모릅니다. 만약 어떤 의원이 그에 대해 책임을 진다면 해 볼 수도 있겠지요." 그 당시에는 사무실에서 알고 허락하지 않는 한 어떤 약도 바가반께 드려서는 안 된다는 규칙이 있었다. 그래서 나는 끄리슈나 빅슈에게 사무실에 말 좀 해달라고 부탁했다.

끄리슈나 빅슈가 사무실 사람들과 의논했더니 그들은 바가반께 직접 가서 말씀해 보라고 했다. 그래서 그날 오후 끄리슈나 빅슈가 바가반께 말씀드리고 있을 때, 한 헌신자가 어떤 아유르베다 의원이 준 무슨 고약을 가져와 그것을 시험적으로 붙여 보면 안 되겠느냐고 했다. 바가반은 그런 문제에 대해 아무 말씀도 하지 않으시기 때문에 그 고약들을 붙였다. 나는 이런 사정은 모른 채 평소와 같이 오후 2시 30분에 아쉬람에 갔다. 바가반은 나를 보자마자 말씀하셨다. "끄리슈나 빅슈가 나한테 말하기를, 자네 부탁으로 사무실 사람들과 의논했다더군. 그러는 사이 이 헌신자가 이 고약을 가져와서 그것이 이 병을 낫게 하는 데 도움이 될 거라면서 종양에다 붙였어. 봐." 그러면서 그 고약을 보여주셨다. "뭐든 종양을 낫게 하는 거라면 수술보다는 낫죠." 내가 말했다. "어떻게 될지 두고 보기로 하지." 바가반이 말씀하셨다.

의사들은 열흘이 지나야 올 줄 알았는데, 다음날 도착하겠다는 편지가 왔다. 바가반은 우리를 바라보면서 말씀하셨다. "의사들이 바로 내일 온다고 합니다. 그들이 무슨 말을 하고 무엇을 할지 모르겠군요.”

"아유르베다 치료를 먼저 해 보고 나서 차도가 없거나 낫지 않으면 다른 수술을 고려할 수도 있겠지요. 일단 수술을 해 버리면 아유르베다 치료는 못하게 될 겁니다. 이 단계에서 가정요법이 부적당하다면 자격 있는 아유르베다 의원을 불러오면 됩니다. 제 오빠에게 편지를 보내면 그런 의사를 데려올 겁니다." 내가 온순한 목소리로 말했다.

바가반: 그렇게까지 할 것 있나. 무슨 약초 같은 것으로도 충분할 텐데.

나감마: 예, 제가 하던 말이 바로 그 말입니다. 바가반께서 모르시는 약초가 어디 있습니까? 어떤 치료가 필요하다고 바가반께서 말씀만 하시면 이 종양이 낫지 않겠습니까? 저 의사들이 제 말을 믿겠습니까? 제가 어떻게 합니까?

바가반: 그렇다면 내가 의사들에게 우리 나름대로 치료해 보겠다고 설득해 보지.

24일에 마드라스에서 의사들이 와서 바가반을 검사했다. 그들이 떠난 뒤 나는 결정이 어떻게 났는지 궁금해서 바가반께 갔다. 바가반은 지쳐 보였다. 당신은 나를 보더니 이렇게 말씀하셨다.

바가반: 의사들이 와서 수술을 또 하기로 결정했어. 다음 일요일에 하겠다는군.

나감마: 우리 식의 약을 써 보겠다고 말씀하셨고요?

바가반: 했지. 나감마가 어떤 잎사귀 즙을 써 보자고 했다고 말했지. 만약 차도가 없으면 수술을 생각해도 된다고 말이야. 처음에는 그 말에 동의하더군. 그러고 나서 그들은 사무실로 가서 자기들끼리 의논하더니 단체로 여기 와서 이러는 거야. '저희들은 도감에게 수술을 미룰 수 없고 즉시 해야 한다고 말했습니다. 그가 동의했습니다. 그래서 저희들은 다음 일요일에 수술을 하겠습니다'라고 말이야. 그러니 내가 어떡하나? 일이 일어나는 대로 내버려두지. 내가 그러지 말라고 말하려고 하니 그들이 '안 됩니다' 하더군. 자기들 좋을 대로 하라 하지. 일어날 일은 일어나겠지.

바가반의 말씀을 듣고 나자 나는 걱정이 더 심해졌다. 나는 눈물을 글썽이면서 말했다.

나감마: 제가 바가반께 의사들에게 수술을 연기하도록 말씀해 달라고 한 것은 아무도 제 조언을 귀담아 듣지 않기 때문이었습니다. 바가반께서 스스로 어떤 치료법을 써서 낫겠다고 말씀하셨으면 이 문제는 거기서 끝났을 겁니다. 바가반께서 동의해 주시지 않으면 그들이 어떻게 하겠습니까? 어떻게 바가반께서는 일어날 일은 일어나겠지라고 말씀하실 수 있습니까? 제가 사무실에 가서 말할까요?

바가반: (자비심으로 나를 바라보시며) 우리가 지금 그들에게 말하면 그들이 동의하지 않을 거야. 그러니 이번에는 그냥 둬. 만약 또 재발하면 그때 가서 보지.

의사들은 종양을 완전히 제거하겠다면서 재발하지 않을 거라고 말했다. 그런 상황에서 바가반은 자발적으로, 만약 그것이 재발하면 그때 가서 보자고 말씀하셨던 것이다. 그런 다짐의 말씀이 당신에게서 나왔기 때문에 우리는 그런 상황에서 어떻게 해야 할지 난감했고 그래서 사무실에 가서 항의할 엄두를 내지 못했다.

29. 일어날 일은 반드시 일어난다

3월 말의 어느 날 오후 바가반이 우사에서 돌아와 구 회당의 소파에 앉으실 때, 새로 온 사람 하나가 바가반 앞에 절을 하고 앉았다. 모든 사람은 그가 목에 라임 열매만한 종양을 하나 달고 있는 것을 보았다. 바가반은 그것을 찬찬히 살펴보더니 말씀하셨다. "보세요! 여러분은 저분이 목에 큰 종양을 가지고 있는 것이 보입니까? 제 팔에 있는 것도 같은 크기입니다. 누르지 않으면 아무 통증도 없습니다. 그것 때문에 제가 걱정하는 일은 전혀 없습니다. 왜 그것을 내버려두지 않습니까? 제가 그렇게 말해도 이 사람들이 제 말을 듣지를 않아요. 자기들은 수술하겠다고 하니, 어떡합니까?"

바가반께서 희망적으로 무슨 말씀이라도 하신다면 걱정할 필요가 없었다. 그러나 당신이 이런 식으로 말씀하시자 걱정할 이유가 충분히 있었다. 나는 누군가가 이 수술을 멈추어 주기를 아주 간절히 원했지만, 누가 그렇게 할 용기가 있겠는가? 나는 그 결과를 걱정하면서 그날 밤을 꼬박 새웠다.

평소와 같이 아침 7시 30분에 바가반께 가서 당신 앞에 앉았다. 스승님의 고향인 띠루쭐리를 방문하고 돌아온 삼바시바 라오도 앉아 있었다. 우리가 띠루쭐리에 관한 여러 가지 사항을 이야기하고 있을 때 (발송해야 할) 우편물이 왔다. 바가반이 호기심을 가지고 편지들을 훑어보고 내보내신 다음 한 헌신자가 말했다.

헌신자: 오늘은 어떻게 해서 우편물이 저렇게 빨리 왔습니까?
바가반: 마드라스에서 의사들이 올 테니 그 전에 우리가 준비하고 있어야 하지 않나?

나는 놀라서 나도 모르게 말했다.

니감마: 그들이 옵니까?
바가반: 그래. 그들이 와. 모든 것이 준비되고 있어.

누구도 감히 아무 말을 못했다. 15분쯤 지나자 의사들이 도착했다. 그들은 바가반 앞에서 절을 한 뒤 공손히 말했다. "병원으로 가시겠습니까?" "예, 예." 바가반은 그렇게 말하고 침묵을 지키셨다.

그들이 떠난 뒤에 바가반이 나를 바라보면서 말씀하셨다.

바가반: 거 봐! 의사들이 왔잖아.

나는 어찌할 바를 몰라 아무 말도 못했다. 삼바시바 라오가 말했다.

삼바시바 라오: 넬로르에서 아유르베다 약이 왔습니다.
바가반: 그래. 왔어. 내가 어떡하나? 그 고약은 이틀밖에 못 붙였어. 보관해 두지. 누군가에게 소용이 될지 모르니까. 수술 준비는 다 되어 있어. 고약은 필요가 없지.

이처럼 바가반이 수술에 대해 냉소적으로 말씀하고 계실 때, 나는 당신이 거기에 대해 확고히 "안 하겠다"고 말씀해 주셨으면 하는 헛된 희망을 품고 있었다. 그러나 그 사이 어떤 사람이 병원에서 와서 모든 준비가 다 되었다고 말했다. 바가반이 가실 준비를 하는 것을 보고 나는 모든 희망을 잃었다. "그래. 무슨 일이 일어나든 일어나지. 우리가 멈추고 싶다 해도 멈추지 않을 걸. 좋아. 일들이 흘러갈 대로 흘러가라고 하지." 바가반은 확고한 음성으로 이렇게 마무리하셨다. 그러면서 당신은 소파에서 내려와 병원으로 걸어가셨다.

수술이 마취 없이 이루어질 거라는 말을 들은 우리는 모두 기념당에 앉아서 병원 쪽을 걱정스럽게 바라보았다. 수술과 붕대 감기가 끝났을 때는 점심시간이 거의 다 되었을 때였다. 우리는 바가반이 병원에서 식당으로 가시는 것을 보고 우리가 있던 자리에서 절을 하고 각기 자기 집으로 돌아갔다. 의사들은 식사를 한 뒤 떠났다. 내가 마음이 몹시 심란하여 평소보다 일찍 아쉬람으로 돌아와 보니 바가반은 평소처럼 소파에 앉아 계셨다. 그래도 당신의 얼굴에는 피로한 기색이 역력했다. 이때 바가반은 밤낮을 소파 위에서만 보내셨고, 실질적으로 전혀 휴식을 취하지 못하셨다. 일과는 평소처럼 진행되었고, 질문하는 데도 아무 제한이 없었다. 만일 누가 "종양은 어떻습니까?" 하고 물으면 당신은 "뭐가 있습니까? 지금은 아무것도 없습니다. 모든 일이 잘 되겠지요" 하면서 우리 모두를 위로해 주셨다.

30. 재차 종양을 치료함

바가반께는 라마스와미라는 사촌이 있는데, 그의 부인인 암말람마가 관수식에 참석하러 와서 한 동안 머물렀다. 어느 날 오전 이 고상한 노부인은 바가반을 뵈러 와서 절을 하고 난 뒤에, 한 친척이 아파서 자기가 가 봐야 한다고 바가반께 말했다. 그녀의 목 윗부분에 라임 열매만한 종양이 있는 것을 보신 바가반이 그녀에게 그것이 뭐냐고 물으셨다. 그녀는 잘 모르겠다고 하면서 그것이 조금씩 커지고 있다고 대답했다. 그러나 누르지 않으면 전혀 아프지 않다고 말했다. "오! 예, 예." 라마나께서 말씀하셨다. "보세요. 자라고 있다는군요. 제 팔에 난 것도 같은 성질의 것입니다. 그 고약과 넬로르에서 받은 약을 바르면 이 종양이 나을지도 모릅니다." 바가반은 당신 가까이 앉아 있던 한 헌신자를 보면서 그 약들을 가져다 달라고 부탁하셨다. "그것은 좋은 약인 것 같습니다. 그녀라도 낫게 하세요. 저는 수술을 받았으니 그것이 아무 소용이 없으니 말입니다." 스승님께서 설명하셨다.

그 헌신자가 약이 든 깡통을 가져오자 바가반이 그것을 받아 나를 바라보시며 말씀하셨다. "여기 그 약이 있어. 그녀에게 드려. 그녀라도 낫게 해야지." 당신이 이 말씀을 하시자마자 그녀의 아들인 비스와나타 브라마짜리가 들어왔다. 바가반은 그를 불러서 말씀하셨다. "보게! 이것을 자네 어머님께 드려. 나는 수술을 받았지 않나. 그러니 이 약이 나한테 무슨 소용 있어? 대신에 자네 어머니가 그 혜택을 받도록 하게." 이 여사는 그 약을 은사물로서 받았다. 그녀는 푸른 잎, 우유에 적신 면붕대와 함께 그 약을 발랐고 마침내 그 종양이 없어진 모양이다. 바가반이 "그녀라도 낫게 하라"고 말씀하시는 것을 듣고 나는 아주 낙담이 되었다. 그것은 당신은 치유되지 않을 것이라는 말씀이었던가? 의사들이 종양을 완전히 제거했다면서 그것이 재발되지 않을 거라고 했는데, 왜 우리는 바가반으로부터 그런 불길한 말씀을 듣는단 말인가? 내 머리는 온갖 걱정으로 소용돌이치기 시작했다.

　내가 슬픔에 잠겨 있을 때 바가반은 나를 강렬히 응시하셨다. 그 시선은 괴로운 내 마음을 당신이 이해하신다는 것을 말해주었지만 당신은 침묵을 지키셨다. 나는 일어날 일은 일어날 것이라는 바가반의 말씀을 거듭 거듭 상기했다. 그날 나는 라마나께 말을 하지 않았다.

　며칠이 지난 뒤 우리는 종양이 다시 나타났다는 말을 들었다. 오래 된 헌신자 한 사람이 용기를 내어 낮은 목소리로 스승님께 말했다. "지금까지 한 모든 조치에도 불구하고 종양이 다시 나타나는 것 같습니다." 바가반이 대답하셨다. "예, 예. 원래는 그것이 뾰루지만한 크기였지요. 저는 '그냥 그대로 내버려두라'고 했지만 이 사람들이 제 말을 귀담아 듣지 않았습니다. 그래서 그들이 수술을 했지만 수술은 도움이 되지 않았습니다. 종양은 어디 해볼 테면 해보라면서 계속 점점 커지고 있습니다. 4, 5일 안에 한 의사가 라듐 바늘을 꽂으러 올 것입니다. 어떻게 될지 두고 봅시다."

　어떤 사람들은 상처에서 피가 나는 것은 바가반이 돌아다니시기 때문이라고 생각하고, 당신이 팔을 아예 가만히 두시기를 원했다. 그것은 바가반께서 한 손으로 부채질을 하셔야 한다는 것을 뜻했다. 왜냐하면 당신은 예외적인 경우를 제외하고는 선풍기 사용을 허락하지 않으시기 때문이다. 당신은 다른 사람이 부채질을 해 드리는 것도 허락하지 않으셨다. 시자들이 4, 5일간 당신 모르게 뒤에서 부채질을 해 드리려고 해 보았지만 스승님은 그들을 나무라셨다.

　4월 27일, 바가반이 점심을 드신 뒤의 포행을 나가시고 안 계실 때, 사무실 사람 몇이 기념당에 들어오더니 모든 헌신자들을 불러 모아 말하기를, 바가반이 아주 약해지셨으니 당신께 무슨 질문을 하거나 당신과 대화를 나누지 말라고 했다. 바가반이 우사에서 회당으로 돌아오실 때 누가 이 이야기를 당신께 한 모양이었다. 들어오실 때 당신이 언짢아 보였으니 말이다.

　바가반의 팔꿈치 종양에서 나는 출혈이 심해지자 4월 30일 오후에 마드라스에서 의사들이 왔다. 그들이 모두 떠난 뒤에 나는 그날 밤 그들이 마드라스에서 가져온 피를 바가반의 신성한 몸에 수혈했다는 것을 알게 되었다. 더 안 좋은 일이 벌어질 터였다. 5월 1일 해가 뜨기 전, 바가반이 목욕을 하시고 난 뒤에 의사들과 몇 명의 헌신자들이 당신을 뵙고, 그 종양은 성질상 암癌이며, 팔 전체를 절단하는 것이 좋다고 말씀드렸다. 바가반이 만약 그렇게 하면 종양이 재발하지 않는다는 보장이 있느냐고 물으시자 그들은 어떤 보장도 할 수 없었다. 그들은 고작 "이런 식으로는 피가 계속 납니다. 달리 저희가 어떻게 합니까?" 하고 말할 뿐이었다. 거기에 대해 바가반은 "두고 보기로 합시다. 그게 어떻다는 거요?" 하시고는 그 자리를 떠나셨다.

이 일이 있고 난 뒤 몇 명의 헌신자들이 사무실에 모였고 격렬한 논쟁이 있었다. 어떤 사람들은 자기들이 모두 바가반께 감염된 팔을 절단하는 것을 허락해 달라고 청해야 한다고 했고, 내 오빠를 포함한 다른 사람들은 이러한 과격한 조치에 반대했다. 그들의 논지는, 바가반이 수술 자체를 좋아하시지 않는데 왜 헌신자들이 당신에게 수술을 권하느냐는 것이었다. 이러한 견해 차이를 감지하신 바가반은 시자들을 한 사람 한 사람 불러서 그들의 의견을 물으셨는데, 그들 중 누구도 팔을 절단하는 데 찬성하지 않았다. 오전 늦게 바가반께 갔더니, 헌신자 한 사람은 그 종양을 애당초 건드리지 않는 것이 더 나았을 거라고 이야기했다. 바가반이 대답하셨다. "그것은 마치 복수하듯이, 성이 나서 자라기 시작했습니다. 마치 자기 집에 가만히 있는 코브라를 건드린 것과 같지요. 코브라가 쉭쉭거리지 않겠습니까? 그들은 이제 또 다른 뭔가를 할 거라는군요. 하나를 하고 나면 또 하나를." 마드라스에서 온 한 여성 헌신자가 바가반께 팔을 절단하자고 마지막으로 설득해 보려 했다. 바가반 쪽의 이야기를 듣고 난 그녀가 말했다. "어떻게 이렇게 거부하실 수 있습니까? 무슨 일이 일어날지 모르는데요." 스승님께서 대답하셨다. "그만하면 됐군요. 아무것도 할 필요가 없습니다. 저절로 치유되겠지요." 그렇게 말씀하시고 화제를 바꾸셨다. 그러는 사이 무루가나르가 들어와 바가반께 시 한 수를 드렸는데, "부디 당신 자신을 치유하시어 저희들을 모두 구해주십시오" 하는 취지의 것이었다. 그것을 읽고 나서 바가반은 나를 바라보시며 그 내용을 설명해 주셨다. 나는 슬픔을 참지 못해 이렇게 말했다. "종양이 다시 나타나면 당신 스스로 그것을 치유하시겠다고 말씀하셨습니다. 왜 당신 자신의 치료법을 생각해 내셔서 그 병을 치유하지 않으십니까? 바가반께서 모르시는 것이 무엇입니까?" 나는 더 이상 자신을 억제하지 못해 울었고, 눈물이 그칠 줄 모르고 뺨을 흘러내렸다. 무루가나르도 감정에 북받쳐 울었다. 그 자리에 있던 모든 사람은 슬픔에 사로잡혀 한 마디 말도 하지 못했다. 바가반은 자비심에 가득 차셔서 우리 모두를 바라보시더니 그저 "오오, 오오" 하시고는 말씀이 없으셨다.

5월 8일 오전에 오빠가 아유르베다 의원을 한 사람 데려왔다. 바가반은 그의 접근방식에 호의적으로 보였기 때문에 우리는 모두 이제야 바가반이 정통적인 방식으로 당신 자신을 치료해 주시기를 바랐다. 그러나 바로 그날 오후 먼젓번 수술에 참여했던 의사 몇 명이 마드라스에서 와서 아유르베다 의사와 의논을 했다. 그 결과는 먼저 시작했던 라듐 요법을 계속한다는 것이었다. 치료법을 바꾸는 것은 나중에 필요하다면 생각해 볼 수 있다는 것이었고, 바가반은 이러한 견해에 동의하신 듯했다.

31. 진인에게 욕망이란 문제가 어디 있는가?

한 동안은 아난따나라야나 라오 박사가 연고를 가지고 바가반의 다리를 매일 밤 8시와 9시 사이에 안마해 드렸다. 두 번째 수술이 있고 나서 나는 몹시 걱정이 되어 그에게 바가반의 상태에 대해서 묻곤 했다. 1949년 5월의 어느 날 오전 내가 평소와 같이 바가반의 상태에 대해서 묻자 그는 다음과 같이 이야기했다. "바가반의 건강은 현재 약간 호전되었습니다. 그렇지만 바가반께서 그 종양을 치유해야겠다는 의지를 가지셔야 합니다."

왜 그렇게 말하느냐고 물었더니 그는 이렇게 말했다. "별 건 아니고요. 어젯밤에 제가 안마를 해 드리러 갔더니 당신께서 어떤 심경을 피력하시는데, 그 말씀을 듣고 제가 많이 괴로웠습니다. 진인은 늘 자신의 육신의 업이 끝날 때를 고대하고 있다고 하시면서, 그것은 마치 삯을 받고 무거운 짐을 머리에 이고 가며 힘들어하는 사람이 목적지에 빨리 도착하기를 고대하는 것과 같다는 말씀을 하셨지요. 목적지에 도착하자마자 짐을 내려놓고는 안도의 한숨을 쉬고 나서 휴식한다는 것입니다. 자기 할 일이 끝났으니 말입니다. 그와 마찬가지로 진인도 자기가 해야 할 일이 끝나자마자 육신을 버리고 떠난다는 것입니다.

"또 우리가 먹고 나서 버리는 엽반의 예를 드셨지요. 식사 때 우리는 엽반을 물로 말끔히 씻고 그 위에 여러 가지 음식을 놓아 먹습니다. 밥을 다 먹고 나면 누가 그 엽반을 접어서 호주머니에 넣고 갑니까? 아니지요. 그 엽반은 목적을 달성했다는 것을 알고 내버립니다. 육신에 관한 한 진인도 그와 같다는 것입니다. 자기가 할 일이 끝나자마자 그는 그것을 버리고 떠납니다. 바가반이 저한테 그렇게 말씀하셨습니다. 저는 한 마디도 말을 못 했지요. 그저 고개를 숙인 채 앉아 있었습니다."

나는 가슴이 덜컥 내려앉았다. "그렇다 해도 만약 우리가 모두 당신께 우리를 위해 단 한 가지 바람이라도 가져 주시라고 간청하면 그렇게 하시지 않을까요? 계속 간청해 봅시다." 내가 말했다. 의사는 수긍의 표시로 고개를 끄덕였다. 나중에 종양에서 다시 피가 많이 난다는 말을 듣고 나서 나는 어느 날 오후 그 의사에게 물었다. "기회가 생기면 바가반께, 이 치유의 바람을 한 번 가져 주시라고 간청해 보시지 그럽니까?" 그는 여러 번 그렇게 해 보았다고 했다. 스승님께서는 그것이 불가능하다고 설명하셨다는 것이다. "어떤 욕망을 일으키려면 마음이라는 것이 있어야 하는데, 그런 것이 없다. 그러니 어떤 욕망을 가질 수 있겠는가? 존재하지 않는 것을 어떻게 확보해서 발전시키고 유지할 수 있는가?" 하셨다고 했다. 이 이야기를 듣고 내 걱정은 한층 더 심해졌다.

32. 일장석

바가반이 어머니 사원 앞의 신 회당으로 옮겨오신 뒤로 종양의 출혈이 멈추었고 더 이상 붕대를 감을 필요가 없어졌다고 했다. 붕대를 풀고 난 뒤에 몇 명의 헌신자들이 바가반의 사진을 몇 장 찍었다. 나는 그런 일에는 보통 무관심하게 거리를 두었기 때문에, 바가반께 상처에 대해 감히 여쭈어 볼 생각을 하지는 않고 좀 차도가 있는가보다고 추측했다. 그러나 시간이 가면서 종양이 점점 더 자라 그 어느 때보다도 커졌고 피가 많이 났다. 마드라스에서 다시 의사들이 와서 바가반께 팔을 절단하자고 사정을 했다. 바가반은 다른 헌신자들이 절단에 아주 반대하고 있으며, 그런 수술을 하려면 그들의 승인을 얻고 나서 하라고만 말씀하셨다. 의사들이 반대자들의 동의를 구하려고 그들과 접촉했지만 그들은 한 마디로 거절했다. 서로 주거니 받거니 언쟁이 오갔지만 결국 반대자들의 견해가 승리했다. 의사들은 종양을 그냥 그대로 두면 며칠이나 몇 주 이내로 치명적인 결과를 가져올 것이라고 말했다. 그들은 이 말을 남기고 몹시 언짢아하면서 마드라스로 돌아갔다.

다른 사람들은 아유르베다 치료를 좀 해 봐야 한다고 했다. 이때 두드러진 실력의 아유르베다 의사가 없다는 것과, 바가반으로 하여금 힘든 아유르베다 치료를 받으시게 하는 것은 적절치 않다는 반론이 제기되었다. 바가반은 모든 사람이 하는 말에 기꺼이 귀를 기울여 주면서 모든 제안에 대해 "예, 예" 하셨는데, 결국 당신이 정확히 무엇을 염두에 두고 계신지 아무도 모르게 되었다.

종양은 점차 커지고 있었고 피는 점점 더 많이 스며 나왔다. 아난따나라야나 라오 박사와 샹까르 라오 박사는 매일 아침 바가반이 우사에 가실 때 따라가 상처를 햇볕에 노출시킨 다음 종양을 씻어내고 붕대를 새로 갈아드리기 시작했다. 햇볕에 쬔 것은 그러는 것이 좋다고 했기 때문이다. 한 번은 그렇게 하고 있을 때 바가반이 말씀하셨다. "보세요, 얼마나 멋진가. 이것은 일장석日長石(Suryakathamani-햇빛을 받으면 열을 내는 보석)입니다. 내 팔에 팔찌가 되었군요. 얼마나 붉은지 보세요. 햇빛이 닿으니 그것이 얼마나 눈부시게 빛나는지." 한 헌신자가 피가 너무 많이 나는 것을 보고 괴로움을 토로하자 스승님은 이렇게 말씀하셨다. "그래, 그래. 피가 나오라 하지. 누군가의 피를 내 몸에 수혈했어. 그게 다 나와야 하지 않겠나? 나오는 게 좋지."

하루는 상처를 다시 싸매고 있을 때 다른 헌신자들이 그 종양을 보고 말했다. "정말 보기 끔찍하군요! 왜 바가반께서 스스로 치유하지 않으십니까?" 바가반은 한동안 그들이 하는 말을 인내심 있게 들으시더니 말씀하셨다. "무슨 그런 청을! 여러분이 모두 제가 팔이 달린 하나의 몸뚱이를 가지고 있고 그 팔에 종양이 있다고 말하면, 저는 그 이야기를 듣고 비로소 저한테 여러분이 말한 것이 있다는 것을 느낍니다. 그러지 않을 때는 아무것도 느끼지 못합니다. 여러분이 모두 여기를 찾아왔듯이 이 종양도 찾아온 것입니다. 제가 볼 때는 아무 차이가 없습니다. 누구를 위해서 제가 종양을 치유할 욕망을 가져야 합니까?" 그 무리 중에 있던 나이 든 헌신자 한 사람이 대답했다. "저희들을 위해서입니다." 바가반은 그를 보고 미소를 지으며 말씀하셨다. "오호, 당신도 여기 있군요. 좋지요. 좋습니다." 그런 다음 바가반은 헌신자들에게 무슨 말을 더 할 기회를 주지 않고, 의사들을 보고 말씀하셨다. "왜 안 하겠습니까? 당신들이 여기 온 것과 마찬가지로 그것도 내 팔 위로 올라와서 거기 편안하게 머물러 있군요. 당신들은 모두 공손하게 그것을 섬기고 있는데, 그것은 당신들이 그를[종양을] 존경한다는 뜻입니다. 내가 말했듯이, 그것은 하나의 보석입니다. 누가 그 광채에 매혹되지 않겠습니까?"

33. 딴다바 친견

시간이 좀 지난 뒤에 얼마간의 토론 끝에 바가반은 어느 시골 아유르베다 의원의 치료를 받는 데 동의하셨다. 왜냐하면 이 치료는 돈이 전혀 들지 않기 때문이었다. 이 의원은 인근의 작은 마을에 사는 사람으로, 발리바얀 타타(Vallivayan Tata)[타타는 '할아버지'란 뜻임]라고 불렸다. 그는 바가반보다 나이가 약간 많았고, 조용하고 경건한 성품의 사람인 듯했다. 그는 약초의 즙을 가지고 환부를 싸매어 사람들을 고치곤 했는데, 특히 신경 장애와 뼈가 어긋난 경우들을 많이 고쳤다. 1943년 타밀력 설날에 바가반이 산을 내려오시다가 병원 옆의 계단에서 미끄러져 넘어져 오른쪽 팔 위쪽 부분의 작은 뼈에 금이 간 적이 있었다. 그때 발라바란이 그 팔에 붕대를 감아드릴 기회가 있었는데, 바가반은 그러고 사흘 만에 나으셨다. 이제 그가 와서 종양의 끔찍한 상태를 보고는 슬픔에 자신을 억제하지 못했다. "아이요! 바가반. 너무 끔찍하군요. 이것은 성질상 암이어서 건드리면 안 되는 것입니다. 건드렸다 하면 즉시 성을 냅니다. 왜 수술을 하게 내버려 두셨습니까? 처음에 제가 알았으면 약초 잎으로 종양을 싸매서 전혀 아무 어려움 없이 고칠 수 있었을 텐데요. 왜 지금까지 아무 말씀이 없으셨습니까? 저한테 연락만 주셨으면 제가 와서 당신의 발 앞에 엎드리고 치료해 드리지 않았겠습니까? 이제 병이 너무 많이 진행되어 버렸습니다!" 그러면서 그는 엉엉 울기 시작했다.

바가반은 그를 위로하면서 말씀하셨다. "처음부터 저는 의사들에게 전혀 아프지 않으니 수술을 할 필요가 없다고 했지만 아무도 귀담아 듣지 않았지요. 종양은 마치 어디 해 보자는 식으로 성을 내어 그전보다 훨씬 더 커졌습니다. 그러자 그들이 팔 전체를 절단하자고 했지만 저는 무슨 소리냐고, 종양이 저절로 치유될 거라고 했습니다. 그들이 라듐 바늘로 상처를 싸매고 나자 한 동안 아픈 것이 가라앉는 듯하더니 다시 성을 냈습니다. 그래서 이렇게 된 거지요, 타타. 지금은 그것이 마치 독처럼 피를 뱉어내고 있습니다. 이 종양과 저 사람들 사이에 싸움이 계속되고 있지요. 그들은 최근에 팔을 절단할 모든 준비를 해 와서 팔을 자르고 그 자리에 의수를 달아 주겠다고 했습니다. 그랬으면 저한테 또 하나의 장식품이 되었겠지요, 타타."

그날부터 이 의원이 붕대를 감아드리기 시작했다. 바가반은 이런 저런 약초를 들면서 그것이 더 효과가 좋을지 모른다는 말씀을 하시곤 했다. 그 때문에 우리는 모두 저번 황달의 경우처럼 바가반이 스스로를 치유하셨으면 하고 바랐다. 타타도 종양을 싸매면서 이렇게 말했다. "바가반! 이 치료에서 제가 하는 역할은 극히 미미합니다. 거의 할 수 있는 게 없습니다. 당신께서 저희들에게 연민을 가지셔서 당신 자신을 치유하셔야 합니다."

7월 10일에 출혈이 줄어들었다고 해서 모두가 몹시 기뻐했다. 그러나 나흘 뒤 바가반이 저녁 포행에서 돌아오실 때 당신은 몸을 떠셨는데, 아마 발열 때문인 것 같았다. 그래도 당신은 어찌어찌 해서 소파에 앉으셨다. 우리는 모두 걱정이 되어 멀찍이 떨어져 앉아 있었다. 나이 든 여성 헌신자인 샨땀마는 슬픔을 참지 못하고 눈물을 글썽이면서 바가반께 다가가서 말했다. "오! 당신의 몸이." 그녀가 말을 채 끝내기도 전에 바가반이 말을 끊으셨다. "오호! 몸이라고요! 그게 어쨌단 말입니까? 무슨 일이 있습니까? 떨린다고요? 떨리면 어떻습니까? 당신이 원하는 것은 이 몸뚱이 안에 생명이 있어야 한다는 거지요. 생명은 있습니다. 됐습니까?" 그러면서 당신은 몸이 떨리는 것을 추스르고, 당신 가까이 앉은 사람들을 바라보면서 말씀하셨다.

"이것은 나따라자(시바)의 춤입니다. 보통은 가만히 있는 모습을 친견하는 것인데, 오늘은 딴다바 친견(tandava darshan-춤추는 모습을 보는 것)입니다. 그것을 가지고 왜 걱정합니까?" 이렇게 말씀하신 다음 당신은 앉아서 엄숙한 침묵에 잠기셨다.

34. 평등 감정

며칠 뒤 스승님은 그 당황스러웠던 사건을 나와 내 올케에게 설명하셨다. 우리가 당신의 건강을 여쭈자 이렇게 말씀하셨다. "특별히 잘못된 것은 없어. 붕대 안에 자극성 있는 잎들을 넣어 두었지. 그랬더니 몸이 그 통증을 참지 못해서 떨렸던 거지 다른 게 아니야. 그 잎들은 즉시 떼어냈어. 오늘부터는 이런 잎 붙이는 것도 아주 그만두는 모양이군." 나중에 타는 어떤 잎도 쓰지 않았다. 그래서 떨림은 없었지만 발열은 계속되었다. 의사들은 페니실린 주사를 놓고 종양을 씻은 뒤에 붕대를 새로 감아드리지 않으면 그 통증이 계속 심해지지 않을까 우려했다. 그런 상황에서 바가반은 그전처럼 신 회당의 동쪽 출입구가 문간 계단이 좀 높아 이용하시가 어렵다는 것을 아셨다. 그러나 당신은 회당이 많은 노고와 비용으로 최근에 지어진 것이라고 하시면서, 거기에 어떤 변경도 가하지 못하게 하셨다. 그래서 당신께 북쪽 출입구를 이용하시도록 말씀드렸으나, 당신은 여자들이 그쪽에 앉는데 그들에게 방해가 될 수 없다고 그 제안에 동의하지 않으셨다. 시자들은 앞서 바가반께 신 회당의 동쪽에 목욕실과 함께 지어진 작은 방에 계시라고 간청했었다. 그래서 밤에는 당신이 거기서 주무시기 시작했는데, 이제는 오후에도 그곳에 계시는 데 동의하셨다. 신 회당에는 친견 시간에만 앉아 계셨다.

몸이 약해지신 탓에 바가반은 식당 계단을 오르는 것도 힘들어하셨다. 여기에 대해서는 적절한 대안을 전혀 마련할 수 없었기 때문에 의사들과 시자들은 바가반께 신 회당에서 식사를 하시라고 청했다. 처음에는 바가반이 이렇게 말씀하셨다. "헌신자들 없이 내가 어떻게 밥을 먹나? 모두 나 때문에 여기 오는데." 사람들이 계속 조르자 이렇게 말씀하셨다. "지금 만약 식당 문턱을 넘지 않기로 하면, 앞으로 다시는 거기 발을 들여놓지 않을 거라는 것을 부디 유념하게." 그럼에도 헌신자들은 스승님이 식당에서 식사를 하시느라고 몹시 힘들어하시는 모습을 차마 볼 수 없어, 신 회당으로 당신의 음식을 가져가도록 하는 데 모두 동의했다.

1944년에 황달에 걸리셨을 때는 바가반이 볶은 쌀만 드셨다. 헌신자들의 청에 따라 그것을 친견 회당에서 드시는 데 동의하셨지만, 이틀 뒤에는 다른 사람들과 함께 식당에서 드시겠다고 고집하셨다. 그때는 바가반이 이렇게 설명하셨다. "겨우 볶은 쌀을 먹는 데 남 모르게 할 게 뭐가 있습니까? 그러면 바가반이 뭘 몰래 드시나 하고 사람들이 추측하게 됩니다. 아니, 안 되지요." 그러면서 모든 헌신자들이 있는 가운데 식당에서 볶은 쌀을 드시기 시작했다. 그런 평등 감정(samarasam)을 가지고 계신 분에게, 따로 식사를 해야 한다는 것이 즐거운 일이겠는가?

35. 바가반이 어디로 가겠는가?

7월 23일에 바가반은 한 마두라이 헌신자가 보낸 편지를 읽고 나서 나에게 말씀하셨다. "봐! 이 헌신자는 왜 바가반께 그렇게 많은 치료를 해야 하느냐고 묻는군. 헌신자들 중 한 사람이 바가반의 병환을 떠맡는 게 더 낫지 않느냐는 거지."

나는 슬픔을 이기지 못한 채 대답했다. "예. 그것이 맞습니다. 당신께서 그 통증을 혼자 감당하시느니, 저희들 모두에게 나눠주시면 어떻습니까? 누가 바가반께 음식을 가져오면 그것을 나누어 주십니다. 그러니 병도 그런 식으로 나누지 못할 까닭이 없습니다. 저희들 스스로는 그것을 가져올 능력이 없으니 바가반께서 그것을 저희들에게 넘겨주셔야 합니다. 우선 저에게 그것을 달라고 청하겠습니다. 왜 안 주십니까?"

이 말을 할 때 나는 눈물이 쏟아져 더 이상 말을 할 수 없었다. 바가반은 자비심으로 나를 바라보기만 하시더니, 고개를 끄덕이시고 아무 말씀이 없었다. 회당 안의 모든 헌신자들이 눈물을 흘렸다. 바가반은 늘 상황에 따라서 행동하신다. 만일 바가반과 약간이라도 친근한 어떤 사람이 강력한 어조로 "부디 어떻게든 이 병을 스스로 치유해 주십시오" 하면 당신은 그저 "제가 어떻게 합니까? 어떻게 해야 합니까? 제가 할 수 있는 게 무엇입니까?"라고 대답하시곤 했다.

7월 25일 오후에 뜻밖에도, 대증요법 의사로서 대단한 실력을 가진 구루스와미 무달라이아르 박사(Dr. Guruswami Mudaliar)가 이곳에 왔다. 이 의사는 회당에 들어와 바가반 앞에서 오체투지 한 뒤에 자기가 마드라스에서 어떤 헌신자로부터 그 종양에 대해 들었다면서 그것을 보러 왔다고 말했다. 바가반은 선선히 응낙하셨다. "뭐 어려울 거 있습니까? 보세요." 하지만 스승님은 이렇게 덧붙이셨다. "원래 붕대는 감은 사람이 푸는 게 예의입니다. 그러니 타타를 좀 불러오십시오." 그래서 즉시 그를 모셔오도록 달구지를 보냈다. 바가반은 우사 쪽으로 모셔졌고, 그곳에 도착한 타타가 붕대를 풀고 종양을 구루스와미 박사에게 보였다. 박사는 이런 종양은 외과 의사의 칼을 대면 안 되는 것이라고 말했다. 그러나 수술을 해 버렸으니 이제는 약초로 치료하기에 적합한 때가 아니며, 그보다는 매일 종양을 깨끗이 씻고 소독한 붕대로 싸매야 한다고 했다. 그래서 의사들이 다시 종양을 돌보기로 결정되었다. 구루스와미 박사는 몇 가지 동종요법 약들을 주고는 1주일 뒤에 다시 오겠으며, 그때는 자신이 바가반을 치료하는 책임을 맡을 수 있을지 여부를 이야기하겠다고 하고 떠났다. 그는 그 종양이 어쩌면 성질상 암이 아닐지도 모른다고 말한 모양이다. 그 말로 인해 다들 기운이 났다. 구루스와미 무달라이아르 박사는 떠나기 전에 태양경배(Suryanamaskar)[태양신에게 올리는 기도]를 하는 것이 도움이 될 거라고 말했다. 발라라마 레디는 만일 바가반께서 허락하시면 자기 비용으로 그것을 하도록 하겠다고 했다. 바가반이 말씀하셨다. "어려울 거 있나? 자네 좋을 대로 하게. 태양경배를 하는 것은 언제나 좋은 거지." 그래서 어떤 빤디뜨를 지명했고, 그는 그때부터 경배를 하기 시작했다. 매일 그 경배가 끝나면 바가반께 성수(tirtha)를 드렸고, 당신은 그것을 신성한 약으로서 받으시곤 했다. 어떤 헌신자들이 말하기를, 그 빤디뜨는 돈을 받고 기도를 올리지만 누군가가 어떤 보수도 기대하지 않고 큰 신심으로 그 기도를 하면 훨씬 나을 거라고 했다. 나는 개인적인 혜택이나 보답을 바라고 기도를 해 본 적이 한 번도 없었지만, 내가 바가반을 위해 그 일을 맡아야겠다는 생각이 자발적으로 일어났다. 다른 사람들도 권하고 해서 나는 어느 날 오후에 바가반께 다가가서 허락을 구했다. 당신은 이미 태양경배가 진행 중이지 않느냐고 말씀하셨다. 그래서 내가 말했다. 나도 그것을 알지만, 나는 내 집에서도 하겠다고. 바가반은 내 정성어린 의도를 아시고 이렇게 말씀하셨다. "그거야 좋지. 어려울 것 있나? 좋은 일이지. 나는 그냥 그것이 여기서 이미 진행 중이라고 말한 것뿐이야."

그래서 바로 그 다음날 나는 그 행법을 시작했다. 전에 어떤 여자들이 바가반의 건강이 회복되기를 빌며 1주일에 한 번씩 산을 돈 적이 있었다. 이제 남자들 몇 분이 그것을 하기 시작했다.

종양은 너무 피가 많이 나서 매일 아침저녁으로 붕대를 감아야 했다. 이것을 보고 어떤 헌신자들이 울면서 말했다. "바가반께서 저희들 가운데 오래 계시지 못할까 겁이 납니다." 그 말에 바가반은 웃음을 터뜨리며 말씀하셨다. "오! 무슨 그런 생각을! 바가반이 여기 있지 않고 어디로 간단 말이오? 내가 어디로 갈 수 있소?"

스승님의 대답을 듣고 우리는 종양이 낫겠구나 하는 큰 희망을 가졌지만, 다시 생각해 보고 나서 그 말씀에는 이중적인 의미가 있다는 것을 알았다. 당신은 '바가반이 어디로 가겠는가? 그가 어디로 갈 수 있는가?'라고 말씀하셨다. 그러나 '바가반의 육신이 어디로 가겠는가?'라고 말씀하시지는 않았다. 이 의심이 나를 계속 괴롭혔다.

36. 무외無畏 - 두려울 것이 없음

7월 31일 오후에 구루스와미 박사가 내 오빠와 함께 올 거라는 것을 알고 그날 오전 10명의 의사들이 아쉬람에 도착했다. 그들은 무달라이아르 박사에게 자기들이 조사한 내용을 제시하고 그의 최종 의견을 알고 싶어 했다. 구루스와미 무달라이아르가 오후에 오자 그들은 제반 사실을 그에게 제시하고 그의 의견을 구했다. 구루스와미 박사는 모든 기록을 훑어본 뒤 그 종양이 성질상 암이라는 데 그들과 의견을 같이하고 그 상황에서 어떻게 하는 것이 최선일지 그들과 의논했다. 마침내 실혈失血을 최소화할 수 있도록 전기 기계를 쓰는 수술을 해야 한다는 결론에 이르렀다. 그들은 그것을 바가반께 제안했고, 당신의 동의를 얻어 1949년 8월 7일 일요일을 수술 날짜로 잡았다. 그날은 일요일이었기 때문에 회동한 모든 의사들은 집도의인 라가바짜리 박사를 도우러 아쉬람에 오겠다고 했다. 구루스와미 박사도 온다고 했다.

바로 다음날 바가반은 휴식을 취하셔야 했기 때문에, 아침저녁으로 베다 빠라야나를 하는 시간에는 헌신자들이 그전처럼 회당에 앉아 있어서는 안 되고 짧은 친견만 할 수 있다는 취지의 명령이 내려졌다. 나는 여기에 대해 몹시 화가 났다. 헌신자들을 바가반으로부터 점점 멀리 떼어놓고 있는 듯했기 때문이다. 8월 5일, 다음날 올 의사들을 위해 모르비 게스트하우스의 청소가 이루어졌다. 정부의 허락 하에 엑스레이 기타, 수술을 위한 전기 장비들이 마드라스의 로야빼따 병원으로부터 트럭에 실려 수송되어 왔고, 그 밖에 필요한 일체는 의사들의 차에 실려 왔다. 바가반께 봉사하는 이 기회를 놓치지 않기 위해 30명의 의료진이 라가바짜리 박사와 함께 왔다. 정부 병원의 장비가 이렇게 병원 구역 밖으로 반출되는 것이 허용된 일은 이제까지 한 번도 없었던 것 같다. 더욱이 그 장비를 쓰는 데 대해 어떤 사용료도 받지 않았다. 실제 수송비는 한 헌신자가 부담했다.

아쉬람 병원을 청소했고, 모든 수술 도구가 소독되었으며, 필요한 비품들이 준비되었다. 수술을 받고 나서 바가반이 토하실 가능성이 있었기 때문에 당신은 밤새 유동식만 드셨다. 그날 오후 3시와 4시 사이에 엑스레이 사진을 찍었는데, 의사들은 암이 다른 신체부위로 퍼지지는 않았으며, 다음날 수술을 할 수 있다고 선언했다. 의사들 외에도 상당수의 헌신자들이 들어왔다. 그들 중에는 전기 기사인 나라야나 라오도 있었다. 지난 4월, 어느 일요일에 수술을 할 때 전기 부문에서 정전이 발생하여 수술 도중에 전기 공급이 갑자기 끊어진 적이 있었다. 그래서 그 수술은 랜턴과 회중전등 불빛으로 끝났다. 나라야나 라오는 이것을 기억하고 아쉬람 당국에 전기 공급이 끊어지지 않도록 필요한 준비를 해 두었느냐고 물었다. 그들이 정전의 가능성에 대해서는 깜박 잊고 있었다고 말하자 그는 밤 10시경에 메뚜르(Mettur)에 장거리 전화를 걸어 전력 공급이 끊어지지 않도록 조치했다.

아침부터 이런 온갖 부산한 모습을 보고 온갖 이야기를 듣고 나서 나는 집으로 갔지만, 혼자서 집에 있을 수가 없어 이내 아쉬람으로 왔다. 저녁 무렵에 우리는 모두 바가반이 밤을 어떻게 보내실지 알고 싶어 조바심이 났다. 아쉬람 당국에서는 바가반께 휴식이 필요하다고 생각하여 이 날은 누구도 바가반을 뵙지 말라고 명령했다. 저녁의 베다 빠라야나는 사원 안에서 하도록 준비되었다. 바가반께 다가갈 수도 없었으므로 마다비 암마와 나는 한 동안 하릴없이 돌아다니다가 사원으로 들어갔다. 우리는 현관 문간의 한 구석에 간신히 비집고 들어가 앉았는데, 남들은 우리를 볼 수 없었지만 우리는 바가반을 볼 수 있었다. 우리는 바가반이 아쉬람 당국이 내린 명령에 반대하신다는 것을 몰랐다. 당신의 지시에 따라 헌신자들이 회당에서 당신을 뵙고, 당신 앞에서 절하고 물러가는 것이 방금 허용되었다. 바가반은 우리를 보시자, 시자들에게 원래의 명령이 완화되었다는 것을 우리한테 알려주라고 하셨다. 그 메시지가 우리에게 전달되었을 때 우리는 더할 수 없이 기뻤다. 이때는 오후 7시경이었다. 회당 안에는 바가반과 시자들 외에는 아무도 없었다. 우리 두 사람은 스승님 앞에 절을 하고 일어섰다. 마다비 암마가 합장을 한 채 말했다. "오, 바가반! 내일이면 모든 일이 잘 되고 즐거울 것입니다. 아침의 해돋이와 친견도 상서로울 것입니다." 그러면서 그녀는 잘 들리지 않는 무슨 말을 했다. 바가반은 그저 고개만 끄덕이셨다. 나는 모든 상황을 조용히 지켜보고 있었고 단 한 마디도 하지 않았다. 바가반은 나를 바라보시고 자애롭게 말씀하셨다. "자네 오라버니가 내일 오전에 구루스와미 박사를 모시고 여기 올 거야."

"그렇습니까? 바가반께서는 저희들의 기도에 귀를 기울이셔야 합니다." 내가 유순한 어조로 말했다. 당신은 미소와 함께 자신감의 표시로 머리를 돌리시며 "겁낼 것이 없어" 하셨다. 우리는 아주 즐거웠고 기운이 났다. 당신 앞에서 거듭거듭 절을 하고 당신의 말씀으로 스스로를 위로하면서 우리는 집으로 갔다.

37. 수술과 독립기념일

나는 밤새 한 잠도 자지 못했다. 8월 7일인 다음날 아침, 나는 일찍 일어나서 아침 일과를 마친 뒤 6시경에 아쉬람에 당도했다. 그리고 바가반이 아침 식사를 하신 뒤 우사로 가실 때 당신을 친견했다. 당신은 돌아오시다가 병원으로 직행하셨다. 기념당 안에 앉아 있던 모든 헌신자들은 아주 걱정스럽게 병원 쪽을 쳐다보았다. 오전

9시경, 구루스와미 박사가 오빠와 함께 와서 병원으로 직행하여 다른 의사들과 합류했다. 한 시간 반 뒤에 구루스와미 박사는 도감과 함께 회당으로 와서, 수술이 끝났으며 걱정할 것은 전혀 없다고 우리에게 말했다. 바가반은 오후에는 친견을 베푸실 수 있을 것이며, 그 사이에 우리는 집에 가도 된다고 했다. 그 소식이 영어, 타밀어, 텔루구어로 전해진 뒤 구루스와미 박사는 자동차 편으로 즉시 마드라스로 돌아갔다. 라가바짜리 박사 등 다른 의사들은 그날 오후에 바가반이 헌신자들에게 친견을 베푸시는 것을 반대했지만 바가반이 그것을 고집하셨다. 그래서 바가반은 병원 베란다에서 편안한 의자에 앉으셨다. 우리는 오후 5시와 6시 사이에 당신을 뵐 수 있었다.

마찬가지로 다음날 오전 9시와 10시 사이에 당신은 헌신자들에게 친견을 베푸셨다. 점심식사가 끝난 뒤 의사들은 바가반께 다니지 마시고 병원에 계시라고 특별히 요청했고, 당신의 허락을 얻어 그들이 마드라스에서 가져왔던 모든 물품을 가지고 떠났다. 의사들이 떠나자마자 바가반은 당신이 병원에 있으면 헌신자들이나 치료를 받기 위해 오는 환자들이 불편할 거라면서 신 회당으로 걸어오셨다. 나는 마드라스로 떠나는 오빠를 배웅한 뒤 급히 아쉬람으로 돌아왔다. 바가반은 소파 위에 누워 계셨고, 회당의 쇠살문은 닫혀 있었다. 시자들은 쇠살문의 틈을 통해서만 당신을 친견할 수 있다고 말했다. 우리는 다들 그것으로 만족했다.

그때부터 베다 빠라야나는 사원에서만 했다. 우리는 아쉬람의 정상적인 상태가 회복되기를 매일 기도했고, 그런 일이 과연 가능할까 하고 생각했다. 다음날은 독립기념일이어서 우리는 바가반을 정식으로 친견할 수 있을지 모른다고 추측하고 있었다. 독립기념일 날 일찍감치 아쉬람에 가 보니 라디오 노래가 흘러나오고 있었다. 그 소리는 바가반이 계신 신 회당에서 나오는 것이었다. 더 다가가 보니 회당의 문들이 활짝 열려 있었다. 이런 경사스러운 날에는 바가반 가까이 가는 행운을 얻을지도 모른다는 헛된 희망을 품고 회당에 갔더니, 헌신자들은 동쪽 문으로 해서 회당에 들어가 남쪽 문으로 나가게 되어 있었다. 나는 기뻐서 어쩔 줄 몰랐다. 내가 들어가자 바가반은 소파 한쪽에 놓인 베개에 비스듬히 기대고 계셨다. 당신의 얼굴은 떠오르는 해의 그것 같은 미소로 빛나고 있었다. 나는 당신 앞에 절을 하고 일어나 당신의 눈부신 얼굴을 계속 응시했다. 시자인 끄리슈나스와미가 부드러운 목소리로 헌신자들은 친견만 할 수 있을 뿐 회당 안에 있지는 못한다고 말했다. 그래서 나는 나왔다. 바가반은 당신을 친견하러 들어온 모든 헌신자들에게 자비로운 시선을 쏟아 주셨다. 우리는 10시까지 모두 베란다에 앉아서 이 병환이 마침내 나으셨으면 하는 헛된 희망을 가졌다. 오후에도 똑같은 방식으로 친견이 이루어졌다. 라디오는 거의 하루 종일 틀어져 있었다. 우리는 모두 라디오를 베다 빠라야나로 대체하면 훨씬 좋겠다고 생각했지만 그것은 그렇게 되지 않았다. 원래 베다 빠라야나는 브라마 무후르땀(*Brahma muhurtham*)[새벽 시간]에 하던 것인데, 바가반이 병환이 나시자 아침 8시에 했다. 수술을 하기 한 이틀 전에는 베다 찬송이 중단되었다. 왜냐하면 바가반이 다리를 뻗지 않고 연화좌 자세로 앉아서 베다 빠라야나를 처음부터 끝까지 다 들으시면 상당한 고통이 따랐기 때문이다. 그래서 우리는 그 찬송이 언제 당신의 친존에서 재개되나 하고 모두 고대하고 있었다.

38. 인내

1949년 10월 둘째 주에 나는 마드라스의 오빠 집에 가 봐야 했다. 아루나찰라에는 11월 8일에 돌아왔다. 도착하자마자 가능한 빨리 아쉬람으로 갔다. 이때는 오후 7시 30분경이었다. 바가반이 식사를 하시는 중이었으므로 나는 베란다에서 얼마 동안 기다렸다. 15분쯤 되었을 때 시자의 한 사람인 사띠야난다가 나에게 들어가도 된다고 했다. 회당에 들어가자 소파 반대편에 탁자가 하나 있었고, 바가반은 작은 대야에서 손을 씻고 계셨다. 아루나찰라의 가장 높은 봉우리를 거의 순식간에 오르곤 하시던 늠름한 분이 이제 너무 약해져서 식사를 하신 뒤 바로 옆의 베란다에도 못 나가시고 식사하신 장소에서 손을 씻으셔야 하는 모습을 보니 속이 상했다. 절을 하고 나서 보니 스승님의 몸 전체가 나빠져 있었다. 그 점에 대해 여쭈기도 전에 바가반은 내가 잘 지냈는지 묻기 시작하셨다. 그러다가 어떻게 하여 당신의 건강에 대해 여쭐 기회를 잡았다. "글쎄. 그냥 그렇지 뭐." 바가반이 말씀하셨다. 그런데 당신의 목소리가 아주 특이하고 평소와 달랐다. 나는 마드라스로 떠나기 전에 바가반께 당신의 건강이 그렇게 나쁜데 내가 당신 곁을 떠나야 하는지 여쭈었다. 그 대답으로 당신은 "그게 어때서? 지금 걱정할 게 뭐 있나?" 하고 격려하듯이 말씀하셨다. 이제 나는 몹시 걱정이 되었다. 의사들이 당신 주위를 싸고 있었기 때문에 더 이상 뭘 여쭈어 볼 수도 없어 조용히 집으로 돌아왔다.

다음날 오전에 다시 가서 당신을 뵈니, 당신의 몸이 온통 붉은 색이고 물집이 가득했다. 몹시 걱정이 되어 "어떻게 된 겁니까?" 하고 여쭈니, 당신은 "모르겠어. 그렇게 됐군. 내가 뭐라고 하겠나?" 하고 대답하셨다. 주위를 돌아보니 전기 히터들이 양쪽에 가까이 있었다. 바가반의 몸은 선풍기 바람에도 알레르기 반응을 보이기 때문에, 그 히터들이 당신에게 맞지 않는 게 분명했다. 피부의 발진은 그 때문이라고 나는 생각했다. 그러나 우리는 회당 안에 앉는 것이 금지되어 있었기 때문에 나는 아무 말도 하지 못하고 집으로 돌아왔다. 그러나 마치 섭리에 의한 듯이, 전기 기사인 나라야나 라오 씨가 그날 우연히 바가반을 친견하러 왔다가 식사 후 내 집에 들렀다. 그에게 그 문제에 대해 물었더니 그는 바가반과 히터 사이에 보호 장치가 되게 천 커튼을 하나 쳐야 한다고 했다. 그는 바가반의 몸에 난 발진이 히터의 열기에 노출된 때문이라고 생각했다. 다음날 아침 그는 내가 아쉬람에 갈 때 동행하여 바가반께 그 히터에 대해 이야기한 다음 사무실에 자기 의견을 이야기했다. 히터는 철거되고 늘 쓰던 숯불 화로가 대신 들어왔다.

그 사건 소식이 어떻게 입에서 입으로 퍼져 모든 헌신자들이 알게 되었다. 나이든 헌신자 한 사람이 바가반께 다가가서 당신께 불편한 그 전기 히터들에 대해 왜 반대하지 않으셨느냐고 여쭈었다. 바가반이 말씀하셨다. "전혀 걱정하지 않았지요. 늘 쓰는 숯불 화로의 경우에는 숯을 넣고 부채질을 해야 합니다. 그러면 재가 온 회당 바닥에 날리지요. 반면에 전기 히터는 그렇게 신경을 쓸 필요가 없고 지저분해지지도 않습니다. 그래서 대신 설치된 것입니다. 제가 왜 반대합니까?"

"그렇지만 히터에 당신의 피부가 덴다고 말씀하시지 않았습니까?" 그 헌신자가 말했습니다.

"그게 어떻다는 겁니까? 그럴 수도 있지요. 그들이 바가반에게 좋다고 생각하는 것에 제가 반대하면 그들이 기분 상하지 않겠습니까? 더군다나 이 신 회당이 재로 더럽혀지고 있는데 말입니다. 그래서 가만히 있었지요. 이제 나라야나 라오가 그 히터들을 쓰지 말아야 한다고 해서 저는 제가 쓰던 숯불 화로를 되찾은 것입니다." 바가반이 대답하셨습니다.

3년 전에도 이와 비슷한 일이 있었다. 저명한 헌신자 한 사람이 바가반의 근육통 문제를 놓고 시자들과 의논을 했다. 그들은 스승님이 통증을 줄여줄 비싼 약을 쓰는 데 동의하지 않으실지 모른다는 두려움에서, 그 약 대신 비싼 재료를 사서 연고 하나 조제했다. 그것은 바가반께 알리지 않고 만든 것이어서 당신은 무관심하게 계셨다. 연고가 다 준비되자 그것을 하루 이틀 사용해 본 다음 그 헌신자는 시자들에게 적절한 지시를 한 뒤 떠났다. 4, 5일 뒤에 바가반의 피부가 붉어지고 균열이 생겼다. 바가반은 그 피부의 통증이나 균열에 대해 아무 불평이 없으셨다. 시자들이 피부가 갈라진 것을 이야기하자 바가반은 그저 이렇게만 말씀하셨다. "그것은 안에 있는 것들이 나온다는 것을 뜻하지. 나오게 내버려 두게."

거의 같은 시기에 다른 헌신자가 전기 히터를 한 대 가져왔다. 이때는 추운 계절이었으므로 히터를 하루 이틀 동안 켰다. 그 연고와 온풍기로 인해 다리의 균열이 심해졌다. 헌신자들이 모두 그것을 보았다. 몇몇 사람들이 그것은 히터에서 나오는 열기 때문이라고 이야기하기 시작했다. 마침내 헌신자들 중 한 사람이 바가반께 다가가서 그 균열은 연고나 아니면 히터 때문일지 모르니 그 두 가지의 사용을 즉시 중단해야 한다고 말씀드렸다. 바가반이 말씀하셨다. "연고는 근육통을 빨리 가라앉힐 거라고 해서 비싼 약재로 만든 것입니다. 이것이 그 결과입니다. 좋습니다. 그들은 우리가 쓰던 숯불 화로가 별로라고 해서 비싸고 멋진 전기 히터를 사왔습니다. 그들이 저한테 물어보고 이런 일을 했습니까? 그들은 제가 '하지 말라'고 할 것이 두려워 이런 식으로 일을 꾸몄습니다. 다 좋도록 하려고 한 일이지요. 바가반의 몸에 이로우라고 말입니다. 그러니 내버려두십시오. 만일 제가 그것들을 사용하지 않겠다고 하면 그들은 자기들이 바가반에게 봉사하기 위해 많은 수고를 했는데 제가 그들을 무시했다고 생각하지 않겠습니까? 왜 제가 그들이 무시당했다고 느끼게 합니까?" 그 헌신자가 말했다. "온몸에 물집이 이렇게 잡혔는데도 그들의 감정을 그렇게까지 고려하실 필요가 있습니까?"

바가반: 그게 어때서요? 그들은 많은 돈을 썼습니다. 그것이 다 허비되지 않겠습니까?

헌신자: 왜 허비입니까? 누군가 다른 사람이 그 물품들을 쓰겠지요.

바가반: 아니, 저한테도 안 맞는데, 왜 다른 사람들이 그것을 사용해서 고통을 받게 합니까?

헌신자: 그러면 그 연고는 나중에 쓸 수 있도록 저희가 보관해 두겠습니다.

그 헌신자는 그 연고를 그만 쓰셔야 한다고 고집한 다음 바가반께 다른 어떤 치료법을 말씀해 주시라고 간청했다. 당신은 사군자(使君子)를 빻아서 기름에 한 동안 담가 두었다가 가져오면 바르겠다고 하셨다. 그렇게 해서 그것을 바르고 나자 물집은 금방 사라졌다.

나는 이번에도 바가반께 당신의 병을 치유하려면 무엇이 좋은지 말씀해 주시라고 청해야 한다고 생각했다. 언제 누가 그런 말씀을 드리면 당신은 이렇게 말씀하시곤 했다. "그들은 이름난 의사들입니다. 그들이 뭔가를 하고 있습니다. 그렇게 하게 내버려두십시오."

39. 지금은 걱정할 것 없다

1949년 11월부터 베다 빠라야나는 아침저녁으로 바가반의 친존에서 해야 하는 것으로 되었다. 헌신자들은 다 참석할 수 있지만 그것이 끝나는 즉시 회당을 떠나야

했다. 그럼에도 우리는 때가 되면 예전의 일과가 재개되겠거니 하고 바랐다. 그러나 11월 24일이 되자 그 종양이 제대로 낫지 않고 있다는 것이 알려졌다. 12월 1일에는 의사들도 이것을 확실히 인정했다. 나는 그날 저녁 베다 찬송을 하는 동안 바가반의 팔을 싼 붕대를 세밀히 살펴보다가 뚜렷한 혹 하나를 발견했다. 빠라야나가 끝나고 모두가 떠난 뒤 나도 바가반 앞에서 절을 하고 일어섰다. 시자들 외에는 아무도 없었다. 나는 애원하듯이 바가반을 바라보면서 말했다. "종양이 다시 나타난 거 아닙니까? 이번에는 더 위쪽이군요." 그러자 바가반이 붕대를 치우고 그 혹을 나한테 보여주면서 말씀하셨다. "그래. 여기 있어. 자라고 있어." 그러면서 당신은 아버지가 자식을 바라보듯이 애정 어린 시선으로 나를 바라보셨다. 나는 눈에 눈물이 그득 차올랐고, 너무 슬퍼서 가만히 서 있었다. 바가반은 내 처지를 이해하시고 사소한 일들에 대해 이야기하시면서 내 주의를 돌려보려고 하셨다. 그러나 나는 더 이상 거기 있을 수가 없어서 슬픔에 잠긴 채 밖으로 나왔다.

11월 12일 오후에 라가바짜리 박사와 다른 의사들이 마드라스에서 와서 종양을 검사하더니 11월 19일에 또 한번 수술을 하기로 결정했다. 나는 이 소식을 듣고 굉장히 화가 났다. 그래서 바가반께 가서 말했다. "그들은 이런 수술을 얼마나 더 많이 하겠다는 것입니까? 바가반께서 나으시겠다는 의지만 가지시면 이 종양이 낫지 않겠습니까?"

"놓아 버려. 두고 보지." 스승님이 대답하셨다.

"두고 볼 게 뭐가 있습니까? 언제 당신의 의지를 행사하시렵니까? 아직도 해 볼 여지가 좀 있습니다. 저희들 모두가 수행으로 도와야 하지 않겠습니까?" 내가 계속 이야기했다.

바가반은 그저 고개만 끄덕이면서 우리를 자애롭게 바라보시더니 아무 말씀이 없으셨다.

15일 오후 6시경에 나이든 여성 헌신자 한 사람이 몹시 괴로워하면서 말했다. "이번에는 종양이 팔 위쪽으로 퍼졌으니 제발 또 다른 수술은 허락하지 마십시오. 제가 벨로르로 가서 군(軍) 의무관을 데려오겠습니다." 그래서 그녀는 벨로르로 떠났다. 16일에 군 의무관이 와서 수술이 필요하다는 라가바짜리 박사의 판정에 동의했다. 많은 헌신자들이 수술하는 데 대해 걱정했지만 말이다. 종양은 이제 팔 위로 올라갔는데 몸체까지 아마 뚫고 들어갔을 듯싶었다. 나는 돌아가는 제반 상황이 몹시 우려되어 수술이 있기 전날 오전 바가반을 찾아가 당신 앞에 절을 한 뒤에 일어섰는데, 몸이 벌벌 떨렸다. 바가반은 무슨 일이냐는 표정으로 나를 바라보셨다.

"바가반께서 이 수술을 어떻게 견디실지 다들 걱정하고 있습니다. 바로 내일이 수술 아닙니까?" 내가 여쭈었다.

"응. 다들 지금 오고 있을 걸." 바가반이 말씀하셨다.

나는 몸이 부들부들 떨리기 시작했고, 말이 잘 나오지 않아 나지막한 목소리로 중얼거렸다. "저는 그 결과가 몹시 두렵습니다."

바가반은 잠시 생각하시더니 자비심으로 나를 바라보시며 조용히 대답하셨다. "걱정 마. 이제는 별 탈이 없을 테니까."

이 말씀에 나는 눈물을 닦고 밖으로 나왔다.

40. 작은 방에서

이 수술 이야기를 듣고 오빠가 18일 오전에 왔다. 다음날 아침 일찍, 5시 30분 전까지 우리는 아쉬람에 갔다. 그 시간까지 바가반이 병원으로 가실 거라는 것이 미리 알려졌기 때문이다. 우리는 실제로 당신이 병원으로 가시는 것을 보았다. 오전 8시 30분까지는 수술이 끝났다. 바가반은 1주일 내지 열흘간 병원에 계셔야 하며, 누구에게도 친견을 베풀지 않으실 거라는 취지의 지시가 내려졌다. 그러나 바가반은 당신이 어디에 계시든 친견이 베풀어져야 하며 그것을 금지해서는 안 된다고 강조해 오셨기 때문에, 결국 병원에서 친견을 할 수 있게 되었다. 그리고 나서 오빠는 마드라스로 떠났다. 열흘 뒤 바가반은 병원에 더 있지 않겠다고 하셨다. 치료를 받으러 오는 가난한 사람들에게 불편을 줄 수 없다는 것이었다. 하지만 당신은 회당 맞은편의 수세식 화장실까지 걸어가실 수 있는 형편이 아니었기 때문에, 당신이 목욕을 하실 수 있는 필요한 모든 설비가 갖추어져 있는 구 회당으로 당신을 모셔야 한다는 이야기가 있었다. 그러나 그곳에는 도서실이 있기 때문에 바가반은 거기에도 반대하셨다. 결국 1950년 1월 1일, 당신은 한동안 주무시면서 휴식을 취하시곤 하던 그 작은 방으로 옮기는 데 동의하셨다. 그 방에는 목욕실이 딸려 있었기 때문에 당신은 그곳을 아주 당신의 거처로 삼으셨다.

이틀 뒤, 나는 이른 아침의 산 오른돌이를 다녀와 보니, 바가반이 당신의 작은 방 베란다에 놓은 등 없는 작은 걸상에 앉아서 헌신자들에게 친견을 베푸시도록 준비되어 있는 것을 알았다. 오전 9시에 바가반이 나오셔서 그 걸상에 앉으셨다. 머리 위의 빨미라 나뭇잎들 사이로 들어온 햇살이 바가반의 몸에 비치자, 그 몸은 약하고 창백한데도 눈부시게 빛이 났다. 모든 헌신자들은 오전 9시부터 10시 15분까지, 그리고 오후 5시부터 6시까지 당신 주위에 앉아 있어도 된다는 결정이 내려졌다. 그래서 우리는 매일 당신을 친견할 수 있었다. 당신의 탄신일인 1월 5일은 예전과 같이 경축되었는데, 이 날도 친견은 그 시간대에만 할 수 있었다. 유일한 차이점은 예전처럼 우리가 식사 때 당신과 함께 앉거나, 하루 종일 계속해서 당신을 친견하는 특권을 누리지 못했다는 것이다.

자얀띠 잔치가 끝나고 아쉬람의 정상적인 생활이 재개된 후인 1월 23일, 나는 이른 아침에 다시 아루나찰라 산의 오른돌이를 떠났는데 돌아오니 오전 9시였다. 이때는 발리말라이 무루가나르가 바가반의 친존에서 『띠루뿌갈』(*Tiruppugazh*)을 노래 부르고 있었다. 이분은 오래 전에 스깐다스라맘에 왔다가 바가반의 어머니에게서 거짓 핑계로 물주전자를 가져갔던 그 사람이었다. 내가 바가반께 절을 하고 일어서자마다 당신이 말씀하셨다. "봐! 이분은 발리말라이 무루가나르야. 이 양반이 상당히 많은 곡의 『띠루뿌갈』 헌가 잔치를 시작했어." 그리고 당신은 그 물주전자 이야기를 나에게 해 주셨다. 그런 다음 당신은 침묵을 지키셨다. 바가반이 그 작은 방에 계실 때, 브하바나가르(Bhavanagar)의 마하라자와 마드라스의 지사가 와서 당신을 친견했다.

41. 나쁜 징조들

1월 30일에 바가반은 평소처럼 그날 치 우편물을 받아 읽어보신 뒤 나를 바라보면서 말씀하셨다. "이 우편물에는 오스트레일리아에서 보내온 18명의 사람들이 서명한 편지가 있군. 편지의 내용인즉, 자기들이 바가반의 병환 소식을 들었고 몹시 걱정이 된다는 거야. 그들은 당신이 조속한 시일 내에 당신 자신을 치유하시기 바란다고 기원하고 있어." "그것은 저희들의 기원이기도 합니다." 내가 말했다. 바가반은 아무 말씀도 하지 않으시고 그저 고개만 끄덕이셨다.

2월 9일이 되면서, 우리는 그 종양이 다시 성을 내었다는 것을 알게 되었다. 우리가 모두 바가반께 당신 자신을 치유하시라고 애원하자 당신은 그저 이렇게 말씀하셨다. "제가 무엇을 할 수 있습니까? 제가 그 문제와 무슨 상관 있습니까?" 당신의 무관심한 태도를 보다 못한 몇 명의 여사들이 랄리따 여신(Godess Lalitha-여신 샥띠)에게 기도를 올리기 시작했다. 2월 15일에는 라가바짜리 박사가 아쉬람을 찾아와 종양을 검사한 뒤에 말하기를, 달리 할 수 있는 방도는 전혀 없고, 이제부터는 온갖 약과 엄격한 식사 제한으로 환자를 힘들게 해서는 안 된다고 했다.

그때부터 바가반의 건강에 관한 온갖 소문들이 돌기 시작했다. 의사들이 삼삼오오 몰려왔다가 떠났다. 내로라하는 점성가들도 찾아와서 바가반의 천궁도天宮圖에 따르면 행성들의 위치가 전혀 상서롭지 않다고 말했다. 바가반이 며칠이나 몇 주일을 넘기지 못하실 거라고 수군거리는 사람들도 있었다. 2월 18일에는 한 할머니가 나에게 와서 몹시 걱정하면서, 의사들이 바가반은 2주일을 넘기지 못할 거라고 말했다는데 사실이냐고 묻기도 했다. 나는 이런 이야기에 속이 상해 바가반께 직접 여쭈어보기로 했다. 한번은 스승님의 친존에서 내가 말을 하기가 겁이 나 가만히 서 있었다.

"무슨 일이지?" 바가반이 말씀하셨다.

"당신의 팔 말입니다." 내가 기어들어가는 소리로 말했다. "종양이 다시 솟아나지 않았습니까?"

"다시 솟아났으면 어때서? 오고 가는 거지." 바가반이 말씀하셨다.

나는 이 말씀의 숨은 의미를 알아차리지 못하고, 당신의 말씀은 때가 되면 종양이 치유될 것이라는 의미라고 생각하고 감히 이렇게 말했다. "저희들은 그것이 언제 갈지, 저희들의 마음이 언제 편안해질지 모르겠습니다. 사람들이 별별 이야기를 다 하고 있습니다. 어찌 해야 합니까?"

"이야기하고 싶은 대로 하라고 해. 왜 걱정해?" 바가반이 말씀하셨다.

"제가 여쭈려는 것이 바로 그것입니다. 저희들은 의사들의 예측과 점성가들의 예언이 바가반께는 아무 효력이 없다는 것을 압니다. 별 일 없으리라는 보장만 저희들에게 좀 해 주시면 됩니다."

바가반은 나의 순진함에 대해 미소를 지으면서 그저 고개만 끄덕이셨다. 나는 그것이 우리가 고대하던 보장이라고 생각한 나는 더 이상 말하지 않고 물러나왔다.

2월 19일에는 연로한 여성 헌신자인 샨땀마가 바가반의 누이동생 알라멜루 암마와 함께 바가반을 찾아가, 아유르베다 의원을 불렀으면 좋겠다는 소망을 피력했다. 바가반은 어떤 구실로 그녀를 돌려보내신 뒤, 누이동생에게는 어머니가 쓰시던 가정요법 중 한 가지면 충분할 거라고 말씀하셨다. 어머니가 몇 가지 약초와 어떤 나무들의 우유 같은 즙을 발라서 이런 종류의 종양을 몇 가지 치료하셨지 않느냐는 것이었다. 이미 지난해 3월에도 같은 말씀을 하신 적이 있기 때문에, 사람들은 모두 이제는 때가 너무 늦었다고 느꼈다. 그때 당신의 말씀을 귀담아 듣기만 했어도, 당신은 어쩌면 어머니의 처방이라는 구실로 무슨 약초를 구해 오라고 해서 스스로를 치유하셨을 것이다. 어쨌거나 2월 20일이 되었을 때는 종양이 더 악화되어 있었다. 헌신자들은 다른 치료를 더 해 봐야지 그대로 내버려 두면 안 되겠다는 생각을 강하게 하고, 바가반을 찾아가 무스(Moos)[29]를 데려오는 것을 허락해 달라고 했다.

---

29) 당시 께랄라 주에 있던 유명한 아유르베다 의사의 별칭.

당신은 그 문제를 아쉬람 당국의 재량에 맡기셨다. 그날 꾼주스와미가 가서 무스를 데려왔다. 예전의 다른 의사들과 마찬가지로 그도 바가반의 경우에는 자신이 아무것도 할 수 없다면서, 자기는 명목상의 치료만 할 뿐 바가반이 헌신자들에 대한 넘치는 자비심에서 이 세상에 훨씬 더 오래 남아 계시도록 당신 자신을 치유하셔야 한다고 말했다. 그러면서 이 종양은 락타르부담(Raktharbudam)이라고 하는 종양이라 했다. 2월 24일, 그는 아유르베다에서 처방하는 몇 가지 약초를 가지고 치료를 시작했지만 아무 소용이 없었다. 종양에 거머리를 붙여보기도 했지만 역시 아무 효과가 없자 그는 마침내 치료를 아예 포기했다.

3월 1일 오후 2시경, 내가 집에서 글을 쓰고 있는데 갑자기 종이와 펜이 흔들렸다. 벽에 걸린 바가반의 사진을 쳐다보니 그것도 흔들리고 있었다. 1, 2분 뒤에 나는 그것이 지진이라는 것을 알았다. 바가반의 건강이 좋지 않은 이때 웬 지진인가 하는 걱정이 들었다. 그것은 나쁜 징조였기 때문이다. 그래서 아쉬람으로 갔더니 모두 그 때문에 나처럼 걱정하고 있었다. 나쁜 징조는 그것뿐이 아니었다. 근동에서는 도둑이 들끓었다. 밤에는 여우들이 울어댔고 개들도 끙끙거렸다. 나는 이런 불길한 징조에 당황하여 다음날 오후에 어찌어찌 해서 바가반께 다가가서 몹시 몸을 떨면서 종양이 좀 어떠시냐고 여쭈었다. 바가반은 무스가 해주는 치료에 대해 자세히 말씀하시고 출혈이 약간 줄어들었다고 말씀하셨다.

"그러면 좀 나아지신 거로군요." 내가 말했다.

"뭐가 나아져?" 바가반이 말씀하셨다.

"이것이 얼마나 오래 갈 수 있겠습니까? 얼른 나으셔야 합니다." 내가 말했다.

"누가 알겠어?" 바가반이 말씀하셨다.

이 말씀을 듣고 나자 치료의 가망은 전혀 없구나 하는 생각이 들었다. 왜냐하면 그전에는 바가반이 그렇게 비관적이신 적이 없었기 때문이다. 나는 그 어느 때보다도 더 걱정이 되어 더 이상 아무 말도 못하고 나오고 말았다. 희망이 산산조각 난 채로.

42. 영적인 음식

3월 2일, 무스도 낙담하였고 그래서 바가반을 찬양하는 노래 한 곡을 지어 당신께 드렸다. 그날 그는 비슈누 1천명호(Vishnu Sahasranama)의 빠라야나를 주선했다. 어떤 헌신자들은 파사염송破死念誦(Mrityunjaya japam-'죽음을 물리치는 염송')을 시작했다. 바가반은 의사들이 무엇을 하든 별 말씀 없이 받아들이셨듯이, 이런 헌신자들의 노력도 신심에서 우러난 공양으로 받아들이셨다. 또 어떤 헌신자들은 파사호마破死護摩(Mrityunjaya homam)를 하겠다면서 허락을 구했는데, 거기에 대해서도 당신은 다른 모든 경우에 그러하셨듯이 선선히 동의하셨다.

그들이 떠난 뒤 스승님이 당신의 시자에게 말씀하셨다. "봐. 그들은 모두 파사신破死神(Mrityunjaya-시바)에게 호마를 거행하겠다는군. 그렇게 하는 거야 무방하지만, 이 호마를 거행한 사람들이 다 죽음을 피했나? 호마의 참뜻은 그것을 하는 사람들이 주 시바의 은총을 구하는 가운데 죽음에 대한 두려움을 떨쳐버리려는 것이지, 죽음 그 자체를 피하려는 것은 아니야." 시자가 말했다. "「데비깔롯따람」에서 말하기를, 해탈열망자는 진언이니 호마니 하는 그런 것에 몰두하지 말라고 했습니다."

바가반이 대답하셨다. "그렇지. 그게 맞아. 명상에 몰입하는 것이야말로 효과가 있지. 「싸르와냐놋따라」에서도 명상에 몰입하는 것이 진정한 지知의 전수(jnana diksha)이고 따빠스라고 말하지."

이 기간 동안 한 여성 헌신자는 바가반께 무엇을 여쭈어 보고 싶어 했지만 당신의 방에 혼자 들어가기가 두려워 나에게 같이 들어가자고 했다. 바가반이 우리 두 사람을 보시자 그녀가 말했다. "저희 마을에는 진언에 통달한 사람이 하나 있습니다. 바가반께서 허락하시면 그 사람을 여기 데려오겠습니다."

"오, 그래요? 그 양반이 무엇을 합니까?" 바가반이 물으셨다.

"먼저 당신께 108개의 코코넛을 드린 다음 아쉬람을 돌아다니면서 그것을 깨트립니다." 그녀가 설명했다.

바가반은 미소를 지으며 대답하셨다. "코코넛만 깨트립니까? 암탉도 죽여서 온 아쉬람에 피를 뿌리지 않습니까? 또 부적을 매달고 비부띠도 바르지 않습니까?"

바가반이 비아냥거리듯이 이렇게 말씀하시자 그녀는 부끄러워하면서 청을 드리려던 것을 포기했다.

이때쯤에는 온 아쉬람이 염송, 호마, 송찬(stotras) 등 종교적인 의식들을 하느라고 부산했다. 3월 16일에는 몇 명의 점성가들이, 바가반은 그 육신으로 별로 오래 머물러 계시지 않을 것이고, 당신이 돌아가시는 것은 며칠 상관의 문제일 거라고 말했다. 만약 정말 그렇다면 바가반께서 어떤 방식으로든 나에게 그 말씀을 하시지 않겠는가 하고 나는 생각했다. 어리석은 감정이기는 했지만 그 생각이 내 마음을 떠나지 않았다. 다음날 바가반은 구토를 하셨는데 그 때문에 속이 많이 불편해서 아무 음식도 드시지 않았다. 이 말을 듣고 당신의 누이동생인 알라멜람마(알라멜루)가 몹시 걱정이 되어 당신께 가서 이렇게 말했다. "아이요! 바가반께서 오늘 아무것도 안 드셨나 봅니다. 빠야삼이 아주 맛있는데, 그것을 한 방울도 안 드셨군요." 바가반은 그녀를 위로하여 돌려보내셨다. 그녀가 떠난 뒤 당신이 시자들에게 말씀하셨다. "사람들은 바가반이 오늘 빠야삼을 들지 않아서 유감인가 보군. 나는 그들이 비냐나 아하람(Vijnana aharam)[영적인 음식]을 아직 맛보지 않은 것이 유감인데 말이야. 내가 어떻게 하나? 일이란 예정된 대로 일어나게 되어 있는 것을."

43. 비끄리띠가 왔군

그해의 우가디(Ugadi) — 다시 말해서 (텔루구) 음력설 — 는 3월 19일에 들었다. 나는 아쉬람에 온 뒤로부터 우가디 전날에는 바가반께 당신이 쓰시라고 타월과 샅가리개를 하나씩 드리는 관행이 있었다. 우가디 날 아침에는 님나무 꽃(neem flowers)으로 처트니를 만들어 새로운 책력(panchangam) 한 권과 함께 바가반께 드리곤 했다. 그래서 3월 18일에 나는 그 설날 선물을 바가반이 머무르고 계신 작은 방으로 가져갔다. 바가반은 호기심을 가지고 나를 바라보셨다. 나는 그 천들을 탁자 위에 놓고 말했다. "내일이 우가디입니다."

바가반은 놀라면서 이상한 어조로 말씀하셨다. "오호! 우가디가 왔어? 그러니까 비끄리띠(Vikrithi)[해(年)의 이름]가 온 건가?" 당신이 말씀하시는 투가 불길하고 안타깝게 보였다. 시자들도 마음 아파하는 기색이 역력한 채 서 있었다.

잠시 후 나는 용기를 내어 말했다. "저는 이 천 등을 바가반께 드리던 것을 그만두어야 하나 하고 생각해 보았습니다만, 그러면 제가 큰 잘못을 범하는 것이라는 느낌이 들었습니다. 어떻게 해야 할지 몰라서, 그냥 가져와 봤습니다."

"괜찮아." 그러면서 스승님은 가까이 있던 시자 한 사람을 바라보고 말씀하셨다. "그 천들을 보관해 두지. 나감마가 가져온 거야. 우가디가 바로 내일인가 보군."

시자가 시킨 대로 하자 나는 바가반께 당신 팔의 상태를 여쭈었다.

"그 상태에 대해서 내가 뭐라고 하지?" 당신이 반문하셨다.

"어떻든 바가반께서 스스로 치유하셔야 합니다." 내가 말했다.

"글쎄." 바가반의 대답이 돌아왔다.

"어떻게 그렇게 무관심하실 수 있습니까?" 내가 말했다.

우리의 대화가 여기에 이르렀을 때 바가반은 나에게 분명하고 명백하게 말해주지 않으면 내가 희망을 버리지 않을 거라고 느끼셨는지, 자비롭게 나를 바라보시며 물으셨다. "이 단계에서 어떤 치료가 있을 수 있나?"

"아이요! 전혀 치료되지 않을 거라고요?" 나는 놀라서 말했다.

걱정할 필요가 없다고 이제까지 당신이 누누이 안심시켜 주셨기 때문에 나는 이 충격에 대비가 되어 있지 않았다. 나는 두려움으로 몸이 후들거리고 눈에는 눈물이 가득 찼다. 내 음성은 목이 메었다. 바가반은 내가 어쩔 줄 몰라 하는 모습을 찬찬히 살피셨다. 나는 그러면 헌신자들은 어떻게 되느냐고 여쭈어 보고 싶어서 목청을 가다듬고 말을 하려고 하는데 사무실 사람들이 자기들 간의 무슨 의견 차이를 진인게 말씀드려 해결하려고 급히 들어왔다. 나로서는 불운한 일이었다. 갑작스럽게 출현한 호랑이에 놀란 사슴처럼, 나는 그들이 마구 들이닥치는 모습에 질려버렸다. 여쭈고 싶었던 질문을 하지 못한 채 나는 깊은 슬픔에 잠겨 집으로 돌아갔다. 그리고 밤새도록 눈을 붙이지 못하고, 바가반이 낫지 않으실 거라는 두려움으로 아침까지 깨어 있었다. 치유의 모든 희망이 일거에 사라져 버린 것이었다.

텔루구 설날 아침에 나는 님나무 꽃으로 만든 처트니와 새 책력 한 권을 가지고 일찍 아쉬람으로 갔다. 처트니를 아침 식사 때 헌신자들과 바가반께 공양하고 나서, 새 책력을 바가반께 개인적으로 드릴 생각으로 신 회당의 베란다에서 기다리고 있었다. 바가반은 내가 드린 새 샅가리개와 타월을 두르셨지만, 목욕실로 들어가시다가 문간 계단에서 발이 걸려 넘어지셨다. 나는 바가반이 넘어지셨다고 고함을 지르면서 당신이 계신 곳으로 달려갔다. 뒤에 있던 시자가 당신을 일으켜 드리려고 했으나 바가반은 그러지 말라고 고함을 치셨다. 나는 내가 바가반께 손을 댔다가는 바가반께서 무슨 말씀을 하실지 너무 두려워 겁에 질린 채 옆에 서 있었다. 당신의 샅가리개와 타월이 피로 물들었다. 내 고함소리를 듣고 가까운 헌신자 한 사람이 달려와 바가반을 부축하려고 했다. 그러나 당신은 그 헌신자가 당신 몸에 손을 대지 못하게 하시고, 한 손으로 몸을 지탱하며 일어나셨다. 등뼈에 작은 금이 좀 간 듯했으나, 시자들은 누구한테도 그 이야기를 하면 안 된다는 지시를 받았다. 게다가 멍든 곳에 고름이 생겨 바가반께 크나큰 고통을 안겨주었지만 이 역시 최후까지 그 사실을 밝히지 못하도록 했다.

바가반은 넘어져서 다치시기는 했지만 평소처럼 화장실을 다니셨고, 오전 9시에는 밖에 나와서 베란다에 앉으셨다. 그제야 나는 책력을 드렸다. 그뿐이었다! 내가 바가반께 가서 당신의 감로 같은 음성을 듣는 것은 그날로 영원히 끝나 버렸다. 우가디가 왔느냐고 당신이 놀라서 물으신 것은, 아마 내가 지난 몇 년 간 당신의 감미로운 음성을 들을 수 있었던 꿈같은 시간이 느닷없이 끝나버렸다는 것을 암시하신 것이리라. 그것은 마치 "새해가 되었으니 너와의 대화도 끝이 나는구나" 하고 부드럽게 말씀하신 것 같았다.

나의 삶 655

우가디 날 사고를 당하신 뒤로 바가반의 기력은 현저히 떨어져 더 이상 헌신자들에게 친견을 베풀기 위해 밖에 나가지 못하시게 되었다. 그래서 친견은 당신이 작은 방 안에서 소파에 누우신 채로 해야 한다는 취지의 지시가 내려졌다. 그때부터는 친견하러 오는 헌신자들의 숫자가 너무 늘어나 매번 줄을 지어 스승님 앞을 지나가야만 했다. 사무실 직원과 의사들, 그리고 고위 관리들의 경우를 제외하고는, 나 같은 변변찮은 헌신자들은 당신께 더 이상 말을 붙여볼 기회가 없었다. 그저 멀찍이서 당신을 친견하는 것으로 만족해야 했다. 어쨌든 나는 오빠를 비롯한 여러 사람들에게 바가반을 찾아뵙고 마지막 메시지를 얻어 보라고 했지만 그들은 뜻을 이루지 못했다. 병드신 진인의 존엄한 친존에서 그들의 입이 떨어지지 않았기 때문이다. 나는 문간에 서서 그들을 지켜보았다. 내가 어떻게 되었느냐고 물으니까 그들은 아무 말도 하지 않았다. 그러니까 "비끄리띠30)가 왔나?" 하신 바가반의 말씀은 일종의 예언이었던 것이다.

44. 범열반 梵涅槃

3월 23일에 바가반은 몹시 불편함을 느끼셨고 그래서 무스의 치료는 중단되었다. 3월말이 되기 전에 벵갈에서 유명한 아유르베다 의원 한 사람이 와서 당신을 치료하기 시작했다. 그는 아주 비싼 약을 처방하고 떠났다. 아주 연로한 한 헌신자와 아유르베다 의원 한 사람이 바가반을 친견하러 왔는데, 그 의원에게 이 약들을 조제하는 일을 맡겼다. 하루 이틀 뒤 바가반은 변비가 났고 계속해서 몸이 불편하셨다. 그래서 더 이상의 약물 치료는 중단되었다.

4월 초부터 의사들은 최후의 파국을 우려하고 있었고, 마지막까지 날짜만 헤아리는 형편이었다. 4월 14일에 내가 아쉬람에 갔더니 다들 아주 동요하면서 걱정하고 있었다. 헌신자들 중 한 사람인 보세는 이때 친견하려는 사람들의 줄을 정리하면서 군중을 통제하고 있었다. 그는 나를 보자 이렇게 말했다. "깔리유가 비슈마(Kaliyuga Bhishma)31)가 가고 계셔요. 이리 오세요, 우리 암마. 와요. 여기 잘 보이는 데서 스승님을 보세요." 그는 눈에 눈물이 가득한 채 나에게 바가반이 잘 보이는 곳을 마련해 주었다. 나는 친견이 쉽도록 하기 위해 특별히 돋운 흙더미 위에 올라가서 바가반을 바라보았다. 바가반은 주무실 때의 요가 자세로 누워 계셨는데, 당신의 몸은 아침 햇살을 받아 빛나고 있었다. 줄을 통제하고 있었기 때문에 누구도 오래 거기

---

30) 비끄리띠는 문자적으로, '약간의 변화'라는 뜻이다.
31) [역주] 비슈마는 『마하바라타』에 나오는 맹장猛將이며, 깔리유가는 현 시대를 부르는 명칭이다.

있을 수 없어, 나는 슬픔에 가득 잠긴 채 물러났다.

평소와 같이 모든 사람들은 오전 9시에서 오후 1시 30분까지 줄을 지어 바가반을 친견했다. 나같이 변변찮은 일부 헌신자들은 그날 집으로 가지 않았다. 그들 중 어떤 사람들은 심지어 나에게 이렇게 말했다. "최근까지 우리는 다들 바가반이 우리를 위해 그 육신으로 남아 계시게 해 달라고 기원했지요. 당신의 현재 상태는 말할 수 없이 나쁩니다. 그것을 감안하여 이제는 아무런 청도 드리지 않기로 했습니다. 만약 우리 모두가 그런 청을 그만두지 않는다면, 이 화신(Avatar)의 생명이 끝나지 않을지도 모릅니다. 부디 잘 생각해 보십시오." 나는 그 말에 너무 놀랐다.

오후에 아쉬람 당국에서는 바가반의 상태가 아주 불만족스럽다고 하면서, 친견은 없을 것이라고 말했다. 바가반이 그 사실을 아시고 친견을 취소할 필요는 없다고 말씀하신 모양이었다. 그래서 평소와 같이 줄이 만들어졌다. 보통 친견할 때는 바가반이 헌신자들을 자비롭게 바라보셨는데, 지금은 기진맥진하여 눈을 거의 뜨실 수 없었다. 그 많은 헌신자들이 다 줄지어 지나간 뒤에 나도 마지막 친견을 위해 그곳으로 가서 그 흙더미 위에 섰다. 의사들과 아쉬람 당국이 바가반을 에워싸고 당신을 주의 깊게 검사하고 있었다.

"오, 주님! 당신의 자비로우신 눈길을 한번만이라도 저에게 돌려주시지 않으렵니까?" 이렇게 나는 바가반께 기도드리면서 거기 서서 당신을 강렬하게 응시했다. 그러자 당신의 두 눈이 천천히 열리기 시작했다. 그것을 보고 당신 주위의 사람들이 당신의 시선 방향을 따라서 친견 장소 쪽을 쳐다보았다. 당신의 그 눈으로부터 서늘한 눈길이 나에게 다가왔다. 그 눈길은 이렇게 말씀하시는 듯했다. "자, 나를 봐라. 너는 내가 얼마나 오래 이 망가진 몸 안에 들어 있기를 원하느냐? 이 몸뚱이에 대한 너의 환상을 이제 포기하지 않겠느냐?"

그러자 즉시 내 마음에 큰 변화가 일어났다. 나는 마음속으로 이렇게 말했다. "이제껏 저는 당신께서 저희들을 외로이 버려두고 가시지 말아 달라고 기도했지만, 이제 더 이상 그렇게 기도하지 않으렵니다. 저희는 당신 육신의 이런 상태를 더는 차마 못 보겠습니다. 저희를 위해 이런 짐을 지실 필요가 없습니다."

내 눈을 통해서 이런 메시지를 전하고 나자 즉시 바가반의 눈이 닫혔다. 줄을 통제하는 사람들이 나를 재촉했으므로 나는 그 자리를 떠나는 수밖에 없었다.

오후 7시가 지나 바가반은 시자들에게 친견이 끝났는지 물으셨고, 그들이 그렇다고 대답하자 당신은 그들에게 앉은 자세로 몸을 일으켜 달라고 하셨다. 의사들은 당신께 산소를 공급해 드리려고 했지만 당신은 그러지 말라는 신호를 하셨다. 경찰들은 모인 군중에게, 바가반께 산소를 공급하고 있다고 하면서 당장은 당신 생명에 위험이 없을 테니 만약 그러고 싶으면 집으로 돌아가서 저녁을 먹으라고 말하기 시작했다. 이 말을 듣고 어떤 사람들은 집으로 돌아가기 시작했다. 그러나 나를 포함한 일부 진지한 헌신자들은 가지 않고 작은 방에 우리의 시선을 고정하고 있었다.

8시경이 되었다. 브라민들이 바가반의 방 서쪽 베란다에 앉아서 베다 빠라야나를 시작했고, 남쪽에 앉은 일부 헌신자들은 바가반의 아루나찰라에 대한 찬가인 문자혼 인화만을 부르기 시작했다. 이 찬가는 '아루나찰라 시바'라는 후렴으로 끝난다. 당신은 그 노래를 들으시고 갑자기 눈을 뜨셨는데, 그 눈에 지복의 눈물이 가득 차 올랐다. 이내 눈이 닫혔고 몇 분 뒤에는 숨이 멎었다. 바로 그 순간, 오후 8시 47분에, 큰 유성 하나가 하늘을 가로질러 성산 아루나찰라 뒤쪽으로 떨어지는 것이 보였다.

바가반을 지켜보는 데 완전히 몰두해 있던 우리들 대부분은 이 놀라운 광경을 보지 못했지만, 바깥에 있던 사람들은 그것을 보고 그것이 무엇을 의미하는지 알고 급히 아쉬람으로 달려왔다. 그 유성은 워낙 밝아 멀리 마드라스에서까지 보였다. 사람들은 사랑하던 스승님이 마침내 육신을 벗으셨다는 것을 알자마자 억제할 수 없는 슬픔의 오열을 터뜨렸다. 어떤 여사들은 자신을 가누지 못한 채 실신했고, 어떤 사람들은 엄숙한 침묵을 지켰다. 모두가 열반실을 에워싸고 있었다. 이윽고 사원의 신상에게 하듯이 바가반의 시신 앞에서 불꽃을 흔들고 장뇌를 태웠다. 코코넛을 깨뜨렸고 공양물도 올렸다. 모인 군중들이 통제 불능 상태가 되었기 때문에 성스러운 육신을 50주년 기념당으로 모셔, 돋운 대 위의 의자에 앉혀 남쪽 출구를 향하게 했다. 슬픔에 잠긴 헌신자들은 둘러앉아 슬프게 시신을 바라보았는데, 그들의 울음소리와 베다 빠라야나 소리가 기묘하게 어울리고 있었다. 그 소리는 주님에 대한 찬가와 비슷했고, 온 밤이 마하 시바라뜨리 때처럼 이렇게 밤샘으로 지나갔다.

비보悲報가 라디오로 방송되고 전보로 각지에 전해지자 엄청난 군중이 시신을 친견하기 위해 쏟아져 들어오기 시작했다. 마드라스의 일부 헌신자들은 다음날 새벽에 벌써 아쉬람에 당도했다. 그들이 도착하기도 전에 가장 두드러진 헌신자들은 바가반의 삼매지를 사무실과 어머니 사원 중간, 구 회당 뒤쪽에 마련하기로 결정했다. 그래서 신성한 법도에 따라 가능한 빨리 큰 구덩이를 파고 장례를 준비했다. 원래 장례식을 오전까지 마치려고 했지만 묘지의 구조가 정교해서 그때까지 작업이 끝나지 않았다. 평소의 아침 식사 시간인 6시 30분에 바가반의 시신 앞에서 장뇌를 태우고 불꽃을 흔들었으며, 우유를 공양 올리고 모인 헌신자들 모두에게 배식했다. 그것이 바가반의 삼매지에서 이른 아침에 올리는 우유 공양의 시작이었다.

45. 삼매지 - 링가의 안치

7시부터 군중이 불어났다. 군 징세관(군수) 기타 정부 관리들, 그리고 경찰들이 대규모로 와서 질서를 유지했다. 큰 소리로 우는 사람들의 울음소리가 계속되어, 마치 바다의 파돗소리가 울려 퍼지는 것 같았다. 시신을 베란다로 옮겨 헌신자들이 시신을 더 또렷하게 더 오래 볼 수 있도록 하는 게 좋을 것 같았다. 정통 신앙을 가진 사람들은 정오 전에 의식을 시작해야 한다고 말했다. 그래서 오전 9시경에 바가반의 성스러운 시신을 남쪽 베란다로 옮겨 높은 걸상에 모셔두고 남쪽을 향하게 했다. 얼마 후 도감의 아들이자 현 아쉬람 총재인 스리 T.N. 벤까따라만이 자기 부인과 브라민 승려들의 도움을 받으면서 장례식을 거행하는 임무를 맡았다. 갠지스 강에서 떠온 성수와 백단향 등 향수, 우유, 응유, 꿈꿈, 비부띠 등으로 시신에 관수를 하고 나서 마지막으로 몇 가지 모양의 화만들로 시신을 장식했다. 1천명호 예공에 이어 장뇌를 가지고 아라띠를 했으며, 코코넛을 깨뜨리고 다른 공양도 올렸다. 이 의식들은 정오까지 끝이 났다. 나중에는 시신을 원근각지에서 온 헌신자들이 마지막으로 스승님을 친견을 할 수 있도록 오후 늦게까지 모셔두었다.

오후 4시에 관악기 음악이 시작되어 매장 의식 한 시간 전까지 계속되었다. 오후 5시에 브라민들이 베다 찬송을 시작했다. 바가반의 시신에 대한 예공이 끝나자 바로 시신을 특별히 만든 구조물 위에 올려놓았고, 그런 다음 베다 찬송이 울리는 가운데 네 명의 브라민들이 이를 어깨에 메고 운반했다. 우렁찬 음악 소리와 헌신자들의 노랫소리 속에서 그것은 어머니 사원을 한 바퀴 돈 다음, 석공들이 시신을 묻을 수 있도록 준비해 둔 묘혈에 이르렀다. 이때 시신을 새 천 자루에 넣어 얼굴을 북쪽으로 ─즉, 아루나찰라 쪽으로─향하게 한 다음 자루를 묘혈 속으로 천천히 내려놓았다. 이어서 비부띠와 장뇌를 자루에 뿌리고 묘혈을 봉했다. 그 주위의 공간은 벽돌 가루, 마레두 나무(Maredu tree) 잎, 성스러운 강들의 모래를 채운 뒤 마지막으로 삼매지를 봉했다. 그 위에는 링가 하나를 안치하여, 거기에 관수를 하고 코코넛을 깨뜨린 다음, 장뇌로 아라띠를 했다. 바가반의 이름을 소리 높이 부르는 가운데 사람들은 삼매지를 세 번 돌고 8체정례를 올렸다. 이렇게 하여 대삼매人三昧가 봉헌되었다. 그것이 끝나자 사람들은 각자 자기 갈 곳으로 돌아갔다.

46. 그 뒤의 생활

오빠 내외와 나는 집으로 돌아와서 목욕을 했다. 그런 다음 나는 삼매지에서 시간을 좀 보내려고 아쉬람으로 돌아갔다. 이때는 밤 9시쯤이었고, 그곳에는 경비원들

외에는 사람이 아무도 없었다. 나는 삼매지 앞에서 절을 올린 뒤 그곳의 먼지를 내 이마에 바르고 나서 그 곁에 가만히 앉아 있었다. 그때까지 참아 왔던 눈물이 홍수마냥 쏟아졌다. 잠시 후 나는 눈물을 닦고 집으로 갔다. 그렇게 늦은 시간에 아쉬람에 머물러 있었던 것은 그때가 처음이었다. 꾼주스와미는 혹시 나에게 무슨 일이 생길지 우려하여 나도 모르게 멀찍이서 내 뒤를 따라왔다. 오빠도 내 안위를 걱정하여 아쉬람에 와 있었는데, 꾼주스와미는 오빠를 보자 돌아갔다. 앞뒤에서 그들을 발견한 내가 왜 그렇게 나를 지키느냐고 물었다. 그들은 이구동성으로, 그때가 밤이라 내 안위를 걱정해서 그랬노라고 했다.

우리가 집에 오자 오빠가 나에게, 내가 혼자서 띠루반나말라이에 더 이상 머물러 있는 것은 바람직하지 않으니 함께 마드라스로 가자고 했다. 그래서 우리는 마드라스로 갔다. 차에는 오빠의 친구도 한 사람 동승했다. 우리는 가는 도중 내내 바가반 이야기를 했는데, 오빠가 친구에게 말했다. "내 동생 나감마는 이제 아버지와 어머니를 동시에 잃은 사람과 같아." 그것은 그때의 내 처지를 정확히 표현한 말이었다.

나는 마드라스에 사흘 동안 있었는데, 마치 3백년같이 느껴졌다. 나는 오빠 내외에게 말했다. 아버지가 돌아가시면 자식들이 곧바로 흩어지지 않고 한 동안 함께 있으면서 슬픔을 함께 나누는데, 그렇게 했으니 이제는 나를 돌아가게 해 달라고. 그들은 내 진지한 태도를 납득하고 내가 아쉬람으로 돌아가는 것을 허락해 주었다.

바가반이 가신 지 열흘째 되는 날, 삼매지에서 관수식이 있었고 예공(*archana*)도 거행되었으며, 빈자들에 대한 급식도 행해졌다. 4월 24일에는 마드라스의 오빠 집에서 애도 모임이 있었다. 그 모임에 참석하기 위해 마드라스에 갔다가 거기 함께 있자는 가족친지들의 성화에도 불구하고 나는 아루나찰라로 돌아왔다.

대삼매가 있고 난 뒤, 바가반의 사당에서는 매일 아침저녁으로 관수식, 예공 등을 거행하게끔 되었다. 아쉬람의 산스크리트 학당 학생인 끄리슈나무르띠가 수브라마니암과 벤까떼스와라 샤스뜨리의 도움을 받아 그 의식들을 거행하도록 지명되었다. 오늘날까지도 이 세 사람은 이런 식으로 스승님께 봉사하는 일을 계속해 오고 있다.

내가 마드라스에서 돌아온 뒤에 모든 아쉬람 헌신자들이 한데 모여서 최소한 만달라관수식(*Mandalabhishekam*)[범열반이 있은 지 40일째 되는 날]이 끝날 때까지는 아쉬람을 떠나지 않기로 결정했다. 그래서 우리는 모두 아쉬람에 머무르면서 매일 아침저녁으로 사당을 돌았고, 바가반과 관련되는 사건과 경험들을 이야기하면서 서로를 위로했다. 만달라관수식은 성대하게 거행되었다. 그것이 끝나자마자 헌신자들은 소그룹들로 나뉘어 각기 성지 순례길에 올랐다. 강둑의 틈으로 강물이 쏟아지듯, 어떤 사람들은 북쪽의 베나레스로, 어떤 사람들은 서쪽의 고까르남으로 갔다. 나는 오빠한테 편지를 써서 허락을 얻은 뒤 라메스와람으로 길을 떠났다.

47. 라메스와람 순례

띠루꼬일루르는 바가반이 띠루반나말라이로 오시던 도중 멈추어서 무뚜끄리슈난 바가바따르의 집에서 식사를 하신 곳이다. 나는 이 순례지를 아직 가 보지 못했기 때문에 아침 기차로 먼저 이곳에 갔다. 기차가 그 작은 역에 도착했을 때는 아침 7시였다. 나는 에짬마의 조카인 자야라만의 집을 방문할 생각이었지만, 마침 이날은 열 하룻날(Ekadasi)이어서 그가 여러 사람들과 함께 등잔대에 밝힌 등불을 들고 헌가를 부르면서 내 쪽으로 오고 있었다. 그것은 상서로운 일이어서 나는 기분이 좋았는데, 무엇보다도 그의 집을 찾는 수고를 할 필요가 없었기 때문이다. 나는 헌가 모임에 참석하기 위해 그곳에 더 있다가 오후에 젊은이 한 사람을 안내인으로 삼아, 바가반이 신성한 빛을 친견하셨던 아뚤리야나떼스와라 사원과, (강 건너의) 비라떼스와라 사원, 그리고 바가반이 찬밥을 얻어 드셨던 무뚜끄리슈난 바가바따르의 집을 찾아갔다. 중요한 곳들을 다 돌아본 다음 나는 밤기차를 타고 마두라이로 향했다.

마두라이에서는 급식소에서 숙소를 구하지 못해 쪼까빠 나이커 거리(Chokkappa Naiker Street)에 있는 라마나 만디람을 찾아갔다. 이곳은 스승님이 소년 시절에 깨달음을 얻은 곳이다. 도처에는 많은 군중들이 넘쳐나고 있었다. 나는 어찌어찌 해서 사원에서 미나끄쉬와 순다레스와라를 친견했고, 다음날 밤에는 라메스와람으로 떠났다. 그전에 이곳의 나다르 급식소에서 편안한 숙소를 얻을 수 있다는 말을 들은 적이 있어, 도착하자마자 즉시 그리로 갔다. 거기서 뒤쪽의 작은 방 하나를 얻었다. 나는 그곳을 청소하고 음식을 지어 먹은 뒤에 휴식을 취했다. 그때는 순례자가 아무도 없고 하인들만 있었다. 낮에는 안전했지만 밤에는 나 혼자 어떻게 있나 걱정이 되었다. 그런 생각으로 걱정하면서 오후에 쉬고 있는데, 옆방에 사람들이 들어오는 소리가 들렸다. 일어나서 문을 열어보니 놀랍게도 빠르바띠와 빠라메스와라 같은 노부부가 있었다. 그들을 보자 나는 크게 안심이 되었다. 그들은 비자그 군(Vizag District)에서 왔다고 했는데, 내 처지를 듣더니 걱정 말라면서 우리가 다누쉬꼬디에 도착할 때까지는 나와 같이 있겠다고 했다. 우리 세 사람은 목욕을 한 뒤에 사원을 향해 길을 나섰다. 라메스와람에서 사흘을 보내고 나서 우리는 다누쉬꼬디로 갔는데, 거기서도 우리는 나다르 급식소에서 숙소를 발견했다. (□라마야나□에서) 주 스리 라마가 전설의 다리를 건설했다고 하는 세뚜(Sethu) 강에서 목욕을 하고 나자, 노신사가 자기들은 라마나타뿌람으로 간다면서 나도 같이 가겠느냐고 했다. 나는 몸 상태가 좋지 않았고 그곳은 이미 간 본 곳이어서 정중하게 사양했다. 그들은 아주 친근하게 이렇게 말했다. "암마! 당신은 라마나 마하르쉬의 아쉬람에서 근 10년을 살면서 그분의 축복을 받았는데, 굳이 이런 순례를 할 필요가 있나요? 그분이 당신에게 필요한 모든 것을 돌봐주실 거라는 확신을 가지고 그분 계시던 곳에 사는 것이 나을 테니, 그런 믿음을 가지고 여생을 그곳에서 보내세요. 성지순례는 큰 스승의 은총을 받지 못한 사람들이나 하는 것이랍니다. 참스승을 만난 행운을 가지는 사람들에게는 이런 순례가 필요 없지요. 그만 다니세요. 부디 집으로 돌아가서 평화롭게 만족하면서 사세요." 나는 이 부부의 따뜻한 충고에 아주 감명을 받았고, 더없이 기뻤다.

48. 『편지』제2부의 출간

라메스와람에서 그 노부부가 해 준 좋은 충고를 가슴에 새긴 나는, 내 스승님의 발에 묻은 먼지에 의해 성화^{聖化}된 라마나스라맘을 내가 있을 최상의 의지처로 삼고 그 성스러운 분위기 속에 머물러 있기로 결심했다. 그래서 오전 8시까지 집안일을 끝낸 뒤 아쉬람으로 가서 우파니샤드 빠라야나, 관수식 등에 참석하고 오전 10시까지는 집에 돌아오곤 했다. 한 동안은 아쉬람 우편물을 훑어보고 필요한 곳이 있으면 수정하면서 시간을 보낸 뒤, 밥을 해 먹고 휴식을 취한 다음 다른 집안일들을 했다. 스리 꾼주스와미와 스리 라마나타 아이어가 오후 2시 30분경까지 찾아오면 나는 그들에게 텔루구어 「편지」들을 읽어주곤 했다. 그들은 바가반에 관한 이야기를 듣는 것을 늘 좋아하여 이 「편지」 낭독을 아주 즐겼다. 오후 4시 30분까지 「편지」 읽기가 끝나면 나는 다시 아쉬람으로 가서 베다 빠라야나에 참석했다. 얼마 후 「편지」 낭독을 들으려고 몇 명의 헌신자들이 더 오기 시작했고, 그리하여 그것은 오후 시간의 정규 일과가 되었다.

이런 식으로 하여 나는 「편지」들을 철저히 교정 볼 수 있었다. 스승님이 살아 계실 때는 읍내에 사는 헌신자들이 오후에 아쉬람에 왔다가 베다 빠라야나가 끝나자마자 돌아가곤 했다. 그래서 그들은 회당에서 이루어지는 다양한 논의들을 들을 수 없었고, 그러다 보니 바가반은 자세한 말씀은 결코 하지 않는 분이라고 알고 있었다. 그들은 내 편지를 듣고 나서 "바가반이 정말 그렇게 말씀을 많이 하셨어요? 우리는 전혀 듣지 못한 게 아쉽군요!" 하고 소리 지르는 것이었다.

「편지」의 제2부 사본 한 부는 아쉬람에 있었고 다른 한 부는 오빠가 가지고 있었다. 아쉬람 집행부에서 그것을 간행하지 않았기 때문에 오빠가 자비^{自費}로 그것을 간행하기로 했다. 교정을 위해 그것을 시바라마 샤스뜨리에게 보낼 시간이 없었기 때문에 나는 그것을 우리의 먼 친척인 스리 단뚜 스리니바사 샤르마에게 보냈는데, 그도 몇 권의 책을 저술한 사람이었다. 그는 편지들을 주의 깊게 훑어본 뒤에 다음과 같은 편지를 보내왔다.

"누가 교정을 볼 필요가 없군요. 그것을 쓴 것은 당신이 아닙니다. 그것은 바가반의 음성입니다. 저는 언젠가, 해가 달에게 충분한 힘을 주었기 때문에 달이 왕 같을 수 있고 해는 친구로만 머물러 있을 수 있다는 시를 쓴 적이 있는데, 이것도 그와 비슷합니다. 스리 라마나 바가반은 넘치는 자비심에서, 당신에게 지성과 저술 능력을 부여하여 당신으로 하여금 이 일을 하게 하신 겁니다. 영적인 삶을 살려면 이 책을 읽는 것으로도 족합니다. 미루지 마십시오. 부디 이 책을 즉시 간행하십시오."

인쇄가 끝난 뒤 아쉬람 당국에게, 만약 원한다면 출판권을 넘겨줄 있다는 제안을 했다. 원치 않으면 우리의 사간본으로 나올 것이었다. 아쉬람에서는 그 프로젝트를 인수하는 데 동의했고, 그래서 그 책은 1953년의 자얀띠 때 한 헌신자가 바가반께 바치는 공양물로 출간되었다. 「편지」 제3, 4, 5부의 원고들은 내가 가지고 있었다.

1941년에 라마나 바가반을 친견한 때부터 1953년 4월까지, 나는 가끔씩 고향을 찾아가는 때 외에는 아쉬람의 영구 거주자였다. 그랬는데 1953년 4월에 나는 병이 나서 자리보전을 하게 되었다. 내 상태가 위중해 보이자 헌신자들이 마드라스의 오빠한테 전화를 했다. 그는 나를 데려오도록 내 조카인 라구나타 샤르마를 보냈다. 나를 검사한 여의사가 말하기를, 배에 종양이 하나 있는데 한두 주일 안에 암으로 될지도 모른다고 했다. 그래서 나는 즉시 고샤 병원(Gosha Hospital)에 입원하여 수술을 받았다. 그 병원에서는 한 달 간 입원해 있어야 했다. 그 기간 동안 나는 매일 바가반의 사진을 놓고 기도를 올렸는데, 그 결과 간호사들 중 몇 명이 바가반의 헌신자가 되었다. 나는 수술 끝에 몸이 아주 약해졌기 때문에 오빠 집에서 근 6개월 간 머무르지 않으면 안 되었다.

49. 까시 순례

1953년 9월이었다고 생각되는데, 오빠 내외가 까시(Kasi-바라나시)로 성지순례를 떠났다. 나도 북쪽의 성지들을 한 번도 가 본 적이 없어 그들과 동행했다. 나는 몸이 약했기 때문에 까시, 가야(Gaya), 쁘라야가(Prayaga)는 그들과 함께 찾아가고, 그들이 리쉬케쉬 등지로 올라갈 때 나는 돌아오기로 계획을 짰다. 우리는 먼저 쁘라야가에 가서 그곳에서 늘 하는 종교적 의식들을 거행한 뒤에 다음날 기차를 타고 까시로 향했다. (까시에서) 우리는 비지아나가람의 라자(왕)가 세운 방갈로에 묵었다. 우리가 까시에 도착하자마자 올케는 열병에 걸렸다. 우리는 하루 종일 의사를 찾아내어 그녀를 치료해 주느라고 바빴다. 그럼에도 우리는 해가 진 뒤에 용케도 (비스웨스와라 사원에 들어가) 주 비스웨스와라(Lord Visweswara-시바)를 친견할 수 있었다. 우리는 원래 까시에 사흘만 머무를 계획이었는데 올케의 열병이 얼른 가라앉지 않아 체류 기간을 연장해야 했다. 오빠가 나에게 말하기를, 상황을 고려할 때 자신과 올케는 예정된 순례를 중단하고 집으로 돌아가야 할 것 같지만, 나는 구애받지 말고 원래 계획한 대로 순례를 계속하라고 했다. 그러나 나는, 내가 원한 것은 갠지스 강에서 목욕하고 주 비스웨스와라를 친견하는 것이 전부였고 더 이상 다른 순례지를 방문하는 데는 관심이 없다고 했다. 그러자 오빠는 올케와 함께 우리의 숙소에 남아 있겠다면서, 그 사이 나더러 안내인과 함께 한 바퀴 둘러보라고 했다. 나는 누구의 도움도 필요 없다고 그를 안심시킨 뒤, 릭샤 하나를 불러서 비스웨스와라 사원 근처의 갠지스 강변에 있는 목욕장소인 마니까르니까 가트(Manikarnika Ghat)로 갔다.

갠지스 강에서 목욕을 한 뒤, 나는 비단 옷을 입고 작은 그릇에 갠지스 강물을 담고 도중에 예공에 쓸 성스러운 꽃과 잎들을 사서 비스웨스와라 사원에 들어갔다. 주님을 친견하러 사원에 들어갈 때도 나는 바가반을 친견하러 갈 때 보통 그랬던 것과 같이 자유롭고 거리낌 없는 마음이었다. 갠지스 강물로 관수를 한 다음 꽃과 잎으로 예배를 올리고 오랫동안 주님께 기도를 한 다음, 기쁨의 눈물을 눈에 가득 담고 성소를 나왔다. 내전은 사방에 문들이 있었지만 보통 때는 정문만 열고 있었다. 그래서 나는 정문 출입구 맞은편에 앉았다. 그곳의 경비원이 나에게 어디서 왔느냐고 물었다. 나는 서투른 힌디어로 오빠 내외와 함께 스리 라마나스라맘에서 왔다고 대답했다. 그 말을 듣자 그는 몹시 기뻐하면서 말했다. "그렇습니까? 라마나 마하르쉬님은 대단한 진인이라고 들었습니다. 당신은 그분의 발 아래서 사셨으니 당신의 삶은 두 배로 축복받은 것입니다." 그가 이야기를 하고 있을 때 어떤 사람이 그를 오라고 불렀다. 그는 자기를 대신할 만한 사람을 찾았지만 마땅한 사람이 없자, 마침내 나를 보고 아주 공손하게 말했다. "오, 어머니! 잠시 여기 서 계시면서 제 소임을 대신해 주시겠습니까? 저기 갔다가 바로 돌아오겠습니다." 나는 선선히 응낙하고, 그것을 큰 특권으로 생각하겠노라고 그를 안심시켜 주었다. 그는 나에게 자기 대신 경비원 임무를 맡겨 놓고 금방 가 버렸다.

아주 신이 난 나는 주 비스웨와라의 경비원(dwarapalika)으로 한 시간가량 거기 서 있으면서, 들고 나는 사람들 사이에서 질서를 잡았다. 사원 안의 여러 가지 물품들을 지키는 것도 내 책임이었는데, 사람들이 없을 때에는 계단에 앉아서 명상에 몰입할 수 있었다. 내 집에 대해서는 까마득히 잊어버렸다. 시간이 지나서 그 경비원이 돌아와 업무를 인계받으면서, 자기를 도와주었다고 아주 고마워했다. 집에 왔을 때는 정오가 가까워지고 있었다. 나는 아침 7시에 집을 나섰기 때문에 오빠는 걱정이 되어 나를 찾으러 밖으로 나갈 준비를 하고 있었다. 나를 보더니 그는 크게 안도하면서 말했다. "왜 그리 늦었어? 강가 강에 목욕하러 간 사람이 안 오기에 무슨 일이 생겼나 하고 걱정했지. 그것도 혼자 나갔으니 말이야."

나는 강에서의 목욕은 금방 끝났지만 주 비스웨스와라의 친존에 있느라고 늦어졌다고 말했다. 나는 오빠에게, 까시의 비스웨스와라도 바가반 다음으로 친견을 쉽사리 베풀어 주고, 당신의 헌신자들에게 드러나지 않는 봉사를 할 수 있게 허락하시는 유일한 주님이시라고 말했다. "주님은 이 변변찮은 사람을 한 시간 동안이나 당신의 경비원으로 두셨다니까요."

오빠는 크게 놀라서 말했다. "어떻게 그럴 수가? 비스웨스와라 사원에서는 중요 인물의 강력한 추천이 없이는 누구도 오래 머무르게 하지 않아. 어떻게 그곳에 한 시간이나 있었어? 누가 추천해 주었나?" 나는 자초지종을 말해주고 나서 이렇게 말했다. "저를 바가반으로 이끌어 제가 당신의 친존에 있으면서 마치 당신의 딸처럼 10년 넘게 봉사할 수 있게 해 준 바로 그 섭리가, 이제는 저를 주 비스웨스와라께로 이끌어 당신의 경비원으로서 봉사하게 해 주었습니다."

오빠는 그것이 모두 스리 라마나의 은총이라고 말했다. 나중에 그 사건을 다시 생각해 보니, 나도 그 경비원이 생판 낯선 사람인 나에게 사원의 온갖 귀중품들을 맡겼다는 것이 놀라웠다. 그것은 실로 라마나의 은총이 아니면 무엇이었겠는가?

50. 세 가지 욕망

올케의 열병이 점차 가라앉고 나서 일상적 의식은 완료되었다. 나로서는 연이어 9일 동안 성스러운 갠지스 강에서 목욕하고 주 비스웨스와라를 친견했다. 원래 계획했던 것보다 더 많은 시간을 까시에서 소비하는 바람에 오빠는 리쉬케쉬에 가려던 생각을 포기하고 가야와 캘커타에만 갔다가 집으로 돌아가기로 했다. 그래서 나도 혼자 여행하는 수고로움을 덜었다. 우리가 가야에 도착하자 오빠 내외는 스리 비슈누의 발 앞에서, 그리고 유명한 반얀나무 밑에서 조상들에 대한 기도를 올렸는데, 나는 말없이 지켜보기만 했다. 그 의식이 끝나자 승려가 오빠 내외에게 세 가지 물건, 즉 채소 하나, 과일 하나, 잎 하나를 포기하라고 했다. 그들이 그렇게 하고 나자

가야의 그 브라민은 나에게 나는 무엇을 세 가지 포기하겠느냐고 물었다. 나는 가야에서는 무엇을 포기하는 것이 가장 적절하냐고 물었다. 그들은 세 가지 욕망이라고 하면서, 진정으로 포기해야 할 세 가지는 아내에 대한 욕망(Daraishana), 부에 대한 욕망(Dhanaishana), 자식에 대한 욕망(Puthraishana)이라고 설명해 주었다. 이런 것들을 포기할 수 없는 사람들에게는 그 대신 채소 하나, 과일 하나, 잎 하나를 포기하라고 하는 것이었다. 그래서 나는 합장을 하고 주 스리 비슈누의 연꽃 발에 주의를 집중한 채 가슴 밑바닥에서부터 우러나는 마음으로 기도했다. 나는 그 세 가지 욕망을 얼마나 많이 포기했는지 잘 모르겠으니, 욕망 자체가 나에게서 떠나게 해 달라고. 곁에 있던 사람 하나는 내가 라마나스라맘에서 왔다고 하면서, 위대한 마하르쉬께 봉사했던 사람은 그런 의식에 대해서 걱정할 필요가 없다고 말했다. 그러고 나서 우리는 그곳을 떠났다.

51. 강가 관수식(Gangabhishekam)

부다가야에서 우리는 싯다르타가 깨달음을 성취한 큰 나무 아래 그늘에서 쉬었다. 캘커타에서는 먼저 시내에 있는 무서운 형상의 깔리(Kali)를 보러 갔고, 그러고 나서 라마크리슈나 빠라마한사가 숭배했던 차분한 형상의 깔리를 본 다음 벨루르의 라마크리슈나 정사(Ramakrishna Math)에 가 보았다. 이어서 우리는 뿌리(Puri)에서 주 자간나트(Lord Jagannath)를 숭배했고, 라자문드리에서는 성스러운 고다바리(Godavari)강에 들어가 목욕한 다음, 비자야와다를 거쳐 마드라스에 도착했다. 나는 마침내 스리 라마나 자얀띠보다 한 달 먼저 라마나스라맘에 당도했다.

나는 몇 달 전 중병이 들어 아쉬람을 떠났기 때문에, 내가 도착하자 동료 헌신자들이 다 내 주위에 모여들었다. 자얀띠 날에는 내가 가져온 갠지스 강물로 링감 관수를 했고, 그 성화된 물은 식사 도중 헌신자들에게 분배되었다. 오빠와 그의 친구들도 가족들을 거느리고 그 행사에 참석하러 마드라스에서 왔다. 큰오빠의 둘째 아들인 라다크리슈난 무르띠도 자기 처와 함께 왔다. 이렇게 해서 나의 강가숭배(Ganga Samadadhana)는 라마나 자얀띠와 더불어 거행되었는데, 이는 모두 바가반의 은총에 힘입은 것이었다.

52. 거처를 옮김

라주 세띠의 집 경내의 내가 살고 있던 집이 낙후되어, 나는 1953년에 같은 경내의 다른 집으로 옮겼다. 그 집에서 내가 병이 났었다. 1953년 말에 까시에서 돌아오자 나는 이 작은 집이 너무 좁다는 것을 알고 같은 경내의 또 다른 집으로 옮겼다. 그랬는데도 원래의 집에서 누리던 그런 편안함을 느낄 수 없었다. 나는 마드라스에서 수술을 받은 뒤로 옛 기력을 되찾지 못해 몸이 아주 약했고, 스리 라마나스라맘에서 계속 혼자 살아가기가 어렵다고 느꼈다. 오빠들은 내가 몸이 너무 약해졌고 스리 바가반도 더 이상 육신으로 계시지 않으니 내가 그들과 더 가깝게 살아야 한다고 생각했다. 그들은 예전처럼 자기들과 같이 살자고 했지만, 나는 일단 집을 떠난 입장이라 그들의 가족 틈에서 다시 살고 싶지는 않았다. 그래서 만일 오빠들이 적절한 거처를 마련해 준다면 근처에 가서 살겠다고 했다. 그들은 비자야와다나 마드라스의 자기들 집 경내에 내가 따로 살 수 있는 작은 방 두 개를 지어주겠다고 했다. 그러나 나는 밖에서 살고 싶었다. 어떻든 나는 1940년부터 쭉 혼자서 살아 왔고 지금 다시 가족 분위기에 휩쓸린다는 것은 탐탁치 않았다. 하지만 오빠들은 내가 건강이 약해진 상태에서 혼자서 살아갈 수 없을 거라고 생각했다.

우리가 금방 어떤 결론에 이르지 못했기 때문에 나는 1954년 3월까지 계속 아루나찰라에서 살았다. 그러나 내 상태가 점점 어려워지고 있다는 것을 알았다. 마침내 바가반의 은총으로, 한 생각이 떠올랐다. 1941년에 처음 바가반을 친견하러 오기 전에 나는 고향인 꼴라누꼰다에 갔던 적이 있는데, 거기서 그곳의 주재신인 스리 보게스와라를 숭배하면서 1년을 보냈었다. 내가 그 영감을 얻고 나중에 띠루반나말라이로 옮겨와 바가반을 섬기는 행운을 얻은 곳도 거기였다. 고향으로 돌아가 스리 보게스와라를 숭배하면서 살면, 큰오빠와 가까운 곳에서 사는 것이 되었다. 그러면 혼자 살고 싶어 하는 내 소망도 방해받지 않을 것이고, 조만간 바가반이 나에게 다른 어떤 방도를 마련해 주실 것이었다. 그 문제를 심사숙고하다가 마침내 그렇게 하기로 결심했다. 그러는 사이 큰오빠한테서 자기 셋째 딸인 비디야의 결혼 날짜가 3월로 잡혔으니 비자야와다로 즉시 오라는 편지가 왔다. 나는 그것을 상서로운 조짐으로 받아들여 내 새 집에 모실 바가반의 큰 사진 한 장을 가지고 비자야와다로 갔다.

53. 꼴라누꼰다에서의 생활

결혼 잔치가 끝난 뒤에 큰오빠는 자신이 까시에서 가져온 갠지스 강물로 꼴라누꼰다의 주 보게스와라에게 관수를 하고 싶어 했다. 그래서 길일을 잡아 그곳으로 가기로 했다. 나는 그 기회를 이용하여 가족들에게 내가 꼴라누꼰다에 살고 싶다고 말하고, 바가반의 사진을 그리로 가지고 갔다. 꼴라누꼰다는 비자야와다에서 4마일 거리밖에 되지 않는다. 우리는 자동차로 출발하여 도중에 끄리슈나 강에서 목욕을 하고 큰 그릇에 관수에 쓸 강물을 떠서 꼴라누꼰다에는 오전 9시경에 도착했다. 우리는 관수식을 거행할 승려도 한 사람 모시고 갔다. 우리는 산을 올라가서 보게스와라 스와미께 관수와 예공을 올렸다. 그것이 끝나자 우리가 살던 옛집으로 가서 큰 홀에 바가반의 사진을 모시고, 한 예공승(pujari)의 도움을 받아 바가반의 108명호를 읊으면서 예공을 거행하고 코코넛과 바나나를 공양물로 올렸다. 세 들어 살던 사람들에게는 집을 비워달라고 말한 뒤 우리는 비자야와다로 돌아갔다. 그리고 나는 바가반의 아라다나 날(Aradhana day-입적기념일)에 맞추어 아쉬람으로 돌아갔다.

아라다나가 끝난 뒤에 나는 소유물 중 일부를 가난한 사람들에게 나누어 주고 일부는 꾼주스와미의 방에 맡겨둔 다음, 일상생활에 필요한 나머지 물건들과 바가반의 사진 한 장을 가지고 떠나게 되었다. 집을 비우고 떠나려고 할 때 강렬한 슬픔이 엄습했다. 나를 배웅하러 모인 친구들은 내가 어디 살든 바가반이 늘 함께 하실 것이고, 내가 멀리 살아도 나는 계속 아쉬람의 일원일 것이라고 하면서 나를 위로해 주었다. 그리고 자얀띠나 아라다나 때는 꼭 아쉬람을 찾아주어야 한다고 했다. 얼마 후 나는 마드라스와 비자야와다를 거쳐 꼴라누꼰다에 도착했다. 우리 집에 당도하자 나는 바가반의 사진을 적절히 장식하고, 큰 홀을 아쉬람처럼 꾸몄다. 거기서 아침저녁으로 바가반의 송찬들을 읽었고 오후 2시부터는 뿌라나를 읽었다.

나는 바가반을 숭배하는 것은 물론 인근 사원의 신들, 즉 보게스와라, 비스웨스와라, 빠따비라마(Pattabhirama)도 숭배했다. 디빰 때는 아루나찰라에 갈 수 없었기 때문에 우리는 꼴라누꼰다에서 그 축제를 경축했다. 우리는 산에 올라 그 꼭대기에 아루나찰라의 횃불을 상징하는 등불을 밝혔고, 그 옆에는 그 의식에 어울리게 바가반의 사진도 하나 모셨다. 내가 아쉬람에 가기 전이던 1940년에 나는 주 보게스와라를 숭배했고, 그래서 내가 스승님께 갈 수 있었던 것도 이 신의 감화력이라고 생각했다. 그것을 늘 생각하면서, 나는 힘닿는 데까지 그 사원을 개수하고 거기서 하는 숭배를 개선하고 싶었다. 예를 들어 사원의 외벽에는 흰개미들이 살고 있었고 내부도 손질이 많이 필요했다. 나는 먼저 지성소至聖所에 콘크리트를 바르기로 하고 그 일을 할 인부를 불렀다. 일꾼들이 링감 주위를 파 보니 링감의 토대면은 연꽃 모양을 하고 있고, 더 깊이 내려가니 기둥 모양이었다. 우리 조상들 중 한 분이 링감을 산에서 모셔 내려와 나중에 지을 사원 안에 여법한 의식과 함께 안치하려고 링감을 파내려갔다고 한다. 그러나 아무리 파도 링감의 밑바닥을 파낼 수 없었다. 그래서 그만 포기하고 링감 주위에 지금의 작은 사원을 지었다. 나는 이 전설의 진위를 시험해 보고 싶어서 그 사원의 젊은 승려인 라가바 라오의 도움을 받아 일꾼들에게 가능한 한 깊이 파 보라고 했다. 그랬는데도 그 기둥의 끝을 여전히 발견할 수 없었다. 우리는 이 링가가 간직한 비밀을 발견하는 것이 불가능하다고 생각하고 더 이상 파는 것을 포기했다. 그리고 링감 주위에 시멘트 바닥을 까는 것으로 만족했다.

54. 사원과 코브라

개수 공사가 끝난 뒤 사원을 다시 한번 성화하는 의식을 했다. 그 뒤로 나는 중요한 날마다 승려와 함께 그 사원에 가서 예공, 관수식 등이 제대로 될 수 있도록 보살펴 주곤 했다. 어느 특별한 길일에는 오전 8시에 예공에 쓸 꽃과 우유, 그리고 끄리슈나 강에서 떠온 물 한 그릇을 가지고 산 위로 올라가기 시작했다. 승려인 라가바 라오도 한 손에 밥을 들고 한 손에는 물이 가득 든 그릇 하나를 든 채 동행했다. 한 동안 그렇게 함께 산을 오르다가 그는 먼저 올라가서 내가 가기 전에 문을 열고 청소를 한 뒤에 사원 앞에 꼴람(kolam-땅바닥 등에 그리는 선 무늬)을 그리곤 했다. 그래서 그날도 그가 올라가서 사원 문을 열었다가 크게 놀란 나머지, 계단 꼭대기에서 내가 오기를 기다리며 서 있었다. 나는 전에도 코브라가 가끔 사원에 들어와 링감을 감고 똬리를 튼다는 이야기를 들었기 때문에, 그에게 이렇게 말했다. "뭐가 문제죠? 저 스와미님[코브라를 뜻함]이라도 왔어요?" 그는 그렇다고 하면서 자기가 서 있는 곳까지 내가 오기를 기다렸다. 내가 사원으로 다가가서 승려에게 코브라가 어디 있느냐면서, 그것이 제 스스로 갈 테니 겁낼 필요가 없다고 말했다. 우리 두 사람은 문간 쪽으로 갔다. 그가 멀찍이서 코브라를 가리키며 말했다. "저기 문간 계단에 쭉 걸쳐져 있습니다." 가까이 가서 보니 그것은 큰 코브라였다. 이 뱀은 문간 계단을 따라 쭉 몸을 뻗치고 있었지만 밖에서는 꼬리만 보였다. 뱀은 꼼짝 않고 가만히 있었다. 나는 손뼉을 치면서 불렀다. "저리 가세요, 스와미. 우리는 관수식을 해야 합니다. 여기 있지 마세요." 그러나 아무런 반응이 없었다. 내가 "하레 라마나, 하레 라마나" 하고 외친 뒤에 다시 "제발 저리 가세요, 착한 양반" 하고 부드럽게 말했다. 그래도 아무 소용이 없었다. 뱀은 전혀 꿈쩍도 하지 않았다. 승려가 멀찍이 서 "쉭! 쉭!" 하고 소리를 질렀다. 그래도 소용이 없었다. 어떻게 해야 하나? 우리가 관수식을 하지 않고 간다고 해도 문을 닫을 수가 없었다. 만약 문을 열어 두고 가면 도둑들이 안에 있는 물건들을 훔쳐갈지도 모르는 일이었다. 뿐만 아니라, 그런 길일에 관수식을 하지 않고 돌아간다는 것은 참을 수 없었다. 그래서 우리는 한 시간가량 뱀을 쫓아 보내려고 고함을 지르는 등 별별 수단을 다 써 보았다. 그래도 소용이 없었다.

그때 나는 바가반이 언젠가 그런 큰 코브라 한 마리에 대해 하신 말씀이 생각났다. "그는 어떤 위대한 영혼이었음이 분명해. 그런 옷을 걸치고 온 거지. 그뿐이야." 그래서 나는 용기를 내어 승려에게 말했다. "라가바 라오, 내가 문간에서 뱀 옆에 서 있을 테니까 안으로 들어가서 평소에 하던 대로 관수식을 하세요. 오늘 같은 길일에 뱀 한 마리 때문에 관수식을 소홀히 할 수야 없잖아요."

그는 몹시 겁을 냈다. "오, 안 돼요! 코브라가 안으로 들어오면 어떻게 합니까?"

그러나 나는 겁을 잘 내지 않았다. "절대로 안으로 들어가지 않을 거예요. 하지만 만약 들어가면 내가 꽉 붙잡을 게요. 그때 뛰어나가면 돼요. 나를 물어도 상관없어요. 당신을 구하기 위해서라면 내 목숨을 걸지요." 나는 어떤 확신에 찬 목소리로 말했다.

딱한 양반! 그는 정말 나를 믿고 그렇게 하겠다고 했다. 나는 뱀 옆에 서서 승려가 예공에 필요한 모든 물품을 가지고 안으로 들어가게 했다. 그는 신경이 곤두서 있기는 했지만 평소처럼 관수식과 예공을 거행했고, 장뇌에 불을 붙여 흔들고 공양물을 올렸다. 그런 다음 그는 만뜨라뿌쉬빰(mantrapushpam)[32]을 할 꽃을 나에게 주고 만뜨라뿌쉬빰 진언을 법식대로 염했다. 나는 전혀 움직이지 않고 코브라 옆에 서서 그가 거행하는 의식을 지켜보고 있었다. 만뜨라뿌쉬빰의 염송이 끝나고 내가 그 꽃들을 아라띠 쟁반에 시물施物(dakshina)[33]로 놓자마자 뱀이 움직이기 시작했다. 그러나 밖으로 나가지는 않고 내 발 곁을 천천히 돌아서 링감 쪽으로 미끄러져 가기 시작했다. 승려가 겁에 질려 벌벌 떨기 시작했다. 나 때문이 아니라 그를 생각해서 약간 걱정이 되었다. 어떻게 도와준다? 나는 즉시 바가반을 생각하면서 용기 있게 뱀에게 이렇게 말했다. "왜 그쪽으로 도세요, 우리 양반? 부디, 제발 저쪽으로 틀어서 나가세요." 그러자 뱀은 주저하지 않고 즉시 이쪽에서 저쪽으로 머리를 돌려 시계 방향으로 사원을 떠났다.

우리 두 사람은 뱀이 어디로 가는지 보려고 나와 보았다. 그러나 뱀은 온데간데 없지 않은가! 이때 내가 승려에게 말했다. "봐요, 라가바 라오! 이 뱀은 어떤 위대한 영혼입니다. 오늘은 길일이라 그분도 보게스와라에 대한 관수식을 보려고 그런 모습으로 변장하고 온 거예요. 아까는 우리가 아무리 소리를 질러 쫓아 보내려고 해도 안 가더니, 만뜨라뿌쉬빰이 끝나자마자 가 버렸네요. 어떻게 생각하세요?" 라가바 라오는 아주 감동을 받고는 차분히 나에게 은사물을 주었다. 사원의 문을 닫고 나서

---

[32] 예공의 끝 무렵에 특정한 신에게 꽃을 바치면서 베다의 찬가나 신성한 기도문을 읊조리는 것.
[33] 종교적 의식이 끝난 뒤 브라민들에게 주는 선물이나 증정품.

우리는 산을 내려왔다. 나중에 승려는 이 희한한 사건에 대해 몇 사람에게 이야기를 하면서 자기 나름의 의견을 덧붙였다. 그의 말에 따르면, 나감마 아주머니는 코브라와 이야기도 나눌 수 있다는 것이었다.

이 산에는 사람들이 자주 가지 않기 때문에 뱀들이 마음 놓고 돌아다녔다. 우리 집 뒤에는 들판이 있었기 때문에 뱀들이 자주 집 경내로 들어왔다. 나는 아쉬람에 있을 때부터 뱀들에 익숙해져 있어서 그들을 내버려두었고, 그들도 나를 번거롭게 하지 않았다. 그것은 우호적인 공존이라고 할 수 있는 경우였다. 나바라뜨리 축제 기간 중에는 세 사원에서 예공이 정기적으로 거행되었다. 그럴 때에도 평소와 같이 뱀들이 돌아다녔지만, 신의 은총으로 아무런 해가 없었다. 내가 그곳에 4, 5년가량 사는 동안 다른 축제들도 있었다. 오빠들과 그 일가붙이들이 그 사원들의 법적인 관리자였기 때문에 나는 그 시설과 아무런 관계가 없었다. 그 당시 나는 산문과 운문으로『보게스와라 마히마』(Bhogeswara Mahima-'보게스와라의 위대함')라는 책을 한 권 지었는데, 그것은「아라다나」(Aradhana)라는 잡지에 실려 간행되었다. 나는 이런 작업에 몰두하기는 했지만 아쉬람을 결코 잊어버리지 않았다. 내가 어디에 살든, 마음속으로는 늘 라마나스라맘의 거주자였다. 내가 남들에게 어떤 봉사를 하든, 그것은 늘 라마나의 이름으로 이루어졌다. 나는 매일 오후에 한두 시간씩, 주위에 모여든 사람들에게 라마나의 저작과 철학적 가르침에 대해 이야기해 주었다. 1954년 5월부터 1959년 3월까지 나는 꼴라누꼰다에 살고 있기는 했지만 자얀띠와 아라다나 때는 정기적으로 아쉬람을 방문했고, 그때마다 한두 달씩 그곳에 머물렀다. 아쉬람에 있을 때는 헌신자들에게 내 책『라마나스라맘에서 보낸 편지』를 읽어주곤 했다.

55.『편지』의 완간

바가반의 헌신자 몇 사람이『편지』제3, 4, 5부를 간행해 달라고 아쉬람 당국에 청했지만 어찌된 일인지 아무 소식이 없었다. 그래서 1958년에 제3부는 오빠가『라마나 레카발리』(Ramana Lekhavali)라는 제목으로 스리 벨루리 시바라마 샤스뜨리의 서문과 함께 출판했다. 제4, 5부는「안드라 쁘라바」(Andhra Prabha)라는 잡지에 매호당 편지 한 통씩 게재되어 출판되었다. 결국 아쉬람에서도 제3, 4, 5부를 간행했다. 스리 아칸담 시따라마 샤스뜨리는 제4부의 서문을 써 주었다. 스리 비스와나타 사띠야나라야나는 제5부의 서문을 써 주었는데, 내 편지의 문장은 비록 구어체이지만 그 수준은 인정할 만하다고 했다. 그리고 아쉬람 당국의 요청에 의해 오빠 D.S. 샤스뜨리가 그 편지들을 영어로 옮겼고 이것은 나중에 출판되었다.

56. '라마나 사다남'의 건립

꼴라누꼰다로 옮겨온 지 얼마 되지 않아 나는 고혈압 증세가 생겼다. 거기는 의사도 없고 약도 없어 여간 불편하지 않았다. 가끔씩 상태가 심각할 때는 비자야와다에 있는 오빠한테 연락하거나 아니면 누가 나를 데려가서 치료를 받게 했다. 상태가 약간 나아지면 가능한 한 빨리 돌아왔고 가족 분위기 안에 오래 머무르지 않았다. 4, 5년이 지나자 오빠들은 내가 어떤 상황에서도 그들과 같이 살지 않을 것임을 납득하게 되었다. 바가반의 은총으로, 큰오빠는 나를 위해 비자야와다의 자기 대지에 작은 슬래브 집을 한 채 지어줘야겠다는 생각을 하게 되었다. 내가 그 집에 살면 병원 치료도 적절히 받을 수 있고, 무슨 급한 사태가 생겨도 큰오빠 스리 세샤드리 샤스뜨리의 가족들이 가까이 있을 터였다. 모두 바가반의 은총 덕분이었다.

그 집이 1959년 3월에 입주할 수 있도록 준비되었다. 나는 스리 바가반의 사진을 앞세워 새 집으로 들어갔다. 몇 사람의 헌신자들이 그 집을 '라마나 사다남'(Ramana Sadhanam)이라고 명명하고 명패를 하나 달아주었다. 그때부터 매일 아침 「라마나 짜뜨와림사뜨」와 「라마나 108명호」의 빠라야나를 하고, 매일 저녁 「가르침의 핵심」과 바가반을 찬양하는 송찬들의 빠라야나를 했다. 그뿐만 아니라 저녁에 모이는 헌신자들에게 베단타 등에 관한 책들도 읽어주게 되었다. 한동안은 매달 뿌나르바수(*Punarvasu*)[34] 날에 예공, 베다 빠라야나, 법문 등도 했다. 오빠는 내가 가지고 있는 바가반의 사진이 너무 작다고 생각하여 마드라스에서 지지대가 있는 큰 사진 하나를 보내왔다. 이 사진 앞에서 우리는 아쉬람에서 하는 것과 마찬가지로 종교적 법문, 빠라야나, 기도 등을 했다. 집 주위에는 작은 정원도 하나 만들었다. 이 집에는 완전한 평안과 고요가 있었다. 매주 금요일 저녁에는 남자들 몇 명이 한데 모여 기도와 명상도 얼마간씩 했다. 더러 어떤 라마나 헌신자들은 『라마나스라맘에서 보낸 편지』를 읽고 나서, 먼 데서 여기를 찾아와 며칠씩 머무르면서 바가반에 대해 이야기하기도 했다. 이런 식으로 라마나 사다남은 안드라 프라데시 지역 헌신자들에게는 일종의 회합장소가 되었다.

헌신자들이 더러 우리에게 아쉬람 책들을 구해 달라고 해서, 건너편에 사는 헌신자인 세샤기리 라오가 아쉬람으로부터 판매용 책들을 구해다 둔다. 이런 식으로 라마나의 가르침이 퍼져 나가고 있다. 나는 1년에 두 번씩 아루나찰라에 갈 정도의 기력이 되지 않아, 지난 5, 6년 간은 1년에 한 번 아라다나 때만 아루나찰라에 가고

---

34) 바가반이 탄생했을 때의 별자리 이름.

자얀띠 때는 이곳에 있다. 디빰 축제도 매년 적절한 때에 거행되고 있다.

57. 혼자 살면서 명상함

나는 라마나 사다남에서, 말하자면 바가반과 함께 혼자 산다. 아쉬람에서와 같은 숙식 시설은 없지만 더러 어떤 헌신자들은 여기서 하루 이틀 머무르기도 한다. 그러나 그런 일은 드물다. 이 홀로 있는 삶은 내가 처음 아루나찰라에 갔던 1941년 이후로 내 분수였다. 그 당시에는 바가반이 육신으로 계셨지만 지금은 사진 안에 계신데, 지난 여러 해 동안 그것이 내가 남과 함께 하는 어울림의 전부이다. 어떻게 그렇게 혼자 살 수 있느냐고 사람들이 물으면, 나는 언제나 바가반이 나를 보호해 주신다고 말해준다. 스승님은 자비롭게도 나에게 무외와 용기를 주셔서, 나로 하여금 『기타』의 다음과 같은 시구에서 말하는 그런 수행자의 삶을 살 수 있게 해 주셨다.

> 욕망에서 벗어나고 소유물을 버려 마음과 몸을 조복 받은 요기는
> 부단히 마음을 명상에 몰입시키면서 혼자서 은둔하며 살아간다.
> ―『기타』, 6:10

나는 내가 궁극적으로 평안의 깊은 곳에서 당신과 합일할 것이라는 점에서 바가반을 믿는다. 이 드높은 상태를 주 끄리슈나는 다음과 같이 말한다.

> 모든 욕망을 버리고 집착과 에고와 향락에의 갈망에서
> 벗어나는 사람은 평안을 성취한다.
> ―『기타』, 2:70

내가 아루나찰라에 갈 때마다 아쉬람 사람들은 전과 다름없이 애정 어린 배려를 베풀어 준다. 예전에도 사람들은 나를 바가반의 맏이라고도 하고 아쉬람의 맏딸이라고도 했는데, 지금도 그들은 그런 말을 한다. 바가반의 친족들은 나를 한 가족으로 여긴다. 총재인 T.N. 벤까따라만은 나를 큰누님이라고 부르고 그의 자녀들은 나를 고모라고 부른다. 우리는 모두 구루 반두(Guru Bandhoos-'스승의 혈족'), 다시 말해서 스승님을 통해서 맺어진 가족친지인 것이다.

> 스승님은 바로 어머니요 아버지며,
> 스승님은 모든 중생의 하느님이네.
> 스승님이 없이 어떤 하느님이 있으리라고
> 생각하지 말라, 오 마음이여!

이 텔루구 시구는 기억해 둘 만하다.

58. 현재의 아쉬람

바가반의 대열반(大涅槃)이 있은 지 1년이 채 되지 않아 당신의 누이동생 알라멜루가 세상을 떠났다. 1년이 더 지난 뒤에는 당신의 아우인 니란자나난다스와미도 세상을 떠났다. 도감이 타계하기 전에 벌써 아쉬람 운영을 돕기 위한 자문위원회가 구성되었다. 도감의 아들인 T.N. 벤까따라만이 총재로 지명되었다. 지금은 그가 한 위원회와 협의해 가면서 아쉬람의 제반 업무를 관장하고 있다. 아쉬람 운영도 다른 조직 운영과 같이 더러 문제가 없지는 않지만, 집행부는 지금 그런대로 순항하고 있다.

1965-66년 사이에 바가반의 삼매지 위에 아름다운 만땁(mantap)이 하나 건립되어 1967년 6월에 낙성식을 했다. 그러고 나서 삼매지 앞에 멋진 강당이 건립되었다. 헌신자들의 편의를 위해 여분의 객사들이 지어졌고, 구참 헌신자들이 아쉬람 내에 거주할 수 있게 하는 조치도 취해졌다. 그런 원로 헌신자들 중에는 스리 T.P. 라마짠드라, 비스와나타 브라마짜리, 끄리슈나 빅슈, 나떼샤 아이어, 라자 아이어, 라마스와미 삘라이, 그리고 바디부다야르(Vadivudayar) 등이 있다. 지금은 너무 연로하여 주방에서 일을 할 수 없는 로깜마와 같은 여성 헌신자들도 보살핌을 잘 받고 있다. 바가반의 시자들 중 한 사람은 바가반께서 범열반을 이루신 그 작은 방을 주의 깊게 관리하고 있다. 꾼주스와미 등 몇 사람은 아쉬람 경내 밖에 살면서 새로 오는 사람들에게 예전 이야기들도 들려주고 그들과 함께 산도 돌면서 그들을 보살펴주며, 그 나머지 시간은 기도와 명상으로 조용히 보낸다. 아루나찰라의 정상은 마치 진리 추구자들에게 최상의 길을 보여주기 위해 높이 게양한 깃발처럼 모든 사람들을 끌어당긴다. 뿌라나에서 말하기를, 이 산의 정상에는 아루나기리 요기가 한 그루 반얀나무 밑에 앉아서 진지하게 깨달음을 구하는 헌신자들을 계속 축복해 준다고 한다. 산 위에는 많은 동굴이 있고 그 안에는 깨달은 영혼들이 아직도 살고 있다고 옛 분들은 말한다. 바가반께서도 명상을 할 수 없는 사람들은 아루나찰라를 돌면 수행에서 성공을 거둘 것이라고 종종 말씀하셨다. 구도자들은 실로 그것을 체험하고 있다. 따라서 이 성산의 기슭에 있는 아쉬람이 아주 평화로운 분위기인 것은 놀라운 일이 아니다.

한 의사는 1주일에 두 번씩 아쉬람 병원을 방문하여 환자들에게 무료로 치료를 해 준다. 산스크리트, 타밀어, 텔루구어, 말라얄람어, 영어 등으로 쓰여진 철학책들을 갖춘 큰 도서관도 있는데, 헌신자들에게 아주 쓸모가 있다. 지금도 여기에는 새로운 책들이 계속 들어오고 있다. 아쉬람에서는 바가반의 생애와 가르침에 관한 타밀어, 텔루구어, 말라얄람어, 깐나다어, 힌디어, 영어, 산스크리트로 된 책들을 이따금씩 출간하며, 이런 책들은 아쉬람 서점에서 구해볼 수 있다. 모르비 게스트 하우스 경내에는 여분의 방들을 여러 개 신축하여 가족과 함께 오는 헌신자들이 편안히 숙박할 수 있게 해 두었다. 여성들은 해가 진 뒤에 아쉬람에 머무를 수 없다는 규칙도 아직까지 신중히 지켜지고 있고, 방문객들에게 식사를 제공하는 관행도 예전처럼 계속되고 있다.

바가반이 계실 때에는 폴 브런튼, F.H. 험프리즈와 같은 서양인들이 바가반을 뵈러 와서 그들의 저술을 통해 당신의 메시지를 해외에 전파했다. 그들에 이어 A.W. 채드윅, 에설 머스턴 등 외국인 제자들도 아쉬람 근처에 정착했다. 1964년에 헌신자들은 중지를 모아 「산길」(The Mountain Path)이라는 계간지를 창간하고 영국인 헌신자인 아서 오즈번을 주간主幹으로 모셨다. 그가 1970년에 타계한 뒤에는 그의 부인인 루시아 오즈번이 1973년 말까지 주간을 맡았다. 지금은 이 정기간행물이 비스와나타 스와미를 주간으로 하고 스리 V. 가네샨을 편집장으로 하는 편집위원회와 함께 움직이고 있다. 이 간행물 덕분에 바가반의 메시지는 세계 각지에 전파되어 서양의 무수한 헌신자들이 수행을 위해 아쉬람을 찾아오고 있다. 그들 중에는 이곳에 집을 지어 사는 사람들도 있다. 그들 대부분은 인도식 생활 방식을 따라 검소한 삶을 살고 있다.

매일 아침저녁으로 어머니 사원과 바가반의 삼매지에서 관수식과 예공이 거행된다. 여기에 더해 헌신자들의 특별 요청이 있을 때는 루드라 관수(Rudrabhishekams), 1천명호 예공(Sahasranamarchana), 락샤 예공(Laksha Archanas)을 하기도 한다. 매일 아침에는 우파니샤드 빠라야나를, 저녁에는 바가반의 「가르침의 핵심」과 함께 루드라 빠라야나(Rudra Parayana)를 바가반의 사당에서 하고 있다. 바가반이 아쉬람 생애의 대부분을 보내신 구 회당은 전적으로 명상실로 사용되며, 이곳에서는 절대적인 침묵이 유지된다. 꽃밭과 아쉬람의 외벽은 상당히 향상되었고, 그래서 아쉬람은 더없이 매력적인 풍광을 보여준다. 순례자들이 대거 관광버스로 친견하러 왔다가 아주 만족하고 돌아가는 일이 흔하다. 아쉬람의 분위기 전체가 바가반의 눈에 보이지 않는 친존으로 가득 충전되어 있다.

59. 그대가 누구인지를 발견하라

스리 바가반이 세상 사람들에게 주신 "그대가 누구인지를 발견하라"는 메시지는 베다의 요체이다. '나는 누구인가?' 하는 탐구를 아주 열심히 하면, 궁극적으로 우리는 자신이 바로 브라만 그 자체임을 발견한다. 일체에 두루한 브라만 외에는 다른 어떤 것도 존재하지 않는다는 깨달을 때에만 우리는 평등의 감정으로 세상 속에서 살아갈 수 있다. 그것이 '나는 누구인가?'의 탐구가 갖는 의미이다. 많은 사람들은 이것이 말하기는 쉬워도 깨닫기는 거의 불가능하다고 반론을 제기할지 모른다. 어느 정도는 그것이 사실이지만, 여러 경전에서는 우리가 마음을 조금만 제어하게 되면 자기탐구의 길에서 진보할 수 있다는 사실을 강조하고 있다. 바가반은 이 길이 아주 쉽다는 취지의 노래 한 곡을 지으셨다. 마음이 감각 기관을 좇아 헤매지 않도록 하여 그것이 자신의 참된 성품을 탐구하게 하면, 분명히 심장에 도달하고 진아를 지각하게 된다. 우리가 해야 할 으뜸가는 임무는 마음을 고요하게 하여 진아를 찾아 내면을 탐색하는 것이다. 그것이 행위, 헌신, 요가 그리고 지知의 핵심이라고 바가반은 「가르침의 핵심」에서 말씀하고 계시다.

우리가 일어난 곳인 존재의 심장 속으로 흡수됨이,
행위의 길이요, 헌신의 길이며, 요가의 길이자, 지知의 길이라네.
― 『가르침의 핵심』, 제10연

바가반은 분명히 영적인 심장이 가슴 오른쪽에 있고 초심자들에게는 이 실마리가 유용하다고 말씀하셨지만, 자기탐구가 성숙되어 진아 속으로 흡수되면 진아가 무한한 충만으로 그곳에 절대적으로 자리잡고 있다. 그것은 그냥 있다. 이것은 말로 표현할 수 없고, 오직 체험해 볼 수 있을 뿐이다. 이것이 바로 우리 시대에 바가반께서 확인해 주신 베단타의 결론이다.

그러므로 우리는 자기탐구를 하여 우리의 실체를 발견해야 한다. 무수한 중생들 가운데서 인간만이 영적인 이해력을 부여받았다. 따라서 그것을 적절히 사용하여 끝없는 생사윤회로부터의 자유를 얻어야 한다. 라마나 바가반 같은 진인들은 오로지 사람들로 하여금 자신의 실체를 발견하도록 돕기 위해 이 세상에 오셨다. 이것을 명심하고, 우리 모두 일로매진하여 "목표에 도달할 때까지는 쉬지 말자."

옴 따뜨 사뜨

1973년 9월 1일
안드라 프라데시, 비자야와다-4, 마루띠나가람에서
수리 나감마

찾아보기

1. 사건·이야기

가나빠띠가 시바를 오른돌이 한 이야기 105-6
가난한 노인이 바가반께 공양함 287
가디 등이 몸을 바꾸어 환생하는 이야기 279
「가르침의 핵심」이 지어진 경위 119-20
가시나무가 해탈한 이야기 482
가우따마와 아할리야 이야기 490-2
가출하여 아쉬람에 온 소년 99-100
개의 형상으로 조각된 돌 이야기 253-4
거짓 연극을 한 어느 정사의 장 이야기 185-7
건포도를 가져 온 헌신자 이야기 94
경전 공부에 대한 말씀 428
고향을 떠난 두 청년 이야기 234-5
'그대가 온 길로 가라'는 가르침 40
나감마가 바가반의 시구가 적힌 종이를 욕심낸 이야기 64
나감마와 비스와나타의 번역 작업 506-8
나마데바가 깨달음을 얻은 이야기 115-7
나야나가 샤이바 싯단따 강연을 한 이야기 318
남에게 달라고 하면 끝이 없다는 말씀 104
다끄쉬나무르띠가 네 제자를 가르침 157-8
단식에 대하여 538
도띠를 매는 방식에 대한 말씀 409-10
돈을 받고 곡을 하는 사람의 이야기 78-9
돌 세 개를 가지고 다닌 사두 이야기 420-2
「띠루바짜감」이 쓰여진 경위 460-1
띠루쭐리 저수지에 물이 차오르는 이야기 501
라마나타 브라마짜리가 강의를 한 이야기 135
락슈미를 장식하고 사진을 찍은 이야기 54-5
마늘의 효능에 대한 이야기 382-3
마다바 스와미의 죽음에 대하여 89
마음이 일체의[유일한] 원인이라는 말씀 91
망고를 따던 일꾼들을 나무라심 79-80

몸은 셋집과 같다는 말씀 381
몸 자체가 하나의 병이라는 말씀 70
밀가루 음식의 배식에 관한 문제 343
바가반에게 도사를 공양한 할머니 385-6
바가반에게 여행을 권한 사람 520
바가반에게 침묵을 시집보낸다고 한 시 520-2
바가반을 걱정한 숙부 이야기 357-8
바가반을 달구지에 태운 스와미 222-3
바가반을 시봉하러 온 뱀 500
바가반의 공양 탁발 이야기 218-9, 354-5
바가반의 발에 있는 사마귀 355-6
바가반의 브라마 아스뜨람 이야기 63
바가반의 사진을 요람에 넣고 아기 키우듯이 한 여인 546
바가반의 사촌형 라마스와미 이야기 190
바가반의 샌들에 한 예공 395-6
바가반의 심장 박동이 멈춘 이야기 138
바가반의 이름을 써 달라는 요구에 대해 102
바가반의 할머니와 친척 할아버지 108-9
바가반의 해진 타월 이야기 71-2
바가반의 호랑이 가죽을 얻어가려던 사람 378
바가반이 가나빠띠 샤스뜨리를 공대함 198
바가반이 가난한 여자들에게 물을 끼얹어 준 이야기 327-8
바가반이 강물과 바닷물을 받으신 것 52-3
바가반이 검은 암소에게 은총을 베푸심 81-2
바가반이 고추의 효능을 이야기함 523-4
바가반이 공작의 색깔을 설명함 200
바가반이 『기타 사람』에 대해 설법함 223
바가반이 꾼주스와미를 조롱한 이야기 547-8
바가반이 나감마에게 시가 적힌 종이를 돌려달라고 함 118-9

찾아보기 677

바가반이 낡은 덮개로 모기를 막은 이야기 519
바가반이 다람쥐들에게 견과를 줌 498
바가반이 다섯 살까지 젖을 먹은 이야기 197
바가반이 도둑을 쫓아버린 이야기 336-7
바가반이 두 번째 삭발을 한 이야기 308-9
바가반이 '드라비다의 자식'을 설명함 147-50
바가반이 디빠발리 시를 지은 경위 106-7
바가반이 떠나려던 어머니를 붙잡음 531
바가반이 락슈미의 해탈을 도와줌 329
바가반이 망고나무 밑에서 산 이야기 306-7
바가반이 무거운 쟁반을 이고 간 이야기 444
바가반이 방문객을 오도한 이야기 345-6
바가반이 버려진 종이를 재활용한 이야기 518
바가반이 벌에 쏘인 이야기 400
바가반이 뻰바 운으로 텔루구 시를 지음 169
바가반이 비슈누에 대한 시를 지음 338-9
바가반이 비싼 물품들을 사용하지 않음 255-6, 422-5
바가반이 빛의 축제를 지켜봄 283-4
바가반이 사군자를 얻은 이야기 93
바가반이 사용한 엽반 등을 기다린 사람들 230
바가반이 산 오른돌이의 공덕을 설명함 426-7
바가반이 생일시를 지은 경위 172
바가반이 선풍기 사용을 꺼림 422-3
바가반이 성사식의 의미를 설명함 220-1
바가반이 손을 벤 이야기 503
바가반이 수행의 목적을 말씀하심 111-2
바가반이 「실제사사십송」을 짓게 된 경위 120-1
바가반이 '심장 동혈' 시를 지은 경위 316-7
바가반이 아루나찰라 속의 동굴들을 본 이야기 366-7
바가반이 압바이야르의 시를 개작한 이야기 67
바가반이 압빨람 노래를 지은 경위 181-2
바가반이 약으로 무화과를 드심 540-1
바가반이 약이나 음식을 모두와 나눔 36-7
바가반이 어머니를 공경스럽게 호칭함 42-3
바가반이 엽반으로 오염된 곳을 지나감 325
바가반이 의식과 마음의 관계를 설명함 166
바가반이 저수지에서 헤엄친 이야기 351
바가반이 죽음의 체험을 이야기함 26-7

바가반이 「진아각지송」을 번역함 484
바가반이 책을 읽게 된 경위 69-70
바가반이 처음 두 번 목욕한 이야기 308
바가반이 코가 꿰인 암소 락슈미를 위로함 499
바가반이 코코넛 물로 관수를 받은 이야기 227
바가반이 학생 때 잠을 쫓던 이야기 187
바가반이 해진 샅가리개를 기운 이야기 72
바가반이 헌가회를 참관한 이야기 513-4
바가반이 호랑이를 만난 이야기 58-9
바가반이 '황금팔'이란 별명을 얻은 내력 388
바가반이 황달을 스스로 고치신 이야기 60-1
바가반이 회당에 동물들이 오지 못하게 된 것을 안타까워 함 413-4
바가반이 회당에서 개를 꾸짖으심 83
바가반이 회당의 오른돌이에 대해 말씀하심 77
바가반이 흰 공작을 돌봄 276-7
바기라타 왕의 이야기 219
'베다 공부'와 '베다 수행'에 대한 말씀 410
부처님의 탁발 이야기 289
비둘기 한 쌍이 삼매에 든 이야기 56-7
비슈누교도들의 헌공에 대한 말씀 109-110
빠르바띠가 따빠스를 하러 떠난 이야기 486-8
빠르바띠가 시바를 찾아간 이야기 75
빠르바띠가 우마라는 이름을 얻게 된 경위 74
빤두랑가 헌가 이야기 145-6
뻬루말스와미가 시를 표절한 이야기 604-5
뿌리의 샹까라짜리야가 찾아옴 360-1
사슴 발리 이야기 199
사원의 무녀가 바가반께 공양 올린 이야기 309
사원의 문을 연 삼반다르와 아빠르 477-8
사이 바바의 사진을 숭배하는 사람들 94
삼반다가 아루나찰라를 찾아옴 152-3
삼반다르와 아빠르의 금화 이야기 478-9
새끼 치타들이 잠에 빠진 이야기 58
성냥 없이 아루나찰라에 오른 이야기 348-9
소년 아루나찰라가 지은 시 167
스칸다쉬라맘으로 나들이 간 이야기 30-34
스승[스와미] 노릇하기에 대하여 268, 304, 363
스와미 노릇의 어려움에 대하여 38, 363
시바가 순다라무르띠의 결혼을 막음 141-4

신의 현신에 대한 말씀 111
아루나찰라에 스리 짜끄라 형태의 도시를 건설
　하려고 한 계획 209-210
아루나찰레스와라가 준 최초의 공양 47
아쉬람에 온 목적에 충실하라는 질책 214-5
압바이야르가 시바 앞에서 다리를 뻗고 앉은
　이야기 114-5
어머니가 바가반 곁을 떠나지 않음 183-4
어머니가 바가반에게 찐나스와미를 부탁함 531
어머니에게서 까만달람을 가져간 사람 377
에짬마의 10만엽 예공에 대한 말씀 80
에짬마의 음식을 뒤늦게 배식한 이야기 61
에짬말의 공양에 대한 이야기 45-6
여성의 출가와 삼매지에 관한 제한 여부 564
여자가 회당에서 다리를 뻗고 앉은 사건 113
열 개의 세계가 생겨난 이야기 397-9
우마와 빠라메스와라의 말다툼 28
「우마 사하스람」이 지어진 경위 318-9
원숭이들의 집중력에 대하여 270
은택을 새로 주는 것은 없다는 말씀 97-8

있는 곳에 머물러 있으라는 가르침 249
자기탐구는 성숙한 마음에게만 가능함 253
자나까 왕이 깨달음을 얻은 이야기 470-4
잠을 적절히 제어하는 것에 대하여 188
주인의 행방을 물으러 온 개 49-50
진인과 사냥꾼의 이야기 389, 464-5
참새와 가루다의 이야기 614
천상 세계들의 존재 여부에 대하여 68
체코슬로바키아 헌신자가 보낸 편지 101
큰 일을 위해 필요한 작은 거짓말 389
8체정례의 의미를 설명함 303-4
표범이 가까이 온 이야기 48-9
한 여자에 대한 나감마의 분노와 적의 554-5
한 행위로써 다른 행위를 씻지 못함 86
해탈을 달라고 요구한 여자 이야기 53-4
행위는 저절로 진행된다는 말씀 315
헌신자들이 반얀나무를 찾으러 나섰다가 낭패
　를 본 이야기 494-7
호랑이가 무서워 숨은 헌신자 137
화에 대해 화를 내라는 말씀 64

2. 경전 · 저작

가르침(upadesa) 36, 41, 79, 120
「가르침의 핵심」 119, 156, 213, 274, 553
『구루 기타』 231
『꿈미 빠뚜』 119
『기따 고빈담』 485
『기타 사람』 223
『까타 우파니샤드』 600

『냐네스와리』 96, 302
『능지소지분별』 465

「다끄쉬나무르띠 송찬」 156, 244
『데비깔롯따라[람]』 448
『데비 바가바땀』 393
『떼바람』 131
『떼조빈두 우파니샤드』 298

『뜨리술라뿌라나』 490
『뜨리술라뿌라[람] 마하뜨미얌』 71, 168, 505
『띠루바이몰리』 109-110
『띠루바짜감』 248, 456, 460
『띠루바눌 빠벤』 605
『띠루뿌갈』 650
『띠루쭐리 (스탈라) 뿌라남』 138, 490-1

『라마나 깔리야남』 521
『라마나 108명호』 550, 672
『라마나 뿌자 비다남』 517
『라마나 아누부띠』 134
「라마나 1천명호 송찬」 549
「(라마나) 짜뜨와림사뜨」 103, 532-3, 622, 672
『라마야나』 293, 491-2
『리부 기타』 77, 302, 474-5, 477

『링가 뿌라남』 456

『마나사 샤따깜』 579, 622
『(마하)바라땀』/『마하바라따』 170, 269, 625
『마하바키야 라뜨나말라』 351, 369, 520
『만두꺄 우파니샤드』 248
『문자혼인화만』 132, 283

『(바가바드) 기타』 136, 191, 205-6, 264, 314-5, 372-3, 405, 542, 544, 589, 673
『바가바드 기타 라뜨나말리까』 339
『바가바떼[땀]』/『바가바따 뿌라나』 29, 98, 123, 125, 159, 288, 429-30, 485-6
『바사바 뿌라남』 140
『바수데바마나남』 260, 263-4, 272, 311, 373, 402
『박따 비자얌』 96, 303, 505-6
『발라끄리슈나 기따발리』 595, 622
『베단타 쩐따마니』 211
『보게스와라 마히마』 671
『분별정보』 465
『브라마 기타』 373
『브라마 바이바르따 뿌라나』 55, 454
『비슈누 뿌라나』 625
『빤디따라니야 짜리뜨라』 140
『빤짜다시』 262, 314
『뻬리아[야]뿌라남』 152, 299, 621

「사다나 빤짜깜」 194
『상까라 비자얌』 209
『순다리야 라하리』 147, 149-50
『술락샤나 사람』 170, 275
『스깐다 뿌라나[남]』 168, 456, 505
『스리 라마나 기타』 124, 150, 197, 317, 564-5
『(스리) 라마나 릴라』 66, 148, 151, 356, 399, 492, 504
『시따라마안자네얌』 580
『시바난다 라하리』 592
『시바 나냐 보담』 318
『시바 라하시야[얌]』 159, 624

『시바 뿌라남』 456
『시바박따 빌라삼』 140, 152
「실재사십송」 86, 96-7, 123, 166, 553
「(실재사십송) 증보」 121, 352, 440, 462
「실재지」 237
「실재직견」 121
「싯다-사다까 삼바담」 96
『싸르와냐놋따람』 448

『아디야뜨마 라마야나』 274, 321
『아루나찰라 마하뜨미얌』 549
『아루나찰라 뿌라나[남]』 74, 366, 400
「(아루나찰라에 바치는) 다섯 찬가」 365
「아루나찰라에 바치는 아홉 보주화만」 489
「아루나찰라에 바치는 5보송」 317, 323
「아루나찰라에 바치는 8연의 송찬」 209, 419
『아묵따 말리야다』 517, 592, 624
『아빠록샤누브후띠』 298
『아쉬따바끄라 기타』 470, 474-5
『50주년 기념집』 128
『요가경』 161, 322
『(요가) 바쉬슈타[땀]』 184, 219, 246, 260, 279-80, 389, 397, 399, 468, 475
「우마 사하스람」 318
『우빠마뉴 박따 빌라삼』 140

『지행탐구장』 80
「진아각지송」 348-9, 429, 483-4
「진아에 대한 5연시」 171, 605
『찌담바라 마하뜨미야』 483
『친존예경』 235

『탐구의 바다』 233, 264
『탐구의 바다 핵심요지』 233
『탐구보주화만』 234, 245, 606-7

『하리왐삼』 31
『한사 기타』 63
『할라시야 마하뜨미얌』 457
『해탈정수』 272

3. 신명·인명

가나빠띠 105 → 가네샤
가나빠띠 무니[샤스뜨리] 25, 63, 218, 247, 419, 493, 504 → 냐야나
가네샤(르) 114, 217
가디 279
가우따마 28, 358, 488, 490-2
가젠드라 337, 429
감비람 세샤이야 94, 353-4
고다 깔리야남 624
고라 꿈바르 115
(구람) 숩바라마이아[야] 92, 431, 512, 517
구하 나마시바야 스와미 170
까뻴리 63, 121
까뻴라 (마하무니) 33, 577
까운디니야 504
깐디키야/께시드와자 625
깐와 마하르쉬 30
깔레스와라, 주 139
꾸젤라 61, 288, 620
꾼주스와미 89, 285, 369, 437, 462-3, 494, 537, 546-8, 611-2
끼라이빠띠 335-6
끄리슈나, 주[스리] 195, 205, 263-4, 311, 314 -5, 320, 371, 455, 509, 543, 554
끄리슈나 빅슈 46, 97, 151, 390, 399, 629

나따라자, 주 135, 447, 461, 483, 489
나라다 157-8, 362-3
나라싱하 바라띠 362-5
나마데바[남데브] 115-7, 321
나야나 63, 120-1, 147-8, 167, 197-9, 209- 10, 317-9, 350-1, 518, 532-3
난디 140
남말와르 10
남비아르, K.K. 196
(냐나) 삼반다(르) 147, 149-53, 321, 477-9, 481, 504
냐네스와르[냐나데바] 96

나후샤 404
넬리아빠 아이어 356
니다가 475-6
니스짤라다스, 사두 233
니란자나난다 스와미 25, 100, 257, 394-6, 674 → 젼나스와미

다끄쉬나무르띠 322, 597
다누르다샤 500
드루바 33
단다빠니 스와미 244, 346, 378
닷따뜨레야 176
도라이스와미 아이어, S. 534-5
두르가 359
따뜨와라야 (스와미) 466-7
따유마나바르 470
딸라야르칸 부인 405-6
띠야가라자 535

라다 55-6
라다크리슈난, S. 101, 301
라마, 주[스리] 468, 491
라마나타 브라마짜리 134-5, 333
라마 요기 274, 401
라마짠드라 라오 407-8
라마크리슈나 빠라마한사, 스리 300
라바나 마하라자 279
라자이아 556
라제스와라난다, 스와미 129, 520
락슈미, 암소 54-6, 328-35, 499, 532, 622-3
랑가나타, 주 500
랑가스와미 아이엥가르 58
로마사 마하무니 469
리부 (마하르쉬) 475-7

마누 수베다르 96, 302, 505
마니까바짜가르 132, 301, 454-5, 457
마다바 (스와미) 52, 88-90, 278, 518, 586

마우나 스와미 560
마하데바 샤스뜨리 350-1
마하데반, T.M.P. 129
마하트마 간디 292-4
마헨드라 398 → 인드라
맥키버 512
무달라이아르 할머니 436-8
무루가나르 72, 102, 107, 119-21, 170-1, 235, 337-8, 485, 506, 555
미나끄쉬 (여신) 52, 139, 257

바라다라자, 주 439
바수[바수데바 샤스뜨리] 137-8
바쉬슈타 322, 464, 504
발라라마 레디 63-4, 275, 558, 599, 641
발리말라이 무루가나르 377
발미끼 126, 322, 607
밧따빠다 147
벨루리 시바라마 샤스뜨리 579, 598-600, 612
보게스와라, 주 667-8
부미나타, 주 139
불루수 삼바무르띠 552
브라마 98, 157, 159, 205, 397, 455-6, 469
브리구 279
비끄라마르까 97-8, 419
비나야까 105
비디야라니야 209, 314, 418
비딸[비또바] 96, 115-7
비쇼바께샤르 117
비슈누, 주 321, 455-6, 469, 666
비스와나타 브라마짜리[샤스뜨리] 27, 71, 121, 190, 505-8, 550, 559, 619, 675
비스와미뜨라 468, 491
비스웨스와라, 주 664-5
비야사 126, 322, 607
빈나꼬따 벤까따라뜨남 533
빠라메스와라 75, 105, 457, 460, 486-8
빠르바띠 74-6, 105, 149-50
빠슈빠띠 333-4
빠짜이암마[만] 359

빨라니스와미 69, 90, 273, 400
뻬루말스와미 604-5
쁘라브하바띠 29

사나까/사난다나/사나뜨꾸라마/사나뜨수자따 157, 159
사다시바 110, 205
사우리스 368, 534
사이에드 박사 211, 390
삼반다(르) → 냐나 삼반다르
샤따난다 488, 491
샤바리 535, 541
샤이바 싯단타 318
샤꾼탈라 29
샹까라(짜리야) 77, 149, 253, 298-9, 372, 483-4
세샤 아이어[세샤이아] 72, 93, 354
수까 요기 288
수끄라 279
수브라마니아 105
수브라마니아 바라띠 522
순다라무르띠[순다라르] 114, 138-145, 299, 300, 455
숩바 아이어 356
스깐다 147
스리니바사 라오 78, 409
스와루빠난다 466-7
시바, 주 75, 119, 139, 149-50, 159, 321, 328, 366, 458-9
시바쁘라까샴 삘라이 70, 290

(아라빈드[오로빈도]) 보세 234, 254
아루나기리 요기 400, 495, 674
아루나찰라[아루나찰레스와라], 주 76, 132, 152-3, 365, 440, 490, 530, 533
아빠르 300, 430, 477-81
아서 오즈번 675
아쉬따바끄라 (마하무니) 469-74
아이야스와미 89, 94
아짜리야스와미 89

아할리야 490-2, 590
안나말라이 스와미 542
안달 455
안자네야 321 → 하누만
알라멜루[알라멜람마] 31, 183, 355, 439, 653
암바[암비께] 28, 66, 139, 426, 488-9 → 빠르바띠
압바이야르 66, 114-5
야두 삼바담 57
에짬마[에짬말] 80
엘리어너 폴린 노이 84
예들라 라마도스 604
오따꾸뚜르/오따구따르 489, 621
요기 라마이아 94, 120 → 라마 요기
우마빠띠 시바짜리야 482
이스와라 81, 97, 105, 145, 162-3, 177, 194, 203, 248, 252, 304, 363, 373, 459
이스와라스와미 172

인드라 98, 110, 490
자가디샤/자가디스와라 샤스뜨리 316-7
자간나타, 주 486, 666
(자다) 바라따 263, 368, 444
자야데바 485
젤람마 352, 537
찐따 딕쉬뚤루 124
찐마야난다 41
채드윅 소령, A.W. 675

폴 브런튼 675
프람지 601

하라(Hara) 361
하누만 124, 523
하리(Hari) 57, 148, 321, 456 → 비슈누
험프리즈, F.H. 675
히마반따 74-5

4. 사항·인용문

가르침(upadesa) 163; -의 가르침, 467
가야뜨리 213, 433
개아(個我)/개인적 영혼 88, 162, 252, 275
'견(見)이 지에 합일되면 일체가 브라만으로 충만해 보인다' 146, 204, 436
경계미혹/지성지둔/사견/전도망집 262
과거업 404; -의 결과 273
구나(gunas) 129, 161; -의 변상, 161
그것(That) 281
까르마 88, 97, 194
깨달음 160, 184, 209, 247, 272-3, 298, 312, 469, 472, 474; 진리 -, 159; 진아 -, 68, 110, 159, 184, 261, 273, 305
꾼달리니 샥띠 369

'나' 110, 122, 161, 259, 373, 465, 544
'나는 누구인가?' 40, 122, 184, 225, 280-2, 290, 440, 675-6

'나는 몸이다' 하는 관념 123
'나'라는 느낌[생각], 147, 166, 201, 249
나샤(nasa) 275 → 마음 소멸
내적 기관 201, 252, 291
내적인 청문 240
내적인 포기 174
냐나/아냐나 225
네 번째 상태 276, 463-4
니르구나/사구나 브라만 97

다르마-수끄쉬마 53
단계초월자 564
동기 없는 헌신/일념 헌신/완전 헌신 42
두 번째가 없는 하나 35
디빠발리 106
디빠우뜨사바[밤] 25, 589 → 빛의 축제
따빠스 57, 66, 74-6, 86, 156, 249, 305, 448, 480, 653

뚜리야 276, 389, 463-4

라마 명호의 염송 39-40
라야(laya) 81, 275-6 →마음 소멸

마노 아까샤 147
마야 162, 211, 374, 544 →환
마음 134, 160, 252, 259, 314; - 세계, 252;
 -(의) 작용, 291, 361; -의 평안, 88; 낮은
 -, 314
마음 소멸 192, 465
'마음이 속박과 해탈의 원인' 253, 292
마하뿌루샤 206, 371
명상 40, 76, 81, 156, 195, 248, 262, 275,
 305, 320, 384, 426-7, 434, 653
명지 291, 433; -의 감정, 28
명호염송 340
모하(moha) 211
무신해탈자 272
무염송 212, 322
무욕 73, 89, 233, 272-3, 319-20, 322, 384,
 425, 474; -의 깃발, 233
무지 246, 291
무집착 262, 272-3
무한형상의 상㉻ 133, 369
무형상 159
물질의 무변제 252
미세력 92

바이꾼타/까일라사 68-9
반야안주자 193
반합신半습神 488
발현업 204-5, 292, 543; -의 세 가지 범주,
 86; 타원 -, 205, 543
범지梵知 157
'보는 자' 92, 157, 253, 261, 381
불멸의 본래면목 119
브라마 깔빠 74
브라마 로까 97,
브라마 아스뜨람 62, 375, 440

브라만 70, 134, 136, 156, 160, 207, 280, 298,
 373, 429, 436, 456; -의 성품, 166; - 지자
 [진인], 432; - 형상의 상, 133; -의 행위,
 431
비디야/아비디야 225
비이원성 78
비이원적인 견 431
빛의 축제 130
빠라뜨빠라 루빰 82-3
빠라마뜨마 55, 132, 135, 148, 173, 191, 430
빠라박띠 431
빤짜악샤리 (진언) 85, 114, 321
쁘라끄리띠 55-6, 75
쁘라나 432, 434
쁘라나바 129

사끄샤뜨까람 111, 371, 430
사뜨 134, 136-7, 161, 207, 225, 297
사뜨-찌뜨-아난다 207, 396, 465-6
사뜨왐/고람/자담 207
사뜨왐/라자스/따마스 160-1
사띠야로까 426
사랑 28, 261, 312-3, 369; -의 감정, 132; -의
 길, 311; -의 화신, 380
사마다남 81
사심 없는 행위 195
사하스라라[람] 167-8, 370
사하자 니쉬타 462
(산) 오른돌이 25, 77, 105, 130, 134, 426-7
삼매 247-8, 275; 여섯 가지 -, 465-6; 합일무
 상/본연무상-, 275-6
상㉻ 133, 434
생존해탈자 272-3, 401
샥띠 81, 159, 168, 201-2, 204, 207, 369, 489
샨띠 173, 239, 428 →평안
선善 275
성품 145, 374, 465
세 가지 상태 246, 276, 313
세간부동상 78
세간연世㉻緣 39, 208, 576

세계 161, 211, 237, 253, 275, 436
속박 73, 166, 194-5, 253, 260-2, 289, 292, 315, 344, 432; 과거, 미래, 현재의 - 260-3; 세간적 -, 272
수카아사나 191
수행 111-2, 123, 207, 348; -의 네 가지 자산, 282
수행자 96, 276
순복 193-5, 586; 완전한 -, 194; 일념-, 193
순수 의식 252; -의 무변제, 252 → 찌다까샤
스리 짜끄라[람] 209, 379, 493-4
스승 174-5; -의 은총, 208, 470; -의 참모습, 174-5
스와루빠 81, 156, 312, 374
스와스푸라나 154
시바의 다섯 가지 형상 159
식신결합/식신연계 166
신력神力 154
신 312, 340, 430-1, 543; -의 유희, 166; -의 은사물, 233; -의 친견, 199, 247
실재 156, 173
심의식의 무변제 252
심장 122, 161, 167, 250; - 연꽃, 321
싯다 95-6, 464
싯다 뿌루샤 96, 367, 457
싯디 95-6

아난다 81, 207 → 지복
아뜨마[아뜨만] 156, 201, 207, 259, 305, 429
아뜨마 스와루빠 146
아뜨마 스푸라나 240
아뜨만 134, 373, 385 → 진아
아르다사리람 76
아스띠/바띠/쁘리얌 76, 260-1
아스빠르샤 루빰/짜야 루빰 92
아한 스푸라나 251, 292, 369, 543
아함 161, 192, 201, 251, 291 → '나'
아항까라 116, 543
아항까라나 543
악샤라 103, 136

암리따 나디 590-1
업業 315
업습業習 119
에고 192, 201, 305, 314, 321; - 없음의 상태, 250; -의 느낌, 251, 375; -의 소멸, 347
염송 434
영원한 존재 52
오직 하나(인 것) 110
옴(Om) 213
옴까라[람] 80-1, 136
욕망 279, 292
우빠데샤 545 → 가르침
우빠사나 111, 580
원습 109, 134; 악마적 -, 373, 402
육체아 관념 232
음식 90
의식 148, 166; - 허공, 398; 반사된 -, 252; 진아의 -, 154, 477
'이건 아니다, 이건 아니다' 122, 253
이스와라의 조대신/미세신 455
이원성 76, 259
인간적[개인적] 노력 165, 184, 291, 314-5
인드라 세계/짠드라 세계 68
일여내관 207-8, 212

자각 상태 465-6
자기 111, 136, 251, 254, 259, 433; -의 느낌, 252; - 형상, 220 → 진아
자기자각 27
자기탐구 68, 73, 134, 290-1; -의 길, 280-2
자, 비, 희, 사 161-2
잠 92, 187; -의 상태, 15-6; 깊은[꿈 없는] -, 246-7
전일 의식 253
절 78, 304
점성학 347
접촉전수 232
조식 212-3, 433
존재-의식-지복 76, 261
존재하는 것 245, 250, 261, 305, 373-4

찾아보기 685

주시자 76, 92
중음신 375-6
지知 25, 28, 95, 146, 159, 162-3, 192, 203, 208, 281, 298, 321, 429, 434; -보다 수승한 박띠, 76; - 수행, 564; - 우빠데샤, 458; -의 길, 320, 475, 578, 676; -의 눈, 148, 220-1, 281; -의 불길, 191, 432; -의 빛, 201; -의 전수, 653; -의 제사, 432; 브라만에 대한 -, 470; 진아의[진아에 대한] -, 134, 321
지견知見 107, 146, 238-9
지고아[지고의 진아] 123, 156, 543
지고의 영 298
지고의[지고한] 존재 110, 133, 148, 340
지복 76, 247, 258-9, 273, 321, 324, 374, 397; -의 화신, 468; 명상의 -, 275; 무한한 -, 469; 진아(의) -, 374, 397
지성 201, 261, 314, 433
직관적 체험/직관지 264-5
진리 76, 88, 96-7, 116, 156, 159, 206, 236-7, 253-4, 351, 477; 참된[영원한/순수한] -, 67-8, 207; 핵심 -, 157
진아 92, 123, 134, 146, 155, 250, 259, 291-2, 340, 370, 429, 543, 551; -에 안주함, 245; -의 빛, 245; -의 지知, 134; -의 참된 형상, 544; -의 형상[화신], 212, 262; - 오른돌이, 105-6; 오직 하나의 -, 252
진아지 273, 470, 472, 485; -의 깨침, 117
진아형상의 상 132
진언염송 85
진인 26, 78-9, 86, 133, 150, 155-6, 159-62, 192, 204-6, 233, 246, 253, 271, 292, 301, 304, 370, 372, 382; -의 마음, 160
진지眞知 42, 111, 157, 215, 218, 239, 348, 403, 439-40; -의 불, 349
집중 95, 319
찌다까샤/쩟다까샤/부따까샤 146-7
찌땀 291
찌뜨 136, 207

찌뜨-쁘라까샤 371
찌란지비 474, 189-90
쩐마야 147; - 몸, 369-70
쩐무드라 158

창조계 92
청문/성찰 207-8, 239-40, 264, 403
청정순수(성) 161, 292
청정심 403
친안전수 483
침묵 100, 127, 129, 244-5, 361, 429, 521

탐구 40, 95-6, 180, 184, 195, 225, 281-2, 433, 675; -의 길, 320; 베단타적 -, 282, 402 →자기탐구

파사염송/파사호마 447-8, 652-3
8체정례 303-4, 350, 659
평등견見 414
평안 68, 73, 88, 173, 180, 184, 193, 206, 239, 259, 316, 428-9
포기자 425
표적견標的見 270, 616

한정비이원론 110, 625
해탈 40, 54, 73, 251, 259, 272, 280, 433
행복 202-3, 206, 272, 312, 343-4, 347-8; -의 화신, 312; 오른돌이의 -. 426-7
행위 97, 297, 314-5; - 포기, 372
행위자 97, 297, 314-5, 372
헌공 109-110
헌신 201; -의 길, 320
'헌신[사랑]의 정점은 지知' 25, 28
호흡 제어 434, 467-8 →조식
화신 57, 120, 126, 205, 338
화신존자 126, 236
환幻 112-3, 162, 177, 544
환영幻影 92, 247, 371

역자 후기

수리 나감마의 이 『편지』는 바가반에 관한 많은 저작들 가운데서도 양적으로나 질적으로 라마나 마하르쉬와의 대담에 버금가는 위치를 점한다. 나감마가 이 편지들을 쓴 시기는 바가반의 생애 중 마지막 5년간으로서, 이 위대한 진인이 50여년에 걸친 영적 스승으로서의 삶을 어떻게 마무리하는지 잘 보여준다. 나감마는 한 사람의 구도자로서 그리고 스승에게 전적으로 순복한 제자로서, 그 순수함과 진지함으로 인해 바가반의 많은 사랑을 받았고, 그 헌신의 한 결실로서 이 훌륭한 기록을 남길 수 있었다. 나감마가 일찍부터 시를 짓는 등 글쓰기의 소양을 기른 것이나, 오래도록 참스승을 만나고 싶어 했음에도 비교적 늦게 바가반을 찾아온 것, 그리고 두 명의 오빠를 든든한 후원자로 둔 것 등은 그가 이러한 작업을 성취할 수 있게 준비시켜 준 인연이었다고 할 수 있겠지만, 무엇보다도 그가 이 기록의 중요성을 십분 자각하고 오랜 기간에 걸쳐 이 편지들을 꾸준히 써 나갔다는 것이 중요하다.

그 덕분에 우리는 문답을 통한 바가반의 생생한 가르침들과 옛 경전들에 기초하여 바가반이 들려주는 다채로운 이야기들, 1940년대 후반에 아쉬람에서 일어나는 여러 가지 상황들을 마치 눈앞에서 보듯이 접할 수 있게 되었다. 나감마는 단순히 그때그때의 일을 기록하는 데 그치지 않고 일정한 주제에 따라 관련 사건들, 특히 "편지"를 쓰기 전 몇 년간 자신이 보고 들은 이야기들을 유기적으로 결부시켜, 사실상 이 책이 그가 아쉬람에 머무른 10년 가까운 기간의 경험들을 총체적으로 드러낼 수 있게 서술하고 있다. 이것은 바가반이라는 한 스승이 갖는 위상과 영적 의미를 다양한 측면에서 포착하는 저자의 안목에 의해 하나의 일관된 시선으로서 독자들에게 전달된다. 우리는 이제 나감마와 함께 호흡하면서 그의 기대와 열망, 슬픔과 고통, 그리고 깨달음을 향한 일념을 가슴으로 느낄 수 있을 것이다.

원래 『편지』의 텔루구어 원본은 5부로 구성되어 있지만, 영역판은 이 책에서 보듯이 먼저 나온 제1, 2권과 나중에 추가된 상대적으로 적은 분량의 편지들로 되어 있다. 이 추가된 편지들은 원래 2권에 포함될 것들인데 빠졌다가 나중에 나감마의 "회상"과 한 권에 묶여져 나왔다. 우리는 이 한국어판에서 이 부분을 편지 제3권으로 하여 제1, 2권에 이어서 배치했지만, 3권의 내용들은 원래 2권의 각 편지들 사이사이에 들어가야 할 것이었다는 점을 기억할 필요가 있다. 그 뒤에 나오는 "회상"과 "나의 삶"은 각기 다른 시기에 저술된 나감마 후년의 개인적 회상록인데, 시기적으로는 "나의 삶"이 "회상"보다 여러 해 먼저 쓰여졌다. 이 책들은 "편지"와는 성격이 좀 다르지만 이렇게 함께 묶음으로써 우리는 나감마의 "편지"가 기록되고 출판된 경위와 함께, 그가 바가반을 찾아가기 이전과 바가반이 입적한 이후의 그의 삶까지 같이 들을 수 있게 되었다. 텔루구어 원본에서 직접 번역하지 못하고 영역판에 의존한 것이 아쉽기는 하지만, 언어의 장벽은 우리의 어쩔 수 없는 한계라고 하겠다.

이 책을 읽으면서 독자들은 바가반의 답변 어투가 같은 상황에서도 반말투에서 경어체로 달라지는 경우가 많이 있다는 것을 발견할 것이다. 이는 바가반이 나감마나 시자 등 소수의 헌신자들과 개인적으로 나누는 대화일 때는 편하게 이야기하다가 사람들이 점차 회당에 많이 들어와 인원이 불어난 뒤에는 공식적인 말투로 모든 사람이 다 들을 수 있도록 이야기했으리라는 상황적 가정에 기초한 것이다. 이때는 나감마의 질문에 대해서도 바가반이 경어체로 답변하는 경우가 많다. 한편 헌신자들 간의 사적인 대화에서는 그들 간의 나이 차이와 친밀도를 고려하여 어투를 조절했으나, 나이차를 알기 어려운 사람들 간에는 서로 경어를 쓰는 것으로 했다.

이 책은 세 권의 원서를 합쳐서 번역하다보니 각 책의 각주나 용어 설명 등이 중복되거나, 같은 고유명사가 앞뒤에서 다르게 표기되는 등의 문제가 있었다. 이런 부분들은 전체에 걸쳐서 적절히 조정했고, 한두 군데에서는 문맥이 흐트러진 부분의 문장 위치를 바꾸어 주기도 했다. 또한 독자들의 이해를 돕기 위해 본문 가운데 작은 글씨의 둥근 괄호로 삽입구를 넣기도 했고, 각주와는 별도로 전문적인 용어나 생소한 번역어들은 본문 중에서 간략히 설명해 주었다. 원서에는 텔루구 문자로 된 시들이 더러 나오는데 이런 것들은 스리 라마나스라맘에서 보내 준 영어 번역문으로 뜻을 옮겨두는 데 그쳤다. 산스크리트로 된 바가바드 기타 등의 시구들도 대개 번역문만 제시했다. 우리에게 낯선 많은 사항들은 힘닿는 데까지 조사하여 각주를 달았는데, 그 역주들 중 상당수는 아쉬람에서 보내 준 정보를 토대로 작성한 것이다.

만년에도 해마다 한두 번씩 아쉬람을 찾아간 수리 나감마는 바가반의 헌신자들에게 좋은 귀감이자 안내자였다. 그는 1979년 11월 22일의 바가반 탄신 100주년을 전후해 라마나스라맘에서 6주 가량 머문 뒤에 방갈로르에서 한 세미나에 참석했는데, 1980년 3월 셋째 주에 병이 나서 이 도시의 한 요양원에 입원했다가 3월 31일 그곳에서 입적했다. 그가 남긴 이 『편지』와 회상록들이 독자 여러분을 바가반의 사랑과 지혜 속으로 이끄는 한 길잡이가 될 것임을 믿어 의심치 않는다.

2005년 7월 옮긴이 씀